民事判例研究

〔XXXIX〕

民事判例研究會 編

博英社

Journal of Private Case Law Studies

﹝ XXXIX ﹞

Academy of Private Case Law Studies

2017

Parkyoung Publishing & Company
Seoul, Korea

머 리 말

지난 2016년 가을부터는 대통령 탄핵 때문에 나라 전체가 혼란스러웠습니다. 그럼에도 민사판례연구회는 본연의 임무인 판례연구를 계속하여 왔고, 그 결과물을 모아 민사판례연구 제39권을 내게 되었습니다.

연구회는 지난 1979년에 비상계엄이 선포된 상황에서도 집회 허가를 받아 매달 빠짐없이 월례회를 개최한 바 있는데, 이러한 것들이 쌓여서 올해 4월에는 400회 월례회를 가지게 됩니다. 여러 가지 상황에도 불구하고 40년 동안 400회의 월례회를 빠지지 않고 가졌다는 것은 연구회의 자랑스러운 전통입니다. 앞으로도 그와 같은 전통을 이어 가겠습니다.

이번에도 예년과 마찬가지로 10번의 월례회에서 발표된 논문들과 하계 심포지엄에서 발표된 글들을 모았습니다. 하계 심포지엄의 대주제는 "환경법의 제문제"로서, 그동안 그 중요성에도 불구하고 학문적으로 많이 다루어지지 않았습니다. 이 주제에 대하여 깊은 연구를 하신 교수님들과 다룬 경험이 많은 판사님들이 수준 높은 발표를 하였고, 특히 오랫동안 환경운동을 해 오신 구대완 박사님의 경험도 공유할 수 있어서, 이 주제에 대하여 견문을 넓히게 된 뜻있는 기회였습니다. 월례회와 하계 심포지엄의 발표자와 지정토론자 그 외 여러 분들의 적극적인 참여로 이 책이 발간될 수 있게 된 데 감사를 드립니다.

올해 하계 심포지엄의 대주제는 "인격권의 제문제"입니다. 이 또한 갈수록 중요성이 높아져 가는 새로운 분야입니다. 이 심포지엄을 통하여 연구의 또 다른 전기가 마련될 수 있다면 더 바랄 나위가 없겠습니다.

끝으로 발간을 위하여 힘써 주신 이계정 교수님, 김창모 판사님, 김민수 판사님, 그리고 출판의 귀찮은 작업을 맡아 주신 박영사의 여러분들께도 고마움의 뜻을 전하고자 합니다.

2017년 2월

민사판례연구회 회장 윤 진 수

目　次

Contents

viii Contents

사해행위의 취소와 원상회복이 모든
채권자의 이익을 위하여 효력이 있다는 의미

黃　進　九*

■요　　지■

이 판례평석의 대상판결은, 사해행위의 취소 및 원상회복을 명하는 판결에 따른 사해행위의 취소는 민법 제407조에 의하여 모든 채권자의 이익을 위하여 효력이 있다는 이유로 사해행위취소판결의 당사자가 아닌 다른 채권자는 다시 사해행위취소를 청구할 필요 없이 원상회복청구만 할 수 있고, 그 원상회복청구소송에서 피고는 이미 확정된 사해행위취소의 효력을 다툴 수 없다는 취지로 판시하였다.

그러나 그동안의 판례·통설은 사해행위취소판결의 효력은 소송당사자 사이에서만 미친다고 하여 형성판결의 대세효나 기판력의 확장을 인정하지 않아 왔고, 특히 어느 한 채권자가 사해행위취소 및 원상회복판결을 받아 확정되었다는 것만으로는 다른 채권자가 한 동일한 청구가 권리보호의 이익이 없게 되는 것은 아니라는 것이 확립된 판례인데, 대상판결은 이러한 판례·통설과 양립하기 어려워 보인다.

이 글에서는 채권자취소권 관련 조문의 제정 과정을 살펴보고 현재의 판례·통설의 입장에서 대상판결을 비판적으로 검토해 보았다. 채권자취소권 관련 조문의 개정논의가 활발한 이 시점에서 대상판결을 계기로 채권자취소권에 관하여 논의가 더욱 활성화되기를 기대한다.

* 광주고등법원 부장판사.

[주 제 어]
- 채권자취소권
- 취소
- 원상회복
- 민법 제407조
- 기판력

대상판결 : 대법원 2015. 11. 17. 선고 2013다84995 판결

[사안의 개요]

편의상 사안을 단순화하면 다음과 같다.

1. 원고(X, 사해행위의 수익자)는 2002. 12. 23.부터 2005. 2. 3.까지 사이에 A(사해행위의 채무자)로부터 토지 30필지를 매수하는 매매계약을 체결하고 2002. 12. 26.부터 2005. 2. 5.까지 사이에 소유권이전등기를 마쳤다.

2. A의 채권자 B은행(취소채권자)은 2007년 초 위 매매계약이 사해행위라는 이유로 X를 상대로 사해행위취소소송을 제기하였고, 2009. 6. 1. 사해행위인 위 매매계약을 취소하고 X는 A에게 위 토지 30필지에 관한 소유권이전등기말소등기절차를 이행하라는 화해권고결정이 내려져 확정되었다.

3. 그러나 B은행은 확정된 화해권고결정에 따른 집행을 보류하고 A로부터 채권을 변제받고 있다.

4. 그런데 A의 다른 채권자인 피고(Y)는 A의 채권자로서 A를 대위하여 취소채권자인 B은행이 받은 화해권고결정을 이용하여 등기소에 수익자인 X 명의 등기의 말소를 신청하였고 2010. 11. 24. X 명의 등기를 말소한 다음, 채무자인 A 명의로 회복된 토지에 관하여 A의 채권자로서 강제경매를 신청하여 2010. 12. 1. 강제경매개시결정을 받고 위 토지에 경매개시결정등기가 마쳐졌다.

5. 그러자 X는 위 화해권고결정의 효력은 Y에 미치지 않으므로 Y가 한 소유권이전등기말소등기는 원인 없는 무효의 등기라고 주장하면서, 강제경매개시결정등기를 한 Y를 상대로 말소등기회복등기에 대한 승낙의 의사표시를 하라[1]는 이 사건 청구를 하였다.

[소송의 경과]

1. 제1심판결(서울동부지방법원 2012. 7. 19. 선고 2011가합23130 판결)은 X의 청구를 인용하였다. 이유의 요지는 다음과 같다.

가. 채권자취소권 행사의 효력은 취소채권자인 B은행과 수익자인 X의 상대적인 관계에서만 미치는 것이므로 채무자인 A가 직접 X에 대하여 어떠한

---

[1] 이것이 X의 소유 명의를 회복하는 데 유용한 방법인지는 여기서 자세히 다루지 않는다.

권리를 취득하는 것은 아니고, 사해행위취소판결의 기판력 역시 그 소송에 참가하지 아니한 채무자 또는 다른 일반채권자에게 미친다고 볼 수 없다. 그러므로 A의 X에 대한 소유권이전등기 말소등기청구권이 위 화해권고결정만으로 발생하는 것은 아니며, 사해행위취소소송에 참가하지도 아니한 일반채권자에 불과한 Y가 위 화해권고결정의 효력을 직접 원용할 수도 없다.

나. 채무자는 수익자에 대하여 원상회복을 청구할 권리가 없으며, 단지 취소채권자의 등기신청에 따라 등기권리자가 되는 지위를 수인할 의무만 부담하는 것에 불과하므로, 채무자를 대위하여 등기신청을 할 수 있는 권리는 취소채권자만이 보유하는 것이고 그 효력을 원용할 수 없는 일반채권자가 이를 행사할 수는 없다. 따라서 이 사건 말소등기는 절차상 하자가 있어 부적법한 등기이다.

다. 채권자가 사해행위의 취소와 함께 수익자 또는 전득자로부터 책임재산의 회복을 명하는 사해행위취소의 판결을 받은 경우 수익자 또는 전득자가 채권자에 대하여 사해행위의 취소로 인한 원상회복의무를 부담하게 될 뿐, 채무자와 사이에서 그 취소로 인한 법률관계가 형성되거나 취소의 효력이 소급하여 채무자의 책임재산으로 회복되는 것은 아니므로, 위 화해권고결정이 확정되었다 하여 이 사건 부동산이 소급하여 채무자 A의 책임재산으로 회복되었다고 볼 수는 없는 점, 취소채권자인 B은행은 채무자 A로부터 자신의 채권을 변제받고 있으므로 수익자인 X에 대하여 이 사건 소유권이전등기의 말소등기의무를 이행하도록 할 의사가 없는바, 이 사건 소유권이전등기 말소등기는 취소채권자인 B은행의 의사에도 반하는 등기인 점 등을 아울러 고려하면, 위 말소등기가 현재의 실체적 권리관계에 부합하는 등기라고 보기도 어렵다.

2. 그러나 제2심판결(서울고등법원 2013. 10. 2. 선고 2012나64767 판결)은 제1심판결을 취소하고, X의 청구를 기각하였다. 이유의 요지는 다음과 같다.

가. 사해행위취소의 효력은 상대적이기 때문에 소송당사자인 채권자와 수익자 또는 전득자 사이에만 발생할 뿐 소송의 상대방이 아닌 제3자에게는 아무런 효력이 미치지 않는다.

나. 그러나 이는 어디까지나 사해행위가 매매계약인 경우 그 매매계약 자체의 효력에 관한 것일 뿐이고, 당해 부동산에 관한 대외적인 소유권귀속의 문제는 사해행위취소에 따른 원상회복의 목적 및 물권변동의 일반원리에 따라 해결될 수밖에 없다. 채무자와 수익자 사이의 매매계약이 사해행위로서

취소됨으로써 취소채권자와 수익자와의 사이에서만 상대적으로 무효로 되었다고 하더라도, 그에 따른 원상회복으로 말소등기가 경료된 경우에는 적어도 물권변동에 관하여 형식주의를 취하고 있는 우리 법제하에서는 당해 부동산의 소유권이 더 이상 등기를 상실한 수익자에게 남아 있다고 볼 수는 없고, 당해 부동산의 소유권은 취소채권자에 대한 관계에 있어서는 물론 대외적으로도 모두 당연히 채무자에게 회복되었다고 보아야 한다.

다. 이 사건 소유권이전등기 말소등기는 앞서 살펴본 바와 같이 대세효가 있고 이 사건 부동산의 소유권은 취소채권자에 대한 관계에 있어서는 물론 대외적으로도 모두 당연히 A에게 회복되었으므로 이 사건 소유권이전등기 말소등기는 실체관계에 부합하는 등기이다. 또한 이는 Y도 A에 대한 일반채권자의 지위에 있으므로 채권자취소권 행사에 따른 취소와 원상회복은 모든 채권자의 이익을 위하여 효력이 있다는 민법 제407조의 규정 취지에도 부합한다.

[대상판결의 요지]

대상판결(대법원 2015. 11. 17. 선고 2013다84995 판결)은 다음과 같이 판시하여 X의 상고를 기각하고, 제2심판결을 확정하였다.

[1] 사해행위취소의 효력은 채무자와 수익자 사이의 법률관계에 영향을 미치지 아니하고, 사해행위취소로 인한 원상회복판결의 효력도 그 소송의 당사자인 채권자와 수익자 또는 전득자에게만 미칠 뿐 채무자나 다른 채권자에게 미치지 아니하므로, 어느 채권자가 수익자를 상대로 사해행위취소 및 원상회복으로 소유권이전등기의 말소를 명하는 판결을 받았으나 말소등기를 마치지 아니한 상태라면 그 소송의 당사자가 아닌 다른 채권자는 위 판결에 기하여 채무자를 대위하여 그 말소등기를 신청할 수 없다. 그럼에도 불구하고 다른 채권자의 위와 같은 등기신청으로 말소등기가 마쳐졌다면 그 등기에는 절차상의 흠이 존재한다.

[2] 그러나 ① 채권자가 사해행위취소의 소를 제기하여 승소한 경우 그 취소의 효력은 민법 제407조에 의하여 모든 채권자의 이익을 위하여 미치므로(대법원 2012. 12. 26. 선고 2011다60421 판결, 대법원 2013. 4. 26. 선고 2011다37001 판결 참조) 수익자는 채무자의 다른 채권자에 대하여도 사해행위의 취소로 인한 소유권이전등기의 말소등기의무를 부담하는 점, ② 위와

같은 등기절차상의 흠을 이유로 말소된 소유권이전등기가 회복되더라도 다른 채권자가 사해행위취소판결에 따라 사해행위가 취소되었다는 사정을 들어 수익자를 상대로 다시 소유권이전등기의 말소를 청구하면 수익자는 그 말소등기를 해 줄 수밖에 없어서 결국 말소된 소유권이전등기가 회복되기 전의 상태로 돌아가는데 이와 같은 불필요한 절차를 거치게 할 필요가 없는 점 등에 비추어 보면, 사해행위취소 및 원상회복으로 소유권이전등기의 말소를 명한 판결의 소송당사자가 아닌 다른 채권자가 위 판결에 기하여 채무자를 대위하여 마친 말소등기는 그 등기절차상의 흠에도 불구하고 실체관계에 부합하는 등기로서 유효하다고 볼 수 있다.[2]

〔研　　究〕

I. 문제의 제기

대상판결의 사안은 사해행위취소에 따른 원상회복판결의 기판력 및 집행력이 미치지 않는 채무자의 다른 채권자가, 취소채권자가 받은 사해행위취소 및 원상회복판결을 이용하여 수익자 명의의 등기를 말소하고 그에 기초하여 강제집행을 한 드문 예를 다룬다.

등기말소가 무효라는 수익자의 주장에 대하여, 대법원은 취소채권자가 받은 사해행위취소로 인한 원상회복판결의 기판력과 집행력은 다른 채권자에게 미치지 않지만, 수익자 명의의 등기를 말소한 등기는 실체관계에 부합하는 유효한 등기라고 한다.

대법원은 그 이유를 취소채권자가 강제집행에 참가하였다거나 등등의 개별적인 사안에서의 구체적 사정에서 찾지 않았다. 그 대신 ① 채권자가 사해행위취소의 소를 제기하여 승소한 경우 그 취소의 효력은 민법 제407조에 의하여 모든 채권자의 이익을 위하여 미치므로 수익자는 채무

---

2) 대상판결에 대한 판례해설로 신신호, "사해행위취소 및 원상회복으로 소유권이전 등기의 말소를 명한 판결의 소송당사자가 아닌 다른 채권자가 위 판결에 기하여 채무자를 대위하여 마친 소유권이전등기 말소등기의 효력", 판례해설(105), 119면 이하가 있다.

자의 다른 채권자에 대하여도 사해행위의 취소로 인한 소유권이전등기의 말소등기의무를 부담하며, ② 위와 같은 등기절차상의 흠을 이유로 말소된 소유권이전등기가 회복되더라도 다른 채권자가 사해행위취소판결에 따라 사해행위가 취소되었다는 사정을 들어 수익자를 상대로 다시 소유권이전등기의 말소를 청구하면 수익자는 그 말소등기를 해 줄 수밖에 없다는 데서 찾고 있다.

대상판결의 논리를 따라가면, 어느 채권자가 제기한 사해행위취소소송에서 사해행위를 취소하는 판결이 확정되었으면, 아직 원상회복이 이루어지지 않았어도 그 판결의 효력은 민법 제407조에 따라 다른 채권자에도 미치므로, 다른 채권자는 곧바로 원상회복청구의 소만 제기하면 된다는 것이 된다. 그리고 수익자는 다른 채권자가 제기한 원상회복청구의 소에서 언제나 패소할 수밖에 없다는 것이 된다.[3]

과연 그런가. 대상판결에 대해서는 당장, ① 사해행위취소판결의 기판력이 다른 채권자에게 미치지 않는다는 것(대상판결 및 대상판결의 판례해설[4]도 이 점은 인정하고 있다)과 다른 채권자가 후소로 제기한 원상회복청구의 소에서 수익자가 말소등기의무를 부담할 수밖에 없다는 대상판결의 판시가 모순 없이 설명될 수 있는지, ② 어느 채권자가 사해행위취소의 소에서 취소의 청구 없이 원상회복청구만 할 수 있는지, ③ 소의 이익은 소송요건인데, 사해행위취소 및 원상회복청구를 하여 승소판결이 확정되었더라도 재산이나 가액의 회복을 마치기 전까지는 다른 채권자가 '사해행위취소' 및 원상회복청구의 소를 제기할 권리보호의 이익이 있다는 확립된 판례[5]와 대상

---

3) 신신호(주 2), 146면은 대상판결의 의의에 관하여, 사해행위가 취소되었을 뿐 아직 원상회복이 이루어지지 아니한 경우에 다른 채권자는 민법 제407조에 따라 별도의 사해행위취소를 구할 필요 없이 곧바로 원상회복을 구할 수 있는지, 아니면 원상회복까지 이루어져야 위 규정에 따라 취소의 효력이 자신에게도 미친다고 주장할 수 있는지가 문제되는데, 대상판결은 이 점에 관하여 다른 채권자는 일단 사해행위가 취소되면 아직 원상회복 전이라 하더라도 민법 제407조에 따라 그 취소의 효력이 자신에게도 미친다고 주장하면서 곧바로 원상회복을 구할 수 있다고 선언한 최초의 판례라는 데 큰 의미가 있다고 한다.

4) 신신호(주 2), 135면의 주 28.

5) 대법원 2003. 7. 11. 선고 2003다19558 판결 등 다수.

판결의 관계는 어떻게 되는 것인지 등의 문제가 줄줄이 제기된다.

　　이하에서는 민법 제407조("전조의 규정에 의한 취소와 원상회복은 모든 채권자의 이익을 위하여 그 효력이 있다.")의 모태가 된 일본 민법 제425조의 입법과정과 그 후 판례와 학설의 전개, 사해행위취소권 관련 민법 개정 논의 내용, 관련 판례들과의 관계 등을 토대로 민법 제407조의 의미와 대상판결의 타당성을 검토해 본다.

Ⅱ. 일본 민법 제425조의 입법과정과 그 후의 경과

1. 논의에 앞서

가.　채권자취소권 또는 사해행위취소권에 관한 우리나라와 일본의 현행 민법의 조문은 다음 [표]와 같다.

구 민법(=현행 일본 민법)	현행 민법
제424조(사해행위취소권) ① 채권자는 채무자가 채권자를 해함을 알고 한 <u>법률행위의 취소</u>를 재판소에 청구할 수 있다. 다만, 그 행위로 인하여 이익을 받은 자 또는 전득자가 그 행위 또는 전득 당시에 채권자를 해함을 알지 못한 때에는 그러하지 아니하다. ② 전항의 규정은 재산권을 목적으로 하지 아니한 법률행위에 관하여는 적용하지 아니한다. **제425조(사해행위취소의 효과)** <u>전조의 규정에 의한 취소</u>는 모든 채권자의 이익을 위하여 그 효력이 있다. **제426조(사해행위취소권의 기간의 제한)** 제424조의 규정에 의한 취소권은 채권자가 취소의 원인을 안 때로부터 2년간 행사하지 아니한 때에는 시효로 소멸한다. 행위 시로부터 20년을 경과한 때에도 그러하다.	**제406조(채권자취소권)** ① 채무자가 채권자를 해함을 알고 재산권을 목적으로 한 법률행위를 한 때에는 채권자는 그 <u>취소 및 원상회복</u>을 법원에 청구할 수 있다. 그러나 그 행위로 인하여 이익을 받은 자나 전득한 자가 그 행위 또는 전득 당시에 채권자를 해함을 알지 못한 경우에는 그러하지 아니하다. ② 전항의 소는 채권자가 취소원인을 안 날로부터 1년, 법률행위 있은 날로부터 5년 내에 제기하여야 한다. **제407조(채권자취소의 효력)** <u>전조의 규정에 의한 취소와 원상회복</u>은 모든 채권자의 이익을 위하여 그 효력이 있다.

나. 입법과정 및 판례와 학설의 전개과정의 이해를 돕기 위해, 먼저 현재의 판례·통설의 입장을 정리하면 다음과 같다.

(1) 채권자취소권의 성질론으로서는 ① 형성권설, ② 청구권설, ③ 책임설, ④ 소권설, ⑤ 신형성권설 등 다양한 견해가 제기되고 있으나,[6] 판례·통설은 절충설(=병합설)을 취하고 있다. 절충설의 주요 내용은 다음과 같다.

(가) 채권자취소권의 목적은 사해행위를 취소하고 채무자로부터 일탈한 재산 등 채무자의 재산상 지위를 사해행위 이전의 상태인 원상으로 회복하는 것이다(형성소송 + 이행소송).

(나) 사해행위의 취소는 채무자와 수익자 사이의 법률행위의 효력을 취소채권자와의 관계에서만 무효로 하는 것이므로(상대적 무효), 법률행위의 당사자 사이에서 법률행위의 효력을 처음부터 무효로 만드는 민법 제141조[7]의 취소와는 법률적 성질이 다르다. 사해행위는 특별한 사정이 없는 한 채무자와 수익자 사이에서는 완전히 유효한 법률행위이고 사해행위의 취소에 영향을 받지 않는다.

(다) 소송의 상대방은 수익자 또는 전득자이고, 사해행위취소의 효력을 받지 않는 채무자를 피고로 할 필요가 없다.

(라) 취소와 원상회복을 반드시 같이 청구하여야 하는 것은 아니므로 취소만을 먼저 청구하여도 된다.

(마) 한편 이러한 채권자취소권은 각각의 채권자에게 개별적으로 인정되는 고유의 권리이지, 채무자의 권리를 채권자가 대신 행사하는 것이 아니다.

(2) 위와 같은 판례·통설을 이해하는 데에는 몇 가지 주의할 것이 있다.

(가) 판례·통설의 입장을 채무자에게 취소의 효력이 미치지 않는다

---

6) 학설의 소개로는 일본 신판 주석민법(10)Ⅱ, 795면 이하(下森定) 참조.
7) 민법 제141조(취소의 효과) 취소된 법률행위는 처음부터 무효인 것으로 본다. 다만, 제한능력자는 그 행위로 인하여 받은 이익이 현존하는 한도에서 상환할 책임이 있다.

는 의미에서 '상대적 무효설'이라고 부르는데, 이것과 사해행위취소 및 원상회복의 효력이 취소채권자가 아닌 다른 채권자에게 미치는지에 관한 논의인 상대적 효력설(취소채권자에게만 미친다는 입장)과 절대적 효력설(다른 채권자에게도 미친다는 입장)은 논의의 국면이 다르다. 이를 혼동하여서는 안 된다. 판례·통설은 채무자에 대한 관계에서는 상대적 무효설이지만 다른 채권자에 대한 관계에서는 일본 민법 제425조의 규정에 따라 절대적 효력설을 취하고 있다. 채무자에 대한 관계에서 절대적 무효설을 취하면 당연한 귀결로 다른 채권자에 대한 관계에서도 절대적 효력설로 연결되겠지만, 채무자에 대한 관계에서 상대적 무효설을 취한다고 하여 다른 채권자에 대한 관계에서도 상대적 효력설로 연결되는 것은 아니다.

(나) 판례·통설에 의하면 사해행위취소 및 원상회복의 효력이 채무자에게 미치지 않으므로(상대적 무효), 채무자와 수익자 사이에서는 법률행위의 효력이 완전히 유효하다. 따라서 예를 들어 원상회복판결에 따라 부동산에 관한 수익자 명의의 등기가 말소되어 채무자의 소유명의로 돌아가더라도 이는 취소채권자가 강제집행을 하기 위한 관계에서만 채무자의 재산으로 취급될 뿐이지 채무자와 수익자 사이에서는 여전히 수익자의 재산이다. 동산이나 채권의 경우에도 마찬가지이다. 이와 같이 채권자취소권에서 원상회복의 역할은 우리 강제집행제도상 취소채권자가 채무자에 대한 집행권원으로써 그 재산에 강제집행을 할 수 있는 상태로 만들어 주는 것뿐이다. 사해행위취소권을 행사하는 대부분의 경우 강제집행제도에 따른 제한으로 인하여 사해행위취소만으로는 목적을 달성할 수 없고 원상회복이 이루어져야 하는데 채무자는 수익자에 대하여 원상회복을 구할 권리가 없어 취소채권자가 채무자의 권리를 대신 행사할 수 없으므로, 사해행위취소는 취소 외에 원상회복까지 그 내용으로 포함하여야 한다. 반면 사해행위취소의 결과를 채무자에 대한 관계에서도 절대적 무효로 보는 입장에서는 사해행위의 취소만으로 채무자에게 부당이득반환청구권이나 소유물반환청구권이 발생하게 되고 취소채권자나 다른 채권자는 채무자의 위 권리를 대위행사할 수 있게 되므로, 굳이 원상회복청

구를 사해행위취소권의 내용으로 포섭할 필요가 없게 된다.

2. 사해행위취소권에 관한 일본 민법의 제정 과정과 그 후의 경과

가. 브아소나드(Boissonade) 민법초안

(1) 채권자취소권에 관한 우리 민법 제406조, 제407조는 일본 민법 제424조, 제425조를 의용하여 사용하다가 민법 제정 당시 만주국 민법 제393조 내지 제395조 등을 참조하여 제정한 것이므로,[8] 민법 제407조의 연원에 관하여는 일본 민법과 만주국 민법 등을 참조할 필요가 있다.

채권자취소권에 관한 현행 일본 민법의 조항들은 브아소나드의 민법 초안에 기초하여 제정된 일본 구 민법(1890년 공포된 민법전) 재산편과 일본 민법초안을 거쳐 현행 일본 민법전에 실리게 된 것이다. 우리 민법 제407조에 대응하는 조항은 각각 브아소나드 민법초안 제363조, 일본 구 민법재산편 제343조, 일본 민법초안 제421조, 현행 일본 민법 제425조이다.

(2) 채권자취소권에 관하여 브아소나드 민법초안 제361조 제1항은 '폐파소권(廢罷訴權, action révocatoire)'이라고 하여 "채권자를 사해하여 이루어진 행위의 취소(폐파)는 채무자와 계약한 자(수익자)에 대하여 채권자의 이름으로 폐파소권에 의해 재판상 청구된다"고 규정하고,[9] 제363조는 "폐파는 사해행위보다 전에 그 권리를 취득한 채권자에 의해서만 청구된다. 그러나 폐파가 얻어진 경우에는 구별 없이 모든 채권자의 이익으로 된다. 다만 우선권에 관하여 정당한 사유가 존재하는 경우에는 그러하지 아니하다"고 규정하였다.[10]

브아소나드 민법초안 제363조는 현행 일본 민법 제425조의 연원이 되는 것인데, 이 조문은 사해행위취소판결의 효력이 취소채권자(=원고채권자) 이외의 채권자에게 미치는지에 관한 당시 프랑스의 절대적 효력설

---

8) 민법안심의록(상), 242-243면.
9) 佐藤岩昭, 詐害行爲取消權の理論, 243면.
10) 佐藤(주 9), 254면.

(소수설)과 상대적 효력설(통설·판례) 중 절대적 효력설을 취한 것이다.

(3) 여기서 당시 프랑스의 사해행위취소권[11]에 관한 학설을 간략하게 정리하면 다음과 같다.

(가) 취소채권자(=원고채권자)가 사해행위취소소송에서 승소하면 피고는 채무자의 사해행위로 인하여 원고채권자에게 발생한 '손해'를 배상하여야 하는데, 여기서 '손해'란 ① 채권자가 사해행위로 인하여 무자력이 된 채무자의 재산을 압류할 수 없게 되고, ② 그 결과 채권자가 채권의 완전한 변제를 얻을 수 없게 된 것을 말한다. 그러므로 원고채권자는 사해행위취소판결을 얻은 다음 그 판결을 집행명의로 하여 '수익자의 수중에 있는 사해행위의 목적물'을 압류, 매각하여 그 매각대금으로부터 변제를 받을 수 있다고 한다.[12] 달리 설명하면 사해행위의 '취소'는 사해행위로 양도된 재산을 다시 채무자의 자산으로 복귀시키는 것이 아니라, 제3자의 수중에 있는 그 재산을 취소채권자가 압류, 매각하는 데 장해가 되는 것을 제거하는 기능만을 가진다고 한다. 따라서 원고채권자가 사해행위취소판결을 얻은 다음 변제를 받는 방법은 독일법상의 집행인용의 소와 다르지 않다고 한다.[13] 이는 프랑스 강제집행제도가 우리나라나 일본의 현재의 강제집행제도와 다르기 때문인 것으로 보인다. 사해행위취소에 따른 강제집행방법을 표로 비교하면 다음과 같다. 그 후 프랑스의 통설은 이와 같이 사해행위취소판결에 의한 취소는 사해행위가 원고채권자에 대한 관계에서만 무효로 되는 '대항불가성'을 창출한다고 설명한다.[14]

---

11) 당시의 프랑스 민법은 사해행위취소권에 관하여 제1167조에서 "채권자는 채권자 자신의 이름으로, 채무자에 의하여 행해진 채권자의 권리를 사해하는 행위를 다툴 (attaquer) 수 있다"는 규정만을 두고 있다. 참고로 2016. 10. 1.부터 시행되고 있는 프랑스 민법은 사해행위 소권에 관하여 제1341조의2에서 "채권자는 또한, 채무자가 채권자의 권리를 해한 행위의 효력을 자신에게 대항할 수 없음의 확인을 구하는(faire déclarer) 소를 자신의 이름으로 제기할 수 있다. 이때 채무자의 행위가 유상행위인 경우, 채권자는 수익자가 사해행위임을 알고 있었음을 증명하여야 한다"고 규정하고 있다.
12) 佐藤(주 9), 85~86면.
13) 佐藤(주 9), 88~89면.
14) 佐藤(주 9), 92~93면. 그러나 현재는 사해행위 소권의 행사에서 사해행위의 '취

일탈재산	프랑스 민법[15]	우리나라 민법 및 민사집행법
부동산	취소채권자가 마치 그 부동산이 아직 채무자의 소유물인 것처럼 그 부동산에 대하여 부동산압류를 하여 강제집행	수익자를 상대로 말소등기를 청구하거나 채무자에 대한 이전등기를 청구하여 채무자 명의로 등기를 마친 다음 채무자에 대한 집행권원에 기초하여 채무자 명의 부동산에 강제집행
동 산	취소채권자가 수익자의 수중에 있는 동산에 대하여 동산압류를 하여 강제집행	수익자를 상대로 채무자 또는 취소채권자에 대한 인도를 청구하여 인도집행을 마친 다음 채무자에 대한 집행권원에 기초하여 그 동산에 강제집행
채 권	예를 들어 채무자가 수익자에 대하여 한 채무면제가 사해행위인 경우, 그 채권이 아직 채무자에게 속하는 것처럼 취소채권자가 채무자의 수익자에 대한 채권을 압류하여 강제집행	수익자를 상대로 제3채무자에 대한 양도통지를 청구하여 그 통지를 마친 다음 채무자에 대한 집행권원에 기초하여 채무자의 제3채무자에 대한 채권에 강제집행
금 전	수익자의 일반재산에 강제집행	수익자의 일반재산에 강제집행한 다음 회수한 금전에 관하여 채무자가 취소채권자에 대하여 가지는 반환청구권에 채권집행 또는 상계

(나) 프랑스의 학설과 판례는 사해행위취소판결은 채무자와 수익자 사이의 법적 행위의 효력에 아무런 영향을 미치지 않는다는 데 일치하고 있다고 한다.[16] 즉, 이 점에 관하여 우리나라나 일본에서 채무자와 수익자 사이의 법률행위의 효력에 관하여 상대적 무효설(=상대적 취소설)과 절대적 무효설이 대립하고 있는 것과 다르고, 사해행위취소판결의 효력이 취소채권자가 아닌 다른 채권자에게 미치는지에 관하여 프랑스 내에서도 상대적 효력설과 절대적 효력설의 대립이 있었던 것과도 다르다.

프랑스의 학설은 그 이유로 채무자에게는 사해행위취소판결의 판결

소'를 구할 필요가 없다고 한다. 위의 개정 프랑스 민법 제1341조의2도 참조.
15) 佐藤(주 9), 91면.
16) 佐藤(주 9), 93면.

효가 미치지 않는다고 하거나 실체법상 유효하게 성립한 계약에 관하여 프랑스 민법상 정해진 취소원인이 없기 때문이라고 설명한다.

(다) 사해행위취소판결은 취소채권자가 수익자를 피고로 하여 수익자의 수중에 있는 사해행위의 목적물에 대한 압류를 가능하게 하는 것이므로, 채무자에게 피고적격이 있는지의 문제는 거의 언급되지 않고, 수익자만 피고로 되는 것을 당연하게 여기고 있다고 한다.

(라) 사해행위취소판결의 효력은 취소채권자(=원고채권자) 이외의 다른 채권자에게도 미치는지에 관하여 프랑스에서 ① 채무자의 모든 채권자에게 효력이 미친다는 절대적 효력설, ② 취소채권자에게만 효력이 미친다는 상대적 효력설, ③ 사해행위취소권을 행사할 수 있는 채권자, 즉 사해행위 전의 채권자에게만 효력이 미친다는 혼합설의 대립이 있었다고 한다.

절대적 효력설에서는 프랑스 민법 제2093조는 채무자의 자산은 채권자의 공동담보라고 하고 있으므로, 사해행위취소판결에 의해 채무자의 자산으로 돌아간 것으로 간주되는 목적물은 모든 채권자의 공동담보가 된다고 한다. 또한 취소채권자(=원고채권자)는 다른 채권자의 사무관리인으로서, 모든 채권자를 대표하여 소송을 수행하는 것이라고 한다. 이런 이유로 절대적 효력설에서는 승소판결의 효력만이 다른 채권자에게 미친다는 판결효의 편면적 확장을 인정한다.[17]

상대적 효력설에서는 프랑스 민법 제1167조가 사해행위취소권을 개개의 채권자의 개별적인 권리로 규정하고 있고, 프랑스 민법 제1351조가 기판력은 소송의 당사자 사이에서만 미친다고 규정하고 있다는 점을 근거로 든다.

민법 제407조나 일본 민법 제425조(브아소나드 민법초안 제363조)와 같은 규정이 없는 프랑스에서는 종래부터 상대적 효력설이 통설이고 현재는 다른 견해는 주장되지 않고 있다고 한다. 판례도 현재 상대적 효력설을 취하고 있다

---

17) 佐藤(주 9), 98면.

고 한다.

(4) 다시 브아소나드 민법초안으로 돌아와서 보면, 브아소나드는 민법초안 제363조의 이유에 관하여, ① 사해행위 후 채무자와 거래한 채권자는 채무자의 적극재산과 소극재산의 현실 상황을 알고 있을 것이기 때문에 속은 것은 아니다. 따라서 사해행위 전의 채권자만이 폐파소권을 행사할 수 있다. ② 그러나 폐파의 이익이 사해행위 전의 채권자에게만 귀속된다고 하는 것은 그의 이익을 과대하게 평가하는 것이고, 채권자와 분배되어야 할 재산을 두 범주로 나누는 것이 되어 파산의 기본원칙에 반한다고 한다.[18]

브아소나드 민법초안 제363조의 견해는 다음과 같이 요약된다고 한다.[19] ① 실체법상의 효력에 관하여, 사해행위의 전후를 불문한 모든 채권자에 대하여 사해행위는 폐파(취소)되어 무효로 된다. ② 판결절차상의 효과로서, 원고가 될 수 있는 채권자는 사해행위 전의 채권자이고, 원고가 얻은 승소판결의 효력만이 모든 채권자에게 미치고 패소판결의 효력은 원고 이외의 채권자에게 미치지 않는다. ③ 강제집행절차상의 효과에 관하여, 사해행위의 목적물을 압류, 매각한 매각대금은 파산에서의 평등원칙에 따라 모든 채권자에게 분배된다.[20]

(5) 그런데 이와 같이 브아소나드 민법초안 제363조는 사해행위취소

---

18) 佐藤(주 9), 255면.
19) 佐藤(주 9), 257면.
20) 사해행위취소에 따른 강제집행방법에 관하여 브아소나드의 財産差押法草案 등을 종합하면, 브아소나드는 현재와 같이 부동산의 소유명의를 채무자로 회복시켜 강제집행하는 것이 아니라, 다음과 같은 상황으로 강제집행이 이루어지는 것을 상정한 것으로 보인다고 한다. 즉, ① 채무자가 수익자에게 부동산을 사해적으로 양도하여 그 등기를 수익자에게 이전한다. ② 취소채권자(=원고채권자)가 수익자를 피고로 하여 사해행위취소판결을 얻는다. ③ 취소채권자가 ②의 승소판결을 집행권원으로 하여 '수익자 명의'의 부동산을 압류하고 압류등기를 한다. ④ 따라서 ③의 압류등기는 시간적으로는 수익자의 이전등기보다 늦지만 財産差押法草案 제104조에 따라 수익자가 마친 등기보다도 대항력이 우선한다. 브아소나드는 모법인 프랑스법에서와 같이 사해행위취소권의 행사방법으로서 이른바 집행인용소송을 예정하였던 것으로 추측되고, 따라서 취소채권자가 강제집행의 집행채권자이고 수익자가 집행채무자가 되는 결론에 이른다고 한다. 佐藤(주 9), 252-253면 참조.

판결의 효력이 모든 채권자에게 미치는 것으로 정하였고 그것이 '판결효'
의 확장을 의미한다고 하는데, 여기에서 참고로 대상판결과 관련하여 그
의미를 생각해 볼 필요가 있다.

(가) 브아소나드는 사해행위취소판결의 효력이 미치는 모든 채권자
에는 사해행위 후의 채권자도 포함된다고 하는데, 사해행위 후의 채권자
는 브아소나드에 의하면 사해행위취소권이 없으므로 스스로 사해행위취
소의 소를 제기할 수 없고 따라서 그 소송에서 이미 확정된 사해행위취
소판결의 기판력이나 사해행위가 이미 취소되었다는 형성력을 주장한다
는 것은 상정할 수 없다.

(나) 또한 브아소나드는 폐파소권에서 채무자는 피고적격이 없는 것
으로 보고 있고,[21] 한편 당시 프랑스의 학설도 채무자와 수익자 사이의
법률행위는 사해행위취소의 영향을 받지 않고 유효하게 존속한다는 데
일치하고 있었으므로,[22] 사해행위 후의 채권자가 사해행위취소의 소 외
에 채무자를 대위하여 수익자를 상대로 다른 소송을 제기할 여지도 없다
고 생각된다.

그렇다면 사해행위 후의 채권자, 나아가 채무자의 모든 채권자에게
폐파의 이익, 사해행위취소의 효력이 미친다고 하는 브아소나드 민법초안
제363조의 의미는 취소채권자가 아닌 다른 채권자가, 자신이 제기하는
사해행위취소의 소에서 선행 사해행위취소판결의 기판력을 주장하거나,
사해행위취소판결이 확정되었다는 이유로 수익자를 상대로 원상회복청구
등의 소를 제기할 수 있다는 것이 아니라, 사해행위취소에 따른 강제집
행에서 참가할 수 있다는 것, 단지 그 의미에 불과한 것이 아니었을까.

나. 현행 일본 민법 제정 과정

그 후 현행 일본 민법 제정 과정에서 기초위원의 1인인 富井政章은
브아소나드 민법초안을 승계하여 취소가 모든 채권자의 이익을 위하여
효력이 미친다고 한 일본 민법초안 제421조(_{민법 제425조}현행 일본)를 비판하면서, 절대

---

21) 佐藤(주 9), 244-247면.
22) 佐藤(주 9), 93-95면 및 250-251면.

적 효력설은 기판력의 상대성에 반하고, 일탈재산은 채무자에게 회복되는 것이 아니라 취소채권자에게 압류가 가능하게 하는 것뿐이므로 채무자의 책임재산 회복이 의제되는 것에 불과하다고 강조하였다. 그러나 이 주장 은 받아들여지지 아니하여 현행 일본 민법 제425조가 탄생하였다.

그런데 그 과정에서 가장 활발하게 논의된 것은 사해행위취소소송에 서 채무자의 지위(피고적격)에 관한 것이었는데, 절대적 효력설을 전제로 하는 이상 취소의 효과를 채무자에게도 미치게 하여야 한다고 생각되었 기 때문이다. 그리하여 채무자를 공동피고로 하는 수정안이 가결되었으 나 그 후 이 점은 소송법에 규정하여야 한다는 이유로 현행 일본 민법에 는 반영되지 아니하였다. 그러나 현행 일본 민법의 기초자들은 채무자에 게 피고적격을 부여하는 동시에 취소의 효과에 절대적 효력을 인정하는 입장이었다고 할 수 있다(절대적 무효설 + 절대적 효력설).[23]

다. 현행 일본 민법 제정 이후 학설과 판례의 전개

(1) 사해행위취소소송에서 수익자 외에 채무자도 공동피고로 삼아야 하고 그 결과로 사해행위취소판결의 효력이 채무자에게도 미치는 것이라 고 한다면, 우리 민법 제407조나 일본 민법 제425조와 같은 규정은 불필 요한 것이거나 주의적 규정에 불과한 것인지도 모른다. 왜냐하면 사해행 위취소의 결과 일반적인 법률행위의 취소와 마찬가지로 채무자와 수익자 사이의 법률행위가 처음부터 무효인 것으로 된다면, 채권자취소권의 내용 으로 특별히 원상회복청구권을 포함시킬 필요가 없고, 취소채권자를 비롯 한 다른 채권자(여기에는 사해행위 후의 채권자도 포함될 수 있다)는 무자력 인 채무자를 대위하여 수익자를 상대로 부당이득반환청구를 하거나 (유인설 에 따르면 물권적 효과로서) 소유물반환청구를 하면 되기 때문이다.

채권자취소권의 법적 성질에 관한 일본의 초기의 이론 중 형성권 설,[24] 즉 사해행위취소권은 의사표시의 하자에 관한 취소권과 마찬가지

---

23) 이 부분의 설명은 工藤祐嚴, "詐害行爲取消權の法的性質および效果", 圓谷峻 編 著, 民法改正案の檢討 第1卷, 172-173면에 의하였고, 佐藤(주 9), 258-268면도 참 고하였다.

로 채무자와 수익자 사이의 사해행위를 취소하고, 그 효력을 소급적·절
대적으로(또는 물권적으로) 무효로 만드는 형성권이라는 견해는 수익자 외
에 채무자도 공동피고로 삼아야 한다는 위에서 본 일본 현행 민법초안
제정 과정에서의 견해와 일치한다.

　　(2) 그러나 이러한 형성권설적인 견해는 일본 대심원 1911(명치
44). 3. 24. 연합부판결에 의해 명시적으로 부정되었다.

　　즉, 일본 대심원 1905(명치 38). 2. 10. 판결은 사해행위취소소송은
채무자도 공동피고로 하여야 하는 필수적 공동소송이라는 취지로 판시하
였고, 그 결과 취소의 효력은 채무자와 수익자 사이의 법률행위에도 미
치는 것을 인정한 것으로 보인다.

　　그런데 그 후 대심원 1911. 3. 24. 판결은 수익자와 전득자가 있는
사안에서 취소채권자가 채무자와 수익자를 공동피고로 하여 사해행위의
취소와 수익자 명의의 소유권이전등기의 말소를 구한 사건이었는데, 대심
원은 위 1905. 2. 10. 판결을 변경하여 ① 채무자에게는 피고적격이 없
고, ② 취소의 효력은 채무자와 수익자 사이의 법률행위에는 미치지 않
고 원고인 취소채권자와 피고인 수익자 또는 전득자 사이에서만 미치며,
③ 전득자가 있는 경우에 취소채권자는 수익자를 상대로 가액배상을 구
할 수도 있고 전득자를 상대로 현물반환을 구할 수도 있는 피고 선택의
자유가 있고, ④ 취소채권자가 사해행위의 취소만을 구할지 취소에 따른
원상회복까지 구할지는 취소채권자에게 맡겨져 있다고 하여 취소만을 청
구하여도 적법하다고 선언하였다.[25]

　　대심원 1911. 3. 24. 판결이 채택한 상대적 무효설(사해행위취소의 효
력은 채무자와 수익자 사이의 법률관계에는 미치지 않는다는 의미에서의 상대
적 무효설이고, 일본 민법 제425조가 규율하는 다른 채권자에 대한 효력을 말
하는 것이 아니다)은 브아소나드 민법초안이나 당시 프랑스 민법에 관한
해석론에 충실한 것이었다.

---

　24) 일본 신판 주석민법(10)Ⅱ, 795~796면(下森定).
　25) 廣中俊雄·星野英一 編, 民法典の百年 Ⅲ, 82~83면(佐藤岩昭).

그 후 대심원 1911. 3. 24. 판결의 태도는 일본의 판례와 통설의 지위에 올랐고, 이러한 입장은 만주국 민법의 제정에도 반영되었던 것으로 보인다.

(3) 즉, 만주국 민법 제393조는 우리 민법 제406조와 같이 '채권자를 해함을 알면서 한 행위의 취소 및 원상회복'을 청구할 수 있다고 규정하고, 만주국 민법 제395조도 우리 민법 제407조와 같이 '취소 및 원상회복'은 모든 채권자의 이익을 위하여 효력이 있다고 규정하였다.

이와 같이 만주국 민법이나 우리 민법은 채권자취소권의 내용에 '취소' 외에 '원상회복'까지 포함시킴으로써 형성권설의 절대적 무효설을 취하지 않고 판례의 입장인 상대적 무효설을 채택하였고, 상대적 무효설은 단지 하나의 해석론이 아니라 입법의 단계에까지 이르렀다. 절대적 무효설에 의하면 사해행위취소의 효력이 채무자에게도 미쳐 채무자와 수익자 사이의 법률행위가 무효로 되므로 취소채권자는 채권자취소권의 내용으로 원상회복을 청구하는 것이 아니라 채무자의 수익자에 대한 부당이득반환청구권이나 소유물반환청구권을 대위행사하여 원상회복을 할 수 있는데, 상대적 무효설에 의하면 사해행위로 취소되었다고 하여도 채무자와 수익자 사이의 법률행위는 유효하게 존속하므로 채무자가 수익자에 대하여 원상회복을 구할 권리가 없어 취소채권자가 수익자를 상대로 원상회복을 구하려면 다른 법적 근거가 있어야 한다. 그런데 만주국 민법이나 우리 민법은 채권자취소권의 내용에 원상회복을 포함시킴으로써 그 법적 근거를 마련한 것이므로 판례에 따라 상대적 무효설을 채택한 것이라고 할 수 있는 것이다.

이러한 상대적 무효설을 취하면 사해행위를 취소하는 판결이 확정되었다고 하여 취소채권자가 아닌 다른 채권자가 당연히 취소의 효력을 원용하여 채무자의 수익자에 대한 권리를 대위행사할 수 없으므로 다른 채권자에게도 사해행위취소판결에 따른 어떠한 효력을 주려면 별도의 법적인 근거가 필요하게 되는데, 프랑스의 절대적 효력설은 프랑스 민법 제2093조를 근거로 들고 있고, 일본 민법은 제425조를, 우리 민법은 제407

조를 규정하여 법적 근거를 마련한 것이다. 그러나 다른 채권자에 대한 법적 효력의 구체적인 내용이 무엇인지는 별도로 규명되어야 하는 문제이다.

(4) 한편 만주국 민법에 관한 해설서에서는 채권자취소권의 효과에 관하여 "채권자가 취소의 소만으로 취소권을 행사한 때에는 그 판결의 확정에 의해 채무자가 한 사해행위는 소급적으로 무효로 되고, 채권자가 수익자 또는 전득자에 대한 급부의 소로써 취소권을 행사한 때에는 그 판결의 확정에 의해 채무자가 급부한 물건의 소유권은 당연히 채무자에게 복귀하여 상대방은 그 물건을 인도하여야 한다. (중략) 이 취소의 효력은 절대적 무효이고 누구에 대해서도 대항할 수 있다고 하여야 한다. 취소권 행사에 의한 취소 및 원상회복은 총채권자의 이익을 위하여 효력이 생긴다(제395조). 즉, 취소에 의해 채무자에게 직접 복귀한 재산은 그의 다른 재산과 합쳐져 총채권자의 공동이익을 위하여 담보적 효력을 보유하고 취소권을 행사한 채권자만이 복귀한 재산상에서 우선적 변제를 받는 것은 아니다"라고 설명하고 있다.[26] 이 설명의 맥락을 파악하기는 쉽지 않지만, 위의 설명에서 절대적 무효라고 표현한 것은 사해행위취소로 인한 원상회복판결로 취소채권자에 대한 관계에서는 그 물건의 소유권이 채무자에게 물권적으로 복귀한다는 의미이지, 채무자와 수익자 사이에서도 절대적 무효가 된다는 의미는 아니라고 보인다. 그리고 원상회복이 필요한 사해행위의 경우에도 사해행위를 취소하는 판결이 확정되면 다른 채권자는 사해행위가 이미 취소되었음을 원인으로 원상회복청구만 하면 된다는 것까지 의미하는 것도 아니라고 보인다.

이 점은 위 해설서가 채권자취소권의 행사방법에 관하여 다음과 같이 설명하는 데에서 알 수 있다. "채무자가 한 법률행위를 취소하는 것만으로 목적을 달성하는 경우에는 그 행위의 당사자를 피고로 하여 취소를 구한다. 원상회복을 구하여 목적을 달성하는 경우에는 수익자 또는 전득

---

26) 石田文次郎・岩井萬龜, 滿洲民法(債權總論), 117–118면.

자에 대하여 채무자의 행위를 취소하고 받은 이득을 반환하는 급부의 소를 제기하여야 한다. 이득반환의 급부의 소에서 채무자의 행위의 취소는 채권자가 심판상의 공격방법으로서 일방적 의사표시로 채무자의 행위를 취소하는 것뿐이고, 취소의 소를 제기할 필요가 없다. 채권자는 급부의 소를 제기하여 그 소송에서 공격방법으로서 채무자의 행위를 취소하면 족하다고 해석하는 것이 옳다.[27] 따라서 법원도 판결 주문에 채무자의 행위를 취소하는 취지를 선언할 필요가 없다. 판결이유 중에 채권자가 한 취소의 의사표시에 대하여 판단해 주면 족하다."[28]

위 해설서는 우리 민법 제406조에 해당하는 만주국 민법 제393조의 '취소 및 원상회복'에 관하여 취소만으로 족한 경우에는 사해행위취소를 구하고, 취소와 원상회복이 필요한 경우에는 사해행위취소를 청구원인으로 하여 그러나 청구취지에는 포함시킬 필요 없이 원상회복청구의 소를 구하면 되고, 취소만으로 족한 경우에는 취소판결의 효력이, 원상회복이 필요한 경우에는 원상회복판결의 효력이 만주국 민법 제395조에 따라 다른 채권자에게도 미쳐 다른 채권자가 그 결과를 공유할 수 있다는 것으로 이해하고 있는 것으로 생각된다. 이 점은 현재의 판례[29]·통설과는 다소 다르다.

라. 일본 민법 개정 논의

(1) 2009년부터 논의를 거쳐 2015. 3. 31. 국회에 제출된 일본 민법 개정법안 제425조는 "사해행위취소청구를 인용하는 확정판결은 채무자 및 그의 모든 채권자에 대하여도 그 효력을 가진다"고 규정하고 있다.[30]

---

27) 이와 유사한 이해로는 김재형, "채권자취소권의 본질에 관한 연구", 민법론 Ⅱ, 19−22면.

28) 石田文次郎·岩井萬龜(주 26), 115−116면.

29) 대법원 1962. 2. 8. 선고 4292민상722 판결("사해행위 취소에 있어서는 그 취소를 선언하는 형성적 성질을 내포한 판결에 의하여서만 취소를 할 수 있고 그 취소가 없이는 수익자나 전득자에 대하여 원상회복을 청구할 수 없다고 해석되어 채권자는 모름지기 이 취소의 선언을 소구하여야 할 것…"). 일본 最高裁 2000(平成 12). 3. 9. 판결도 주문에서 사해행위의 취소를 명하지 않은 채 사해행위취소의 효과가 발생한 것을 인정하여 배당이의를 인용한 것은 위법하다고 하여, 반드시 사해행위의 취소를 구하고 명해야 한다는 입장이다.

사해행위취소판결의 효력이 채무자에게도 미친다고 규정하는 제425조 개정안은 채권자취소권에 관한 일본 민법 개정법안 중에서도 가장 특징적인 것으로 보인다.

　　일본 민법 개정법안 제425조에서 채무자에게도 사해행위취소판결의 효력이 미치도록 한 것은 다음과 같은 문제를 해결하기 위한 것이라고 한다. 사해행위취소의 효과가 채무자에게 미치지 않는다고 하면, ① 예컨대 일탈재산이 부동산인 경우 그 부동산의 등기명의를 채무자 앞으로 돌리고 그것을 채무자의 책임재산이라고 하여 강제집행의 대상으로 삼는 것,[31] ② 일본 민사보전법 제65조에서 사해행위취소권을 보전하기 위한 가처분에서 가처분해방공탁금의 환부청구권이 채무자에게 귀속한다고 하는 것, ③ 채무자의 수익자에 대한 채무소멸행위가 사해행위로 취소된 경우, 일단 소멸되었던 수익자의 채무자에 대한 채권이 회복된다고 하는 것을 설명하기 어렵고, ④ 수익자가 사해행위취소의 결과로서 채무자에 대하여 일탈재산반환의무를 부담하는데도, 사해행위취소의 효과가 채무자에게 미치지 않는다는 이유로 그 일탈재산을 취득하기 위하여 하였던 반대급부의 반환을 채무자에게 청구할 수 없게 되는 문제가 있다고 한다. ① 내지 ③은 사해행위취소의 효과가 채무자에게 미치지 않는다는 것과 정합성이 없고, ④는 상대적 무효설과의 정합성 문제가 아니라 결과의 타당성에 의문이 있다는 것이다.[32]

---

30) 新法シリーズ 3, 民法改正法案, ③ 民法改正案新舊對照條文, 44면.

31) 그럼에도 불구하고 상대적 무효설의 결함, 이론적 난점이 표면화되지 않는 이유는 제3자이의를 제기하여야 할 제3자(수익자)에게는 취소판결의 효력이 미치는 한편, 집행법원은 목적물의 소유권이 누구에게 있는지를 직권으로 심사할 권한이 없기 때문이라고 한다.

32) 民法(債權關係)部會資料 73A 民法(債權關係)の改正に關する要綱案のたたき台(7), 56면. 사해행위취소판결의 효력이 채무자에게도 미친다는 일본 민법 제425조 개정안이 단지 위와 같은 문제를 해결하기 위한 목적이라면, 그 의미를 지나치게 과장하는 것은 곤란하다고 생각된다. 우리 민법 개정안으로서도 민법 제406조의4(채권자취소소송의 상대방)로 "채권자취소소송은 채무자와 수익자를 상대로 제기하여야 한다"는 조항을 신설할 것을 제안하였다가 결국은 개정대상에서 제외되었다. 이 점은 윤진수·권영준, "채권자취소권에 관한 민법 개정안 연구", 민사법학(66), 519-522면 참조. 그런데 위 논문 522면은 "이처럼 채권자취소의 효력이 채무자에

(2) 일본 민법 개정법안 제425조의 의미에 관하여, 당초 입법담당자
는 사해행위취소소송의 판결의 형성력이 채무자와 다른 채권자에게 미친
다는 의미이지 기판력의 확장은 아니라는 입장이었으나,[33] 최종 단계에
서는 이 조문을 사해행위취소청구의 인용판결의 형성력과 기판력 모두가
채무자와 모든 채권자에 대하여 미친다는 의미로 이해하고 있다. 그리하
여 예컨대 다른 채권자는 사해행위가 취소된 것을 전제로, 채무자에게
회복된 부동산에 대하여 강제집행을 하는 것 등이 가능하다는 의미라고
한다. 여기서 기판력은 그 형성소송에서의 형성요건의 존재에 관한 기판
력을 말하는 것으로서 취소채권자가 사해행위취소소송의 인용판결에 의
해 사해행위를 취소할 수 있는 지위에 있었다는 것이 채무자와 다른 채
권자의 관계에서도 확정된다는 의미이고, 형성력이란 어느 한 사람의 취
소채권자가 인용판결을 받으면 모든 채권자, 이미 패소판결이 내려진 채
권자도 포함한 모든 채권자가 그 상태를 주장, 이용할 수 있다는 것이라
고 한다.[34] 이에 대해서는 사해행위취소판결의 효력이 채무자에게 미친
다고 하면(실체법상 절대적 무효) 현행 일본 민법 제425조과 같이 취소는
모든 채권자의 이익을 위하여 효력이 있다는 조문은 불필요하다는 반론
이 제기되고 있다.

그런데 이런 일본 민법 개정법안의 논의는 사해행위취소판결의 효력
에 집중되어 있고, 원상회복판결의 효력이나 원상회복청구와의 관계에 관
하여는 별다른 언급이 없다.[35]

게 미친다고 하더라도, 이것이 누구에게나 주장할 수 있는 이른바 절대적 무효라
고는 할 수 없다. 취소의 효력은 채무자의 다른 채권자에게도 미치지만, 수익자로
부터 다시 목적물을 취득한 전득자에 대하여는 그를 상대로 별도로 사해행위취소
를 청구할 수 있는 요건이 갖추어져 있는 한 취소의 효력이 미치지 않는다"고 하
고 있다.

33) 民法(債權關係)部會資料 51 民法(債權關係)の改正に關する論点の補充的な檢討(2), 11면;
民法(債權關係)部會 第62回會議 議事錄, 45~46면.

34) 民法(債權關係)部會 第91回會議 議事錄, 37~38면.

35) 일본 민법 개정법안 제424조 제1항은 "채권자는 채무자가 채권자를 해함을 알고
한 행위의 취소를 재판소에 청구할 수 있다. 다만, 그 행위에 의하여 이익을 받은
자(이하 이 관에서는 '수익자'라고 한다)가 그 행위의 시에 채권자를 해함을 알지

(3) 어찌되었든 현재의 일본 민법 개정법안 제425조의 입장은 사해행위취소판결의 형성력과 기판력이 채무자 및 모든 채권자에게 미친다는 입장을 택하고 있는데, 그러면서도 다른 채권자가 별도의 사해행위취소청구를 할 수 있는지, 원상회복청구만 해도 되는지 등의 문제에 관하여는 논하지 않고 있다. 일본 민법 개정법안 제425조가 사해행위취소의 효력이 채무자에게도 미친다는 절대적 무효설을 취하면서, 그 취소판결에 형성력과 기판력까지 인정된다는 의미라고 한다면, 이미 사해행위는 취소되었고 일탈된 재산의 소유권이 채무자에게 회복되었으며 수익자는 이 점을 다툴 수 없으므로 다른 채권자는 채권자취소권을 행사하는 것은 허용되지 않으며 원상회복의 방법으로 채무자의 수익자에 대한 소유물반환청구권을 대위행사하여야 하는 것은 아닌지(이것은 초기의 형성권설과 같은 내용이 된다), 그리고 다른 채권자들의 원상회복청구는 채무자의 권리를 대위행사하는 것이므로 유사필수적 공동소송관계에 서게 되는 것이 아닌지 등의 문제가 생길 수 있다. 그럼에도 일본의 민법 개정법안 작성 과정에서 이런 논의를 거의 찾아볼 수 없어서 궁금증을 불러일으킨다.

일본의 입법담당자는 사해행위취소판결의 형성력뿐만 아니라 기판력을 확장하는 취지에 관하여 다른 채권자가 강제집행에 참가하였을 때 나타날 수 있는 문제를 해결하기 위한 것이라고만 설명하고 있는데,[36] 채무자 및 모든 채권자에 대한 관계에서 무효라는 사해행위취소의 효과가

못한 때에는 그러하지 아니하다"고 규정하고, 제3항은 "채권자는 그의 채권이 제1항에 규정하는 행위의 전의 원인에 기하여 생긴 경우에 한하여, 동항의 규정에 의한 청구(이하 '사해행위취소청구'라고 한다)를 할 수 있다"고 규정하고 있다. 한편 제426조의6은 "채권자는 수익자에 대한 사해행위취소청구에 있어서 채권자가 한 행위의 취소와 함께 그 행위에 의하여 수익자에게 이전한 재산의 반환을 청구할 수 있다. 수익자가 그 재산을 반환하는 것이 곤란한 때에는 채권자는 그 가액의 상환을 청구할 수 있다"고 규정하고 있다. 여기에서 일본 민법 개정법안 제425조에서 말하는 '사해행위취소청구를 인용하는 확정판결'의 효력이라는 것이 '사해행위의 취소'만을 의미하는 것인지, 원물반환 또는 가액상환을 포함한 판결의 효력을 의미하는 것인지 반드시 명백하지는 않다. 다만 논의의 맥락으로 보아서 전자로 추측된다.
36) 民法(債權關係)部會 第91回會議 議事錄, 38면.

원물반환이 이루어지거나 가액배상이 이루어졌을 때, 그 시점에 비로소 생긴다고 생각하는 것일까.[37] 또는 채무자에 대하여 취소판결의 효력이 미친다고 하여도 그것은 단순한 절대적 취소를 의미하는 것이 아니고, 강제집행대상인 책임재산의 회복 및 관계인의 이해 조정에 필요한 범위 내에서만 채무자에 대하여도 효력이 미친다는 의미로만 보는 것일까. 일본 민법 개정법안 제425조의 해석으로서도 사해행위취소의 효과가 원상회복이 이루어진 때 비로소 생긴다고 새기면 현재의 판례·통설과 큰 충돌 없이 대부분의 문제가 무리 없이 설명될 수 있다고 생각되지만,[38] 기존의 법문을 고쳐서 '사해행위취소청구를 인용하는 확정판결'의 효력이 미친다고 규정하면서도 효력 발생의 시점을 위와 같이 해석할 수 있는지는 의문이다.

3. 소   결

이상에서 살펴본 일본 민법 제425조의 입법과정과 일본의 판례·통설(이는 현재 우리나라의 판례·통설이기도 하다)의 형성과정을 대상판결과 관련하여 요약하면 다음과 같다.

---

37) 下森定, 詐害行爲取消權の硏究, 599-600면.

38) 예를 들어, 일본 민법 개정법안이 사해행위취소의 효력이 채무자에게도 미친다는 절대적 무효설을 채택한 이유는 상대적 무효설(상대적 취소설)을 취하면 원상회복된 재산이 채무자의 책임재산으로서 강제집행의 대상이 된다는 것을 설명하기 어렵고, 수익자는 채무자에게 사해행위취소에 따라 원상회복을 하였음에도 채무자에게 반대급부의 반환을 구할 수 없어 부당하다는 것인데, 비록 최종 일본 민법 개정법안에서는 채무자의 재산처분행위가 사해행위로 취소된 경우에 수익자에게 반대급부의 반환을 청구할 수 있는 권리가 발생하는 시점을 명시하지 않았지만, 최종안의 직전 단계까지만 해도 수익자가 채무자로부터 취득한 당해 재산을 반환하거나 그 가액을 상환한 때에 비로소 수익자에게 반대급부의 반환청구권이 발생하는 것으로 규정하는 것을 상정하고 있었다(潮見佳男, 民法(債權關係)改正法案の概要, 89면은 최종안에 관하여도 여전히, 수익자가 사해행위에 의해 일탈한 재산을 재산 또는 그 가액을 취소채권자 또는 채무자에게 반환하는 것이 반대급부 반환청구권에 대하여 선이행관계에 있는 것을 전제로 한 것이라고 설명한다. 이와 같이 사해행위취소의 효력을 상대적 무효에서 절대적 무효로 전환하는 이유가 채무자의 책임재산으로서 강제집행을 하는 것이나 수익자에게 반대급부의 반환청구권을 인정하는 것을 이론상 무리 없이 설명하기 위한 것이라면, 그와 같은 효력 발생시점을 사해행위취소에 따른 원상회복이 이루어진 때로 본다고 하여도 이론적인 문제는 몰라도 현실적으로는 별 문제가 없을 것이다.

가. 브아소나드 민법초안이 사해행위취소의 효력이 채무자에게 미치지 않는다는 상대적 무효설에 기초하고 있음은 분명하다. 그러면서도 사해행위취소의 대상이 된 재산은 모든 채권자를 위한 공동담보재산이 된다는 절대적 효력설을 채택하였다. 사해행위취소의 효력이 채무자와 수익자 사이의 법률관계에는 미치지 않는다는 상대적 무효설은 그 자체로는 전혀 생소한 것이 아니었고, 당연하게 받아들여지던 것이었다. 다만 그것이 다른 채권자에 대한 관계에서의 절대적 효력설과 어떻게 결합될 수 있는가 하는 것은 별개의 문제이다.

나. 그러나 일본 민법 제정 과정에서는 오히려 사해행위취소의 효력을 절대적 무효(절대적 취소)로 하는 방향으로 입법이 이루어졌고, 초기의 학설도 사해행위취소소송을 채무자와 수익자를 공동피고로 하는 형성소송으로 이해하였다. 이 견해에 따르면 사해행위를 취소하는 판결은 대세적인 효력을 가지는 형성판결이고 형성판결의 형성력과 기판력이 채무자와 모든 채권자에게 미친다고 이해할 가능성이 높다.

다. 그런데 일본 대심원 1911. 3. 24. 판결은 이러한 견해를 명시적으로 배척하고 사해행위취소의 효력이 채무자에게 미치지 않고 채무자를 피고로 삼을 필요도 없다는 상대적 무효설을 채택함으로써 형성소송설과 결별하였고, 이로써 사해행위취소판결에는 소송법상의 효력인 형성판결의 대세적인 형성력이나 기판력의 확장이 인정되지 않는 것으로 이해되었다. 실무와 통설이 복수의 채권자에 의한 사해행위취소소송의 경합을 당연한 것으로 받아들이고 있는 것도 이러한 이해에 기초하고 있다고 할 수 있다. 채무자의 권리를 대신 행사하는 것이 아닌 한, 상식적으로 생각해도 법률행위의 당사자인 채무자를 피고로 삼지 않은 취소판결의 형성력이나 기판력이 채무자에게 미친다는 이론은 좀처럼 받아들이기 어려운 것이다.

라. 판례·통설은 이처럼 사해행위취소판결의 대세적인 형성력이나 기판력의 확장을 인정하지 않으면서도 일본 민법 제425조(우리 민법 제407조)가 엄연히 존재하고 있으므로 사해행위취소로 회복된 재산에 대한 강제집행에

채무자의 다른 채권자가 참가할 수 있다는 것 역시 당연하게 받아들였는데, 이는 결국 상대적 무효설(채무자에 대한 관계)과 절대적 효력설(다른 채권자에 대한 관계)이 결합된 것으로 결과적으로는 브아소나드의 최초의 구상대로 돌아간 것과 같다.

　　마. 다시 말하면, 상대적 무효설과 절대적 효력설을 어떻게 모순 없이 설명할 수 있는가의 문제는 여전히 남지만(통설은 이를 모든 채권자에게 사해행위취소로 인한 소송법상의 대세적 형성력이나 기판력이 미치는 것이 아니라, 실체법상 취소의 효력을 받는 것으로 이해한다[39]), 현재까지의 판례·통설은 사해행위취소판결의 소송법상 효력에 관하여는 통상적인 소송처럼 판결의 효력은 소송당사자 사이에만 미치는 것으로 이해하고, 다른 한편 사해행위취소에 따라 회복된 재산에 대한 강제집행의 단계에서는(엄밀히는 그 단계에서만) 취소채권자가 아닌 다른 채권자도 참가할 수 있는 것으로 이해하고 있다고 보아도 무방할 것이다.

Ⅲ. 대상판결의 검토

1. 사해행위취소판결의 기판력, 형성력과의 관계

　　가. 채권자취소권은 각각의 채권자에게 개별적으로 인정되는 고유의 권리로서 사해행위의 취소와 원상회복을 내용으로 하는 것이다(민법 제406조 제1항).[40] 사해행위취소의 소는 채권자가 취소원인을 안 날로부터 1년 내에 제기하여야 한다는 제척기간(민법 제406조 제2항)은 각 채권자별로 계산한다. 각각의 채권자가 채권자취소권을 행사하여 원상회복청구를 하려면 그 논리적 전제로

---

39) 瀬川信久, "詐害行爲取消權-日本法の比較法的位置と改正案の現實的意義", 債權法改正の論点とこれからの檢討課題, 別册 NBL No. 147, 96면. 사해행위의 취소에 의해 일탈재산은 채무자의 채권자들에 대한 관계에서 '실체법상' 채무자에게 귀속하는 재산으로 보게 된다는 의미이다.

40) 대법원 2003. 7. 11. 선고 2003다19558 판결("채권자취소권의 요건을 갖춘 각 채권자는 고유의 권리로서 채무자의 재산처분 행위를 취소하고 그 원상회복을 구할 수 있는 것이므로 각 채권자가 동시 또는 이시에 채권자취소 및 원상회복소송을 제기한 경우 이들 소송이 중복제소에 해당하는 것이 아닐 뿐만 아니라…") 등 판례 다수.

서 사해행위의 취소를 청구하여야 한다.

　나. 앞서 본 바와 같이 현재까지의 판례·통설은 사해행위취소소송의 판결의 기판력은 소송당사자 사이에서만 미치는 것으로 이해하고 있으므로, 어느 채권자가 받은 사해행위취소 및 원상회복판결의 기판력이나 집행력은 다른 채권자에게 확장되지 않는다. 채권자취소권은 각 채권자의 고유의 권리이고 소송물이 다르기 때문이다.[41] 대상판결의 판시 [1]은 '사해행위취소로 인한 원상회복판결'의 효력이 채무자나 다른 채권자에게 미치지 않는다고만 하고 있지만, 판례 중에는 사해행위취소 및 원상회복판결에 대하여 명시적으로 기판력이 미치지 않는다고 한 것들이 있는데,[42] 대상판결의 판시 [1]이 사해행위취소와 원상회복을 명한 판결 중

---

41) 民法(債權關係)部會資料 35 民法(債權關係)の改正に關する論點の檢討(7), 58-60면도 참조. 당초 일본 민법 개정법안의 논의 과정에서는 취소의 효과가 채무자에게도 미친다는 것으로 개정안을 마련하면서도 복수의 취소채권자가 동일한 사해행위의 취소를 구하는 사해행위취소소송을 제기한 경우에 각 사해행위취소소송의 소송물이 다르다는 이유로 중복제소금지에 저촉되지 않고, 법원은 각 사해행위취소소송을 개별적으로 심리하여 판결하면 되고 합일확정의 필요성도 없다는 입장이었는데, 사해행위취소판결의 형성력과 기판력이 채무자 및 모든 채권자에게 미친다고 설명하는 최종적인 민법 개정법안에서도 같은 입장인지는 불분명하다.

42) 대법원 2008. 12. 11. 선고 2007다91398 판결("이 사건 소가 확정판결의 기판력에 저촉되어 각하되어야 한다는 취지의 상고이유의 주장은 당심에 이르러 비로소 하는 주장으로서 적법한 상고이유가 되지 아니 할 뿐만 아니라, 어느 한 채권자가 동일한 사해행위에 대하여 채권자취소 및 원상회복청구를 하여 승소판결을 받아 그 판결이 확정되었다는 것만으로는 그 후에 제기된 다른 채권자의 동일한 청구가 권리보호의 이익이 없어지게 되는 것은 아니고, 그에 기하여 재산이나 가액의 회복을 마친 경우에 비로소 다른 채권자의 채권자 취소 및 원상회복청구는 그와 중첩되는 범위 내에서 권리보호의 이익이 없게 될 뿐이므로(대법원 2003. 7. 11. 선고 2003다19558 판결 등 참조), 확정된 서울중앙지방법원 2006. 6. 22. 선고 2005가합87642 판결에 기하여 원상회복이 이루어지지 않은 이 사건에 있어서, 이 사건 소는 위 확정판결의 기판력에 저촉되지 않으므로 받아들일 수도 없다"), 대법원 2013. 4. 26. 선고 2011다37001 판결("기판력은 당사자 간에 한하여 생기고, 제3자에게는 미치지 않는 것이 원칙이며, 한편 채권자취소권의 요건을 갖춘 각 채권자는 고유의 권리로서 채무자의 재산처분행위를 취소하고 그 원상회복을 구할 수 있는 것이므로 각 채권자가 동시 또는 이시에 사해행위의 취소 및 원상회복을 구하는 소송을 제기하였다 하여도 그중 어느 소송에서 승소판결이 선고·확정되고 그에 기하여 재산이나 가액의 회복을 마치기 전에는 각 소송이 중복제소에 해당한다거나 권리보호의 이익이 없게 되는 것은 아니다") 등.

사해행위취소 부분에 대해서는 기판력의 확장을 인정하는 취지로 보이지
는 않는다. 즉, 기판력에 관한 한 대상판결의 태도는 기존의 판례·통설
과 다르지 않다고 보인다. 만약 사해행위취소 및 원상회복판결의 기판력
과 집행력이 확장된다면 채무자의 다른 채권자는 별도로 사해행위취소
및 원상회복청구의 소를 제기할 필요가 없고, 제기한다고 하여도 법원은
직권으로 판단하여 소를 각하하여야 할 것이다. 그러나 판례·통설은 사
해행위취소소송의 경합을 인정하고 있고, 선행 소송에서 사해행위취소 및
원상회복판결이 확정되어도 후행 사해행위취소소송의 소의 이익을 인정
한다. 이 점에 관하여는 뒤에서 다시 설명한다.

　　다. 그런데 선행 사해행위취소 및 원상회복판결의 기판력의 확장을
인정하지 않으면, 다른 채권자가 제기한 후행 사해행위취소소송에서는 선
행 사해행위취소소송에서의 채권자 승소확정판결에도 불구하고 소송수행
의 방법에 따라 원고채권자가 패소할 수도 있는 것이고, 선행 사해행위
취소소송에서 사해행위의 취소가 확정되었다는 사정은 후행 사해행위취
소소송에서 소송법적으로 아무런 영향을 미칠 수 없다.

　　라. 그렇다면 대상판결의 판시 [2]에서 사해행위취소의 효력은 민법
제407조에 따라 다른 채권자에게 미친다고 한 것은 선행 사해행위취소판
결의 기판력이 다른 채권자에게 확장되지 않는 것과는 어떤 관계에 있을
까. 이에 관하여 대상판결은 선행 사해행위취소판결의 기판력은 미치지
않지만 선행 사해행위취소판결의 형성력은 민법 제407조에 따라 다른 채
권자의 후행 소송에 미쳐 후행 소송에서 다른 채권자는 사해행위의 취소를
구할 필요가 없고 원상회복청구만 하면 된다는 입장인 것처럼 보인다.[43]

　　(1) 그런데 만약 대상판결의 판시 [2]부분이 후행 소송에서는 선행
사해행위취소판결의 형성력에 따라 사해행위가 취소된 것을 전제로 판단
을 해야 하는 의미라면, 그 논리에는 다음과 같은 문제가 있다.

　　현재의 판례·통설은 사해행위취소판결에 일반적으로 형성판결에서

---

43) 신신호(주 2), 146면.

말하는 형성력의 제3자효 또는 대세효를 인정하지 않고 있다.[44] 선행 사해행위취소판결에 소송법상 형성판결의 대세효를 인정하면 이는 곧바로 후행 사해행위취소 및 원상회복청구소송에서 사해행위취소를 구하는 부분에 관한 권리보호의 이익 문제, 즉 소송요건의 문제가 되기 때문에 법원이 직권으로 판단하여야 하지 다른 채권자가 후행 소송에서 선행 사해행위취소판결의 확정 사실을 원용하느냐 하지 않느냐에 따라 달리 판단할 수 있는 문제가 아니다. 현재의 판례·통설에 따르면 선행 사해행위취소소송에서 사해행위의 취소가 확정되었고 그 효력이 다른 채권자에게 미친다고 하여도 그것은 실체법상의 효과를 말하는 것이지, 형성판결의 대세적인 형성력을 말하는 것이 아니다.

그러므로 후행 소송에서 다른 채권자는 사해행위취소에 따른 원상회복을 구하기 위해서는 그 전제로서 자기의 고유의 권리로서 사해행위의 취소를 소구하여야 하는데, 그 소송에서 선행 사해행위취소판결의 확정 사실을 원용한다 한들 그 판결의 기판력이 다른 채권자의 후행 소송에 미치지 않으므로 대상판결의 판시 [2]와 같이 다른 채권자가 제기한 후행 소송에서 수익자를 상대로 원상회복청구를 하면 수익자는 패소할 수밖에 없다는 결론은 기존의 판례·통설의 틀을 다시 짜지 않는 한 이와 같이 다른 채권자가 사해행위취소소송을 하는 단계에서는 나올 수 없다. 예를 들어 선행 사해행위취소소송에서는 수익자가 채무자의 무자력을 제대로 다투지 못하거나 수익자의 악의가 추정되어 사해행위취소판결이 확정되었지만 다른 채권자가 제기한 후행 소송에서는 원고가 채무자의 무자력 요건을 증명하지 못하거나 수익자가 악의 없음을 증명한 경우에도 원고가 선행 사해행위취소판결이 확정되었다는 사실을 원용하면 더 이상 사해행위취소권이라는 형성요건의 존재에 관하여는 다툴 수 없다고 하는

---

44) 예를 들면, 강현중, 민사소송법강의, 188면. 그 밖에 김두년, "채권자취소권에 관한 연구", 106~113면 및 182면도 참조. 형성판결의 제3자효 또는 대세효를 인정하는 대표적인 규정으로는 행정소송법 제29조 제1항("처분 등을 취소하는 확정판결은 제3자에 대하여도 효력이 있다.")을 들 수 있다.

것은 사해행위취소판결의 기판력이 확장되지 않는다는 것과 모순된다. 이 점에서 벌써 대상판결의 판시 [2]의 논리에는 쉽게 동의하기 어려운 것이다.

(2) 대상판결의 판시 [2]의 논리와는 직접 관계가 없기는 하지만(왜냐하면 판시 [2]의 핵심은 다른 채권자의 후행 사해행위취소에 따른 원상회복청구소송에서 수익자가 언제나 패소할 수밖에 없다는 데 있으므로), 선행 사해행위취소판결의 기판력이 다른 채권자의 후행 소송에는 미치지 않으므로 후행 소송에서는 원고채권자의 사해행위 주장이 심리 결과 이유 있는 것으로 밝혀진 경우에 한하여 그때는 원고채권자가 다시 사해행위취소를 소로써 구할 필요는 없고 원상회복청구만을 구하는 것도 허용된다고 해도 되지 않을까 하는 생각이 들 수도 있다.

그러나 판례·통설, 나아가 우리 민법은 제406조에서 채권자취소권을 취소 및 원상회복을 구하는 것으로 이해하고 있는데, 어느 취소채권자가 취소를 구하지 않고 원상회복청구를 하는 것이 가능한가. 설령 그것이 가능하다고 하더라도 심리 결과 사해행위성이 인정되어 원고의 청구가 인용될 수 있다면 취소 및 원상회복청구가 모두 인용될 터인데, 취소는 따로 청구할 필요가 없다는 것은 무슨 실익이 있을까.

대상판결의 판례해설이 들고 있는 것으로는 사해행위를 취소하는 판결이 확정되어 있는 경우에는 다른 채권자가 후행 소송에서 취소를 구하지 않고 원상회복만을 구할 때 민법 제406조 제2항의 제척기간(채권자가 취소원인을 안 날로부터 1년, 법률행위 있은 날로부터 5년)의 제한을 피할 수 있는 실익이 있다고 한다.[45] 판례[46]는 채권자가 사해행위의 취소를 먼저 청구하고 원상회복을 나중에 청구하는 경우 사해행위취소청구가 민법 제406조 제2항에 정하여진 기간 안에 제기되었다면 원상회복의 청구는 그 기간이 지난 뒤에도 할 수 있다고 하고 있기 때문이다.

실제로 대상판결의 사안에서 다른 채권자 Y가 취소채권자가 받은

45) 신신호(주 2), 144면.
46) 대법원 2001. 9. 4. 선고 2001다14108 판결.

사해행위취소 및 원상회복판결을 이용하여 말소등기를 한 것은 사해행위 있은 날로부터 5년을 경과한 시점이었다. 따라서 만약 다른 채권자 Y가 자신의 사해행위취소권을 행사하여 '취소' 및 '원상회복'을 청구하는 소를 제기하였으면 ─ 선행 사해행위취소판결이 확정되어 있는 경우에는 제척 기간이 적용되지 않는다는 등의 법리가 없다면 ─ Y의 청구는 각하되어야 할 것이다.

그러나 민법 제407조가 다른 채권자에게 이런 정도의 실익을 주기 위한 것이었다면, 그러한 이익은 사해행위취소에 관한 기본법리를 근본적 으로 수정하기 위한 것으로는 너무 작은 것이 아닐까. 그리고 각 채권자 에게 개별적으로 고유의 권리로서 채권자취소권을 주면서 제척기간을 두 고 있는 점을 고려하면, 제척기간을 경과한 다른 채권자를 보호할 필요 보다는 수익자가 가지는 제척기간 경과에 관한 기대, 즉 법률행위 있은 날로부터 5년이 경과한 이상 다른 채권자로부터 다시 사해행위취소소송 을 제기당하지 않을 것이라는 기대가 더 보호되어야 하지 않을까.

2. 원물반환 또는 가액배상이 마쳐져야 사해행위취소소송의 권리보호 의 이익이 없어진다는 판례와의 정합성

가. 대법원 2003. 7. 11. 선고 2003다19558 판결은 "채권자취소권의 요건을 갖춘 각 채권자는 고유의 권리로서 채무자의 재산처분 행위를 취 소하고 그 원상회복을 구할 수 있는 것이므로 각 채권자가 동시 또는 이 시에 채권자취소 및 원상회복소송을 제기한 경우 이들 소송이 중복제소 에 해당하는 것이 아닐 뿐만 아니라, 어느 한 채권자가 동일한 사해행위 에 관하여 채권자취소 및 원상회복청구를 하여 승소판결을 받아 그 판결 이 확정되었다는 것만으로 그 후에 제기된 다른 채권자의 동일한 청구가 권리보호의 이익이 없어지게 되는 것은 아니고, <u>그에 기하여 재산이나 가액의 회복을 마친 경우에 비로소 다른 채권자의 채권자취소 및 원상회 복청구는 그와 중첩되는 범위 내에서 권리보호의 이익이 없게 된다고 보 아야 할 것</u>"이라고 판시하였고, 같은 취지의 판결들[47]이 반복되어 이제

이 법리는 확립된 대법원 판례가 되었다.[48]

나. 이와 같이 판례는 어느 채권자가 제기한 사해행위취소판결이 확정되었더라도 원물반환 또는 가액배상이 마쳐지지 않은 때에는 다른 채권자의 후행 사해행위취소 및 원상회복청구의 소의 이익을 인정하여야 한다고 한다. 그럼에도 불구하고 대상판결은 다른 채권자의 후행 소송에서 선행 사해행위취소 및 원상회복판결 중 사해행위의 취소 부분의 효력을 원용하면 원상회복청구만 하면 된다고 한다.

앞서 보았듯이 사해행위취소 및 원상회복청구판결 중 사해행위를 취소하는 부분의 판결은 형성판결의 형성력의 대세효가 인정되는 판결이 아니다. 형성의 소를 인용한 형성판결의 형성력에 기판력을 인정할 것인지에 관하여는 견해가 나뉘나(대체로는 형성요건의 존재에 관한 기판력을 인정한다. 한편 최종적인 일본 민법 개정법안에서도 절대적 무효설을 전제로 사해행위취소판결에 형성력과 형성요건의 존재에 관한 기판력을 인정한다는 입장이다), 그것과 관계없이 원상회복이 이루어지지 않은 상태에서 사해행위취소판결에 형성판결의 대세효를 인정하면 다른 채권자의 후행 사해행위취소 및 원상회복청구소송에서 사해행위취소청구 부분의 소의 이익을 인정할 여지는 없다. 요컨대, 사해행위취소판결의 형성력의 대세효와 다른 채권자의 사해행위취소청구의 소의 이익은 양립할 수 없는 것이다. 그리고 소의 이익은 소송요건이고 직권판단사항이므로 후행 소송의 취소채권

---

47) 대법원 2005. 3. 24. 선고 2004다65367 판결; 대법원 2005. 5. 27. 선고 2004다 67806 판결; 대법원 2005. 11. 25. 선고 2005다51457 판결; 대법원 2008. 4. 24. 선고 2007다84352 판결; 대법원 2012. 4. 12. 선고 2011다110579 판결; 대법원 2014. 8. 20. 선고 2014다28114 판결 등. 한편 대법원 2003다19558 판결이 인용하고 있는 대법원 2000. 7. 28. 선고 99다6180 판결이나 대법원 2001. 10. 12. 선고 2001다49043 판결도, 중복된 사해행위취소소송 중 어느 한쪽의 승소판결이 확정되어 재산이나 가액의 회복이 마쳐지기까지는 각 채권자가 여전히 자신의 사해행위취소의 소를 유지할 이익이 있다고 하여 같은 취지로 판시하고 있다.

48) 일본의 학설도 "어느 채권자로부터 일탈재산 또는 그 가액의 회복을 종료한 경우에는 다른 채권자는 사해행위취소권을 행사할 여지는 없다"고 하여, 우리 판례와 같은 입장을 취하고 있는 것으로 보인다. 일본 신판 주석민법(10)Ⅱ, 901면(下森定).

자가 사해행위를 취소한 선행판결의 효력을 원용하였는지에 따라 취소부분의 소의 이익이 있는지 여부가 달라질 수 없다.

그러므로 대상판결이 다른 채권자가 후행 소송에서 어느 채권자의 선행 사해행위취소판결의 대세효를 주장하여 원상회복청구만 할 수 있다는 취지라면, 이는 기판력 문제를 따지기도 전에 사해행위취소청구 부분의 소의 이익과 관련하여 확립된 대법원 판례와 배치된다고 하지 않을 수 없다.[49]

3. 사해저당권 관련 판례와의 관계

가. 대상판결은 사해행위취소와 원상회복을 명한 판결 중 사해행위취소의 효력이 민법 제407조에 의하여 모든 채권자의 이익을 위하여 미친다고 하면서 대법원 2012. 12. 26. 선고 2011다60421 판결과 대법원 2013. 4. 26. 선고 2011다37001 판결을 인용하고 있다.

이 두 판결은 모두 사해저당권설정행위의 취소에 관한 것이고, 개인적인 의견으로는 사해저당권에 관한 논의는 대상판결과 같은 사안에 직접 적용할 만한 것이 아니고 대상판결의 논리를 보강하기 어렵다고 생각하므로 이 점에 관하여 살펴본다.

나. 대법원 2012. 12. 26. 선고 2011다60421 판결의 사안과 판시는 아래와 같다.

(1) 편의상 사안을 단순화하였다. 원고(X)는 A의 일반채권자이다. A는 채무초과상태에서 피고(Y)에게 사해행위로 부동산에 저당권을 설정해 주었다. 이 부동산에 대한 부동산임의경매절차에서 부동산이 매각되어 Y는 2순위 저당권자로서 1순위 저당권자가 배당받고 남은 금액을 배당받아 배당금을 수령하였다. Y의 후순위자로는 3순위 저당권자 B와 체납처

---

49) 오영준, "사해행위취소권과 채권자평등주의", 사법논집(32), 176-181면은 어느 채권자가 제기한 취소소송이 먼저 승소판결로 확정된 경우, 아직 재산의 회복이 마쳐지지 않은 경우에도 다른 채권자는 다시 사해행위취소소송을 제기할 수 없다고 하여, 판례와 다른 입장을 취하고 있다.

분압류를 한 조세채권자가 있었는데 이들은 배당을 받지 못하였고, 일반 채권자로서 배당요구를 한 채권자는 없었다.

위 경매절차에 참가하지 않았던 X는 경매절차가 종료된 후 Y를 상대로 사해행위취소 및 Y가 수령한 배당금에 대한 가액배상을 구하는 소송을 제기하였다. 원심은, X의 청구를 받아들여 사해저당권설정행위를 취소하고, Y에 대하여 배당금 상당액을 가액배상으로 반환할 것을 명하였다.

Y는 상고를 제기하고 상고이유로 X는 경매절차에 참가하여 배당요구를 한 채권자가 아니므로 사해행위취소 및 가액배상을 구할 수 없다고 주장하였다.

(2) 대법원은 다음과 같이 판시하여, 원심판결 중 가액배상청구 부분만을 X 청구 기각 취지로 파기하였다. Y가 저당권을 설정받은 행위가 사해행위로 취소되어 배당받을 권리가 상실되더라도 Y에 대한 배당금은 사해행위로 설정된 저당권이 없었더라면 배당절차에서 더 많이 배당받을 수 있었던 다른 배당요구권자들에게 반환되어야 하고, 위 경매절차에 참가하여 배당요구를 하지 않은 X는 수익자에 대하여 원상회복을 구할 수 없다는 것이다. 그러나 그와 별도로 X의 사해행위취소청구 부분은 소의 이익이 있다고 하면서, 사해행위취소와 원상회복청구의 관계를 다음과 같이 판시하였다.

"사해행위취소의 소와 원상회복청구의 소는 서로 소송물과 쟁점을 달리하는 별개의 소로서 양자가 반드시 동시에 제기되어야 하는 것은 아니고 별개로 제기될 수 있으며, 전자의 소에서는 승소하더라도 후자의 소에서는 당사자가 제출한 공격·방어 방법 여하에 따라 패소할 수도 있고, 취소채권자가 사해행위취소의 소를 제기하여 승소한 경우 그 취소의 효력은 민법 제407조에 의하여 모든 채권자의 이익을 위하여 미치고 이로써 그 소의 목적은 달성된다. 이에 비추어 보면, 채권자가 원상회복청구의 소에서 패소할 것이 예상된다는 이유로 그와 별개인 사해행위취소의 소에 대하여 소송요건을 갖추지 못한 것으로 보아 소의 이익을 부정할 수는 없다. 기록에 의하면, 원고는 이 사건 근저당권설정계약의 체결이 사해행위에 해당함을 주장하며 수익자인 피고를 상대로 사해행위의 취소를 구함과 아울러 원상회복을 함께 청구하였음을 알 수 있으므로, 아래에서 보는 바와 같이 원고가 이 사건 부동산에 대한 임의경매절차에서 배당에 참가하지 아니하여 이 사건 사해행위로 인한 원상회복청구에서 패소할 수 있다고 하더라도 그와 별개인 사해행위취소의 소에 관하여 소의 이익이나 원고 적격을 부정할 수 없다."

다. 위 대법원 2011다60421 판결의 판시에는 선뜻 동의하기 어려운 점이 있다.

(1) 사해행위취소에서 말하는 취소는 민법 제141조에서 정한 법률행위를 처음부터 무효로 보는 일반적인 취소와는 다른 것이고, 원상회복이 필요한 사해행위의 경우 원상회복청구권 발생의 논리적 전제로 사해행위를 취소하고 그에 따라 원상회복이 이루어지면 사해행위가 없었던 것처럼 그 재산을 채무자의 책임재산으로 강제집행할 수 있도록 해 주는 것이다.

그런데 사해저당권의 경우, 그 부동산의 경매절차에 참가한 취소채권자가 저당권자를 상대로 사해행위취소소송을 제기하였으나 아직 사해행위취소판결이 확정되기 전에 부동산이 매각되어 저당권이 소멸하였으면 배당에 참가한 취소채권자가 별도로 저당권설정등기를 말소시킬 필요가 없게 되었으므로, 그 경우에는 취소채권자가 마치 원상회복을 마친 것과 같이 취급하여 사해저당권이 없었던 것처럼 배당을 하고, 경매절차에 참가한 다른 채권자도 민법 제407조에 따라 강제집행절차에서 그 효과를 공유할 수 있다고 보면 된다.

즉, 위의 경우는 취소 및 원상회복이 필요한 사해행위에서 취소채권자에 의해 취소 및 원상회복이 모두 이루어진 것으로 볼 수 있는 경우이거나 또는 취소만으로 목적을 달성할 수 있는 사해행위로 볼 수 있는 경우에 해당하기 때문에, 경매절차에서 아직 배당금이 지급되지 않은 상태에서는 경매절차에 참가한 채권자들만이 사해저당권이 없는 것처럼 배당을 받게 된다.

그러나 저당권설정행위가 경매절차에 참가한 채권자에 의해 사해행위로서 취소됨이 없이 사해저당권자가 배당을 받고 배당금을 수령한 경우에는 저당권의 소멸은 단지 매각부동산 위의 모든 저당권은 매각으로 소멸된다는 민사집행법 제91조 제2항의 규정에 따라 유효한 저당권이 매각으로 인하여 소멸된 것뿐이지, 이를 사해행위취소가 있고 그에 따라 원상회복이 이루어지거나 원상회복이 필요 없는 사해행위가 취소된 것처럼 볼 수는 없지 않을까. 강제집행절차가 완전히 종료되어 배당금 지급까지 마쳐진 후에 어느 채권자가 사해행위취소소송을 제기한 경우를 생각해 보자.

따라서 이때는 사해행위취소로 인한 원상회복이 불가능한 때에 해당하므로 가액배상을 청구할 수 있고, 가액배상청구를 할 수 있는 취소채권자가 경매절차에 참가한 채권자로 제한될 이유가 없으며, 경매절차에 참가하지 못한 채권자라도 사해행위취소 및 가액배상을 청구할 수 있다고 보아야 한다.[50] 취소채권자가 수익자인 사해저당권자로부터 회수한 가액배상금을 채무자에게 반환하여야 할 채무를 자신의 채무자에 대한 채권으로 상계하는 것을 허용할 것인지는 별개의 문제이다.[51]

(2) 이렇게 보면, 다음과 같은 두 가지 결론에 이를 수 있다.

(가) 사해저당권설정행위와 관련하여 그 부동산의 경매절차에 참가하지 않은 채권자에게 사해행위취소권을 인정하여야 하는 이유는 자신에게는 가액배상청구권(원물반환은 경매절차에서의 매각으로 인하여 이미 불가능하게 되었다)은 없지만 다른 채권자에게 사해행위취소의 효력이 미치기 때문이 아니라, 경매절차에 참가한 다른 채권자가 사해저당권자의 배당금 수령 전에 사해행위취소판결을 받지 않은 이상 경매절차에 참가하지 않은 취소채권자는 사해저당권설정행위를 취소하고 가액배상을 받을 수 있

---

50) 사해저당권자가 배당금을 현실로 수령한 경우, 경매절차에 참가하지 않았던 채권자가 사해저당권자를 상대로 가액배상금을 구할 수 있는지, 가액배상을 요구할 수 있는 채권자가 경매절차에서의 배당요구채권자로 제한되는지의 논의에 관하여는 서정원, "경매절차에서 근저당권설정계약이 사해행위로 취소되는 경우, 수익자인 근저당권자에 대한 배당액의 처리 문제", 민사판례연구(34), 296-303면 참조.
51) 서정원(주 50), 302면.

기 때문이다.

(나) 경매절차에 참가한 채권자가 사해저당권자를 배당에서 배제하기 위하여 사해행위의 취소판결만 얻어도 족한 이유는 이미 사해저당권이 말소되었으므로 사해행위취소에 따른 원물반환에 의한 원상회복이 이루어진 것과 같거나 원물반환이 필요 없게 되었기 때문이라고 보아야 하므로, 위 대법원 2011다60421 판결의 판시 중 사해행위의 취소만으로 모든 채권자에게 효력이 있다는 판시는, 사해행위의 취소 외에도 여전히 그 취소에 따른 원상회복이 있어야 비로소 채무자에 대한 강제집행이 가능한 대상판결의 사안에는 그대로 적용될 수 없고, 어느 채권자가 얻은 사해행위취소판결이 있으면 다른 채권자는 그 판결을 원용하여 원상회복청구를 하면 되고 수익자는 그 원상회복청구소송에서 사해행위취소의 효력을 다툴 수 없다는 대상판결의 결론을 이끌어 내는 논거가 될 수 없다.

라. 대상판결에 대한 평석과는 직접 관련이 없지만, 위의 논의를 기초로 참고로 사해저당권취소에 관한 그 밖의 의견을 간단히 정리하면 다음과 같다.

(1) 경매절차에 참가하지 않은 취소채권자가 사해저당권자의 배당금 수령 전에 사해행위취소판결을 받았다고 하더라도 경매절차에 참가한 다른 채권자가 사해행위취소판결을 받지 않았다면 저당권의 말소는 정상적인 저당권이 매각으로 인하여 소멸된 것뿐이지, 경매절차에 참가한 채권자가 사해행위의 취소판결을 받고 그에 기초하여 원상회복까지 한 것과 동일하게 평가할 수 없다. 그렇게 평가하여 취소채권자를 보호할 필요가 있는 경우는 경매절차에 참가한 채권자가 사해저당권자가 배당금을 수령하기 전에 사해행위취소의 확정판결을 받은 경우뿐이다. 그러므로 경매절차에 참가하지 않은, 참가하지 못한 취소채권자는 사해저당권자의 배당금 수령 후에 사해저당권자를 상대로 가액배상을 청구할 수 있다고 보는 것이 타당하다고 생각한다. 이것은 민법 제407조의 문언에 반하는 것이 아닌가 하는 생각이 들 수 있으나, 경매절차에 참가하지 않은 취소채권자가 아직 저당권을 말소하지 못한 이상 취소와 원상회복이 필요한 사해

행위에서 원상회복이 이루어지지 않은 상태에서 원물반환이 불가능하게 된 것이기 때문이다. 그러므로 경매절차에 참가하지 않은 취소채권자가 받은 사해행위취소도 다른 채권자에게 효력이 미치지만, 그 사해행위취소 판결에 기한 원상회복은 저당권자가 받은 배당금의 가액배상의 방법으로 이루어져야 한다.

(2) 경매절차에 참가한 채권자가 사해저당권자를 상대로 사해행위취소청구의 소를 제기하였으나, 수익자인 사해저당권자를 상대로 보전처분, 배당이의 등의 다른 법적 조치를 취하여 아니하여 그대로 배당이 실시되어 사해저당권자가 배당금을 수령하고, 그 후에 비로소 사해행위취소판결이 확정된 경우에도 통상적인 가액배상의 문제가 된다. 이 경우 경매절차에 참가하지 않은 다른 채권자도 사해행위취소 및 가액배상청구를 할 수 있다고 생각한다.

(3) 경매절차에 참가한 채권자가 사해저당권자를 상대로 사해행위취소청구를 하는 경우, 사해저당권자가 배당금을 아직 수령하지 않은 이상, 취소채권자는 사해행위취소판결만 얻으면 된다는 것은 위에서 본 바와 같다. 사해저당권자의 배당금 수령 전에 경매절차에 참가한 채권자에 의한 사해행위취소판결이 확정되면 추가배당의 사유가 된다. 대법원 판례는 추가배당의 전제로 사해저당권자의 배당금지급청구권을 채무자에게 양도하고 제3채무자인 국가에 양도통지를 하는 방법으로 원상회복을 하여야 한다는 판시를 반복하여 왔으나,[52] 경매절차에 참가한 채권자가 제기한 사해행위취소에 관한 한 더 이상 위의 배당금지급청구권 양도절차를 요구하지 않고 있고 그럴 필요도 없다고 생각한다.[53]

참고로 위와 같은 배당금지급청구권 양도절차를 요구하지 않으면, 수익자인 사해저당권자의 고유채권자에 의한 배당금지급청구권 압류와 사해행위취소의 효과의 우열에 관하여 선집행우선설을 취하는 판례[54]가

---

52) 대법원 2005. 5. 27. 선고 2004다67806 판결; 대법원 2011. 2. 10. 선고 2010다90708 판결; 대법원 2013. 9. 13. 선고 2013다34945 판결 등.

53) 서정원(주 50), 313-314면.

과연 유지될 수 있는지 검토할 필요가 있다.

(4) 경매절차에 참가한 취소채권자에게 사해저당권자에 대한 배당을 다투는 방법으로(배당금을 수령할 수 없도록 하는 방법으로) 사해행위취소의 소와 원상회복방법으로서의 배당이의의 소를 허용하는 것은 배당표 경정의 범위를 취소채권자가 만족을 받지 못한 한도로 제한하는 것을 비롯하여 여러 문제점을 낳고 있다. 배당이의의 이론을 근본적으로 수정할 것이 아니면, 사해저당권취소와 관련하여서는 사해행위취소의 방법으로 배당이의를 허용할 것이 아니라 추가배당으로 문제를 해결하는 것이 가장 간명하다. 다만 경매절차에 참가한 취소채권자로서는 배당이의 이외의 방법으로 사해저당권자가 배당금을 수령할 수 없도록 하는 조치, 예를 들면 배당금지급금지가처분 등의 조치를 취해 놓을 필요가 있을 것이다.

(5) 사해저당권자를 상대로 사해행위취소를 청구하려는 취소채권자가 경매절차에 참가하지 못한 경우, 사해저당권자가 배당금을 이미 수령하였으면 가액배상을 청구하여야 한다는 점은 위에서 이미 보았는데, 경매절차에 참가한 다른 채권자가 별도로 사해행위취소소송을 제기하여 사해저당권자가 배당금을 수령하기 전에 승소판결이 확정된 경우 경매절차에 참가한 채권자들만이 추가배당을 받게 된다. 한편 판례는 수익자인 사해저당권자가 아직 배당금을 현실로 지급받지 않은 상태에서는 '금전'을 반환하라는 가액배상청구를 할 수 없다는 입장을 분명히 하고 있다.[55] 이런 경우 경매절차에 참가하지 않은 취소채권자는 사해저당권자가 배당금을 현실로 수령하기를 기다려 가액배상청구를 하여야만 하는 것일까.

생각건대, 배당표가 확정된 후에도 사해저당권자가 배당금을 수령하지 않은 이유는 다양할 수 있지만(예를 들어 경매절차에 참가하지 않은 취

---

54) 대법원 2009. 6. 11. 선고 2008다7109 판결.
55) 대법원 1997. 10. 10. 선고 97다8687 판결; 대법원 2001. 3. 13. 선고 99다26948 판결 등 다수.

소채권자가 배당금지급금지가처분을 받아놓은 경우나 수익자의 고유채권자가
배당금지급청구권을 압류한 경우 등) 경매절차에 참가한 채권자가 사해행위
취소판결을 받지 않는 한, 경매절차에 참가하지 않은 채권자는 사해행위
취소 및 원상회복으로서 사해저당권자의 배당금지급청구권을 채무자에게
이전시킨 다음 그 지급청구권에 채권집행을 할 수 있을 것이다.[56] 즉, 이
때는 원상회복까지의 방법은 종전부터 판례가 말해 온 방법과 같고, 회
복된 재산에 대한 강제집행방법은 추가배당이 아니라 채무자의 제3채무
자 국가에 대한 배당금지급청구권에 채권집행을 하는 방법에 의하여야
할 것이다. 그러나 그에 따라 제3채무자 국가가 취소채권자에게 배당금
을 지급하거나 집행공탁하기 전에 경매절차에 참가한 다른 채권자가 사
해행위취소판결을 받아 확정된 경우에는 추가배당사유가 발생한 것이므
로 경매절차에 참가하지 않은 채권자의 배당금지급청구권에 대한 강제집
행은 무위로 돌아가게 되지 않을까 생각한다.

4. 민법 제407조의 의미 및 민법 제407조 개정안과의 관계

가. 2014. 1. 종료된 법무부 민법개정위원회의 민법 개정안 제407조
는 현행 민법 제407조가 "전조의 규정에 의한 취소와 원상회복은 모든
채권자의 이익을 위하여 그 효력이 있다"고 규정하고 있는 것을 "채권자
취소는 모든 채권자의 이익을 위하여 그 효력이 있다"고 개정하는 방안
을 제시하고 있다. '취소와 원상회복'을 '채권자취소'로 대체하고 있는 것
이다. 관련 조문을 [표]로 정리하면 다음과 같다.

---

56) 반대: 서정원(주 50), 313-314면("배당요구를 하지 아니한 채권자가 지급금지가
   처분 및 배당금지급청구권 양도의 방식으로 사해행위취소의 승소판결을 선고받는
   경우가 있는데, 이 경우에도 예외 없이 우선 추가배당을 하고 잔여액에 한하여 채
   권집행절차를 허용하게 된다. 이때 배당요구채권자들은 채권자취소권을 행사하지
   않았음에도 추가배당을 받는 한편, 승소판결을 받은 채권자는 추가배당 후 집행할
   배당금이 남지 않게 되기도 한다. …취소채권자로서는 수익자가 배당금을 출급하
   기를 기다렸다가 제한 없이 가액배상금을 구할 수 있음에도 미리 보전처분을 한
   것이 오히려 본인에게 손해로 돌아오는 난처한 결과를 맞게 되는 것이다").

현행 민법	법무부 민법 개정안(2014. 1.)
제406조(채권자취소권) ① 채무자가 채권자를 해함을 알고 재산권을 목적으로 한 법률행위를 한 때에는 채권자는 그 <u>취소 및 원상회복</u>을 법원에 청구할 수 있다. 그러나 그 행위로 인하여 이익을 받은 자나 전득한 자가 그 행위 또는 전득 당시에 채권자를 해함을 알지 못한 경우에는 그러하지 아니하다. ② 전항의 소는 채권자가 취소원인을 안 날로부터 1년, 법률행위 있은 날로부터 5년 내에 제기하여야 한다. **제407조(채권자취소의 효력)** <u>전조의 규정에 의한 취소와 원상회복</u>은 모든 채권자의 이익을 위하여 그 효력이 있다.	**제406조(채권자취소권)** 채권자를 해함을 알면서 재산권을 목적으로 한 법률행위를 하고, 그 행위로 이익을 받은 자가 그 행위 당시에 채권자를 해함을 안 경우에는 채권자는 그 <u>취소</u>를 법원에 청구할 수 있다. ② 수익자가 채무자와 친족이나 그 밖의 특별한 관계에 있는 자인 때에는 수익자 그 행위 당시에 채권자를 해함을 안 것으로 추정한다. **제407조(채권자취소의 효력)** <u>채권자취소</u>는 모든 채권자의 이익을 위하여 그 효력이 있다. **제407조의3(반환된 재산에 대한 집행)** 모든 채권자는 제407조의2에 의하여 채무자에게 반환된 재산에 대하여 민사집행법에 따라 집행할 수 있다.

그 개정이유에 관하여는 "원상회복된 재산이 모든 채권자의 책임재산이 되는 것은 원상회복이 모든 채권자에게 효력이 있기 때문이 아니라 취소가 모든 채권자에게 효력을 미쳐 발생한 결과일 뿐이다. 따라서 분과위원회에서는 취소의 효력이 모든 채권자에게 효력이 있다고 규정하면 충분하다고 보아 '원상회복'의 삭제를 제안하였다. 이러한 제안은 그 이후의 논의절차에서 별다른 이견 없이 받아들여졌다. 개정안에서 실질적인 내용의 변경을 의도한 것은 아니다"라는 설명이 있다.[57]

이러한 설명에 따르면 사해행위취소판결이 확정되면 '취소'의 효력이 다른 채권자에게도 미친다는 것이므로, 다른 채권자는 다시 취소를 청구할 필요 없이 원상회복만 청구하면 된다는 대상판결 판시 [2]의 판시에 부합하는 것처럼 볼 수도 있다.

나. 그러나 민법 개정안 제407조가 반드시 이를 의미한다고 볼 수는

---

57) 윤진수·권영준(주 32), 525면.

없다.

(1) 우선, 위의 설명에서는 "개정안에서 실질적인 내용의 변경을 의도한 것은 아니"라고 하므로 현재의 판례·통설과 달리 사해행위취소판결에 형성판결의 대세적인 형성력이나 기판력의 확장을 인정하는 입장을 취한 것이라고 할 수 없다. 또한, 민법 개정안은 제407조에서만이 아니라 제406조 제1항에서도 "그 취소 및 원상회복을 법원에 청구할 수 있다"는 부분을 "그 취소를 법원에 청구할 수 있다"는 것으로 개정할 것을 제안하고 있는데, 그 의미에 관하여 개정안 제406조 제1항의 '취소'가 채권자취소권의 내용에서 '원상회복'을 배제하는 것이 아니라, 오히려 취소를 청구한다는 것은 재산의 반환을 청구한다는 의미이고, 그러한 해석론을 따르지 않더라도 제406조에서는 취소할 수 있다는 내용만을 규정하고 원상회복에 관하여는 별도의 규정을 두는 것이 법문언을 간결하게 표현하는 데 도움이 된다는 설명이 있다.[58]

이러한 설명에 따르면 사해행위취소청구는 현행 민법과 같이 취소 및 원상회복을 청구하여야 하는 것이 아니라, 취소를 청구원인으로만 기재하여 원상회복청구를 할 수도 있다는 것인데,[59] 그렇게 본다면 선행 사해행위취소소송에서 청구원인으로 주장한 취소가 받아들여지고 그에 따라 원상회복청구가 받아들여졌더라도 그 판결의 기판력이나 집행력이 다른 채권자에게 미칠 수는 없으므로 다른 채권자가 선행 사해행위취소판결을 가지고 직접 원상회복을 할 수는 없고 결국 개정안 제407조에서 채권자취소의 효력이 미친다는 것은 사해행위취소판결에 따라 원상회복이 이루어진 상태에서의 강제집행에 다른 채권자가 참가할 수 있다는 의미가 될 뿐이지, 다른 채권자가 별도로 제기한 사해행위취소소송에서 선행 사해행위취소판결에서의 취소의 효력을 원용할 수 있다는 것은 아닌 것이다.

---

58) 김재형, "채권자취소권에 관한 민법개정안－개정안에 관한 기본구상과 민법개정위원회 논의과정을 중심으로", 민사법학(68), 67-68면.
59) 김재형(주 58), 67-68면.

(2) 그렇지 않고 민법 개정안에서도 현행 민법과 같이 채권자취소권의 행사에서는 취소와 원상회복이 모두 필요한데, 민법 개정안 제406조 제1항과 제407조의 '채권자취소'는 그중 사해행위의 취소만을 의미하는 것이며, 그 효과인 원상회복에 관하여는 민법 개정안 제407조의2에서 따로 정하고 있는 것으로 본다고 하더라도, 민법 개정안 제407조의 '채권자취소'는 모든 채권자의 이익을 위하여 효력이 있다는 규정이 후행 사해행위취소소송에서 다른 채권자는 사해행위의 취소를 청구할 필요 없이 원상회복만 청구할 수 있다는 것을 의미하는 것은 아니다.

왜냐하면, 민법 개정안에서도 여전히 채권자취소권의 내용이 원상회복과 그 전제로서 사해행위의 취소청구를 포함하는 것으로 본다고 하더라도 민법 개정안 제407조에 관한 설명은 원상회복이 이루어졌을 때 다른 채권자가 원상회복에 따른 강제집행에 참가할 수 있는 근거를 사해행위취소의 효력이 다른 채권자에게 미친다는 점에서 구한다는 것이지, 다른 채권자가 채권자취소권을 행사할 때 사해행위의 취소를 청구하지 않아도 된다는 것은 아니기 때문이다. 즉, 위의 설명에서도 "원상회복된 재산이 모든 채권자의 책임재산이 되는 것은 취소가 모든 채권자에게 효력을 미쳐 발생한 결과"라고 하고 있는데, 이는 제407조가 강제집행을 위하여 원상회복이 필요한 경우에 '원상회복된 재산'에 관하여 다른 채권자가 강제집행에 참가할 수 있는 근거에 관한 조문임을 밝히고 있다고 볼 수 있을 것이다. 다시 말하면, 원상회복이 된 재산에 대해서는 민법 제407조가 있어서 비로소 다른 채권자에 대한 관계에서도 채무자와 수익자 사이의 법률행위가 취소되어 채무자의 재산으로 회복된 것처럼 되고 다른 채권자도 강제집행을 하거나 강제집행에 참가할 수 있는 것이다. 그런 의미에서 원상회복의 결과를 공유할 수 있는 것은 취소의 효과를 공유하기 때문이라고 설명할 수 있는 것이다. 그러므로 우리 판례·통설이 제407조를 무의미하게 만들고 있다고 단언할 것은 아니다. 왜냐하면 민법 제407조가 없다면 마치 사해행위취소 및 원상회복에 따른 채무자에 대한 강제집행에도 사해행위 전의 채권자만 참가할 수 있다는 제한을 설정할 수 있는 것처럼 취소채권자만 참가할 수 있다고 해석할 수도 있는데, 민법 제407조는 이런 제한을 풀어주는 것이기 때문이다. 명문의 규정이 없다면 상대적 무효설은 상대적 효력설로 이어지는 것이 자연스러운데, 상대적 무효설을 절대적 효력설로 이어주는 것이 민법 제407조라고 할 수 있다.

　　요컨대, 우리 민법 제407조는 '취소와 원상회복'은 모든 채권자의 이익을 위하여 효력이 있다고 하여 사해행위취소에 따른 원상회복의 결과를 모든 채권자가 누린다는 점을 분명히 규정하고 있다. 민법 제407조 개정안이 그 조문에서 원상회복을 삭제하고 '취소'는 모든 채권자의 이익을 위하여 효력이 있다고 규정하는 것을 제안하고 있다고 하여도 그것은 사해행위취소에 따른 원상회복이 이루어진 재산이 모든 채권자를 위한 공동책임재산이 되는 근거는 사해행위의 취소, 즉 그 행위의 효력 부인의 효과(실체법상 법률행위가 취소되어 채무자의 재산으로 본다는 것)가 다른 채권자에게도 미치는 것으로 구성하는 것이 자연스럽다는 의미이지, 원상회복이 이루어지지 않은 재산에 대하여 다른 채권자가 단지 원상회복청구의 소만 제기하면 된다는 의미는 아닐 것이다.[60]

　　다. 한편 민법 개정안에 관하여 논의하기에 앞서, 현행 민법 제407조의 문리해석으로서는 사해행위의 '취소'는 '원상회복'과 별개로 독자적으로 모든 채권자의 이익을 위하여 효력이 있으므로, 민법 제407조의 의미를 살리려면 대상판결의 판시 [2]와 같이 다른 채권자가 후행 소송에서 선행 사해행위취소판결에 의하여 사해행위가 이미 취소되었음을 원용할 수 있어야 한다는 견해가 있을 수 있다. 이 점에 관하여는 선행 사해행위취소판결에 형성판결의 대세효나 기판력의 확장이 인정되지 않으므로 이론상 불가능하다는 점을 이미 밝힌 바 있지만, 민법 제407조의 문리해석으로서도 '취소'와 '원상회복'이 독자적으로 모든 채권자의 이익을 위하

60) 청구원인으로 취소를 주장하면 되고, 청구취지에서는 취소를 구할 필요 없이 원상회복만 구하면 된다는 입장(채권설)을 취한다면 후행 소송에서 원상회복청구만 구하는 것은 당연하나, 이때에도 후행 소송에 선행 사해행위취소판결의 기판력이나 그 밖의 어떤 효력이 미치지 않는다. 다만 선행 판결에 따라 원상회복이 이미 이루어진 경우에는 후행 소송은 소의 이익이 없게 되는 것은 물론이다.

여 효력이 있다는 것으로 해석할 것은 아니라고 생각한다.

민법 제406조는 '취소 및 원상회복'이라고 규정하고 있는데, 민법 제
407조는 '취소와 원상회복'이라고 규정하고 있어 표현이 완전히 일치하지
는 않지만, 거기에 특별히 어떤 의도가 있었다는 자료는 찾아볼 수 없으
므로 그 표현상의 차이에 큰 의미를 부여하기는 어렵다.

그런데 민법 제406조에 '취소 및 원상회복'을 청구할 수 있다고 규정
하고 있으므로, 민법 제407조는 '취소[및] 원상회복'이 있으면 그것은 모든
채권자의 이익으로 효력이 있다고 규정한 것이라고 읽는 것이 부자연스
러운가.

채무면제가 사해행위인 경우와 같이 취소만으로 목적을 달성할 수
있는 경우에는 취소만 청구하면 되고, 그 승소판결이 확정되면 취소는
모든 채권자의 이익을 위하여 효력이 있으므로, 취소채권자가 채무자의
수익자에 대한 채권을 채무자의 책임재산으로 하여 채권집행을 할 때 다
른 채권자도 참가할 수 있다고 보는 것이고, 부동산증여가 사해행위인
경우와 같이 취소 및 원상회복을 청구하여 원상회복이 이루어져야 비로
소 채무자의 책임재산으로 보아 강제집행을 할 수 있는 경우에는 '취소와
원상회복'이 이루어진 상태가 모든 채권자의 이익을 위하여 효력이 있으
므로 취소채권자의 강제집행에 다른 채권자가 참가하거나 다른 채권자가
그 상태를 이용하여 강제집행을 할 수 있다는 것을 규정한 것이라고 해
석하는 것이 문리해석에 어긋난다고 생각하지 않는다.[61] 그리고 이것이
강제집행을 위한 책임재산의 보전이라는 민법 제406조와 제407조의 취지

---

61) 이계정, "민법 제407조(채권자평등주의)의 법률관계에 관한 연구", 사법논집(47),
472면은 "민법 제407조는 '전조의 규정에 의한 취소와 원상회복'이라고 규정하고
있는바, 사해행위취소판결 그 자체의 효력을 정한 것이라기보다는 사해행위취소판
결의 결과 환원된 '책임재산'에 대한 효력을 정한 것이라고 해석함이 명문의 규정
에 부합한다고 할 것이다"라고 하고, 같은 논문 474면에서는 "사해행위취소판결 그
자체의 효력은 원고(취소채권자)와 피고(수익자 내지 전득자) 사이에만 미치지만,
원고가 위 판결에 기하여 책임재산을 회복한 경우에 민법 제407조에 따라 다른
채권자도 당해 책임재산에 공취력을 행사할 수 있는 이익을 가진다고 설명할 수
있다"라고 하고 있는바, 이 글과 같은 취지라고 생각된다.

에도 더 부합한다고 생각한다.

이와 같이 민법 제407조는 사해행위취소권을 행사한 취소채권자의 강제집행에 다른 채권자가 참가할 수 있다는 것 또는 다른 채권자도 사해행위취소와 원상회복의 결과를 이용하여 직접 강제집행을 할 수 있다는 것, 제목 그대로 채권자취소(=취소+원상회복)의 효력을 규정한 조문이라고 생각한다.

5. 실체관계에 부합하는 등기로 볼 수 있는지

가. 대상판결에서는 그 소유권이전등기말소등기에는 절차상의 흠이 존재하지만, 이미 사해행위취소판결이 확정되어 있고, 그 취소는 민법 제407조에 의하여 모든 채권자의 이익을 위하여 미치므로, 취소채권자가 아닌 다른 채권자가 사해행위가 이미 취소되었다는 사정을 들어 다시 소유권이전등기의 말소등기를 청구하면 수익자는 말소등기를 해 줄 수밖에 없다고 하여 이 사건 소유권이전등기말소등기는 실체관계에 부합하는 등기로서 유효하다고 한다. 그러나 대상판결의 논리전개에는 다음과 같은 의문이 든다.

나. 현재의 판례·통설에 따르면 어느 채권자가 받은 선행 사해행위 취소판결에 형성판결의 대세효나 기판력의 확장이 인정되지 않는 이상 다른 채권자의 후행 사해행위취소소송에 영향을 미칠 수 없으므로 그 후행 소송의 원상회복청구에서 수익자가 패소할 수밖에 없다는 결론은 나올 수 없다는 점은 이미 밝혔다. 이 점에서 이미 대상판결의 판시 [2]의 논리에는 동의하기 어렵지만, 설령 구체적인 사건에서 실체법상 사해행위가 맞고 만약 다른 채권자가 사해행위취소소송을 제기하였더라면 승소하였을 사건이라고 하더라도 또 다른 측면에서 대상판결의 판시 [2]의 논리에는 수긍하기 어려운 점이 있다.

어느 채권자가 사해행위취소의 확정판결을 받은 후에 다른 채권자가 제기하는 원상회복청구의 소의 성격이 여전히 채권자취소권이라면, 채권자취소권은 오로지 소로써만 행사할 수 있는 것이다. 아무리 실체법적으

로 보았을 때 그것이 사해행위에 해당한다고 하더라도 수익자는 취소채
권자로부터 사해행위취소 및 원상회복을 구하는 소를 제기당하여 패소한
경우에만 원상회복의무를 부담한다고 보아야 하지 않을까.

대상판결의 사안에서는 선행 사해행위취소판결에서 이미 사해행위취
소에 따른 원상회복으로서 소유권이전등기말소등기까지 명하였지만, 만약
선행 사해행위취소판결에서 사해행위의 취소만을 명하였더라도 대상판결
의 논리에 따르면 수익자는 모든 채권자에 대하여 사해행위취소에 따른
원상회복의무를 부담한다는 것이 된다. 그리하여 어느 채권자도 사해행
위취소에 따른 원상회복판결을 받지 않은 상태에서 채무자의 채권자가
부적법하게 수익자 명의의 등기를 말소하였어도 그것은 실체관계에 부합
하는 유효한 등기라는 것이다. 그러나 이러한 논리는 우리 민법이 취소
채권자가 소로써만 사해행위취소 및 원상회복을 구하도록 하고 있는 취
지를 몰각하고, 그 소에서 수익자가 패소하지 않는 한 사해행위취소에
따른 원상회복을 강제당하지 않을 수익자의 지위, 이익을 부당하게 약화
시키는 것이 아닐까. 이런 관점에서도 대상판결의 소유권이전등기말소등
기가 실체관계에 부합하는 유효한 등기라는 결론에는 동의하기 어려운
것이다.[62]

---

62) 다만 이와 관련하여서는 덧붙일 것이 있다. 대상판결의 사안에서는 이미 취소채
   권자가 수익자에 대하여 사해행위취소 및 그에 따른 원상회복으로서 소유권이전등
   기말소등기절차의 이행을 명하는 판결을 받아놓은 상태였다. 그런데 그 상태에서
   사해행위취소에 따른 원상회복판결의 기판력이나 집행력을 받지 않는 다른 채권자
   가 취소채권자의 사해행위취소 및 원상회복판결을 이용하여 부적법하게 수익자의
   소유권이전등기를 말소한 다음 강제집행을 신청하자, 취소채권자도 그 강제집행에
   참가하였다. 그러나 만약 위와 같은 경위로 수익자의 소유권이전등기가 말소된 상
   태에서 다른 채권자가 아닌 취소채권자 자신이 강제집행을 신청하여 그 부동산강
   제경매절차에서 매각되었다면 그 경매절차의 효력을 부정할 수는 없지 않을까. 원
   래는 실체관계에 부합하는 유효한 등기라고 볼 수 없는 등기가 취소채권자가 스스
   로 강제집행을 한 경우에는 유효라고 하는 것이 이상하게 여겨질 수 있으나, 취소
   채권자로 하여금 다른 채권자가 한 말소등기를 수익자 명의로 회복하였다가 이번
   에는 취소채권자가 신청하여 수익자 명의의 등기를 또다시 말소한 다음에만 강제
   집행을 할 수 있도록 하는 것은 그 부동산에 대한 강제집행을 위하여 사해행위취
   소 및 원상회복판결을 받은 취소채권자에게 너무 과도한 부담을 지우는 것이라고
   생각된다.

6. 화해적 해결의 문제점

대상판결과 같은 사안에서 아직 사해행위취소판결을 받은 취소채권자에 의한 원상회복이 이루어지지 않았다는 이유로 다른 채권자에게는 실질적으로 어떠한 효력도 미치지 않는다고 하면, 특히 법률행위 있은 날로부터 5년이라는 제척기간이 경과한 후에는 취소채권자가 현실적인 강제집행에 나가지 않고 수익자와의 협상을 통하여 사해행위취소에 따른 이익을 독점하려고 할 것인데, 이는 민법 제407조가 채권자평등주의를 천명하고 절대적 효력을 인정한 취지에 부합하지 않는다는 비판이 가능하다. 일본 민법 개정법안 성안 과정에서도 이른바 책임설의 입장에서는 이 점을 강조하였는데,[63] 경청할 만한 지적이라고 생각한다.

다른 채권자들이 경합하고 있는 경우 취소채권자로서는 실제로 강제집행을 하였을 때 배당받을 이익보다 많은 금액으로, 수익자로서는 강제집행을 당하여 해당 목적물을 완전히 상실할 때의 손실보다 적은 금액으로 화해적 해결을 도모할 가능성이 크다.

그러나 어차피 당사자 사이의 이러한 화해적 해결은 수익자가 다른 채권자로부터 제척기간 내에 별소로 사해행위취소소송을 제기당할 위험성을 감수하고 이루어지는 것이고, 다른 채권자에게도 채권자취소권 행사의 기회가 주어져 있으므로 취소채권자와 수익자 사이의 화해적 해결을 무조건 비난할 만한 것이 아니고, 사해행위취소 및 원상회복판결을 받은 취소채권자가 판결을 집행하지 않고 수익자와 화해적 해결을 도모하는 것을 금지하고 다른 채권자에게 집행력을 확장하는 등의 방법을 강구한다면, 취소채권자와 수익자는 아마도 사해행위취소소송이 진행 중인 상태에서 화해적 해결을 모색하려고 할 것이다. 결국 대증적인 조치만으로는 이 문제를 해결할 수 없다.

---

63) 高須順一, "詐害行爲取消權(部會資料35の第２)についての意見", 4-6면 참조.

Ⅳ. 관련 논점 : 가액배상과 상계의 제한

1. 기존의 사해행위취소 관련 판례·통설에 대한 비판은 취소채권자가 수익자로부터 지급받은 가액배상금(편파변제를 받은 수익자로부터 변제금을 반환받는 경우와 같이 반환의 목적물이 금전인 경우를 포함한다. 이하 가액배상금이라고만 한다)으로부터 사실상 우선변제를 받는 것[64]·[65]에 집중되어 있다고 해도 과언이 아니다. 채권자취소권에 관한 민법 개정안에서는 이 문제를 해결하기 위해 상세한 규정을 두고 있는데,[66] 아직 입법의 단계에는 이르지 못하였다. 그러므로 해석론의 차원에서 이 문제를 해결하는 방법에 관한 생각을 간략히 피력한다.

2. 사해행위취소소송이 채권자의 장래의 강제집행을 위하여 채무자의 책임재산을 확보하기 위한 것이고, 민법 제407조가 사해행위취소 및 원상회복의 다른 채권자에 대한 효력에 관하여 절대적 효력설을 취하고 있는 취지를 강조한다면, 별도의 입법조치를 기다리지 않고도 기존의 판

---

64) 대법원 2008. 6. 12. 선고 2007다37837 판결["사해행위의 취소와 원상회복은 모든 채권자의 이익을 위하여 그 효력이 있으므로(민법 제407조), 채권자취소권의 행사로 채무자에게 회복된 재산에 대하여 취소채권자가 우선변제권을 가지는 것이 아니라 다른 채권자도 총채권액 중 자기의 채권에 해당하는 안분액을 변제받을 수 있는 것이지만, 이는 채권의 공동담보로 회복된 채무자의 책임재산으로부터 민사집행법 등의 법률상 절차를 거쳐 다른 채권자도 안분액을 지급받을 수 있다는 것을 의미하는 것일 뿐, 다른 채권자가 이러한 법률상 절차를 거치지 아니하고 취소채권자를 상대로 하여 안분액의 지급을 직접 구할 수 있는 권리를 취득한다거나 취소채권자가 인도받은 재산 또는 가액배상금의 분배의무를 부담한다고 볼 수는 없는 것이다. 가액배상금을 수령한 취소채권자가 이러한 분배의무를 부담하지 아니함으로 인하여 사실상 우선변제를 받는 불공평한 결과를 초래하는 경우가 생기더라도, 이러한 불공평은 채무자에 대한 파산절차 등 도산절차를 통하여 시정하거나 가액배상금의 분배절차에 관한 별도의 법률 규정을 마련하여 개선하는 것은 별론으로 하고, 현행 채권자취소 관련 규정의 해석상으로는 불가피한 것이다."]
65) 상계를 허용하는 것의 이론적, 현실적 문제점에 관하여는 이계정(주 61), 477-480면의 설명이 상세하다.
66) 이 점과 관련된 채권자취소권에 관한 민법 개정안의 해설은 김재형(주 58), 100-105면; 양형우, "채권자취소권에 관한 민법 개정안의 검토", 민사법학(69), 494-499면; 윤진수·권영준(주 32), 529-537면 참조.

례를 변경하여 가액배상을 받은 취소채권자는 그 가액배상금을 자기 채권의 변제에 곧바로 충당하거나 자기의 채권을 자동채권으로 하여 채무자에 대하여 부담하는 가액배상금반환의무와 상계할 수 없다고 선언하는 것은 충분히 가능하다고 생각한다. 취소채권자가 채무자와 수익자 사이의 유효한 법적 행위의 효력을 부인하고 채무자로부터 일탈된 재산을 회복하는 것을 정당화할 수 있는 근거는 강제집행을 위한 것이고, 특히 우리 민법은 채권자취소의 효력에 관하여 민법 제407조에서 절대적 효력, 채권자평등주의를 선언하고 있는데, 수익자로부터 회수한 재산에 대한 다른 채권자의 강제집행 기회를 보장하지 않는 것은 그 취지에 정면으로 반한다고 볼 수 있기 때문이다.

　　3. 이와 같이 상계나 변제충당을 주장할 수 없다고 하면, 가액배상을 받은 취소채권자는 채권의 강제집행방법에 의해 채권의 만족을 얻어야 한다.[67] 즉, 취소채권자는 자기의 채무자에 대한 채권을 집행채권으로 하고 채무자의 취소채권자(이때는 제3채무자의 지위에 선다)에 대한 가액배상금반환채권을 피압류채권으로 하여 압류 및 추심명령을 받은 다음,[68] 자기가 가지고 있는 가액배상금에 대하여 집행법원에 추심신고를 하면 된다. 추심신고 전에 다른 채권자로부터 압류·가압류가 있으면 취소채권자는 가액배상금을 공탁하고 사유를 신고하여야 하고(민사집행법 제236조 제2항) 그에 따라 배당절차가 개시된다(민사집행법 제252조 제2호). 취소채권자가 반드시 채무자에 대하여 집행권원을 취득하여야 한다는 점에서 상계를 허용하는 기존의 방법보다 취소채권자에게 불편함이 따른다. 그러나 사해행위의 목적물이 부동산이나 동산, 채권인 경우에는 강제집행을 위하여 취소채권자에게 집

---

67) 이에 따르면 편파변제를 받은 수익자가 가액배상금(변제금의 반환)에서 자기 채권의 비율만큼 안분하여 가액배상을 거절하는 것이 허용될 수 없음은 당연하다.
68) 이 강제집행을 위해서는 채무자가 가액배상금에 관하여 채권자에 대하여 반환채권을 가지는 것처럼 간주되어야 하는데, 이는 상대적 무효설을 취하면서도 외관상 채무자 명의로 회복된 부동산, 동산, 채권에 취소채권자가 강제집행을 하는 것과 다르지 않다. 상계를 허용하는 통설에서도 그 이론적 전제로 채무자의 채권자에 대한 가액배상금반환채권의 관념적 존재를 인정한다.

행권원을 취득할 것을 요구하는 것을 당연시하는 것과 비교하여 보더라도, 가액배상을 받은 취소채권자에게도 채무자에 대한 집행권원을 취득할 것을 요구하는 것이 그렇게 가혹한 조치라고 생각되지는 않는다.

4. 취소채권자가 채무자에 대한 집행권원을 취득하기까지 사이에 다른 채권자가 압류 및 추심명령을 받는 경우도 생각할 수 있으나, 그것을 금지할 근거는 없고, 취소채권자로서는 일단 채권가압류를 해 놓음으로써 자기의 권리를 보호할 수 있을 것이다. 다른 채권자도 일단 채권가압류를 받아놓을 수 있다.

5. 취소채권자 또는 다른 채권자에 의한 전부명령을 허용할 것인지는 문제가 될 수 있다. 채권집행의 한 방법으로 전부명령이 허용되는 이상 이것을 금지할 법적 근거는 마땅치 않으나, 특히 취소채권자가 아직 채무자에 대한 집행권원을 얻지 못한 사이 다른 채권자가 가액배상금반환채권에 전부명령을 받아 자기 채권의 독점적 만족을 얻는 것은 민법 제407조의 취지에 반한다는 이유로 취소채권자든 다른 채권자든 전부명령을 받을 수는 없다고 선언할 수는 있을 것이다.[69] 그러나 이 부분은 이론적 약점을 극복하기 위해서는 입법적인 조치를 기다릴 수밖에 없다.

6. 별도의 입법조치가 없는 한, 가액배상을 받은 취소채권자에게 공탁의무를 부과하거나 상계금지기간을 설정할 방법은 없다고 생각한다. 그것은 해석론의 한계를 뛰어넘는 것이다. 상계나 변제충당이 허용되지 않음에도 취소채권자가 가액배상금을 회수한 후 아무런 강제집행조치를 취하지 않는 경우 취소채권자의 채무자에 대한 반환의무의 소멸시효가

---

69) 채권자취소권 관련 민사집행법 개정안 제248조의2 제1항은 "민법 제407조의4 제1항에 의하여 금전을 수령한 채권자는 자신에 대한 채무자의 반환채권에 관하여 압류명령을 받은 것으로 본다. 그러나 수령한 때에 강제집행 개시의 요건을 갖추지 못한 경우에는 가압류명령을 받은 것으로 본다"고 규정함으로써 취소채권자를 압류 또는 가압류채권자로 간주하고 있으므로, 다른 채권자가 전부명령을 받더라도 전부명령은 효력이 없다(민사집행법 제229조 제5항). 윤진수·권영준(주 32), 534면.

완성되었다면 다른 채권자의 강제집행에 대하여 추심의 소에서 소멸시효
완성을 주장함으로써 종국적으로 취소채권자가 가액배상금을 보유할 수
는 있을 것이다.

7. 이상의 논의는 취소채권자의 채권액이 가액배상금보다 큰 경우에
는 별다른 문제를 일으키지 않는다. 그러나 원물의 가액이 취소채권자의
채권액보다 커서 가액배상금을 취소채권자의 채권액으로 제한하여야 하
는 경우는 문제이다.

8. 기존의 판례이론에 따라 가액배상금을 취소채권자의 채권액으로
제한하면,[70] 예를 들어 편파변제를 받은 수익자는 가액배상금을 취소채
권자에게 지급하면 자기의 채권이 부활하므로 채무자에 대한 집행권원을
얻어 채무자의 취소채권자에 대한 가액배상금반환채권에 채권집행을 할
수 있는데, 그러면 취소채권자는 취소채권자의 채권액으로 제한된 가액배
상금을 다른 채권자와 안분하여 지급받음으로써 자기 채권의 완전한 만
족을 얻을 수 없는 불합리가 따른다.[71]

9. 그렇다고 하여 채권자평등주의를 강조하여 취소채권자의 채권액
의 제한 없이 언제나 원물의 가액 전부를 가액배상받을 수 있다고 하면,
수익자에게 과도한 부담을 주고 절차를 번거롭게 할 염려가 있고 금전채
권양도가 사해행위로 취소되는 경우의 취소의 범위와도 일치하지 않는
문제가 있다.

10. 일본 민법 개정법안 성안 과정에서도 여러 논의가 있었으나,[72]

---

70) 대법원 2008. 11. 13. 선고 2006다1442 판결.
71) 이런 점을 고려하여 민법 개정안 제406조의3(취소의 범위)은 "채권자는 채무자의
　　재산으로 채무를 완전히 변제할 수 있게 하기 위하여 자기의 채권액을 넘어서도
　　채무자의 법률행위의 전부 또는 일부를 취소할 수 있다"는 규정을 마련하고 있다.
　　윤진수·권영준(주 32), 523~524면.
72) 일본 민법개정 중간시안 제15 채권자취소권 8(4)는 수익자 또는 전득자가 채권
　　자에게 금전 또는 동산을 인도한 때에는 채권자는 그 금전, 그 밖의 동산을 채무
　　자에게 반환하여야 하고, 그 경우에 채권자가 그 반환에 관한 채무를 수동채권으
　　로 하여 상계할 수 없다고 하였다. 新法シリーズ 試案編 3, 民法改正中間試案の補

결론적으로는 상계금지를 포기하고 가액배상금도 자기 채권액 한도로 제한하는 현행 판례와 실무의 태도를 유지하고 있다.[73]

11. 어차피 상계금지를 선언할 것이라면 편파변제를 취소하는 경우와 같이 다른 채권자의 강제집행참가가 예상되는 경우에는 취소채권자의 채권액 한도로 가액배상금을 제한하는 것을 완화할 수밖에 없지 않을까 생각한다. 그리고 취소채권자가 가액배상금반환채무에 대하여 채권압류 및 추심명령을 받아 추심신고를 할 때까지 실제로 강제집행에 참가한 다른 채권자가 없을 때에는 취소채권자의 채권의 변제에 충당하고 남은 가액배상금을 수익자에게 다시 반환하여야 할 것으로 생각된다.

V. 결 론

1. 우리나라의 판례·통설은 사해행위취소의 효과는 취소채권자와 피고인 수익자 또는 전득자 사이의 관계에서만 상대적으로 생기고, 채무자와 수익자, 수익자와 전득자 사이의 법률관계에는 미치지 않는다는 상대적 무효설(상대적 취소설)을 취하고 있는 반면, 민법 제407조는 사해행위취소와 원상회복은 모든 채권자의 이익을 위하여 그 효력이 있다고 규정하여 채무자의 다른 채권자들과의 관계에서는 절대적 효력설을 취하고 있어, 상대적 무효설과 절대적 효력설의 관계가 명확하지 않다.

足說明, 176-180면 참조.

73) 최종적인 일본 민법 개정법안에서는 중간시안에서 검토하였던 상계금지규정을 두지 않았다. 그 이유는 상계에 의한 사실상의 우선변제기능을 부정하면, 사해행위취소권을 행사할 인센티브를 잃게 되어 사해행위에 대한 억지력으로서의 기능을 잃게 될 것이라는 점, 채무자의 취소채권자에 대한 반환채권에 채권집행을 하도록 하여도 다른 채권자가 취소채권자의 전부명령 전에 집행절차에 참가하는 것을 상정하기 어려운데 반드시 채권집행을 거치도록 하면 채권자에게 절차적인 부담만 준다는 점, 다른 채권자에게도 사해행위취소권을 행사할 기회가 똑같이 주어져 있다는 점 등이 지적되었기 때문이라고 한다. 民法(債權關係)部會資料 73A 民法(債權關係)の改正に關する要綱案のたたき台(7), 55면 참조. 한편 일본에서는 각계의 의견 수렴 과정에서 사실상의 우선변제를 허용하여야 한다는 의견이 상당히 많았던 것으로 보인다. 民法(債權關係)部會資料集 第2集〈第3卷(上)〉, 548-559면 참조.

2. 한편 우리나라의 판례·통설은 사해행위취소소송을 사해행위의 취소를 구하는 형성소송과 취소에 따른 원상회복을 구하는 이행소송이 결합된 것으로 이해하는 절충설 또는 병합설을 취하고 있는데, 이때 사해행위의 취소를 명한 형성소송 부분의 판결의 효력을 어떻게 이해하고 있는지에 관하여도 설명이 명확하지 않다.

3. 이 점과 관련하여 현재의 판례·통설은 사해행위취소를 명한 형성판결의 형성력이 채무자나 채무자의 다른 채권자에게도 미친다는 입장은 아닌 것으로 보인다. 형성판결의 형성력은 대세적 효력을 가지는 것이 보통인데, 사해행위취소판결이 대세적 효력을 가지는 형성판결에 해당한다고 하면 채무자에 대한 관계에서의 상대적 무효설과 모순되기 때문이다. 채무자가 아니라 채무자의 다른 채권자에 대한 관계에서는 사해행위취소판결의 형성력이 미친다고 설명하는 방법도 있겠으나 이는 형성판결의 대세효 이론과는 어울리지 않고, 만약 채무자의 다른 채권자에 대한 관계에서 소송법상 형성판결의 대세적인 형성력이 미친다고 한다면, 여러 취소채권자들의 사해행위취소소송이 경합하는 경우 어느 한 소송에서 사해행위취소를 인용하는 판결이 확정되면 다른 사해행위취소 및 원상회복청구 소송에서 적어도 사해행위의 취소를 구하는 부분은 소의 이익이 없어진다고 할 수밖에 없을 것이다. 그러나 현재의 판례·통설은 이러한 입장을 취하지 않고 있다.

4. 이와 같이 판례·통설인 절충설, 즉 사해행위취소소송은 형성소송과 이행소송이 결합된 것이라는 병합설에서 말하는 형성소송의 판결, 즉 취소판결에는 통상적인 형성소송에서와는 달리 형성판결의 대세효가 인정되지 않고, 취소채권자와 피고인 수익자 또는 전득자 이외의 관계에서 기판력의 확장도 인정되지 않는다.

5. 그런데 우리 민법에는 407조가 있으므로, 취소채권자가 사해행위 취소 및 원상회복판결을 받고 원상회복한 재산에 대하여 다른 채권자(판례는 이때의 다른 채권자를 사해행위 전의 채권자로 제한하고 있으나, 이러한

제한이 필요한지 여부에 관하여는 입법연혁에서도 보았듯이 견해가 대립할 수 있다)가 강제집행을 하거나 취소채권자의 강제집행에 참가할 수 있다는 점 자체에 관하여는 이설이 없다. 이러한 결과를 인정하는 법리구성으로 사해행위가 취소됨으로써 실체법상 채무자의 재산으로 회복되었기 때문이라고 설명하는 것이 보통이지만, 이는 상대적 무효설과 모순되는 것처럼 보이기도 한다.

6. 따라서 이 글에서는 민법 407조의 의미를 취소만으로 채무자의 재산으로 취급하여 강제집행할 수 있는 경우에는 취소의 결과를, 원상회복까지 이루어져야 채무자의 재산으로 취급하여 강제집행할 수 있는 경우에는 원상회복의 결과를 채무자의 모든 채권자가 공유할 수 있도록 해주는 근거규정으로 이해하면 간명하다는 입장이지만, 일반적인 이해처럼 취소채권자뿐만 아니라 채무자의 다른 채권자들에 대한 관계에서도 사해행위취소판결로 사해행위가 실체법상 취소된 것으로 본다고 하더라도, 위에서 본 것처럼 이러한 실체법상의 취소를 명한 사해행위취소판결은 사해행위취소소송의 당사자가 아닌 채무자의 다른 채권자에게는 소송법상으로는 기판력도, 대세적인 형성력도 가지지 못한다.

7. 그러므로 어느 채권자가 자기가 제기한 소송에서 다른 채권자가 받은 사해행위취소판결에서 사해행위가 취소되었다는 사실을 원용할 수 있다고 하더라도 피고인 수익자 또는 전득자는 형성요건의 존재를 얼마든지 다툴 수 있고, 원고인 채권자는 채무자의 행위가 사해행위에 해당하여 다른 채권자의 선행 소송에서 적법하게 취소되었다는 것을 주장, 증명하여야 한다. 따라서 실제로는 아직 원상회복이 이루어지지 않은 이상 취소채권자는 다른 채권자의 선행 소송의 판결과 관계없이 자기 자신의 채권자취소권을 행사하여 사해행위취소 및 원상회복을 구하는 것이 보통이다.

8. 요컨대, 현재의 판례·통설에 따르면 다른 채권자에게는 ① 선행 사해행위취소판결과 관계없이 스스로 채권자취소권을 행사하여 사해행위

의 취소 및 원상회복을 구하거나 ② 선행 사해행위취소판결에 따라 원상회복이 이루어져 강제집행을 할 수 있는 단계에 이르렀으면 그 강제집행절차에 참가하거나 스스로 강제집행신청을 하는 두 가지 선택지가 있을 뿐, 자신의 채권자취소권을 행사하는 과정에서 선행 사해행위취소판결의 전부 또는 일부를 가져와 그에 기초하여 원상회복을 구하는 것은 허용되지 않는다.

9. 그런데 대상판결은, 어느 채권자가 사해행위취소판결을 받은 경우 다른 채권자가 후행 소송에서 선행 사해행위취소판결에 따라 사해행위가 취소되었다는 사정을 들어 수익자를 상대로 원상회복을 청구하면 수익자는 원상회복을 해 줄 수밖에 없다고 한다. 이러한 대상판결의 논리는 현재의 판례·통설이 소송의 당사자가 아닌 다른 채권자에게 사해행위취소판결의 대세적인 형성력이나 기판력이 미치지 않는다고 하는 것과는 양립할 수 없는 것으로 보인다.

10. 사해행위취소권이 채무자의 모든 채권자를 위하여 공동책임재산을 확보하기 위한 것이라는 점만을 강조한다면, 민법 407조를 사해행위취소판결의 대세적인 형성력이나 기판력의 확장, 나아가서는 원상회복판결의 기판력이나 집행력의 확장까지도 반드시 인정하지 못할 것도 아니다. 그리고 우리나라에서도 채권자취소권의 개정논의가 있고, 일본에서는 사해행위취소판결의 절대적 무효설에 기초하여 대세적인 형성력과 기판력을 인정하는 개정법안이 국회에 제출되어 있기도 하므로 어느 견해가 반드시 옳다고 할 수는 없다. 다만 구체적인 쟁점에 관하여 어떤 감각적인 결론을 지지하기 위한 논증에는 제도가 나아가야 할 방향성에 대한 고민은 물론이거니와 이론체계 전체의 정합성을 정밀하게 조망하는 노력도 더해져야 하겠다.

11. 우리 민법이 407조에서 사해행위취소로 원상회복된 재산에 대한 강제집행에 채무자의 다른 채권자도 참가할 수 있다는 입장을 명백히 채택하고 있는 이상, 원상회복된 재산에 대한 강제집행에 다른 채권자가

참가할 수 있는 기회가 충분히 보장되어야 하겠지만, 강제집행이 가능한 단계에 이르는 과정에서 어느 취소채권자가 받은 사해행위취소판결의 효력이 다른 채권자에게 얼마만큼 어떤 방법으로 미쳐야 하는지는 또 다른 문제이다.

12. 대상판결의 입장은 현재의 판례·통설과는 다른 것으로 보이지만, 우리나라는 물론 이웃 일본에서도 채권자취소권 관련 조문의 개정논의가 활발한 이 시점에서 대상판결을 계기로 사해행위취소의 효력에 관하여 보다 면밀한 검토가 이루어지고 논의가 더욱 활성화되기를 기대한다.

[Abstract]

The meaning of the Article 407 of the Korean Civil Code, which provides that the revocation of fraudulent act and restitution of its original status shall take effect for the benefit of all obligees

Hwang, Jinku*

In a recent decision(2013Da84995), the Supreme Court of Korea held that if a fraudulent act has already been revoked by a judgment in a lawsuit filed by one obligee, other obligees may seek the restitution of obligor's original status without acquiring a judgment for the revocation of fraudulent act by themselves. The rationale of the decision is mainly based upon the fact that the Article 407 of the Korean Civil Code provides that the revocation of fraudulent act and restitution of its original status shall take effect for the benefit of all obligees. Prior to the 2013Da84995 decision, however, the Supreme Court has repeatedly held that a judgment for the revocation of fraudulent act shall not be effective against any obligees other than the plaintiff in terms of procedural laws and that each obligee can file the revocation of fraudulent act suit respectively and simultaneously.

The author examines the 2013Da84995 decision and criticizes that it cannot be consistent with the previous decisions and traditional understanding. However, the amendment of the Civil Code regarding the right to rescind fraudulent act is under way and this matter is expected to

---

* Judge, Gwangju High Court.

be further discussed.

[Key word]

- obligee's right of revocation
- revocation
- restitution
- Article 407 of the Korean Civil Code
- res judicata

참고문헌

1. 국내문헌

강현중, 민사소송법강의, 박영사(2013).

김영희, 형성권 연구, 경인문화사(2007).

민법안심의록(상), 민의원 법제사법위원회 민법안심사소위원회(1957).

양창수·김형석, 권리의 보전과 담보(제2판), 박영사(2015).

이시윤, 신민사소송법(제9판), 박영사(2015).

편집대표 곽윤직, 민법주해[IX], 박영사(1995).

편집대표 박준서, 주석민법[채권총칙(2)](제3판), 한국사법행정학회(2000).

강혜림, "채권자취소권에 관한 법무부 민법(재산권) 개정안과 일본 법무성 민법(채권관계) 요강안의 비교법적 고찰", 재산법연구 제32권 제3호 (2015. 11.).

김두년, "채권자취소권에 관한 연구", 건국대학교 법학박사학위논문(1995).

김재형, "채권자취소의 본질과 효과에 관한 연구", 민법론 II (2004).

_____, "채권자취소권에 관한 민법개정안-개정안에 관한 기본구상과 민법개정위원회 논의과정을 중심으로", 민사법학 제68호(2014).

_____, "채권자취소권 행사로 인한 원상회복의 범위", 판례실무연구XI(상)(2015).

서정원, "경매절차에서 근저당권설정계약이 사해행위로 취소되는 경우, 수익자인 근저당권자에 대한 배당액의 처리 문제", 민사판례연구 제34권 (2012).

신신호, "사해행위취소 및 원상회복으로 소유권이전등기의 말소를 명한 판결의 소송당사자가 아닌 다른 채권자가 위 판결에 기하여 채무자를 대위하여 마친 소유권이전등기의 효력", 대법원판례해설 제105호 (2015년 하).

양형우, "채권자취소권에 관한 민법개정안의 검토", 민사법학 제69호(2014. 12.).

오영준, "사해행위취소권과 채권자평등주의", 사법논집 제32집(2001).

유병현, "채권자취소소송에 관한 연구-강제집행과 관련하여-", 고려대학교

법학박사학위논문(1993).

윤진수·권영준, "채권자취소권에 관한 민법 개정안 연구", 민사법학 제66호 (2014).

이계정, "민법 제407조(채권자평등주의)의 법률관계에 관한 연구", 사법논집 제47집(2008).

이순동, "사해행위취소권에 관한 일본민법 개정안의 연구", 법조 2016. 1.

2. 외국문헌

奧田昌道 編集, 新版 注釋民法(10)Ⅱ, 債權(1), 有斐閣(2011).

廣中俊雄·星野英一 編, 民法典の百年 Ⅲ, 個別的觀察(2) 債權編, 有斐閣 (1998).

石田文次郎·岩井萬龜, 滿洲民法(債權總論), 有斐閣(1941).

佐藤岩昭, 詐害行爲取消權の理論, 東京大學出版會(2001).

潮見佳男, 民法(債權關係)改正法案の槪要, 金融財政事情研究會(2015).

下森定, 詐害行爲取消權の研究, 下森定 著作集Ⅰ, 信山社(2014).

圓谷峻 編著, 民法改正案の檢討 第1卷, 成文堂(2013).

債權法改正の基本方針, 別冊 NBL No. 126(2009).

民法(債權關係)の改正に關する中間試案(槪要付き), 別冊 NBL No. 143(2013).

新法シリーズ 試案編 3, 民法改正中間試案の補足說明, 信山社(2013).

新法シリーズ 3, 民法改正法案, 信山社(2015).

瀨川信久, "詐害行爲取消權-日本法の比較法的位置と改正案の現實的意義", 債權法改正の論点とこれからの檢討課題, 別冊 NBL No. 147(2014).

長井秀典, "詐害行爲取消權の構造", 司法硏修論集 第86號(1991).

前田達明, "詐害行爲取消訴訟試論", 判例タイムズ No. 605(1986. 9. 4).

民法(債權法)改正檢討委員會, 詐害行爲取消權(2008. 12. 23 第11回全體會議參 考資料).

法制審議會, 民法(債權關係)部會資料 7-2 民法(債權關係)の改正に關する檢討 事項(2) 詳細版.

_____, 民法(債權關係)部會資料 35 民法(債權關係)の改正に關する論点の 檢討(7).

_____, 民法(債權關係)部會資料 51 民法(債權關係)の改正に關する論点の 補充的な檢討(2).

_____, 民法(債權關係)部會資料 73A 民法(債權關係)の改正に關する要綱
案のたたき台(7).

_____, 民法(債權關係)部會 第42回會議 議事錄(2012. 3. 6.).

_____, 民法(債權關係)部會 第62回會議 議事錄(2012. 11. 13.).

_____, 民法(債權關係)部會 第82回會議 議事錄(2014. 1. 14.).

_____, 民法(債權關係)部會 第91回會議 議事錄(2014. 6. 17.).

형사성공보수약정의 사회적 타당성과
장래적 판례 변경의 문제

조 은 경*

■요　지■

　　그동안 성공보수와 연계된 과다한 변호사의 보수와 이와 관련한 이른바 '전관예우' 의혹을 둘러싼 문제가 사회적으로 논란이 되었다. 이를 규제할 필요성이 있다는 의견이 학계와 시민사회로부터 나오기도 하였지만 입법은 이루어지지 아니하였고 종래 대법원 또한 성공보수약정의 일반적인 효력을 문제 삼지 않았다. 이러한 상황에서 전격적으로 형사사건에서의 성공보수약정은 무효라고 판단한 대상판결은 큰 사회적 파장을 일으켰다.

　　한편 대상판결은 위와 같이 성공보수약정이 선량한 풍속 기타 사회질서에 위배되는 것으로 판단하면서도 이를 당해 사건에 적용하지 아니함으로써 판례 변경의 소급효를 부정하고 장래효만을 인정하였다. 이에 장래효만을 갖는 판례 변경이 가능한지에 대한 의문도 제기되었다.

　　이에 본 평석에서는 성공보수약정의 개념과 변호사보수체계 현실과 해외 재판사례 및 민법 제103조의 적용범위 등의 검토를 통하여 형사성공보수약정이 사회질서에 위배된다고 한 대상판결 판단의 타당성을 살펴보고, 나아가 판례 변경의 장래효가 논의되는 배경과 그 법리적 근거 등을 확인하여 그와 같은 판결 형식의 필요성과 가능한지 여부를 논의한다.

---

* 의정부지방법원 판사.

[주제어]
- 형사성공보수약정
- 민법 제103조
- 공서양속
- 장래적 판례 변경
- 선택적 장래효
- 순수 장래효

대상판결 : 대법원 2015. 7. 23. 선고 2015다20111 전원합의체 판결[1]

[사안의 개요]

○ 원고의 아버지 A가 특정범죄 가중처벌 등에 관한 법률 위반(절도) 혐의로 구속되자, 원고는 2009. 10. 12. 고모부인 B의 소개를 받아 변호사인 피고를 A의 변호인으로 선임하면서 착수금으로 1,000만 원을 지급하고, "석방조건 사례비를 지급하되, 추후 약정하기로 함"이라고 기재된 형사소송선임약정서를 작성하였다.

○ A는 2009. 11. 3. 상습으로 2009. 1. 20.부터 2009. 10. 5.까지 총 57회에 걸쳐 합계 167,745,000원 상당의 금품을 절취하였다는 내용의 공소사실로 기소되었고, 이후 추가기소로 피해자는 58명으로, 피해금액은 169,745,000원으로 늘어났다.[2]

○ B는 2009. 11. 3. 원고 측이 위 사건의 형사합의금 용도로 지급한 2억 원을 피고에게 보관하도록 하고, 이를 건네받아 1억 5,000만 원 상당을 형사합의금 및 공탁금, 합의에 필요한 경비 용도로 사용하고 남은 금액은 자신의 생활비와 채무변제 등의 용도에 사용하였다.[3]

○ 피고는 B를 통한 개별 피해자들과의 합의가 어느 정도 이루어지자 위 합의서, 공탁서와 A의 정신상태에 대한 소견서, 변호인 의견서 등을 제출하고, A에 대한 정신감정신청을 한 후 2009. 12. 8. A에 대한 보석허가신청을 하였다.

---

1) 공2015하, 1238.
2) 대구지방법원 안동지원 2009고단720.
3) 원고 측은 A에 대한 형사사건이 종료된 후 피고와 B가 공모하여 위 2억 원을 횡령하였다고 고소하였는데, 이에 대해 피고는 혐의 없음(증거불충분) 처분을 받았고, B는 2억 원 중 4,980만 원을 횡령하였다는 공소사실로 기소되어 하급심에서 유죄를 선고받았으나, 대법원은 위 돈이 합의금으로 지출용도를 한정하여 지급된 것으로 인정하기에 부족하고, A가 저지른 형사사건 피해자들 수가 58명이나 되고 피해금액이 추가기소된 금액을 합하면 169,745,000원이나 되어 합의 업무가 쉽지 않은 점, 피해자들이 합의금을 많이 요구하거나 B가 쉽게 합의하기 위해 합의금을 많이 주게 되면 2억 원이 부족할 수도 있는 점, 원고와 B 사이에 합의와 관련하여 별도로 경비나 수고비가 지급되지 않았던 점, 합의과정이나 합의가 성사된 이후 원고가 합의금의 사용처를 묻거나 정산 후 남은 금액의 반환을 요구한 적이 없었던 점 등에 비추어 원고 측이 B에게 2억 원을 가지고 책임지고 능력껏 합의를 성사시키면 구체적인 사용처를 묻지 않고 남은 금액의 반환도 요구하지 않겠다고 한 취지로 판단하였다(대법원 2013도13704 판결).

○ B는 보석허가신청 후 원고에게 변호사가 더 열심히 일하여 석방이 이루어질 수 있도록 하기 위해 1억 원을 주라고 제의하였고, 이에 원고는 2009. 12. 11.경 피고에게 1억 원을 지급하였다.

○ 2009. 12. 17. 법원에서 보석허가결정이 내려져 A가 석방되었다.

○ A는 불구속상태로 재판을 받다가 제1심에서 징역 3년에, 집행유예 5년을 선고받았다. 제1심 판결은 양형이유로 "피고인에게 최근 30여 년간 동종 범죄로 실형의 처벌을 받은 전력은 없는 점, 피고인이 그 잘못을 깊이 뉘우치면서 피해자들 대부분과 원만히 합의하여 피해자들 대부분이 피고인의 처벌을 원치 않고 있고, 나머지 피해자들에 대하여는 피해금을 공탁한 점, 고령의 피고인에 대하여 가족 등이 피고인의 재범 방지를 위하여 앞으로 각별히 관리할 것을 재차 다짐하면서 선처를 구하고 있는 점 등 참작"을 들었다.[4]

○ A는 이에 불복하여 항소하면서 다른 변호사를 변호인으로 선임하였는데 항소심에서 일부 공소사실을 철회하는 공소장변경이 이루어지기는 하였으나 제1심과 같은 형이 선고되어 그대로 확정되었다.

[소송의 경과]

1. 제1심(대구지방법원 2013. 10. 31. 선고 2012가합43908 판결)

가. 당사자의 주장

원고는 피고를 상대로 위 1억 원의 반환을 구하는 소를 제기하면서, A에 대한 유리한 판결을 위하여 피고에게 판사 또는 의사에 대한 청탁 활동비 명목으로 1억 원을 지급하였으나 실제 활동비로 사용되지 아니하였으므로 이를 부당이득으로 반환하여야 한다고 주장하였다.

이에 대하여 피고는 석방에 대한 성공보수금으로 2억 원을 약정하고 그 중 1억 원을 먼저 지급받은 것이라고 주장하였다.

나. 법원의 판단

제1심은 A에 대한 형사사건 진행과정에서 피고의 역할과 피고에게 1억 원이 지급된 경위, 재판의 결과 등에 비추어 위 1억 원이 변호사보수로 지급된 것으로 판단하여 원고의 주장을 배척하였다.[5]

---

[4] 대구지방법원 안동지원 2009고단720 판결.

[5] 다만, 제1심은 B에 대하여 합의를 위해 지급되었던 2억 원 중 B가 개인적 용도

이에 원고는 항소하였다.

2. 제2심(대구고등법원 2014. 12. 10. 선고 2013나21568 판결)

가. 당사자의 주장

원고는 피고에게 지급한 1억 원은 청탁 활동비 명목이라는 취지의 주장을 유지하면서, 만일 위 1억 원이 변호사보수로 지급된 것이라면 과다수임료로서 무효이므로 이를 반환하여야 한다고 주장하였다.

나. 법원의 판단

원심은 위 1억 원이 청탁 활동비 명목으로 지급되었음을 인정할 증거가 없고, 이를 성공보수금으로 지급된 것으로 봄이 타당하다고 판단하였다.[6]

다만 원심은 위 1억 원이라는 구체적인 금액이 A가 구속되어 있는 상태에서 보석신청을 하고 그 신청에 대한 법원의 결정이 나오기 직전에 급박하게 결정되어진 것으로 보이는 점, 위 금액은 착수금인 1,000만 원의 10배에 해당하고 원고가 그 지급을 위해 어머니 소유의 토지를 담보로 대출을 받아야 했던 점, 원고가 변호사보수와 별도로 피해자들과의 합의작업을 위해 2억 원을 지출하였고 합의업무는 B가 수행하였던 점, A가 범행을 전부 자백하여(그것이 피고의 변론전략에 의한 것이었다고 하더라도) 무죄를 주장하는 사건에서와 같은 정도의 변론 및 변론준비 노력이나 비용이 소요되지 않은 점 등을 들어, 위 1억 원 중 6,000만 원을 초과하는 4,000만 원 부분은 신의성실의 원칙이나 형평에 반하여 부당하게 과다하므로 무효라고 보아 피고는 원고에게 4,000만 원을 반환할 의무가 있다고 판단하였다.[7]

로 사용한 4,980만 원을 반환할 의무가 있다고 판단하였다.

6) 제2심은 만일 원고의 주장과 같이 위 1억 원이 청탁활동비 명목으로 지급되었다고 가정하더라도, 공무원이 취급하는 사무에 관하여 그 청탁·교제비 등의 명목으로 피고에게 돈을 지급한 행위는 변호사법 제111조 제1항에 해당하는 행위로서 민법 제746조에 정해진 불법원인급여에 해당할 뿐 아니라, 당사자 사이의 관계에 비추어 '수익자의 불법성이 급여자의 그것보다 현저하게 크고 그에 의하면 급여자의 불법성은 미약하여 급여자의 반환청구를 거절하는 것이 공평에 반하고 신의성실의 원칙에도 어긋난다'고 보기도 어려우므로, 결국 원고의 반환청구를 받아들일 수 없다고 설명하였다.

7) 한편, 제1심 선고 후 B의 횡령 혐의에 대한 무죄 취지의 대법원 판결이 선고되었고, 제2심은 제1심과 달리 B의 4,980만 원 반환의무를 부정하였다.

이에 원고와 피고가 상고하였는데, 이후 원고는 상고를 취하하였다.

[대법원의 판단]

1. 판결 요지

가. 형사사건에 관하여 체결된 성공보수약정이 가져오는 여러 가지 사회적 폐단과 부작용 등을 고려하면, 구속영장청구 기각, 보석 석방, 집행유예나 무죄판결 등과 같이 의뢰인에게 유리한 결과를 얻어내기 위한 변호사의 변론활동이나 직무수행 그 자체는 정당하다 하더라도, 형사사건에서의 성공보수약정은 수사·재판의 결과를 금전적인 대가와 결부시킴으로써, 기본적 인권의 옹호와 사회정의의 실현을 사명으로 하는 변호사 직무의 공공성을 저해하고, 의뢰인과 일반 국민의 사법제도에 대한 신뢰를 현저히 떨어뜨릴 위험이 있으므로, 선량한 풍속 기타 사회질서에 위배되는 것으로 평가할 수 있다.

나. 다만 선량한 풍속 기타 사회질서는 부단히 변천하는 가치관념으로서 어느 법률행위가 이에 위반되어 민법 제103조에 의하여 무효인지는 법률행위가 이루어진 때를 기준으로 판단하여야 하고, 또한 그 법률행위가 유효로 인정될 경우의 부작용, 거래자유의 보장 및 규제의 필요성, 사회적 비난의 정도, 당사자 사이의 이익균형 등 제반 사정을 종합적으로 고려하여 사회통념에 따라 합리적으로 판단하여야 한다.

다. 그러나 그동안 대법원은 수임한 사건의 종류나 특성에 관한 구별 없이 성공보수약정이 원칙적으로 유효하다는 입장을 취해 왔고, 대한변호사협회도 1983년에 제정한 '변호사보수기준에 관한 규칙'에서 형사사건의 수임료를 착수금과 성공보수금으로 나누어 규정하였으며, 위 규칙이 폐지된 후에 권고양식으로 만들어 제공한 형사사건의 수임약정서에도 성과보수에 관한 규정을 마련해 놓고 있었다. 이에 따라 변호사나 의뢰인은 형사사건에서의 성공보수약정이 안고 있는 문제점 내지 그 문제점이 약정의 효력에 미치는 영향을 제대로 인식하지 못한 것이 현실이고, 그 결과 당사자 사이에 당연히 지급되어야 할 정상적인 보수까지도 성공보수의 방식으로 약정하는 경우가 많았던 것으로 보인다.

라. 이러한 사정들을 종합하여 보면, 종래 이루어진 보수약정의 경우에는 보수약정이 성공보수의 명목으로 되어 있다는 이유만으로 민법 제103조에 의

하여 무효라고 단정하기 어렵다. 그러나 대법원이 이 판결을 통하여 형사사건에 관한 성공보수약정이 선량한 풍속 기타 사회질서에 위배되는 것으로 평가할 수 있음을 명확히 밝혔음에도 불구하고 향후에도 성공보수약정이 체결된다면 이는 민법 제103조에 의하여 무효로 보아야 한다.

2. 이 사건에 대한 판단

대법원은 이 사건의 사실관계를 앞서 본 법리에 비추어 보면, 원고와 피고 사이에 A의 석방을 조건으로 체결된 약정은 형사사건에 관한 성공보수약정으로서 선량한 풍속 기타 사회질서에 반한다고 평가할 수 있는 측면이 있다. 다만 위 성공보수약정은 앞서 본 대법원의 견해 표명 전에 이루어진 것으로서 그 약정사실만을 가지고 민법 제103조에 의하여 무효라고 단정할 수 없으나, 원심이 1억 원의 성공보수약정 중 6,000만 원을 초과하는 4,000만 원 부분에 대하여 신의성실의 원칙이나 형평의 원칙에 반하여 부당하게 과다하므로 무효라고 판단한 것은 수긍할 수 있고, 거기에 상고이유의 주장과 같이 보수금약정에 관한 법리를 오해한 잘못은 없다고 하면서 상고를 기각하였다.

3. 보충의견

대법관 민일영, 대법관 고영한, 대법관 김소영, 대법관 권순일은 다음과 같은 보충의견을 냈다.

형사사건에 관한 성공보수약정을 민법 제103조에 의하여 무효라고 평가하는 것은 오랜 기간 지속되어 온 착수금과 성공보수라는 이원적인 변호사보수체계에 근본적인 변화를 요구하는 것이어서 적지 않은 혼란이 예상되고, 변호사의 직업수행의 자유와 계약체결의 자유를 지나치게 제한하는 것이라는 반론이 있을 수도 있다. 그러나 이를 통하여 변호사 개개인의 윤리의식이 고취되고, 변호사 직무의 공공성과 독립성이 확보되며, 전체 변호사 집단이 국민의 신뢰를 회복하여 기본적 인권을 옹호하고 사회정의를 실현하는 본연의 사명을 잘 감당할 수 있게 된다면 이러한 제한은 합리적이고 균형에 맞는 것이라고 보아야 한다.

안타깝게도 사실 여부를 떠나 적지 않은 국민들이 유전무죄·무전유죄 현상이 여전히 존재한다고 믿고 있는 사회적 풍토 아래에서 형사사건에 관한 성공보수약정은 그동안 형사사법의 공정성·염결성에 대한 오해와 불신을 증폭시키는 부정적 역할을 해 왔음을 부인할 수 없다.

유명한 법언(法言)처럼 우리가 정의를 실현하는 것만큼이나 사회구성원들이 정의가 실현되고 있다고 믿을 수 있게 하는 것이 중요하다. 어떤 사법제도나 국가기관도 주권자인 국민의 신뢰와 공감이라는 기반 위에 서지 않는다면 존립의 근거를 상실하게 되기 때문이다. 그런데 앞서 본 것처럼 형사사건의 수사나 재판 결과에 따라 성공보수를 수수하는 변호사의 행위 자체가 우리 사회가 변호사에게 요구하는 공공성이나 고도의 윤리성과 배치되고 형사사법에 관한 불신을 초래할 위험이 있으므로 사회적 타당성을 갖추지 못하고 있다는 것이 일반 국민의 법의식이다. 많은 국민이 어떤 사법제도나 실무관행이 잘못되었다고 지적한다면 이제라도 바로잡는 것이 옳다.

다른 나라의 사례를 보더라도, 미국, 영국, 독일, 프랑스 등 대부분의 법률 선진국에서는 일찍부터 형사사건에서의 성공보수약정이 변호사 직무의 독립성과 공공성을 침해하거나 사법정의를 훼손할 우려가 있어 공익에 반한다는 이유로 금지하고 있다.

이번 대법원 판결을 계기로 형사사건에서 변호사의 변론활동에 대한 보수결정방식이 국민의 눈높이에 맞게 합리적으로 개선됨으로써 형사사법제도의 운용과 변호사의 공적 역할에 대한 국민의 신뢰도와 만족도가 한층 높아질 수 있을 것이다. 나아가 공정하고 투명한 형사사법을 구현하고 선진적인 법률문화를 정착시키는 데에도 밑거름이 될 것으로 기대한다.

〔研　　究〕

Ⅰ. 서　론

그동안 성공보수와 연계된 과다한 변호사의 보수와 이와 관련한 이른바 '전관예우' 의혹을 둘러싼 문제가 사회적으로 논란이 되었다. 이를 규제할 필요성이 있다는 의견이 학계와 시민사회로부터 나오기도 하였지만 입법은 이루어지지 아니하였고 종래 대법원 또한 성공보수약정의 일반적인 효력을 문제 삼지 않았다. 이러한 상황에서 전격적으로 형사사건

에서의 성공보수약정은 무효라고 판단한 대상판결은 큰 사회적 파장을
일으켰다.

　한편 대상판결은 위와 같이 성공보수약정이 선량한 풍속 기타 사회
질서에 위배되는 것으로 판단하면서도 이를 당해 사건에 적용하지 않고,
"종래 이루어진 보수약정의 경우에는 보수약정이 성공보수의 명목으로
되어 있다는 이유만으로 민법 제103조에 의하여 무효라고 단정하기 어렵
다. 그러나 대법원이 이 판결을 통하여 형사사건에 관한 성공보수약정이
선량한 풍속 기타 사회질서에 위배되는 것으로 평가할 수 있음을 명확히
밝혔음에도 불구하고 향후에도 성공보수약정이 체결된다면 이는 민법 제
103조에 의하여 무효로 보아야 한다."라고 판시하였다.

　이는 당해 사건에 법리를 적용하여 결론을 내리는 것으로 마무리되
는 통상적인 판결의 형식과 상이하다. 이 부분 대상판결의 표현만으로
대법원의 의도를 정확하게 이해하기 쉽지 않지만, 대상판결이 판례 변경
의 소급효를 부정하고 장래효만을 인정하였다고 파악하는 것이 대체적인
견해이다.[8] 이에 장래효만을 갖는 판례 변경이 가능한지에 대한 의문도
제기되었다.

　이에 본 평석에서는 성공보수약정의 개념과 변호사보수체계 현실과
해외 재판사례 및 민법 제103조의 적용범위 등의 검토를 통하여 형사성
공보수약정이 사회질서에 위배된다고 한 대상판결 판단의 타당성을 살펴
보고, 나아가 판례 변경의 장래효가 논의되는 배경과 그 법리적 근거 등
을 확인하여 그와 같은 판결 형식이 필요하고 또 가능한지 여부를 논의
하고자 한다.

---

[8] 윤진수, 형사사건 성공보수 약정 무효 판결의 장래효에 대한 의문, 법률신문 연
구논단(2015. 8. 6.) 대상판결의 문언만을 본다면 대상판결은 그 선고 전의 성공보
수약정은 무효라고 단정할 수 없지만, 가치관념의 변화에 따라 선고 후의 성공보
수약정은 무효가 된 것으로 보았다고 읽힐 수도 있다. 그러나 대법원의 판결이 있
기 때문에 유효하던 성공보수약정이 무효가 된다고 할 수 없고, 그와 같이 이해할
경우 대법원 2009. 7. 9. 선고 2009다21249 판결을 변경할 이유도 없기 때문에 판
결의 장래효만을 인정한 것으로 파악함이 상당하다고 한다.; 김제완, 형사사건 변
호사 성공보수약정 무효화에 대한 비판적 고찰, 인권과 정의(2016. 5.), 7면.

Ⅱ. 형사성공보수약정의 민법 제103조 위반 여부

1. 변호사선임의 법률관계와 성공보수약정

가. 변호사선임계약

(1) 기본적인 법률관계

일반적으로 변호사와 의뢰인 사이에 성립하는 계약은 위임계약의 성질을 갖는다.[9] 변호사는 자신의 전문적 법률지식이나 능력을 가지고 법률전문가에게 요구되는 주의를 기울여 법률사무를 처리할 의무를 부담하고, 의뢰인은 비용과 보수를 지급할 의무 등을 부담한다.

한편, 일반 위임의 경우에는 당사자 사이에 특별한 약정이 없으면 수임인은 위임인에 대하여 보수를 청구하지 못한다($\substack{민법 제686조 \\ 제1항}$). 그러나 판례는 변호사에게 계쟁 사건의 처리를 위임함에 있어 그 보수 지급 및 수액에 관하여 명시적인 약정을 아니하였다 하여도, 무보수로 한다는 등 특별한 사정이 없는 한 응분의 보수를 지급할 묵시의 약정이 있는 것으로 보는 입장이다.[10] 그리고 이 경우 그 보수액은 사건수임의 경위, 사건의 경과와 난이 정도, 소송물 가액, 승소로 인하여 당사자가 얻는 구체적 이익과 소속 변호사회 보수규정 및 의뢰인과 변호사 간의 관계, 기타 변론에 나타난 제반 사정을 참작하여 결정함이 상당하다고 한다.[11]

---

9) 남효순, 변호사와 의뢰인 사이의 법률관계, 법률가의 윤리와 책임(2003. 9.), 박영사, 274면. 변호사가 반드시 특정한 결과를 발생시킬 것을 의뢰인에게 약속하였다면 당사자 사이에는 위임이 아니라 민법 제664조의 도급계약이 성립하게 되고 이러한 경우에는 '일의 완성'이 계약의 내용이 되었으므로 그 결과가 발생하지 않았을 경우에는 보수를 청구하지 못한다. 그러나 당사자들이 일정한 결과가 발생하는 경우에는 추가로 성공사례금을 주겠다고 약정하는 것은 위임계약에 수반되는 특약일 뿐이지, 이로 인하여 변호사와 의뢰인 사이에 도급계약이 성립하는 것은 아니라고 한다. 남효순, 276면.

10) 변호사, 의사, 공인중개사 등과 같이 수임인이 맡은 사무가 그의 영업 내지 업무에 속하는 경우에는 오히려 무보수 특약이 없는 한 보수지급의 묵시적 약정이 있는 것으로 보는 것이 사회통념 내지 거래관행에 부합한다. 김형배, 민법학강의 제8판, 신조사(2009), 1442면, 남효순, 284면도 같은 취지.

11) 대법원 1995. 12. 5. 선고 94다50229 판결 등 참조.

(2) 변호사보수체계 현황

변호사보수는 변호사가 제공하는 서비스의 내용에 따라 사무보수[12]와 사건보수로[13], 보수산정방식에 따라 시간제, 가액기준, 정액보수로 분류할 수 있다. 사무보수는 약정하기에 따라 정액보수로 하거나 정액보수에 시간제 보수를 추가하는 형식으로 이루어진다. 주로 문제가 되는 사건보수는 일반적으로 '착수금'과 '성공보수'의 이중적인 구조로 결정된다. 즉, 사건수임시에 정액으로 지급되는 '착수금'과 위임사무를 성공적으로 처리하는 것을 조건으로 사건 종료 후에 지급되는 '성공보수'를 합한 것으로 변호사보수를 정하는 것이 보통이다.

대법원은 이 중 착수금의 법적 성격에 대하여, 위임사무의 처리비용 외에 일반적으로 소송사건의 성공 여부와 관계없이 지급되는 보수금 일부의 선급금이라고 이해한다.[14]

나. 성공보수약정의 개념과 기능

(1) 개 념

성공보수는 일반적으로 위임사무의 처리결과에 따라, 즉 성공의 정도에 비례하여 의뢰인이 변호사에게 지급하는 보수를 말한다.[15] 여기서의 성공의 의미는 승소와 유사하지만, 기본적으로 변호사와 의뢰인의 약정에 의한 결과를 말하므로 반드시 승소와 일치한다고 할 수는 없다.

---

12) 상담료, 고문료, 문서작성료 등과 같이 위임사무의 처리 자체에 대한 대가로 지급되는 보수를 말하며, 위임사무 처리결과로서의 성공과 실패가 의미를 갖지 않는다. 박경재, 변호사의 법적 지위와 변호사보수계약, 법학연구 제51권 제1호(2010), 929면.

13) 주로 소송사건을 수행하는 데 대한 보수를 의미하고, 위임사무의 처리결과에 있어 성공과 실패의 의미가 있는 것이 보통이다.

14) "변호사가 소송사건 위임을 받으면서 지급받는 착수금 또는 착수 수수료는 일반적으로 위임사무의 처리비용 외에 보수금 일부(이 경우의 보수금은 위임사무인 소송사건의 성공 여부와 관계없이 지급되는 것이 보통이다)의 선급금조로 지급받는 성질의 금원이라 볼 것이다." 대법원 1982. 9. 14. 선고 82다125 판결.

15) 한편, 대상판결은 판단의 대상이 되는 성공보수약정을 "의뢰인이 위임사무의 처리결과에 따라 또는 사건해결의 성공 정도에 따라 변호사에게 특별한 보수를 지급하기로 약속하는" 것이라고 정의하였다.

형사사건과 관련하여서는, 2004년 대한변호사협회에서 권고양식으로 만든 형사사건의 수임약정서 양식에는 '성과보수'라는 항목에서 위임사무의 '성공'이 경찰 또는 검찰에서 사건이 불기소된 때, 영장이 기각된 때, 무죄의 선고가 있을 때, 고소 고발사건을 수임한 경우 기소유예, 약식기소, 불구속기소, 구속기소가 된 때 등의 항목으로 나누어 규정되어 있다.[16]

한편, 일반적으로 착수금과 성공보수의 이중적 보수체계의 일부에 해당하는 우리의 성공보수약정은 미국에서 이용되는 성공보수금(contingent fee)의 일반적인 경우와는 그 성질이 다르다. 미국의 경우 승소시에는 의뢰인에게 판결된 승소금의 일정액 또는 일정비율의 금액이 보수로 지급되지만, 승소금이 없으면 변호사보수도 없는 방식을 취하는 것이 대부분이다.[17] 이를 우리 제도와 구별하여 성공조건부 보수약정이라고 부를 수 있다.[18]

(2) 기 능

성공보수약정의 순기능으로는, ① 소송을 제기할 경제적 여력이 없는 당사자에게 소송결과에 따라 보수를 후불로 지급할 수 있도록 하여 자신의 권리를 실현할 수 있는 수단을 제공해 주는 역할을 하는 점(권리보호 확대 기능), ② 변호사에게 의뢰인의 이익에 부합하는 결과발생에

---

16) ① 경찰 또는 검찰에서 사건이 불기소, 약식명령청구, 가정법원(소년부)에 송치된 때
　　② 영장이 기각된 때
　　③ 구속적부심사청구·보석청구에 의한 석방결정, 구속집행정지 결정이 된 경우
　　④ 면소, 공소기각, 형의 면제의 선고가 있을 때
　　⑤ 무죄의 선고가 있을 때
　　⑥ 선고유예 또는 집행유예의 선고가 있을 때
　　⑦ 벌금형 이하의 선고가 있을 때
　　⑧ 구형량보다 형이 경감된 때
　　⑨ 소년보호사건에서 불처분, 위탁변경결정, 보호자 등에게 위탁하는 보호처분이 된 때
　　⑩ 상소심에서 원 판결이 취소 또는 변경된 경우
　　⑪ 고소 고발사건을 수임한 경우 : 기소유예/약식기소/불구속기소/구속기소
17) 미국에서 우리나라와 같은 성공보수약정이 금지되는 것은 아니다.
18) 박경재, 변호사의 법적 지위와 변호사보수계약, 법학연구 제51권 제1호(2010), 930면.

대한 동기를 부여하여 적극적, 효율적인 변론을 유도함으로써 의뢰인의 권리와 이익을 보호할 수 있다는 점(통제적 기능)을 들 수 있고 이에 더하여 ③ 아직 기반이 확보되지 않은 젊은 변호사로 하여금 착수금을 받지 않고 성공보수만을 받기로 선택하여 고객을 확보할 수도 있다는 지적도 있다.[19] 이는 변호사 시장의 자율성 보장이 필요하다는 의미로 이해할 수 있다.

그러나 우리나라에서는 성공보수약정의 역기능이 더욱 많이 문제되는 실정이다. 즉, 변호사와 의뢰인의 이익이 충돌하는 상황에서 변호사가 의뢰인의 이익보다는 자신의 이익을 우선적으로 추구할 가능성이 크다는 점이나, 변호사가 사건에 직접 이해관계를 갖게 될 경우의 독립성 침해, 가장 중요하게는 특히 형사사건의 경우 성공보수로 인한 보수총액이 과다해지고, 우리나라의 특수한 문제로서 이른바 '전관예우'와 관련하여 법조비리와 불신을 초래한다는 점 등이 지적된다.

다. 성공보수약정에 대한 규제

(1) 규제 법률의 부존재

우리나라의 경우 성공보수약정을 자체를 금지하는 법률은 존재한 적이 없다. 보수액에 대한 규제에 관하여서는 구 변호사법이 1949년 제정 당시 제17조에서 "변호사는 현저히 불상당한 보수를 받지 못한다."는 규정을 두고 있다가,[20] 1982. 12. 31. 개정하면서 제19조에서 "변호사의 보수기준은 대한변호사협회가 정한다."라고 규정함에 따라 1983년 대한변호사협회가 "변호사보수기준에 관한 규칙"을 제정한 바 있다. 위 규칙에서는 형사사건의 착수금과 성공보수의 금액이 각 500만 원 이하로 정해져 있었다. 그런데 구 변호사법 제19조의 규정은 1999. 2. 5. 삭제되었고,[21]

---

19) 박경재, 변호사의 성공보수약정의 금지논리와 그 한계, 법학연구 제51권 제4호 (2010), 476면; 정선주, 변호사의 성공보수약정 : 독일연방헌법재판소 2006년 12월 12일 결정을 중심으로, 민사소송 제12권 제1호, 한국 민사소송법학회(2008), 165면; 정한중, 변호사 보수의 규제에 대한 연구, 법학연구 제14권 제1호, 인하대학교 법학연구소(2011), 108–109면.

20) 1982년 폐지되었다.

21) 이는 '독점규제 및 공정거래에 관한 법률의 적용이 제외되는 부당한 공동행위

그에 따라 위 규칙 또한 폐지되어 현재는 성공보수를 포함한 변호사보수
에 대한 규제가 없는 상황이다.

한편, 2000. 7. 29. 시행된 대한변호사협회의 변호사윤리장전 제33조는
"변호사는 성공보수를 조건부로 미리 받아서는 아니 된다."라고 규정하여 성
공보수의 선수령을 금지하고 이를 위반하는 경우에 징계의 대상이 되었다.
그러나 이는 2014. 2. 24. 개정되어 현재 선수령을 금지하는 규정도 없다.

(2) 규제 입법의 시도

(가) 사법개혁추진위원회의 논의결과[22]

1999. 5. 7. 대통령 자문기구로 출범한 사법개혁추진위원회는 변호
사보수의 합리적 개선방안에 대하여 논의하면서 성공보수의 문제를 함께
검토하였다.

변호사보수에 대한 논의과정에서는 변호사보수를 제도적으로 규제할
것인지 아니면 규제를 철폐하여 시장원리에 맡겨야 할 것인지가 주된 쟁
점이 되었는데, 논의결과 변호사보수의 합리적 개선방안으로서, 변호사단
체로 하여금 소비자의 선택을 도울 수 있는 변호사 표준보수지침
(guideline)을 마련하도록 권고하되, 변호사보수에 대한 규제 자체는 곤란
하므로 기본적으로 시장원리에 맡기기로 하였다.

변호사보수 중 성공보수에 대하여도 제도 자체의 비난보다는 그 금
액이 과다하므로 규제를 할 필요가 있다는 데 중점이 있는 것으로 보고
성공보수 자체를 금지하지는 않는 것으로 하였다. 그러나 형사사건에 대
한 성공보수는 형사사건의 윤리적인 문제를 고려하여 이를 금지하여야
한다는 것이 다수의견이었으며, 결국 형사사건의 성공보수는 금지하는 것
으로 결론지어졌다.

(나) 규제 입법의 시도

18대 국회에서는, 변호사의 보수 및 비용에 관한 일반기준을 정하고

등의 정비에 관한 법률'에 따른 것으로서 자율적인 경쟁이 이루어질 수 있도록 하
기 위한 취지였다.
22) 강일원, 사법개혁추진위원회의 형사사법개선방안, 형사재판의 제문제 제3권, 형
사실무연구회(2001), 473-474면.

형사 및 가사사건의 성공보수를 금지하는 내용의 '변호사 보수 등의 기준
에 관한 법률안'이 제안되었으나, 실제 그와 같은 개정이 이루어지지는
못하였다.

(3) 기존 판례의 태도

대상판결 이전의 판례는 민사·형사와 같은 사건 종류와 관계없이
성공보수를 변호사보수의 한 종류로 보아 성공보수약정의 민법 제103
조 위반 여부에 대한 별도의 판단 없이 성공보수약정을 포함한 위임약
정전체의 효력을 원칙적으로 인정하였다. 다만 예외적으로 금액이 과
다한 경우만 신의성실의 원칙이나 형평의 원칙을 들어 이에 대한 효력
유지적 축소를 통해 약정보수의 일부를 감액한다.[23]

약정보수액의 과다 여부 및 감액의 기준에 관한 판례는 "사건수임
의 경위, 사건 처리의 경과와 난이도, 소송물가액, 승소로 인하여 당사
자가 얻은 구체적 이익과 소속 변호사회보수규정 기타 변론에 나타난
제반 사정에 비추어 그 약정보수액이 부당하게 과다하여 신의성실의
원칙이나 형평의 원칙에 반하는 특단의 사정이 있는 때에만 예외로서,
이 경우에는 위와 같은 제반 사정을 고려하여 상당하다고 인정되는 범
위를 초과하는 보수액에 대하여는 그 지급을 청구할 수 없다"라고 그
기준을 설정하고, 이와 같은 감액이 이루어지는 경우에 관하여[24] "이는
어디까지나 계약자유의 원칙을 배제하는 예외적인 경우이므로 그와
같이 예외적으로 취급하기 위해서는 그에 관한 합리적인 근거를 명

23) 대법원 1967. 9. 5. 선고 67다1322 판결은 변호사가 불상당한 보수를 받을 수
없다고 규정한 구 변호사법 제17조의 규정에 위배한 보수계약을 하였다면 이는 무
효라고 판시하였고, 대법원 1968. 7. 31. 선고 68다1050 판결은 변호사회의 보수에
관한 규약 소정 한도를 초과한 보수계약이라고 하여도 구 변호사법 제17조 소정의
현저히 부당한 보수를 받기로 한 계약이라고 단정할 수 없다는 입장이었다. 과거
변호사보수에 대한 제한은 신의칙과는 관계없는 문제였으나, 1982. 12. 31. 법률
제3594호로 변호사법이 새로 제정되면서 종전의 변호사법 제17조 제2항과 같은 규
정을 철폐함으로써 판례가 '신의칙에 기한 무효'라는 법구성을 통하여 '효력유지적
축소'를 행해 왔다고 한다. 양창수, 자동차보험약관의 무면허운전면책조항에 관한
내용통제, 민법연구 제4권, 박영사(2007), 348-349면.
24) 대법원 1991. 12. 13. 선고 91다8722, 8739(반소) 판결.

확히 밝혀야 할 것이다."²⁵⁾라고 하여 적용범위가 확대되는 것을 경계한다.

위와 같은 판례에 대하여, 법원이 보수의 상당 여부를 판단할 구체적 자료로 제시하는 사항만으로 상당한 금액을 산정해 내는 것이 쉽지 않고, 법원이 자의적인 판단으로 법적 안정성과 예측가능성을 저해하지 않도록 사안별로 체계적이고 통일된 기준을 확립할 필요가 있다는 의견이 있다.²⁶⁾

2. 성공보수약정의 효력에 대한 비교법적 검토

성공보수를 인정할 것인가에 관하여는 나라마다 차이가 있다. 이러한 차이는 변호사의 지위와 역할에 대한 일반적인 인식과 변호사자격 취득방법과 변호사의 수, 소송사건 중 변호사 선임비율, 보수체계 등 다양한 요인이 복합적으로 작용한 결과일 것이다. 하지만 우리나라처럼 모든 종류의 소송사건에 성공보수가 인정되는 국가는 거의 없고, 착수금과 성공보수의 이중적 구조를 가지고 있는 국가도 한국과 일본 외에는 없는 실정이다.²⁷⁾

가. 독 일

독일에서는 연방변호사법에서 변호사를 독립한 사법기관의 하나로 규정하기 때문에 변호사의 공공성과 직무상의 독립성이 뚜렷이 부각되고, 변호사보수법에는 변호사보수 산정방법이 상세하게 규정되어 있다.²⁸⁾

---

25) 대법원 2009. 9. 10. 선고 2009다40677 판결.
26) 이 견해에서는 과다보수를 규제하는 가장 바람직한 방식은 법률의 규정에 근거하여 보수약정의 한계를 설정하는 것이라고 한다. 박경재, 변호사의 법적 지위와 변호사보수계약, 법학연구 제51권 제1호, 부산대학교(2010), 931-937면; 이창희, 변호사보수의 적정성과 투명성, 법률가의 윤리와 책임(2003), 291면. 또한 법관의 판단을 국민 다수 내지 그를 대표하는 국회의 판단보다 우선시키는 것은 민주주의의 이념과 어긋난다는 이유로 신의성실의 원칙의 적용에 비판적인 입장이다.
27) 박경재, 변호사의 성공보수약정의 금지논리와 그 한계, 법학연구 제66호(2010), 478면.
28) 독일이 변호사보수 법정주의를 채택한 것은 지방법원 이상에서 변호사강제주의

독일 법원은 1887 명예법원 판례 이래 성공보수약정을 무효로 판단해 왔다. 그 주된 이유는 변호사가 법적 분쟁에서 당사자 일방의 동반자로 전락하는 것은 연방변호사법 제1조가 규정하는 사법기관으로서의 변호사의 지위와 맞지 않고, 독일 민법 제138조 제1항의 공서양속에도 반한다는 것이었다.

법률상으로는 1944년 처음으로 성공보수약정을 금지하는 규정이 도입되었고, 이후 그와 같은 규정이 없어지기도 하였으나, 1994년 연방변호사법 제49조 b 제2항에서 명시적으로 금지되었다. 그런데 독일연방헌법재판소가 2006. 12. 12. 위 조항이 성공보수약정을 전면적으로 금지하고 있으면서도 아무런 예외를 인정하지 않은 것이 직업의 자유를 침해하는 것이라고 결정하였고, 이에 따라 2008. 6. 12. 경제적 형편이 어려운 경우를 비롯한 특별한 사정이 있는 경우 성공보수약정이 가능하도록 연방변호사법과 변호사보수법이 개정되었다. 29) · 30)

나. 프 랑 스31)

프랑스에서는 19세기 이래 성공보수약정이 금지되고 이를 무효로 하는 전통이 확고하게 자리를 잡았다. 각급법원에서는 성공보수약정이 프랑스 민법상 공서양속 규정32)에 위반한다는 판결을 하였는데, 구체적으

를 채택하고 있는 점이나 보수를 포함한 변호사비용을 소송비용에 포함시켜 패소자에게 부담시키고 있는 점과 관계된다고 한다. 정형근, 변호사의 보수에 관한 고찰, 법조 제645호, 법조협회(2010), 219~220면; 박정재, 변호사의 법적 지위와 변호사보수계약, 법학연구 제51권 제1호, 부산대학교(2010), 924면.

29) 정선주, 변호사의 성공보수약정-독일연방헌법재판소 2006년 12월 12일 결정을 중심으로-, 민사소송 제12권 제1호, 한국민사소송법학회, 2008, 147~148면.
30) 개정된 연방변호사법 제49조 b 제2항 제1문은, "변호사보수법이 달리 규정하지 않는 한, 변호사보수의 지급 여부와 액수를 소송의 승패나 변호사활동의 결과에 좌우되도록 하거나 이에 따라 소송에서 취득한 금액의 일부를 변호사가 사례금(성공보수금)으로 받는 합의는 허용되지 않는다."라고 규정하고, 변호사보수법 제4조 a 제1항 제1, 2문은 "성공보수(연방변호사법 제49조 b 제2항 제1문)는 구체적인 사건의 특별한 사정이 고려될 수 있을 때에만 개별적인 경우에서 합의할 수 있다. 이는 특히 의뢰인이 자신의 경제적인 사정 때문에 성공보수의 약정 없이는 권리추구가 어려울 때 적용된다."라고 규정한다.
31) 이청조, 프랑스변호사의 성공보수규제에 관한 법리, 동아논총 제37집(2000), 259~273면; 정상현, 형사성공보수약정에 대한 반사회적 무효판결 관견, 107면.

로는 변호사 직무의 공공성과 관련하여 성공보수약정으로 변호사의 명예가 실추되고 사건의 결과가 달라질 수 있다는 점 등이 지적되었다.

이러한 전통적인 법리는 1971년 12월 31일에 제정된 법률에 반영되었다. 위 법 제10조 제1항은 "사례는 변호사와 그 의뢰인과의 합의에 의하여 정한다."라고 하면서 제2항에서 "그럼에도 불구하고 발생할 수 있는 결과에 따라 사전에 사례를 정하는 것은 금지된다. 이에 위반하는 약정은 모두 체결하지 않은 것으로 간주한다."라고 규정하였다.[33]

위 규정을 해석하고 적용해 나가는 과정에서 성공보수약정은 원칙적으로 금지되지만, 일정한 한도에서 승소의 결과를 사례결정의 한 요인으로 고려한다는 판결들이 등장하였다.[34] 그러나 승소한 결과만으로 사례를 좌우하는 것은 변호사직업윤리에 반한다는 기본적인 입장은 유지되고 있다.[35]

다. 영 국[36]

영국에서는 형사법상 이익분배조건부 소송원조행위(champerty)가 금지되어 있었고, 보통법(common law) 역시 성공보수약정을 이러한 행위의 한 유형으로 취급하여 무효인 불법계약으로 이해하였다.

그 밖에 변호사의 이원적 체계,[37] 소송비용의 완전한 패소자부담원

---

32) 민법 제6조(공서나 선량한 풍속에 관한 법률에 저촉되는 임의약정은 금지됨), 제1131조(불법원인에 기인한 채무는 아무런 법적 효력을 가지지 못함), 제1133조(법률의 규정에 의하여 금지되거나 미풍양속에 반하는 원인은 불법임).

33) 위 입법과정에서는 성공보수약정이 변호사직의 본질인 자유·독립을 침해하는 것으로 받아들여졌다고 한다. 구체적인 입법과정에 관하여는 이청조, 위 논문 262-265면 참조.

34) 이청조, 위 논문 270면은 이러한 판결의 경향을 다음과 같이 정리하고 있다. ① 변호사로서의 명예를 근거로 직무수행의 결과, 즉 성공 여부가 사례를 좌우하는 것은 변호사에게 허용되지 않는다는 19세기적 변호사보수관이 동요되어, 달성된 결과가 사례결정 요인의 하나로 용인되었고, ② 소송에서의 승소결과를 사례결정시에 고려하는 것은 사전에 사례를 정하는 약정을 금지하는 1971년 법률 제10조 제2항에 해당되지 않으며, ③ 승소한 결과는 사례결정시 작용하는 요인 중의 하나에 불과하고 독립된 요인은 아니다.

35) 이청조, 위 논문, 265-273면.

36) 이 부분은 이규호, 성공보수금계약에 관한 연구, 연세법학연구 제6집 제1권, 연세법학연구회(1999), 341·342면; 정상현, 위 논문 103면을 참고하였다.

칙,[38] 광범위한 법률구조제도 역시 성공보수금제도의 도입을 필요 없게 만드는 요소로 작용하였다고 평가된다.

한편, 법률구조기금의 적자 누적 해결을 위해 제한적으로 성공보수약정을 허용하는 입법이 이루어지기도 하였으나 이때에도 가족관계사건과 형사사건은 제외되었다.[39]

1995년 제정된 '성공보수금계약에 관한 명령(The Conditional Fee Agreements Order)'에 의하면, 대인법익침해사건, 도산사건 및 유럽인권위원회 및 유럽인권법원에서 제기된 절차에 한하여 성공보수약정이 허용하는데, 이 경우에도 보수금액의 상한을 정하고 있다.

라. 미   국

미국의 경우 영국과 비교하여 소송원조(champerty) 금지 원칙이 확고하지 않았고, 변호인보수를 실질적으로 증액시키기 위한 반복적 소송제기가 이루어지는 경우가 많았다. 1848년 뉴욕주는 이러한 관행을 없애기 위해 변호사보수를 규제하는 법률을 폐지하고 변호사의 자유로운 서비스 활동을 보장하는 필드법(Field Code)을 제정하였고, 이는 다른 주에도 영향을 미쳤다. 이후 법률서비스의 가격을 자유시장 접근방식에 의해 정하려는 움직임이 산업혁명에 의해 가속되면서 성공보수금계약이 일반화되었다.[40]

---

37) 영국에서는 barrister는 solicitor로부터 사례를 받는다. solicitor의 보수를 규제하는 법률은 없지만 과다 보수에 대하여 법원에 심사청구를 할 권리를 보장하고 있고, 변호사들이 보수의 상당 부분을 법률구조기금이나 보험회사를 통해 지급받기 때문에 보수액과 산정기준이 비교적 투명하게 드러나 있다. 강일원, 사법개혁추진위원회의 형사사법개선방안, 형사재판의 제문제; 송계 신성택 대법관 퇴임기념 논집 제3권, 형사실무연구회(2001), 472면; 법원행정처, 법조인력 양성에 관한 각국의 제도 비교(1995), 272-273면.
38) 패소당사자는 승소당사자의 비용 전부를 부담하여야 한다. 따라서 승소할 경우 변호사비용에 대해 걱정할 필요가 없고, 승소할 가능성이 높은 당사자가 소송을 제기하도록 유도하여 성공보수금제도의 필요성을 감소시킨다고 한다. 이규호, 위 논문, 344면 참고.
39) 정상현, 위 논문 104면.
40) 미국에서 성공보수금계약이 합법화된 연혁에 관하여서는 이규호, 성공보수금계약에 관한 연구, 연세법학연구 제6집 제1권, 연세법학연구회(1999), 347·348면에

그러나 미국에서도 인신손해, 채권회수, 토지수용 등의 민사사건에 대해서 성공보수약정이 허용될 뿐이고, 형사사건, 가사사건, 입법로비영역에서는 성공보수약정이 금지된다.

미국 변호사협회(American Bar Association, ABA)에서 제정한 '표준직무규칙'(Model Rules of Professional Conduct)은 가사사건과 형사사건에서의 성공보수를 전면적으로 금지하고 있다. 위 직무규칙은 그 자체로는 아무런 법적 강제력을 갖지 않지만 연방법원이나 주법원에서 ABA의 직무규칙과 이를 채택하고 있는 주변호사협회(State Bar Association)의 개별 직무규칙을 규범으로 수용함으로써 강제력을 부여하거나, 형사성공보수약정의 효력을 부정하는 판례법리를 전개하였다.[41]

한편, 미국에서 성공보수약정을 금지하는 논거로는, 1) 남소의 우려, 2) 무리한 변론으로 인한 폐해로서 위증교사와 증거조작 등 불법의 유혹과 형사사법과 변호사제도에 대한 그릇된 오해와 불신을 유발한다는 점, 3) 과다 보수의 문제, 4) 이익충돌의 문제 등이 제시되고 있다.[42]

마. 일 본

일본에서는 우리나라와 같이 일단 승소 여부와 관계없이 착수금으로 일정 금액의 보수를 받고, 추가적으로 승소를 조건으로 보수를 받는 형식으로 이루어지고 있다.

일본에서는 근대법학이 도입된 1880년대 초부터 변호사 성공보수약

상세한 설명이 있다.
41) 정상현, 형사성공보수약정에 대한 반사회적 무효판결 관견, 성균관법학 제27권 제4호(2015. 12), 102면에서는 이러한 1897년 오하이오(Ohio) 대법원의 Weber v. Shay 판결에서 형사사건에서 성공보수를 허용할 경우 변호사가 사법정의를 방해하기 위해 배심원들에게 부당한 영향력을 행사할 수 있기 때문에 무효라고 한 것이 이러한 판례법리의 시초로 알려져 있고, 공공질서(public policy) 위반에 근거한 판례의 시초는 1959년 펜실베니아주(Pennsylvania) 대법원이 Payton v. Margiotti 판결에서 사면을 조건으로 한 성공보수약정을 무효라고 판시한 것이고, 1982년 매사추세츠주(Massachusetts) 법원의 O'donnell v. Bane 판결에서도 동일한 법리가 적용되었다고 한다.
42) 김제완, 형사사건 변호사 성공보수약정 무효화에 대한 비판적 고찰, 인권과 정의 457권(2016), 15-22면; 이규호, 성공보수금계약에 관한 연구, 연세법학연구 제6집 제1권, 연세법학연구회(1999), 349-356면.

정을 금지하지 아니하여 지금까지 성공보수약정이 이루어지고 있다. 일본에서도 성공보수약정이 사회정의에 반한다거나 위증이 발생할 것이라는 폐해를 주장하는 의견이 일부 있었지만, 일본의 성공보수비율이 보통소송을 통하여 얻게 되는 이익의 10~20% 정도로 높지 않으며, 그 약정비율 역시 전체 사건의 일부에 지나지 않아 이로 인하여 변호사의 독립성이 의심되거나 사법절차를 방해하는 등의 문제점이 크지 않아 금지할 필요성을 느끼지 못하는 것으로 이해된다.[43]

일본에서는 대다수의 피고인이 국선변호인의 조력을 받아 재판에 임하고 있고, 사선변호인을 선임하는 경우에도 그 보수기준이 상당히 낮으며, 판사나 검사가 변호사로 개업하는 경우가 거의 없어 소위 전관들의 성공보수금이 문제되는 경우는 거의 없다고 한다.[44]

3. 형사사건 성공보수약정의 민법 제103조에 위반 여부
가. 민법 제103조
(1) 개   념
민법 제103조는 "반사회질서의 법률행위"라는 표제하에 "선량한 풍속 기타 사회질서에 위반한 사항을 내용으로 하는 법률행위는 무효로 한다."라고 규정하고 있는바, 법률행위가 개개의 강행법규에 위반하지 않더라도 위 규정에 따라 효력이 부정될 수 있다.

여기서 '선량한 풍속'은 사회의 일반적인 도덕관념, 즉 모든 국민이 지켜야 할 최소한의 도덕률을, '사회질서'란 국가 · 사회의 공공질서 내지 일반적 이익을 뜻하고, 일반적으로 위 개념을 포괄하여 사회적 타당성이라고 한다.[45]

---

43) 정상현, 형사성공보수약정에 대한 반사회적 무효판결 관견, 성균관법학 제27권 제4호(2015.12.), 108면.
44) 정한중, "변호사 보수의 규제에 대한 연구", 법학연구 제14집 제1호(2011), 437면.
45) 민법주해(Ⅱ) 총칙(2), 박영사(2012), 217 · 218면(민일영 집필); 이에 반하여 강행법규는 선량한 풍속 기타 사회질서의 한 구체적 표현에 불과하다면서 법률행위의 적법성과 사회적 타당성을 통일적으로 이해하려는 견해도 있다. 이영준, 민법총칙, 법문사(1997), 210면.

그런데 도덕률, 사회질서의 내용은 시대에 따라 국가에 따라 부단히 변천하는 것이고 이를 일의적으로 규정하는 것은 본질적으로(입법기술상) 불가능한 동시에 타당하지도 않다. 그리하여 민법 제103조는 일반조항의 성격을 갖고 있다.[46]

(2) 객관적 요건

민법 제103조에 의하여 무효로 되는 반사회질서 법률행위에 어떠한 유형이 해당되는지에 관하여 통설과 판례[47]는 일반적으로 다음과 같이 분류한다.

- 법률행위의 중심목적인 권리·의무의 내용이 사회적 타당성을 결여한 경우[48]
- 법률행위의 중심목적 그 자체는 사회적 타당성을 결여하지 않으나 다음의 다른 사정이 부가됨으로써 사회적 타당성을 결여하게 되는 경우
  ① 법률행위가 법률적으로 강제되는 경우[49]
  ② 법률행위가 금전적 이익과 결부되는 경우[50]
  ③ 법률행위에 조건이 부가되는 경우

한편, 반사회적 법률행위를 1) 공공의 이익을 보호하기 위한 공서양속, 2) 특정 제3자의 이익을 보호하기 위한 공서양속, 3) 법률행위 당사자를 보호하기 위한 공서양속의 세 가지 유형으로 구분하기도 한다.[51] 1) 유형에는

---

46) 민법주해(Ⅱ) 총칙(2), 박영사(2012), 220-221면(민일영 집필).
47) 우리 민법 제103조는 선량한 풍속 기타 사회질서에 위반한 사항을 내용으로 하는 법률행위는 무효로 한다고 규정하고 있고, 이때 민법 제103조에 의하여 무효로 되는 반사회질서 행위는 법률행위의 목적인 권리의무의 내용이 선량한 풍속 기타 사회질서에 위반되는 경우뿐만 아니라, 그 내용 자체는 반사회질서적인 것이 아니라고 하여도 법률적으로 이를 강제하거나 법률행위에 반사회질서적인 조건 또는 금전적인 대가가 결부됨으로써 반사회질서적 성질을 띠게 되는 경우 및 표시되거나 상대방에게 알려진 법률행위의 동기가 반사회질서적인 경우 등을 포함한다. 대법원 1994. 3. 11. 선고 93다40522 판결, 대법원 2000. 2. 11. 선고 99다56833 판결 등.
48) 살인 등의 범죄행위를 하기로 약정하는 것과 같이 법률행위로부터 발생하는 권리·의무 그 자체가 선량한 풍속 기타 사회질서에 위반하는 경우.
49) 특정 영업을 무기한으로 하지 않는다고 약정한다든가, 어떠한 일이 있어도 혼인 내지 이혼하지 않는다고 약정하는 경우.
50) 공무원이 정당한 직무를 행함에 있어 뇌물을 주고받기로 약정하는 경우.

가족제도를 위태롭게 하는 행위, 국가의 기본제도(공무원제도, 선거제도, 사법제도, 조세제도 등)의 운용을 해하는 행위 및 기타 사회제도의 정상적인 기능수행을 위태롭게 하는 행위 등이 해당될 수 있다.

(3) 주관적 요건

법률행위의 당사자는 법률행위의 내용이 선량한 풍속 기타 사회질서에 위반한다는 점까지 인식해야 하는 것은 아니지만, 적어도 선량한 풍속 기타 사회질서에 위반한다고 판단케 하는 기초사정의 존재는 인식하였어야 한다.[52] 그리고 법률행위의 중심목적 그 자체는 사회적 타당성을 결여하지 아니하였으나 거기에 다른 사정이 부가됨으로써 사회적 타당성을 결여하게 되는 경우는 그와 같은 사정을 인식하고 당해 법률행위를 할 것이 요구된다.[53]

(4) 관련 판례의 검토

대법원이 민법 제103조에 위반된다고 평가한 법률행위 중 대상판결과 같이 법률행위가 금전적 이익과 결부됨으로써 사회적 타당성이 인정될 수 없거나, 사법제도를 비롯한 국가의 기본제도의 운용에 해를 가하여 문제가 된 사례를 살펴본다.

대법원 2000. 2. 11. 선고 99다56833 판결은, 청원권 행사의 일환으로 이루어진 <u>진정을</u> 이용하여 원고가 피고를 궁지에 빠뜨린 다음 이를 <u>취하하는 것을 조건으로 거액의 급부를 제공받기로 한 약정</u>은 반사회질서적인 조건 또는 금전적 대가가 결부됨으로써 반사회질서적 성질을 띠게 되는 경우에 해당한다고 판단하였다.[54]

---

51) 주석민법(제4판) [총칙(2)], 416-428면(윤진수 · 이동진 집필).
52) 민법주해(Ⅱ) 총칙(2), 박영사(2012), 221면(민일영 집필); 주석민법(제4판)[총칙(2)], 411-412면(윤진수 · 이동진 집필).
53) 민법주해(Ⅱ) 총칙(2), 박영사(2012), 221면(민일영 집필); 주석민법(제4판)[총칙(2)], 411-412면(윤진수 · 이동진 집필).
54) 구체적 사실관계는 다음과 같다. 원고가 피고의 공사도급 한도액 초과 수급을 문제 삼는 진정서를 행정기관에 제출하자, 피고가 진정을 취하하여 달라고 원고에게 사정하여, 원고와 피고 사이에서 원고가 진정을 취하함과 아울러 피고의 공사대금 추심에 협력하기로 하되 그 대가로 원고에게 금 5,000만 원을 지급하기로 하는 합의를 하였다.

대법원 2000. 2. 11. 선고 99다49064 판결은 당초부터 오로지 보험
사고를 가장하여 보험금을 취득할 목적으로 생명보험계약을 체결한 경우
에는 사람의 생명을 수단으로 이득을 취하고자 하는 불법적인 행위를 유
발할 위험성이 크고, 이러한 목적으로 체결된 생명보험계약에 의하여 보
험금을 지급하게 하는 것은 보험계약을 악용하여 부정한 이득을 얻고자
하는 사행심을 조장함으로써 사회적 상당성을 일탈하게 되므로 사회질서
에 위배되는 법률행위라고 판단하였다.

대법원 1994. 3. 11. 선고 93다40522 판결은, 어떠한 사실을 알고
있는 사람과의 사이에 소송에서 사실대로 증언하여 줄 것을 조건으로
어떠한 급부를 할 것을 약정한 경우, 증인은 법률에 의하여 증언거부권
이 인정되지 않는 한 진실을 진술할 의무가 있는 것이고, 이러한 당연
한 의무의 이행을 조건으로 상당한 정도의 급부를 받기로 하는 약정은
증인에게 부당하게 이익을 부여하는 것이라고 할 것이고, 그러한 급부
의 내용이 증언을 위해 법원에 출석함으로써 입게 되는 손해를 전보해
주는 정도의 통상적으로 용인될 수 있는 수준을 넘어서, 어느 당사자가
그 증언이 필요함을 기화로 증언하여 주는 대가로 용인될 수 있는 정도
를 초과하는 급부를 제공받기로 한 약정은 앞서 본 바와 같은 반사회질
서적인 금전적 대가가 결부된 경우로 그러한 약정은 민법 제103조 소
정의 반사회질서행위에 해당하여 무효로 된다고 보아야 한다고 판단하
였다.

이후 대법원 2010. 7. 29. 선고 2009다56283 판결에서, 타인의 소송
에서 사실을 증언하는 증인이 그 증언을 조건으로 그 소송의 일방 당사
자 등으로부터 통상적으로 용인될 수 있는 수준을 넘어서는 대가를 제공
받기로 하는 약정은 국민의 사법참여행위가 대가와 결부됨으로써 사법작
용의 불가매수성 내지 대가무관성이 본질적으로 침해되는 경우로서 반사
회적 법률행위에 해당하여 무효라고 할 것이다. 이는 증언거부권이 있는
증인이 그 증언거부권을 포기하고 증언을 하는 경우라고 하여 달리 볼
것이 아니라고 판단하였다.

나. 대상판결의 논거

대상판결은 다음과 같은 논거를 들어 형사성공보수약정이 민법 제103조에 위반되어 무효라고 판단하였다.

(1) 먼저, 대상판결은 변호사보수계약은 원칙적으로 사적자치의 원칙이 적용된다면서도, 특히 형사소송에서의 성공보수약정의 경우에는 (가) 변호사의 공공성과 윤리성이 강조되는 형사소송의 특수성[55]과 (나) 성공보수약정의 문제점과 그로 인한 법조 신뢰의 문제[56]로 인하여 사적자치에 제한이 불가피하다고 설명한다.

(2) 대상판결은 구체적으로 형사성공보수약정과 긴장관계에 있는 '사회질서'를 '형사사법의 공정성·염결성과 변호사에게 요구되는 공적 역할과 고도의 직업윤리에 대한 사회 일반의 도덕관념'이라고 구체화한다.[57]

(3) 대상판결은 다음과 같은 <u>역기능</u>을 성공보수약정이 사회질서에 반하는 논거로 제시한다.

(가) 성공보수의 개입으로 말미암아 변호사가 의뢰인과 전적으로 이해관계를 같이하게 되면, 변호사 직무의 독립성이나 공공성이 훼손될 위험이 있고, 이는 국가형벌권의 적정한 실현에도 장애가 될 수 있다.

(나) 형사성공보수약정은 부패의 유인을 제공하고, 형사사법의 공정

---

55) "형사소송은 국가형벌권을 실현하는 절차로서 당사자의 생명, 신체의 자유, 명예 등과 밀접한 관련성을 가지고 있으므로 변호사 직무의 공공성과 윤리성이 다른 사건에서보다 더욱 절실히 요구되는 특수성이 있다."

56) "형사사건에 관한 변호사의 보수 중에서도 의뢰인이 위임사무의 처리결과에 따라 또는 사건해결의 성공 정도에 따라 변호사에게 특별한 보수를 지급하기로 약속하는 이른바 '성공보수약정'은 여러 가지 부작용과 문제점을 안고 있고, 형사절차나 법조 직역 전반에 대한 신뢰성이나 공정성의 문제와도 밀접하게 연관되어 있기 때문에 그 법적 효력에 관하여 면밀한 검토가 필요하다."

57) "성공보수약정에서 정한 조건의 성취 여부는 형사절차의 요체이자 본질에 해당하는 인신구속이나 형벌의 문제와 밀접하게 관련된다. 만약 형사사건에서 특정한 수사방향이나 재판의 결과를 '성공'으로 정하여 그 대가로 금전을 주고받기로 한 변호사와 의뢰인 간의 합의가, <u>형사사법의 생명이라 할 수 있는 공정성·염결성이나 변호사에게 요구되는 공적 역할과 고도의 직업윤리를 기준으로 볼 때 우리 사회의 일반적인 도덕관념에 어긋나는 것</u>이라면 국민들이 보편타당하다고 여기는 선량한 풍속 내지 건전한 사회질서에 위반되는 것으로 보아야 한다."

성과 염결성에 대한 의심을 초래한다.

"형사재판의 특성상 법관과 검사의 재량의 범위가 상대적으로 넓고, '성공'에 해당하는 피고인의 석방, 무죄판결 등이 변호사의 업무상의 노력만으로 이루어낼 수 있는 성격이 아니다. 이러한 상황에서 <u>변호사는 '성공'이라는 결과를 얻어내기 위하여 수사나 재판의 담당자에게 직·간접적으로 영향을 행사하려는 유혹에 빠질 위험이 있고, 의뢰인으로서도 성공보수를 약정함으로써 변호사가 부적절한 방법을 사용하여서라도 사건의 처리결과를 바꿀 수 있을 것이라는 그릇된 기대를 할 가능성이 없지 않다.</u> 이로 인하여 수사와 재판절차가 공정하고 투명한 과정을 통한 정의의 실현이 아니라 어떤 외부의 부당한 영향력이나 연고와 정실, 극단적으로는 '돈의 유혹이나 검은 거래'에 의해 좌우된다고 국민들이 의심한다면, 그러한 의심의 존재 자체만으로도 법치주의는 뿌리부터 흔들리게 되고, 형사절차의 공정성과 염결성은 치명적인 손상을 입게 된다. 어떤 행위가 이와 같은 사회적 폐단을 초래할 요인이 될 수 있다면 이는 형사사법에 관한 선량하고 건전한 사회질서에 어긋난다고 평가되어야 한다."

(다) 궁박한 사정을 이용한 불공정계약이 이루어지는 경우가 많고 이는 변호사제도에 대한 불신을 초래한다.[58]

(라) 형사 사건에서의 '성공' 개념이 부적절하다.[59]

(마) 변호사는 '성공' 여부와 무관하게 위임계약에 따라 충실한 변론활동을 할 의무가 있으므로, 특정한 결과와 연계한 추가보수는 부당하다.[60]

---

[58] "형사사건에서 성공보수약정의 한쪽 당사자인 의뢰인은 주로 인신구속이나 형벌이라는 매우 급박하고 중대한 불이익을 눈앞에 두고 있는 시기에 이와 같은 약정을 맺는 경우가 많다. 이런 사정들로 인하여 성공보수약정에 대한 불신과 불만이 누적됨으로써 변호사에 대한 부정적 인식이 우리 사회에 널리 퍼지게 된다면 변호사제도의 정당성 자체가 위협받게 된다."

[59] "국가형벌권의 공적 실현이라 할 수 있는 수사와 재판의 결과를 놓고 단지 의뢰인에게 유리한 결과라고 하여 이를 임의로 '성공'이라고 정하고 그에 대한 대가로 상당한 금액을 수수하는 것은 사회적 타당성을 갖추고 있다고 볼 수 없고, 이는 기본적 인권의 옹호와 사회정의의 실현을 그 사명으로 하는 변호사 직무의 공공성 및 윤리성과도 부합하지 않는다."

(4) 대상판결은 형사성공보수약정의 경우 민사사건에서와 같은 <u>순기</u><u>능이 미약함</u>을 지적한다.

"민사사건은 대립하는 당사자 사이의 사법상 권리 또는 법률관계에 관한 쟁송으로서 형사사건과 달리 그 결과가 승소와 패소 등으로 나누어지므로 사적자치의 원칙이나 계약자유의 원칙에 비추어 보더라도 성공보수약정이 허용됨에 아무런 문제가 없고, 의뢰인이 승소하면 변호사보수를 지급할 수 있는 경제적 이익을 얻을 수 있으므로, 당장 가진 돈이 없어 변호사보수를 지급할 형편이 되지 않는 사람도 성공보수를 지급하는 조건으로 변호사의 조력을 받을 수 있게 된다는 점에서 제도의 존재 이유를 찾을 수 있다. 그러나 형사사건의 경우에는 재판결과에 따라 변호사와 나눌 수 있는 경제적 이익을 얻게 되는 것이 아닐 뿐 아니라 법원은 피고인이 빈곤 그 밖의 사유로 변호인을 선임할 수 없는 경우에는 국선변호인을 선정하여야 하므로(형사소송법 제33조), 형사사건에서의 성공보수약정을 민사사건의 경우와 같이 볼 수 없다."

다. 대상판결 선고 전 학설의 입장

국내 학설 중에는 현재와 같이 변호사보수에 대하여 아무런 규제를 않는 것을 찬성하는 입장도 있기는 하지만, 대체로는 규제의 필요성을 인정하면서 성공보수약정 또는 형사성공보수약정 자체를 금지할 것인지 아니면 이를 포함한 변호사보수의 적정성을 규제하는 것이 더욱 바람직한지에 대한 견해에 차이가 있는 것으로 보인다. 이하 각 입장의 논거를 확인해본다.

(1) 유효설

(가) 성공보수약정의 효력을 인정하면서 변호사보수도 자율에 맡겨

---

60) "변호사가 사건의 성질과 난이도나 변론활동에 들인 시간·노력·비용에 상응하여 합당한 보수를 지급받는 것은 너무나도 당연한 일이다. 하지만 성공보수약정이 따로 없더라도 변호사는 성실하게 의뢰인의 권리를 옹호하고 선량한 관리자의 주의로써 위임사무를 처리할 의무를 부담하는 것이므로, 변호사가 형사절차에서 변호인으로서 마땅히 해야 할 변론활동을 놓고 특정한 결과와 연계시켜 성공보수를 요구하는 것은 그 타당성을 인정하기 어렵다."

야 한다는 입장이 있다. 성공보수약정과 변호사의 독립성은 직접적인 관련성이 없고, 성공보수의 개념을 현대적인 성과급으로 이해하면 성공보수약정을 금지해야 할 논리적 근거가 없으며, 변호사의 전문직업인으로서의 성격이 점점 강화되고 있는 현실에서 성공보수약정의 체결 여부는 원칙적으로 당사자 스스로에게 맡기는 것이 바람직하다고 주장한다. 나아가 성공보수약정은 승소 여부의 위험에 따른 부담을 변호사와 의뢰인 간에 적절하게 나누는 긍정적인 역할을 하며, 이러한 측면에서 성공보수약정은 의뢰인에게 보험과 같은 기능을 하고 있으므로 이를 금지하는 것이 오히려 의뢰인의 이익을 침해하는 것으로 볼 수 있다고도 한다.[61]

(나) 한편, 성공보수가 논란이 되는 것은 주로 사안의 성격이나 변호사가 처리한 업무의 양에 비하여 보수액이 현저하게 과하기 때문이고, 성공보수의 긍정적인 측면이 있는 점도 고려되어야 하므로, 성공보수를 금지할 것이 아니라 보수의 적정성을 규제해야 한다는 견해도 있다. 이 견해는 독일과 같이 사건들을 표준화하는 것을 전면적으로 수용할 수는 없으나, 형사사건의 경우 성공보수를 포함한 보수를 법정화 또는 제한하여야 한다고 한다.[62]

(2) 무효설

형사성공보수약정이 법률로 금지되거나, 그 사법상 효력이 부정되어야 한다는 입장에서는 주로 변호사 지위의 공공성, 의뢰인과의 이익충돌의 우려, 사법제도에 대한 불신을 초래한다는 점, 성공보수가 의뢰인의 궁박한 사정을 이용하여 과다하게 책정되어 불공정하다는 점 등을 논거로 민법 제103조 또는 제104조 위반에 해당한다고 주장한다. 대표적인 견해를 소개하면 다음과 같다.

(가) 우리나라에서 변호사가 기본적 인권의 옹호와 사회정의의 실현을 그 사명으로 하고 있는 점을 고려할 때, 변호사가 법원과 당사자로부

---

61) 박경재, 변호사의 성공보수약정의 금지논리와 그 한계, 법학연구 제66호(2010), 477-493면, 이 견해는 변호사의 공적 지위와 함께 시대적·환경적 변화에 따른 자율적 직업인으로서의 양면적 지위를 강조한다.
62) 정한중, 변호사보수의 규제에 대한 연구, 법학연구 제14집 제1호(2011), 106-118면.

터 독립하여 그 사명을 완수할 수 있도록 해야 하고, 또 변호사가 비윤리적이거나 불법적인 수단을 동원하려는 유혹에 빠지지 않도록 하기 위하여 성공보수약정을 전면적으로 금지하는 것이 바람직하다.[63]

(나) 법에서 변호사를 독립한 사법기관으로 명시하고 있는 독일과 같이 성공보수약정을 전면적으로 금지할 정도에 이를 필요는 없고, 민사사건의 경우 성공보수제도는 재정능력이 부족하여 소송을 제기할 수 없는 자가 유능한 변호사를 확보할 수 있는 유일한 방법일 수 있으므로, 사적자치의 원칙상 성공보수약정도 원칙적으로 허용되어야 한다. 다만 형사사건이나 가사사건에서 변호사가 무죄판결이나 이혼판결과 같은 특정한 결과 발생을 조건으로 성공보수약정을 한 경우 변호사가 의뢰인에게 있어서 최선의 이익보다는 그러한 결과발생만을 위하여 활동하게 되는 이익충돌의 가능성이 있으므로 민법 제103조에 위반되어 무효라고 해야 한다.[64]

(다) 성공보수의 약정도 자력이 없어 변호사비용을 부담할 능력이 없는 소송 당사자에게는 유리한 면이 있을 뿐 아니라 변호사에게 승소를 위한 노력을 기울이게 하는 유인을 제공할 수 있으므로 반드시 부정적으로만 볼 것은 아니지만, 형사사건에서 구속된 피고인이 석방되면 성공보수를 받기로 하는 것과 같은 약정은 변호인으로 하여금 법의 실현을 위해서가 아니라 의뢰인의 이익만을 위해 노력할 우려가 있는 부정적 면이 특히 강할 뿐 아니라, 일반인에게 형사사법제도에 대한 불신을 가져오는 요인이 되므로 공서양속에 반한다고 볼 여지가 있을 것이다.[65]

(라) 우리나라에서 법원이 소송비용으로 인정하는 변호사보수의 범위는 실제 보수에 크게 미치기 못하는 점에서 성공보수를 필요악으로 인정할 수밖에 없고, 형사사건만이 사법제도를 부패시킬 가능성이 높다는

---

63) 권오승, 변호사 보수에 대한 검토, 법과 사회 제11호(1995), 148면.
64) 오종근, 변호사 보수에 관한 연구, 법과 사회 제27호(2004), 101~102면; 이규호, 성공보수금계약에 관한 연구, 연세법학연구 제6집 제1권(1999), 356면도 같은 입장이다.
65) 주석민법(제4판) [총칙(2)], 425면(윤진수·이동진 집필).

논거도 논리적으로 적절하지 않지만, 형사사건에 관한 한 법률시장은 시장의 실패를 보이기 마련이고, 형사사건의 변호사보수는 변호사가 제공하는 노무의 가치와 무관하게 책정되는 economic-rent가 되고, 이 rent는 사건을 담당한 판사나 검사와 가깝다는 우연적 사정을 지닌 변호사 아니면 글자 그대로 우연히 그 사건을 맡게 된 변호사가 차지하게 되며, 이는 의뢰인의 궁박한 사정을 이용한 불공정한 계약의 전형으로서 그런 계약의 사법적 효력이 부인되어야 한다.[66)]

라. 대상판결 선고 후의 반응

대상판결 선고 후 형사성공보수약정이 민법 제103조에 위반하여 무효라는 점에 대하여 동의를 하는 견해도 있었지만[67)] 다음과 같은 반론도 있다.

(1) 변호사의 공적인 지위와 형사사건에 관한 변호사보수는 사적자치에 맡겨 둘 수만 없다는 점에 찬성하면서도, 다만 형사성공보수약정에 대한 전면적 무효화를 하는 방식에는 찬성하지 않는다는 반론이 있다. 이 견해에 의하면 우리나라의 문제는 일부 형사사건의 수임료가 지나치게 고액이라는 점에 있지, 그 지급방식에 있는 것이 아니라는 이유로 성공보수약정을 획일적으로 무효화하는 것보다 오히려 사안에 따라 성공보수약정의 전부 또는 일부를 무효화할 수 있다고 본 과거의 대법원 판결이 더 합리적이고, 우리나라의 형사사법의 신뢰를 저해하는 폐단을 해결하는 데 도움이 된다고 한다.[68)]

(2) 또 다른 반론으로는, 대상판결이 변호사 직무의 공공성을 강조하여 이를 선량한 풍속 기타 사회질서 위반의 기준으로 삼는 것은 현재 변호사의 입지와 변호사를 바라보는 사회적 인식의 변화를 도외시하였고,

---

66) 이창희, 변호사 보수의 적정성과 투명성, 법률가의 윤리와 책임(2003), 300-301면.
67) 윤진수, 형사사건 성공보수 약정 무효 판결의 장래효에 대한 의문, 법률신문 연구논단(2015. 8. 6.); 정상현, 형사성공보수약정에 대한 반사회적 무효판결 관견, 성균관법학 제27권 제4호(2015).
68) 김제완, 형사사건 변호사 성공보수약정 무효화에 대한 비판적 고찰, 인권과 정의 제457호(2015), 28-34면.

대상판결이 실제 형사사건에서 변화의 역할을 지나치게 과소평가하고 있으며, 형사사건과 민사사건을 구별하는 것이 부당하다고 한다. 이 견해도 우리나라에서 성공보수약정이 논란이 되는 것은 이로써 보수총액이 과다해지기 때문이므로 형사성공보수약정의 일반적인 무효화보다 보추총액의 적정성과 공정성, 변호사 윤리의 관점에서 문제해결에 접근해야 한다는 입장이다.[69]

마. 대상판결에 대한 검토

(1) 대상판결의 논거 중에는 다소 부적절한 부분도 있다. 그러나 법치주의의 근간을 이루는 형사사법에 대한 신뢰 확보의 중대성에 비추어 보았을 때 형사사법의 공정성·염결성이나 변호사의 공적 지위에 대한 신뢰를 훼손하는 형사성공보수약정의 역기능이 그 순기능과 비교하여 심대한 점에서 대상판결의 결론은 타당한 것으로 보인다.

(2) 형사성공보수약정의 역기능

(가) 인권보장과 국가형벌권의 공정한 실현을 그 이상으로 하는 형사절차는 법치주의의 근간을 이루기 때문에 그 신뢰가 특히 중요하다. 그런데 과다한 성공보수가 형사사법의 공정성, 염결성이 의심받고 있는 원인으로 지목되는 것이 현실이다.[70]

(나) 성공보수약정으로 인하여 사법절차의 공정성이나 변호사 직무의 독립성, 공공성이 훼손될 위험이 있다는 점에 대하여 실제 이루어진 공정성·공공성 훼손과 관련한 실증의 연구가 있는 것은 아니지만, 독일, 프랑스 등 다른 국가에서도 오래전부터 그와 같은 위험이 성공보수약정의 효력을 부인하는 근거가 되어 왔다. 미국의 경우 산업화의 진행에 따라 변호사 지위와 역할의 변화를 수용하는 과정에서 민사 등 일부 영역에 있어 성공보수금약정을 허용하면서도 형사사건에 있어서는 성공보수약정을 허용하지 않고 있다.

---

69) 김자영·백경희, 변호사 성공보수약정에 관한 소고, 서울법학 제23권 제2호 (2015), 85-90면.
70) 과거 사법개혁추진위원회에서의 논의 결과와 그동안 이루어진 입법 시도가 이를 반영한다.

(다) 실제 형사사건에서도 변호사의 탁월한 법리 구성이나 증거수집 등 활동이 결론에 영향을 미칠 수도 있다는 점에서, 대상판결이 변호사의 노력과 활동이 형사사건에서 별다른 영향을 미치지 않는다고 판단한 부분은 다소 부적절하다. 그러나 형사절차의 특성상 민사재판에 비하여 변호사의 통상적인 노력이 크게 영향을 미치지 못하는 법관·검사의 재량범위가 상대적으로 넓은 것은 사실이다. 그러한 점에서 형사사건에서 성공보수약정이 부패에 더욱 큰 유인을 제공한다는 지적은 타당하다.

(라) 형사사건에서 의뢰인의 궁박한 사정을 바탕으로 제공되는 노무의 수준과 무관하게 과도한 성공보수약정이 이루어지는 경우가 많다는 점과 이와 같은 사정이 사법신뢰 저하에 영향을 미친다는 점을 부정하는 견해를 찾기 어렵다.

(3) 다른 문제해결의 가능성

(가) 성공보수약정의 효력이나 유효조건에 대한 규제 입법이 이루어지는 것이 가장 바람직할 것이지만, 오랜 논의에도 불구하고 지금까지 입법이 이루어지지 않았다. 또한 변호사협회 등을 통한 보수기준의 정립 등을 통한 자율적인 문제해결 노력도 충분하지 않았다.

(나) 형사성공보수약정을 무효화하는 대안으로 제시되는 종전 판례에 따른 보수총액의 규제방법도 문제해결에 적절하지 않다. 종전 판례는 신의성실의 원칙이나 형평의 원칙에 따라 감액을 인정하는 것을 예외적으로 취급하였을 뿐이고 광범위하게 보수액의 결정에 관여하지는 아니하였다. 법원이 새삼스럽게 적극적으로 보수액의 결정에 관여하는 것으로 입장을 변경하는 것은 법적 안정성을 해한다. 또한 종래의 판례에 의해서도 적정한 보수액을 정하는 매우 추상적인 기준이 있었을 뿐이었으므로 이를 확대 적용할 경우 재판부별 편차가 발생할 우려가 있고, 법원이 전국적으로 적용되는 기준을 제시하는 것도 사법의 본질상 적절하지 않다. 그러므로 오히려 성공보수약정의 금지를 전제로 변호사와 의뢰인 사이에 자유롭게 보수금액을 정하는 것이 실제 적정한 보수금액에 근접할

수도 있다.

(4) 축소될 성공보수약정의 순기능에 대한 검토

(가) 권리보호확대기능 관련 : 대상판결의 설시와 달리 형사사건에서
의 승패가 반드시 경제적 이익과 무관한 것은 아니다.[71] 그러나 형사사
건의 경우 국선변호인 제도가 운영되어 경제적 능력이 충분하지 않더라
도 변호인의 조력을 받을 수 있다는 점에서 형사사건에서는 민사사건과
같은 성공보수약정의 긍정적 역할이 크지 않다.

(나) 변호사의 자율성 관련 : 변호사를 독립한 사법기관으로 규정하는
독일과 동일하게 볼 수는 없지만, 우리나라의 경우도 법과 판례에 의하
면 변호사 직무에 있어 고도의 공공성과 윤리성이 요구된다.[72] 로스쿨
도입 이후 변호사 양성 방식이나 변호사 시장 상황에 변화가 있다 하더
라도 위와 같은 법적 지위에는 변함이 없다. 이러한 점에서 변호사보수
약정을 자유롭게 체결할 자유에 대한 제한은 다른 상업적 경제활동의 자
유의 제한과 동일한 잣대로 판단할 수 없다.

또한 형사성공보수약정만을 금지하더라도 민사에서는 성공보수약정
이 허용되므로, 변호사의 자율적인 보수금액 책정에 대한 제약이 심각하
다고 할 수 없다.

(다) 통제적 기능 관련 : 대상판결은 변호사에게는 '성공' 여부와 무관
하게 위임계약에 따라 충실한 변론활동을 할 의무가 있다는 이유로 특정

---

71) 인신구속 여부에 따라 생산활동의 가능성에 차이가 있고, 유무죄 판단에 따라
    퇴직금이나 연금, 정부지원금의 귀속 등이 달라질 수 있다.
72) 변호사법 제1조는 "① 변호사는 기본적 인권을 옹호하고 사회정의를 실현함을
    목적으로 한다. ② 변호사는 그 사명에 따라 성실히 직무를 수행하고 사회질서 유
    지와 법률제도 개선에 노력하여야 한다.", 제2조는 "변호사는 공공성을 지닌 법률
    전문직으로서 독립하여 자유롭게 그 직무를 수행한다.", 제24조 제2항은 "변호사는
    그 직무를 수행할 때에 진실을 은폐하거나 거짓 진술을 하여서는 아니 된다.", 제
    30조는 "변호사나 그 사무직원은 법률사건이나 법률사무의 수임을 위하여 재판이
    나 수사업무에 종사하는 공무원과의 연고 등 사적인 관계를 드러내며 영향력을 미
    칠 수 있는 것으로 선전하여서는 아니 된다."라고 규정하고 있고, 판례 또한 변호
    사법이 위와 같이 변호사의 직무에 관하여 고도의 공공성과 윤리성을 강조하고 있
    다는 이유로 변호사가 상법 제5조 제1항에서 정한 의제상인에 해당하지 않는다고
    하였다. 대법원 2007. 7. 26.자 2006마334 결정.

한 결과와 연계한 추가보수는 부당하다고 하였으나, 오히려 성공보수약정
의 존재로 충실한 의무 이행에 동기가 부여될 수 있는 측면이 있는 점에
서 이 부분 설시에 문제가 있다. 그러나 성공보수약정이 변호사의 충실
한 업무수행을 담보할 수 있는 유일한 방법은 아니고,[73] 또한 선임계약
시 정해지는 '성공'의 조건을 충족하는 것과 의뢰인의 진정한 이익이 항
상 일치하는 것도 아니다.[74]

(5) 판례 변경으로 인한 법적 안정성의 문제

과거 유효하게 인정되었던 형사성공보수약정을 무효로 판단함에 따
른 혼란이 예상되지만, 시효규정이나 불법원인급여, 당사자 의사의 보충
적 해석을 통한 추가보수청구권 인정하는 방법 등으로 당사자의 신뢰를
구제할 수 있다. 한편 대상판례는 그 충격을 최소화하기 위하여 뒤에서
보는 바와 같이 장래적 판례 변경의 형식을 택하였는바, 이에 대해서는
항목을 달리하여 설명한다.

Ⅲ. 판례 변경의 효력

1. 판례 변경의 소급효

가. 개   념

재판은 법률관계가 성립하거나 행위가 이루어진 이후에 진행된다.
그리하여 이미 법률행위 또는 행위 이후, 재판 이전에 그러한 법률행위

---

73) 성공보수약정이 금지되더라도 불성실변론에 대한 손해배상 등 책임 추궁이 가능
하다.

74) 미국에서도 이러한 이익충돌의 문제가 성공보수약정을 제한하는 근거로 제시되
고 있다. 예를 들어 변호사가 많은 시간의 투여 없이 성공보수금을 받기 위해 의
뢰인의 이익에 반하는 경우에도 화해를 할 것을 조언할 수 있다고 한다. 이규호,
성공보수금계약에 관한 연구, 연세법학연구 제6집 제1권(1999), 354면.
　　한편, Herbert M. Kritzer의 실증적 연구결과에 따르면 성공보수금약정을 한 변호
사는 시간제보수약정을 한 변호사에 비해서 소형사건에 보다 노력을 덜 기울이는
반면에 변호사와 본인 간에 이해관계의 충돌이 존재하지 않는 대형사건의 경우에는
성공보수금약정을 한 변호사가 시간제보수금약정을 한 변호사보다 노력을 더 기울인
다고 한다. Antony W. Dnes. The Economics of Law 164(1996), 168면, 이규호, 성공
보수금계약에 관한 연구, 연세법학연구 제6집 제1권(1999), 340면에서 재인용.

등을 규율하는 판례가 변경되는 경우 그에 대한 재판에 있어서는 법률행
위 등 당시의 판례를 적용할 것인지, 아니면 이후 변경된 판례를 '소급'하
여 적용할 것인지의 문제가 생긴다.[75]

나. 판례 변경의 소급효 원칙

그동안 판례가 변경되는 경우에 그 판례가 변경 전의 사안에 대하
여 소급적용된다는 것이 본질상 당연하게 여겨져[76] 별다른 언급 없이 당
해 사건에 적용되고, 판례 변경 이전에 이루어진 법률행위 등에 관한 이
후의 모든 재판에 적용되었다. 대법원은 하급심 판결이 그 선고 이후에
성립된 판례에 위반될 수 있다고 판시하기도 하였다.[77]

우리나라에서 판례 변경의 소급효에 대한 논의가 시작된 것은 형사
판례가 피고인에게 불리하게 변경된 경우인 대법원 1999. 7. 15. 선고 95
도2870 전원합의체 판결[78]과 대법원 1999. 9. 17. 선고 97도3349 판결 선

---

75) 비교할 만한 개념으로, 법률에 대한 위헌결정의 소급효 문제가 있다. 헌법재판
소에서 특정 법률을 위헌이라고 결정한 이후, 그 결정 전에 이루어진 법률관계 또
는 행위에 대하여 재판을 하게 된 법원이 해당 법률을 적용할지에 관한 문제이다.
헌법재판소법 제47조에서 "위헌으로 결정된 법률 또는 법률의 조항은 그 결정이
있는 날로부터 효력을 상실한다." "형벌에 관한 법률 또는 법률의 조항은 소급하
여 그 효력을 상실한다."라고 규정하고 있는데, 이에 대하여 법원은 "헌법재판소의
위헌결정의 효력은 위헌제청을 한 당해 사건, 위헌결정이 있기 전에 이와 동종의
위헌 여부에 관하여 헌법재판소에 위헌여부심판제청을 하였거나 법원에 위헌여부
심판제청신청을 한 경우의 당해 사건과 따로 위헌제청신청은 아니하였지만 당해
법률 또는 법률의 조항이 재판의 전제가 되어 법원에 계속 중인 사건뿐만 아니라
위헌결정 이후에 위와 같은 이유로 제소된 일반사건에도 미친다고 봄이 타당하
다."라고 하여 일반적인 소급효를 인정하고 있다. 대법원 1993. 1. 15. 선고 92다
12377 판결, 대법원 2000. 2. 25. 선고 99다54332 판결 등 참조.
76) 윤진수, 상속회복청구권의 소멸시효에 관한 구관습의 위헌 여부 및 판례의 소급
효, 민사재판의 제문제, 2004, 126면.
77) 대법원 1985. 4. 9. 선고 84다카758 판결.
78) 대법원 1999. 7. 15. 선고 95도2870 판결에서는 구 건축법 제54조 내지 제56조
의 벌칙규정을 행위자의 처벌규정임과 동시에 그 위반행위의 이익귀속주체인 업무
주에 대한 처벌규정이라고 할 것이라고 해석하고, 이와 일부 달리 위 규정을 근거
로 실제의 행위자를 처벌할 수 없다고 한 과거 판례를 변경하면서, 행위자에 해당
하는 피고인들에 대하여 유죄를 인정하였다. 그리고 보충의견은 "형사처벌의 근거
가 되는 것은 법률이지 판례가 아니고, 구 건축법 제57조에 관한 판례의 변경은
그 법률조항의 내용을 확인하는 것에 지나지 아니하여 이로써 위 법률조항 자체가
변경된 것이라고 볼 수는 없으므로, 행위 당시의 판례에 의하면 처벌대상이 되지

고를 계기로 한다.[79] 위 사건에서는 종전의 판례에 의하면 처벌되지 않았던 행위가 판례 변경에 의하여 처벌될 수 있는 것으로 바뀐 경우에 위 판례 변경 전의 행위도 변경된 판례에 따라 처벌하는 것이 형벌불소급원칙에 어긋나는가 하는 점이 쟁점이 되었는데, 대법원은 이 경우에도 변경된 판례를 소급적용하였다.[80] 대법원은 위 판결에서, 형사처벌의 근거가 되는 것은 법률이지 판례가 아니고, 판례의 변경은 그 법률조항의 내용을 확인하는 것에 지나지 아니하여 이로써 위 법률조항 자체가 변경된 것이라고 볼 수는 없다고 설명하였다.

즉, 일반적으로 판례의 변경은 이전의 판결에서 법률에 대하여 잘못 해석한 것을 시정하는 것이고 이전부터 새로운 판례가 해석하는 것이 법이었으므로 새로운 판례의 취지는 판례 변경 이전의 행위에도 적용되는 것이 원칙이다.[81]

아니하는 것으로 해석되었던 행위를 판례의 변경에 따라 확인된 내용의 위 법률조항에 근거하여 처벌한다고 하여 그것이 형벌불소급의 원칙에 반한다고 할 수는 없다 할 것이다."고 설명하였다.

　한편, 반대의견은 "우리 법제와 같은 성문법주의 아래서는 최고법원의 판례라고 하더라도 이것이 바로 법원이 되는 것은 아니지만, 실제의 법률생활에 있어서는 특히 최고법원 판례의 경우 사실상 구속력을 가지고 국민에 대하여 그 행동의 지침을 부여하는 역할을 수행하는 한편 당해 사건을 최종적인 판단에 의하여 해결하는 기능뿐만 아니라 법령해석의 통일이라는 제도적 기능도 아울러 가지고 있음을 고려할 때, 종래 다수의견이 변경하고자 하는 대법원판례가 구 건축법의 양벌규정이 행위자 처벌의 근거 규정이 될 수 없다고 일관되게 해석하여 옴으로써 국민의 법의식상 그러한 해석이 사실상 구속력이 있는 법률해석으로 자리잡게 되었다고 할 수 있음에도 불구하고 단지 다른 법률의 양벌규정과 해석을 같이 하려는 취지에서 국민에게 불이익한 방향으로 그 해석을 변경하고 그에 따라 위와 같은 대법원판례들을 소급적으로 변경하려는 것은 형사법에서 국민에게 법적안정성과 예측가능성을 보장하기 위하여 소급입법 금지의 원칙을 선언하고 있는 헌법의 정신과도 상용될 수 없는 것이다. 따라서 위와 같은 양벌규정에 근거하여 행위자를 처벌하려고 한다면, 법률개정을 통하여 그 문언이 변경된 경우에 한하여 가능하다고 할 것이고, 종래 일관되게 유지되어 온 판례들을 변경하려고 하는 것은 법기능적 해석방법으로는 옳을지 몰라도 국민의 법적안정성과 예측가능성을 훼손한다."고 설시하였다.

79) 윤진수, 상속회복청구권의 소멸시효에 관한 구관습의 위헌 여부 및 판례의 소급효, 민사재판의 제문제, 제13권, 민사실무연구회(2004), 126면.

80) 95도2870은 판례 변경을 하면서 당해 사건에 적용을 한 사안이고, 97도3349 판결은 변경된 판례를 변경 이전에 이루어진 행위에 적용한 사안이다.

81) 문영화, 종원의 자격을 성년남자로 제한하는 종래 관습법의 효력, 21세기 사법

다. 판례 변경의 소급효 제한 필요성

선례구속의 원칙이 적용되는 영미와 달리, 우리나라 법은 판례에 법적 구속력을 인정하지는 않는다.[82] 그러나 판례의 법원성을 인정하는 입장이든 그렇지 않든 판례에 어떠한 의미에서이든 사실상 '구속력'을 인정하는 점에서는 차이가 없다. '판례'는 장래에도 유지될 것이라는 강한 개연성을 갖는 것이고, 이와 같이 재판에 있어서 실제 적용되고 또한 장래에도 적용될 것이라는 예측성이 있다.[83] 그에 따라 현실적으로 법규범의 수범자가 변경 전의 판례를 신뢰하여 이를 기초로 어떤 법률관계를 형성할 수 있는데, 그 후 변경된 판례에 따라 그 법률관계를 판단하는 것에는 법적 안정성 및 신뢰보호의 문제가 있다.

특히 판례 변경의 유형 중에서도, ① 판례의 변경이 이전의 판결에서 법률에 대하여 잘못 해석한 것을 시정하는 경우가 아니라, ② 관습법이 관행 또는 법적 확신의 소멸로 폐기되는 경우나 일반조항의 해석과 같이 거래관념 내지 관행, 법공동체의 가치관념 등 여러 요소를 종합적으로 고려하여야 비로소 '법'규범에 이를 수 있어 시간의 경과에 따른 판례의 변경이 과거의 잘못을 시정하는 의미가 아니라 거래관념 내지 관행, 가치관념 등의 변화를 반영하는 경우도 있다.[84] 이 경우에는 앞서 본 판례 변경에 소급효를 인정하는 논거가 적용될 수 없다.

이에 판례 변경의 소급효 제한 논리의 필요성이 논의되고, 그 방법으로 1) 판례를 변경하면서 장래적 효력만이 있음을 선언하는 방식과 2) 구체적 사안에 따라 법률의 착오, 시효, 기판력, 신의칙 및 권리남용과 같

의 전개 : 송민최종영대법원장재임기념, 2005, 박영사, 429면.
82) 헌법 제103조는 "법관은 헌법과 법률에 의하여 그 양심에 따라 독립하여 심판한다."라고만 규정하고, 법원조직법 제8조 "상급법원 재판에서의 판단은 해당 사건에 관하여 하급심을 기속한다."라고 규정할 뿐이다.
83) 이광범, '판례'의 의미와 구속력에 관한 소고, 민사판례연구 제4권, 박영사(2003), 252면; 윤일영, 판례의 기능, 민사판례연구 제1권, 박영사(1979), 378면.
84) 이동진, 판례변경의 소급효, 민사판례연구 제36권(2015), 1143면; 이창현, 법률의 착오와 부당이득, 김재형·제철웅 편, 채무불이행과 부당이득의 최근 동향, 박영사(2013), 383면도 위와 같이 구분한다.

은 법리를 활용하여 판례 변경의 소급적용을 제한하는 방안을 생각해 볼 수 있다.

2. 장래적 판례 변경
가. 유 형

장래적 판례 변경은 선례를 변경하는 판결에서 선언하는 원칙을 당해 사건에는 적용되지만 당해 사건의 판결 전에 행해진 행위에는 적용되지 않도록 하는 경우(선택적 장래효)와 선례를 변경하는 새로운 원칙을 당해 사건에 대하여도 적용하지 않고 단지 장래 동종의 사건을 재판하는 때에 그 판결 이후에 행해진 행위에 대하여만 당해 사건에서 선언한 새로운 원칙에 따라 재판을 하는 취지를 밝히는 경우(순수한 장래효)로 나눌 수 있다.

나. 재판 사례
(1) 대법원 2003. 7. 24. 선고 2001다48781 전원합의체 판결의 반대의견에 대한 보충의견

위 판결에서는 종래 판례가 구 관습상 상속회복청구권은 상속이 개시된 날로부터 20년이 경과하면 소멸한다고 보고 있었음에도, 이러한 관습법에 따를 경우 20년이 경과한 후에 상속권 침해행위가 있을 때에는 진정상속인이 권리를 구제받을 수 없게 되어 헌법을 최상위 규범으로 하는 법질서 전체의 이념에 부합하지 아니하여 정당성이 없다는 이유로 위 관습에 법적 규범인 관습법으로서의 효력을 인정할 수 없다고 판단하였다. 이에 대하여 반대의견에 대한 대법관 조무제의 보충의견은, 관습법에 대한 위헌심사의 문제를 성문법률에 대한 위헌심사의 문제와 같이 보고 헌법상의 법치주의 원칙에서 나온 <u>법적 안정성</u> 내지 <u>신뢰보호원칙</u>에 바탕을 둔 위헌결정의 불소급효원칙(헌법재판소법 제47조 제2항)의 정신에 따라 그 선언이 있는 날 이후로만 그 관습법의 효력이 상실되도록 하여야 상당하다고 주장하였다.[85]

---

85) 한편, 위 헌법재판소규정에도 불구하고 법원은 위헌결정의 소급효를 일반적으로 인정한다. 대법원 1993. 1. 15. 선고 92다12377 판결, 대법원 2000. 2. 25. 선고 99

(2) 선택적 장래효 적용 사례

(가) 대법원 2005. 7. 21. 선고 2002다1178 전원합의체 판결에서는 종중 구성원의 자격을 성년 남자만으로 제한하는 종래의 관습법은 더 이상 법적 효력을 가질 수 없게 되었다고 판단하였는데, 이러한 "대법원의 견해의 변경은 관습상의 제도로서 대법원판례에 의하여 법률관계가 규율되어 왔던 종중제도의 근간을 바꾸는 것인바, 대법원이 이 판결에서 종중 구성원의 자격에 관하여 '공동선조와 성과 본을 같이 하는 후손은 성별의 구별 없이 성년이 되면 당연히 그 구성원이 된다.'고 견해를 변경하는 것은 그동안 종중 구성원에 대한 우리 사회일반의 인식 변화와 아울러 전체 법질서의 변화로 인하여 성년 남자만을 종중의 구성원으로 하는 종래의 관습법이 더 이상 우리 법질서가 지향하는 남녀평등의 이념에 부합하지 않게 됨으로써 그 법적 효력을 부정하게 된 데에 따른 것일 뿐만 아니라, 위와 같이 변경된 견해를 소급하여 적용한다면, 최근에 이르기까지 수십 년 동안 유지되어 왔던 종래 대법원판례를 신뢰하여 형성된 수많은 법률관계의 효력을 일시에 좌우하게 되고, 이는 법적 안정성과 신의성실의 원칙에 기초한 당사자의 신뢰보호를 내용으로 하는 법치주의의 원리에도 반하게 되는 것이므로, 위와 같이 변경된 대법원의 견해는 이 판결 선고 이후의 종중 구성원의 자격과 이와 관련하여 새로이 성립되는 법률관계에 대하여만 적용된다고 함이 상당하다."라고 판단하여 소급효를 부정하였다. 그리고 "대법원이 '공동선조와 성과 본을 같이 하는 후손은 성별의 구별 없이 성년이 되면 당연히 그 구성원이 된다.'고 종중 구성원의 자격에 관한 종래의 견해를 변경하는 것은 결국 종래 관습법의 효력을 배제하여 당해 사건을 재판하도록 하려는 데에 그 취지가 있고, 원고들이 자신들의 권리를 구제받기 위하여 종래 관습법의 효력을 다투면서 자신들이 피고 종회의 회원(종원) 자격이 있음을 주장하고 있는 이 사건에 대하여도 위와 같이 변경된 견해가 적용되지 않는다면, 이는 구체적

다54332 판결 등 참조.

인 사건에 있어서 당사자의 권리구제를 목적으로 하는 사법작용의 본질에 어긋날 뿐만 아니라 현저히 정의에 반하게 된다."는 이유로 이 사건 청구에 한하여 변경된 견해가 소급적용된다고 하여, 이른바 선택적 장래효의 방식을 취하였다.

     (나) 대법원 2008. 1. 20. 선고 2007다27670 전원합의체 판결도 대체로 위 (가) 판결과 같은 취지이다. 이 사건에서는 민법 제1008조의3의 제사주재자를 결정하는 방식이 문제가 되었는데, 통상 종손이 제사주재자가 된다는 종래의 관습에 터 잡은 판례는 헌법을 최상위 규범으로 하는 전체 법질서에 반하여 정당성과 합리성이 없어 더 이상 그 효력을 인정할 수 없다고 판단하면서, 제사주재자는 우선적으로 망인의 공동상속인들 사이의 협의에 의해 정해져야 하되, 협의가 이루어지지 않는 경우에는 제사주재자의 지위를 유지할 수 없는 특별한 사정이 있지 않은 한 망인의 장남(장남이 이미 사망한 경우에는 장남의 아들, 즉 장손자)이 제사주재자가 되고, 공동상속인들 중 아들이 없는 경우에는 망인의 장녀가 제사주재자가 된다고 판단하였다. 그러면서도 "제사주재자의 결정방법에 관한 대법원의 새로운 법리 선언은 제사승계제도에 관한 관습의 근간을 바꾸는 것인바, 대법원이 이 판결에서 새로운 법리를 선언하기에 이른 것은 앞서 본 바와 같이 그동안 제사제도에 대한 우리 사회 구성원들의 인식 및 전체 법질서가 변화되었기 때문인데, 만약 위 새로운 법리를 소급하여 적용한다면 종래 대법원판례를 신뢰하여 형성된 수많은 제사용 재산 승계의 효력을 일시에 좌우하게 됨으로써 법적 안정성과 신의성실의 원칙에 기초한 당사자의 신뢰 보호에 반하게 되므로, 위 새로운 법리는 이 판결 선고 이후에 제사용 재산의 승계가 이루어지는 경우에만 적용된다고 봄이 상당하다. 그러나 이 사건에서 대법원이 새로운 법리를 선언하는 것은 이를 이 사건의 재판규범으로 삼으려는 데에 그 취지가 있으므로, 이 사건에 대하여는 새로운 법리가 소급하여 적용되어야 할 것이다."라고 하여 선택적 장래효의 방식을 따랐다.

다. 학   설

(1) 긍 정 설

장래적 판례 변경을 긍정하는 견해는, 위헌결정의 소급효를 제한하는 근거로 법적 안정성과 신뢰보호를 들면서, 종원 자격이나 제사주재자의 결정방법에 관한 판례 변경의 경우 사회일반의 인식과 전체 법질서의 변화에 따른 것이라는 점, 변경된 판례를 소급적용한다면 수십 년간 유지되어 온 종래의 판례를 신뢰하여 형성된 수많은 법률관계의 효력 등을 좌우하게 되어 당사자의 신뢰를 해치므로, 판례 변경의 소급효를 제한할 특별한 사정이 있는 경우에 해당한다고 한다. 판례 변경의 소급효를 원칙적으로 인정하되, 예외적으로 법적 안정성의 유지나 당사자의 신뢰보호를 위하여 불가피한 경우에는 소급효를 제한할 수 있다면서, 판례 변경의 경우를 구분하여 구체적으로 오류의 발견에 의하여 판례를 변경하는 경우는 그 효력이 소급해야 하는 반면, 시대적 필요에 따라 부득이하게 판례를 변경하는 경우에는 장래효가 원칙이라는 견해도 있다.[86]

(2) 부 정 설

부정설은 장래적 판례 변경에 다음과 같은 문제가 있다고 지적한다.

(가) 순수 장래효[87]

재판이란 그 본질상 과거에 일어난 사건을 대상으로 한 것인데 판결에 대하여 당해 사건에는 적용되지 않는 순수한 장래효를 인정한다는 것은 사법의 본질과 맞지 않는다.

당해 사건에 적용되는 법리에 판례의 지위가 부여되는 것이고, 앞으로 다른 법리를 적용하겠다는 선언은 방론에 불과하다. 장래 적용될 법리의 선언이 신중하게 의도된 것이고, 장차 법원이 이를 따를 것임이 분명하다면 판례 변경이 이루어진 것으로 볼 수도 있지만 이는 판례가 당해 사안의 해결과정에서 일종의 부산물로 얻어지는 일반·추상적 법 명제

---

86) 이창현, 법률의 착오와 부당이득, 김재형·제철웅 편, 채무불이행과 부당이득의 최근 동향(2013), 382–383면.

87) 윤진수, 형사사건 성공보수 약정 무효 판결의 장래효에 대한 의문, 법률신문 연구논단(2015. 8. 6.); 이동진, 판례변경의 소급효, 민사판례연구 제36권(2015), 1153–1157면.

인 것과 구별되어 당해 사안의 해결과 관계없는 일반·추상적 법 명제를 정립한 것으로서 사법의 본질과 기능을 벗어난 입법작용에 해당한다.[88]

또한 순수 장래효는 판례 변경을 이끌어 낸 당사자마저도 새로운 판례의 혜택을 입지 못하는 불합리가 있다.

(나) 선택적 장래효[89]

당해 사건과 그 이외의 소급적용이 되지 아니하는 사건을 달리 취급하는 것은 헌법상 평등의 원칙에 반한다. 같은 쟁점에 대하여 같은 시기에 소송이 제기되었음에도 먼저 대법원 판단을 받게 된 사건만이 선택적으로 변경된 판례의 적용을 통한 구제를 받고 다른 사건은 판례 변경 이전의 사안이라는 이유로 변경된 판례를 적용받지 못한다면 소송 진행 속도라는 우연한 사정만으로 결과가 상이하게 되는 문제가 있다.

(다) 엄격한 형벌불소급의 원칙이 적용되는 형사사건에서도 판례 변경의 소급효를 인정하는 한 민사관계에 대하여 판례의 소급효를 제한하자는 논의는 받아들이기 어렵고, 헌법재판소의 위헌결정에도 널리 소급효가 인정되는 점을 참고하여야 한다는 견해도 있다.[90]

3. 개별 사건에 대한 판례 변경의 소급적용 제한가능성

가. 구체적 구제 방법

판례 변경에 일반적인 장래효가 있음을 선언하는 방식 외에, 구체적으로 문제되는 개별 사건에서 법률의 착오($\frac{형법}{제16조}$), 시효, 기판력, 신의칙 및 권리남용과 같은 구제 법리를 활용하여 결과적으로 판례 변경의 소급적용을 제한하는 방안을 생각해 볼 수 있다. 이를 통해 장래적 판례 변

---

88) 이동진, 판례변경의 소급효, 민사판례연구 제36권(2015), 1154면.
89) 윤진수, 형사사건 성공보수 약정 무효 판결의 장래효에 대한 의문, 법률신문 연구논단(2015. 8. 6.); 이동진, 판례변경의 소급효, 민사판례연구 제36권(2015), 1153~1157면.
90) 김제완, 단체법리의 재조명; 종중재산의 법적 성격, 인권과 정의 제355호(2006), 141~143면; 이에 대하여 판례 변경의 소급효 제한이 더욱 문제되고, 장래효만을 갖는 판례 변경이 종종 행해지는 것은 오히려 민사법인 점에서 형사법에서 소급효가 인정되므로 민사법에서도 인정되어야 한다는 논리를 받아들이기 어렵다는 견해로, 이동진, 판례변경의 소급효, 민사판례연구 제36권(2015), 1161면.

경이 안고 있는 문제를 회피하면서도 법적 안정성과 신뢰보호의 문제해결을 꾀할 수 있다.

한편, 위와 같은 방법 중에서도 아래 나.의 (3) 사례와 같이 신의성실의 원칙과 같은 일반조항에 따른 소급효 제한을 하는 경우 실질적으로 장래적 판례 변경을 하는 경우와 논리가 다르지 않은 점에서 '장래적 판례 변경'과 유사한 측면이 있다.[91] 그러나 이 방식은 후행 사건의 개별적인 특수성을 고려하여 소급적용 여부를 결정하게 되는 점에서 차이가 있다.

나. 판   례

(1) 대법원 2012. 4. 12. 선고 2011두31673 판결[92]

대법원은 2011. 7. 21. 선고 2010두23644 전원합의체 판결에서 토지거래허가를 받지 아니한 상태에서 매매대금이 지급된 경우 양도나 양도소득이 있었다고 할 수 없다는 종래의 입장을 변경하여, 토지거래허가를 받지 아니한 채 토지를 매수하였더라도 예외적으로 양도소득세 과세대상이 된다고 하였다.[93] 이후 2012. 4. 12. 선고 2011두31673 판결의 원고는 토지거래허가를 받지 아니한 채 이루어진 매매에 대하여 양도소득세와 가산세를 부과받자 그 취소를 구하는 소를 제기하였는데 소송계속 중 위 판례 변경이 이루어졌다. 위 사안에서 대법원은 원고가 판례 변경 전의 상태에서 스스로 세법규정을 자기에게 불리하게 해석하여 양도소득세를 신고·납부하는 것을 기대하기 어려워 의무를 게을리한 점을 탓할 수 없는 정당한 사유가 있다고 하여 가산세 부과처분을 취소한 원심을

---

91) 판례 변경을 하면서 장래를 향해서만 효력이 있음을 선언하지 아니한 경우에도, 후행 사건에서 법치국가의 원리, 신뢰보호의 원칙, 신의성실의 원칙 등을 근거로 특정 유형의 사건에는 판례 변경의 소급효가 적용되지 않는다고 판단하는 경우 이는 '장래적 판례 변경'과 다름없을 것이다. 아래 4. 나.의 독일연방대법원 1996년 판결 참조.

92) 이동진, 판례변경의 소급효, 민사판례연구 제36권(2015), 1100면.

93) 구체적으로는, 토지거래허가를 받지 아니한 채 토지를 매수하여 제3자에게 전매하고 그 매매대금을 수수한 다음 최초의 매도인과 제3자 사이에 직접 매매계약이 체결된 것과 같이 계약서를 작성하고 그에 따른 토지거래허가와 등기 이전이 이루어진 경우이다.

유지하였다.

(2) 대법원 2013. 12. 18. 선고 2012다89399 전원합의체 판결

대법원은 통상임금의 범위의 해석에 관한 종전의 판례를 변경하면서 정기상여금은 통상임금에 해당한다고 판단하여 이를 통상임금에서 제외하는 내용의 노사합의는 근로기준법의 강행규정에 위배되어 무효라고 판단하였다. 그런데 다수의견은 임금협상 시 임금총액을 기준으로 임금인상 폭을 정하고, 그 임금총액의 범위 안에 기본급은 물론, 정기상여금, 각종 수당, 그리고 통상임금을 기초로 산정되는 각종 법정수당 등 항목에 금액이 할당되는 것이 일반적인 실태이고, 대부분의 기업에서 정기상여금이 통상임금에 해당하지 않는다는 전제에서 임금협상 시 정기상여금을 통상임금에서 제외하기로 하는 실무가 계속되어 관행으로 정착되었음 지적하면서, 이러한 상황에서 임금협상 당시 전혀 생각하지 못했던 사유를 들어 정기상여금을 통상임금에 가산하여 이를 토대로 추가적인 법정수당의 지급을 구하는 것은 정의와 형평의 관념에 비추어 신의에 현저히 반한다고 판단하여, 강행규정에 위반하여 정기상여금을 통상임금에서 제외하는 노사합의의 무효를 주장하면서 추가수당을 청구하는 것은 일정한 요건에서 신의칙에 반하여 허용될 수 없다고 하였다.[94]

(3) 대법원 1994. 10. 25. 선고 93다42740 판결(위헌결정의 소급효를 제한한 사례)

헌법재판소가 1990. 9. 3. 선고 89헌가95 결정에서 국세의 우선변제권에 관한 국세기본법의 일부 규정에 대하여 위헌결정을 하자,[95] 원고가 피고 대한민국은 위 위헌결정이 있기 전에 원고가 근저당권을 취득한 부동산의 경매절차에서 위 국세기본법 규정 중 위헌으로 선고된 부분에 근

---

94) 이에 대하여 반대의견은 강행규정 위반의 주장을 신의칙을 들어 배척하게 되면 강행규정의 입법취지를 완전히 몰각하게 되므로, 신의칙은 강행규정을 앞설 수 없다고 하였다.

95) 국세를 그 납부기한 전 1년 이내에 설정된 전세권·질권·저당권에 의하여 담보된 채권에도 우선하여 징수한다는 취지인 구 국세기본법 제35조 제1항 제3호 중 "으로부터 1년"이라는 부분은 헌법에 위반된다고 결정하였다.

거하여 국세 상당액을 경락대금으로부터 교부받아 법률상 원인 없이 이
득을 얻고 원고에게 손해를 입혔다고 주장하면서 그 이득의 반환을 구하
였다. 이에 법원은 위헌결정의 효력이 미치는 범위가 무한정일 수는 없
고, 법원이 위헌으로 결정된 법률을 적용하지 않더라도 다른 법리에 의
하여 그 소급효를 제한하는 것까지 부정되는 것은 아니라 할 것이며, 법
적 안정성의 유지나 당사자의 신뢰보호를 위해 불가피한 경우에 위헌결
정의 소급효를 제한하는 것은 오히려 법치주의의 원칙상 요청되는 바라
할 것이라면서, 위헌결정 이전에 그 위헌부분에 근거하여 국가가 교부받
은 경락대금을 부당이득으로 반환청구할 수 없다고 판단하였다.

4. 비교법적 검토

가. 미   국96)

미국에서도 전통적으로 판례가 소급하여 적용된다는 것이 당연하게 받
아들여져 왔지만, 1960년대 이래로 판례 변경의 소급적용 제한 문제가 논
의되어 형사법에서는 Linkletter v. Walker97) 판결, 민사법에서는 Chevron
Oil Co. v. Hudson98) 판결을 통해 소급효 제한의 논리가 정립되기도 하
였다.

미국 연방대법원이 위 Chevron Oil 판결에서 판례 변경의 소급효를
제한하기 위하여 고려할 요건으로 제시한 것은, ① 판례의 변경이 명백
한 과거의 선례를 번복하거나 또는 그 결론을 예견할 수 없었던 새로운
문제에 관한 것으로서 새로운 법원리를 정립하는 것이어야 할 것, ② 개
별 사건마다 문제되는 원칙의 과거 역사와 그 목적 및 효과를 살펴보고,
소급적용이 그 원칙의 작용을 촉진시킬 것인가 아니면 저해할 것인가를
살펴서 장단점을 형량하여야 할 것, ③ 소급적용이 초래하는 부당함

---

96) 각 판결의 구체적인 내용은, 윤진수, 미국법상 판례의 소급효, 저스티스 제28권
　　제1호(1995), 107-121면; 이동진, 판례변경의 소급효, 민사판례연구 제36권(2015),
　　1109-1133면.
97) 381 US 618, 85 SCt 1731(1965).
98) 404 US 97, 92 SCt 349(1971).

(inequity)을 따져 보아야 한다는 것이었다.[99]

그러나 이후 연방대법원은 입장을 변경하여 형사법에서는 Griffith v. Kentucky 판결(형사)을 통해 미확정 유죄판결에 대한 상고사건에는 모든 경우에 소급효를 인정하였다. 민사법에서는 James B. Beam Distilling Co. v. Georgia 사건에서 법원이 새로운 원칙을 그 원칙을 선언하는 사건에는 적용하고 사실관계가 그 판례 이전의 것인 다른 모든 사건에는 옛 원칙을 적용하는 수정된 또는 선택적인 장래효는 허용될 수 없고, 법원이 한번 새로운 원칙을 선언하였으면 평등 및 선례구속의 원칙에 따라 다른 사건에도 소급적용되어야 한다고 하였으며, 이어 Harper v. Virginia Department of Taxation 사건에서도 이와 같은 선택적 장래효는 인정할 수 없다고 하였다. 한편, 순수 장래효의 경우는 그 허용 여부에 대한 입장이 분명하지 않다.

나. 독   일

독일에서도 변경된 판례는 원칙적으로 소급적용된다. 형사법에서는 피고인에게 불이익한 판례 변경이 이루어진 경우에도 소급적용이 이루어지고, 판례에 대한 신뢰는 금지착오 법리에 의하여 보호될 수 있다는 입장이 통설과 판례로서 자리 잡았다.[100]

민사 사건에서는 '종전 판례에 대한 신뢰'를 이유로 장래적 판례 변경을 한 몇몇 사례가 있다. 연방 노동법원은 1990. 11. 20. 판결에서 사용자가 제정한 퇴직연금규정을 그보다 불리한 내용의 경영협약으로 대치할 수 없다는 1986년 변경 판례는 그 판례 변경 전인 1982년에 있었던 경영협약에 소급적용되지 아니한다면서, 이 사건의 경우 사용자와 경영위원회의 종전 판례에 대한 신뢰가 근로자의 이익보다 우선한다고 하였다.[101]

한편, 연방대법원은 1996년 판결에서 판례 변경의 소급효가 원칙적

---

99) 위 사안에서는 결국 이러한 원칙에 따라 당해 사건에서 판례 변경의 소급효를 제한하였다.

100) 이동진, 판례변경의 소급효, 민사판례연구 제36권(2015), 1124면.

101) 대륙법 국가에서 장래만을 갖는 판례 변경이 문제되고 또 실제로 활용된 가장 대표적인 나라는 독일이라고 한다. 이동진, 판례변경의 소급효, 민사판례연구 제36권(2015), 1123면, 위 논문에 장래적 판례 변경이 이루어진 사례들이 소개되어 있다.

으로 허용되고 예외적으로만 법치국가원리에 의하여 제한될 수 있을 뿐
이라면서도, 변경된 판례를 따를 경우 변경 전 판례를 신뢰한 당사자에
게 지나치게 부당하고 수인할 수 없는 가혹함을 가져올 때에만 적용된다
고 하여 판례 변경의 소급효 제한을 매우 한정된 경우로 국한시키면서
당해 사안에서는 소급적용을 인정하였다.[102]

　　또한 선행 사건에서 장래적 판례 변경을 하였음에도 후행 사건에서
변경 판례를 소급적용한 사례도 있다. 연방대법원은 채무자의 급부능력
과 현저한 불균형을 이루는 의무를 발생시키는 보증계약이 주 채무자로
부터 보증인에게로의 재산 이전에 대하여 채권자를 보호할 필요가 있거
나 보증인의 상속에의 기대로 정당화되지 않는 한 무효라면서 방론으로
그러한 보증계약상 의무가 장래의 재산이전 등을 포착하기 위한 것이라
면 이러한 제한된 책임의 목적은 계약에 의하여 규율될 수 있고, 앞으로
그러한 내용상 제한을 명시적으로 포함하지 않은 보증은 무효이지만 당
재판부는 1999. 1. 1. 이후 체결된 보증계약에 한하여 이를 적용할 것이
라고 판시하였다.[103] 그러나 연방대법원은 2002년 판결에서 위 법리를
확인하면서도 그 법리를 1999. 1. 1. 이전에 체결된 계약에 적용하여 장
래적으로 판례를 변경한다는 선행 판결의 취지를 따르지 아니하였다.[104]

5. 검　　토
가. 장래적 판례 변경의 허용가능성
부정설이 지적하는 장래적 판례 변경의 법리적, 정책적, 헌법적 문

---

102) 독일연방대법원 제9민사부, 1996. 2. 29. 판결 BGHZ 132, 119 ff, 이동진, 판례
　　변경의 소급효, 민사판례연구 제36권(2015), 1128−1129면; 윤진수, 상속회복청구권
　　의 소멸시효에 관한 구관습의 위헌 여부 및 판례의 소급효, 민사재판의 제문제 제
　　13권, 민사실무연구회(2004), 130−131면.
103) BGH NJW 1999, 58, 사안의 구체적인 내용에 대해서는 이동진, 판례변경의 소급
　　효, 민사판례연구 제36권(2015), 1127면; 윤진수, 상속회복청구권의 소멸시효에 관
　　한 구관습의 위헌 여부 및 판례의 소급효, 민사재판의 제문제 제13권, 민사실무연
　　구회(2004), 127−128면.
104) BGHZ 151, 34.

제를 고려하였을 때 원칙적으로 장래적 판례 변경이 허용되지 않는다고 봄이 타당하다. 법적 안정성과 신뢰보호의 문제는 개별적 구제 법리를 적용하는 것으로 해결함이 상당하다.

나. 이 판결에 대한 검토

대상판결은 종래 이루어진 보수약정의 경우에는 보수약정이 성공보수의 명목으로 되어 있다는 이유만으로 민법 제103조에 의하여 무효라고 단정하기 어렵지만, 대법원이 이 판결을 통하여 형사사건에 관한 성공보수약정이 선량한 풍속 기타 사회질서에 위배되는 것으로 평가할 수 있음을 명확히 밝혔음에도 불구하고 향후에도 성공보수약정이 체결된다면 이는 민법 제103조에 의하여 무효로 보아야 한다면서, 당해 사안에 대하여서도 성공보수약정의 민법 제103조 위반 여부를 판단하지 아니하여, 순수 장래효를 인정한 것으로 평가할 수 있다.

대상판결에 대해서는 앞서 본 '순수 장래효' 형식의 판례 변경에 대한 비판이 적용될 수 있다. 다만 이 사건에서는 원고가 성공보수금의 반환을 주장하면서 근거로 들었던 것은 보수가 과다하다는 것이었지 성공보수약정이 민법 제103조를 위반하여 무효라는 것은 아니었고, 원심 법원의 보수 감액 결정에 반발한 피고만이 상고하였다는 특수한 사정이 있어,[105] 당해 법리를 이끌어 낸 당사자에게조차 변경 판례가 적용되지 아니하여 불합리하다는 비판은 그대로 적용되기 어렵다.

한편, 형사성공보수약정을 무효로 하는 것은 종래의 통용되던 변호사보수체계의 근간을 바꾸는 것으로서 장래적 판례 변경이 아니라면 어떠한 형태로든 종전 판례를 신뢰하고 계약을 체결한 당사자를 구제할 필요가 있다. 그 방법을 생각해 보면 이미 지급된 보수에 대해서는 시효

105) 성공보수금 반환청구권의 실질은 부당이득반환청구권으로서, 법률상 원인이 없음을 뒷받침하는 개개의 사유는 독립된 공격방어방법에 불과하여 별개의 청구원인을 구성한다고 볼 것은 아니고, 판례는 신의성실의 원칙에 반하는 것 또는 권리남용은 강행규정에 위배되는 것이므로 당사자의 주장이 없더라도 법원이 직권으로 판단할 수 있다고 하였으므로(대법원 1989. 9. 29. 선고 88다카17181 판결 등) 대상판결이 처분권주의나 변론주의에 위반되었다고 볼 수는 없다고 보인다.

규정과 불법원인급여 규정을 적용하여 그 반환청구를 제한할 수 있을 것이다. 보수계약이 체결되었지만 아직 수사나 재판이 진행 중이어서 위임받은 업무의 처리가 완결되지 아니하였고 '성공'으로 정한 조건이 성취되기 전이라면 당사자 사이에 적절한 교섭을 통해 새로운 보수약정을 할수도 있다. 그 외의 경우는 계약의 보충적인 해석에 의하여 변호사의 전체 보수약정 중 성공보수 부분이 무효임을 당사자가 알았다면 성공을 조건으로 하지 않고 지급하기로 약정하였을 것으로 인정되는 정도의 보수를 청구할 수 있다고 하여 문제를 해결할 수 있다.[106]

Ⅳ. 결 론

보충의견의 지적과 같이 적지 않은 국민들이 유전무죄·무전유죄 현상이 여전히 존재한다고 믿고 있는 사회적 풍토 아래에서 형사사건에 관한 성공보수약정은 그동안 형사사법의 공정성·염결성에 대한 오해와 불신을 증폭시키는 부정적 역할을 해 왔음을 부인할 수 없고, 사법신뢰의 회복을 위한 적절한 대안이 없는 상황에서 형사성공보수약정이 민법 제103조를 위반한다고 판단한 것은 타당하다.

다만 대상판결 과정에서 공개변론을 여는 등 공론의 장이 마련되지 못하였고, 법리상 문제가 있는 장래적 판례 변경을 한 것은 아쉬운 점이다.

대상판결에 대하여 변호사단체는 즉각적으로 반발하였다.[107] 그러나 2016. 7. 19. 국회에서 형사사건에 관한 변호사보수의 상한을 대통령령으로 정하고 성공보수를 금지하며 이를 위반할 경우 2년 이하의 징역 또는 제공받은 금액의 5배에 상당하는 금액의 벌금에 처하도록 하는 내용의 변호사법 개정안이 발의되었는바, 대상판결의 결론에 대한 국민적 공감대가 반영된 것이라고 생각한다. 대상판결이 우리 사회에 변호사의 역할과

---

106) 윤진수, 형사사건 성공보수 약정 무효 판결의 장래효에 대한 의문, 법률신문 연구논단(2015. 8. 6.).
107) 대한변호사협회는 대상판결을 취소를 구하는 헌법소원을 청구하기도 하였다.

보수에 대한 건설적인 논의와 국민의 일반의 건전한 법의식을 담은 법률
제정의 계기가 될 수 있을 것으로 기대한다.

[Abstract]

Validity of Contingent Fee Agreements in Criminal Cases and the Issue of Prospective Ruling

Cho, Eun Kyung*

Contingent fee has been a subject of public debate for a long time. It is considered to be linked with excessive attorney fee and undermine pubic trust towards the judicial system. Although the opinion that there is a need for regulation has emerged from academia and civil society, the legislation has not been passed and the Supreme Court has not questioned the general effect of the contingent fee agreement.

In such situation, the Supreme Court ruling, which judged the contingent fee agreement in criminal case to be void on the ground of Article 103 of Korean Civil Code, garnered public attention and triggered more heated controversies.

Moreover, although this ruling clearly stated that contingent fee agreement is void, it did not apply the stated rule to the case at hand. Instead, the ruling proclaimed that the rule will be applied to contract entered into after this ruling. This kind of ruling is called 'prospective ruling.'

In this article, I will examine the concept and practice of contingent fee agreement, the foreign law and court cases concerning the validity of such agreement, and the scope of application of Article 103 of the Korean Civil Code, and will review the Court's judgment.

In addition, I will look into the reason why the concept of prospective

---

* Judge, Uijeongbu District Court.

ruling has emerged and whether it can be legally justified with international reference.

[Key word]

- Criminal Contingent Fee Agreement
- Civil Code Article 103
- Public Policy
- Prospective Ruling
- Selective Prospect Ruling
- Pure Prospect Ruling

참고문헌

[단 행 본]

김재형·제철웅 편, 채무불이행과 부당이득의 최근 동향, 박영사, 2013.
민법주해(Ⅱ) 총칙(2), 박영사, 2012.
주석민법(제4판), 총칙(2), 한국사법행정학회, 2010.

[논   문]

강일원, 사법개혁추진위원회의 형사사법개산방안, 형사재판의 제문제 : 송계
　　　신성택 대법관 퇴임기념 논문집 제3권, 2001.
권오승, 변호사 보수에 관한 검토, 법과 사회 제11호, 창작과비평사, 1995.
김교창, 변호사의 사건보수제도에 대한 소고(상), 인권과 정의 제176호, 1991.
김자영·백경희, 변호사 성공보수약정에 관한 소고, 서울법학 제23권 제2호,
　　　2015.
김제완, 형사사건 변호사 성공보수약정 무효화에 대한 비판적 고찰, 인권과
　　　정의 제457호, 2016.
박경재, 변호사의 법적 지위와 변호사보수계약, 부산대학교 법학연구 제51권
　　　제1호, 2010.
손창완, 미국법상 변호사의 보수규제, 성균관법학 제23권 제1호, 2011.
양창수, 자동차보험약관의 무면허면책조항에 대한 내용통제, 민법연구 제4권,
　　　2007.
윤진수, 미국법상 판례의 소급효, 저스티스 제28권 제1호, 1995.
_____, 상속회복청구권의 소멸시효에 관한 구관습의 위헌 여부 및 판례의
　　　소급효, 민사재판의 제문제 제13권, 2004.
_____, 형사사건 성공보수 약정 무효 판결의 장래효에 대한 의문, 법률신문
　　　연구논단, 2015. 8. 6.
이규호, 성공보수금계약에 관한 연구, 연세법학연구 제6집 제1권, 1999.
이동진, 판례변경의 소급효, 민사판례연구 제36권, 2015.
이창희, 변호사 보수의 적정성과 투명성, 법률가의 윤리와 책임, 서울대학교,
　　　2003.

이청조, 독일변호사의 성공보수규제에 관한 법리, 판례연구 제12집, 부산판례
　　　연구회, 2001.
_____, 프랑스변호사의 성공보수규제에 관한 법리, 동아논총 제37집, 2000.
장윤순, 형사사건에 관한 성공보수금약정의 효력에 관한 연구, 동아법학 제
　　　69호, 2015.
정상현, 형사성공보수약정에 대한 반사회적 무효판결 관견, 성균관법학 제27
　　　권 제4호, 2015.
정선주, 변호사의 성공보수약정-독일연방헌법재판소 2006년 12월 12일 결정
　　　을 중심으로-, 민사소송: 한국민사소송법학회지 vol. 12-1, 2008.
정한중, 변호사 보수의 규제에 대한 연구, 법학연구 제14집 제1호, 인하대학
　　　교, 2011.
정형근, 변호사의 보수에 관한 고찰, 법조 제645호, 2010.

채무자의 소멸시효이익 포기 후 법률관계를 형성한 제3취득자의 지위

장 두 영*

■요 지■

대상판결은 근저당권부 채무의 채무자가 시효이익을 포기한 후 채무자로부터 저당부동산의 소유권을 취득한 제3취득자가 채무자의 시효이익 포기에도 불구하고 시효이익을 원용할 수 있는지 문제된 사안에서, '시효이익의 포기 당시에는 권리의 소멸에 의하여 직접 이익을 받을 수 있는 이해관계를 맺은 적이 없다가 나중에 시효이익을 이미 포기한 자와의 법률관계를 통하여 비로소 시효이익을 원용할 이해관계를 형성한 자는 이미 이루어진 시효이익 포기의 효력을 부정할 수 없다'고 판시하였다.

이는 채무자가 시효이익을 포기한 후 그와 법률관계를 형성한 제3취득자는 시효이익 원용권자가 아니라는 취지와 일정한 경우 채무자의 시효이익 포기에 절대적 효과가 인정되어 제3취득자에게도 효력이 미친다는 취지로 읽힐 수 있는데, 이는 시효이익 원용권자의 범위와 시효이익 포기의 상대적 효력에 관한 기존 대법원 판례의 취지와 학계의 일반적인 이해에 부합한다고 보기 어렵다.

저당부동산의 제3취득자는 시효이익의 원용권자라고 보는 것이 종래 대법원 판례이고 대부분의 학설이 취하고 있는 입장이다. 제3취득자가 채무자가 시효이익을 포기한 후 채무자와 법률관계를 형성하였다는 사정만으로 원용권을 부인하기는 어렵다. 소멸시효 제도의 일차적인 요청은 법적 안정성인

---

* 춘천지방법원 원주지원 판사.

— 119 —

데, 제3취득자가 법률관계를 형성한 시점, 법률관계의 상대방 등을 고려하여 원용권 행사 여부를 달리 보는 것은 이러한 소멸시효 제도의 취지에 반할 수 있다. 또한, 채무자의 시효이익 포기 후 채무자와 법률관계를 형성하였더라도 제3취득자의 법적 지위는 동일하고, 이 경우 제3취득자에게 원용권을 부여한다고 하여서 권리자에게 가혹하다거나 제3취득자가 부당한 이익을 얻는다고 할 수도 없다. 따라서 채무자의 시효이익 포기 전에 법률관계를 형성한 제3취득자와 달리 취급할 이유가 없다.

시효이익 포기는 상대적 효력을 가질 뿐이라는 것이 종래 대법원 판례이고, 대부분의 학설이 취하고 있는 입장이다. 이는 소멸시효완성의 효과에 관한 절대적 소멸설, 상대적 소멸설 중 어느 입장에 서더라도 마찬가지이다. 절대적 소멸설의 입장에서는 시효이익의 포기를 시효완성의 이익을 누리지 않겠다는 일방적 의사표시로 이해하므로, 의사표시의 상대방도 아닌 제3자에게 효력을 미칠 여지가 없다. 상대적 소멸설의 입장에서는 시효이익의 포기를 원용권의 포기로 이해하는데, 원용권은 원용권자 각자의 고유한 이익을 위하여 부여되는 것이므로, 그 포기의 효과도 포기한 원용권자에게만 미칠 뿐 다른 원용권자에게는 미치지 아니한다.

대상판결은 결론에 이른 핵심적 논거로 '사후에 시효이익을 이미 포기한 자와의 법률관계를 통하여 비로소 시효이익을 원용할 이해관계를 형성한 자에게 채무자의 시효이익 포기에도 불구하고 원용권을 행사하게 하면 시효완성을 둘러싼 법률관계를 사후에 불안정하게 만들 수 있다'는 점을 들고 있다. 그러나 소멸시효 제도가 예정하고 있는 안정된 법률관계의 모습은 일정 기간 행사되지 아니한 권리의 소멸을 전제로 한 상태이다. 대상판결과 같이 제3취득자의 원용권을 제한하거나 채무자의 시효이익 포기에 예외적으로 절대적 효력이 있도록 하면, 소멸시효가 완성된 권리를 둘러싼 분쟁이 계속되고 확대되어 오히려 법률관계의 불안정을 키우게 된다.

대상판결의 사안은, 채무자가 소멸시효완성을 주장하며 채권자를 상대로 근저당권의 말소를 구하였다가 패소하여 그 패소판결이 확정되자 사해행위에 해당하는 법률행위를 통하여 제3취득자에게 저당부동산을 양도한 다음 악의의 제3취득자가 채권자를 상대로 재차 소멸시효완성을 주장하며 근저당권의 말소를 구한 특수한 사안이다. 제3취득자의 시효이익 원용이 신의칙에 위반하여 권리남용에 해당하므로 허용되지 아니한다고 볼 수 있는 사정이 있다. 이와 같은 특수한 사실관계를 고려할 때, 제3취득자의 청구를 기각한 결론을 유지한 대상판결은 그 결론에 있어서는 타당하다고 볼 수 있다. 그러나 이를 소멸시효 제도에 있어서 이미 그 법리가 상당 부분 정립되어 있는 도구로서 신의칙에 비하면 훨씬 일률적으로 적용될 수밖에 없는 시효이익 포기와 원용권자에 관한 법리를 흔드는 방식으로 접근한 것은 타당하다고 보기 어렵다. 소멸시효 제도에서 활용할 수 있는 여러 도구 중 가장 유연성이 높은 신의칙을 활용하여 사안을 해결하였어야 할 것이다.

[주 제 어]
- 제3취득자의 시효이익 원용권
- 시효이익 원용권자
- 시효이익 포기
- 소멸시효와 신의칙
- 소멸시효의 남용

[對象判決] : 대법원 2015. 6. 11. 선고 2015다200227 판결(공2015하, 976)

[事案의 槪要]

1. 甲은 1992. 5. 18. 이 사건 부동산의 소유권을 취득하였다. 甲은 1992. 8. 25. 피고로부터 5,000만 원을 변제기 1993. 8. 25., 이자 월 90만 원으로 정하여 차용(이하 이에 따른 甲의 피고에 대한 채무를 '이 사건 차용금채무'라 한다)하면서 같은 날 그 담보로 피고 앞으로 이 사건 부동산에 관하여 채권최고액 6,000만 원의 근저당권설정등기(이하 이에 기초한 근저당권을 '이 사건 제1근저당권'이라 한다)를 마쳐 주었다.

2. 甲은 2004. 4. 16. 피고와 사이에 이 사건 차용금채무의 원본과 별도로 미지급이자 등을 3,000만 원으로 확정하고 이를 이자 월 1.5%로 정하여 2004. 9. 16.까지 갚기로 약정하였다. 甲은 2004. 4. 20. 위 약정에 근거한 채무를 담보하기 위하여 피고 앞으로 이 사건 부동산에 관하여 채권최고액 4,000만 원의 근저당권설정등기(이하 이에 기초한 근저당권을 '이 사건 제2근저당권'이라 하고, 이 사건 제1, 2근저당권을 통틀어 '이 사건 각 근저당권'이라 한다)를 마쳐 주었다.

3. 원고는 2013. 12. 6. 甲으로부터 이 사건 부동산 및 그 지상 4층 공동주택을 매수하여 같은 날 소유권이전등기를 마쳤다.

[當事者의 主張]

1. 원고의 주장

이 사건 차용금채무는 이미 소멸시효가 완성하였다. 甲이 2004. 4. 16. 피고와 사이에 미지급이자 지급을 위한 약정을 체결하고 이 사건 제2근저당권을 설정하여 줌으로써 이 사건 차용금채무의 소멸시효완성의 이익을 포기하였지만,[1] 소멸시효이익의 포기는 상대적인 효력이 있을 뿐이므로, 이 사건 부동산의 제3취득자인 원고에게는 효력이 없고, 원고는 소멸시효를 원용할 독자적인 이익이 있다. 따라서 이 사건 각 근저당권은 피담보채권이 모두 시효로 소멸하였으므로, 원고는 소유권에 근거한 방해배제청구로써 이 사건 각 근저당권의 말소를 구한다.

---

1) 대상판결 사안에서 甲이 소멸시효완성의 이익을 포기하였다는 사실에 관하여는 당사자 사이에 다툼이 없었다.

2. 피고의 주장

甲이 이 사건 차용금채무에 대한 시효이익을 포기할 당시에는 원고가 아직 이 사건 부동산을 매수하지 않았으므로, 원고는 독자적으로 소멸시효이익을 원용할 수 있는 이해관계인이 아니다. 따라서 원고는 甲이 한 소멸시효이익 포기의 효력을 부정할 수 없다.

[法院의 判斷]

1. 1심(부산지방법원 2014. 7. 3. 선고 2014가단19857 판결, 미공간2)) – 원고 청구 기각

1심은 다음과 같은 법리를 제시하였다. 시효이익의 포기는 상대적인 효과가 있을 뿐이기는 하나, 이는 어디까지나 문제된 시효이익의 포기 당시 이미 권리의 소멸에 의하여 직접 이익을 받을 수 있는 이해관계를 형성한 자들 사이에 그러하다는 것일 뿐, 시효이익의 포기 당시까지는 전혀 그러한 이해관계를 맺은 바 없다가 사후적으로 시효이익을 원용할 이해관계를 형성한 자에 대한 관계에까지 상대적인 효과가 있다는 것은 아니다. 왜냐하면 당초 시효이익의 포기에 관해 상대적인 효과만을 부여하고자 하는 뜻은 이미 다수의 시효 원용권자들이 존재함을 전제로 그들 사이에 각자 자신의 의사와는 무관하게 타방의 의사만으로 시효 원용권을 박탈당하게 되는 부당한 결과의 발생을 방지하려는 데 있는 것이지 사후적인 이해관계인들로 하여금 이미 이루어진 시효이익 포기의 효력을 부정할 수 있게 함으로써 시효완성을 둘러싼 법률관계를 사후적으로 불안정하게 만들자는 데 있는 것은 아니기 때문이다.3) 1심은 이를 토대로, 원고는 甲이 소멸시효완성의 이익을 포기한 2004. 4. 16.에는 시효를 원용할 이해관계를 전혀 맺고 있지 아니하다가 이 사건 부동산을 취득한 2013. 12. 6.에 이르러서야 비로소 이 사건 차용금채무의 소멸에 관한 이해관계를 취득하였으므로, 그 이전에 이루어진

---

2) 이하 별다른 표시가 없는 판결은 모두 미공간 판결이다.

3) 1심 법원은 원고가 원용한 대법원 1995. 7. 11. 선고 95다12446 판결[공1995. 8. 15.(998), 2761]은 문제된 시효이익의 포기 시점에 이미 시효 원용에 관한 이해관계를 형성하고 있는 경우에 관한 판결례로서 사안을 달리하는 이 사건에 그대로 적용하기 부적절하다는 판시를 덧붙이고 있다.

甲의 시효이익 포기의 효과를 부정할 수 없고 오히려 甲의 시효이익 포기의 효력을 전제로 한 근저당권의 제한을 받는 소유권을 취득한 자에 불과하다고 판단하였다.

2. 원심(부산지방법원 2014. 12. 5. 선고 2014나44342 판결) – 항소 기각

원고가 항소하였으나 원심은 1심의 법리를 그대로 인용하여 원고의 항소를 기각하였다.

3. 상고심[대법원 2015. 6. 11. 선고 2015다200227 판결(공2015하, 976)] – 상고 기각

원고가 상고하였으나, 상고심은 다음과 같이 1심과 유사한 법리를 제시하며 원고의 상고를 기각하였다. 소멸시효이익의 포기는 상대적 효과가 있을 뿐이어서 다른 사람에게는 영향을 미치지 아니함이 원칙이나, 소멸시효이익의 포기 당시에는 그 권리의 소멸에 의하여 직접 이익을 받을 수 있는 이해관계를 맺은 적이 없다가 나중에 시효이익을 이미 포기한 자와의 법률관계를 통하여 비로소 시효이익을 원용할 이해관계를 형성한 자는 이미 이루어진 시효이익 포기의 효력을 부정할 수 없다. 왜냐하면 시효이익의 포기에 대하여 상대적인 효과만을 부여하는 이유는 그 포기 당시에 시효이익을 원용할 다수의 이해관계인이 존재하는 경우 그들의 의사와는 무관하게 채무자 등 어느 일방의 포기 의사만으로 시효이익을 원용할 권리를 박탈당하게 되는 부당한 결과의 발생을 막으려는 데 있는 것이지, 시효이익을 이미 포기한 자와의 법률관계를 통하여 비로소 시효이익을 원용할 이해관계를 형성한 자에게 이미 이루어진 시효이익 포기의 효력을 부정할 수 있게 하여 시효완성을 둘러싼 법률관계를 사후에 불안정하게 만들자는 데 있는 것은 아니기 때문이다.

〔研 究〕

I. 序 論

대상판결 사안의 사실관계와 쟁점, 그에 관한 법원의 판단은 간단명료하다. 채무자가 시효이익 포기를 한 이후 이해관계를 형성한 제3취득자가 채무자의 시효이익 포기에도 불구하고 시효이익을 원용할 수 있는지 문제되었고, 이에 관하여 1심부터 상고심에 이르기까지 모두 동일한 결론을 내렸다. 결론에 이른 이유도 유사하다.[4] 그러나 이 쟁점을 둘러싼 논의가 그렇게 간단한 것이라 보이지는 않는다. 대상판결은 두 측면의 판시를 하고 있다. 먼저 대상판결은 '원고가 이 사건 차용금채무의 소멸시효완성의 이익을 원용할 수 없다고 보아 원고의 청구를 기각한 원심의 판단은 앞서 본 법리에 따른 것으로 거기에 소멸시효이익의 포기에 관한 법리를 오해한 잘못이 없다'고 판시하였고, 이는 대상판결 사안의 경우에는 결국 제3취득자가 시효이익 원용권자에 해당하지 않는다고 판단한 취지이다. 또한, 대상판결은 소멸시효이익 포기의 상대적 효과를 언급하면서 대상판결 사안의 경우에는 제3취득자가 '이미 이루어진 시효이익 포기의 효력을 부정할 수 없다'고 설시하고 있다. 이는 소멸시효이익의 포기에 절대적 효과가 있게 되는 예외를 인정하는 취지이다. 이처럼 대상판결은 채무자가 시효이익을 포기한 이후 채무자와 법률관계를 형성

---

4) 대상판결이 1심과 완전히 동일한 법리를 설시하고 있지는 않다. 1심에서는 채무자의 시효이익 포기의 효력을 부정할 수 없어서 시효이익을 원용할 수 없는 자를 '시효이익의 포기 당시까지는 전혀 이해관계를 맺은 바 없다가 사후적으로 시효이익을 원용할 이해관계를 형성한 자'라고 판시하였다. 이에 비하여 대상판결은 '소멸시효이익의 포기 당시에는 그 권리의 소멸에 의하여 직접 이익을 받을 수 있는 이해관계를 맺은 적이 없다가 나중에 시효이익을 이미 포기한 자와의 법률관계를 통하여 비로소 시효이익을 원용할 이해관계를 형성한 자'라고 판시하여, 1심보다 채무자의 시효이익 포기의 효력을 부정할 수 없어서 시효이익을 원용할 수 없는 자의 범위를 더 좁히고 있다. 그러나 대상판결은 1심의 법리에 대하여 이유 설시에 다소 부적절한 점이 있다는 등의 표현 없이 아무런 잘못이 없다고 인정하고 있어서, 대상판결이 1심의 법리를 배척한 것이라 보기는 곤란하다.

한 제3취득자는 시효이익 원용권자가 아니란 취지와, 일정한 경우 채무자의 시효이익 포기에 절대적 효과가 인정되어 제3취득자에도 효력이 미친다는 취지를 담고 있어서, 두 측면에서 검토가 필요하다. 대상판결의 판시가 시효이익 원용 및 포기에 관한 법리에 따라 무리 없이 설명될 수 있고, 충분한 논거를 가지고 있는가에 대하여는 의문이 있을 수 있다. 시효이익 원용권자의 범위를 논하는 견해 중 법률관계의 형성시점이나 법률관계의 상대방을 기준으로 하여 원용권자 여부를 달리 보는 견해는 찾아보기 어렵다. 시효이익 포기의 경우 상대적 효과가 있을 뿐이란 것이 종래의 이해이다. 대상판결은 어떠한 방향에서 보아도 새로운 판시이다. 대상판결이 내세운 가장 큰 논거는 시효완성을 둘러싼 법률관계를 사후에 불안정하게 만들어서는 안 된다는 것이다. 대상판결은 이를 위하여 시효이익의 포기와 원용에 관한 기존의 대법원 1995. 7. 11. 선고 95다12446 판결[공1995. 8. 15.(998), 2761]의 법리도 일정한 사실관계에서만 적용되는 것이라 선언하고 있다. 새로운 판시를 이끌어 낸 이와 같은 논거가 타당한지 살펴볼 필요가 있다. 만일 대상판결의 판시가 법리적으로 다소 무리이고 그에 이른 충분한 논거도 발견하기 어렵다면, 대상판결의 사안에 보다 적합한 법리적 해결이 무엇인지 별도로 검토할 필요가 있다.

이 글에서는 먼저 이러한 논의의 출발점으로 소멸시효 제도의 근거에 관하여 살펴보고(Ⅱ), 소멸시효완성의 효과를 어떻게 보아야 할지(Ⅲ), 소멸시효이익의 원용 및 포기(Ⅳ)에 관하여 짚어본다. 이를 바탕으로 채무자의 시효이익 포기 후 채무자와 법률관계를 형성한 제3취득자를 소멸시효의 원용권자라 볼 수 있는지, 채무자의 시효이익 포기 후 법률관계를 형성한 제3취득자에 대하여 채무자의 시효이익 포기의 효력이 미치는지, 즉 대상판결의 타당성에 대하여 살펴보고(Ⅴ), 마지막으로 대상판결 사안에 보다 적합한 대안이 될 수 있는 법리적 접근방법을 모색하여 본다(Ⅵ).

II. 消滅時效 制度의 根據

1. 소멸시효의 개념

소멸시효는 권리자가 권리를 행사할 수 있음에도 불구하고 일정한 기간 행사하지 않는 권리불행사의 사실상태가 계속되는 경우 그 상태가 진실한 권리관계와 부합하는지를 묻지 않고 그 권리의 소멸이라는 법률효과를 부여하는 법률요건을 뜻한다.[5] 우리 민법에서는 제162조 이하에서 소멸시효의 기간, 기산점, 소급효, 중단 및 정지 등에 관하여 정하고 있다.

2. 소멸시효 제도의 근거

소멸시효에 의하여 정당한 권리자이면서도 그 권리를 잃는 경우가 발생한다. 본래 법은 사실상태를 정당한 권리관계에 부합하도록 하는 작용을 한다. 그런데 소멸시효는 일견 이러한 법의 작용을 거스르는 것처럼 보인다. 소멸시효의 이러한 특성 때문에 소멸시효의 근거를 여러 측면에서 설득력 있게 풀어내고자 하는 노력이 계속되어 왔다. 소멸시효 제도의 근거를 어떻게 보느냐는, 소멸시효 제도를 운영함에 있어서 전반적으로 어떠한 관점을 가지느냐와 직결되기 때문에 매우 중요한 문제이다.[6]

---

5) 윤진수 집필 부분, 민법주해〔III〕총칙(3), 박영사(1992)(이하 '민법주해'라 한다), 386-387쪽.

6) 판례도 소멸시효규정에 관한 해석론을 펼치면서 그 논거로서 소멸시효 제도의 존재이유에 관한 일반론을 제시하거나 '소멸시효 제도의 존재이유에도 부합한다고 볼 수 없다'는 이유를 제시할 때가 다수 있다. 아래 각주 18)의 판례들 및 대법원 2010. 9. 9. 선고 2008다15865 판결[공2010하, 1876]; 대법원 2006. 6. 16. 선고 2005다25632 판결[공2006. 8. 1.(255),1327]; 대법원 2001. 4. 27. 선고 2000다31168 판결[공2001. 6. 15.(132), 1238] 등 다수.
  권영준, 소멸시효와 신의칙, 재산법연구 제26권 제1호, 법문사(2009), 2-3쪽에서는, 권리자의 정당한 권리를 어느 순간 박탈하고 그 결과 아무런 대가 없이 의무자를 의무로부터 해방시키는 것에 대한 거부감이 소멸시효를 바라보는 관점이나 그 운용방향에 큰 영향을 미치고 있고, 이러한 거부감의 흔적들을 우리나라 판결에서도 찾아볼 수 있으며, 우리 법원은 소멸시효 중단이나 정지, 시효이익의 포기, 신의칙의 원용 등 여러 국면에서 소멸시효의 완성을 엄격하게 판단하고 있다고 평가한다.

가. 일반적 견해

소멸시효 제도의 근거로는 일반적으로 ① 법률생활의 안정과 평화의 유지,[7] ② 증명의 곤란 구제,[8] ③ 권리 위에 잠자는 자에 대한 법적 보호의 거부[9]가 제시된다.[10] 이는 사실 소멸시효와 취득시효를 크게 구별하지 않고 시효 제도 자체의 존재이유로서 제시되는 논거들이다.[11]

나. 일반적 견해에 비판적인 견해

일반적 견해에 비판적 태도를 취하면서 소멸시효 제도의 근거를 설

7) 일정한 사실상태가 오래되면 사람들은 이것을 진실한 권리관계에 부합하는 것으로 믿게 되고, 이를 기초로 다수의 새로운 법률관계가 맺어지며 사회질서가 형성된다. 나중에서야 그 사실상태가 정당하지 못하다고 하여 정당한 권리관계로 되돌아간다면, 그 사실상태 위에 이루어진 사회의 법률관계는 모두 뒤집어지는 결과가 되어 법적 안정성과 거래의 안전이 위협받는다. 법은 이러한 점을 고려하여 정당한 권리관계와 다른 사실상태이더라도 그것이 일정 기간 계속된 때는 이를 그대로 인정하여 법률생활의 안정과 평화를 달성하고자 시효 제도를 두었다고 한다.
8) 분쟁해결기관이 오랜 기간이 지난 후에 진실하고 정당한 권리관계가 무엇인지 확정한다는 것은 불가능에 가깝다. 세월의 흐름에 따라 증서가 사라지고 증인이 사망하거나 명료한 기억을 하지 못하게 된다. 증거가 불분명한 사안에서 증명책임만으로 해결하려다 보면 불합리한 결론에 이르기 쉽다. 어떤 사실상태가 오랜 기간 계속되었고, 그러한 사실상태에 부합하지 않는 권리를 주장한 사람이 없었다면, 사실상태에 상응하는 권리관계가 형성되어 있을 개연성도 높다. 법이 이러한 점을 고려하여 증명의 곤란을 구제하고, 민사소송제도의 적정과 소송경제의 이념에 비추어 사실상태를 그대로 정당한 권리관계로 보자는 것이 시효 제도라 한다.
9) 권리자가 장기간 권리를 행사하지 않다가 돌연 권리를 행사하면 의무자에게 불의의 타격을 준다. 권리를 가진 자도 신의성실의 원칙에 따라 권리의 행사가 불의의 타격이 되지 않도록 적시에 권리를 행사할 의무가 있다. 따라서 적시에 권리를 행사하지 않은 권리자에 대한 제재로서 권리를 소멸시킬 수 있다고 한다.
   로마법의 경우 소멸시효 제도의 취지는 권리행사의 태만에 대한 제재가 아니라 현재의 사실상태가 현재의 법률관계에 대한 증거역할을 한다는 데 있었다고 한다. 김영희, 소멸시효에 관한 역사적 고찰-Savigny의 견해를 중심으로-, 법사학연구 제31호, 한국법사학회(2005), 358-360쪽.
10) 곽윤직·김재형, 민법총칙〔민법강의Ⅰ〕제9판, 박영사(2013), 416-417쪽; 김상용, 민법총칙 [제3판], 화산미디어(2014), 704쪽; 백태승, 민법총칙 [제6판], 집현재(2014), 535-536쪽.
11) 곽윤직·김재형, 앞의 책, 417쪽에서는 첫째 이유의 경우 소멸시효에 대한 주된 근거는 아니고 취득시효에 대한 주된 근거라고 설명하고, 백태승, 앞의 책, 536쪽에서는 첫째 이유는 주로 취득시효의 존재이유이고 둘째, 셋째 이유가 주로 소멸시효의 존재이유라고 설명한다.

명하는 학자도 많다. ① 소멸시효는 연혁적으로 본래 변제자를 보호하기
위한 제도였으므로,[12] 원칙적으로는 특히 어떤 형태의 이익을 보호해야
할 요청이 있는 경우나 특히 단기로 일을 처리해야 할 요청이 있는 경우
를 제외하고는 변제자가 이중변제를 하지 않도록 하기 위한 제도라는 견
해,[13] ② 증명곤란의 구제라는 근거와 권리자가 더는 권리를 행사하지
않을 것으로 믿은 의무자의 신뢰보호를 소멸시효 제도의 존재이유로 제
시하는 견해,[14] ③ 소멸시효 제도는 법질서의 또 다른 요구인 법적 안정
성이란 공익을 위한 것이라는 견해,[15] ④ 소멸시효 제도의 가장 강력한 존
재근거는 법적 안정성, 달리 표현하자면 유동적인 법률상태의 매듭짓기라는
견해,[16] ⑤ 소멸시효 제도는 의무자의 증명곤란을 구제하고, 의무자의 신뢰
를 보호하며, 장기간 불안정한 상태에 놓인 의무자를 보호하는 등 직접적으
로는 의무자의 법적 안정을 도모하기 위한 것인 동시에 사회의 거래 안전
및 촉진에도 기여하고, 나아가 법적 평화를 확보하고 법원 등 분쟁해결기관

---

12) 소멸시효 제도의 연혁에 관하여 상세히 논한 문헌으로는 김영희, 앞의 글 참조.
13) 고상룡, 민법총칙 [제3판], 법문사(2003), 658-661쪽. 이 견해에서는 소멸시효 제
   도를 가급적 제한적으로 운용하는 방식으로 소멸시효에 관한 규정을 해석하여야
   한다고 본다.
14) 민법주해, 390-391쪽. 이 견해에서는, 일반적 견해에 대하여는 소멸시효 제도가
   직접 사회질서에 이바지한다고 보기에는 어려운 점이 많으며, 권리자가 권리를 상
   당한 기간 행사하지 않았다는 것이 의무자가 의무를 면하는 충분한 이유가 되기에
   는 부족하다고 비판하고, 소멸시효 제도가 원칙적으로 이미 변제한 채무자만을 보
   호하기 위한 제도라고 보는 견해에 대하여는 소멸시효 제도를 너무 일면적으로 본
   다고 비판한다.
15) 이영준, 민법총칙 개정증보판, 박영사(2007), 782-784쪽.
16) 권영준, 앞의 글, 10-12쪽. 이 견해에서는, 증명곤란을 구제한다는 논거의 경우
   일면 타당성을 가지지만, 증거가 충분히 확보되어 현존하더라도 여전히 소멸시효
   가 적용된다는 점에서 소멸시효 제도를 지지하는 독자적 논거가 될 수는 없고, 권
   리행사의 태만에 대한 제재라는 논거의 경우 권리자에게 권리행사의 법적 의무가
   부과된 것이 아니라면 왜 권리불행사가 권리의 박탈이라는 결과를 가져오는지 설
   명하기 어렵다고 지적한다. 소멸시효 제도는 사회적 관점에서 보자면, 불안정한
   법률상태 또는 분쟁을 일정한 시기 내에 매듭을 지어 주지 않으면 그와 관련된
   사람들의 활동의 자유가 침해됨으로써 거래의 촉진이 저해되고, 분쟁이 오래될수
   록 사법의 효율성이 떨어지는 점을 고려하여 권리자로 하여금 조속하게 법질서에
   호소하거나 이에 준하는 조치를 취하게 할 인센티브를 제공하여 불안정한 법률상
   태를 매듭짓게 하는 제도라고 설명한다.

의 부담을 덜어 주는 기능을 한다는 견해[17] 등이 제시되고 있다.

다. 판례의 태도

판례는 '시효 제도는 일정 기간 계속된 사회질서를 유지하고, 시간의 경과로 인하여 곤란해지는 증거보전으로부터의 구제를 꾀하며, 자기 권리를 행사하지 않고 소위 권리 위에 잠자는 자는 법적 보호에서 이를 제외하기 위하여 규정된 제도'라 판시하여 일반적인 견해와 같은 입장을 밝히고 있다.[18] 판례는 일반적인 견해가 제시하는 세 가지 근거 중에서도 특히 권리 위에 잠자는 자를 보호하지 않는다는 데 소멸시효 제도의 존재이유가 있다고 판시하고 있다.[19] 한편, 최근에는 일반적인 견해와는 표현을 달리하여 '소멸시효는 시간의 흐름에 좇아 성질상 당연히 더욱 커져가는 법률관계의 불명확성에 대처하려는 목적으로 역사적 경험에 의하여 갈고 닦여져서 신중하게 마련된 제도로서 법적 안정성이 무겁게 고려되어야 하는 영역이다'라거나 소멸시효 제도는 '법률관계에는 불명확한 부분이 필연적으로 내재하는바 그 법률관계의 주장에 일정한 시간적 한계를 설정함으로써 그에 관한 당사자 사이의 다툼을 종식시키려는 것을 취지로' 한다고 판시하여 소멸시효 제도가 법적 안정성을 위한 제도임을 강조한 판례도 있다.[20]

라. 검   토

(1) 의무자 보호 및 법적 안정성

소멸시효 제도는 로마법 이래로 모든 입법례가 인정하고 있는 제도로서, 법에 있어서 필수적인 제도로 자리매김하고 있다. 이러한 소멸시효

---

17) 노재호, 소멸시효의 원용—원용권자의 범위와 원용권자 상호간의 관계를 중심으로—, 사법논집 제52집, 법원도서관(2011), 239—242쪽.

18) 대법원 2013. 5. 16. 선고 2012다202819 전원합의체 판결[공2013하, 1077]; 대법원 2010. 1. 28. 선고 2009다73011 판결; 대법원 1999. 3. 18. 선고 98다32175 전원합의체 판결[공1995. 5. 1.(81), 718]; 대법원 1976. 11. 6. 선고 76다148 전원합의체 판결[공1976. 12. 15.(550), 9492].

19) 대법원 2011. 7. 14. 선고 2011다19737 판결[공2011하, 1615]; 대법원 1995. 6. 30. 선고 94다13435 판결[공1995.8.1.(997), 2538].

20) 대법원 2010. 9. 9. 선고 2008다15865 판결[공2010하, 1876]; 대법원 2010. 5. 27. 선고 2009다44327 판결[공2010하, 1233]. 모두 양창수 대법관이 주심을 맡은 판결이다.

제도의 근거 내지 존재이유는 크게 두 가지 측면에서 생각해 볼 수 있다. 먼저 의무자 보호 측면이다. 의무자는 의무를 이행하였거나 의무를 면제받은 경우에도 이를 증명하지 못하면 이중변제라는 피해를 보게 된다. 소멸시효 제도가 없으면 의무자로서는 의무를 이행하고도 불안정한 상태에 놓일 가능성이 크고, 이러한 불안정은 의무자가 다수의 법률관계를 형성하는 사람일수록, 법률관계를 형성한 후 시간이 지날수록 더 커진다.[21] 그러나 의무자 보호 측면만으로는 소멸시효 제도가 의무를 이행하지 아니한 의무자에 대해서도 의무를 면하게 하는 이유를 설명하기 곤란한 면이 있다. 권리자가 장기간 권리를 행사하지 않음으로써 생긴 의무자의 신뢰를 보호하여야 한다고 설명되나,[22] 다른 한편 의무자로서는 권리자의 권리불행사를 신뢰하지 않고 의무이행을 통하여 스스로 불안상태를 벗어날 수 있는 것이므로,[23] 의무자의 신뢰 내지 기대가 어찌하여 권리자의 권리보다 더 강하게 보호받아야 하는지에 관하여는 별도의 설명이 필요하다고 본다.

소멸시효 제도의 가장 큰 존재이유는 법적 안정성, 달리 말하여 사회 전체의 이익을 위하여 법적 불안정 상태를 적절한 시점에 종결시키는데 있다고 할 것이다.[24] 학설에서 설명하고 있는 여러 사정들은, 법적 불안정 상태, 즉 미해결 분쟁을 적절한 시점에 종결시켜야 하는 이유에 해

---

21) 권영준, 앞의 글, 11쪽에서는 소멸시효 제도가 없다면 기업의 입장에서는 수십년, 심지어는 수백 년 전의 기업활동에 대한 책임이 추궁될 것까지 염두에 두어야 할 것이라고 지적하고 있다.
22) 독일 민법의 기초자들이나 유럽계약법원칙(PECL)의 경우 소멸시효 제도의 존재이유를 '시간의 경과는 자신의 권리에 대한 채권자의 무관심을 보여 주고 이에 상응하여 청구가 제기되지 않을 것이라는 합리적인 기대를 채무자에게 일으킨다'는 측면에서도 설명하고 있다. 양창수, 유럽계약법원칙의 소멸시효규정—우리 민법에의 시사를 덧붙여—, 민법연구 제8권, 박영사(2005), 136-137쪽; 최수정, 소멸시효법의 개정동향, 세계화 시대의 법·법률가, 한국법학교수회(2002), 440쪽.
23) 권영준, 앞의 글, 11쪽.
24) 사비니는 소멸시효 제도의 '가장 일반적이고 또한 가장 결정적인 근거'로 '그 자체 불명확한 그리하여 분쟁과 의문을 일으키기 쉬운 법률관계 및 재산관계를, 그 불명확성을 일정한 시간적 한계 속에 거두어 넣음으로써 확정하려고 하는 것'이라 설명하였다고 한다. 양창수, 사비니의 소멸시효론, 민법산책, 박영사(2007), 61쪽.

당한다. 분쟁을 오래 방치하면 그 법률관계와 관련된 당사자, 제3자 모두 법적으로 불안한 상태에 놓이게 되어 자유로운 법률관계의 형성에 지장을 초래한다. 사회가 재판이나 대체적 분쟁해결수단을 통해 분쟁의 해결에 투입할 수 있는 시간과 자원은 유한한데, 오래된 분쟁일수록 투입하여야 하는 시간과 자원은 급증하고, 오판의 위험도 커진다. 적절한 시점에 분쟁을 종식시킴으로써 이러한 문제를 해결할 수 있다. 이처럼 소멸시효 제도가 사회 전체의 이익을 위하는 측면이 있기 때문에, 민법 제184조에서도 소멸시효의 이익을 미리 포기하지 못하도록 하고, 법률행위에 의하여 소멸시효를 배제, 연장 또는 가중할 수 없도록 한 것이다. 최근 각국의 입법례를 보면, 소멸시효 제도가 과거에 비하여 오히려 현대에 와서 더 적극적으로 활용되고 있는 모습도 일부 발견되는데,[25] 이는 소멸시효 제도가 사회 전체의 이익을 위한다는 점에 주목한 결과라 할 수 있다.

(2) 법적 안정을 위한 다른 제도와의 차이

법에 있어서 분쟁상태를 적시에 종결시킴으로써 법적 안정을 도모하기 위한 제도는 예외적인 것이 아니고, 소멸시효 제도 이외에도 다수 존재한다. 절차법상 제소기간, 상소기간, 재심 등에 관한 각종 제도는 일정 시점이 지나면 당시의 상태가 정당한 권리관계에 들어맞는지 묻지 아니하고 일률적으로 분쟁을 종결시킨다. 제척기간과 같이 권리관계의 조속한 확정을 위한 제도도 존재한다.[26]

---

25) 대표적인 예로는 소멸시효기간을 종래보다 단축하는 경향을 들 수 있다. 독일 민법 제195조에서는 구법에서 30년이었던 일반소멸시효기간을 3년으로 단축하였고, 프랑스 민법 제2224조도 구법에서 30년이었던 일반소멸시효기간을 5년으로 단축하였으며, 캐나다 퀘벡의 경우도 종래 원칙적으로 30년이었던 소멸시효기간을 10년으로 단축하면서 10년이 적용되는 영역을 대폭 줄이고 3년의 단기소멸시효기간이 적용되는 영역을 넓혔다. 유럽계약법원칙(PECL) 제14:201조, 유럽민사법의 공통기준안 (DCFR) 제7:201조, 사법통일국제협회(UNIDROIT)의 국제상사계약원칙(PICC) 제10.2 조에서는 각각 일반소멸시효기간을 3년으로 규정하고 있다. 소멸시효에 관한 각국의 입법동향에 관한 상세한 논의는 이충은, 소멸효제도의 개선방안에 관한 입법론적 연구, 박사학위논문(2011), 47-115쪽 참조. 우리나라의 경우도 법무부 민법개정 시안 제162조에서 채권의 일반시효기간을 채권자가 권리를 행사할 수 있다는 사실과 채무자를 안 때부터 5년(채권자가 권리를 행사할 수 있는 때부터 10년을 상한으로 정하고 있다)으로 정함으로써 종전보다 소멸시효기간을 단축하고 있다.

소멸시효 제도는 다른 제도들에서 찾기 어려운 중단, 정지제도를 가지고 있고, 의무자는 시효이익을 자유롭게 포기할 수 있다. 즉, 정당한 권리자에게 가혹한 결과가 초래되지 않도록 할 수 있는 여지나 의무자의 의사가 개입될 수 있는 여지가 다른 제도보다 넓다. 이는 소멸시효 제도가 의무자 보호도 목적으로 하고 있는 점, 소멸시효 제도는 제한적인 법률관계에 한정하여 적용되는 것이 아니라 사법상의 일반적인 법률관계에 널리 적용되는 제도로서 이를 일률적으로 적용할 경우 구체적 사안에 있어서 정당한 권리자에게 지나치게 가혹한 결과를 초래할 가능성도 있는 점 등을 고려한 결과로 보인다.

(3) 소멸시효 제도의 운용에 대한 시사점

소멸시효 제도는 원칙적으로 법적 안정성을 위한 제도이므로, 제도의 운용 및 소멸시효 규정의 해석에 있어서 일단 이 점을 가장 중시하여야 할 것이다. 그러나 그와 동시에 소멸시효 제도는 의무자 보호라는 존재이유를 가지고 있는 점, 소멸시효를 적용하는 과정에서 정당한 권리자에게 가혹한 희생이 발생하지 아니하도록 배려할 필요가 있는 점도 소멸시효 제도의 운용에 있어서 고려되어야 한다.

Ⅲ. 消滅時效 完成의 效果

1. 문제의 소재

소멸시효이익의 원용과 포기에 관하여 규명하자면 그 전제로 소멸시효완성의 효과를 어떻게 볼 것인지 살펴볼 필요가 있다. 민법 제162조부

---

26) 소멸시효 제도도 제척기간과 마찬가지로 권리관계의 조속한 확정이란 취지를 가진다는 견해로는 박영규, 사법상의 권리행사기간, 민사법학 제18호(2000), 295쪽.
  판례와 학설은 대체로 제척기간의 취지를 위와 같이 보는데, 제척기간의 취지를 청구권에 관한 제척기간과 형성권에 관한 제척기간으로 나누어 고찰하면서, 소멸시효와 제척기간은 종국적으로 사회질서의 안정(법적 안정성, 법적 평화)을 기하기 위한 제도라는 점에서 유사하지만, 증명곤란의 구제나 권리행사의 해태에 대한 제재의 관점에서는 차이를 보이는 경우(형성권에 관한 제척기간)가 있다고 보는 견해로는 김진우, 소멸시효와 제척기간, 재산법연구 제25권 제3호, 숭실대학교법학연구소(2009), 174−175쪽.

터 제165조까지는 "소멸시효가 완성한다."라고만 규정하고 있을 뿐, 소멸
시효가 완성한 경우의 구체적인 효과가 무엇인지 설명하고 있지 않다.
이에 따라 민법 제정 이후부터 현재까지 소멸시효완성의 효과를 두고 격
론이 펼쳐지고 있다. 학설상 대립은 절대적 소멸설과 상대적 소멸설 사
이에서 이루어지고 있으므로, 두 설에 관하여 살펴본다.[27]

2. 절대적 소멸설

절대적 소멸설은 소멸시효의 완성으로 당연히 권리가 소멸한다고 보
는 입장이다.[28] 논거는 다음과 같다. 첫째, 입법자의 의사이다. 의용민법
제145조에서 "시효는 당사자가 이를 원용하지 않으면 법원이 이에 의하
여 재판할 수 없다."고 규정하고 있었는데, 민법을 제정하면서 이를 삭제
하였고 시효이익의 원용에 관한 규정을 두지 않았다. 둘째, 민법 제369
조,[29] 민법 제766조 제1항,[30] 민법 부칙(1958. 2. 22.) 제8조 제1항[31] 등
에서 '시효로 소멸한다'는 표현을 사용하고 있다.[32] 셋째, 상대적 소멸설

---

27) 소멸시효가 완성되더라도 실체법상 권리가 소멸하지는 않음을 전제로 소멸시효
의 완성은 일종의 증거방법이라는 견해(법정증거설), 이행요구를 거절할 수 있는
의무자의 실체법상 항변권이라는 견해(항변권설), 소멸시효가 완성하면 자연채무가
되어 소송상 이행을 구할 수 없는 상태로 될 뿐이라는 견해(자연채무설)도 있으
나, 근래에는 이러한 견해를 주장하는 학자가 없다. 위 각 견해에 관한 상세는 민
법주해, 477쪽 이하 참조.
28) 곽윤직·김재형, 앞의 책, 448쪽; 권영준, 앞의 글, 31쪽; 양창수, 소멸시효완성의
효과, 고시계, 고시계사(1994), 149-152쪽; 이영준, 앞의 책, 834-835쪽; 이은영,
민법총칙 제5판, 박영사(2009), 778쪽; 이충훈, 소멸시효완성의 효과에 관한 소고,
인천법학논총 제6집, 인천대학교 법과대학법학연구소(2003), 128-131쪽.
  민법이 제정되었을 당시에는 절대적 소멸설이 다수견해였다. 현재는 어느 한
설이 다수설이라 단정하기 어렵다.
29) 저당권으로 담보한 채권이 시효의 완성 기타 사유로 인하여 소멸한 때에는 저당
권도 소멸한다.
30) 불법행위로 인한 손해배상의 청구권은 피해자나 그 법정대리인이 그 손해 및 가
해자를 안 날로부터 3년간 이를 행사하지 아니하면 시효로 인하여 소멸한다.
31) "시효에 관한 경과규정"이란 제목 아래 "본법 시행 당시에 구법의 규정에 의한
시효기간을 경과한 권리는 본법의 규정에 의하여 취득 또는 소멸한 것으로 본다."
고 규정하고 있다.
32) 소멸시효에 대응하는 취득시효에 관한 민법 제245조, 제246조에서 '소유권을 취득
한다'고 표현하고 있는 점, 조세채권의 소멸시효에 관하여 지방세법 제30조의5 제1

에 따르면 시효이익을 주장할 수 있는 사람, 즉 원용권자의 범위를 정하
여야 한다는 어려운 문제를 남기게 된다.[33] 넷째, 상대적 효력설에 따를
경우 원용권자에 따라 다른 효과를 야기하게 되어 부당한 결론에 이를
수 있다.[34] 다섯째, 상대적 소멸설에서는 원용권자의 원용을 실체법상 형
성권의 행사로 파악하는데, 법률의 근거 없이 형성권을 인정할 수 없다.[35]

3. 상대적 소멸설

상대적 소멸설은 소멸시효기간이 경과하더라도 당연히 권리가 소멸
하는 것은 아니고, 소멸시효의 이익을 받을 의무자에게 권리의 소멸을
주장할 수 있는 원용권이 생길 뿐이며, 이 원용권의 행사로 비로소 권리
가 소멸한다고 보는 입장이다.[36] 주된 논거는 다음과 같다. 첫째, 당사자

항에서 '시효로 인하여 소멸한다'고 표현하고 있는 점 등을 논거로 제시하기도 한다.
33) 절대적 소멸설의 입장에서는 소멸시효가 완성된 권리는 누구의 원용을 기다릴
것 없이 당연히 소멸하므로 누구나 필요하면 그 소멸을 주장할 수 있고, 별도로
누가 시효원용권자에 해당하는지를 가릴 필요가 없다고 한다. 양창수, 각주 28)의
글, 150쪽. 이와 반대로 절대적 소멸설과 같이 소멸시효완성에 의하여 권리가 당
연히 소멸하는 것으로 해석한다고 해서 그 논리적 귀결로서 누구라도 소멸시효를
주장할 수 있다고 하여야 하는가에 대하여는 의문의 여지가 있다는 견해로는 김병
선, 시효원용권자의 범위, 민사법학 제38호, 한국사법행정학회(2007), 254쪽.
34) 채권자가 채무자와의 관계에서 소멸할 여지가 있는 채권을 가지고 제3채무자에
대하여는 채권자 대위권을 행사할 수 있어서 부당하고, 지상권에 대하여 소멸시효
가 완성된 경우 저당권자는 시효완성을 원용하고 소유자는 시효완성을 원용하지
아니하면 상대적 물권관계가 발생하게 되어 부당하다고 한다. 양창수, 각주 28)의
글, 150-151쪽; 이충훈, 앞의 글, 130-131쪽.
   지상권 사례와 관련하여서는, 상대적 소멸설의 입장에서 일본 민법과 달리 형
식주의를 취한 우리 민법상 형성권 행사로 인한 물권변동은 민법 제186조에서 규
정한 법률행위에 의한 물권변동으로서 이에 따른 등기를 요건으로 하기 때문에 상
대적 물권관계로 분리될 여지가 없다는 견해[장석조, 소멸시효 항변의 소송상 취
급, 법조 통권 제508호, 법조협회(1999), 44쪽], 저당권자는 애초에 원용권자에 해
당하지 아니한다는 견해(노재호, 앞의 글, 257쪽)가 있다.
35) 이충훈, 앞의 글, 131쪽.
36) 김문희, 소멸시효완성의 효과를 원용할 수 있는 자의 범위-대법원 2007. 11. 29.
선고 2007다54859 판결-, 판례연구 제20집, 부산판례연구회(2009), 686-687쪽; 김병
선, 앞의 글, 254-257쪽; 김상용, 앞의 책, 722쪽; 노재호, 앞의 글, 254-258쪽; 박운
삼, 사해행위의 수익자와 취소채권자의 채권의 소멸시효의 원용-대법원 2007. 11.
29. 선고 2007다54849 판결-, 판례연구 제21집, 부산판례연구회(2010), 260-261쪽;

의 의사를 존중할 필요가 있다. 절대적 소멸설에 따르면 법원은 당사자의 원용이 없어도 권리가 소멸한 것으로 보고 재판하여야 하는데, 이는 당사자가 소멸시효의 이익을 받지 않고 정당한 권리관계를 그대로 실현하기를 원하는 경우에 그 의사를 존중하지 않는 것이 되어 부당하다.[37] 둘째, 절대적 소멸설에 의하면 소멸시효가 완성된 후 채무자가 그 사실을 알지 못하고 변제하면 비채변제가 되므로 그 반환을 청구할 수 있게 되어 부당하다.[38] 셋째, 절대적 소멸설에 따르면 시효이익 포기의 법률적 성질을 설명하기 어렵다. 넷째, 연혁적으로 보더라도 소멸시효기간의 만료만으로 당연히 실체적 권리 자체가 소멸한다고 하는 법제는 거의 없고, 최근의 국제적 추세에도 당사자의 의사를 존중하는 상대적 소멸설의 태도가 부합한다.

4. 판례의 태도

종래에는 판례에 대하여 절대적 소멸설의 입장에 서 있다는 평가가 많았으나,[39] 최근에는 절대적 소멸설로 볼 수 있는 판례와 상대적 소멸

백태승, 앞의 책, 561–562쪽; 윤진수, 소멸시효론, 한국 민법학의 재정립-청헌 김증한 교수의 생애와 학문세계, 경인문화사(2016), 169–193쪽; 장석조, 앞의 글, 43쪽.

한편, 고상룡, 앞의 책, 707쪽에서는 소멸시효 제도는 가능한 제한하여 해석하여야 하므로 원칙적으로 상대적 소멸설이 타당하다고 하면서도, 예외적으로 거래의 안전 등을 이유로 법률관계를 단기적으로 처리해야 하는 단기소멸시효의 경우에는 절대적 소멸설로 설명하여야 한다고 한다. 학자에 따라서는 이 견해를 절충설 또는 이원설로 분류하기도 한다.

37) 이와 관련하여 개인의 재산권을 제한하는 소멸시효 제도는 헌법 제37조 제2항에 따른 기본권 제한의 원칙을 준수하여야 하므로, 소멸시효완성의 효과는 제한적으로 해석될 필요가 있고, 이런 측면을 고려하더라도 권리의 소멸이라는 효과의 부여를 의무자의 의사결정에 따르는 상대적인 것으로 구성함이 바람직하다고도 설명한다. 장석조, 앞의 글, 43–44쪽.

다만, 절대적 효력설의 입장에서도 변론주의를 근거로 법원이 당사자의 주장 없이 권리가 시효로 소멸하였다고 판단할 수 없다고 하여, 상대적 소멸설과 사실상 같은 결론을 내리고 있다.

38) 절대적 효력설에서도 이 경우는 민법 제744조에서 규정한 변제가 도의관념에 적합한 때에 해당하여 반환을 구할 수 없다고 하여, 상대적 소멸설과 사실상 같은 결론을 내리고 있다.

39) 곽윤직·김재형, 앞의 책, 447쪽; 고상룡, 앞의 책, 702쪽; 김상용, 앞의 책, 741쪽; 백태승, 앞의 책, 560쪽; 이영준, 앞의 책, 834쪽; 이은영, 앞의 책, 777쪽; 이충훈, 앞의 글, 126–127쪽.

설로 볼 수 있는 판례가 공존하고 있다는 평가가 다수 있고,[40] 1990년대 후반 이후로는 상대적 소멸설을 따른 판례가 주류라는 평가도 있다.[41]

가. 판례의 법리

판례가 제시한 법리는 다음과 같이 정리할 수 있다.

① '소멸시효가 완성되면 당사자의 원용 여부에 관계없이 그 채권채무는 당연 소멸되는 것'이라거나 '당사자의 원용이 없어도 시효완성의 사실로서 채무는 당연히 소멸되는 것'이라 판시하고 있다.[42] ② 변론주의의 원칙상 당사자가 시효이익을 받겠다는 뜻으로 이를 원용하지 않는 이상 그 의사에 반하여 재판을 할 수 없다고 한다.[43] ③ '소멸시효를 원용할 수 있는 사람은 권리의 소멸에 의하여 직접 이익을 받는 자에 한정된다'고 하는 등 원용권자를 일정한 범위로 제한하고 있다.[44] ④ 채무자에 대한 일반채권자는 자기의 채권을 보전하기 위하여 필요한 한도 내에서 채

40) 김문희, 앞의 글, 696-697쪽; 김정만, 앞의 글, 50-53쪽; 윤진수, 각주 36)의 글, 163-169쪽, 193-196쪽; 장석조, 앞의 글, 38-43쪽.
41) 양창수, 채무자의 시효이익 포기는 그 후의 저당부동산 제3취득자에 대하여도 효력 미치는가, 법률신문 제4338호(2015. 7. 27.), 11쪽.
42) 대법원 1979. 2. 13. 선고 78다2157 판결[공1979. 6. 15.(610), 11847]; 대법원 1978. 10. 10. 선고 78다910 판결[공1979. 2. 15.(602), 11551]; 대법원 1966. 1. 31. 선고 65다2445 판결[집14(1)민, 056]; 대법원 1964. 9. 15. 선고 64다488 판결 등 다수. 민법상 소멸시효가 완성되면 당사자의 원용이 없어도 시효완성의 사실로서 채무는 당연히 소멸된다는 것이 대법원 판례임을 전제로 국가의 조세부과권도 소멸시효가 완성되면 당연히 소멸하고, 소멸시효완성 후에 한 조세부과처분은 납세의무 없는 자에 대하여 부과처분을 한 것으로서 하자가 중대, 명백하여 당연무효라고 판시한 대법원 1985. 5. 14. 선고 83누655 판결[공1985. 7. 1.(755), 846], 주채무에 대한 소멸시효가 완성된 경우 시효완성의 사실로써 주채무가 당연히 소멸됨을 전제로 보증채무도 부종성에 따라 당연히 소멸한다고 판시한 대법원 2012. 7. 12. 선고 2010다51192 판결[공2012하, 1406]도 같은 취지를 담고 있다.
43) 대법원 1979. 2. 13. 선고 78다2157 판결[공1979. 6. 15.(610), 11847]; 대법원 1978. 10. 10. 선고 78다910 판결[공1979. 2. 15.(602), 11551] 등 다수.
44) 대법원 2012. 7. 12. 선고 2010다51192 판결[공2012하, 1406]; 대법원 2007. 11. 29. 선고 2007다54849 판결[공2007하, 2036]; 대법원 2007. 1. 11. 선고 2006다33364 판결; 대법원 2004. 1. 16. 선고 2003다30890 판결[공2004. 2. 15.(196), 348]; 대법원 1995. 7. 11. 선고 95다12446 판결[공1995. 8. 15.(998), 2761]; 대법원 1992. 11. 10. 선고 92다35899 판결[공1993. 1. 1.(935), 90]; 대법원 1991. 7. 26. 선고 91다5631 판결[공1991. 9. 15.(904), 2244]; 대법원 1979. 6. 26. 선고 79다407 판결[공1979. 9. 1.(615), 21038] 등 다수.

무자를 대위하여 소멸시효 주장을 할 수 있다고 본다.[45] ⑤ 소멸시효 주장이 권리남용이 될 수 있다고 한다.[46]

나. 판례의 태도에 관한 평가

판례는 기본적으로 절대적 소멸설의 입장을 밝히고 있으면서 소멸시효 제도를 합리적으로 운용할 필요성이 있는 구체적인 지점에서는 상대적 소멸설의 논리를 수용하고 있다.

판례는 변론주의의 원칙상 당사자가 시효이익을 받겠다는 뜻으로 이를 원용하지 않는 이상 그 의사에 반하여 재판을 할 수 없다고 하고 있다. 이는 사실 변론주의 원칙으로 설명하기 곤란한 면이 있으나,[47] 절대적 소멸설에서도 판례와 마찬가지로 설명하고 있으므로, 판례의 이 부분 법리는 절대적 소멸설과 입장이 다르지 않다.

---

45) 대법원 2012. 5. 10. 선고 2011다109500 판결[공2012상, 995]; 대법원 1997. 12. 26. 선고 97다22676 판결[공1998. 2. 1.(51), 403] 등 다수.

46) 대법원 2013. 12. 26. 선고 2011다90194, 90200 판결[공2014상, 299]; 대법원 2003. 3. 28. 선고 2002두11028 판결[공2003. 5. 15.(178), 1090]; 대법원 1997. 12. 12. 선고 95다29895 판결[공1998. 1. 15.(50), 237] 등 다수.

47) 이에 관한 상세는 윤진수, 각주 36)의 글, 173-179쪽 참조. 이 글에서는 원용이 필요한 근거를 변론주의에서 찾으려는 것은 우리나라의 절대적 소멸설에 상응하는 일본의 확정효과설에서 유래하는 것이라 한다.

　　　시효소멸 주장의 주요사실은 특정시점에 당해 권리를 행사할 수 있었던 사실 (시효의 기산일), 그때로부터 소멸시효기간이 도과한 사실(시효기간의 경과) 두 가지이고, 대립당사자 사이에 적용되는 주장공통의 원칙상 채무자가 시효이익을 받겠다는 뜻을 표하지 않더라도 채권자의 주장 과정에서 시효소멸에 관한 주요사실이 드러나면 법원은 권리가 소멸하였다고 판단할 수 있게 된다. 따라서 변론주의가 절대적 소멸설의 위와 같은 결론의 근거가 될 수는 없다.

　　　다만, 변론주의에 근거하여 원용이 필요하다고 보는 견해는, 소멸시효의 항변을 권리항변(법원이 어떤 권리의 존재를 참작함에 있어서 이를 뒷받침하는 객관적 사실뿐만 아니라 권리를 행사하겠다는 당사자의 의사표시도 필요로 하는 것을 말하고, 동시이행항변권, 유치권 등 실체법상의 항변권이 주로 이에 해당한다)의 일종으로 파악하는 것이라 볼 여지가 있다[김정만, 앞의 글, 51-52쪽; 사법연수원, 요건사실론(2015), 62쪽의 경우도 판례의 입장을 이와 같이 이해하고 있다]. 그러나 절대적 소멸설에 따르자면 시효완성으로 권리는 당연히 소멸하는 것이고 당사자에게 별도의 실체법상 항변권이 발생하는 것이 아니다. 일반적인 권리소멸의 주장과 달리 소멸시효의 경우에만 유독 그 주장을 권리항변의 개념으로 파악하는 것은 어색하다. 이는 오히려 구체적 타당성을 위하여 절대적 소멸설의 논리를 포기하고 상대적 소멸설의 '원용권' 개념을 권리항변이란 형태로 차용하는 것일 뿐이다.

판례가 누구나 소멸시효완성으로 권리가 소멸하였다고 주장할 수는 없다고 하면서 권리의 소멸에 의하여 직접 이익을 받는 사람만 시효완성을 주장할 수 있다고 보는 것은 상대적 소멸설의 논리를 받아들인 대표적인 법리이다. 같은 맥락에서 일반채권자는 채무자의 다른 채권자에 대한 채무의 소멸시효가 완성되었다는 주장을 바로 할 수 없고,[48] 대위행사를 할 수 있을 뿐이란 것도 상대적 소멸설의 입장에 가깝다. 소멸시효완성의 주장이 '권리남용'에 해당할 수 있다고 하는 것도 상대적 소멸설에 따를 때 쉽게 설명할 수 있는 부분이다.[49]

5. 검 토

절대적 소멸설과 상대적 소멸설 사이에는 실제 소멸시효 제도 운용에 있어서 별다른 차이가 없다고 평가되고 있다.[50] 이러한 점을 들어 입법자의 의사에 부합하는 절대적 소멸설을 택하는 것이 바람직하다고 보기도 한다.

그러나 소멸시효 제도의 취지에 따라 소멸시효 제도를 운용하는 데 적합한 견해는 상대적 소멸설이다. 법적 안정성만 강조한다면 절대적 소멸설도 일리가 있다. 시효가 완성되기만 하면 권리가 바로 소멸하고, 일거에 법률관계는 한 방향으로 정리된다. 하지만 소멸시효 제도는 의무자보호라는 존재이유도 가지고 있으므로 의무자의 의사가 개입되도록 할 필요가 있는데, 원용권 개념은 이러한 요청을 소멸시효 제도 운용에 쉽사리

---

48) 채권자대위권 행사의 경우 제3채무자가 채무자의 채권자에 대한 항변으로 대항할 수 없는 것이 원칙이므로, 절대적 소멸설에 따르면서 소멸시효 항변을 권리항변으로 취급하면 이 부분 설명이 가능하나, 각주 47)에서 본 바와 같이 권리항변 개념을 사용하는 것은 다소 무리한 접근법이다.

49) 절대적 소멸설에 의하면, 소송상 공격방어방법에 불과한 소멸시효 항변이 신의칙에 위배되는 경우를 권리남용이라 표현하는 것도 어색하고, 절차법상 소멸시효 항변이 권리남용에 해당하면 실체법적으로는 이미 소멸시효완성으로 당연히 소멸한 권리를 행사할 수 있다는 결론이 되어 절차와 실체에 괴리가 발생한다. 노재호, 앞의 글, 254쪽.

50) 재판에 있어서 당사자의 소멸시효이익을 받겠다는 의사표시가 있어야 권리가 소멸하였다는 판단을 할 수 있고, 소멸시효가 완성한 채무를 변제하더라도 반환을 구할 수 없다.

반영할 수 있도록 하여 준다. 신의칙과 권리남용을 통하여 구체적 사안에서 권리자에게 가혹한 결과를 방지하는 면에서도 원용권 개념을 전제함이 자연스럽다. 절대적 소멸설에서도 시효완성만으로 실체적 권리가 당연히 소멸한다는 논리를 끝까지 밀고 나가지 않고 변론주의를 들어 시효소멸에 당사자의 의사를 개입시키거나 소멸시효가 완성한 채무를 변제하여도 반환을 구할 수 없다는 등의 결론을 취하고 있으며, 판례 역시 절대적 소멸설의 태도를 밝히면서도 구체적 상황에서는 상대적 소멸설에 가까운 논리를 취할 때가 많은데, 이 역시 상대적 소멸설의 타당성을 보여 준다.

결국, 비록 민법 제정 당시 입법자의 의사는 절대적 소멸설을 택하는 데 있다고 볼 수밖에 없지만,[51] 체계적·목적론적 해석의 관점에서 소멸시효 제도의 취지에 부합하는 상대적 소멸설이 타당하다고 하겠다.[52]

Ⅳ. 消滅時效利益의 援用과 抛棄

1. 소멸시효이익의 원용

가. 개념 및 법적 성질

소멸시효이익의 원용이란 소멸시효가 완성한 후 당사자가 이로 인한 이익을 받겠다는 의사표시를 하는 것을 말한다. 상대적 소멸설에서는 소멸시효완성의 효과로서 실체법상의 형성권인 원용권이 발생하고 이를 행사하는 것이 원용이라 본다. 절대적 소멸설의 입장에서는 원용권을 인정하지 아니하므로 '원용'이란 표현은 적합하지 아니하고 '주장'이란 표현이 적합하며, 이는 소송상 공격방어방법의 의미를 가지게 된다.

---

51) 상대적 소멸설의 입장에서, 민법 제정과정을 보면 당초의 '민법전편찬요강'과 국회 본회의 심의과정에서 제안된 '민법안의견서' 및 이에 따른 '현석호 수정안'은 모두 상대적 소멸설의 입장이었음에도, 이에 관한 충분한 논의 없이 절대적 소멸설의 입장에 따른 법사위 안대로 입법이 이루어진 것이어서, 이러한 입법자의 의사에 그렇게 중요한 의미를 부여할 필요가 있는지 의문이라는 견해(노재호, 앞의 글, 256쪽), 입법자가 원용제도를 없애 버린 것은 소멸시효의 원용이 가지는 실체법적 의미를 소홀히 한 채 이를 소송상 공격방어방법으로만 취급해도 충분하다는 잘못된 판단에 기인한 것이란 견해[윤진수, 각주 36)의 글, 193쪽]가 있다.

52) 체계적·목적론적 해석의 관점에서 상대적 소멸설의 타당성을 상세히 논증한 문헌으로 윤진수, 각주 36)의 글, 173-189쪽 참조.

절대적 소멸설의 입장에서는 시효이익을 주장할 수 있는 자에 관한 논의가 별다른 의미를 가지기 어려우나, 상대적 소멸설 및 권리의 소멸에 의하여 직접 이익을 받을 자만 시효이익을 주장할 수 있다고 보는 판례의 입장에서는, 원용권자를 어떠한 기준에서, 어느 범위까지 인정할 것인지가 소멸시효 제도 운용에 있어 매우 중요한 문제가 된다.

나. 원용권자의 기준 및 범위

(1) 일본에서의 논의[53]

일본 민법 제145조가 "시효는 당사자가 이를 원용하지 아니하면 재판소는 이에 의하여 재판하지 못한다."고 규정하고 있어서, 일본에서는 위 조항의 '당사자'를 어떻게 해석할 것인가를 두고 논의가 펼쳐지고 있다. 원용권자에 관한 일본의 논의가 우리나라의 논의에도 영향을 많이 미치고 있으므로, 아래에서 간략히 살펴본다.

(가) 판례의 태도

대심원 판례는 일본 민법 제145조의 '당사자'는 시효에 의하여 직접 이익을 받는 자와 그 승계인, 즉 소멸시효에 의하여 권리의 제약 또는 의무를 면하는 자에 한정되고, 간접적으로 이익을 받는 자는 당사자가 아니라는 판단기준을 제시하였다.[54] 연대보증인[55]과 보증인[56]은 당사자에 해당한다고 보았으나, 물상보증인, 저당부동산의 제3취득자, 사해행위의 수익자,[57] 배당이의를 주장하는 압류채권자,[58] 매매예약에 기한 가등

---

53) 이에 관하여는 김정만, 앞의 글, 59-65쪽; 노재호, 앞의 글, 269-280쪽; 박운삼, 앞의 글, 261-279쪽을 주로 참조하였다.

54) 大審院 1910. 1. 25. 判決(民錄 16輯 22쪽). 이 판결에서는 저당부동산의 제3취득자가 시효를 원용할 수 있을지 문제되었는데, 대심원은 저당부동산의 제3취득자는 간접적인 이익을 받을 자에 불과하다고 보아 '당사자'가 아니라고 판단하였다. 채무자는 시효이익을 받고 싶지 않아서 시효를 원용하지 않거나 시효이익을 포기하여 변제를 명받게 됨에도 불구하고 저당부동산의 제3취득자는 시효를 원용하여 저당권의 행사를 면하게 하는 것은, 채권자로 하여금 주채무자에 대한 채권을 가지고 있음에도 종된 저당권을 잃게 하는 불합리한 결과이고, 이는 법률이 바라는 바가 아니라는 이유를 들었다. 이 판결에서는 방론으로 물상보증인도 당사자가 아니라고 하였다.

55) 大審院 1932. 6. 2. 判決(民集 11卷, 1186쪽).

56) 大審院 1933. 10. 13. 判決(民集 12卷, 2510쪽).

기가 마쳐진 부동산의 소유권을 취득한 제3취득자[59] 등은 당사자가 아니라고 보았다.

최고재판소 판례는 일본 민법 제145조의 취지는 시효를 원용할 수 있는 자를 권리의 소멸에 의하여 직접 이익을 받는 자에 한정한 것으로 해석된다고 하면서, 대심원 판례에서 직접 이익을 받는 자로 보지 않았던 타인의 채무를 위하여 자기의 부동산을 이른바 약한 양도담보로 제공한 물상보증인,[60] 저당부동산의 제3취득자,[61] 소유권이전예약 형식의 가등기담보권이 설정된 부동산을 양도받은 제3취득자,[62] 매매예약에 기한 가등기가 있는 부동산의 저당권자,[63] 매매예약에 기한 가등기가 있는 부동산의 제3취득자,[64] 사해행위의 수익자[65] 등도 권리의 소멸에 의하여 직접 이익을 받는 자로서 소멸시효를 원용할 수 있다고 판시하여 원용권자의 범위를 확장하였다.

(나) 학설의 태도

학설은 원용권자의 범위를 좁게 해석한 종래 대심원 판례에 대하여 비판적이었다. 종래 통설인 불확정효과설 중 정지조건설[66]의 입장에서 '시효의 원용은 시효에 의하여 생기는 일반적 법률효과(권리의 득실)와 개

---

57) 大審院 1928. 11. 8. 判決(民集 7卷, 980쪽).
58) 大審院 1936. 2. 14. 判決(新聞 3959號, 7쪽)
59) 大審院 1934. 5. 2. 判決(民集 13卷, 670쪽).
60) 最高裁判所 1967. 10. 27. 判決(民集 21卷 8號, 2110쪽); 最高裁判所 1968. 9. 26. 判決(民集 22卷 9號, 2002쪽).
61) 最高裁判所 1973. 12. 14. 判決(民集 27卷 11號, 1586쪽). 이 판결에서는, 저당부동산의 제3취득자는 해당 저당권의 피담보채권이 소멸하면 저당권의 소멸을 주장할 수 있는 관계에 있으므로 피담보채권의 소멸에 의하여 직접 이익을 받는 사람에 해당한다고 해석함이 상당하다는 이유를 제시하였다.
62) 最高裁判所 1985. 11. 26. 判決(民集 39卷 7號, 1701쪽).
63) 最高裁判所 1990. 6. 5. 判決(民集 44卷 4號, 599쪽).
64) 最高裁判所 1992. 3. 19. 判決(民集 46卷 3號, 222쪽).
65) 最高裁判所 1998. 6. 22. 判決(民集 52卷 4號, 1195쪽).
66) 소멸시효가 완성하더라도 곧바로 권리가 소멸하는 것이 아니라 시효원용권자가 원용권을 행사하는 경우에 비로소 이를 정지조건으로 하여 권리소멸의 효과가 확정적으로 발생한다는 견해로서 우리나라의 상대적 소멸설에 대응한다. 윤진수, 각주 36)의 글, 198쪽에서는 민법의 해석론으로서 최초로 상대적 소멸설을 제창한 김증한 교수가 정지조건설의 영향을 받았을 것이라 한다.

인의 의사의 조화를 꾀하는 제도이므로, 시효에 의한 권리의 득실에 의
하여 직접, 간접으로 이익을 받는 관계자 각각에 관하여 원용과 포기의
자유를 인정하고, 시효의 효과를 상대적, 개별적으로 생기게 하는 것이
그 목적에 적합하며, 원용권자에는 시효에 의하여 직접 권리를 취득하거
나 의무를 면하는 자 이외에 그 권리 또는 의무에 기하여 권리를 취득하
거나 의무를 면하는 자도 포함된다'고 하는 견해[67]가 대표적이다.

　　최근에는 최고재판소 판례가 제시하는 직접수익자 기준은 판단기준
으로서 기능하지 않는다고 비판하면서, 직접, 간접이라는 형식적 기준보
다 실질적 기준이 중요하고, 구체적 사안유형에 따라 고찰하여야 한다는
견해가 우세하다. 이러한 견해로는 ① 시효에 의하여 보호될 가능성이
있는 제3자에 관하여는 일률적으로 고찰하여서는 아니 되고, 문제된 제3
자의 유형마다 상세하게 고찰하여 시효에 의하여 보호하는 것이 타당한
자인지 검토하여 원용권자의 범위를 결정하여야 한다는 견해,[68] ② 제1
기준(시효의 원용으로 자기의 의무를 면하는 자일 것), 제2기준(직접 당사자
가 제3자를 위하여 원용하여야 하는 관계에 있을 것), 제3기준(특별한 이유
가 있는 경우)을 제시하면서 직접의 당사자인 채무자가 아니라 제3자인
경우에는 제1기준과 제2기준이 충족되거나 제1기준과 제3기준이 충족된

---

67) 我妻榮, 抵當不動産の第3取得者の時效援用權, 民法研究Ⅱ總則, 有斐閣(1966), 202쪽.
　　이 글에서는, 대심원 판례가 '시효의 직접 이익'이라는 것과 '원용의 직접 이익'을
　　혼동하고 있다고 비판하였다. 당사자를 대심원 판례에 따라 해석한다면 시효에 의
　　하여 소멸하는 권리 자체에 관한 당사자를 의미한다고 해석할 수밖에 없고, 원용
　　의 결과 자기의 의무를 면하는 자는 이에 포함시킬 수 없게 된다. 가령 원용의 결
　　과 자기의 의무를 면한다 하여도 그 면하는 의무가 소멸시효에 의하여 직접 소멸
　　하는 것이 아닌 한 판례의 의미에 따르면 그 자는 간접적으로 이익을 받는 당사
　　자에 지나지 않는다. 주채무의 시효소멸의 결과 그 부종성 때문에 보증채무가 소
　　멸하는 경우에 있어서도 보증인은 간접적으로 이익을 받는 당사자에 불과하다. 그
　　럼에도 대심원 판례가 보증인에게는 원용권을 인정하면서 저당부동산의 제3취득자
　　에게는 이를 인정하지 아니하여 양자를 달리 취급하는 것은 이론상 모순이란 것이
　　다. 이 글이 후일 최고재판소가 대심원 판례를 변경하여 저당부동산의 제3취득자
　　를 원용권자에 해당한다고 판시하는 데 결정적인 영향을 미쳤다고 한다.
68) 星野英一, 時效に關する覺書, 4·完: その存在理由を中心として, 法學協會雜誌
　　90卷 6號, 東京大學法學協會(1973), 65-66쪽.

때에 원용권을 인정할 수 있다는 견해,[69] ③ 일본 민법 제145조의 '당사자'는 소멸시효의 요건을 판단하는 국면에서의 당사자가 아니라 소멸시효의 효과가 발생하는 국면에서의 당사자를 의미한다고 보아,[70] 대심원 판례와 최고재판소 판례가 제시하는 직접수익자는 소멸시효의 효과가 발생하는 국면에서의 당사자를 뜻하는 것으로 재해석할 수 있음을 전제로, 권리의 소멸로 의무를 면하거나 물적 책임 내지 물적 의무 등의 법률적 부담 내지 불이익을 면하는 관계에 있으면서, 시효를 원용하려는 자와 권리자 사이의 법률관계가 다른 사람의 법률관계와 별개 독립적인 경우 원용권을 인정할 수 있다는 견해[71]가 있다.

(2) 우리나라의 논의

(가) 학설의 태도

원용권자의 범위에 관하여는 상대적 소멸설에서 활발히 논의되고 있다.[72] 상대적 소멸설을 취하는 학자들은 종래 원용권자의 범위를 너무 좁게 인정하면 사회의 법률관계를 확정하고자 하는 소멸시효 제도의 취지에 반할 우려가 있다는 점 등을 근거로 하여 소멸시효완성에 따른 권리의 소멸로 직접 의무를 면하는 자 이외에도 그에 따라 자신의 의무나 법적 부담, 불이익을 면하는 제3자도 원용권자에 포함된다고 보았다. 제3

---

69) 松久三四彦, 時效援用權者の範圍, 金融法務事情 1266號(1990. 10. 5.), 金融財政事情硏究所, 11쪽 이하. 이 견해에서는 저당부동산의 제3취득자의 경우, 권리를 이전한 자는 이전을 받은 제3취득자를 위하여 시효를 원용하여야 하는 관계에 있고, 그것은 권리의 이전이 시효완성 전인지 후인지에 관계가 없으므로, 어느 경우나 제3취득자는 원용권자에 해당한다고 본다.

70) 예컨대, 보증인이 주채무의 소멸시효를 원용하는 경우에 있어서, 시효의 요건 측면에서의 당사자는 소멸시효의 대상인 주채무의 당사자인 채권자와 주채무자이지만, 시효의 효과 측면에서는 주채무의 소멸에 따라 그 부종성에 의하여 보증채무도 소멸하게 되므로 그 경우의 당사자는 채권자와 주채무자뿐 아니라 보증인도 포함된다고 한다.

71) 森田宏樹, 時效援用權者の劃定基準について(1), 法曹時報 54卷 6號, 法曹會(2002), 1579쪽 이하; 森田宏樹, 時效援用權者の劃定基準について(2・完), 法曹時報 54卷 7號, 法曹會(2002), 1813쪽 이하.

72) 절대적 소멸설의 입장에서는 이해관계자는 누구나 소멸시효완성을 주장할 수 있으므로, 원용권자의 범위에 관하여 별도로 논의하지 아니함이 일반적이다.

자에는 보증인, 연대보증인, 연대채무자, 물상보증인, 저당부동산의 제3취
득자, 사해행위의 수익자 등이 거론되었다.[73]

　　최근에는 원용권자를 결정하는 기준은 소멸시효를 원용할 수 있음
이 분명한 의무자와 동등하게 취급되어야 할 사람인가 하는 형평의 관
점에서 보아야 함을 전제로, 반드시 소멸시효의 원용권자를 좁게 제한
할 것은 아니며, 원용권자의 범위는 추상적인 기준보다는 개별적인 이
익형량에 의하여 결정되어야 한다는 견해,[74] 원용권자의 범위는 개별적
사안에 대응하여 시효제도의 존재이유를 살펴서 정하여야 한다는 견
해,[75] 원용권자를 결정하는 기준은 소멸시효 제도의 취지에서 찾아야
하고, 그렇다면 직접의무자 외에 소멸시효를 원용할 수 있는 자는 권리
자의 뒤늦은 권리행사에 대하여 법적 불안을 갖고 있으며 직접의무자가
시효이익을 포기하거나 시효원용권을 상실하면 그러한 법적 불안이 현
실화되는 자, 즉 권리의 시효소멸로 인하여 자기의 의무나 법적 부담을
면할 자에 한정된다고 보는 견해[76] 등이 제시되고 있다. 어느 견해에
의하더라도 앞서 본 제3자들을 원용권자에 포함된다고 보는 결론에는
차이가 없다.

　　최근의 견해 중에는 이러한 일반적인 견해와 다소 입장을 달리 하
여, 원용권자를 소멸시효의 대상이 되는 권리의 의무자로 한정하면 소멸
시효가 인정되는 범위를 좁게 인정함으로써 정당한 권리자의 보호에 기
여할 수 있고, 또한 당사자의 의사를 존중할 수 있으며, 원용권자들의 소
멸시효 원용 또는 소멸시효이익 포기에 관한 의사불일치로 인하여 법률

---

73) 이에 관한 상세한 내용은 김병선, 앞의 글, 257-258쪽 참조.
74) 윤진수, 소멸시효완성의 효과, 한국민법이론의 발전: 총칙·물권편Ⅰ, 박영사
　　(1999), 206-207쪽. 한편, 윤진수, 각주 36)의 글에서는 '의무자 자신이 소멸시효를
　　원용할 수 있음은 당연하고, 그 외에도 권리의 소멸에 관하여 정당한 이익을 가지
　　는 자에게 소멸시효의 원용권을 인정하여야 한다'고 하면서, '구체적으로는 의무자
　　의 의무가 소멸함으로써 자신의 법률상 의무도 면하게 되는 자나, 권리자의 권리
　　가 소멸되면 자신의 권리를 상실하지 않게 되는 이익을 얻게 되는 자도 의무자의
　　소멸시효를 원용할 수 있다고 보아야 한다'고 한다.
75) 김정만, 앞의 글, 72쪽.
76) 노재호, 앞의 글, 296-298쪽.

관계가 분화되는 문제를 막을 수 있다고 하면서, 원용권자의 범위를 원
칙적으로 소멸시효의 대상이 되는 권리의 의무자로 한정하고, 제3자의
경우에는 보증인, 연대보증인, 연대채무자처럼 예외적으로 법률이 규정하
고 있거나 물상보증인처럼 법률의 규정을 유추적용할 수 있는 경우에 한
하여 원용권을 인정할 수 있다는 견해가 있다.[77]

(나) 판례의 태도

판례는 기본적으로 절대적 소멸설의 입장을 취하면서도 소멸시효를
원용할 수 있는 자를 '권리의 소멸에 의하여 직접 이익을 받을 자'에 한정
된다고 보고 있다. 판례가 채무자 이외에도 권리의 소멸에 의하여 직접
이익을 받을 자로 인정하고 있는 것은 연대보증인,[78] 물상보증인,[79] 채권
담보의 목적으로 매매예약의 형식을 빌려 소유권이전청구권 보전을 위한
가등기가 경료된 부동산의 제3취득자,[80] 유치권의 목적인 부동산의 제3취
득자,[81] 저당부동산의 제3취득자,[82] 사해행위의 수익자[83]이다. 반대로 판
례가 소멸시효를 원용할 수 없는 자로 본 것은 채권자대위권행사에 있어
제3채무자,[84] 일반채권자,[85] 공탁금출급청구권에 관하여 공탁자[86]이다.

---

77) 김병선, 앞의 글, 267-268쪽. 이 견해에서는 일정한 경우에만 제3취득자에 대하
여 원용권을 인정한다. 아래 V항에서 더 자세히 살펴본다.
　박운삼, 앞의 글, 289-291쪽에서는, 김병선 교수의 견해에 대하여 높이 평가받
아야 한다고 하면서도, 소멸시효제도가 존재하는 이상 누구나 시효기간이 지나면 의
무나 책임에서 벗어날 수 있다는 기대를 가지게 되고, 그러한 기대는 하나의 법률효
과로서 존중되어야 하는 점, 권리행사를 태만히 한 사람에 대한 제재를 고려하지 않
을 수 없는 점 등을 들어서 森田宏樹 교수의 견해[각주 71) 참조]에 따르고 있다.
78) 대법원 2002. 5. 14. 선고 2000다62476 판결[공2002. 7. 1.(157), 1389]; 대법원
1991. 1. 29. 선고 89다카1114 판결[공1991. 3. 15.(892), 852].
79) 대법원 2007. 1. 11. 선고 2006다33364 판결; 대법원 2004. 1. 16. 선고 2003다
30890 판결[공2004. 2. 15.(196), 348].
80) 대법원 1995. 7. 11. 선고 95다12446 판결[공1995. 8. 15.(998), 2761].
81) 대법원 2009. 9. 24. 선고 2009다39530 판결[공2009하, 1754].
82) 대법원 2010. 3. 11. 선고 2009다100098 판결.
83) 대법원 2007. 11. 29. 선고 2007다54849 판결[공2007하, 2036].
84) 대법원 2010. 4. 29. 선고 2009다104113 판결; 대법원 2008. 1. 31. 선고 2007다
64471 판결; 대법원 1992. 11. 10. 선고 92다35899 판결[공1993. 1. 1.(935), 90].
85) 대법원 2012. 5. 10. 선고 2011다109500 판결[공2012상, 995]; 대법원 1997. 12.
26. 선고 97다22676 판결[공1998. 2. 1.(51), 403] 등 다수.

2. 소멸시효이익의 포기

가. 개   념

민법 제184조 제1항에서는 소멸시효의 이익은 미리 포기하지 못한다고 규정하고 있다. 소멸시효가 완성되기 전에는 시효의 이익을 포기할 수 없도록 한 이유는 시효 제도가 공익을 위한 것이고, 채권자가 채무자의 궁박을 이용하여 약자인 채무자로 하여금 포기를 강제하는 것을 막기 위함이라 한다.[87] 그러나 소멸시효이익의 사전 포기는 보통 소멸시효 중단사유인 승인에 해당할 경우가 많을 것이다.[88]

소멸시효완성 후의 소멸시효이익 포기가 허용됨은 민법 제184조 제1항의 반대해석상 명백하다.[89] 소멸시효완성 후에는 소멸시효이익 포기를 허용하여도 소멸시효완성 전과 같은 폐해를 수반하지 않고, 소멸시효 제도는 사회적 이익을 위한 제도임과 동시에 의무자의 의사를 존중하는 제도란 점에서 당사자가 소멸시효이익을 누릴 수 있음에도 이를 포기하고 의무를 이행하는 것이 가능하도록 한 것이다.

나. 법적 성질

어느 설에 의하든 시효이익의 포기는 상대방에 대한 일방적인 의사표시라고 본다. 상대적 소멸설의 입장에서는 이러한 의사표시가 소멸시효의 완성으로 발생한 원용권의 포기라 보고, 절대적 소멸설의 입장에서는 시효완성에 따른 이익을 받지 않겠다는 일방적 의사표시로서, 그에 의하여 시효의 이익을 받지 않게 되는 것이라 본다.

판례는 시효이익의 포기는 '시효의 완성으로 인한 법적인 이익을 받지 않겠다고 하는 의사표시'라 하는바,[90] 절대적 소멸설의 입장에서 시효

---

86) 대법원 2007. 3. 30. 선고 2005다11312 판결[공2007. 5. 1.(273), 616].
87) 민법주해, 553~554쪽.
88) 시효완성의 이익을 포기하였다는 주장을 시효완성 전에 시효이익을 미리 포기할 수 없다는 이유로 배척한 원심판결을, 그 주장을 취득시효의 중단사유인 승인이 있다는 주장으로 이해할 수 있다고 보아 파기한 판례도 있다(대법원 1997. 6. 27. 선고 96다49735 판결).
89) 김홍엽 집필 부분, 주석민법 [총칙(3)], 한국사법행정학회(2010), 666쪽.

이익 포기의 법적 성질을 이해하고 있는 것으로 보인다.

다. 효과: 인적 범위를 중심으로[91]

(1) 상대적 소멸설

상대적 소멸설의 입장에서는 시효이익의 포기는 원용권의 포기이기 때문에 권리는 소멸하지 않고 그대로 유효하게 된다. 소멸시효의 원용을 요구하는 취지는 시효로 인하여 이익을 받을 자로 하여금 그 이익을 받을지를 스스로 선택하도록 하는 데 있다. 이처럼 원용권은 원용권자마다 자신의 이익을 위하여 가지는 독자적인 권리이므로, 어느 한 원용권자의 원용권 포기가 다른 원용권자의 원용권에 효력을 미치지 아니한다.[92] 주

---

90) 대법원 2013. 7. 25. 선고 2011다56187, 56194 판결[공2013하, 1583]; 대법원 2013. 2. 28. 선고 2011다211556 판결[공2013상, 547].

91) 대상판결 판시의 핵심은 채무자의 시효이익 포기의 효력을 제3취득자가 부정할 수 없다는 것으로서, 시효이익 포기 효력의 인적 범위와 관련되어 있으므로, 이를 중심으로 살펴본다. 상대적 소멸설, 절대적 소멸설에 따라 소멸시효이익 포기의 법적 성질에 관한 설명에 차이가 있으므로 아래와 같이 나누어 설명한다.

한편, 소멸시효완성의 효과에 관한 두 학설 중 어느 견해를 따르는지 밝히지 않은 경우도, 소멸시효이익 포기의 효과가 미치는 인적 범위에 대하여는 일치하여 상대적 효과, 즉 시효이익을 포기할 수 있는 자가 수인인 경우 그 중 1인이 포기하더라도 그 효과는 그 자에게만 발생하고 다른 자에게는 영향이 없다고 설명하고 있다. 김세진, 시효이익의 포기에 관한 판례 분석과 그 이론구성에 관한 시론, 재판과 판례 제5집, 대구판례연구회(1996), 40쪽; 우성엽, 소멸시효완성 후 채무를 승인한 경우 시효이익의 포기 여부, 재판과 판례 제23집, 대구판례연구회(2015), 174쪽.

92) 민법주해, 558쪽; 고상룡, 앞의 책, 710쪽(통설이라 표현하고 있다); 김상용, 앞의 책, 744쪽; 노재호, 앞의 글 306쪽; 백태승, 앞의 책, 563쪽.

노재호, 앞의 글, 308쪽에서는, 주채무자가 시효완성 전에 채무를 승인하는 행위를 한 경우에는 이로 인한 시효중단의 효과가 보증인이나 물상보증인, 제3취득자 등에게 미치므로, 이와의 균형상 주채무자가 시효완성 후에 채무를 승인하는 행위를 한 경우, 즉 시효이익을 포기한 때도 이로 인한 시효원용권 상실의 효과가 보증인이나 물상보증인, 제3취득자 등에게 미친다고 해석하여야 한다는 견해가 있을 수 있지만, ① 제3자인 원용권자는 아직 소멸시효가 완성하기 전에는 장래 소멸시효가 완성하면 시효이익을 받을 수동적인 지위에 있지만, 일단 소멸시효가 완성한 뒤에는 자기의 선택에 의해 시효이익을 누릴 수 있는 주체적인 지위에 있게 되므로, 주채무자가 시효완성 전에 채무를 승인한 경우와 시효완성 후에 채무를 승인한 경우를 같은 평면에 놓고 비교할 수 없는 점, ② 원용권 상실의 근거가 신의칙에 있다고 한다면 주채무자가 그의 개별적인 사정에 의하여 원용권을 상실하였다고 하여도 그것이 보증인이나 물상보증인, 제3취득자 등의 고유의 원용권에는 어떠한 영향도 주지 않는다고 해석해야 하는 점에서 그와 같은 견해는 타당하지 않다고 한다.

채무자의 시효이익의 포기는 보증인에 대하여는 영향이 없고, 피담보채권의 채무자가 시효이익을 포기하더라도 저당부동산의 제3취득자에게는 영향이 없다고 설명한다.

(2) 절대적 소멸설

절대적 소멸설에서는 소멸시효이익의 포기를 소멸시효의 이익을 받지 아니하겠다는 일방적 의사표시로 보고, 이러한 의사표시에는 본래 아무런 효력이 없는 것이나 법이 특별히 그 의사표시에 따라 소멸시효완성의 이익을 받지 아니하게 되는 효과를 부여한 것으로 본다.[93] 절대적 소멸설에서도 상대적 소멸설과 마찬가지로 소멸시효이익의 포기에 따라 소멸시효완성의 효과는 소급적으로 소멸된다고 한다.[94]

포기를 할 수 있는 자가 여러 명인 경우[95] 그중 어느 한 사람의 포기가 다른 사람들에게 어떠한 효력을 가지는지에 관하여는 소멸시효이익의 포기는 의사표시 일반에 관한 원칙대로 포기한 자에 대하여만 그 효력이 인정되고 다른 자에 대하여는 아무런 영향이 없는 상대적 효과만 가진다고 보는 견해,[96] 채무자의 소멸시효이익의 포기로 소멸한 채권을 부활시킬 수 있게 된다는 견해[97]가 있다.

---

93) 양창수, 각주 28)의 글, 151–152쪽.

94) 곽윤직·김재형, 앞의 책, 452쪽에서는 절대적 소멸설에 의하면 시효이익 포기의 효력이 소멸시효의 완성 전으로 소급하는 까닭을 충분히 설명할 수 없고, 여기에 절대적 소멸설의 곤란한 점이 있다고 한다.

95) 상대적 소멸설의 입장에서는 소멸시효이익의 포기란 원용권의 포기이기 때문에, 원용권자에 관한 논의가 곧 포기권자에 대한 논의가 된다. 절대적 소멸설의 입장에서는 그 논리를 밀고 나간다면, 이해관계가 있는 자는 누구든지 소멸시효완성을 주장할 수 있으므로, 마찬가지로 이해관계가 있는 자라면 누구든지 소멸시효의 이익을 받지 아니하겠다는 의사표시를 할 수 있을 것이다.
　　판례는 시효완성의 이익 포기의 의사표시를 할 수 있는 자는 시효완성의 이익을 받을 당사자 또는 그 대리인에 한정되고, 그 밖의 제3자가 시효완성의 이익 포기의 의사표시를 하였다 하더라도 이는 시효완성의 이익을 받을 자에 대한 관계에서 아무 효력이 없다고 판시하고 있는데[대법원 2014. 1. 23. 선고 2013다64793 판결(공2014상, 473)], 판례가 원용권자의 범위를 제한하고 있는 점에 비추어 볼 때, 여기서 말하는 시효완성의 이익을 받을 당사자란 시효완성을 원용할 수 있는 자를 뜻한다고 할 것이다.

96) 곽윤직·김재형, 앞의 책, 453면; 양창수, 각주 41)의 글, 11쪽; 이영준, 앞의 책, 836쪽.

97) 이은영, 앞의 책, 783쪽. 시효이익의 포기는 소멸한 권리를 재생시키는 효과를

(3) 판례의 태도

대상판결 이전의 판례는 일관하여 시효이익 포기는 상대적 효력만 있다고 판시하여 왔다.

(가) **대법원 1991. 1. 29. 선고 89다카1114 판결[공1991. 3. 15.(892), 852]** : 주채무자가 물품대금채무의 시효가 완성된 후에 채권자에게 채무의 지급기한의 연장을 요청함으로써 소멸시효이익을 포기한 사례에서, 민법 제433조[98]에 의하면 주채무가 시효로 소멸한 때는 보증인도 그 시효소멸을 원용할 수 있으며 주채무자가 시효의 이익을 포기하더라도 보증인에게는 그 효력이 없다고 판시하였다.

(나) **대법원 1995. 7. 11. 선고 95다12446 판결[공1995. 8. 15.(998), 2761]** : 채권담보 목적으로 가등기가 경료된 부동산을 취득한 제3취득자가 위 가등기에 기하여 본등기를 마친 채권자를 상대로 그 본등기는 피담보채권이 시효로 소멸한 가등기에 근거한 것이어서 무효라고 주장한 사례이다.[99] 판례는, 제3취득자는 당해 가등기담보권의 피담보채권의 소멸에 의하여 직접 이익을 받는 자이므로 그 피담보채권에 관한 소멸시효를 원용할 수 있고, 이와 같은 직접수익자의 소멸시효 원용권은 채무자의 소멸시효 원용권에 기초한 것이 아닌 독자적인 것으로서 채무자를 대위하여서만 시효이익을 원용할 수 있는 것은 아니며, 가사 채무자가 이미 그 가등기에 기한 본등기를 경료하여 시효이익을 포기한 것으로 볼 수 있다고 하더라도 그 시효이익의 포기는 상대적 효과가 있음에 지나지 아니하므로 채무자 이외의 이해관계자에 해당하는 담보부동산의 양수인으로서는 여전히 독자적으로 소멸시효를 원용할 수 있다고 판시하였다. 이 대법원 판결에 관한 평석[100]에서는, '채무자 자신이 한 도의적 판단(시효의

갖는다고 한다. 이러한 논리대로라면 실체법적으로 소멸하였던 채권이 다시 부활하므로, 그 효과는 채무자뿐 아니라 다른 사람들에게도 미치게 될 것이다. 이에 관하여는 아래 Ⅴ항에서 자세히 살펴본다.

98) ① 보증인은 주채무자의 항변으로 채권자에게 대항할 수 있다. ② 주채무자의 항변포기는 보증인에게 효력이 없다.

99) 제3취득자가 부동산을 취득한 시점은 판례가 시효이익 포기에 해당한다고 본 가등기에 기한 본등기 시점 이전이다.

비원용 내지 포기) 그 자체를 존중하는 것과 그의 판단이 초래한 효과를 이해관계인이 감수하지 않으면 안 되는가는 별개의 문제'라고 하면서, '채무자가 시효이익을 포기한 경우에도 상대적 효과가 있음에 지나지 아니하여 채무자 이외의 이해관계자는 독자적으로 시효를 원용할 수 있고, 그 효과로서 스스로의 책임을 면할 수 있는 것이며, 바로 여기에 독자의 원용권을 인정하는 실익이 존재'한다고 설명하고 있다.

(다) 대법원 2010. 3. 11. 선고 2009다100098 판결 : 제3취득자가 저당부동산을 취득한 이후에 피담보채권의 채무자가 채권자에게 채무의 변제를 약속함으로써 소멸시효이익을 포기한 사례에서, 소멸시효이익의 포기는 상대적 효과가 있음에 지나지 아니하므로 저당부동산의 제3취득자에게는 효력이 없다고 판시하였다.

(라) 대법원 2011. 4. 14. 선고 2010다91886 판결[공2011상, 908] : 명의대여자를 영업주로 오인하여 명의차용자와 거래한 채권자가 물품대금채권에 관하여 명의대여자에게 명의대여자 책임을 묻자 명의대여자가 시효소멸을 주장하였고, 이에 대하여 채권자는 명의차용자가 시효완성 전후로 변제 약속 등을 하여 소멸시효의 중단사유나 시효이익의 포기가 있다고 주장한 사안에서, 상법 제24조[101]에 의한 명의대여자와 명의차용자의 책임은 부진정연대의 관계에 있고, 이 경우 채무자 1인에 대한 소멸시효의 중단사유나 시효이익의 포기는 다른 채무자에게 영향을 미치지 아니한다고 판시하였다.

(마) 대법원 2014. 6. 12. 선고 2014다14597 판결 : 유치권이 성립된 부동산의 양수인이 유치권자를 상대로 유치권의 피담보채권이 시효완성으로 소멸하였다고 주장한 사례에서, 피담보채권의 채무자가 시효이익을 포기하였다고 하더라도 이는 상대적 효력이 있을 뿐 양수인은 독자적으

---

100) 안영율, 소멸시효의 원용권자의 범위, 대법원판례해설 제24호, 법원도서관(1996), 27쪽.
101) 타인에게 자기의 성명 또는 상호를 사용하여 영업을 할 것을 허락한 자는 자기를 영업주로 오인하여 거래한 제3자에 대하여 그 타인과 연대하여 변제할 책임이 있다.

로 소멸시효를 원용할 수 있다고 판시하였다.

Ⅴ. 債務者의 消滅時效利益 抛棄 後 法律關係를 形成한 第3取得者의 地位 : 對象判決의 檢討

이상의 논의를 바탕으로 채무자의 소멸시효이익 포기 후 채무자와 법률관계를 형성한 제3취득자가 원용권자에 해당한다고 볼 수 있을지, 채무자의 소멸시효이익 포기의 효력이 제3취득자에게 미친다고 볼 수 있을지 살펴보고, 대상판결의 논거에 관하여 검토하기로 한다.

1. 채무자의 소멸시효이익 포기 후 채무자와 법률관계를 형성한 제3 취득자가 원용권자에 해당하는지

가. 저당부동산의 제3취득자가 원용권자인지

(1) 일반적 견해

대부분의 학설은 저당부동산을 포함하여 담보목적물의 제3취득자를 소멸시효 원용권자에 해당한다고 본다. 제3취득자는 담보권의 실행에 의하여 목적물의 소유권을 잃게 될 수 있고, 피담보채권이 시효로 소멸하면 물적 부담에서 벗어날 수 있기 때문에 소멸시효를 원용할 수 있는 지위에 있다고 한다.

(2) 일반적 견해에 비판적인 견해

이에 대하여 제3취득자가 어떠한 방식으로 담보목적물을 취득하였는지에 따라 원용권 인정 여부를 달리 보는 견해가 있다.[102] 가등기담보법 시행 이전에 경료된 담보가등기가 있는 부동산을 경매절차에서 매수한 제3취득자의 경우,[103] 제3취득자는 경매절차에서 매각에 의하여 말소되지 않는 가등기가 존재한다는 사실을 알면서 부동산을 취득하였고, 그 가등기에 기하여 본등기가 경료됨으로써 소유권을 상실할 위험이 있다는 것

---

102) 김병선, 앞의 글, 279-287쪽.
103) 대상판결에서 거론하고 있는 대법원 1995. 7. 11. 선고 95다12446 판결[공1995. 8. 15.(998), 2761]의 사안이다.

을 충분히 예상할 수 있었던 점, 그러한 사정이 반영된 낮은 매각대금을 지급하고 부동산을 취득한 점, 가등기에 기하여 본등기가 경료되어 제3취득자가 소유권을 잃는다 하여도 채무자를 상대로 담보책임을 추궁할 수 있는 점 등을 고려할 때 독자적으로 소멸시효를 원용할 이익을 누리게 할 필요성이 없다고 한다. 다음으로 제3취득자가 담보목적물을 취득하면서 채무 자체를 인수한 경우에 민법 제458조[104])에 따라 당연히 시효이익을 원용할 수 있고, 병존적 채무인수의 경우에도 해당 채무인수계약의 해석상 채무자의 채무와 인수인의 채무가 연대채무로 해석되는 경우에는 민법 제421조[105])에 따라 인수인이 시효이익을 원용할 수 있지만, 부진정연대채무로 해석되는 경우에는 민법 제421조가 적용되지 아니하므로 인수인은 시효이익을 원용할 수 없다고 한다. 제3취득자가 이행인수를 한 경우에는 제3취득자는 채권자에게 직접 의무를 지는 것이 아니므로 직접 소멸시효를 원용할 수는 없다고 한다. 제3취득자가 피담보채무액을 매매대금에서 공제하지 아니하고 단지 매도인과 사이에 매도인이 장차 피담보채무를 변제하고 담보권을 소멸시켜 주기로 하는 약정을 체결한 경우에는, 이 경우의 제3취득자는 '타인의 채무를 담보하기 위하여 자기의 재산 위에 담보권을 설정한 자', 즉 물상보증인과 같은 지위에 있다고 할 수 있으므로, 민법 제433조를 유추적용하여 시효이익을 원용할 수 있다고 한다.

   (3) 검 토

   소멸시효 원용권자의 범위는 결국 소멸시효 제도의 취지에 따라 정하여야 할 것이다. 소멸시효 제도는 의무자의 보호에도 그 취지가 있지만 기본적으로는 법적 안정성을 위한 제도이다. 따라서 원용권자를 의무자에 한정할 수는 없다. 소멸시효가 완성된 권리를 기초로 직접적인 법률관계를 맺고 있어서, 그 권리의 소멸 여부에 따라 법률상 지위가 달라

---

104) 인수인은 전채무자의 항변할 수 있는 사유로 채권자에게 대항할 수 있다.
105) 어느 연대채무자에 대하여 소멸시효가 완성한 때에는 그 부담부분에 한하여 다른 연대채무자도 의무를 면한다.

지는 사람에 대하여는, 의무자의 경우와 마찬가지로 일정 시점에서 그 권리가 소멸한 것으로 보고 그에 관한 법률관계를 정리할 필요가 크다. 그러므로 의무자뿐 아니라 권리의 소멸 여부에 따라 사실적, 경제적 이해관계를 넘어서 직접 법률상 의무 또는 부담을 면하거나 권리를 상실하는 등으로 법률상 지위가 달라지는 자는 시효이익을 원용할 수 있다고 봄이 타당하다. 이러한 관점에 서면, 저당부동산의 제3취득자는 당연히 원용권자에 해당한다고 할 것이다.

비판적인 견해는 기본적으로 소멸시효의 효력이 인정되는 범위를 되도록 제한하여 한다는 입장에서 원용권자의 범위를 원칙적으로 '소멸시효가 완성된 권리의 의무자'에 한정하는 것이 타당하다는 전제에 서 있다. 그러나 이는 소멸시효 제도의 취지와 어울리기 어려운 입장이다. 소멸시효 제도는 법적 분쟁을 일정한 시점에는 종결시키는 것이 그렇게 하지 아니하는 경우보다 사회적으로 더욱 이익이 크다는 고려 아래 운용되는 제도이다. 소멸시효의 효력을 너무 좁게 보면, 소멸시효의 이와 같은 사회적 기능이 훼손될 수 있다.

비판적인 견해는 제3취득자의 지위를 세부적으로 나누어서 시효 원용의 가부를 판단한다. 그 주된 판단요소 중 하나는 제3취득자의 구체적 이해관계인 것으로 보인다.[106] 그러나 제3취득자가 각각의 구체적인 경우에 있어서 가지는 세세한 이해관계는 원용권자의 범위를 정함에 있어서 크게 고려할 요소가 아니다. 제3자가 시효이익을 원용할 수 있게 됨으로써 개인적 이익에 증감이 있더라도, 그러한 이익이 소멸시효 제도가 추구하는 목적 또는 보호하고자 하는 이익 그 자체는 아니기 때문이다. 소멸시효 제도의 일차적인 요청은 법적 안정성이고, 이를 위해서는 원용권

---

106) 예컨대, 피담보채무액을 매매대금에서 공제하지 아니하고 단지 매도인과 사이에 매도인이 장차 피담보채무를 변제하고 담보권을 소멸시켜 주기로 하는 약정을 체결한 제3취득자의 경우, 원용권자의 범위를 '소멸시효가 완성된 권리의 의무자'에 한정하는 입장을 관철한다면 당연히 원용권이 없다고 보아야 할 것임에도, 이 경우는 제3취득자가 매도인의 약속만 믿고 피담보채무액을 공제하지 아니한 매매대금 전액을 지급하였다는 점에 주목하여 원용권을 인정하고 있다.

자의 범위를 법률상 지위가 달라지는지의 관점에서 가급적 일률적으로 정하는 편이 바람직하다.[107)]

가등기담보법 시행 이전에 경료된 담보가등기가 있는 부동산을 경매 절차에서 매수한 제3취득자의 예를 보자. 비판적인 견해에서는 제3취득자가 낮은 매각대금에 부동산을 취득하였음에도 시효이익을 원용할 수 있게 하면 부당한 이익을 얻게 된다고 본다. 그러나 이를 '부당'한 이익이라 하기는 어렵다.[108)] 이러한 이익은 사실 소멸시효 제도를 운영함에 있어서 흔히 발생하는 종류의 이익이다. 변제를 마쳤음에도 오랜 시간의 경과로 증명의 곤란을 겪고 있는 의무자를 제외하면, 소멸시효가 완성하여 권리가 실체적으로 소멸할 때 비판적인 견해가 주장하는 성격의 이익을 보는 자는 항상 발생한다.[109)] 이러한 이익은 소멸시효 제도가 그 본지를 추구하는 과정에서 일반적으로 예상하고 있는 결과 내지 비용이다. 이를 들어 원용권자의 범위를 지나치게 좁히는 것은 오히려 법률관계의 불안정을 키우는 것으로서[110)] 소멸시효 제도의 취지에 반한다.

---

107) 비판적인 견해와 같이 원용권자의 범위를 정함에 있어서 세세한 사정까지 모두 고려하다 보면, 원용권자의 범위가 불분명해진다. 예컨대, 물상보증인의 경우도 채무자로부터 상당한 대가를 받은 경우와 그렇지 아니한 경우를 나누어 취급하는 것을 상정해 볼 수 있는데, 이렇게 본다면 당장 어느 정도가 상당한 대가인지를 두고 분쟁이 발생할 수밖에 없다.

108) 양창수, 각주 41)의 글, 11쪽. 이 글에서는, 저당권의 부담을 고려하여 감액된 대금 등을 저당부동산의 제3취득자가 피담보채무의 시효소멸로 말미암아 결과적으로 저당권의 부담이 없게 됨으로써 부당이득한 것이 된다는 등의 주장은, 채무가 시효소멸한 후 채권자가 채무자에게 이번에는 부당이득을 내세워 원래의 급부 또는 계약상 반대급부에 상응하는 이익의 반환을 청구하는 것이 허용되지 않는 것과 마찬가지로, '법률상 원인'의 존재, 즉 법정(法定)의 소멸시효 제도를 이유로 배척되어야 한다고 설명한다.

109) 채무를 변제하지 아니한 채무자는 시효소멸로 더는 변제를 하지 아니하여도 되는 이익을 받는다. 채무자가 누리게 되는 이러한 이익은, 관점에 따라서는 해당 채무를 발생시킴으로써 가장 큰 이익을 누린 채무자가 아무런 노력 없이 채무를 면한다는 점에서 제3취득자나 보증인처럼 채무의 발생을 원인으로 직접적인 이익을 누렸다고 보기 어려운 사람들이 법적 부담을 면하는 것보다 훨씬 더 '부당'하다. 그러나 이는 소멸시효 제도가 이미 제도 그 자체에서 내포하고 있는 부분으로, 더 큰 사회적 이익을 위하여 감수하고 있는 것이다.

110) 제3취득자를 원용권자의 범위에서 배제하면, 제3취득자의 법적 지위는 채무자의 의사에 따라 좌우된다. 제3취득자의 경우를 유독 보증인 등과 달리 취급하여 이러

담보가등기 사례에서 비판적인 견해에 따를 경우, 채무자가 시효이익을 포기하면 채권자는 제3취득자를 상대로 담보권을 행사하는 방식으로, 제3취득자는 채무자를 상대로 담보책임을 묻는 방식으로 분쟁을 이어 나가게 된다. 이처럼 충분히 오래 묵은 채무를 둘러싸고 분쟁이 계속되는 양상이야말로 소멸시효 제도가 매듭짓고자 하는 분쟁양상이다.

나. 채무자가 시효이익을 포기한 후 법률관계를 형성한 제3취득자의 경우

제3취득자가 언제 이해관계를 형성하였는지, 특히 채무자가 시효이익을 포기한 시점을 기준으로 하여 원용권자 해당 여부를 달리 볼 필요가 있다고 보기는 어렵다. 다음 이유에서 그러하다.

(1) 소멸시효 제도의 취지

제3취득자의 세세한 사정을 고려하는 것이 오히려 소멸시효 제도의 취지에 역행할 수 있음은 앞서 보았다. 소멸시효가 완성된 후라면, 원칙적으로 그 권리가 시효로 소멸하였다고 보고 안심하고 법률관계를 형성하여 나갈 수 있도록 하고자 하는 것이 소멸시효 제도의 기본적 취지이다. 채무자가 시효이익을 포기한 후라고 하여서 그와 같은 취지가 달라진다고 할 수 없다.

(2) 제3취득자의 법적 지위가 동일함

제3취득자의 법적 지위는 이해관계를 언제 형성하였는지에 따라 달라지지 않는다. 채무자가 시효이익을 포기하였다고 하여서 그 시점 후에 법률관계를 형성한 제3취득자의 시효소멸에 따른 소유권 상실 여부, 물적 부담을 면하는지 여부에 차이가 생기지 않는다.[111] 채무자의 시효이익 포기 후에 이해관계를 형성한 제3취득자도 채무자의 시효이익 포기 전과 동일하게 시효소멸을 원용할 이익을 가진다.

(3) 권리자에게 가혹하지 아니함

채무자의 시효이익 포기 후 이해관계를 형성한 제3취득자에게 원용권을 부여하는 것이 권리자에게 가혹하지도 않다. 소멸시효가 완성될 때

한 불안정한 지위에 있게 할 특별한 사정이 있다고 보기 어렵다.

111) 양창수, 각주 41)의 글, 11쪽.

까지 소멸시효를 중단시키지 아니한 권리자로서는 제3취득자의 원용권 행사 여부에 따라 그 부동산에 설정된 담보권을 행사할 수 있는지가 달라지지만, 제3취득자가 소멸시효의 이익을 원용하지 않음으로써 권리자가 담보권을 행사할 수 있게 되는 것은 일종의 반사적 이익일 뿐, 소멸시효 제도가 보호하고자 하는 이익은 아니다. 일정 기간 권리를 행사하지 아니한 권리자가 담보권을 행사하지 못하는 것이 본래 소멸시효 제도가 예정하고 있던 결과이다. 채무자가 시효이익을 포기하는 것은 예외적 상황이므로, 채무자의 시효이익 포기가 있으면 권리자로서는 오히려 일반적인 경우에 비하여 유리한 위치에 서게 되고, 그에 따라 권리를 그대로 보유하는 이익을 누린다. 채무자의 시효이익 포기 시점 후 이해관계를 형성한 제3취득자가 원용권을 행사할 수 없다고 보면, 채무자의 시효이익 포기로 유리한 위치에 서게 된 권리자가 더욱 유리한 위치에 서게 되는 것일 뿐이지, 지나치게 가혹한 상황에 처하게 된 권리자가 구제를 받게 되는 것이 아니다.[112]

(4) 제3취득자에게 부당한 이익을 주지 아니함

채무자의 소멸시효이익 포기 후의 제3취득자에게 원용권을 부여하는 것이 제3취득자에게 부당한 이익을 주는 것도 아니다. 제3취득자가 담보 목적물을 거래하면서 말소되지 않은 담보권이 있는 사정을 고려하여 양수대금을 감액한 경우라면, 제3취득자는 원용권을 행사함으로써 아무 부담 없는 부동산을 양수한 것과 마찬가지의 이익을 얻게 된다. 하지만 제3취득자가 얻는 그러한 이익은 소멸시효 제도가 내포하고 있는 것으로서 '부당한' 이익이라 하기 어려움은 앞서 보았다.

하나 더 주목할 부분은, 제3취득자가 그러한 이익을 얻을 수 있다는 사정은 제3취득자가 채무자가 시효이익을 포기하기 전에 이해관계를 형

---

112) 대상판결 사안의 경우를 보면, 권리자로서는 채무자가 시효이익을 포기한 후 이 사건 부동산에 가압류를 하거나 이 사건 부동산에 설정된 근저당권을 실행하여 경매개시결정을 받음으로써 채무자의 이 사건 부동산 처분 및 그로 인한 제3취득자의 시효이익 원용에 따른 불이익을 얼마든지 피할 수 있었다. 이처럼 법적 구제수단이 충분하였다는 점도 고려할 필요가 있다.

성한 경우도 마찬가지란 점이다.[113] 제3취득자 입장에서는 채무자의 시효이익 포기 전후를 불문하고 담보권이 설정된 부동산을 취득하였다가 아무 부담 없는 부동산을 보유하는 이익을 얻을 수 있다. 그러므로 이 점을 고려하여 채무자의 시효이익 포기 이후 시점을 그 이전 시점과 달리 취급할 이유가 없다.

또한, 제3취득자가 거래의 실제에서 그와 같은 이익을 항상 얻는다고 단정할 수도 없다. 만일 채무자와 제3취득자가 대법원 1995. 7. 11. 선고 95다12446 판결[공1995. 8. 15.(998), 2761]의 법리를 토대로 거래에 임한 경우라면 어떨까. 제3취득자가 시효이익을 원용할 수 있음을 전제로 부동산 양수대금을 정했을 것이다. 이와 같은 경우라면 오히려 원용권을 행사할 수 없도록 하는 것이 제3취득자에게 뜻밖의 불이익일 수 있다. 특히 이때 제3취득자가 채무자가 시효이익을 포기하였다는 사실을 알지 못한 상태에서 법률관계를 형성한 경우를 상정하여 보면, 제3취득자로서는 자신이 관여할 수 없었을 뿐 아니라 알지도 못한 사정에 의하여 법률상 부담이 크게 달라지는 상황에 놓인다. 이처럼 제3취득자가 구체적으로 어떠한 처지에 놓여 있는지는 여러 사정에 따라 달라질 수 있기 때문에, 단순히 채무자의 시효이익 포기 후에 법률관계를 형성하였다는 사정 하나로 응당 제3취득자가 이익을 얻게 되리라 단정할 수도 없다.

다. 시효이익을 포기한 자와의 법률관계를 통하여 제3취득자가 된 경우

제3취득자가 법률관계를 형성한 시점이 채무자의 시효이익 포기 전인지 후인지가 그의 원용권자 해당 여부에 별다른 영향을 미칠 수 없다는 점을 살펴보았는데, 같은 맥락에서 제3취득자가 법률관계를 형성한 상대방이 누구인지도 그의 원용권자 해당 여부에 영향을 미칠 수 없다고 봄이 타당하다. 위 나항에서 본 논거들이 이 경우도 대체로 그대로 적용될 수 있다.

즉, 법적 안정성 측면에서 일정한 시점을 기준으로 법률관계의 불안정을 종결지을 필요는 제3취득자가 누구와 법률관계를 형성하였는지에 따

---

113) 양창수, 각주 41)의 글, 11쪽.

라 달라지지 않는 점, 누구로부터 담보목적물을 취득하였는지에 따라 시효소멸 여부에 따라 소유권을 상실하거나 물적 부담을 면하게 되는 제3취득자의 법적 지위가 달라지지 않는 점, 권리자에게 특별히 가혹하다고 볼 수 없는 점, 제3취득자가 시효이익을 누리게 된다고 하여 그 이익이 부당한 이익이라 할 수 없고, 제3취득자가 누리는 이익은 시효이익을 포기한 자로부터 담보목적물을 취득한 경우와 시효이익을 포기하지 아니한 자로부터 담보목적물을 취득한 경우 모두 별다른 차이가 없는 점 등을 고려할 때, 제3취득자가 시효이익을 포기한 자로부터 담보목적물을 취득하였다는 사정만으로 제3취득자의 원용권자 해당 여부를 달리 볼 이유가 없다.

또한, 절대적 소멸설의 입장에서 보자면, 소멸시효의 완성으로 실체적 권리는 이미 소멸한 것이고, 시효이익의 포기는 단지 그에 따른 이익을 받지 않겠다는 일방적 의사표시일 뿐이다. 따라서 그와 같은 의사표시를 한 사람으로부터 담보목적물을 취득하였다고 하더라도, 제3취득자는 권리가 이미 실체적으로 소멸하였다고 주장할 수 있음이 당연하고, 단지 그 이익을 받고 싶지 않을 때 별도의 의사표시를 함으로써 시효이익을 받지 않게 되는 것이라 봄이 타당하다. 상대적 소멸설의 입장에서도, 시효소멸로 의무나 부담을 면하는 등 법적 지위가 달라지는 사람은 독자적으로 자신의 이익을 위하여 시효이익을 원용할 수 있는 것이므로, 담보목적물의 취득에 따라 어떠한 법적 지위를 가지게 되었는지가 중요하지, 누구로부터 담보목적물을 취득하여 그와 같은 지위를 갖게 되었는지는 고려대상이 아니라고 봄이 타당하다.

2. 채무자의 소멸시효이익 포기의 효력이 그 후 채무자와 법률관계를 형성한 제3취득자에게 미치는지[114]

대상판결은 일정한 경우 채무자의 시효이익 포기가 절대적 효력을 가진다는 취지로도 판시하고 있다.

---

114) 이에 관하여 상세히 논한 문헌으로 양창수, 각주 41)의 글 참조.

하지만 상대적 소멸설, 절대적 소멸설 중 어느 입장에 서더라도 소멸시효이익의 포기는 상대적 효력이 있을 뿐이라는 데 학설이 일치하고 있다. 상대적 소멸설의 입장에서 시효이익의 포기는 자신이 가진 원용권을 포기하는 것일 뿐이다. 원용권은 원용권자 고유의 이익을 고려하여 부여되는 것이지, 다른 제3자를 위하여 부여되는 것은 아니다. 자신의 고유한 이익을 위한 권리를 포기한 것이 다른 원용권자의 권리에 영향을 미칠 수 없음은 당연하다. 절대적 소멸설의 입장에서도 시효이익의 포기는 소멸시효완성의 이익을 누리지 않겠다는 일방적 의사표시로서 그에 따라 의사표시를 한 자가 소멸시효이익을 받지 않게 되는 것뿐이므로, 의사표시의 상대방도 아닌 다른 제3자에게 영향을 미칠 여지가 없다.

제3취득자가 시효이익을 포기한 채무자로부터 담보목적물을 취득한 경우에도 이러한 결론은 마찬가지라 봄이 타당하다. 시효이익을 포기한 채무자로부터 담보목적물을 취득한 제3취득자도 독자적인 원용권을 가지는 이상, 채무자의 원용권 포기가 제3취득자의 원용권에 영향을 미칠 수는 없다.[115]

대상판결의 결론을 도출할 수 있는 길이 있기는 하다. 앞서 보았듯이, 절대적 소멸설 중에는 소멸시효이익을 포기하면 권리가 부활하는 것이라 보는 견해가 있다.[116] 이 견해를 밀고 나가면, 채무자가 시효이익을 포기할 경우 단순히 소멸시효완성의 이익을 받지 못하는 것에 그치지 않고, 실체법적으로 소멸하였던 권리 자체가 다시 살아나게 된다. 그렇다면 채무자의 시효이익 포기가 있으면, 권리는 처음부터 소멸하지 아니한 것으로 확정될 것이므로,[117] 채무자뿐 아니라 다른 이해관계인들에게도 권리는 소멸하지 아니하고 존속한 것으로 취급될 것이다. 그러나 이러한 결론은 받아들이기 어렵다. 첫째, 시효이익 포기에 권리 부활의 효과를 부여하면 소멸시효 제도의 가장 주된 근거인 법적 안정성을 해친다. 소

---

115) 앞의 문단과 이 문단의 논의는 양창수, 각주 41)의 글, 11쪽.
116) 각주 97) 참조.
117) 절대적 소멸설에서도 시효이익 포기의 소급효를 인정하고 있다.

멸시효기간은 정해져 있지만 시효이익 포기에는 별다른 행사기간이 없다. 채무자는 소멸시효완성 후 언제든지 시효이익을 포기할 수 있으므로, 권리가 아무 때고 부활할 수 있다는 결론에 이른다. 이는 적정한 시점을 기준으로 법률관계를 정리하여 매듭짓고자 하는 소멸시효 제도의 취지에 반한다. 권리가 이미 소멸된 것으로 생각하고 다양한 법률관계를 형성하였을 이해관계인들 입장에서는 불의의 타격이 될 것이다. 둘째, 시효이익 포기권자를 확정해야 하는 문제에 직면한다. 절대적 소멸설에 따르면 원용권자의 범위를 정하는 문제는 별도로 발생하지 아니한다. 이해관계자는 누구라도 권리가 소멸시효완성으로 이미 소멸하였다고 주장할 수 있기 때문이다. 시효이익 포기의 경우도, 시효이익 포기를 소멸시효완성의 이익을 받지 않겠다는 일방적 의사표시로 이해하고, 그 효력도 포기한 당사자에게 소멸시효완성의 이익이 미치지 않는 것으로 보면 별다른 문제가 없다. 그런데 시효이익 포기에 권리 부활의 효력이 있다고 하면 이야기가 달라진다. 시효이익 포기에 강력한 효과가 부여되고, 다른 이해관계인에게도 광범위한 영향을 미치기 때문에 포기권자의 범위를 한정하여야 할 필요가 발생한다. 셋째, 절대적 소멸설의 태도와 모순된다. 절대적 소멸설은 그 효과 측면에서 보자면 의무자의 의사를 존중하는 것보다는 법적 안정성을 더 중시하는 견해라 할 수 있다. 의무자의 의사와 무관하게 소멸시효의 완성으로 실체적 권리가 바로 소멸한다고 보기 때문이다. 그런데 시효이익을 포기하면 권리 자체가 부활한다고 보면, 이는 의무자의 의사에 상대적 소멸설의 경우보다 더욱 강력한 효과를 부여하는 셈이 된다. 이처럼 논리적으로는 절대적 소멸설의 입장에 서면서 채무자의 소멸시효이익 포기에 권리 부활의 효과를 부여함으로써 채무자의 시효이익 포기에 절대적 효력이 있다는 법리를 구성할 수 있겠지만, 이는 많은 문제점을 내포하고 있어서 타당하다고 할 수 없다.

　　나아가 시효의 중단은 당사자 및 그 승계인 간에 효력이 있다는 민법 제169조를 시효이익 포기에도 유추적용하자는 입론도 있을 수 있다. 그러나 우선 시효완성 전 아직 원용권을 보유하지 아니한 이해관계인과

시효완성 후 원용권을 보유한 이해관계인은 그 지위가 같다고 보기 어렵다. 시효완성 전의 이해관계인은 장래 소멸시효가 완성하면 시효이익을 받을 수도 있는 불확실한 지위에 있을 뿐이지만, 시효완성 후의 이해관계인은 독자적인 원용권을 가지는 확정적 지위에 있으므로, 양자의 법적 지위가 동일하다고 볼 수 없다. 다음으로 시효 중단과 시효이익의 포기는 그 작용 국면에 차이가 있다. 시효의 중단은 채권자의 권리행사나 채무자의 채무승인 등 일정한 사유가 있어 시효를 인정할 근거가 허물어지고 권리자를 보호할 필요가 큰 경우 이미 진행한 시효기간의 효력을 상실케 하고 새롭게 소멸시효를 기산하도록 하는 제도이다. 당사자와 그 승계인 간에도 시효 중단의 효력을 인정하여야 이와 같은 시효 중단 제도의 취지를 살릴 수 있고, 이는 확정적 지위에 있다고 볼 수 없는 승계인에게도 가혹하지 않다. 이에 비하여 시효이익의 포기는 기본적으로 의무자의 의사를 존중하기 위한 제도이다. 그렇기에 각자의 의사에 따라 원용권 행사 여부를 결정할 수 있도록 복수의 원용권자에게 독자적인 원용권이 주어진다. 시효이익 포기의 효력이 승계된다고 보면 이와 같은 시효이익 포기 제도의 취지에 배치된다. 또한, 소멸시효 제도의 가장 큰 근거인 법적 안정성의 측면에서 볼 때, 시효가 중단되어 소멸시효가 완성되기 전이라면 이해관계인들이 권리가 존속함을 전제로 법률관계를 형성해 나갈 수 있는 방향으로, 반대로 소멸시효가 완성된 후라면 이해관계인들이 권리가 소멸하였음을 전제로 법률관계를 형성해나갈 수 있는 방향으로 소멸시효 제도를 해석하고 운영하는 것이 바람직하다. 이와 같은 측면들을 고려하면, 민법 제169조의 유추적용은 허용되지 않는다고 봄이 타당하다.

3. 대상판결의 논거에 대한 검토

대상판결은 '원고가 이 사건 차용금채무의 소멸시효완성의 이익을 원용할 수 없다고 보아 원고의 청구를 기각한 원심의 판단은 앞서 본 법리에 따른 것'이라 판시하면서, 소멸시효이익의 원용권자의 범위에 관하여 판단한 대법원 1995. 7. 11. 선고 95다12446 판결[공1995. 8. 15.(998), 2761]의 적용범위를 제한하고 있다. 이는 제3취득자가 경우에 따라서는 원용권자가 될 수 없다는 취지로 읽힌다. 그러나 앞서 본 것처럼 이와 같이 보는 것은 무리이다. 소멸시효 제도의 취지를 고려할 때, 시효소멸에 따라 법적 지위가 달라지는 제3취득자는 그 법률관계를 형성한 시점이 언제인지, 누구와 법률관계를 형성한 것인지와 무관하게 원용권자에 해당한다고 봄이 옳다.

대상판결은 또한 '소멸시효이익의 포기는 상대적 효과가 있을 뿐이어서 다른 사람에게는 영향을 미치지 아니함이 원칙이나, 소멸시효이익의 포기 당시에는 권리의 소멸에 의하여 직접 이익을 받을 수 있는 이해관계를 맺은 적이 없다가 나중에 시효이익을 이미 포기한 자와의 법률관계를 통하여 비로소 시효이익을 원용할 이해관계를 형성한 자는 이미 이루어진 시효이익 포기의 효력을 부정할 수 없다.'고 판시하여, 마치 소멸시효이익 포기의 효력이 경우에 따라서는 다른 이해관계인에게 확장되어 절대적 효과를 가질 수 있다는 뜻도 밝히고 있다. 그러나 앞서 본 바와 같이 이 역시 무리한 결론이다. 절대적 소멸설의 입장에서 채무자의 시효이익 포기를 권리의 부활로 이해한다면 절대적 효력을 인정할 수도 있겠으나, 대상판결은 '소멸시효이익의 포기는 상대적 효과가 있을 뿐이어서 다른 사람에게는 영향을 미치지 아니함이 원칙'이라고 판시하여 시효이익 포기에 권리의 부활과 같은 막강한 효과를 부여하고 있는 것이 아님을 명백히 하고 있다. 채무자의 시효이익 포기에 따라 형성된 채권자와 채무자 사이의 법률관계가 독자적 법적 지위를 갖는 제3취득자에게 그대로 승계된다고 볼 수도 없다.

대상판결이 이와 같은 결론을 지지하는 핵심논거는 '사후에 시효이익을 이미 포기한 자와의 법률관계를 통하여 비로소 시효이익을 원용할 이해관계를 형성한 자에게 채무자의 시효이익 포기에도 불구하고 원용권을 행사하게 하면, 시효완성을 둘러싼 법률관계를 사후에 불안정하게 만들 수 있다'는 데 있다.

하지만 대상판결 사안에서 제3취득자에게 원용권을 인정하면 어떠한
점에서 시효완성을 둘러싼 법률관계의 불안정이 발생한다는 것인지 불분
명하다.[118] 여러 차례 언급한 것처럼, 소멸시효 제도는 일차적으로 법률
관계의 안정을 위하여 일정 시점에서 권리가 소멸한 것으로 법률관계를
종결짓기 위한 제도이고, 소멸시효 제도가 예정하고 있는 '안정된 법률관
계'의 모습은 일정 기간 행사되지 아니한 권리의 소멸을 전제로 한 상태
이다. 대상판결과 같이 법적 지위에 있어서 채무자의 시효이익 포기 전
에 법률관계를 형성한 제3취득자와 다를 바 없는 채무자의 시효이익 포
기 후에 법률관계를 형성한 제3취득자에게 원용권을 부여하지 않는 것은
소멸시효 제도가 예정하고 있는 위와 같은 안정된 법률관계의 모습을 흔
드는 것으로서, 소멸시효 제도의 취지에 비추어 보자면 그것이 오히려
법률관계의 불안정을 키우는 것이다. 채무자가 시효이익을 포기하면, 채
무자의 그와 같은 의사를 존중하여 채권자와 채무자 사이에서만 권리가
소멸하지 아니한 것으로 취급하면 충분하다. 채권자와 채무자 사이에 시
효이익 포기란 예외적 상황이 있었다고 하여, 별개의 법적 지위를 보유
한 제3취득자에 대해서까지 그와 같은 예외적 상황에 동참하도록 하는
것은 소멸시효 제도가 본래 종결을 예상하였던 분쟁을 더 넓은 범위로
확대하는 것으로서 법률관계를 안정시키는 것이라 할 수 없다.[119]

한편, 관점에 따라 대상판결 사안에서 채무자가 보인 행태가 배신적
이라고 볼 여지도 있다. 채무자는 시효이익을 포기하고 채무를 이행하기
로 하고는 담보목적물을 자신의 책임재산으로 계속 보유하지 않고 제3취
득자에게 처분하였다. 채권자는 채무자가 시효이익을 포기함에 따라 채
무자가 성실히 채무를 변제할 것이라 신뢰하였을 터인데, 이러한 신뢰가
해쳐졌다고 볼 수도 있다. 이러한 관점이 대상판결의 결론에 영향을 미

---

118) 양창수, 각주 41)의 글, 11쪽.
119) 채권자는 제3취득자를 상대로 담보권을 행사하게 되고, 소유권을 잃게 된 제3취
득자로서는 채무자와 형성한 법률관계의 내용에 따라 채무자를 상대로 담보책임을
묻거나 손해배상을 구하게 됨으로써, 피담보채무를 둘러싼 분쟁은 계속된다.

쳤을 여지도 없지 아니하다. 그러나 채무자의 시효이익 포기는 어디까지나 소멸시효완성의 이익을 원용하지 않겠다는 의사표시일 뿐, 자신의 소유물을 처분하지 아니하는 부작위의무를 부담하겠다는 의사표시는 아니므로, 채무자가 재산권의 행사로서 담보목적물을 처분하는 것 자체가 문제될 수는 없다. 채무자가 시효이익 포기 시점의 책임재산을 그대로 유지할 것이란 채권자의 신뢰도 소멸시효 제도가 보호하고자 하는 신뢰라 보기 어렵다. 다만, 경우에 따라서 채무자의 배신성이 높고, 제3취득자도 채무자의 배신행위에 가담하였다고 보이며, 권리자에게 가혹한 결과가 초래되는 등 권리자를 보호할 필요성이 높은 경우를 상정할 수 있을 것이나, 이처럼 특수한 경우는 구체적 사실관계를 살펴 신의칙에 따라 문제를 해결하면 족하다. 대상판결 사안의 경우 구체적인 사실관계에 비추어 볼 때 신의칙의 적용이 가능한 특수한 경우라 볼 여지가 있으므로, 아래에서 항을 바꾸어 이 부분을 더 살펴본다.

Ⅵ. 對象判決 事案에 適合한 法理的 接近: 消滅時效 援用權 濫用

1. 대상판결 사안의 특수성

대상판결에 등장한 원고, 피고와 甲은 대상판결의 사안 이외에서도 많은 분쟁을 겪어 온 사이이다.[120] 대상판결 이외에도 3건의 법적 분쟁이 있었다. 이를 요약하면 아래와 같다.

첫째, 채무자 甲과 채권자 乙 사이의 근저당권말소등기절차이행 청구사건이다.[121] 甲이 원고가 되어 채권자이자 근저당권자인 乙을 상대로 이 사건 제1근저당권의 피담보채무가 변제 또는 소멸시효완성으로 소멸하였고, 이 사건 제2근저당권의 피담보채무는 변제로 소멸하였다고 주장하면서 이 사건 각 근저당권의 말소를 구하였다. 제1심에서는 이 사건

---

120) 이하에서는 논의의 편의를 위하여 대상판결의 원고인 제3취득자를 '丙'으로, 피고인 채권자를 '乙'로 지칭한다.

121) 대법원 2013. 11. 14. 선고 2013다60081 판결(상고심); 부산지방법원 2013. 7. 10. 선고 2012나22485 판결(항소심); 부산지방법원 2012. 12. 3. 선고 2011가단124079 판결(제1심).

제1근저당권의 피담보채무가 소멸시효완성으로 소멸하였고,[122) 이 사건 제2근저당권의 피담보채무는 변제로 소멸하였다고 판단하여 甲의 청구를 전부 인용하였다. 그러나 항소심에서는 甲이 乙에게 이 사건 제1, 2근저당권의 피담보채무인 이 사건 차용금채무를 변제하였다고 인정할 증거가 없고, 소멸시효완성 후에 甲이 이 사건 차용금채무가 있음을 인정하면서 미지급이자 등을 3,000만 원으로 확정하여 일정 시점까지 지급하기로 약정한 다음 이를 담보하기 위하여 이 사건 제2근저당권을 설정하여 줌으로써 시효이익을 포기하였다고 판단하여 제1심 판결을 취소하고 甲의 청구를 기각하였다. 상고심에서 甲의 상고를 기각하여 항소심 판결이 그대로 확정되었다.[123)

---

122) 제1심에서 乙은, 甲이 수시로 이 사건 차용금채무의 일부를 변제하였을 뿐 아니라 2004. 4. 16. 이 사건 차용금채무의 미지급이자 등을 3,000만 원으로 확정하고 이를 2004. 9. 16.까지 갚기로 약정하면서 이를 담보하기 위하여 이 사건 제2근저당권을 설정하여 주었으므로 소멸시효가 중단되었다고 주장하였고, 이에 대하여 제1심법원은 이미 소멸시효가 2003. 8. 25.경 완성된 이상 그 뒤에는 소멸시효 중단 문제가 생길 여지가 없다는 이유를 들어서 乙의 주장을 배척하였다.

123) 한편, 이 사건 제1근저당권의 피담보채무와 이 사건 제2근저당권의 피담보채무는 서로 다르다. 이 사건 제2근저당권의 피담보채무는 이 사건 차용금채무의 원본과 별도로 미지급이자를 3,000만 원으로 확정하고(3,000만 원을 초과하는 부분은 면제) 이를 이자 월 1.5%로 정하여 2004. 9. 16.까지 갚기로 한 2004. 4. 16.자 약정에 근거한 채무이다. 2004. 4. 16.자 약정은 지급하기로 확정한 미지급이자분에 관하여 이행기를 새로 정한 것에 불과하고, 기존채무의 중요 부분을 변경하여 기존채무를 소멸케 하고 이와 동일성이 없는 새로운 채무를 성립시키는 경개계약이라 할 수는 없으므로, 이러한 약정에 불구하고 3,000만 원 지급채무는 여전히 이자지급채무로서의 성격을 가지고, 3년의 단기소멸시효가 적용된다고 봄이 타당하다(대법원 2004. 4. 27. 선고 2003다69119 판결 참조. 甲과 乙 사이의 대여금 청구소송의 항소심법원에서는, 이와 달리 이 사건 제2근저당권의 피담보채무가 소멸시효완성으로 소멸하였다는 甲의 주장에 대하여, 그 피담보채무의 소멸시효기간이 10년임을 전제로 소멸시효가 완성되기 전에 乙의 대여금 청구의 소제기로 소멸시효 중단사유가 발생하였다고 판단한 바 있는데, 2004. 4. 16.자 약정에 따른 채무의 소멸시효기간을 그와 같이 볼 수 있을지 의문이 있다).
　　따라서 이 사건 제2근저당권의 경우에는, 이 사건 차용금채무의 소멸시효완성 여부와 별개로, 그 피담보채무의 이행기인 2004. 9. 16.로부터 3년이 경과하면 소멸시효가 완성된다고 할 것이다. 만일 甲이 이 점을 들어서 이 사건 제2근저당권에 관한 말소등기절차이행을 청구하였다면, 적어도 이 부분 청구는 인용되었을 것이다. 그러나 甲과 乙 사이의 근저당권말소등기이행청구 소송에서는 그러한 주장이 제기되지 아니하였고, 대상판결 사안에서도 이 사건 제2근저당권의 피담보채무

둘째, 채무자 甲과 채권자 乙 사이의 대여금 청구소송이다.[124] 乙이 원고가 되어 甲을 상대로 이 사건 차용금채무 중 변제받지 못한 원금, 이자 및 지연손해금을 구하는 소를 제기하였다. 甲은 자신이 이 사건 차용금채무의 소멸시효이익을 포기하였더라도 이 사건 제2근저당권을 설정한 날로부터 기산하여 다시 소멸시효가 완성하였다고 주장하였다. 그러나 법원은 다시 소멸시효가 완성되기 전에 乙이 甲을 상대로 대여금 청구의 소를 제기하였으므로 소멸시효가 완성되었다고 볼 수 없다고 판단하여 甲의 주장을 배척하고, 乙의 청구를 전부 인용하였다.

셋째, 채권자 乙과 제3취득자 丙 사이의 사해행위취소 소송이다.[125] 乙이 원고가 되어 丙을 상대로 甲과 丙 사이에 2013. 12. 6. 체결된 이 사건 부동산 및 그 지상 4층 공동주택 매매계약(이하 '이 사건 매매계약'이라 한다)이 사해행위에 해당함을 이유로 이 사건 매매계약의 취소 및 원상회복으로 이 사건 매매계약에 따른 소유권이전등기의 말소등기절차의 이행을 구하였다. 법원은 甲이 이 사건 매매계약을 체결할 당시 이미 채무초과 상태에 있었고, 丙의 사해의사도 추정된다고 판단하여 乙의 청구를 전부 인용하였다. 丙은 자신이 선의라고 주장하였으나, 법원은 丙의 주장을 배척하였다.[126]

가 이 사건 차용금채무와 별개로 그 자체로 소멸시효가 완성하였다는 주장은 제기되지 아니하였다.

124) 대법원 2016. 3. 10. 선고 2015다248915 판결(상고심); 부산지방법원 2015. 11. 5. 선고 2015나40057 판결(항소심); 부산지방법원 2014. 6. 3. 선고 2014가단205382 판결(제1심). 제1심 판결은 공시송달에 의한 판결이고, 상고심 판결은 심리불속행 기각 판결이다.

125) 부산지방법원 2016. 4. 1. 선고 2015나40354 판결(항소심, 상고 없이 그대로 확정되었다); 부산지방법원 2014. 11. 27. 선고 2014가단205788 판결.

126) 丙은 이 사건 피담보채무가 시효로 소멸하였으므로 그 보전을 구하는 甲의 청구가 부당하다는 주장도 하였으나, 법원은 대상판결의 1심과 같은 법리를 설시하며 丙의 주장을 배척하였다. 즉, 시효이익의 포기는 상대적인 효과가 있을 뿐이기는 하나, 이는 어디까지나 문제된 시효이익의 포기 당시 이미 권리의 소멸에 의하여 직접 이익을 받을 수 있는 이해관계를 형성한 자들 사이에 그러하다는 것일 뿐, 시효이익의 포기 당시까지는 전혀 그러한 이해관계를 맺은 바 없다가 사후적으로 시효이익을 원용할 이해관계를 형성한 자에 대한 관계에까지 상대적인 효과가 있는 것은 아니라는 것이다.

이상의 사실관계를 종합하면, 채무자 甲은 이 사건 차용금채무에 관한 시효이익을 포기하고도 이 사건 차용금채무가 소멸시효완성으로 소멸하였다고 주장하며 채권자 乙을 상대로 이 사건 각 근저당권의 말소를 구하였다가 패소하여 그 패소판결이 확정되자, 곧바로 사해행위에 해당하는 이 사건 매매계약을 체결하여 이 사건 부동산을 제3취득자 丙에게 양도하였고, 악의인 丙이 乙을 상대로 재차 이 사건 각 근저당권의 말소를 구하는 소를 제기한 것임을 알 수 있다.

2. 소멸시효 원용권의 남용

가. 소멸시효와 신의칙

신의칙은 법제도 전반에 걸쳐 적용되는 법리로서, 소멸시효 제도에도 적용된다. 소멸시효 제도에서 신의칙은 주로 소멸시효 주장이 신의칙에 위반하여 권리남용에 해당한다는 형태의 법리로 작용하고 있다. 우리나라에서는 이에 관한 법리가 판례를 통하여 발전하여 왔고, 학계의 논의도 이에 기초하여 이루어지고 있다.[127]

나. 판례의 태도

판례가 처음 시효완성의 주장이 신의칙에 반하여 권리남용으로서 허용될 수 없다는 법리를 선언한 사건은 대법원 1994. 12. 9. 선고 93다27604 판결[공1995. 1. 15.(984), 434]이다. 이는 회사가 국가를 상대로 법인세부과처분취소소송을 제기하여 승소 확정되었고, 그 후 주주가 법인소득 중 누락분의 배당 또는 증여 간주에 기인한 자신에 대한 종합소득세 부과처분이 당연무효라는 이유로 납부세금의 반환을 구한 사안이다. 이

---

127) 학설상 소멸시효 제도에 신의칙이 적용될 수 있다는 견해가 대부분이다(민법주해, 409-410쪽; 주석민법, 512-513쪽). 다만, 신의칙의 기능 및 적용에는 한계가 있으므로 법적 안정성이라는 공익을 위한 최소한의 사권의 제한인 시효제도에까지 신의칙에 의하여 간섭하는 것에는 신중하여야 함을 전제로, 판례가 들고 있는 유형은 포괄적이어서 남용의 길을 트고 있으며, 판례가 열거하고 있는 모든 경우는 개별법 제도에 의하여 규율할 수 있다고 비판하는 견해가 있다(이영준, 앞의 책, 784-785쪽). 이에 대한 비판은 박찬익, 소멸시효에 있어서의 신의성실의 원칙, 민사판례연구 제29권, 박영사(2007), 300쪽 참조.

사안에서는 신의칙 위반 주장이 받아들여지지 않았으나, 판례는 이때부터 시효완성의 주장이 신의칙에 위반하여 권리남용이 될 수 있다고 하면서, 그에 해당할 수 있는 4가지 유형을 제시하였다.

이후 판례는, 채무자 미합중국이 채권자로 하여금 소 제기 등 시효 중단 조치가 불필요하다고 믿게 하고 채무자의 행정적 구제절차를 통하여 권리구제를 받도록 유인하는 행동을 한 이후 행정적 구제절차를 오래 끌면서 애초에는 채권자의 청구를 인용하는 결정을 하였다가 오류가 있는 재심결정에 의하여 채권자의 청구를 부정하였으며, 이후 채권자가 소를 제기하자 소멸시효를 주장한 사안에서, 채무자의 소멸시효 주장이 신의성실의 원칙에 반하는 권리남용으로서 허용되지 아니한다고 인정하여 채무자의 소멸시효 주장을 배척하는 최초의 판시를 하였다.[128]

판례가 소멸시효 주장이 신의칙에 위반하는 대표적 유형으로 들고 있는 4가지는 다음과 같다. '① 채무자가 시효완성 전에 채권자의 권리행사나 시효중단을 불가능 또는 현저히 곤란하게 하였거나, 그러한 조치가 불필요하다고 믿게 하는 행동을 한 경우, ② 객관적으로 채권자가 권리를 행사할 수 없는 장애사유가 있는 경우,[129] ③ 일단 시효완성 후에 채무자가 시효를 원용하지 아니할 것 같은 태도를 보여 권리자로 하여금 그와 같이 신뢰하게 한 경우,[130] ④ 채권자보호의 필요성이 크고, 같은

---

128) 대법원 1997. 12. 12. 선고 95다29895 판결[공1998상, 237].

129) 이 사유에 관하여는 채권자의 권리행사가 객관적으로 불가능하다면 '권리를 행사할 수 있는 때'를 시효의 기산점으로 규정한 민법 제166조 제1항의 반대해석상 애당초 소멸시효 자체가 진행되지 아니한다고 보아야 하고, 위와 같은 사유가 꼭 권리행사를 불가능하게 하지는 않지만 그렇다고 하여 시효완성의 불이익을 채권자에게 지우는 것이 부당하다고 느껴지는 사유를 지칭하는 것이라면 그 정도만으로 소멸시효 항변을 봉쇄하는 것은 부당하므로, 이 사유에 해당하는 사안은 기산점 문제로 해결하거나 ④ 유형으로 해결하되, 그러한 해결이 불가능한 경우에는 신의 칙에 위반되지 않는다고 보아야 한다는 비판이 있다(권영준, 앞의 글, 23-24쪽).

130) 이와 관련, 채무자가 소멸시효의 이익을 원용하지 않을 것 같은 신뢰를 부여한 경우에도 채권자는 그러한 사정이 있은 때로부터 상당한 기간 내에 권리를 행사하여야만 채무자의 소멸시효 항변을 저지할 수 있고, '상당한 기간' 내에 권리행사가 있었는지는 채권자와 채무자 사이의 관계, 신뢰를 부여하게 된 채무자의 행위 등의 내용과 동기 및 경위, 채무자가 그 행위 등에 의하여 달성하려고 한 목적과 진

조건의 다른 채권자가 채무의 변제를 수령하는 등의 사정이 있어 채무이
행의 거절을 인정함이 현저히 부당하거나 불공평하게 되는 등의 특별한
사정이 있는 경우에는 채무자가 소멸시효의 완성을 주장하는 것이 신의
성실의 원칙에 반하여 권리남용으로서 허용될 수 없다.'[131]

　판례가 제시한 4가지 유형은 일본의 판례와 학설을 통하여 제시된
유형들을 거의 그대로 수용한 것이다.[132] 4가지 유형을 중심으로 판례가

　정한 의도, 채권자의 권리행사가 지연될 수밖에 없었던 특별한 사정이 있었는지
여부 등을 종합적으로 고려하여 판단하여야 할 것이나, 신의성실의 원칙을 들어
시효완성의 효력을 부정하는 것은 소멸시효 제도에 대한 대단히 예외적인 제한에
그쳐야 할 것이므로, 위 권리행사의 '상당한 기간'은 특별한 사정이 없는 한 민법
상 시효정지의 경우에 준하여 단기간으로 제한되어야 하고, 불법행위로 인한 손해
배상청구의 경우 그 기간은 아무리 길어도 민법 제766조 제1항이 규정한 단기소
멸시효기간인 3년을 넘을 수는 없다고 판시한 판례가 있다. 대법원 2013. 5. 16.
선고 2012다202819 전원합의체 판결[공2013하, 1077] 등 다수.

131) 대법원 2011. 10. 13. 선고 2011다36091 판결[공2011하, 2344]; 대법원 2008. 9.
　11. 2006다70189 판결; 대법원 2002. 10. 25. 선고 2002다32332 판결[공2002하,
　2849]; 대법원 1997. 12. 12. 선고 95다29895 판결[공1998상, 237] 등 다수.
　　판례가 들고 있는 4가지 유형 중 앞의 두 가지는 '시효완성 전'의 사정에 관
　한 것이고, 뒤의 두 가지는 '시효완성 후'의 사정에 관한 것이라 설명하는 견해도
　있다[김시철, 국가배상청구에 대한 소멸시효 항변에 관한 신의성실의 원칙과 입법
　부작위 내지 입법과정에 의한 국가배상책임의 성립요건 등에 대하여, 대법원판례
　해설 제75호, 법원도서관(2008), 287쪽]. 문언상 ① 유형은 시효완성 전의 사정에
　관한 것으로, ③ 유형은 시효완성 후의 사정에 관한 것으로 볼 수 있다. 그러나
　②, ④ 유형의 경우는 문언상 어느 한 시점으로 한정하고 있다고 보기 어렵다. 또
　한, ② 유형에 해당하는 동시에 ④ 유형에도 해당한다는 취지의 판례(대법원
　2013. 3. 28. 선고 2010다108494 판결; 대법원 2011. 1. 11. 선고 2010다53419 판
　결: 불법수사로 인하여 허위자백을 하고 유죄판결을 선고받아 복역한 자와 그 가
　족들이 국가를 상대로 손해배상을 구한 사안에서, 무죄의 재심판결이 확정될 때까
　지 손해배상청구권을 행사할 수 없는 객관적인 장애가 있었다고 보아야 하고, 이
　와 같은 피해를 본 원고들을 보호할 필요성이 크고, 위헌적 불법행위로 국민의 인
　권을 중대하게 침해한 국가의 채무이행 거절을 인정하는 것은 현저히 부당하거나
　불공정한 결과를 가져오게 된다는 이유로 국가의 소멸시효 주장이 신의칙에 반하
　여 권리남용으로서 허용될 수 없다고 판단한 사례들이다)도 있는 점에 비추어 보
　면, ②, ④ 유형은 어느 한 시점을 상정한 것이라 단정할 수 없다.
132) 권영준, 앞의 글, 22쪽; 남효순, 일제징용 시 일본기업의 불법행위로 인한 손해
　배상청구권의 소멸시효남용에 관한 연구-대법원 2012. 5. 24. 선고 2009다68620
　판결-, 법학 제54권 제3호, 서울대학교 법학연구소(2013), 411쪽; 이주현, 채권자의
　권리행사가 객관적으로 불가능한 사실상의 장애사유가 있음에 불과한 경우 채무자
　의 소멸시효항변이 신의칙에 반한다는 이유로 허용하지 않을 수 있는지 여부, 대

어느 정도 축적됨에 따라, 학계에서도 소멸시효와 신의칙에 관한 구체적 사례를 논함에 있어서 해당 사례가 4가지 유형 중 어디에 포섭될 수 있는지 검토하는 방식이 많이 사용되고 있는데, 신의칙의 일반조항으로서의 성격에 비추어 볼 때 소멸시효 원용이 신의칙 위반에 해당하는 경우가 위 4가지 유형으로 한정되는 것은 물론 아니라고 할 것이다.

3. 검   토
가. 소멸시효 제도 운용에 있어 신의칙의 기능

소멸시효 제도는 법적 안정성을 위한 제도이지만, 동시에 의무자 보호도 목적으로 하고 있고, 소멸시효를 적용하는 과정에서 정당한 권리자에게 가혹한 희생이 발생하지 아니하도록 배려할 필요가 있는 제도이기도 하다. 따라서 의무자 보호의 필요는 적은 데 비하여 권리자에게 가혹한 결과가 초래될 수 있는 경우에는 시효소멸의 효과를 저지할 수 있도록 제도를 운용함이 바람직하다. 기산점, 시효 중단 및 정지, 원용권자의 범위, 시효이익의 포기 등 소멸시효 제도 자체에 내재되어 있는 법적 도구를 이와 같은 측면에서도 충분히 활용할 수 있으므로, 가급적이면 소멸시효 제도가 그 구체적 내용을 형상화하고 있는 이러한 도구를 활용하는 편이 나을 것이다. 그러나 이러한 도구는 그 내용과 법리가 어느 정도 정립되어 있기 때문에 유연성이 부족할 수 있다. 한 사안의 구체적 타당성을 꾀하다가 법리가 뒤집어질 수 있기 때문이다.[133) 이때 보충적

법원판례해설 제42호, 법원도서관(2003), 573-574쪽에서는, 우리나라에서 시효원용이 신의칙에 반하여 권리남용에 해당할 수 있다는 최초의 판시를 한 대법원 1994. 12. 9. 선고 93다27604 판결[공1995. 1. 15.(984), 434]의 연구보고서로 보이는 판례평석[한강현, 소멸시효의 주장이 권리남용에 해당하는가, 민사재판의 제문제 제9권, 민사실무연구회(1997)]을 보면, 신의칙에 위반한 4가지 유형에 관한 내용은 半田吉信, 消滅時效の援用と信義則, ジュリスト 872號, 有斐閣(1986)의 내용과 거의 흡사하다고 한다.

133) 이주현, 앞의 글, 581쪽에서는, 소멸시효 제도 운용에 있어서 신의칙을 활용하는 방안의 장점에 관하여, '기산점을 늦추는 방안이 기존의 시효 이론을 완전히 뒤집는 결과가 될 위험성이 클 뿐 아니라, 근거도 별로 없는 이론을 펼쳐야 하는 반면, 이와 같이 피고의 시효원용을 신의칙에 반하여 허용될 수 없는 것이라고만 한

으로 기능할 수 있는 것이 신의칙이다.[134) 다만, 일반규정인 신의칙을 통하여 소멸시효 제도가 구체적 타당성을 잃지 않도록 운용함에 있어서는 엄격한 신중함이 요구된다. 신의칙은 어디까지나 보충적이고 예외적인 도구로서, 구체적 타당성의 요청이 법적 안정성에 대한 요청을 압도하는 예외적인 경우에만 이를 활용하여야 할 것이다.

나. 대상판결 사안에 대한 검토

대상판결의 사안은 이미 소멸시효이익을 포기한 채무자가 시효이익을 주장하면서 채권자를 상대로 소를 제기하였다가 패소하자, 사해행위를 통해 제3취득자에게 이 사건 부동산을 양도한 이후 악의의 제3취득자가 채권자를 상대로 같은 내용의 소를 제기한 사례이다. 채무자가 전소 패소판결의 기판력을 피하고 원하는 결과를 얻기 위하여 제3취득자와 모종의 거래하에 이 사건 부동산을 양도하였고, 그에 따라 제3취득자가 시효이익 원용권을 행사하였음을 짐작할 수 있다.[135)

채권자 乙은 이 사건 차용금채무를 변제받지 못한 상황이었고, 소멸시효이익을 포기한 채무자 甲을 상대로 재차 소멸시효가 완성되기 이전에 대여금 청구의 소를 제기하여 권리행사를 하였음에도, 甲이 사해행위

다면, 그 위험성은 많이 줄어들 것이다. 즉, 우선 신의칙이라는 일반 이론에 의하여 피고의 시효항변을 배척하는 것이므로, 시효의 기산점에 관한 기존이론을 허물지 않고도 문제를 해결할 수 있을 뿐 아니라, 다른 사건에 있어서는 사정이 다르다는 이유를 들어 이 사건 판결의 법리를 일반화하는 것을 쉽게 막을 수 있다'고 한다.

134) 이와 관련하여 권영준, 앞의 글, 9쪽에서는 신의칙의 적용에 관한 두 가지 시사점을 제시하고 있다. 즉, 당해 제도 내부에 정의나 형평에 대한 고려가 담겨져 있는 경우에는 가급적 그 제도 내부의 메커니즘을 통하여 그 고려가 우선적으로 실현될 수 있도록 하여야 하고, 그 실현이 불가능하거나 현저히 곤란할 때 비로소 신의칙이 개입하여야 하며(신의칙의 보충성), 일단 신의칙이 개입하게 되었다면, 신의칙은 본래의 제도가 실질적으로 지향하는 형평상태를 구현할 수 있도록 미세하고 유연하게 조정하는 기능을 수행하여야 한다(신의칙의 유연성).

135) 한편, 앞서 본 대로 채권자 乙이 제3취득자 丙을 상대로 제기한 사해행위취소 소송에서 乙이 승소하여 이 사건 매매계약이 취소되었고, 그렇다면 애초에 丙은 乙과의 관계에 있어 제3취득자의 위치에 있지 아니하다고 볼 여지도 있다. 그런데 乙과 丙 사이의 사해행위취소 소송은 대상판결이 선고된 이후에야 확정되었기 때문에, 대상판결에서는 丙이 제3취득자 자체가 아니라고 판단하기는 어려운 상황이었다.

를 함으로써 제3취득자이자 수익자인 丙이 소멸시효이익을 원용할 경우
이 사건 차용금채무에 관한 주된 담보이자 채무자의 거의 유일한 책임재
산을 상실하게 될 상황에 처하였다. 이러한 상황은 채무자가 적극적으로
작출한 것으로서 제3취득자도 이에 가담하였다고 볼 수 있는 상태이다.
이와 같은 사실관계 아래서 乙이 丙을 상대로 담보권을 행사할 수 없다
고 하는 것은 채권자에게 가혹하다.

대상판결 사안의 경우 기산점, 시효 중단, 정지, 원용권자의 범위,
시효이익의 포기와 같은 일반적 도구를 이용함으로써 권리자에 대한 가
혹한 결과를 방지하기 어렵다. 기산점이나 시효 중단, 정지는 대상판결
사안에서 별 문제가 되지 아니하고, 앞서 본 바와 같이 시효이익 포기,
원용권자의 제한을 통하여 저당부동산 제3취득자가 원용권자가 아니라거
나 그에게 채무자의 시효이익 포기의 효력이 미친다고 보는 것은 무리이
다. 그러므로 대상판결 사안에서 정당한 권리자에게 가혹한 결과를 방지
하려면 제3취득자의 시효이익 원용이 신의칙에 위반하여 권리남용에 해
당한다고 법리를 구성함이 타당하다.[136]

대상판결 사안은 판례의 법리에서 제시하고 있는 4가지 유형의 전형
적인 모습은 아니지만,[137] 판례가 소멸시효 주장이 신의칙에 위반되는 경
우를 해당 유형에 전형적으로 포섭되는 경우로 한정하려는 것이라 볼 수
는 없다. 소멸시효 제도 운영에 있어서 신의칙의 역할 자체가 일률적인
소멸시효의 적용으로 구체적 사실관계에 따라 정당한 권리자에게 가혹한
결과가 발생하는 일을 방지하는 데 있으므로, 신의칙이 적용되는 모습은
사안에 따른 유동적일 수 있다.

---

136) 양창수, 각주 41)의 글에서는 대상판결의 사실관계에 비추어 볼 때 "소송신탁 또
   는 신의칙 등의 관점에서 법적으로 어떻게 평가할 것인가 하는 점은 음미의 여지
   가 있을 듯하다"라고 평하고 있다.
137) 4가지 유형 중에서 분류한다면, 일반적 유형이라 할 수 있는 ④ 유형에 속한다
   고 보아야 할 것이다(권영준, 앞의 글, 24쪽에서는 ④ 유형을 ① 내지 ③ 유형에
   속하지는 않지만 채권자와 채무자 사이의 이익형량 결과 채무자의 소멸시효완성
   주장을 도저히 받아들이기 어려운 나머지 사건들을 포괄하는 일종의 '기타' 유형이
   라고 이해한다).

결국 대상판결 사안에 있어서는 제3취득자의 시효이익 원용권 행사가 그 구체적인 사실관계에 비추어 신의칙에 위반되어 권리남용에 해당한다고 보아 청구를 기각하면 충분하다고 생각한다. 당사자의 주장이 신의칙에 위반되는지는 법원의 직권조사사항이므로, 대상판결 사안에서 채권자가 그와 같은 주장을 하지 아니하였더라도 법원으로서는 충분히 신의칙에 근거하여 판단할 수 있었다. 대상판결은 이와 달리 소멸시효 제도에 있어서 이미 그 법리가 상당 부분 정립되어 있는 도구로서, 신의칙에 비하면 훨씬 일률적으로 적용될 수밖에 없는 시효이익 포기와 원용권자의 범위에 관한 법리를 흔드는 방식으로 사안에 접근함으로써 다소 무리한 판시에 이른 것이 아닌가 생각한다.

VII. 結　論

대상판결은 채무자의 소멸시효이익 포기 후 법률관계를 형성한 제3취득자의 지위에 관하여 두 가지 측면의 새로운 판시를 담고 있다. 먼저 채무자의 소멸시효이익 포기 후 채무자와 법률관계를 형성한 제3취득자는 소멸시효 원용권자가 될 수 없다는 것이다. 그러나 채무자의 소멸시효이익 포기 시점 전인지 후인지 또는 법률관계를 형성한 상대방이 누구인지에 따라 제3취득자의 법적 지위가 달라지지 않고, 소멸시효 제도의 취지에 비추어 볼 때 채무자의 소멸시효이익 포기 후 채무자와 법률관계를 형성한 제3취득자에게 원용권을 인정한다고 하여 권리자에게 가혹하다거나 제3취득자가 부당한 이익을 보게 된다고 할 수도 없다. 따라서 기존 판례 법리를 비틀어 채무자의 시효이익 포기 시점이나 법률관계를 형성한 상대방을 기준으로 하여 제3취득자의 원용권자로서의 지위를 부정할 이유가 없다. 다음으로 소멸시효이익 포기의 효력이 원래 상대적이지만 채무자의 소멸시효이익 포기 후 채무자와 법률관계를 형성한 제3취득자에게는 채무자의 시효이익 포기의 효력이 미칠 수 있다는 것이다. 그러나 채무자의 시효이익 포기는 상대적 효력만 가지는 것으로, 대상판결의 판시는 상대적 소멸설과 절대적 소멸설 중 어느 학설의 시효이익 포기에 관한 설명에 따르더라도 도출하기 어려운 결론이다. 대상판결은 사후에 시효이익을 이미 포기한 자와의 법률관계를 통하여 비로소 시효이익을 원용할 이해관계를 형성한 자에게 채무자의 시효이익 포기에도 불구하고 원용권을 행사하게 하면 시효완성을 둘러싼 법률관계를 사후에 불안정하게 만들 수 있다는 점을 핵심적인 논거로 들고 있지만, 대상판결과 같이 시효소멸의 원용권자 범위를 제한하는 해석이 오히려 소멸시효 제도가 본래 예정한 법적 안정성을 흔드는 결과를 낳을 수 있다. 대상판결 사안에 대하여는 시효이익 포기나 원용권자의 범위 문제로 접근하기보다는 원용권의 남용 문제로 접근하는 것이 더 나은 법적 해결책이라 생각한다. 소멸시효 제도는 법적 안정성, 즉 적절한 시점에서 법적 분쟁을 종결짓는 데 가장 큰 근거를 두고 있지만, 그 운용과정에서 정당한 권리자에게 가혹한 결과가 초래되지 않도록 신의칙을 적절히 활용할 필요가 있다. 신의칙은 소멸시효 제도에서 활용할 수 있는 여러 법적 도구들 중 가장 유연성이 높은 도구이기 때문에, 독특한 사실관계를 가지고 있는 대상판결 사안에서 타당한 결론을 도출하는 데 더 적합하다.

[Abstract]

Legal status of a third party purchaser of mortgaged real property who made a legal relationship after the debtor of the secured debt waived the right to claim extinctive prescription

Jang, Du Young*

The judgment of the Supreme Court of Korea in this paper deals with the issue of a third party purchaser of mortgaged real property who acquired the real estate from the debtor of the secured debt after the debtor waived his/her right to claim extinctive prescription. The judgment states that the third party purchaser cannot deny the effects of the debtor's waiver, therefore cannot claim extinctive prescription.

It can be construed that (1) a third party purchaser of mortgaged real property who enters into a legal relationship with the debtor of the secured debt after the debtor waived his/her right to claim extinctive prescription has no right to claim extinctive prescription, and (2) the debtor's waiver may affect to the right to claim extinctive prescription of a third party purchaser in certain conditions. However, this judgment does not correspond with existing judicial precedents and conventional theories about extinctive prescription.

Extinctive prescription system mainly emphasize legal stability. In making a decision whether a third party purchaser has the right to claim extinctive prescription, legal instability is bound to increase if courts start to consider 'when' a third party purchaser of mortgaged real property made a

---

* Judge, Wonju Branch of Chuncheon District Court.

legal relationship, or 'from whom' the third party purchaser acquired the real estate. Therefore it would be against the purpose of extinctive prescription system. The legal status of a third party purchaser of mortgaged real property is irrelevant to when the third party purchaser purchased the real estate, or who the transferor is. There is no reason for treating the third party purchaser differently with respect to those conditions.

According to the current orthodoxy, in spite of a debtor's waiver of his/her right to claim extinctive prescription, the third party's right to claim extinctive prescription remains unaffected. Such was the stance which could be found across all the opposing theories about the effects of completion of extinctive prescription period, namely the absolute extinction theory and the relative extinction theory.

The judgment argues that, if a third party purchaser of mortgaged real property who acquired the real estate after the debtor waived his/her right to claim extinctive prescription is allowed to claim extinctive prescription individually, it would cause legal instability. However, extinctive prescription system expect that rights would become extinct after considerable period of time, and such results themselves are the legal stability that the system aims. Should the third party purchaser be barred from claiming extinctive prescription, the right would subsist between the third party purchaser and the creditor, which would lead to continued and expanded disputes surrounding that right. It cause instability of the legal relationship.

The case before this judgment had special notable facts. The debtor first claimed that the secured debt has been extinguished by the completion of extinctive prescription period, and sought to terminate the mortgage against the creditor. The debtor lost the suit, then the debtor transferred the real estate with mortgage to another person with malice, and the transfer was deemed as a fraudulent act. After that the transferee filed a lawsuit against the creditor to terminate the mortgage again. In consideration of the above circumstances, the transferee's claim of extinctive prescription to terminate the mortgage might constitute a violation of principle of good faith and an abuse of the right. Thus, as a result, it is right to dismiss the transferee's claim in this judgment. However, much doubt exists in the judgment's ruling that the transferee has no right himself/herself to claim extinctive prescription, and that the debtor's waiver affects the rights to claim extinctive prescription of the third party purchaser. Instead, the principle of good faith should have been applied to dismiss the transferee's claim.

[Key word]

- the right to claim extinctive prescription of a third party purchaser
- third parties who have the right to claim extinctive prescription
- waiver of the right to claim extinctive prescription
- extinctive prescription and the principle of good faith
- abuse of a claim for extinctive prescription

참고문헌

[단 행 본]

곽윤직·김재형, 민법총칙〔민법강의 Ⅰ〕제9판, 박영사(2013).

고상룡, 민법총칙[제3판], 법문사(2003).

김상용, 민법총칙[제3판], 화산미디어(2014).

백태승, 민법총칙[제6판], 집현재(2014).

사법연수원, 요건사실론(2015).

이영준, 민법총칙 개정증보판, 박영사(2007).

이은영, 민법총칙 제5판, 박영사(2009).

편집대표 곽윤직, 민법주해〔Ⅲ〕총칙(3), 박영사(1992).

편집대표 김용담, 주석민법 [총칙(3)], 한국사법행정학회(2010).

[논　　문]

권영준, "소멸시효와 신의칙", 재산법연구 제26권 제1호, 법문사(2009).

김문희, "소멸시효완성의 효과를 원용할 수 있는 자의 범위-대법원 2007.
　　11. 29. 선고 2007다54859 판결-", 판례연구 제20집, 부산판례연구회
　　(2009).

김병선, "시효원용권자의 범위", 민사법학 제38호, 한국사법행정학회(2007).

김세진, "시효이익의 포기에 관한 판례 분석과 그 이론구성에 관한 시론", 재판과
　　판례 제5집, 대구판례연구회(1996).

김시철, "국가배상청구에 대한 소멸시효 항변에 관한 신의성실의 원칙과 입법
　　부작위 내지 입법과정에 의한 국가배상책임의 성립요건 등에 대하여",
　　대법원판례해설 제75호, 법원도서관(2008).

김영희, "소멸시효에 관한 역사적 고찰-Savigny의 견해를 중심으로-", 법사학
　　연구 제31호, 한국법사학회(2005).

김진우, "소멸시효와 제척기간", 재산법연구 제25권 제3호, 숭실대학교법학연
　　구소(2009).

남효순, "일제징용 시 일본기업의 불법행위로 인한 손해배상청구권의 소멸시효
　　남용에 관한 연구-대법원 2012. 5. 24. 선고 2009다68620 판결-", 법학

제54권 제3호, 서울대학교 법학연구소(2013).

노재호, "소멸시효의 원용-원용권자의 범위와 원용권자 상호간의 관계를 중심으로-", 사법논집 제52집, 법원도서관(2011).

박영규, "사법상의 권리행사기간", 민사법학 제18호(2000).

박운삼, "사해행위의 수익자와 취소채권자의 채권의 소멸시효의 원용-대법원 2007. 11. 29. 선고 2007다54849 판결-", 판례연구 제21집, 부산판례연구회(2010).

박찬익, "소멸시효에 있어서의 신의성실의 원칙", 민사판례연구 제29권, 박영사(2007).

안영율, "소멸시효의 원용권자의 범위", 대법원판례해설 제24호, 법원도서관(1996).

양창수, "소멸시효완성의 효과", 고시계, 고시계사(1994).

_____, "유럽계약법원칙의 소멸시효규정-우리 민법에의 시사를 덧붙여-", 민법연구 제8권, 박영사(2005).

_____, "사비니의 소멸시효론", 민법산책, 박영사(2007).

_____, "채무자의 시효이익 포기는 그 후의 저당부동산 제3취득자에 대하여도 효력 미치는가", 법률신문 제4338호(2015. 7. 27.).

우성엽, "소멸시효완성 후 채무를 승인한 경우 시효이익의 포기 여부", 재판과 판례 제23집, 대구판례연구회(2015).

윤진수, "소멸시효완성의 효과", 한국민법이론의 발전: 총칙·물권편 I, 박영사(1999).

_____, "소멸시효론", 한국 민법학의 재정립-청헌 김증한 교수의 생애와 학문세계, 경인문화사(2016).

이주현, "채권자의 권리행사가 객관적으로 불가능한 사실상의 장애사유가 있음에 불과한 경우 채무자의 소멸시효항변이 신의칙에 반한다는 이유로 허용하지 않을 수 있는지 여부", 대법원판례해설 제42호, 법원도서관(2003).

이충은, "소멸효제도의 개선방안에 관한 입법론적 연구", 박사학위논문(2011).

이충훈, "소멸시효완성의 효과에 관한 소고", 인천법학논총 제6집, 인천대학교 법과대학법학연구소(2003).

장석조, "소멸시효 항변의 소송상 취급", 법조 통권 제508호, 법조협회(1999).

최수정, "소멸시효법의 개정동향", 세계화 시대의 법·법률가, 한국법학교수회(2002).

我妻榮, "抵當不動産の第3取得者の時效援用權", 民法硏究II 總則, 有斐閣(1966).

星野英一, "時效に關する覺書, 4·完: その存在理由を中心として", 法學協會
雜誌 90卷 6號, 東京大學法學協會(1973).

松久三四彦, "時效援用權者の範圍", 金融法務事情 1266號(1990. 10. 5.), 金融
財政事情硏究所.

森田宏樹, "時效援用權者の劃定基準について(1)", 法曹時報 54卷 6號, 法曹會
(2002).

_____, "時效援用權者の劃定基準について(2·完)", 法曹時報 54卷 7號, 法曹
會(2002).

집합건물 신축시공자에 대한 구분소유자의 하자담보책임 추급가능성

― 大法院 2011. 12. 8. 宣告 2009다25111 판결 (公2012上, 107) ―

이 준 형*

■요　지■

　　집합건물의 소유 및 관리에 관한 법률(2012. 12. 18. 법률 제11555호로 일부개정되기 전의 것) 제9조 제1항은 집합건물을 '건축하여 분양한 자'의 담보책임에 관하여 규정하고 있었는바, 대상판결에서는 집합건물의 신축시공자가 여기에 해당하는지가 다투어졌다. 원고는 상고이유에서 이 사건 시공자는 단순한 도급인과 수급인의 관계에 그치지 않고 건설·분양을 공동으로 시행한 공동사업주체이고 나아가 주도적으로 이를 지배한 실질적 분양자라고 주장하였으나, 대법원은 시공자가 소유권이전의무를 인수하는 등의 특별한 사정이 없는 한 동조의 담보책임은 분양자만이 부담한다고 보고 상고를 기각하였다.

　　본고는 大判 2003. 2. 11. 2001다47733에서 대법원이 보여 준 적극적 태도가 대상판결에서는 나타나지 않았음을 지적하면서 구분소유자가 시공자를 상대로 담보책임을 물을 수 있는 가능성을 살펴보았다. 먼저 실무에서 인정되고 있는 대위청구에 위 2001다47733 판결의 법리를 투영하여 분양자가 시공자와 사이의 도급계약에 기하여 원시적으로 취득하는 하자담보추급권은 분양자와 분양계약을 체결한 수분양자와 그의 승계인들에게 소유권과 함께 승

---

* 한양대학교 법학전문대학원 교수, 법학박사.

계된다고 볼 수 있고, 그러한 관점이 기존의 논의에 어떠한 변화를 가지고 올지를 검토하였다. 다음으로 최근 나온 외국 판례(일본의 2007년 및 2009년 최고재판소판결)의 내용을 비판적으로 살펴보고 우리에게 시사하는 바를 정리하였다. 끝으로 2013. 6. 19. 새로 시행된 집합건물법에 어떠한 변화가 있었는지를 개관한 후, 앞으로의 과제를 전망하였다.

[주 제 어]
- 집합건물의 소유 및 관리에 관한 법률
- 구분소유자에 대한 분양자의 담보책임
- 법문에 반하는 해석
- 담보추급권의 법정승계
- 수급인의 하자로 인한 불법행위책임

대상판결 : 大法院 2011. 12. 8. 宣告 2009다25111 판결(公2012上, 107)

[사실관계 및 소송의 경과][1]

I. 사실관계

1. 이 사건의 원고와 피고

원고는 소외 부광종합건설 주식회사(이하 '시행사')가 분양한 부산 금정구 소재 2개동 476세대 규모의 금강부광아파트(이하 '이 사건 아파트')의 입주자대표회의이고, 피고1은 시행사와 1997. 5. 19. 2건의 의무하자보수보증계약(이하 '이 사건 각 보증계약')[2]을 체결한 대한주택보증 주식회사(이하 '주택보증'), 피고2는 시행사로부터 이 사건 아파트 공사를 1993. 12. 3. 도급받아 1997. 4. 30.경 이를 완공한 주식회사 케이씨씨건설(이하 '시공사')이다.

2. 사용검사 및 입주

시행사는 주택보증이 발급한 보증서를 사용검사권자에게 제출하고 1997. 5. 30. 사용검사를 받았다. 그 무렵 이 사건 아파트에 주민들이 입주하였고, 그 후 이 사건 아파트에 입주자대표회의인 원고가 결성되자 보증채권자 명의는 원고로 변경되었다.

보증대상(보증기간 동안 발생한 하자[3])에 대하여 주채무자(시행사)가 관계법령[4]에 따라 그 하자보수이행을 청구받았음에도 불구하고 이를 이행하지 아니함으로써 보증채권자(원고)가 입은 손해에 대하여 보증서 및 약관의 기재내용에 따라 보증금액을 한도로 주택보증이 보상하기로 한다.

한편 사용검사일이 1997. 5. 30.로 정해짐에 따라 이 사건 각 보증계약의 보증기간은 2000. 5. 29.까지(3년짜리), 2007. 5. 29.까지(10년짜리)로 정해졌다.

---

1) 대상판결에 대한 재판연구관의 검토보고서인 것으로 짐작되는 김미리, "집합건물의 시공자가 구 집합건물의 소유 및 관리에 관한 법률 제9조에 의한 분양자의 하자담보책임을 부담하는지 여부 및 상행위인 건설도급계약에 기한 수급인의 하자담보책임의 소멸시효기간", 대법원판례해설 제89호(2001년 하반기), 법원도서관, 2012년, 516–520면【사건의 개요】부분도 참조.
2) 이 사건 각 보증계약의 보증기간은 사용검사일부터 3년간과 10년간이다.
3) 따라서 사용검사일 이전에 발생한 하자는 보증대상에서 제외된다.
4) 당시 관계법령은 공동주택관리령이다.

3. 하자발생과 하자보수의 실패

부실시공 등으로 많은 하자가 발생하여 원고가 시행사에게 그 책임을 추궁하였으나, 시행사는 주민들이 입주한 뒤 얼마 지나지 않아 부도가 났다. 이에 원고는 1999. 6. 12.부터 2002. 3. 7.까지 여러 차례 시공자에게, 그리고 2001. 2. 9.부터 2002. 1. 22.까지 여러 차례 주택보증에 하자보수를 요청하였다.

시공사의 일부 하자보수에도 불구하고 이 사건 아파트에는 사용검사일 이전에 발생하였거나 사용검사일로부터 3년 이내에 발생한 하자가 여전히 존재하고, 그 보수에는 상당한 비용이 소요된다.

4. 소송계속 중 권리양도 및 청구변경

원고는 당초 자신이 직접 시행사에 대하여 구 집합건물의 소유 및 관리에 관한 법률(2003. 7. 18. 법률 제6925호로 일부개정되기 전의 것, 이하 '집합건물법')상 하자보수에 갈음하는 손해배상청구권을 가진다는 전제 아래 2003. 1. 10. 이 사건 소를 제기하였는데, 그 소송 도중에 자신이 그 권리의 귀속주체가 아니라는 법리가 분명하여지자, 원심 소송계속 중 이 사건 아파트의 구분소유자들 중 일부(총 476세대 중 357세대)로부터 하자보수에 갈음하는 손해배상청구권 일체를 양도받은 후 청구원인을 양수금으로 변경하는 준비서면을 2006. 4. 4. 원심법원에 처음으로 제출하였다.

II. 이 사건 청구의 내용

원심에서는 ① 먼저 시공사(피고2)에 대한 주위적 청구로서는 원고가 구분소유자들로부터 양수한, 집합건물법상 시공자에 대한 하자보수에 갈음하는 손해배상청구권에 기한 양수금을 청구하고,[5] ② 시공사(피고2)에 대한 예비적 청구로서는 구분소유자들이 분양자(시행사)에 대하여 가지는 집합건물법상 하자보수에 갈음하는 손해배상청구권을 양수한 원고가, 시행사에 대한 대

---

5) 원래 제1심에서의 주위적 청구는 '원고가 이 사건 아파트의 입주자대표회의의 지위에서 직접 시공사에 대하여 집합건물법상 하자보수에 갈음하는 손해배상청구권을 가지고 있음을 전제로 한 손해배상청구'였으나 그와 같은 청구가 불가능함을 확인한 후 원심에는 본문의 내용과 같이 청구를 교환적으로 변경하였다.

위채권자의 지위에서 양수한 권리를 피보전채권으로 하여 채무자(시행사)가 이 사건 아파트의 신축을 도급 준 피고2(시공사)에 대하여 가지는 피대위권리인 도급계약에 기한 하자보수에 갈음하는 손해배상청구권을 대위행사하는 채권자대위청구를 하였다.[6) 그리고 끝으로 ③주택보증(피고1)에 대한 청구로는 이 사건 각 보증계약에 기한 보증금 지급청구가 있었다.

Ⅲ. 원심[서울高判 2009. 2. 18. 2004나58309(未刊行)]의 판결요지[7)

원심은 ① 먼저 시공사(피고2)에 대한 주위적 청구에 대해서는, 피고2(시공사)가 집합건물법상 하자담보책임을 부담하는 '건축하여 분양한 자'에 해당하지 않는다는 이유로 청구를 기각하였고, ② 시공사(피고2)에 대한 예비적 청구에 대해서는, 원고의 당초 채권자대위청구는 대위채권자의 지위에 있지 아니한 무권리자의 청구로서 그로 인하여 피대위권리에 대한 시효중단의 효력이 생길 수 없다 할 것이고, 특별한 사정이 없는 한 피보전채권을 양도받아 정당한 대위채권자의 지위에서 권리를 행사한 준비서면 제출일(2006. 4. 4.)에 비로소 피대위권리(시행사의 시공사에 대한 도급계약에 기한 하자보수에 갈음하는 손해배상청구권)에 대하여 재산상 청구에 따른 시효중단의 효과가 발생한다. 그런데 원고가 정당한 대위채권자의 지위에서 제3채무자인 피고2(시공사)를 상대로 피대위권리를 행사하기 시작한 날(2006. 4. 4.)은, 피대위권리(시행사의 시공사에 대한 도급계약에 기한 하자보수에 갈음한 손해배상청구권)와 관련하여 그 도급계약에 따른 담보책임의 대상으로 약정한 하자

---

6) 이 또한 원래 제1심에서는 '원고가 이 사건 아파트의 입주자대표회의의 지위에서 직접 분양자(시행사)에 대하여 가지는 집합건물법상의 하자보수에 갈음하는 손해배상청구권을 가지고 있음을 전제로, 시행자에 대한 원고의 권리를 채권자대위의 피보전채권으로 하여, 채무자(시행자)가 이 사건 아파트의 신축을 도급 준 시공사(피고2)에 대하여 가지는 피대위권리인 도급계약에 기한 하자보수에 갈음하는 손해배상청구권을 대위행사하는 채권자대위청구'였으나 위 주 5)와 같은 사정으로 원심에서 청구를 교환적으로 변경한 것이다.

7) 그 밖에도 피고2(시공사)측은 원고의 주위적, 예비적 청구에 대하여 "원고와 위 구분소유자들 사이의 채권양도양수는 법률상 금지된 소송신탁에 해당되므로, 위 각 청구가 받아들여져서는 안 된다"고 주장하였으나, 원심법원은 "양도 경위, 방식, 시기, 양도인인 구분소유자들과 양수인인 원고의 관계, 하자보수의 효율성 등 제반 사정을 종합해 보면, 구분소유자들로부터 원고에게 한 손해배상채권의 양도는 소송행위를 하게 하는 것이 주목적이라고는 볼 수 없으므로, 피고 회사의 위 주장은 이유 없다"고 판단하였다.

의 발생기간 만료일(2000. 5. 30.)로부터 기산하더라도[8] 5년의 상사소멸시효 기간이 이미 모두 도과하였음이 역수상 명백하여 그 소멸시효가 완성하였다 는 이유로 역시 그 청구를 기각하였다. ③ 끝으로 주택보증(피고1)에 대한 청구에 대해서는, 피고1은 원고(보증채권자)에게 이 사건 각 보증계약에 따라 그 보증금액의 범위 내에서 그 보증대상(하자발생기간 내에 발생한 하자)에 대하여 하자보수보증금을 지급할 의무가 있다고 보고 이를 일부 인용하였다.

IV. 원고의 상고이유 요지[9]

1. 시공사(피고2)에 대한 주위적 청구관련 상고이유 제1점

원고는 시공자가 집합건물법상 하자담보책임을 부담하는 주체인 '건축하 여 분양한 자'에 해당한다고 주장하면서 다음 두 가지 근거를 제시하였다.

가. 시행사와 피고2(시공사)는 단순한 도급인과 수급인의 관계에 그치는 것이 아니라 구 주택건설촉진법령에 의하여 이 사건 아파트 건설·분양사업 을 공동으로 시행한 공동사업주체의 지위에 있다고 볼 수 있다.

나. 피고2(시공사)는 시행사를 형식상의 분양자 내지 시행사로 내세우고

---

8) 원래는 하자보수에 갈음하는 손해배상청구권의 소멸시효 기산점은 (목적물의 인 도를 전제로) 원칙적으로 하자발생시점으로 보는 것이 대법원판례의 태도로서 大判 2009. 2. 26. 2007다83908(公2009上, 407)에 따르면 '각 하자가 발생한 시점부터 별 도로 진행'한다[학설로서는 이미 진무성, "집합건물 하자담보책임과 관련한 법률적 쟁점", 인권과정의 제356호(2006년 4월), 대한변호사협회, 177면이 이러한 견해를 주장하였다]. 이러한 판례는 학설의 지지를 받는 듯하다(손병원, "집합건물의 하자 담보책임", 재판과 판례 제19집, 대구판례연구회, 2010. 12, 249면에 따르면 '소멸 시효는 권리를 행사할 수 있는 때부터 당연히 진행하며 하자가 발생한 사실을 몰 랐다는 점은 법률적 장애라 할 수 없으므로'라고 설명한다).
    그러나 원심은 소멸시효의 기산점을 도급계약에서 약정한 하자발생기간 만료일 로 보았다. 이에 대하여 대상판결은 아무런 지적도 하고 있지 않은데, 이는 "하자 발생기간의 만료일은, 그 권리가 성립할 수 있는 대상하자의 발생시점으로 약정된 최후의 시점이므로, 구태여 번거롭게 그 권리가 성립한 개별적·구체적 하자발생 시점으로부터 시효기간을 기산해야 할 아무런 이유가 없"고 "권리의 소멸시효 기 산점에 관한 원심의 위와 같은 법리오해의 잘못은 이 사건의 판결결과에 아무런 영향이 없다 할 것이고, 이 부분에 관하여 당사자가 상고이유로 다투고 있는 것도 아니"기 때문이다[김미리(주 1), 519의 주 1].
9) 그 밖에도 피고1(주택보증)에 대한 상고이유 제3점으로 원심의 조치 내지 판단 (원심 감정인에 대한 원고의 사실조회신청을 기각하는 한편, 제1심 감정결과를 별 다른 설시 없이 배척하고 원심 감정결과만을 근거로 하자보수보증금의 액수를 산 정)에 대한 심리미진, 자유심증주의 및 채증법칙 위배 등의 잘못을 지적하였다.

이 이면에서 이 사건 아파트의 신축 및 분양과정을 주도적으로 지배하여 온 실질적 개발·분양주체 내지 실질적인 분양자라고 할 수 있다.

2. 시공사(피고2)에 대한 예비적 청구관련 상고이유 제2점

원고는 비록 시공사와 시행사 사이의 이 사건 도급계약이 상행위에 해당한다고 하더라도 그에 대하여는 5년의 상사시효가 아니라 10년의 민사시효가 적용되는 것으로 보아야 한다고 하면서, 그 이유로서 도급계약에 기한 하자보수에 갈음하는 손해배상청구권은 일반 상거래관계에 있어서와 같이 정형적으로나 신속하게 해결할 필요가 있다고 볼 수 없다고 주장하였다.

V. 대상판결[大判 2011. 12. 8, 2009다25111(公2012上, 107)]의 판결요지[10]

1. 대법원은 먼저 상고이유 제1점(집합건물의 시공자가 집합건물법 제9조에 의한 분양자의 하자담보책임을 부담하는지 여부)에 대해서는, 집합건물법 제9조는 집합건물 '분양자'의 하자담보책임에 관하여 규정하고 있을 뿐이므로, 집합건물의 시공자는 그가 분양계약에도 참여하여 분양대상인 구분건물에 대하여 분양에 따른 소유권이전의무를 부담하는 분양계약의 일방 당사자로 해석된다는 등의 특별한 사정이 없는 한 집합건물법 제9조에 의한 하자담보책임을 부담하는 것으로 볼 수 없다고 하면서 이를 물리쳤다.

2. 다음으로 상고이유 제2점(상행위인 건설도급계약에 기한 수급인의 하자담보책임의 소멸시효기간)에 대하여 대법원은, 건설공사에 관한 도급계약이 상행위에 해당할 경우는 그 도급계약에 기한 수급인의 하자담보책임은 상법 제64조 본문에 의하여 원칙적으로 5년의 소멸시효에 걸린다고 보았다.

---

10) 그 밖에도 상고이유 제3점(위의 주 8 참조)에 대해서는 "증거신청의 채택 여부는 법원의 합리적 재량에 속하는 사항이고, 채택된 증거방법에 대한 증거조사 결과에 관한 가치판단 역시 논리와 경험칙에 반하지 아니하는 한 사실심법원의 전권에 속하는 사항인바, 원심이 그 감정인에 대한 원고의 사실조회신청을 기각하는 한편으로 제1심 감정 결과를 별다른 이유설시 없이 배척하고 원심 감정 결과만을 근거로 하자보수보증금의 액수를 산정하였다고 하더라도, 이러한 사정만으로 위와 같은 원심의 조치 내지 판단에 심리미진, 자유심증주의 위배 등의 잘못이 있다고 할 수 없다."

〔研 究〕

I. 문제의 소재

1. 건물의 양수인이 그 건물에 하자를 발견한 때에는 매도인에 대하여 특정물의 담보책임을 물을 수 있는바, 민법[11] 제580조 제1항에 따르면 하자를 발견한 때로부터 6개월 이내에 계약해제 또는 손해배상의 책임을 물을 수 있다. 그러나 그 건물이 도급 준 것인 때에는 도급인은 수급인에 대하여 제667조 이하의 규정에 따라서 5년 또는 10년의 기간 내에 하자보수 또는 손해배상의 권리를 행사할 수 있다. 한편 건설산업기본법 제28조 및 같은 법 시행령 제30조(별표 4)는 수급인이 발주자에 대하여 하자담보책임을 부담하는 하자를 건설공사의 종류별로 완공일[12]로부터 1년, 2년, 3년, 5년, 7년, 10년으로 나누고 그 기간에 '발생한' 하자로 규정하고 있다.

이에 반하여 그 건물이 다중이 소유하는 아파트, 구분상가 등 집합건물인 때에는 구분소유자(집합건물법 제2조 2호. 나아가 1호도 참조)는 그 하자가 전유부분 혹은 공용부분(집합건물법 제2조 3호 및 4호)인지에 따라서 단독으로 혹은 단체적으로(관리단 내지 관리인을 통하여) 하자담보책임을 추급할 수 있다(집합건물법 제9조 (현행 집합건물법 제9조)). 이 때 하자담보책임의 내용은 이 사건 당시 집합건물법에 따르면 민법 제667조 내지 제671조의 규정을 준용하도록 하였다. 〔판결1〕大判 2003. 2. 11. 2001다47733(集51-1, 民1)에 따르면 "집합건물법 제9조는 건축업자 내지 분양자로 하여금 견고한 건물을 짓도록 유도하고 부실하게 건축된 집합건물의 소유자를 두텁게 보호하기 위하여 집합건물의 분양자의 담보책임에 관하여 민법상의 도급인의 담보책임에 관한 규정을 준용하도록 함으로써 분양자의 담보책임의 내용을 명확히 하는 한편 이를 강행규정화한

---

11) 이하 따로 법률의 명칭을 표시하지 않은 조문은 민법의 조문을 가리킨다.
12) 작년(2015년) 8월 11일에 개정된 법률(2016. 2. 12. 시행)에 따르면 이제 그 기산점이 '완공일과 목적물의 관리·사용 개시일 중 먼저 도래하는 날'로 바뀐다.

것으로서, 이는 분양자가 부담하는 책임의 내용이 민법상의 수급인의 담보책임이라는 것이지 그 책임이 분양계약에 기한 책임이라는 것은 아니므로(밑줄은 인용자, 이하 동일), 집합건물법 제9조의 담보책임에 따른 권리가 반드시 분양계약을 직접 체결한 수분양자에게 속한다고 할 것은 아니고 …… 집합건물의 수분양자가 집합건물을 양도한 경우 양도 당시 양도인이 이를 행사하기 위하여 유보하였다는 등의 특별한 사정이 없는 한 현재의 집합건물의 구분소유자에게 귀속한다고 보아야 할 것이다 (이러한 해석이 집합건물에 관한 수분양권 또는 소유권이 양도된 경우 일반적으로 양수인이 하자담보추급권을 가지고 있다고 여기는 거래관행 및 거래현실에도 부합한다)."[13]

한편 집합건물 중 공동주택에 대해서는 이미 집합건물법 이전에 주택관계법령 중 관리규정으로서 하자보수에 관한 특별한 규정(일정한 권한을 가진 입주자대표자회의, 하자보수보증금 제도, 별도의 하자보수기간, 시공자의 직접책임, 손해배상의 예외적 인정 등)이 존재하였다. 이들 규정은 처음에는 공공자금의 지원을 받은 공영주택(따라서 구분소유를 전제로 하지 않은 공공임대주택의 관리규정으로서)에만 적용되다가 분양주택, 민간주택에까지 확대 적용되면서 그 후 제정된 집합건물법과의 관계가 문제되었다.

2. 입법이 해결하지 않고 남겨 둔 문제는 늘 그렇듯이 법원이 해결해야할 몫이었다. 2000년대 이후 판례를 통하여 새로운 법규범의 형성을 진전시킨 분야를 뽑는다면 그 중 하나가 바로 건축하자분쟁이라고 할 수 있다.

가. 먼저 오랜 논쟁과 혼란을 거치고 나온 [판결2]大判 2004. 1. 27. 2001다24891(公2004, 430)은 주택관계법령의 규정을 "행정적인 차원에서 공동주택의 하자보수 절차·방법 및 기간 등을 정하고 하자보수보증금으

---

13) 이 판결의 평석으로는 임성근, "집합건물이 양도된 경우 하자담보추급권의 귀속관계", 판례연구 제15집, 부산판례연구회, 2003년, 335–370면; 이준형, "집합건물법 제9조에 따른 구분소유자의 하자담보추급권", 민사판례연구 제28권, 박영사 2006년, 37–76면.

로 신속하게 하자를 보수할 수 있도록 하는 기준을 정한 것으로서 위
법령에서 정하여진 기간 내에 발생한 하자에 대하여 입주자뿐만 아니라
사업주체와 별다른 법률관계를 맺지 않은 공동주택의 관리주체나 입주자
대표회의도 보수를 요구할 수 있다는 취지라고 보아야 할 것이고, 아울
러 집합건물의 소유 및 관리에 관한 법률 부칙 제6조가 집합건물의 관
리방법과 기준에 관한 구 주택건설촉진법의 특별한 규정은 그것이 집합
건물의 소유 및 관리에 관한 법률에 저촉하여 구분소유자의 기본적인
권리를 해하지 않는 한도에서만 효력이 있다고 규정한 점까지 고려할
때 <u>구 주택건설촉진법 등의 관련 규정은 집합건물의 소유 및 관리에 관
한 법률 제9조에 의한 분양자의 구분소유자에 대한 하자보수의무의 제
척기간에는 영향을 미칠 수 없다</u>"고 하여 양자를 별개의 것으로 정리하
였다.

　　이 판결이 선고되자 '건설회사들은 하자보수기간이 무조건 10년으로
정해진 것으로 받아들이고 약관을 고치는 등 비상이 걸렸'다고 한다.[14]
그러자 입법자 쪽에서 반발이 나왔다. 즉, 2005. 5. 26. 집합건물법 부칙
제6조 단서에 "공동주택의 담보책임 및 하자보수에 관하여는 「주택법」
제46조의 규정이 정하는 바에 따른다"는 규정을 신설함으로써 공동주택
에 대하여 집합건물법의 하자담보책임 규정적용을 전면적으로 배제하였
다. 그러자 이러한 '입법기술상 최악의 것', '도저히 해석이 안 되는 상
황'[15])에 대하여 서울고등법원이 위헌법률제청결정을 하였고, 헌법재판소
는 일단 신법 시행 전 발생한 하자에 대해서까지 주택법을 적용하도록
한 주택법 부칙 제3항에 대해서 신뢰보호원칙 위배('진정소급입법으로서
하자담보청구권을 박탈')를 이유로 위헌결정을 내림으로써$\left(\substack{\text{헌재 2008. 7. 31.} \\ \text{2005헌가16}}\right)$ 주택
법 제46조에 대한 판단을 비켜 갔다.

　　나. 결국 그로부터 4년 후, 법 개정으로부터 따지면 7년이 지난 다
음에 나온 [판결3]大判 2012. 7. 12. 2010다108234(公2012下, 1412)는 兩法

---

14) 윤재윤, 건설분쟁관계법(제5판 전면보정판), 박영사, 2014년, 325면.
15) 모두 윤재윤(주 14), 325면의 표현을 그대로 인용한 것이다.

의 책임을 별개로 보는 입장은 유지하면서도, 다만 집합건물법 부칙 제6
조 단서의 취지상 "주택법 제46조에서 규정하는 하자에 대하여는 위 대
통령령이 정하는 담보책임기간 안에 하자가 발생한 때에 한하여 개정 집
합건물법 제9조에 따라 하자보수에 갈음하는 손해배상을 청구할 수 있
고, 그 밖에 개정 주택법 제46조에서 규정하지 않는 사용검사일 전에 발
생한 하자나 오시공·미시공 등의 하자에 대하여는 위 대통령령이 정하
는 담보책임기간의 제한 없이 개정 집합건물법 제9조에 따라 하자보수에
갈음하는 손해배상을 청구할 수 있다"고 판시함으로써 새로운 법률상황
을 정리하였다.[16] 요컨대 판례는 [판결2]에서 보듯이 원래는 주택법 별개
적용설이었으나, 입법부의 개입(2005. 5. 26.자 집합건물법 및 주택법의 개정)으로 이러한 입장을 더 이
상 취하기 어렵게 되자 [판결3]에서 주택법 부분 적용설(집합건물법상 담
보책임을 물을 수 있는 하자를 주택법상 담보책임기간 안에 발생한 하자로
제한)로 변경하였다.

　　3. 집합건물법 제9조에 기하여 구분소유자에게 인정되는 하자담보추
급권의 내용은 거기서 준용하는 제667조 내지 제671조의 규정에 비추어
보면, 목적물의 인도 후 10년(견고건물의 경우) 또는 5년(기타 건물의 경
우) 간 행사할 수 있는 하자의 보수, 손해배상의 청구(그리고 판례에 의하
여 인정되는[17] 계약의 해제)이다.

　　가. 그런데 일견 명백해 보이는 이런 규정을 둘러싸고 오랫동안 실
무에서 혼란을 거쳤던 것은 왜일까? 물론 주택법령(2016. 1. 19. 법률 제
13805호로 전부개정되기 전의 것)에 별도의 규정이 있다는 것도 한 원인이
라고 할 수 있겠으나, 집합건물법(보다 근본적으로는 민법) 규정내용, 특히
하자담보책임기간의 합리성에 대한 의문이 실무가들 사이에서 널리 퍼져

---

16) 그 해설로는 이영창, "개정 집합건물법상 하자담보책임", 대법원판례해설 제93호
　　(2012년 하), 법원도서관, 2013년, 625-663면이 있다.
17) 제668조 단서의 적용을 정당하게 부정한 大判 2003. 11. 14. 2002다2485(公2003,
　　2329) 및 그에 대한 해설인 조한창, "집합건물 분양계약의 해제", 대법원판례해설
　　제46호(2003 하반기)(2004. 7.) 663-680면 참조.

있었기 때문이 아닐까 한다. 흔히들 '내력구조별 및 시설공사별로 내구수명 등을 감안하여 정하여야 하는데도 불구하고 집합건물법에서 일률적으로 10년을 규정하고 있으므로 이를 공동주택의 내력구조별 및 시설공사별로 하자담보책임기간을 합리적으로 정'할 필요가 있다고 이야기한다.[18] 가령 창호공사 중 유리공사나 전기 및 전력설비공사 중 조명설비공사는 1년이면 충분하다고 한다.[19]

그렇지만 민법에서 견고건물에 10년의 긴 기간을 설정한 이유는 견고건물일수록 그 속에 존재하는 하자를 발견하기가 어렵기 때문이고, 집합건물법에서 다시 이 기간을 강행규정화(집합건물법 제9조 제2항(현행) 집합건물법 제9조 제4항) 참조)한 이유를 [판례1]의 설시처럼 '건축자 내지 분양자로 하여금 견고한 건물을 짓도록 유도하고 부실하게 건축된 집합건물의 소유자를 두텁게 보호하기 위하여'라고 이해한다면 과연 유리공사와 조명설비공사의 하자로 인한 담보책임기간을 획일적으로 1년으로 단축하는 것이 반드시 타당한지는 다른 결론에 이를 수 있다. 건물은 사람이 지속적으로 생활하는 공간이기 때문에 입법자가 그 안에서 일어날 수 있는 모든 경우를 대비하여 완벽하게 규정을 만든다는 것은 불가능하다. 이러한 경우에 입법자의 임무는 법원으로 하여금 구체적 · 개별적 판단을 축적하여 일관된 판례를 형성할 수 있도록 하는 최소기준을 제공하는 데에 그쳐야 할 것이다.[20]

---

18) 가령 2005. 5. 26.자 법률개정 당시에 국회 건설교통위원장의 주택법 제46조 제1항 제안이유도 바로 이와 같다[윤재윤(주 14), 326면의 주 11에서 재인용].

19) 주택법시행령 제59조 제1항 및 별표 6의 2. 시설공사별 하자담보책임기간 참조. 참고로 주택법 및 동법 시행령의 관련규정들은 2016. 8. 12. 공동주택관리법이 새롭게 시행됨에 따라서 몇 가지 수정을 거치고 모두 공동주택관리법 및 동법 시행령으로 옮겨갔다.

20) 일반적으로 참조되는 외국의 입법례를 보더라도, 건물의 하자담보책임에 관한 기본규정은 어디까지나 민법에 두고, 건설공사약관을 통하여 보다 구체적인 담보책임의 절차 등을 별도로 약정하는 외에는 주거용 건물, 즉 주택에 대하여 신축 혹은 부동산개발업자가 제공하는 주택에 대하여 소비자보호 차원의 특별법을 마련하는 데에 그치는 것이 대부분이다(독일, 프랑스, 스위스, 오스트리아, 일본 등). 그럼에도 불구하고 큰 혼란이 없는 것은 적절한 입법과 일관된 판례의 덕분이라 할 수 있다.

나. 그럼에도 불구하고 주택법령(2016. 1. 19. 법률 제13805호로 전부 개정되기 전의 주택법과 법률 제13474호, 2015. 8. 11. 제정된 공동주택관리법)이 별도의 기간 규정을 고수하는 배경에는 역시 집합건물법 및 민법의 기간 규정에 대한 불만과 법원에 의한 규범형성에 대한 불신이 불식되지 않았기 때문일 것이다. 그런데 문제는 주택법령의 하자담보책임 규정을 집합건물법에 따른 구분소유자의 기본적 권리 규정에 대한 '추가' 규정으로서가 아니라, 이를 아예 '대체'하거나 아니면 이를 '제한'하는 규정으로 이해할 경우에 발생한다. 하자의 발견시간이라는 별도의 기간을 두어 10년 안에는 언제라도 하자를 발견하면 그에 따른 권리를 행사할 수 있었던 것을 1년 혹은 2년 안에 드러난 하자, 그것도 균열·침하·파손 등 하자에 대해서만 권리행사를 허용하거나(구 주택법(2016. 1. 19. 법률 제13805호로 전부개정되기 전의 것) 제46조 제1항), 제한 없이 인정되던 '하자발생으로 인한 손해배상책임'을 기간 안에 내력구조부에 중대한 하자가 발생한 경우로 제한하는($\binom{\text{주택법(2016. 1. 19. 법률 제13805호로}}{\text{전부개정되기 전의 것) 제46조 제3항}}$) 규정을 집합건물법의 규정을 대체하거나 제한하는 것으로 이해하는 것은 구분소유자의 기본적 권리를 부정하는 것에 다름 아니다($\binom{\text{집합건물법 부칙}}{\text{제6조 본문 참조}}$). 오히려 일정한 기간(책임기간) 내에 발견된 일정한 하자에 대하여(책임대상) 입주자대표회의·관리수탁인 등이(권리자) 시공자 등에 대하여(의무자) 하자보수계획의 수립(절차) 및 하자보수보증금의 공탁(담보) 등을 요구함으로써 주되게는 하자보수라는 목적을 달성하고 예외적으로 손해배상까지도 신속하게 받을 수 있는 별도의 행정차원의 소비자보호조치로 이해하였던 [판결2]의 태도(주택법 별개 적용설)가 비교법적 견지[21]에서뿐만 아니라 소비자보호라는 법정책적 견지에서도 여전히[22] 지지할 만하다. 전 세계에서 집합건물법에 분양자의 하자담보책임을 정면으로 규정한 예는 우리 법이 유일하다.[23]

---

21) 위의 주 20 참조.

22) 이미 집합건물법 제정 당시에 벌써 대통령령(공동주택관리령)에 오늘날 주택관계법령의 하자담보책임 규정에 해당하는 규정이 있었음에도 불구하고 입법자가 아무런 조정을 하지 않은 것은 양자를 별개의 것, 병존하는 것으로 이해했기 때문이라고 볼 수 있기 때문이다.

4. 앞서 인용한 대상판결의 2가지 판시사항은 서로 밀접하게 연결되어 있다. 집합건물의 하자는 대부분[24] 분양받은 건물이 완공되어 입주를 마치고 난 다음에야 이를 확인할 수 있는데, 예외적으로 허용되는 분양계약의 해제는 別論으로 하면, 하자의 보수를 요청하거나 하자보수에 갈음하는 손해배상을 하는 것이 보통이다.

그런데 영세한 분양자의 경우에는 그 시점에서 더 이상 존재하지 않거나 존재하더라도 자력이 충분하지 않은 경우가 많고, 영세 여부와 상관없이 아예 처음부터 분양자의 소멸이 예정되어 있는 경우도 없지 아니하다(가령 재건축조합).[25] 현실에서 자주 볼 수 있는 예로는 주택건설사업과 같이 특정 사업 운영을 목적으로 설립된 특수목적법인(PFV, 프로젝트금융투자회사)[26]을 사업주체로 내세워서 사업계획을 승인을 얻는 경우이다. 이러한 특수목적법인이 사업목적으로 취득하는 부동산에 대해서는 등록세, 취득세 및 농어촌특별세를 감면하여 주므로[27] 주택사업은 대부분 이러한 프로젝트 금융투자회사를 사업주체로 하여 시행되곤 하는데, 이들 회사는 집합건물이 준공되어 분양이 완료되면 이익을 분배한 후 해산하도록 법에서 정하고 있기 때문에 사업주체의 재산이 零(0)이 되는 것

---

23) 물론 집합건물에 관한 외국의 교과서를 보면 하자담보책임(특히 공용부분의 하자에 관한)에 관한 서술이 상당부분 나오기는 하지만, 이는 어디까지나 하자 내지 결함 건물 일반의 법리가 집합건물에 어떻게 적용되는지에 관한 것이다. 일본의 경우 區分所有法에 하자에 관한 규정이 하나 있기는 하지만, 그것은 집합건물의 하자로 인하여 제3자가 손해를 입은 경우에 그 하자는 공용부분에 있는 것으로 추정한다는, 민법상 수급인의 불법행위책임 규정(우리 민법 제757조)의 특례에 해당하는 것이다.

24) 집합건물법 제9조에 의하여 준용되는 제667조 제1항은 '완성전의 성취된 부분에 하자가 있는 때'도 언급하고 있기는 하다.

25) 시행사가 법인(다만 도시 및 주거환경정비법 제18조 제1항 참조)이건, 조합이건 청산단계에 접어든 때에는 하자담보책임의 이행은 청산사무에 해당한다고 볼 수 있다(제87조 제1항을 준용하는 제724조 제1항 참조).

26) 한시적으로 설립된 회사로서 존립기간이 2년 이상일 것을 요건으로 하고 직원을 두지 않는 페이퍼 컴퍼니이다.

27) 법인세법 제51조의2, 조세특례제한법 제119조 제6항, 제7항 및 제120조 제4항, 같은 법 시행령 제4조 제6항 제1호 참조.

은 이미 분양 이전부터 예정되어 있다.

집합건물법 제9조의 하자담보책임을 부담하는 분양자인 사업주체(시행사)가 대부분 집합건물을 건축하여 분양할 목적으로 설립되어 목적 달성시까지만 한시적으로 존립하는 특수목적법인이거나 재건축조합인 경우는 구분소유자들이 집합건물법 제9조에 따라 하자담보추급권을 행사할 시점이면 더 이상 그 실체가 존재하지 않는 문제점이 있다.

그러한 경우 구분소유자로서는 보통은 시공자를 상대로 책임을 물을 수밖에 없다.[28] 집합건물을 당장 사용해야 하는 현재의 구분소유자는 물론이지만, 자신의 전유부분을 다른 사람에게 매도한 구분소유자 역시도 매도인으로서 하자에 대한 담보책임(제580조)을 져야 하기 때문에 하자의 제거에 이해관계가 절실한데도, 분양계약의 상대방인 시행사가 無資力이거나 존재하지 않은 경우(존재하지만 비협조적인 경우도 사실상 유사한 상황이 된다), 시공사가 버젓이 존재하더라도 구분소유권의 양도인은 하자의 제거를 요구할 아무런 법적인 권리가 없다면 양수인에 대하여 오롯이 하자담보책임을 부담하여야 한다.

5. 이렇게 시공사에 대한 직접 추급이 불가능하다면, 구분소유자로서는 다음으로 간접적인 추급 방법을 모색하게 된다. 즉, 분양자인 시행사와 시공사 사이에는 도급계약이 체결되어 있으므로 도급인인 시행사가 수급인인 시공사에 대하여 부실시공으로 인한 수급인의 담보책임을 추급하여 하자보수 또는 손해배상을 청구할 수 있고(제667조 제1항 및 제2항), 이를 전제로 구분소유자는 시행사에 대한 집합건물법상의 하자담보추급권을 피보전채권으로 하여 시행사의 시공사에 대한 도급계약상의 하자담보추급권을 피

---

28) 물론 주택법(2016. 1. 19. 법률 제13805호로 전부개정되기 전의 것)이 적용되는 경우는 하자보수보증금의 지급의무자인 주택보증 또는 건설공제조합을 상대로 보증채무의 이행을 청구할 수 있지만 이는 어디까지나 보증계약상의 책임을 묻는 것이다. 건설산업기본법 제54조에 따른 건설공제조합과 주택법(2016. 1. 19. 법률 제13805호로 전부개정되기 전의 것) 제76조에 따른 대한주택보증주식회사 사이의 실무상 처리의 차이점에 관해서는 윤재윤(주 14), 354-355면의 주 56을 참조.

대위권리로 행사함으로써($\binom{제404조}{제1항 본문}$) 시공사를 상대로 하자보수 또는 손해배상을 받고자 할 것이다. 물론 위 (4)에서 본 것처럼 분양자인 사업주체(시행사)가 분양, 준공 후 청산에 이른 다음에는 대위청구 자체가 현실적으로 어렵게 된다는 문제점이 있지만, 여기에서는 순전히 법리적으로 이러한 대위청구가 가능한지만 살펴보기로 하자. 일단 하자담보추급권이 피보전채권과 피대위권리가 될 수 있는지가 문제되겠지만,[29] 법원의 실무는 그를 대체로 긍정하는 듯하다. 대상판결의 원심의 판결요지를 보더라도[앞의 [사실관계 및 소송의 경과] Ⅲ.의 ② 참조], 적어도 원고(입주자대표회의)가 피보전채권(구분소유자의 시행사에 대한 분양계약에 기한 하자보수에 갈음하는 손해배상청구권)을 양도받은 후에는 피대위권리(시행사의 시공사에 대한 도급계약에 기한 하자보수에 갈음하는 손해배상청구권)를 적법하게 행사할 수 있다고 보고 있다.

그런데 필자는 [판결1]에 대한 기왕의 평석에서 대법원의 결론에는 동의하면서 그 근거를 분양자 → 수분양자 → 중간전득자 → 현소유자 사이의 하자담보추급권의 연쇄적인 묵시적 양도[30]와 이에 대한 분양자의 포괄적 사전승낙[31]에서 찾고자 하였다. 즉, 분양자가 시공자에 대한 하자담보추급권을 원시적으로 취득하고, 그 후 분양자의 소유권 승계인들(수분양자부터 현소유자까지)은 하자담보추급권을 법정승계하는 것이라고 보았다. 이러한 입장에 따르면 구분소유자가 분양자의 시공자에 대한 추급권을 '자신의 이름으로 행사'하는 것은 대위가 아닌 양도의 법리에 따라야 한다.

6. 대상판결에서 다투어진 두 가지 상고이유(시공자가 집합건물법상

---

29) 손해배상채권의 경우는 금전채권으로 채무자의 무자력을 요건으로 하지만, 하자보수(청구)권의 경우는 특정채권, 즉 비금전채권으로서 채무자가 무자력이 아니더라도 보전의 필요성이 인정된다고 볼 수 있을 것이다.
30) 윤재윤, "집합건물의 하자담보책임에 관한 실무상 쟁점", 저스티스 제73호, 한국법학원, 2003. 6., 59면, 이준형(주 13), 52-54면.
31) 이준형(주 13), 72-76면.

담보책임을 부담하는지, 상행위인 도급계약에 기한 담보책임이 상사소멸시효에 걸리는지)를 모두 다루기에는 지면상의 제약이 있으므로,[32] 여기에서는 前者만을 다루기로 한다. 이를 위하여 이하에서는 먼저 기존 판례의 입장과 대상판결의 태도 사이에 일관성이 있는지를 살펴본 후(Ⅱ.), 구분소유자가 분양자의 수급인에 대한 도급계약에 기한 하자담보추급권을 양도받아(혹은 대위하여) 행사하는 경우(Ⅲ.)와 구분소유자가 수급인에 대한 직접적인 책임추급이 가능한지를 불법행위책임을 중심으로 살펴본 다음(Ⅳ.), 최근 법률의 개정내용을 소개한다(Ⅴ.).

Ⅱ. 대상판결과 [판결1]의 사이의 부정합

1. [판결1]의 적극적 태도

가. 제정 이래 2013년 개정 전까지 줄곧 집합건물법은 제9조 제1항에서 "[집합]건물을 건축하여 분양한 자의 담보책임에 관하여는 「민법」제667조부터 제671조까지의 규정을 준용한다"고 규정했었다. 그리고 그 입법취지는 [판결1]의 설시처럼 "건축업자 내지 분양자로 하여금 견고한 건물을 짓도록 유도하고 부실하게 건축된 집합건물의 소유자를 두텁게 보호하기 위하여 집합건물의 분양자의 담보책임에 관하여 민법상의 도급인의 담보책임에 관한 규정을 준용하도록 함으로써 분양자의 담보책임의 내용을 명확히 하는 한편 이를 강행규정화한 것"이라는 것이 실무의 확고한 입장이고, 학설 가운데에도 異見을 찾아볼 수 없었다.

위 규정에 따른 담보책임은 일정한 계약관계(분양계약의 유효한 성립)를 전제로 특별히 법률이 정한 책임이다. 이에 관해서는 다음과 같이 ① 책임의 성질, ② 책임추급의 권리자, ③ 책임부담의 의무자라는 3가지 점이 문제될 수 있는데, 대법원은 [판결1]에서 이 중 ①과 ②에 대하여 대단히 적극적인 태도를 보였다는 사실에 주목할 필요가 있다.

---

32) 두 가지 논점은 현실에서 서로 밀접한 관련이 있어서, 가령 첫 번째 쟁점에서 시공사를 분양자에 포함시킬 경우는 두 번째 쟁점을 아예 다루지 않아도 되거나 다룬다 하더라도 다른 관점에서 다루어야 할 것이다.

나. 2013년 개정 이전의 집합건물법 제9조 제1항의 담보책임은 유효한 분양계약을 전제로 한 책임이지만[33] 분양계약이 책임의 근거가 되는 것은 아니다. 여기서 책임의 근거는 법률의 규정 그 자체이고 따라서 부당이득이나 불법행위와 마찬가지로 그 내용이 법률의 규정에 의하여 정해지는 법정채권관계이다. 원래 분양의 법률적 의미는 '사업자가 건축하는 건축물의 전부 또는 일부를 2인 이상에게 판매하는 것'을 말하므로 (건축물의 분양에 관한 법률 제2조 제2호), 당연하게 매매의 성질을 갖는다. 물론 현실에서 특히 신축건물의 先분양의 경우 도급의 요소가 두드러지게 나타나지만, 임대 후 분양전환이나 기존 단독건물의 분양과 같이 도급의 요소를 찾아보기 어려운 경우도 분양에 해당하기에 최소한의 기본적 요소는 매매라고 할 것이다.[34] 그럼에도 불구하고 모든 분양에 대하여 수급인의 담보책임을 준용하도록 하였는바, 이 또한 책임의 내용이 분양계약 자체가 아니라 법률의 규정에 따른 것임을 보여준다. [판결1] 역시 '분양자가 부담하는 책임의 내용이 민법상의 수급인의 담보책임이라는 것이지 그 책임이 분양계약에 기한 책임이라는 것은 아니'라고 판시하였다. 나아가 원래 민법상 증여자, 매도인, 수급인의 담보책임은 모두 임의규정이지만(제584조, 제672조 참조), 집합건물법 제9조 제2항은 "담보책임에 관하여 「민법」에 규정된 것보다 매수인에게 불리한 특약은 효력이 없다"고 못 박음으로써 담보책임의 근거가 되는 법률규정이 강행법규임을 분명히 하였다.

다. 둘째, 담보책임을 물을 수 있는 권리자에 관하여 구 집합건물법 제9조 제1항은 정면에서 이를 규정하지 않고 제667조 내지 제671조를 '준용'하는 데 그쳤으나, 동조 제2항은 이를 '매수인'이라고 명시하였다.

---

33) 윤재윤(주 14), 339면은 "분양자와 수분양자 사이의 분양계약을 전제로 하여 분양계약상의 하자담보책임을 강화한 것으로 보는 것이 더 낫지 않을까?"라고 한다.

34) 손금주, "住宅法施行令 제59조 제1항의 瑕疵補修責任期間에 관한 研究", 건설재판실무논단, 서울중앙지방법원 건설실무연구회, 2006년, 94면: "분양계약의 법률적 성격에 관해서 그 체결 시기가 공동주택의 완공 전인지 후인지를 불문하고, 적어도 신축 중이거나 신축된 공동주택의 재산권을 취득케 하는 계약이라는 점에서 매매의 성질을 갖고 있다는데 이론이 없어 보인다." 분양계약의 법적 성질에 관한 논의의 정리는 손금주, 같은 글, 94~96면 참조.

이 '매수인'을 분양계약의 당사자인 매수인, 즉 수분양자로 좁게 해석할 수 있고 또 실제로 과거에 그와 같이 보는 것이 일부 하급심의 해석이었으나,[35] 2003. 2. 11. 대법원의 선례 이후 오늘날에는, 집합건물 양도 당시 양도인이 하자담보추급권을 행사하기 위하여 유보하였다는 등의 특별한 사정이 없는 한, 분양계약의 당사자가 아닌 현재의 구분소유자를 권리자로 보는 것이 확고한 실무이고, 학설도 대체로 그러한 결론을 지지한다.[36] 법률이 협소하게 규정하고 있음에도 불구하고 실무가 타당하게도 '明文에 반하는 해석'으로써 이를 확대한 것이다. 다만, 여기서 문제는 '하자'의 기준을 어떻게 볼 것인가 하는 점인바, 실무는 아직 명확하지 않으나, 적어도 분양자에 대한 책임추급의 경우는 분양자와 수분양자가 체결한 분양계약이 기준이 된다고 보아야 할 것이다.

2. 대상판결의 소극적 태도

가. 담보책임을 부담하는 의무자에 대하여 원래 집합건물법 제9조 제1항은 '[집합]건물을 건축하여 분양한 자'라고 하면서도 동조 제2항에서는 '제1항의 분양자의 담보책임'이라 하여 서로 상이한 표현을 사용하고 있었다. 前者인 '건축하여 분양'은 다음과 같이 몇 가지로 해석할

---

35) 가령 앞의 주 13에서 인용한 판결의 원심인 부산고판 2001. 6. 15. 2000나9802 (미공개)는 원고들(구분소유권의 승계인)이 그 피승계인들로부터 소유권 외에 하자에 따른 손해배상청구권까지 함께 승계하였다는 점을 인정할 아무런 증거가 없고, 원고들이 양수받을 당시 그 전소유자들과의 사이에 하자보수 또는 손해배상청구권 또한 함께 이전하기로 하는 약정 내지 의사가 있었다거나 피고(분양자)가 수분양자들과의 분양계약시 그들뿐만 아니라 그 특정승계인들에 대하여도 수분양자에 대한 것과 동일한 하자담보책임을 질 약정을 하였다거나 그러한 의사가 있었다고 볼 아무런 증거가 없으며, 공동주택의 매매 등 거래에 있어 그러한 사회통념이 존재한다고 볼 수도 없다고 판단하여 원고들의 하자담보책임 추급을 배척하였다.
　　학설로는 윤인태, "집합건물 분양자의 하자담보책임: 특히 아파트를 중심으로", 판례연구 제12집, 부산판례연구회, 2001년, 188면이 수분양자인 최초의 구분소유자만을 의미한다는 입장을 취하였다.

36) 임성근(주 13), 335~370면; 이준형(주 13), 37~76면, 이준형, "건물의 양도시 하자담보추급권자: 프랑스 법으로부터의 시사와 집합건물법 제9조의 적용 확대 가능성", 비교사법 제15권 제3호(통권 제42호), 한국비교사법학회, 2008. 9., 259~294면.

수 있는바, 먼저 이를 (ⅰ) '건축하고 분양'으로 보면 문언 자체에는 충실한 해석이라 하겠지만, 분양자가 시행과 시공을 모두 한 경우만을 가리키게 되어 지나치게 협소하고 따로 규정을 마련한 취지에도 맞지 않는다. 반면에 (ⅱ) '건축하여' 문구를 무시하고[37] '분양'만으로 충분하다고 보면 임대 후 분양전환이나 기존 단독건물의 분양까지 포함시킬 수 있어 규율의 공백은 줄일 수 있고,[38] 비록 제1항의 문언에는 반하지만 적어도 제2항의 문언에는 부합하는 해석이 되지만, 앞서 보았듯이 분양자에 대한 추급이 현실적으로 어려운 경우에는 구제수단이 없게 된다. 끝으로 (ⅲ) '건축 또는 분양'으로 해석하면 단순분양자뿐만 아니라 시공자에 대해서까지도 책임을 물을 수 있어 구제의 공백을 줄일 수 있고, 시공자에게 하자보수의무(예외적으로 손해배상의무)를 인정하는 주택법(2016. 1. 19. 법률 제13805호로 전부개정되기 전의 것) 제46조의 규율태도와도 부합하며, 또한 하자의 궁극적인 원인제공자는 결국 시공자란 점에서도 타당하지만, 집합건물법 제9조 제1항 및 제2항 어느 쪽의 문언과는 합치하지는 않는다.

　　나. 그런데 바로 이 점에 대하여 실무는 앞서 첫 번째, 두 번째 점 [위 1. (2), (3)]과는 달리 계약 패러다임에 충실한, 어떻게 보면 다소 형식논리적인 접근방식을 취하였다. 이미 대상판결 이전에 [판결4]大判 2003. 11. 14. 2002다2485(公2003, 2329)는 시공자의 지위와 분양자의 지위가 준별됨으로 전제로, 다만 "이 사건 상가 분양계약상 피고[시공자]가 계약해제권을 갖는 한편 계약해제시 기납부 분양대금의 반환책임 역시 피고가 부담하며, <u>피고 명의로 상가에 관한 소유권보존등기를 경료하도록 한 점</u> 등에 비추어 보면, 피고는 단순한 시공자 겸 공급대행자의 지위를 넘어 [시행자인 재건축조합과 공동으로] 실질적인 분양자의 지위에

---

37) 김미리(주 1), 523면의 주 6은 "위 '건축하여'라는 부분은 집합건물 분양자의 전형적인 경우를 지칭하는 것으로 이해할 수 있을 것"이라고 설명한다.

38) 김미리(주 1), 523면의 주 6도 "非適用說을 채택하는 경우에는 '매도 후 분양'이나 '임대 후 분양' 방식을 통하여 이러한 집합건물법에 의한 하자담보책임을 회피하는 탈법이 조장될 우려가 있다"고 한다.

있다고 판단"한 원심의 판단을 수긍하였고, 그 후 [판결5]大判 2009. 1. 30. 2008다12507(未刊行)은 "[시공자 등의 하자보수의무만을 규정한 주택법(2016. 1. 19. 법률 제13805호로 전부개정되기 전의 것) 제46조 제1항, 내력구조부에 중대한 하자가 발생한 경우 시공자 등의 손해배상의무를 규정한 같은 조 제3항, 집합건물법 제9조] 각 조항을 근거로 시공자에게도 하자보수에 갈음한 손해배상의무가 있다고 보기는 어렵고, 달리 이를 인정할 근거가 없다"고 한 원심의 판단을 그대로 인정함으로써 (iii)의 해석을 명시적으로 배척하고 (ii)의 해석을 채택하였음을 분명히 하였다.

　다. 참고로 대상판결의 원심판결이 ① 시공자가 도급계약에서 주택건설사업의 승인 및 승인된 사항을 변경할 때 적극 협조하기로 한 점, 감리자선정비용 및 감리비용을 부담하고 설계기준도 분양자와 협의하여 결정하기로 한 점, 분양자가 임의로 분양처리하고 그 수입금을 임의로 사용하면 시공자가 공사를 중지하고 계약해제를 할 수 있도록 한 점, 시공자가 분양대행과 관련된 권리를 행사하고 분양수입금관리도 담당하기로 한 점, 시공사는 보고한 기성금 범위 내에서 분양자에 대한 통보만으로 바로 분양수입금으로 기성금에 충당할 수 있는 등 분양수입금의 인출에서도 분양자보다 주도권을 가진 점 등만으로는 시공자를 분양자와 공동사업주체라고 할 수 없고, ② 하자담보책임을 부담하는 사업주체의 범위에 시공자도 포함시킨 주택법(2016. 1. 19. 법률 제13805호로 전부개정되기 전의 것) 제46조 제1항은 2005. 5. 26. 개정으로 신설된 것인데, 그 소급적용을 규정한 주택법 부칙 제3항이 헌법위반으로 무효가 되었으므로 이 사건에는 적용이 없다고 한 것은 각각 [판결4]와 [판결5]의 위 판시사항을 다분히 의식한 이유설시라고 볼 수 있다.

　라. 그리고 대상판결은 "집합건물 '분양자'의 하자담보책임에 관하여 규정하고 있을 뿐이므로, 집합건물의 시공자는 그가 분양계약에도 참여하여 분양대상인 구분건물에 대하여 분양에 따른 소유권이전의무를 부담하

는 분양계약의 일방 당사자로 해석된다는 등 특별한 사정이 없는 한, 구 집합건물법 제9조에 의한 하자담보책임을 부담하는 것으로 볼 수 없다"고 하여 (ⅱ)설의 입장을 다시금 분명히 하면서 여기에 담보책임의 의무자=분양계약의 당사자(소유권이전의무 및 계약해제시 대금반환의무를 부담하는 자[39])라는 기준을 새롭게 제시하였다. 대상판결의 이러한 입장은 다음 2가지 차원에서 평가할 수 있다.

(1) 첫째, 분양계약의 要素를 소유권이전의무와 대금지급의무로 이해했다는 점에서 분양계약이 기본적으로 매매라는 입장을 취한 것으로 해석할 수 있다. 특히 [판결4]는 이 사건의 시공자가 실질적인 분양자의 지위를 함께 갖는다는 전제에서 그를 상대로 분양계약을 해제할 수 있다고 판시하였다. 즉, "집합건물의 분양계약에 있어서는 민법 제668조 단서가 준용되지 않고 따라서 수분양자는 [매수인과 마찬가지로] 집합건물의 완공 후에도 분양 목적물의 하자로 인하여 계약의 목적을 달성할 수 없는 때에는 분양계약을 해제할 수 있다."

(2) 둘째, **대상판결에서 분양이 계약이라는 사실에 대한 새삼스러운 강조는 [판결1]이 성취하였던 성과(부실건축 집합건물 소유자의 두터운 보호를 위한 법정책임)와 조화되기 어렵다.**[40] [판결1]과 대상판결의 논리를 종합하면 담보책임의 권리자는 분양계약의 당사자가 아니어도 되지만, 그 의무자만은 분양계약의 당사자이어야만 한다는 결론에 이르기 때문이다. 법정책임의 의무자는 입법의 취지를 고려한 법률의 해석에 의해서 정하면 되는 것이지 이를 다시 "계약해석에 따라 결정된다"고 할 필요는 없다.[41] 실제로 [판결1]을 보면 "집합건물법 제9조는 건축업자 내지 분양자

---

39) 김미리(주 1), 523면 참조.
40) 反對 김미리(주 1), 523면: "위 책임은 이를 굳이 권리자와 의무자 사이에 어떤 직·간접의 분양계약관계나 그에 기초한 채권채무관계가 존재할 것을 전제로 하는 책임으로 이해할 필요는 없다고 보는 견해에서도, 본조가 그 책임주체에 관하여 '건축하여 분양한 자' 내지 '분양자'라고 규정하고 있는 이상, 집합건물의 '분양자'라는 최소한의 요건을 갖추지 아니한 단순 시공사가 본조의 하자담보책임을 부담한다고 보기는 어렵다고 하겠다."
41) 그러나 김미리(주 1), 523면의 주 7은 이렇게 주장하면서 "당사자의 명의나 신용

로 하여금 견고한 건물을 짓도록 유도하고"라고 하여 명시적으로 건축업자를 분양자와 나란히(그러나 별도로) 언급하였다.[42]

여기서 [판결1]과 대상판결을 아우를 수 있는 해석론을 어떻게 만들어낼 것인가 하는 문제에 봉착하는바, 이 점을 아래 Ⅲ.에서 검토한다.

마. 대상판결의 기준(담보책임의 의무자를 분양계약상 소유권이전의무자로 제한)에 따르면 "분양의 전 과정에 상당부분 관여하여 어찌 보면 '분양을 주도한 자'로 볼 수 있거나 분양자와 서로 분양수익을 나누어 갖는 관계 등에 있어 '내부적으로는 공동분양자 내지 내적 조합원'이라고 하더라도 …… '분양자'가 아니"고, 다만 "<u>수분양자나 구분소유자 또는 기타 제3자에 대하여 불법행위책임을 부담할 수 있음은 별개의 문제</u>"라고 한다.[43]

시공자의 부실시공으로 인한 제3자(수분양자나 구분소유자 이외의 자)가 손해를 입었다면 피해자는 도급인이 아닌 시공자를 상대로 직접 제750조의 불법행위책임을 물을 수 있다(^{제757조}_{본문 참조}). 그런데 시공자의 부실건축으로 인하여 수분양자나 구분소유자가 시공자를 상대로 직접 제750조의 불법행위책임을 물을 수 있는가는 (적어도 지금까지의 판례와 학설의 상황에 비추어 볼 때에) 반드시 명확하다고는 할 수 없다. 이에 관한 검토는 대상판결의 판례평석의 범위를 벗어나는 것으로 여기에서는 간략하게밖에 다룰 수 없지만(Ⅳ.), 만약 이를 긍정한다면 나아가 이 역시도 [판결1]에서 말하는 '부실건축 집합건물 소유자의 두터운 보호를 위한 법정책임'이라고 보지 못할 이유는 없다는 입론도 불가능하지 않을 것이다(물론 '담보책임'이란 명칭을 여기에 부여할 수 있는지 하는 문제는 남는다).

이 특별히 중시되는 부동산양도계약의 특성에 비추어, 통상적으로는 계약명의자가 분양계약의 당사자라고 보아야 할 것이다"고 하고, 일반적인 부동산매매계약의 사안인 大判 1997. 5. 16. 95다29116; 2003. 9. 5. 2001다32120 등을 인용한다.

42) 이 글을 연구회에서 발표할 당시 토론자였던 이선희 교수는 대법원은 이미 국민의 생활 속에 뿌리박고 있는 주택관계법령의 개념을 염두에 두고 여기서 '건축업자'를 건축법상의 건축주를 표현하기 위해 사용한 것이라는 견해를 피력하였다.

43) 김미리(주 1), 523-524면.

Ⅲ. 구분소유자에 의한 분양자 · 시공자 사이의 도급계약상의 책임추급

1. 출발점으로서 [판결1] 법리의 확장

분양자가 건축공사를 스스로 진행하지 않고(대부분의 경우가 스스로 진행하지 않는다) 전문건설업자에게 이를 맡기는 경우, 분양자는 도급인의 지위를 갖게 된다. 그리고 완성된 목적물에 하자가 있으면 분양자는 공사를 한 자를 상대로 하자담보책임을 물을 수 있는데, 이때 분양자가 완성된 목적물의 소유권을 취득하는 것은 매매가 아니라 도급계약에 기한 것이므로 매수인으로서가 아니라 도급인으로서 담보책임을 물을 수 있다. 분양자가 그 후 분양계약에 따라서 수분양자에게 목적물을 양도하면 수분양자는 분양자의 승계인으로서 목적물의 소유권을 취득하는데, 그 과정은 수분양자가 다시 그 목적물을 제3자에게 양도하고 그 제3자가 수분양자의 승계인으로서 목적물의 소유권을 취득하는 것과 다르지 아니하다. 하자담보추급권을 대물적 권리로 파악하여 소유권의 종된 권리로 보는 입장에 따르면[44] 본래 수분양자의 하자담보추급권은 원시적인 것이 아니라 그가 분양자(도급인)의 시공자에 대한 하자담보추급권을 승계적으로 취득하는 것이다. [판결1]에서 B(분양자) → C(수분양자) → D(현소유자)라는 '소유권이전' 관계를 전제로 하여 설시한 법리를 A(시공자) → B(분양자) → C(수분양자) → D(현소유자)라는 '목적물인도' 관계로 확대하여 보면 하자담보추급권의 원시적 취득자는 C가 아니라 B라는 점이 분명해진다(물론 다음 2. (1)에서 보듯이 C가 처음 취득하는 하자담보추급권도 있으나 양자는 그 내용을 달리한다).

이하에서는 [판결1]의 법리를 시공자와 분양자 사이에도 확대할 수 있는지, 있다면 기존 논의에 어떠한 변화가 있을지를 살펴본다. 한편 설계 · 시공자는 수분양자의 입장에서 보면 도급인(분양자)의 이행보조자에 해당하여 그의 급부로 인한 결과(하자)에 대하여는 본인이 직접 책임을

---

44) 이에 관해서는 이준형(주 13), Ⅲ. 3.(64-71면) 참조.

지기보다는 채무자인 분양자가 책임을 지는 것이 원칙이겠으나, 보통의 이행보조자자와 마찬가지로 채무자와 별도로 불법행위책임을 부담하는 것도 가능하다. 이 문제는 항을 바꾸어 Ⅲ.에서 살피도록 한다.

2. 법정승계 구성의 근거

가. 일단 분양계약의 본질이 매매임에도 불구하고 분양자의 담보책임의 내용에 수급인의 담보책임에 관한 민법의 규정을 준용하는 것이 쉽게 설명이 된다. 그리고 승계취득이기 때문에 수분양자가 분양자와의 분양계약에서 취득하는 매수인으로서의 권리(가령 하자로 인하여 계약목적을 달성할 수 없을 경우의 해제권)는 별도의 것이므로 양자는 병존도 가능하다. 다만 양자는 근거와 상대방에 있어 서로 구별되기 때문에 수분양자는 시공자에 대해서는 승계취득한 권리, 즉 수급인의 담보책임(하자보수)을, 그리고 분양자에 대해서는 원시취득한 권리, 즉 매도인의 담보책임(계약해제)을 각각 물을 수 있다. 그런데 계약해제권은 계약당사자의 지위와 대단히 밀접하게 결부되어 있는 권리로서 양도나 대위와 친하지 않는 권리이다. 또한 실제의 필요성이란 측면에서 보더라도 양도나 대위를 인정해야 하는 필요성도 거의 없다. 예를 들어 집합건물의 인도가 A(시공자) → B(분양자) → C(수분양자) → D(현재 구분소유자)의 순으로 이루어진 경우에 하자로 인하여 계약의 목적을 달성할 수 없었다면 C는 B와의 분양계약을, D는 C와의 매매계약을 해제하면 되지 굳이 다른 계약의 해제를 주장할 필요가 없다. 이렇게 보면 [판결1]에서 구분소유권의 승계인이 직접 계약관계에 없는 분양자에게 행사할 수 있는 '하자담보추급권'은 하자보수 내지 그에 갈음하는 손해배상의 권리로 제한되며, 이는 도급인인 분양자가 수급인에 대하여 행사할 수 있는 권리, 즉 승계취득한 권리에 해당한다는 결론에 이른다.

나. 건물의 하자제거에 보다 절실한 이해관계를 가진 쪽은 양도인이 아니라 양수인이다. 더 이상 건물을 소유하지 않은 양도인에게 하자담보

추급권을 인정하면 그는 그 권리를 낮은 가격으로라도 환가하려는 유혹
에 빠지기 쉽고, 그리하여 의무자가 낮은 비용을 지급하고 면책을 받으
면 그로 인한 손해는 고스란히 양수인과 사회 전체의 몫이 된다. 그런
점에서 [판결1]은 논리 여하를 떠나서 결론에 있어 타당한데, 생각해보면
이러한 논리는 최초의 소유자인 도급인과 그 직접승계인 사이에서도 적
용된다. 즉, 도급인이 목적물의 하자에도 불구하고 제값을 받고 이를 다
른 사람에게 처분한 경우, 수급인에 대하여 갖는 하자담보추급권은 원칙
적으로 소유권과 함께 새로운 소유자에게 이전한다고 보는 것이 여러 모
로 타당하다.[45] 시공자의 입장에서도 목적물이 부동산인 건물로 제자리
에서 그 용법에 따라 사용되고 있는데도 단지 도급인의 교체라는 우연한
사정을 내세워서 자신이 본래 부담하기로 한 책임의 消長을 주장할 수
있다고 하기는 어려울 것이다. 도급계약에서 상대방이 누구인가는 일반
적으로 계약의 중요한 부분이 아니기 때문이다. 결국 이렇게 보면, 오히
려 하자담보책임의 시원적 의무자는 하자 있는 목적물을 인도한 분양자
가 아니라 하자 있는 목적물을 만들어 낸 시공자이다.

3. 대위 또는 법정승계의 요건('하자')과 효과

가. 그런데 도급인과 수급인 사이에는 도급계약이 있었으나 도급인
과 그 승계인, 그리고 그 승계인과 다음 승계인 사이에는 모두 매매계약
이 체결되었는데, 동일한 목적물에 대한 이러한 이질적인 계약의 중첩은
담보책임의 대상인 '하자'의 해석에서 고려하여야 한다.

일단 도급인이 수급인에게 담보책임을 물을 수 있는 하자와 도급인
의 승계인이 매도인인 도급인에 대하여 담보책임을 물을 수 있는 하자는
각 해당 계약에서 하자판정의 기준이 되는 성상과 용도에 대한 명시적
혹은 묵시적 합의 여부 및 그 내용에 따라서 정해진다.

---

45) 실제로 독일 등에서는 부동산개발업자(Bauträger)가 구분행위를 하면서 수급인
인 시공업체에 대한 하자담보추급권을 소유권과 함께 양도하는 것이 관행이라고
한다.

그러나 도급인의 승계인과 수급인 사이에는 아무런 계약관계가 없다. 그럼에도 불구하고 前者가 後者를 상대로 건물의 하자를 이유로 책임을 물을 수 있다고 본다면 그때의 하자는 무엇을 기준으로 판정할 것인지가 문제된다.

(1) 먼저 생각해 볼 수 있는 것은 (i) '건물로서의 기본적인 안전성'이다(아래 Ⅲ.에서 인용하는 일본 최고재판소판결 내용 참조). 여기에는 건축법 등 관계법령에서 정하는 건물로서의 '최소한의' 안정성 기준은 당연히 포함되는바, 이에 미달하는 건축물은 위법한 건축물로서 시정명령, 대집행 등의 대상이 될 운명에 있기 때문이다. 또한 '일반적으로 승인된 기술규칙'에 따라 시공하겠다는 약정은 그 이상의 책임을 제한하겠다는 의미라기보다는 최소한 기술적으로 그보다 낙후된 시공을 하지 않겠다는 의미로서 이해하여야 한다.[46] 그런데 이들 건축법령 또는 일반기술수준에 따른 기준은 그 자체로서 도급계약 혹은 분양계약의 일부에 포함된다기보다는 당사자의 묵시적 약정 내지 합리적 기대를 통하여 계약내용의 일부가 된다고 보는 것이 타당한데, 왜냐하면 강행규정이 아닌 한 명시적 약정으로 배제할 수 있기 때문이다(다만 그와 같은 명시적 배제약정이 예외적으로 있는 경우는 승계인에 대하여 이를 고지하여야 할 신의칙상 의무를 원칙적으로 인정하여야 할 것이다). 특히 건물의 설계 또는 시공 단계에서 이미 공동주택, 구분점포 등과 같이 그 '용도'가 정해져 있는 경우는 당해 용도의 건물로서의 기본적인 안정성도 추가로 갖추어야 함은 물론이다.

(2) 다음으로 (ii) 수급인이 도급계약에서 도급인과 합의한 특별한 성상 또는 용도의 내용도 도급인의 승계인과의 관계에서 하자의 기준이 될 수 있지 않을까 한다. 그와 같은 성상 또는 용도의 합의는 목적물 자체에 관한 것이기 때문에 굳이 상대방이 누구인지가 중요하지 않고, 또 목적물의 양도가 있었는지 여부에 따라서 책임 유무가 달라진다는 것은

---

46) 이 점에 관해서는 이준형, "수급인의 하자담보책임에 있어 하자의 개념", 민사법학 제25호(2004. 3.), 105면의 서술을 참조.

어색하기 때문이다. 실제로 신축된 공동주택에서 입주가 시작되고 하자가 발생한 경우에 시공자는 미분양 부분뿐만 아니라 분양 부분에 대한 하자보수도 동일하게 하고 있고, 여기서 추급권자가 도급인(분양자)이냐, 도급인의 승계인(구분소유자) 혹은 그 대리인(관리인)이냐는 법률구성의 문제에 불과하다. 계약상 제3자를 급부의 수익자에 포함시키는 법률구성은 우리 법상 분명히 허용된다.

(3) 이에 반하여 (ⅲ) 분양계약에서 도급인(분양자)과 그 승계인(수분양자)이 합의한 특별한 성상 또는 용도의 내용은 원칙적으로 시공자가 도급인의 승계인에게 책임 있는 하자가 아니다(그러나 이것은 어디까지나 대위책임 혹은 법정승계의 관점에서 그러하다는 것이고, 시공자의 불법행위책임까지 전적으로 배제되는 것은 아니다).

나. 도급인이 수급인에 대하여 행사할 수 있는 권리로 제667조는 하자보수 및 손해배상을 규정하고 있다.

(1) 하자보수청구권의 법적 성질이 청구권인가, 형성권인가는 다툼이 있을 수 있다. 양자의 차이는 하자보수채무의 이행기 및 이행가능시기와 관련하여 나타난다. 청구권으로 보면 서로 대립하는 하자보수채권과 하자보수채무는 하자가 존재하면 즉시 성립하기 때문에 수급인의 하자보수의 제공을 도급인이 거절하면 수령지체가 되지만, 형성권으로 보면 처음에는 하자보수청구권만 있고 권리자가 이를 선택 행사하여야 하자보수의 채권채무가 비로소 성립하기 때문에 선택 이전에는 수령지체의 문제가 발생할 여지가 없다. 또한 청구권으로 보면 소멸시효 하나로 충분하지만, 형성권으로 보면 제척기간과 소멸시효 양쪽을 필요로 한다.[47] 독일 민법과 같이 하자보수청구권을 다른 모든 구제수단보다 우선하여 행사해야 하는 권리로 보는 법체계에서는 하자가 있으면 당연히(권리자의 별도의

---

47) 가령 김도균, "아파트 분양자의 하자담보책임과 대한주택보증 주식회사의 하자보수보증", 실무연구 Ⅲ, 서울지방법원 남부지원, 2003. 2., 237-284면은 제척기간 내에 권리를 행사하면 하자보수청구권이 '보전'되고(이 점에서 하자보수청구권을 형성권으로 보는 견해와 차이가 나긴 하지만) 일단 보전된 권리는 그때부터 소멸시효가 진행한다고 본다.

의사표시 없이) 성립하는 청구권이라고 보겠지만, 우리 민법과 같이 도급인이 하자보수청구권과 손해배상청구권 중 하나를 자유롭게 선택할 수 있도록 한 법체계에서는 오히려 권리자의 의사표시를 요구하여야 하지 않을까 한다.

(2) 이에 반하여 손해배상은 (i) 대금감액적 손해배상, (ii) 하자보수에 갈음하는 손해배상, (iii) 하자보수와 함께 하는 손해배상의 3가지 성격을 가질 수 있는바, 간단하게 각각을 설명하면 다음과 같다. (i)은 제580조($^{제575}_{조}$)에서와 마찬가지로 '손해배상'이란 이름을 사용하고 있지만 그 실질은 제572조 제1항·제574조에서 규정하는 대금감액청구권과 동일하므로 그 내용은 등가관계의 유지를 목적으로 하는 신뢰이익(하자가 없으리라 믿었음으로 인한 손해)의 배상이다. 그 법적 성질은 일부해제로 보는 것이 보통이고, 따라서 권리자의 일방적 의사표시를 통하여 행사할 수 있는 형성권으로서 권리만 있을 뿐 그에 대응하는 의무는 따로 없으며, 다만 이를 행사하면 새로운 채권채무관계(감액된 대금채무, 기지급분 중 일부대금의 반환채권 등)가 성립한다. 다음으로 (ii)는 하자보수청구권의 변형태(금전적 등가물)이므로 그 법적 성질은 하자보수청구권의 법적 성질과 동일하게 보아야 할 것이며, 그 내용은 하자제거비용의 배상이다. (i), (iii)의 손해배상과 달리 도급에 특유한 유형이다. 끝으로 (iii)은 '하자보수를 하더라도 남는', 다시 말해서 하자보수와 상관없는 손해배상으로서 하자 그 자체 이외의 법익에 대한 추가적인 손해의 배상, 즉 하자확대손해의 배상을 가리키고 따라서 통상의 채무불이행에 기한 손해배상($^{제390}_{조}$)에 다름 아니다. 따라서 (i), (ii)와는 달리 채무자의 고의 과실을 요하고, 하자의 존재만으로 당연히(권리자의 별도의 의사표시 없이) 성립하는 전형적인 청구권이며, 이행이익의 배상을 원칙으로 한다. 이상의 3가지 손해배상을 예를 들어서 설명하자면, 가령 도급인이 수급인에게 2억 원의 대금을 미리 지급하고 공사를 맡겼으나 완성된 목적물에 하자가 있었다면, 먼저 도급인은 수급인을 상대로 하자보수를 청구하거나, 아니면 제3자에게 하자보수공사를 맡길 요

량으로 그 예상소요비용 5천만 원을 하자보수에 갈음하는 손해배상으로 청구할 수 있다. 아니면 대금감액적 손해배상을 청구하여 5천만 원의 반환을 청구할 수도 있다. 그런데 하자보수로 인하여 목적물의 이용이 늦어져 그로 인하여 1천만 원의 손해가 있었다면 수급인이 고의 과실 없음을 입증하지 못하는 한 그 손해는 하자보수와 함께하는 손해배상으로 청구할 수 있다.

(3) 도급인(분양자)이 수급인에 대하여 원시적으로 취득하는 하자담보추급권 가운데 도급인(분양자)의 승계인에게 당연히 승계적으로 이전되는 하자담보추급권은 하자보수 및 그에 갈음하는 손해배상의 권리이다. 나머지 권리인 계약해제권, 대금감액적 손해배상, 하자보수와 함께하는 손해배상은 계약당사자의 지위와 밀접하게 결부된 권리로서 양도의 대상이 아니거나(계약해제권, 대금감액권), 권리자 개개인에게 발생한 하자확대손해(하자 자체의 손해 이외의 추가적 법익에 대한 손해)에 대한 대인적 권리로서 따로 명시적 양도행위를 요하기(하자보수와 함께하는 손해배상) 때문에 당연승계의 대상이 아니다.

(4) 시공자는 목적물의 양도라는 우연한 사정으로 이득을 얻어서는 안 되지만, 그렇다고 불이익을 얻어서도 안 되므로 승계인에 대한 그의 책임기간 역시 애초에 도급계약에서 정한 기간, 즉 특약이 없는 한 건물의 경우는 인도 후 5년 또는 10년의 제척기간($\frac{제671}{조}$)이 된다고 할 수 있다.[48] 그러나 하자보수에 갈음하는 손해배상청구권은 이행기의 정함이 없는 채무로서 이행청구를 받은 때로부터 지체책임이 있다고 보고 '소멸시효'에 걸리며[49] 그 기산점은 목적물을 '인도'한 때부터가 아니라 "각 하

---

[48] 大判 1990. 3. 9. 88다카31866(集38-1, 民121) 등 확고한 판례는 제671조의 기간을 제척기간 중에서도 재판상 또는 재판 외의 권리행사기간으로 보고 재판상 청구를 위한 출소기간으로 보지 아니한다.

[49] 주석민법 채권각칙(제4판) 제667조(이준형 집필부분), 한국사법행정학회, 2016 중 Ⅴ. 2. 가. 및 나. 참조. 김진우, "청구권에 관한 제척기간과 소멸시효", 재산법연구 제26권 제3호, 2010. 2., 22면은 소멸시효와 제척기간이 경합할 수 있다면 양 제도를 달리 파악할 필요성이 있는지 의문이라고 하면서 김진우, "도급계약에서의 담보책임기간", 민사판례연구 제34권, 2012. 2., 492면은 2008다12439를 수급인의

자가 발생한 시점부터 별도로 진행한다."[50]

(5) 또한 수급인이 하자의 존재를 알고도 고지하지 않은 경우(오시공이나 미시공의 경우는 이러한 경우가 많을 것이다)는 제척기간이 도과한 때에도 수급인의 면책주장은 신의칙에 반한다고 보아야 한다. 판례는 제672조를 담보책임면제특약뿐 아니라 책임기간을 단축하는 약정에도 적용하여, 가령 수급인이 설계도에 PC판으로 시공하도록 되어 있던 부분을 합판으로 시공하였기 때문에 도급계약에서 약정한 2년의 하자담보책임기간이 경과한 후에 합판이 부식되어 기와가 함몰되는 손해가 발생하였다면 도급인과 수급인 사이에 하자담보책임기간을 준공검사일부터 2년간으로 약정하였다 하더라도 수급인이 그와 같은 시공상의 하자를 알고 도급인에게 고지하지 않은 이상 책임기간의 도과만으로 면책을 주장할 수 없다고 보았는바,[51] 사안에 따라 그와 같은 취지는 법정책임기간의 도과에 따른 면책주장에도 적용될 수 있다고 보기 때문이다.

다. 끝으로 건물건축공사에 참가하는 자로는 시공자 외에도 건축사(설계자·공사감리자), 건축기사, 자재공급업자, 중기운전자 등 다양한 직업군이 존재하는데, 이들과 도급인 사이에 체결되는 계약은 획일적이지 않고, 이들이 하자발생에 기여하는 형태도 제각각이기에 개별적인 검토가 필요하다. 여기에서는 건설현장에서 가장 많이 등장하는 건축사의 예를 들어 설명한다.

담보책임에 관하여 처음으로 그러한 경합을 인정한 판결로 인용하였다. 이에 대하여 구태희, "입주자대표회의가 한 하자보수청구와 구분소유자에게 귀속하는 하자보수에 갈음한 손해배상청구권의 제척기간과의 관계", 민사판례연구 제34권, 2012. 2., 451-452면의 주 33은 同 판결의 선고경위(2005. 5. 26. 개정주택법의 전면 적용으로 민법상 제척기간의 적용이 배제된다는 전제하에 5년의 상사소멸시효를 적용하는 하급심판결이 다수 선고되는 과정에서 대법원에서 소멸시효에 관한 판시가 이어진 것이라는 사정)에 관하여 보면 이해할 수 있다고 반박한다.

50) 大判 2009. 2. 26. 2007다83908(公2009上, 407).

51) 大判 1999. 9. 21. 99다19032(公1999, 2196). 그 해설로는 김창보, "수급인이 알고 고지하지 아니한 사실에 대하여는 담보책임을 면하지 못한다는 민법 제672조의 규정이 담보책임기간단축약정의 경우에도 유추적용되는지 여부", 대법원판례해설 제33호(1999년 하반기), 법원도서관, 2000. 5., 11-18면.

전통적으로 건축사는 변호사와 의사 등과 마찬가지로 전문적 노무를 제공한다고 보아 이를 목적으로 하는 계약을 위임으로 보는 것이 일반적이지만, 설계와 공사감리는 건물이라는 유형의 결과완성을 직접적인 목적으로 하는 것이므로 도급과 마찬가지로 담보책임($^{제667조}_{이하}$)을 인정하는 것도 생각해 볼 수 있다. 그렇게 보지 않으면 위임계약의 불이행으로 인한 책임이 10년의 소멸시효에 걸리는 데 반하여($^{제162조}_{제1항}$), 수급인의 하자담보책임은 5년 또는 10년의 제척기간에 걸리기 때문에 後者의 기간을 도과한 도급인으로서는 수임인의 불이행책임을 물을 수밖에 없다. 그런데 도급인에게 배상의무를 이행한 수임인의 경우, 만약 그 하자에 수급인의 책임도 있는 때에는 수급인에게 구상을 할 수 있어야 하는데, 수급인이 이러한 구상요구에 대하여 담보책임기간의 도과를 내세워 거절할 수 있다면 수임인은 부담부분 이상의 손해를 입게 된다. 실제로 1911년 스위스 채무법 개정으로 신설된 제371조 제2항은 건축수급인에 대한 하자담보추급권의 '소멸시효'[52]를 '건축을 위하여 노무를 제공한' 건축사 내지 건축기사에도 적용하도록 하였는데, 이는 건축사 등의 계약책임에 적용되는 시효기간이 건축수급인의 하자담보책임기간보다 길어지는 것을 막음으로써 당시의 통설에 따라서 수임인의 구상권이 수급인의 시효완성 주장으로 차단되는 사태를 방지하기 위해서였다고 한다.[53] 우리의 경우는 공동불법행위자 중 1인의 손해배상채무가 시효로 소멸한 후에 다른 공동불법행위자 1인이 피해자에게 자기의 부담 부분을 넘는 손해를 배상하였을 경우에도 그 공동불법행위자는 다른 공동불법행위자에게 구상권을 행사

---

52) 스위스와 독일에서는 우리법과 달리 수급인의 담보책임은 제척기간이 아닌 소멸시효에 걸리는 것으로 규정한다.

53) 그 개정의 배후에 스위스 건축기사 및 건축사 협회의 끈질긴 로비가 있었음은 Botschaft vom 3. 3. 1905, BBl 1905 Ⅱ, S. 41 및 Nachtrag vom 1. 6. 1909, BBl 1909, Ⅲ, S. 752; StenBull Nationalrat XIX 1909, S. 708 f.; Ständerat XX 1910, S. 228 참조. 그런데 스위스 연방대법원은 그 후에 나온 선례적 판결에서 기존의 통설과는 반대로 공동배상의무자 중 1인의 구상청구는 구상채무자의 책임이 외부관계에서 소멸시효가 완성된 때에도 원칙적으로 가능하다고 밝힘으로써(BGE 133 Ⅲ 31, E 5. 4) 同조항 신설의 의의는 축소되었다.

할 수 있다는 판례[54]가 있기는 하지만, 권리자가 다른 의무자 사이에서 구체적으로 하자추급권을 행사하지 않은 상태로 제척기간이 도과하여 권리 자체가 소멸한 경우에도 동일하게 볼 수 있는지는 좀 더 검토를 요한다.[55]

Ⅳ. 구분소유자에 의한 계약외적 책임추급의 가능성

1. 하자확대손해의 경우

시공자의 부실건축으로 인하여 구분소유자의 다른 법익에 손해(하자 확대손해, 논자에 따라서는 '결과손해'라고도 한다)가 발생한 경우, 특히 그 것이 인신손해의 경우는 피해자인 구분소유자는 시공자를 상대로 불법행위책임을 물을 수 있다.[56] 비록 건물과 같은 부동산은 제조물책임법의 적용대상이 아니므로($_{제1호~참조}^{제2조}$)[57] 무과실책임은 물을 수 없지만, 고의 과실을 입증하여 제750조에 기한 손해배상을 청구할 수 있다.

---

54) 大判 1997. 12. 23. 97다42830(公1998, 380).

55) 한편 아래 Ⅴ. 3. (1)에서 보듯이 2013년 집합건물법 개정과정에서 건축사를 포함시키려는 시도가 있었으나 건설교통부의 적극적인 반대로 좌절되었는데, 당시 이러한 시도의 목적은 건축사의 구상권 보장보다는 건물소비자의 보호 강화에 있었다.

56) 반면에 시공자(수급인)의 부실시공으로 인하여 분양자(도급인)가 확대손해를 입은 경우는 담보책임 외에 불완전이행이 문제될 수 있을 것이다. 가령 민법주해(9) 채권(2) 제390조(양창수 집필부분), 박영사, 1995, 231면에 따르면, 적어도 매매의 경우 "다수의 학설은⋯담보책임으로서의 손해배상의무는 애초 결과손해에는 미치지 않으므로 결과손해의 배상은 불완전이행의 법리에 의하여 처리된다는 견해를 취한다." 또한 매매목적물의 하자로 인한 '확대손해 내지 2차손해'에 대한 책임을 매도인에게 물으려면 그에게 귀책사유가 있어야 한다고 한 大判 1997. 5. 7. 96다39455(公1997上, 1702)와 이에 대한 양창수, 민법입문(제6판), 박영사, 2015, 303면의 서술도 참조. 최근 大判 2015. 6. 24. 2014다220484(미간행)에 따르면, 수급인에 대한 회생절차개시 후에 완성된 목적물의 하자로 인한 손해가 현실적으로 발생하여 도급인에게 확대손해가 발생한 경우를 회생절차개시 전에 주요한 발생원인을 갖춘 것으로서 회생채권에 해당한다고 보면서 '수급인이 도급계약에 따른 의무를 제대로 이행하지 못함으로 말미암아 도급인의 신체 또는 재산에 확대손해가 발생하여 수급인이 도급인에게 그 손해를 배상할 의무가 있다'면 이는 '하자담보책임을 넘어서'는 것으로서 '채무불이행으로 인한 손해배상청구권'이라고 한다.

57) 제조물책임법 제정 당시 분양주택에 대하여 동법이 적용되어야 한다는 주장이 있었으나, 채택되지 않았다. 강창경 · 최병록 · 박희주, "제조물책임법의 제정에 관한 연구", 「소비자보호원 연구보고서 94-03」(1994), 43면 참조.

이 경우 부실시공과 하자확대손해 사이에 시간적 간격이 있는 때가 많은데, 가령 건물의 일부에서 발생한 화재가 확산되어 애초부터 부실하게 시공되어 화재에 대한 안전성을 전혀 갖추지 못한 건물의 내부 구조물들이 연쇄적으로 붕괴되는 바람에 다수의 인명사고가 발생한 사안에서 판례는 "소멸시효의 기산점이 되는 '불법행위를 한 날'의 의미는 단지 관념적이고 부동적인 상태에서 잠재적으로만 존재하고 있는 손해가 그 후 현실화되었다고 볼 수 있는 때, 다시 말하자면 손해의 결과 발생이 현실적인 것으로 되었다고 할 수 있는 때로 보아야 한다"고 판시하였다.[58]

2. 하자 자체가 제750조의 손해인지 여부

가. 문제는 시공자의 부실건축으로 인하여 발생한 하자 그 자체를 손해로 보고 구분소유자가 그 제거에 필요한 비용의 배상, 즉 하자보수에 갈음하는 손해배상 상당액을 불법행위책임으로 물을 수 있는가이다. 독일의 확고한 판례는 건축물의 부실시공 자체는 불법행위책임의 성립요건(가령 소유권침해)에 해당하지 않는다고 보고,[59] 그 이유로서 하자로 인한 불이익에 다름 아니며[60] 순수재산손해에 불과하기 때문이라고 한다.[61] 한편 스위스의 경우 통설은 독일의 판례와 유사하지만,[62] 소수설은 계약상 주의의무 위반을 스위스채무법 제41조 제1항(우리 민법 제750조에 해당) 소정의 위법행위로 보고 수급인은 일반적으로 그에게 기대되는 주의를 다하지 못

---

58) 大判 1998. 5. 8. 97다36613(集46-1, 民296).
59) 先例는 BGHZ 39, 366=NJW 1963, 1827=MDR 1963, 754.
60) BGH, BauR 1992, 388, 391, OLG München, OLGR 1995, 2, 3, OLG Jena, NZBau 2012, 704.
61) BGH, NJW 1965, 534, BGHZ 55, 392, 395=NJW 1971, 1131, BGH, VersR 1972, 274=BauR 1972, 114=MDR 1972, 316. 한편 오스트리아에서도 비록 계약책임과 불법행위책임을 한 조문(ABGB 제1295조 제1항)에서 규율하지만 양 책임은 서로 구별되고 또 순수재산손해는 원칙적으로 배상하지 않는다. Welser/Zöchling-Jud, Grundriss des bürgerlichen Rechts, Band Ⅱ, 14. Auf., 2015, SS. 362, 381-382 참조.
62) Schönle, "Die Deliktshaftung des Verkäufers wegen «Mängel der Kaufsache»", in: Mélanges Schmidlin, Helbing & Lichtenhahn, 1998, S. 388.

하여 하자가 발생한 때에는 그로 인하여 목적물에 존재하는 가치감소분을 배상할 불법행위책임을 진다고 본다.[63] 이 점을 정면으로 다룬 우리 판례는 아직 없는 듯하다. 그러므로 여기에서는 이를 긍정한 일본의 최고재판소판결을 소재로 논의를 진행해 보고자 한다.[64]

　나. 먼저 사실관계를 보면 A는 1988. 8. 토지를 매입하고 같은 해 10. Y1(건설회사)과 이 사건 건물(공동임대용 주택 및 점포)에 대한 도급계약을 체결하고(공사대금 약 3억6,000만 엔), Y2(건축사사무소)에 설계 및 공사감리를 맡겼다. 건물은 1990. 2. 완공되어 같은 해 3. A에게 인도되었다. X 등은 같은 해 5. A로부터 이 사건 건물을 부지와 함께 양수하였는데, 1996.이 되자 외벽, 바닥 등 여러 곳에 심한 균열 및 철골의 내력저하, 발코니 난간의 흔들림 등 하자가 있음을 발견하고 A의 도급계약상

---

63) Werro, "La responsabilité pour faute(art. 41 ss. CO) de l'entrepreneur vis-à-vis du maître pour les défauts de l'ouvrage", BR 1996, pp. 68, 71 참조.

64) 最判 平成19(2007년). 7. 6. 民集 61卷 5号 1769頁=判時 1984号 34頁, 그리고 청구를 다시 기각한 환송항소심인 福岡高判 平成21(2009년). 2. 6. 判時 2051号 74頁=判タ 1303号 205頁과 이를 또다시 파기환송한 그 재상고심판결인 最判 平成23(2011년). 7. 21. 判時 2129号 36頁=判タ 1357号 81頁 및 그 환송항소심인 福岡高判 平成24(2012년). 1. 10. 判時 2158号 62頁=判タ 1387号 238頁도 참조.
　　먼저 상고심판결에 관해서는 升田純, 「建物の設計者・施工者及び工事監理者が建築された建物の瑕疵につき不法行為責任を負う場合の注意義務・要件(最高裁平成 19. 7. 6. 第二小法廷判決)」, Lexis判例速報 22号(2007), 47-53頁이 논점을 간략하게 정리하였고, 秋山靖浩, 「缺陷建物・最高裁判決とその意義」, 法学セミナー 637号(2008. 1.), 42-45頁은 주택정책의 관점에서 그 의의를 논하였다. 또한 松本克美, 「建物の瑕疵と建築施工者等の不法行爲責任」, 立命館法学 313号(2007), 774-805頁은 판결에서 나타난 이론상의 문제점들을 분석하였고, 幸田雅弘, 「缺陷住宅訴訟-施工業者の責任を認める」, 法学セミナー 638号(2008. 2.), 18-21頁은 원고측 변호사가 사건을 직접 해설한 글이다. 끝으로 鎌野邦樹, 「判批」, NBL 875号(2008. 2. 15.), 4-17頁은 건물의 하자에 대한 법적 책임 일반과 관련하여 이 판결의 민사책임상 위상이 어떠한지를 검토하였다.
　　재상고심판결에 관해서는 松本克美, 「建物の安全性確保義務と不法行爲責任：別府マンション事件・再上告審判決[最判2011(平成23). 7. 21.]の意義と課題」, 立命館法学 337号(2011), 1373-1430頁; 笠井修, 「判批」 NBL 963号(2011), 42-49頁; 新井弘明, 「建物としての基本的な安全性を損なう瑕疵」, 白鴎法学 19巻 1号(2012年), 89-101頁; 石橋秀起, 「判批」 速報判例解説(民法 [財産法] Nα 52), TKCローライブラリー(2011年); 權敬殷, "瑕疵ある建物に関する諸問題", 경북대 법학논고, 2014. 5., 285-314면이 있다.

지위를 양수하였음을 전제로 Y1을 상대로 하자보수비용 내지 손해배상을
주장함과 동시에 불법행위에 기한 손해배상청구를, 그리고 Y2를 상대로
설계 및 공사감리와 관련하여 불법행위에 기한 손해배상청구를 제기하였
다(손해배상청구액의 합계는 모두 5억2,500만 엔).

    제1심법원 및 제2심법원에서 공통적으로 다투어진 논점을 보다 일반
화된 형태로 제시하면 다음 3가지 점으로 요약할 수 있다.[65] (i) 도급인
(A)의 수급인(Y1, Y2)에 대한 하자담보추급권은 도급인(A)으로부터 건물을
매수한 자(X 등)에게 양도될 수 있는가, (ii) 건물의 하자에 대한 수급인
(Y1, Y2)의 책임은 도급인(A)에 대한 계약상 하자담보책임에 한정되고 도
급인(A)의 매수인(X)에 대한 불법행위책임은 문제될 수 없는가, (iii) 만약
위 (ii)에서 수급인(Y1, Y2)의 매수인(X)에 대한 불법행위책임이 인정된다
면 그 요건은 어떻게 되는가.

    (1) 위 3가지 논점에 대하여 제1심법원과 제2심법원은 각각 다음과
같이 판단하였다. 먼저 (i)에 대하여, 제1심법원은 이 사안에서 도급인
(A)과 매수인(X 등) 사이의 매매예약 당시 건물의 수리 및 보수에 대하여
Y1도 책임을 지겠다고 약속했고 X 등이 인도받은 후에도 Y1은 X와 직접
연락받고 보수에 응하였다는 사실에 비추어 묵시적 양도특약을 긍정하였
지만, 제2심법원은 이 사건에서 도급인(A)이 Y1, Y2를 상대로 직접 추급
권을 행사한 적이 없음을 지적하면서 "이처럼 전혀 구체화되지 않은 청
구권을 양도할 수 있는지는 대단히 의문"이고 양도의 대항요건도 불비하
였다고 하여 양도의 주장을 배척하였다.

    (ii)에 대하여, 제1심법원은 건물하자에 대한 수급인의 책임으로서
도급인에 대한 하자담보책임과 도급인의 매수인에 대한 불법행위책임은
제도의 취지나 성립요건을 달리하기 때문에 병존할 수 있다고 본 데 반
하여, 제2심법원은 기본적으로 건물하자에 대한 수급인에 대한 책임은

---

65) 제1심판결인 大分地判 平成15(2003년). 2. 24.의 내용은 주 64의 여러 평석에 따
   른 것이고, 제2심판결은 福岡高判 平成16(2004년). 12. 16. 判夕 1180号 209頁에서
   확인할 수 있었다.

도급인에 대한 하자담보책임으로 제한되고 추가로 '특별한 요건'을 갖추지 않는 한 도급인이나 그 매수인에 대한 불법행위책임은 부정하여야 한다고 보았다.

(ⅲ)에 대하여, 제1심법원은 불법행위로 인한 손해액은 원칙적으로 하자보수비용 상당액이라고 보았고(다만 설계상의 안전율 강도에 미달하는 시공은 하자에는 해당하지만 건물의 내구성에 지장이 없는 한 피해자의 입장에서 보강을 반드시 해야 하는 것은 아니므로 보강공사비는 불법행위로 청구할 수 없다고 봄), 제2심법원은 "도급의 목적물에 하자가 있다고 당연히 불법행위의 성립이 문제되는 것은 아니고 그 위법성의 강도가 높은 경우, 예를 들어 수급인이 도급인 등의 권리를 적극적으로 침해할 의도로 하자 있는 목적물을 제작하거나 하자의 내용이 반사회성 내지 반윤리성을 갖는 경우, 하자의 정도·내용이 중대하여 목적물의 존재 자체가 사회적으로 위험한 경우 등에 한하여 불법행위책임이 성립할 여지가 있다"고 하였다.[66]

(2) 일본의 최고재판소는 (ⅰ)에 대해서는 원심(제2심)의 결론을 긍정하면서도 (ⅱ)와 (ⅲ)에 대해서는 다음과 같은 이유로 원심판결을 파기 환송 하였다.

먼저 (ⅱ)에 대해서는 "건물은 거기서 거주하는 자, 거기서 일하는 자, 거기를 방문하는 자 등 다양한 사람들이 이용함과 동시에 당해 건물의 주변에는 다른 건물이나 도로 등이 존재하므로 건물은 이들 건물이용자나 이웃주민, 통행인 등(이하 통틀어 '거주자 등'이라 함)의 생명, 신체나 재산을 위험에 빠뜨리지 않도록 안전성을 갖추어야 하고, 이러한 안전성은 건물로서의 기본적인 안전성이라 하여야 한다. 그렇다면 건물의 건축에 관여하는 설계자, 시공자 및 공사감리자(이하 통틀어 '설계·시공자 등'이라 함)는 건물을 건축하면서 계약관계에 있지 않은 거주자 등에 대한

---

66) 그러면서 最判 平成15(2003년). 11. 14. 民集 57卷 10号 1561頁을 인용하였는데, 이는 건축사가 중대한 의무위반으로 건물의 구입자에게 손해를 끼쳤다고 하여 불법행위책임을 긍정한 판결이다.

관계에서도 당해 건물에 건물로서의 기본적인 안전성이 결여되지 않도록 배려해야 하는 주의의무를 부담한다고 해석함이 상당하다. 그리고 설계·시공자 등이 이러한 의무를 게을리하여 건축한 건물에 건물로서의 기본적인 안전성을 해하는 하자가 있고 그로 인하여 거주자 등의 생명, 신체 또는 재산이 침해된 경우는 설계·시공자 등은 불법행위의 성립을 주장하는 자가 이러한 하자의 존재를 알면서 이를 전제로 당해 건물을 매수하였다는 등의 특별한 사정이 없는 한 이로 인하여 발생한 손해에 대하여 불법행위로 인한 배상책임을 부담하여야 한다고 보아야 한다. 거주자 등이 당해 건물의 건축주로부터 그 양도를 받았다고 하여 달리 볼 것은 아니다."

그리고 (iii)에 대해서는 "원심은 하자가 있는 건물의 건축에 관여한 설계·시공자 등에게 불법행위책임이 성립하려면 그 위법성의 강도가 높은 경우, 예를 들어 건물의 기초나 구조부분에 하자가 있고 사회공공의 관점에서 허용하지 어려운 위험한 건물인 경우 등으로 한정하고 이 사건 건물의 하자에 대해서는 불법행위책임을 물을 정도의 강도 높은 하자가 있다고 할 수 없다고 하였다. 그러나 건물로서의 기본적인 안전성을 해하는 하자가 있는 경우에는 불법행위책임이 성립한다고 보아야 하고, 위법성의 강도가 높은 경우에 한하여 불법행위책임을 인정한다고 보아야 할 이유가 없다. 예를 들어 발코니 난간의 하자라 하더라도 이로 인하여 거주자 등이 통상의 사용을 하면서 굴러 떨어져서 생명이나 신체가 위험에 빠질 수 있는, 그러한 하자가 있다면 그 건물에는 건물로서의 기본적인 안전성을 해하는 하자가 있다고 하여야 하고, 건물의 기초나 구조부분에 하자가 있는 경우에 한하여 불법행위책임을 인정한다고 보아야 할 이유도 없다."

(3) 그런데 이 사건 건물에 건물로서의 기본적 안전성을 해하는 하자가 있는지, 있다면 그로 인하여 X 등에게 손해가 있는지 여부의 심리를 맡은 환송항소심법원은 상고심판결에서 말한 '건물로서의 기본적인 안전성을 해하는 하자'란 건물의 하자 중에서도 거주자 등의 생명, 신체 또

는 재산에 대한 현실적인 위험성을 발생시키는 하자라는 전제에서, Y1 등의 불법행위책임을 인정하려면 이 사건 건물이 매각된 날까지 이러한 하자가 존재하였을 것을 요한다고 설시한 후, 매각된 날 이전에 이 사건 건물의 하자로 거주자 등의 생명, 신체 또는 재산에 현실적인 위험이 발생하지 않았으므로 이 사건 건물에 건물로서의 기본적인 안전성을 해하는 하자가 존재하였다고 인정할 수 없다고 판단하고 X의 불법행위에 기한 손해배상청구를 다시 기각하였다.

(4) 결국 재상고심에서 "'건물로서의 기본적인 안전성을 해하는 하자'란 거주자 등의 생명, 신체 또는 재산을 위험에 빠뜨릴 수 있는 하자를 말하고, 건물의 하자가 거주자 등의 생명, 신체 또는 재산에 대한 현실적인 위험을 야기하는 경우에 한하지 아니하며, 당해 하자의 성질에 비추어 이를 방치하면 언젠가는 거주자 등의 생명, 신체 또는 재산에 대한 위험이 현실화하게 될 경우는 당해 하자는 건물로서의 기본적인 안전성을 해하는 하자에 해당한다고 보는 것이 타당하다. …이상의 관점에서 보면 당해 하자를 방치할 경우에 철근의 부식, 劣化, 콘크리트의 내력저하 등을 일으키고 나아가 건물의 전부 또는 일부의 도괴 등을 가져오는, 건물의 구조내력과 관련 있는 하자는 물론이고 건물의 구조내력과 관련이 없는 하자라도 이를 방치할 경우에 가령 외벽이 剝落하여 통행인 위로 떨어지거나 開口部, 베란다, 계단 등의 하자로 인하여 건물의 이용자가 추락하는 등으로 인신피해가 일어날 위험이 있는 경우나 누수, 유해물질의 발생 등으로 건물이용자의 건강이나 재산을 해할 위험이 있는 때에는 건물로서의 기본적인 안전성에 해당하지만, 건물의 미관이나 거주자의 거주환경의 쾌적함을 해하는 데에 그치는 하자는 여기에 해당하지 않는다고 하여야 할 것이다. …그리고 건물의 소유자는 자신이 취득한 건물에 건물로서의 기본적인 안전성을 해하는 하자가 있는 때에는 제1차 상고심판결에서 말하는 특별한 사정이 없는 한 설계·시공자 등에 대하여 당해 하자의 보수비용 상당액의 손해배상을 청구할 수 있다고 보고, 그와 같은 소유자가 해당 건물을 제3자에게 매각하는 등으로 그 소유권

을 잃은 때에도,[67] 그 전후로 보수비용 상당액의 보수를 받았다는 등의 특별한 사정이 없는 한, 일단 취득한 손해배상청구권을 당연히 상실하는 것은 아니다"고 하여 또다시 파기환송되었다.

(5) 다시 열린 환송항소심에서는 이 사건 청구가 하자담보가 아닌 불법행위를 이유로 하는 청구라는 이유로 하자 외에 고의 과실의 입증이 필요하고 과실에 대해서는 손해의 원인이 되는 하자를 회피하기 위한 구체적 주의의무 및 이를 게을리하였음을 입증하여야 한다고 하면서 '이 사건 하자'로서 피고(Y1, Y2)에게 고의 과실이 인정되는 경우[68]를 지적하고 Y1과 Y2가 연대하여 약 2,848만 엔, Y2 단독으로 약 973만 엔을 손해배상으로 지급하도록 명하였다.

다. 이상에서 살펴본 일본 최고재판소판결은 일단 하자담보추급권의 양도가 부정된 사안이고 또한 대위청구 주장도 없었던 사안이다. 이하에서는 우리에게 시사하는 바 몇 가지 점을 다음과 같이 지적하고자 한다.

(1) 첫째, 이 판결은 물건 일반의 하자가 아닌 건물의 하자, 즉 건물 건축에 관계한 설계자, 시공자, 공사감리자가 '作出한 하자'에 대한 불법행위책임을 인정하기 위하여 건물의 사회성·공공성에서 '건물로서의 기본적인 안전성'이란 개념을 끌어내고 건축 관여자에게 그들이 만드는 건물이 이러한 안전성을 구비하도록 해야 하는 배려의무를 설정한다. 이러한 인식은 건축법에 관련규정을 갖고 있고(건축법 제15조, 제23조 내지 제25조 참조) 또 실무가 집합건물법 제9조를 견고한 건물의 건축을 유도하기 위한 것으로 이해하는

---

67) 이 사건 건물은 제1심 계속중이던 2002. 6. 경매로 제3자에게 매각되었다.
68) 東真生, 「建物としての基本的な安全性を損なう瑕疵」に該当し、かつ、施工業者等に故意過失が認められる瑕疵を認定した事例」, RETIO 87号, 2012. 10., 109頁에 따르면 다음과 같다. 즉, 903호실 및 906호실의 바닥 슬라브 균열(Y1, Y2 양쪽의 고의 과실), B동 바닥 슬라브(천장 슬라브)의 구조상 하자(Y2의 고의 과실), B동 배관 슬립의 들보관통에 따른 내력부족(Y2의 고의 과실), A동 각 호실의 발코니 손잡이 흔들림(Y1, Y2 양쪽의 고의 과실), B동 2층 사무실 바닥의 철근노출(Y1, Y2 양쪽의 고의 과실), 실내배관에 새는 곳이 있고 파이프 스페이스 안의 배관이 수직이 아니며 배관접속부에 틈도 있음(Y1, Y2 양쪽의 과실), A동 계단실 자동화재경보기의 부식(Y1, Y2 양쪽의 과실).

우리의 경우에도 타당할 것이다(다만 집합건물법은 건물 중에서도 특히 집합건물만을 대상으로 한다는 차이가 있을 뿐임). 그리고 이는 마치 제조물책임법을 부동산, 그 중에서도 건물에 확대 적용하는 것처럼 건물의 '제조업자'(시공자 등)에게 건물이라는 제조물의 '결함(통상 기대할 수 있는 안전성의 결여)'으로 인한 손해에 대한 배상책임을 인정하는 결과를 가져온다(다만 아래 '셋째'에서 보듯이 과실의 입증이 요구될 수 있고 또 '넷째'에서 보듯이 손해의 요건과 범위에서도 차이가 있다).

(2) 둘째, 이렇게 불법행위책임을 성립시키는 하자, 즉 '건물로서의 기본적인 안전성을 불비한 하자'는 '계약에서 약정하거나 전제한 성상 또는 용도와의 불합치를 가리키는 하자'와 구별된다.[69] 前者를 절대적 하자, 後者를 상대적 하자라고 부를 수도 있을 것이다. 2차례에 걸친 최고재판소의 판결을 보면 그 판단은 당해 하자가 건물의 내력구조와 같이 특정한 부위에 존재하는가와 같은 所在로 판단하는 것이 아니라 그것이 어떠한 위해적 결과를 가져오는가와 같은 위험성을 기준으로 한다. 그러므로 일반적으로 생각하는 건물의 주요 구조부분의 하자보다는 훨씬 범위가 넓고 또 판단기준도 탄력적이다.

(3) 셋째, 담보책임과 달리 불법행위책임의 경우는 고의 과실 및 위법성의 입증을 요한다. 다만 시공자 등이 은닉한 하자나 명백히 설계와 다른 시공으로 인한 하자 등은 고의가 있었다고 볼 수 있고, 또 이때 과실의 전제가 되는 주의의무는 건물로서의 기본적인 안전성을 갖추도록 배려해야 할 의무이므로(스위스의 소수설은 일반적으로 수급인에게 기대되는 주의의무를 기준으로 한다[70]) 건축법규에서 명시적으로 제시한 기준을 위반한 사실을 피해자가 입증하였다면 이는 과실의 입증이라 할 것이다. 또한 위 주의의무는 법질서에 의하여 적법하게 부과된 의무이므로 그 위반은 곧 거주자 등의 법익에 대한 침해로서 일응 위법하다.

(4) 넷째, 불법행위책임에 의하여 배상하여야 하는 손해를 어떻게

---

69) 後者에 관해서는 이준형(주 46), 75면 이하, 특히 Ⅲ. 1. 이하의 서술을 참조.
70) 앞의 주 62 참조.

볼 것인가와 관련하여는 다음 3가지 입장이 제시될 수 있다. ① 먼저 불법행위책임을 완전성이익에 대한 침해로 엄격히 해석하면 부실시공으로 인한 손해의 배상은 부실시공 이전의 상태로 회복하는 데 필요한 비용에 국한되어야 한다는 결론에 다다른다. 그리하여 다른 나라의 판결 중에는 수급인이 매립작업 과정에서 도급인의 기존 외부절연부위를 훼손한 때에는 그 부위를 절개하고 기존의 절연재를 제거한 후 새로 절연재를 설치하는 비용은 불법행위책임으로 청구할 수 있지만, 매립작업을 새로 하는 데 드는 비용은 여전히 하자담보책임으로 청구할 수 있다고 본 것이 있다.[71] 제조물책임법에서 손해란 하자 있는 당해 제조물에 대한 손해를 제외한 확대손해를 의미하는 사실($\frac{제3조}{할조}$) 역시 이러한 입장을 뒷받침한다. ② 다음으로 주의의무(위의 '셋째' 참조)를 기준으로 그 결여로 인하여 완성된 목적물에 존재하는 가치감소분을 배상해야 한다는 견해도 있다.[72] ③ 끝으로 기본적인 안전성을 결여한 건물은 이를 방치하는 것이 사회적으로 허용되지 않으므로(위반건축물에 대해서는 가령 건축법 제79조 제1항에 따른 시정명령이나 같은 법 제85조 제1항에 따른 대집행이 가능하다), 그 보수(경우에 따라서는 건물 전체의 철거)가 불가피하고, 따라서 그 존재 자체만으로 이미 재산권의 침해(보수비용 상당액의 손해)가 당연히 발생한다고 보아야 한다는 입장도 가능하다. 일본 최고재판소는 이 가운데 ③의 입장을 취하였는데, 우리는 어떠할지는 여기에서 판단하지 않고 다른 기회로 미루고자 한다.

(5) 다섯째, 앞서 인용한 일본 최고재판소의 판결은 수급인의 하자로 인한 불법행위책임 전체를 완결적으로 설명하는 법리라고는 할 수 없다. 일본에서는 이 판결의 이른바 '사정거리'와 관련하여 '기본적인 안전성 이외의 내용에 대하여도 불법행위가 성립할 수 없는지' 또는 '건축법령 위반의 하자에 대해서 불법행위책임이 인정되는지'와 같은 문제는 이 판결에서 다루지 않은 것으로 이해하는 견해가 있고,[73] 특히 前者의 문

---

71) OLG Koblenz, BauR 1998, 351.
72) 앞의 주 62 참조.

제와 관련하여, 수급인의 하자담보책임이 인정되는 경우(가령 도급계약에
서 신축할 건물의 기둥을 일정 치수 이상으로 하는 등 특별히 내진성이 뛰
어난 건물을 짓기로 약속하였으나 그 약정 치수에 미달하는 기둥을 시공한
때)에는, 약정과 다른 실제시공만으로도 구조계산상 안전성에 문제가 없
다하더라도 수급인에게 하자담보책임을 물을 수 있지만,[74] 만약 완공된
건물을 매수하는 자도 도급계약대로 시공될 것을 전제로 구입할 것이라
는 사실을 시공자 등이 알거나 알 수 있었던 경우라면 매수인의 기대를
저버리고 매수인에게 가치가 낮은 건물로 재산상 손해를 끼칠 수 있음을
예견할 수 있었으므로, 시공자 등에게 불법행위책임을 부과하더라도 반드
시 부당하다고 할 수 없고, 이 판결의 법리(계약위반의 하자와 안전성 불
비의 하자를 구별)를 계약위반의 하자에 대한 불법행위책임을 전면적으로
부정하는 것으로 볼 수 없다는 주장도 제기되었다.[75] 이 점 또한 우리의
경우 좀 더 검토할 문제라 할 것이다.

4. 小　結

　2013년 개정 이전의 구 집합건물법 제9조의 의무자에 분양자 외에
시공자도 포함된다고 보는 것은 결코 불가능하다고만은 할 수 없다. 同
條의 법정책임을 한편으로는 계약에 기한 담보책임을 강행화하고 다른
한편으로 하자로 인한 불법행위책임의 일부를 포섭하여 시공자와 분양자
에게 대세적 책임을 강행적으로 부과한 것으로 파악하는 것이다.

　　그러나 이러한 이해는 결국 다음과 같은 문제점에 봉착한다. 첫째,
구 집합건물법 제9조의 표제가 담보책임으로 되어있고, 둘째, 동조 제1항
이 도급계약에 관한 민법 제667조 내지 제671조의 규정을 준용하고 있으

---

73) 이 사건의 원고측 소송대리인이었던 幸田雅弘(주 64), 21頁.
74) 最判 平成15(2003년). 10. 10. 判時 1840号 18頁.
75) 松本克美(주 64) 125頁. 한편 鎌野邦樹(주 64) 16頁은 松本의 이런 주장에 대하
　　여 "이런 경우에 '건물의 기본적인 안전성'을 해하는 '하자'가 아니라 건축시공자
　　등의 매수인에 대한 재산권 침해의 의사(고의·과실)를 이유로 하는 불법행위책임
　　이 성립하는 것이 아닐까"라는 견해를 밝힌다.

며, 셋째, 동조 제2항이 '민법에 규정하는 것보다 매수인을 불리하게 한 특약'의 효력을 부정하고 있는데 이를 시공자와 구분소유자가 손해발생 후 불법행위책임에 관한 특약을 할 수 없다는 근거로 보기는 어렵고, 넷째, 프랑스 민법 제1792조 제1항이 대지의 하자를 포함한 '건물의 견고성을 위태롭게 한 손해'를 '건물의 구성요소나 설비요소에 영향을 미침으로써 건물을 그 목적에 부합하지 않게 만든 손해'와 함께 배상하도록⁷⁶⁾ 한 것에 비하여 구 집합건물법 제9조 제1항은 '하자'에 대한 책임만을 규율하고 있으며, 다섯째, 무엇보다도 위와 같은 해석은 불법행위책임에 대한 短期의 권리행사기간을 설정함으로써 결과적으로 권리자의 확대를 인정한 [판결1]의 취지와 반대로 피해자의 지위를 열악하게 만들기 때문이다.

V. 개정 법률의 의의 및 한계

1. 개정의 내용

흥미롭게도 대상판결의 해설을 보면 "최근 2011. 8. 10. 입법예고된 집합건물법 개정안 또한, 종래의 집합건물법 제9조의 하자담보책임 주체에 시공자가 포함되어 있지 않다는 이해를 전제로, 기존의 책임주체인 '분양자' 외에 새로이…'시공자'도 본조의 하자담보책임을 부담하도록 규정함으로써, 그 책임부담주체를 추가·확대하는 내용을 담고 있다는 점도 주목하여야 할 것이다"고 하고 있다.⁷⁷⁾

同條는 당시 개정위원회에서 다른 조문의 개정안이 모두 나온 다음에 가장 늦게 심의한 조문이었고,⁷⁸⁾ 심지어 공청회가 지난 다음에도 큰

---

76) des dommages, même résultant d'un vice du sol, qui compromettent la solidité de l'ouvrage ou qui, l'affectant dans l'un de ses éléments constitutifs ou l'un de ses éléments d'équipement, le rendent impropre à sa destination.

77) 김미리(주 1), 525면은 이준형, "집합건물 법제의 선진화를 위한 개정안 설명", 집합건물의 소유 및 관리에 관한 법률개정을 위한 공청회 자료집, 법무부, 2011. 7., 26-39면을 인용하였다.

78) 법률 개정을 위한 공청회가 열린 것이 2011. 7. 21.이었는데, 同條의 심의는 같은 해 6. 말까지 계속되었으며, 그 후 8. 말까지 시행령 작업을 하는 동안에도 내내 수정이 거듭되었다.

수정을 거치기도 했다.[79] 우여곡절 끝에 2012. 12. 18. 개정되어 2013. 6. 19.부터 시행에 들어간 현행 집합건물법 제9조와 대상판결의 전제가 되었던 구 집합건물법 제9조를 비교하면 다음과 같다.

개정 전	현 행
제9조(담보책임) ① 제1조 또는 제1조의2의 건물을 건축하여 분양한 자의 담보책임에 관하여는 「민법」 제667조부터 제671조까지의 규정을 준용한다. <후단 신설>	제9조(담보책임) ① 제1조 또는 제1조의2의 건물을 건축하여 분양한 자(이하 "분양자"라 한다)와 분양자와의 계약에 따라 건물을 건축한 자로서 대통령령으로 정하는 자(이하 "시공자"라 한다)[80]는 구분소유자에 대하여 담보책임을 진다. 이 경우 그 담보책임에 관하여는 「민법」 <u>제667조 및 제668조</u>를 준용한다.
<신 설>	② 제1항에도 불구하고 시공자가 분양자에게 부담하는 담보책임에 관하여 다른 법률에 특별한 규정이 있으면 시공자는 그 법률에서 정하는 담보책임의 범위에서 구분소유자에게 제1항의 담보책임을 진다.
<신 설>	③ 제1항 및 제2항에 따른 시공자의 담보책임 중 「민법」 제667조제2항에 따른 손해배상책임은 분양자에게 회생절차개시 신청, 파산 신청, 해산, 무자력(無資力) 또는 그 밖에 이에 준하는 사유가 있는 경우에만 지며, 시공자가 이미 분양자에게 손해배상을 한 경우에는 그 범위에서 구분소유자에 대한 책임을 면(免)한다.
② 제1항의 분양자의 담보책임에 관하여 「민법」에 규정된 것보다 매수인에게 불리한 특약은 효력이 없다.	④ 제1항에 따른 분양자와 시공자의 담보책임에 관하여 이 법과 「민법」에 규정된 것보다 매수인에게 불리한 특약은 효력이 없다.

---

79) 공청회 자료집(주 77), 166면 및 174면(신구대조표)에 실린 정부안을 보면 현행 법률 제9조와 제9조의2가 하나의 조문(제9조) 안에 제1항, 제4항과 제2항, 제3항으로 함께 있었다. 현행 법률 제9조에 해당하는 공청회 당시의 정부안 제1항, 제4항을 소개하면 다음과 같다(밑줄 친 부분은 현행법과 다른 부분이다).
　제9조(담보책임) ① 제1조 또는 제1조의2의 건물을 건축하여 분양한 자(이하 '분양자'라 한다) 및 분양자와의 계약에 따라 건물을 건축한 자로서 대통령령으로 정하는 <u>규모 이상의</u> 시공자의 <u>구분소유자에 대한 담보책임에 관하여는 민법 제667조, 제668조 본문의 규정을 준용한다.</u>
　④ 제1항 내지 제3항의 담보책임에 관하여 이 법과 민법에 규정된 것보다 매수인에게 불리한 특약은 효력이 없다.

2. 이번 개정의 의의

가. 무엇보다도 '분양자와의 계약에 따라 건물을 건축한 자'로서 대통령령으로 정하는 자, 즉 건물의 전부 또는 일부를 시공하여 완성한 자(포괄 혹은 부분 시공자) 또는 그러한 자로부터 건물의 시공을 일괄 도급받은 자(포괄시공하수급인)를 책임을 부담하는 자로 별도로 적시하였다. 이로써 집합건물법도 주택법령과 마찬가지로 시공자와 분양자가 구분소유자(수분양자, 승계인)에 대하여 부담하는 하자담보책임을 함께 규정하게 되었지만, 그렇다고 프랑스 민법 제1792조 제1항과 같은 '상세하고도 복합적이며 강행적인'[81] 규율에는 미치지 못하였다.

나. 시공자와 분양자가 모두 '하자'에 대하여 책임을 진다고 선언하고 있기는 하지만, 그렇다고 각각 책임을 져야 하는 '하자'를 반드시 동일한 기준에 따라서 판단하여야 하는 것은 아니다. 분양자는 분양계약, 시공자는 도급계약에 따른 하자담보책임을 원칙적으로 부담한다. 분양자는 수분양자에게 전유부분을 매매하고 이를 인도할 때에는 그가 시공자와 체결한 도급계약 중 전유부분의 사양에 관한 정보를, 그리고 공용부분에 대해서는 관리단(혹은 관리자)에게 그 정보를 각각 제공하여 구분소유자가 하자의 판정 및 이에 기한 담보추급권의 행사를 가능하게 하도록 할 법률상 의무가 있으며, 이러한 의무는 개정 집합건물법 제9조 제4항과 제9조의3, 그리고 민법 제2조 제1항에서 도출할 수 있다.

다. 시공자의 책임과 분양자의 책임은 서로 절연된 것이 아니라 건물에 존재하는 하자의 제거 및 하자로 인한 구분소유자의 손해를 전보한

---

80) 집합건물법 시행령 제4조(시공자의 범위) : 법 제9조제1항 전단에서 "대통령령으로 정하는 자"란 다음 각 호의 자를 말한다.
 1. 건물의 전부 또는 일부를 시공하여 완성한 자.
 2. 제1호의 자로부터 건물의 시공을 일괄 도급받은 자(제1호의 자가 담보책임을 질 수 없는 경우로 한정한다).
81) Malaurie et Aynès, Cours de droit civil: Les contracts spéciaux, 6e ed., Defrenois, 1992, n° 746.

다는 동일한 목적을 가진 것인 만큼, 양자는 연대하여 구분소유자에게 책임을 부담한다고 보면 자신의 부담부분을 초과하는 출자로 책임을 진 자는 내부적으로 상대방에 대하여 구상을 청구할 수 있다고 할 것이다. 책임의 근거나 요건, 내용에서 차이가 있다고 하더라도 그것이 연대책임을 부정하는 사유가 될 수는 없다.

  그런데 현행 집합건물법 제9조 제3항은 시공자의 책임 중 적어도 손해배상에 관하여는 분양자의 무자력 등이 있는 경우에 한하여 인정되는 2차적인 것으로 규정하였다[이에 관해서는 아래 3. (3) 참조]. 이는 다음과 같이 해석하여야 한다고 생각한다. 하자의 제거는 본래 作爲채무로서 代替的인 경우가 적지 않지만 일의 완성에 한번 관여한 적이 있는 수급인에 의한 하자의 제거는 오히려 非代替的이라고 보아야 하는 경우가 많고, 따라서 特定(=非金錢)채무로서 보전의 필요성이 인정되므로 代位청구에서 채무자의 무자력을 요하지 않는다고 보아야 한다. 더욱이 피보전채권과 피대위권리가 동일한 종류(하자보수와 그에 갈음하는 손해배상은 등가물이므로 같은 것으로 본다)라면 더더욱 그러할 것이다. 그러므로 현행 집합건물법 제9조 제3항에서 말하는 '제667조 제2항에 따른 손해배상책임'이란 하자보수와 무관한 '하자로 인한 손해배상'만을 가리키는 것으로 좁게 해석해야 할 것이다.[82] 그와 같은 통상의 손해배상책임은 순수한 금전채무로서 다른 일반채권자들과의 관계에서 채무자의 무자력이 있어야 보존의 필요성이 인정되므로, 그 한도에서 공동가해자의 연대책임 원칙이 배제된다고 보는 것이 개정 법률의 취지인 견고건물의 확보를 위한 하자제거권의 충실화와 구분소유자의 보호에 대한 훼손을 최소화하는 길이라 생각한다.

  라. 집합건물을 전전양수한 승계인이 시공자 또는 분양자를 상대로 행사할 수 있는 권리는 분양자가 시공자를 상대로 원시적으로 취득한 도

---

82) 하자보수에 갈음하는 손해배상과 구별되는 하자보수와 함께 하는 손해배상의 개념에 관하여는 주석민법(주 49) 중 특히 Ⅵ. 하자로 인한 손해배상(하자보수와 무관한 손해배상) 부분을 참조.

급계약상의 추급권과 수분양자가 분양자를 상대로 원시적으로 취득한 분양계약(매매)상의 추급권 가운데 승계 가능한 권리, 즉 하자보수의 권리와 그에 갈음하는 손해배상청구권뿐이다. 본래적 의미의 하자담보추급권에 추가적으로 인정되는 하자보수와 함께 하는 손해배상청구권(하자확대손해배상청구권)은 보통의 채무불이행 또는 불법행위에 기한 손해배상청구권으로서 상대방의 고의 또는 과실을 요하며, 어디까지나 자신의 고유한 손해를 배상받는 것이므로 별도의 양도요건을 갖추지 않는 한 당연승계의 대상이 되지 아니한다.

3. 앞으로의 전망

가. 원래 집합건물법 시행령을 작성할 당시에는 프랑스 민법 제1792조의1[83]을 모델로 법률의 '분양자와의 계약에 따라 건물을 건축한 자'에 시공자 외에 건축사(설계자 및 공사감리인), 자재업자까지도 함께 포함되는 것으로 규정하고자 하였으나, 건축사단체와 관련 정부부처의 반대로 좌절되었다(현행 집합건물법 제9조 제1항및 同法 시행령 제4조 참조). 이와 관련하여, 앞으로 법원에서 보다 적극적인 해석으로 설계 혹은 감리를 맡은 건축사와 같이 건축공사에 관여하는 자로서 '시공자에 준하는' 경우는 시공자와 동일한 책임을 진다는 법리를 적극적으로 발전시켜 나가기를 기대한다.

나. 시공자의 책임에 다른 법률(대표적으로 건설기본법 제28조)에 의한 제한이 적용되어 가령 발주자가 제공한 재료나 그가 한 지시에 의하여 발생한 하자에 대해서는 책임을 면하도록 하였다(현행 집합건물법 제9조 제2항). 그러나 이러한 제한은 사실 민법의 규정에도 이미 있는 것이다(제669조 본문 참조). 따라서 개정 전 법률에서 준

---

83) 프랑스 민법 제1792조의1 : 다음 각 호의 1에 해당하는 자는 건축수급인으로 본다.
   1. 건축사, 시공업자, 건축기사, 기타 도급계약에 의하여 도급인에게 의무를 부담하는 자
   2. 스스로 건축물을 완성하거나 다른 사람으로 하여금 건축물을 완성하도록 한 다음 그 건축물을 매도한 자
   3. 건축물 소유자의 수임인 자격으로 업무를 수행하였지만 수급인의 임무와 유사한 임무를 수행한 자

용하였던 제669조는 개정 법률에서 삭제하였다. 다만 제669조 단서는 同
條 본문과 달리 건설기본법 제28조에는 따로 언급을 하고 있지는 않지
만, 집합건물법 제9조에 따른 시공자의 책임을 판정하는 데 있어서는 당
연히 참조를 하여야 할 것이다.

    다. 시공자의 손해배상책임을 분양자의 무자력 등의 경우에 한정하
여 인정하였는바(^{현행 집합건물법} _{제9조 제3항}), '그 밖에 이에 준하는 사유'를 지나치게 엄격
하게 해석하면 구분소유자 보호에 충실을 기하고자 하는 개정 법률의 취
지에 반하는 결과가 될 수 있음에 유의하여야 한다. 또한 이때의 손해배
상이란 하자확대손해의 배상만을 의미한다는 점에 관해서는 앞의 2. (3)
의 後半部를 참조하라.

[Abstract]

Can a Sectional Owner Sue a Third-Party Constructor for Building Defects in a Condominium Scheme?
— Comments on Supreme Court Decision 2009Da25111 Decided December 8, 2011 —

Lee, Joon Hyong*

Owing to s. 9 (1), Act on Ownership and Management of Condominium Buildings(before amended by Act No. 11555, 18. Dec. 2012), a person who constructs and parcels out an aggregate building(hereafter 'a developer') shall bear warranty liability vis-à-vis her/his client. In the commented case, the Korean Supreme Court decided whether a constructor shall also bear the same liability as a developer when she/he signed a contract with the developer but only to build a defective building. Though the plaintiff claimed in the pleadings that the constructor controlled every steps of parcelling out as well as constructing or that she/he played at least a developer's role, the Court dismissed the claim on the ground that only the developer shall bear such a liability unless she/he assumed duty of ownership transfer.

Pointing out that the judicial activism in the Court's decision 2011Da47733 decided February 11, 2003 did not apply to this case, this article scrutinizes possibilities for a sectional owner to assert her/his right vis-à-vis a constructor, not a developer who is often financially vulnerable in reality. First, the jurisprudence of 2011Da47733 was developed further into combination with oblique actions(subrogation actions by creditors), which is usually utilized in practice, with the result that the right to ask defects li-

---

* Professor, Hanyang Univ., Dr. iur.

abilities always go together with the ownership. Next, introduced is the new Japanese case that admitted a constructor's direct torts liability to a sectional owner if she/he is responsible for defects spoiling the fundamental safety of a building, and examined is what we can learn from the case. Lastly, the new Korean Condominium Act enforced on June 19, 2013, is briefly reviewed and some tasks to be solved in the future are mentioned.

[Key word]

- Act on Ownership and Management of Condominium Buildings
- developer's defect liability to sectional owner
- contra legem case law
- cessio legis of rights, constructor's torts liability for defect

참고문헌

강창경 · 최병록 · 박희주, 제조물책임법의 제정에 관한 연구, 소비자보호원, 1994.

곽윤직 편집대표, 민법주해(9) 채권(2) 제390조(양창수 집필부분), 박영사, 1995.

權敬殷, "瑕疵ある建物に関する諸問題", 경북대 법학논고, 2014. 5., 285-314면.

구태희, "입주자대표회의가 한 하자보수청구와 구분소유자에게 귀속하는 하자보수에 갈음한 손해배상청구권의 제척기간과의 관계", 민사판례연구 제34권, 2012. 2., 451-452면.

김도균, "아파트 분양자의 하자담보책임과 대한주택보증 주식회사의 하자보수보증", 실무연구 Ⅲ, 서울지방법원 남부지원, 2003. 2., 237-284면.

김미리, "집합건물의 시공자가 구 집합건물의 소유 및 관리에 관한 법률 제9조에 의한 분양자의 하자담보책임을 부담하는지 여부 및 상행위인 건설도급계약에 기한 수급인의 하자담보책임의 소멸시효기간", 대법원판례해설 제89호(2011년 하반기), 법원도서관, 2012, 515-540면.

김용담 편집대표, 주석민법 채권각칙(4)(제4판) 제667조(이준형 집필부분), 한국사법행정학회, 2016.

_____, "청구권에 관한 제척기간과 소멸시효", 재산법연구 제26권 제3호, 2010. 2., 1-40면.

_____, "도급계약에서의 담보책임기간", 민사판례연구 제34권, 2012, 485-520면.

김창보, "수급인이 알고 고지하지 아니한 사실에 대하여는 담보책임을 면하지 못한다는 민법 제672조의 규정이 담보책임기간단축약정의 경우에도 유추적용되는지 여부", 대법원판례해설 제33호(1999년 하반기), 법원도서관, 2000, 11-18면.

손금주, "住宅法施行令 제59조 제1항의 瑕疵補修責任期間에 관한 硏究", 건설재판실무논단, 서울중앙지방법원 건설실무연구회, 2006, 89-118면.

손병원, "집합건물의 하자담보책임", 재판과 판례 제19집, 대구판례연구회, 2010. 12., 237-266면.

양창수, 민법입문(제6판), 박영사, 2015.

윤인태, "집합건물 분양자의 하자담보책임 : 특히 아파트를 중심으로", 판례연구 제12집, 부산판례연구회, 2001. 6., 167–212면.

임성근, "집합건물이 양도된 경우 하자담보추급권의 귀속관계", 판례연구 제15집, 부산판례연구회, 2004. 2., 335–370면.

이준형, "집합건물법 제9조에 따른 구분소유자의 하자담보추급권", 민사판례연구 제28권, 박영사 2006, 37–76면.

윤재윤, "집합건물의 하자담보책임에 관한 실무상 쟁점", 저스티스 제73호, 한국법학원, 2003. 6., 48–75면.

_____, 건설분쟁관계법(제5판 전면보정판), 박영사, 2014.

이영창, "개정 집합건물법상 하자담보책임", 대법원판례해설 제93호(2012년 하반기), 법원도서관, 2013, 625–663면.

이준형, "건물의 양도시 하자담보추급권자: 프랑스 법으로부터의 시사와 집합건물법 제9조의 적용 확대 가능성", 비교사법 제15권 제3호(통권 제42호), 한국비교사법학회, 2008. 9., 259–294면.

_____, "수급인의 하자담보책임에 있어 하자의 개념", 민사법학 제25호, 2004. 3., 75–111면.

_____, "집합건물 법제의 선진화를 위한 개정안 설명", 집합건물의 소유 및 관리에 관한 법률개정을 위한 공청회 자료집, 법무부, 2011. 7., 26–39면.

조한창, "집합건물 분양계약의 해제", 대법원판례해설 제46호(2003년 하반기), 법원도서관, 2004, 663–680면.

진무성, "집합건물 하자담보책임과 관련한 법률적 쟁점", 인권과정의 제356호, 2006. 4., 대한변호사협회, 161–184면.

秋山靖浩, 「缺陷建物・最高裁判決とその意義」, 法学セミナー 637号, 2008. 1., 42–45頁.

新井弘明, 「建物としての基本的な安全性を損なう瑕疵」, 白鴎法学 19巻 1号, 2012, 89–101頁.

石橋秀起, 「判批」 速報判例解説(民法〔財産法〕No. 52), TKCローライブラリー, 2011.

笠井修, 「判批」, NBL 963号, 2011. 10. 15., 42–49頁.

鎌野邦樹, 「判批」, NBL 875号, 2008. 2. 15., 4–17頁.

幸田雅弘, 「缺陷住宅訴訟−施工業者の責任を認める」, 法学セミナー 638号, 2008. 2., 18–21頁.

東真生,「建物としての基本的な安全性を損なう瑕疵に該当し、かつ、施工業者等に故
　　意過失が認められる瑕疵を認定した事例」, RETIO 87号, 2012. 10., 108-109頁.
升田純,「建物の設計者、施工者及び工事監理者が建築された建物の瑕疵につき不
　　法行為責任を負う場合の注意義務・要件(最高裁　平成19. 7. 6. 第二小法廷判
　　決)」, Lexis判例速報 22号, 2007. 8., 47-53頁.
松本克美,「建物の瑕疵と建築施工者等の不法行為責任」, 立命館法学 313号, 2007,
　　774-805頁.
松本克美,「建物の安全性確保義務と不法行為責任: 別府マンション事件・再上告
　　審判決[最判2011(平成23). 7. 21.]の意義と課題」, 立命館法学 337号, 2011,
　　1373-1430頁.

Malaurie et Aynès, Cours de droit civil: Les contracts spéciaux, 6e ed., Defrenois,
　　1992.
Schönle, "Die Deliktshaftung des Verkäufers wegen «Mängel der Kaufsache»",
　　in: Mélanges Schmidlin, Helbing & Lichtenhahn, 1998, SS. 379-404.
Welser/Zöchling-Jud, Grundriss des bürgerlichen Rechts, Band Ⅱ, 14. Auf., 2015.
Werro, "La responsabilité pour faute(art. 41 ss. CO) de l'entrepreneur vis-à-vis
　　du maître pour les défauts de l'ouvrage", BR 1996, pp. 64-76.

소유는 예술가의 혼(魂)마저 지배할 수 있는가?
─ 도라산역 벽화 판결의 여운*

남 형 두**

■요　지■

도라산역 벽화 판결은 예술 창작자의 인격권, 저작권과 예술품 소유자의 소유권이 충돌하는 사안에 관한 매우 의미 있는 판결이다. 물론 국가가 피고인 사건으로서 최종적으로 대법원에서 동일성유지권과 소유권의 충돌 문제를 판단하지 않은 한계가 있다. 그러나 1995년 개정된 문화예술진흥법에 따라 일정 규모 이상의 건물의 경우 미술작품 설치를 의무화했다. 이 법 시행 후 도시정비법에 따라 20년 재건축 요건이 충족되는 2015년부터 건물을 철거할 때 미술작품이 함께 철거되는 상황이 충분히 예견되고 있다. 이 사건 판결은 제한적이지만 선례로 남을 가능성이 있고, 나아가 그 한계는 일반적 적용을 위한 논의의 출발점이 되기도 할 것이다.

저작권으로 보호되는 미술작품의 소유자가 소유권의 권능으로 이를 완전히 멸실시킨 경우에는 미술작품 저작권자는 저작권법상 동일성유지권으로 이

---

* 이 논문은 2016. 3. 21. 민사판례연구회에서 발표한 것을 보완한 것이다. 이 발표에 앞서 저자는 이 주제에 대해 지속적 관심을 갖고 연구하였는데, 2015. 9. 28.자 대한변협신문에 발표한 "[판례 평석] 소유는 예술가의 혼(魂)마저 지배할 수 있는가? ─ 소유권과 저작권의 충돌, 도라산역 판결을 중심으로"가 그 시초라 할 수 있다. 이어서 같은 주제로 2015. 11. 25. 한국엔터테인먼트법학회에서 발표한 적이 있다. 판례평석과 두 번의 세미나 발표를 통해 발전된 생각을 다듬어 학술 논문 형식으로 정리한 것이 이 글이다. 민사판례연구회 발표 때 지정 토론을 맡아 주신 장철익 판사님(서울고법)과 종합 토론에 참여해 주신 권영준 교수님(서울대 법학전문대학원)의 귀한 조언에 깊이 감사드린다.
** 연세대학교 법학전문대학원 교수.

를 막거나 구제되지 못하는 것인가? 동일성유지권으로 대항할 수 있는 작품 훼손과 왜곡을 부분 멸실로 보는 한에서는 작품 철거, 소각과 같은 행위는 완전 멸실에 해당한다. 후자에 대해서 동일성유지권으로 대항할 수 없다면, 더 큰 파괴행위가 부분적 파괴행위보다 더 정당화되는 아이러니가 발생한다. 저작권과 소유권의 충돌을 이와 같은 평면적 잣대로는 제대로 이해하기 어렵다. 물리적 세계와 정신적 세계로서, 서로 다른 차원을 규율하는 소유권과 저작권을 입체적 잣대로 적용할 때 비로소 모순되는 것처럼 보이는 두 권리가 조화롭게 공존할 수 있게 된다.

물리적 세계의 부재와 정신적 세계의 왜곡을 우열 없이 다른 차원에서 바라봄으로써 소유권자에 의한 미술작품, 특히 공공장소에 설치된 공공미술 파괴행위를 저작권으로 제한할 수 있는 길이 열릴 수 있다. 소유권자의 공공미술 파괴행위는 반드시 저작권에 의해서가 아니더라도 소유권의 내재적 한계 또는 헌법상 공공복리 적합성 등에 의해서도 제한될 수 있을 것이다.

[주 제 어]
- 소유권
- 저작권
- 인격권
- 동일성유지권
- 예술가
- 공공미술
- 장소특정적 미술
- 그라피티
- 문화예술진흥법
- 도라산역

〔研　究〕

I. 서　론

　　근대 사법 원리 중 하나인 소유권 절대 사상은 오늘날 안팎으로 도전을 받고 있다. 소유권자가 계약으로 자신의 소유권에 제한을 가하는 물권을 설정하거나(약정 제한물권), 일정한 경우 법률에 의해 소유권을 제한하는 물권이 설정되기도 한다(법정 제한물권). 인근 토지 소유자와 사이에서 소유권이 제한되는 법률관계(상린관계)도 소유권에 대한 제한으로 볼 수 있다. 이것들은 소유권자가 자신의 이익을 극대화하기 위해 스스로 자신의 소유권을 제한한 것이거나, 불합리한 상황을 피하기 위해 법률이 나서서 소유권을 제한하는 경우 또는 토지소유자 간의 공동생활을 안정적으로 유지하기 위해 법이 간여하는 경우로서 대체로 이론이 확립된 영역이다. 이와는 달리 소음, 공기오염, 일조, 조망 등 환경 문제와 관련하여 새롭게 인정된 권리 또는 법률상 보호가치가 있는 이익과의 형량 과정에서 소유권이 제한되는 것이 오히려 오늘날 소유권 제한의 중요한 문제라고 할 수 있다. 민법 등 소유권 법 제도로 편입된 소유권 제한 법리나 현대 사회에 들어와 새롭게 발생한 소유권 제한 법리는 시차는 있지만, 유형적이건 무형적이건 물리적 환경하에서 양립불가능한 상황을 전제로 한다는 점에서 "평면적 갈등 관계"를 해소할 수 있는 "평면 교차로"라고 할 수 있다. 이런 갈등관계는 소유권자의 선택(일종의 처분행위), 재산권 행사의 공공복리 적합성(헌법 제23조 제2항) 또는 이러한 헌법 원리가 사법상 일반원칙인 권리남용 금지의 법리 등의 형태로 사법 관계에 적용됨으로써 해소가 시도된다.

　　근대에 들어 비로소 권리, 나아가 재산권으로 형성된 저작권은 지속적으로 그 외연을 확장해 왔다. 출판자의 특권(privilege)에서 비롯된 저작권에서는 태동 초기에 유형물인 책의 소유자(the owner of a copy)와 책의 저자(the author of a book)를 구분하지 못하거나 구분하더라도 전자에 해당하는 출판자의 특권이 저자의 권리를 압도하기도 했다. 1710년 세계

최초의 저작권법인 영국의 앤(Ann) 여왕법이 제정된 후 왕으로부터 특권을 받은 출판자와 저자로부터 출판허락을 받은 출판자 간의 오랜 싸움 (the battle of booksellers) 끝에 저자의 승리로 귀결되어 저자의 권리가 저작권으로 정착되었다.[1] 저작권의 뿌리인 출판권의 대상으로서 어문저작물을 중심으로 하는 저작권은 초기에 유형적 소유권과의 갈등이 있었지만, 이러한 현상은 엄밀한 의미에서 갈등이라기보다는 혼선에 가까운 것이었다. 이는 저작권이라는 권리가 실체를 형성하는 과정에서 자연스럽게 해소되었다. 더 이상 어문저작물이나 음악저작물의 경우 소유권과의 충돌이나 갈등을 야기하지 않는다.

출판을 전제로 하는 어문이나 음악의 경우 원본 개념이 존재하지 않거나 존재하더라도 역사적 유물 정도의 의미를 지닐 뿐 그 저작물을 감상하는 소비자 입장에서는 본질적으로 원본과 복제물의 차이가 없다. 이 점에서 어문이나 음악을 담는, 즉 고정화하는 매체(medium)인 책, 악보 등에 대한 소유권과 어문/음악 등 저작물에 대한 배타적 권리인 저작권은 별개의 개념으로서 서로 방해하지 않고 성립되거나 행사될 수 있다는 것을 이해하기는 어렵지 않다. 그런데 미술저작물은 예외적 경우[2]가 있긴 하지만 일반적으로 원본이 존재하여 원본의 양도에 따라 미술품 원본 소유자와 저작권자가 분리되고 소유자의 소유권 행사가 저작권과 충돌하는 경우가 생긴다.

개인 차원에서 미술저작물을 저자로부터 직접 양도받거나 전전 양도받은 경우에 소유권자가 미술저작물을 훼손하는 등 물리적으로 처리하더라도 저작권, 엄밀히 말하자면 저작인격권 침해 분쟁이 현실적으로 발생할 가능성은 거의 없다. 그런데 공공미술[3]과 같이 미술저작물이 외부에

---

1) 이상, 남형두, 「표절론」, 현암사, 2015, 52–58면 참조.
2) 미술 장르 안에서 판화나 사진의 경우 원본이 별도로 존재하지 않는다. 물론 작가가 관리 차원에서 초판본(first edition)을 소량 제작하여 작품에 번호를 매기는 경우 이후 제작된 것에 비해 높은 가격으로 거래되기도 한다.
3) 문화관광부에서 발간한 책자에 따르면, 공공미술은 공공적 성격, 즉 공공성을 띤 미술이라고 한다. "공공성이란 많은 경우 장소와 연결되기도 하고(공공 공간) 또는 공공적인 목표나 이슈를 의미하기도 하며(공공적 관심) 때로는 재원의 출처를 가리키기도 한다(공공 자금). 때문에 공공미술의 개념을 정의하기는 사실 쉽지

공개돼 있는 경우, 분쟁이 발생할 가능성이 있다. 일찍이 독일 제국법원
은 자기 집의 담벼락에 그림을 그려 달라는 주문에 따라 그림을 그린 화
가가 그 그림이 마음에 들지 않는다 하여 임의로 훼손한 집 주인의 행위
에 대해 저작권침해를 이유로 원상복구하라는 청구를 했는데, 훼손된 부
분을 가려 공중에 보이지 않게 하라는 판결을 선고한 적이 있다.[4] 미술
가의 저작권은 그림을 자신의 건물 벽에 그려 줄 것을 주문하여 대가를
지불한 건물주의 소유권과 별개로 행사될 수 있음을 확인한 판결이다.
이에서 보듯 미술저작물의 저작권자와 미술 원본의 소유권자 간의 충돌
은 공공미술 또는 가로(街路) 등 외부에서 보이는 곳에 설치된 미술의 경
우 쉽게 발생할 수 있다. 소유권과 저작권의 충돌 문제는 일률적으로 답
하기 어렵고, 이에 대해서는 아래에서 경우를 나누어 살펴볼 것인데, 소
유권과 저작권은 개념적인 존재에서뿐만 아니라 현실적인 권리 행사에
있어서도 양립가능하다. 이 두 권리의 존재 및 행사가 양립가능한 것은
물리적 환경을 전제로 하는 것이 아니라는 점에서 이들 권리의 관계는
"입체적 갈등 관계"라고 할 수 있다. 이 논문은 저작권과 소유권의 충돌
에 대한 해법을 모색하고 있으므로, 이 논문의 목적은 "입체 교차로"를
제안하는 데 있다고 할 수 있다.

　입체적 갈등 관계에서 소유권이 제한될 수 있는가에 대해 최근 매
우 의미 있는 사건이 발생했고 재판으로 이어져 최종적으로 대법원에서
판결(이른바, "도라산역 벽화 판결", 이하 "이 사건 판결"이라고도 함)이 선고
됐다.[5] 이하에서 이 판결을 검토하고(Ⅱ장), 이 판결을 기화로 예술가의
권리와 소유권의 충돌을 저작권을 중심으로 살펴보고자 한다(Ⅲ장). 이
논의를 통해 소유권법에서는 소유권의 제한 논의에 영향을 줄 수 있고,[6]

___
않다. 공공미술이란 미술과 공공성이 만남으로써 이루어지는 다양한 경험과 창조
적 가능성을 가리키는 열린 개념으로 사용하는 것이 바람직해 보인다." 김경욱 외,
「공공미술이 도시를 바꾼다」, 문화관광부, 2006, 22면.
4) RGZ 79, 397-Freskogemälde(이하 "사이렌 판결").
5) 대법원 2015. 8. 27. 선고 2012다204587 판결.
6) 권영준 교수는 저작권법 영역에서 이루어지는 논의를 민법 영역으로 유익하게 환
류시킨다거나 소유권을 강고한 소유권과 유연한 소유권으로 나누어보는 시도를 하고

저작권법에서는 소유권 또는 재산권이라는 개념으로 예술가와 창작자를
보호하고 그 권리의 외연을 확대하고 강화해 온 것에 대한 비판과 성찰
의 계기가 마련될 수 있을 것이다.

II. 도라산역 벽화 판결 검토

1. 사실 관계

원고는 도라산역사 내벽 및 기둥에 14점의 벽화(폭 2.8미터, 총 길이
100여 미터에 이르는 대형벽화, 이하 "이 사건 벽화"라 함)를 제작·설치했
고, 소외 건설회사로부터 이 사건 벽화의 제작·설치 대금을 모두 지급
받았다. 이후 소외 건설회사는 역 건축공사를 완료해 한국철도시설공단
에 시설물 일체를 인도했고, 동 공단은 2008. 1.경 피고(대한민국)에 인도
함에 따라, 피고는 이 사건 벽화를 소유하게 됐다. 그런데 피고는 이 사
건 벽화에 대한 부정적 여론, 즉 일반적으로 색상이 어둡고 난해하며 그
림 내용을 이해하기 곤란하고 민중화로 '무당집' 분위기를 조성하여 공공
장소에 어울리지 않는다는 등의 이유를 들어 2010. 5. 18. 이 사건 벽화
를 철거했다. 설문조사 및 전문가 간담회 개최로부터 완전 철거까지는 3개
월 정도가 소요됐고, 이 과정에서 피고는 원고에게 이 사실을 전혀 알리지
않아 원고는 이 사건 벽화가 철거 후에 소각된 것을 뒤늦게 알게 됐다.

2. 법원 판단

가. 재판 경과

원고의 청구취지는 금 3억 원을 지급하라는 것과 벽화 철거로 인해
저작인격권을 침해하였음을 인정하는 내용의 광고문을 일간지에 게재하
라는 두 가지이며, 청구원인은 저작인격권(동일성유지권) 침해와 예술의

있는데, 본 저자가 이 논문의 논의를 통해 소유권법 영역에서 소유권의 제한 논의로
진전될 수 있다고 한 것은 같은 맥락이라 할 수 있다. 권영준, "저작권과 소유권의
상호관계 : 독점과 공유의 측면에서", 경제규제와 법 제3권 제1호, 2010. 5., 180면;
"민법학, 개인과 공동체, 그리고 법원", 비교사법 제22권 제4호(통권 제71호), 2015,
1437-1441면.

자유 또는 인격권 침해 등 두 가지였다.

1심(서울중앙지법 2012. 3. 20. 선고 2011가합49085 판결)은 원고의 청구를 모두 기각했으나, 항소심(서울고법 2012. 11. 29. 선고 2012나31842 판결)은 저작인격권 침해 주장은 기각하고 예술의 자유 또는 인격권 침해 주장은 받아들였다. 피고가 상고했으나 대법원은 상고를 기각해 원심이 확정됐다.

나. 이 사건 판결의 요지

원고가 상고하지 아니하여 원심에서 기각한 동일성유지권 침해 주장은 대법원의 심판대상이 되지 않았다. 즉 피고 소속 공무원의 행위를 원인으로 한 원고의 인격적 이익 침해에 대한 국가배상책임을 인정한 것만이 상고심의 심판대상이었다. 대법원은 국가배상법 제2조 제1항의 '법령을 위반하여'라고 함은 엄격하게 형식적 의미의 법령에 명시적으로 공무원의 행위의무가 정하여져 있음에도 이를 위반하는 경우만을 의미하는 것은 아니고, 인권존중, 권력남용금지, 신의성실과 같이 공무원으로서 마땅히 지켜야 할 준칙이나 규범을 지키지 아니하고 위반한 경우를 비롯하여 널리 그 행위가 객관적인 정당성을 결여하고 있는 경우도 포함한다(대법원 2012. 7. 26. 선고 2010다95666 판결 등 참조)고 전제한 후, 예술작품이 공공장소에 전시돼 일반대중에게 상당한 인지도를 얻는 등 예술작품의 종류와 성격 등에 따라서는 저작자로서도 자신의 예술작품이 공공장소에 전시·보존될 것이라는 점에 대하여 정당한 이익을 가질 수 있으므로, 저작물의 종류와 성격, 이용의 목적 및 형태, 저작물 설치 장소의 개방성과 공공성의 정도, 국가가 이를 선정하여 설치하게 된 경위, 폐기의 이유와 폐기 결정에 이른 과정 및 폐기 방법 등을 종합적으로 고려하여 볼 때 국가 소속 공무원의 해당 저작물의 폐기 행위가 현저하게 합리성을 잃고 저작자로서의 명예감정 및 사회적 신용과 명성 등을 침해하는 방식으로 이루어진 경우에는 객관적 정당성을 결여한 행위로서 위법하다고 할 것이라고 판단했다.

이어서 대법원은 "원고는 특별한 역사적, 시대적 의미를 가지고 있는 도라산역이라는 공공장소에 피고의 의뢰로 설치된 이 사건 벽화가 상당 기간 전시되고 보존되리라고 기대하였고, 피고로서도 이 사건 벽화의 가치와 의미에 대하여 홍보까지 하였으므로 단기간에 이를 철거할 경우 원고가 예술창작자로서 갖는 명예감정 및 사회적 신용이나 명성 등이 침해될 것을 예상할 수 있었음에도, 피고가 이 사건 벽화의 설치 이전에 이미 알고 있었던 사유를 들어 적법한 절차를 거치지 아니한 채 그 철거를 결정하고 그 원형을 크게 손상시키는 방법으로 철거 후 소각한 행위는 현저하게 합리성을 잃은 행위로서 객관적 정당성을 결여하여 위법하다고 할 것이다. 그리고 피고의 이러한 이 사건 벽화 폐기행위로 인하여 원고가 정신적 고통을 겪었을 것임은 경험칙상 분명하므로, 피고는 국가배상법 제2조 제1항에 따라 원고에게 위자료를 지급할 의무가 있다."고 판결했다.

3. 이 사건 판결의 의의 및 한계
가. 이 사건 판결의 의의

이 사건 판결은 저작물 폐기 행위로 저작자의 인격적 법익 침해가 발생한 경우, 저작권법상 동일성유지권 침해의 성립 여부와 별개로 저작자의 일반적 인격권을 침해한 위법행위가 될 수 있다는 것과 공공장소에 설치된 국가 소유의 예술품의 경우 국가(공무원)의 폐기 행위가 절차위반으로 객관적 정당성을 결여하면 위법행위가 될 수 있음을 인정하고 그 판단기준을 제시했다는 점에서 의의를 찾을 수 있다.

나아가 이 사건 판결의 의의를 헌법 제9조가 천명한 국가의 문화국가책무와 관련하여 미술가의 인격적 이익 보호 문제를 적극적으로 긍정하고 헌법 제22조 제1항이 보장하는 예술의 자유를 구체화했다는 데서 찾는 견해도 있다.[7] 그러나 이 사건 판결이 원심과 결론을 같이하면서도 원심이 적극적으로 설시한 헌법 원리의 민사적 적용 법리와 법령에 있는

---

7) 박성호, "국가에 의한 '예술 반달리즘'과 예술가의 인격권 침해-대법원 2015. 8. 27. 선고 2012다204587 판결의 평석을 중심으로-", 계간저작권 2015년 겨울호(통권 제112호), 54-55면.

구체적 절차 위반 사실을 누락하고 있다는 점에서, 대법원이 헌법의 문화국가책무(제9조), 예술의 자유(제22조 제1항) 규정을 사법(私法) 관계에 적용하는 데 신중을 기하려는 보수적이고도 소극적 자세를 견지한 것이 아닌가 생각된다.

나. 이 사건 판결의 한계

국가가 대가를 지불하고 예술가로부터 소유권을 확보하여 공공장소에 전시한 미술작품을 예술가의 허락은 고사하고 예술가에 대한 사전 고지 없이 철거·소각한 이 사건 판결 사안은, 미술작품의 소유자라 할지라도 이를 창작자의 허락 없이 함부로 훼손해서는 안 되는가에 대한 일반인의 관심과 언론의 주목을 받았던 것이 사실이다.[8] 이 문제는 소유권과 저작인격권이 충돌할 경우 법원이 어떤 결론을 내놓을 것인가에 대해 다루므로 법학자들, 특히 민법과 저작권법을 연구하는 학자들의 시선이 집중되기도 했다.

그런데 결론적으로 말하면 이 사건 판결은 소송이라는 제도의 구조적 측면과 사안의 특성 및 법원의 다소간 소극적 심리로 인해 일반화하기에는 부족한 선례가 되고 말았고, 학문적 관심사에 대한 답을 피해간 판결이 되고만 점이 있다.

(1) 동일성유지권과 소유권 충돌 문제 미해결

이 사건 판결은 예술품 소유권자의 사실적 처분행위와 예술 창작자의 저작권법상 저작인격권(동일성유지권)이 충돌하는 사안에서 선례가 되기에 부족하다. 앞서 본 바와 같이 이 부분은 상고심 심판대상이 아니어서 이 사건 판결에서 판단하지 않았기 때문이다.

국가가 미술작품의 소유권자라 할지라도 절차를 위반하여 미술작품을 폐기한 행위는 예술가의 인격권 침해에 해당한다고 본 이 사건 판결을 민법상 인격권의 특별한 경우라 할 수 있는 저작권법상 저작인격

---

8) 황경상, "경의선 도라산역 벽화 이미 소각·폐기", 경향신문 2011. 9. 19.자, http://news. khan.co.kr/kh_news/khan_art_view.html?artid=201109191639471&code=940100#csidxf d2e3b7fcd96abcb97481a710a96219(2016. 11. 30. 방문).

권, 특히 동일성유지권 침해까지 인정한 것으로 확장하여 해석할 수는 없다.[9]

(2) 사인이 소유권자인 경우 적용 곤란

이 사건 판결은 예술품 소유권자의 사실적 처분행위와 예술 창작자의 민법상 인격권이 충돌하는 일반적 사안에서 선례가 되기에 부족하다. 이 사건 판결 사안은 피고가 국가인 경우로서 국가 소속 공무원의 저작물 폐기 행위가 현저하게 합리성을 잃고 저작자로서의 명예감정 및 사회적 신용과 명성 등을 침해하는 방식으로 이루어진 경우에는 객관적 정당성을 결여한 행위로서 위법하다고 인정했기 때문이다.

이 사건 판결을 국가가 아닌 사인에게까지 확장하여 적용할 수 있을까? 즉 사인 간에도 미술저작물을 양도받아 보유하고 있는 소유권자가 저작권자의 허락을 받는 등의 절차를 거치지 않고 저작물을 훼손한 경우 위법하다고 볼 것인지가 문제로 된다.[10]

원심 판결은 국가배상책임의 전제가 되는 위법행위 인정의 근거로서 물품관리법 시행령 제51조 제2항의 위임에 따라 정부미술품의 관리를 위해 제정된 정부미술품 보관관리규정에서 정한 절차 위반 등[11] 구체적인

---

9) 2016. 3. 21. 민사판례연구회 발표 때 토론자 장철익 판사는 동일성유지권도 개별인격권으로서 일반적 인격권에 포섭되는 것 아닌가라는 의견을 피력했다. 후술하겠지만 이 둘은 요건이 다르므로 동일성유지권 침해가 인격권 침해에 포함되는 것이라고 할 수 없는 점이 있다. 예컨대 저작자가 아닌 자가 임의로 저작물의 내용을 고쳤는데, 그로 인해 저작자의 명예와 성가가 올랐다면 인격권(일반인격권) 침해가 안 될 것이다. 명예와 성가에 대한 평가는 객관적으로 이루어져야 할 것이므로 저작자가 인격권 침해를 받았다고 해서 반드시 그렇게 인정되는 것은 아니다. 그런데 동일성유지권 침해 여부는 명예와 성망을 해할 것을 요건으로 했다가 저작권법을 개정하면서 이 요건을 삭제한 것에서 보듯, 객관적으로 좋아졌다고 해서 동일성유지권 침해가 성립하지 않는 것이 아님이 명백하다. 즉 저작물이 개선되는 방향으로 고쳐져 저작자의 명예와 성가가 올랐다면 인격권 침해는 안 되겠지만, 동일성유지권 침해가 성립하는 데는 지장이 없다.

10) 헌법이 정하고 있는 문화국가의 원리 등에 근거하여 사인 간에도 동일한 결론에 다다를 수 있는 가능성이 있다는 견해가 있다. 박성호, 전게논문, 54면.

11) 원심 법원은 문화예술진흥법 제9조, 같은 법 시행령 제15조에서 지방자치단체장으로 하여금 일정한 건축물의 건축주에게 건축비용 중 일부로 미술작품을 설치하도록 한 경우 설치된 미술작품이 철거·훼손된 경우 해당 건축주에게 원상회복조치를 요구하도록 정하고 있는바, 피고가 위 규정의 직접 적용을 받는 것은 아니라

법령 위반을 들고 있다. 그런데 이 사건 판결은 국가배상법 제2조 제1항
상의 법령 위반 행위를 엄격하게 형식적 의미의 법령에 명시적으로 공무
원의 행위의무가 정하여져 있음에도 이를 위반하는 경우만을 의미하는
것은 아니고, 인권존중·권력남용금지·신의성실과 같이 공무원으로서 마
땅히 지켜야 할 준칙이나 규범을 지키지 아니하고 위반한 경우를 비롯하
여 널리 그 행위가 객관적인 정당성을 결여하고 있는 경우도 포함한다
(대법원 2002. 5. 17. 선고 2000다22607 판결, 대법원 2012. 7. 26. 선고 2010다95666 판결 등 참조)고 함으로써, 국가의 책임을 인정하면서도
원심 판결과 같은 구체적 법령 위반을 근거로 들고 있지 않다.

원심 판결이나 이 사건 판결 모두 근거는 다르지만 국가의 배상책
임을 인정하고 있다. 정부 또는 소속 공무원이 지켜야 할 구체적 법령
위반이든 국가배상법의 해석상 인정되는 일반적 의무위반이든 명시적으
로 공무원의 의무위반을 전제로 하고 있다는 점에서 이 사건 판결이 선
례로서 사인 간의 분쟁에도 적용될 수 있는지는 여전히 의문이다.

결국 이 사건 판결은 국가가 미술저작물을 소유한 경우 사인이 아
닌 국가기관으로서 지켜야 할 법적 절차를 따르지 않은 데 대한 책임을
물었다는 것으로 평가되어야 한다. 사인 간에 직접 적용하기에는 사인인
소유권자에게 지나친 법적 의무를 부담시키는 결과를 초래할 수 있기 때
문이다.

다. 정 리

이 사건은 명백한 한계가 있는 판결이다. 즉 선례로서 일반적으로
적용되기에는 어려움이 있다. 따라서 동일성유지권이 소유권에 우선하지
않는다든지,[12] 장소특정적 미술(site specific arts)을 사실상 인정한 것이라

하더라도 사인인 건축주에 비하여 더 완화된 책임을 부담하는 것은 앞서 본 피고
의 책무에 비추어 볼 때 부당하다는 것도 절차위반의 한 사유로 들고 있다.

12) 차상육 교수는 도라산역 벽화 판결에 대한 논문에서 "대법원은 저작자의 동일성
유지권은 침해되지 않고 일반적 인격권을 침해했다는 취지의 항소법원의 결론을
지지하였다"고 쓰고 있다. 차상육, "미술저작물의 저작인격권과 소유권의 충돌과
조화를 위한 해결방안", 법학논고 제55집, 2016. 8., 247면. 그러나 대법원이 원심
판결을 인용한 것은 맞으나, 동일성유지권 침해 부분은 상고심 심판대상에서 제외
되었기 때문에 판단을 하지 않은 것인데, 위와 같은 표현은 마치 대법원이 원심과

든지 하는 등으로 해석하는 것은 대단히 위험하다. 매우 좁은 영역에 적용될 수밖에 없는 판결이라고 보는 것이 맞다.

사안의 성격상, 그리고 재판 구조상 결과적으로 매우 제한적 의미를 지닐 수밖에 없게 되었지만, 이 사건 판결이 드리운 여운은 작지 않다. 비록 가정적 논의라는 장치를 사용할 것이지만, 그 가정이 이 사건 판결 사안보다 훨씬 더 많이 발생할 개연성이 있다는 점에서 이 사건 판결에 대한 분석을 넘어 논의를 확장할 필요가 있다. 장을 바꾸어 논의하기로 한다.

Ⅲ. 소유권과 예술가 권리(인격권/저작인격권)의 충돌 – 입체적 이해

이 사건 판결은 특정 사안에 대한 결론으로서 '판결'을 넘어 소유권과 예술가의 권리가 충돌하는 사건에 적용할 수 있는 '판례'로 남을 수 있을까? 이는 위에서 언급한 '한계'가 그야말로 한계로 끝날 것인지, 아니면 확장 가능한 단초를 제공할 것인지의 문제라 할 수 있다.

이 장에서는 위 판결이 갖는 한계를 좀 더 깊이 파고들어감으로써 저작권침해, 민법상 인격권 침해 등 어떤 근거로든 소유권자의 예술품 파괴 행위를 제한할 수 있는 논거가 성립 가능한지 모색해 보고자 한다. 가정적이지만 이 사건 판결 사안보다는 훨씬 더 발생할 가능성이 높으면서도 일반적인 사안을 상정하고 예술가의 권리와 소유권의 충돌 문제와 해결책을 살펴볼 것이다. 이 과정에서 예술가의 권리와 소유권이 상호 모순관계에 있는 상황이 드러나기도 할 것이지만, 이와 별개로 상대방 권리를 상정하지 않고도 각 권리가 갖는 한계를 살펴보는 계기가 되기도 할 것이다.

1. 일반적 논의의 필요성 – 장래 예정된 분쟁

1972년에 제정된 문화예술진흥법은 국가와 지방자치단체로 하여금 일정한 규모 이상의 건축물의 건축에 대하여 그 건축비용의 100분의 1

동일하게 동일성유지권 침해 주장을 기각한 것처럼 보여 오해의 소지가 있다고 생각한다.

이상에 해당하는 금액을 회화·조각 등의 미술장식에 사용하도록 권장하
도록 규정하고 있다(제13조). 그런데 1995년 동 법은 국가와 지방자치단체
의 권장사항에서 건축주의 의무사항으로 개정됐다.[13] 이른바 "1퍼센트
법"이라고 불리는 개정 문화예술진흥법에 의해 일정 규모 이상의 건축물
소유자에게 건축비의 일정 비율에 상당하는 금액으로 미술작품을 설치하
도록 강제한 후로 서울이 공공미술로 덮이게 되었다는 말이 나올 정도로
현재 서울 시내 곳곳에 많은 조형물이 자리를 잡고 있다.

한편, 도시 및 주거환경정비법(이하 "도시정비법"이라 함)은 준공된
후 20년이 지나면 노후·불량건축물로 지정하여 재건축할 수 있는 조
례를 제정할 수 있도록 하고 있다(제2조 제3호 라목, 시행령 제2조 제3항 제1호). 따라서 이론상 문화
예술진흥법에 의해 설치가 강제된 미술작품은 도시정비법에 따른 재건
축 때 철거되는 상황이 발생할 수 있다. 이 사건 판결 사안에서처럼
미술작품의 이념적 특성이 강하여 설치 후 이념 지향이 다른 새 정부
의 등장과 함께 철거된 예외적 상황과 달리, 문화예술진흥법에 의해
설치되었다가 도시정비법에 의해 재건축하는 과정에서 부수하여 철거
되는 상황은 앞으로 자주 발생할 수 있다. 특히 양도나 상속으로 건축

---

13) 문화예술진흥법(1995년) 제11조(건축물에 대한 미술장식) 대통령령이 정하는 종
류 또는 규모이상의 건축물을 건축하고자 하는 자는 그 건축비용의 100분의 1에
해당하는 금액을 회화·조각·공예등 미술장식에 사용하여야 한다. 다만, 시·군지
역의 건축물 또는 공동주택의 경우에는 대통령령이 정하는 바에 따라 미술장식에
사용하는 건축비용의 비율을 100분의 1이하로 할 수 있다.
　현행 문화예술진흥법(2016년) 제9조(건축물에 대한 미술작품의 설치 등) ① 대
통령령으로 정하는 종류 또는 규모 이상의 건축물을 건축하려는 자(이하 "건축주"
라 한다)는 건축 비용의 일정 비율에 해당하는 금액을 회화·조각·공예 등 미술
작품의 설치에 사용하여야 한다. 〈개정 2011.5.25.〉
② 건축주(국가 및 지방자치단체는 제외한다)는 제1항에 따라 건축 비용의 일정
비율에 해당하는 금액을 미술작품의 설치에 사용하는 대신에 제16조에 따른 문
화예술진흥기금에 출연할 수 있다. 〈신설 2011.5.25.〉
③ 제1항 또는 제2항에 따라 미술작품의 설치 또는 문화예술진흥기금에 출연하는
금액은 건축비용의 100분의 1 이하의 범위에서 대통령령으로 정한다. 〈개정
2011.5.25.〉
④ 제1항에 따른 미술작품의 설치 절차 및 방법 등에 관하여 필요한 사항은 대통
령령으로 정한다. 〈개정 2011.5.25.〉

물 소유권자가 바뀐 경우, 소유권자에 따른 취향의 변화로 기존 설치된 미술작품이 홀대를 받다가 철거될 운명에 처하는 사태는 쉽게 예상할 수 있다는 점에서 예술품 소유권자와 창작자의 이해 충돌은 필연적으로 발생할 수밖에 없다.[14) 재건축 기간에 미달하는 경우에도 미술작품의 수명이 다하거나 관리 소홀로 설치된 미술작품이 흉물로 전락한 경우가 많다.[15] 이런 경우에도 미술작품이 철거되는 상황이 발생할 수 있다.

물론 바람직한 경우로서 미술작품 창작자와 건축주 간의 계약으로 미술작품 유지 및 철거 등에 관한 사항을 정할 수 있다. 그런데 건축물 소유자의 의무를 부동산등기부 등에 공시하는 방법이 없는 이상, 건축물 소유자가 바뀐 경우 양수인에게 전 소유자가 부담했던 미술작품 설치계약상 의무를 승계하도록 하기 위해서는 양수인이 적극적으로 이를 부담하기로 하는 처분적 의사표시가 있어야 한다. 그와 같은 의사표시가 없다면 양수인이 설치 당시 건축주가 미술작품 창작자와 체결한 계약상 의무를 승계하도록 강제할 방법은 없다. 이처럼 미술작품 창작자와 미술작품 소유자인 건축물 소유권자 사이에서 미술작품의 유지 및 철거에 관한 사항을 계약으로 규율하는 데는 한계가 있을 수밖에 없다.

현행 문화예술진흥법과 도시정비법하에서 향후 건축물에 부수된 미술작품 소유권자와 창작자 사이는 마치 마주보고 달리는 열차처럼 조만간 충돌을 피할 수 없는 상황이 자주 발생할 수 있다. 계약에 의해 해결하는 데 한계가 있다는 점에서 양자 사이의 갈등관계를 법이론적으로 해소할 방법을 모색하고 그것이 어렵다면 입법적으로 해결할 필요가 있다.

---

14) 반드시 도시정비법에 따른 재건축이 아니더라도 건축주의 취향이 변하거나 미술작품 창작자와의 관계에 따라 조기에 철거되는 경우도 상정할 수 있다.
15) 이는 미술작품의 설치가 법에 의해 강제되다보니 급조된 경우가 많은 탓도 있을 것이다.

2. 부재와 왜곡

가. 완전 멸실이 아닌 왜곡에 대해서만 동일성유지권이 기능하는 이유

미술작품 소유자의 소유권과 창작자인 예술가의 저작권 사이의 충돌은 정확히 말하면 소유권과 저작인격권 중 동일성유지권의 충돌이라고 할 수 있다. 이 사건 판결 사안에서 원고는 피고가 이 사건 벽화를 떼어낸 후 소각하여 폐기한 것은 자신의 동일성유지권을 침해한 것이라고 주장했으나, 원심 법원은 원고가 저작물 원본에 대한 소유권을 피고에 양도하고 이에 대한 대가도 지급 받은 이상, 그 저작물이 화체된 유형물의 소유권자인 피고의 그 유형물 자체에 대한 처분행위를 제한할 법적 근거가 없으며, 특별한 사정이 없는 한 저작권법상 동일성유지권이 보호하는 '저작물의 동일성'은 저작물이 화체된 유형물 자체의 존재나 귀속에 대한 것이 아니라 그 저작물의 내용 등을 대상으로 하는 것이라고 해석할 수밖에 없다고 판단했다. 그리고 그 근거로서 저작인격권자가 저작물 원본의 소유권 양도 후에도 동일성유지권을 유보하고 소유권의 행사에 대하여 언제라도 이를 추급할 수 있게 한다면, 저작물의 소유권자로 하여금 저작물 보유에 대한 예측할 수 없는 과도한 부담을 갖게 하여 오히려 저작물의 원활한 유통을 저해함으로써 저작권자의 권리를 해할 우려도 있다는 점을 들었다.

일면 타당한 논리이다. 예술작품 소유자가 멸실에 이르는 결과를 가져오는 폐기행위를 하는 것은 소유권의 권능 중 하나인 처분행위로서 이는 물리적 처분을 포함한다고 할 수 있으므로 이를 저작권자의 동일성유지권으로 막을 수 없는 것은 당연하다고 할 수 있다. 그런데 궁극적인 폐기행위는 동일성유지권으로 막을 수 없다고 하더라도, 그 정도에 이르지 않고 원작의 본질적 특성이 남아 있는 상태로 훼손한 행위는 동일성유지권 침해가 된다는 것[16]을 이해하는 것은 저작권의 본질이라는 측면

---

16) 국내의 대부분 저작권법 학자들이 취하는 견해이다. 오승종, 「저작권법」, 박영사, 2013, 391−392면; 이해완, 「저작권법」, 박영사, 2015, 429−433면; 임원선, 「실

252 民事判例研究〔XXXIX〕

에서 매우 중요하다. 원심 판결은 손상, 절단 행위 후 소각이라는 폐기행위가 피고에 의해 순차적으로 이루어졌기 때문에 훼손행위가 극단적 훼손이라는 폐기행위에 흡수된다는 논리로써 별도의 동일성유지권 침해 행위가 문제되지 않는다고 보았다.[17)]

이 사건 판결 사안과 달리 원작의 본질적 특성이 남아 있는 채 훼손한 경우는 동일성유지권으로 막을 수 있는 데 반해, 완전한 폐기에 이른 경우는 동일성유지권으로 막을 수 없다는 것을 일종의 딜레마로 이해한 나머지 처음부터 저작물 멸실의 모든 경우에 대해 동일성유지권 침해가 성립될 가능성을 배제하는 것은 타당하지 않다고 주장하는 견해가 있다.[18)] 소유권과 저작권의 충돌을 상식적으로 접근하면, 더 크게 훼손한 경우는 저작권(동일성유지권) 침해가 안 되고, 덜 훼손한 경우는 침해가 된다는 것은 분명 논리모순으로 보인다. 그러나 저작권에 대한 이해를 보다 명확히 한다면 모순관계가 아님을 알 수 있다. 저작자 입장에서는 자신의 작품이 멸실되는 것보다 훼손된 상태에 더욱 큰 인격적 피해를

무자를 위한 저작권법」, 한국저작권위원회, 2014, 122면; 배대헌, "현행 저작권법상 저작인격권의 법리에 관한 검토", 산업재산권 제21호, 2006. 12., 178-179면; 이상정, "소유자의 작품 파괴와 저작인격권", 계간저작권 2012년 봄호(통권 제97호), 45-46면; 계승균, "저작권법상 소유권을 의식한 조항에 관한 일 고찰", 정보법학 제14권 제3호, 2010. 12., 5면. 한편, 박성호 교수는 이를 "저작인격권 제도의 내재적 한계"로 접근한다. 박성호, 전게논문, 45면.

17) 원심 인정 사실에 의하면, 2010. 5. 6. 이 사건 벽화를 철거하기로 결정한 후, 철거 공사를 진행했는데 철거 공사는 이 사건 벽화에 물을 분사하여 원래의 규격보다 작은 규모로 이 사건 벽화를 절단하여 벽체와 이 사건 벽화를 박리시키는 방법으로 진행되었으며 2010. 5. 18. 이 사건 벽화의 철거가 완료되었고, 2011년 초경 최종적으로 소각되었다. 따라서 소각 이전에는 동일성유지권 침해 상태가 존재했다고 볼 수 있고, 원고도 이점을 주장했다. 그러나 폐기의 전단계로서 철거가 이루어졌고 철거 과정에서 손상, 절단 등 훼손행위가 발생했다는 점에서 보면, 상당한 기간이 소요된 것은 사실이지만 훼손과 폐기를 일련의 과정으로 본 원심 판단도 수긍할 수 있다.

18) 이준형 교수는 "어느 한도 이내의 개변은 저작자의 정당한 이익을 침해하지만, 완전한 멸실은 아무런 관계가 없다는 설명은 옳지 못하다"고 하며, 소유권 보호와 저작자 자신의 사회적 영향력 유지, 저작물 자체의 물리적 완전성 보존, 저작물이 저작자에게 대해 갖는 의미 등을 형량해서 판단해야 한다고 주장한다. 이준형, "미술저작물에 있어서 저작권과 소유권의 충돌", 스포츠와 법 제10권 제3호(통권 제12호), 2007. 8., 149-150면.

입을 수 있기 때문이다. 저작권법에서 동일성유지권을 "저작자는 그의 저작물의 내용·형식 및 제호의 동일성을 유지할 권리를 가진다."(제13조 제1항)라고 규정한 것은 바로 이 때문이다. 저작자는 자신의 작품이 멸실되는 것보다 왜곡된 것에 더 큰 이해관계를 갖는다. 왜곡된 상태로 존재하는 것이 차라리 없어진(멸실) 상태보다 더욱 명예·인격 손상, 정신적 피해를 입을 수 있다는 데 주목해야 한다. 제아무리 소유권자라 하더라도 예술품 저작자(예술가)의 정신노동의 소산, 인격 또는 영혼의 연장선에 있는 예술품의 사회적 가치를 저하시키거나 저작자가 갖는 예술가로서의 평가를 손상시킬 수 있는 행위를 해서는 안 된다. 이 부분이 바로 소유권과 별개로 존재하는 저작권의 영역이고 이 지점에서 양 권리는 입체적 관계로 존립할 수 있다.

그런데, 완전히 멸실해 버린 경우 저작자는 최소한 위와 같은 피해는 입지 않는다. 즉 자신의 작품이 훼손 또는 왜곡되어 예술가로서의 평가를 손상시킬 수 있는 상태에 있지는 않게 된다. 사라져 더 이상 존재하지 않는 경우 최소한 저작자는 위와 같은 고통은 당하지 않는다. 저작자는 저작권에 기해서 이러한 행위를 막을 수 없다. 이 경우 소유권이 없는 저작권자(예술가가 자신의 예술품을 양도한 경우)는 소유권자에 대항할 수 없다. 양도시 대가를 취득함으로써 유형물의 경제적 가치를 양도한 데 따른 경제적 보상을 받았다고 볼 수 있기 때문이다.[19]

나. 완전 멸실에 항거할 수는 없는가? – 소유권 제한의 법리

위와 같이 저작권으로 막을 수 없다고 해서 소유권자의 저작물 파괴행위가 정당화되는 것일까? 그렇지 않다. 소유권 제한의 법리에서 소유권자의 저작물 파괴행위를 막을 수 있는 근거를 찾을 수 있다. 예술품 창작자가 자신의 권리에 근거하여 적극적으로 소유자의 예술품 파괴행위를 막을 수 없다 하더라도 소유권에 내재된 한계, 또는 그 권리를 행사

---

19) 예술품 양도 후 가격이 앙등한 경우 상승분에 대해 저작자가 간여할 수 없고, 하락한 경우 하락분에 대해 저작자가 책임지지 않는 것도 마찬가지 이유에서이다.

하는 데 있어 지켜야 할 의무 등에 근거해서 소유자의 예술품 파괴행위를 막을 수 있는 길을 찾아보려 한다.

첫째, 미술작품이 유일한 것으로서 공공장소에 설치돼 있으며 역사적/문화적 가치가 있다는 등의 사정이 있으면 개인의 소유물이라 하더라도 물리적으로 파괴하는 행위는 일반 공중의 이해관계에 저촉된다고 할 수 있다. 여기에서 재산권 행사의 공공복리 적합성($^{헌법\ 제23조}_{제2항}$)이 기능할 수 있을 것이다. 그런데 구체적인 법률의 근거 없이 헌법 조항을 들어 소유권자의 예술품에 대한 물리적 파괴 행위를 막을 수는 없다. 이 점에서 일정 규모 이상의 건물 소유자에게 미술작품을 설치하고 유지하게 하고 있는 문화예술진흥법의 소유권 제한 내용은 위 헌법 조항에 근거하여 이를 구체화하고 있다고 볼 수 있다. 문화예술진흥법 시행령 제15조(미술작품의 철거·훼손 시의 조치)는 "시·도지사는 법 제9조에 따라 설치된 미술작품이 철거·훼손·용도변경되거나 분실되면 해당 건축주에게 원상회복하도록 조치하여야 한다. 다만, 건축주에게 귀책사유가 없으면 그러하지 아니하다"라고 규정하고 있다. 여기서 원상회복조치의 요구주체는 지방자치단체이고 의무주체는 건축주이다. 즉, 이 법에 따르면 자신의 미술작품이 철거, 분실 등 파괴되더라도 예술가는 건축주에 대해 원상회복조치를 요구할 권리가 인정되지 않는다. 다만 지방자치단체가 요구할 권리를 가질 뿐이다. 헌법이 규정한 문화국가책무($^{제9}_{조}$)[20]에 따라 제정된 문화예술진흥법[21]상 지방자치단체의 원상회복조치 요구에 따른 건축물 소유자의 의무는 소유자 입장에서는 재산권의 공공복리 적합성에서 오는 재산권의 제한으로 이해할 수 있다. 한편, 여기서 "건축주의 귀책사유"로 건축주의 취향의 변화를 들 수 있을까? 즉 건축주의 취향의 변화로 건축주가 미술작품을 철거한 경우를 건축주의 귀책사유로 본다면 원상회복

---

20) 헌법 제9조 국가는 전통문화의 계승·발전과 민족문화의 창달에 노력하여야 한다.
21) 문화예술진흥법 제1조(목적) 이 법은 문화예술의 진흥을 위한 사업과 활동을 지원함으로써 전통문화예술을 계승하고 새로운 문화를 창조하여 민족문화 창달에 이바지함을 목적으로 한다.

대상이 될 것이다. 문리해석상 당연하다고 생각된다.[22]

둘째, 이 사건 판결에서 인정한 바와 같이 법원은 공공장소 설치 미술의 경우 상당기간 전시보존되리라는 기대 또는 이익이 있다고 인정한 후 물리적으로 볼 때 극단적 훼손인 소각(멸실)은 저작권(저작인격권) 침해로는 구성할 수 없지만 민법상 인격권 침해가 성립할 수 있다고 보았다. 공공장소에 미술작품을 설치한 경우 소유권자라 할지라도 그 작품이 상당기간 전시보존되리라는 예술가의 기대를 함부로 저버려서는 안 된다는 것을 전제로 예술가의 인격권을 보호한 이 사건 판결은 그 기저에 소유권 제한 법리를 깔고 있다고 할 수 있다.

소유권자가 아닌 제3자가 멸실시킨 경우

한편, 여기에서 제3자에 의한 멸실/소각 행위의 경우에 제3자가 소유권자에 대해 소유권침해 책임을 지는 것과 별개로 저작권자인 예술가에 대해 인격권 침해 또는 저작권법상 동일성유지권 침해에 따른 책임을 지게 될 것인가? 예컨대 이 사건 판결 사안에서 이 사건 벽화가 마음에 들지 않는다고 생각한 관람객 또는 역 이용자가 고의로 불을 질러 전소시킨 경우를 상정해 보자. 방화범은 역사와 벽화 소유권자인 대한민국에 소유권침해에 따른 손해배상책임을 지게 될 것이다. 그런데 이에 더하여 방화범에게 벽화 저작물 창작자에 대한 동일성유지권 침해 또는 인격권

---

22) 우리나라 공공미술 중 가장 논쟁적 작품 중 하나로 알려진 프랭크 스텔라의 〈꽃이 피는 구조물〉(일명 아마벨)은 1997년 서울 강남구 대치동 소재 포스코빌딩 앞 인도에 설치됐었다. 그런데 이 작품은 고철덩어리라는 비판적 여론이 있었다. 막대한 돈을 지불하고 설치한 포스코는 결국 철거를 결정하고 현대미술관에 기증하기로 했는데, 작가의 반대로 성사되지 못했다. 포스코는 대중의 눈을 피하기 위해 조경용 소나무로 작품의 일부를 가리는 조치를 취했는데, 그 후 이 작품은 세계 미술 평단에서 매우 높게 평가되어 지금은 작품성에 대한 논란이 사라졌다. 일종의 해프닝이 되고 만 것이다. 박삼철, 「도시 예술 산책-작품으로 읽는 7가지 도시 이야기」, 나름북스, 2012, 137-141면. 만약 비판적 여론을 수용하여 포스코가 이 작품을 철거 이전하였다면 강남구청으로부터 원상회복조치를 당하였을지도 모른다. 현실에서는 작가의 반대 때문에 철거 이전이 이루어지지 못했다고 하지만, 법률적으로만 본다면 작가는 철거 이전을 반대할 권한이 없고, 강남구청만이 원상회복조치 권한에 의해 철거 이전을 금지할 수 있었다고 생각된다.

침해 책임까지 지울 수 있을까? 이 사건 벽화를 둘러싼 소유권자와 저작권자의 관계까지 고려하여 제3자인 방화범에게 그 책임을 세분화하여 묻는다는 것은 곤란하다고 본다. 여기에서 소유권 제한의 법리를 소유권자가 아닌 제3자에 의한 절대적 훼손, 즉 물리적 멸실행위에 적용하기 어려운 점이 드러난다. 소유권자가 멸실시킨 경우는 소유권 제한의 법리를 동원할 수 있지만, 소유권자가 아닌 제3자가 멸실시킨 경우에는 예술품 창작자가 그 제3자에 책임을 묻는 근거로 소유권 제한의 법리를 댈 수 없기 때문이다. 여기에서 제3자가 예술품을 훼손한 경우 저작권자에게는 동일성유지권 침해 책임을, 소유권자에게는 소유권침해 책임을 질 수 있지만, 그 제3자가 훼손을 넘어 소각 등 멸실시킨 경우 저작권자에게는 동일성유지권 침해 책임을 지지 않고 단지 소유권자에게만 소유권침해 책임을 지게 된다는 것을 쉽게 설명할 수 있다.

　　더 나아가 제3자가 미술품을 멸실시킨 경우 창작자는 그 제3자에 대해 책임을 물을 수 없는 상황에서 소유자를 상대로 소유권 제한의 법리를 확장하여 과실책임을 지울 수 있을까? 즉 소유자의 미술품 관리 소홀로 멸실된 것에 대해 과실책임을 묻는 근거로 소유권 제한의 법리를 동원할 수 있겠는가이다. 그렇게까지 과도하게 예술가를 보호하고 소유권자에게 의무를 부과하여 소유권을 제한하는 것은 곤란하다고 본다. 공공복리 적합성이라는 헌법상 제한을 들어 고의가 아닌 과실에 대해서까지 소유권자에게 책임을 지우는 것은 지나치다고 볼 수 있다.

　　다. 시론(試論)적 보론(補論) - 물리적 세계와 정신적 세계
　　소유권과 저작권의 충돌을 "부재와 왜곡"이라는 관점에서 살펴보기로 한다. 소유권이 기능하는 물리적 세계에서 부재는 훼손과 왜곡의 극단으로 이해할 수 있지만, 저작권이 기능하는 정신적 세계에서는 왜곡(훼손)과 왜곡(훼손) 상태의 지속이 때로는 부재보다 더 크고 깊은 고통과 손해를 초래할 수 있다는 점에서 왜곡이 부재에 포섭된다는 물리적 세계에 적용되는 사고로는 정신적 세계를 설명하기 어렵다.[23] 서론에서부터

평면적/입체적 갈등관계라고 말한 것은 바로 소유권이 기능하는 물리적 세계와 저작권이 기능하는 정신세계를 염두에 둔 것이었다.

경제적 가치와 기능이 중시되는 유체물의 경우 훼손되더라도 존재하지 않는 것보다 소유권자에게는 손해가 덜하다고 볼 수 있겠지만, 정신적 가치와 타인의 평가가 중시되는 예술의 경우 차라리 멸실되어 존재하지 않는 것이 훼손(왜곡)된 상태로 남아 있어 끊임없이 예술가의 정신세계에 고통을 주는 것보다 예술가에게는 피해가 덜하다고 볼 수 있다. 이것이 유체물 세계에 대한 배타적 지배권(소유권)과 무체물 또는 정신세계에 적용된 배타적 지배권(저작권)의 차이이다.

동일성유지권에 관한 저작권법 조항은 명예와 성망의 훼손이라는 요건을 없애는 쪽으로 개정됐다.[24] 이는 저작자의 인격적 요소를 중시한 것으로서 객관적으로 저작물의 가치가 증대되는 쪽으로 개선됨으로써 저작자의 명예와 성망이 저하되지 않는다면 구법에서는 동일성유지권 침해가 성립하지 않으나, 개정 후에는 그렇더라도 동일성유지권 침해가 성립하게 된다. 이는 저작권이 정신세계에 관한 권리라는 점에서 지극히 당연한 것으로서 저작권이라는 제도의 본질에 부합한 개정이라 할 것이다. 신법은 이 권리에 대한 이해부족으로 잘못 만든 과거의 법률 요건을 바로잡은 것으로 이해할 수 있다.

이처럼 소유권과 저작권은 그 권리의 대상이 서로 다른 차원에 있

---

23) 부재가 왜곡을 수반하기도 하지만 그렇지 않은 경우도 있다. '왜곡이 없는 부재'와 '왜곡'은 침략으로 주권이 일정 기간 상실된 경우와 주권이 유지된 상태에서 역사가 회복 불가능하게 왜곡된 경우로 비유할 수 있다. 상실된 주권은 회복될 수 있지만, 회복할 수 없을 정도로 역사가 왜곡되어 왜곡인 줄도 모르게 된다면 후세는 그 질곡의 역사를 짊어지고 살 수밖에 없다는 점에서 그 피해는 더 심대할 수 있다. 왜곡은 부재에 포섭되는 것이 아니며 피해의 관점에서도 결코 덜한 것이라고 할 수 없다.

24) 1957년 저작권법의 원장유지권은 현행법의 동일성유지권의 전신인데, 구법 제16조는 다음과 같이 규정하고 있다.
제16조(원장유지권) 저작자는 저작물에 관한 재산적 권리에 관계없이 또한 그 권리의 이전 후에 있어서도 그 저작물의 내용 또는 제호를 개찬, 절제 또는 기타변경을 가하여 그 명예와 성망을 해한 자에 대하여 이의를 주장할 권리가 있다.

다는 점에서 입체적 관계에 있다고 할 수 있다. 차원이 다른 세계/현상을 단일 차원으로 봐서는 권리의 갈등 문제를 해결하기 어렵다. 저작권과 소유권이 충돌한 사안에서 일찍이 이 두 권리가 서로 다른 차원을 규율한다는 것을 확인한 것이 독일의 사이렌(Siren) 판결[25]이다. 이 판결의 정신은 지금도 여전히 유효한데, 입체적 관계를 평면적 관계로 오인하거나 평면적 관계에 적용되는 법리를 입체적 관계에 적용할 경우 모순이 아닌 것을 모순으로 보는 혼란이 생기게 된다.[26]

3. 공공미술에서 저작권과 소유권 충돌
가. 공공미술의 정의와 범위 확정의 문제

이 사건 벽화는 공공미술로 이해되고 있다. 그 점에서 이 사건 판결은 공공미술 작품의 소유권자와 예술가의 권리 충돌에 관한 것이라고 할 수 있다. 사실 공공미술이 아닌 미술의 경우 소유권자가 물리적으로 소멸시키더라도 원본의 소유권을 양도한 예술가가 이를 알아차리기 어려워 현실적으로는 법적 분쟁으로 비화할 가능성이 거의 없다는 점에서 논의의 실익이 없기도 하다.

공공미술로 인정되면 이에 대한 소유권 행사가 제한될 수 있다는

---

25) 위 주 4).
26) 2016. 3. 21. 민사판례연구회 발표 때 권영준 교수는 소유권자들 간에, 그리고 저작권자들 간에 각기 공유관계가 있듯, 소유권자와 저작권자 간에 공유 개념을 상정할 수 있지 않은가 하는 견해를 제시했다. 권교수는 이런 입장에서 저작권과 소유권은 충돌(collision)하는 것이 아니라 협력(collaboration)하는 것이 될 수 있다고 덧붙였다. 탁견이라고 생각한다. 이는 본 저자가 말한 입체적 관계에서 보면 쉽게 이해할 수 있다. 하늘에서는 입체교차로가 평면교차로와 같아 보이지만, 각기 90도 방향에서 오는 차량이 같은 시각에 교차로 중앙을 지나도 충돌 없이 통과할 수 있는데, 저작권과 소유권의 관계가 바로 이와 같다. 입체교차로가 차량의 소통을 원활하게 하여 평면교차로보다 효율적일 수 있듯, 예술품 창작자가 예술품을 소유하여 저작권과 소유권이 동일인에게 귀속되는 경우보다 예술품을 양도하여 저작권자와 소유권자가 분리되는 것이 때로는 창작자와 소유자 서로에게 이익이 될 뿐 아니라, 사회 전체 측면에서도 경제적으로 더 큰 부를 창출할 수 있다는 점에서 소유권과 저작권의 분리를 소유권자와 저작권자의 충돌을 넘어 협업 관계로 이해할 수도 있다고 생각한다.

점에서 공공미술의 정의와 범위 확정은 미술작품 소유권자와 예술가 권리 충돌 문제를 해결하는 데 선결돼야 한다. 첫째, 공공미술은 외부에 공개되어 있어야 한다는 점에서 무엇보다 장소적 개념이 중요하게 된다. 저작권법 제35조 제1항 단서 및 제2항의 "가로·공원·건축물의 외벽 그 밖에 공중에게 개방된 장소에 항시 전시하는 경우"를 차용할 수 있을 것이다. 이와 관련하여 법원 판결 중에는 "공중에게 개방된 장소"를 옥외 장소에 국한하는 것으로 해석한 것이 있으나,[27] 미술저작물 저작권자의 전시권 및 복제권 제한에 대한 예외 사유의 요건인 "공중에 개방된 장소"는 옥외 장소로 국한할 이유는 없다고 생각한다. 옥내 장소라도 옥외 장소 못지않게, 때로는 그 이상으로 일반 공중의 자유로운 왕래가 많은 곳이 얼마든지 있기 때문이다.[28]

---

27) 서울중앙지법 2007. 5. 17. 선고 2006가합104292 판결(이른바 "오크우드 호텔 사건 판결"). "공중에게 개방된 장소"를 옥외 장소에 한하는 것으로 보아야 한다는 판시 부분을 옮기면 다음과 같다.

　　저작권법 제32조 제2항(현행 저작권법 제35조 제2항, 저자 주)은 미술저작물로서 가로. 공원. 건축물의 외벽 그 밖의 일반 공중에게 개방된 장소에 항시 전시되어 있는 경우에는 일정한 예외사유에 해당하지 않는 한 어떠한 방법으로든지 이를 복제할 수 있도록 인정하고 있다. 이는 미술저작물의 원작품이 불특정 다수인이 자유롭게 볼 수 있는 개방된 장소에 항상 설치되어 있는 경우에 만약 당해 저작물의 복제에 의한 이용에 대해 저작재산권에 기초한 권리주장을 아무런 제한 없이 인정하게 되면 일반인의 행동의 자유를 지나치게 억제하게 되어 바람직하지 않게 되고, 이러한 경우에는 일반인에게 자유로운 복제를 허용하는 것이 사회적 관행에 합치하기 때문에 개방된 장소에 항상 설치되어 있는 미술저작물에 대해서는 일반인에 의한 복제를 자유롭게 한 것이다. 다만 제1항은 미술저작물 등의 원작품의 소유자 또는 그의 동의를 받은 자는 그 저작물은 원작품에 의하여 전시할 수 있도록 하되, 다만 가로·공원·건축물의 외벽 그 밖의 일반 공중에게 개방된 장소에 항시 전시하려고 하는 경우에는 저작권자의 허락을 받아야 한다고 규정하고 있다.

　　따라서 저작권법 제32조의 입법취지와 조문의 형식과 구조 등을 고려할 때 저작권법 제32조 제2항에 정해진 '일반 공중에게 개방된 장소'라고 함은 도로나 공원 기타 일반 공중이 자유롭게 출입할 수 있는 '옥외의 장소'와 건조물의 외벽 기타 일반 공중이 보기 쉬운 '옥외의 장소'를 말하는 것이고, '옥내의 장소'는 비록 일반 공중이 자유롭게 출입할 수 있다고 하더라도 일반 공중이 쉽게 볼 수 있는 곳이라고 볼 수 없으므로 이에 해당하지 않는다고 봄이 상당하다. 이와 달리 옥내의 장소도 일반 공중이 자유롭게 출입할 수 있으면 개방된 장소에 포함된다고 해석하게 되면 미술저작물의 소유자가 일반 공중의 출입이 자유로운 건축물 내부의 장소에서 그 미술저작물을 전시하는 경우에도 항상 저작권자의 동의가 필요하다는 불합리한 결과가 초래된다.

28) 예를 들어 서울 강남의 코엑스(COEX) 지하 공간이나 지하철 2호선 을지로입구역

둘째, 공공미술에서는 공공적 성격[29] 또는 공공 공간을 사용하는 공동체의 참여적 요소가 더욱 중요하게 된다.[30] 단지 외부에 설치돼 있다고 해서 공공미술이 되는 것은 아니다. 이 관점에서 접근하면 공공미술 여부를 판정하기 어려워질 수 있다. 해당 미술작품에 대한 평가 외에 미술작품이 놓여 있는 장소의 문화적 요소, 공동체적 요소도 감안해야 하기 때문이다. 장소특정적 미술은 장소의 역사적, 사회적 의미 및 해당 미술과 장소와의 관련성에 따라 공공미술 여부가 달라질 수 있는 예술형태이다.

한편, 현실적으로 미술작품이 타인의 건물 등 부동산에 설치된 것은 건물 등 소유권자의 허락 유무에 따라 두 가지로 나누어 볼 수 있다. 첫째, 미술작품을 구입하여 건물 또는 토지에 설치하거나 계약에 따라 건물 또는 토지에 설치한 경우처럼 예술가와 부동산 소유자 간에 합의가 있는 경우이다. 둘째, 건물 소유자의 허락 없이 부동산에 그림을 그린 경우로서, 불법 낙서(illegal graffiti)이다.[31] 이 두 가지 경우에서 건물 소유권, 그라피티 저작권을 둘러싼 법적 문제를 항을 달리하여 살펴보기로 한다.

또는 인천공항 청사와 같은 곳은 "옥외 장소"는 아니지만 한적한 지방 소도시에 소재한 버스터미널보다 훨씬 사람의 왕래가 많은 곳으로서 이런 장소에 설치된 조형예술품은 사람들에 더 많이 노출된다고 할 수 있다.

29) 위 주 3) 참조.

30) UCLA 미술사학과 권미원 교수에 따르면, 공공미술은 "공공 공간에서의 미술(Kunst im öffentlichen Raum)", "공공 공간으로서의 미술(Kunst als öffentlicher Raum)", "공적 관심의 미술(Kunst im öffentlichen Interesse)" 등 3가지 발전 단계(패러다임)로 나눌 수 있다고 한다. 우베 레비츠키(난나 최현주 역), 「모두를 위한 예술?」, 두성북스, 2013, 137-150면.

31) 건물주의 허락을 받고 낙서를 한 경우, 즉 합법 낙서(legal graffiti)는 본문의 첫째 경우에 포함되므로 따로 논하지 않고 이하에서는 불법 낙서에 대해서만 논한다. 사실 그라피티란 현실 사회에 대한 저항에서 비롯된 거리 예술(street arts)로서 일탈을 본질로 한다는 점에서 합법적인 것보다는 불법적인 것이 그라피티의 본령에 가깝다. 심지어 불법성은 그라피티 예술의 가장 큰 자산이라고 말하는 이도 있다. Danwill Schwender, *Promotion of the Arts: An Argument for Limited Copyright Protection of Illegal Graffiti*, 55 J. Copyright Soc'y U.S.A. 257, 258-259(2008) [출처 : James E. Walmesley, In the Beginning There Was the Word, in Beautiful Losers: Contemporary Art and Street Culture 191, 204-205(2004)].

나. 공공미술 소유권자의 재산권 행사 제한 문제 – 문화예술진흥법의 위헌성 검토

문화예술진흥법에 의해 건물 소유권자는 일정한 경우 자신이 소유한 미술작품도 함부로 철거할 수 없다(제9조, 시행령 제15조). 이는 소유권자 입장에서 재산권 행사의 제한이 될 수 있다. 재산권 제한이 정당한 것인지, 즉 문화예술진흥법 시행령 제15조 규정이 합헌인지는 결국 일정한 규모 이상의 건물을 건축하는 자에게 미술작품 설치를 의무화하고 있는 동 법 제9조의 위헌 여부의 문제로 귀결된다. 이점에서 문화예술진흥법 제9조의 위헌 여부를 검토할 필요가 있다.

일정한 규모 이상의 건축물 소유권자에게 건축비용의 일정 비율에 해당하는 금액을 미술작품 설치에 사용하도록 의무화하는 것이 부동산 소유권자의 재산권을 과도하게 제한한 것일까? 현재까지 동 조항에 대한 위헌법률심사가 제기되거나 이에 관한 결정이 내려진 적은 없지만, 다음에서 보는 바와 같이 과도한 제한이 아니고, 위헌 소지가 없다고 생각된다.

건축주는 미술작품 설치 대신 일정 금액을 문화예술진흥기금에 출연할 수 있도록 하고 있는데(제9조 제2항), 미술작품 설치비에 해당하는 금액을 기금으로 출연할 수 있도록 한다는 것은 기금과 해당 미술작품이 등가물이라는 것을 전제로 한다. 그런데 문화예술진흥기금은 기금의 성격상 출연자인 건축주와 독립하여 운용 관리되고(제16조, 제17조 제1항 제4호), 출연자가 기금의 용도에 간섭할 수 없다(제18조)는 점에서 비록 미술작품에 대한 소유권이 건축주 자신에게 있지만 그 미술작품을 함부로 철거할 수 없는 등 처분권한에 상당한 제한을 가하는 것은 기금 출연을 선택한 경우에 비해 재산권에 대한 부당한 제한이라거나 차등 대우라고 하기 어렵다. 결국 기금으로 출연케 하는 것이 위헌이냐의 문제만 남게 된다. 그러나 이 또한 문화예술진흥법의 입법 근거가 되는 헌법 제9조에 비추어 볼 때, 특별히 위헌 소지가 있다고 생각되지는 않는다.

한편 건축물의 미술작품 사용금액도 건축주가 국가 또는 지자체인 건축물의 경우 건축비용의 1백분의 1의 비율에 해당하는 금액으로 하고 있고, 건축주가 국가 또는 지자체가 아닌 건축물의 경우는 그보다 낮은 비율로 정하고 있어,[32] 국민에게만 과도하게 미술작품 사용금액을 부담 하도록 하고 있지 않다는 점에서도 위헌성은 그만큼 줄어들게 된다.

다. 장소특정적 미술

"부재와 왜곡"의 관점에서 본다면 이 사건 판결의 원심 법원이 인정 하지 않은 장소특정적 미술을 새롭게 이해할 수 있다. 원심 판결은 이 사건 벽화가 이른바 "장소특정적 미술"에 해당하여 작품이 위치한 특정 장소 또한 그 주요 구성 부분인 미술작품인데, 피고가 이를 철거하여 다 른 곳에 옮긴 것 자체로 작품의 의미와 완전성이 손상되어 원고의 창작 의도가 침해되고 작가로서의 명예도 훼손되므로 개변에 의한 동일성유지 권의 침해에 해당한다는 주장에 대해, 현행 저작권법에서는 인정하지 아니하는 개념이고 저작권법 해석의 한계를 넘는 것이라는 이유로 기각 했다.

그런데 예를 들어 일본대사관 앞에 위치한 소녀상[33]을 현재의 장소 에서 박물관 같은 곳으로 이전 설치한다면, 이는 작품에 대한 심각한 왜 곡이 된다는 점에 긴 설명이 필요하지 않을 것이다. 장소의 이전이라는 왜곡이 가져오는 폐해가 차라리 물리적 소멸보다 더 클 수도 있는 상황 이라면, 그 미술작품이 놓인 장소나 배경은 그것이 물리적 환경이건 역 사적 맥락이건 작품과 불가분의 관계에 있다고 해야 할 것이다. 작품이 놓인 장소와 떨어져서는 의미를 가질 수 없다면, 장소의 이전이 곧 작품 의 멸실보다 더 한 왜곡이 될 수 있다. 저작권법은 보호 가능한 모든 저 작물을 정의하지 않고 단지 "인간의 사상 또는 감정을 표현한 창작물"을 저작물로 정의하고 있을 뿐이다(제2조 제1호). 공간을 차지하는 조형미술에서 그

---

32) 문화예술진흥법 시행령 제12조 제5항, [별표 2] 건축물의 미술작품 사용금액.
33) 소녀상 작품의 구상 계기에서 일본 대사관 앞에 위치하게 된 과정에 이르기까지 작업 전체에 대해서는 작가 노트 형식을 빌려 쓴 다음 책 참조. 김서경·김운성, 「빈 의자에 새긴 약속」, 말, 2016.

미술작품이 특정 장소와 밀접한 관련이 있다면, 동일성유지권의 대상이
되는 "저작물의 내용"을 그 미술작품 자체로 국한할 것은 아니고 장소와
의 유기적 관계까지 고려해야 할 것이다. 이것을 현행 저작권법의 해석
을 넘는 것이라고 단정할 수 없다. 이를 인정하지 않은 것은 저작권법
때문이 아니라 장소특정적 미술에 대한 이해부족에 기인한 것이 아닌가
생각된다.[34]

　　한편, 이 사건 판결은 "원고는 특별한 역사적, 시대적 의미를 가지고
있는 도라산역이라는 공공장소에 피고의 의뢰로 설치된 이 사건 벽화가
상당기간 전시되고 보존되리라고 기대하였고, 피고로서도 이 사건 벽화의
가치와 의미에 대하여 홍보까지 하였으므로 단기간에 이를 철거할 경우
원고가 예술창작자로서 갖는 명예감정 및 사회적 신용이나 명성 등이 침
해될 것을 예상할 수 있었음에도…(후략)"라고 인정하고 있다. 물론 대법
원은 장소 이전에 따른 동일성유지권 침해 문제가 심판대상이 아니었으
므로 그에 대한 판단을 한 것은 아니었지만, 원심 판결과 달리 이 사건
판결은 이 사건 벽화가 도라산역이라는 특정 장소와 역사적, 시대적 의
미를 고리로 연결돼 있음을 암시하고 있다. 따라서 동일성유지권 침해
여부가 재판의 쟁점이었던 원심 법원으로서는 원고의 이 부분 청구를 기
각하는 경우에도, 장소특정적 미술이라는 개념을 인정할 수 없다거나 우
리 저작권법의 해석을 넘는 것이라는 식으로 원고 주장을 배척할 것이
아니라, 최소한 그 개념을 인정하되 분단과 통일을 소재로 하는 이 사건
벽화가 반드시 도라산역과 불가분의 관계에 있다고 볼 정도로 장소특정
적 미술로 인정하기에 부족하다고 했더라면 어땠을까 하는 생각이 든다.
도라산역이 비록 남과 북의 접경지대에 있는 철도역이긴 하지만, 그와
같은 역으로 도라산역이 유일한 것은 아니다. 따라서 장소특정적 미술이

---

34) 장소특정적 미술에서 말하는 미술과 장소의 관계는 장소에 의해 규정된(site-de-
    termined), 장소 지향적인(site-oriented), 장소를 참조하는(site-referenced), 장소를 의식
    하는(site-conscious), 장소에 반응하는(site-responsive), 장소와 관계된(site-related) 등
    여러 가지 용어로 다양하게 설명되고 있다. 권미원(김인규·우정아·이영욱 역), 「장
    소 특정적 미술」(원제: One Place After Another), 현실문화, 2013, 11-13면.

라는 개념을 인정하면서도 장소특정적 미술에서 동일성유지권 침해의 결과를 초래할 정도로 이 사건 벽화가 도라산역과 불가분의 관계에 있는 것은 아니라고 할 수 있었는데, 아예 현행 저작권법의 해석상 장소특정적 미술 개념을 인정할 수 없다고 못 박은 것은 아쉬움으로 남는다.

"소극적 의미"의 장소특정적 미술의 가능성

위에서 본 바와 같이 특정 장소에 있어야만 의미가 있는 미술작품과 정반대로 특정 장소에 있는 것이 작가에게 심각한 모욕감을 주거나 작품 자체의 내용이나 본질을 훼손하는 경우도 있을 수 있다. 예컨대 널리 알려진 유태인 작가의 그림을 나치와 히틀러를 찬양하는 사람이 구입하는 것을 막을 수는 없지만 나치 문장이나 상징물 옆에 설치하는 경우, 작가로서는 참을 수 없는 모욕감을 받을 수 있다. 또한 작가의 성향 또는 출신과 관련된 것이 아니라 작품의 성격상, 예컨대 동심을 겨냥한 만화 기타 미술작품을 부적절한 장소에 전시, 설치하는 경우 작가가 받을 심적 타격은 작지 않을 것이다. 특정 장소와 관련하여 그 장소를 벗어나면 작품의 본질이 훼손되는 장소특정적 미술을 "적극적"인 것이라고 한다면, 이런 장소특정적 미술은 "소극적"인 것이라고 할 수 있다.[35]

위와 같은 경우를 예방하기 위해서 작가는 자신의 작품을 양도하면서 계약으로 특정 장소에는 설치하지 못하도록 정할 수 있다. 그러나 이런 계약의 효력은 계약 당사자 사이에만 미치므로 전전 양도된 경우 작가로서는 계약으로 이를 강제할 수 없다. 이 점에서 소극적 의미의 장소특정적 미술이라는 개념을 인정하거나 최소한 그에 관한 논의를 할 필요가 생긴다.

---

35) 이 부분은 본 저자가 2016년 2학기 연세대 대학원에 개설한 "미술과 저작권" 강좌의 2016. 11. 9.자 세미나 수업 때 대학원생 박혜인의 토론에서 일부 암시를 받은 것임을 밝힌다. 박혜인 학생은 장소특정적 미술에 관한 발표의 토론에서, 평소 한일역사문제에 깊은 관심을 가지고 있는 작가가 자신의 작품을 타인에게 양도하였는데, 그가 해당 작품을 전범기업 광고에 사용하도록 허락한 경우를 들어, 저작재산권 양도의 경우 저작물이 원저작자의 의도나 평소 신념에 반하여 사용될 수 있는 가능성이 있다고 했다.

라. 불법 낙서를 둘러싼 소유권과 저작권 문제

건물 소유권자의 허락 없이 건물에 그림(그라피티)을 그린 경우, 건물 소유권자는 이를 철거하거나 그 밖에 소유권자로서 처분할 수 있을까? 건물 소유권자의 물리적 처분(철거) 또는 물리적 처분 후의 법률적 처분(분리 매각)에 대해 그라피티 예술가는 아무런 권리를 주장할 수 없는 것일까?[36] 물론 이는 그라피티가 저작권으로 보호된다는 것을 전제로 한다. 본격적 논의에 앞서 소유권자의 처분은 물리적 처분을 전제로 하는 것이므로, 물리적 처분이 전제되지 않는 법률적 처분행위는 그라피티 예술가의 저작재산권 침해가 될 수 있다. 예컨대 유명 그라피티 예술가가 타인의 건물에 허락을 받지 않고 그라피티 예술을 남긴 경우 그 그라피티를 복제하여 책(그라피티 화보집)을 내거나 그라피티를 복사하여 패션(티셔츠, 모자 등) 디자인으로 활용한다면,[37] 이는 아

---

36) 실례로 영국에서 값싼 물건을 파는 마트가 인도 어린이의 노동력을 착취한다는 것을 비판하기 위해 뱅크시(Banksy)가 마트 벽면에 노예노동이라는 작품을 남겼는데, 건물 주인이 그 벽면을 뜯어내 미국 경매시장에 내놓았고 우리 돈으로 약 7억원에 낙찰되었다. 그런데 시민들의 항의로 경매절차가 중단돼 화제가 된 적이 있다. "뜯겨진 담벼락 그림이 7억 원…주인은 누구?", SBS 2013. 3. 4.자 뉴스, http://news.naver.com/main/read.nhn?mode=LPOD&mid=tvh&oid=055&aid=0000246643 (2016. 11. 1. 방문). 뱅크시와 그의 그라피티 작품에 대해서는 다음 참조. 뱅크시(손정욱 역), 「Banksy Wall and Piece」, 세리프, 2015; 뱅크시(리경 역, 이태호 해제), 「Banksy Wall and Piece」, 위즈덤피플, 2009; 애너 바츠와베크(이정연 역), 「그라피티와 거리미술」, 시공사, 2015 등이 있다. 한편 뱅크시가 영국 런던에 남긴 그라피티 작품을 찾아 따라가면서 감상할 수 있도록 안내한 책도 있다. Martin Bull, 「BANKSY LOCATIONS & TOURS VOL 1」, PM Press, 2011. 이 책은 국내에 번역되기도 했다. 마틴 불(이승호 역), 「BANKSY in London LOCATIONS & TOURS」, 리스컴, 2011.

37) 이러한 행위가 본문에서 말하는 "물리적 처분이 전제되지 않는 법률적 처분행위"에 해당한다. 키덜트(KIDULT)라는 예명으로 활동하는 그라피티 예술가는 사회 비판의 일환으로 명품 매장에 불법적인 낙서를 하는 것으로 유명하다. 그가 마크 제이콥스(Marc Jacobs) 매장 외벽에 낙서를 하자, 마크 제이콥스에서는 키덜트가 낙서한 매장 사진을 담은 티셔츠를 무려 미화 686달러에 판매하였다. 키덜트가 다시 이를 비판하기 위해 매장에 '686'이라는 숫자를 스프레이로 휘갈긴 낙서를 남기자, 매장 측은 이 숫자를 디자인한 모자를 판매하여 화제가 되었다. Charlotte Cowles, "Marc Jacobs Appears to Be in a Fight With Graffiti Artist Kidult", THE CUT, 2012. 5. 11.자, http://nymag.com/thecut/2012/05/marc-jacobs-appears-to-be-in-a-fight-with-ki-

무리 허락을 받지 않은 불법적 그라피티라 할지라도 저작물성이 부정되는 것은 아니므로[38] 그라피티 예술가의 저작재산권(복제권)에 대한 침해가 된다.

(1) 작품 소유권과 건물 소유권의 충돌 문제-평면적 문제

먼저 불법적 그라피티를 물리적으로 처분하거나(철거), 물리적 처분 후 법률적으로 처분하는 경우(분리 후 매각), 그라피티 예술가는 허락을 받지 않고 타인의 건축물에 그라피티 작품을 남긴 것이므로 아무런 방어를 할 수 없는 것인지 살펴보기로 한다. 이 문제를 부합(附合)의 법리로 접근하는 견해가 있다.[39] 그라피티가 건물 소유권에 부합됨으로써 건물 소유권자가 그라피티 작품에 대한 소유권을 취득한다는 결론에 도달하게 된다. 부합의 법리는 유형적 물건(동산 또는 부동산) 사이에서 적용된다. 따라서 유형적 물건인 그라피티 작품과 건물 간에는 부합의 법리가 적용되어 건물 소유자에게 그라피티 작품의 소유권이 귀속된다고 할 수 있다. 건물 소유자는 소유권의 권능 중 하나인 물리적 처분 권능으로 자신의 건물에서 그라피티 부분을 지워버리거나, 건물 부분과 함께 도려내거나, 아예 건물 벽체를 철거하더라도 그라피티 예술가가 이를 막을 수 없다. 분리 후 매각은 유명 그라피티 예술가가 타인의 건물 외벽에 작품을 남긴 경우에 종종 발생한다.[40] 이 경우도 위 철거와 마찬가지로 소유권

---

dult.html(2016. 11. 30. 방문). 일각에서는 키덜트와 마크 제이콥스가 서로 짜고서 한 것이 아닌가 하는 의혹이 제기되기도 했다. Dhani Mau, "Marc Jacobs Responds to Second Kidult Graffiti Attack with Clever Marketing Push—Are They In Cahoots?", FASHIONISTA, 2013. 6. 27.자, http://fashionista.com/2013/06/marc-jacobs-responds-to-second-kidult-graffiti-attack-with-clever-marketing-push-are-they-in-cahoots (2016. 11. 30. 방문).

38) 남형두, "합법성과 저작권 보호 요건-음란물을 중심으로-", 민사판례연구 제34권, 2012, 976-979면.

39) 이준형, 전게논문, 140-141면; 이상정, "소유권과 저작권의 충돌과 조화에 관한 일고", 산업재산권 제33호, 2010. 12., 237-238면. 이들 주장에 의하면, 대저택의 석고장식이나 프레스코 벽화 등과 같이 미술저작물이 건축공사에 사용된 경우, 미술작품이 부동산의 구성부분이 되었다고 하거나 부합의 법리를 적용하거나 건축주에게 소유권이 귀속된다고 보는 것은 마찬가지라고 한다.

40) 위 주 36) 뱅크시 사례.

자의 소유물에 대한 물리적 처분이라는 점에서 동일하나 매각이라는 법률적 처분이 있다는 것만 다르다. 그러나 부합에 의해 소유권이 귀속된 이상 소유권자로서 부합된 물건인 그라피티 작품을 매각하는 것을 그라피티 예술가가 막을 수 없는 것은 동일하다고 할 것이다.

한편 첨부(添附)로 인해 손해를 받은 자는 부당이득반환을 구할 수 있다(민법 제261조). 건물 소유자의 허락을 받지 않고 그라피티 작품을 남긴 행위는 불법행위에 해당한다는 점에서 그라피티 예술가에게 첨부로 인한 손해가 발생했다고 보기는 어렵다. 설령 유명 그라피티 예술가의 작품이 남겨짐으로 인해 건물 소유자에게 이득[41]이 생겼다고 하더라도 예술가의 행위가 불법적 평가를 받는 것이라는 점에서 그 이득이 예술가의 손해에 기인한 것이라고 볼 수도 없을 것이다. 어느 모로 보나 건물 소유자의 허락을 받지 못한 불법 그래피티 작품의 예술가는 그 작품의 소유권이 건물 소유자에게 귀속돼 물리적으로 처분된다 하더라도 이를 막을 방법이 없을 뿐만 아니라 부당이득반환청구도 할 수 없다고 생각된다.

(2) 작품 저작권과 건물 소유권의 충돌 문제-입체적 문제

위 (1)의 논의는 유형물인 그라피티 작품의 소유권과 건물의 소유권의 충돌 문제다. 그런데 그라피티 작품에 대한 저작권에는 부합의 법리가 적용되지 않으므로, 작품의 소유권이 건물 소유권자에게 귀속되는 것과는 별개로 비록 불법적 그라피티라 할지라도 그 작품에 대한 저작권은 여전히 그라피티 예술가에게 있다. 또한 부합의 법리에 의해 유형적 그라피티 작품의 소유권이 건물 소유권자에게 귀속된다 하더라도 작품에 대한 저작권마저 건물 소유자에게 양도했다거나 포기했다고 보기는 어려울 것이다.[42]

---

41) 건물 가격의 상승분이나, 그라피티 작품 부분을 도려내 매각함으로써 얻은 대금이 이에 해당할 것이다.

42) 뱅크시는 자신의 작품에 대한 저작권을 주장하거나 행사하지 않는 것으로 알려져 있다. 그러나 검은 피카소로 불리는 팝 아티스트 바스키아(Jean-Michel Basquiat)의 그라피티 작품은 천문학적 금액으로 거래되기도 한다. 손택균, "글로벌 미술시장 거품 꺼지

　　건물주의 허락 없이 그려진 그라피티 작품이 건물에 부합돼 건물주에 그 소유권이 귀속된 상황에서도 그라피티 작품에 대한 저작권은 예술가에게 있으므로, 예술가는 성명표시권이나 동일성유지권의 보호를 받게 된다. 즉 건물 소유자는 함부로 그라피티 작품에 작가의 성명을 표시하거나[43] 훼손하는 행위를 해서는 안 된다. 물론 훼손의 정도가 지나쳐 위에서와 같이 물리적으로 소멸시킨다면 특별한 경우를 제외하고는 동일성유지권 침해를 구성하지 않을 것이다.

　　나아가 저작재산권도 예술가에게 있으므로, 건물 소유권자는 그라피티 예술가의 허락 없이 복제, 전시 등을 할 수 없다. 그러나 저작권법은 미술저작물의 원본 소유자는 원본에 의해 전시할 수 있도록 전시권의 예외를 인정하고 있다(제35조 제1항). 따라서 건물 소유권자의 허락을 받지 않은 그라피티 작품의 원본 소유권은 건물 소유권자에게 귀속되므로[위 (1)의 부합 법리], 건물 소유권자가 이를 원본에 의해 전시하는 것은 허용된다. 한편, 이때에도 가로·공원·건축물의 외벽 그 밖에 공중에게 개방된 장소에 항상 전시하는 경우에는 다시 저작권자의 허락을 얻도록 하는 조항(제35조 제1항 단서)에 따라 건물 소유권자는 허락받지 않은 그라피티 예술가의 허락을 받아야 할까? 애초에 그라피티 작품은 건축물의 외벽에 남겨져 있는 것이므로 그 상태로 놓아두는 것이 위 제35조 제1항 단서의 "건축물의 외벽 그 밖에 공중에게 개방된 장소에 항상 전시하는 경우"에 해당하므로 별도의 허락이 필요하다고 볼 수 없다. 정리하자면, (ⅰ) 건물 소유자의 허락 없이 건축물의 외벽에 그려진 불법적 그라피티의 경우 부합의

───────────

　　나", 동아일보 2016. 2. 16.자 기사, http://news.donga.com/3/all/20160216/76464157/1 (2016. 3. 21. 방문). 뱅크시와 같은 그라피티 예술가가 저작권을 주장하지 않는다는 것은 저작권 포기로 볼 수 있을지언정 건물 소유권자에게 저작권을 양도 또는 증여한 것으로 해석하기는 쉽지 않을 것이다. 그 차이는 건물 소유자가 그라피티 예술가의 작품을 매각하여 이익을 얻으려고 할 때 극명히 드러난다. 위 주 36) 사례 참조.

43) 그라피티 예술가가 자신의 이름(실명, 이명 포함)을 밝히지 않았는데, 이를 표시하는 것도 성명표시권 침해에 해당한다. 통상의 경우 저항과 일탈을 지향하는 불법적 성격의 그라피티 예술가가 자신의 이름을 그 작품에 남기는 일은 거의 없을 것이다. 위 주 31) 참조.

법리에 따라 그라피티의 원본 소유권이 건물 소유자에게 귀속되어 제35
조 제1항 본문에 따라 저작권자인 그라피티 예술가의 별도 허락 없이 전
시하는 것 외에, (ⅱ) 건축물의 외벽으로서 공중에게 개방된 장소에 항시
전시하는 경우에 해당하므로 부합의 법리에 따라 그라피티 원본을 소유
하게 되었다 할지라도 저작권자인 그라피티 예술가의 허락을 얻어야 하
지만(^{제35조 제1항}_{단서}), 건축물의 외벽에 그라피티 작업을 하여 작품을 남긴다는
것은 공중에게 개방된 장소에 항시 전시된다는 것을 인지하고 있는 것이
므로 건물 및 그라피티 작품 소유자로서는 별도로 그라피티 예술가의 허
락을 얻을 필요가 없다고 생각한다.

　따라서 건축물의 외벽에 그려진 그라피티는 어떤 방법으로든지 이를
복제하여 이용할 수 있는데(^{제35조 제2항}_{본문}), 건축물의 소유자도 마찬가지이다.
즉, 그라피티 작품의 원본 소유자가 된 건물 소유권자는 건물 외벽에 남
겨져 있는 그라피티 작품을 복제하여 이용할 수 있다(^{제35조}_{제2항}). 그러나 판매
목적으로 복제하거나[44] 제3자로 하여금 판매 목적 복제를 허용하는 것은
금지된다(^{제35조 제2항}_{단서 제4호}).

Ⅳ. 결　론

　도라산역 벽화 판결은 예술 창작자의 인격권, 저작권과 예술품 소유
자의 소유권이 충돌하는 사안에 관한 매우 의미 있는 판결이다. 물론 국
가가 피고인 사건으로서 최종적으로 대법원에서 동일성유지권과 소유권
의 충돌 문제를 판단하지 않은 한계가 있다. 그러나 1995년 개정된 문화
예술진흥법에 따라 일정 규모 이상의 건물의 경우 미술작품 설치를 의무
화했다. 이 법 시행 후 도시정비법에 따라 20년 재건축 요건이 충족되는
2015년부터 건물을 철거할 때 미술작품이 함께 철거되는 상황이 충분히
예견되고 있다. 이 사건 판결은 제한적이지만 선례로 남을 가능성이 있

---

44) 그라피티 작품을 촬영하여 사진을 판매하는 경우가 이에 해당한다. 또한 특정
　　그라피티 예술가의 작품만을 촬영하여 사진집을 내는 경우도 자유로운 복제 이용
　　이 허용되지 않는 예외 사유에 해당한다.

고, 나아가 그 한계는 일반적 적용을 위한 논의의 출발점이 되기도 할 것이다.

저작권으로 보호되는 미술작품의 소유자가 소유권의 권능으로 이를 완전히 멸실시킨 경우에는 미술작품 저작권자는 저작권법상 동일성유지권으로 이를 막거나 구제되지 못하는 것인가? 동일성유지권으로 대항할 수 있는 작품 훼손과 왜곡을 부분 멸실로 보는 한에서는 작품 철거, 소각과 같은 행위는 완전 멸실에 해당한다. 후자에 대해서 동일성유지권으로 대항할 수 없다면, 더 큰 파괴행위가 부분적 파괴행위보다 더 정당화되는 아이러니가 발생한다. 저작권과 소유권의 충돌을 이와 같은 평면적 잣대로는 제대로 이해하기 어렵다. 물리적 세계와 정신적 세계로서, 서로 다른 차원을 규율하는 소유권과 저작권을 입체적 잣대로 적용할 때 비로소 모순되는 것처럼 보이는 두 권리가 조화롭게 공존할 수 있게 된다.

물리적 세계의 부재와 정신적 세계의 왜곡을 우열 없이 다른 차원에서 바라봄으로써 소유권자에 의한 미술작품, 특히 공공장소에 설치된 공공미술 파괴행위를 저작권으로 제한할 수 있는 길이 열릴 수 있다. 소유권자의 공공미술 파괴행위는 반드시 저작권에 의해서가 아니더라도 소유권의 내재적 한계 또는 헌법상 공공복리 적합성 등에 의해서도 제한될 수 있을 것이다.

V. 여론(餘論)[45]

스페인이나 터키와 같이 기독교와 이슬람 세력이 순차적으로 지배했던 나라의 유서 깊은 건축물에는 극도로 대립하며 싸웠던 두 종교 세력이 상대방을 물리친 후에도 이전 종교적 색채를 완전히 지우지 않고 그 위에 덧칠을 한다거나 보존한 예를 볼 수 있다. 그리고 이와 같이 양립

---

45) 이 부분은 이 사건 판결에 대한 평석에서 본 저자가 사회비평적 성격으로 첨언한 것인데, 이 논문에도 가져왔다. 남형두, "[판례 평석] 소유는 예술가의 혼(魂)마저 지배할 수 있는가?—소유권과 저작권의 충돌, 도라산역 판결을 중심으로", 대한변협신문 2015. 9. 28.(통권 제569호).

불가능해 보이는 문화의 병존 현상은 그 자체가 역사가 되고 문화유산이 되어 세계의 관광객을 끌어 모으고 있다. 정치권력이 바뀔 때마다 서로 다른 예술관에 따라 앞선 예술을 훼파하는 것은 지나친 단견(短見)이라 하지 않을 수 없다. 부득이 철거해야 할 사정이 있는 경우라도 미국의 세라(Serra) 사례[46]에서와 같이 절차를 지키는 것이 요구된다 할 것이다.

---

46) 미국에서는 1981년 뉴욕 연방정부 광장에 설치된 리처드 세라(Richard Serra)의 '기운 호(Tilted Arc)'라는 조형물(높이 3.7미터, 길이 36.6미터의 휘어진 강판)에 대해 공공의 통행에 방해되므로 철거해야 한다는 여론이 제기됐고, 여러 차례의 토론과 공청회를 거쳐 최종적으로 1989년 법원 판결에 의해 해체된 사례가 있다[Serra v. US GSA, 847 F.2d 1045 (1988)]. 여론 조사로부터 단 3개월 만에 예술가를 배제한 가운데 철거가 이루어진 이 사건 판결 사안과 8년 동안 각종 토론과 법정 공방을 거쳐 해체가 결정된 위 사례는 크게 다르다고 하겠다.

[Abstract]

Can Ownership Dominate the Spirit of the Artist?
－The Aftertaste of the Dorasan Station Mural Judgment

Nam, Hyung Doo*

The Dorasan Station Murals judgement is very meaningful about the conflict between personalty right, copyrights of the creator of the arts and proprietary rights of the artwork owner. The judgement, in which the state is a defendant, has a limitation that the Supreme Court does not judge the issue of collision of proprietary rights and right to preserve the integrity. However, according to the Culture and Arts Promotion Act revised in 1995, it was obligatory to install works of art in buildings of a certain size or more. According to the Urban Maintenance Act after the enforcement of this revised law, when the building is demolished from 2015, when the 20-year reconstruction requirement is met, it is predicted that art works will be demolished together. This case is limited, but it is likely to remain a precedent, and the limit will be the starting point of discussion for general application.

If the owner of a work protected by copyright completely destroys it by the power of ownership, is the copyright holder of the work of art unable to prevent or remedy it by the right to preserve the integrity under the Copyright Act? As long as the mutilation and distortion of works that can be countered by the right to preserve the integrity is regarded as partial loss, such acts as demolition and incineration of works are complete loss. If the latter can not be countered by the right to preserve the integrity, an irony arises in which the greater destructive action is more justi-

---

* Professor, Yonsei Law School.

fied than the partial destructive action. It is difficult to grasp the conflict between copyrights and proprietary rights with such a flat standard. When we apply the proprietary rights and copyrights that regulate different levels in physical and mental worlds with a cubic standard, the two rights that seem to be contradictory can coexist harmoniously.

It is possible to open a way to restrict by copyrights the destroying acts of the proprietor of the works, especially the public arts that is installed in the public places by overlooking the absence of the physical world and the distortions of the mental world from a different perspective. The destroying acts of the proprietor of the public arts can be restricted, not necessarily by copyrights, but by the inherent limitations of proprietary rights or the public welfare fitness in the constitution.

[Key word]

- proprietary rights
- copyrights
- personality rights
- right to preserve the integrity
- artists
- public art
- site specific art
- graffiti
- Culture and Arts Promotion Act
- Dorasan Station

참고문헌

[단 행 본]

계승균, 「저작권과 소유권」, 부산대학교출판부, 2015.

권미원(김인규·우정아·이영욱 역), 「장소 특정적 미술」(원제 : One Place After Another), 현실문화, 2013.

김경욱 외, 「공공미술이 도시를 바꾼다」, 문화관광부, 2006.

김서경·김운성, 「빈 의자에 새긴 약속-평화의 소녀상 작가 노트」, 말, 2016.

남형두, 「표절론」, 현암사, 2015.

박삼철, 「도시 예술 산책-작품으로 읽는 7가지 도시 이야기」, 나름북스, 2012.

오승종, 「저작권법」, 박영사, 2013.

우베 레비츠키(난나 최현주 역), 「모두를 위한 예술?」, 두성북스, 2013.

이해완, 「저작권법」, 박영사, 2015.

임원선, 「실무자를 위한 저작권법」, 한국저작권위원회, 2014.

[논 문]

계승균, "저작권법상 소유권을 의식한 조항에 관한 일 고찰", 정보법학 제14권 제3호, 2010. 12.

_____, "소유자의 저작물 파괴와 저작권", 창작과 권리 2011년 봄호(제62호).

권영준, "저작권과 소유권의 상호관계: 독점과 공유의 측면에서", 경제규제와 법 제3권 제1호, 2010. 5.

_____, "민법학, 개인과 공동체, 그리고 법원", 비교사법 제22권 제4호(통권 제71호), 2015.

남형두, "합법성과 저작권 보호 요건-음란물을 중심으로-", 민사판례연구 제34권, 2012.

_____, "[판례 평석] 소유는 예술가의 혼(魂)마저 지배할 수 있는가?-소유권과 저작권의 충돌, 도라산역 판결을 중심으로", 대한변협신문 2015. 9. 28. (통권 제569호).

박성호, "국가에 의한 '예술 반달리즘'과 예술가의 인격권 침해-대법원 2015.

8. 27. 선고 2012다204587 판결의 평석을 중심으로-", 계간저작권 2015년 겨울호(제112호).

배대헌, "현행 저작권법상 저작인격권의 법리에 관한 검토", 산업재산권 제21호, 2006. 12.

이상정, "소유권과 저작권의 충돌과 조화에 관한 일고", 산업재산권 제33호, 2010. 12.

_____, "소유자의 작품 파괴와 저작인격권", 계간저작권 2012년 봄호.

이준형, "미술저작물에 있어서 저작권과 소유권의 충돌", 스포츠와 법 제10권 제3호(통권 제12호), 2007. 8.

_____, "건축물 미술작품의 사후관리를 위한 법령 개정 방향", 아주법학 제8권 제4호, 2015. 2.

차상육, "미술저작물의 저작인격권과 소유권의 충돌과 조화를 위한 해결방안", 법학논고 제55집, 2016. 8.

Danwill Schwender, *Promotion of the Arts: An Argument for Limited Copyright Protection of Illegal Graffiti*, 55 J. Copyright Soc'y U.S.A. 257(2008).

[신문 기타]

손택균, "글로벌 미술시장 거품 꺼지나", 동아일보 2016. 2. 16.자 기사.

황경상, "경의선 도라산역 벽화 이미 소각·폐기", 경향신문 2011. 9. 19.자.

"뜯겨진 담벼락 그림이 7억 원…주인은 누구?", SBS 2013. 3. 4.자 뉴스.

Charlotte Cowles, "Marc Jacobs Appears to Be in a Fight With Graffiti Artist Kidult", THE CUT, 2012. 5. 11.자.

Dhani Mau, "Marc Jacobs Responds to Second Kidult Graffiti Attack with Clever Marketing Push—Are They In Cahoots?", FASHIONISTA, 2013. 6. 27.자.

도로소음으로 인한 생활방해의 방지청구
─ 수인한도와 이익형량을 중심으로 ─

조 재 헌*

■요 지■

그동안 대법원은 도로소음으로 인한 생활방해를 원인으로 하는 손해배상청구와 방지청구 사안에서 수인한도론에 따라 위법성을 판단해 왔다. 대상판결 전까지 대법원은 제반 사정을 종합적으로 고려하여야 한다고 하였을 뿐 특정한 사정을 명시적으로 강조하지는 않았고, 관련 법령에 따라 실외에서 측정한 소음도를 수인한도 초과 여부의 판단기준으로 삼았으며, 특별히 손해배상청구와 방지청구의 요건상 차이를 명시하지 아니하였다.

그런데 대상판결은 도로소음으로 인한 생활방해의 방지청구가 문제된 사안에서 최초로, ① 이미 운영 중이거나 운영이 예정된 고속국도에 근접하여 주거를 시작한 경우 도로소음으로 인한 생활방해의 수인한도 초과 여부는 보다 엄격히 판단하여야 하고, ② 공동주택 거주자들이 수인한도를 초과하는 생활방해를 받고 있는지는 관련 법령에서 정한 측정방법과 달리 거실에서 모든 창호를 개방한 상태로 측정한 소음의 정도를 기준으로 하여야 하며, ③ 특히 방지청구의 경우 소송당사자들과 도로이용자 등이 받게 될 이익과 불이익을 비교·교량하여야 한다고 판시하였다. 대상판결에 따르면 향후 도로소음으로 인한 생활방해 사안에서 위법성을 기존보다 훨씬 엄격히 판단하게 되고, 이는 향후 유사한 생활방해 사안에도 중대한 영향을 미칠 것으로 보인다.

이러한 대상판결의 태도는 도로의 공공성, 도로소음 분쟁의 실질과 피해법익, 방지청구의 특성 및 관련자들에게 미칠 영향 등에 비추어 타당하다.

* 서울동부지방법원 판사.

다만 대상판결에 의하더라도 토지이용의 선후관계 등을 고려한 결과 수인한
도 기준을 어느 정도로 가중할 것인가의 문제가 여전히 남는데 사안마다 판
단이 다를 경우 혼란을 초래할 우려가 있다. 따라서 향후 판례의 축적과 실
무 연구를 통하여 구체적인 판단기준이 마련될 필요가 있고, 궁극적으로는
각종 요소들을 충분히 반영한 공법상 규제기준을 제정함으로써 이를 원칙적
인 분쟁의 판단기준으로 삼는 것이 바람직하다.

[주 제 어]
- 도로소음
- 생활방해
- 방지청구(유지청구)
- 수인한도(참을 한도)
- 토지이용의 선후관계
- 소음측정방법
- 이익형량

대상판결 : 대법원 2015. 9. 24. 선고 2011다91784 판결(공2015하, 1596)

[사안의 개요]

1. 당사자의 지위

원고(한국도로공사)는 경부고속도로 중 구미―김천 구간(이하 '이 사건 고속도로'라 한다)의 관리자이고, 피고들은 이 사건 고속도로 인근의 제3종 일반주거지역에 위치한 A아파트(이하 '이 사건 아파트'라 한다)에 거주하는 주민들이다.

2. 이 사건 고속도로, 아파트의 건설 경위 및 위치

가. 이 사건 고속도로는 1970. 7.경 왕복 4차로로 개설된 도로로 1998. 3.경 왕복 8차로로 확장하는 내용의 '확장공사구간 지정결정'이 고시되었고, 위 고속도로 확장공사는 1998. 4.경부터 2003. 12.경까지 시행되었다.

나. 이 사건 아파트가 위치한 '구미도량2지구 택지개발사업지구'는 1998. 5. 6. 택지개발예정지구로 지정되어 1999. 7. 30.부터 2004. 12. 31.까지 택지개발사업이 시행되었고, 이 사건 아파트는 14, 15층의 총 8개동 합계 580세대 규모로서 2003. 10.경 착공되어 2005. 12. 15.경 준공되었다.

□ **시간적 순서**

① 1970. 7. 이 사건 고속도로 왕복 4차로 개설 → ② 1998. 3. 왕복 8차로 확장 고시 → ③ 1998. 4. 고속도로 확장공사 시작 → ④ 1998. 5. 6. 택지개발예정지구 지정 → ⑤ 1999. 7. 30. 택지개발사업 시행 → ⑥ 2003. 10.경 이 사건 아파트 착공 → ⑦ 2003. 12. 고속도로 확장공사 완료 → ⑧ 2005. 12. 15. 이 사건 아파트 준공

다. 이 사건 아파트의 남쪽으로 약 204~241m 떨어진 곳에 이 사건 고속도로가 동서방향으로 지나가고 있고, 이 사건 아파트에서 고속도로 쪽으로 30m 떨어진 곳에 동서방향으로 왕복 6차로의 75번 지방도로가 지나가고 있으며, 그 지방도로변에는 높이 5m, 길이 172m 규모의 투명 아크릴 방음벽이 설치되어 있다.

3. 이 사건 아파트에서 측정된 소음 및 관련 법령상 소음 환경기준

가. 이 사건 고속도로의 1일 통행 차량은 2002년 1일 평균 51,098대에서 2006년 1일 평균 70,876대로 매년 증가하고 있고, 그 소음 또한 증가하여 왔다.

나. 구미시가 피고들의 요구로 측정한 이 사건 아파트의 소음도는 2006. 9. 6. 기준 주간 69~71데시벨(dB, 이하 'dB'라고만 표시)이었고, 2007. 3. 9. 이 사건 고속도로와 수평지점인 위 아파트 옆 건물 6층에서 측정한 소음도는 주간 69.4dB, 야간 69.1dB이었으며, 대구지방환경청이 2007. 3.~4.경 위 아파트 101동 6개 지점에서 측정한 소음도는 주간 62~74dB, 야간 58~73dB이었다.

다. 제1심 법원의 감정인이 2009. 11.경 이 사건 아파트 101동 8개 지점과 102동 3개 지점에서 측정한 소음도는 주간 평균 71.2~72.2dB, 야간 평균 70.2~71.6dB이었는데, 이는 당시 시행 중이던 소음·진동공정시험방법(환경부고시 제2003-221호)에 규정된 '환경기준의 측정방법'에 따라 '소음측정기의 마이크로폰을 아파트 베란다 창문으로부터 0.5~1m 돌출시켜 이 사건 고속도로 방향으로 설치하여 측정한 소음도'에 기초하여 산정한 '실외 소음도'를 기준으로 한 것이었다.

라. 구 환경정책기본법(2011. 7. 21. 법률 제10893호로 전부 개정되기 전의 것) 제10조 제2항, 같은 법 시행령(2012. 7. 20. 대통령령 제23967호로 전부 개정되기 전의 것) 제2조가 정한 도로변 일반주거지역의 환경기준은 주간(06:00~22:00) 65dB, 야간(22:00~06:00) 55dB이다.

4. 분쟁 경위

가. 피고들은 2007. 3.경 원고, 택지개발사업 시행자인 대한주택공사, 아파트 시공업체인 주식회사 현진 및 구미시를 상대로 중앙환경분쟁조정위원회에 이 사건 고속도로 및 지방도로에서 발생하는 소음으로 인한 피해배상 및 방음대책을 구하는 재정신청을 하여, 2007. 7. 19. 중앙환경분쟁조정위원회로부터 "주식회사 현진 및 대한주택공사는 연대하여 일부 주민들에게 손해배상금을 지급하고, 원고, 주식회사 현진, 대한주택공사, 구미시는 상호 협의하여 고속도로변 방음벽 추가 설치, 저소음재 포장 및 감시카메라 설치 등 적절한 방음대책을 강구하여야 한다."라는 내용의 재정결정을 받았다.

나. 원고는 2007. 9. 13. 위 재정결정에 불복하여 피고들을 상대로 이 사건 채무부존재확인의 소를 제기하였고, 그 청구취지는 "원고의 피고들에 대한, 이 사건 고속도로 서울분기점 177.6~178km 구간에 방음벽 추가 설치 등 방음대책 이행의무가 존재하지 아니함을 확인한다."라는 것이다.

[소송의 경과][1]

1. 제1심(대구지방법원 김천지원 2010. 2. 12. 선고 2007가합1237 판결)

가. 원고의 주장 요지

이 사건 아파트는 이 사건 고속도로 확장공사 완료 이후에 건축된 것이므로, 택지개발사업자와 아파트 건설업체가 소음방지대책을 제대로 강구하지 못한 잘못으로 소음피해가 발생한 것이지 원고의 이 사건 고속도로 설치·관리상의 잘못으로 소음피해가 발생한 것은 아니다.[2]

나. 법원의 판단 – 청구 기각(원고의 방음대책 이행의무 인정)

1) 원고의 방음대책 이행의무의 근거

민법 제758조의 '공작물의 설치 또는 보존의 하자'에는 그 공작물의 이용 상태 및 정도가 제3자에게 수인한도를 넘는 피해를 입히는 경우까지 포함되고, 건물의 점유자는 인근의 소음으로 인하여 수인한도를 넘도록 생활이익을 침해당하는 경우 그 점유권에 기하여 소음피해의 제거나 예방을 위한 청구를 할 수 있으므로(민법 제205조), 원고는 이 사건 고속도로의 설치·관리자로서 이 사건 고속도로에서 피고들에게 유입되는 소음을 수인한도 내로 저감시킬 방음대책 이행의무가 있다.

2) 수인한도를 넘는 침해 여부

① 이 사건 고속도로에서 발생하는 교통소음이 이 사건 아파트 101, 102동에 미치는 소음도를 측정한 결과 도로변 주거지역 환경소음기준을 초과하

---

1) 이하 본 발표문과 관련된 판결 요지만을 정리하였다.

2) 원고는 자신이 이 사건 고속도로에 대한 관리주체가 아니라는 주장도 하였으나, 1심은 "원고가 고속국도법 제6조 제1항에 따라 국토해양부장관으로부터 이 사건 고속도로의 관리업무를 위임받아 위 고속도로에 대한 국토해양부장관의 권한을 대행하여 위 고속도로를 관리하고 있는 이상, 원고는 위 권한을 대행하는 범위 내에서는 위 고속도로의 관리청으로서(고속국도법 제6조 제2항) 위 고속도로의 관리자라 할 것이다."라는 이유로 그 주장을 배척하였고, 원심도 같은 취지로 주장을 배척하였으며, 원고는 이를 상고이유로 삼지 않은 것으로 보인다.

는 평균 70㏈ 이상인 점, ② 피고들3)이 이 사건 고속도로 확장공사 완료 후
입주한 사실을 들어 소음피해를 용인하였다고 인정하기 어렵고, 고속도로 확
장공사 완료 전에 이미 아파트 부지에 관한 택지개발사업 및 아파트 신축공
사가 진행되어 원고로서도 아파트 건축 사정을 충분히 예견할 수 있었던 점,
③ 이 사건 고속도로가 국가 공공시설로 중요한 기능을 수행하고 있음은 사
실이나, 이 사건 아파트 101, 102동이 이 사건 고속도로로부터 200m 이상 떨
어져 있음에도 65㏈을 넘는 소음이 발생하여 피고들이 입는 피해가 택지개
발사업자나 아파트 건설업체의 잘못이라고 보기는 어려운 점 등을 종합하면,
이 사건 고속도로로부터 아파트에 유입되는 소음이 65㏈을 초과하는 경우에
는 수인한도를 넘는 침해가 있다고 보아야 한다.

   3) 따라서 이 사건 고속도로에는 수인한도를 초과하는 소음을 유발하는
설치·관리상의 하자가 존재하므로, 원고는 피고들에 대하여 이 사건 고속
도로에서 유입되는 소음을 수인한도 내로 저감시킬 방음대책을 이행할 의무
가 있다.

   2. 원심(대구고등법원 2011. 9. 21. 선고 2010나4845 판결)

   가. 원고의 항소 요지

   원고는 이 사건 고속도로 확장공사를 시행하면서 환경영향평가를 실시하
였고 공사 완료 후 도로를 개통하면서 환경영향평가에 따른 소음저감대책으
로 적절한 방음벽을 설치하였으므로, 이 사건 고속도로의 설치·관리상 하자
는 없다.

---

3) 1심에서 원고는 총 1,178명의 이 사건 아파트 거주자들을 피고로 하여 방음대책
의무의 부존재확인을 구하는 이 사건 소를 제기하였는데, ① 그중 68명의 피고들
에 대하여는 민사소송법 제208조 제3항 제2호(불출석 자백간주)에 따라 청구인용
판결이, ② 이 사건 아파트 103~108동에 거주하는 722명의 피고들에 대하여는 수
인한도를 넘는 소음피해를 입고 있다는 점에 관하여 위 피고들의 입증이 부족하다
는 이유로('감정촉탁결과만으로는 인정하기에 부족하다'고 설시한 것으로 보아 소
음 측정 결과 해당 아파트에 유입되는 소음이 65㏈을 초과하지 않은 것으로 보인
다) 청구인용 판결이, ③ 7명의 피고들에 대하여는 이 사건 아파트 거주를 인정할
증거가 없다는 이유로 청구인용 판결이 선고되었고, 위 피고들이 항소하지 아니하
여 이 부분은 확정되었다. <u>이 사건은 위 피고들을 제외한 이 사건 아파트 101,
102동에 거주하는 381명의 피고들이 이 사건 고속도로 소음으로 입은 피해가 수
인한도를 초과하는지, 그에 따라 원고에게 방음대책의무가 인정되는지 여부가 주
된 쟁점이므로, 이하에서 '피고들'이라 하면 위 381명의 피고들만을 지칭한다.</u>

피고들은 이 사건 고속도로 확장공사가 진행 중인 사실을 알면서 이 사건 아파트를 분양받고 위 확장공사 완료 후 아파트에 입주하였는바, 그 후의 소음증가는 사회발전에 따른 자연스러운 변화 정도에 불과하므로 피고들이 향유하던 생활이익이 침해되었다거나 수인한도를 넘는 침해가 있었다고 할 수 없을 뿐 아니라, 일부 침해가 있다고 하더라도 이 사건 고속도로의 공공성, 피고들이 소음피해를 용인하고 입주한 점 등에 비추어 원고의 책임은 부정되어야 한다.

나. 법원의 판단 - 항소 기각(방음대책 이행의무 인정)

1) 방음대책 이행의무 존재 여부

이 사건 고속도로의 공공성이나 아파트 입주 전 고속도로 확장공사가 먼저 완료된 점을 고려하더라도, 다음 사정에 비추어 보면, 이 사건 아파트에 65dB을 초과하는 소음이 발생하는 경우에는 수인한도를 넘는 것으로 위법하므로, 이 사건 고속도로는 피고들의 수인한도를 초과하는 소음을 유발하는 설치·관리상의 하자가 존재하고, 그 설치·관리자인 원고는 피고들에 대하여 이 사건 고속도로에서 유입하는 소음을 수인한도 내로 저감시킬 방음대책을 이행할 의무가 있다.[4]

가) 이 사건 고속도로의 확장공사 완료 전에 이미 이 사건 아파트 부지에 관한 택지개발사업이 준공되고 아파트 신축공사가 시작되었으므로, 원고는 위 확장공사 완료 전에 이 사건 아파트의 완공 상황을 예상한 방음대책

---

4) 원심 법원은 '방음대책 이행의무의 존부'를 판단하면서, ① 도로소음으로 인한 생활이익 침해를 이유로 하는 유지청구 소송에서 그 침해가 수인한도를 넘는지 여부는 제반 사정을 종합적으로 고려하여 판단해야 한다는 점, ② 민법 제758조에 정한 '공작물의 설치 또는 보존의 하자'에는 그 공작물의 이용 상태 및 정도가 제3자에게 수인한도 넘는 피해를 입히는 경우까지 포함되는데 그 수인한도 기준은 역시 제반 사정을 종합적으로 고려하여 개별적으로 결정하여야 한다는 점, ③ 관계법령에 환경침해에 관한 직접적인 단속법규가 있다면 위법성 판단에 중요한 판단자료로서 환경권 보호를 위한 최소한의 기준으로 봄이 상당하고, 구체적인 경우에는 공법적 규제에 형식적으로 적합하다 하더라도 방해 정도가 수인한도를 넘은 경우에는 위법행위로 평가될 수 있다는 점을 들었다. 그런데 <u>위 설시만으로는 유지청구에 대응하는 방음대책 이행의무가 발생하는 구체적 근거가 무엇인지, 민법 제758조에 정한 하자가 인정되면 바로 그러한 의무가 발생한다는 것인지 불분명하다. 이에 대상판결에서도 아래에서 보는 것과 같이 '이 사건 고속도로 소음으로 인한 생활방해를 원인으로 소음의 예방 또는 배제를 명하는 법적 근거'를 분명히 할 필요가 있음을</u> 지적하였다.

을 수립할 수 있었다.

나) 피고들이 공사 완료 이후에 입주하였다고 하여, 고속도로에서 유입되는 소음피해를 모두 용인하였다고 볼 수는 없다.

다) 원고로서는 이 사건 고속도로의 확장공사 후 교통량 증가와 차량 속도 개선 등으로 인한 소음 피해를 충분히 예상할 수 있었다.

라) 이 사건 아파트는 제3종 일반주거지역에 속하여 환경정책기본법 등에서 정한 일반주거지역의 소음환경기준인 낮(06:00~22:00) 65dB, 밤(22:00~06:00) 55dB을 기준으로 수인한도를 판단함이 상당한데, 구미시, 대구지방환경청 및 제1심 감정인의 측정 소음도가 모두 위 기준을 초과하고 있다.

2) 원고의 면책 주장에 대한 판단

원고는, 이 사건 고속도로의 공공성, 피고들이 소음피해를 용인하고 입주한 점 등에 비추어 면책되어야 한다는 취지로 주장하나, 피고들이 이 사건 고속도로 확장공사가 완료된 이후에 입주하였다는 사정만으로 소음피해를 용인하였다고 볼 수 없고, 이 사건 고속도로의 공공성이나 피고들이 확장공사 후에 입주한 사정 등을 고려하더라도, 이 사건 고속도로에 수인한도를 넘는 소음을 유발하는 설치·관리상의 하자가 있는 점은 앞에서 본 바와 같으므로, 원고의 주장은 이유 없다.

[대상판결의 요지]

대법원은 아래와 같은 이유로 원심판결을 파기 환송하였다.

1. 도로에서 발생하는 소음으로 말미암아 생활에 고통을 받는(이하 '생활방해'라 한다) 정도가 사회통념상 일반적으로 참아내야 할 정도(이하 '참을 한도'[5]라 한다)를 넘는지는 피해의 성질과 정도, 피해이익의 공공성, 가해행위의 태양, 가해행위의 공공성, 가해자의 방지조치 또는 손해 회피의 가능성, 공법상 규제기준의 위반 여부, 지역성, 토지이용의 선후관계 등 모든 사정을

---

5) 그동안 대법원과 학계는 일반적으로 '수인한도'라는 용어를 사용해 왔는데, 대상판결에서 처음으로 '참을 한도'라는 용어를 사용한 후 일관되게 '참을 한도'라는 용어를 사용하고 있다[대법원 2015. 9. 24. 선고 2011다99832 판결(미간행), 대법원 2015. 10. 29. 선고 2008다47558 판결(공2015하, 1727), 대법원 2015. 12. 23. 선고 2014다231187 판결(미간행)]. 이는 기존의 일본식 용어를 순화하기 위한 것으로 보이고 그 취지에는 찬동하나, 이하에서는 그동안의 논의와 혼선을 피하기 위하여 기존의 '수인한도'라는 용어를 그대로 사용하기로 한다.

종합적으로 고려하여 판단하여야 한다.

그리고 도로가 현대생활에서 필수불가결한 시설로서 지역 간 교통과 균형개발 및 국가의 산업경제활동에 큰 편익을 제공하는 것이고, 도시개발사업도 주변의 정비된 도로망 건설을 필수적인 요소로 하여 이루어지고 있는 점, 자동차 교통이 교통의 많은 부분을 차지하고 있고, 도시화·산업화에 따른 주거의 과밀화가 진행되고 있는 현실에서 일정한 정도의 도로소음의 발생과 증가는 사회발전에 따른 피치 못할 변화에 속하는 점 등도 충분히 고려되어야 한다. 특히 고속국도는 자동차 전용의 고속교통에 공용되는 도로로서 도로소음의 정도가 일반 도로보다 높은 반면, 자동차 교통망의 중요한 축을 이루고 있고, 지역경제뿐 아니라 국민경제 전반의 기반을 공고히 하며 전체 국민 생활의 질을 향상시키는 데 중요한 역할을 담당하고 있는 점 등을 더하여 보면, 이미 운영 중인 또는 운영이 예정된 고속국도에 근접하여 주거를 시작한 경우의 '참을 한도' 초과 여부는 보다 엄격히 판단하여야 한다.

2. 공법상 기준으로서 환경정책기본법의 환경기준은 국민의 건강을 보호하고 쾌적한 환경을 조성하기 위하여 유지되는 것이 바람직한 기준, 즉 환경행정에서 정책목표로 설정된 기준인 점, 위 환경기준은 도로법이나 도로교통법에 규정된 도로의 종류와 등급, 차로의 수, 도로와 주거의 선후관계를 고려하지 아니한 채 오로지 적용 대상지역에 따라 일정한 기준을 정하고 있을 뿐이어서 모든 상황의 도로에 구체적인 규제의 기준으로 적용될 수 있는 것으로 보기 어려운 점, 2층 이상의 건물에 미치는 도로교통소음이 환경정책기본법의 환경기준을 준수하였는지 여부는 소음·진동공정시험기준(환경부고시 제2010-142호)에 규정된 측정방법에 따라 소음피해지점에서 소음원 방향으로 창문·출입문 또는 건물벽 밖의 0.5~1m 떨어진 지점에서 측정된 실외소음에 의해 판정하도록 되어 있으나, 공동주택에 거주하는 사람들에 대하여는 일상생활이 실제 이루어지는 실내에서 측정된 소음도에 따라 '참을 한도' 초과 여부를 판단함이 타당한 점 등을 고려하면, 도로변 지역의 소음에 관한 환경정책기본법의 소음환경기준을 초과하는 도로소음이 있다고 하여 바로 민사상 '참을 한도'를 넘는 위법한 침해행위가 있다고 단정할 수 없다.

이른바 도로소음으로 인한 생활방해를 원인으로 제기된 사건에서 공동주택에 거주하는 사람들이 참을 한도를 넘는 생활방해를 받고 있는지는 특별한 사정이 없는 한 일상생활이 실제 주로 이루어지는 장소인 '거실'에서 도로 등 해당 소음원에 면한 방향의 '모든 창호를 개방한 상태'로 측정한 소음도가 환경정책기본법상 소음환경기준 등을 초과하는지 여부에 따라 판단하는 것이 타당하다.

3. 도로소음으로 인한 생활방해를 원인으로 소음의 예방 또는 배제를 구하는 방지청구[6]는 금전배상을 구하는 손해배상청구와는 내용과 요건을 서로 달리하는 것이어서 같은 사정이라도 청구의 내용에 따라 고려요소의 중요도에 차이가 생길 수 있고, 방지청구는 그것이 허용될 경우 소송당사자뿐 아니라 제3자의 이해관계에도 중대한 영향을 미칠 수 있어, 방지청구의 당부를 판단하는 법원으로서는 해당 청구가 허용될 경우에 방지청구를 구하는 당사자가 받게 될 이익과 상대방 및 제3자가 받게 될 불이익 등을 비교·교량하여야 한다.

4. 그럼에도 원심은 피고들의 일상생활이 실제 주로 이루어지는 지점의 소음도를 측정하지 아니하였을 뿐만 아니라, 이 사건 고속도로의 특성과 토지이용의 선후관계를 제대로 고려하지 아니하였고, 또 이 사건 청구가 받아들여짐으로써 소송당사자들과 도로이용자들이 받게 될 이익·불이익을 비교·교량하지 아니한 채, 원고가 피고들에게 이 사건 고속도로에서 발생하는 소음이 65dB 이상 도달하지 아니하도록 할 의무를 부담한다고 판단하였다. 이러한 원심의 판단에는 도로의 소음으로 말미암은 생활방해에서 '참을 한도' 및 그 생활방해를 원인으로 하는 방지청구권에 관한 법리를 오해하여 필요한 심리를 다하지 아니함으로써 판결에 영향을 미친 위법이 있다(덧붙여, 원심은 이 사건 고속도로소음으로 인한 생활방해를 원인으로 소음의 예방 또는 배제를 명하는 법적 근거를 분명히 밝히지 아니한 채 원고가 그 방음대책을 이행할 의무가 있다고 판단하였는데, 환송 후 원심으로서는 그 법적 근거를 분명히 한 후 그 당부를 판단할 필요가 있음을 지적해 둔다).

---

6) 생활방해 내지 환경침해 등의 사안에서 문제되는 행위의 배제, 중지 또는 예방을 구하는 청구에 대하여 대법원은 종래 '유지(留止)청구'라는 용어를 사용해 왔고 (대법원 2007. 6. 15. 선고 2004다37904, 37911 판결 등 참조), 그동안 학계에서는 어떠한 용어가 적절한지에 대한 논란이 있어 왔으나, 이 글에서는 대상판결의 용례에 따라 '방지청구'라는 용어를 사용하기로 한다.

〔研　究〕

I. 서　론

지금 이 순간에도 도로 위에는 수많은 차들이 달리고 있다. 도로는 많은 사람들이 모여 사는 도시의 혈관과도 같은 현대생활의 필수불가결한 시설이다. 특히 우리 사회는 도심이 계속 확장되어 왔고, 교통정체 해결과 도시개발을 위하여 신규 도로를 개설하거나 기존 도로를 확장하는 공사가 이어져 왔으며, 차량 보유자도 계속 증가해 왔다. 그 결과 도로 이용 과정에서 불가피하게 발생하는 소음 문제에 대하여 주변 거주자들이 피해 구제를 다투는 분쟁이 빈번하게 발생하고 있다.

이러한 도로소음 문제에 대한 민사적 구제방법[7]으로는 금전배상을 구하는 손해배상청구와 소음 유발 행위의 배제, 중지 또는 예방을 구하는 방지청구(예컨대 소음방지설비 시공청구 등)를 생각해 볼 수 있다. 특히 지속적이고 광범위하게 발생하는 도로소음의 특성에 비추어 사후적 구제수단인 손해배상청구에 비해 사전적, 적극적 구제수단인 방지청구가 매우 효과적이다. 그런데 방지청구는 허용될 경우 관계 당사자뿐만 아니라 도로를 이용하는 제3자의 이해관계에도 중대한 영향을 미치고, 나아가 도로와 주거지가 인접한 유사 지역들에까지 파급 효과가 미치기 때문에 그 판단에 신중을 기할 필요가 있다.

그동안 대법원은 도로소음 등 이른바 '생활방해'를 원인으로 하는 손해배상청구와 방지청구 사안에서 수인한도론에 따라 위법성을 판단해 왔다. 그런데 대상판결 전까지 대법원은 제반 사정을 종합적으로 고려하여야 한다면서 구체적인 사안에 따른 판단을 하였을 뿐 특정 요소를 명시적으로 강조하지는 않았고, 관련 법령에 따라 실외에서 측정한 소음도를 수인한도 초과 여부의 판단기준으로 삼았으며, 특별히 손해배상청구와 방

---

7) 공법상 구제방법은 이 글에서 다루지 아니한다.

지청구의 요건상 차이를 명시하지 아니하였다.

그런데 대상판결은 도로소음으로 인한 생활방해의 방지의무 유무가 다투어진 사안에서, ① 도로의 공익성을 강조하면서 이미 운영 중인 또는 운영이 예정된 고속국도에 근접하여 주거를 시작한 경우 수인한도 초과 여부를 보다 엄격히 판단하여야 한다는 점을 최초로 명시하였고, ② 수인한도의 초과 여부 판단 시 기존 실무에서 소음·진동공정시험기준에 규정된 측정방법에 따라 측정된 '실외 소음도'를 기준으로 하였던 것과 달리, 일상생활이 실제 주로 이루어지는 '거실'에서 '모든 창호를 개방한 상태'로 측정한 소음도를 기준으로 하여야 함을 밝혔으며, ③ 방지청구는 손해배상청구와 내용과 요건을 서로 달리하는 것이어서 고려요소의 중요도에 차이가 생길 수 있다면서, 방지청구의 당부 판단을 위해 '방지청구가 허용될 경우 소송당사자들과 도로이용자 등이 받게 될 이익·불이익을 비교·교량할 것'을 천명하였다. 이러한 대상판결은 향후 유사한 생활방해 사안의 방지청구, 손해배상청구에 대한 당부 판단에 매우 중대한 영향을 미칠 것으로 보인다.

이하에서는 대상판결의 당부와 관련하여, ① 논의의 전제로서 생활방해에 대한 방지청구의 근거를 살펴보고(Ⅱ), ② '도로소음으로 인한 생활방해 방지청구'의 일반적 요건을 분석하면서 특히 위법성 판단기준으로서의 수인한도론과 이익형량 및 위법성 단계설에 관하여 논한다(Ⅲ). ③ 나아가 실제 사안에서 핵심 쟁점이 되는 위법성의 구체적 판단요소들을 차례로 분석하면서, 특히 대상판결이 새롭게 밝힌 법리들이 실제 사안에서 어떠한 의미를 갖는지 중점적으로 살펴보고(Ⅳ), ④ 방지청구의 내용을 추상적 방지청구의 허용 여부와 관련하여 검토한 다음(Ⅴ), ⑤ 대상판결의 의의와 과제를 논하여 본다(Ⅵ).[8)]

---

8) 도로소음으로 인한 생활방해에 대한 민사적 구제 방안을 체계적으로 파악하려면 방지청구뿐만 아니라 손해배상의 문제에 대하여도 구체적인 검토가 필요하나, 이는 대상판결의 쟁점이 아니었고 별도의 상세한 연구가 필요한 다양한 쟁점들(예컨대 법적 근거, 고의·과실과 위법성의 관계, 손해의 개념, 소멸시효, 장래 청구 가부 등)을 내포하고 있으므로, 논의의 집중을 위하여 이 글에서는 자세히 다루지

Ⅱ. 생활방해에 대한 방지청구의 근거

1. 문제의 소재

생활방해란 토지의 이용으로 인하여 발생할 수 있는 매연, 열기체, 액체, 음향, 진동 기타 이에 유사한 것으로 이웃토지의 사용을 방해하거나 이웃거주자의 생활에 고통을 주는 것으로서 보통 민법 제217조의 규율 대상을 지칭한다.[9] 이러한 방해나 침해를 영미에서는 생활방해(nuisance), 프랑스에서는 근린폐해(troubles de voisinage), 독일에서는 임밋시온(Immission), 일본에서는 공해(公害)라고 한다.[10] 구체적으로 어떠한 유형이 생활방해에 해당하는지에 대하여는 민법 제217조의 '이에 유사한 것', '방해'의 의미 등과 관련한 다양한 논의가 전개되고 있으나,[11] 적어도 대상판결에서 문제되는 '소음으로 생활에 고통을 유발하는 경우'가 생활방해에 해당한다는 점에는 다툼이 없고, 나아가 전형적인 생활방해 사안에서 일정한 요건 하에 방지청구가 인정된다는 점 역시 이론이 없다.

그런데 방지청구권의 근거에 대하여는 여전히 견해가 통일되어 있지 않

아니한다. 다만 방지청구와 손해배상의 위법성 판단에서 공통적으로 문제되는 '수인한도'의 구체적 판단요소 등 대상판결의 논의와 관련되는 범위 내에서 손해배상의 문제도 함께 살펴보기로 한다.

9) 생활방해는 자연환경 등 넓은 의미의 환경에 대한 침해 등을 포함하는 '환경침해' 내지 '환경오염'과는 개념상 구별된다. 참고로 환경정책기본법 제3조 제1호는 환경이란 '자연환경과 생활환경'을 말한다고 하면서, 자연환경을 '지하·지표(해양을 포함한다) 및 지상의 모든 생물과 이들을 둘러싸고 있는 비생물적인 것을 포함한 자연의 상태(생태계 및 자연경관을 포함한다)'(동조 제2호)로, 생활환경을 '대기, 물, 토양, 폐기물, 소음·진동, 악취, 일조 등 사람의 일상생활과 관계되는 환경'(동조 제3호)으로 정의한 후, '환경오염'이란 '사업활동 및 그 밖의 사람의 활동에 의하여 발생하는 대기오염, 수질오염, 토양오염, 해양오염, 방사능오염, 소음·진동, 악취, 일조 방해 등으로서 사람의 건강이나 환경에 피해를 주는 상태'(동조 제4호)라고 규정하고 있다.

10) 주석민법(제4판) 물권(1), 편집대표 김용담, 한국사법행정학회(2011), 565면(이상태 집필부분).

11) 예컨대, '이에 유사한 것'에 이른바 불가량물만이 포함되는지, 건물 건축으로 이웃 토지의 일조권이나 조망권을 침해하는 것과 같은 소극적 침해나, 사창가를 설치하여 수치심을 유발하는 등의 정신적 침해 등도 민법 제217조의 규율대상에 포함되는지 논란이 있다.

은 것으로 보인다. 그 근거에 따라 방지청구의 요건에 차이가 있고 특히 최근
독자적으로 민법 제217조에 기한 방지청구를 할 수 있는가에 관하여도 활발한
논의가 있으므로, 방지청구권의 법적 근거를 명확히 규명할 필요가 있다.[12)

2. 관련 규정

[헌   법]
제35조
　① 모든 국민은 건강하고 쾌적한 환경에서 생활할 권리를 가지며, 국가와 국민
　　은 환경보전을 위하여 노력하여야 한다.
　② 환경권의 내용과 행사에 관하여는 법률로 정한다.

[민   법]
제205조(점유의 보유)
　① 점유자가 점유의 방해를 받은 때에는 그 방해의 제거 및 손해의 배상을 청
　　구할 수 있다.
제206조(점유의 보전)
　① 점유자가 점유의 방해를 받을 염려가 있는 때에는 그 방해의 예방 또는 손
　　해배상의 담보를 청구할 수 있다.
제214조(소유물방해제거, 방해예방청구권)
　소유자는 소유권을 방해하는 자에 대하여 방해의 제거를 청구할 수 있고 소유
　권을 방해할 염려 있는 행위를 하는 자에 대하여 그 예방이나 손해배상의 담보
　를 청구할 수 있다.
제217조(매연 등에 의한 인지에 대한 방해금지)
　① 토지소유자는 매연, 열기체, 액체, 음향, 진동 기타 이에 유사한 것으로 이웃
　　토지의 사용을 방해하거나 이웃 거주자의 생활에 고통을 주지 아니하도록
　　적당한 조처를 할 의무가 있다.
　② 이웃 거주자는 전항의 사태가 이웃 토지의 통상의 용도에 적당한 것인 때에
　　는 이를 인용할 의무가 있다.[13)
제750조(불법행위의 내용)
　고의 또는 과실로 인한 위법행위로 타인에게 손해를 가한 자는 그 손해를 배상
　할 책임이 있다.

---

12) 한편 민법 제217조에서 명시적으로 생활방해 등에 대한 방지청구를 규정하고 있
　으므로 방지청구권의 근거 논의는 불필요하다는 비판도 있으나[곽용섭, 민법 제217
　조 제1항의 '적당한 조처', 사법논집 제38집(2004), 법원도서관, 450-451면], 이는
　민법 제217조만을 방지청구권의 근거로 삼아야 한다는 결론을 이미 전제로 하는
　비판으로 보인다.

3. 전통적인 학설의 개관[14]

가. 물권적 청구권설 : 생활방해를 피해자가 지배하는 토지·건물의 소유권·점유권 등의 물권 또는 물권화한 임차권 등에 대한 침해로 파악하여, 민법 제205조, 제206조, 제214조의 물권적 청구권에 기하여 침해행위의 예방·배제를 구할 수 있다는 견해

나. 상린권설 : 민법 제217조 요건을 충족하면 '적당한 조처'를 근거로 하여 방해의 제거나 예방을 위하여 필요한 청구를 할 수 있다는 견해[15]

다. 인격권설 : 생활방해를 헌법 제10조의 '인간으로서의 존엄과 가치 및 행복추구권'에 기초한 육체적, 정신적 자유 등의 인격권을 침해하는 것이라고 보고, 인격권은 물권과 같이 대세적 효력이 있는 절대권이므로 인격권이 방지청구권의 근거가 된다는 견해[16]·[17]

라. 불법행위설 : 불법행위의 효과로서 손해배상뿐만 아니라 원상회복까지도 인정됨을 전제로, 수인한도를 넘는 생활방해가 있는 경우 불법행위가 성립하고, 그 결과 원상회복의 일종으로 방지청구를 할 수 있다는 견해[18]

---

13) 민법 제214조, 제217조는 지상권(민법 제290조)과 전세권(민법 제319조)에 준용된다.

14) 민법주해[Ⅴ]-물권(2), 편집대표 곽윤직, 박영사(2011), 297-299면(유원규 집필부분); 윤진수, 민법논고Ⅱ, 박영사(2008), 370-377면; 손윤하, 환경침해와 민사소송, 청림출판(2005), 53-58면; 문광섭, "환경침해에 대한 유지청구", 재판자료 제94집(2002), 법원도서관, 284-298면.

15) 김기수, "공해의 사법적 구제의 방향과 상린관계법적 구성", 환경법연구 창간호(1979), 한국환경법학회, 132면.

16) 윤진수(주 14), 376-377면.

17) 다만 인격권설에 의하더라도 물권적 청구권을 병존적으로 인정하여, 생활방해에 대한 방지청구의 법적 근거로서는 우선 물권적 청구권을 근거로 하되, 필요한 경우에는 특정 토지의 이용관계, 토지 위의 계속적인 생활관계가 인정될 수 있는 것에 대하여 인격권으로 구제하는 것이 타당하다는 견해도 유력하다[문광섭(주 14), 290면, 손윤하(주 14), 57-58면].

18) 조홍식, "유지청구 혀용 여부에 관한 소고", 민사판례연구[XXⅡ](2000), 민사판례연구회, 59-62면은 불법행위에 기한 방지청구를 허용하면 다른 학설들의 이론적 한계를 극복할 수 있고 방지청구에 관련된 법률관계를 통일적으로 해결할 수 있다는 장점이 있다고 본다.

마. 환경권설 : 생활방해를 비롯한 환경침해에 대한 권리 구제를 확대해야 한다는 이념을 바탕으로, 헌법 제35조 제1항의 환경권을 하나의 절대권으로 보아 환경권에 직접 근거하여 방지청구권 등 사법상의 권리까지 인정할 수 있다는 견해[19]

4. 판례의 태도

판례는 생활방해에 대한 방지청구 사안에서 기본적으로 물권적 청구권설에 입각하여 '소유권 또는 점유권에 기하여' 방지청구, 즉 방해의 제거나 예방을 청구할 수 있다고 설시하고 있다.[20] · [21]

또한, 판례는 일관되게 환경권에 관한 헌법 제35조 제1항 규정만으로는 방지청구권과 같은 구체적인 사법상 권리를 부여한 것으로 보기 어렵다는 입장을 취하여 환경권설을 명시적으로 배척하고 있다.[22]

---

19) 김세규, "환경권에 기초한 유지청구의 가능성", 토지공법연구 제68집(2015); 환경권의 실체적 권리성을 인정하려는 취지에서 민법 제217조를 환경권 등 생활방해에 대한 사법적 근거규정으로 보는 견해도 있다[조은래, "환경권과 생활방해에 대한 위법성판단의 연구", 법학연구 제18집(2005), 한국법학회].

20) 대법원 1995. 9. 15. 선고 95다23378 판결[공1995. 10. 15.(1002), 3399], 대법원 1997. 7. 22. 선고 96다56153[공1997. 9. 15.(42), 2636], 대법원 1999. 7. 27. 선고 98다47528 판결[공1999. 9. 1.(89), 1755], 대법원 2007. 6. 15. 선고 2004다37904, 37911 판결[공2007. 7. 15.(278), 1062], 대법원 2015. 10. 29. 선고 2008다47558 판결[공2015하, 1727] 등.

21) 다만 구체적으로 민법 제214조만을 방지청구의 근거로 삼은 것인지 민법 제217조의 독자적 지위가 인정되는지 양 조항의 관계가 어떠한지에 대하여는 입장이 명확하지 않은바, 이는 '민법 제217조 자체의 방지청구권 인정 여부' 부분에서 후술한다.

22) 대법원 1995. 5. 23.자 94마2218 결정, 대법원 1995. 9. 15. 선고 95다23378 판결, 1997. 7. 22. 선고 96다56153 판결, 1999. 7. 27. 선고 98다47528 판결, 2006. 6. 2.자 2004마1148, 1149 결정 등 참조. 한편 미간행 판결인 대법원 2008. 9. 25. 선고 2006다49284 판결에서, "토지소유권 및 환경권에 기초하여 공사의 중지와 금지를 청구할 권리가 있다고 판단한 원심판결에 법리 오해의 위법이 없다."라고 판단하였음을 들어 환경권에 직접 기초한 방지청구를 인정할 여지가 있다는 취지의 견해도 있으나[김세규(주 18) 356면], 위 판결은 원심 판단을 유지한 것일 뿐 환경권에 기한 권리를 명시한 것이 아닐 뿐만 아니라 그 후 환경권에 기한 방지청구권을 인정한 사례가 없는 것에 비추어 볼 때 대법원이 환경권설을 받아들였다고 보기는 어렵다.

한편 생활방해가 문제되는 사안에서 인격권에 기한 방지청구를 명시적으로 인정한 판례는 아직 없는 것으로 보인다.[23)·24)]

5. 검토

가. 원칙적 물권적 청구권설

1) 불법행위설은, 민법 제750조가 불법행위의 원칙적인 효과로 손해배상을 명시하고 있을 뿐인데 민법 제214조, 제217조를 통해 생활방해 사안에 대한 방지청구권의 근거를 찾을 수 있다면 굳이 불법행위의 효과로서 손해배상과는 요건과 효과가 판이한 방지청구를 인정할 필요는 없어 보이므로 취하기 어렵다.

2) 환경권설은, 우리 헌법 제35조 제2항이 "환경권의 내용과 행사에 관하여는 법률로 정하여야 한다."라고 규정하여 법률을 통한 구체화를 예정하고 있고, 무엇보다 환경권은 다른 사람의 직업의 자유나 재산권 행사를 근본적으로 제약할 경우가 많은데 환경보전의 이익과 상대방의 자

---

23) 대법원 1995. 9. 15. 선고 95다23378 판결은, "부산대학교의 부지 및 건물을 교육 및 연구시설로서 활용하는 것을 방해받게 되는 그 소유자인 신청인으로서는 위와 같은 방해가 사회통념상 일반적으로 수인할 정도를 넘어선다고 인정되는 한 그것이 민법 제217조 제1항 소정의 매연, 열기체, 액체, 음향, 진동 기타 이에 유사한 것에 해당하는지 여부를 떠나 그 소유권에 기하여 그 방해의 제거나 예방을 청구할 수 있다."라고 하면서, 원심이 '인격권에 기한 방해배제청구권'을 이 사건 피보전권리의 하나로 들고 있는 것은 잘못이라고 하였으나, 이는 신청인이 대한민국이라는 점에서 국가가 인격권의 주체가 될 수 없다는 의미로 보이고, 일반적으로 모든 경우에 인격권이 방지청구권의 근거가 될 수 없다는 취지로 보이지는 않는다[윤진수(주 14), 382면].

24) 참고로 민법 제217조의 '생활방해' 해당 여부에 논란이 있는 '일조권'의 법적 성격과 관련하여, 대법원 2008. 4. 17. 선고 2006다35865 전원합의체 판결의 반대의견은, "위법한 일조방해는 단순한 재산권의 침해에 그치는 것이 아니라 건강하고 쾌적한 환경에서 생활할 개인의 인격권을 침해하는 성격도 지니고 있다."라고 하여 인격권을 일조권의 근거로 명시한 바 있다. 또한, 사안의 성격은 다르지만 대법원은 비방광고, 명예훼손 등이 문제된 사안에서 인격권으로서의 명예권에 기초하여 침해행위의 배제 또는 금지를 구할 수 있음을 인정하고 있다(대법원 1996. 4. 12. 선고 93다40614, 40621 판결, 대법원 1997. 10. 24. 선고 96다17851 판결, 대법원 2005. 1. 17.자 2003마1477 결정, 대법원 2013. 3. 28. 선고 2010다60950 판결 등 참조).

유 및 권리 가운데 어느 것을 우선시킬 것인가에 대한 판단을 법원이 법률의 근거 없이 내릴 수 있다고 보기도 어려우므로,[25] 입법론으로서의 의미는 별론으로 하고 실정법상 취하기 어렵다.

3) 생활방해를 물권적 청구권으로 구제하는 것이 다소 의제적 측면이 있는 것은 사실이다. 그러나 쾌적한 생활 내지 '생활이익'이라는 법익도 본질적으로 특정 장소를 떠나서는 성립할 수 없는 것으로서 그 장소에 대한 물권에 기초한 것으로 볼 수 있으므로 방지청구권의 근거를 물권적 청구권에서 찾을 수 있고, 그렇게 보는 것이 현행법 체계에도 가장 부합한다. 따라서 원칙적으로 물권적 청구권에서 생활방해에 대한 방지청구권의 근거를 찾는 것이 타당하다. 한편 생활방해로 신체적, 정신적 고통을 가하는 것은 분명 인격권을 침해하는 측면이 있고 인격권도 배타성을 가지는 권리이므로, 생활방해 사안에서 인격권에 기한 방지청구권을 완전히 배제할 것은 아니다. 다만 인격권 침해를 주장하려면 현저한 신체적, 정신적 고통 등을 입을 만한 지위가 있음을 밝혀야 하므로 인격권설이 소송상 물권적 청구권설을 취하는 것에 비하여 반드시 편리하다고 단정할 수 없고, 인격권은 명문 규정이 없어 그 인정 요건에 해석상 논란의 여지가 있다. 그러므로 방지청구권의 원칙적 근거는 물권적 청구권으로 보고 인격권은 점유권조차 인정되기 어렵지만 구제의 필요성이 현저한 예외적인 경우(예컨대 장기요양시설의 노인들 등)의 보충적 근거가 된다고 본다.

4) 대상판결의 1심은 민법 제205조의 점유권에 기한 방해배제청구권을 방지청구권의 근거로 설시하였는데, 대상판결의 원심은 '하자' 유무만을 판단한 후 마치 그에 기해서 방지의무가 발생하는 것처럼 설시하였다. 그러나 불법행위설을 취하지 않는 이상 영조물 하자책임에 기한 방지의무는 인정될 수 없으므로, 방지의무가 생활방해에 대한 소유권 내지 점유권에 기한 물권적 청구권에 기초하여 발생하는 것임을 명시할 필요

---

25) 윤진수(주 14), 373-375면.

가 있었다고 본다. 따라서 이 부분 대상판결의 지적은 적절하다.

나. 민법 제217조 자체의 방지청구권 인정 여부(민법 제214조, 제217조의 관계)

1) 문제의 소재

최근 민법 제217조의 독자적 기능을 강조하는 견해가 유력하다.[26] 즉 민법 제217조는 '이웃 토지의 사용을 방해하는 것'뿐만 아니라 '이웃 거주자의 생활에 고통을 주는 것'까지 규율대상으로 삼은 것은 토지사용 방해라는 개념으로 포섭할 수 없는 새로운 유형에 대처하기 위한 것이므로, '생활이익' 보호의 특별 규정인 민법 제217조에 직접 근거하여 생활방해에 대한 방지청구권을 인정할 수 있다는 것이다. 이렇게 보면 민법 제217조는 제214조를 제한하는 의미가 아니라, 새로운 형태의 법적 보호대상으로서의 생활이익을 포섭함으로써 보호영역을 확장하는 규정이고, 그 결과 물권을 갖지 아니한 '이웃 거주자'도 생활이익의 침해가 있을 때 그 방해배제를 청구할 수 있게 된다. 이 견해는 다시 생활방해 사안에서 ① 민법 제217조에 근거한 방지청구권만 인정된다는 견해[27]와 ② 민법 제217조 제1항이 적용되는 경우 무조건 제214조의 적용이 배제되는 것은 아니므로 민법 제214조와 제217조 양 규정에 근거한 각각의 방지청구권이 모두 인정될 수 있다는 견해[28]로 나뉜다.

2) 판례의 태도

대법원은 1974. 12. 24. 선고한 68다1489 판결[공1975. 3. 1.(507), 8267]에서 민법 제217조 자체에 근거한 방지청구권을 명시적으로 인정한 사례가 있다.[29]·[30] 그러나 이후 대법원 1995. 9. 15. 선고 95다23378 판

---

26) 주석민법(주 10) 567-568면; 조홍식(주 18), 62-67면; 곽용섭(주 12), 446-450면.
27) 주석민법(주 10) 540면.
28) 이영창, "민사소송을 통한 환경오염피해 구제의 현실과 한계", 환경법연구 제36권 제1호(2014), 79면.
29) 이는 피고 경영의 병원에 인접하여 거주하는 원고가 피고를 상대로 시체실의 사용금지를 구한 사안이었다. 대법원은 "피고 경영의 종합병원의 경우 시체실의 설치는 필요불가결한 것이고, 또 그 인접지 거주자인 원고가 그로 인하여 불쾌감 등 고통을 받게 될지라도 그 정도가 사회관념상 일반적으로 수인하여야 할 정도의 것

결(부산대학교 사건)에서 "민법 제217조 해당 여부를 불문하고 민법 제214
조에 기한 방지청구권이 인정된다."라고 설시한 이래로,[31] 생활방해 사안
에서 민법 제205조 또는 제214조의 물권적 청구권에 근거하여 방지청구
권을 인정하면서 민법 제217조를 함께 거시하고 있을 뿐,[32] 민법 제217
조를 단독으로 거시한 경우는 없다.

3) 私見 - 민법 제217조의 독자적인 방지청구권 부정

민법 제217조의 독립적 기능을 강조하는 견해는 '생활방해'의 실질에

일 때에는 원고로서는 이를 수인함으로써 종합병원의 사회적인 기능과 일반시민의
보건생활에 지장이 없도록 하여야 할 것임은 당연한 사리라 할 것이다. 그러나 만
일 원고가 입는 고통이 위 정도를 초과할 때에는 그 수인의무가 없고 오히려 그
방해사유의 제거 내지 예방을 청구할 수 있으며, 따라서 피고는 그 방해사유의 제
거 내지 예방을 위하여 적당한 조치를 할 의무가 있음은 민법 제217조에 비추어
분명하다."라고 설시하여 민법 제217조에 근거한 방지청구권을 인정하였고, 민법
제205조나 제214조는 그 근거로 언급하지 않았다.

30) 위 판결 전 선고된 대법원 1974. 6. 11. 선고 73다1691 판결[공1974. 8. 1.(493),
7931]도 피고의 원고에 대한 소유물 방해와 소음 및 불안상태의 조성행위가 수인
한도를 넘는지 판단하면서, "이웃 토지의 통상의 용도에 적당한 것이었다 할 수
없다."라고 설시하여 민법 제217조의 기준을 적용한 것으로 보이나, 이는 방지청구
가 아닌 불법행위 손해배상만이 문제된 사안이었다.

31) "피신청인이 건축하는 이 사건 아파트가 24층까지 완공될 경우, 부산대학교 구
내의 첨단과학관에서의 교육 및 연구활동에 커다란 지장이 초래되고, 위 첨단과학
관 옥상에 설치된 자동기상관측장비 등의 본래의 기능 및 활용성이 극도로 저하되
며, 부산대학교의 대학교로서의 경관, 조망이 훼손되고, 조용하고 쾌적한 교육환경
이 저해되며, 소음의 증가 등으로 교육 및 연구활동이 방해받게 된다면, 부산대학
교의 부지 및 건물을 교육 및 연구시설로서 활용하는 것을 방해받게 되는 그 소
유자인 신청인으로서는 위와 같은 방해가 사회통념상 일반적으로 수인할 정도를
넘어선다고 인정되는 한 그것이 민법 제217조 제1항 소정의 매연, 열기체, 액체,
음향, 진동 기타 이에 유사한 것에 해당하는지 여부를 떠나 그 소유권에 기하여
그 방해의 제거나 예방을 청구할 수 있다."

32) 대법원 1997. 7. 22. 선고 96다56153 판결 및 대법원 1999. 7. 27. 선고 98다
47528 판결은 봉은사가 그 대지에 인접하여 고층건물을 신축하려는 자에 대하여
공사금지를 구한 사안이었는데, 대법원은 "어느 토지나 건물의 소유자가 종전부터
향유하고 있던 경관이나 조망, 조용하고 쾌적한 종교적 환경 등이 그에게 하나의
생활이익으로서의 가치를 가지고 있다고 객관적으로 인정된다면 법적인 보호의 대
상이 될 수 있는 것이라 할 것이므로, 인접 대지에 어떤 건물을 신축함으로써 그
와 같은 생활이익이 침해되고 그 침해가 사회통념상 일반적으로 수인할 정도를 넘
어선다고 인정되는 경우에는 위 토지 등의 소유자는 그 소유권에 기하여 그 방해
의 제거나 예방을 위하여 필요한 청구를 할 수 있다."고 하면서 그 참조조문으로
민법 제214, 제217조를 거시했다.

맞는 해결책을 모색한다는 점에서 의미가 있다, 특히 민법 제217조 제1
항은 생활방해 사안에서 피해 토지소유자의 수인의무를 규정하는 형식을
취한 독일민법 제906조와는 달리[33]·[34] 가해 토지소유자의 적당한 조처
의무를 적극적으로 규정하고 있으므로, 본조 자체가 방지청구권의 근거가
된다고 해석할 여지도 있다.

그러나 민법 제217조는 민법 제3장 제1절 '소유권의 한계'에 관한 규
정들 중 상린관계 규정 속에 위치하여 '토지소유자들'[35] 사이에 권리행사
의 형평을 조절하기 위한 목적으로 도입된 규정인바,[36] 그 입법 목적에
비추어 볼 때 민법 제217조를 '이웃 거주자'에게 생활방해에 대한 독자적
인 방지청구권을 부여한 규정이라고까지 보기는 어렵다. 특히 민법 제
217조는 '물권편' 규정이므로 그 규정에 기한 청구권은 물권적 청구권의

---

33) 이하 독일민법 규정은 양창수, 독일민법전(2014), 박영사 참조.

> **독일민법 제906조[불가량물의 유입]**
> ① 토지의 소유자는, 가스, 증기, 악취, 연기, 검댕, 열, 소음, 진동 및 다른 토지
> 로부터 나오는 이와 유사한 간섭이 토지의 이용을 방해하지 아니하거나 또는 경
> 미하게만 방해하는 경우에는, 그 유입을 금지할 수 없다. 간섭이 법률 또는 법
> 규명령에 정하여진 한계치 또는 기준치를 이들 법령의 규정에 따라 조사하고 평
> 가한 결과 넘지 아니하는 경우에는 원칙적으로 경미한 방해만이 존재하는 것이
> 다. 연방임미시온보호법 제48조에 기하여 제정되고 또 현재의 기술상태를 반영
> 하는 일반행정규칙에 정하여진 수치에 대하여도 또한 같다.
>
> **독일민법 제1004조[방해배제청구권 및 부작위청구권]**
> ① 소유권이 점유침탈 또는 점유억류 이외의 방법으로 방해받은 때에는 소유자는
> 방해자에 대하여 그 방해의 배제를 청구할 수 있다. 앞으로도 방해받을 우려가
> 있는 때에는 소유자는 부작위를 소구할 수 있다.
> ② 소유자가 수인의 의무를 지는 경우에는 제1항의 청구권은 배제된다.

34) 독일민법 제906조는 독일민법 제1004조의 소유물방해배제청구권을 전제로 일정
한 경우 금지를 청구할 수 없다는 방식으로 규정되어 있으므로. 독일민법 제906조
자체가 청구권의 근거가 되는 것은 아니라고 한다[김재형, "소유권과 환경보호-민
법 제217조의 의미와 기능에 대한 검토를 중심으로", 한국민법이론의 발전: 총칙·
물권편 I권(1999), 박영사, 331면에서 재인용].
35) 민법제정 당시 제217조에서 '토지소유자'를 '토지·건물소유자'로 수정할 것인지
논의되었지만, 이 규정은 토지소유자의 상린권에 관한 것이기 때문에 토지소유자
라고만 규정하였다고 한다[민의원 법제사법위원회 민법안심의소위원회 편, 「민법안
심의록(상권)」(1957), 137면]. 다만 건물소유자에게 이 규정이 유추적용되는 것을
부정할 이유는 없어 보인다.
36) 민법주해(주 14), 289면; 곽윤직, 물권법(민법강의 II 2011), 박영사, 180면.

일종인데, 물권도 없고 그 개념도 모호한 '이웃 거주자'에게 어떠한 근거로 배타적인 물권적 청구권이 인정될 수 있는지 의문이고,[37] 물권을 보유하지 않은 '이웃 거주자'에게 배타적 권리를 인정하는 법제는 찾아보기 힘들다. 더욱이 민법 제217조 자체의 방지청구권을 인정하여 보호하려는 대상은 대부분 소유권, 점유권 및 인격권을 근거로 한 방지청구권에 의하여도 구제할 수 있을 것으로 보이고, 민법 제217조의 '적당한 조처' 역시 방해배제·예방의 개념을 폭넓게 인정함으로써 포섭이 가능할 것으로 보여, 민법 제217조 자체의 방지청구권을 인정할 실익도 크지 않다. 그러므로 민법 제217조를 이웃 거주자의 물권 보유 여부를 불문하고 생활방해에 대한 방지청구권을 창설한 규정으로 평가하기는 어렵다고 본다.

즉 생활방해에 대한 방지청구 사안에서 생활방해를 직접 규율하는 민법상 유일한 규정인 민법 제217조가 적용되는 것은 당연하나, 이는 민법 제214조 등[38]을 구체화하는 해석지침이 된다는 의미에 그치고(후술하는 바와 같이 위법성 판단기준인 '수인한도론'의 근거로 작용-), 민법 제217조의 '적당한 조처'라는 용어도 민법 제205조, 제214조에 기한 방해배제청구권, 방해예방청구권의 구체적 표현에 불과하다고 본다(판례가 생활방해에 대한 방지청구권의 근거조문으로 민법 제205조, 제214조뿐만 아니라 민법 제217조를 함께 거시하는 것도 이러한 태도에 입각한 것으로 평가할 수 있다).

Ⅲ. 도로소음 생활방해에 대한 방지청구의 일반적 요건

1. 도로소음 일반론

소음·진동관리법 제2조는 "소음이란 기계·기구·시설, 그 밖의 물체의 사용 또는 공동주택 등 환경부령으로 정하는 장소에서 사람의 활동으로 인하여 발생하는 강한 소리를 말한다."라고 정의하고 있다. 이러한

---

37) 민법주해(주 14), 310면; 양창수, "한국사회의 변화와 민법학의 과제", 민법연구 제1권(2004), 박영사, 5면.

38) 소유자와 점유자 사이 내지 점유자들 상호간에도 생활방해로 인한 권리행사의 형평을 조절할 필요가 있으므로 민법 제205조의 점유권에 기한 방해배제청구권의 경우에도 민법 제217조가 해석지침으로 적용된다[김재형(주 34), 308면].

소음은 진동이나 분진처럼 적극적인 음파를 발산하여 피해를 입힌다는 점에서 일조, 조망, 사생활침해와 같은 소극적 침해와는 차이가 있고, 개인의 평온하고 쾌적한 일상생활을 방해한다는 점에서 생활방해의 성격을 갖는다.[39]

한편 '도로소음'은 도로에서 불특정 다수인이 차량을 운행하는 과정에서 발생하는데, 이는 지속적이어서 개별적인 소음의 발생 주체를 특정하기 어려울 뿐만 아니라, 개별 교통수단에서 발생하는 각각의 소음도가 아닌 불특정 다수의 차량에서 발생하는 소음을 종합한 전체 소음의 정도가 문제되는 특징이 있다.[40] 이에 도로소음으로 인한 생활방해에 대한 구제는 도로를 이용하는 특정인을 상대로 청구하는 것이 아니라, 도로의 설치·관리자를 상대로 민법 제758조 또는 국가배상법 제5조를 근거로 공작물 또는 영조물의 설치, 관리상 하자를 원인으로 한 손해배상청구를 하거나,[41] 이 글에서 주로 검토하는 방지청구를 하는 방식으로 이루어진다.

2. 도로소음 생활방해에 대한 방지청구의 당사자

가. 청구권자

이는 방지청구의 근거와 관련되어 있는바, 앞서 본 물권적 청구권설에 의하면 소유권, 점유권, 지상권,[42] 전세권,[43] 물권화한 임차권이나 특별법·관습법상의 물권을 보유한 자가 원칙적인 방지청구권자가 된다.[44]

---

39) 지영난, "고속도로의 소음과 관련하여 추상적 부작위명령을 구하는 유지청구의 인정 여부", 민사재판의 제문제 제16권(2007), 한국사법행정학회, 530면.

40) 손윤하(주 14), 209~210면

41) 대법원 2005. 1. 27. 선고 2003다49566 판결 등. 한국도로공사가 설치·관리하는 도로의 경우(예 : 고속국도) 민법 제758조가, 국가나 지방자치단체가 설치·관리하는 도로(예 : 국도)의 경우 국가배상법 제5조가 각 적용된다.

42) 민법 제290조가 민법 제214조, 제217조를 준용.

43) 민법 제319조가 민법 제214조, 제217조를 준용.

44) 도로소음 생활방해 방지청구 사안의 판결문에 설시된 기초사실을 보면, 방지청구자들의 지위를 대부분 '거주' 또는 '주민'이라고만 설시할 뿐 구체적인 물권의 존부는 상세하게 설시하지 않고 있다. 그러나 그 판단 부분에서 '소유권 내지 점유권'에 기한 것임을 명시하고 있는 점에 비추어 이들에게 최소 점유권이 인정됨을 그와 같이 간단히 설시한 것으로 보인다[수원지방법원 성남지원 2003. 10. 2. 선고

법인 기타 단체의 경우에도 물권적 청구권설을 취하는 이상 도로소음으로 인한 생활방해에 대하여 그 법인 등의 명의로 방지청구가 가능하다.[45]

　　물권적 청구권에 근거하여 방지청구권을 인정하는 이상 그 청구권자는 현재 물권을 보유하고 있어야 하고, 과거에 물권자로서 방해를 받았다 하더라도 그 물권을 상실한 이상 방지청구권을 행사할 수 없다.[46]

　　한편 침해받는 장소를 계속적으로 이용하는 사람, 예컨대 피고용인이나 교육시설의 피교육자 등도 그 장소에 장기간 체재하여야 하고 침해로부터 지속적으로 벗어날 수 없기 때문에 생활방해에 대한 방지청구권이 인정되어야 한다는 견해가 있다.[47] 그러나 물권적 청구권설을 취하는 이상 이들에게는 방지청구권이 인정될 수 없고 보충적으로 인격권설을 취한다 하더라도 이들이 당연히 방지청구권자라고 단정할 수 없다. 특히 방지청구가 적극적 구제수단으로서 다수의 이해관계에 중대한 영향을 미치고 그 효과도 지속적인 점을 고려하면, 인격권 침해를 이유로 방지청구권을 행사할 수 있는 자는 당해 장소를 이용하는 것을 넘어 거주하는 것과 마찬가지로 평가할 수 있을 정도에 이르는 자(예컨대 앞서 본 노인요양시설의 노인들)로 엄격히 한정하여야 할 것이다. 더욱이 이들은 고용인이나 교육시설 소유자가 방지청구를 하면 그 효과를 함께 향유할 수 있으므로 굳이 따로 방지청구권을 인정할 실익도 없다. 따라서 피고용인, 교육시설의 피교육자 등은 특별한 사정이 없는 한 방지청구권자가 아니라고 본다.[48]

　　2002가합1044판결, 서울고등법원 2008. 5. 15. 선고 2007나75466 판결, 광주지방법원 2010. 2. 11. 선고 2009가합6419 판결, 대구고등법원 2011. 9. 21. 선고 2010나4845 판결, 서울고등법원(춘천) 2014. 10. 29. 선고 2013나2608 판결 등 참조].

45) 대법원 1995. 9. 15. 선고 95다23378 판결[공1995. 10. 15.(1002), 3399](부산대학교 사건), 대법원 1997. 7. 22. 선고 96다56153[공1997. 9. 15.(42), 2636] 및 대법원 1999. 7. 27. 선고 98다47528 판결[공1999. 9. 1.(89), 1755](봉은사 사건).

46) 대법원 1969. 5. 27. 선고 68다725 판결 등. 각주 45번 판결들도 현재 거주하지 않는 자들에 대한 방지의무를 부정하였다.

47) 전경운, "환경침해에 대한 유지청구권", 판례월보 제348호(1999), 판례월보사; 문광섭(주 14), 311면.

48) 방지청구 사안은 아니었으나 일조방해로 인한 손해배상이 문제된 사안에서, 대

나. 상 대 방

소유권에 기한 방해배제청구의 상대방은 일반적으로 '방해하는 사정을 지배하는 지위에 있는 자'라고 보는바,[49] 물권적 청구권에 근거하여 인정되는 방지청구 역시 마찬가지이다. 대상판결에서 문제되는 도로소음 사안에서 도로의 설치·관리자인 한국도로공사(고속국도의 경우), 국가나 지방자치단체(국도의 경우)가 이러한 방지청구의 상대방에 해당할 수 있음은 이론이 없다.

그런데 실무상 도로소음 생활방해를 이유로 도로의 설치·관리자뿐만 아니라 아파트 시공사, 분양회사를 상대로 하여 방지청구를 구하는 경우가 종종 있다. 그러나 이들은 소음원인 도로 자체를 지배하고 있지 않고 그 아파트의 건축으로 소음이 발생하였다고 볼 수도 없으므로 방지청구의 상대방이 될 수 없다.[50]

참고로 도로 인근에 거주하는 주민들이 도로의 설치·관리자, 아파트 시공사, 분양회사 및 택지조성사업자를 모두 상대로 하여 이들 모두에게 손해배상 및 방지의무 이행을 일체로 구하는 경우가 종종 있는바,

---

법원은 "토지의 소유자 등이 종전부터 향유하던 일조이익이 객관적인 생활이익으로서 가치가 있다고 인정되면 법적인 보호의 대상이 될 수 있는데, 여기에서 객관적인 생활이익으로서 일조이익을 향유하는 '토지의 소유자 등'이란 토지소유자, 건물소유자, 지상권자, 전세권자 또는 임차인 등의 거주자를 말하는 것으로서, 당해 토지·건물을 일시적으로 이용하는 것에 불과한 사람은 이러한 일조이익을 향유하는 주체가 될 수 없다."라면서 초등학교 학생들이 생활이익으로서의 일조권을 법적으로 보호받을 수 있는 지위에 있지 않다고 판시했다(대법원 2008. 12. 24. 선고 2008다41499 판결).

49) 민법주해(주 14), 249면.

50) 방지청구 사안은 아니었으나 도로변 주민들이 소음으로 인한 생활방해를 이유로 분양회사를 상대로 불법행위책임을 물은 사안에서, 대법원은 "분양회사는 도로의 설치·관리자가 아니고 그 주택의 건축으로 인하여 소음이 발생하였다고 볼 수도 없으므로, 주택의 거주자들이 분양회사를 상대로 소음 때문에 발생한 생활이익의 침해를 원인으로 하는 불법행위책임을 물을 수는 없다. 다만 분양회사는 집합건물의 소유 및 관리에 관한 법률 제9조 또는 민법 제580조의 담보책임을 부담하거나 분양계약상 특약에 따른 책임을 부담하거나, 소음 관련 정보를 은폐하는 등 신의칙상 부수의무 위반에 따른 책임을 부담할 뿐이다."라고 판시하였다[대법원 2008. 8. 21. 선고 2008다9358, 9365 판결(공2008하, 1293)]. 이 법리는 방지청구에서도 그대로 적용될 것이다.

판례에 나타나는 각 상대방의 책임 유무 및 근거를 간략히 정리하면 다음과 같다.

[도로 설치·관리자]
① 손해배상의무－공작물·영조물의 설치·관리상 하자로 인한 불법행위책임
② 방지의무－물권적 청구권(소유권 내지 점유권에 기한 방해배제청구)

[아파트 시행사]
① 손해배상의무
- 담보책임 : 집합건물법상 하자보수에 갈음하는 손해배상청구권
- 계약책임 : 특약상 책임이나 신의칙상 부수의무 불이행 책임
- 불법행위책임 : ×(도로소음 생활방해 이유로는 불가. 각주 50번 참조)
② 방지의무－ ×(설치·관리자 아니고 건축으로 소음 발생한 것도 아니므로)
  * 집합건물법상 하자보수의무 문제되나 이는 방지의무와 근거, 요건 다름[51]

[아파트 시공사]
① 손해배상의무
- 담보책임 : '개정' 집합건물법상 하자보수에 갈음하는 손해배상청구권
- 계약책임 : ×(보통 수분양자들과 사이에 직접 계약관계 없으므로)
- 불법행위책임 : ×(시행사와 같은 이유)
② 방지의무－ ×(시행사와 같은 이유)

[한국토지주택공사]
① 손해배상의무－ ×(주택건설기준 등에 관한 규정 제9조 제1항의 소음방지의무 불이행을 이유로 한 손해배상책임 문제되나, 위 조항은 '주택건설사업자'를 적용대상으로 한 규정이므로 특별한 사정이 없는 한 한국토지주택공사와 같은 '대지조성사업자'에게는 적용되지 않음)[52]
② 방지의무－ ×(도로에 대한 지배 없으므로)

---

51) 대법원 2013. 6. 14. 선고 2012다28950(본소), 2012다28967(반소) 판결(미간행)은 도로소음 관련하여 원고(아파트 시공사)가 본소로 피고(주민들)에 대하여 손해배상의무와 방지의무의 부존재 확인을 구하고, 피고는 반소로 원고에게 손해배상청구 및 방지청구를 한 사안이었다. 원심은 원고가 집합건물법상 '분양자'에 해당함을 근거로 집합건물법상 하자보수책임에 근거한 방음대책 의무가 있다고 보아 본소 청구를 기각하였고, 반소 청구도 '유지청구는 소유권 또는 점유권에 기하여 침해 원인을 발생시킨 자를 상대로 인정될 뿐, 분양자의 하자담보책임을 근거로 분양자에 대하여 청구할 수 없다.'라는 이유로 기각하였다[서울고등 2012. 2. 9. 선고 2010나49221(본소), 49238(반소) 판결]. 이에 대하여 대법원은 "피고들이 실질적으로 구하는 것은 '소음이 65dB 이상 유입되지 않게 방음벽 추가 설치, 이중창 설치 등 방음대책을 강구하는 것'이라 볼 여지가 있는바 피고들이 그 근거로 집합건물법상 하자보수청구권을 들면서도 '유지청구'를 언급하기도 했다면, 원심으로서는 적절한 석명을 하여 그 청구취지와 청구원인을 분명하게 할 필요성이 있었음에도,

3. 고의, 과실

물권적 청구권설을 취하는 이상 생활방해에 대한 방지청구권은 방해자의 고의·과실과 같은 귀책사유를 요하지 않는다.

4. 위법성

가. 위법성 판단기준으로서의 수인한도론

생활방해에 대한 방지청구권의 근거를 물권적 청구권이라고 보는 이상 그 방해는 '위법'해야 한다. 그런데 인간은 사회공동체 속에서 생활하므로 불가피하게 서로에게 영향을 미치는데 그 모든 경우를 위법하다고 볼 수는 없을 것이므로 위법성 판단기준이 문제된다. 통설과 판례는 이른바 '수인한도론'을 취하고 있는바, 이는 생활방해가 위법하다고 보려면 사회통념상 수인한도를 넘어야 하고, 그 수인한도를 넘는지 여부는 피해의 성질과 정도, 피해이익의 공공성, 가해행위의 태양, 가해행위의 공공성, 가해자의 방지조치 또는 손해 회피의 가능성, 공법상 규제기준의 위반 여부, 지역성, 토지이용의 선후관계 등 모든 사정을 종합적으로 판단하여야 한다는 것이다. 대상판결도 수인한도론에 입각하였고 그 후 판결들[53]도 마찬가지이다.

나. 수인한도론과 민법 제217조의 관계

민법 제217조는 토지소유자에게 매연 등으로 이웃토지의 사용을 방해하거나 이웃 거주자의 생활에 고통을 주지 아니하도록 '적당한 조처'를

그러한 조치를 취하지 않은 위법이 있다."라면서 석명권 불행사를 이유로 소음유입 방지청구 부분을 파기 환송하였다. 환송심에서 피고들은 집합건물법상 하자보수청구권에 기하여 방음설비의 시공을 구하는 것으로 청구취지와 원인을 변경하였는데, 법원은 피고들이 분양자가 아닌 시공자이므로 집합건물법상 하자보수의무가 없다고 보아 청구를 기각하였고[서울고등 2014. 11. 26. 선고 2013나40065(반소) 판결], 피고들이 상고를 취하하여 그 판결이 그대로 확정되었다.

52) 대법원 2015. 10. 29. 선고 2008다47558 판결.

53) 대법원 2015. 9. 24. 선고 2011다99832 판결(미간행), 대법원 2015. 10. 29. 선고 2008다47558 판결(공2015하, 1727), 대법원 2015. 12. 23. 선고 2014다231187 판결(미간행) 등.

할 의무가 있다고 하면서, 이웃 거주자에게 생활방해가 '토지의 통상의 용도에 적당'한 경우 '인용의무'가 있음을 정하고 있는바, 이는 인용의무에 대한 판단기준을 제시한다는 점에서 수인한도론의 실정법상 근거 규정으로 평가할 수 있다.[54]·[55]

그런데 이러한 전통적인 수인한도론에 대하여, 이는 생활방해에 대한 물권적 청구권의 명문 규정이 없는 일본의 논의를 그대로 도입한 것으로서 민법 제217조와 무관한 법리이므로, 생활방해에 관한 법적 규율은 수인한도론이 아닌 민법 제217조의 '적당한 조처의무', '통상의 용도에 따른 인용의무'의 해석론을 중심으로 해결하여야 한다는 비판이 있다.[56]

그러나 굳이 수인한도론을 배제할 필요가 있는지 의문이다. 독일민법 제906조[57]의 경우 인용의무의 기준으로 '경미한 방해 여부', '법령 등에 정하여진 기준의 초과 여부', '그 지역에 상례적인 이용인지 여부', '방지조치의 경제적 기대가능성'을 규정하면서 보상청구권까지 규정하는 것과 달리, 우리 민법 제217조 제2항은 '이웃 토지의 통상의 용도에 적당한 것인지 여부'라는 추상적인 인용의무 기준만을 규정하고 있고, 그 인용의무와 제1항의 '적당한 조처'와의 관계도 조문 자체만으로는 명확하지 아니하여 해석을 통하여 인용의무의 내용을 보충하는 것이 필요한데 수인한도론이 바로 그 기능을 훌륭하게 수행할 수 있기 때문이다. 따라서 수

---

54) 윤진수(주 14), 381면; 조홍식(주 18), 68면; 김재형(주 34), 319-320면.
55) 이에 대하여 ① 민법 제217조는 규정 위치로 보나 연혁으로 보나 상린간의 생활방해를 규율하기 위한 것이지 오늘날의 전형적인 공해, 피해가 불특정, 상당범위에 미치는 좁은 의미에서의 공해를 규율하기 위한 것은 아닌 점, ② 민법 제217조는 분쟁당사자 사이에 침해를 하는 자와 침해를 받는 자의 지위에 호환성이 있을 것을 전제로 하는데 오늘날의 전형적인 공해는 호환성이 없는 점에 비추어 이 조문은 오늘날의 전형적인 공해를 규율하기 위한 근거는 될 수 없고 다만 상린간의 생활방해를 규율할 수 있을 뿐인 점 등을 근거로, 민법 제217조는 상린간의 생활방해사건(넓은 의미에서의 공해)에서의 수인한도의 근거는 될 수 있으나, 전형적인 공해(좁은 의미에서의 공해)에서의 수인한도의 법적 근거는 될 수 없다는 견해도 있다[이용우, "공해의 위법성", 사법논집 제10집(1979), 94-96면; 오현규, "위법성 판단기준으로서의 수인한도", 민사판례연구 제25권(2003), 281면].
56) 이영창(주 28), 67-77면.
57) 각주 33번 참조.

인한도 초과 여부를 판단할 때 민법 제217조의 입법 취지를 염두에 두면서 생활방해의 특성에 부합하고 구체적 타당성 있는 결론을 도출하면 충분하다고 본다.[58]

다. 방지청구 특유의 위법성 판단요소로서 이익형량의 문제

1) 문 제 점

대상판결 전까지 대법원은 생활방해에 대한 손해배상청구와 방지청구에 대한 위법성 판단기준으로 수인한도론을 채택하면서 수인한도 초과 여부의 구체적 판단요소로 같은 사정들을 설시하여 왔다. 그런데 학계에서는 생활방해에 대한 방지청구의 경우 손해배상청구와 달리 그 효과의 중대성에 비추어 가해자와 피해자의 이익형량을 고려요소로 삼아야 한다는 견해가 유력하게 제기되어 왔다.[59] · [60]

2) 독일 법제와 민법 제217조의 비교

독일민법 제906조 제2항[61]은 본질적 생활방해라 하더라도 그것이 그 지역에 상례적인 이용으로 인하여 일어나고, 또 '그 방해를 그러한 이용자에게 경제적으로 기대될 수 있는 조치에 의하여서는 막을 수 없는 경우'에는 인용의무가 있다고 규정하고 있다. 또한, 독일 연방임미시온법 제14조는, 그 생활방해가 더 이상 다툴 수 없는 허가에 기초한 시설의 운영에 의하여 발생한 것이라면 방해를 받는 소유자는 그러한 시설의 운영중지를 청구할 수는 없고(별 제14조 제1문 전단), 그러한 경우 소유자는 자신에게 불이익한 효과를 제거하는 내용의 조치만을 청구할 수 있으며(동조 제1문 후단), 그러한 조치가 기술수준에 의할 때 가능하지 않거나 경제적으로 지지될 수

---

58) 대상판결도 용어만 '참을 한도'라고 바꾸었을 뿐 기존 '수인한도론'의 논의를 그대로 유지하고 있다. 다만 앞서 본 것과 같이 그 용어를 '참을 한도'로 변경하는 것에는 찬동한다.

59) 이영창(주 28), 103면; 김상천, "환경침해의 유지청구", 재판법연구 제27권 제1호 (2010), 423면; 남윤봉, "불법행위의 유지청구", 법학논집 제17집(2000), 213면; 윤철홍, "환경권의 본질과 유지청구권", 민사법학 제17호(1999), 368-369면.

60) 생활방해를 넘어서 직접 생명, 신체를 침해하거나 물권에 직접적인 변동을 초래하는 방해에 대하여 방해배제청구권을 행사하는 경우에는 이익형량이 문제된다고 보기 어렵다.

61) 각주 33번 참조.

없는 때에는 오로지 손해배상만을 청구할 수 있다(동조)고 규정하고 있다.[62] 이는 방지청구에 대한 고려요소로서 이익형량을 법조문에 명시한 것으로 평가할 수 있다.

반면 우리 민법 제217조의 경우 이익형량의 요소를 독일과 같이 명시하고 있지는 않으나 불확정개념인 '적당한 조처'의 해석을 통하여 이익형량을 도출하는 것도 가능하다고 본다. 즉 '적당한 조처'의 내용을 토지의 이용현황, 사용 또는 생활방해의 정도, 기술수준, 방지조치의 경제성 등 여러 사정을 고려하여 사회통념에 따라 결정하여야 한다고 보는 이상, 이는 생활방해에 대한 방지청구에서 이익형량을 고려요소로 삼는 것에 대한 근거가 될 수 있다.

3) 대상판결의 검토

대상판결은 "방지청구의 당부를 판단하는 법원으로서는 청구가 허용될 경우에 방지청구를 구하는 당사자가 받게 될 이익과 상대방 및 제3자가 받게 될 불이익 등을 비교·교량하여야 한다."라는 점을 최초로 설시하였다.

생각건대, 이해관계자들에게 중대한 효과를 미치는 방지청구 제도의 본질상 이익형량은 당연히 고려되어야 한다.[63] 특히 도로와 같이 국민 전체에 영향을 미치는 공익적 시설에 관하여 방지청구가 인용될 경우 그 파급력이 막대하다는 점과, 대상판결의 이유에서 적절히 설시한 바와 같이 '동등한 피해상황에 있는 국민 전체를 기준'으로 도로소음 방지조치의 내용을 결정할 수밖에 없어 그 방지조치가 '기술적·경제적 한계'를 지닌다는 점을 고려하면 더욱 그러하다. 따라서 대상판결의 설시는 타당하고, 이는 다른 생활방해 사안의 방지청구에서도 마찬가지로 적용되어야 한다. 한편 이러한 이익형량은 인용의무 유무를 결정한다는 점에서 수인한도와 마찬가지로 위법성 판단요소에 속한다고 보인다.

---

62) 김형석, "민사적 환경책임", 법학 제52권 제1호(2011), 서울대학교 법학연구소, 229면에서 재인용.

63) 반면 손해배상청구에서는 "청구가 인정될 경우 피해자가 받을 금전적 이익과 가해자가 받을 금전적 손실"이 고려요소가 된다고 볼 수 없다[이영창(주 28), 109면].

라. 방지청구의 위법성과 손해배상청구의 위법성의 관계(위법성 단계설의
검토)

1) 문 제 점

수인한도론을 전제로 할 때 생활방해에 대한 손해배상청구와 방지청
구의 위법성이 동일한지, 만약 다르다면 손해배상청구보다 방지청구의 수
인한도가 더 높다고 볼 것인지 문제된다.

2) 견해의 대립

위법성은 질적 판단이어서 양적으로 판단할 수 있는 것이 아니고
불법행위에서는 위법한 행위가 방지청구에서는 적법한 행위가 될 수는
없음을 논거로 두 청구의 위법성이 동일하다고 보는 '위법성 일원론'[64]과,
두 청구의 위법성이 다를 수 있음을 전제로 손해배상청구와 방지청구는
영향력이 더 크므로 방지청구의 수인한도가 더 높다고 보는 '위법성 단계
설'이 있다.[65] · [66]

3) 판례의 태도

대상판결 전까지 대법원이 생활방해에 대한 손해배상청구와 방지청
구의 위법성이 다르다고 명시하거나 그 인용 여부를 달리 본 경우는 없
었고, 다만 일조방해[67]로 인한 손해배상청구권의 소멸시효 기산점이 문

---

64) 민법주해(주 14), 311면; 김재형(주 34), 330면; 이용우(주 55), 111-112면.
65) 민법주해[XVIII], 편집대표 곽윤직, 박영사(2005), 257-258(박철 집필부분); 조홍식
(주 18), 69-71면.
66) 강종선, "항공기 소음 관련 민사소송의 제 논점", 사법논집 제44집(2007), 법원도
서관, 317-318면은 일본 최고재판소가 국도43호선 주변에 거주하는 주민들이 국
가 등을 상대로 손해배상과 함께 위 도로에서 배출되는 소음 및 이산화질소가 일
정 한도를 초과하도록 위 도로를 자동차주행에 제공하지 말아 달라고 청구한 사건
에서, "도로 등 시설의 사용금지와 금전에 의한 손해배상은 청구내용이 서로 달라
위법성의 판단에 있어 각 요소의 중요성을 어느 정도 고려할지에 대해서는 차이가
있을 수밖에 없으므로 양 청구의 위법성 유무의 판단이 엇갈리더라도 반드시 불합
리하다고 말할 수는 없다."라고 판시하면서, 사용금지청구에 대하여는 피해가 수인
한도 내에 있다는 이유로 원고들의 청구를 기각하고 손해배상청구에 대하여는 피
해가 수인한도를 초과하였다는 이유로 원고들의 청구를 인용한 것이 '위법성 단계
설'을 취한 것이라고 평가한다.
67) 일조방해와 같은 '소극적 방해'가 민법 제217조가 적용되는 '생활방해'에 해당하
는지 여부에 대하여는 논란이 있다.

제된 사안에서 간접적으로 손해배상의무와 철거의무의 판단기준을 다르게 보는 것처럼 설시한 경우가 있었다.[68]

그런데 대상판결은 "방지청구는 손해배상청구와는 내용과 요건을 달리하는 것이어서 같은 사정이라도 청구의 내용에 따라 고려요소의 중요도에 차이가 생길 수 있다."라고 명시하면서, 이익형량을 방지청구 특유의 고려요소로 삼았다.

4) 검 토

대상판결이 방지청구와 손해배상청구의 차이를 밝히면서 방지청구특유의 위법성 판단요소로 '이익형량'을 명시한 것은 앞서 본 것과 같이 타당하고, 그 결과 양자의 위법성은 달라질 수 있다. 그러나 대상판결을 두고 방지청구의 수인한도가 손해배상청구의 수인한도보다 더 높다는 의미에서의 '위법성 단계설'을 취한 것이라고 평가하기는 어렵다. 생각건대, 방지청구는 손해배상청구와 달리 위법성 판단요소에 이익형량이 추가되는 결과 두 청구는 위법성 판단의 차원을 달리하게 되는 것일 뿐 두 청구의 위법성 사이에 높고 낮음의 단계를 설정할 문제가 아니므로, '위법성 단계설'이라는 표현은 그 자체로 적절하지 않다고 본다.[69]

마. 방지청구에서 수인한도의 입증책임 문제

민법 제214조의 소유권에 기한 방해배제청구권에서 소유권 방해는

---

68) "원칙적으로 손해배상청구권의 소멸시효는 건축 완료 시점부터 진행하지만, 지극히 예외적으로 일조방해로 인하여 건물에 대한 철거의무를 부담하는 경우가 있다면 철거의무 불이행은 새로운 불법행위가 되어 날마다 새로운 손해가 발생하는 것이므로 그때부터 각 소멸시효가 진행한다."(대법원 2008. 4. 17. 선고 2006다35865 전원합의체 판결의 다수의견). 이 판결에 대한 평석인 송혜정, "일조방해로 인한 손해배상청구권의 소멸시효 기산점"에서는 위 판결이 위법성 단계설을 취한 것이라고 평가하고 있고, 위 이영창 108쪽에서는 위 판결이 간접적으로 위법성 2원론의 입장을 표명한 것이라고 본다.

69) 조홍식(주 18), 68면 역시 '위법성 단계설'을 취한다고 하면서도, "우리 민법 제217조에 의한 유지청구는 상린자들 사이의 토지이용의 조절을 위하여 인용되는 것이라고 볼 수 있고, 그 결과 유지청구에서 위법성이 더욱 심한 정도로 요구된다고 보아야만 하는 것은 아니다. 유지청구가 손해배상보다 덜 인용되는 까닭은 위법성 정도의 심천에 그 이유가 있는 것이 아니고 이익형량의 결과에 불과하다고 볼 수 있기 때문이다."라고 설시하고 있다.

위법한 것으로 추단되므로 그 상대방이 정당화 사유를 주장·입증하여야
한다.[70] 그런데 생활방해는 '수인한도'를 초과하여야 위법하다고 보는바
방지청구에서 그 수인한도 초과 여부의 입증책임이 누구에게 있는지 문
제된다.

이에 대하여 민법 제217조의 해석론을 중심으로 인용의무 유무를 판
단하는 견해는 생활방해가 그 토지의 '통상의 용도에 적당'하여 인용의무
가 있다는 점에 대한 입증책임이 가해자에게 있다고 본다.[71] 반면 위법
하지 않은 권리행사를 제한할 근거가 없고 방지명령의 효과가 강력하며
상대방의 희생 정도가 큰 점을 감안하여 피해자 측이 수인한도 초과를
입증해야 한다는 견해도 있다.

생각건대, 생활방해에 있어서 피해의 정도는 '방해' 그 자체가 있는
지의 문제이므로 이는 피해자가 주장·입증하여야 하고, 그 결과 피해의
공법상 기준 초과 여부까지 밝혀질 것이다.[72] 그러나 일단 피해자가 피
해 정도를 증명한 이상 그 피해에도 불구하고 수인한도를 초과하지 않고
이익형량에 비추어 인용의무가 있다는 점에 대한 입증책임은 가해자에게
있다고 봄이 상당하다. 다만 실제 소송과정에서 수인한도의 판단요소들
은 위법성의 존재 또는 부존재를 추인하게 하는 간접사실들로서 쌍방이
서로 유리한 사정들을 스스로 주장·입증할 것으로 보인다.[73]

---

70) 민법주해(주 14), 246면. 예컨대 소유권에 기한 방해배제청구로서 그 토지 위에
   있는 건물의 철거를 구하는 경우, 원고는 자신의 토지 소유와 피고의 지상 건물
   소유를 입증하면 족하고 상대방인 피고가 정당한 토지 점유권원이 있음을 항변하
   여야 한다.
71) 김재형(주 34), 320면; 이영창(주 28), 87면.
72) 대상판결의 1심은 수인한도를 넘는 소음피해를 입고 있다는 점에 관하여 주민들
   이 입증책임을 부담한다고 설시하였으나, 이는 수인한도의 기준으로 본 65dB을 초
   과하는 소음이 유입되고 있다는 것에 입증이 부족하다는 의미로 설시한 보이고, 모
   든 수인한도 요소를 주민들 측이 입증해야 한다는 취지는 아니었던 것으로 보인다.
73) 손해배상청구에서 수인한도의 입증책임도 견해의 대립이 있는데, ① 피해자가
   수인한도 초과를 입증해야 한다는 견해는, 수인한도의 판정요소 중에는 피침해이
   익의 성질 및 정도 이외에 가해 기업의 공공성등과 같이 가해자 측에게 유리하게
   작용할 사정이 많이 있기 때문에 실제 소송에 있어서는 그러한 사정은 가해자 측
   이 스스로 주장, 입증할 것이고, 그 입증이 부족하면 결국 피침해이익의 성질, 정

바. 소   결

이상의 위법성 논의를 정리하면 다음과 같다. 즉 생활방해의 방지청구에 있어서 위법성 판단은 수인한도론에 의하는데 여기에 민법 제217조의 입법취지가 적극 반영되어야 한다. 한편 방지청구는 특유의 위법성 판단요소로서 이익형량을 고려하여야 하고 그 결과 손해배상청구의 위법성과 판단이 달라질 수 있으나 이는 차원이 다른 것일 뿐 단계를 나눌 문제는 아니다. 나아가 피해의 정도(공법상 규제기준 초과 여부)는 피해자가 입증하여야 할 것이나 그 피해에도 불구하고 수인한도를 초과하지 않는다거나 이익형량 결과 인용의무가 있다는 점에 대한 입증책임은 가해자에게 있다. 위법성의 구체적 판단요소들의 분석은 아래 Ⅳ.항에서 상술한다.

5. 인과관계

실무상 주변 도로나 다른 공장 등의 소음(이른바 '암소음')을 주장하면서 문제되는 도로소음이 생활방해의 원인이 아니라고 다투는 경우가 종종 있다. 이러한 인과관계는 원칙적으로 존재를 주장하는 자에게 입증책임이 있지만 피해자로서는 그 입증이 쉽지 않으므로 입증 책임을 경감할 필요가 있다.[74]

Ⅳ. 도로소음 생활방해 위법성의 구체적 판단

1. 문제점

도로소음으로 인한 생활방해가 수인한도를 넘어 위법한지 여부는 피해의 성질과 정도, 피해이익의 공공성, 가해행위의 태양, 가해행위의 공

도만 두드러지게 나타나서 쉽게 위법성이 인정될 것이므로 실제상 피해자에게 입증 부담의 과중은 없을 것이라고 하고, ② 가해자에게 입증책임이 있다는 견해는 수인한도의 판정요소 중 주로 피침해이익의 성질 및 정도, 지역성을 원고가 주장·입증(청구원인)하면 족하고 그 다음은 피고 측에서 수인한도를 초과하지 않는 사실을 주장·입증(항변)하여야 한다고 본다.

74) 인과관계의 입증 완화와 관련한 개연성설 등의 다양한 논의는 이 글에서 다루지 아니한다.

공성, 가해자의 방지조치 또는 손해 회피의 가능성, 공법상 규제기준의 위반 여부, 지역성, 토지이용의 선후관계 등 모든 사정을 종합적으로 고려하여 판단하여야 한다는 것이 판례의 일관된 태도이고,[75] 이는 손해배상청구나 방지청구나 기본적으로 동일하다. 다만 방지청구는 '이익형량'이라는 특유의 위법성 판단 요소가 추가된다.

위법성 판단은 도로소음 생활방해 사안의 핵심 쟁점이므로, 각 요소들이 구체적으로 어떠한 의미를 가지고 결론에 어떠한 영향을 미치는지 분석할 필요가 있다.

2. 피해의 성질과 정도 및 공법상 규제기준의 위반 여부
가. 문제의 소재

도로소음 피해는 정신적 고통에서부터 신체적 고통까지 다양하게 주장되는데, 일반적으로 피해자에게 도달하는 소음의 정도가 높을수록 중대한 피해가 발생할 것으로 예상된다.[76] 이러한 피해의 성질과 정도는 수인한도 초과 여부를 판단함에 있어 가장 기본적인 요소가 된다.

피해의 정도와 관련하여 다수 주민들이 당사자인 경우에 개개인의 구체적인 사정(연령·성별·신체적 특징·직업 등)을 고려할지 문제되나, 수인한도는 객관적인 사회통념상의 기준이므로 개개인의 구체적인 사정을 고려하기보다는 피해 지역의 지역성 등 평균적 사정을 고려하여 일률적으로 판단함이 상당하다.[77]

---

75) 이러한 판례의 태도에 대하여는 그 형량방식이나 형량요소의 선정에 문제가 있음을 지적하면서 "대법원이 교정적 정의의 관념에만 치중하지 않고 이익형량을 하고 있는 사실을 부정할 수는 없으나 자원의 효율적 배분이라는 경제적 이상에 보다 부합하기 위해서는 보다 심도 깊은 경제학적 분석이 필요하다."라는 지적이 있다[조홍식(주 18) 88면].
76) 대상판결의 원심이 증거로 거시한 '소음으로 인한 피해의 인과관계 검토 및 피해액 산정방법에 관한 연구보고서'(중앙환경분쟁조정위원회, 1997)에 의하면, 소음도가 40dB을 넘으면 수면의 깊이가 낮아지기 시작하고, 50dB을 넘으면 호흡·맥박 수가 증가하며, 60dB을 넘으면 수면장애가 시작되고, 70dB을 넘으면 말초혈관이 수축되는 반응을 보이면서 정신집중이 떨어지고 휴식에 지장을 주며, 80dB을 넘으면 청력장애가 시작된다고 한다.

그런데 피해의 정도를 토대로 수인한도 초과 여부를 판단하려면, 소음을 어떻게 측정할 것인지, 측정된 소음이 어느 정도를 넘었을 때 수인한도를 초과한다고 볼 것인지에 대한 기준이 있어야 한다. 그동안 실무는 공법상 규제기준의 초과 여부를 수인한도 초과에 대한 일응의 기준으로 삼아 왔다. 그러나 현행 공법상 규제기준 및 그 측정방법을 도로소음의 수인한도 초과 여부의 판단기준으로 그대로 적용하는 것은 여러 문제가 있다. 이하에서는 그러한 문제점을 분석하면서 대상판결의 의미와 향후 과제를 논한다.

나. 도로소음에 대한 공법상 규제기준 및 측정방법

1) 환경정책기본법

가) 소음환경기준

현행 환경정책기본법 제12조 제1항, 제2항, 같은 법 시행령 제2조 및 별표에 의하면,[78] 도로변지역[79]으로서 국토의 계획 및 이용에 관한 법률 시행령 제30조의 규정에 의한 주거지역 중 전용주거지역, 일반주거지역 및 준주거지역의 소음환경기준은 낮(06:00~22:00) Leq(등가소음레벨, 이하 같다) 65dB, 밤(22:00~06:00) 55dB이다. 여기서 '도로'란 자동차(2륜자동차는 제외한다)가 한 줄로 안전하고 원활하게 주행하는 데에 필요한 일정 폭의 차선이 2개 이상 있는 도로를 말하므로 2차선 이상의 도로는 모두 해당한다. 다만 이 소음환경기준은 항공기소음, 철도소음 및 건설작업

---

77) 손윤하, "환경침해를 원인으로 한 민사소송에 관한 문제―일조, 조망, 생활소음을 중심으로", 저스티스 제81호, 한국법학원(2004), 150면; 지영난(주 39), 534면; 강종선(주 66), 287면.

78) [환경정책기본법 제12조(환경기준의 설정)]
　　① 국가는 환경기준을 설정하여야 하며, 환경 여건의 변화에 따라 그 적정성이 유지되도록 하여야 한다.
　　② 환경기준은 대통령령으로 정한다.
　　[법 시행령 제2조(환경기준)]
　　「환경정책기본법」(이하 "법"이라 한다) 제12조제2항에 따른 환경기준은 별표와 같다.

79) 아래에서 볼 '소음·진동 공정시험기준' 중 '환경기준 중 소음측정방법'에 의하면, 도로변지역의 범위는 도로단으로부터 차선수×10m 이내이고, 고속도로 또는 자동차 전용도로의 경우에는 도로단으로부터 150m 이내의 지역을 말한다.

소음에는 적용하지 않는다.

나) 측정방법

환경분야 시험·검사 등에 관한 법률 제6조에 근거하여 환경부장관이 소음 측정에 대한 사항을 고시한 규정이 소음·진동 공정시험기준[80]인데, 그중 환경정책기본법상 소음기준 관련 소음의 측정방법은 위 기준 중 목차 'ES 03301.1'에 규정된 '환경기준 중 소음측정방법'에 의하고, 이는 '옥외측정'을 원칙으로 한다.[81]

2) 소음·진동관리법[82]·[83]

가) 도로의 교통소음 관리기준

소음·진동관리법 제2조 제8호에 의하면, 교통소음은 교통기관(기차·자동차·전차·도로 및 철도 등, 항공기 및 선박은 제외)에서 발생하는 소음을 의미하는데, 같은 법 제26조, 같은 법 시행규칙 제25조 및 별표 12에 의하면,[84] 도로의 교통소음 관리기준은 국토의 계획 및 이용에 관한

---

80) 환경부 고시 제2015-85호(2015. 6. 30.부터 시행). 이는 대상판결에 적용된 환경부 고시 제2010-142호 '소음·진동 공정시험기준'과 내용에 큰 차이가 없다.

81) 소음 측정점 선정 시 도로변 지역의 경우 장애물이나 주거, 학교, 병원, 상업 등에 활용되는 건물이 있을 때에는 이들 건축물로부터 도로방향으로 1.0m 떨어진 지점의 지면 위 1.2~1.5m 위치로 하며, 건축물이 보도가 없는 도로에 접해 있는 경우에는 도로단에서 측정한다. 다만, 상시측정용의 경우의 측정높이는 주변환경, 통행, 축수 등을 고려하여 지면 위 1.2~5.0m 높이로 할 수 있다. 측정시간 및 측정지점 수는, 낮 시간대(06:00~22:00)에는 당해지역 소음을 대표할 수 있도록 측정지점수를 충분히 결정하고, 각 측정지점에서 2시간 이상 간격으로 4회 이상 측정하여 산술평균한 값을 측정소음도로 한다. 밤 시간대(22:00~06:00)에는 낮 시간대에 측정한 측정지점에서 2시간 간격으로 2회 이상 측정하여 산술평균한 값을 측정소음도로 한다.

82) 2009. 6. 9. 법률 제9770호로 소음·진동규제법에서 법명이 변경.

83) 김철환(한국도로공사 도로교통연구원), "도로소음의 대책과 문제점", 한국도로공사(2014)에 의하면, 한국도로공사는 도로소음과 관련된 기준을 계획단계와 운영단계로 나누어 적용하는데, '계획단계'에서는 도로의 신설이나 확장에 있어서 환경영향평가 대상 사업에 대하여 환경정책기본법상 '소음 환경기준'을 적용하고, 도로변에 아파트를 건설할 경우에도 대상 주택사업이 환경영향평가 대상일 경우에는 동일한 기준을 적용한다. 반면 '도로 개통 후 운영시'에 발생하는 소음에 대해서는 소음·진동관리법의 '도로교통소음 한도'를 적용한다. 이 기준은 일반도로의 경우에는 '소음진동관리지역'으로 지정된 지역에 대하여 적용하지만, 고속도로의 경우에는 유료도로로서의 사회적 책임을 다하기 위하여 고속도로 전 노선에 대해 이 기준을 적용한다.

법률에 따른 주거지역의 경우 주간(06:00~22:00) Leq 68dB, 야간(22:00~ 06:00) Leq 58dB이다.

나) 측정방법

위 소음기준과 관련된 도로교통소음을 측정할 경우에는 앞서 본 소음·진동 공정시험기준 중 목차 'ES 03304.1'에 규정된 '도로교통소음관리 기준 측정방법'에 의한다. 그 측정방법에 의하면, 소음 측정점은 피해가 우려되는 곳이 2층 이상의 건물인 경우 소음도가 높은 곳에서 소음원 방향으로 창문·출입문 또는 건물벽 밖의 0.5~1.0m 떨어진 지점으로 한다.[85]

3) 주택법상 주택건설기준 등에 관한 규정

가) 소음기준

주택법 제21조 및 주택건설기준 등에 관한 규정(2007. 7. 24. 대통령령 제20189호로 개정된 이후의 것) 제9조[86]에 의하면, 사업주체는 공동주

---

84) [소음·진동관리법 제26조(교통소음·진동의 관리기준)]

　　교통기관에서 발생하는 소음·진동의 관리기준(이하 "교통소음·진동 관리기준"이라 한다)은 환경부령으로 정한다. 이 경우 환경부장관은 미리 관계 중앙 행정기관의 장과 교통소음·진동 관리기준 및 시행시기 등 필요한 사항을 협의하여야 한다.

　　[소음·진동관리법 시행규칙 제25조(교통소음·진동의 관리기준)]

　　법 제26조에 따른 교통소음·진동의 관리기준은 별표 12와 같다.

85) 주간 시간대(06:00~22:00) 및 야간 시간대(22:00~06:00)별로 소음피해가 예상되는 시간대를 포함하여 2개 이상의 측정지점수를 선정하여 4시간 이상 간격으로 2회 이상 측정하여 산술평균한 값을 측정소음도로 한다.

86) [주택건설기준 등에 관한 규정 제9조(소음방지대책의 수립)]

　　① 사업주체는 공동주택을 건설하는 지점의 소음도(이하 "실외 소음도"라 한다)가 65데시벨 미만이 되도록 하되, 65데시벨 이상인 경우에는 방음벽·수림대 등의 방음시설을 설치하여 해당 공동주택의 건설지점의 소음도가 65데시벨 미만이 되도록 법 제21조의5제1항에 따른 소음방지대책을 수립하여야 한다. 다만, 공동주택이 「국토의 계획 및 이용에 관한 법률」 제36조에 따른 도시지역(주택단지 면적이 30만 제곱미터 미만인 경우로 한정한다) 또는 「소음·진동관리법」 제27조에 따라 지정된 지역에 건축되는 경우로서 다음 각 호의 기준을 모두 충족하는 경우에는 그 공동주택의 6층 이상인 부분에 대하여 본문을 적용하지 아니한다.

　　1. 세대 안에 설치된 모든 창호(창호)를 닫은 상태에서 거실에서 측정한 소음도(이하 "실내 소음도"라 한다)가 45데시벨 이하일 것

　　2. 공동주택의 세대 안에 「건축법 시행령」 제87조 제2항에 따라 정하는 기준에 적합한 환기설비를 갖출 것

　　② 제1항에 따른 실외 소음도와 실내 소음도의 소음측정기준은 국토교통부장관이 환경부장관과 협의하여 고시한다.

택 건설 지점의 소음도(실외 소음도)가 65dB 이상인 경우에는 방음시설 설치 등 소음방지대책을 수립하여야 한다. 다만 일정한 공동주택이 세대 안에 설치된 '모든 창호를 닫은 상태'에서 거실에서 측정한 소음도(실내 소음도)가 45dB 이하이고 공동주택의 세대 안에 일정한 환기설비[87]가 갖추어진 경우 그 공동주택의 6층 이상인 부분은 소음방지대책을 수립할 의무가 없다.

나) 측정방법

주택건설기준 등에 관한 규정 제9조 제2항에 따른 실외 소음도 및 실내 소음도의 소음측정기준은 '공동주택의 소음측정기준'[88]에 따른다. 위 소음측정기준은 '사업계획 승인단계에서의 실내, 실외 소음도 예측방법'과 '사용검사단계에서의 실내, 실외 소음도 측정방법'을 나누어 규정하고 있다.

실제 피해정도를 측정하는 사용검사단계에서의 소음도 측정방법을 보면, '실외 소음도'는 사업계획 승인단계에서 실외 소음도가 가장 높게 예측된 동의 외벽면으로부터 1m 떨어진 지점에서 측정을 실시하고(제19조), '실내 소음도'는 도로에 면하여 배치된 동에 대해 사업계획 승인단계에서의 예측 실내 소음도가 가장 높은 층을 포함하여 상하 1개 층씩 총 3개 층에 대하여 동시에 측정을 실시하는데, 도로에 면한 실이 거실인 경우 거실에 면한 창호 등의 개구부로부터 1.0미터 떨어진 3개 이상의 측정점에서 동시에 측정을 실시하고, 도로에 면한 실이 침실인 경우 실내에 고르게 분포하는 4개 이상의 측정점을 선정하여 동시에 측정하며, 도로에 면한 실이 다수일 경우에는 창호 면적이 가장 큰 실에서 측정한다(제25조).

다. 대상판결 전 판례의 태도

그동안 도로소음으로 인한 생활방해 사안에서 판례는 환경정책기본법상 소음환경기준에 대한 특별한 고찰 없이 위 기준을 수인한도 초과

---

87) 건축법 시행령 제87조 제2항 및 건축물의 설비기준 등에 관한 규칙 제11조 제1항에 의하면, 시간당 0.7회 이상의 환기가 이루어질 수 있도록 하는 자연환기설비 또는 기계환기설비를 말한다.
88) 국토교통부고시 제2014-608호. 2014. 10. 15. 시행.

여부의 중요 판단기준으로 채택하여 왔다(대법원 2007. 6. 15. 선고 2004다37904, 37911 판결,)·
특히 위 2008다9358, 9365 판결에서는 "도로에서 유입되는 소음 때문에
인근 주택의 거주자에게 사회통념상 일반적으로 수인할 정도를 넘어서는
침해가 있는지 여부는, 주택법 등에서 제시하는 주택건설기준보다는 환경
정책기본법 등에서 설정하고 있는 환경기준을 우선적으로 고려하여 판단
하여야 한다."라는 법리를 밝히기도 하였다.[89]

　　그런데 대법원 2010. 11. 25. 선고 2008다49868 판결은, "환경정책기
본법상 소음기준은 국민의 건강을 보호하고 쾌적한 환경을 조성하기 위
하여 유지되는 것이 바람직한 기준, 즉 환경행정에서의 정책목표로서 설
정된 기준이므로, 위 기준을 초과하는 소음이 있다고 하여 바로 수인한
도를 넘는 위법한 침해행위라고 할 수는 없다."라고 설시하여 그동안 환
경정책기본법상 소음기준을 수인한도 초과 여부의 최소한의 기준으로 삼
아온 것에 대하여 유보적 입장을 취하였다.

　　하급심 판결 중에는 도로소음 생활방해 사안에서 환경정책기본법상
소음환경기준을 초과하는 도로소음이 측정되었더라도 제반 사정을 고려
하여 수인한도를 초과하지 않았다고 판단한 경우들이 상당수 있는데,[90]

---

89) 다만 '환경정책기본법상 소음환경기준'과 '소음·진동관리법상 교통소음 관리기
　　준' 중 어느 것을 우선할 것인가에 관한 판례는 없다.
90) ① 서울중앙지방법원 2004. 7. 6. 선고 2003가합21235 판결[측정된 소음수치에는
　　주변 지방도 소음까지 포함되는 점, 도로 확장 시기와 원고들의 아파트 분양 시기
　　의 선후, 고속도로의 기능 및 공공성 종합하여 수인한도 넘지 않는다고 판단. 항
　　소기각(서울고등 2005. 7. 14. 선고 2004나54253 판결), 상고 심리불속행기각(대법
　　원 2005. 12. 22. 선고 2005다50294 판결)으로 확정], ② 수원지방법원 2006. 9.
　　19. 2004가합8619 판결[환경정책기본법상 기준은 정책적인 공법상 기준에 불과하
　　여 수인한도 초과 여부에 대한 일응의 기준이 될 뿐인 점, 소음측정수치에 다른
　　지방도의 소음까지 포함된 점, 관계 법령에서 규정하는 방음대책 협의 내용을 준
　　수한 점, 고속도로 개통된 지 6년 7개월 지난 후에야 입주한 점, 고속도로가 공공
　　시설로 중요한 기증 수행하는 점, 소음도 65㏈ 이상인 가구도 일부 세대에 불과한
　　점 종합하여 수인한도 넘지 않는다고 판단. 항소기각(서울고등법원 2007. 12. 5.
　　선고 2007나2000판결), 확정], ③ 수원지방법원 2010. 7. 1. 선고 2009가합8416 판
　　결[기준 초과 정도가 경미한 점, 창호 밀폐시 침실에서의 소음도는 주간 23.0㏈,
　　야간 26.3㏈로서 규제기준(주택건설기준상 실내 소음도 기준으로 보인다)에 현저
　　히 미치지 못하는 점, 피고는 이 사건 아파트 입주자대표회의와 수차례 협의 끝에
　　소음저감시설의 설치방식을 결정하였고, 그 설치방식을 결정하는 데 입주자대표회

다른 한편으로는 대상판결의 원심과 같이 여전히 소음환경기준상 실외 소음도 65dB 초과 여부를 기준으로 방음대책 이행의무를 인정한 사례들도 있었다.

결국 대상판결 전까지 실무는 도로소음 사안에서 환경정책기본법상 소음환경기준을 수인한도 초과 여부 판단의 일응의 기준으로 삼으면서도, 그 기준을 그대로 적용할 것인지에 대하여는 유보적 입장을 취하면서 구체적 사안에 따라 적용을 달리해 왔다. 그런데 그 판단의 전제가 되는 '소음의 측정방법'에 관하여는 앞서 본 소음·진동 공정시험기준에 따라 '실외 소음도 측정방법'을 그대로 따라왔고, 이 부분이 특별히 다투어진 경우는 없었다.

라. 검   토

1) 공법상 규제기준 및 측정방법의 문제점

가) 환경정책기본법상 소음환경기준은 ① 위반에 대한 처벌규정이 없는 환경행정의 정책목표로 설정된 기준인 점,[91] ② 2차선 이상의 도로변 주거지역이기만 하면 토지이용의 선후관계 등에 대한 고려 없이 동일한 기준이 적용되어 사안에 따른 구체적 타당성을 기할 수 없는 점, ③ 도로관리자가 이를 준수함에 현실적 어려움이 있는 점[92] 등의 문제가 있다.

의의 의견이 반영된 점, 원고는 설치되어야 할 방음벽의 재질, 구조 등에 관하여 아무런 주장을 하지 않을 뿐 아니라, 원고가 주장하는 직립형 방음벽을 설치한다고 하더라도 원고의 아파트는 16층으로 직립형 방음벽으로 인한 소음감소효과가 거의 없을 것으로 보이는 점, 소음을 줄이기 위하여 피고가 소음저감시설을 보강하는 방법 외에 이 사건 지하차도 부근의 차량 제한속도를 하향조정한다거나 이 사건 아파트 인근 지역을 교통소음진동관리지역으로 지정하는 방법도 있는 점 등을 종합하여, 수인한도 넘지 않는다고 판단. 항소기각(서울고등법원 2010. 11. 25. 선고 2010나72344 판결), 상고기각(대법원 2013. 10. 31. 선고 2010다106795 판결)으로 확정] 등.

91) 대법원 2010. 11. 25. 선고 2008다49868 판결.

92) 한국환경공단(www.keco.or.kr)은 소음·진동관리법 제3조, 같은 법 시행령 제14조 제1항에 근거하여 전국에 환경소음측정망을 설치하고 소음을 상시 측정하고 있는바, '2015년 2분기 환경소음 측정망 운영결과'에 의하면, 도로변 주거지역의 환경기준 달성률, 즉 전체 도시 중 주간 65dB, 야간 55dB 이하의 소음기준을 충족한 도시는 주간 68%(44개 도시 중 30개 도시), 야간 45%(44개 도시 중 20개 도시)에 불과하다.

나) 소음·진동관리법은 환경정책기본법과 달리 공장·건설공사장·도로·철도 등으로부터 발생하는 소음을 모두 규율 대상으로 하여 통일적이고 체계적인 규율이 가능할 뿐만 아니라(같은법 제1조), 소음기준 준수를 위한 구체적 수단을 마련하고 있으므로,[93] 환경정책기본법상 소음환경기준보다는 수인한도 초과 여부의 판단기준으로서 적합한 측면이 있다. 그러나 이 법의 구체적 수단들은 해당 지역이 교통소음 관리지역으로 지정되어야 적용되는 한계가 있고, 그 기준 역시 환경정책기본법과 마찬가지로 도로의 종류, 차로의 수, 도로와 주거의 선후관계를 전혀 고려하지 않은 문제가 있다.

다) 한편 주택법상 주택건설기준은 일정한 아파트 등 공동주택의 6층 이상 부분에 대하여 환기설비를 갖춘 경우 '실내 소음도'를 기준으로 삼고 있는데 이는 도로변 고층아파트가 늘어나는 현실에 부합하고, 특히 주택건설기준을 위반한 자에 대한 처벌 규정[94]을 두어 강한 규범력이 있다는 장점이 있다. 그러나 이는 주택법상 사업주체에 적용되는 기준이고, 20세대 이상으로 건설부장관의 사업승인계획승인을 얻어 건설한 공동주택에만 적용되며,[95] 특히 주택건설기준 제9조 제1항의 소음방지대책 수립의무는 주택건설사업자의 의무로 보이므로,[96] 도로의 설치·관리자에게 책임을 묻는 사안에서 이 기준을 그대로 적용할 수 있을지 의문이다. 나아가 위 기준상 실내 소음도는 '모든 창호를 닫은 상태'에서의 소음도여

---

93) 지방자치단체장에게 소음이 교통소음 관리기준을 초과하거나 초과할 우려가 있는 경우 해당 지역을 교통소음 관리지역으로 지정할 수 있는 권한을 부여하여(소음·진동관리법 제27조), 그 지역에 대하여는 자동차 운행의 규제(같은 법 제28조), 방음·방진시설의 설치(같은 법 제29조) 등을 요청할 수 있도록 정하고 있다.

94) [주택법 제97조(벌칙)]
    다음 각 호의 어느 하나에 해당하는 자는 2년 이하의 징역 또는 2천만원 이하의 벌금에 처한다.
    4. 제21조에 따른 주택건설기준 등을 위반하여 사업을 시행한 자

95) 대법원 2007. 6. 15. 선고 2004다37904, 37911 판결.

96) 대법원은 이 규정이 주택건설사업자를 적용대상으로 한 규정이므로, 특별한 사정이 없는 한 한국토지주택공사와 같은 택지조성사업자에게는 적용되지 않는 것으로 보았다(대법원 2015. 10. 29. 선고 2008다47558 판결).

서 일반적으로 적용하기에는 생활방해의 실질에 적합하지 않은 측면이 있고, 위 기준 역시 도로의 종류나 차로의 수, 도로와 주거의 선후관계를 고려하지 않은 한계가 있다.[97]

라) 무엇보다 위 공법상 규제기준을 생활방해의 수인한도 판단에 그대로 적용할 수 없는 가장 큰 이유는, 일부 예외적인 경우를 제외하고 모두 '실외 측정 소음도'를 기준으로 삼고 있다는 점이다. 도로소음으로 인한 생활방해라는 것은 도로 인근에 거주하는 주민들이 그 주거지 안에서 일상생활을 하면서 겪는 고통을 의미하는데, 실외 소음도는 주민들의 실제 피해 정도를 반영하지 못하므로 이를 기준으로 생활방해의 수인한도 초과 여부를 판단하는 것은 분쟁의 실질에 맞지 않는다.

2) 대상판결의 검토

대상판결은 도로변 지역의 소음에 관한 환경정책기본법의 소음환경기준을 초과하는 도로소음이 있다고 하여 바로 민사상 수인한도를 넘는 위법한 침해행위가 있다고 단정할 수 없다면서, 도로소음으로 공동주택 거주자들이 수인한도를 넘는 생활방해를 받고 있는지는 특별한 사정이 없는 한 일상생활이 실제 주로 이루어지는 장소인 거실에서 도로 등 소음원에 면한 방향의 모든 창호를 개방한 상태로 측정한 소음도가 환경정책기본법상 소음환경기준 등을 초과하는지 여부에 따라 판단해야 한다는 소음측정방법을 최초로 제시하였다.[98]

대상판결은 환경정책기본법상 소음환경기준의 한계를 지적하면서 특히 '모든 창호를 개방한 상태에서 측정된 거실 실내 소음도'를 기준으로

---

97) 이영창(주 28), 102면은, 주택건설기준이 도입한 실내 소음도 기준은, 국토는 좁고 고층건물에 대한 수요는 많은 우리나라의 현실과 그러한 주거지라도 2중창 등 방음장치와 환기장치를 적절히 시공하면 충분히 주거지로 기능할 수 있다는 사회적 통념에 기인한 것으로서 사회적 현실을 적절히 반영하고 나름 합리성을 갖고 있으므로, 도로변에 인접하여 건축된 아파트의 6층 이상 부분으로 주택건설기준의 요구조건을 충족하는 세대에 대해서는 이러한 실내 소음도(모든 창호를 닫은 상태)도 수인한도의 판단에서 중요한 요소로 고려되어야 한다고 본다.

98) 대상판결 이후 대법원 2015. 9. 24. 선고 2011다99832 판결, 대법원 2015. 10. 29. 선고 2008다47558 판결도 대상판결과 같은 소음측정방법을 채택하였다.

하여야 함을 밝힌 것은 생활방해로 인한 피해법익의 실질을 고려한 것으로서 매우 타당하다.

이렇듯 대상판결과 같이 '실내 소음도'를 기준으로 할 경우, 그 측정 지점이 실외 소음도에 비하여 도로에서 멀어지는 만큼 측정되는 소음도의 수치도 당연히 낮아질 것으로 보이고, 건물과 도로의 배치 관계, 각 세대별 구조 등에 따라서는 측정 소음도가 더욱 낮아질 가능성이 있다.[99] · [100]

3) 향후 과제

대상판결과 같이 실내 소음도를 기준으로 하여 생활방해의 수인한도 초과를 판단한다 하더라도 여전히 문제가 남는다. 현행 공법상 규제기준들은 구체적인 규율내용이 미흡하므로 예컨대 실내 소음도가 65dB을 넘지만 토지이용의 선후관계 등 다른 사정들을 고려할 때 수인한도를 더 높게 보아야 한다고 할 경우 얼마나 높게 볼 것인가에 대한 기준을 제시하지 못하기 때문이다. 현 상황에서는 법원이 구체적 사안의 해결을 위하여 불가피하게 일정한 기준을 설정해야 하는데, 이는 근거가 취약하고 사안마다 각 법원의 판단기준이 달라질 수 있어 더 큰 혼란을 초래할 우려도 있다. 이러한 문제를 궁극적으로 해결하려면, 충분한 사전조사와 사회적 합의를 거쳐 도로의 종류, 토지이용의 선후관계, 지역성 등 각종 요소들을 충분히 반영한 구체적이고 체계적인 공법상 규제기준을 마련하는 것이 시급하다.[101] · [102] 그러한 규제기준이 마련된다면 사법상 분쟁인 손

---

99) 대상판결 이후 2015. 10. 29. 선고된 대법원 2008다47558 판결에서도 실외 소음도를 일상생활을 주로 영위하는 지점의 소음도로 보기 어려운 이유로 '이 사건 아파트의 대부분 동(棟)이 소음피해 감소를 위해 이 사건 도로와 수직 방향으로 배치되어 있고, 세대별로 아파트 외부와 거실·침실 사이에 베란다가 설치되어 있는 점'을 들었다.

100) 대상판결과 같이 거실 측정 소음도를 기준으로 할 경우 그 소음 측정에 대하여 개별 세대들의 동의를 받는 것이 어려워져 사실상 피해 입증이 곤란해질 우려가 있으나, 이는 진정한 피해자의 구제를 위한 불가피한 제약이고 일부 세대가 소송을 주도하여 지나치게 분쟁을 확대하는 사례들을 미연에 방지하는 순기능도 있다.

101) 일본은 환경기본법 제16조 제1항, 소음규제법 제17조 제1항에 의거하여 도로의 성격, 규모에 따라 환경기준 또는 요청기준을 세분화하고 있다. 특히 일본 환경기본법상 환경기준에서 주거지역 중 2차선 이상 간선도로변 지역은 주간 70dB 이하, 야간 65dB 이하가 환경기준인데, 이때도 소음의 영향을 받기 쉬운 면의 창문을 주

해배상청구, 방지청구에서의 수인한도 초과 여부에 대하여도 원칙적인 판단기준을 제시할 수 있고, 그 결과 공법적 기준과 사법적 기준이 유기적인 관련을 가지게 되어 법적 안정성을 제고할 수 있다.[103]

3. 피해이익의 공공성

도로소음으로 인근 주민들이 입는 피해는 특별한 사정이 없는 한 생명·신체에 대한 침해라기보다는 쾌적한 일상생활을 누릴 수 있는 생활이익에 대한 침해이고, 그 점을 감안하여 위법성 판단기준으로 수인한도가 논의된다.[104] 생활이익도 그 중요성을 간과해서는 안 될 것이나, '공공성'이라는 기준만 놓고 보면 도로소음 사안에서 피해이익의 공공성보다는 도로를 공중의 이용에 제공하는 과정에서 불가피하게 발생하는 가해행위의 공공성이 중요하게 고려되는 경우가 일반적이다.

4. 가해행위의 태양 및 공공성

도로는 현대생활에 필수불가결한 시설로서 공익에 크게 기여하는 중요한 공공시설이고, 피해 주민들도 그 이익을 함께 향유하며, 도로의 본

로 닫고서 생활이 영위되고 있다고 인정될 때는 그 실내 소음도 주간 45dB 이하, 야간 40dB 이하를 기준으로 한다[이영창(각주28), 95면].

102) 독일의 경우 도로와 주거의 선후관계에 따라 규율을 달리하고 있다. 즉 독일 연방임미시온방지령(BImSchV)은, 일반주거지역의 소음기준을 주간 59dB, 야간 49dB 이하로 정하고 있으나, 이는 인근에 새로이 도로를 건설하거나 중대하게 변경할 경우에 적용되고, 기존에 도로가 있었던 경우에는 적용되지 않는다. 또한 독일의 연방고속도로에서의 소음보호를 위한 지침에 의하면, 일반주거지역의 소음기준을 주간 70dB, 야간 60dB 이하로 정하고 있으나, 여기에 피해자의 법률상 청구권은 없고 단지 절박성 및 재정자금 상황에 따라 소음방지창 설치비용의 75% 정도를 지원해 줄 뿐이다[이영창(각주28) 95~96면].

103) 참고로 독일민법 제906조는 '간섭이 법률 또는 법규명령에 정하여진 한계치 또는 기준치를 이들 법령의 규정에 따라 조사하고 평가한 결과 넘지 아니하는 경우에는 원칙적으로 경미한 방해만이 존재하는 것'으로 보아 인용의무가 있다고 규정하고 있다.

104) 만약 도로소음이 인근 주민들에게 청력장애 등 각종 질병이나 상해를 야기하는 정도에 이른다면 특별한 사정이 없는 한 그 자체로 위법하므로 수인한도 초과 여부는 문제되지 않는다.

질적 기능 수행과정에서 소음발생이 불가피하다. 나아가 '도로소음'이라는 가해행위의 태양은 도로 설치·관리자가 직접 소음을 발생시켰다는 것이 아니라, 영조물 또는 공작물로서의 도로를 공중의 차량 이용에 제공하면 서 그 도로에서 발생하는 소음이 수인한도를 넘는 피해를 입히지 않도록 관리하지 못하였다는 '관리상의 하자'이다. 이와 같은 가해행위의 태양과 공공성에 비추어 도로소음으로 인한 생활방해는 사적 시설의 소음으로 인한 생활방해의 경우보다 일반적으로 수인한도가 높을 것으로 보이고, 이는 상식적인 법 감정에 비추어 보더라도 자연스럽다.

다만 공공성만을 이유로 도로소음으로 인한 생활방해가 정당화되는 것은 아니므로 수인한도 초과 여부는 다른 사정들과 종합적으로 고려하 여 판단하여야 한다.[105] 대상판결도 도로의 공공성만으로 수인한도 초과 여부를 엄격히 보아야 한다고 한 것이 아니고, 도로의 공공성에 토지이 용의 선후관계를 함께 고려하여 수인한도 초과 여부를 보다 엄격히 판단 하여야 한다는 법리를 밝힌 점에서 의미가 있다.

한편 가해행위의 공공성이 손해배상청구에서는 수인한도의 판단요 소가 될 수 없다는 견해가 있다. 공공성을 이유로 특정인에게만 피해 를 감수하게 하는 것은 불공평하고, 그 공공의 이익을 보는 사회 전체 의 공동부담으로 하여 그 피해자에게 피해배상을 해 주는 것이 형평에 맞는다는 것이다.[106] 그러나 위법성 판단은 가해행위와 피해법익의 상 관관계하에서 이루어지는데(위법성 판단의 본질에 대한 통설인 상관관계 설) 손해배상의 위법성 판단에서 특별히 가해행위의 공공성만을 수인 한도의 판단요소에서 배제할 이유가 없고, 구체적 사안에 따라 그 고 려 정도와 방법에 차이가 있을 뿐이라고 보면 충분하다. 예컨대 공적 인 가해행위로 피해자들에게 이익 없이 피해만 발생하는 경우 공공성

---

105) 대법원은 "어느 시설을 적법하게 가동하거나 공용에 제공하는 경우라도 그로부 터 발생하는 유해 배출물로 제3자가 손해를 입은 경우 그 유해의 정도가 수인한 도를 넘는 것인지 여부에 따라 위법성을 별도로 판단하여야 한다."라고 밝혔다(대 법원 2001. 2. 9. 선고 99다55434 판결 등).

106) 이용우(주 55), 98-99면; 문광섭(주 14), 314면.

을 수인한도 초과 여부 판단의 중요한 고려요소로 삼는 것은 부당할
수 있으나, 이 역시 일단 공공성도 수인한도의 판단요소임을 전제로
가해행위의 성질과 피해의 정도 등 다른 사정들을 함께 고려한 판단
결과일 뿐이다.107) · 108)

5. 토지이용의 선후관계109)

가. 판단요소로 삼을 것인지 여부

이미 도로소음이 발생하고 있거나 소음피해가 예상되는 지역의 입
주민들이 그 도로소음으로 인한 생활방해를 이유로 방지청구나 손해배
상청구를 하는 경우 토지이용의 선후관계를 고려요소로 삼을 것인지 문
제된다. 이에 대하여는 가해자가 피해자보다 먼저 토지를 이용하고 있

---

107) 오현규(주 55), 287-288면은, 당해 공적인 시설의 존재로 받는 이익과 이에 의하여
입은 피해와의 사이에, 후자의 증대에 필연적으로 전자의 증대가 따르는 '상보관계'가
있다면 이는 적어도 손해배상에서 수인한도의 판단기준으로 삼아야 한다고 본다. 참
고로 일본 최고재판소는 오사카 대판국제공항사건판결[昭和 56년 12월 6일, 소51 (才)
395호]에서 공공성을 수인한도의 판단요소에 포함시키면서도, ① 공항의 공공성은 순
위가 낮고, 공항에 의한 편익은 국민의 일상생활의 유지존속에 불가결한 역무의 제공
과 같이 절대적이라고 할 만한 우선순위를 주장할 수 있는 것이라고는 할 수 없는
점, ② 피해주민은 다수이고, 피해내용은 광범위하며 중대한 점, ③ 주민의 입장에서
는 수익과 피해의 상보관계가 없고, 공공적 이익의 실현은 주변주민이라는 일부 소수
자의 특별한 희생 위에서만 가능하며, 여기에 간과할 수 없는 불공평이 있는 점, ④ 영
향조사와 영향방지·경감대책 없이 공항을 확장한 점, ⑤ 확장과 수요의 순환작용이
보이는 점(확장되었기 때문에 수요가 확대된다고 하는 악순환), ⑥ 원심 변론종결 시
까지 피해대책이 가시적인 성과를 거두지 못하고 있는 점 등을 참작하였고, 이러한
최고재판소의 입장은 이후 후목기지사건판결[平成 5년 2월 25일 소63 (才) 58호], 횡전
기지사건판결[平成 5년 2월 25일 소63 (才) 611호], 국도 43호 선사건판결 등에서도
유지되었다고 한다.
108) 대법원도 도로소음 생활방해 손해배상 사안들에서 도로의 공공성을 판단요소에
서 배제하지 않았고, 방지의무만 문제된 대상판결과 마찬가지로 도로의 공공성과
토지 이용의 선후관계를 함께 고려하여 이미 개통되었거나 개통 예정된 도로에 근
접하여 거주하기 시작한 경우 수인한도 초과 여부를 보다 엄격히 판단하여야 한다
고 보았다(대법원 2015. 9. 24. 선고 2011다99832 판결, 2015. 10. 29. 선고 2008다
47558 판결, 2015. 12. 23. 선고 2014다231187 판결 등).
109) 이는 영미법에서 소위 '위험에의 접근(coming to the nuisance)'으로 논의되는 것
으로, 영미에서는 위험을 알면서 나중에 이용을 시작한 자에게는 방지청구나 배상
청구를 부인하려는 것이 일반적이라고 한다[이용우(주 55), 100면].

다는 것만으로 생활방해 행위가 정당화될 수 없고, 주변 주민이 자주 교체되는 것 때문에 가해자가 이익을 보는 것도 허용될 수 없으며, 가해자가 손해의 전보를 게을리하여 지가를 하락시켜 놓고 이를 자신의 면책에 이용하는 것도 허용될 수 없으므로, 토지이용의 선후관계는 피해자가 배상청구 목적으로 이주해 오는 등 권리남용의 경우에만 참작해야 할 것이고, 그 외에는 지역성의 문제로 파악하면 족하다는 견해가 있다.[110]

생각건대 공적 이용이 문제되는 경우와 사적 이용 사이의 문제를 구별할 필요가 있다. 사적 이용 사이에 토지이용의 선후관계를 중시할 경우 기득권 보호에 빠질 우려가 있기 때문에 사적인 이용 사이에서는 토지 이용의 선후관계가 결정적 기준으로 보기 어렵고, 그 지역이 통상 어떻게 이용되고 있었는지 등이 중요한 판단기준이라고 본다.[111]

그러나 도로와 같이 고도의 공공성이 인정되는 경우 토지이용의 선후관계 역시 중요한 판단요소가 되어야 한다. 특히 도로 주변에 입주하는 사람은 그 피해를 어느 정도 예상하면서도 그로 인한 편의나 낮은 지가 등을 고려하여 입주하였을 가능성이 있고, 도로 이용과정에서 어느 정도의 소음발생은 불가피하며, 생활이익은 원칙적으로 거주를 시작한 때 그 지역의 상황을 기초로 형성되므로, 신의칙 내지 형평의 원칙상 이들을 도로가 있기 전부터 그 지역에 거주한 사람들과 동일하게 평가할 수 없기 때문이다. 다만 이 경우에도 선후관계만으로 생활방해가 정당화되는 것은 물론 아니고 다른 제반 요소들과 종합적으로 판단되어야 한다.

나. '토지이용의 선후관계'와 '위험에의 접근'의 구별 및 체계적 지위

도로소음 등 생활방해 사안에서 토지이용의 선후관계 내지 위험에의

---

110) 이용우(주 55), 100-101면.
111) 토지이용의 선후관계가 인용의무 유무 판단에 결정적 표준은 아니라고 보는 견해들은 바로 이러한 점을 지적하고 있는 것으로 보인다(민법주해(주 14), 309면; 김재형(주 34), 322면].

접근의 체계적 지위에 관하여는 수인한도의 판단요소라는 견해와 책임감
면사유라는 견해가 나뉜다. 판례는 생활방해가 문제된 다수 사안에서 일
관되게 토지이용의 선후관계를 수인한도의 판단요소로 설시해 왔는데, 다
른 한편 공항 소음으로 인한 손해배상이 문제된 사안에서 '위험에의 접
근'을 책임감면사유로 고려하고 있는바,[112] 판례의 태도가 무엇인지 혼란
이 있을 수 있다.

생각건대 논의의 혼란을 피하기 위해서는 '토지이용의 선후관계'와
'위험에의 접근'의 개념을 구별할 필요가 있다. 즉 '토지이용의 선후관계'
는 개별 이용자의 사정을 고려하지 않은 토지 자체의 이용 사이 선후관
계(예컨대, 도로 건설과 아파트 건설 사이의 선후)를 의미하는 개념으로 보
아 이를 생활방해의 위법성 판단기준인 수인한도 판단요소로 보고, '위험
에의 접근'은 개별 피해자의 위험 접근 문제(예컨대, 도로 건설과 개별 입
주자들의 아파트 입주 사이의 선후)를 의미하는 개념으로 보아 이를 위법
한 생활방해를 전제로 개별 피해자의 위험 접근 여부에 따른 가해자의
책임감면사유로 보는 것이 간명하다.[113] 판례도 이러한 개념을 전제로
보면 논리적으로 일관된 설명이 가능하다.

한편 책임감면사유로서의 '위험에의 접근'은 손해배상청구에서 주로
문제되고, 의무 이행의 효과가 지역 전체에 미치는 방지청구에서는 개별
입주자들의 사정에 따른 책임 감면을 따질 실익이 낮은 것으로 보인다.
나아가 이미 수인한도 판단 단계에서 선후관계를 이유로 수인한도를 높
게 본 경우 다시 위험에의 접근을 이유로 손해배상책임을 감면하는 것
은 동일한 사실에 대한 이중평가가 되어 부당하다.[114] 결국 도로소음 사
안에서 '위험에의 접근'이 문제되는 국면은 주거지역에 사후적으로 도로

---

112) 대법원 2004. 3. 12. 선고 2002다14242 판결, 대법원 2005. 1. 27. 선고 2003다
49566 판결, 대법원 2010. 11. 25. 선고 2007다74560 판결, 대법원 2012. 6. 14. 선
고 2012다13569 판결 등.
113) 위법성의 판단기준인 수인한도는 일률적으로 정하고, 피해자의 개별적인 사정인
위험에의 접근은 책임의 경감 또는 면책의 사유로 보아야 한다는 견해도 같은 취
지로 보인다.
114) 강종선(주 66), 304면.

가 건설되어 수인한도 초과가 인정되는 사안에서, 도로관리자가 도로건
설 후 개별 입주자들에 대한 손해배상책임의 감면을 주장하는 경우일
것이다.[115]

이하에서는 수인한도 판단요소로서의 '토지이용의 선후관계'의 구체
적인 고려 요건을 중점적으로 검토하기로 한다.

다. 도로소음 사안에서 '토지이용의 선후관계'의 구체적 고려 방법

1) 판   례

가) 대상판결 전까지 대법원은 도로소음 생활방해 사안에서의 수인
한도 초과 여부와 관련하여 앞서 본 제반 사정들을 병렬적으로 거시하면
서 구체적 사안에 따라 판단하였을 뿐 토지이용의 선후관계를 명시적으
로 강조하지는 않았다.[116] 그런데 대상판결은 최초로 도로, 특히 고속국

---

115) 각주 112번의 판례들은 '공항 소음으로 인한 손해배상'에서 '위험에의 접근'을 이
유로 한 책임감면 요건에 관하여 다음과 같이 설시하고 있다. "소음 등을 포함한
공해 등의 위험지역으로 이주하여 들어가서 거주하는 경우와 같이 위험의 존재를
인식하면서 그로 인한 피해를 용인하며 접근한 것으로 볼 수 있는 경우에, 그 피
해가 직접 생명이나 신체에 관련된 것이 아니라 정신적 고통이나 생활방해의 정도
에 그치고 그 침해행위에 고도의 공공성이 인정되는 때에는, 위험에 접근한 후 실
제로 입은 피해 정도가 위험에 접근할 당시에 인식하고 있었던 위험의 정도를 초
과하는 것이거나 위험에 접근한 후에 그 위험이 특별히 증대하였다는 등의 특별한
사정이 없는 한 가해자의 면책을 인정하여야 하는 경우도 있다. 특히 소음 등의
공해로 인한 법적 쟁송이 제기되거나 그 피해에 대한 보상이 실시되는 등 피해지
역임이 구체적으로 드러나고 또한 이러한 사실이 그 지역에 널리 알려진 이후에
이주하여 오는 경우에는 위와 같은 위험에의 접근에 따른 가해자의 면책 여부를
보다 적극적으로 인정할 여지가 있다. 다만 일반인이 공해 등의 위험지역으로 이
주하여 거주하는 경우라고 하더라도 위험에 접근할 당시에 그러한 위험이 존재하
는 사실을 정확하게 알 수 없는 경우가 많고, 그 밖에 위험에 접근하게 된 경위와
동기 등의 여러 가지 사정을 종합하여 그와 같은 위험의 존재를 인식하면서도 위
험으로 인한 피해를 용인하면서 접근하였다고 볼 수 없는 경우에는 손해배상액의
산정에 있어 형평의 원칙상 과실상계에 준하여 감액사유로 고려하여야 한다."(2007
다74560 판결은 1989년경부터 비행장 주변지역이 항공기소음에 노출된 지역으로 널
리 알려졌다고 판단하여 1989. 1. 1. 이후 전입한 원고들에 대한 손해배상액을 30%
감액하였고, 2012다13569 판결은 위 2007다74560 판결이 언론보도 등을 통하여 널
리 알려진 2011. 1. 1. 이후 전입한 원고들의 손해배상액 중 50%를 감액하였다).
116) 대법원 2003. 11. 14. 선고 2003다27108 판결, 대법원 2007. 6. 15. 선고 2004다
37904, 37911 판결 등. 이러한 입장은 일응 공공성이 있는 것으로 보이는 공항소
음 사건 등의 판결에서도 마찬가지이다.

도의 공익성을 근거로 하여, 이미 운영 중인 또는 운영이 예정된 고속국도에 근접하여 주거를 시작한 경우의 수인한도 초과 여부는 보다 엄격히 판단하여야 한다는 법리를 명시하였고, 대상판결 이후에 선고된 판례들에서도 같은 설시가 이어지고 있다.[117]

나) 선후관계의 구체적 고려 방법

(1) 대상판결 이전의 도로소음 판례

대법원 2007. 6. 15. 선고 2004다37904, 37911 판결은 경인고속도로 인근 빌라 거주자들이 한국도로공사를 상대로 방지청구와 손해배상청구를 한 사안이었고, 대법원 2008. 8. 21. 선고 2008다9358 판결은 부산 사상구 동서고가도로의 관리자인 부산광역시가 그 인근 아파트 주민들을 상대로 하여 그 도로소음으로 인한 손해배상 기타 채무의 부존재 확인을 구한 사안이었는데, 두 사안 모두 도로 개통 내지 확장 공사 이후 주거건물이 준공되어 입주가 시작된 사안이었음에도 대법원은 도로소음 피해가 수인한도를 초과한다고 판단하였다.

그러나 위 2004다37904, 37911 판결은, 한국도로공사가 빌라 부지의 매도인이었고 그 매도 당시 도로확장 공사가 진행 중이었으며 충분히 부담 가능한 비용으로 방음조치를 할 수 있었다는 사정[118]까지 입증된 특수성이 있고, 위 2008다9358 판결 사안 역시 아파트 건설 전부터 도로소음 피해가 예상되어 건설회사 측이 방음조치를 하겠다고 하였음에도 도로 관리자 측에서 이를 거부한 특수성이 있으므로, 수인한도 판단 시 토지이용 선후관계의 고려 방법에 대하여 어떠한 입장을 취한 것이라고 일반화 하기는 어렵다.[119]

다만 기존 판례에서 도로의 공익성과 토지이용의 선후관계를 특별하

---

117) 대법원 2015. 9. 24. 선고 2011다99832 판결, 2015. 10. 29. 선고 2008다47558 판결, 2015. 12. 23. 선고 2014다231187 판결 등.
118) 소음피해가 가장 심한 4층 주택의 소음도를 감소시키기 위해서는 13m 높이로 방음벽을 보강할 것이 요청되고, 그 공사비용은 7.5m로 보강할 경우에는 5억 원 정도, 13m로 보강할 경우에는 12억 원 정도가 소요되는 점이 인정되었다.
119) 오히려 이 판결들은 뒤에서 보는 '가해자의 방지조치 또는 손해 회피의 가능성' 부분과 관련하여 중요한 의미가 있다.

게 강조하지 않은 결과, 그동안 일부 실무에서는 도로공사가 완료되기
전 주거지 건설을 예상할 수 있는 사정(예컨대 택지개발사업, 주택건설사
업계획 승인 등)만 있으면 도로의 개설·관리자로서는 그 신축을 예상한
방음대책을 수립했어야 한다는 인식을 전제로, 토지이용의 선후관계를 피
해자 측에 유리하게 해석해 왔다.[120]

　(2) 대상판결과 그 이후 도로소음 판례

　앞서 본 것과 같이 대상판결은 고속국도의 공익성을 근거로 이미
운영 중인 또는 운영이 예정된 고속국도에 근접하여 주거를 시작한 경우
의 수인한도 초과 여부를 보다 엄격히 판단하여야 한다는 법리를 명시하
였는데, 특기할 부분은 ① 고속국도의 '운영이 예정'된 경우도 포함시키
고, ② 단순히 주거가 예상되는 경우가 아니라 '주거를 시작'한 경우를
기준으로 하였다는 점이다.

　즉 대상판결은 '고속도로 확장공사가 1998. 4.경부터 2003. 12.경까
지 시행되었는데, 이 사건 아파트는 그 확장공사가 거의 완성될 무렵인
2003. 10.경 착공되어 2005. 12.경에야 준공된 점'을 근거로, '주민들이 아
파트에 거주할 당시 이 사건 고속도로로 인하여 일정한 정도의 도로소음
의 발생과 증가를 알았거나 알 수 있었다.'면서 수인한도 초과 여부를 엄
격하게 보아야 한다고 판시하였다. 이는 대상판결의 원심에서 '확장공사
완료 전에 아파트 부지에 관한 택지개발사업이 준공되었을 뿐만 아니라
위 아파트 신축공사가 시작되어 도로관리자로서는 확장공사 완료 전에
아파트 완공 상황을 예상한 방음대책을 수립할 수 있었다.'라며 수인한도
초과로 위법성이 있다고 판단한 것과 극명하게 대비된다.

　이러한 대상판결의 판단기준은 이후 판결들에서도 유지되었는데, 토
지이용의 선후관계 관련 사실관계와 판단을 정리하면 다음과 같다.

　120) 서울고등법원 2008. 5. 15. 선고 2007나75466 판결, 대구고등법원 2011. 9. 21.
　　선고 2010나4845 판결(대상판결의 원심), 춘천지방법원 원주지원 2013. 10. 10. 선
　　고 2011가합1213 판결, 광주고등법원 2011. 10. 21. 선고 2010나1561 판결 등.

판 례	사실관계(시간 순)	원심과 대법원의 판단 비교
대법원 2015. 9.24. 2011다 99832	2002. 4. 도로 착공 → 2003. 9. 아파트 사업계획승인 → 2004. 10. 도로 개통 → 2005. 9. 아파트 임시사용승인(거주 가능)	원심 : 수인한도 초과(선후관계 언급 ×) / 선후관계를 손해배상 감액사유로 판단(광주고등 2011. 10. 21. 선고 2010나1561 판결) 대법원 : 수인한도 초과 단정 불가(아파트 거주 당시 도로로 인한 일정 소음의 발생과 증가 알았거나 알 수 있었다). 파기 환송
대법원 2015. 10.29. 2008다 47558	1994. 6. 도로 착공 → 1994. 12. 택지개발예정지구 지정 → 1997. 8. 택지개발계획 승인 → 1998. 7. 도로 완공 → 1999. 4. 택지조성 착공 → 1999. 12.~2000.2. 아파트 착공, 2002. 4. 입주 시작	원심 : 수인한도 초과(선후관계 언급 ×) / 도로 개통 후 아파트 건축 이유로 한 면책 주장 관련하여, 도로건설 당시 이미 택지개발예정지구 지정되어 주택건설 예측 가능했다면서 면책 불가 판단(서울고등 2008. 5. 15. 선고 2007나75466 판결) 대법원 : 수인한도 초과 단정 불가(대상판결과 같은 이유). 파기 환송
대법원 2015. 12.23. 2014다 231187	1994. 10. 도로 확장 착공 → 1995. 10. 주택건설사업계획승인 → 1997. 12. 도로개통 → 2000. 9. 8. 사용검사승인(준공)	1심 : 수인한도 초과(선후관계 언급 ×) / 면책 주장 관련하여, 도로 확장 공사 중 아파트 건설사업계획 승인되었고 그로부터 2년 후 확장 완공된 점에 비추어 주택 건설 예측 가능했다면서 면책 불가 판단. 다만 손해배상 감액사유로 고려(원주지원 2013. 10. 10. 선고 2011가합1213 판결) 2심 : 도로의 하자 부인[121][확장공사 후 거주 시작하여 소음 발생 인식할 수 있었으므로, 입주 후 실제 피해가 입주 당시 인식한 위험을 초과하거나 입주 후 위험의 특별증가 등 사정이 없는 한 도로 자체에 설치·관리상 하자 없다. 서울고등(춘천) 2014. 10. 29. 선고 2013나2608 판결] 대법원 : 원심 판단 수긍, 상고기각

---

121) 도로소음에 대한 손해배상책임은 앞서 본 것과 같이 민법 제758조 또는 국가배상법 제5조의 공작물 또는 영조물의 설치·관리상 하자(기능적 하자)를 원인으로 한 손해배상책임으로 이론 구성하는데, 그 하자 판단에서 수인한도론이 적용된다. 다만 원심은 도로에 하자가 없다면서 손해배상의무뿐만 아니라 방지의무까지 일률적으로 배척하였고 대법원도 그 판단을 그대로 수긍했으나, 엄밀히 보면 방지의무는 공작물 책임이 아닌 물권적 청구권에 근거한 것이므로 별도로 판단했어야 하는 것으로 보인다.

2) 검   토

대상판결은 도로의 공공성을 근거로 이미 운영 중인 또는 운영이 예정된 도로에 근접하여 주거를 시작한 경우의 수인한도 초과 여부는 보다 엄격히 판단하여야 한다는 법리를 최초로 명시하였다. 나아가 그 구체적인 고려 방법에 관하여 일부 실무에서 '주거지 건설을 예상할 수 있는 사정'을 매우 폭넓게 보면서 토지이용의 선후관계를 피해자 측에 유리하게 적용해 온 것과는 달리, '실제 아파트에 거주할 수 있게 된 시점'을 기준으로 도로와의 선후관계를 엄격하게 판단하고, 결과적으로 기존보다 토지이용의 선후관계를 도로관리자 측에 유리하게 적용하고 있다.

대상판결에 대하여는 도로관리자에 쉽게 면죄부를 주어 피해자들의 권리구제에 소홀해진다는 비판이 있을 수 있다. 그러나 다음 이유에서 대상판결은 도로소음 분쟁의 실질과 관련 이해관계를 적절히 고려한 타당한 설시라고 본다.

가) 도로는 고도의 공공성이 있고, 그 이용 과정에서 일정한 소음 발생이 불가피하며, 어느 정도의 도로소음 증가는 사회발전에 따른 피치 못할 변화에 해당한다(가해행위의 태양과 공공성 고려).

나) 도로는 다른 시설에 비하여 피해자들이 그 시설로 인한 피해를 입는 동시에 이익을 누리는 측면이 강하다(상보관계적 측면).

다) 소음과 관련하여 생활이익은 원칙적으로 거주 시작 시점에 그 장소의 소음 수준을 기초로 형성되므로, 도로가 없는 상태에서 거주하다가 도로가 생긴 경우와 도로가 있는 곳에 새롭게 거주하는 경우의 생활이익 침해 정도를 동일하게 볼 수 없다(생활이익의 실질 고려).[122]

---

122) 이와 관련하여 위법성 판단의 전단계로서 문제되는 지역에 보호할 만한 생활이익이 형성되어 있는지 여부를 검토하고, 이를 전제로 해당 지역에 새로운 도로 설치 또는 통행량 급증 등으로 그 생활이익에 대한 침해가 존재하는지 판단한 다음, 그러한 침해가 존재하지 않는 경우에는 수인한도 등 평가에 나아갈 필요가 없고, 그러한 침해가 존재하는 경우에 비로소 수인한도를 넘는 것인지 판단해야 한다는 견해가 있다(한지형, "도로소음을 이유로 한 손해배상청구소송 등에서 위법성(수인한도) 판단의 前 단계로서 생활이익 침해 여부에 대한 판단의 필요성 : 서울중앙지방법원 2008. 12. 17. 선고 2007가합3006 판결을 중심으로", 2011 환경소송의 제

라) 주거지의 개발이 도로 계획 없이 이루어지는 경우는 상정하기 어렵고, 도로를 전제로 그 주변에 주거지역이 형성되거나 주거지 개발 단계에서 도로 건설이 동시에 이루어지는 것이 일반적이다. 이 경우 일정한 도로소음의 발생은 당연히 예상되므로 주택법, 주택건설기준 등에 관한 규정 제9조 등에서 사업주체에게 소음방지대책 수립의무를 부여하여 그 책임을 분산시키고 있다. 그럼에도 개발이익을 누리는 것도 아닌 도로관리주체에게 선후관계를 고려하지 않은 채 결과적인 소음 수치만을 기준으로 책임을 지우는 것은 부당하다.[123] 바로 이러한 점에서 실제 거주 가능 시점(보통 건물 준공시가 될 것이다)을 기준으로 도로소음의 예상 가능성을 따지는 것이 정당화된다(책임 분산 취지 고려).

6. 가해자의 방지조치 또는 손해 회피의 가능성
가. 일 반 론

도로관리자가 소음발생원에 대한 소음방지 대책을 실행하였는지, 적당한 방음벽을 설치하였는지, 도로의 설계 등을 함에 있어 소음방지를 위한 최선의 조치를 하였는지 여부도 수인한도 판단의 요소가 된다.[124] 이러한 '방지조치 또는 손해 회피의 가능성'은 과실을 통설과 판례와 같이 객관적 주의의무의 위반으로 파악할 때 논의되는 '객관적 예견의무, 결과회피의무'와 유사한바, 손해배상청구에서는 위법성과 고의·과실의 판단이 결과적으로 하나의 과정에서 이루어지고,[125] 방지청구에서는 귀책

문제(이홍훈 대법관 퇴임기념), 사법발전재단]. 그러나 이 견해에서 생활이익 침해 여부에 대한 판단기준으로 삼는 '보호할 만한 생활이익 형성 여부', '새로운 도로 설치 또는 통행량 급증 등 급격한 변화 여부' 등은 결국 수인한도의 제반 판단요소들과 실질이 같을 것으로 보이는데, 굳이 '생활이익 침해 여부'라는 별도의 단계를 둘 실익이 있는지 의문이다(예컨대 도로가 먼저 있었더라도 충분히 가능한 방지시설을 하지 않고 있는 경우 기존 생활이익에서 더 침해된 것이 없다는 이유로 수인하라는 것은 부당한데, 이에 대하여 기존부터 하자가 있어 생활이익이 침해되고 있었다고 평가하는 것은 이미 위법성 평가와 다를 것이 없다).
123) 서울고등법원(춘천) 2014. 10. 29. 선고 2013나2608 판결 참조.
124) 지영난(주 39), 535-536면.
125) 김형석(주 62), 211-217면.

사유를 요하지 않으므로 이는 온전히 위법성(수인한도) 판단요소가 된다.

방지조치 또는 손해 회피 가능성의 구체적인 내용은 토지의 이용현황, 예상되는 생활방해의 정도, 기술 수준, 경제성 등 여러 사정을 고려하여 사회통념에 따라 결정하여야 할 것이다.[126)

나. 방지조치 또는 손해 회피의 가능성을 강조한 판례들

1) 대법원 2007. 6. 15. 선고 2004다37904, 37911 판결

원고(한국도로공사)가 경인고속도로 피고(인근 빌라 거주자들)를 상대로 하여 방음벽 보강의무 및 도로소음으로 인한 손해배상의무의 부존재 확인을 구하고, 피고는 원고를 상대로 '고속도로에서 빌라에 유입되는 소음이 65dB 이상 유입되지 않도록 방음설비를 시공하라.'는 추상적 방지청구와 손해배상청구를 한 사안이었다. 그 사실관계를 요약하면 다음과 같다.

① 1968. 12. 21. 4차선 고속도로 개통 1989. 9. 23. 8차선 확장공사 착공
② 1991. 7. 11. 원고가 그 소유였던 이 사건 빌라 부지를 매도
③ 1992. 2.경 이 사건 빌라 착공
④ 1992. 7. 14. 8차선 도로 확장 완료. 당시 높이 4.5m의 방음벽 설치
⑤ 1992. 11.말경 빌라 준공, 1997.경 소음 문제 본격적으로 발생

대법원은, ① 피고 주민들의 빌라 입주 전에 고속도로 확장공사가 완료되었으나 원고가 확장공사 착공 후 바로 그 빌라 부지를 매도하였고 확장공사 준공 전에 빌라 건축공사가 시작되었으므로 소음피해가 가지 않도록 빌라의 높이 및 구조 등을 고려한 방음벽을 설치할 수 있었다는 점, ② 원고가 소음 방지 위하여 방음벽 설치, 무인속도측정기 설치, 내유동성 포장 등을 하였으나 이 사건 빌라의 외부 소음도 측정 결과 1일 평균 소음도가 66dB~78dB까지 나타나는 점, ③ 원고의 반대로 교통소음·진동규제지역 지정이 무산된 점, ④ 원고는 7.5m 높이의 방음벽 보강을 제안하나, 소음피해가 가장 심한 빌라 4층의 소음도를 줄이려면 13m 높이의 방음벽 보강이 요청되고, 그 공사비용은 7.5m 보강 시 약 5억 원,

---

126) 민법 제217조의 '적당한 조처'의 해석에서도 도출이 가능하다.

13m 보강 시 약 12억 원 소요되는 점 등을 인정한 다음, 고속도로의 공공적 기능과 기존의 소음피해 방지 노력을 고려하더라도, 원고가 고속도로 확장공사 착공 후 빌라 부지를 매도하여 빌라가 신축되었다는 사정에 비추어, 이 사건 빌라에 환경정책기본법상 소음환경기준인 65dB 이상의 소음이 발생하는 경우 사회생활상 통상의 수인한도를 넘는 것으로서 위법하다고 보고, 피고의 방지청구와 손해배상청구를 인용하였다.

2) 대법원 2008. 8. 21. 선고 2008다9358 판결

부산 사상구 동서고가도로의 관리자인 부산광역시가 그 인근 아파트 주민들을 상대로 하여 그 도로소음으로 인한 손해배상 기타 채무의 부존재 확인을 구한 사안이었다.[127] 그 사실관계를 시간 순으로 정리하면 다음과 같다.

① 1992. 12. 9. 이 사건 도로 1단계 개통
② 1993. 10. 12. 건설회사가 부산광역시로부터 이 사건 아파트 사업승인 받아 신축 시작하였는데, 그 사업승인 전 반터널식 방음벽 설치 사업계획서를 제출했으나, 부산광역시는 장기간 교통차단 문제 등을 이유로 설치 불가 통보
③ 1994. 12. 28. 이 사건 도로 전 구간 개통
④ 1996. 10. 26. 이 사건 아파트 사용승인, 같은 해 28.부터 입주 시작
⑤ 1997. 4.경부터 이 사건 아파트 입주민들이 도로소음에 대하여 부산광역시, 건설회사 등에 방음벽 설치 민원 제기

원심은, "이 사건 도로의 공공성과 주민들이 도로 개통 이후 아파트에 입주한 점을 감안하더라도, 주민들이 97년부터 민원을 제기하였음에도 부산광역시가 현재까지 피해 방지 위한 별다른 조치를 취하지 않은 점, 더욱이 사업승인 전 건설회사의 반터널식 방음벽을 설치 제안을 거부하여 아파트 건축과 함께 설치하였다면 그 설치가 용이하였을 반터널식 방음벽 등을 설치하지 못하고 있는 점 등을 감안하여

---

127) 이 판례에서는 도로소음 관련 아파트 분양회사의 책임 유무도 주된 쟁점이 되었는데 그에 관하여는 각주 52번 참조.

환경정책기본법상 기준 초과하는 소음 발생한 경우 수인한도 초과가 인정된다고 보아 이 사건 도로의 설치·관리상 하자가 있다."고 판단하여 부산광역시의 청구를 기각하였는데,[128] 대법원은 그 판단이 정당하다고 보았다.

3) 검   토

위 두 판결은 모두 도로 개통 내지 확장 공사 이후 주거 건물이 준공되어 입주가 시작된 사안이었음에도, '방지조치 또는 손해 회피의 가능성'을 주된 근거로 수인한도 초과를 인정하였다. 이는 대상판결 전 사안들이기는 하나 설령 대상판결과 같이 토지이용의 선후관계를 중시하여 수인한도를 높게 본다 하더라도, 위 두 판결과 같은 특수한 상황, 예컨대 도로관리자가 공사 진행 중에 스스로 그 도로변 부지를 주거용으로 매도하여 주거용 건물 신축을 예상할 수 있음에도 가능한 방음조치를 하지 않았다거나, 주택건설 사업주체 측에서 방지조치를 하겠다고 제안하였음에도 이를 거부한 사정 등이 인정된다면, 여전히 수인한도를 초과하는 것으로 평가할 수 있다고 본다.

다. 토지이용의 선후관계와의 관계

방지조치 또는 손해 회피의 가능성은 필연적으로 토지이용의 선후관계와 결부된다. 나대지에 도로를 건설하는 경우와 주거지역에 도로를 건설 내지 확장하는 경우 사이에는 객관적 예견가능성에 차이가 있을 수밖에 없고, 그 결과 미리 취했어야 할 조치의 내용과 정도도 달라지기 때문이다.[129]

---

128) 부산고등법원 2008. 1. 8. 선고 2007나6895, 2007나6901(병합) 판결. 참고로 원심에서 부산광역시는 위험에의 접근 이론에 의한 면책도 주장하였으나, 원심은 도로 개설 후 아파트에 입주한 사정만으로는 도로소음 피해를 용인하였다고 보기 어렵다면서 그 주장을 배척하였다.

129) 참고로 국토교통부의 2013. 11. 12.자 보도자료에 첨부된 한국토지주택공사(LH)와 한국도로공사 사이의 방음시설에 관한 합의문(2013. 11. 8. 서명)에 의하면, 도로가 개설된 후 LH가 사업을 시행하는 경우에는 LH가 방음시설의 설치비용을 부담하고, LH가 시행한 사업지 주변에 한국도로공사가 도로를 개설하는 경우에는 한국도로공사가 방음시설의 설치비용을 부담하기로 합의하였다(http://www.molit.go.kr 홈페이지 중 보도자료 참조).

예컨대, 도로 개설 후 주거용 건물이 신축되는 경우 도로 개설·관리자가 기존에 기술적, 경제적으로 가능한 최소한의 방음조치를 했다면 특별한 사정[130]이 없는 이상 위법이라고 보기 어렵다. 주택법 및 관련 규정 등에 따라 도로변에 주택을 신축하는 사업주체도 소음방지대책을 세울 책임이 있는데 도로관리자에게만 책임을 묻는 것은 부당하기 때문이다.[131] 대상판결에서 '방지조치 또는 손해 회피의 가능성'이 문제되지 않은 것도 도로 확장공사가 거의 끝날 무렵 아파트가 착공되어 도로관리자에게 방지조치를 기대하기 어려웠다는 점을 고려한 것으로 보인다.

반면 주거지역에 도로를 개설하거나 확장하는 경우라면 도로 개설·관리자에게 높은 수준의 사전 방지의무가 인정된다. 이는 이미 형성된 생활이익을 새롭게 침해하는 것이므로 도로 개설·관리자로서는 그 침해를 최소화하기 위하여 가능한 모든 조치를 강구하여야 하고, 도로 개통 전이므로 교통에 미치는 영향으로부터도 비교적 자유롭기 때문이다. 나아가 도로소음과 같은 생활방해는 사전 예방이 최선인 점에 비추어, 미리 예상 소음을 평가하고 그 평가 결과를 주민들에게 공개하며 주민들의 의견수렴을 거치는 등의 절차를 충분히 거쳐 대책을 수립하였는지 여부도 위법성 판단에서 중시될 필요가 있다.[132]

---

130) 앞서 본 두 판결은 특별한 사정이 인정되는 경우이다.

131) 서울고등법원(춘천) 2014. 10. 29. 선고 2013나2608 판결은 "구 주택건설촉진법 및 「주택건설기준 등에 관한 규정」에 의하면 이 사건 아파트에 대한 소음저감시설 설치의무는 이 사건 아파트의 신축 사업주체인 백운주택이 지는 사실, 피고(한국도로공사)가 1998. 8. 25. 백운주택 및 원주시에 구 「주택건설기준 등에 관한 규정」 제9조에 따라 도로의 소음으로부터 주민들을 보호하기 위하여 이 사건 아파트를 이 사건 도로로부터 수평거리 50m 이상 떨어진 곳에 배치하거나 방음벽, 수림대 등 방음시설을 설치하여 이 사건 아파트 건설 지점의 소음도가 65dB 미만이 되도록 하여야 한다고 통보하면서 소음방지대책의 시행을 촉구한 사실은 당사자 사이에 다툼이 없다. 그렇다면 피고로서는 후발사업자인 백운주택이 적절한 소음도 측정을 거쳐 필요한 소음방지대책을 마련한 후 이 사건 아파트를 건축하는 것으로 전제하고 이 사건 도로 건설을 진행한 것으로 보아야 한다."라면서 사업주체도 책임을 분담하여야 한다고 보았다.

132) 이용우(주 55), 103-104면; 문광섭(주 14) 317면.

7. 지 역 성

지역성이란 민법 제217조 제2항의 '이웃 토지의 통상의 용도에 적당
한 것'에서 그 근거를 찾을 수 있는바 이는 그 지역의 통상적 이용 상황에
대한 문제이다. 예컨대 소음이 문제되는 지역이 거주지역, 상업지역 및 공
업지역 등으로 다른 경우 발생하는 소음의 정도가 동일하다고 하더라도
각 지역별 수인한도는 서로 달라질 수 있다. 특히 도로소음 사안에서 피
해지의 지역성은 환경정책기본법 등에서 지역에 따라 소음기준을 달리하
는 방법으로 반영되어 있다.[133] 다만 도로소음 사안에서 가해지인 '도로'의
지역성이 특별히 문제되는 경우는 없을 것으로 보이고, 주거지역에 도로를
개설하는 경우는 지역성보다는 토지이용의 선후관계 문제로 보인다.

8. 방지청구 특유의 위법성 판단요소로서 이익형량의 문제[134]
가. 대상판결의 설시

대상판결은 이익형량과 관련하여 "방지청구의 당부를 판단함에 있어
서 청구가 허용될 경우 그로 인해 당사자들이 받게 될 영향을 비교·교
량해야 함에도 원심은 원고(한국도로공사)가 부담해야 할 방음대책 이행
의무의 구체적 내용을 전혀 특정하지 않았고, 원고의 방음대책 이행의무
가 피고들과 이 사건 고속도로의 이용자들에게 미칠 이익·불이익에 대
한 비교·교량을 행하지 아니한 결과, 원심이 인정한 65dB 이하 소음도
를 달성하기 위해 어떠한 조치나 공사가 필요한지, 그에 소요될 시간과
비용은 어떠한지, 고속도로의 정상적인 통행에 지장이 없는지 등을 전혀

---

133) 환경정책기본법상 소음환경기준은 국토의 계획 및 이용에 관한 법률상 지역의
분류에 따라, 도로변 주거지역은 주간 65dB, 야간 55dB, 도로변 상업지역 등은 주
간 70dB, 야간 60dB, 도로변 전용공업지역 등은 주간 75dB, 야간 70dB로 각 기준
을 달리 보고 있다.
134) '이익형량'은 수인한도의 판단요소 중 하나인 '방지조치 또는 손해 회피의 가능
성'과 일맥상통하나, '방지조치 또는 손해 회피의 가능성'은 기존에 소음피해를 막
는 것이 가능했는지 여부의 문제인 반면, 이익형량은 방지청구를 인용할 경우 당
사자에 미칠 사후적인 영향을 고려하는 문제여서 개념상 구분된다.

알 수 없음"을 지적하였다.

나. 구체적인 이익형량 방법

1) 대법원 2015. 10. 29. 선고 2008다47558 판결

대상판결 이후 선고된 위 2008다47558 판결의 원심[135])에서는 대상판결의 원심과 달리 가능한 소음방지대책에 대한 사실인정이 이루어진 특징이 있다.

가) 원심이 인정한 가능한 소음방지대책

구 분	제 1 안		제 2 안		제 3 안	
방 식	밀폐형 방음터널		개구형 방음터널		방음벽 및 저소음포장	
제 원	터널높이: 6~9m 사용판넬: 경량알루미늄 판넬 사용지주: 200×200×8×12 지주간격: 2m		터널높이: 6~9m 방음판: 경량재 사용지주: 200×200×8×12 지주간격: 2m		길어깨부: 방음벽높이 5m+2m (45°각도)+소음저감기= 전체높이(6m) 중분대부: 방음벽 3m 저소 음포장, 방음벽 및 방호울 타리에 흡음재 사용 지주간격: 2m	
교통통제	8.5km 왕복 8차로 중 4차로 운영		8.5km 왕복 8차로 중 4차로 운영		300m 구간 1차로 통제	
공 사 비	190,962,252,000원		126,898,491,800원		49,075,737,240원	
공사일수	2,817일(7.7년)		2,731일(7.5년)		599일(1.6년)	
소음저감 효과: dB(A)		주 간	야 간		주간	야간		주간	야간

소음저감 효과: dB(A)		주 간	야 간		주 간	야 간		주간	야간
	고층부	-14.9	-16.0	고층부	-2.2	-0.3	고층부	-5.3	-5.1
	중층부	-12	-12.4	중층부	-2.6	-0.2	중층부	-6.2	-6.3
	저층부	-5.7	-5.8	저층부	-4.3	-3.3	저층부	-5.6	-5.5

나) 원심과 대법원의 판단

원심은 가능한 소음방지대책을 검토함에 있어 구체적 이익형량까지는 나아가지 않고 방지의무에 예상되는 어려움을 '방지청구의 수인한도 자체를 높이는 요소'로 반영(손해배상의 수인한도 : 주간 실외소음도 65dB, 야간 실외소음도 55dB/방지청구의 수인한도 : 주·야간 실외소음도 65dB)하였

---

135) 서울고등법원 2008. 5. 15. 선고 2007나75466 판결.

다. 반면 대법원은 방지의무의 구체적 내용을 특정하여 이익형량을 해야
한다고 보면서, 원심이 가중하여 인정한 방지청구의 수인한도 기준에 대
하여도 그 기준을 일응 만족시키는 방음대책은 밀폐형 방음터널 시공뿐
인데 여기에 소요되는 시간, 비용, 교통 영향, 유사 사안에 미칠 영향, 그
방음대책의 한계를 고려할 때 원심이 가중한 수인한도 역시 방지의무 발
생의 적절한 기준으로 볼 수 없다고 판단하였다.[136)]

2) 검 토

도로소음 방지청구 사안에서 이익형량은, ① 먼저 어느 정도 이상
의 소음이 수인한도를 초과하는지 판단하고, ② 이를 전제로 그 소음도
를 넘지 않게 하기 위한 가능한 방음대책들의 내용, 각 소요 시간과 비

---

136) "원심으로서는 앞서 본 법리에 따라 석명권을 행사하는 등의 방법으로 일정한
    정도 이상의 도로소음이 유입되지 않도록 하기 위하여는 어떠한 조치나 공사가 필
    요한지를 구체적으로 주장하도록 한 다음, 이를 전제로 그러한 방음대책 이행으로
    인하여 원고들이 받게 될 이익과 피고 한국도로공사 및 이 사건 고속도로의 이용
    자들이 받게 될 불이익 등을 비교·교량하였어야 함에도, 원심은 피고 한국도로공
    사가 부담해야 할 소음방지설비 시공의무의 구체적인 내용을 일절 특정하지 않았
    고, 그로 인하여 원고들의 청구가 원고들과 피고 한국도로공사 그리고 이 사건 도
    로의 이용자들에게 미칠 이익·불이익에 대한 비교·교량을 행하지 아니하였다.
    나아가 원심판결 이유 및 원심이 적법하게 채택한 증거들에 의하면, ① 이 사건
    도로에 가능한 소음방지설비는 밀폐형 방음터널, 개구형 방음터널, 방음벽 및 저
    소음포장의 3가지가 있지만, 이 중 원심에서 요구한 소음기준을 만족시키는 것은
    밀폐형 방음터널을 시공하는 방법뿐인데, 이를 위해서는 7년이 넘는 기간 동안 이
    사건 도로 중 8.5km 구간의 도로 절반을 차단해야 하므로 이 사건 도로는 공사기
    간 동안 고속국도로서의 기능을 거의 상실할 것으로 보이고, 공사비용도 1,900억
    원 이상 소요될 것으로 예상되는 점, ② 원심판단의 기준에 의할 경우, 피고 한국
    도로공사는 방음벽 설치로는 방음효과를 기대하기 어려운 중층 또는 고층 공동주
    택이 인접한, 환경정책기본법상 주간 환경기준을 만족시키지 못하는 모든 고속국
    도에 밀폐형 방음터널을 시공할 의무를 부담하게 될 것으로 보이는 점, ③ 원심판
    결 이유에 의하더라도 이 사건 도로가 고속국도로서 기능을 유지하면서 야간 실외
    소음도 55dB(A) 미만의 소음만 유입시킬 수 있는 소음방지설비는 존재하지 않는
    것으로 보이므로, 원심판단의 기준에 의할 경우 설령 피고 한국도로공사가 원심이
    명한 의무를 이행하더라도 일부 원고들에 대하여는 도로소음으로 인한 손해배상책
    임을 계속 부담할 수밖에 없게 되는 점 등을 알 수 있다. 이러한 사정들을 앞서
    본 법리에 비추어 보면, 이 사건 방지청구에 있어서도 원심판시와 같은 사정만으
    로 주간 또는 야간 실외소음도 65dB(A) 이상의 소음이 있다고 하여 바로 소음방지
    설비 시공의무가 발생한다고 단정하기는 어렵다."

용 및 교통에 미치는 영향 등을 감정 등의 방법으로 현출한 다음, ③ 이를 바탕으로 각 방음대책에 따라 당사자들이 받을 영향을 비교·교량하여 이해관계 조정에 가장 부합하는 방음대책을 찾는 방식으로 이루어져야 할 것이다. 그 결과 당사자가 받을 이익에 비하여 도로 관리자 및 일반 국민들이 받을 불이익이 과중하다고 판단된다면, 수인한도를 초과하는 소음이 있더라도 손해배상은 별론으로 하고 방지청구는 인정될 수 없다.

　　이와 달리 이익형량을 이유로 방지청구의 수인한도 자체를 손해배상보다 높이는 방식은 분쟁의 실질에 부합하지 않을 우려가 있다. 예컨대 방지청구의 수인한도를 손해배상(65dB)보다 가중하여 70dB로 보더라도, 도로변 고층아파트에의 소음 유입이 주로 문제되는 도로소음의 특성상 70dB을 초과하는 소음이 유입되는 고층 세대가 하나라도 있으면 방지의무 이행을 위해 그 높이만큼의 방음벽을 설치하거나 방음터널을 시공할 수밖에 없어 방음대책의무가 감경되지 않고, 그 효과는 70dB을 초과하지 않는 세대들에게도 미치므로 이익형량의 실익이 없게 되기 때문이다.[137]

다. 토지이용 선후관계와의 관계

　　이익형량 단계에서도 토지이용의 선후관계는 중요한 고려요소가 된다고 본다. 예컨대 이미 생활이익이 형성되어 있는 주거지역에 도로를 건설한 경우 도로 개설·관리자로서는 소음피해 방지를 위하여 방음터널 설치를 포함한 모든 조치를 강구하여야 할 것이고, 도로를 건설하고 보니 방지조치에 비용이 많이 든다는 이유만으로 이익보다 불이익이 더 크다고 단정할 수는 없으며, 도로가 나중에 건설된 경우로만 방지의무 발생범위를 한정한다면 '유사 사안에 미칠 영향'도 합리적으로 제한되므로, 이러한 경우에는 이익형량을 거치더라도 방지청구가 인용될 가능성이 높다.

---

137) 그렇다고 방음터널 시공의무를 면하게 해주기 위하여 방지청구의 수인한도를 75dB 이상으로 가중하는 것은 결과에 수인한도를 맞추는 것으로서 더욱 부적절하다.

V. 도로소음 생활방해에 대한 방지청구의 구체적 내용

1. 문 제 점

도로소음 생활방해에 대한 방지청구의 내용으로는 일반적으로 방음벽의 설치 등을 생각할 수 있고 이러한 구체적 작위의무를 구하는 청구가 허용된다는 점은 이론이 없다. 도로 자체의 폐쇄 등을 구하는 것이 가능한지는 논란이 있으나 이익형량을 감안하면 그러한 청구가 받아들여지는 경우를 상정하기는 어렵다.

문제는 "원고들의 아파트에 65dB 이상의 소음이 유입되지 않게 하라"는 것과 같은 추상적 방지청구를 허용할 것인지 여부이다.

2. 추상적 방지청구의 허용 여부

가. 견해대립

이와 관련하여 ① 공해방지청구에서는 주문 특정의 원칙을 완화하고 구체적인 작위명령보다는 일정한 행위나 상태를 금지하는 부작위명령이 바람직하다는 견해,[138] ② 공해방지소송의 특성상 원고로서는 청구취지의 특정이 곤란하므로 허용할 필요성은 있으나 집행단계에서 간접강제밖에 할 수 없고 이는 방지소송의 실효를 거두기 어려우므로, 실제 소송에서는 '일정량 이상의 오염물질을 배출하지 말라'는 내용의 청구를 하더라도 석명권 행사 등의 방법으로 필요한 방지의무를 감정하여 그 결과에 따라 청구취지를 정리시키는 것이 바람직하다는 견해,[139] ③ 원고에게 구체적인 방지조치의 특정을 요구하기 어렵고 피고로서는 방지청구권의 존재만 확정되면 임의로 이행할 경우가 많으며 피고로서도 자신이 알고 있는 유리한 방법을 임의로 선택할 수 있도록 하는 것이 편리하므로, 방지청구 주문은 구체적 명령보다는 추상적 명령이 바람직하다는 견해,[140]

---

138) 문광섭(주 14), 319면.
139) 허상수, "공해유지소송의 실무상 문제", 사법연구자료 제23집(1996), 법원도서관, 223면.
140) 이용우, "공해방지소송", 재판자료 제2집(1979), 법원도서관, 246면.

④ 소음발생원을 특정하여 일정 한도 이상의 소음발생을 금지한 이상 청구가 특정되지 않았다고 할 수 없고, 그 판결이 확정될 경우 민사집행법 제261조 제1항에 따라 간접강제로 집행할 수 있어 강제집행도 불가능하지 않으므로, 이러한 청구가 부적법하다고 볼 수 없다는 견해,[141] ⑤ 청구취지는 추상적 방지청구의 형태로 하더라도 그 이행을 위해 어떤 내용의 작위를 구하는 것인지에 관하여 적어도 피고가 방어권을 행사할 수 있고 법원이 이익형량을 할 수 있을 정도의 주장·증명이 필요하다는 견해[142] 등이 있다.

　나. 판　례

　대법원 2007. 6. 15. 선고 2004다37904, 37911 판결은 "고속도로로부터 발생하는 소음이 피해 주민들 주택을 기준으로 일정 한도를 초과하여 유입되지 않도록 하라는 취지의 유지청구는 소음발생원을 특정하여 일정한 종류의 생활방해를 일정 한도 이상 미치게 하는 것을 금지하는 것으로 청구가 특정되지 않은 것이라고 할 수 없고, 이러한 내용의 판결이 확정될 경우 민사집행법 제261조 제1항에 따라 간접강제의 방법으로 집행을 할 수 있으므로, 이러한 청구가 내용이 특정되지 않거나 강제집행이 불가능하여 부적법하다고 볼 수는 없다."고 하여 추상적 방지청구가 허용된다고 보았다.[143]

　다. 검　토

　생각건대 도로소음 피해자들에게 청구 단계에서부터 구체적인 소음 방지조치 특정을 요구하는 것은 사실상 권리 구제를 어렵게 하여 부당하고, 2004다37904, 37911 판결에서 밝힌 것과 같이 추상적 방지청구라도 그 청구가 특정되지 않거나 강제집행이 불가능하다고 볼 수는 없으므로,

---

141) 지영난(주 39), 527-528면.
142) 이영창(주 28), 115-116면.
143) 이 판결에 대하여는, 원심의 판단 취지가 기존의 높이 4.5m 방음벽에 흡음형 방음벽(알루미늄)을 추가로 설치하여 높이를 13m로 보강하라는 것이었고 대법원이 이를 수긍한 것으로서 실제로는 구체적 작위를 명한 것과 마찬가지이므로, 판례가 추상적 방지청구를 진정 긍정한 것이라고 보기에는 의문이라는 견해가 있다[이영창(주 28), 112-113면].

청구 단계에서 추상적 방지청구를 불허할 것은 아니다.

한편 기존에는 도로소음 생활방해에 대한 방지청구에서 이익형량을 구체적으로 심리하지 않은 채 '추상적 방지청구'를 인정하는 결과 도로관리자 측의 구체적 의무를 특정할 수 없거나 사실상 불가능을 요구하는 부당한 결과가 생길 우려가 있었다.[144] 그러나 방지청구의 당부 판단에서 이익형량을 거치는 이상 그 심리과정에서 가능한 소음방지조치, 공사기간, 비용 및 효과 등이 현출되어 구체적 조치의 특정이 가능하므로, 그 불특정으로 생길 수 있는 우려도 해결된다. 따라서 추상적 방지의무를 명하는 판결 역시 허용된다고 본다.[145]

Ⅵ. 대상판결의 의의

1. 도로에 근접하여 주거를 시작한 경우 수인한도의 상향 조정

대상판결은 도로, 특히 고속국도가 갖는 고도의 공공성을 근거로 이미 운영 중인 또는 운영이 예정된 도로에 근접하여 주거를 시작한 경우 수인한도 초과 여부를 보다 엄격히 판단하여야 한다는 법리를 최초로 명시하였다. 특히 대상판결은 기존에 '도로관리자가 주거지 건설을 예상할 수 있는 사정'을 매우 넓게 인정하여 토지이용의 선후관계를 주민 측에 유리하게 적용한 것과 달리, '주거 시작 당시 도로가 운영 중이거나 운영이 예정되어 있었는지 여부'를 기준으로 선후관계를 판단함으로써 도로관리자 측에 토지이용의 선후관계를 유리하게 볼 여지가 훨씬 넓어지게 되

---

144) 예컨대 이익형량 없이 "65dB 이상의 소음이 유입되지 않게 하라."는 판결이 확정될 경우, 기술적으로 불가능하거나 막대한 비용이 소요되는 경우에도 그 불이행에 따른 간접강제의무 등을 계속 부담해야 하는지 논란이 있었다.

145) ① 이익형량 결과 어떠한 소음방지조치가 합리적으로 판단되고 그 조치로 원고가 구하는 소음도 이하로 감경할 수 있다면 추상적 방지청구를 인용하면 되고, 이는 도로관리자 입장에서도 구체적 집행 단계에서 더 나은 방지조치를 선택할 여지도 있어 유리하다. ② 반면 이익형량 결과 특정 소음방지조치가 합리적으로 판단되지만 그 조치만으로는 원고가 구하는 소음도 이하로 방지할 수 없다면 그 추상적 방지청구는 기각할 수밖에 없다. 이때는 심리과정에서 현출된 구체적 방지조치를 구하는 것으로 청구취지를 정리하도록 유도하는 것이 바람직할 것이다. ③ 이익형량 결과 어떤 조치를 취하더라도 피해가 과중할 경우 추상적 방지청구는 기각할 수밖에 없다.

었다. 보통 주거지는 도로를 기준으로 형성되거나 적어도 도로와 함께
형성된다는 점을 감안하면, 대상판결은 일반적인 도로소음 생활방해 사안
에서 획기적으로 수인한도를 높이는 결과가 된다.

2. 새로운 소음측정방법 제시

대상판결은 도로소음 생활방해의 소음측정방법에 대하여 최초로 '거
실에서 도로 등 소음원에 면한 방향의 모든 창호를 개방한 상태로 측정
한 소음도'를 기준으로 할 것을 밝혔다. 그 결과 기존보다 측정 소음도가
낮아져 실질적으로 수인한도가 높아질 것으로 보인다. 이는 다른 소음으
로 인한 생활방해 사안들(예컨대 공항소음, 철도소음 등)에도 동일하게 적
용되어 감정실무상 큰 변화를 가져올 것으로 보인다.

다만 앞서 본 것과 같이 대상판결과 같이 실내 소음도를 기준으로 하
더라도 여전히 문제가 남는다. 예컨대 실내 소음도가 65dB을 넘는 것으로
측정되지만 토지이용의 선후관계 등을 고려하여 수인한도를 높게 볼 경우
구체적으로 얼마나 높게 볼 것인지에 대한 답을 제시하지 못하고 있고 빠
른 시일 내에 적절한 규제기준이 마련될 것도 기대하기 어려우므로, 현재
로서는 법원이 구체적 사안에 따라 일정한 기준을 설정할 수밖에 없다.

이와 관련하여 고속도로나 자동차 전용도로변에 근접하여 고층 아파
트가 지어지는 등 특수한 경우(예컨대 고속도로를 농지에 인접하여 개설했
는데 그 농지의 형질이 변경되어 아파트가 지어지는 경우 등)로 한정하면,
대상판결의 '창문을 개방한 상태'의 실내 소음도에서 나아가 주택건설기
준상 소음기준, 즉 '창문을 닫은 상태'의 실내 소음도를 기준으로 삼는 것
도 고려해 볼 필요가 있다. 고속도로나 자동차 전용도로변에 근접하여
거주하는 경우 일반적인 경우보다 큰 소음이 발생할 것임은 누구나 예상
가능하고, 그럼에도 그 아파트에 입주하는 것은 입지조건, 교통편의, 낮
은 지가 등을 고려하여 그 소음을 감수하거나 도로에 접한 부분의 창문
을 닫은 채 생활할 의사였다고 해석할 여지도 있기 때문이다.

3. 방지청구의 별도 요건으로 이익형량 명시

대상판결은 방지청구의 당부 판단을 위해 '방지청구가 허용될 경우 소송당사자들과 도로이용자 등이 받게 될 이익·불이익을 비교·교량할 것'을 천명하였고 이는 방지조치의 중대한 효과에 비추어 타당하다. 그러나 이익형량을 이유로 도로관리자의 방지조치의무를 쉽게 면제해 주는 것은 지양해야 할 것이므로, 법원은 감정과 석명권 행사 등을 통하여 가능한 소음방지대책을 면밀히 검토해야 하고, 특히 도로가 사후적으로 개설되거나 확장된 경우라면 함부로 비용 문제만을 이유로 방지청구를 배척할 것은 아니다.

Ⅶ. 결 론

대상판결은 도로소음 생활방해 사안에서 전반적으로 기존보다 위법성을 엄격히 판단하겠다는 의지를 천명하고 있다. 이는 그동안 일부 실무에서 공법상 규제기준을 초과하는 소음이 인정되면 위법성을 쉽게 인정하여 도로관리자에게 사실상 결과책임을 부담시켜 온 것에 대한 반성적 고려의 결과로 보이는바, 도로소음 분쟁의 실질과 관련 이해관계를 고려할 때 올바른 방향 설정이라고 판단된다. 도로소음으로부터 쾌적한 생활을 보호하는 것이 중요한 가치임은 부인할 수 없으나, 현대 생활의 필수적인 시설인 도로에서 필연적으로 발생하는 소음의 위법성을 쉽게 인정하여 국가에 감당하기 어려운 의무를 부과시킨다면 그 부담은 결국 국민 전체에게 돌아오게 되므로 그 판단은 신중해야 하고, 궁극적으로 도로소음 문제는 사회적 합의를 거친 보상입법 등으로 해결하는 것이 바람직하다고 보이기 때문이다.

다만 대상판결에 의하더라도 토지이용의 선후관계 등의 고려 결과 수인한도 기준을 얼마나 가중할 것인가의 문제가 여전히 남는다. 현 상황에서는 법원이 구체적 사안에 따라 일정한 기준을 설정할 수밖에 없는데 사안마다 판단이 달라질 경우 혼란을 초래할 우려가 있으므로, 향후 판례의 축적과 실무 연구를 통하여 보다 구체적이고 일관성 있는 수인한도 판단기준을 마련할 필요가 있다. 나아가 궁극적으로는 충분한 사전조사와 사회적 합의를 거쳐 각종 요소들을 반영한 구체적인 공법상 규제기준을 제정하여 이를 원칙적 판단기준으로 삼는 것이 바람직할 것이다.

[Abstract]

A Study on the Right to Injunction against Nuisance of Road Traffic Noise
— Focusing on the endurable limit and balancing of conflicting interests —

Jo, Jae Hun*

Precedently, in the cases of disputes about a claim for damages or a right to injunction against nuisance of road traffic noise, the Supreme Court of Korea had made a decision based on the nuisance's illegality through a theory of endurable limit. The Supreme Court announced that they have considered all matters comprehensively, but did not explicitly specify or emphasize a certain circumstance of this situation. The Supreme Court solely based their decision on the degree of exterior noise obtained by measurement of the public law and did not clarify the difference of requirement between a claim for damages and a right to injunction against public noise.

However, for the first time, the Supreme Court's decision (2011da91784) ruled as follows; First, if one started living near the road in operation or scheduled to be operated, the court should determine more strictly whether the nuisance is over the endurable limit or not; Second, the court has to judge by the degree of interior noise with all windows opened; Third, the court must balance the conflicting interests of all the parties concerned especially when deciding whether a right to injunction could be permitted or not. As a result of this decision, the court will judge more attentively in the cases determining the illegality of nuisance of road traffic noise, and will

---

* Judge, Seoul Eastern District Court.

likely have influence on many other subsequent similar cases.

Supreme Court's judgement was rational in that it considered the public-
ness of the road, the real aspects of the conflict of road traffic noise, inter-
ests of all the parties concerned and the characteristics of a right to
injunction. However, the complication regarding how much stricter the
standard of endurable limit should be still remains despite this precedent,
and may cause confusion if the standard varies in each case. Thus, it is im-
portant to establish a specific standard by accumulating the prior cases and
studies. Ultimately, it is desirable to enact a legitimate regulation criteria and
make a basic standard of judgement for this kind of disputes.

[Key word]

• road traffic noise
• nuisance
• claim for prevention or removal of disturbance
• theory of endurable limit
• the order of the utilization of land
• measurement method of noise
• balancing conflicting interests

참고문헌

[단 행 본]

곽윤직 편집대표, 민법주해[Ⅴ], 물권(2), 박영사(2011).

_____, 민법주해[XVIII], 채권(11), 박영사(2005).

김용담 편집대표, 주석민법[물권(1)](제4판), 한국사법행정학회(2011).

곽윤직, 물권법, 박영사(2011).

윤진수, 민법논고Ⅱ, 박영사(2008).

[논 문]

강종선, "항공기 소음 관련 민사소송의 제 논점", 사법논집 제44집(2007).

곽용섭, 민법 제217조 제1항의 '적당한 조처', 사법논집 제38집(2004).

김기수, "공해의 사법적 구제의 방향과 상린관계법적 구성", 환경법연구 창간호 (1979).

김상천, "환경침해의 유지청구", 재판법연구 제27권 제1호(2010).

김세규, "환경권에 기초한 유지청구의 가능성", 토지공법연구 제68집(2015).

김재형, "소유권과 환경보호 : 민법 제217조의 의미와 기능에 대한 검토를 중심으로", 인권과 정의 제276호(1999. 8.).

김철환, "도로소음의 대책과 문제점", 한국도로공사(2014).

김형석, "민사적 환경책임", 법학 제52권 제1호, 서울대학교 법학연구소(2011).

남윤봉, "불법행위의 유지청구", 법학논집 제17집(2000).

문광섭, "환경침해에 대한 유지청구", 재판자료 제94집, 법원도서관(2002).

손윤하, "환경침해와 민사소송", 청림출판(2005).

_____, "환경침해를 원인으로 한 민사소송에 관한 문제-일조, 조망, 생활소음을 중심으로", 저스티스 제81호, 한국법학원(2004).

송혜정, "일조방해로 인한 손해배상청구권의 소멸시효 기산점", 민사판례연구 제31권, 박영사(2009).

양창수, "한국사회의 변화와 민법학의 과제", 민법연구 제1권, 박영사(2004).

오현규, "위법성 판단기준으로서의 수인한도", 민사판례연구 제25권, 박영사(2003).

윤철홍, "환경권의 본질과 유지청구권", 민사법학, 제17호(1999).

이용우, "공해의 위법성", 사법논집 제10집(1979).

_____, "공해방지소송", 재판자료 제2집, 법원도서관(1979).

이영창, "민사소송을 통한 환경오염피해 구제의 현실과 한계", 환경법연구 제 36권 제1호(2014).

전경운, "환경침해에 대한 유지청구권", 판례월보 제348호, 판례월보사(1999).

조홍식, "유지청구 혀용 여부에 관한 소고", 민사판례연구 제22권, 박영사(2000).

조은래, "환경권과 생활방해에 대한 위법성판단의 연구", 법학연구 제18집, 한국법학회(2005).

지영난, "고속도로의 소음과 관련하여 추상적 부작위명령을 구하는 유지청구 의 인정 여부", 민사재판의 제문제 제16권, 한국사법행정학회(2007).

한지형, "도로소음을 이유로 한 손해배상청구소송 등에서 위법성(수인한도) 판단의 前 단계로서 생활이익 침해 여부에 대한 판단의 필요성 : 서울 중앙지방법원 2008. 12. 17. 선고 2007가합3006 판결을 중심으로", 환 경소송의 제문제(이홍훈 대법관 퇴임기념), 사법발전재단(2011).

허상수, "공해유지소송의 실무상 문제", 사법연구자료 제23집, 법원도서관(1996).

유치권과 동시이행의 항변권의
관계 정립을 위한 시론*

최 수 정**

■요 지■

유치권은 법정담보물권으로서 당사자 사이에 이를 배제하는 특약이 없는 한 그 요건이 충족되는 때 발생하며, 동시이행의 항변권은 쌍무계약의 성질상 인정되는 효과이다. 그러므로 각 제도의 요건이 충족되는 한 유치권 및 동시이행의 항변권이 발생, 병존할 수 있을 것이며, 학설은 대체로 양자의 병존을 긍정하는 것으로 보인다. 그러나 양자가 병존한다고 하는 경우에도 이들 권리 사이의 관계 내지 당사자의 구체적인 지위에 대한 해명은 충분하지 않았다. 대상판결은 건물신축 도급계약에서 하자로 인한 손해배상금이 공사잔대금 이상이어서 도급인이 수급인의 공사잔대금 채권 전부에 대하여 동시이행의 항변권을 행사하는 경우, 공사잔대금 채권의 변제기가 도래하지 아니한 경우와 마찬가지로 수급인은 하자보수의무나 하자보수에 갈음한 손해배상의무 등의 이행을 제공하지 않는 한 유치권을 행사할 수 없다고 보았다. 판례는 경매절차에서 경합 또는 충돌하는 당사자의 이해관계를 조정하고 경매절차의 적정한 운용을 위해 특히 부동산 유치권의 행사를 제한하고 있는데, 대상판결은 이러한 흐름과는 또 다른 맥락에서 유치권을 제한하는 하나의 선례로 분류할 수 있다. 즉 유치권이 담보물권이기 때문에 채무자의 선이

---

* 2016년 9월 민사판례연구회 월례회에서 발표한 글을 수정, 보완하였으며, 민사법학 제77호(2016. 12.)에 게재하였다. 허술한 글에 귀한 의견을 주신 모든 분들께 깊은 감사를 전한다.
** 서강대학교 법학전문대학원 교수.

— 351 —

행이 강제되는 점은 그 본래적인 효과로서 승인하지 않을 수 없다. 그러나 대상판결의 사안에서와 같이 공사대금이 하자보수에 갈음한 손해배상액의 일부에 지나지 않고 도급인이 동시이행의 항변권을 행사하는 경우에는 유치권의 행사가 제한된다고 해야 한다. 반대급부인 공사대금채권에 기한 유치권이 인정되는 도급계약의 특수성에 비추어 볼 때, 수급인의 유치권이 동시이행의 항변권에 의해 규율되는 당사자의 이익상태를 왜곡하여 그 제도적 취지에 반하는 결과를 초래하게 된다면 이를 교정하기 위하여 유치권의 행사를 제한할 필요가 있는 것이다. 그리고 그 근거는 대상판결이 제시한 공식이 아니라, 유치권과 동시이행의 항변권 양 제도의 공통된 취지로 언급되는 공평에서 찾아야 하며, 또한 위와 같은 경우 수급인의 상계가 허용되지 않는 점에서도 그러하다.

[주 제 어]
- 유치권
- 동시이행의 항변권
- 도급계약
- 견련성
- 상계
- 공평

대상판결 : 대법원 2014. 1. 16. 선고 2013다30653 판결

[사안의 개요]

원고는 X 토지의 소유자로서, 2009. 6. 25. 그 지상에 건물신축을 위하여 A와 도급계약을 체결하고, 공사대금 18억 7,000만원, 공사기간 2009. 6. 29.부터 2009. 12. 15.까지로 정하였다. 공사 진행 중 수차례 설계변경이 이루어지다가, 2010. 2. 11. 원고와 A는 공사대금을 25억 4,650만원으로 증액하고, 공사기간을 2010. 3. 30.까지로 연장하는 내용의 공사변경계약을 체결하였다. 그리고 A는 변경된 공사계약에 따라 2010. 4. 20.경까지 공사를 진행하였다.

원고는 2010. 4. 중순경 이 사건 신축건물에 관하여 주무관청에 사용승인 신청을 하였으나, 현장조사 결과 지적사항이 시정되지 않아 사용승인을 얻지 못하였다. 그래서 원고는 사용승인의 불허 및 이에 따른 보완공사의 필요 등을 이유로 A에게 약 2억원의 공사잔대금 지급을 거절하면서 보완공사를 요청하였다. 그러나 A는 공사대금의 증액을 요구하면서 원고의 보완공사 요구에 응하지 않았다. 2010. 5. 18. 원고가 A의 미시공 및 보완공사 거부 등을 이유로 도급계약을 해지하자, A의 대표이사인 피고 등은 2010. 5. 18. 경 공사잔대금채권을 피담보채권으로 하여 유치권을 행사한다고 하면서 이 사건 신축건물 및 공사현장을 점거하고 원고의 출입을 통제하다가, 2010. 8. 4.경 공사현장에서 철수하였다.

[소송의 경과]

1. 소의 제기

이후 A는 원고를 상대로 공사잔대금 및 추가공사비 7억 3,700만원의 지급을 구하는 소를 제기하였고, 원고는 반소로서 하자보수금 및 지체상금을 청구하였다. 본소에서는 공사잔대금 2억 1,000만원이 인정되었고 반소에서는 하자보수금 및 지체상금 4억 8,000만원이 인정된 결과, A가 원고에게 하자보수금 등 손해배상액에서 공사잔대금 채무액을 정산한 나머지 2억 7,000만원과 지연손해금의 지급을 명하는 판결이 선고되었다. A와 원고가 항소하였고, 법원은 본소청구에서 위 2억 1,000만원을 인정하고 반소청구에서는 하자보수금 및 지체상금을 인정한 후, A가 원고에게 상계되고 남은 6,300만원 및 이

에 대한 지연손해금을 지급할 의무가 있다고 판단하였다. 이에 대해 양당사
자가 상고하였고, 대법원은 원심을 파기환송(일부)하였으며(대법원 2014. 10.
30. 선고 2012다91637 판결), 원고일부승소로 확정되었다(서울고등법원 2015.
3. 31. 선고 2014나54085 판결).

한편 원고는 A의 공사의무불이행을 보증사고로 하는 보증계약을 체결한
건설공제조합에 대하여 계약보증금의 지급을 구하는 소를 제기하였다. 원고
는 1심에서 패소하였으나, 그 항소심(서울고등법원 2012. 6. 15. 선고 2012나
7542)에서 A의 공사의무불이행으로 인하여 계약이 해지되었다는 이유로 건설
공제조합에 대하여 원고에게 계약보증금 2억 5,4000만원 및 그 지연손해금의
지급을 명하는 판결이 선고되었다. 건설공제조합이 상고하였고, 대법원은 원
심을 파기환송하였으며(대법원 2014. 10. 30. 선고 2012다61162 판결), 이에
따라 원심은 항소를 기각하였고(서울고등법원 2015. 6. 3. 2014나54757 판
결), 다시 상고심에서 대법원은 심리불속행기각을 하였다(대법원 2015. 10.
15. 선고 2015다38156 판결).

다른 한편 원고는 피고가 유치권을 행사할 피담보채권이 없음에도 불구
하고 불법으로 공사현장을 점거하여 손해를 가하였으므로 이를 배상할 책임
이 있다고 주장하면서, 이 사건 소를 제기하였다. 1심법원[1]은 원고일부승소
판결을 하였으며, 이에 대해 피고가 항소하였다.

2. 원   심[2]

원심은 "물건에 관한 점유가 불법행위로 인하여 이뤄진 경우에는 유치권
이 성립할 여지가 없는 것인데, 그 점유는 적극적으로 가해진 불법행위, 즉
침탈, 사기, 강박 등에 의한 경우뿐만 아니라, 점유자가 소유자에 대항할 수
있는 점유의 권원이 없이, 그리고 권원 없음을 알거나 또는 알 수 있었음에
도 과실로 알지 못하고 개시된 경우 역시 '점유가 불법행위에 의한 경우'에
포함된다"고 설시하였다. 그리고 ① 사용승인을 위한 검사과정에서 미시공
내지 시공하자가 분명하게 지적되어 원고가 A에 대한 공사잔대금 지급을 거
절하면서 피고에게 하자의 보수 내지 그 하자로 인한 손해배상을 구하였던
점, ② 원고는 위와 같은 미시공 및 보완공사 거부 등을 이유로 이 사건 도급

---

1) 인천지방법원 2012. 8. 31. 선고 2011가합23572 판결.
2) 서울고등법원 2013. 3. 22. 선고 2012나76609 판결.

계약을 해지하였던 점, ③ 피고는 계약해지 무렵에야 비로소 이 사건 신축건물을 점유하며 유치권을 행사하였던 점, ④ 원고와 A 사이의 공사대금본소청구 및 하자보수금반소청구에서(수원지방법원 성남지원 2010가합12131, 13523) 미시공 및 시공하자로 인한 손해가 A의 공사잔대금채권 액수를 훨씬 초과하는 것으로 감정된 점, ⑤ 위의 항소심(서울고등법원 2012나21784, 21791)은 2012. 9. 5. 피고가 원고에게 상계되고 남은 금액 및 이에 대한 지연손해금을 지급하라는 내용의 판결을 선고한 점, ⑥ 원고는 변경된 공사계약에 따라 A에게 공사대금을 지급해 왔고 원고가 지급하지 않은 공사잔대금은 전체 공사대금의 10%에도 미치지 못하였으며, 원고는 하자로 인한 보수공사 등을 이유로 나머지 공사대금의 지급을 유보하고 있었을 뿐 자력이 없어서 공사대금을 지급하지 못하는 상태는 아니었으므로, A가 유치권을 행사하면서까지 공사잔대금채권의 담보를 확보할 필요가 있었다고 보기는 어려운 점을 근거로 들었다. 즉 전문건설회사인 A 및 그 대표자인 피고로서는 이 사건 신축건물 점유 개시 당시에 이미 객관적으로 드러난 신축건물 시공과정에서의 하자로 인하여 원고에게 하자보수의무의 부담 등을 이유로 다액의 손해배상의무를 부담하게 될 상황이라는 것을 충분히 인식할 수 있었고, 위 공사대금청구사건의 감정결과 A가 원고에 대한 공사대금채권을 초과하는 금원 상당의 하자보수의무를 부담하게 되었으므로, 피고로서는 이 사건 신축건물에 대한 점유 개시 당시 그 점유권원이 없음을 알면서 또는 과실로 알지 못한 채 점유를 개시한 것이라고 봄이 상당하다는 것이다. 결국 적법하게 점유할 권원 없이 이 사건 신축건물을 점거한 피고의 행위는 원고에 대하여 불법행위를 구성한다고 보아, 원심은 피고의 항소를 기각하였다. 이에 피고가 상고를 하였다.

3. 대상판결

대상판결은 "수급인의 공사대금채권이 도급인의 하자보수청구권 내지 하자보수에 갈음한 손해배상채권 등과 동시이행의 관계에 있는 점 및 피담보채권의 변제기 도래를 유치권의 성립요건으로 규정한 취지 등에 비추어 보면, 건물신축 도급계약에서 수급인이 공사를 완성하였다고 하더라도, 신축된 건물에 하자가 있고 그 하자 및 손해에 상응하는 금액이 공사잔대금액 이상이어서, 도급인이 수급인에 대한 하자보수청구권 내지 하자보수에 갈음한 손해배상채권 등에 기하여 수급인의 공사잔대금 채권 전부에 대하여 동시이행의 항변을 한 때에는, 공사잔대금 채권의 변제기가 도래하지 아니한 경우와 마찬가지로 수급인은 도급인에 대하여 하자보수의무나 하자보수에 갈음한 손해배상의무 등에 관한 이행의 제공을 하지 아니한 이상 공사잔대금 채권에 기한 유치권을 행사할 수 없다"고 한다.

그리고 위 사실관계에 비추어, "이 사건 신축건물에 대한 하자보수비가 2억 5,000만원 상당에 이르러 A의 공사잔대금 채권액 2억 1,000만원을 상당한 정도로 초과하였음이 밝혀진 이상, 원고가 A에 대하여 하자보수 내지 하자로 인한 손해배상을 요구하면서 공사잔대금의 지급을 거절한 것은 정당한 동시이행의 항변권의 행사에 해당하므로, A는 원고에 대한 하자보수의무나 손해배상의무에 관한 이행을 제공함이 없이 위 공사잔대금 채권에 기한 유치권을 행사할 수 없다. 따라서 A의 대표이사인 피고가 이 사건 신축건물을 점거하고 원고의 출입을 통제한 행위를 두고 A를 위한 유치권의 행사로서 적법하다고 할 수는 없다. 원심의 이유설시에는 미흡한 점이 있으나, 이 사건 신축건물에 대한 점거 등 행위가 유치권의 행사로서 적법하다는 피고의 주장을 배척한 원심의 결론은 정당하고, 거기에 상고이유 주장과 같이 유치권의 성립 및 효력에 관한 법리를 오해하거나 논리와 경험의 법칙을 위반하여 자유심증주의의 한계를 벗어난 위법이 없다"고 하여 피고의 상고를 기각하였다.

〔研　　究〕

I. 문제의 제기

유치권은 법정담보물권으로서 당사자 사이에 이를 배제하는 특약이 없는 한 그 요건이 충족되는 때 발생하며, 동시이행의 항변권은 쌍무계약의 성질상 인정되는 효과이다. 그러므로 각각의 요건이 충족되는 한 유치권 및 동시이행의 항변권이 발생, 병존할 수 있을 것이며, 학설은 대체로 양자의 병존을 긍정하는 것으로 보인다. 그러나 양자가 병존한다고 하더라도, 가령 일방당사자가 동시이행의 항변권을 주장하는 데 대해 타방당사자가 유치권을 행사하는 경우에서처럼, 이들 권리 사이의 관계 내지 당사자의 구체적인 지위에 대한 해명은 충분하지 않았다.

대상판결은 도급인이 동시이행의 항변을 하는 경우 수급인은 유치권을 행사할 수 없다고 판단하였는데, 유치권과 동시이행의 항변권의 관계에 관한 법원의 태도를 아마도 처음으로 그리고 명시적으로 보여 주고 있다는 점에서 그 근거 및 결과의 당부와 당해 법리의 유효범위에 주목하게 된다. 대상판결의 사안에서 수급인은 하자보수에 갈음하는 손해배상액이 공사대금을 초과하기 때문에 양자를 정산하더라도 그 차액만큼의 손해배상액을 지급하지 않으면 안 될 지위에 있다. 그럼에도 불구하고 수급인이 오히려 유치권을 행사할 수 있다고 한다면, 도급인은 공사대금채무를 선이행하지 않으면 안 되고, 수급인의 채무의 이행을 강제할 수 있는 중요한 수단을 잃게 된다. 이러한 부당한 결과를 피하기 위해서는 수급인의 유치권을 부정하지 않을 수 없을 것이다. 대상판결도 결론에 있어서는 원심과 마찬가지로 피고의 유치권을 인정하지 않았고, 따라서 그의 점유를 위법한 것이라고 보았다. 다만 원심이 유치권의 성립요건 중 소극적 요건인 '불법행위로 인한 점유'를 근거로 든 것과 달리, 대상판결은 도급계약상 공사대금채권과 하자보수에 갈음한 손해배상채권 등이 동시이행 관계에 있는 점, 변제기의 도래를 유치권의 성립요건으로 규정한 취지 등을 근거로 들었다. 즉 유치권의 성립요건이 충족되지 않았음을 이유로 그 성립 자체를 부정한 것이라기보다는, 규정의 취지 등에 비추어 '행사할 수 없다'고 판단한 것이라고 해석된다.

그러나 그러한 취지에 비추어 볼 때에도 과연 도급인이 동시이행의 항변권을 행사하면 '공사잔대금채권의 변제기가 도래하지 아니한 경우와 마찬가지'의 상태가 된다거나 수급인이 유치권을 행사하기 위해서는 자신의 채무를 이행 제공하여야 한다는 대상판결의 설시는 여러 가지 의문을 야기한다. 먼저 변제기가 도래하지 않은 경우와 마찬가지의 상태가 무엇을 의미하는지 명확하지 않을뿐더러, 유치권 및 동시이행의 항변권은 변제기의 도래를 요건으로 하는데, 그 요건이 충족되어 각 권리가 발생한 상황에서 후자가 행사되면 왜 갑자기 전자의 변제기가 도래하지 않은 것이 되는지도 납득할 수 없다. 그리고 유치권과 동시이행의 항변권의 병

존을 인정하는 일반적인 이해와 달리, 또 유치권의 우위를 주장하는 견
해와 반대로, 유치권을 행사하고자 하는 자가 자신의 채무의 변제제공을
통해 상대방의 동시이행의 항변권을 박탈해야 하는 근거는 무엇이며 양
자의 이러한 배타적인 관계는 어떻게 정당화될 수 있는지도 의문이다.
나아가 대상판결의 법리가 과연 유치권 및 동시이행의 항변권이 함께 발
생하는 경우 일반에 적용될 수 있는지, 아니면 일정한 전제하에 제한적
으로만 작동하는 것인지도 검토되지 않으면 안 될 것이다.

한편 담보물권으로서의 유치권의 성질과 유치권이 인수주의에 따른
사실상 최우선변제권으로서 경매절차에서 야기하는 문제점으로 인하여
판례는 유치권을 제한하고 있다. 압류효력 발생 이후에 공사대금채권자
에게 점유를 이전하여 유치권을 취득하게 한 경우나[3] 경매개시결정의 기
입등기가 이루어지기 전에 수급인이 점유를 이전받았더라도 기입등기로
인하여 압류효력이 발생한 후 공사를 완공하여 공사대금을 취득함으로써
유치권이 성립한 경우,[4] 판례는 유치권으로 경매절차의 매수인에게 대항
할 수 없다고 한다. 특히 상사유치권이 성립한 이후에 경매절차가 개시
된 때에는 유치권의 행사를 신의칙에 반하는 권리행사 또는 권리남용으
로서 허용되지 않는다거나,[5] 채무자 소유의 부동산에 이미 선행 저당권
이 설정되어 있는 상태에서 채권자가 상사유치권을 취득한 경우 상사유
치권자는 채무자 및 채무자로부터 부동산을 양수하거나 제한물권을 설정
받은 자에 대해서는 대항할 수 있지만 선행 저당권자 또는 선행 저당권
에 기한 임의경매절차에서 부동산을 취득한 매수인에 대한 관계에서는
상사유치권으로 대항할 수 없다고 한다.[6] 이러한 판례의 태도에 대하여
는 법해석의 한계를 벗어난 것이므로 입법적으로 수용할 필요가 있다거

---

3) 대법원 2005. 8. 19. 선고 2005다22688 판결.
4) 대법원 2011. 10. 13. 선고 2011다55214 판결; 대법원 2013. 6. 27. 선고 2011다
   50165 판결.
5) 대법원 2011. 12. 22. 선고 2011다84298 판결; 대법원 2014. 12. 11. 선고 2014
   다53462 판결.
6) 대법원 2013. 2. 28. 선고 2010다57350 판결.

나,[7] 법해석의 한계를 벗어난 법관에 의한 법형성 내지 선취된 입법이라는 비판도 제기된다.[8] 하지만 그만큼 유치권의 문제점이 극명하게 반영된 것임은 부정할 수 없다.

그런데 당사자 사이에서 유치권과 동시이행의 항변권이 각각 주장된 사안은 찾기가 쉽지 않은데, 대상판결은 바로 이 경우 후자를 근거로 전자를 제한하고 있다. 이 사건 건설공사와 관련하여서는 다수의 민·형사 판결이 존재하지만, 대상판결에서는 수급인의 위법한 유치권 행사에 따르는 손해배상책임의 성립 여부가 쟁점이 되었다. 이에 본고는 대상판결의 유치권 행사 가부에 대한 판단과 그 근거의 당부를 분석함으로써, 유치권과 동시이행의 항변권의 관계를 명확히 하고자 한다. 이를 통해 유치권의 행사를 제한하는 판례의 태도와도 연관하여 대상판결이 선례로서 의미를 가지는 부분을 확인해 볼 수 있을 것이다.

Ⅱ. 종래의 논의

1. 학　설

유치권과 동시이행의 항변권($\frac{제536}{조}$, 이하에서 민법 규정은 별도의 법명 표기 없이 조문만 적기로 한다)은 연혁적으로 로마법상 악의의 항변 (exceptio doli)에서 유래된 것으로 모두 당사자 사이의 공평을 위한 제도라고 설명된다.[9] 그러나 민법상 유치권은 피담보채권의 확보를 위한 담보물권이며, 동시이행의 항변권은 원칙적으로 쌍무계약에서 이행상의 견련관계로서 인정되는 급부거절권능이다. 그러므로 양자는 별개의 제도로서 각 요건의 충족 여하에 따라 그 성립을 판단하여야 한다. 이러한 관점에서는 일반적으로 언급되는 것처럼 양자의 병존가능성을 긍정할 수 있을 것이다.

대부분의 문헌은 유치권에 대한 서술에서 동시이행의 항변권과의 비

---

7) 이시윤, 민사집행에 있어서의 주요과제와 ISD, 민사집행법연구 제8권, 2012, 22면.
8) 김재형, 민법판례분석, 박영사, 2015, 130면.
9) 현승종, 민사유치권 및 동시이행의 항변권의 연혁적 고찰, 법조 제9권 제12호, 1960, 11면.

교를 통해 그 제도적 특성을 부각시키고 있으며, 이러한 방식은 동시이
행의 항변권에 대한 서술에서 다시 반복되고 있다. 그리고 양 제도의 비
교에 덧붙여, 유치권과 동시이행의 항변권은 별개의 제도이므로 그 요건
이 충족되는 한 병존할 수 있다고 한다. 예컨대[10] A가 B에게 매매계약에
기하여 목적물을 인도하였고 B가 이에 비용을 투하하였으나 계약이 해제
된 경우, A가 C에게 목적물을 양도하였다면 B는 C에게 동시이행의 항변
권을 주장하지 못하지만 유치권은 주장할 수 있다.[11] 그리고 만약 유치
권이 성립한 후 B가 목적물을 A의 승낙 없이 D에게 임대하였다면, A의
소멸청구에 의하여 유치권은 소멸하지만 B는 여전히 A에 대하여 동시이
행의 항변권을 행사할 수 있다. 유치권은 물권이므로 대세적인 효력이
있는 반면, 동시이행의 항변권은 동시이행 관계에 있는 채권·채무의 당
사자 또는 이를 양수한 자 사이에서만 효력을 가진다. 그러므로 제3자가
개재된 경우 계약상대방에 대하여는 동시이행의 항변권을 그리고 제3자
에 대하여는 유치권을 각각 주장할 수 있다.

  그러나 유치권과 동시이행의 항변권이 당사자 사이에서 함께 행사되
는 때에는 별도의 검토가 필요하다. 그런데 이에 대한 일반적인 설명은
문헌에 따라서 차이를 보인다. 첫째, 단순히 유치권과 동시이행의 항변권
의 병존을 인정하는 입장이다.[12] 이 경우에도 견해에 따라서는 두 권리
의 요건이 모두 갖추어지는 때에는 제536조가 준용 또는 유추적용되는
경우에나, 그것도 유치권의 성립을 넓게 인정하여야 가능할 것이라고 한
다.[13] 준용 내지 유추적용의 의미, 특히 유치권의 성립이 넓게 인정되는
경우란 어떤 경우인지에 대하여 부가적인 설명이 요구되지만, 양자의 병
존범위를 가급적 제한적으로 파악하고자 한 것이 아닌가 한다. 하지만

---

  10) 지원림, 민법강의 제14판 홍문사, 2016, 703면이 들고 있는 예이다.
  11) 김증한/김학동, 채권각론 제7판, 박영사, 2006, 66면도 유치권과 동시이행의 항변
     권은 병존할 수 있다고 하면서, 동일한 구조에서 임대인(A), 임차인(B), 임차목적
     물의 양수인(C)의 관계를 예로 들고 있다.
  12) 남효순, 이행거절권능의 법률관계 : 이행거절권능이 인정되는 법률관계의 비교 및
     이행지체책임 불성립의 법리를 중심으로, 서울대법학 제42권 제4호, 2001, 134면.
  13) 송덕수, 신민법강의 제9판, 박영사, 2016, 766면.

구체적으로 이들 권리가 행사되는 경우의 효과에 대하여는 언급이 없다.

둘째, 유치권의 우위를 인정하는 견해이다.[14] 양자의 병존을 인정하더라도 유치권을 행사하면 상대방은 선이행의무를 지므로 동시이행의 항변권의 존재는 무의미하게 된다는 것이다. 이 견해에 의하면, 당사자 사이에서는 일단 각 권리가 발생하더라도 유치권이 행사되는 한 동시이행의 항변권은 배제되고 유치권에 따른 법률관계만 남게 된다.

셋째, 학설이 대체로 양자의 경합적 인정에 대해 긍정적이라고 하면서, 매매계약의 경우에는 이를 부정하는 견해도 보인다.[15] 일본에서 매매계약의 경우 양자의 경합을 인정할 것인지에 대한 학설대립을 소개하면서, 물권변동에 있어서 의사주의를 취하는 일본과 달리 우리 민법은 형식주의를 취하는 만큼 매매계약만으로 목적물의 소유권이 매수인에게 이전되는 것은 아니기 때문에 매도인에게 유치권이 인정될 수 없다는 점에서 매매계약상 두 권리의 경합을 인정하는 것은 무리라고 한다. 그러나 판례와 마찬가지로[16] 매매대금채권과 매매목적물과의 견련성을 인정하지 않는 입장에서 본다면, 매매계약의 체결은 물론 매도인이 소유권만 먼저 이전한 상태에서도, 점유하고 있는 물건에 대하여 유치권은 발생하지 않는다. 매매계약에서 당사자의 이익상태는 동시이행의 항변권에 의하여 조정될 수 있으며, 매도인이 소유권을 먼저 이전함으로 해서 그 지위가 불리해질 수 있다고 하더라도 이는 의무의 선이행에 따른 것으로서 그 결과만을 가지고 부당하다고 할 수는 없다. 그러므로 우리 법의 해석상 매매계약에서는 유치권이 인정되지 않는 만큼, 동시이행의 항변권과의 경합 자체가 문제되지는 않을 것이다.

넷째, 매매계약의 무효나 취소에 따른 반환관계에 있어서 매매대금 반환채권과 목적물 간에 유치권의 성립요건인 견련성을 긍정하면서, 이

---

14) 민법주해 Ⅵ, 281면(호문혁 집필); 지원림, 전게서(주 10), 703면; 주석민법 물권 (3) 제4판, 416면(김갑유 집필).
15) 민법주해 ⅩⅢ, 40면 이하(류원규 집필).
16) 대법원 2012. 1. 12.자 2011마2380 결정.

경우 쌍무계약의 당사자가 부담하는 원상회복의무 사이에는 동시이행의 항변권이 인정되는 것이 판례의 태도이므로 유치권이 실제로 기능하는 경우는 많지 않다고 하는 견해이다.[17] 그러나 판례는 매매대금채권과 목적물 간에 견련성을 인정하지 않는바, 위 설명이 그 반환관계에서 유치권이 성립함에도 불구하고 동시이행의 항변권만 행사할 수 있다는 것인지, 아니면 유치권 자체가 인정되지 않는다는 의미인지는 명확하지 않다.

2. 외국법의 규율방식[18]

유치권 및 동시이행의 항변권을 명시적으로 정하고 있는 입법례로 독일민법을 들 수 있다. 독일민법은 채권편 중 급부의무 부분에서 일반적인 유치권(Zurückbehaltungsrecht)을 정하고 있는데(동법 제273조), 우리 법과 달리 채권적인 급부거절권능이다. 이에 대한 특칙으로서 점유자-회복자 관계에서의 회복자와 상속재산점유자에 대하여는 반환할 물건에 투하한 비용과 관련한 유치권(동법 제1000조 및 제2022조)이 인정된다.[19] 한편 채권편 중 쌍무계약에서 가장 먼저 등장하는 것이 동시이행의 항변권(Einrede des nicht erfüllten Vertrags)이다(동법 제320조). 동시이행의 항변권은 양당사자의 급부가 상환으로 이행되어야 한다는 점에서 유치권과 유사하지만, 양자는 일반적으로 구분된다. 요건면에서 동시이행의 항변권은 당사자의 합의에 의한 급부의무가 견련관계에 있어야 하는 반면, 유치권은 의무가 보다 느슨한 사실상의 관련성만 있으면 되고 권리의 행사에 의해 비로소 법적인 의미

---

17) 양창수/김형석, 권리의 보전과 담보, 박영사, 2012, 306면.

18) 유치권에 관한 비교법적인 검토는 이미 여러 문헌에서 상세하게 다루어진 바 있다. 예컨대, 양창수, 유치권의 발생요건으로서의 채권과 물건 간의 견련관계, 민법연구 I, 박영사, 1991, 233면 이하; 신국미, 유치권제도에 관한 연구-동시이행항변권과의 적용영역의 한계를 중심으로-, 고려대학교학위논문, 2003, 145면 이하; 이동진, 「물권적 유치권」의 정당성과 그 한계, 민사법학 제49-1호, 2010, 54면 이하 등 참조. 따라서 이하에서는 논의를 위해 필요한 범위에서만 개괄적으로 살펴본다.

19) 이와 별도로 도급계약의 경우 독일민법은 수급인에게 그의 채권을 담보하기 위한 별도의 권능을 수여하고 있다. 즉 수급인은 목적물인 동산에 대한 법정질권(Unternehmerpfandrecht)을 취득하거나(동법 제647조), 건물에 대한 보전저당(Sicherungshypothek)의 설정을 청구할 수 있다(동법 제648조).

를 가지게 된다.[20] 유치권의 행사에 따라서 비로소 두 개의 독자적인 그러나 또한 연관성을 가지는 청구권이 동시에 이행되어야 하는 관계로 전환되는 것이다. 효과면에서도 동시이행의 항변권만이 소급효를 가지고, 지체책임을 배제한다. 그리고 독일민법상 동시이행의 항변권은 유치권과 달리 타담보제공에 의해 배제될 수 없다는 점에서 보다 강력한 것으로 이해되고 있다.[21] 유치권은 그 요건이 충족되지 않은 때에도 당사자의 합의에 의해서 발생할 수 있다.[22] 양자의 실제상의 구분은 이행지체의 문제와 담보제공에 의한 회피가능성의 문제에서 드러나며, 그 밖에 동시이행의 항변권이 유치권의 한 유형인지 아니면 독자적인 규정인지는 더 이상 주된 관심의 대상이 되지 않는 것으로 보인다.[23]

　　반면 스위스나 일본은 우리 법과 마찬가지로 유치권을 물권으로 그리고 동시이행의 항변권은 쌍무계약의 효과로 정하고 있다. 스위스민법상 유치권은 동산질권과 채권질권 사이에 위치하고 있어서, 일종의 법정질권으로 파악된다.[24] 즉 채권자는 채무자의 의사에 따라 채권자의 점유하에 있는 동산 및 유가증권에 대하여, 그 채권이 변제기에 있고 채권의 성질상 유치하는 목적물과 관련성(Konnexität)이 있는 때에는 자신의 채권의 만족을 얻을 때까지 유치할 수 있다(스위스민법 제895조 제1항). 이때 유치물에 부동산은 포함되지 않으며, 채무자의 소유일 것이 전제되지만, 일정한 경우 제3자 소유의 물건에 대하여도 유치권이 성립할 수 있다(동조 제3항). 그리고 채무자의 지급불능시에는 채권이 변제기에 도달하지 않았더라도 채권자는 유치권을 행사할 수 있다(동법 제897조 제1항). 또한 채무자의 채무불이행시에 충분한 담보가 제공되지 않는 한 유치권자는 목적물을 환가하여 채권의 만족을

---

20) Staudinger/Roland Schwarze, §320 Rn.7.
21) MünchKomm/Krüger, §273 Rn.101.
22) MünchKomm/Krüger, §273 Rn.103.
23) Staudinger/Claudia Bittner, §273 Rn.2. 종래에는 학설상 다툼이 있었으나 오늘날 많은 견해는 이러한 대립에 더 이상 관심을 가지지 않는 것으로 보인다, MünchKomm/Krüger, §273 Rn.101.
24) Kostkiewicz/Schwander/Wolf, ZGB Handkommentar zum Schweizerischen Zivilgesetzbuch, 2006, S.898.

얻을 수 있다(동법제898조). 그 밖에 유치권은 담보물권으로서의 일반적인 성질, 즉 절대권, 일반채권자에 대한 우선적인 지위, 부종성, 수반성을 가진다.[25] 한편 스위스채무법 제82조는 원칙적으로 쌍무계약에서 타방에 이행을 청구하고자 하는 자는 이미 이행을 하였거나 이행을 제공하여야 한다고 정함으로써 동시이행의 항변권을 명시하고 있다. 쌍무계약으로부터 발생한 대립한 채권·채무가 아님에도 불구하고 동일한 법률관계로부터 발생한 채권·채무 사이에 그와 유사한 이익상황이 인정되는 때에는 소위 채권적 유치권(obligatorisches Retentionsrecht)이 인정된다. 그러나 이는 물권으로서의 유치권과 달리 연기적 항변권으로서의 효력만 가진다.

스위스민법에서는 유치권과 동시이행의 항변권의 관계에 관한 다툼은 찾기 어려우며,[26] 이는 오히려 일본민법에서 발견된다. 우리 법과 유사한 규정을 가진 일본의 경우, 동일한 사안에서 유치권과 동시이행의 항변권의 요건이 각각 충족되는 때 어느 것도 주장할 수 있다는 견해가 (경합설) 판례 및 통설이다. 하지만 보다 구체적인 설명에는 차이가 있다. 견해에 따라서는 양자의 성립영역을 엄격히 구분하는 것은 복잡하고 실용적이지도 않다거나 계약당사자 간에는 동시이행의 항변권 또는 그에 준하는 이행거절권이 우선한다는 견해가 비교적 명확하다고 하면서도, 상대방이 계약에 기한 반환청구권이 아닌 소유권에 기한 인도청구권을 행사한다면 유치권을 가지고 대항하지 않을 수 없고, 또 청구권경합 일반의 문제로서 계약당사자 간에는 물권적 청구권이 배제된다고 하는 법조경합설을 취하지 않는 한, 통설에 의할 것이라고 한다.[27] 이와 달리 쌍무계약에서 대가관계에 있는 채무 사이에서만 동시이행의 항변권이 발생하고 유치권은 그 밖의 범위에서 성립한다고 해석하기도 한다.[28] 그와 같

---

25) Honsell/Vogt/Geiser, Kommentar zum Schweizerischen Privatrecht: Schweizerisches Zivilgesetzbuch Ⅱ, 1998, S.2126.

26) 유치권과 별개로 쌍무계약에서는 동시이행의 항변권이 인정되고 양자의 일반적인 차이점이 언급되는 정도이다. 가령 Kostkiewicz/Schwander/Wolf, S.899; Honsell/Vogt/Geiser, S.2127.

27) 道垣内弘人, 擔保物權法 第3版, 有斐閣, 2008, 14면; 內田貴, 民法Ⅲ 第3版, 東京大學出版會, 2008, 502면 이하.

은 항변권이 성립하는 경우에도 관념적으로는 유치권이 성립하지만, 양자를 특별법과 일반법의 관계에 있는 것으로 보아 유치권이 배제된다거나,[29] 엄밀한 의미에서 쌍무계약상의 대가적인 채무 이외에도 동시이행의 항변권에 관한 일본민법 제533조의 적용범위가 확장되는데, 이와 같이 동시이행의 항변권이 성립하는 경우에는 유치권의 성립을 인정할 실익이 없으므로 유치권의 성립을 인정할 필요가 없다고 한다.[30] 특히 매매계약으로부터 발생하는 목적물인도청구권과 대금청구권에 대하여는 동시이행의 항변권만 인정되면 충분하고, 수선계약에서 목적물반환청구권과 수선대금청구권에 대하여는 유치권만 인정되면 충분하다고 하여, 유치권과 동시이행의 항변권의 관계를 계약의 유형에 따라서 구분하기도 한다.[31]

유치권과 동시이행의 항변권의 관계에 관한 오래된 논의는 프랑스민법에서 발견된다. 프랑스에서 유치권(droit de rétention)은 판례와 학설에 의하여 인정되어 왔으며, 프랑스민법전에 관련 규정들이 개별적으로 존재하였을 뿐 유치권에 관한 일반규정은 없었다. 일반적으로 유치권은 채무자의 변제가 있을 때까지 채권자가 채무자의 물건을 유치할 수 있는 권리로서, 그 물건과 채권과의 물적 관련성(connexité réelle)이 요구되었다.[32] 동시이행의 항변권(exception d'inexecution)이 쌍무계약의 효과로서 인정되는 것과 달리, 유치권은 채권자가 채무자의 물건을 점유하는 모든 경우에 발생할 수 있다. 그런데 유치권자는 목적물을 유치할 수 있을 뿐 처분할 수는 없으며, 자발적으로 점유를 잃은 때에는 유치권도 소멸한다.

---

28) 白羽祐三, 留置權・同時履行の抗辯權と不當利得, 谷口知平還曆「不當利得・事務管理の研究(1)」, 有斐閣, 1970, 97면 이하; 清水元執筆・篠塚昭次=川井健編, 講義物權法・擔保物權法, 青林書院, 1982, 181면 이하; 關武司執筆・川井健=鎌田薰編, 物權法・擔保物權法, 青林書院, 2000, 185면 이하.

29) 三藤邦彦執筆, 我妻榮編著, 擔保物權法(判例コンメンタ-ルⅢ), コンメンタ-ル刊行會, 1968, 6면 이하; 鈴木祿彌, 物權法講義 4訂版, 創文社, 1994, 341면 이하.

30) 加藤一部/林良平編集, 擔保法大系(2), 留置權の內容と效力(鈴木祿彌), 1985, 806면.

31) 我妻/有泉コンメンタ-ル民法-總則・物權・債權-, 日本評論社, 2008, 990면.

32) Buffelan-Lanore/Larribau-Terneyre, Droit civil: Les obligations 13.e., Sirey, 2012, n° 371.

유치권자는 우선적인 지위가 인정되지 않기 때문에, 당해 물건의 환가대금은 다른 일반채권자와 안분하게 되는 것이다.

그러다 2006년 프랑스민법의 담보편 개정을 통해[33] 유치권에 관한 일반 조항이 신설되었다(프랑스민법,제2286조[34]). 종래의 판례와 학설을 성문화한 것으로, 이전의 법상태를 변경하는 것은 아니라고 설명된다.[35] 하지만 그 규정방식이나 해석을 둘러싸고 종래의 학설이나 판례와 연결하여 복잡한 논의가 전개되고 있다.[36] 그런데 유치권은 채권자가 자신의 채권이 만족을 얻을 때까지 그 물건의 반환을 거절할 수 있는 권능이기 때문에, 동시이행의 항변권과의 구분이 문제되고, 문헌들도 이러한 관점에서 양자를 비교하고 있다. 동시이행의 항변권은 쌍무계약의 효과로 인정되는 반면 유치권은 그 밖의 영역에서도 작동할 수 있는 점, 유치권의 경우 채권과 물건 간의 관련성(connexité)이 요구되는 반면 동시이행의 항변권은 쌍무계약상 대립하는 채권·채무 간의 견련관계에서 발생한다는 점이다.[37] 즉 채권과 물건 간의 관련성과 쌍무계약 당사자 간의 균형은 서로 다른 개념인 것이다.[38]

이상에서처럼 입법례에 따라 목적물의 반환거절권능은 채권으로 또

---

33) Ordonnance n°2006-346 du 23 mars 2006 - art. 3 JORF 24 mars 2006.
34) 프랑스민법 제2286조 ① 다음의 경우 물건에 대한 유치권을 행사할 수 있다.
  1. 채권이 변제될 때까지 물건을 소지할 수 있는 경우;
  2. 변제되지 않은 채권이 물건을 인도할 채무를 부담시키는 계약에서 발생한 경우;
  3. 변제되지 않은 채권이 물건의 소지에서 발생한 경우;
  4. 비점유질권이 있는 경우.
  ② 유치권은 자발적인 소지의 포기에 의하여 소멸한다.
35) Buffelan-Lanore/Larribau-Terneyre, n° 372.
36) 종래 판례는 유치권에 대하여 제3자에 대한 대항력은 인정하였지만 담보물권으로서의 우선권은 인정하지 않았다(가령 Cass. 7 nov. 2006, RTD civ. 2007, 159; Com. 21 mars 2006, RLDC déc. 2006, p. 23). 이러한 판례의 입장은 유치권의 효과에 관한 명시적인 규정을 두지 않은 현행법하에서도 유지될 것이다. 이에 관한 소개는 이동진, 전게논문(주 18), 66면 이하; 남궁술, 프랑스 민법전의 유치권에 관한 연구-개정 담보법(2006)의 내용을 중심으로-, 민사법학 제49-2호, 2010, 67면 이하 참조.
37) Simler/Delebecque, Droit civil—Les sûretés, La publicité foncière, 6.e., Dalloz, 2012, n° 581.
38) Jobard-Bachellier/Bourassin/Brémond, Droit des sûretés, Sirey, 2007, n° 1358.

는 물권으로도 구성될 수 있다. 그리고 단순한 거절권능에 그치는지 아니면 우선적 변제권을 가진 담보물권으로서의 성질을 가지는지는 어디까지나 입법적 결단에 의한다. 우리 민법의 유치권과 동시이행의 항변권은 그 성질에 비추어 볼 때 일본민법 및 프랑스민법에 보다 근접한다고 할 수 있다. 하지만 프랑스민법은 유치권에 관한 일반규정을 담보편에서 신설하기는 하였지만 그 성질이나 효과를 둘러싼 논의가 계속되고 있고, 일본에서는 특히 양자의 관계에 대한 견해가 분분하여, 직접적인 참고기준을 찾기는 쉽지 않다. 그러므로 이하에서는 우리 법상 담보물권으로서의 유치권의 성질을 토대로 하여 대상판결에서 문제된 도급계약, 특히 건물의 신축공사를 내용으로 하는 계약에서, 당사자의 지위 및 이해관계의 분석을 통해 유치권과 동시이행의 항변권의 관계를 정립하기 위한 기준과 그 근거를 모색해 본다.

Ⅲ. 수급인의 유치권

1. 도급계약상 유치권과 동시이행의 항변권

도급계약에서 별도의 정함이 없는 한 공사대금과 완성된 목적물의 인도는 동시이행 관계에 있다(제665조). 그러므로 수급인의 공사대금청구에 대하여 도급인은 목적물의 인도시까지 대금의 지급을 거절할 수 있으며, 도급인의 목적물인도청구에 대하여 수급인은 공사대금지급시까지 목적물의 인도를 거절할 수 있다. 그리고 판례는 일반적으로 수급인의 보수청구권에 기한 유치권을 승인하고 있으며,[39] 학설도 다르지 않다. 따라서 수급인은 동시이행의 항변권 또는 유치권을 선택적으로 행사할 수 있으며,[40] 동시이행의 항변권을 행사하든 유치권을 행사하든 목적물의 인도를 거절할 수 있다는 점에서는 차이가 없다.

---

[39] 대법원 1976. 9. 28. 선고 76다582 판결; 대법원 1995. 9. 15. 선고 95다16202, 16219 판결; 대법원 1996. 8. 23. 선고 95다8713 판결; 대법원 2013. 10. 24. 선고 2011다44788 판결 등.
[40] 유치권은 타물권이므로 이하에서는 목적물의 소유권이 도급인에게 있는 경우만을 대상으로 한다.

그런데 판례는 한편으로 소유권 등에 기하여 목적물을 인도받고자 하는 사람은 유치권자가 가지는 피담보채권을 만족시키는 등으로 유치권이 소멸하지 않는 한 그 인도를 받을 수 없으므로 실제로는 그 변제를 강요당하는 셈이 된다고 하면서도,[41] 다른 한편으로 물건의 인도를 청구하는 소에서는 피고의 유치권 항변이 인용되는 경우에도 원고의 청구를 배척하는 것이 아니라 그 물건에 관하여 생긴 채권의 변제와 상환으로 물건의 인도를 명한다.[42] 이러한 상환이행판결에 대하여는 반대견해도 없지 않지만,[43] 다수의 견해는 소송경제 및 당사자 간의 공평이라고 하는 유치권의 목적이 상환이행으로 충분히 달성된다는 근거에서 위 판례와 태도를 같이한다.[44] 하지만 이는 유치권의 담보물권으로서의 성질에 부합하지 않는다. 물론 유치권이 다른 담보물권과는 그 효과면에서 차이가 있지만, 그러한 사실만으로 민법의 규정체계에 반하여 담보물권으로서의 기본적인 성질을 부정할 것은 아니다. 그리고 피고가 유치권을 행사한다고 해서 양당사자의 급부가 동시이행의 관계로 전환되는 것도 분명 아니다. 또한 재판외에서 유치권이 행사된 경우에는 목적물의 인도청구권을 행사하는 자가 여전히 그 피담보채무를 선이행하여야 할 것인데, 동일한 권리가 재판상 행사되었는지 아니면 재판외에서 행사되었는지에 따라 당사자의 지위가 달라지는 것은 불합리하다. 유치권을 동시이행의 항변권과 같은 채권적 권능으로 규정할 것인지에 대한 입법적인 논의는 별론으로 하더라도, 유치권 항변에 대한 판례 및 다수 견해의 태도는 민법체계에 비추어 볼 때 그리고 이론적인 관점에서도 재고되어야 할 것이다.

---

41) 대법원 2011. 12. 22. 선고 2011다84298 판결.
42) 대법원 1969. 11. 25. 선고 69다1592 판결; 대법원 2011. 12. 13. 선고 2009다5162 판결.
43) 청구기각판결(장경학, 물권법, 법문사, 1987, 679면) 또는 선이행조건부판결(이혁, 유치권의 제한, 판례연구 제24집, 부산판례연구회, 2013, 458면 이하)이 타당하다고 한다.
44) 주석민법 물권(3), 416면(김갑유 집필); 민법주해Ⅵ, 302면(호문혁 집필) 등.

2. 공사대금채권에 기한 유치권의 특수성

종래 유치권에 관한 논의는 물건과 피담보채권의 견련성에 집중되었다. 견련성과 관련하여서는 크게 일원설과 이원설이 대립해 왔으며, 양자가 견련성의 판단에 관한 충분한 기준을 제시하지 못하는 문제점을 보완하기 위한 견해들도 제시되고 있다.[45] 하지만 견련성에 대한 판단은 유치권을 인정할 만한 이익상태의 존부가 보다 실질적인 기준이 되어왔음을 부인할 수 없다. 그리고 판례와 학설에서 비용상환청구권이나 손해배상청구권은 바로 이러한 전형적인 '물건에 관한 채권'에 해당하며,[46] 이와 더불어 견련성이 인정되는 유형이 바로 공사대금채권이다.

그런데 공사대금채권은 손해배상청구권은 물론 비용상환청구권과도 그 성질이나 구조에 있어서 뚜렷한 차이가 있다. 먼저 손해배상청구권의 경우 채권자는 동시이행의 항변권 등 다른 담보수단을 가지지 않는다. 때문에 손해를 야기한 물건 자체를 담보로 확보해 줄 필요가 있다는 점에서 다른 유형과 구분된다. 그리고 비용상환청구권은 비용부당이득(Verwendungskondiktion)으로서, 부당이득의 유형론에 의할 때 비급부부당이득(Nichtleistungskondiktion)의 한 유형으로 분류된다. 비용부당이득에 있어서는 타인의 채무 또는 자신이 부담한다고 오인한 채무에 대한 급부가 있는 것이 아니라, 타인에게 속한 물건에 관하여 실제 비용지출이 있게

---

45) 가령 양창수, 전게논문(주 18), 254면은 물건에 관한 제3자의 이해관계를 고려할 때 개별적인 사안에서 사태의 논리를 추적하여야 한다고 하고, 지원림, 전게서(주 10), 708면 이하는 물건 자체로부터 생긴 경우 외에는 유치권을 담보물권으로 정한 취지와 거래계에서 유치권이 초래하는 폐해를 고려하여 피담보채권이 공익비용적 성질을 가지는지 여부에 따라 판단하여야 한다고 하며, 양창수/김형석, 전게서 (주 17), 302면은 피담보채권이 대세적인 물적 지배를 정당화할 만한 것이어야 한다고 한다. 또한 엄동섭, 유치권의 성립요건-견련성, 고시계 제50권 제11호, 2005.11, 24면 이하는 이원설에 기초하면서도 이를 보완하기 위하여 목적물 자체로부터 발생한 경우 외에는 채권자에게 채권보전수단을 이용할 수 있는 기회가 없었던 경우에만 견련성을 인정할 것을 주장한다.

46) 그래서 2013년 법무부민법개정시안 제320조 제1항은 "타인의 동산을 점유한 자는 그 동산에 대한 비용지출로 인한 채권 또는 그 동산으로 인한 손해배상채권이 변제기에 있는 경우"로 그 요건을 구체화하였다.

된다.[47] 그리고 그 비용의 상환과 관련하여 계약이나 사무관리 등 별도의 법률관계가 있는 때에는 그것이 우선하고, 그렇지 않은 경우 보충적으로 비용부당이득법리에 의한다.[48]

　반면 건물의 축조는 이러한 비용이 아니라 수급인이 부담하는 급부 자체이며, 공사대금은 이에 대한 반대급부이다. 만약 반대급부에 대하여 목적물과의 견련성을 인정한다면, 매매대금채권 나아가 매매대금반환채권에 대하여도 견련성을 인정하지 못할 이유가 없으며,[49] 물건의 인도나 반환이 문제되는 모든 쌍무계약으로 그 범위가 확대될 것이다. 그러나 대체로 판례나 학설은 견련성을 부정하며, 이러한 태도는 매우 타당하다. 쌍무계약상 또는 그 청산관계에서 견련관계에 있는 급부와 반대급부는 이미 동시이행의 항변권에 의하여 규율되기 때문이다. 이러한 관점에서 볼 때, 그리고 비용과 급부의 개념구분으로부터도, 동시이행의 항변권이 인정되는 반대급부를 확보하기 위한 수단으로 특별히 도급계약에서만 담보물권인 유치권이 인정되어야 하는 당위성에 대해서는 재고의 여지가 있다.[50]

　그럼에도 불구하고 물건 자체에 포함된 가치의 일부가 그 점유자의

---

47) Fikentscher/Heinemann, Schuldrecht 10.Aufl., 2006, S.732.
48) 독일의 확고한 판례(BGHZ 10, 177; BGHZ 131, 220 등)는 비용개념을 제한적으로 해석하여, 물건을 회복시키거나, 보존하거나 또는 개량하기 위하여 행해진 지출로 한정하고, 그 밖의 가치증가적인 지출(가령 건물의 축조)은 포함시키지 않는다.
49) 일본에서는 부동산의 매도인이 대금을 받지 않은 채로 등기를 이전한 경우 매도인은 매매대금채권을 위한 유치권을 취득하며 이를 전득자에게도 주장할 수 있다고 하고(最判昭 47. 11. 16 民集 26-9-1619), 매매계약이 해제되어 매수인이 대금반환청구권을 취득한 경우에도 유치권을 인정하는(最判昭 38. 2. 19 民集 64-473) 등, 우리 법에서보다 넓은 범위에서 유치권의 성립을 인정하고 있다.
50) 가령 제작물공급계약의 법적 성질에 관하여 판례는 대체물·부대체물 기준에 따라 전자의 경우 매매 그리고 후자의 경우 도급으로 판단한다(대법원 1996. 6. 28. 선고 94다42976 판결; 대법원 2006. 10. 13 선고 2004다21862 판결; 대법원 2010. 11. 25 선고 2010다56685 판결). 이에 따르면 전자의 경우에는 동시이행의 항변권만 인정되는 반면 후자의 경우에는 유치권도 인정될 것이다. 그러나 과연 물건의 제작과 공급을 징표로 하는 동일한 계약에서 목적물이 대체물인지 아니면 부대체물인지에 따라 반대급부의 확보를 위한 법적 기술이 달라져야 하는지는 의문이다.

출연에 의한 것인 때 그 물건을 당해 출연에 상응하는 채권의 담보로 파악하도록 하는 유치권의 취지에 비추어 본다면, 수급인에게도 유치권을 인정할 수 있을 것이다.[51] 그리고 물건의 일부를 수선한 자가 이에 관한 계약이 없는 때에는 비용상환청구권을 확보하기 위한 유치권이 인정되지만 일부는 물론 전부를 축조하더라도 계약에 기한 때에는 동시이행의 항변권이라고 하는 채권적 청구권만 인정된다고 하는 것도 이익균형이 맞지 않다.

그런데 쌍무계약인 도급계약에서 반대급부에 대한 유치권을 인정하는 경우, 유치권이 인정되는 다른 유형에서와 달리 동시이행의 항변권과의 관계라고 하는 문제는 필연적으로 발생한다. 예컨대 임차인이 임차목적물에 필요비를 지출한 경우, 필요비의 상환청구권은 비용투하시에 발생하지만 임대차기간 중 임차인의 목적물의 점유는 임대차계약에 포섭되므로 당사자 간에 별도로 유치권을 인정할 실익은 없다. 그러나 임대차가 종료하면, 임대인의 보증금반환의무와 임차인의 목적물반환의무는 동시이행 관계에 있으며, 임차인은 비용상환청구권에 기한 유치권을 행사할 수 있다. 따라서 법논리적으로는 임대인이 비용상환의무를 선이행함으로써 유치권을 소멸시키고 임대차보증금과 목적물을 상환할 수 있다.[52] 유치권과 동시이행의 항변권은 각각의 요건하에 발생하며 그 제도적 취지에 상응하여 기능할 뿐, 양자의 경합에 따른 문제를 야기하지 않는다. 반면 도급계약에서는 수급인이 유치권을 행사하는 경우 담보물권으로서의 유치권의 성질에 기하여 도급인은 공사대금채무를 선이행하지 않으면 안 되고, 동시이행의 항변권이 무력화된다. 파산절차에서도 여타의 미이행쌍무계약에서 파산관재인은 계약을 해제·해지하거나 채무자의 채무를 이행

51) 양창수, 전게논문(주 18), 247면은 그에 관한 계약이 존재하는 경우와 그렇지 않은 경우를 구별할 만한 이익형량요소는 존재하지 않으며, 오히려 유치권이 가지는 물권적 권능에 비추어 병존을 인정할 실익이 있다고 한다. 송덕수, 전게서(주 13), 770면도 피담보채권의 발생원인은 묻지 않으며, 계약은 물론 사무관리, 부당이득, 불법행위에 의한 것이라도 무방하다고 한다.
52) 유치권 행사의 효과에 대한 소위 상환이행판결설에 의하면, 보증금과 비용의 지급이 목적물의 반환과 상환으로 이루어질 것이다.

하고 상대방의 채무이행을 청구할 수 있는 선택권을 가지지만($^{채무자회생법}_{제335조}$), 유치권이 인정되는 한 유치권자는 그 목적 재산에 대하여 별제권을 가지며($^{동법}_{제411조}$), 별제권은 파산절차에 의하지 않고 행사한다($^{동법}_{제412조}$). 그러므로 도급계약에서 유치권의 요건이 충족되는 경우 유치권의 우위를 항상 수인할 수밖에 없는지, 그렇지 않다면 당사자 간에 유치권과 동시이행의 항변권의 관계를 조정하기 위한 별도의 장치가 필요한지를 궁리하지 않을 수 없다.

대상판결은 도급인이 공사대금채권 전부에 대한 동시이행의 항변을 한 때에는 그 채권의 변제기가 도래하지 않은 경우와 마찬가지가 되고, 수급인은 자신의 채무에 대한 이행제공을 하지 않으면 유치권을 행사할 수 없다고 한다. 대상판결은 종래와 마찬가지로 유치권의 발생가능성을 전제로 하면서도 당해 사안에 비추어 일정한 요건하에 유치권의 행사를 부정함으로써 당사자 간에 공평한 결과를 도모하고자 한 것으로 보인다. 그러면 이하에서는 대상판결이 제시한 공식의 타당성 내지는 그 유효범위를 판단하기 위하여 각 요소를 차례로 살펴본다.

Ⅳ. 공사대금채권의 변제기

대상판결은 수급인이 유치권을 행사하기 위해서는 자신의 채무를 변제제공할 것을 요구한다. 그런데 동시이행의 관계에 있는 도급인과 수급인 사이에서 손해배상채무 등의 변제제공은 도급인으로부터 동시이행의 항변권을 박탈하고 이행지체에 빠지도록 하여 그 책임을 묻기 위한 요건이다. 그러므로 지체책임과 유치권의 요건을 연결한 설시는 수긍하기 어렵다. 그리고 변제기는 계약의 해석으로부터 판단되는 것이며, 동시이행의 항변권을 행사하기 위해서도 변제기가 도래하여야 한다. 이때부터 소멸시효가 진행되며, 동시이행의 항변권이 인정되는 한 지체책임이 발생하지 않는 것뿐이다. 또한 동시이행의 항변권은 어디까지나 자기 채무의 이행을 거절하는 권능에 지나지 않으며, 애초에 약정된 변제기를 변경시키거나 변제기의 정함이 없는 채무로 그 성질을 변경시키는 효력을 가지지 않는다.[53] 때문에 변제기의 도래로 동시이행의 항변권의 행사가 가능해지고 유치권 또한 발생하였음에도 불구하고, 동시이행의 항변권의 행사에 따라서 변제기가 도래하지 않은 경우와 마찬가지가 되어 유치권이 차단된다는 설시는 설득력을 가질 수 없다. 종래 판례가 이견 없이 수급인의 유치권을 인정함에 있어, 그 전제로서 도급인이 동시이행의 항변권을 행사하지 않았다거나 도급인이 지체책임을 지는지를 별도로 판단하지 않은 것에 비추어 보아도 그러하다.

물론 다액의 손해배상채무를 지는 수급인으로 하여금 변제제공을 하도록 한다면 유치권을 인정하더라도 도급인이 특별히 불리한 지위에 놓이는 것은 아니라고 할지 모른다. 그러나 현실적으로 다액의 손해배상채무를 부담하는 수급인이 자신의 채무를 변제제공하면서까지 도급인에게 유치권을 행사할 이유는 없을 것이다. 그럼에도 불구하고 수급인이 자신의 채무를 적법하게 변제제공한다면 도급인으로서는 상계후 목적물을 인도받으면 충분하기 때문에, 수급인이 과연 유치권을 행사할 실익이 있는지도 의문이다. 그러므로 수급인이 변제제공을 하지 않는 한 유치권을 행사할 수 없다고 한 대상판결의 설시는 실제 수급인이 유치권을 행사하기 위한 요건으로서 고유한 의미를 가질 수 없다.

만약 목적물의 소유권이 제3자에게 이전되었다면, 수급인은 도급인을 지체에 빠뜨리지 않은 한 역시 제3자에게 유치권을 행사할 수 없는지도 의문이다. 오히려 수급인에게 유치권을 인정하는 취지나 동시이행의 항변권의 행사와 관련한 법률관계는 계약당사자에 국한된다는 점에서, 수급인은 제320조의 요건이 충족되는 한 제3자에게 유치권을 행사할 수 있다고 해야 한다. 그리고 계약당사자 간에 유치권의 행사가 참을 수 없는 부당한 결과를 가져온다면, 이미 도래한 변제기를 부정하거나 유치권을 지체책임과 혼용할 것이 아니라, 보다 설득력 있는 다른 근거를 모색하여야 할 것이다. 그러면 계약당사자 간에 유치권의 행사를 제한할 만한

---

53) 대법원 1997. 7. 25. 선고 97다5541 판결.

필요가 있는지 그리고 그 근거는 어디서 찾을 수 있는지를 대상판결의
사안과 관련하여 살펴본다.

V. 공사대금과 손해배상액의 차이에 따른 당사자의 이익 분석

1. 공사대금이 손해배상액보다 큰 경우

수급인이 공사대금을 청구하면 도급인은 손해배상청구권 등에 기한
동시이행의 항변권을 행사하게 될 것이다. 이때 동시이행의 항변권의 행
사범위와 관련하여, 판례는 도급인이 손해배상액에 상응하는 보수액에 관
하여만 자신의 채무이행을 거절할 수 있을 뿐 나머지 보수액은 지급을
거절할 수 없다고 한다.[54] 학설도 동시이행의 항변권의 행사에 있어서
상대방의 청구가 가분적인 급부를 내용으로 하는 한 상대방이 아직 이행
하지 않은 부분에 상당하는 만큼의 채무의 이행을 거절할 수 있다고 한
다.[55] 도급인의 하자보수에 갈음하는 손해배상청구에 있어서 도급인은
공사대금 전부에 대해 이행을 거절할 수는 없고 손해배상액과 같은 금액
에 대해서만 이행을 거절할 수 있다는 것이다.[56] 이러한 이행거절권능의
범위는 곧 지체책임과 연결된다. 위 기준에 의하면 도급인이 부담하는
공사대금채무 중 손해배상액을 초과하는 금액은 동시이행 관계에 있지
않으므로 도급인의 지체책임이 발생하게 될 것이다.

그러나 수급인이 목적물을 점유하고 있는 경우에는 동시이행의 항변
권의 행사범위를 공사대금과 손해배상액에 대응하여 기계적으로 정할 수
는 없다. 위 판례는 도급인이 수급인의 손해배상액에 상응하는 금액에
관하여만 이행거절을 할 수 있다고 하지만, 목적물의 인도는 문제되지
않은 사안에 관한 것이다. 그리고 도급계약에서 공사대금채권은 단순히
손해배상채권과 동시이행 관계에 있는 것이 아니라, 완성된 목적물 내지

---

54) 대법원 1991. 12. 10. 선고 91다33056 판결; 대법원 1996. 6. 11. 선고 95다
   12798 판결; 대법원 2007. 8. 23. 선고 2007다26455,26462 판결 등.
55) 민법주해 XIII, 32면(류원규 집필).
56) 김증한/김학동, 전게서(주 11), 520면.

그에 갈음하는 손해배상청구권을 포함한 목적물의 인도와 대가관계에 있
다. 만약 도급인이 손해배상액에 상응하는 금액에 대하여만 동시이행의
항변권을 행사할 수 있다면, 도급인은 이제 나머지 공사대금을 변제하여
야 하고 그렇지 않은 경우 지체책임을 지게 될 것이다. 그러나 이는 목
적물의 인도를 받지 못한 상태에서 자신의 채무를 이행하여야 할 위험으
로부터 보호되는 담보적 기능 내지 상대방의 이행을 촉구하는 압박수단
으로서의 기능을 수행하는 동시이행의 항변권을 부당히 박탈하는 결과가
된다. 또한 손해배상액에 대하여 다툼이 있는 경우, 특히 공사대금의 지
체에 대한 고율의 지연이자 약정이 있는 때에는 도급인에게 불측의 손해
를 야기할 수 있다. 그러므로 도급인은 손해배상채권 및 목적물의 인도
를 담보하는 공사대금채권 전부에 대하여 동시이행의 항변권을 행사할
수 있다고 해야 한다.

다만 대법원 2001. 9. 18. 선고 2001다9304 판결의 사안에서와 같이,
미지급한 기성공사대금에 비해 하자보수비용이 12.5% 정도에 불과하고
도급인이 선급금을 지급한 이래 기성공사대금을 전혀 지급하지 않았을
뿐만 아니라 현재 자력이 없고 앞으로 공사가 완성되어도 공사대금을 지
급할지 여부가 불확실한 상태라고 하는 특별한 사정이 있는 때에는, 도
급인이 동시이행의 항변을 할 수 있는 기성공사대금의 범위를 하자 및
손해에 상응하는 금액으로 한정할 필요가 있다. 그러나 이 또한 위 원칙
하에서 공평과 신의칙에 근거한 예외적인 판단일 뿐이다.

한편 동시이행의 항변권이 붙은 채권을 자동채권으로 한 상계는 허
용되지 않지만, 자동채권과 수동채권이 동시이행 관계에 있는 때에는 상
계가 가능하다.[57] 그리고 공사대금이 손해배상액보다 큰 경우에는 도급

---

[57] 대법원 2006. 7. 28. 선고 2004다54633 판결은, 상계제도가 서로 대립하는 채
권·채무를 간이한 방법에 의하여 결제함으로써 양자의 채권·채무를 원활하고 공
평하게 처리함을 목적으로 하는 점, 자동채권과 수동채권이 동시이행 관계에 있더
라도 서로 현실적으로 이행하여야 할 필요 없는 경우라면 상계로 인한 불이익이
발생할 우려가 없는 점, 오히려 상계를 허용하는 것이 동시이행 관계에 있는 채
권·채무를 간명하게 해소할 수 있는 점을 들어 상계를 허용한다.

인이 손해배상채권을 자동채권으로 하여 상계하는 것은 물론, 수급인이 공사대금을 자동채권으로 하여 손해배상채권과 상계하는 것도 가능하다고 할 것이다. 이 경우 수급인의 상계를 허용하더라도 여전히 나머지 공사대금과 목적물의 인도는 동시이행되어야 하므로 도급인의 지위를 부당하게 불리하게 만들지 않기 때문이다. 즉 공사대금채권과 손해배상채권에 대하여 상계표시가 있는 경우, 이제 도급인의 그 차액만큼의 공사대금과 수급인의 목적물 인도가 상환으로 이루어지면 충분하다.

그러나 수급인이 공사대금채권에 기한 유치권을 행사하는 경우에는 상황이 달라진다. 유치권은 공사대금 전액을 피담보채권으로 하며 불가분성에 의해 채권 전부의 만족을 얻을 때까지 수급인은 유치권을 행사할 수 있다. 이러한 유치권의 성질에 비추어 보면, 도급인은 공사대금 전부를 변제하여 유치권을 소멸시킨 후에야 비로소 목적물의 인도 및 손해배상을 받거나, 상계를 한 경우에는 공사대금 잔액을 지급하여야 목적물을 인도받을 수 있다. 때문에 수급인에게 유치권은 다액의 공사대금채권을 확보하는 매우 중요한 수단이 된다. 이러한 당사자의 이익상태는 유치권 제도의 취지에도 상응하므로, 제320조의 요건이 충족되는 한 수급인은 유치권을 행사할 수 있다고 해야 한다. 이때 대상판결의 설시와 같이 도급인이 동시이행의 항변권을 행사하고 있는지 여부에 따라서 달리 해석할 근거는 없다. 더욱이 수급인이 변제제공을 하지 않았다고 해서 유치권을 부정하고, 나아가 그의 불법행위책임을 묻는 것은 부당하다.

2. 공사대금이 손해배상액보다 작은 경우

수급인이 점유하고 있는 완성된 건물 또는 기성부분의 하자에 대한 손해배상액이 공사대금보다 큰 경우, 도급인이 공사대금 전액에 대하여 동시이행의 항변권을 행사할 수 있음은 물론이다. 그리고 공사대금과 대가적 관계에 있는 것은 손해배상과 목적물의 인도이므로, 수급인도 손해배상액 전부의 이행 및 인도를 거절할 수 있을 것이다. 이 경우 수급인이 공사대금채권을 자동채권으로 하여 상계를 할 수 있는지가 문제된다.

만약 수급인의 상계를 허용한다면, 이제 수급인의 나머지 손해배상액의 지급과 목적물의 인도채무만 남게 되고, 도급인은 수급인이 채무이행을 제공할 때까지 공사대금지급을 거절할 수 있는 항변권을 상실하게 된다. 그러므로 공사대금이 손해배상액보다 큰 경우와 달리 보다 작은 경우에는, 수급인의 일방적인 의사표시에 의해 도급인의 항변권을 박탈하게 되는 상계권의 행사는 허용되지 않는다고 해야 한다.[58] 반면 도급인이 손해배상채권을 자동채권으로 하여 상계를 한다면, 이는 동시이행의 항변권의 포기라고 해석할 수 있고, 따라서 굳이 그 효력을 부정할 이유는 없을 것이다.

대상판결은 위와 같이 수급인의 손해배상액이 공사대금보다 큰 사안에서 수급인이 유치권을 행사한 경우이다. 만약 수급인이 유치권을 행사할 수 있다면, 도급인은 동시이행 관계에 있는 자신의 채무 전부를 선이행하지 않을 수 없다. 이는 보다 큰 채무를 부담하는 수급인이 상대적으로 작은 채무를 부담하는 도급인에게는 선이행을 강제하면서 정작 자신의 채무이행은 회피할 수 있도록 만든다는 점에서 타당하지 않다. 물론 도급인이 상계를 한다면 그 피담보채권이 소멸하므로 유치권도 소멸할 것이지만, 동시에 도급인은 동시이행의 항변권을 잃게 되므로 상계권의 행사를 강제할 수는 없다. 이러한 당사자의 이익상태를 고려한다면, 수급인에게 유치권을 허용하기는 어렵다. 동시이행 관계에 있는 당사자의 이익균형이 동일한 제도적 취지에 기반한 유치권의 행사에 의해 파괴되어 오히려 그 취지에 반하는 결과가 된다면, 유치권은 제한되지 않으면 안 되는 것이다. 이는 공사대금이 손해배상액보다 작은 경우 수급인의 상계를 허용하지 않는 것에 비추어 보아도 그러하다. 일응 유치권의 성립요건이 충족되었음에도 불구하고 수급인에게 유치권을 인정하지 않고 오히려 불법행위책임을 묻는 것이 가혹하게 보일지 모른다. 그러나 수급인이 동시이행의 항변권을 가지는 한 그 점유는 적법한 점유이므로 불법행위

---

58) 이러한 당사자의 이익상태는 공사대금과 손해배상금이 동액인 때에도 마찬가지이므로, 역시 수급인의 상계는 허용되지 않는다고 해야 한다.

책임은 발생하지 않는다.[59] 그러므로 수급인에 대하여 불법행위책임을 인정한 결과만을 문제삼을 것은 아니다.

3. 소　결

수급인의 유치권 행사를 인정하지 않은 대상판결의 결론은 타당하지만, 그 근거는 의문과 혼란을 가져올 뿐이며 법리의 적용범위도 별도의 검토가 필요하다. 먼저 수급인의 유치권 행사가 제한되는 근거는, 대상판결에서처럼 도급인이 동시이행의 항변권을 행사한다고 해서 돌연 변제기가 도래하지 않은 상태가 되는 것은 아닐뿐더러, 유치권과 동시이행의 항변권이 적어도 당사자 간에는 배타적이어서 유치권을 행사하기 위해서는 수급인이 변제제공을 통해 동시이행의 항변권을 박탈해야 하기 때문도 아니다. 오히려 유치권의 성질에 비추어 그 행사에 따른 효과가 동시이행의 항변권을 압도한다고 할 것이지만, 이상에서와 같이 당사자 간의 이익상황에 따라서 유치권의 행사는 제한될 수 있다. 즉 공사대금이 손해배상액보다 큰 경우 수급인의 유치권은 다액의 공사대금채권을 확보하는 중요한 수단이 되며, 도급인이 동시이행의 항변권을 행사하고 있는지 혹은 수급인이 자신의 채무를 변제제공하였는지 여부는 문제되지 않는다. 반면 공사대금이 손해배상액보다 작은 경우에는, 수급인의 상계가 제한되는 것과 마찬가지로, 도급인이 동시이행의 항변권을 행사하는 한 유치권의 행사도 허용되지 않는다고 해야 한다. 그것이 유치권과 동시이행의 항변권이 공통적으로 추구하는 공평의 원칙에 부합한다. 결국 유치권과 동시이행의 항변권이 함께 주장되는 때에는 유치권의 행사가 제한된다고 하는 대상판결의 법리는 공사대금이 손해배상액보다 작고 도급인이 동시이행의 항변권을 행사하는 경우에 국한하여 적용되는 것이다. 그러므로 공사대금이 손해배상액보다 작은 경우에 도급인이 동시이행의 항변

---

59) 대상판결의 사안에서 피고의 유치권 행사가 허용되지 않더라도 동시이행의 항변권이 인정되는 한 점유는 적법한 것이 될 것인데, 원고의 불법행위 주장에 대하여 피고가 동시이행의 항변권을 주장하지 않은 것은 의문이다.

권을 행사하지 않는다면, 법원으로서는 동시이행의 항변권의 존부를 판단할 필요가 없고, 수급인이 유치권을 행사하는 데에도 장애가 없다. 대상판결도 유치권의 성립 자체를 부인한 것이라기보다는 그 행사를 제한한 것이며, 그 전제가 도급인이 동시이행의 항변권을 행사하고 있다는 점이다. 동시이행의 항변권의 행사가 강제되지 않는 만큼, 유치권의 성립요건이 충족되는 때 그 행사를 제한할 여타의 사정이 없다면 이를 승인하지 않을 수 없다.

VI. 결 론

판례는 경매절차에서 경합 또는 충돌하는 당사자의 이해관계를 조정하고 경매절차의 적정한 운용을 위해 특히 부동산 유치권을 제한한다. 종래 판례는 유치권의 성립요건 중 견련관계의 인정 여부를 통해서 유치권의 인정범위를 조정하였으나, 근래에는 제320조의 요건이 충족되는 때에도 유치권의 대항가능성이나 신의칙을 근거로 유치권의 행사를 제한하는 경향을 뚜렷이 보이고 있다.

대상판결은 이러한 흐름과는 또 다른 맥락에서 유치권의 행사를 제한하는 하나의 선례로 분류할 수 있다. 반대급부인 공사대금채권에 기한 유치권이 인정되는 도급계약의 특성상 유치권과 동시이행의 항변권의 관계라고 하는 문제는 항상 제기될 수 있다. 그리고 유치권이 담보물권이기 때문에 채무자의 선이행이 강제되는 점은 그 본래적인 효과로서 승인하지 않을 수 없다. 그러나 대상판결의 사안에서와 같이 공사대금이 하자보수에 갈음한 손해배상액의 일부에 지나지 않고 도급인이 동시이행의 항변권을 행사하는 경우에는 수급인의 유치권 행사가 제한된다고 해야 한다. 수급인의 유치권이 동시이행의 항변권에 의해 규율되는 당사자의 이익상태를 왜곡하여 그 제도적 취지에 반하는 결과를 초래하게 된다면 이를 교정하기 위하여 유치권의 행사를 제한할 필요가 있는 것이다. 그리고 그 근거는 대상판결이 제시한 공식이 아니라, 유치권과 동시이행의 항변권 양 제도의 공통된 취지로 언급되는 공평에서 찾아야 한다. 또한 위와 같은 이익상황에서는 수급인의 상계권이 제한되는 것에 비추어 볼 때에도 유치권의 행사는 허용되지 않는다고 하는 것이 타당하다.

[Zusammenfassung]

Verhältnis zwischen Retentionsrecht und Einrede des nicht erfüllten Vertrags

Choi, Su Jeong*

Der Gläubiger kann bis zur Befriedigung für seine Forderung Sachen oder Wertpapiere zurückbehalten, wenn die Forderung fälling ist und ihrer Natur nach mit dem Gegenstande der Retention in Zusammenhang steht(KBGB §320). Ähnlich des Retentionsrechts ist die Einrede des nicht erfüllten gegenseitigen Vertrags(KBGB §536 I). Wer im gegenseitigen Vertrag etwas schuldet, braucht nur Zug um Zug gegen die Leistung des anderen zu leisten. Diese Einrede folgt aus dem funktionellen Synallagma, daher ist das Recht des Schuldners, während das Retentionsrecht das Sicherungsrecht ist. Im gegenseitigen Vertrag bzw. Werkvertrag können die beide Leistungsverweigerungsrechte bestehn, so handelt es sich um das Verhältnis zwischen den Beiden.

Der Oberste Gerichtshof (Urteil vom 16. 1. 2014, 2013Da30653) hat die Berufung des Beklagten zum Retentionsrecht für die Sicherung seiner Vergütung vermeint und die Haftung des Beklagten gegenüber dem Kläger aus unerlaubter Handlung erklärt. Die Entscheidung ist zutreffend nur im Ergebnis, aber ihre Gründe sind nicht überzeugend. Vor allem bestehen Retentionsrecht und Einrede des nicht erfüllten Vertrags nebeneinander unter jeden Voraussetzungen. Aber wenn der Unternehmer sein Retentionsrecht geltend macht, wird die Einrede des nicht erfüllten Vertrags des Bestellers erfolglos. Aus der Natur des Retentionsrechts, eines Sicherungsrechts, muß der Besteller seine Schuld vorleisten.

---

* Professor of Law, Sogang University.

Trotzdem kann ein an sich bestehendes Retentionsrecht manchmal nicht ausgeübt werden entweder aufgrund Treu und Glauben oder aufgrund der umfassenden Interessenabwägung der Parteien. Wenn der Besteller den Schadensersatz aus dem Mangelschaden verlangt, kann der Unternehmer seine Einrede des nicht erfüllten Vertrags geltend machen. Aber sein Retentionsrecht schließt aus, wenn die Schadensersatz größer als der Restbetrag der Vergütung ist und der Besteller die Einrede geltend macht. In diesem Fall verdreht die Ausübung des Retentionsrechts die Interessenlage der Parteien und führt das unbillige Ergebnis herbei. Dieser Ausschluß des Retensionsrechts ist durch das allgemeinen Prinzip Treu und Glauben oder Billigkeit zu rechtfertigen.

[Key word]

- Retentionsrecht
- Einrede des nicht erfüllten Vertrags
- Werkvertrag
- Vergütung
- Mangelschaden
- Treu und Glauben
- Interessenabwägung

참고문헌

1. 단 행 본

곽윤직편, 민법주해Ⅵ, 박영사, 1992.
_____, 민법주해ⅩⅢ, 박영사, 1997.
김재형, 민법판례분석, 박영사, 2015.
김증한/김학동, 채권각론 제7판, 박영사, 2006.
송덕수, 신민법강의 제9판, 박영사, 2016.
양창수/김형석, 권리의 보전과 담보, 박영사, 2012.
장경학, 물권법, 법문사, 1987.
주석민법 물권(3) 제4판, 한국사법행정학회, 2011.
지원림, 민법강의 제14판 홍문사, 2016.

2. 논   문

남궁술, 프랑스 민법전의 유치권에 관한 연구-개정 담보법(2006)의 내용을
    중심으로-, 민사법학 제49-2호, 2010.
남효순, 이행거절권능의 법률관계 : 이행거절권능이 인정되는 법률관계의 비교
    및 이행지체책임 불성립의 법리를 중심으로, 서울대법학 제42권 제4
    호, 2001.
신국미, 유치권제도에 관한 연구-동시이행항변권과의 적용영역의 한계를 중
    심으로-, 고려대학교학위논문, 2003.
양창수, 유치권의 발생요건으로서의 채권과 물건 간의 견련관계, 민법연구Ⅰ,
    박영사, 1991.
엄동섭, 유치권의 성립요건-견련성, 고시계 제50권 제11호, 2005. 11.
이동진, 「물권적 유치권」의 정당성과 그 한계, 민사법학 제49-1호, 2010.
이시윤, 민사집행에 있어서의 주요과제와 ISD, 민사집행법연구 제8권, 2012.
이 혁, 유치권의 제한, 판례연구 제24집, 부산판례연구회, 2013.
현승종, 민사유치권 및 동시이행의 항변권의 연혁적 고찰, 법조 제9권 제12
    호, 1960.

3. 외국문헌

Fikentscher/Heinemann, Schuldrecht 10.Aufl., Walter de Gruyter, 2006.

Honsell/Vogt/Geiser, Kommentar zum Schweizerischen Privatrecht: Schweizerisches
    Zivilgesetzbuch Ⅱ, Helbing & Lichtenhahn, 1998.

Kostkiewicz/Schwander/Wolf, ZGB Handkommentar zum Schweizerischen
    Zivilgesetzbuch, Orell Füssli Verlag AG, 2006.

Münchener Kommentar zum Bürgerlichen Gesetzbuch, 6.Aufl., C. H. Beck,
    2012.

Staudinger BGB Buch 2, Recht der Schuldverhältnisse §§255-304, Sellier - de
    Gruyter, 2014.

Staudinger BGB Buch 2, Recht der Schuldverhältnisse §§315-326, Sellier - de
    Gruyter, 2009.

Buffelan-Lanore/Larribau-Terneyre, Droit civil Les obligations 13.e., Sirey,
    2012.

Jobard-Bachellier/Bourassin/Brémond, Droit des sûretés, Sirey, 2007

Simler/Delebecque, Droit civil−Les sûretés La publicité foncière, 6.e., Dalloz,
    2012.

加藤一部/林良平編集, 擔保法大系(2), 金融財政事情硏究會, 1985.
關武司執筆·川井健=鎌田薫編, 物權法·擔保物權法, 靑林書院, 2000.
內田貴, 民法 Ⅲ 第3版, 東京大學出版會, 2008.
道垣內弘人, 擔保物權法 第3版, 有斐閣, 2008.
白羽祐三, 留置權·同時履行の抗辯權と不當利得, 谷口知平還曆「不當利得·事
    務管理の硏究(1)」, 有斐閣, 1970.
三藤邦彦執筆, 我妻榮編著, 擔保物權法(判例コンメンタ-ルⅢ), コンメンタ-ル
    刊行會, 1968.
我妻/有泉コンメンタ-ル民法−總則·物權·債權-, 日本評論社, 2008.
鈴木祿弥, 物權法講義 4訂版, 創文社, 1994.
淸水元執筆·篠塚昭次=川井健編, 講義物權法·擔保物權法, 靑林書院, 1982.

기망행위에 속아 물건을 고가에 매수한 뒤 그 물건가격이 변동한 경우 손해배상의 범위 및 손해배상액 산정의 기준시점

김 웅 재*

■요　지■

　　대법원은 2010. 4. 29. 선고 2009다91828 판결에서, 원고가 피고의 기망
행위에 속아서 토지를 시가보다 비싸게 매수한 뒤 그 토지를 경유하는 도로
가 설치됨에 따라 토지 가격이 당시의 매매대금보다도 더 상승한 상태에서
원고가 기망행위로 인한 손해배상청구를 한 사안을 다루었다. 위 사건에서
원심판결은 위 사안에 대하여, 만약 기망행위가 없었더라면 피해자는 토지의
매매계약을 체결하지 아니하고 매매대금 상당액을 그대로 보유하고 있었을
것이므로, 피해자가 현재 보유하고 있는 토지의 가액이 위 매매대금 상당액
을 초과하는 이상 피해자에게는 손해가 발생하였다고 할 수 없다고 판단하여
손해배상청구를 받아들이지 않았다. 그러나 대법원은, 만약 기망행위가 없었
더라면 원고는 시가 상당액을 매매대금으로 지급하고 토지를 매수하였을 것
이고, 손해배상액의 산정은 불법행위시를 기준으로 이루어져야 한다고 판시
하여 원심판결을 파기환송하였다.

　　채무불이행 또는 불법행위로 인한 손해배상 사건에서는 손해를 파악하기
위해서 '가해행위가 없었더라면 있었을 상태'와 '가해행위가 있는 현재의 상
태' 사이를 비교하는 작업이 반드시 필요하다. 이러한 작업은 가정적 추론의
형태를 띠게 되어 어느 정도 불확실성을 수반할 수밖에 없으나, 손해발생의

─────────────────
* 부산지방법원 서부지원 판사.

── 385 ──

확실성, 이익추구의 추정, 적법행위의 추정 등의 판단기준을 활용하여야 할 것이다. 대상판결의 사안처럼 기망행위에 속아서 물건을 고가에 매수한 경우, 대상판결의 판단과는 달리 그 기망행위가 없었더라면 있었을 상태는 특별한 사정이 없는 한 '해당 물건을 매수하지 않은 상태'라고 보는 것이 타당하다.

한편, 손해액의 산정에서 가격이 변동하는 물건의 가치를 고려해야 하는 경우, 어느 시점을 기준으로 손해액을 산정할 것인지가 문제된다. 이는 '시간의 흐름에 따라 발생하는 수많은 사건의 결과'로 발생하는 가격변동을 어느 범위에서 손해배상에 반영할 것인지를 결정하는 문제이므로, 손해의 금전적 평가에 속하는 문제가 아니라 손해배상의 범위를 정하는 문제에 속한다고 보아야 한다. 그 산정의 기준시점은 당사자의 예측가능성과 민법 제393조의 규정취지, 피해자의 손해경감의무, 실정법의 규정 등에 비추어 볼 때 종래 대법원이 취하고 있는 책임발생시설이 타당하고, 이러한 종래의 입장을 재확인한 대상판결의 결론 역시 타당하다. 다만, 대상판결은 이 사건에서 기망행위 이후 토지 가격이 상승하였더라도 이러한 사정은 손해의 발생 여부에 영향을 미칠 수 없다고 하였는데, 만약 이것이 책임발생시 이후 가격변동으로 피해자가 얻은 이익은 전혀 고려될 여지가 없다는 취지라면 이는 지지하기 어렵다. 책임발생시 이후 피해자가 가격변동으로 얻은 이익은 손익상계의 법리에 따라 손해액에서 공제되어야 할 것이다. 이 사건의 사실관계하에서 토지 가격의 상승에 따라 원고가 얻은 이익은 손익상계의 법리에 따르더라도 공제될 이익에 해당하지 않으므로, 대상판결이 이 사건에서 원고의 이익을 손해액 산정에서 고려하지 않은 것은 결론적으로 타당하다.

[주 제 어]
• 가해행위가 없었더라면 존재하였을 상태
• 손해배상액 산정의 기준시
• 손해배상의 범위
• 민법 제393조
• 손익상계

대상판결 : 대법원 2010. 4. 29. 선고 2009다91828 판결(공2010상, 990)

[사안의 개요]

논의에 필요한 범위 내에서 대상판결의 사실관계를 단순화하면 다음과 같다.

1. 피고 1은 2005. 4. 1. 이 사건 토지 7,090㎡를 그 원소유자로부터 매매대금 3억 2,000만 원에 매수한 뒤, 이를 2005. 4. 22. 소외 A에게 4억 5,000만 원에 전매하였다.

2. 피고 1과 소외 A는 피고 2(원고와의 거래를 중개한 부동산 중개인이다)와 함께, 이 사건 토지가 주변 시세보다 싸게 급매물로 나왔으며 옆으로 도로가 개설될 예정이어서 장래 땅값이 상승할 것이라는 등 허위사실을 말하여 원고를 기망하였다.[1] 원고는 이에 속아 2005. 5. 20. 이 사건 토지를 매매대금 5억 4,000만 원에 매수하는 매매계약(이하 '이 사건 매매계약'이라고 한다)을 체결하고, 그 매매대금을 모두 지급한 뒤 2006. 1. 6. 이 사건 토지에 관하여 소유권이전등기를 마쳤다.

3. 이 사건 매매계약 체결 당시 이 사건 토지의 시가는 3억 2000만 원이었다. 그런데 그 후 2006. 12.경 이 사건 토지를 경유하는 도로노선이 확정되고 2007. 12. 13. 그 노선이 지정·공고됨으로써 이 사건 토지의 시가가 크게 상승하였다.

4. 원고는 2009. 2. 5.경 이 사건 토지 중 일부인 2,520㎡가 지자체에 의해 협의취득됨에 따라 보상금으로 4억 2,000만 원을 지급받았고, 원고가 여전히 소유하고 있는 나머지 4,570㎡의 원심 변론종결일 현재의 시가는 836,310,000원이다.

---

1) 피고 1은 소외 A에게 이 사건 토지를 매도하고 얼마 지나지 않아 소외 A가 원고를 기망하여 이 사건 토지를 매도하는 데 가담하였다는 점에서, 이 사건에서 피고 1과 소외 A의 관계가 무엇인지, 피고 1과 소외 A 사이의 매매계약이 정상적인 거래인지 다소 의문이 들기도 한다. 그러나 이 사건의 각 판결문만으로는 이들 사이의 구체적인 관계를 알 수는 없고, 피고 1이 소외 A에게 이 사건 토지를 실제로 매도한 뒤 소외 A로부터 매매대금을 지급받기 위한 방편으로 소외 A의 전매를 도왔을 가능성도 있다. 이하에서는 이 사건의 각 판결에서 분명히 인정된 사실관계만을 기초로 논의를 진행한다.

[소송의 경과]

1. 원고의 청구

원고는 피고들의 기망행위를 이유로 피고들에 대하여 불법행위로 인한 손해배상을 청구하면서, ① 이 사건 매매계약에 따라 원고가 지급한 매매대금 5억 4,000만 원과 이 사건 매매계약 당시 이 사건 토지의 시가 3억 2,000만 원의 차액인 2억 2,000만 원을 재산상 손해로 구하고, ② 아울러 피고들의 기망행위로 입은 정신적 고통에 대한 위자료로 3,000만 원의 지급을 구하였다.

2. 1심 판결(수원지방법원 2009. 1. 13. 선고 2007가합23114 판결)

1심 법원은 "일반적으로 부동산매매에 있어서 매도인이 매수인을 기망하여 시가보다 비싼 가격에 부동산을 매수하게 하였다면, 다른 사정이 없는 한 매수인이 입은 손해는 매수가격과 매수 당시의 시가와의 차액 상당액이라고 할 것이므로(대법원 1980. 2. 26. 선고 79다1746 판결 참조)," 피고들은 연대하여 원고에게 이 사건 매매계약에서 정한 매매대금 5억 4,000만원에서 이 사건 토지의 매매계약 당시 시가를 뺀 금액을 배상할 의무가 있다고 판단하여, 재산상 손해에 관한 원고의 청구를 인용하였다. 그리고 위자료청구에 대해서는 재산상 손해의 배상만으로 회복할 수 없는 정신적 손해가 있다고 볼 수 없다는 이유로 청구를 기각하였다.

이에 대해 피고들은 '이 사건 토지의 시가가 상승한 탓에 변론종결일 당시를 기준으로 할 때 원고에게는 손해가 없다'는 취지로 주장하였으나, 1심 법원은 '불법행위로 인하여 손해가 발생하였는지는 불법행위 당시를 기준으로 판단하여야 하고, 원고가 피고들의 사기행위로 이 사건 토지를 취득한 후 이 사건 토지의 가격이 상승하였다는 사정만으로는 원고에게 손해가 발생하지 아니하였다고 볼 수 없다'고 하여 이러한 주장을 받아들이지 않았다.

3. 원심판결(서울고등법원 2009. 10. 22. 선고 2009나17976 판결)

원심은 다음과 같이 판단하여 1심 판결을 파기하고, 재산상 손해에 관한 원고의 청구를 기각하였다.

"이 사건에서 피고들의 기망행위로 인하여 원고에게 발생한 재산상 손해
는 [⋯] 그 위법행위가 없었더라면 존재하였을 재산상태와 그 위법행위가 가
해진 현재의 재산상의 차이, 즉 불법행위가 없었더라면 피해자가 현재 가지
고 있으리라고 인정되는 가정적 이익상태와 불법행위가 있었기 때문에 피해
자가 현실로 가지고 있는 현재의 이익상태와의 차이라고 보아야 할 것인바,
[⋯] 피고들이 [⋯] 기망하여 원고가 이 사건 매매계약을 체결하고 이 사건
매매대금을 지급한 뒤 이 사건 변론종결일 현재 이 사건 토지 중 4,570㎡와
이 사건 토지 중 나머지 부분에 대한 보상금 4억 2,000만 원을 보유하고 있
는 이상, 피고들의 불법행위가 없었더라도 원고가 그 당시 시가 상당액으로
이 사건 토지를 매수하였으리라는 특별한 사정을 발견할 수 없는 이 사건에
있어서, 피고들의 불법행위가 없었더라면 원고는 이 사건 매매계약을 체결하
고 그 매매대금 금 5억 4,000만 원을 지급하지 아니한 채 그에 상응하는 재
산을 보유하고 있으리라고 여겨지고 여기에 시중 금리 내지 도매물가상승률
등을 감안한다고 할지라도, 위법행위가 없었더라면 존재하였을 원고의 재산
상태가 그 위법행위가 가해진 현재의 이익상태보다 크지 않다고 할 것이고,
따라서 앞서 본 바와 같이 이 사건 매매계약 당시 이 사건 토지의 시가가
약 금 3억 원에 지나지 아니하였[⋯]다고 하더라도, 원고가 피고들의 기망행
위로 인하여 이 사건 토지의 매매가격과 그 시가의 차액 상당의 손해를 입
었다고 볼 수는 없다."

한편, 원심은 원고가 재산상 손해의 배상만으로 회복할 수 없는 정신적
고통을 입었다고 인정하고, 피고들이 원고에게 위자료를 지급할 의무는 있다
고 판단하였다. 다만 제반 사정을 고려할 때 그 위자료의 액수는 원고가 이
미 관련 형사사건에서[2] 피고들 및 소외 A로부터 합의금조로 지급받은 손해
배상금 8,300만 원을 초과하지 않는다고 보고, 결과적으로 원고의 이 부분
청구도 기각하였다.

[대상판결의 요지]

대법원은 다음과 같은 이유로 원심판결을 파기하고 사건을 원심에 환송
하였다.

---

2) 피고들 및 소외 A는 2007. 5.경 위와 같이 원고를 기망한 행위와 관련하여 사기
  죄로 기소되어 유죄판결이 확정되었다.

"불법행위로 인한 재산상 손해는 위법한 가해행위로 인하여 발생한 재산상 불이익, 즉 그 위법행위가 없었더라면 존재하였을 재산상태와 그 위법행위가 가해진 현재의 재산상태의 차이를 말하는 것이며(대법원 1992. 6. 23. 선고 91다33070 전원합의체 판결, 대법원 2000. 11. 10. 선고 98다39633 판결 등 참조), 그 손해액은 원칙적으로 불법행위시를 기준으로 산정하여야 한다(대법원 1997. 10. 28. 선고 97다26043 판결, 대법원 2001. 4. 10. 선고 99다38705 판결, 대법원 2003. 1. 10. 선고 2000다34426 판결 등 참조).

[…] 원심은 '기망행위가 없었더라면 존재하였을 원고의 재산상태'를 원고가 이 사건 토지를 매수하지 않고 매매대금 상당액을 그대로 보유하고 있는 상태라고 전제하였으나, 피고 등이 원고를 속여 얻고자 했던 것은 원고로 하여금 고가에 부동산을 매수하게끔 하려던 것이었던 데다가, 일반인의 통념 및 거래관행 등에 비추어 보더라도 피고 등의 기망행위가 없었더라면 원고는 이 사건 토지를 제값을 치르고, 즉 시가 상당액으로 매수하였으리라고 봄이 상당하다.

원심은 '기망행위가 가해진 현재의 재산상태'를 원고가 원심 변론종결일 현재 이 사건 토지 중 일부분에 대한 협의취득보상금 및 나머지 부분의 시가 상당액을 보유하고 있는 상태라고 전제하였으나, 여기에서 '현재'는 '기준으로 삼은 그 시점'이란 의미에서 '불법행위시'를 뜻하는 것이지 '지금의 시간'이란 의미로부터 '사실심 변론종결시'를 뜻하는 것은 아니다. 피고 등의 기망행위가 가해진 결과는 원고가 이 사건 토지를 제값보다 비싸게 매수하게 된 것이라고 봄이 상당하다.

[…] 원고가 피고 등의 기망행위로 인하여 이 사건 토지를 고가에 매수하게 됨으로써 입게 된 손해는 이 사건 토지의 매수 당시 시가와 매수가격과의 차액이다(대법원 1980. 2. 26. 선고 79다1746 판결 등 참조). 그 후 원고가 이 사건 토지 중 일부에 대하여 보상금을 수령하였다거나 부동산 시가가 상승하여 매수가격을 상회하게 되었다고 하여 원고에게 손해가 발생하지 않았다고 할 수 없다."

〔研　究〕

I. 서　론

대상판결과 원심판결은 기망행위에 속아서 물건을 고가에 매수한 뒤 그 물건의 가격이 변동한 경우 손해배상액을 산정하는 문제에 관하여 흥미로운 견해 차이를 보여 주고 있다.

대상판결과 원심판결 모두 '불법행위로 인한 재산상 손해는 위법행위가 없었더라면 존재하였을 재산상태와 그 위법행위가 가해진 현재의 재산상태의 차이를 말한다'는 일반원칙에 대하여는 이견이 없었다. 이처럼 동일한 대전제에서 출발하였으면서도 대상판결과 원심판결은 이 사건에서 재산상 손해의 발생 여부에 관하여 정반대의 결론에 도달했는데, 이는 다음의 두 가지 쟁점에서 견해가 갈렸기 때문이다.

첫째, 기망행위로 인하여 시가보다 높은 가격으로 물건을 매수하여 취득한 경우, '그 기망행위가 없었더라면 존재하였을 상태'는 무엇인가? 원심판결은 이를 '매매계약을 체결하지 않은 상태'로 보았고, 대상판결은 이를 '해당 물건을 제값을 주고, 즉 시가 상당액으로 매수한 상태'로 보았다. 이 부분 쟁점은 '손해배상책임의 원인행위가 없었더라면 있었을 상태는 어떻게 확정해야 하는가'라는, 보다 일반적인 문제와 관련된다. 이는 채무불이행이든 불법행위든 그 책임발생의 원인을 불문하고 모든 손해배상 사건에서 피해 갈 수 없는 문제이나, 종래 이를 직접적으로 다룬 대법원 판결이나 학계의 논의는 많지 않았던 것으로 보인다.

둘째, 손해의 발생 여부 및 손해액의 산정과 관련하여 물건의 가치가 문제되는 경우, 그 물건의 가치는 어느 시점을 기준으로 평가되어야 하는가? 원심판결은 원심의 변론종결시를 그 기준시점으로 삼은 반면, 대상판결은 불법행위시를 기준시점으로 삼았다. 이 부분 쟁점은 종래 '손해배상액 산정의 기준시점'이라는 이름으로 논의되어 오던 문제와 관련이 있다.[3] 다만 기존의 논의는 주로 채무불이행의 영역에서, 그중에서도 매

도인이 물건의 소유권이전의무를 불이행한 경우를 중심으로 하여 이루어
졌다. 대상판결의 사안은 가해자가 기망행위로 물건을 비싸게 판매한 경
우로서 불법행위의 영역에 속한다는 점에서 차이가 있으나, 손해액을 산
정하는 과정에서 시간의 흐름에 따라 가격이 변동하는 물건의 가치를 평
가하여야 한다는 점에서 기존의 논의와 문제상황을 같이한다.[4]

　　이하에서는 '가해행위[5]'가 없었더라면 있었을 상태'를 확정하는 문제
를 직접적으로 다룬 대법원 판례를 검토하면서 이에 대한 합리적인 판단
기준을 모색해 보고, 물건의 가격변동을 손해액 산정에서 처리하는 방법
과 관련하여 손해배상액 산정의 기준시점에 관한 종래 학설의 논의와 판
례의 태도를 살펴본 뒤, 이러한 작업을 기초로 위 두 가지 쟁점에 관하
여 대상판결이 내린 판단의 당부를 검토하기로 한다.

---

3) 곽윤직, 채권총론(제6판), 박영사(2003), 117면은 이를 두고 "극히 어려운 문제"라고 한다.
4) 위 두 가지 쟁점 가운데 이 사건에서 논리적으로 선결문제에 해당하는 것은 첫
　번째 쟁점이다. 만약 첫 번째 쟁점과 관련하여 대상판결처럼 이 사건에서 '피고들
　의 기망행위가 없었더라면 존재하였을 상태'를 '원고가 시가 상당액을 주고 이 사
　건 토지를 취득한 상태'로 보게 되면, 손해와 관련하여 상호 비교 대상이 되는 상
　태는 '매매대금 5억 4,000만 원을 지급하고 이 사건 토지를 취득한 상태'와 '매매대
　금 3억 2,000만 원을 지급하고 이 사건 토지를 취득한 상태'가 되고, 결국 이 사건
　토지의 시가를 평가하는 기준시점을 불법행위시로 잡으나 사실심 변론종결시로 잡
　으나 원고에게 2억 2,000만 원의 손해가 발생하였다는 결론에 영향이 없다. 달리
　말하면, '기망행위가 없었더라면 원고가 제값을 주고 이 사건 토지를 샀을 것이다'
　라는 전제에 서는 경우, 손해액 산정의 기준시점을 변론종결시로 잡고 이 사건 토
　지의 시가를 그 시점의 가격인 약 12억 원에 달하는 것으로 평가하더라도, 원고는
　매수대금을 3억 2,000만 원만 내고 이 사건 토지를 취득하여 결과적으로 8억
　8,000만 원의 시세차익을 얻을 수 있었음에도 매수대금으로 5억 4,000만 원씩이나
　내는 바람에 그보다 2억 2,000만 원 적은 6억 6,000만 원의 시세차익밖에 얻지 못
　한 손해를 입은 셈이 되는 것이다. 따라서 이 사건에서 두 번째 쟁점인 손해액 산
　정의 기준시점과 관련된 견해대립은, 첫 번째 쟁점과 관련하여 원심판결과 같은
　견해를 취할 때에만 논의의 실익이 있다.
5) '가해행위'라는 표현은 불법행위책임과 관련하여 사용되는 것이 일반적이다. 그
　러나 이하에서는 논의의 편의상 '손해를 가한 행위'라는 넓은 의미에서 채무불이행
　책임과 불법행위책임을 포괄하여 손해배상책임을 발생시키는 원인행위를 가리키는
　표현으로 '가해행위'라는 표현을 사용하기로 하고, 마찬가지로 '손해를 입은 자'라는
　넓은 의미에서 '피해자'라는 표현을 사용하기로 한다.

Ⅱ. '가해행위가 없었더라면 존재하였을 상태'의 판단기준

1. 문제의 소재

대법원이 '불법행위로 인한 재산상 손해는 그 위법행위가 없었더라면 존재하였을 재산상태와 그 위법행위가 가해진 현재의 재산상태의 차이를 말한다'라는 일반원칙을 처음으로 명확하게 선언한 것은 같은 날 선고된 두 개의 전원합의체 판결, 즉 1992. 6. 23. 선고 91다33070 전원합의체 판결[6]과 1992. 6. 23. 선고 91다43838 전원합의체 판결[7]을 통해서이다. 이후 대법원은 불법행위로 인한 손해배상사건에서 위 각 판결을 인용하면서 동일한 취지의 판시를 반복해 왔고,[8] 이러한 일반원칙을 채무불이행의 경우에도 그대로 가져와 "채무불이행으로 인한 재산상 손해는 채무불이행으로 인하여 발생한 재산상 불이익, 즉 그 채무불이행이 없었더라면 존재하였을 재산상태와 그 채무불이행이 있는 현재의 재산상태의 차이를 말하는 것"이라고 판시한 바 있다.[9]

이와 같은 대법원의 입장은 재산상 손해의 개념에 관하여 이른바 차액설을 취한 것으로 평가된다.[10] 차액설은 ① 침해를 받은 개별적인 법익이 아닌 피해자의 전체 재산상태를 기준으로 손해를 파악하고, ② 법익상태의 변화 그 자체가 아닌 그 금전적 평가액의 변화를 손해로 파악하는 견해이다. 이에 대해서는 종래부터 전체 재산상태가 아닌 개별적 손해항목을 기준으로 삼아야 하고, 금전적 평가를 거치지 않은 법익침해 자체를 손해로 보아야 한다는 이른바 구체적 손해설의 비판이 있었고,[11] 손해배상액은 손해개념의 확정과 배상되어야 할 손해범위의 확정,

---

6) 집40-2, 민119; 공1992, 2235.
7) 집40-2, 민140; 공1992, 2245.
8) 대법원 1996. 2. 9. 선고 94다53372 판결(공1996상, 884), 대법원 2012. 12. 13. 선고 2011다25695 판결(공2013상, 129) 등 다수.
9) 대법원 2011. 5. 26. 선고 2007다83991 판결(미간행).
10) 편집대표 곽윤직, 민법주해 Ⅸ, 박영사(1995), 468–469면(지원림); 송덕수, 채권법총론, 박영사(2013), 155면 참조.
11) 위 민법주해 Ⅸ, 466–468면(지원림) 참조.

손해의 금전적 평가, 손익상계 및 과실상계라는 서로 다른 법원리가 적용되는 단계를 차례로 거쳐서 산출되는 것임에도 차액설은 손해의 개념으로부터 바로 손해액을 산정해 내려고 한다는 데 문제점이 있다는 비판[12]도 제기되었다.

그러나 어느 견해를 취하더라도 손해를 파악하기 위해서 '가해행위가 없었더라면 존재하였을 상태'와 '가해행위가 있는 현재의 상태' 사이의 비교가 필요하다는 점에서는 차이가 없다. 다만 차액설과 그에 대한 비판론은 ① 비교의 대상이 되는 가해행위 전후의 '상태'가 피해자의 전체 재산상태를 뜻하는 것인지 아니면 개별 법익을 의미하는 것인지, ② 위 '상태'가 금전적 평가액을 의미하는 것인지 아니면 금전적 평가를 거치지 않은 추상적 법익상태를 의미하는 것인지에 대해서 견해를 달리할 뿐이다. 따라서 '가해행위가 없었더라면 존재하였을 상태'를 판단하는 가정적 추론은, 차액설을 둘러싼 손해개념에 대한 견해대립과 무관하게 손해의 파악을 위해서는 반드시 이루어져야만 하는 작업이라고 할 수 있다.[13] 실제로도 이렇게 가정적 상태에 대한 추론에 기초하여 손해를 파악하는 태도는 비단 차액설을 수용한 입법이라고 평가받는 독일민법[14]에서만 나타나는 것이 아니라, 영미법[15]은 물론이

---

12) 양삼승, "손해배상범위에 관한 기초적 연구", 박사학위 논문, 서울대학교, 1988, 128면; 서광민, "손해의 개념", 서강법학연구 제6권(2004. 5.), 139면; 이동진, "계약위반으로 인한 전보배상액의 산정시기-물건인도를 목적으로 하는 계약에서 그 물건의 가격이 변동하는 경우를 중심으로-", 석사학위 논문, 서울대학교(2004), 113-117면 참조.

13) 박동진, "손해배상액의 산정", 민사법학 제36호(2007. 5.), 544-545면 참조. 위 글에서는 손해를 전체 재산상태에 발생한 차액의 관점에서 파악하는 차액설과, 법적인 가치판단에 따라 법익상태를 비교하는 이른바 '규범적 손해개념'을 서로 비교·평가하면서 이들 견해는 모두 "손해야기사건 전후의 법익상태의 비교를 전제로 한다는 점에서 (차액설과 구별되는) 차이설(Differenztheorie)로부터 출발한다"라고 한다. 한편, 이은영, 채권총론(제4판), 박영사(2009), 322-323면은 용어 사용을 달리하여 종래 '차액설'이라고 부르는 견해, 즉 전체 재산의 금전적 평가차액을 손해로 파악하는 견해를 '차이설(Differenztheorie)'로 부르고 있다.

14) 독일민법 제249조 제1항은 "손해배상의 의무를 부담하는 사람은, 배상의무를 발생시키는 사정이 없었다면 있었을 상태를 회복하여야 한다"라고 규정하고 있다[번역은 양창수 역, 독일민법전(2015년판), 박영사(2015)에 따름]. 이러한 독일민법의

고 유럽 각국의 논의를 종합하여 마련된 유럽계약법원칙(Principles of European Contract Law, PECL)[16]과 유럽불법행위법원칙(Principles of European Tort Law, PETL)[17]에서도 손해배상의 일반원칙으로 받아들여지고 있다.

2. '가해행위가 없었더라면 존재하였을 상태'의 판단기준

(1) 그렇다면 '가해행위가 없었더라면 존재하였을 상태'는 어떻게 확정해야 하는가? 실제 사건에서 이는 쌍방 당사자가 서로 자신에게 유리한 가정적 상태를 주장하는 가운데 그 주장의 당부를 판단하는 형태를 띠게 될 것이다. 그러나 조건설적 인과관계에 기초하면 무한한 인과연쇄 과정에서 발생하는 각종 사태를 최초의 가해행위의 결과로 주장할 수 있는 것처럼, 당사자는 발생 가능성이 있는 수많은 연쇄적 사태를 가해행위가 없었더라면 존재하였을 가정적 상황으로 주장할 수 있다. 이에 대한 판단은 필연적으로 불확실할 수밖에 없고, 명확한 증명이 어려운 경우도 많을 것이다.

규정은 독일 보통법 시대에 지배적인 이론이었던 차액설을 입법화한 것으로 평가되는 것이 일반적이나, 독일에서도 위 규정 자체만으로는 가해행위 전후의 상태를 비교함에 있어서 구체적인 개개의 재산을 비교할 것인지 아니면 전체 재산상태를 비교할 것인지, 그 비교의 시점은 언제인지 밝혀져 있지 않으므로 차액설과 완전히 일치하는 것은 아니라고 설명하기도 한다. 양삼승(주 12), "손해배상범위에 관한 기초적 연구", 124-125면(주 174) 참조.

15) 영국의 경우는 Harvey McGregor, McGregor on Damages(19th ed.), Sweet & Maxwell(2014), 14-16면 참조. 미국의 경우는 Restatement(2nd) of Contracts, §344; Restatement(2nd) of Torts, §903, comment a 참조.

16) 유럽계약법원칙 제9:502조는 "손해배상액의 일반적인 산정은 불이행의 상대방으로 하여금 계약이 적정하게 이행되었다면 그가 있었을 상태에 가능한 한 가장 가깝게 하는 금액으로 한다"라고 규정한다[번역은 올 란도·휴 빌 편(김재형 역), 유럽계약법원칙(제1·2부), 박영사(2013)에 따름].

17) 유럽불법행위법원칙 제10:101조 전문은 "손해배상이란 피해자를 전보하기 위한, 즉 금전으로 가능한 한 피해자를 문제된 가해행위가 없었더라면 있었을 상태로 회복시키기 위한 금전적 급여를 말한다(Damages are a money payment to compensate the victim, that is to say, to restore him, so far as money can, to the position he would have been in if the wrong complained of had not been committed)"라고 규정하고 있다.

(2) 대법원 2009. 9. 10. 선고 2008다37414 판결의 판단기준

(가) 이 문제는 대법원 2009. 9. 10. 선고 2008다37414 판결[18]에서
정면으로 등장하였다. 위 판결에서 대법원은, "손해액을 산정함에 있어서
는 먼저 위법행위가 없었더라면 존재하였을 재산상태를 상정하여야 할
것인데, 위법행위가 없었을 경우의 재산상태를 상정함에 있어 고려할 사
정들은 위법행위 전후의 여러 정황을 종합한 합리적인 추론에 의하여 인
정될 수 있어야 하고, 당사자가 주장하는 사정이 그러한 추론에 의하여
인정되지 않는 경우라면 이를 위법행위가 없었을 경우의 재산상태를 상
정하는 데에 참작할 수 없다"라는 일반론을 제시하였다.

위 판결은 재건축조합이 분양신청을 하지 않은 조합원들을 위법하게
제명한 상태에서 제명된 조합원들이 분양받아야 할 아파트를 모두 일반
분양해 버림으로써 그들의 수분양권을 박탈하자, 제명된 조합원들이 원고
가 되어 재건축조합과 시공회사를 피고로 삼아 불법행위로 인한 손해배
상을 청구한 사안에 관한 것이었다. 원심은, 원고들이 입은 손해는 위와
같이 일반분양이 완료될 당시 아파트의 수분양권 가격에서 위 제명결의
가 없었더라면 원고들이 지급하였을 조합원 분담금을 뺀 금액이라고 판
단한 뒤, 위 아파트의 평균 분양가에서 분양 당시 결정되었던 조합원 분
담금을 공제하여 손해액을 산정하였다. 이에 대하여 피고들은, 위 아파트
공사도급계약상 조합원 수가 증가할 경우에는 조합원 분담금의 액수를
조정하게 되어 있고, 따라서 만약 원고들이 제명되지 않고 조합원 지위
를 그대로 유지하였더라면 조합원 수가 증가하여 조합원 분담금도 증가
하였을 것이므로, 단순히 기존에 정하여진 조합원 분담금 액수를 공제하
는 방식으로 손해액을 산정할 수는 없다고 주장하였다. 그러나 대법원은,
'① 피고들의 위 주장은 피고 시공회사가 재건축조합의 조합원 수의 변
경에도 불구하고 피고 시공회사의 수익은 변동이 없도록 나머지 계약조
건을 동일하게 한 채 조합원 분담금만 증가시킨 공사도급계약을 체결할

---

18) 공2009하, 1621.

수 있었을 것이라는 가정을 전제로 하고 있을 뿐만 아니라, ② 공사도급 계약상 조합원 분담금 조정에 관한 기준이 설정되어 있지 않고 이해관계가 다른 당사자들 사이의 이해조정이 쉽지 않아 그에 관한 합리적 기준 설정이 힘들 것임이 어렵지 않게 예상되므로, 조합원들이 위법하게 제명되지 않았더라도 반드시 피고들 주장처럼 조합원 분담금이 기존 조합원 분담금보다 높은 수준으로 결정되었을 것이라고 합리적으로 추론하기 어렵다'라고 하여 위 주장을 받아들이지 않았다.

위 판결의 사안은 원고가 수분양권의 상실이라는 적극적 손해를 입은 상황에서, 가해자인 피고 쪽에서 만약 가해행위가 없었더라면 원고가 비용을 추가로 지출하였을 것, 즉 가해행위로 인한 비용지출 절약의 이익이 있다고 주장한 경우로서, 피해자가 가해행위로 인하여 얻은 이익의 공제, 즉 넓은 의미의 손익상계[19]가 문제되는 상황이다. 이 사건에서 피고들은 가해행위가 없었더라면 현재 체결되어 있는 계약이 아닌 다른 특정한 내용의 계약이 체결되었을 것이라고 주장했는데, 대법원은 당사자들의 이해관계가 서로 다른 상황에서 계약당사자 중 일방의 수익조건은 그대로 유지되면서 다른 계약조건만 변경되어 계약이 체결되었다고 추론할 수는 없다고 판단한 것이다.

(나) 이후 대법원은 위 판결에서 제시한 일반론을 반복해서 설시하

---

19) 이는 과실상계를 하기 전, 손해액을 산정하는 단계에서 가해행위로 인해 피해자가 얻은 이익을 공제하는 것을 말한다. 손익상계의 개념정의에는 다소 혼란이 있는데, 오종근, "손익상계", 아세아여성법학 제3호(2000. 6.), 298면은 손해액 산정 단계에서 이루어지는 이익공제는 순수한 손해산정에 문제로서 손익상계와 구별된다고 하는 반면, 김현, "인신손해액의 산정에 있어서 손익상계에 관한 연구", 박사학위 논문, 건국대학교 (1998), 8-12면은 오히려 손해액 산정 단계에서 이루어지는 이익공제가 '고유의 의미의 손익상계'라고 한다. 대법원은 과실상계가 손익상계보다 먼저 이루어져야 한다는 전제하에, 과실상계 이전의 손해액 산정 단계에서 피해자의 이익을 공제하는 것과 그렇게 산정된 손해액에 대하여 과실상계를 한 뒤에 이루어지는 이익 공제를 분명히 구별하면서 후자만을 '손익상계'라고 표현하는 듯하나, 그 태도가 반드시 명확한 것은 아니다. 대법원 2011. 7. 28. 선고 2010다 101752 판결(미간행) 참조. 그리고 가해행위로 피해자가 얻은 이익이 손해액 산정 단계에서 공제해야 하는 이익과 과실상계 이후의 손익상계로 공제해야 하는 이익 중 어디에 해당하는지를 구별하는 기준도 반드시 명확하다고 할 수는 없다.

고 있다.[20] 그러나 '가해행위 전후의 여러 정황을 종합한 합리적인 추론에 의해 인정될 수 있어야 한다'라는 일반론은 지나치게 추상적이고 불명확하여 구체적인 사건을 해결하는 데 실질적인 지침이 되기에 부족하다.[21] 개별 사건의 결론은 무엇보다도 당해 사건에서 당사자가 제출한

---

20) 대법원 2010. 7. 8. 선고 2010다21276 판결(공2010하, 1540), 대법원 2013. 6. 13. 선고 2012다91262 판결(미간행), 대법원 2014. 9. 4. 선고 2012다37343 판결(공2014 하, 1981), 대법원 2015. 5. 14. 선고 2014다218955, 2014다218962 판결(미간행) 등.
21) 이는 위 판결의 일반론을 그대로 인용한 후속 판결 가운데 하나인 대법원 2010. 7. 8. 선고 2010다21276 판결과 그 소송 경과를 보면 분명히 드러난다.
　　　위 판결의 사안은 다음과 같다. 제약회사인 피고는 자신이 제조·판매하려는 특정 의약품의 요양급여기준상 상한금액이 109원으로 결정될 예정임을 알고 더 높은 상한금액을 인정받기 위해 관련 행정관청을 기망하였고, 그에 따라 위 의약품의 상한금액이 479원으로 결정되었다. 그 후 피고는 위 의약품을 제조하여 의료기관에 판매하였고, 원고 국민건강보험공단은 위 요양급여기준에 따라 상한금액 479원을 적용하여 피고에게 요양급여비용을 지급하였다. 이후 원고는 피고를 상대로 불법행위로 인한 손해배상청구를 하면서, 원고가 피고에게 실제로 지급한 요양급여비용과 피고의 기망행위가 없었더라면 결정되었을 상한금액인 109원을 기준으로 산정한 요양급여비용 사이의 차액을 손해로 주장하였다.
　　　이에 대하여 원심판결(서울고등법원 2010. 1. 22. 선고 2009나33596 판결)은, '피고의 기망행위가 없었더라면 이 사건 의약품의 상한금액은 109원으로 결정되었을 것이나, 그처럼 상한금액이 109원으로 결정된 경우에도 피고가 이 사건 의약품을 계속해서 제조·판매하였을 것이라는 특별한 사정을 인정할 증거가 없고, 피고가 이 사건 의약품을 판매하지 않았더라면 요양기관들은 동일제제인 다른 의약품들을 구매하였을 것이며, 원고는 그 다른 의약품들에 대한 요양급여비용을 지급했을 것이다'라고 판단하였다. 그리고 원고가 실제로 피고에게 지급한 요양급여비용과, 동일제제인 다른 의약품들의 평균 판매금액인 330원을 기준으로 산정된 요양급여비용의 차액을 손해로 인정하였다. 그러나 대법원은 앞서 본 2008다37414 판결을 인용하면서, 원심의 판단은 이 사건 의약품의 상한금액이 109원으로 결정되었더라면 피고가 이 사건 의약품을 제조·판매하지 않았을 것이라는 가정 및 그렇다면 동일제제 9개 의약품들이 판매금액 비율로 균등하게 대체되어 판매되었을 것이라는 가정에 기초하고 있는데, 위와 같은 가정은 합리적 추론의 범위를 벗어난다고 하여 원심판결을 파기·환송하였다(대법원 2010. 7. 8. 선고 2010다21276 판결).
　　　그러나 이러한 대법원의 판단에도 불구하고 파기환송심(서울고등법원 2011. 12. 23. 선고 2010나64374 판결)은, 추가 심리를 통해 이 사건 의약품의 제조·판매 원가가 128원이라는 점 및 다른 동일제제 의약품의 가격별 매출 현황 등의 사정을 새로이 인정한 뒤, 이에 비추어 볼 때 이 사건 의약품의 상한금액이 109원으로 결정되었더라면 피고가 이 사건 의약품을 제조·판매하지 않았을 것이라고 보는 것이 '합리적 추론'이라고 하여 환송 전 원심과 동일한 판단을 내렸고, 다만 손해액 산정 방식만을 환송 전 원심과 다소 달리하여 판결을 선고하였다. 이에 원고가 다시 상고하였고, 대법원은 종전 환송판결이 '상한금액이 109원으로 정하여졌더

증거와 그에 따라 인정된 구체적 사실관계에 달려 있겠으나, 자의적 판
단의 여지를 줄여 판단의 적정성을 도모하고 예측가능성을 높여 법적
안정성을 확보하기 위해서는 보다 구체적인 판단기준을 모색할 필요가
있다.

(3) 구체적 판단기준의 모색

(가) 확 실 성

가정적 추론에 의한 손해의 인정이 문제되는 대표적인 사건 유형
은 장래에 얻을 수 있었던 이익의 배상을 구하는 사건이다. 이런 유형의
사건에서 대법원은 장차 원고가 주장하는 바와 같은 이익을 얻을 수 있
었으리라는 점이 "상당한 정도로 확실하게 예측될 수 있"어야 한다거
나,[22] 그 이익을 "확실히 취득할 수 있었던 경우에 한하여"[23] 배상청구가

라면 피고는 이 사건 의약품을 제조·판매하지 않았을 것이라고 가정하는 것은 합
리적 추론의 범위를 벗어난다'라고 판단하였음에도 이와 달리 본 파기환송심판결
은 대법원 환송판결의 기속력을 위반한 것이라고 하여 이를 다시 파기·환송하였
다(대법원 2014. 12. 24. 선고 2012다9638 판결).
　위 사건에서 '피고의 기망행위가 없었더라면 존재하였을 상태'가 무엇인지에
관하여 대법원은 이를 '피고가 이 사건 의약품을 그대로 제조·판매하고 원고는
479원이 아닌 109원을 상한금액으로 하는 요양급여비용을 지급한 상태'로 보았고,
원심판결과 파기환송심판결은 그와 달리 '피고가 이 사건 의약품을 제조·판매하
지 않고, 그에 따라 의료기관에서 동일제제의 다른 의약품을 사용한 결과 원고가
그 동일제제 의약품에 대한 요양급여비용을 지급한 상태'라고 보았다. 원심판결과
파기환송심판결, 대법원판결 모두 '가해행위를 전후한 여러 정황을 종합한 합리적
추론'이라는 같은 판단기준을 내세우면서도 결론이 달라졌고, 위 기준 자체가 추상
적인 탓에 실제로 두 견해 가운데 어느 한쪽만이 '합리적인 추론'이고 다른 쪽은
불합리하다고 말하기도 어렵다.
22) 대법원은 인신사고로 인한 일실수입의 배상청구와 관련하여 "불법행위로 인하여
노동능력을 상실한 급여소득자의 일실이익은 원칙적으로 노동능력 상실 당시의 임
금수익을 기준으로 산정할 것이지만, 장차 그 임금수익이 증가될 것을 상당한 정
도로 확실하게 예측할 수 있는 객관적인 자료가 있을 때는 장차 증가될 임금수익
도 일실이익을 산정함에 고려되어야 한다"고 한다. 대법원 1989. 12. 26. 선고 88
다카6761 전원합의체 판결(집37-4, 민227; 공1990, 350); 대법원 2004. 2. 27. 선고
2003다6973 판결(공2004상, 529) 등 참조. 또한, "피해자의 기대여명 예측이 불확
실한 경우에는 피해자가 확실히 생존하고 있으리라고 인정되는 기간 동안의 손해
는 일시금의 지급을 명하고, 그 이후의 기간은 피해자의 생존을 조건으로 정기금
의 지급을 명할 수밖에 없다"라고 하여 마찬가지로 '확실성'을 요구하고 있다. 대
법원 2002. 11. 26. 선고 2001다72678 판결(공2003상, 196); 대법원 2010. 2. 25.

인정된다고 판시해 왔다. 이에 비추어 보면 대법원은 '가해행위가 없었더
라면 있었을 상태'를 인정하기 위해서는 '상당한 확실성' 또는 '확실성'이
필요하다는 일응의 판단기준을 채택하고 있다고 평가할 수 있다.[24] 이처
럼 손해배상의 요건으로 손해발생의 '확실성'을 요구하는 태도는 비교법
적으로도 발견된다.[25]

한편, 대법원은 "장래 얻을 수 있었던 이익에 관한 증명에 있어서는
그 증명도를 과거사실에 대한 증명에 있어서의 증명도보다 경감하여 채
권자가 현실적으로 얻을 수 있을 구체적이고 확실한 이익의 증명이 아니
라 합리성과 객관성을 잃지 않는 범위 내에서의 상당한 개연성이 있는
이익의 증명으로 족하다고 보아야 할 것"[26]이라고 하여 확실성 요건을
완화하는 것처럼 보이기도 한다. 그러나 이는 일실이익 배상청구사건에
서 손해 발생의 확실성이 요구되지 않는다는 의미라기보다는, 손해의 발

선고 2009다75574 판결(미간행) 참조.
23) 대법원은 증권회사가 고객의 주식을 위법하게 처분한 경우, 증권회사가 주식을
처분한 뒤 주식의 가격이 올랐다고 하더라도 고객은 "주식의 가격이 올랐을 때 주
식을 매도하여 그로 인한 이익을 확실히 취득할 수 있었던 경우에 한하여" 그와
같이 오른 가격에 의한 손해배상을 청구할 수 있다고 한다. 대법원 1993. 9. 28.
선고 93다26618 판결(공1993하, 2969); 대법원 2006. 1. 26. 선고 2002다12659 판
결(미간행) 등 참조.
24) 이은영(주 13), 앞의 책, 325-326면.
25) 영국과 미국에서는 '손해의 확실성(certainty of damages)'을 손해배상의 일반원칙
으로 인정하고, 요구되는 확실성의 정도는 '상당한 확실성(reasonable certainty)'이
라고 한다. 이는 손해의 발생 여부뿐만 아니라 손해액에 관한 증명의 정도에까지
적용되는 원칙이다. 영국의 경우는 McGregor(주 15), 앞의 책, 348-421면, 미국의
경우는 Restatement(2nd) of Contracts §352, Restatement(2nd) of Torts §912; Robert
M. Lloyd, "The Reasonable Certainty Requirement in Lost Profits Litigation: What
It Really Means", University of Tennessee Legal Studies Research Paper 128,
11(2010) 각 참조. Lloyd, 위 글, 11-12면은 손해배상의 범위에 관한 판례로 영미
의 계약법에서 가장 유명한 Hadley v. Baxendale 판례는 오늘날 실제로 벌어지고
있는 소송에서 그다지 중요하지 않고, 오히려 중요한 문제는 원고의 일실이익이
상당한 확실성(reasonable certainty)을 갖고 증명되었는지의 문제라고 한다. 프랑스
법에서도 손해발생의 '확정성(exigence)'을 배상요건으로 요구한다. 이브-마리 래티
에(박수곤 역), "프랑스법상 채무불이행시의 손해배상과 원상회복", 민사법학 제65
호 (2013. 12.), 567-569면 참조.
26) 대법원 1986. 3. 25. 선고 85다카538 판결(집34-1, 민156; 공1986, 692).

생이 상당한 확실성을 갖고 증명된 경우라면 그 손해의 액수에 관하여는 증명도가 경감될 수 있다는 취지라고 보아야 할 것이다.[27]

'확실성'이라는 판단기준 역시 그 자체로는 추상적인 일반원칙의 성격을 갖는다는 한계가 있다. 구체적 사건에서 확실성 유무의 판단은 결국 해당 가해행위가 없었더라면 당사자가 주장하는 상태가 발생하였을 개연성이 있는지에 대한 판단이 될 것인데,[28] 이는 일차적으로 수리적·통계적 지식[29]을 포함한 자연과학적 지식[30]에 기초하여 이루어져야 할 것이고, 종국적으로는 사회생활상의 경험법칙에 비추어 판단할 수밖에 없을 것이다.

(나) 법률상 발생가능성

가해행위가 없었더라면 존재하였을 상태로 법률상 발생이 불가능한 상태를 가정하는 것은 원칙적으로 인정될 수 없다. 따라서 불법행위로 이루어진 원인무효의 소유권이전등기를 유효한 것으로 믿고 부동산을 매수한 경우, 해당 매수인은 해당 부동산의 소유권을 유효하게 취득하였을 것이라는 전제하에 불법행위자를 상대로 부동산 소유권의 상실을 손해로

---

27) 실제로 위와 같이 일실이익에 관한 증명도 경감의 법리를 설시하는 대법원 재판례들은 인신사고를 당한 사람의 향후 예상소득액을 확정하는 경우처럼, 손해의 발생 자체는 인정되는 것을 전제로 구체적 손해액을 어떻게 산정할 것인지가 문제된 사례들이 대부분이다.

28) 박수곤, "프랑스법에서의 손해배상책임에 대한 개관─채무불이행책임을 중심으로", 재산법연구 제21권 제1호(2004. 8.), 253─255면 참조.

29) 노동능력 상실로 인한 일실수입을 청구하는 사건에서 고용노동부의 고용형태별 근로실태조사 보고서를 기초로 통계소득을 인정하거나 생명표를 활용하여 기대여명을 인정하는 것이 수리적·통계적 지식을 활용하는 예이다.

30) 프랑스에서는 피해자가 에이즈 바이러스 양성반응을 나타내긴 하였으나 에이즈로 이행되지 않은 상태라면 에이즈 발병을 전제로 한 손해의 발생은 확실성이 있다고 할 수 없고, 그 확실성은 병증이 의학적으로 확인된 경우에 한하여 인정될 수 있다고 판단한 사례가 있다. Cass. civ 2e, 20 juil. 1993, D., 1993, jur., p. 526, note Y. 박수곤(주 28), 앞의 글, 254─255면에서 재인용. 대법원도 손해배상채권의 소멸시효 기산점이 문제된 사안이긴 하나, 의학적 지식에 근거하여 에이즈 환자가 되었다는 손해는 에이즈 바이러스에 감염된 때가 아니라 이후 실제로 에이즈 환자가 되었을 때 현실적으로 손해의 결과가 발생한 것으로 볼 여지가 있다는 취지로 판시한 예가 있다. 대법원 2011. 9. 29. 선고 2008다16776 판결(공2011하, 2197) 참조.

주장할 수는 없고, 자신이 부동산의 매수를 위해 지급한 매매대금 상당액의 손해만을 주장할 수 있을 뿐이다.[31]

그러나 채무자가 채권자에 대하여 일정한 상태를 실현시킬 적극적인 채무를 부담하고 있던 경우라면, 설사 후발적으로 그 채무의 이행이 불가능하게 되었더라도 '가해행위가 없었더라면 존재하였을 상태'는 약정한 대로의 채무가 이행된 상태로 보아야 한다. 즉, 위의 사례에서 원인무효인 소유권이전등기가 마쳐진 부동산이라고 하더라도 해당 부동산의 매수인이 자신의 직접 거래상대방인 매도인을 상대로 이행불능을 원인으로 한 손해배상을 청구하는 경우라면 '부동산의 소유권을 유효하게 취득한 상태'가 바로 '채무불이행이 없었더라면 존재하였을 상태'가 된다고 보아야 할 것이다.[32]

(다) 이익추구의 추정 및 적법행위의 추정

피해자와 가해자를 포함한 이해관계인이 어떠한 행위를 하였을 것이라고 가정해야 하는 경우, 특별한 사정이 없는 한 각 당사자는 자신에게 가장 이익이 되는 행위를 하였을 것이라고 추정하는 것이 합리적이다.[33] 그리고 당사자에게 위법행위로 인한 이익까지 보장해 주는 결과를 피하기 위해서, 관련 당사자는 특별한 사정이 없는 한 적법하게 행동하였을

---

31) 대법원 1992. 6. 23. 선고 91다33070 전원합의체 판결(집40-2, 민119; 공1992, 2235).

32) 마찬가지 취지에서 대법원은 이행불능으로 인하여 매도인이 담보책임에 따라 부담하는 손해배상의무는 매수인이 얻을 수 있었던 이익의 상실도 포함하고, 따라서 매도인은 이행이익을 배상해야 한다고 본다. 대법원 1976. 5. 18. 선고 66다2618 전원합의체 판결(집15-2, 민11) 참조. 결과적으로 불법행위로 원인무효의 소유권이전등기가 이루어진 뒤 부동산이 전전매도된 경우, 최종 매수인이 불법행위자를 상대로 하는 손해배상청구와 자신의 계약상대방인 매도인을 상대로 하는 손해배상청구는 배상범위가 달라지게 된다. 이에 대해서는 우선 김연하, "등기관계 서류를 위조하여 타인의 부동산을 불법매도한 자로부터 부동산을 매수하여 다른 사람에게 매도한 중간 매도인이, 진정한 소유자가 제기한 말소등기청구소송에서 패소하여 최종 매수인에게 손해배상금을 지급한 경우, 불법행위로 인하여 중간 매도인이 입은 통상의 손해의 산정 방법", 대법원판례해설 제71호(2008), 181-187면 참조.

33) McGregor(주 15), 412-415면; Adam Kramer, The Law of Contract Damages, Bloomsbury Publishing(2014), 257-269면 참조.

것이라고 추정해야 할 것이다.[34]

(라) 이해관계인의 수 및 이해관계의 대립 여부

앞서 조합원 분담금의 조정 문제를 다룬 2008다37414 판결에서 보았듯이, 당사자가 주장하는 가정적 상태의 발생에 관여하는 이해관계인의 수가 많을수록, 그리고 그들의 이해관계가 서로 일치하지 않을수록 그러한 주장을 인정하기 어려워질 것이다.

(마) 이상에서 제시한 일응의 판단기준은 매우 제한적인 것에 불과

하고, 예외가 인정되지 않는 절대적인 기준이라고 할 수도 없다. 향후 재판례의 축적과 그에 대한 분석을 통해 가해행위 및 발생한 손해의 유형별로 구체적인 판단기준을 정립해 나가야 할 것이다.

3. 대상판결의 검토

(1) 앞서 본 바와 같이 대상판결은 이 사건에서 '피고 등의 기망행위가 없었더라면 존재하였을 상태'는 원고가 이 사건 토지를 매수하지 않고 그 매매대금 상당액을 그대로 보유하고 있는 상태가 아니라, 원고가 시가 상당액으로 이 사건 토지를 매수한 상태로 보아야 한다고 판단하였다.

이러한 판단의 당부를 검토하기에 앞서서, 대상판결은 기망행위로 인하여 부동산을 고가에 매수한 경우에 일반적으로 적용되는 어떠한 법리를 선언한 것이 아니라, 어디까지나 해당 사건의 사실관계를 기초로 한 구체적 판단으로서 위와 같은 판시를 하였을 뿐이라는 점을 분명히 해야 한다.

그러나 원심판결과 대상판결의 판결이유를 비교해 보면, 대상판결의 이 부분 판단은 기망행위로 인하여 부동산을 고가에 매수한 유형의 사건에 일반적으로 적용되는 판단이라고 볼 여지가 있고, 그렇기 때문에 이 부분 판단의 당부를 검토하는 의미가 있다고 생각한다. 원심판결은 '기망행위가 없었더라면 있었을 상태'를 판단하면서 "피고들의 불법행위가 없

---

34) 영국 계약법상 이러한 적법행위의 추정은 피해자에 대하여만 일반적으로 인정되는 듯하다. Kramer(주 33), 앞의 책, 251면 참조.

었더라도 원고가 그 당시 시가 상당액으로 이 사건 토지를 매수하였으리라는 특별한 사정을 발견할 수 없는 이 사건에 있어서"라고 단서를 분명히 단 뒤, 그와 같은 전제하에서는 기망행위가 없었더라면 원고는 이 사건 토지를 매수하지 아니하고 매매대금을 그대로 보유하고 있었을 것이라고 판단하였다. 대상판결은 원심의 사실인정은 전혀 문제삼지 않고 동일한 사실관계를 전제로 하면서도, ① 피고들이 원고를 속여 얻고자 했던 것은 원고로 하여금 고가로 부동산을 매수하게끔 하려던 것이었다는 점, 그리고 ② 일반인의 통념 및 거래관행이라는 두 가지 사정을 근거로 원심과 다른 판단을 내렸다. 그러나 위와 같은 사정들은 '기망행위로 인하여 부동산을 고가에 매수한 경우'라는 유형의 사건에서 보편적으로 존재하는 것이어서, 결국 이러한 유형의 사건에서는 원칙적으로 대상판결과 같은 판단을 내릴 수밖에 없다고 해석할 여지도 있는 것이다.

(2) 대상판결의 판단과 달리, 기망행위로 인하여 물건을 고가에 매수한 경우, 그 기망행위가 없었더라면 존재하였을 상태는 특별한 사정이 없는 한 해당 물건에 관한 매매계약이 체결되지 않은 상태라고 보는 것이 타당하다고 생각한다. 그 이유는 다음과 같다.

(가) 기망행위로 인하여 피해자가 매매계약을 체결하는 등의 행위를 한 경우, 그로 인한 불법행위책임이 성립하기 위해서는 기망행위와 피해자의 행위 사이에 인과관계가 인정되어야 한다. 이때 책임성립을 위하여 요구되는 인과관계는 '기망행위가 없었더라면 그러한 행위를 하지 않았을 것'에 그치고, 기망행위가 없었더라면 그와 다른 어떤 특정한 행위를 하였을 것이라는 점까지 반드시 인정되어야 하는 것은 아니다. 고지의무 위반으로 인한 기망행위가 문제되는 경우에는, 고지의무 위반 자체가 '거래상대방이 일정한 사정에 관한 고지를 받았더라면 그 거래를 하지 않았을 것임이 경험칙상 명백함에도 상대방에게 이를 고지하지 않은 것'[35]이라고 정의되는 결과 기망행위의 개념 자체에 '만약 기망행위가 없었더라

---

35) 대법원 2006. 10. 12. 선고 2004다48515 판결(미간행). 대법원 2007. 6. 1. 선고 2005다5812 판결(공2007하, 972) 등 참조.

면 그러한 행위를 하지 않았을 것'이라는 판단이 포함되어 있다. 따라서 기망행위로 인하여 피해자가 어떠한 매매계약을 체결하였다고 인정되는 경우, '기망행위가 없었더라면 그 매매계약을 체결하지 않았을 것'이라는 추론까지는 기망행위로 인한 불법행위책임이라는 사태 자체로부터 논리적으로 도출되어 확실성이 보장된다고 할 수 있으나, 여기서 더 나아가 '기망행위가 없었더라면 어떤 다른 계약을 체결하였을 것'이라는 추론은 그러한 논리적 확실성이 보장되지 않는다.

(나) '기망행위가 없었더라면 시가에 매매계약에 체결되었을 것'이라는 추론은, 피해자인 매수인은 시가로 그 물건을 사려고 했을 것이고, 가해자인 매도인은 시가로 그 물건을 팔려고 했을 것이라는 전제에 서 있다. 피해자는 시가보다 높은 가격임에도 실제로 물건을 매수하였으므로 그보다 낮은 가격이었다면 당연히 물건을 샀으리라고 볼 수 있으나, 그렇다고 당연히 매도인이 시가에 물건을 팔 의사가 있었다고까지 가정할 수는 없다.[36] 일반적으로 매매거래에서 매수인은 목적물을 염가로 구입할 것을 희망하는 반면 매도인은 목적물을 고가로 처분하기를 희망하는 이해상반의 지위에 있고, 각자 자신의 지식과 경험을 이용하여 최대한으로 자신의 이익을 도모할 것으로 예상되는 것[37]이므로, 오히려 통상의 경우 매도인은 어떻게든 시가보다 높은 가격으로 물건을 매도할 의

---

36) 김세종, "시세조종으로 인한 손해배상청구소송에 있어서의 통상손해와 손해액의 산정방법", 대구판례연구회 재판과 판례 제15집(2007. 1.), 90-125면 역시 대상판결과 마찬가지 입장에서, 시세조종으로 인하여 형성된 주가에 주식을 매수한 사례의 경우 시세조종행위가 없었더라면 있었을 상태는 '주식을 취득하지 않은 상태'가 아닌 '시세조종에 의해 조작되지 않은 주가에 주식을 매수한 상태'임을 전제로 논의를 전개하고 있다. 주식시장에서 주식거래가 이루어지는 경우에는 매도인은 언제나 주식시장에 형성되어 있는 가격에 매도할 의사가 있다고 볼 수 있으므로 다른 물건의 거래와는 달리 볼 여지가 있는 것은 사실이다. 그러나 한편으로 주식시장에서 매수인은 주식 자체의 개성에 주목하여 매수의사를 결정하기보다는 과거 주가의 동향을 비롯하여 시장에 공개된 관련 정보를 기초로 당해 주식을 매수할지를 결정하는 것이 보통이므로, 시세조종행위가 없었더라도 매수인이 당연히 그 주식을 취득할 의사가 있었다고 섣불리 추정할 수 없다고 생각한다.
37) 대법원 2001. 7. 13. 선고 99다38583 판결, 대법원 2014. 4. 10. 선고 2012다54997 판결 (공2014상, 1025) 등 참조.

사였다고 추정하는 것이 합리적이다(이익추구의 추정). 그리고 매도인이 시가보다 낮은 가격을 시가라고 허위고지하거나 시가를 묵비하였다는 것만으로는 고지의무 위반의 불법행위가 성립하지 않는다는 판례의 태도[38]를 고려하면, 매도인의 의사를 위와 같이 추정한다고 하여 그것이 매도인의 위법행위를 추정하는 것도 아니다(적법행위의 추정). 앞서 본 2008다37414 사건에서 나타난 대법원의 판단 취지에 비추어 보더라도, 당사자들의 이해관계가 상반되어 그 이해조정이 요구되는 상황에서 어느 한쪽에게 유리한 계약조건으로 계약이 체결되었으리라고 섣불리 가정할 수는 없다.[39]

이와 관련해서는 매매대금의 과다로 인해 매매계약이 불공정한 법률행위에 해당하여 무효가 되는 경우에 무효행위의 전환을 인정한 대법원 2010. 7. 15. 선고 2009다50308 판결[40]이 중요한 시사점을 제공해 준다. 위 판결은, 당사자 쌍방이 무효를 알았더라면 매매대금을 다르게 정하여 매매계약에 합의하였을 것이라고 인정되는 예외적인 경우에는 그 대금액을 내용으로 하는 매매계약이 성립한다고 하면서, 당사자 사이에 합의되었으리라고 가정되는 매매대금액과 관련하여 다음과 같이 판시하였다. "여기서는 어디까지나 당해 사건의 제반 사정 아래서 각각의 당사자가 결단하였을 바가 탐구되어야 하는 것이므로, 계약 당시의 시가와 같은 객관적 지표는 그러한 가정적 의사의 인정에 있어서 하나의 참고자료로 삼을 수는 있을지언정 그것이 일응의 기준이 된다고도 쉽사리 말할 수 없다. 이와 같이 가정적 의사에 기한 계약의 성립 여부 및 그 내용을 발굴·구성하여 제시하게 되는 법원으로서는 그 '가정적 의사'를 함부로 추단하여 당사자가 의욕하지 아니하는 법률효과를 그에게 또는 그들에게

---

38) 위 각주 37)의 각 판결 참조.
39) McGregor(주 15), 앞의 책, 1809(주 38)면은 만약 피해자가 사실을 알았더라면 물건을 아예 사지 않았을 것이라고 추정하는 것이 개연성이 높다(very likely)고 한다. Smith New Court Securities v Scrimgeour Vickers [1992] B.C.L.C. 1104면에서도 원고가 만약 기망행위가 없었더라면 실제 매수가격보다 더 낮은 가격에 주식을 샀을 것이라고 주장하였으나 받아들여지지 않았다.
40) 공2010하, 1566.

계약의 이름으로 불합리하게 강요하는 것이 되지 아니하도록 신중을 기하여야 한다."

  (다) 이 사건의 구체적 사실관계를 고려하더라도 대상판결의 판단은 설득력이 떨어진다. 이 사건 토지는 원소유자로부터 피고 1이 시가 상당액인 3억 2,000만 원에 매수하고, 피고 1이 이를 다시 A에게 4억 5,000만 원에 전매한 상태에서 피고들과 A가 원고를 기망함에 따라 원고에게 5억 4,000만 원에 매도되었다. 이러한 상황에서 만약 기망행위가 없었더라면 원고가 시가인 3억 2,000만 원에 이 사건 토지를 매수할 수 있었으리라고 가정하는 것은, 원소유자가 기존의 매매계약상 의무를 불이행하고 원고에게 이를 다시 시가로 매도하는 상황을 상정하거나, 시가보다 높은 4억 5,000만 원에 이 사건 토지를 전매한 피고 1이 위 전매이익을 포기하고 원고에게 이 사건 토지를 시가로 매도하는 상황 또는 A가 전매손실을 감수하고 이 사건 토지를 원고에게 시가로 매도하는 상황을 상정하는 것이어서,[41] 오히려 "일반인의 통념 및 거래관행"에 어긋난다고 볼 여지가 많다.

  (라) 이러한 유형의 사건에 관하여 종래 대법원은 '피해자가 지급한 매수가격과 매수 당시 물건의 시가 사이의 차액'이 손해액이라고 판시해 왔다. 즉, 기망행위로 인하여 부동산을 고가에 매수하고 그 매매대금을 모두 지급한 경우 피해가가 "매매계약을 체결함으로 인하여 입은 손해는 다른 특별한 사정이 없는 한 매수가격과 매수당시의 시가의 차액"[42]이고, 허위·과장광고로 인하여 아파트 분양을 받은 경우 손해액은 '실제로 지급한 분양대금액에서 분양계약을 체결하던 당시의 아파트의 시가 또는 적정 분양대금의 차액'[43]이라고 한다. 그러나 이처럼 기망행위로 인하여

---

41) 대상판결의 사안에서 실제 원고와 매매계약을 체결한 상대방이 피고 1인지 소외 A인지, 아니면 이 사건 토지의 원소유자인지는 불분명하다. 1심 판결문에 따르면 매매계약서는 원고와 원소유자를 당사자로 하여 작성된 것으로 보이나, 아마도 이는 피고 1이나 소외 A가 미등기 상태로 이 사건 토지를 전매하였기 때문으로 추측된다.

42) 대상판결이 인용한 대법원 1980. 2. 26. 선고 79다1746 판결(공1980, 12688).

43) 대법원 2007. 6. 1. 선고 2005다5812, 5829, 5836 판결(공2007하, 972) 등 참조.

취득한 물건의 적정한 시가를 손해액 산정의 기준으로 삼는다고 하여 종래 대법원이 '기망행위가 없었더라면 시가에 해당 물건을 취득하였을 것'이라는 전제에 서 있다고 할 수는 없다. 위와 같은 손해액 산정은 기망행위가 없었더라면 매매계약이 체결되지 않았을 것이라는 전제하에 '가해행위로 인한 손실(실제 지급한 매매대금) – 가해행위로 인하여 얻은 이익(취득한 물건의 시가)'이라는 공식을 따른 것으로도 얼마든지 이해할 수 있다. 대상판결을 제외하고는 대법원이 '기망행위가 없었더라면 시가에 계약이 체결되었을 것이다'라는 판단을 내린 적이 없고, '기망행위로 인하여 지급한 매매대금과 기망행위가 없었더라면 지급하였을 매매대금의 차액이 손해액이다'라는 표현도 사용한 적이 없음을 고려하면, 오히려 종래 대법원의 입장을 이렇게 이해하는 것이 더 자연스럽다.[44)]

한편, 대법원 2006. 10. 12. 선고 2004다48515(미간행) 판결은 아파트 분양시 인근에 쓰레기 매립장이 건설될 것이라는 사실을 고지하지 않은 기망행위로 인한 손해배상책임이 문제된 사안에서, 피해자가 입은 손해액을 '쓰레기매립장의 건설을 고려한 아파트의 가치하락액'으로 본 원심판결의 손해액 산정이 상당하다고 하였다. 그러나 위 판결 역시 손해액은 '피해자가 지급한 분양대금에서 고지의무 위반이 없었더라면 형성되었을 적정 분양대금 또는 아파트의 시가를 뺀 금액'으로 보되, 그 차액을 산정하는 것이 기술적으로 쉽지 않으므로 원심판결이 아파트 가치하락액을 계산하는 방식을 취한 것도 상당한 손해액 산정방식으로 인정한 것으로 보아야 할 것이다. 위 판결에 대한 대법원판례해설인 김하늘, "가. 아파트 단지 인근에 쓰레기 매립장 건설계획이 예정되어 있다는 사실이 분양회사가 분양계약자들에게 신의칙상 고지하여야 할 사항인지 여부, 나. 도시계획시설결정의 선행처분인 폐기물처리시설 설치계획승인처분이 판결에 의하여 무효로 확정된 사실이 이 사건 손해배상책임에 영향을 미칠 수 있는지 여부, 다. 고지의무 위반의 경우 분양계약자들이 분양계약 자체를 취소하지 않고 분양회사에 대하여 손해배상만을 청구할 수 있는지 여부, 라. 이 사건에서 고지의무를 위반한 분양회사가 배상책임을 지는 손해액의 범위 및 일반적인 부동산 가격의 상승에 따라 이 사건 아파트 단지의 현재 시가가 분양원가를 상회하는 경우 분양계약자들에게 손해가 발생하지 않았다고 볼 수 있는지 여부", 대법원판례해설 제63호(2007), 39-41면 참조. 대상판결에 대한 대법원판례해설인 김민기, "불법행위로 인한 재산상 손해의 산정방법 및 기준시점", 대법원판례해설 제83호(2011), 102-103면도 마찬가지로 이해하고 있다.

44) 영미법에서도 기망행위로 인하여 물건을 취득한 경우 손해액 산정의 원칙적 방법은 'out-of-pocket cost', 즉 실제 지출한 금액을 손해액으로 하되 다만 기망행위로 인하여 얻은 물건의 가치를 공제한다는 관점을 취한다. McGregor(주 15), 앞의 책, 1809면; 장상균, "시세조종행위로 인한 손해배상청구소송에 있어서의 손해액의 계산", 대법원판례해설 제49호, 법원도서관(2004), 750-751면 참조.

(마) 또한, 대상판결과 같은 입장을 취할 경우 원고는 어차피 기망행위가 없었더라도 이 사건 토지를 취득하였을 것이므로, 기망행위시 이후 이 사건 토지의 가격변동으로 인한 손해의 증감은 기망행위와 인과관계가 없는 손해가 되어 손해배상액에 반영될 여지가 없어진다는 점에서도 문제가 있다. 뒤에서 보는 바와 같이, 대법원은 물건이 불법행위로 멸실되거나 물건의 소유권이전의무가 이행불능된 이후 물건의 시가가 상승하여 결과적으로 피해자의 손해가 증가한 경우, 가격변동으로 인한 손해는 특별한 사정으로 인한 손해로서 가해자가 그 사정을 알았거나 알 수 있었던 경우 배상의 대상이 된다는 입장을 취하고 있다. 대상판결의 견해를 따른다면 이 사건처럼 기망행위로 고가에 물건을 취득한 경우에는 향후 그 물건의 시가가 더욱 하락하여 결과적으로 손해가 증가되더라도 그 증가된 손해를 특별손해로도 배상청구할 수 없다는 결론에 이르는데, 물건이 멸실된 경우나 그 이전의무가 이행불능된 경우와 이런 경우를 차별취급할 근거가 있는지 의문이다.

Ⅲ. 손해배상액 산정의 기준시점

1. 문제의 소재

이상에서 살펴본 바와 같이 기망행위에 속아 물건을 시가보다 비싸게 매수한 경우 '기망행위가 없었더라면 존재하였을 상태'란 원칙적으로 '해당 물건을 매수하지 아니한 상태'를 의미한다고 보아야 하고, 따라서 손해액은 '기망행위로 인하여 피해자가 지출한 금액 – 기망행위로 피해자가 취득한 물건의 가치'가 된다.

위와 같이 상호 비교해야 할 상태가 확정되면, 그 다음 단계로서 해당 물건의 시가가 시간에 따라 변동하였다면 어느 시점을 기준으로 하여 손해액을 산정하여야 하는지의 문제가 등장한다. 이는 불법행위나 채무불이행과 같은 가해행위가 이루어지는 시점과 그로 인하여 손해가 현실적으로 발생하는 시점, 손해배상청구가 이루어져 책임이 판결로 확인되는 시점, 손해배상채무가 현실적으로 이행되는 시점 사이에 각각 시간적 간격이 있을 수밖에 없기 때문에 발생하는 문제이다.

이러한 문제는 채무불이행책임과 불법행위책임을 불문하고, 손해배상청구 사건에서 손해액을 산정할 때 어떤 특정한 물건의 가치를 금전적으로 평가한 뒤 이를 피해자가 입은 손실 또는 이익으로 고려해야 하는 경우에 공통적으로 나타난다. 물건의 인도채무의 불이행을 이유로 전보배상청구를 하는 경우나 불법행위로 물건이 멸실된 경우에는 물건의 가치 상당액이 피해자가 입은 손실로 산정되고, 대상판결의 사건처럼 피해자가 기망행위에 속아 물건을 고가에 매수한 경우에는 물건의 가치 상당액이 피해자가 얻은 이익으로 산정된다.

2. 견해의 대립

손해배상액 산정의 기준시점을 어떻게 정할 것인지에 대해서는 종래 매도인이 물건의 인도의무 또는 소유권이전의무를 불이행하여 채무불이행책임을 부담하는 경우를 중심으로 논의가 진행되어 왔다.[45] 학설은 다음과 같이 견해가 나뉘어 있다.

(1) 판결시설(사실심 구두변론종결시설)

판결시설은 손해배상액의 산정은 손해배상채권이 현실적으로 만족될 때를 기준으로 산정하여야 하고, 따라서 손해배상채권이 소송상 행사된 경우에는 그 판단의 최후 시점인 판결시, 즉 사실심 구두변론종결시를 기준으로 손해배상액을 산정하여야 한다는 견해이다.[46] 이 견해는 일반

---

45) 물건의 인도의무를 불이행한 경우와 관련하여 종래의 판례와 국내외 학설의 논의를 상세하게 소개·분석한 문헌은 이동진(주 12), "계약위반으로 인한 전보배상액의 산정시기-물건인도를 목적으로 하는 계약에서 그 물건의 가격이 변동하는 경우를 중심으로-", 석사학위 논문, 서울대학교(2004)이다. 채무불이행책임뿐만 아니라 불법행위책임에 관하여도 중점적으로 다룬 문헌으로는 윤영오, "불법행위로 인하여 물건이 멸실 또는 훼손된 경우에 있어서의 손해배상의 범위", 사법논집 제1집 (1970), 54-74면; 정만조, "손해배상의 범위-채무의 이행불능, 목적물 멸실에 의한 소유권 침해의 불법행위, 타인의 불법행위로 인하여 소유권을 취득할 수 없게 된 경우 등을 중심으로", 사법연구자료 제7집, 법원도서관(1980), 92-123면 참조.
46) 현승종, 채권총론, 일신사(1975), 165면; 김용한, 채권법총론, 박영사(1983); 김기선, 한국채권법총론, 법문사(1987), 116면; 김주수, 채권총론(제3판 보정판), 삼영사

적으로 판결시설을 취할 때 피해자를 더 두텁게 보호할 수 있다는 점, 손해배상제도의 이상은 피해자를 가능한 한 피해가 없었던 상태로 회복시키는 데 있다는 점,[47] 피해자가 과실 없이 손해배상책임 발생을 인식하지 못하였다면 그 시점에서 손해액이 정해지는 것은 불공평하다는 점,[48] 물가가 일반적으로 상승하는 오늘의 경제상황상 책임발생시설을 취하게 되면 결국 가해자가 손해배상을 지연할수록 오히려 이득을 얻게 되는 점[49] 등을 논거로 제시한다. 그리고 이와는 다소 다른 관점에서, 발생한 손해와 그 손해에 대한 금전적 평가는 구별되는 것으로서 화폐가치의 변동에 따른 가격의 변화는 민법 제393조의 규율 범위에 포함되지 않는 것이므로 뒤에서 보는 책임발생시설에서 주장하는 것처럼 책임발생시의 시가는 통상손해로, 그 이후 가격변동으로 인한 손해는 특별손해로 이론구성하는 것은 옳지 않고, 손해배상액의 산정은 금전적 평가가 이루어지는 판결시를 기준으로 이루어져야 한다고 주장하는 견해도 있다.[50]

(2) 책임발생시설

책임발생시설은 손해배상책임이 발생한 시점을 기준으로 하여 손해배상액을 산정하고, 그 후의 가격변동으로 인한 손해는 특별한 사정으로 인한 손해로 가산하여야 한다는 견해[51]이다. 그리고 책임발생시를 원칙적인 기준으로 삼으면서도, 다만 민법 제393조에 규정된 특별손해와 통상손해는 손해배상의 범위를 정하는 기준일 뿐 이미 배상범위가 결정된 뒤 이루어지는 손해배상액 산정에는 적용될 수 없으므로 책임발생시점

(2003), 186-187면; 김증한 · 김학동, 채권각론(제7판), 박영사(2006), 924-925면; 김상용, 채권각론(제2판), 화산미디어(2014), 824면; 정만조(주 45), 앞의 글, 106-107면; 황영주, "배상금액의 산정방법", 서울지방변호사회 판례연구 제6집(1993), 248면 등. 종래의 다수설이라고 한다.

47) 김주수(주 46), 앞의 책, 187면; 김상용(주 46), 앞의 책, 2014, 824면.
48) 현승종(주 46), 앞의 책, 165면.
49) 정만조(주 45), 앞의 글, 106면.
50) 양삼승, "손해배상의 범위-민법 제393조의 성격 및 산정의 기준시에 관련하여-", 민사판례연구 V, 박영사(1993), 161-166면; 김증한 · 김학동(주 46), 앞의 책, 924-925면; 정만조(주 45), 앞의 글, 107면.
51) 곽윤직(주 3), 앞의 책, 117; 송덕수(주 10), 앞의 책, 177면.

이후의 가격변동을 특별손해로 가산할 것이 아니라, '구체적인 사례에서 책임발생 이후의 사정을 고려하는 것이 불가피하다고 판단되는 경우' 예외적으로 판결시(사실심 변론종결시)를 기준으로 삼아야 한다고 하여 이론구성을 다소 달리하는 견해[52]도 있다.

　책임발생시설은 그 논거로 손해배상채권은 원칙적으로 금전채권이며 그 내용은 손해가 발생한 때에 정해져야 하고, 손해의 공평한 분담이라는 손해배상제도의 이상을 고려해야 한다는 점,[53] 판결시설에 따르면 손해와 손해배상책임이 확정되었음에도 배상액은 청구시기에 따라 달라지게 되어 이론적으로 바람직하지 않고, 피해자의 청구를 지연으로 인한 손실을 가해자에게 전가하는 결과가 된다는 점[54] 등을 든다. 그리고 이후의 가격변동이 특별손해로 가산되어야 하는 이유에 대해서는 손해배상채권은 채권의 성립과 동시에 이행기에 있게 되고 이행지체가 생기게 되므로 채무불이행이 있었던 때 이후에 생긴 손해도 그것이 상당인과관계의 범위 내에 있는 한 가산되어야 한다는 설명이 제시된다.[55]

　한편, 이행불능 및 이행거절과 관련하여, 이러한 사태는 채권자의 이행청구권을 좌절시키고 이를 금전에 의한 전보배상채권으로 전환시킴으로써 채권관계에 결정적인 변화를 가져오므로 그 전환이 일어나는 때를 기준으로 당사자의 법률관계의 내용을 고정시키는 것이 예측가능성의 측면에서 바람직하고, 그러한 배상내용을 전제로 채권자로 하여금 대체거래를 준비하는 등 합리적인 재산적 결정을 하도록 하여야 한다는 관점에서, 책임발생시를 기준으로 손해액을 산정하는 것은 나름대로 합리성이 있다는 평가도 있다.[56]

　책임발생시설에 따르면 이행지체로 인한 전보배상의 경우 이행의 최

---

52) 이은영(주 13), 앞의 책, 337-338면.
53) 곽윤직(주 3), 앞의 책, 117-118면.
54) 송덕수(주 10), 앞의 책, 177면.
55) 곽윤직(주 3), 앞의 책, 117-118면.
56) 양창수, "독자적인 채무불이행유형으로서의 이행거절 재론-판례의 형성 및 법률효과를 중심으로", 법조(2015. 1.), 41-42면.

고 후 상당한 기간이 경과한 때[57]가 손해배상액 산정의 기준시점이 되고, 이행불능으로 인한 손해배상의 경우에는 채무가 이행불능이 된 때, 불법행위책임의 경우에는 불법행위로 인한 손해가 현실화되어 손해배상채권이 발생한 때가 기준시점이 된다.

(3) 다 원 설

손해배상액 산정의 기준시점은 한편으로 배상책임의 범위를 정한 민법 제393조의 취지에 부합하도록 하고, 다른 한편으로 채권자에게 부당한 이익이 귀속되지 않도록 정하여야 한다는 일반원칙을 전제로, 구체적인 채무불이행의 유형 및 관련 사정에 따라 기준시점을 개별적으로 정하는 견해[58]가 있는바, 이를 다원설이라고 부를 수 있다.[59]

위 견해는, ① 손해액이 목적물의 사용료로 산출되는 경우(가령 물건의 인도채무의 이행지체의 경우)에는 원칙적으로 문제되는 해당 기간을 기준시점으로 하고, ② 손해액이 목적물의 시가로 산출되는 경우(가령 물건의 인도채무의 이행불능의 경우)에는 판결시를 기준시점으로 하되 피해자가 소송을 부당하게 지연하였다면 과실상계에 의해 손해배상액을 감액해야 하며, ③ 물건의 시가가 상승하였다가 하락한 경우에는 원칙적으로 판결시를 기준으로 하고, 다만 판결시의 시가가 이행기보다도 하락한 경우에는 채무불이행을 저지른 채무자에게 부당한 이익을 줄 수는 없으므로 이행기의 시가가 기준이 된다고 한다.[60]

---

57) 다만 상당한 기간을 정하여 최고한 뒤 해제한 때에는 "해제권의 행사로 배상청구권이 발생한 때"가 기준시점이 된다는 설명도 있으나[곽윤직(주 3), 앞의 책, 118], 이는 의문이다. 이행지체를 이유로 계약을 해제하더라도 손해배상채권은 계약해제 자체를 원인으로 하여 발생하는 것이 아니라 이행지체를 원인으로 발생하는 것이며, 이러한 손해배상채권은 계약해제와 무관한 것이기 때문이다. 편집대표 곽윤직, 민법주해 Ⅷ, 박영사(1997), 330–331면(김용덕) 참조.

58) 김형배, 채권총론, 박영사(1992), 297–300면. 윤기택, "손해배상산정의 기준시", 외법논집 제38권 제1호(2014. 2.), 10면도 "사례의 구체적인 상황에 따라 채권자에게 가장 적절하게 손해를 전보하여 줄 수 있는 시점을 찾아내는 일이 중요하다"라고 하여 다원설의 입장에 서 있는 것으로 보이나, 그 구체적인 내용은 분명하지 않다.

59) 민법주해 Ⅸ(주 10), 573면(지원림) 참조.

60) 그 외에 ④ 손해가 금전의 형태로 나타나는 경우는 다른 일반적인 금전채권와 마찬가지로 판결시의 화폐가치로 환산함이 없이 책임발생시의 화폐가치에 따라 손

한편, 물건의 인도를 목적으로 하는 계약이 불이행된 경우를 채권자가 인도받기로 한 급부목적물을 계속해서 보유할 것으로 예상되는 경우와 급무목적물을 제3자에게 전매 기타 처분하여 이익을 취득할 것으로 예상되는 경우의 두 가지로 구분하여, 전자의 경우에는 실제로 채무자가 손해배상의무를 이행하는 때(소송에서는 변론종결시까지 손해배상의무가 이행되지 않았다면 판결시)를 기준으로 손해배상액을 산정하고, 후자의 경우에는 전매 기타 처분의 개연성이 있는 기간 중 채권자가 선택하여 주장하는 시점을 기준으로 손해배상액을 산정하여야 한다는 견해도 있다.[61] 이 견해도 일정한 기준에 따라 사안의 유형을 나누어서 기준시점을 달리 보아야 한다고 주장한다는 점에서 다원설로 분류할 수 있을 것이다.

3. 대법원 판례의 태도

손해배상액 산정의 기준시점에 관한 대법원의 태도는 과거 이행지체로 인한 전보배상청구와 관련하여 판결시설을 취하기도 하는 등 일부 불명확한 점이 있었으나, 현재는 채무불이행책임과 불법행위책임을 막론하고 책임발생시설로 입장이 정리되었다고 할 수 있다.

(1) 이행지체

과거 1960년대 후반의 대법원 판결 중에는 이행지체로 인한 전보배상청구의 경우 손해액 산정의 표준 시기는 원칙적으로 본래의 의무이행을 최고한 후 상당한 기간이 경과한 당시의 시가에 의하여야 한다고 하여 책임발생시설을 취한 판결[62]도 있었고, "이행지체 중에 있는 본래의 급부 대신 명하는 전보배상은 본래의 목적물을 받은 것과 동일한 경제적 이익을 받아야 될 것이므로 그 통상 배상액은 사실심 구술변론 종결시의

해액을 산정하고(명목주의에 따른다는 취지로 보인다), 다만 채무자가 화폐가치의 하락을 예측하면서 손해배상채무를 실질적으로 면하기 위하여 이행을 지체하는 경우에는 판결시의 화폐가치를 적용할 수 있으며, ⑤ 신체의 부상이 손해인 경우에는 판결시를 기준시점으로 보아야 한다고 주장한다. 위 견해의 상세한 내용은 김형배(주 58), 앞의 책, 297-300면 참조.
61) 이동진(주 12), 앞의 글, 129-148면.
62) 대법원 1967. 6. 13. 선고 66다1842 판결(집15-2, 민52).

시가에 따라 산정하여야 할 것"이라고 판결시설을 취한 판결[63]도 있어
태도가 엇갈리고 있었다. 그러나 그 이후로 대법원은 일관하여 책임발생
시설을 취한 판결만을 반복하고 있고,[64] 하급심 판결 역시 압도적 다수
는 책임발생시설을 따르고 있는 것으로 보인다.[65] 따라서 비록 위 대법
원 1969. 5. 13. 선고 68다1726 판결이 폐기된 것은 아니나, 오늘날 이행
지체로 인한 전보배상청구에 관한 법원 실무의 태도는 대체로 책임발생
시설로 수렴되고 있다고 평가할 수 있다.

(2) 이행불능

대법원은 이행불능으로 인한 전보배상청구의 경우에도 책임발생시설
을 취한다. 즉, 매도인의 목적물에 관한 소유권이전의무가 이행불능이 됨
에 따라 매수인이 입는 손해액은 원칙적으로 이행불능이 될 당시의 목적
물의 시가 상당액이고, 그 이후 목적물의 가격이 상승하였다고 하더라도
이는 특별한 사정으로 인한 손해로서 매도인이 이행불능 당시 그러한 사
정을 알았거나 알 수 있었을 때에 한하여 그 상승한 가격에 따른 손해배
상을 청구할 수 있다고 한다.[66]

---

63) 대법원 1969. 5. 13. 선고 68다1726 판결(집17-2, 민81).
64) 대법원 1997. 12. 26. 선고 97다24542 판결(공1998상, 406), 대법원 2005. 1. 14.
   선고 2003다69218 판결(미간행), 대법원 2007. 9. 20. 선고 2005다63337 판결(공
   2007하, 1626).
65) 법원 전산망의 판결문검색시스템에서 검색한 결과, 2016. 1. 26.을 기준으로 할
   때 이행지체로 인한 전보배상청구와 관련하여 대법원 1969. 5. 13. 선고 68다1726
   판결을 인용하면서 변론종결시를 기준으로 손해액을 산정한 하급심 판결은 단 2건
   뿐인 반면, 책임발생시설을 취한 대법원 1967. 6. 13. 선고 66다1842 판결을 인용
   한 하급심 판결은 8건, 대법원 1997. 12. 26. 선고 97다24542 판결을 인용한 하급
   심 판결은 44건, 대법원 2007. 9. 20. 선고 2005다63337 판결을 인용한 하급심 판
   결은 44건에 이른다.
66) 대법원 1967. 11. 28. 선고 67다2178 판결(집15-3, 민332); 대법원 1975. 5. 27.
   선고 74다1872 판결(공1975, 8542); 대법원 1993. 5. 27. 선고 92다20163 판결(공
   1993하, 1859); 대법원 1996. 6. 14. 선고 94다61359, 61366 판결(공1996하, 2151);
   대법원 2007. 9. 20. 선고 2005다63337 판결(공2007하, 1626) 등 다수. 위 94다
   61359, 61366 판결은 원칙적으로 이행불능 당시의 목적물의 시가 상당액이 되고,
   그 이후 가격상승으로 인한 손해는 특별한 사정으로 인한 손해라는 것이 "대법원
   의 확립된 판례"라고 한다.
       한편, 과거 대법원은 1968. 9. 17. 선고 68다917 판결에서 매매계약 체결 시

또한, 대법원은 채권자가 본래적 급부청구를 하면서 장래 판결확정 후에 본래적 급부청구가 이행불능 또는 집행불능이 된 경우에 대비하여 전보배상을 미리 청구하는 경우에 그 전보배상의 손해배상액은 사실심 변론종결 당시를 기준으로 산정해야 한다고 하나,[67] 이는 위와 같은 청구의 성질상 이행불능이 되어 책임이 발생하는 시점이 판결확정 이후일 수밖에 없으므로 어쩔 수 없이 그에 가장 가까운 시점인 사실심 변론종결시를 기준시점으로 삼는다는 취지일 뿐, 판결시설을 취한 것으로 볼 수는 없다.[68]

(3) 이행거절

대법원 2007. 9. 20. 선고 2005다63337 판결[69]은 "이행지체에 의한 전보배상에 있어서의 손해액 산정은 본래의 의무이행을 최고하였던 상당

점으로부터 2달이 지나 매도인의 귀책사유로 이행불능이 된 시점에서 목적물의 시가가 14.6배 상승한 사안에 대하여, 그처럼 이례에 속하는 사항에 대해서는 매도인이 계약체결 당시 이를 예견하였거나 예견할 수 있었던 경우에만 배상의무가 있다고 하여 이행불능 당시의 시가도 통상의 손해에 해당하지 않을 수 있는 듯한 판시를 한 적도 있다. 위 판결 역시 폐기된 바는 없으나, 이후로 위 68다917과 같은 판시가 되풀이된 적은 없는 것으로 보이고, 대법원 1993. 5. 27. 선고 92다20163 판결은 '매매계약의 이행불능으로 인한 전보배상청구의 경우 이행불능 당시의 목적물의 시가 상당액이 통상의 손해이고, 이행불능 당시의 시가가 계약 당시보다 현저히 앙등하였다고 하더라도 그 가격을 특별한 사정으로 인한 손해라고 볼 수는 없다'고 하여 명시적으로 위 68다917 판결과 다른 입장을 취했으며, 이러한 입장의 판시만이 이후 반복되고 있다. 하급심의 태도 역시 이와 마찬가지로 보인다. 법원 전산망의 판결문검색시스템에서 검색한 결과 위 68다917 판결을 인용한 하급심 판결은 발견되지 않는다.

67) 대법원 1960. 8. 18. 선고 4292민상733 판결(미간행); 대법원 1975. 7. 22. 선고 75다450 판결(공1975, 8610).
68) 이는 대법원 2006. 1. 27. 선고 2005다39013 판결(미간행), 대법원 2006. 3. 10. 선고 2005다55411 판결(미간행)의 취지에 비추어 보면 분명하다. 위 판결은 채권자가 본래적 급부청구를 하면서 그것이 판결확정 전에 이행불능되거나 판결확정 후에 집행불능되는 경우를 대비하여 전보배상청구를 병합하여 하는 것도 허용된다고 종래의 입장을 재확인하고, 이어서 '본래의 급부청구를 명하는 판결이 확정된 후 또는 그 판결확정과 동시에 그 집행이 불능하게 되어 별소로 전보배상을 구하는 것도 당연히 허용되고, 이런 경우에는 이행불능의 경우 원칙적으로 이행불능 당시의 목적물 시가 상당액이 손해액이 되는 것과 마찬가지로 집행불능이 된 당시의 목적물 시가 상당액이 손해액이 된다'라고 한다.
69) 공2007. 1. 15. (284), 1626.

한 기간이 경과한 당시의 시가를 표준으로 하고, 이행불능으로 인한 전보배상액은 이행불능 당시의 시가 상당액을 표준으로 해야 할 것인바, 채무자의 이행거절로 인한 채무불이행에서의 손해액 산정은, 채무자가 이행거절의 의사를 명백히 표시하여 최고 없이 계약의 해제나 손해배상을 청구할 수 있는 경우에는, 이행거절 당시의 급부목적물의 시가를 표준으로 해야 할 것이다"라고 판시하여 이행거절로 인한 전보배상청구의 경우에도 책임발생시설을 취하였다.[70] 위 판결은 이행거절로 인한 전보배상청구에 관한 손해배상액 산정의 기준시점을 정하는 근거로 이행지체 및 이행불능으로 인한 전보배상청구의 경우에 관한 판례법리를 인용하고 있는데, 여기에서 대법원이 채무불이행으로 인한 손해배상청구 일반에 대하여 공통적으로 책임발생시를 손해액 산정의 기준시점으로 여기고 있음을 엿볼 수 있다.

(4) 불법행위

(가) 불법행위로 인한 손해배상청구의 경우 대법원은 대상판결에서도 명확히 밝혔듯이 일관하여 책임발생시설의 입장에서 불법행위시를 기준으로 손해배상액을 산정한다.[71] 여기서 '불법행위시'라고 하는 것은 위법행위가 이루어진 시점을 가리키는 것이 아니라 불법행위책임이 성립하여 손해배상채권이 발생한 시점을 뜻하는 것이므로, 불법행위시와 손해의 결과발생시 사이에 시간적 간격이 있는 경우에는 손해가 현실적으로 발생한 시점이 손해액 산정의 기준시점이 된다.[72]

(나) 그런데 대법원은 담보권의 침해와 관련된 불법행위에 대해서는 사실심 변론종결시를 손해액 산정의 기준시점으로 언급하고 있고, 그 때문에 마치 이러한 유형의 사건에 대해서는 판결시설을 취한 것처럼 보이

---

70) 이후 위 판시는 대법원 2008. 5. 15. 선고 2007다37721 판결(미간행)에서 그대로 반복되었다.

71) 대법원 1995. 10. 12. 선고 94다16786 판결(공1995하, 3721); 대법원 2003. 1. 10. 선고 2000다34426 판결(공2003상, 570); 대법원 2015. 11. 27. 선고 2013다211032 판결(공2016상, 29) 등 다수.

72) 대법원 2007. 6. 15. 선고 2005다45605 판결(미간행); 대법원 2014. 7. 10. 선고 2013다65710 판결(미간행) 참조.

기도 한다.[73]

　　담보권의 침해와 관련된 사건 유형은 크게 두 가지, 즉 ① 일단 유효하게 담보권을 취득한 상태에서 위법행위로 담보권이 소멸되거나 그 담보권의 목적물이 멸실되는 경우와, ② 실제로는 유효한 담보권을 취득할 수 없음에도 기망행위 등 위법행위로 인해 유효하게 담보권을 취득할 수 있으리라고 믿고 금원을 대여한 경우로 나누어 볼 수 있다.[74] 대법원은 전자의 유형에 대해서는 '담보권자로서는 담보권이 소멸하지 아니하였더라면 그 실행으로 인해 피담보채무의 변제를 받았을 것임에도 담보권의 소멸로 인해 이러한 변제를 받게 되는 권능을 상실하였으므로' 담보권자가 입는 손해는 원칙적으로 담보물의 가액 범위 내에서 채권최고액을 한도로 하는 피담보채권액이 된다고 하고,[75] 후자의 유형에 대해서는 '유효하게 담보권을 취득할 수 있는 것으로 믿고 출연한 금액'이 손해라고 하면서 앞의 유형과 동일하게 담보물의 가액 범위 내에서 채권최고액을 한도로 하여 채무자에게 대여한 금액이 그 손해가 된다고 한다.[76] 그리

---

73) 담보권 침해에 관한 이러한 대법원 판결들을 근거로 대상판결의 사안에서는 사실심 변론종결시를 기초로 손해의 발생 여부 및 손해액을 산정해야 한다고 주장하는 견해로 성중탁, "불법행위에 기한 손해배상청구 사건에서 손해발생 여부 판단시점", 서울지방변호사회 판례연구 제24집(2010. 9.), 298면 참조.

74) 담보권 침해와 관련된 불법행위 유형의 분류 및 그에 관한 대법원 판례에 관하여는 문정일, "근저당권 공동 담보물 중 일부를 멸실·훼손한 경우의 손해배상책임", 대법원판례해설 제79호(2009), 195–201면 참조.

75) 대법원 1998. 11. 10. 선고 98다34126 판결; 대법원 2010. 7. 29. 선고 2008다18284 판결(미간행) 참조. 담보물이 멸실된 경우 정확하게는 '채권최고액의 범위 내에서 멸실되지 않고 남은 저당 목적물의 가액에 의해 만족을 얻지 못하는 채권액과 멸실되거나 담보가치가 감소된 저당 목적물 부분의 가액 중 적은 금액'이 손해라고 할 것이다. 대법원 2009. 5. 28. 선고 2006다42818 판결(공2009하, 938) 참조. 다만 대법원 2010. 9. 30. 선고 2010다41386 판결(공2010하, 2004)은 유효하게 담보권을 취득하였다가 이후 상실한 경우임에도 '담보권을 취득할 수 있는 것으로 믿고 출연한 금액'을 손해로 보고 있다. 이는 과연 유효한 담보권을 취득할 것으로 믿고 채무자에게 금원을 대여한 경우, 가해행위가 없었더라면 있었을 상태를 어떻게 볼 것인지와 관련하여 논의가 필요한 문제이다. 박영호, "동산양도담보를 신뢰하여 금원을 대출하였다가 후에 동산을 타인에게 인도당한 경우에 양도담보권자가 입은 통상 손해액", 대법원판례해설 제85호(2011), 92–95면 참조.

76) 대법원 1999. 4. 9. 선고 98다27623, 27630 판결(공1999상, 836). 다만 이처럼 일단 유효하게 취득한 담보권이 소멸하거나 그 담보물이 멸실된 경우와, 담보권이

고 위 각 유형의 경우 모두 담보물의 가액은 담보권의 실행이 예상되는 시기 또는 손해배상청구소송의 사실심 변론종결시를 기준으로 산정하여야 한다고 판시하고 있다.[77]

그러나 위와 같은 대법원 판례의 취지는 판결시, 즉 사실심 변론종결시를 손해배상액 산정의 기준시점으로 삼은 것이라기보다는, 위와 같은 유형의 사건에서는 피해자가 입은 구체적인 손해액이 장래 담보권이 실행되어 담보권자의 배당액이 결정될 때 확정되고, 손해액은 실제 담보권이 실행될 당시의 담보물의 가액을 초과할 수 없다는 특수한 사정이 있으므로, 피해자 구제를 위해 손해배상채권의 성립요건인 '손해의 현실적 발생'을 완화하여 손해액이 실제로 확정되지 않은 시점에서도 손해배상책임의 성립은 인정하되, 그에 대한 보완책으로 손해액의 확정 시점에 최대한 가까운 사실심 변론종결시의 담보가액을 한도로 설정하는 취지로 보아야 할 것이다.[78] 이는 저당권의 목적물이 일부 멸실된 경우에 관한 대법원 2009. 5. 28. 선고 2006다42818 판결이 '저당권의 목적물의 가액은 경매절차에서 근저당권자가 배당받을 금액이 확정되었거나 확정될 수 있는 때에는 그 금액을 기준으로 하고, 그렇지 아니한 경우라면 손해배상청구소송의 사실심 변론종결시를 기준으로 해야 한다'고 밝히고 있는 데서도 드러난다.

(다) 그러나 불법행위시 이후 물건의 가격이 변동한 경우 이를 손해액에 어떻게 반영하여야 하는지에 관한 대법원의 입장은 명확하지 않다.

유효하다고 믿고 금원을 출연한 경우의 발생한 손해항목의 내용을 다르게 파악하면서도 손해액을 이처럼 동일하게 파악하는 것이 과연 정당한 것인지는 논의의 여지가 있는 문제이다.
77) 담보권 소멸의 경우는 대법원 2010. 9. 30. 선고 2010다41386 판결; 담보물 멸실의 경우는 위 대법원 2009. 5. 28. 선고 2006다42818 판결; 담보권이 유효하다고 믿고 금원을 출연한 경우는 대법원 1999. 4. 9. 선고 98다27623, 27630 판결, 대법원 1978. 7. 11. 선고 78다626 판결(집26-2, 민193) 참조.
78) 문정일, "근저당권 공동 담보물 중 일부를 멸실·훼손한 경우의 손해배상책임", 대법원판례해설 제79호, 법원도서관, 2009, 201-205면 참조. 박영호(주 75), 앞의 글, 95-96면도 마찬가지로 이해하고 있는 듯하다.

1) 가격변동으로 손해가 증가한 경우

대법원은 불법행위로 물건의 소유권을 침해한 경우 원칙적으로 불법행위시를 기준으로 하여 그때의 시가에 의해 손해액을 산정하여야 하고, 그 후 목적물의 가격상승으로 인한 손해는 특별한 사정으로 인한 손해로서 예견가능성이 있었던 경우에 한하여 배상책임이 있다고 하여, 기본적으로는 목적물 소유권이전의무의 이행불능의 경우와 동일한 입장을 취한다.79) 그리고 침해된 물건이 주식인 경우에는 위와 마찬가지로 불법행위시 이후의 가격상승에 따른 손해를 특별손해로 파악하여 가해자의 예견 또는 예견가능성을 요구하는 데 더하여, '피해자가 주식의 가격이 올랐을 때 주식을 매도하여 그로 인한 이익을 확실히 취득할 수 있었던 경우에 한하여' 그 오른 가격에 의한 손해배상을 청구할 수 있다고 하여 추가 요건을 요구하는 듯한 판시를 반복하고 있다.80)

앞서 보았듯이 이는 발생이 불확실한 일실이익의 손해배상을 인정하기 위해서 그 손해발생이 확실하게 인정되어야 한다는 이른바 확실성의 원칙을 선언한 것으로 볼 수 있는데, 유독 침해 물건이 주식인 경우에만 이러한 손해발생의 확실성 요건이 추가로 요구된다고 보기는 어려울 것이다.81) 오히려 가격상승으로 인한 추가 손해의 배상을 위해서는 언제나 '장래 가격상승으로 인한 이익을 확실히 취득하였을 것'이라는 요건이 요구되는 것이나, 가격이 불규칙적으로 등락하는 주식이라는 물건의 특성 및 시세차익을 노린 거래가 빈번하게 이루어지는 주식거래의 특성상 책임발생시 이후 어느 특정 시점까지 계속해서 피해자가 주식을 그대로 보

---

79) 대법원 1963. 6. 20. 선고 63다242 판결(집11-2, 민31) 참조.
80) 대법원 1995. 10. 12. 선고 94다16786 판결; 대법원 2007. 6. 14. 선고 2004다 45530 판결 등 참조.
81) 실제로 과거 대법원 판결 중에는 목적물 인도의무 이행불능의 경우에 대해서도, 이행불능 이후 가격상승으로 인한 이익에 대한 예견 또는 예견가능성뿐만 아니라 채권자가 그 상승한 가격에 의한 이익을 확실히 취득할 수 있었을 것이 요구된다는 취지로 판시한 것들이 있다. 대법원 1960. 10. 27. 선고 4293민상197 판결, 대법원 1968. 7. 23. 선고 68다1104 판결 등 참조. 그러나 최근에는 이처럼 '이익취득의 확실성' 요건을 추가로 요구하는 듯한 판시는 불법행위로 주식이 침해된 유형의 사건에서만 등장하고 있다.

유하여 시세차익을 실현하였으리라고 가정하는 개연성이 떨어지는 반면, 부동산과 같은 다른 물건의 경우에는 책임발생시 이후에도 계속 이를 보유하였을 개연성이 높기 때문에 굳이 위와 같은 추가 요건을 따로 설시하지 않은 것이라고 이해하는 것이 타당하리라고 본다.

2) 가격변동으로 손해가 감소한 경우

대법원 1980. 2. 26. 선고 79다1746 판결[82]은, 대상판결과 마찬가지로 기망행위에 속아 시가보다 높은 가격으로 부동산을 매수한 사안에 관하여, 매수인인 원고가 입은 손해는 특별한 사정이 없는 한 매수가격과 매수 당시 시가의 차액 상당액이라고 본 원심의 판단이 정당하다고 하면서, 이에 덧붙여 "원고가 이건 임야 매수 후 이를 가사 논지 주장과 같은 가격으로 타에 매각한 사실이 있다 하여도 그와 같은 사유는 원심판결에 어떤 영향을 줄 수는 없는 것"이라고 하였다.[83] 또한, 이후의 대법원 2006. 10. 12. 선고 2004다48515 판결은 피고가 아파트를 분양하면서 인근에 쓰레기 매립장이 건설 예정이라는 사실을 고지하지 않은 행위가 기망행위로 인정되어 부동산을 분양받은 원고에 대한 손해배상책임이 인정된 사안에서도, "그 후에 부동산 경기의 전반적인 상승에 따라 이 사건 아파트의 시가가 상승하여 분양가격을 상회하게 되었다고 하여 원고들에게 손해가 발생하지 않았다고 할 수 없다"라고 하였고, 그리고 대상판결 역시 이와 동일하게 '기망행위 이후에 원고가 이 사건 토지 중 일부에 대하여 보상금을 수령하였거나 이 사건 토지의 시가가 상승하여 매수가격을 상회하게 되었다고 하여 손해가 발생하지 않았다고 할 수 없다'고 판단하였다. 이러한 판결들에서 대법원은 기망행위 이후 피해자가 취득한 물건의 가격상승으로 피해자가 이익을 얻었더라도 이는 손해의 발생 여부나 손해액 산정에 아무런 영향을 미치지 못한다는 태도를 취하는 것처럼 보인다.

그러나 불법행위 이후에 피해자가 취득한 이익을 손해액에서 공제하

---

82) 공1980. 5. 1. (631), 12688.

83) 위 사건에서 피고는 아마도 원고가 기망행위로 취득한 부동산을 그 후에 기망행위 당시의 시가 또는 매수가격보다 높은 가격으로 다른 사람에게 매각하였다고 주장하면서 손해의 발생 내지는 기망행위의 성립을 다투었던 것으로 보인다.

여야 한다는 취지의 판결도 있다. 대법원은 시세조종행위로 인하여 높게 형성된 가격으로 주식시장에서 주식을 취득한 피해자가 불법행위로 인한 손해배상청구를 하는 경우에는, 피해자가 입은 손해는 원칙적으로 시세조종행위가 없었더라면 취득 당시 형성되었으리라고 인정되는 정상주가와 피해자가 주식 취득을 위하여 실제 지급한 금액과의 차액이지만, 만약 피해자가 정상주가 이상의 가격으로 위 주식을 매도한 경우에는 실제 지급한 금액과 위 매도주가와의 차액 상당이 손해액이 된다고 한다.[84] 이는 피해자가 책임발생시 이후에 정상주가보다 높은 가격으로 주식을 매도하였다면 정상주가와 매도주가의 차액 상당의 손해는 회복된 것이므로 배상액에서 공제되어야 한다는 것인데,[85] 이는 앞서 본 판례들의 태도와는 상반되는 것이다. 시세조종행위에 관한 위와 같은 판례의 태도는, 피해자가 매수한 주식을 그대로 보유하고 있었던 것이 아니라 실제로 매도함으로써 그 교환가치를 실현하였다는 점에 주목하여 손해액 산정에서 시가에 기초한 추상적 산정방식보다 피해자의 실제 거래사실에 기초한 구체적 산정방식을 우위에 둔 것이라고 평가할 수도 있겠으나,[86] 대상판결의 사안 역시 원고가 토지 중 일부에 관하여 보상금을 수령하여 그 부분에 한하여는 구체적 산정방식을 적용할 여지가 있음에도 이러한 사정은 손해액 산정에서 고려할 수 없다고 판시하였으므로, 결국 책임발생시

---

84) 대법원 2004. 5. 28. 선고 2003다69607, 69614 판결[공2004. 7. 1. (205), 1067]; 대법원 2015. 5. 14. 선고 2013다11621 판결[공2015상, 791] 등 참조.

85) 위 대법원 2003다69607, 69614 판결의 대법원판례해설인 장상균(주 44), 앞의 글, 748면.

86) 구체적 손해산정방식과 추상적 손해산정방식에 대하여는 우선, 지원림, 민법강의 (제14판), 홍문사(2016), 1067–168면; 배준일, "손해배상액 산정방식에 관한 비교연구—CISG를 중심으로", 무역상무연구 제16호(2001), 59–62면 참조. 유럽불법행위법 원칙(PETL)은 제10:201조에서 "손해는 일반적으로 가능한 구체적으로 결정되어야 하나, 적절한 경우에는 가령 시가에 의하여 추상적으로 결정될 수 있다(Such damage is generally determined as concretely as possible but it may be determined abstractly when appropriate, for example by reference to a market value)."라고 구체적 산정방식을 손해액 산정의 원칙적인 방식으로 규정하고 있다. European Group on Tort Law, Principles of European tort law: text and commentary, SpringWienNewYork, 2005, 163면 참조.

이후 손해가 감소한 경우에 대한 처리에 있어서 통일되지 못한 상태라고
보아야 할 것이다.

(5) 손해가 외국통화로 표시되는 경우

불법행위로 멸실된 물건의 시가가 외국통화로 표시되거나, 매도인의
채무불이행으로 인하여 매수인이 받지 못한 전매대금이 외국통화로 표시
되는 등 손해액이 외국통화로 나타나는 경우, 대법원은 불법행위책임과
채무불이행책임을 막론하고 손해배상은 우리나라 통화로 이루어져야 한
다고 보고, 일단 외국통화로 파악된 손해를 책임발생시의 환율로 환산한
금액이 손해배상액이 된다고 한다.[87] 손해배상채권에 관한 민법 제394조
의 '금전'을 반드시 우리나라 통화로 해석해야 하는 것인지, 즉 손해배상
은 반드시 우리나라 통화로만 이루어져야 하는 것인지에 대해서는 논의
가 있으나,[88] 우리나라 통화에 의해야 한다는 대법원의 입장을 전제로
하면 여기서도 대법원은 판결시가 아닌 책임발생시를 기준으로 손해액을
산정하여야 한다는 태도를 견지하고 있다고 할 수 있다.

4. 비교법적 검토
(1) 독   일

독일에서는 금전배상의 형태로 손해배상이 이루어지는 경우,[89] 실체

---

87) 불법행위로 인한 손해배상에 관하여는 대법원 1995. 9. 15. 선고 94다61120 판
결, 채무불이행으로 인한 손해배상에 관하여는 대법원 1997. 5. 9. 선고 96다28688
판결; 대법원 2005. 7. 28. 선고 2003다12083 판결; 대법원 2007. 8. 23. 선고 2007
다26455 판결(미간행) 참조. 안법영, "외화채권과 환차손의 배상", 법실천의 제문제 :
동천김인섭변호사화갑기념논문집, 박영사 (1996), 227-228면은 외화채권의 본래의
급부를 청구하면서 대용권을 행사하여 국내통화로 청구하는 경우에는 현실로 이행
할 때 가장 가까운 사실심 변론종결 당시의 환율에 의해 환산해야 한다는 대법원
1991. 3. 12. 선고 90다2147 전원합의체 판결을 들어 채무불이행으로 인한 손해배
상의 경우와 불법행위로 인한 손해배상의 경우 대법원의 견해가 차이를 보인다고
하나, 위 90다2147 판결은 손해배상청구가 아닌 외화채권 본래의 급부청구에 관한
것이다.
88) 우리나라 통화에 의해야 한다는 견해로 편집대표 박준서, 주석 민법(제3판) 채권
각칙 8, 한국사법행정학회(2000), 571-572면(이희영). 반대 견해로는 양승태, "외국
금전채권의 이행에 따르는 제문제", 재판자료 제34집, 법원도서관(1986), 41-42면.

법상 손해배상액 산정의 기준시점은 실제로 손해배상이 이행되는 시점이 된다고 보고,[90] 소송상 손해배상청구가 이루어지는 경우에는 실제 배상이 이루어지는 시점에 가장 가까운 최후의 판단시점인 구두변론종결시를 기준으로 손해배상액을 산정하되, 만약 구두변론종결시에 장래에 실제로 손해배상이 이행될 때 가격이 변동하리라는 점이 예견가능하다면 이 또한 손해액 산정에서 고려할 수 있다고 한다. 따라서 실제 손해배상이 이루어지는 시점까지 발생하는 가격변동으로 인해 피해자의 손해가 증가할 수도 있고, 피해자의 손해가 감소하거나 아예 손해가 없어질 수도 있다.[91] 또한, 소송을 통해 손해배상을 명하는 판결이 확정된 뒤라도 가격변동으로 추가 손해가 발생하면 피해자는 그 배상을 추가로 청구할 수 있고, 손해가 줄어든 경우에는 가해자는 판결에 대해 독일 민사소송법 제767조에 따른 청구이의로 이를 다툴 수 있으며 집행까지 완료된 경우라면 부당이득반환을 구할 수 있다고 한다.[92] 따라서 주로 소송을 통해 손해배상청구가 이루어지는 경우를 다루던 종래 우리나라의 논의 틀에 비추어 보면, 독일은 판결시설의 입장에 서 있다고 할 수 있다.

(2) 프 랑 스

프랑스에서도 손해배상의 산정은 법원이 판결을 선고하는 날을 기준으로 이루어져야 한다고 본다.[93] 이는 피해자의 손해를 완전히 배상해 주어야 한다는 완전배상의 원칙, 그리고 피해자에게는 일반적으로 손해를 최소화하기 위하여 노력할 의무가 없다는 점을 근거로 한다.[94]

과거 프랑스 판례는 "고의 아닌 채권자는 계약체결시에 예견가능한 손해만에 대해서 배상책임을 부담한다"라는 프랑스민법 제1150조의 규정

---

89) 독일민법상 손해배상의 원칙적인 방법은 금전배상이 아닌 원상회복이다. 독일민법 제249조 제1항 참조.
90) Münchener Kommentar zum BGB(Oetker), 7. Auflage, 2016, §249 Rn 311-314.
91) 위 책, Rn 311-312.
92) 위 책, Rn 317-319.
93) 이브-마리 래티에(주 25), 앞의 글, 570-571면.
94) 위 글, 570-571면; 프랑스사법제도연구반, "인신사고 손해배상사건에서의 손해배상액 산정(프랑스)", 외국사법제도연구 제1권, 법원행정처(2007), 320-326면.

이 목적물의 가격이 변동한 경우에도 적용된다고 보고, 손해발생일을 기준으로 손해배상액을 산정하면서 그 이후 가격의 변동으로 인한 손해는 예견가능한 경우에만 배상책임을 인정하는 태도를 취하였으나, 이에 대하여 손해의 변동을 '손해의 내적 요소가 변동하는 경우'와 '손해 자체는 변하지 아니하고 일정한 화폐로 표현되는 손해의 외적 표현만이 변동되는 경우'로 나누어 파악하고, 손해의 사실에는 변동이 없고 단순히 그 금전적 평가만이 변동되는 경우에는 프랑스민법 제1150조가 적용되지 않는다는 학설의 비판이 있었고, 1954년 이후 법원에서도 이러한 견해가 채택되어 이후 판례·통설이 되었다고 한다.[95]

(3) 영국 및 미국

독일과 프랑스와는 달리, 영국과 미국에서는 원칙적으로 책임발생시를 손해배상액 산정의 기준시로 본다.[96] 그 근거는 피해자의 손해경감의무에서 찾는 것이 보통이다. 즉, 피해자에게는 손해가 발생한 이후 손해를 최소화할 의무가 있기 때문에 책임발생 이후 가격변동으로 인한 추가손해를 피하지 못한 책임은 피해자가 부담해야 한다는 것이다. 이에 더하여 편리성, 즉 책임발생시를 기준으로 손해액을 산정하는 것이 언제를 기준으로 손해를 평가하는 것이 합리적인지에 관한 복잡한 논의를 피할수 있기 때문이라는 근거도 제시된다.[97]

피해자의 손해경감의무에서 정당화 근거를 찾는 결과, 피해자가 피

---

95) 이동진(주 12), 59-65면; 양삼승(주 50), "손해배상의 범위-민법 제393조의 성격 및 산정의 기준시에 관련하여-", 162-165면 참조.
96) 영국에 관하여는 McGregor(주 15), 앞의 책, 730-731면; 미국에 관하여는 Restatement(2nd) of Torts §927, Dan B. Dobbs, Law of Remedies: damages, equity, restitution(2nd edition), West Publishing Co., 1993, 764 참조. 다만 채무불이행의 경우 원칙적으로 이행기를 기준으로 삼고, 따라서 이행기 전에 채무불이행이 이루어진 경우에도 일반적으로 이행기를 손해액 산정의 기준시로 보는 듯하다. Dobbs, 위의 책, 764면 참조. 이 점에서는 우리나라에서 말하는 책임발생시설과 다소 차이가 있다.
97) Jami Cassels, The Law of Damages, Irwin Law Inc.(2000), 23면. 김제완, "손해배상 예정액의 직권감액상 참작의 기준시와 참작 사유-부동산 매매계약에 있어서 '해제 후 시가의 변동'이 참작사유로 될 수 있는가?" 민사법학 제29호(2005. 9.), 202-203면에서 재인용.

해사실을 인식하지 못하거나 손해경감을 위한 조치를 취할 수 없는 사정
이 있는 등의 경우에는 위와 같은 원칙에서 벗어나 피해자가 합리적인
손해경감조치를 취할 수 있었을 시점을 기준으로 손해액을 산정하는 것
이 인정된다.[98] 주식과 같이 가격의 등락이 빈번하고 거래자들이 통상적
으로 이용하는 거래소를 통해 거래되는 물건이 침해된 경우에는, 가해행
위시로부터 피해자가 이를 대체구매할 수 있었던 합리적인 시점까지 사
이의 최고가격에 의한 손해배상을 인정하고 있다.[99]

　미국에서 손해배상액 산정의 기준시점에 관한 문제는 일반적으로 손
해배상청구 사건에서 사후적 고려(hindsight)가 허용되는지, 즉 손해를 판
단할 때 가해행위시까지 발생하였던 사정만을 고려해야 하는지(사전적 접
근방식, Ex ante approach), 아니면 가해행위 이후 발생한 사정까지 고려
할 수 있는지(사후적 접근방식, Ex post approach)의 문제에 포함되어 논의
되는데,[100] 특히 '재니스 조플린의 졸업앨범(Janis Joplin's Yearbook)'이라는
가상의 사례, 즉 가수 재니스 조플린의 학창시절 친필 서명이 담긴 졸업
앨범이 위법행위로 멸실되고, 이후 시간이 지나 재니스 조플린이 유명인
사가 됨에 따라 위 졸업앨범의 가치가 크게 상승한 뒤에 손해배상청구가
이루어진 사례를 중심으로 논쟁이 이루어진 바 있다.[101] 책임발생시를

---

98) McGregor(주 15), 앞의 책, 731면; 이동진(주 12), 앞의 글, 84-87면; 배준일(주
　86), 앞의 글, 69-72면도 참조.
99) 이는 특히 미국의 경우 최초 그와 같은 손해액 산정을 인정한 뉴욕주 법원의
　이름을 따서 이른바 'New York Rule'이라고 하여 다수의 주에서 일반적으로 받아
　들여지고 있는 듯하다. Restatement(2nd) of Torts § 927 (1) (b) 참조. 영국의 경우
　에는 이보다 요건을 엄격히 하여, 실제로 최고가격 시점에 물건을 대체구매했거나
　그때 이를 팔 수 있었을 것을 증명해야만 최고가격의 배상을 청구할 수 있다고
　본다. McGregor(주 15), 앞의 책, 731면 참조.
100) Michael J. Wagner, Michael K. Dunbar, Roman L. Weil, "Ex ante versus Ex
　post damages calculations", Litigation Services Handbook(4th ed.), John Wiley &
　Sons (2006), 1-23면 참조. 위 글에서는 가해행위시를 기준시점으로 하고 가해행
　위시까지의 사정만을 고려하는 입장을 'Ex ante approach(사전적 접근방식)', 판결
　시를 기준시점으로 하고 판결시까지의 사정을 모두 고려하는 입장을 'Ex post ap-
　proach(사후적 접근방식)', 가해행위시를 기준시점으로 삼되 그 시점의 시가를 산
　정할 때는 판결시까지 드러난 모든 사정을 참작하는 입장을 'Hybrid approach(혼
　합형 접근방식)'이라고 부른다.

기준으로 손해액을 산정하여야 한다는 견해는, 가해행위로 물건이 멸실된 경우 물건의 피해자는 단순히 그 물건 및 그로 인한 장래의 수익을 상실하는 데 그친 것이 아니라 그와 동시에 그 물건과 결부된 위험을 면하게 되는 이익도 얻은 것인데, 만약 사후에 상승한 가격으로 손해배상을 받을 경우 위험에서 벗어난 데 따른 이익이 고려되지 않아 결과적으로 과잉배상이 이루어지게 된다는 점,[102] 판결시설을 취할 경우 피해자는 손해를 경감하기 위한 조치를 취할 유인이 줄어들고, 오히려 보다 많은 손해배상을 받기 위해 부당하게 소 제기 시점을 선택할 위험이 있다는 점, 책임발생시를 기준시점으로 삼아야만 잠재적 가해자에게 결과의 예측가능성이 확보된다는 점 등을 논거로 제시한다.[103] 반면 판결시설을 지지하는 견해는, 피해자가 물건에 결부된 위험을 면하게 되었다고 하더라도 이는 피해자의 자발적인 거래에 의한 결과가 아니라 가해자에 의해 피해자에게 강요된 결과이므로 그로 인하여 도리어 가해자가 이익을 얻는 것은 부당하다는 점, 피해자는 가해행위가 없었더라면 얻었을 모든 이익을 배상받아야 하고, 가해행위가 없었더라면 있었을 상태가 불확실하다면 피해자의 이익으로 추정하여야 한다는 점 등을 논거로 든다.[104]

(4) 일   본

일본에서도 우리나라와 마찬가지로 손해배상액 산정의 기준시점에 관한 논의는 주로 물건의 인도채무의 불이행으로 인한 전보배상청구를 중심으로 이루어져 왔다.

일본의 판례는, 매수인이 전매계약이나 대체구입계약 등 제3자와 거

---

101) 위 가상 사례는 Franklin M. Fisher, R. Craig Romaine, "Janis Joplin's Yearbook and the Theory of Damages", Journal of Accounting, Auditing & Finance 5, 145(1990)에서 처음 제시되어 사전적 접근방법을 옹호하는 논변에 사용되었다. 이에 반대하면서 사후적 접근방법을 지지하는 견해는 Konrad Bonsack, "Damages Assessment, Janis Joplin's Yearbook, and the Pie-Powder Court", George Mason University Law Review 13, 1(1990) 참조.

102) Fisher · Romaine(주 101), 154-156면; Wagner et al.(주 100), 4는 이를 가리켜 "사후적 접근방식은 위험한 투자를 확실한 결과로 바꿔 놓는다"고 표현한다.

103) Wagner et al.(주 100), 6-7면 참조.

104) Wagner et al.(주 100), 11-12면; Bonsack(주 101), 21-22면 참조.

래관계를 맺지 않은 경우에는 목적물의 시가를 기초로 추상적 산정방식
에 따라 손해를 계산하고, 매수인이 전매계약이나 대체구입계약 등의 거
래관계를 맺은 경우에는 해당 전매이익 또는 대체구입비용 등을 기초로
구체적 산정방식으로 손해를 계산하는 태도를 보인다. 손해배상액 산정
의 기준시점 문제는 주로 추상적 손해계산에서 나타나는데, 일본 판례는
대체로 책임발생시(다만 채무불이행으로 계약이 해제된 때는 해제시)를 기
준으로 하여 그 시점의 시가에 의한 손해를 통상손해로 보고, 이후의 가
격상승으로 인한 손해는 특별한 사정으로 인한 손해로서 채무자가 그 사
정을 예견하였거나 예견할 수 있었던 경우에 한하여 배상을 청구할 수
있다는 태도를 취한다. 그리고 이행불능시로부터 판결시까지 사이에 물
건의 가격이 상승 및 하락이 이루어진 경우에는, 만약 채권자가 중간최
고가격에 물건을 처분하는 등으로 이익을 확실히 얻었을 것이라는 사정
및 채무자가 그 사정을 예견하거나 예견할 수 있었다는 점이 인정되면
중간최고가격에 의한 배상청구도 가능하다고 한다. 그리고 매수인이 제3
자와 전매계약 또는 대체구입계약을 체결하여 구체적 손해계산이 이루어
지는 경우에는 구체적인 전매이익 또는 대체구입비용이 통상손해가 된다
고 하여, 배상범위의 문제와 기준시점의 문제가 일체화되어 나타난다.[105]

　　일본의 학설은 우리나라와 마찬가지로 책임발생시설(다수설)과 판결
시설이 대립하는 가운데, 그에 더하여 손해배상액 산정의 기준시점은 어
떤 일반적인 특정 시점으로 정해져 있는 것이 아니라 거래의 종류와 가
격변동, 거래의 환경, 당사자, 목적물 등의 사정에 따른 유형마다 실체법
상 복수의 시점이 있고, 그중에서 채권자가 자신에게 유리한 시점을 선
택할 수 있다고 보는 실체적 다원설, 손해배상액 산정의 기준시점은 실
체법적 차원에서 결정되는 것이 아니라 소송법상의 문제라는 전제하에,
손해액은 채권자에게 가능한 한 종전과 동일한 경제적 지위를 회복시켜

---

105) 이상 일본의 판례에 관하여는 編集代表 谷口知平・於保不二雄・川島武宜・林 良平・
　　加藤一郎・機代 通, 新版注釈民法 (10) Ⅱ, 有斐閣(2011), 446~450면(北川善太郎・潮見
　　佳男) 참조.

주어야 한다는 '전액평가의 원칙'에 따라 법관이 자유재량으로 적절한 시점을 기준으로 정하여 산정하면 된다는 소송법적 재량설이 주장된다. 그리고 채무자의 손해경감의무에 주목하여 대체거래가 불가능한 특정물의 경우에는 전액평가의 원칙에 따라 판결시를 기준으로 하고, 대체거래가 가능한 종류물의 경우에는 합리적인 대체거래를 한 시점을 기준으로 한다는 견해도 있다.[106]

5. 학설 및 판례의 검토
(1) 손해배상액 산정의 기준시점과 민법 제393조의 관계
(가) 대법원은 책임발생시를 기준으로 산정한 손해액이 통상손해가 되고, 그 이후의 물건의 가격변동으로 인한 손해는 특별손해에 해당한다고 하여, 기본적으로 손해배상액 산정의 기준시점을 정하는 문제를 민법 제393조에 규정된 통상손해와 특별손해라는 틀로 접근하고 있다. 학설 중에도 '책임발생시설과 판결시설의 차이는 책임발생 이후 판결시까지 발생하는 가격변동을 통상손해로 보느냐 특별손해로 보느냐에 있다'라고 설명하는 견해는[107] 이러한 접근방식을 취하는 것이라고 볼 수 있다.

그러나 앞서 보았듯이 이러한 접근방식 자체에 반대하는 견해도 주장되고 있다. 어떠한 손해가 가해자에 의하여 배상되어야 하는 범위에 포함되는지를 판단하는 문제와 배상되어야 할 손해를 금전적으로 평가하는 문제는 구별되어야 한다는 전제하에, 손해배상액 산정의 기준시점을 결정하는 것은 손해의 금전적 평가에 속하는 문제인 반면, 민법 제393조는 손해배상의 범위를 규율하는 규정이어서 동조의 틀로 손해배상액 산정의 기준시점 문제를 다루는 것은 잘못이라는 것이다. 이러한 견해는 프랑스 학설·판례의 변천과정에서 판결시설을 정당화하기 위한 논변으로 등장하였고, 우리나라에서도 주로 책임발생시설을 비판하면서 판결시

---

106) 이상 일본의 학설에 관하여는 新版注釈民法 (10) Ⅱ(주 105), 453~470면(北川善太郎·潮見佳男).
107) 민법주해 Ⅸ(주 10), 578면(지원림); 곽윤직(주 3), 앞의 책, 118면 참조.

설을 주장하는 입장에서 이를 논거로 사용하고 있다.[108] 그러나 손해배상액 산정의 기준시점과 민법 제393조는 서로 무관하다고 본다고 하여 반드시 논리필연적으로 그 기준시점을 판결시로 설정해야 하는 것은 아니다. 이는 위와 같이 손해배상액 산정의 기준시점의 문제를 민법 제393조의 틀로 접근하는 방식에 반대하면서도 그 기준시점은 원칙적으로 책임발생시가 되어야 한다고 주장하는 견해도 존재하는 것[109]을 보더라도 분명하다. 손해배상액 산정의 기준시점을 민법 제393조의 규율범위에 포함되는 것으로 볼 수 있는지에 대한 견해 대립은, 손해배상액 산정의 기준시점을 어느 시점으로 볼 것인지에 대한 견해 대립과는 서로 논의의 평면을 달리하는 것이고, 따라서 별개의 쟁점으로 검토할 필요가 있다.[110]

(나) 손해배상책임을 판단할 때 손해의 발생 여부, 가해행위와 손해 사이의 자연적 인과관계의 존부, 손해배상의 범위에의 포함 여부 및 손해의 금전적 평가라는 각 단계를 구별하여야 한다는 입장은 학설상으로 널리 받아들여지고 있는 듯하고,[111] 헌법재판소의 결정에서도 이러한 시각이 수용된 바 있다.[112] 위 각 단계는 개념상 구별이 가능하고, 또 각

---

108) 양삼승(주 50), "손해배상의 범위-민법 제393조의 성격 및 산정의 기준시에 관련하여-", 161-166면; 김증한·김학동(주 46), 앞의 책, 924-925면; 정만조(주 45), 앞의 글, 107면.

109) 이은영(주 13), 앞의 책, 337-338면.

110) 그런 점에서 손해배상액 산정의 기준시점과 관련하여 견해대립이 발생하는 평면을 ① 통상손해와 특별손해를 규정한 일본민법 제416조의 적용대상인지 아닌지, ② 실체법상의 문제인지 소송법상의 문제인지, ③ 기준시점을 일원적으로 파악할 것인지 다원적으로 파악할 것인지로 구별한 新版注釈民法(10) II (주 105), 454면(北川善太郎·潮見佳男)의 분석이 정확하다고 할 수 있다. 다만 우리나라의 경우 손해배상액 산정의 기준시점을 결정하는 것이 실체법과 무관한 소송법상의 문제라고 주장하는 견해는 없으므로 위 ②의 견해대립은 현재 존재하지 않는다.

111) 양창수·김재형, 민법 I (계약법), 박영사(2010), 426면; 양창수, "독점규제법에서의 손해배상", 민법연구 제5권, 박영사(2006), 243-244면; 서광민(주 12), 앞의 글, 139면; 노혁준, "부실공시로 인한 손해배상책임", 상사판례연구 IV, 박영사(2006), 502-504면; 이동진(주 12), 앞의 글, 113-117면 참조. 이는 비교법적으로도 마찬가지이다. 가령 新版注釈民法(10) II (주 105), 447면(北川善太郎·潮見佳男); McGregor(주 15), 91-92면 및 113면 참조.

112) 헌법재판소 2003. 12. 18. 선고 2002헌가23 전원재판부 결정. 위 결정에서 헌법

판단의 단계마다 고려해야 할 요소 및 적용되어야 하는 판단기준이 다를 수 있다는 점에서 그 구별의 필요성도 분명히 인정할 수 있다. 그리고 통상손해와 특별손해를 규정한 민법 제393조는 위와 같은 단계 중 손해배상의 범위 결정에 관한 규정이라는 분석 역시 타당하다고 할 것이다.

그러나 그렇다고 하여 손해배상액 산정의 기준시점을 정하는 문제가 손해의 금전적 평가 단계에 속하는 것으로서 민법 제393조의 규율범위, 즉 손해배상의 범위 결정과 무관하다고 볼 수는 없다. 손해배상액 산정의 기준시점을 결정하는 문제는 결국 책임발생 이후 '시간의 흐름'에 따른 가격변동을 손해배상에서 어떻게 반영할 것인지를 판단하는 것이고, 물건의 가격변동은 시간이 경과하면서 발생하는 '수많은 사건들의 결과'로써 발생하는 것이기 때문에, 결국 가격변동으로 인한 재산상태 변동을 손해액 산정에서 어떻게 처리할 것인지는 가해행위 이후 시간의 흐르면서 연쇄적으로 일어나는 수많은 사건들로 인해 발생하는 다양한 손해 가운데 어느 손해를 배상범위에 포함시킬 것인지의 문제와 본질적으로 다르지 않다. 가해자에게 폭행을 당하여 피해자가 부상(노동능력상실)을 입고, 그 부상을 치료하기 위해 병원으로 가던 중 자동차사고로 추가 부상(노동능력상실)을 입은 사안에서 가해자가 어느 범위의 노동능력상실에 대해서까지 배상책임을 부담하여야 하는지를 판단하는 것과, 기망행위로 시가보다 비싸게 토지를 취득하고, 그 후 그 토지의 인근에 쓰레기장이 건설되어 토지의 시가가 더욱 하락한 사안에서 가해자가 어느 범위의 재산상태 악화에 대해서까지 배상책임을 부담하여야 하는지를 판단하는 것은, 모두 시간의 흐름에 따라 "무한히 연속되는 인과쇄를 단절하여 발생한 손해를 적절하게 귀책"[113]시키는 문제에 속하는 것이다. 이러한 차원에서 본다면 화폐로 표현된 물건의 가치가 변동되는 경우와 손해의 이른바 '내적 요소'가 변동되는 경우를 엄격히 구별할 근거는 없다고 생각

재판소는 '손해발생 대상의 특정'과 '손해배상액 산정'이 서로 구별되는 단계라고 하였다.

113) 민법주해 IX(주 10), 530면(지원림).

한다.[114]

따라서 물건의 가격변동으로 인한 손해의 변동은 오히려 손해의 금전적 평가가 아닌 손해배상의 범위를 결정하는 단계에 속하는 문제라고 봄이 타당하다. 가격변동으로 손해가 증가한 경우에는 손해배상의 범위에 관한 민법 제393조의 규율내용, 즉 통상손해와 특별손해의 틀이 그대로 적용될 수 있고, 손해가 감소한 경우에는 손익상계에 관한 기존의 논의가 그대로 적용될 수 있다고 보아야 할 것이다.

(2) 손해배상액 산정의 원칙적 기준시점의 결정

(가) 판결시설의 검토

판결시를 기준으로 손해액을 산정해야 한다는 견해는 그렇게 하는 편이 피해자를 더 두텁게 보호할 수 있고, 피해자를 가능한 한 피해가 없었던 상태로 회복시킨다는 손해배상제도의 이상에도 부합한다고 주장한다. 그러나 대상판결의 사안에서도 보듯이, 책임발생시 이후 판결시까지 사이에 가격변동으로 인해 언제나 피해자의 손해가 증가하기만 하는 것은 아니다. 가격변동으로 인해 피해자의 손해가 감소하는 경우에는 오히려 책임발생시설을 취할 때 피해자가 더 많은 배상을 받게 되는 것이므로, 일률적으로 판결시설이 피해자 보호에 더 충실하다고 단정할 수는 없다.[115] 또한, 책임발생시설이 지적하듯이 손해배상제도의 이상을 달성

---

114) 양삼승(주 50), "손해배상의 범위─민법 제393조의 성격 및 산정의 기준시에 관련하여─", 167─169면은 앞서 본 바와 같은 프랑스의 주류적 학설·판례의 입장과 유사하게 '손해 자체가 변하는 경우'와 '손해의 금전적 평가만이 변하는 경우'를 나누어 전자를 본질적 변동, 후자를 비본질적 변동으로 보고 원칙적으로 판결시설을 취하면서도, "일견 손해배상대상의 금전적 평가의 문제로 보여지지만 자세히 보면 이 문제가 아니고, 오히려 특별사정의 문제에 해당되어 판결시가 기준시로 될 수 없는 경우가 있다"면서, "예를 들어 토지매매의 경우에 있어서 그 목적물인 토지가 사정의 변동으로 인하여, 투기가 행해지는 지역으로 되거나, 또는 행정정책의 변경으로 인하여 지가가 폭등한 것과 같은 경우에 이 폭등한 가격은 앞에서 본 단지 금전적 평가의 문제가 아니라 오히려 손해배상의 대상에 본질적 변동에 해당되어 예견가능성의 유무를 따져야 하고, 무조건적으로 이는 목적물의 금전적 평가에 관한 문제이니 판결시를 기준으로 평가하여서는 아니된다"고 한다. 위와 같은 설명을 보더라도, '화폐로 표현된 손해의 외적 변동'과 '손해의 내적 요소의 변동' 사이의 경계설정이 개념적·본질적 차원에서 명확하게 이루어질 수 있는 것이 아님을 알 수 있다.

하기 위해서는 피해자의 피해회복뿐만 아니라 손해의 공평한 분담도 고려해야 하고, 그런 측면에서 가해자가 예측할 수 없는 가격변동으로 인한 손해까지 배상범위에 포함시키는 것은 타당하지 않다는 반론도 가능하다. 그리고 물가가 일반적으로 상승하는 경향에 있음을 고려할 때 가해자가 부당하게 손해배상을 지연함으로써 이익을 취하는 것을 방지하기 위해 판결시설을 취하는 것이 바람직하다는 주장에 대해서는, 그런 경우 피해자는 해당 물건을 대체구매하여 손해 확대를 스스로 방지할 수 있고 또 그렇게 할 책무(손해경감의무)가 있다는 점을 들어 반박할 수 있을 것이다.

또한, 판결시설에 대해서는 다음과 같은 비판이 가능하다. 판결시설은 물건의 멸실로 인한 손해배상 또는 물건의 이전의무의 불이행으로 인한 손해배상이 문제되는 사례의 경우, 만약 가해행위가 없었더라면 피해자가 판결시까지 계속해서 해당 물건을 보유하면서 가격변동으로 인한 손실 또는 이익을 보았을 것이라는 가정을 기초로 하고 있다.[116] 그러나 앞서 주식의 부당처분에 관한 대법원 판례의 태도에서 보았듯이 물건의 성질에 따라 위와 같은 가정에 반드시 확실성이 보장된다고 할 수 없고, 책임발생시와 판결시 사이의 시간적 간격이 길어질수록 이러한 불확실성은 커진다. 이런 점을 고려하면 판결시설은 불확실한 사태를 확실한 것으로 가정함에 따라 과잉배상 또는 과소배상을 하는 결과를 낳을 위험을 안고 있다고 할 수 있다.

그리고 판결시설을 취할 경우, 책임발생시 이후의 불확실한 사정 변경에 따라 손해배상액이 달라지는 결과 가해자는 예상치 못한 손해를 부담하게 될 수 있다. 이는 가해자의 예견가능성을 손해배상범위의 일차적 기준으로 채택하고 있는 민법 제393조의 규정 취지에 어긋난다. 그리고

---

115) 권순일, "주식신용거래에 따른 손해배상책임의 몇 가지 문제점", 인권과 정의 제 237호(1996), 92면도 이 점을 지적한다.

116) 대상판결의 사안처럼 기망행위에 속아 피해자가 물건을 취득한 사례에서는 이러한 가정이 필요하지 않다. 이런 경우 피해자가 판결시까지 물건을 그대로 계속 보유하고 있는지는 객관적으로 확인이 가능한 사실이다.

이처럼 법률관계의 예측가능성이 떨어진다는 점은 손해배상책임이 발생한 이후 그 책임의 내용을 기초로 새로 재산적 의사결정을 해 나가야 하는 피해자의 입장에서도 바람직하지 않다.[117]

(나) 다원설의 검토

다원설의 경우, 각 유형별로 판결시를 기준시점으로 삼는 주장 부분에 대해서는 앞서 본 판결시설에 대한 비판이 그대로 적용될 수 있고, 이에 더하여 각 가해행위의 유형별로 기준시점을 달리 정할 때 적용되는 기준이 불명확하여 법률관계의 당사자들 입장에서 책임발생시설 또는 판결시설을 택할 때보다 예측가능성이 더 떨어진다는 문제점도 지적할 수 있을 것이다.[118] 특히, 다원설에서는 가격변동으로 책임발생시보다 판결시의 손해가 오히려 줄어든 경우에는 채무불이행을 저지른 자에게 부당한 이익을 줄 수 없으므로 예외적으로 책임발생시를 기준으로 하여야 한다는 주장을 하고 있는바, 이처럼 손해의 증가로 인한 추가 배상은 인정하면서 손해의 감소로 인한 배상액의 축소는 인정하지 아니할 경우에는 거래관계를 맺는 사람들로 하여금 장래의 채무불이행을 염두에 두고 고위험의 거래관계를 맺는 도덕적 해이를 유발할 위험이 있고, 피해자들로 하여금 자신에게 유리한 시기를 노려 손해배상청구 소송을 하는 기회주의적 행동을 조장하게 되는 문제가 있다.[119]

(다) 책임발생시설의 검토

한편, 종래 책임발생시설에서 제시하는 논거 가운데 손해배상채권은 원칙적으로 금전채권이어서 그 내용은 손해가 발생한 때에 정해져야 한다는 점을 드는 것이나, 판결시설에 따를 경우 손해와 손해배상책임이 확정되었음에도 배상액이 청구시기에 따라 달라지게 되어 이론상 바람직

---

117) 양창수(주 56), "독자적인 채무불이행유형으로서의 이행거절 재론-판례의 형성 및 법률효과를 중심으로", 41~42면 참조.

118) 일본에서 주장되는 실체적 다원설이나 소송법적 재량설에 대해서도 마찬가지 지적이 가능하다.

119) Fisher · Romaine(주 101), 155~156면(주 15) 참조. 이러한 문제는 일본에서 주장되는 실체적 다원설, 즉 여러 기준시점 가운데 피해자에게 하나를 선택할 권한을 부여하여야 한다고 보는 견해를 취할 경우 극대화될 것이다.

하지 않다는 점을 드는 것은 그다지 설득력이 없다. 채권액이 확정되지
않은 금전채권이라고 하더라도 그 액수를 이행기에 확정할 수 있는 기준
이 설정되어 있다면 장래의 채권으로 처분도 가능하고,[120] 조건부 권리의
일종으로 보아 개념상 그 성립을 인정하는 것도 얼마든지 가능하다. 또
한, 비재산적 손해에 대한 손해배상채권의 경우에는 현실적으로 판결이
내려질 때까지 그 액수가 확정될 수 없고, 재산적 손해에 대한 손해배상
채권이라고 하더라도 실무상 빈번히 등장하는 사건유형인 '손해의 발생
사실은 인정되나 그 액수가 구체적으로 증명되지 아니하는 경우'에는 소
송을 통해 비로소 구체적인 액수가 정해질 수밖에 없는 것이다. 따라서
판결시설에 따라 구체적인 손해배상액은 사실심 변론종결시에 확정된다
고 보더라도 채권액의 미확정 그 자체가 이론상 문제를 낳는다고 보기는
어렵다.[121]

책임발생시설을 취하는 근거는, 영미법에서 일반적으로 설명하듯이
손해를 입은 피해자에게 손해경감의무가 있기 때문이라는 점에서 일단
찾을 수 있을 것이다. 대법원은 불법행위로 인한 손해배상사건에서 신의
칙 또는 손해부담의 공평이라는 손해배상제도의 이념을 근거로 피해자에
게는 손해의 확대를 방지하거나 감경하기 위하여 노력할 일반적인 의무
가 있음을 인정하고 있다.[122] 따라서 책임발생시 이후의 가격변동으로
인한 손실 또는 이익은 원칙적으로 손해경감의무를 부담하는 피해자에게
귀속되어야 하고, 그런 관점에서 피해자가 보다 많은 손해배상을 노리고
손해배상청구의 시점을 지연하는 투기적 행동을 하는 것은 허용할 수 없
다고 주장할 수 있는 것이다.[123] 그러나 이처럼 손해경감의무를 근거로
내세우는 것은 피해자가 책임발생 당시에 손해의 발생사실을 알지 못한

---

120) 대법원 1997. 7. 25. 선고 95다21624 판결(공1997하, 2653).
121) 결론에 있어서 같은 견해로 이동진(주 12), 앞의 글, 131−133면.
122) 대법원 1992. 9. 25. 선고 91다45929 판결(공1992, 2987); 대법원 2010. 3. 25.
   선고 2009다95714 판결(공2010상, 812) 등 다수.
123) 판결시설은 청구가 늦은 데 따른 손실을 가해자에게 전가하는 것이어서 부당하
   다는 지적[송덕수(주 10), 앞의 책, 177면]도 같은 취지로 볼 수 있다.

경우에까지 책임발생시를 기준시점으로 삼는 것까지 정당화하기는 어렵다는 한계가 있다.

결국 책임발생시설의 종국적 정당화 근거는, 앞서 본 바와 같이 이러한 방식이 손해배상의 법률관계에 관한 당사자의 예측가능성을 보장하는 데 유리하다는 점에서 찾을 수밖에 없다고 본다.

(라) 私見 : 책임발생시설

사실 책임발생시설과 판결시설 중 어느 견해를 취하더라도 실제 운용결과에 있어서는 그다지 큰 차이를 낳지 않을 가능성이 크다. 원칙적으로 책임발생시를 기준으로 손해액을 산정한다고 하더라도 가격변동으로 인한 손해를 특별손해로 반영할 수 있는 장치가 마련되어 있고, 추가요건으로 피해자에게 장래 가격상승으로 인한 이익을 얻었을 수 있었으리라는 점을 증명할 것을 요구한다고 하더라도 장래의 일실이익에 관한 증명도를 경감함으로써 구체적인 사안에 따라 유연하게 대응할 수 있다. 반대로 판결시를 원칙적인 손해액 산정의 기준시점으로 삼더라도, 손해경감의무의 법리에 따라 피해자는 책임발생시로부터 합리적인 기간 내에 손해를 경감하기 위한 조치를 취해야 한다고 봄으로써 피해자가 투기적 행위로 부당하게 이익을 얻는 것을 방지할 수 있고, 피해자가 장래 가격상승으로 인한 이익을 얻지 못하였을 것이 인정되는 경우에는 가격상승분에 대한 손해배상을 부인함으로써 피해자가 불확실한 사태로부터 과잉배상을 받는 것을 방지할 수 있기 때문이다. 비교법적으로 책임발생시를 기준시점으로 삼는 국가들과 판결시를 기준시점으로 삼는 국가들이 병존하고 있다는 점 역시 이를 방증한다고 할 수 있다.

그럼에도 이상에서 살펴본 바와 같이 책임발생시설에 따를 때 법률관계의 당사자들의 예측가능성이 보장되어 법적 안정성을 확보할 수 있다는 점, 이러한 태도가 가해자의 예견가능성을 손해배상 범위 결정의 일차적 기준으로 규정한 민법 제393조의 취지에 부합한다는 점, 피해자에게는 일반적으로 손해의 확대를 방지할 손해경감의무가 인정된다는 점에 비추어 볼 때, 현행법의 해석으로는 대법원이 취하고 있는 책임발생시설을 지지할 수 있다고 생각한다. 그리고 이를 뒷받침하는 논거로 다음과 같은 점도 추가로 지적할 수 있다.

책임발생시를 기준으로 손해배상액을 산정하는 입장은, 비록 제한적인 범위에서이긴 하나 우리 현행법에 명시적으로 채택되어 있다. 즉, 국가배상법 제3조는 공무원의 위법행위로 인한 국가배상책임에 대한 배상기준을 규정하면서, 제3항은 "타인의 물건을 멸실·훼손한 경우에는 피해자에게 다음 각 호의 기준에 따라 배상한다"라고 하고, 같은 항 제1호는 "피해를 입은 당시의 그 물건의 교환가액 또는 필요한 수리를 하거나 이를 대신할 수리비"라고 정하고 있다. 비록 대법원은 국가배상법 제3조의 규정은 국가배상심의회가 배상을 지급하는 하나의 기준을 정한 것에 불과하고 법원을 기속하는 배상액의 상한을 정한 것은 아니라고 하여 위 규정의 규범력을 제한적으로만 인정하고 있으나,[124] 적어도 물건의 멸실·훼손으로 인한 국가배상사건에서 판결시를 손해액 산정의 기준시점으로 삼는 것은 위 국가배상법 규정에 정면으로 반하는 결과가 된다.

책임발생시의 시가를 원칙적인 기준으로 하면서 가격변동으로 인한 추가 손해를 특별손해로 처리하는 이론구성은, 손해배상의 범위에 관한 민법 제393조의 규정 및 그에 관한 기존의 축적된 논의를 가격변동으로 인한 손해 문제에 일차적으로 활용할 수 있다는 장점도 있다. 판결시를 원칙적인 기준시점으로 삼으면서 동시에 손해경감의무의 법리를 동원하여 손해배상액을 제한하려는 이론구성은, 손해경감의무의 내용에 관한 법률의 규정이 없어 결국 일반조항인 신의칙에 의해 '피해자가 손해경감조치를 취하였을 합리적인 기간'을 확정해야 한다는 점에서 자의적인 판단으로 흐를 위험이 더 크다고 할 수 있다.[125]

---

124) 대법원 1970. 3. 10. 선고 69다1772 판결(집18-1, 민199) 등 참조.
125) 물론 책임발생시설의 이러한 장점은 책임발생시 이후 손해가 증가한 경우에만 나타난다는 점에서 한계가 있다. 대상판결의 사안처럼 책임발생시 이후 손해가 감소한 경우에는, 책임발생시설을 취하더라도 손익상계의 법리에 의해 가격변동으로 인한 피해자의 이익을 처리하여야 할 것인데, 손익상계 역시 손해경감의무와 마찬가지로 법률상 그 내용이나 판단기준이 규정되어 있지 않은 것은 마찬가지이다.

(3) 책임발생시 이후 가격변동으로 인한 손해 증감의 처리

(가) 손해가 증가한 경우

책임발생시 이후 물건의 가격이 변동하여 손해가 증가한 경우에는 대법원 판례 및 책임발생시설의 태도와 같이[126) 책임발생시를 기준으로 산정된 물건의 시가가 통상의 손해로서 원칙적인 손해배상액이 되고, 그 이후 가격변동으로 인한 손해는 특별한 사정으로 인한 손해로서 피해자가 그 가격상승으로 인한 이익을 얻었을 것이라고 인정되고 가해자가 그 사정을 알았거나 알 수 있었던 경우에 배상의 대상이 된다고 봄이 타당하다. 여기서 '피해자가 가격상승으로 인한 이익을 얻었을 것'이라는 요건에 대해서는, 물건의 멸실이나 물건의 소유권이전의무의 채무불이행이 문제되는 경우, 일반적으로 피해자는 해당 물건을 계속해서 보유하였을 것이라고 사실상 추정할 수 있을 것이나 시세차익을 노리고 취득한 주식의 경우처럼 물건의 특성을 비롯한 제반 사정에 비추어 그렇게 추정할 수 없는 경우도 있을 것이고, 그런 때에는 피해자가 장래의 이익취득사실을 증명할 책임이 있다고 보아야 한다.

이에 대해서는, 오늘날 경제상황에서는 물가가 상승하는 것이 일반적이므로 일정한 범위 내의 가격상승은 특별손해가 아니라 통상손해로 보아야 한다고 주장할 수도 있을 것이다. 그러나 어떠한 범위의 물가상승을 '통상'적인 것으로 보아야 하는지 판단기준이 불명확하다는 점에서

---

126) 다만 책임발생시설에서 가격변동으로 증가된 손해를 가산하는 이유에 대하여, 손해배상채권은 채권의 성립과 동시에 이행기에 있게 되고 이행지체가 생기게 되기 때문이라고 설명하는 것은 타당하지 않다. 판례·학설상 채권의 성립과 동시에 이행지체에 빠진다고 일반적으로 인정되는 손해배상채권은 불법행위를 원인으로 한 손해배상채권에 한정되고, 채무불이행으로 인한 손해배상채권은 이행기의 정함이 없는 채권으로서 이행청구를 받은 다음날부터 이행지체에 빠진다고 설명하는 것이 보통이다[김미리, "불법행위로 인한 위자료채무의 지연손해금 발생시기", 대법원판례해설 제87호, 법원도서관(2011) 107-108면(주 30)도 이를 지적한다]. 또한, 해당 물건 자체의 침해를 이유로 손해배상을 청구하는 것과 그 물건 인도의무 또는 그 시가 상당액의 손해배상의무의 이행지체를 이유로 손해배상을 청구하는 것은 손해배상채권의 발생원인 및 손해항목을 달리하는 것이고, 가격상승분의 배상은 전자의 청구에서 등장하는 문제이다.

문제가 있고, 공개된 경제지표로 파악되는 평균적 물가상승률에 따른 가격상승을 통상적인 것으로 보는 방법을 생각해 볼 수는 있겠으나 금전채권의 경우 원칙적으로 화폐가치 하락에 따른 가치조정을 인정하지 않는 것과 불균형이 발생한다는 문제가 있다.

(나) 손해가 감소한 경우

책임발생시 이후 가격변동으로 피해자가 이익을 얻어 결과적으로 손해가 감소한 경우, 위와 같은 이익은 손익상계의 법리에 따라 손해액에서 공제되어야 할 것이다.

손익상계의 대상이 되는 이득의 범위를 어떻게 정하여야 하는지에 관하여 대법원은 기본적으로 가해행위와 상당인과관계 있는 이득만이 손익상계의 대상이 된다고 하면서,[127] 손익상계의 대상이 되기 위해서는 피해자가 얻은 이득이 배상의무자가 배상할 손해의 범위에 대응하는 것이어야 한다고 본다.[128] 학설은 대법원과 같은 입장을 취하는 것이 다수설이나, 상당인과관계 개념의 불명확성 및 상당인과관계에 따라 가해자의 지배가능성에 따라 손익상계의 범위를 정하는 것은 부적절하다는 점을 들어 이를 비판하면서, 손해배상제도의 목적과 의미에 합치하도록 구체적인 사정에 따라 개별적으로 손익상계의 범위를 정하여야 한다는 견해도 있다.[129] 구체적으로는 ① 상당인과관계론의 관점에서 가해행위로부터 일반적으로 발생할 것으로 기대되는 통상의 이익과 가해행위시 구체적·개별적으로 가해자가 예견하였거나 예견할 수 있었던 특별한 이익이 공제의 대상이 된다고 하거나,[130] ② 피해자 또는 제3자의 행위와는 무관

---

127) 대법원 1992. 12. 22. 선고 92다31361 판결(공1993상, 576); 대법원 2012. 11. 29. 선고 2010다93790 판결(공2013상, 5) 등 다수.
128) 대법원 2007. 11. 16. 선고 2005다3229 판결(미간행); 대법원 2011. 4. 28. 선고 2009다98652 판결(공2011상, 1022) 등 참조.
129) 견해대립의 구체적 내용은 민법주해 Ⅸ(주 10), 582면(지원림); 오종근(주 19), 앞의 글, 300-302면 참조. 상당인과관계를 기준으로 삼는 다수설에 대한 비판은 오종근, 위의 글 301-302면; 임건면, "손익상계", 경남법학 제18집(2003), 160-162면; 최종길, "손익상계의 한계", 법정 제20권 제4호(1965), 63-65면 참조.
130) 김현(주 19), 앞의 글, 33면.

하게 '스스로' 발생한 이익은 원칙적으로 공제의 대상이 되나 다만 발생
가능성이 매우 드문 행운에 의해 얻은 이익[131]은 손익상계의 대상이 되
지 않고, ③ 피해자 자신의 행위로 얻은 이익은 피해자가 투입한 노력이
그가 부담하는 손해경감의무의 범위를 벗어나는 것일 때에는 공제의 대
상이 되지 않는다는 등의 기준이 제시되고 있다.[132] 책임발생 후 물건의
가격변동으로 인한 이익의 공제 여부를 판단하는 데도 위와 같은 기준을
활용할 수 있을 것이다.

6. 대상판결에 대한 평가

대상판결은 불법행위로 인한 손해배상의 경우 손해액은 원칙적으로
불법행위시, 즉 손해배상책임의 발생시를 기준으로 산정되어야 한다는 기
존의 대법원의 확립된 입장을 재확인하였다. 손해배상액 산정의 기준시
점에 관한 이러한 대법원의 견해는 앞서 본 바와 같은 이유로 타당하다.

한편, 대상판결은 그에 더하여 '기망행위로 인하여 부동산을 고가에
매수한 이후 그 부동산의 시가가 상승하여 매수가격을 상회하게 되었다
고 하여 매수인에게 손해가 발생하지 않았다고 할 수 없다'고 판시하였
다. 이것이 위와 같은 유형의 불법행위 사건에서는 손해배상책임의 발생
이후 물건의 가격변동으로 인한 손해액의 증감이 전혀 고려될 여지가 없
다는 취지인지, 아니면 가격변동으로 손해가 증가한 때에는 기존 다수의
판결에서 설시한 것처럼 추가 손해를 특별손해로 고려할 수 있지만 손해
가 줄어든 경우에는 이를 고려할 수 없다는 취지인지는 불분명하다. 그
러나 책임발생 이후 물건의 가격변동이 있는 경우에는 피해자의 손해가
증가한 경우나 감소한 경우 모두 손해배상 범위를 정한 민법 제393조에
따라 또는 손익상계의 법리에 따라 이를 손해액 산정에서 고려하는 것이

---

131) 임건면(주 129), 앞의 글, 170면은 이러한 행운에 의한 이익의 예로 '가해자가
　　나무에 매달려 가지가 부러져 죽는 바람에 나무를 뿌리째 뽑아 버렸는데, 그 나무
　　뿌리 아래에서 보물상자를 발견한 경우'를 든다.
132) 오종근(주 19), 앞의 글, 307–315면; 임건면(주 129), 앞의 글, 166–174면.

타당하므로, 위와 같은 대상판결의 판시는 지지하기 어렵다.

그러나 대상판결이 해당 사건에서 기망행위 이후 이 사건 토지의 가격이 상승함으로 인하여 원고가 얻은 이익을 손해액에서 공제하지 않은 것은 결론적으로 타당하다. 대상판결의 사안에서 기망행위로 매매계약이 체결된 뒤 이 사건 토지의 가격이 매수가격을 상회할 정도로 상승한 것은 위 매매계약 이후 이 사건 토지를 경유하는 도로노선이 확정되었기 때문이다. 대상판결의 내용만으로 명확하게 알 수는 없으나 기망행위 당시 가해자는 물론이고 피해자도 위와 같이 도로노선이 확정되리라는 점을 알 수 없었던 것으로 보이므로 피해자가 얻은 이익은 상당인과관계가 인정되지 않는다고 할 수 있고, 위와 같은 가격상승은 일종의 행운에 속한다고 할 수도 있을 것이다. 또한, 이처럼 장래 이 사건 토지의 시가가 상승하리라고 예견할 특별한 근거가 없는 상황에서 피해자인 원고가 장래 이를 계속해서 그대로 보유하여 가격변동의 위험을 감수하기로 결정한 것은, 자신이 부담하는 손해경감의무의 범위를 벗어나는 행위라고 평가할 여지도 있다. 그러므로 손익상계의 범위에 관한 판례·학설의 어떠한 판단기준에 따르더라도 이 사건 토지의 가격상승으로 인한 이익은 손익상계의 대상이 되지 않는다고 보아야 할 것이다.

Ⅳ. 결 론

이상의 논의를 요약하면 다음과 같다.

채무불이행 또는 불법행위로 인한 손해배상 사건에서는 손해를 파악하기 위해서 '가해행위가 없었더라면 있었을 상태'와 '가해행위가 있는 현재의 상태' 사이를 비교하는 작업이 필요하다. 이러한 작업은 가정적 추론의 형태를 띠게 되어 불확실할 수밖에 없으나, 손해발생의 확실성, 이익추구의 추정, 적법행위의 추정 등의 판단기준을 활용하여야 할 것이다. 대상판결의 사안처럼 기망행위에 속아서 물건을 고가에 매수한 경우, 그 기망행위가 없었더라면 있었을 상태는 특별한 사정이 없는 한 '해당 물건을 매수하지 않은 상태'라고 보는 것이 타당하다.

　한편, 손해액의 산정에서 가격이 변동하는 물건의 가치를 고려해야
하는 경우, 어느 시점을 기준으로 손해액을 산정할 것인지가 문제된다.
이는 '시간의 흐름에 따라 발생하는 수많은 사건의 결과'로 발생하는 가
격변동을 어느 범위에서 손해배상에 반영할 것인지를 결정하는 문제이므
로, 손해의 금전적 평가에 속하는 문제가 아니라 손해배상의 범위를 정
하는 문제에 속한다고 보아야 한다. 그 산정의 기준시점은 당사자의 예
측가능성과 민법 제393조의 규정취지, 피해자의 손해경감의무, 실정법의
규정 등에 비추어 볼 때 종래 대법원이 취하고 있는 책임발생시설이 타
당하고, 이러한 종래의 입장을 재확인한 대상판결의 결론 역시 타당하다.
다만, 대상판결은 이 사건에서 기망행위 이후 토지 가격이 상승하였더라
도 이러한 사정은 손해의 발생 여부에 영향을 미칠 수 없다고 하였는데,
만약 이것이 책임발생시 이후 가격변동으로 피해자가 얻은 이익은 전혀
고려될 여지가 없다는 취지라면 이는 지지하기 어렵다. 책임발생시 이후
피해자가 가격변동으로 얻은 이익은 손익상계의 법리에 따라 손해액에서
공제되어야 할 것이다. 이 사건의 사실관계하에서 토지 가격의 상승에
따라 원고가 얻은 이익은 손익상계의 법리에 따르더라도 공제될 이익에
해당하지 않으므로, 대상판결이 이 사건에서 원고의 이익을 손해액 산정
에서 고려하지 않은 것은 결론적으로 타당하다.

[Abstract]

The Time of Damages Assessment and The Limits of Damages – Considering the case where the plaintiff was induced by the defendant's misrepresentation into purchasing a property at a price higher than its market value, and the market value of the property changed after the purchase

Kim, Woong Jae*

It is widely accepted as a general rule that the goal of awarding damages is to compensate the plaintiff for the loss he has suffered by giving him a monetary payment which can restore him to the position he would have been in if the wrongful act, which can be either a tort or a breach of contract, had not been committed. When applied to actual cases, however, this general rule often proves to be insufficient for assessing damages, and from this rule a subset of difficult problems arise. For instance, how should the courts determine what would have happened but for the wrongful act? Also, when the damage suffered by the plaintiff is related to a loss of property, and the value of the property changes over time, at which time should the damages assessment be made?

The Supreme Court had a chance to deal with these problems in Decision 2009Da91828. The plaintiff had purchased a parcel of land from the defendant, but the defendant had given false information about the land to the plaintiff, inducing the plaintiff to agree to pay the defendant a much higher price for the land than the market value at the time of purchase.

---

* Judge, Busan District Court Western Branch Court.

However, about a year after the purchase it was announced that a new road would be built through the land, and the price of the land soared, eventually reaching a much higher figure than the purchase price. It was only then that the plaintiff sued the defendant for damages, claiming that the amount of damages suffered due to the defendant's tort(misrepresentation) was the difference between the purchase price and the market value at the time of purchase.

The Seoul High Court ruled in favor of the defendant and denied the plaintiff any damages. The reasoning of the Court is as follows: The position that the plaintiff would have been in if the wrongful act had not been committed is the plaintiff not buying the land in question and retaining the money used to purchase the land, and the position the plaintiff is now in because of the wrongful act is having acquired the land minus the money paid to purchase the land. Since the value of the land at the time of trial exceeds the purchase price paid by the plaintiff, the plaintiff is in a economically better position than the position he would have been in but for the wrongful act, and thus cannot claim to have suffered damages.

The Supreme Court repealed the High Court's decision. The Supreme Court ruled that the position the plaintiff would have been in but for the defendant's misrepresentation is purchasing the land for a lower price which equals the market value at the time of purchase, and not the position of deciding not to purchase the land at all. Also, the Court ruled that damages assessment must be made at the time of the wrongful act and not at the time of trial. Therefore the Court concluded that, in cases where the plaintiff has been wrongfully deceived into purchasing a property at a higher price than its market value the plaintiff can be awarded damages for tort, and the measure of damages is the purchase price of the property minus the market value of the property at the time of the wrongful act. That the plaintiff suffered a loss could not be denied due to the fact that the price of the acquired property rose after the wrongful act was committed.

Determining what position the plaintiff would have been in but for the wrongful act is essential in all cases that concern awarding compensatory damages. But such determination must take the form of hypothetical reasoning, and a certain amount of guesswork has to be involved. Thus reaching a conclusion with absolute certainty is not possible. Nevertheless, there are a few principles that can be used in order to make such hypothetical reasoning more reasonable, such as the principle of certainty(the possibility of the hypothetical position realizing must be reasonably high), the assumption of profit pursuit(everyone is assumed to act in a way to maximize profit), the assumption of lawful conduct(it is not reasonable to assume that parties act in a way that breaks the law). Applying these principles, in cases where the plaintiff is deceived into purchasing a property at a price higher than its market value, it is more reasonable to assume that had the plaintiff not been deceived, he would not have purchased the property at all, than to assume that the plaintiff would have purchased the property at its market price.

In cases where the loss suffered is related to a property with a fluctuating market value, the problem of determining at what time the damages assessment is to be made must be considered. The change of market value of a certain property is caused by many different events that take place as time passes, affecting various elements which determine how the market values that property. Thus the problem of determining the time of damages assessment is determining which of these series of events in time to consider in measuring damages and which event to exclude from it. This is in essence a problem of determining the limits or extent of damages, and not a problem of mere monetary valuation. Considering the various principles used to determine the limits of damages, such as foreseeability, which is stipulated in Article 393 of the Civil Code, and mitigation, and also considering certain provisions in the National Compensation Act, damages assessment should be made at the time of the wrongful act, and not at the time of trial. However, this should not mean that a change of value after the wrongful act cannot be considered at all in measuring damages. If the plaintiff's loss increased due to changes in value of the property, such increase of loss can be recovered if it is foreseeable. If the benefit received by the wrongful act increased afterwards and the plaintiff's loss decreased as a result, such increased benefit could in some cases also be considered in measuring damages, provided that such a gain in benefit meets the various principle of gain/loss offset.

[Key word]

- Measure of Damages
- Damages Assessment
- Time of Damages Assessment
- But for
- Limits of Damages

참고문헌

[단 행 본]

편집대표 곽윤직, 민법주해 Ⅸ, 박영사(2002).
─────────, 민법주해 Ⅷ, 박영사(1997).
편집대표 박준서, 주석 민법(제3판) 채권각칙 8, 한국사법행정학회 (2000).

곽윤직, 채권총론(제6판), 박영사(2003).
김기선, 한국채권법총론, 법문사(1987).
김상용, 채권각론(제2판), 화산미디어(2014).
김용한, 채권법총론, 박영사(1983).
김주수, 채권총론(제3판 보정판), 삼영사(2003).
김증한 · 김학동, 채권각론(제7판), 박영사(2006).
김형배, 채권총론, 박영사(1992).
송덕수, 채권법총론, 박영사(2013).
양창수 역, 독일민법전(2015년판), 박영사(2015)
양창수 · 김재형, 민법 Ⅰ (계약법), 박영사(2010).
올 란도 · 휴 빌 편(김재형 역), 유럽계약법원칙(제1 · 2부), 박영사(2013).
이은영, 채권총론(제4판), 박영사(2009).
지원림, 민법강의(제14판), 홍문사(2016).
현승종, 채권총론, 일신사(1975).

[논   문]

권순일, "주식신용거래에 따른 손해배상책임의 몇 가지 문제점", 인권과 정의
　　　제237호1996).
김미리, "불법행위로 인한 위자료채무의 지연손해금 발생시기", 대법원판례해
　　　설 제87호(2011).
김민기, "불법행위로 인한 재산상 손해의 산정방법 및 기준시점", 대법원판례
　　　해설 제83호(2010).
김세종, "시세조종으로 인한 손해배상청구소송에 있어서의 통상손해와 손해

액의 산정방법", 대구판례연구회 재판과 판례 제15집(2007).

김연하, "등기관계 서류를 위조하여 타인의 부동산을 불법매도한 자로부터 부동산을 매수하여 다른 사람에게 매도한 중간 매도인이, 진정한 소유자가 제기한 말소등기청구소송에서 패소하여 최종매수인에게 손해배상금을 지급한 경우, 불법행위로 인하여 중간 매도인이 입은 통상의 손해의 산정 방법", 대법원판례해설 제71호(2008).

김제완, "손해배상 예정액의 직권감액상 참작의 기준시와 참작 사유-부동산 매매계약에 있어서 '해제 후 시가의 변동'이 참작사유로 될 수 있는가?" 민사법학 제29호(2005. 9.).

김하늘, "가. 아파트 단지 인근에 쓰레기 매립장 건설계획이 예정되어 있다는 사실이 분양회사가 분양계약자들에게 신의칙상 고지하여야 할 사항인지 여부, 나. 도시계획시설결정의 선행처분인 폐기물처리시설 설치계획승인처분이 판결에 의하여 무효로 확정된 사실이 이 사건 손해배상책임에 영향을 미칠 수 있는지 여부, 다. 고지의무 위반의 경우 분양계약자들이 분양계약 자체를 취소하지 않고 분양회사에 대하여 손해배상만을 청구할 수 있는지 여부, 라. 이 사건에서 고지의무를 위반한 분양회사가 배상책임을 지는 손해액의 범위 및 일반적인 부동산 가격의 상승에 따라 이 사건 아파트 단지의 현재 시가가 분양원가를 상회하는 경우 분양계약자들에게 손해가 발생하지 않았다고 볼 수 있는지 여부", 대법원판례해설 제63호(2007).

김 현, "인신손해액의 산정에 있어서 손익상계에 관한 연구", 박사학위 논문, 건국대학교(1998).

노혁준, "부실공시로 인한 손해배상책임", 상사판례연구 Ⅳ, 박영사(2006).

문정일, "근저당권 공동 담보물 중 일부를 멸실·훼손한 경우의 손해배상책임", 대법원판례해설 제79호(2009).

배준일, "손해배상액 산정방식에 관한 비교연구-CISG를 중심으로", 무역상무연구 제16호(2001).

박수곤, "프랑스법에서의 손해배상책임에 대한 개관-채무불이행책임을 중심으로", 재산법연구 제21권 제1호(2004. 8.).

박영호, "동산양도담보를 신뢰하여 금원을 대출하였다가 후에 동산을 타인에게 인도당한 경우에 양도담보권자가 입은 통상 손해액", 대법원판례해설 제805호(2011).

서광민, "손해의 개념", 서강법학연구 제6권(2004. 5.).

성중탁, "불법행위에 기한 손해배상청구 사건에서 손해발생여부 판단시점", 서울지방변호사회 판례연구 제24집(2010. 9.).

안법영, "외화채권과 환차손의 배상", 법실천의 제문제 : 동천김인섭변호사화갑 기념논문집, 박영사(1996).

양삼승, "손해배상범위에 관한 기초적 연구", 박사학위 논문, 서울대학교(1988).

_____, "손해배상의 범위−민법 제393조의 성격 및 산정의 기준시에 관련하여−", 민사판례연구 Ⅴ, 박영사(1993).

양승태, "외국금전채권의 이행에 따르는 제문제", 재판자료 제34집, 법원도서관(1986).

양창수, "독점규제법에서의 손해배상", 민법연구 제5권, 박영사(2006).

_____, "독자적인 채무불이행유형으로서의 이행거절 재론−판례의 형성 및 법률효과를 중심으로", 법조(2015. 1.).

오종근, "손익상계", 아세아여성법학 제3호(2000. 6).

윤기택, "손해배상산정의 기준시", 외법논집 제38권 제1호(2014. 2.).

윤영오, "불법행위로 인하여 물건이 멸실 또는 훼손된 경우에 있어서의 손해배상의 범위", 사법논집 제1집(1970).

이동진, "계약위반으로 인한 전보배상액의 산정시기−물건인도를 목적으로 하는 계약에서 그 물건의 가격이 변동하는 경우를 중심으로−", 석사학위 논문, 서울대학교(2004).

이브-마리 래티에(박수곤 역), "프랑스법상 채무불이행시의 손해배상과 원상회복", 민사법학 제65호(2013. 12.).

임건면, "손익상계", 경남법학 제18집(2003).

장상균, "시세조종행위로 인한 손해배상청구소송에 있어서의 손해액의 계산", 대법원판례해설 제49호(2004).

정만조, "손해배상의 범위−채무의 이행불능, 목적물 멸실에 의한 소유권 침해의 불법행위, 타인의 불법행위로 인하여 소유권을 취득할 수 없게 된 경우 등을 중심으로", 사법연구자료 제7집, 법원도서관(1980).

최종길, "손익상계의 한계", 법정 제20권 제4호(1965).

프랑스사법제도연구반, "인신사고 손해배상사건에서의 손해배상액 산정(프랑스)", 외국사법제도연구 제1권, 법원행정처(2007).

황영주, "배상금액의 산정방법", 서울지방변호사회 판례연구 제6집(1993).

[외국문헌]

Adam Kramer, The Law of Contract Damages, Bloomsbury Publishing(2014).

Dan B. Dobbs, Law of Remedies : damages, equity, restitution(2nd edition), West Publishing Co.(1993).

European Group on Tort Law, Principles of European tort law: text and commentary, SpringWienNewYork(2005).

Harvey McGregor, McGregor on Damages(19th ed.), Sweet & Maxwell (2014).

Michael J. Wagner, Michael K. Dunbar, Roman L. Weil, "Ex ante versus Ex post damages calculations", Litigation Services Handbook(4th ed.), John Wiley & Sons(2006).

Robert M. Lloyd, "The Reasonable Certainty Requirement in Lost Profits Litigation: What It Really Means", University of Tennessee Legal Studies Research Paper 128, 11(2010).

Franklin M. Fisher, R. Craig Romaine, "Janis Joplin's Yearbook and the Theory of Damages", Journal of Accounting, Auditing & Finance 5, 145(1990).

Konrad Bonsack, "Damages Assessment, Janis Joplin's Yearbook, and the Pie-Powder Court", George Mason University Law Review 13, 1(1990).

Münchener Kommentar zum Bürgerlichen Gesetzbuch, 7. Auflage(2016).

編集代表 谷口知平・於保不二雄・川島武宜・林 良平・加藤一郎・機代 通, 新版 注釈民法(10) Ⅱ, 有斐閣(2011).

채무자의 소취하와 채권자대위소송의 적법성*

김 병 선**

■요 지■

대상판결의 주된 쟁점은 채무자의 권리행사와 채권자의 대위권행사의 선후이다. 사안에서 채무자는 처음에 제3채무자에 대하여 소유권이전등기의 말소를 구하는 소를 제기하였으나 그 후 제3채무자와의 사이에 그 소유권이전등기 말소청구권을 포기하는 내용의 합의를 하였다. 사실관계를 시간적으로 배열해 보면, ① 채무자의 소제기 - ② 채권자대위의 소제기 - ③ 채무자와 제3채무자의 합의(피대위권리에 해당하는 소유권이전등기말소청구권 포기) - ④ 채무자의 소취하의 순서이다.

채무자의 소취하로 인하여 소제기에 의하여 발생하였던 모든 효과가 소멸한다면, 이제 「① 채무자의 소제기」는 사라지고, 「② 채권자대위의 소제기」가 제일 앞에 남게 되므로 「③ 채무자와 제3채무자의 소송 외에서의 합의」를 통하여 채무자가 대위의 대상인 권리를 포기한 것은, 채권자대위권행사 후의 채무자의 처분권제한(비송사건절차법 제49조 제2항, 민법 제405조 제2항)에 저촉되어 그 효력을 인정할 수 없게 될 것이다. 원심은 이러한 전제에서 채권자가 채무자를 대위하여 제기한 이 사건 소유권이전등기청구의 소는 대위의 소의 적법요건을 갖추었다고 판단하여 이를 인용하였다.

채권자대위권을 행사할 당시에 이미 채무자가 소를 제기하고 있는 경우 이는 중복제소의 문제가 아니라 채권자대위권행사의 요건의 문제이

* 본 논문은 제394회 민사판례연구회 연구발표회 (2016. 9. 26.)에서 발표하였고, 이를 정리하여 법학논집(이화여자대학교 법학연구소) 제21권 제2호(2016. 12.)에 게재하였다.
** 이화여자대학교 법학과/법학전문대학원 부교수, 법학박사.

다. 채무자가 제3채무자에 대하여 소유권이전등기의 말소절차의 이행을
구하는 소를 제기하였는바 이때 소장에 포함된 채무의 이행을 촉구하는
사법상의 의사의 표명이 소장의 송달에 의하여 상대방에게 도달함으로써
이행청구의 효력이 생긴다(민법 제111조 제1항). 그러므로 채무자가 제기
한 소의 적법 여부나 후의 취하 여부, 나아가 청구의 인용·기각 여부는
이행청구의 사법상 효력에는 영향을 미치지 않는다. '이행의 청구'는 채무
의 이행을 촉구하는 의사를 표명하는 사법상의 행위이다. 민법상 '이행의
청구'의 효력으로는 소멸시효중단(민법 제174조)과 채무이행의 기한이 없
는 경우 지체책임의 발생(제387조 제2항) 등이 인정된다. 그런데 채무자
의 제3채무자에 대한 '이행청구'는 채무자 스스로의 권리행사에 해당하고,
채권자대위의 소와 관련하여서는 '채무자가 스스로 그 권리를 행사하지
아니할 것'이라는 채권자대위의 소의 적법요건 — 소극적 요건이다 — 을
이루게 된다.

　　그렇다면 채무자의 소제기에 있어서 소장에 표시된 '이행청구'라는 사법
상의 의사표시 — 이행청구는 의사표시가 아니라 준법률행위인 의사의 통지이
다 — 의 효력은 그 소가 취하되더라도 소멸하지 않고 그대로 남아 있고, 그
리하여 후에 채무자가 소송 외에서 제3채무자와 합의를 통하여 피대위권리에
해당하는 소유권이전등기말소청구권을 포기한 것은, 채권자대위권행사 후의
채무자의 처분권제한에 저촉되지 않는 유효한 행위라고 할 것이다. 그러므로
원고가 제기한 채권자대위의 소는 채무자의 소취하에도 불구하고 여전히 대
위권행사의 요건을 갖추지 못한 부적법한 것이다.

　　이렇게 본다면 원고의 이 사건 대위의 소를 각하한 대상판결의 결론은
타당하다. 다만 그와 같은 결론에 도달하는 과정에 대한 설명은 대단히 부
적절하거나 불충분하다고 할 것이다.

[주 제 어]
• 채권자대위권
• 소취하
• 채무자의 처분권 제한
• 민법 제405조 제2항
• 중복소송

대상판결 : 대법원 2016. 4. 12. 선고 2015다69372 판결

[사실관계]

(1) 피고의 이모 망 F는 변호사인 원고에게 경기 연천군 G 임야 81,025㎡(이하 '이 사건 분할 전 토지'라 한다) 등에 관한 I의 6/8 지분에 관한 소유권이전등기청구소송의 대리를 위임하였고, 피고는 F의 원고에 대한 위임사무처리비용 등에 관하여 연대보증하였다. 원고는 F의 소송대리인으로서 I를 상대로 위 각 부동산에 관하여 소유권이전등기청구의 소를 제기하여 "F와 I는 위 각 부동산 중 6/8 지분에 관한 I 명의의 소유권이전등기를 F 명의로 경정한다."는 취지의 조정이 성립되었고, 이 사건 분할 전 토지 중 2/8 지분 소유명의자였던 F는 위 조정에 의한 경정등기에 따라 위 토지 전체의 소유자가 되었다.

(2) 이 사건 분할 전 토지에 관하여 2005. 2. 15. 증여를 원인으로 한 B 명의의 소유권이전등기가 마쳐졌다.

(3) 피고는 2006. 12. 5. B와 사이에 이 사건 분할 전 토지에 관하여 토지분할을 전제로 하여 다음과 같은 취지의 이행합의약정(이하 '이 사건 이행합의약정'이라 한다)을 체결하였다.

「① B는 이 사건 분할 전 토지 중 38513/81025 지분과 경기 연천군 L 전 1,448㎡를 피고에게 2006. 12. 31.까지 소유권을 이전하고, 피고는 용인시 처인구 M 답 1,811㎡ 중 993/1811 지분(이하 '이 사건 용인 토지지분'이라 한다)을 B에게 소유권을 이전한다. ② 위 각 부동산에 관한 상대방에 대한 소유권이전등기절차가 완료됨과 동시에 피고는 상호간의 부동산 평가차액 850,560,000원을 B에게 지급하여야 하고, 위 금원을 지급하지 아니하였을 때에는 이 사건 분할 전 토지 중 21984/81025 지분 및 경기 연천군 L 전 1,448㎡를 반환한다.」

(4) 이 사건 분할 전 토지에 관하여 2006. 12. 26.경 그중 42512/81025 지분에 관하여는 J종중 명의의 소유권이전등기가, 나머지 38513/81025 지분에 관하여는 2006. 12. 5. 매매를 원인으로 한 피고 명의의 소유권이전등기가 마쳐졌다. 경기 연천군 L 전 1,448㎡에 관하여 2006. 12. 29. 피고명의로 소유권이전등기가 마쳐지고, 2007. 4. 11. 이 사건 용인 토지지분에 관하여 B 명의로 소유권이전등기가 마쳐졌다. 그런데 피고는 B에게 이 사건 이행합의

약정에 따른 금원을 지급하지 않았다.

(5) 이 사건 분할 전 토지 중 일부가 2007. 1. 31. 경기 연천군 K임야 42,512㎡와 E임야 21,801㎡(이하 '이 사건 토지'라 한다)로 분할되어, 분할된 K임야에 관하여는 J종중 명의의 소유권이전등기가, 이 사건 토지에 관하여는 피고명의의 소유권이전등기가 각 마쳐졌다.

(6) B는 2014. 5. 2. 원고에게 피고로부터 이 사건 토지 등을 반환받아 이 사건 소송의 성공보수 명목으로 소유권을 이전해 주겠다는 취지의 확약서 (이하 이 사건 '확약서'라 한다)를 작성해 주었다.

[소송의 경과]

(1) 원고는 2014. 5. 13. B에 대한 이 사건 토지에 관한 소유권이전등기 청구권을 보전하기 위하여 B를 대위하여 피고를 상대로 이 사건 이행합의약 정에 기하여 이 사건 토지에 관한 소유권이전등기의 말소를 구하는 이 사건 소를 제기하였다.

(2) 피고가 2014. 3. 27. B를 상대로 하여 이 사건 용인 토지지분에 관한 지분이전등기의 말소 등을 구하는 소를 제기하자, B는 2014. 5. 12. 피고를 상대로 하여 2006. 12. 5.자 이 사건 이행합의약정에 기하여 이 사건 토지에 관한 소유권이전등기의 말소를 구하는 반소를 제기하였다.

(3) B는 2014. 9. 3. 피고와 다음과 같은 내용의 합의(이하 '이 사건 합 의'라 한다)를 하였다. 「① B가 피고에게 이 사건 용인 토지지분 등을 이전 하되 피고는 관련 근저당채무를 인수한다. ② 피고는 이 사건 본소를, B는 이 사건 반소를 각각 취하한다. ③ 피고는 B에 대한 사기 등 고소를 취소한 다. ④ 피고와 B는 이 사건 이행합의 약정에 기하여 상대방에게 어떠한 청 구도 하지 아니한다.」

(4) 이 사건 합의에 따라 B는 2014. 9. 17. 이 사건 반소를, 피고는 2014. 10. 7. 이 사건 본소를 각각 취하하여, 그 무렵 이들 소송은 모두 종료 되었다.

원심[1]에서 피고는 ① 본안전 항변으로서 원고는 B에 대한 이 사건 토지 에 관한 소유권이전등기청구권을 보전하기 위하여 B를 대위하여 피고를 상

---

1) 서울중앙지방법원 2015. 10. 20. 선고 2015나26763 판결.

대로 이 사건 토지에 관한 소유권이전등기말소절차의 이행을 구하고 있으나, 피대위자 B는 피고를 상대로 2014. 5. 12. 이 사건 토지에 관한 소유권이전 등기의 말소를 구하는 반소를 제기하여 스스로 소송상 권리를 행사하였으므로, 원고에게는 당사자적격이 없거나 이 사건 소는 중복제소에 해당하여 부적법하다고 주장하였다.

이에 대하여 원심은, 「반소가 취하되면 처음부터 소송이 계속되지 아니하였던 것과 같은 상태에서 소송이 종료된다(민사소송법 제270조, 제267조 제1항). 전소에 해당하는 위 반소의 소송계속이 소급적으로 소멸된 이상, 후소에 해당하는 이 사건 소가 중복제소에 해당한다거나 피대위자인 B가 권리를 행사하고 있어 원고에게 당사자적격이 없다고 볼 수 없다」고 하여 피고의 항변을 배척하였다.

또한 피고는 ② B가 2014. 9. 3. 피고와 사이에 이 사건 이행합의약정은 효력이 없고 향후 이를 근거로 피고를 상대로 어떠한 청구나 소송을 제기하지 않기로 약정하였다고 주장하였다. 이에 대하여 원심은 「원고가 B를 대위하여 피고 등에 대하여 등기말소를 청구하는 본건'이라는 취지의 2014. 7. 10.자 원고의 준비서면이 2014. 7. 16. B에게 송달된 사실은 기록상 명백하다. 이로써 원고는 B에게 채권자대위권을 행사한다는 통지를 마쳤다고 봄이 상당하다. 따라서 위 통지 이후인 2014. 9. 3. B가 이 사건 이행합의약정에 기한 권리를 포기하였다고 하더라도 원고에게 대항할 수 없다(민법 제405조 제2항)」고 하여 이를 배척하였다. 그리하여 이 사건 토지에 대한 소유권이전 등기의 말소청구를 인용하였다.[2] 이에 대하여 피고가 상고하였다.

[대상판결]

대상판결은 다음과 같이 판단하여 원심판결을 파기하고 자판하였다.

채권자대위권은 채무자가 제3채무자에 대한 권리를 행사하지 아니하는 경우에 한하여 채권자가 자기의 채권을 보전하기 위하여 행사할 수 있는 것이어서, 채권자가 대위권을 행사할 당시에 이미 채무자가 그 권리를 재판상 행사하였을 때는 채권자는 채무자를 대위하여 채무자의 권리를 행사할 당사자적격이 없다(대법원 1992. 11. 10. 선고 92다30016 판결, 대법원 2009. 3. 12.

---

2) 원고는 B에 대하여 이 사건 토지에 관한 소유권이전등기절차의 이행도 함께 구하였고, 이 청구도 인용되었다.

선고 2008다65839 판결 등 참조).

...

　B는 피고를 상대로 이 사건 반소를 제기한 다음 피고와 상호 양보하여 민·형사상의 분쟁을 종료하기로 하는 내용의 이 사건 합의를 함으로써 피고에 대하여 이 사건 토지에 관한 소유권이전등기말소청구권을 행사하였다고 할 것이므로, B가 이미 이 사건 반소를 제기한 후에 원고가 B를 대위하여 피고를 상대로 동일한 권리를 행사하며 제기한 이 사건 소는 당사자적격을 흠결하여 부적법하다고 할 것이다.

〔研　　究〕

I. 서　론

　채권자가 채권자대위권을 행사하기 위해서는 「채무자가 스스로 그의 권리를 행사하지 않을 것」이라는 요건이 필요하므로 채무자가 스스로 그의 권리를 행사하고 있으면 채권자대위권은 인정되지 않는다. 한편 채권자가 채권자대위권을 행사하고 있는 경우에는 채무자는 스스로 권리를 행사할 수 없다. 또한 채권자대위권이 행사되면, 재판상의 대위이든 재판 외의 대위이든 채무자는 그 권리를 처분할 수 없다(비송사건절차법 제49조 제2항, 민법 제405조 제1항). 그리하여 채무자가 스스로 권리행사를 한 후에 채권자대위의 소가 제기된 경우에는 대위의 소는 부적법하게 되고, 반대로 채권자대위의 소가 제기된 후에는 채무자는 동일한 내용의 소를 제기할 수 없으며 그 권리를 처분할 수도 없게 된다.

　대상판결의 사안에서는 채무자가 먼저 제3채무자에 대하여 소유권이전등기의 말소를 구하는 소(반소)를 제기한 후, 채권자가 채무자에 대한 소유권이전등기청구권을 보전하기 위하여 채무자를 대위하여 제3채무자를 상대로 동일한 소유권이전등기의 말소를 구하는 소를 제기하였다. 그 후 채무자는 제3채무자와 소송 외에서의 합의를 통하여 소유권이전등기말소청구권을 포기하였고, 그 합의 내용에 따라 위 반소를 취하하였다. 피고는 ① 피대위자인 채무자가 스스로 소제기에 의하여 권리를 행사하였고, ② 채무자가 자신의 권리를 포기하였다고 주장하였으나, 원심은 ①에 대해서는 채무자가 후에 소를 취하하였으므로 권리행사를 인정할 수 없고, ②에 대해서는 채권자대위권행사 후의 채무자의 권리처분에 해당한다고 판단하였다. 이에 대하여 대상판결은 채무자가 제3채무자인 피고를 상대로 반소를 제기한 다음 피고와 상호 양보하여 민·형사상의 분쟁을 종료하기로 하는 내용의 합의를 함으로써 스스로 피고에 대한 소유권이전등기말소청구권을 행사하였으므로, 채무자의 반소제기 후에 원고가 제기한 채권자대위의 소는 당사자적격을 흠결하여 부적법하다고 판단하였다.

　대상판결의 주된 쟁점은 채무자의 권리행사와 채권자의 대위권행사의 선후이다. 사실관계를 시간적으로 배열해 보면, ① 채무자의 소제기 - ② 채권자대위의 소제기 - ③ 채무자와 제3채무자의 합의(피대위권리에 해당하는 소유권이전등기말소청구권 포기) - ④ 채무자의 소취하의 순서이다. 일견 채무자가 먼저 소를 제기하고 그 다음날 채권자대위의 소가 제기되었으므로 채무자의 권리행사가 선행하는 것으로 보이지만, 그 후 채무자가 소를 취하하였기 때문에 채권자대위의 소만 존재하는 것으로 볼 여지가 있게 되었다. 더욱이 채무자는 소취하에 앞서 제3채무자와 사이의 합의를 통하여 피대위권리에 해당하는 소유권이전등기말소청구권을 포기하였는데, 이는 채권자대위권 행사 후의 채무자의 처분권 제한에 저촉되는 것으로 인정될 가능성도 있다. 즉 1) 채무자가 스스로 그 권리를 재판상 행사한 경우 채권자는 채무자를 대위하여 채무자의 권리를 행사할 수 없지만, 채무자의 소가 취하되었으므로 이제는 채권자대위권행사의 요건이 갖추어진 것은 아닌가 하는 점과, 그렇다면 2) 채무자가 소송 외에서 제3채무자와의 합의를 통하여 그 권리를 포기한 것은 오히려 채권자대위권 행사 후의 권리처분에 해당하여 이로써 채권자에게 대항할 수 없게 되는 것은 아닌가(민법 제405조 제2항) 하는 점이다.

　이하에서는 채권자대위권의 요건으로서 「채무자가 스스로 그 권리를 행사하지 않을 것」과 채권자대위권 행사에 의한 채무자의 처분권제한에

관하여 전반적인 내용을 살펴본 다음, 소취하의 효력에 대하여 살펴보려
고 한다. 우선 채무자가 스스로 그 권리를 재판상 행사한 경우 채권자대
위의 소가 제기된 때에 이를 중복제소의 문제로 볼 것인지 아니면 '채무
자가 스스로 그 권리를 행사하지 않을 것'이라는 — 실체법상의 — 채권자
대위권행사의 요건의 문제로 볼 것인지 검토를 요한다. 원심과 대상판결
의 결론이 정반대로 내려진 것은 이 문제에 관한 관점의 차이에서 비롯
된 것으로 보인다. 또한 소취하의 효력과 관련하여서는, 소취하로 인하여
소송계속은 소급적으로 소멸하지만, 소제기에 포함된 '이행청구'라는 사법
상의 의사의 통지가 소취하로 어떠한 영향을 받는가에 관하여 검토할 필
요가 있다. 그런 다음 대상판결의 타당성에 대하여 검토할 것이다.

Ⅱ. 채무자의 권리불행사

1. 채권자대위권 행사의 요건으로서 '채무자가 스스로 그 권리를 행사 하지 않을 것'

채권자대위권 행사의 요건으로 '채무자가 스스로 그 권리를 행사하
지 않을 것'이 필요하다. 이는 채무자의 제3채무자에 대한 권리가 존재하
고 채무자가 그 권리를 행사할 수 있는 상태에 있으나 스스로 그 권리를
행사하고 있지 아니하는 것을 의미하고, 여기서 권리를 행사할 수 있는
상태에 있다는 뜻은 권리행사를 할 수 없게 하는 법률적 장애가 없어야
한다는 뜻이며 채무자 자신에 관한 현실적인 장애까지 없어야 한다는 뜻
은 아니고 채무자가 그 권리를 행사하지 않는 이유를 묻지 아니한다.[3]

채권자대위권은 채무자가 제3채무자에 대한 권리를 행사하지 아니하
는 경우에 한하여 채권자가 자기의 채권을 보전하기 위하여 행사할 수
있는 것이어서, 채권자가 대위권을 행사할 당시에 이미 채무자가 그 권
리를 재판상 행사하였을 때에는 채권자는 채무자를 대위하여 채무자의
권리를 행사할 수 없다.[4] 채무자가 스스로 그의 권리를 행사하고 있는데

---

3) 대법원 1992. 2. 25. 선고 91다9312 판결.
4) 대법원 1970. 4. 28. 선고 69다1311 판결; 대법원 2009. 3. 12. 선고 2008다

도 대위를 허용하는 것은 채무자에 대한 부당한 간섭이 되기 때문이다.
나아가 채권자가 대위권을 행사할 당시 이미 채무자가 권리를 재판상 행
사하였을 때에는 설사 패소의 본안판결을 받았더라도 채권자는 채무자를
대위하여 채무자의 권리를 행사할 수 없다.[5]

채무자가 그 권리를 소송의 방법으로 행사하는 경우 그 소송수행이
적절하지 못한 때에는 채권자는 보조참가($\binom{\text{민사소송법}}{\text{제71조}}$) 등에 의하여 자기의
권리를 보전할 수밖에 없다. 또 채무자가 채권자를 해할 목적으로 스스
로 책임재산을 감소시키는 법률행위를 한 때에는 경우에 따라 채권자취
소권을 행사하는 가능성을 모색하는 수밖에 없다.[6]

2. 채무자가 제기한 소송과 채권자대위소송의 경합

(1) 채무자 자신이 자기의 권리에 관한 소송을 하고 있는데 채권자
대위소송이 제기된 경우에 대해서는 학설의 다수는 중복소송에 해당된다
고 한다.[7] 판례는, 하나의 판결에서 「채권자가 채무자를 상대로 제기한
소송이 계속 중인데 제3자가 민법 제404조 제1항에 의하여 채권자를 대
위하여 같은 채무자를 상대로 청구취지 및 청구원인을 같이 하는 내용의
소송을 제기한 경우에는 위 양 소송은 비록 당사자는 다를지라도 실질상
으로는 동일소송이라 할 것이므로 후소는 민사소송법 제234조의 중복소
송 금지규정에 저촉된다」[8]고 하였으나, 그 외에는 「채권자가 대위권을

65839 판결.

5) 대법원 1969. 2. 25. 선고 68다2352, 2353 판결; 대법원 1992. 11. 10. 선고 92다
30016 판결; 대법원 1993. 3. 26. 선고 92다32876 판결; 대법원 1980. 5. 27. 선고
80다735 판결.

6) 民法注解[IX], 博英社, 2002, 762면(金能煥).

7) 강현중, 신민사소송법강의, 박영사, 2015, 239면; 金洪奎·姜泰源, 民事訴訟法, 三
英社, 2010, 261면; 김홍엽, 민사소송법, 박영사, 2013, 332면; 鄭東潤·庾炳賢, 民
事訴訟法, 法文社, 2014, 78면.

8) 대법원 1981. 7. 7. 선고 80다2751 판결. 이 판결은 대법원 1974. 1. 29. 선고
73다351 판결, 1976. 10. 12. 선고 76다1313 판결을 참조판례로 들고 있으나, 전자
는 채권자대위소송이 먼저 계속된 경우이고 후자는 채권자대위소송과는 관련이 없
고 동일원고에 의한 중복제소가 문제된 사안이다.

행사할 당시에 이미 채무자가 그 권리를 재판상 행사하였을 때에는 채권자는 채무자를 대위하여 채무자의 권리를 행사할 수 없다」,[9] 「대위할 당시에 이미 채무자가 재판상 그 권리를 행사하였을 때에는 설사 패소의 본안 판결이 있을 때에도 채권자는 대위로 인하여 그의 권리를 행사할 수 없다」,[10] 「채권자가 대위권을 행사할 당시는 이미 채무자가 권리를 재판상 행사하였을 때에는 설사 패소의 본안판결을 받았더라도 채권자는 채무자를 대위하여 채무자의 권리를 행사할 당사자적격이 없다」[11]고 하여 실체법적 문제로 취급하는 것으로 보인다.

(2) 생각건대 이러한 경우에는 채무자가 이미 자기 채권을 행사하고 있으므로 민법 제404조 제1항의 해석상 당연히 요구되는 '채무자가 스스로 그 권리를 행사하지 않을 것'이라는 채권자대위권 행사의 요건이 갖추어지지 않은 것으로 보아야 한다.[12] 채무자가 소송 외에서 스스로 권리를 행사하고 있는 경우에도 채권자의 대위권행사는 허용되지 않을 것이므로, 그 경우와의 균형을 고려하더라도 채권자대위권의 요건의 문제로 다루는 것이 타당하다. 더구나 중복소송에 있어서 전소·후소의 판별은 소송계속의 발생시기 즉 소장이 피고에게 송달된 때의 선후에 의하여 결정되는데,[13] 사안에 따라서는 소제기(소장 등의 제출, 민사소송법 제265조)의 선후와 소송계속의 선후가 달라지는 경우가 있을 수 있다. 그러나 채권자대위권을 행사할 당시에 이미 채무자가 소를 제기하고 있다면, 아직 소장이 피고에게 도달하기 전이라 하더라도 채무자 스스로의 권리행사가 있다고 보아야 할 것이므로 채권자대위권 행사의 요건은 구비되지 않았다고 보는

---

9) 대법원 1970. 4. 28. 선고 69다1311 판결; 대법원 2009. 3. 12. 선고 2008다65839 판결.
10) 대법원 1969. 2. 25. 선고 68다2352,2353 판결; 대법원 1980. 5. 27. 선고 80다735 판결.
11) 대법원 1992. 11. 10. 선고 92다30016 판결; 대법원 1993. 3. 26. 선고 92다32876 판결.
12) 동지 호문혁, 민사소송법, 法文社, 2014, 146면; 民法注解[IX], 787~788면(金能煥).
13) 대법원 1989. 4. 11. 선고 87다카3155 판결; 대법원 1990. 4. 27. 선고 88다카25274, 25281 판결; 대법원 1994. 11. 25. 선고 94다12517, 94다12524 판결 등.

것이 타당하다.

(3) 대상판결의 사안에서 B(채무자)는 2014. 5. 12. 피고를 상대로
하여 이 사건 이행합의약정에 기하여 이 사건 토지에 관한 소유권이전
등기의 말소를 구하는 반소를 제기하였고, 원고는 2014. 5. 13. B에 대
한 이 사건 토지에 관한 소유권이전등기청구권을 보전하기 위하여 B를
대위하여 피고를 상대로 이 사건 이행합의약정에 기하여 이 사건 토지
에 관한 소유권이전등기의 말소를 구하는 이 사건 소를 제기하였다.
원고가 채권자대위권을 소제기의 방식으로 행사할 당시 이미 채무자 B
가 제3채무자 피고에 대한 소를 제기하고 있었으므로, 그렇다면 일응
원고의 채권자대위권행사의 요건은 구비되지 않은 것으로 보아야 할
것이다.

원심은 전소인 채무자의 소의 취하에 의하여 그 소송계속이 소급적
으로 소멸하였으므로 후소인 채권자대위의 소는 적법하다고 판단하였다.
그렇다면 원심은 원고의 이 사건 대위의 소를 중복제소의 문제로 보았을
가능성도 있다. 그런데 제1심판결과 원심판결 모두 채무자의 소와 채권
자대위의 소의 제기일자에 대해서만 밝히고 있을 뿐 소송계속일자에 대
해서는 전혀 밝히고 있지 않다. 그런 점에서 원심이 원고의 이 사건 대
위의 소를 중복제소의 문제로 보고 그리하여 후소인 채권자대위의 소의
변론종결시에 전소인 채무자의 소가 취하되어 종료되었으므로 채권자대
위의 소를 적법하다고 판단한 것이라고 단정하기는 어렵다.

반면 대상판결이 이를 중복제소의 문제로 접근하지 않은 것은 분명
하다. 채무자 B가 피고에 대하여 이 사건 토지에 관한 소유권이전등기의
말소를 구하는 반소를 제기함으로써 스스로 그 권리를 행사하였으므로,
채권자대위권 행사의 — 실체법상의 — 요건이 갖추어지지 않았다고 판단
한 것으로 보인다. 다만 그 후 B가 피고와의 합의에 의하여 2014. 9. 17.
반소를 취하하였는바, 그와 같이 채무자의 소가 취하되었음에도 불구하고
'채무자 스스로의 권리행사'는 여전히 인정되는 것인가에 관하여는 의문

이 남는다. 뒤에서 소취하의 효과에 대한 검토를 거친 후 다시 원고의 대위권행사의 적법성 여부에 관하여 판단하기로 하겠다.

Ⅲ. 채권자대위권 행사에 의한 채무자의 처분권의 제한

1. 일본에서의 논의

(1) 채권자대위권제도에 대한 이론적 평가

법원이 재판상 대위를 허가한 경우 허가의 재판은 채무자에게 고지하여야 하고 고지를 받은 채무자는 그 권리를 처분할 수 없는바($\frac{非訟事件手續法^{14)}}{제88조 제2항·제3항}$), 결국 재판상 대위에 의하여 압류와 동등한 효과가 발생하도록 하고 있다. 이러한 효과는 가압류·가처분과 같은 민사보전제도를 가지고 있지 않은 경우에는 의미가 있지만, 일본과 같이 완비된 보전제도를 가진 법체계에 있어서는 불가결한 것은 아니다. 채권자대위권은 프랑스법에서 유래하는바, 프랑스에서는 민사보전제도가 완비되어 있지 않았기 때문에 그것을 보충하는 역할을 하고 있었다. 그러나 일본에서는 민사소송법에 있어서 독일법을 계수하여 강제집행제도를 완비하였고 더구나 오늘날은 더욱 정비된 민사집행법, 민사보전법이 있으므로, 채권자대위권제도의 존재이유는 별로 크지 않다. 프랑스법에서조차 피보전채권의 기한도래를 요건으로 하였던 점에 비추어 보면, 일본의 재판상의 대위제도는 세계에 유례를 볼 수 없는 것이라고 평가된다. 채권자대위권제도에 관하여 근본적 비판을 전개한 三ケ月章 교수는 「신민법의 제정을 추진한 실체법학자들의 기존의 절차법에 대한 무이해와 무관심을 보여 주는 기념비적 제도」[15] 라고 혹평한 바 있다. 채권자대위권제도의 연혁에 관한 이와 같은 인식 하에 근래에는 이를 되도록 제한적으로 적용하려고 하는 해석 태도가 도입되었고 무자력 요건을 엄격하게 요구하는 판례이론에 대해서도 지지하는 경향이라고 한다.[16]

---

14) 2011년 5월 25일 개정(법률 제51호).
15) 三ケ月章, "わが国の代位訴訟·取立訴訟の特異性とその判決の効力の主観的範囲", 『民事訴訟法研究』제6권(有斐閣, 1972), 45면.

(2) 채무자의 처분권 제한

일본민법은 채권자대위권의 행사에 의한 채무자의 처분권제한에 관한 우리 민법 제405조 제2항과 같은 규정을 두고 있지 않다. 다만 재판상 대위의 절차를 정한 非訟事件手續法이 재판상 대위신청을 허가한 재판을 채무자에게 고지하도록 하고, 고지를 받은 채무자는 그 권리를 처분할 수 없다고 규정하고 있다(동법 제88조 제2항·3항). 그리하여 재판외의 대위권이 행사된 경우 채무자는 그 객체인 권리에 관한 관리처분권을 박탈당하는가에 대하여 논의되고 있다.

통설 및 판례는 이행기 전에 행하여지는 재판상 대위에 관하여 처분제한의 효력이 인정되는 이상 이행기 후의 대위에 대하여 이를 인정하지 않는다면 대위권제도는 유명무실하게 될 것이라는 이유로, 재판 외의 대위에 대해서도 동일하게 처분제한의 효력을 인정하고 있다. 즉 채권자가 채무자에게 대위의 통지를 하거나 채무자가 채권자의 대위의 사실을 알게 된 때에는, 채무자는 대위의 객체로 된 권리에 관해서 그 행사나 처분행위가 허용되지 않는다. 따라서 권리행사를 위한 소의 제기도 허용되지 않는다.[17]

대위소송이 계속된 사실만으로 채무자가 제기한 소가 바로 중복제소금지에 저촉되어 부적법하게 되는 것은 아니고, 대위채권자의 당사자적격을 다투기 위한 독립당사자참가를 하는 것은 인정된다. 즉 채무자는 민사소송법 제47조에 의하여 대위소송에 참가할 수 있으며, 심리결과 채권자의 대위권행사가 적법하다고 판명되면 채무자는 당사자적격이 없는 것으로 되고, 대위권행사가 적법하지 않다고 판명된 경우에는 채무자의 소는 적법하게 된다.[18]

---

16) 內田貴, 民法Ⅲ 債權總論·擔保物權(2015), 290면.
17) 大審判 昭和 14(1939). 5. 16. 民集 18권, 557면; 最判 昭和 48(1973). 4. 24. 民集 27권 3호, 596면; 我妻栄, 債權總論(1964), 170면, 於保不二雄, 債權總論(1972), 175면; 柚木聲·高木多喜男, 判例債權法總論(1971), 181면, 松坂佐一, 債權者代位權の硏究(1950), 138면; 星野英一, 債權總論(1978), 102면, 近江幸治, 債權法總論(2000), 142면, 潮見佳男, 債權總論Ⅱ(2005), 48면 內田貴, 債權總論·擔保物權(2015), 293면 등.
18) 最判 昭和 48(1973). 4. 24. 民集 27권 3호, 596면. 건물임대인 A(원고)가 임차인

처분제한효를 인정하는 것에 대해서는 예전부터 異論이 있었지만,[19] 그 후 다음과 같은 유력한 반대설이 주장되었다. 즉 「재판상 대위에 있어서는 법원의 허가라는 사법기관의 후견적 행위가 있기 때문에, 지극히 문제이기는 하지만, 압류 유사의 효과가 재판의 고지에 결부되는 것이 겨우 정당화되는 것이고, 그와 같은 계기가 없는 이상, 가령 채권자의 채권의 이행기가 도래하였다 하더라도, 재판 외에서의 단순한 사인의 권리행사에 非訟事件手續法 제76조 제2항[20]이 정한 바와 같은 중대한 효과를 결부시키는 것은 해석론으로서는 무리라고 하지 않을 수 없다. 법이 재판— 대위허가의 재판 — 의 고지에 결부시킨 효과를, 사인의 단순한 통지로 확장하는 — 통설은 모두 이 결과를 인정한다 — 것도 상식에 맞지 않는 비약이라고 할 것이다.」[21] 법원이 개입하지 않는 사인의 통지 등에 일종의 사적 압류의 효력을 인정하는 것은 부당하고, 대위권이 행사되더라도 채무자는 권리행사가 가능하다고 하여야 한다는 것이다.

三ケ月説의 문제제기에 대하여 기본적으로 이를 지지하는 견해도 표명되었고,[22] 다른 한편 「적어도 판례가 인정하는 정도의 효력을 인정할 필요는 있을 것」이라는 견해도 주장되었다.[23]

또한 대위권 행사가 단순히 보존행위를 목적으로 하는 경우에는 채무

C(피고)에 대하여 배신행위를 이유로 임대차 해제를 주장하며 건물명도를 청구하였는데, 대지소유자 B(참가인)가 당사자참가를 신청하여, 무단전대를 이유로 토지임대차 해제를 주장하며 A(원고)에 대하여 토지임차권부존재확인을, C(피고)에 대하여 토지명도 등을 청구한 사안에서, 채권자(A)가 대위권을 행사하여 제3채무자(C)에 대한 소를 제기한 경우라도, 채무자가 대위소송에 참가하여, 제3채무자에 대한 대위소송과 소송물을 같이하는 소를 제기하는 것은 중복제소금지에 저촉되지 않는다고 하여 참가인의 청구를 인용하였다.
19) 가령 中島玉吉, 民法釈義卷之3·債權總論上(1921), 661·663면.
20) 현행 제88조 제3항.
21) 三ケ月章, 「わが国の代位訴訟·取立訴訟の特異性とその判決の効力の主観的範囲」, 民事訴訟法研究 제6권, 有斐閣, 1972, 18면.
22) 가령 平井宜雄, 債權總論(1994), 272면; 吉村德重, 昭和 48年度重要判例解説[ジュリスト 565号], 113면; 前田達明, 口述債權總論(1994), 258면; 鈴木禄弥, 債權法講義(2001), 175면 및 平野裕之, 債權總論(1996), 280면은 재판 외에서의 대위권행사에 관하여 처분권제한의 효과를 부정하고 있다.
23) 星野英一, 債權總論(1978), 102면.

자는 그 때문에 처분권을 잃는 것은 아니므로, 따라서 채무자는 채권자가 시효를 중단하여 소멸을 막은 권리에 대해서도 포기할 수 있다. 다만 이러한 처분행위는 채권자취소권에 의하여 취소의 대상으로 될 수 있다.[24]

채권자가 채권자대위권을 행사하여 제3채무자에 대하여 제기한 소와, 채무자가 제3채무자에 대하여 동일한 권리에 관하여 제기한 소는 동일한 사건이라는 것이 통설·판례이다. 그리하여 대위소송계속후의 채무자의 별소제기는 대위소송계속이 계속된 사실만으로 중복제소금지에 저촉되어 부적합하게 된다고 함으로써, 채권자대위소송계속중의 채무자의 소제기가 부적법하게 되는 근거를 대위권행사의 처분제한효가 아니라 중복제소금지에서 구하고 있다.[25]

2015년 국회에 제출된 민법 개정안에서는 종래의 학설의 비판을 수용하여 채권자대위소송의 형태를 크게 변용하고 있다. 그리하여 「채권자는, 피대위권리의 행사에 관한 소를 제기한 경우에는 지체 없이 채무자에 대하여 소송고지를 하여야 한다」(개정법안 제423조의6), 「채권자가 피대위권리를 행사한 경우에도, 채무자는 피대위권리에 관하여 스스로 추심 기타의 처분을 할 수 있다. 이 경우 상대방도, 피대위권리에 관하여 채권자에 대하여 이행할 수 있다」(개정법안 제423조의5)는 규정을 두고 있다. 개정안 제423조의6은, 채권자대위소송을 제기하는 대위채권자는 법정소송담당의 지위에 있고(민사소송법 제115조 제1항 제2호 참조), 그 판결의 효력이 채무자에게 미치기 때문에, 채무자에 대한 소송고지를 대위채권자의 의무로 함으로써 채무자가 대위소송에 관여할 기회를 보장한 것이다. 개정안 제423조의5는 개정 전 민법에서의 판례 법리를 변경하는 것으로, 이에 의하면 채권자가 채무자의 권리를 대위행사한 경우에도 그 때문에 채무자의 처분권한이 제한되는 것은 아니다. 대위행사에 의하여 압류와 같은 효과가 생기는 것은 아니므

24) 新版注釈民法(10)Ⅱ, 有斐閣, 2011, 754~755면(下森定).
25) 大審判 昭和 14(1939). 5. 16. 民集 18권, 557면. 兼子一, 判例民事訴訟法, 弘文堂 1950, 100·104면; 兼子一, 民事法判例研究録 (昭和一四年度·四) [38] 債権者の代位權に基く訴訟中における債務者の訴提起, 法学協会雑誌 57巻 10号(1939. 9. 20), 1969면 이하.

로 대위채권자로부터 통지가 행하여지든 개정안 제423조의6에 규정되어
있는 소송고지가 행하여지든 채무자의 처분권한에는 어떠한 영향도 없
다. 채무자는 상대방에 대하여 권리행사(피대위권리가 채권인 경우에는
이행청구)를 할 수 있다. 상대방도 채무자에 대하여 이행을 할 수 있고,
채무자가 상대방으로부터 이행을 수령하면 이에 의하여 당해 권리는 소
멸한다(채권자대위소송에서 대위채권자가 자기에게 직접 변제를 하여야 한
다는 취지의 승소판결을 얻어 그것이 확정된 경우에도 마찬가지이다). 채권
자가 채무자의 권리를 대위행사하더라도 채무자의 채무자의 처분권이
제한되지 않으므로 다른 채권자는 피대위권리를 압류하거나 대위행사할
수 있다[다만 채권자대위소송이 제기된 경우에는 동일한 권리를 목적으로
한 다른 채권자에 의한 대위소송의 제기는 중복소송의 금지($^{민사소송법}_{제142조}$)에 저
촉된다].[26]

2. 채권자대위권의 행사에 의한 채무자의 처분권 제한

(1) 채권자가 채권의 기한이 도래하기 전에 대위권을 행사하려면 비
송사건절차법이 정하는 바에 따라 법원의 허가를 얻어야 하고($^{민법\ 제404조}_{제2항}$),
법원이 채권자의 대위신청을 허가한 때에는 직권으로 이를 채무자에게
고지하여야 하며($^{비송사건절차법}_{제49조\ 제1항}$), 이 고지를 받은 채무자는 그 권리를 처분할
수 없다($^{동조}_{제2항}$).

채권자가 채권의 기한이 도래한 후에 대위에 의하여 권리를 행사한 때
에는 채무자에게 이를 통지하여야 하고($^{민법\ 제405조}_{제1항}$), 채무자가 그 통지를 받은
후에는 그 권리를 처분하여도 이로써 채권자에게 대항하지 못한다($^{동조}_{제2항}$).

앞에서 살펴본 바와 같이 의용민법하에서는 재판상 대위에 한하여
그 허가사실을 법원이 직권으로 채무자에게 고지하고($^{일본\ 非訟事件}_{手續法\ 제76조}$) 그 고지
가 있은 후에는 채무자가 권리를 처분할 수 없다고 규정($^{동법\ 제77조}_{제2항}$)하고 있
었을 뿐 재판외의 대위에는 그에 대응하는 규정을 두고 있지 아니하였던

---

26) 潮見佳男, 『民法改正法案の槪要』(金融財政事情硏究会, 2015), 71-72면.

관계로 재판외의 대위권행사가 채무자에게 고지된 경우 채무자의 처분권이 제한되는가에 관하여 견해가 대립하고 있었다. 우리 민법은 재판상의 대위에 관하여는 비송사건절차법 제45조 이하에서 규정하면서 재판외의 대위권행사에 관해서는 의용민법하에서의 판례 및 통설에 따르는 한편 滿洲民法 제392조 — 우리 민법 제405조와 거의 동일함 — 의 규정을 참고로 하여 제405조를 신설함으로써 이 문제를 입법적으로 해결하였다.[27]

채권자가 대위권에 기하여 일단 채무자의 권리를 행사하기 시작하였을 때 채무자에게 대위의 목적인 권리의 양도나 포기 등 처분행위를 허용하는 것은 채권자에 의한 대위권행사를 방해하는 것이 되므로 이를 금지하는 것이 민법 제405조 제2항의 취지이다.[28] 채무자가 대위권행사 사실을 알게 된 때에는 그것이 법원의 고지나 채권자의 통지에 의한 것이 아닐 경우에도 채무자는 그 권리에 대한 처분권을 상실한다.[29]

(2) 채권자가 대위권을 행사하고 채무자가 그 사실을 안 때에는, 그 권리에 대하여 면제, 포기, 양도, 화해 등 일체의 처분행위를 할 수 없게 된다. 우선 채무자는 대위의 객체가 된 권리를 직접 소멸시키는 행위를 할 수 없다. 가령 채권자가 채무자를 대위하여 제3채무자에 대한 소유권이전등기청구의 소를 제기한 경우 그 등기청구권을 포기할 수 없다. 또한 채권자가 채무자를 대위하여 소유권이전등기청구권을 대위행사한 경우에 채무자가 그 부동산에 대한 매매계약을 합의해제함으로써 채권자대위권의 객체인 소유권이전등기청구권을 소멸시키더라도 이로써 채권자에게 대항할 수 없다.[30]

---

27) 『民法注解[IX]』, 790-791면(金能煥).

28) 대법원 1989. 4. 11. 선고 87다카3155 판결; 대법원 1990. 4. 27. 선고 88다카 25274 판결.

29) 대법원 1977. 3. 22. 선고 77다118 판결; 대법원 1975. 12. 23. 선고 73다1086 판결; 대법원 1993. 4. 27. 선고 92다44350 판결; 대법원 2003. 1. 10. 선고 2000다 27343 판결 등.

30) 대법원 1993. 4. 27. 선고 92다44350 판결; 대법원 1996. 4. 12. 선고 95다54167 판결; 대법원 2007. 6. 28. 선고 2006다85921 판결. 그러나 판례는 법정해제에 관하여는 다르게 판단하고 있다. 즉 「채무자가 채권자대위권행사의 통지를 받은 후

또한 대위의 객체가 된 권리를 직접 포기하는 것은 아니지만 그와 관련된 다른 법률행위를 함으로써 대위의 객체가 된 권리가 소멸하게 되는 때에도 역시 그러한 법률행위는 할 수 없다.[31] 그리하여 채권자가 부동산 소유권이전등기의 말소등기청구권을 대위행사하는 경우에 채무자는 위 소유권이전등기의 원인된 매매계약을 추인하거나,[32] 그 말소등기청구권을 포기하여 권리를 처분하는 의미의 추인권을 행사할 수 없다.[33]

대상판결의 사안에서 원고는 B에 대한 이 사건 토지에 관한 소유권이전등기청구권을 보전하기 위하여 B를 대위하여 피고를 상대로 이 사건 이행합의약정에 기하여 이 사건 토지에 관한 소유권이전등기의 말소를 구하는 소를 제기하였다. 그 후 B와 피고는 소송 외에서 "B가 피고에게 이 사건 용인토지지분을 이전하고, 피고와 B는 이 사건 본소와 반소를 각 취하하며, 이 사건 이행합의약정에 기하여 상대방에게 어떠한 청구도 하지 아니한다"는 취지의 합의를 하였다.

채무자 B의 반소제기 기타 권리행사와 원고의 채권자대위의 소의 선후 문제는 별론으로 하고, 만일 원고가 B에 대한 소유권이전등기청구권을 보전하기 위하여 B를 대위하여 피고에 대하여 동일한 부동산에 대한 소유권이전등기말소를 청구한 후에, 채무자 B와 제3채무자 피고 사이에 다른 토지지분을 이전하는 대신 B의 피고에 대한 소유권이전등기말소청구를 비롯하여 일체의 청구를 하지 않기로 하는 내용의 합의가 이루어진 것이라면, 이는 곧 피대위권리인 B의 등기말소청구권의 포기, 즉 민법 제405조 제2항에 따라 금지되는 처분행위에 해당하며, 그리하여 B는 위와 같은 합

에 채무를 불이행함으로써 통지 전에 체결된 약정에 따라 매매계약이 자동적으로 해제되거나, 채권자대위권행사의 통지를 받은 후에 채무자의 채무불이행을 이유로 제3채무자가 매매계약을 해제한 경우 제3채무자는 계약해제로써 대위권을 행사하는 채권자에게 대항할 수 있다」고 한다. 대법원 2012. 5. 17. 선고 2011다87235 전원합의체판결.

31) 金光泰, "轉得者의 代位에 의한 處分禁止假處分의 效力-大法院 1991. 4. 12. 宣告 90다9407 判決", 民事判例研究 제14권, 1992, 364면.
32) 대법원 1968. 5. 28. 선고 68다460 판결; 대법원 1975. 12. 23. 선고 73다1086 판결; 대법원 1977. 3. 22. 선고 77다118 판결.
33) 대법원 1989. 3. 14. 선고 88다카112 판결.

의에 의하여 말소등기청구권을 포기하였더라도 이로써 원고에게 대항할
수 없다. 나아가 제405조 제2항에 의한 채무자의 처분권제한의 효력은 그
대로 제3채무자에게도 미치는 것이므로, 원고의 대위권행사 후에 채무자의
처분행위에 터 잡아 취득한 항변사유, 즉 B가 제3채무자에 대한 권리를
포기하였더라도 피고는 이를 원고에게 주장·대항할 수 없는 것이다.

　(3) 대위권의 행사를 방해하는 것으로 되지 아니하는 권리의 관리, 보
존행위는 금지되는 것이 아니다. 변제수령은 처분행위가 아니므로 채무자
는 변제수령을 할 수 있고, 그리하여 그의 명의로 소유권이전등기를 할 수
있다. 이 점이 압류와 다른 점이다. 판례도 「채권자가 채무자를 대위하여
채무자의 제3채무자에 대한 권리를 행사하고 채무자에게 통지를 하거나
채무자가 채권자의 대위권 행사사실을 안 후에는 채무자는 그 권리에 대
한 처분권을 상실하여 그 권리의 양도나 포기 등 처분행위를 할 수 없고
채무자의 처분행위에 기하여 취득한 권리로서는 채권자에게 대항할 수 없
으나, 채무자의 변제수령은 처분행위라 할 수 없고 같은 이치에서 채무자
가 그 명의로 소유권이전등기를 경료하는 것 역시 처분행위라고 할 수 없
으므로 소유권이전등기청구권의 대위행사 후에도 채무자는 그 명의로 소
유권이전등기를 경료하는 데 아무런 지장이 없다」[34]고 하고 있다.

　(4) 채무자가 대위의 목적이 된 권리를 행사하는 것에 관하여는 이
론의 여지가 있다. 다수설은, 제405조 제2항은 채무자의 처분권을 제한하
고 있을 뿐이지만 채무자의 권리행사도 허용되지 않는다고 해석하고 있
다. 그리하여 대위소송 계속 중에는 채무자의 별소제기도 금지된다고 한
다.[35]·[36] 다른 한편 제3채무자는 대위권행사 후에도 채무자에게 변제할

---

34)　대법원 1991. 4. 12. 90다9407 판결. 대법원 1990. 4. 27. 선고 88다카
　　25274·25281 판결도 같은 취지(채권자 갑이 채무자 을을 대위하여 을의 제3채무
　　자 병에 대한 소유권이전등기청구권을 대위행사함은 권리의 관리, 보존행위이지
　　처분행위라 할 수 없으므로 채무자 을의 다른 채권자 정이 대위권의 행사로 얻은
　　병에 대한 처분금지가처분명령에 의하여 위 소유권이전등기청구권의 행사가 금지
　　된다고 할 수 없다고 한다).

35)　郭潤直, 債權總論, 博英社, 2003, 136면; 金曾漢·金學東, 債權總論, 博英社,

수 있고, 채무자의 변제수령은 처분행위에 해당하지 아니며, 이는 제3채무자가 채무자의 처분행위에 기하지 않고 취득한 권리소멸의 항변으로서 대위채권자에게 대항할 수 있다고 해석된다.[37]

생각건대 채권자대위권은 소제기의 형식으로 행사되는 경우에도, 채권압류의 경우와 같이 제3채무자에 대하여 지급금지의 효력을 생기게 하는 것이 아니므로, 제3채무자의 채무자에의 임의변제를 막을 수 없는 것이고 또한 채무자가 변제를 수령하는 행위가 처분행위라고 할 수도 없다. 채권자대위제도는 채무자가 그의 권리의 실행을 게을리함으로써 책임재산을 감소하게 하는 경우 모든 채권자의 이익을 위하여 책임재산을 보전하려는 것이고, 채권자대위권이 특정채권의 보전을 위하여 轉用되는 경우에도 채무자가 특정채권(가령 등기청구권)을 스스로 행사하지 않는 경우 채권자가 자기의 특정채권(등기청구권)의 보전을 위하여 그 기초를 이루는 채무자의 특정채권을 실행하여 확보해 두려는 것이므로, 제3채무자의 채무자에의 변제(이전등기)가 있으면 채권자의 대위권은 그 목적을 달성한 것이라고 할 것이다. 결국 대위소송계속중 채무자의 제3채무자에 대한 임의변제는 유효한 것이라고 해석하여야 한다.

가령 채권자가 채무자에 대한 소유권이전등기청구권(특정채권)을 보전하기 위하여 채무자의 제3채무자에 대한 소유권이전등기청구권을 대위행사하는 소를 제기한 경우, 제3채무자의 '임의변제'로 채무자명의의 소유권이전등기가 경료되고 이를 기초로 채무자로부터 제3자 명의로 소유권이전등기가 경료된 때에도, 제3채무자로부터 채무자로의 이전등기의 경료

2007, 189면; 金亨培, 債權總論, 博英社, 1999, 368면; 송덕수, 채권법총론, 박영사, 2016, 230면. 李銀榮, 債權總論, 博英社, 2006, 452면은 권리행사에 대해서는 언급하지 않고 소제기에 대해서만 허용되지 않는다고 하고 있다.

36) 이와 관련하여 일본에서는 처분권을 상실한 채무자는 별소를 제기할 수 없으나, 이는 소송실시권이 처분권의 존재를 전제로 하기 때문이고, 채무자가 일반적으로 권리의 행사를 할 수 없다고 새기는 것은 채권보전의 목적을 넘는다고 해석하는 견해가 주장된 바 있다. 松坂佐一, 債權者代位權の研究, 有斐閣, 1950, 138・140면.

37) 郭潤直, 債權總論, 137면; 金亨培, 債權總論, 369면; 송덕수, 채권법총론, 232면; 李銀榮, 債權總論, 452면; 民法注解〔Ⅸ〕, 796면(金能煥).

는 유효한 것이고 대위채권자로서는 제3자 명의의 소유권이전등기의 말소를 구할 수 없게 된다.

　제3채무자의 임의변제와 채무자의 변제수령이 유효하다면, 그 변제가 채무자의 이행청구에 의한 것인가 여부는 문제되지 않는 것이므로, 대위권행사 후 채무자의 소송 외에서의 권리행사가 금지된다고 볼 수는 없는 것이다. 그렇다면 민법 제405조 제2항의 처분권 제한에 권리행사금지까지 포함된다고 확대해석하는 것은 대위소송 중의 채무자의 별소제기를 막기 위한 것 이외에는 별다른 의미가 없는 것이다. 그런데 판례는 「채권자가 대위권 행사에 착수하고 채무자에게 그 통지를 하거나 또는 채무자가 그 사실을 안 때에는 채무자는 그 권리의 처분을 할 수 없으며 따라서 채권자가 채무자의 권리를 대위행사하는 방법으로 소송을 제기한 경우에 채권자가 그 사실을 채무자에게 통지하거나 채무자가 그 사실을 알게 된 때에는 채무자는 같은 권리의 행사로서 같은 피고에게 대하여 같은 내용의 소송을 제기할 수 없는 것」[38]이라고 하여 채무자의 별소금지가 처분권제한의 효력에 의한 것으로 본 바 있었으나, 그 후 「채권자가 민법 제404조 제1항에 의하여 채무자를 대위하여 제기한 소송이 계속 중인데 채무자가 같은 피고를 상대로 청구취지 및 청구원인을 같이 하는 내용의 소송을 제기한 경우에는 위 양 소송은 비록 당사자는 다를지라도 실질상으로는 동일 소송이라 할 것이므로 후소는 민소법 234조의 중복소송금지규정에 저촉된다」[39]고 하여, 채권자대위소송 계속 중 채무자가 청구취지 및 원인을 같이하는 내용의 소송을 제기한 경우 중복소송금지규정에 저촉되는 것으로 보고 있다. 그리고 채권자대위소송의 제기 후 채무자가 같은 내용의 후소를 제기하는 것에 대하여 다수의 학설은 대위소송의 기판력이 채무자에게 미친다는 전제에서 중복소송으로 금지된다고 하고 있다.[40] 그렇다면 채무자의 별소제기를 막기 위해서 처분권제한규

38) 대법원 1962. 5. 24. 선고 4294민상251 판결.
39) 대법원 1974. 1. 29. 선고 73다351 판결; 대법원 1992. 5. 22. 선고 91다41187 판결; 대법원 1995. 4. 14. 선고 94다29256 판결 등.
40) 강현중, 신민사소송법강의, 239-240면; 송상현/박익환, 민사소송법, 박영사,

정을 권리행사금지까지 확대해석할 필요는 없다고 하겠다.[41]

　　(5) 채권자대위권행사에 의한 채무자의 처분권제한에 관한 명문의 규정이 없는 일본에서는 제3채무자의 임의변제와 관련하여서는, 채권자는 채무자에 대위하여 채무자의 권리를 행사하는 것이고 상대방인 제3채무자는 채무자 자신이 권리를 행사하는 경우에 비하여 불이익한 지위에 놓여야 할 이유는 없으므로, 제3채무자에게 변제금지효는 생기지 않는다고 보고 있다. 한편 채무자가 대위소송에 참가하는 등 절차적 보장을 거쳐 판결의 효력이 채무자에게도 미치게 된 시점에서는 변제금지효가 인정된다는 견해도 주장되고 있다.[42] 처분제한효 자체를 부정하는 입장에서는 제3채무자에 대한 변제금지효도 당연히 생기지 않는 것으로 된다.[43]

Ⅳ. 소취하의 효과

1. 소취하의 효과에 관한 독일과 일본에서의 논의

(1) 독일의 경우

　　원고는, 피고가 본안에 관하여 변론을 하기 전까지는 피고의 동의 없이 소를 취하할 수 있으나(독일민사소송법 제269조 제1항), 그 이후에는 소취하에 있어서 피

2014, 283면. 한편 대위소송이 제3자의 소송담당이 아님을 전제로 중복소송이 아니라는 견해도 주장되고 있다(호문혁, 민사소송법, 139면). 또한 긍정설은 대위소송의 기판력이 무조건 채무자에게 미친다는 것을 전제로 하고 있으나, 이는 채무자가 채권자대위소송이 계속 중임을 알았을 때에 한하여 기판력을 받는다는 판례의 입장[대판(전원) 1975. 5. 13. 74다1664] 및 채무자가 대위소송이 계속 중임을 알았을 때에 한하여 채권자대위소송의 재소금지의 효력(민사소송법 제267조 제2항)이 채무자에게 미친다는 판례의 입장(대판 1996. 9. 20. 93다20177, 20184)과 합치하지 않으므로, 판례의 태도와 일관하게 설명하기 위해서는 무조건 중복소송으로 볼 것이 아니라, 채무자가 대위행사사실을 알았을 때로 한정하고 채무자가 그 사실을 모르는 때에는 대위소송 계속사실을 알려 그 소송에 참가기회를 제공하고 후소를 각하하는 것이 타당하다는 견해가 있다(李時潤, 新民事訴訟法, 博英社, 2009, 252면).

41) 崔亨基, "代位處分禁止假處分의 效力 및 轉得者權利의 保全方法", 대법원판례해설 1988년 하반기(통권 제10호), 1989, 58-61면.

42) 潮見佳男, 債權總論Ⅱ (2005), 50면.

43) 新版注釈民法(10)Ⅱ, 有斐閣, 2011, 754면(下森定).

고의 동의가 필요하다($\substack{제269조\\제2항}$). 소가 취하되면 처음부터 소의 제기가 없었던 것으로 되고, 이미 선고되었지만 아직 확정되지 아니한 판결은 자동적으로(명시적인 취소를 요하지 않고) 그 효력을 잃게 된다($\substack{제269조\\제3항 1문}$).

소제기의 효과 — 동시에 소송계속 및 그와 결부된 모든 소송상 효과 — 는 소급적으로 소멸한다.[44] 소송계속(Rechtshängigkeit)($\substack{제262\\조}$)의 실체법상의 효과에 대하여 소취하의 효과가 특별히 규정(가령 소멸시효의 정지에 관한 민법 제204조 제2항 1문)되어 있지 않는 한, 소송계속으로 인한 실체법상의 효과는, 분명하지 않은 경우에는, 소취하로 인하여 소급하여 소멸한다.[45] 가령 취득시효는 법원 또는 관청의 집행행위가 실행되거나 이를 신청함으로써 중단되지만($\substack{독일민법\\제941조 1문}$), 집행행위의 실행의 신청으로 인한 취득시효의 중단은, 신청이 집행행위 전에 취하된 경우에는, 일어나지 아니한 것으로 본다($\substack{제941조 2문,\\제212조 제3항}$).

또한 부부는 그 재산관계를 계약(부부재산계약)으로 규율할 수 있고($\substack{제1408조\\제1항}$), 그 계약에서 명시적인 합의로 연금권의 조정(Versorgungsausgleich)을 배제할 수 있는데, 계약체결 후 1년 이내에 이혼신청이 있는 때에는 그러한 배제에 관한 합의는 효력이 없다($\substack{개정 전 제1408조\\제2항 2문}$). 그런데 그 이혼신청이 취하되면, 배제에 관한 합의의 무효성도 소급하여 소멸하게 된다.[46]

반면에 소멸시효의 정지에 대해서는 제204조 제2항 1문이 적용되어, 소가 취하된 경우에도 그 효과는 소멸하지 않는다. 즉 소의 제기 등에 의하여 소멸시효는 정지되지만($\substack{제204조\\제1항}$), 시효정지는 개시된 절차가 기판력 있는 재판에 의하여 또는 다른 방식으로 종결된 때로부터 6개월 후에 종료된다($\substack{동조\\제2항 1문}$). 따라서 소가 취하된 경우에도 소멸시효의 정지는 유지되며 6개월 후에 비로소 다시 진행한다.[47]

---

44) Münchener Kommentar zum ZPO 5.Auf., 2016, § 262 Rn. 4 (Becker-Eberhard); Beck'scher Online-Kommentar ZPO, Vorwerk/Wolf 21.Edition Stand 2016. 1. 7. § 269 Rn. 7 (Bacher).

45) MünchKomm zum ZPO, a.a.O., §262 Rn. 4 · § 269 Rn. 40 (Becker-Eberhard); Beck'scher Online-Kommentar ZPO, a.a.O., § 269 Rn. 7 (Bacher); Ingo Saenger, Zivilprozessordnung 6.Auf., 2015 § 269 Rn. 31.

46) BGH NJW 1986, 2318.

한편 취소, 상계, 해제와 같이 소송에서 제출된 사법상의 의사표시는 소가 취하되더라도 영향을 받지 않고 원칙적으로 유효하게 존속한다.[48]

(2) 일본의 경우

소송은 소가 취하되면 취하된 부분에 관해서는 처음부터 소송계속되지 않았던 것으로 간주된다(민사소송법[49] 제262조 제1항). 당사자 및 법원에 의하여 행하여진 소송행위는 모두 소급적으로 효력을 잃는다. 여기서 소급적으로 소멸하는 것은 취하된 소에 관하여 행하여진 소송행위의 소송법상의 효력이다. 소제기에 의하여 생긴 실체법상의 효과가 소취하에 의하여 소급적으로 소멸하는가에 관해서는 그 효과가 인정되는 취지에 따라 다르다.

1) 시효중단의 효과가 소취하에 의하여 소멸하는 것에 관해서는 명문의 규정이 있다(민법 제149조). 상대방에 대한 권리를 주장하는 소를 제기하여 법원의 심판을 요구하였다가 소를 취하함으로써 그것을 심판의 대상으로부터 철회한 것이기 때문에, 청구에 의한 시효중단의 효과는 소멸하는 것으로 한 것이다. 그러므로 가령 소를 취하하였더라도 그 대상인 권리주장에 관하여 심판받는 것을 단념한 것이 아니라면, 시효중단의 효과가 소멸한다고 할 수 없다.[50] 판례는 그러한 취지에서, 소송계속중 조정이 성립한 것에 의하여 소를 취하한 경우 시효중단의 효과는 소멸하지 않는다고 한다.[51] 또한 경계확정의 소를 동일한 토지의 소유권확인의 소로 교환적으로 변경한 경우,[52] 중복제소를 해소하기 위하여 전소를 취하하고 후소에서 전소의 청구를 유지한 경우[53]에 관하여, 전소에 의한 시효

47) MünchKomm zum ZPO, a.a.O., § 262 Rn. 4・§ 269 Rn. 40 (Becker-Eberhard); Beck'scher Online-Kommentar ZPO, a.a.O., § 269 Rn. 7 (Bacher); Musielak/Volt, ZPO 13.Auflage 2016 § 269 Rn. 10 (Foerste).
48) MünchKomm zum ZPO, a.a.O., § 262 Rn.4 (Becker-Eberhard), § 269 , Rn. 40 (Becker-Eberhard); Ingo Saenger, a.a.O., § 269 Rn. 31.
49) 2012년 5월 8일 개정(법률 제30호).
50) 注釈民事訴訟法(5), 有斐閣(1989), § 237, 351-352면(梅本吉彦).
51) 最判 昭和 18(1943). 6. 29. 民集 22권, 557면.
52) 最判 昭和 38(1963). 1. 18. 民集 17권 1호, 1면.
53) 最判 昭和 50(1975). 11. 28. 民集 29권 10호, 1797면.

중단의 효과는 그것을 취하하더라도 소멸하지 않는다고 하였다.

출소기간 기타 제척기간 준수(민법 제201조, 제747조, 제777조, 상법 제105조 제1항, 제248항)도 소취하가 있으면 소제기의 효과가 소급적으로 소멸하기 때문에 그 효력을 잃는다.[54]

2) 이행의 청구, 최고, 해제·취소·상계 등 형성권을 재판 외에서 행사하고 그 결과를 소송상 공격방어방법으로 주장한 경우에는, 사법행위와 소송행위의 2개의 독립한 행위가 존재하는 것이므로 소취하에 의하여 사법상의 효과가 소멸하지 않는 것은 명백하다.[55] 그런데 원고가 소장에 피고에 대한 이행최고의 통지나, 계약의 해제·취소, 상계권행사 기타의 실체법상의 의사표시(과거에 의사표시를 하였다는 사실의 기재가 아니라 소장에서 처음으로 행하는 의사표시)를 기재하고 있는 경우(예를 들면 건물임대차계약의 해제의 통지가 명도청구소송의 소장에 기재되는 경우)에는, 피고에 대한 소장의 송달시에 그 통지나 의사표시가 피고에게 도달한 것으로 된다. 한편 소장에서 원고가 어떠한 실체법상의 의사표시를 전제로 하는 청구를 하고 있는 경우에는, 그 의사표시를 명시하고 있지 않더라도 전제된 의사표시가 묵시적으로 행하여져 있는 것으로 해석된다.[56] 판례는 임대차계약의 해제를 청구원인으로 하는 가옥명도청구에는 특단의 사정이 없는 한 임대차계약해제의 의사표시가 포함되어 있는 것으로 해석할 수 있다고 한다.[57]

그러한 의사표시가 공격방어방법으로서 소송상 처음 행하여진 경우, 각 의사표시에 상응하는 실체법상의 효과가 소송의 결과에 의하여, 특히 소의 취하나 각하에 이른 경우 어떠한 영향을 받는가는 「소송에서 사법

---

54) 注解民事訴訟法(6), 第一法規出版株式會社(1993), § 237, 399면(渡部吉隆·加茂紀久男·西村宏一).
55) 注解民事訴訟法(6), § 237, 400면(渡部吉隆·加茂紀久男·西村宏一).
56) 注釈民事訴訟法(5), § 229, 205-206면(宮川知法); 注解民事訴訟法(6), § 229, 261면(斎藤秀夫·加茂紀久男).
57) 大審判 明治 34(1901). 6. 8. 民錄 7집 6권, 13면; 大審判 明治 38(1905). 2. 15. 民錄 11집, 124면; 大審判 大正 8(1919). 11. 24. 民錄 25집, 2096면; 大審判 大正 12(1923). 12. 25. 新聞 2232호, 21면; 最判 昭和 26(1951). 11. 27. 民集 5권 12호, 748면; 最判 昭和 28(1953). 10. 23. 民集 7권 10호, 1114면 등.

상의 형성권의 행사」라고 하는 행위의 성질을 어떻게 파악하는가에 따라
다르다.

ⅰ) 私法行爲說(竝存說)

소송에서 사법상의 형성권의 행사는 외형상 1개의 행위로 볼 수 있
지만, 법률적으로는 피고에 대한 사법상의 의사표시(사법행위)와, 그 의사
표시가 행하여진 것을 법원에 대하여 진술하는 사실의 주장(소송행위)의
2개의 행위가 존재하는 것으로, 각 요건·효과는 전자에 있어서는 사법,
후자에 있어서는 소송법에 의하여 판단되어야 한다. 따라서 소취하에 의
하여 공격방법방법이 소송행위로서는 의미를 잃더라도, 사법행위로서의
요건이 충족되어 있는 이상 사법상의 효과는 소멸하지 않는다. 일본의
통설이다.[58]

ⅱ) 訴訟行爲說(單純說)

소송에서 사법상의 형성권을 행사하는 것은 자기에게 유리한 재판
을 얻는 것을 직접 목적으로 하는 것으로, 관련된 목적으로부터 분리
하여 사법상의 효과를 독립하여 생기게 하는 것을 의도하고 있는 것은
아니다. 따라서 그것에 사법상의 효과를 인정하는 것은 일종의 의제라
고 하지 않을 수 없고, 또한 사법상의 의사표시의 존재를 전제로 하지
않는다고 해서 소송행위로서의 공격방어방법의 주장이 가능하지 않은
것도 아니므로 굳이 그와 같은 의제를 할 필요도 없으며, 소송에서 사
법상의 형성권의 행사는 순연한 소송행위로서 그 요건과 효과는 소송
법에 의하여 규율되는 것이고, 소취하가 있으면 그 주장은 당연히 효
력을 잃는다.[59]

ⅲ) 競合說(兩性說)

소송에서 사법상의 형성권의 행사에 의해서도 사법상의 효과는 생기
고, 소송에서 사법상의 형성권의 행사는 소송행위와 사법행위의 양면의

---

58) 兼子一, 民事訴訟法体系(1965), 211면; 小山昇, 民事訴訟法(1989), 164면; 菊井雄
   大·村松俊夫, 民事訴訟法Ⅰ(1978), 140면 등.
59) 三ケ月章, 民事訴訟法(法律學全集)(1959), 280면; 中野貞一郎, 訴訟関係と訴訟行
   爲(1961), 90면.

성질을 겸비한 분리할 수 없는 1개의 행위라는 점에서[60] 또는 소송법과 사법의 양면으로부터 종합적으로 관찰하여야 하는 행위로 사법행위는 당해 소송상 주장이 법원의 판단을 받는 것을 정지조건으로 하는 것이라는 점에서[61] 소송상의 주장이 무의미한 것으로 되면 사법상의 효과도 발생하지 않는 것으로 된다고 한다.

판례는, 이행의 청구,[62] 催告,[63] 해제,[64] 취소 등에 관하여는 사법행위설을 취하지만, 상계[65]에 대해서는 소송행위설을 취하고 있다고 해석된다.[66]

大審判 大正 2(1913). 6. 19. 民錄 19집 463면은 「이행의 청구는 채무의 이행을 촉구하는 의사의 발표이면서 사법상의 행위이므로, 이것의 효력은 오로지 민법의 규정에 따라 이를 정하지 않으면 안 된다. 급부의 소에서 이행의 청구를 하는 경우라 하더라도 소의 제기가 이행청구의 효력을 생기게 하는 것이 아니고, 소장에 포함된 채무의 이행을 촉구하는 사법상의 의사의 발표가 소장의 송달에 의하여 상대방에게 도달하는 것에 의하여 이행청구의 효력을 생기게 하는 것이다. 그러므로 소의 제기가 소송법상 유효한가 아닌가 후에 소의 취하가 있는가 아닌가는 이행청구의 사법상의 효력에 하등의 영향을 미치게 하는 것이 아닌 것이다. 그러므로 원심이 소장에서 행하여진 이행의 청구에 의하여 생긴 遲滯의 효력은 소의 취하에 의하여 소멸하지 않는다는 취지로 설명한 것은 정당하」다고 하였다.

또한 最高判 昭和 35(1960). 12. 9. 民集 14권 13호 3020면[67]은, 가

---

60) 加藤正治, 民事訴訟法要論(1950), 222면.
61) 山木戸克己, 民事訴訟理論の基礎的研究(1961), 41면.
62) 大審判 大正 2(1913). 6. 19. 民錄 19집, 463면.
63) 最判 昭和 35(1960). 12. 9. 民集 14권 13호, 3020면.
64) 大審判 昭和 5(1930). 1. 28. 評論 19권 民法, 343면; 大審判 昭和 8(1933). 1. 24. 法學 2권, 1129면.
65) 大審判 昭和 9(1934). 7. 11. 法學 4권, 227면.
66) 注解民事訴訟法(6), § 237, 401면(渡部吉隆・加茂紀久男・西村宏一).
67) 이 판결에 대한 간략한 해설로 真船孝充, 「調停申立の取下と調停申立による催告の効力」, 最高裁判所判例解説民事篇 昭和 35年度 453면.

옥의 임대인이 임차인이 차임을 지급하지 않는 것을 이유로 임대차계약
을 해제하고 가옥의 명도를 구한 사안에서, 임대인이 임차인을 상대로
신청한 가옥명도 등 조정이 취하에 의하여 종료되었다 하더라도 그로 인
하여 조정신청에 의하여 행하여진 연체임료지급최고의 효력이 당연히 소
멸하는 것으로 해석하여야 할 이유는 없다고 하였다.

大審判 昭和 8(1933). 1. 24. 法学(東北大学) 2권 1129면은, 소장에서
계약해제의 의사표시를 한 후 소가 취하된 사안에서, 소의 취하는 소송
계속 소멸의 효과를 생기게 하는 데에 그치고, 민법 제149조와 같은 특
별한 규정이 없는 한 실체적 권리관계에 그 효력을 미치는 것은 아니며,
따라서 소장의 송달에 의하여 행한 계약해제의 의사표시는 소취하에 의
하여 효력을 잃지 않는다고 하였다.

2. 소제기의 효과

소가 제기되면 소송법상 소송계속의 효과가 발생하고 실체법상 시효
중단의 효과와 법률상의 기간을 지킨 효과 등이 생긴다. 소제기의 실체
법상의 효과로 주된 것은 시효중단과 법률상의 기간(제척기간) 준수의
효과($\frac{민법}{제265조}$), 연 15%의 소송이자의 발생($\frac{소촉법}{제3조}$)이나 선의점유자의 악의의
의제($\frac{민법 제197조}{제2항}$), 어음법상의 상환청구권의 소멸시효기간의 개시($\frac{어음법}{제70조}$) 등
이다.[68]

원고가 피고에 대한 최고, 상계, 취소, 계약의 해지·해제, 그 밖의
의사표시를 소장에 기재하는 경우 소장이 피고에게 송달됨으로써 그 효
과가 발생하지만, 그것은 우연히 소장을 이용하여 사법상의 의사표시를
한 것에 그치기 때문에 엄밀한 의미의 소제기의 실체법상의 효과라고 보
기 어렵다. 따라서 뒤에 소의 취하·각하가 되어도 그 효과에 아무런 영
향을 받지 않는다.[69]

---

68) 李時潤, 新民事訴訟法, 259면.
69) 李時潤, 新民事訴訟法, 259면.

3. 소취하의 효과

(1) 소송계속의 소급적 소멸

소가 취하되면 취하된 부분에 대하여는 소가 처음부터 계속되지 아니하였던 것과 같은 상태에서 소송이 종료된다(민사소송법 제267조 제2항). 소송을 더 이상 진행시키거나 청구기각·인용 등의 판결을 하여서는 안 되며 상소를 제기할 수도 없다. 소를 취하하기에 앞서 행한 법원의 소송행위 특히 이미 행한 종국판결도 당연히 실효된다. 법원의 증거조사도 마찬가지이다. 소송계속을 전제로 이미 행한 당사자의 소송행위(보조참가, 소송이송신청, 법관기피신청, 소송고지 등)도 당연히 실효된다. 그러나 취하에 앞서 제기한 독립당사자참가·반소·중간확인의 소는 본소의 취하에 불구하고 원칙적으로 아무런 영향을 받지 아니한다.[70]

(2) 소제기와 결부된 사법상의 효과

1) 소의 제기에 의한 시효중단의 효과는 소급적으로 소멸한다는 규정이 있다. 즉 민법 제170조는 「① 재판상의 청구는 소송의 각하, 기각 또는 취하의 경우에는 시효중단의 효력이 없다. ② 전항의 경우에 6월내에 재판상의 청구, 파산절차참가, 압류 또는 가압류, 가처분을 한 때에는 시효는 최초의 청구로 인하여 중단된 것으로 본다」고 규정하고 있다.

제170조 제2항과 관련하여 각하·기각·취하된 소의 제기에 대하여 재판 외의 청구인 최고로서의 효력을 인정한 것이라고 설명하는 견해가 있다.[71] 판례도 「민법 제170조의 해석상 재판상의 청구는 그 소송이 취하된 경우에는 그로부터 6월내에 다시 재판상의 청구를 하지 않는 한 시효중단의 효력이 없고 다만 재판 외의 최고의 효력만 있게 된다」고 한다.[72] 즉 '재판상의 청구'는 소가 취하된 때에는 '재판 외의 최고'의 효력

---

70) 대법원 1970. 9. 22. 선고 69다446 판결; 대법원 1991. 1. 25. 선고 90다4723 판결.
71) 高翔龍, 民法總則, 法文社, 2003, 688면; 郭潤直, 民法總則, 博英社, 2004, 333면.
72) 대법원 1987. 12. 22. 선고 87다카2337 판결. 「민법 제174조는 최고는 6월 내에

만 인정되고, 따라서 그로부터 6개월 내에 다시 재판상의 청구, 압류 등의 조치를 하지 아니하면 시효중단의 효력이 없다는 것이다($\substack{민법 \\ 제174조}$).

제170조 제2항은 의용민법에는 없던 것인데 독일민법 제212조($\substack{현행 독일민법 \\ 제204조}$)를 본받아 신설된 규정이다. 독일민법에 이 규정을 둔 이유는, 권리자가 소제기에 의하여 권리행사를 위한 상당한 노력을 하였는데 그 과정에 다소 잘못이 있었다 하더라도 소송비용을 부담하는 의무 외에 권리 자체를 잃게 되는 것은 부당하다는 데 있다고 한다.[73]

일본민법은 제149조에서 재판상의 청구는 소의 각하 또는 취하의 경우에는 시효중단의 효력이 없다고 규정하고, 제153조에서는 최고는 6개월 내에 재판상의 청구, 압류, 가압류 또는 가처분 등의 조치를 하지 않으면 시효중단의 효력이 없다고 규정하고 있으며, 우리 민법 제170조 제2항에 해당하는 규정은 없다.

그런데 일본에서도 재판상 청구는 소의 각하 또는 취하의 경우에는 중단의 효력이 생기지 않는 것이지만($\substack{제149 \\ 조}$), 소의 제기가 소의 제기로서 중단효가 인정되지 않는 경우에도 소장이 상대방에게 송달된 때에는 제153조의 최고로서의 효력이 있다고 해석하고 있다. 즉 어떤 행위가 최고로 인정되는가는 이행을 청구하는 의사의 통지로 인정할 수 있는가의 해석문제인데 — 가령 반환청구의 소에 응소하여 목적물에 대한 유치권을 주장하는 것도 피담보채권의 최고로 인정된다[바로 다음의 最高裁 昭和 38(1963)년 판결 참조] — 이와 같이 넓은 의미로 청구의 의사가 표시되었다고 볼 수 있는 행위가 재판상 행하여진 경우에도 — 예를 들면 소가 형

재판상의 청구 등을 하지 아니하면 시효중단의 효력이 없다고 규정하고 있는데 이때의 최고는 시효기간의 만료가 가까와져 재판상 청구 등 강력한 다른 중단방법을 취하려고 할 때 그 예비적 수단으로서의 실익이 있을 뿐이므로 최고를 여러번 거듭하다가 재판상 청구 등을 한 경우에 있어서의 시효중단의 효력은 항상 최초의 최고시에 발생하는 것이 아니라 재판상 청구등을 한 시점을 기준으로 하여 이로부터 소급하여 6월이내에 한 최고시에 발생한다고 보아야 할 것이고(당원 1983.7.12 선고 83다카437 판결 참조), 민법 제170조의 해석상 재판상의 청구는 그 소송이 취하된 경우에는 그로부터 6월내에 다시 재판상의 청구를 하지 않는 한 시효중단의 효력이 없고 다만 재판 외의 최고의 효력만 있게 된다.」

73) 民法注解〔Ⅲ〕, 博英社, 2002, 510면(尹眞秀).

식적 이유로 각하된 경우, 소송상 상계의 주장이 효력이 없고 또 그 채권에 관하여 판단되지 않은 경우 또는 소송고지의 경우 — 보통의 최고로서의 효력만 인정된다고 한다면, 당해 소송의 종결을 기다리지 않고 그러한 행위를 한 때부터 6개월 내에 다른 강력한 중단조치를 취하여야 하는 것으로 된다. 그러나 그렇다면 소가 부적법 각하될 때까지 6개월을 경과하는 경우도 있어 당사자로서는 극히 불이익하게 된다. 뿐만 아니라 재판상의 최고를 보통의 최고보다 강력한 효과를 가지는 것으로 하는 데에는 충분한 이유가 있다고 생각된다. 따라서 이러한 경우에는 당해 소송이 係屬되고 있는 동안은 최고가 繼續되고 있는 것으로 보아 당해 소송이 종결된 때부터 6개월 내에 다른 강력한 중단조치를 취하면 시효중단의 효력은 유지되는 것으로 해석하여야 한다는 것이다. 이것이 이른바 '재판상 최고의 이론'이며,[74] 最高裁 昭和 38(1963). 10. 30. 民集 19권 9호 1252면도 이러한 입장에서, 유치권을 주장한 소송의 종결 후 6개월 내에 다른 강력한 중단사유를 취하면 중단의 효력은 유지된다고 하였다. 즉 「소송상의 유치권항변은 그것을 철회하지 않는 한, 당해 소송의 係屬

---

74) 我妻榮, 『民法總則』(岩波書店, 1965), 461~466면; 我妻榮, "確認訴訟と時效の中斷", 『法学協会雑誌』(有斐閣, 1932), 제50권 제7호 1259면. 이 견해는 이 이론을 다음의 경우에 推及하는 것이 정당하다고 한다. 첫째, 기본적 법률관계의 확인의 소와 그 관계에서 발생한 청구권의 관계이다. 예를 들어 생명보험계약존재확인의 소와 보험금청구권의 소멸시효의 관계에 관하여, 판례는 전자에 의하여 후자는 중단된다고 하지만[大審判 昭和 5(1930). 6. 27. 民集 619면], 그것은 조금 지나친 것이다. 전자의 존재가 주장되어 재판상 확정되어도, 그것으로부터 발생한 청구권에 관해서는 어떠한 주장도 없고 심리도 없었던 것이므로, 그 소송이 종결한 때로부터 6개월 내에 후자에 관하여 청구의 소를 제기하지 않으면 후자에 관한 중단은 생기지 않는다고 해석하는 것이 정당하다. 둘째, 일부의 청구소송과 잔부의 청구권의 관계이다. 판례는 가령 불법행위에 기한 손해배상청구의 소에 있어서, 우선 소제기까지 생긴 손해를 청구하고 소송 중에 장래의 손해의 청구로 소를 확장한 사안에 관하여, 확장한 때 시효가 완성하였으면 청구할 수 없다고 하여 그 부분의 중단을 인정하지 않는다[大審判 昭和 4(1929). 3. 19. 民集 199면]. 이는 소제기에 있어서 손해배상의 일부임을 명시하였더라도 마찬가지라고 한다[最判 昭和 34(1959). 2. 20. 民集 209면]. 이들 판결은, 소에 의한 시효의 중단은 그 권리가 소송물로 될 것을 요한다는 전제에 서 있는 것으로, 위의 기본적 법률관계에 관한 판결과는 일관되지 않는다. 여기에서도 일부청구에 관한 소송이 종결한 때부터 6개월 내에 소를 제기하면 된다고 해석하여야 한다[我妻榮, 民法總則(1965), 467면].

中 繼續하여 목적물의 인도를 거부하는 효력을 가지는 것이고, 따라서 당해 소송이 피담보채권의 채무자를 상대방으로 한 것인 경우 그 항변에 의하여 피담보채권에 관한 권리주장도 계속하여 행하여지고 있다고 할 수 있고, 시효중단의 효력도 소송계속중 존속한다고 해석하여야 한다. 그리고 당해 소송의 종결 후 6개월 내에 다른 강력한 중단조치를 취하면 시효중단의 효력은 유지된다고 해석된다. 그렇다면 본건 유치권의 주장은 재판상의 청구로서의 시효중단의 효력은 가지지 않지만, 소송계속중 계속하여 시효중단의 효력을 가지는 것이므로, 본건 피담보채권의 시효는 완성하지 않았다고 하여 유치권의 존속을 긍정한 원판결의 판단은 정당하다」고 한다.

2) 소장의 기재에 의하거나 변론진행 중에 공격방어방법의 전제로서 행하는 사법행위, 예컨대 최고나 해지·해제, 취소 또는 상계의 의사표시 등이 소의 취하에 의하여 그 효력이 소멸되는지 문제된다. 우선 채무자에 대한 이행의 청구는 소장으로 사법상의 의사표시를 겸하여 한 것이므로 소의 취하로 그 의사표시가 소멸되지 않는다. 소취하로 소급적으로 소멸하는 것은 소송계속뿐이고, 이러한 사법상의 의사표시 등이 소송계속을 전제로 하는 것도 아니므로 그 행위의 효력이 소취하로 영향을 받지 않는 것이다.[75]

일반적으로 사법상의 의사표시가 소취하에 의하여 어떠한 영향을 받는지에 관하여 다음과 같은 두 견해가 주장되고 있다.

ⅰ) 私法行爲說(並存說)

외관상 1개의 행위지만 법률적으로 보아 형성권 행사라는 상대방에 대한 사법상 의사표시(사법행위)와 그러한 의사표시가 있었다는 법원에 대한 사실상의 진술(소송행위) 두 가지가 존재하는 것이고, 전자의 면은 실체법에 의하여, 후자의 면은 소송법에 의하여 각 요건·효과가 규율된

---

75) 註釋 民事訴訟法(編輯代表 閔日榮·金能煥)(Ⅳ), 韓國司法行政學會, 2012, 378-380면, § 267(송우철); 강현중, 신민사소송법강의, 417면; 송상현/박익환, 민사소송법, 480면; 호문혁, 민사소송법, 757면.

다는 견해이다. 따라서 소송상 공격방어방법으로 사법상의 형성권을 행사하였다고 하더라도 그 사법상 효과는 당해 소의 취하 등 소송법상 사유가 생긴 데 관계없이 유효하게 남는다.[76]

ii) 新竝存說

기본적으로 병존설에 따르되 특히 상계항변에 포함된 상계의 의사표시는 그 항변이 공격방어방법으로 각하되지 않고 유효할 때만 그 사법상 효과가 발생한다는 조건부의사표시로 파악하는 견해이다. 유효조건부 사법행위와 소송행위가 병존하는 것으로 본다.[77]

판례는 소제기로써 계약해제권을 행사한 후 그 소송을 취하하였다 하여도 해제권은 형성권이므로 그 행사의 효력에는 아무런 영향을 미치지 아니한다고 하여,[78] 사법행위설을 따르는 것으로 해석되고 있다.

소가 취하되었을 때 상계의 경우까지 사법상의 효과가 그대로 남는다면 피고의 반대채권이 소멸함으로써 원고의 소취하에도 불구하고 뒤에 피고가 반대채권을 청구하는 것이 불가능하게 되어, 피고에게 불이익하게 된다는 것이 소송행위설과 신병존설의 근거이다. 그러나 소가 취하되어도 상계의 사법상의 효과가 남는다고 하더라도 피고의 반대채권이 소멸할 때에는 원고의 채권도 함께 소멸하기 때문에 반드시 피고의 불이익이 된다고 단정할 수 없다. 상계항변이 실기한 공격방어방법으로 각하될 때는 원고의 소구채권이 소멸되지는 않기 때문에 신병존설이 타당하다고 할 수 있지만, 소가 취하된 경우에는 사법상의 행위는 그 효과가 유지되

---

76) 方順元, 民事訴訟法(上), 韓國司法行政學會, 1987, 535면; 李英燮, 新民事訴訟法(上), 博英社, 1972, 261면; 송상현/박익환, 민사소송법, 480면; 李時潤, 新民事訴訟法, 503면; 호문혁, 민사소송법, 757면.
77) 金洪奎·姜泰源, 民事訴訟法, 501면; 鄭東潤·庾炳賢, 民事訴訟法, 611면; 강현중, 신민사소송법강의, 417면.
78) 대법원 1982. 5. 11. 선고 80다916 판결. 「원고의 위 소제기로서 이 사건 매매계약 해제의 의사표시를 명시적으로 하지는 않았다 하더라도 원고가 피고에게 이 사건 매매계약의 존속과는 양립할 수 없는 위약금의 지급청구를 하고, 그 소장이 피고에게 송달됨으로써 해제권을 행사하였다 할 것이고(대법원 1969. 1. 28. 선고 68다626 판결 참조) 해제권은 형성권이므로 비록 그 후에 원고가 그 소송을 취하하였다 하여 위 해제권 행사의 효력에 아무런 영향도 미치지 않는다.」

며 아무 영향이 없다는 병존설(사법행위설)이 타당하다고 하겠다.[79]

Ⅴ. 대상판결의 검토

1. 「채무자의 소제기」와 「소송외의 합의」의 논리적 연관

(1) 대상판결의 사안에서 채무자와 채권자의 행위를 시간 순서로 배열해 보면, ① 채무자의 소제기 - ② 채권자대위의 소제기 - ③ 채무자와 제3채무자의 소송 외에서의 합의 - ④ 채무자의 소취하로 정리할 수 있다. 대상판결은 「B(채무자)는 피고를 상대로 이 사건 반소를 제기한 다음 피고와 상호 양보하여 민·형사상의 분쟁을 종료하기로 하는 내용의 이 사건 합의를 함으로써 피고에 대하여 이 사건 토지에 관한 소유권이전등기 말소청구권을 행사하였다고 할 것이므로, B가 이미 이 사건 반소를 제기한 후에 원고가 B를 대위하여 피고를 상대로 동일한 권리를 행사하며 제기한 이 사건 소는 당사자적격을 흠결하여 부적법하다」고 하여, 원고의 이 사건 대위의 소를 각하하였다.

(2) 한 가지 흥미로운 것은, 대상판결의 위 설시를 문언 그대로 "채무자(B)가 채3채무자(피고)를 상대로 소를 제기한 다음…합의를 함으로써…권리를 행사한 것"이라고 읽으면, 마치 채무자의 '소제기'와 '합의'가 하나의 행위인 것처럼 파악하고 있다는 인상을 받게 된다는 점이다.

채무자의 소제기와 소송 외에서의 합의 및 그에 따른 소취하는 사실상 인과적 연관을 가지고 있다. 채무자가 제3채무자에 대하여 소제기에 의한 권리의 행사 즉 소유권이전등기의 말소를 청구하였기 때문에, 제3채무자와 사이에 합의 — 비록 위 소유권이전등기를 말소하는 것이 아니라 오히려 그 말소청구권을 포기하는 내용이기는 하지만 — 가 이루어지고 그에 따라 소를 취하한 것으로 볼 수 있기 때문이다. 그렇다면 「① 채무자의 소제기 - ③ 합의 - ④ 소취하」라는 일련의 행위를, 세 개의 개별적인 행위가 아니라 소제기로부터 소취하에 이르기까지의 전 과정을 일

---

79) 李時潤, 新民事訴訟法, 503면.

체로 파악하여 — 즉 ①, ③, ④를 합쳐서 — '채무자 스스로의 권리행사'를 구성하는 것으로 이해할 수 있는가라는 의문이 제기된다. 즉 채무자의 소취하 및 그로 인한 소제기 효과의 소급적 소멸에도 불구하고, 전체적으로는 '채무자 스스로의 권리행사'가 있었다고 파악하는 것이다. 그리고 그러한 권리행사가 행하여진 시기에 관해서 '③ 합의'시점이 아니라 최초의 '① 소제기'시점이라고 하는 것이다. 이렇게 본다면 '① 소제기'시점에 시작된 채무자의 권리행사는 ② 채권자대위의 소제기보다 앞서는 것이고, 이미 채무자가 스스로 권리를 행사하고 있는 경우에 해당하여 채권자는 대위권을 행사할 적격이 없게 되는 것이다.

　이와 같이 개별적인 행위들을 합하여 일체로 파악하는 것은 민법의 다른 영역에서는 이른바 혼합계약(Gemischte Vertrag), 그중에서도 계약결합(Vertragsverbindungen)의 개념에서 찾아볼 수 있다. 계약결합은 당사자가 수 개의 계약을 포괄하여 법적인 단일체(Einheit)를 형성하는 것이다. 가령 고용계약과 사택의 임대차가 결합한 계약이 그 예에 해당한다. 그러한 경우에는 계약관계의 무효원인이나 계약관계에 관한 형성권은 기본적으로 급부관계의 일부에만 관계되는 경우에도 그 계약결합 전체에 영향을 미치게 된다. 수 개의 합의 사이에 그러한 종류의 법적 관계가 존재하는가 여부는 계약을 체결한 당사자들의 의사에 따라 결정된다.[80]

　(3) 그러면 대상판결의 사안에서 채무자의 소제기-합의-소취하라는 개별적인 행위들을 포괄하여 '채무자의 권리행사'라는 단일체로 파악할 수 있을 것인가.

　사안에서 '채무자 스스로의 권리행사'는, 자신의 권리에 관하여 이행을 청구하여 급부를 수령하는 방식으로 — 이것은 바로 채권자가 채무자를 대위하여 소를 제기한 것과 동일한 내용이다 — 이루어진 것이 아니라, 자신의 권리를 포기하는 방식으로 이루어졌다. 채권자대위권행사의

---

80) MünchKomm zur BGB 5.Aufl. § 311 Rn. 42 (Emmerich); Staudingers Kommentar Neubearbeitung 2005 § 311 Rn. 32 ff. (Manfred Löwisch).

요건에 관한 원칙으로 돌아가서 생각해 보면, 채무자가 그 권리를 행사한 이상 그 방법이 부적절하거나 그 결과가 채무자에게 불리하더라도 채권자대위권은 행사할 수 없다. 사안에서 채무자의 소제기-합의(권리의 포기)-소취하의 일련의 행위를 일체로 파악하여 채무자 스스로의 권리행사로 이해할 수 있는가는, 권리행사의 내용이나 그 결과의 채권자에의 유불리와는 무관하게 판단하는 것이 타당하다.

생각건대 여기서 ① 채무자의 소제기 - ③ 합의 - ④ 소취하라는 개별적인 행위들을 포괄하여 '채무자 스스로의 권리행사'라는 단일체로 파악하고, 그리하여 채무자의 권리행사를 채권자대위의 소제기보다 우선시키는 것은 무리라고 생각한다. 계약관계에서 '계약결합'은 계약의 당사자 사이에서만 효력을 가지는 것이고, 당사자 사이의 법률관계가 전형계약 또는 비전형계약이라는 분류와 관련하여 어떠한 내용을 담고 있는가 그리하여 어떠한 법적 규율을 받도록 하는 것이 타당한가라는 관점에서 인정되는 개념이다. 그런데 채무자의 소제기-합의-소취하는, 채무자와 제3채무자뿐만 아니라 그 밖의 제3자, 특히 사안에서는 채권자에 대해서도 중대한 영향을 미친다. 가령 채무자의 소제기와 채권자 대위의 소의 제기의 시점은, 그것만을 기준으로 다른 하나의 소는 부적법하게 되는 관계에 있게 되는 만큼, 객관적·형식적으로 판단하지 않으면 안 된다. 대상판결에서 과연 채무자의 소제기-합의-소취하를 일체로 파악하는 것을 전제하였는가는 분명하지 않다. 대상판결에 나타난 문언의 표현에 비추어, 판결의 결론에 대한 근거를 규명하려는 시도의 하나로 논의해 보는 것에 지나지 않는다. 요컨대 소제기-합의-소취하라는 개별적인 행위를 단일체로 파악하는 것은 지나친 의제로서 무리한 해석이라고 할 것이다.

2. 소취하가 「소제기에 의한 사법상 의사표시」에 미치는 효력

(1) 채권자대위권행사의 요건의 구비 여부를 판단하는 기준시는 사실심 변론종결시이다.[81] 원심은, 소가 취하되면 처음부터 소송이 계속되지 아니하였던 것과 같은 상태에서 소송이 종료되며, 채무자의 소취하에

의하여 전소인 채무자의 소의 계속이 소급적으로 소멸한 이상 후소인 채권자대위의 소는 적법하다고 판단하였다.

만일 소취하에 의하여 '소제기로 인하여 발생하였던 모든 효과'가 소멸하는 것이라고 한다면 원심의 판단은 타당하며 그와 정반대의 입장인 대상판결의 결론은 타당하다고 할 수 없다. ① 채무자의 소제기 - ② 채권자대위의 소제기 - ③ 채무자와 제3채무자의 소송외에서의 합의 - ④ 채무자의 소취하의 사건경과에 있어서, 채무자의 소취하로 인하여 소제기에 의하여 발생하였던 모든 효과가 소멸한다면, 이제 「① 채무자의 소제기」는 사라지게 되고— 채무자의 행위는 아무것도 남지 않게 된다(!) — 그리하여 「② 채권자대위의 소제기」가 제일 앞에 남게 되므로 「③ 채무자와 제3채무자의 소송외에서의 합의」를 통하여 채무자가 대위의 대상인 권리를 포기한 것은, 채권자대위권 행사 후의 채무자의 처분권제한(비송사건절차법 제49조 제2항, 민법 제405조 제2항)에 저촉되어 그 효력을 인정할 수 없게 될 것이기 때문이다. 그런데 앞에서 살펴본 바와 같이 소가 취하되면 소제기의 소송법상의 효과는 모두 소멸하지만, '소장에 표시된 사법상의 의사표시'는 영향을 받지 않고 그대로 남아 있다고 한다면 위와 같은 결론은 전혀 달라지게 된다.

사안에서 채무자(B)는 피고에 대하여 이 사건 소유권이전등기의 말소절차의 이행을 구하는 소를 제기하였다. '이행의 청구'는 채무의 이행을 촉구하는 의사를 표명하는 사법상의 행위이므로 그 효력은 민법의 규정에 따라 판단하여야 한다. 채무자는 소유권이전등기말소청구의 소에서 그 이행의 청구를 하였지만, 소의 제기가 이행청구의 효력을 생기게 하는 것이 아니고, 소장에 포함된 채무의 이행을 촉구하는 사법상의 의사의 표명이 소장의 송달에 의하여 상대방에게 도달함으로써 이행청구의 효력을 생기게 하는 것이다(민법 제111조 제1항). 그러므로 채무자가 제기한 소의 적법 여부나 후의 취하 여부, 나아가 청구의 인용·기각 여부조차도 이행청구의 사법상 효력에는 영향을 미치지 않는다.[82]

81) 대법원 1976. 7. 13. 선고 75다1086 판결.
82) 大審判 大正 2(1913). 6. 19. 民錄 19집, 463면.

그렇다면 여기서 '이행청구의 사법상의 효력'은 무엇을 의미하는가. 위 일본 대심원판결[大正 2(1913). 6. 19 民錄 19집 463면]에서는 「소장에서 행하여진 이행의 청구에 의하여 생긴 지체의 효력은 소의 취하에 의하여 소멸하지 않는다」고 하였다. 일반적으로 민법상 '이행의 청구'의 효력에 관해서는 소멸시효중단(민법 제174조)과 채무이행의 기한이 없는 경우 지체책임의 발생(제387조 제2항) 등을 들고 있다. 대상판결의 사안에서와 같이 채권자대위의 소의 적법성과 관련하여서는 채무자의 '이행의 청구'는 '채무자가 스스로 그 권리를 행사하지 아니할 것'이라는 채권자대위의 소의 적법요건 — 소극적 요건이다 — 을 이루게 된다. 채무자의 '이행청구'는 채무자 스스로의 권리행사에 해당하고 이는 곧 채권자대위의 소의 적법요건 불비로 귀결되기 때문이다.

사안에서 채무자는 처음에는 소유권이전등기의 말소를 구하는 소를 제기하였으나 그 후 그 소유권이전등기 말소청구권을 포기하는 내용의 합의를 하였다. 채무자가 스스로 권리를 행사하는 경우 그 행사내용의 적절 여부나 결과의 유불리 등은 문제되지 않는다. 소제기에 의하여 청구하였던 내용을 다른 내용으로 변경하거나 다른 내용의 합의 심지어 권리의 포기를 하여도 무방하다. 여기서 채무자의 '이행의 청구' 곧 '권리의 행사'는 형식적으로 채권자의 대위권 행사와의 관계에서 우선순위를 확보하는 역할을 하는 것에 그치고 또 그것으로 충분하다. 소장(①)에 표명되어 상대방에게 도달한 '이행의 청구' 그리하여 채무자 스스로의 권리행사가 있었기 때문에 '③ 합의(권리의 포기)'가 대위권행사 후의 채무자의 처분권제한에 저촉되지 않게 되는 것이다. 그러므로 채무자의 소취하에도 불구하고 애당초 소장에 포함된 이행의 청구라는 사법상 의사표시 — 준법률행위이다 — 의 효력은 소멸하지 않고 남아 있다고 할 것이고, 그리하여 후에 채무자가 소송 외에서 제3채무자와 합의를 통하여 피대위권리에 해당하는 소유권이전등기말소청구권을 포기한 것은, 채권자대위권행사 후의 채무자의 처분권제한에 저촉되지 않는 유효한 행위라고 할 것이다.

여기서 전제되어 있는 중요한 점은, 앞에서 살펴본 바와 같이 채권자대위권을 행사할 당시에 이미 채무자가 소를 제기하고 있는 경우에 이를 중복제소의 문제로 보는 것이 아니라 채권자대위권행사의 요건의 문제로 파악한다는 점이다. 원심은 후소인 채권자대위의 소의 변론종결시에 전소인 채무자의 소가 취하되어 종료되어 있으므로 대위의 소를 적법하다고 판단하여 본안판단까지 나아간 반면, 대상판결은 채무자 B가 피고에 대하여 이 사건 토지에 관한 소유권이전등기의 말소를 구하는 반소를 제기함으로써 스스로 그 권리를 행사하였으므로 채권자대위권행사의 실체법상의 요건이 갖추어지지 않았다고 판단한 것으로 보인다. 그러한 전제 위에 채무자 B의 소제기에 있어서 소장에 표시되었던 '이행청구'라는 사법상 의사의 통지의 효력은 그 소가 취하되더라도 소멸하지 않고 그대로 남아 있다고 본다면, 원고의 이 사건 대위의 소는 채무자의 소취하에도 불구하고 여전히 대위권행사의 실체법상의 요건을 갖추지 못한 것이라고 할 수 있다.

(2) 이렇게 본다면 결국 대상판결의 결론은 타당하다. 다만 그와 같은 결론에 도달하는 과정에 대한 설명은 대단히 부적절하거나 부족하다고 할 것이다.

채무자의 소와 채권자대위의 소의 경합이나 사법상 의사표시에 대한 소취하의 효과에 관해서는 이미 오래 전부터 논의가 되어 온 것인 만큼, 대상판결의 결론에 이르는 과정에는 당연히 그와 같은 내용이 전제되어 있었을 가능성이 있다. 또는 필자가 알지 못하는 어떠한 민사법의 이론이나 원리 혹은 사안의 구체적인 타당성에 관한 요청이 그 바탕이 되었을 가능성도 있다.

이 사건은 원심에서 채권자의 채무자에 대한 소유권이전등기청구와 그 청구권을 보전하기 위하여 대위행사한 채무자의 제3채무자에 대한 소유권이전등기말소청구가 모두 인용되었다. 채권자대위의 소의 적법성을 인정하였을 뿐만 아니라 본안판단까지 하여 이를 인용하였는데 대법원에서 채권자대위의 소를 부적법하다고 하여 각하한 것이다. 어떠한 근거로 위와 같은 결론에 도달하였는가에 대한 보다 논리적이고 치밀한 설명이 필요하다고 할 것인데 그러한 기대에는 미치지 못하였다는 아쉬움이 남는다.

[Abstract]

The withdrawal of the litigation by the obligor and Legitimate requirement of the creditor subrogation litigation

Kim, Byung Sun[*]

When exercising creditors subrogation right, if an obligor has already filed an action, this is not a matter of duplicate appeal but a matter of the requirement of the exercise of creditors subrogation right. When the obligor instructs the third obligor to file a suit for deletion of registration for transfer of ownership transfer, a declaration of intention to promote performance of the obligation included in the complaint reaches the opponent by way of delivery, whereby the request for performance Effectiveness occurs (Article 111 paragraph 1 of the Civil Code). Therefore, whether the lawsuit brought by the obligor is legitimate, whether it is withdrawal at a later time, whether to cite or dismiss the claim does not affect the private law effectiveness of the request for performance. "Request for performance" is an act under Private Law expressing intention to urge the performance of the obligation. According to the Civil Code, the effect of "request for performance" includes the discontinuation of Extinct prescription (Article 174 of the Civil Code) and the occurrence of delayed liability (Article 387, Paragraph 2) etc when there is no deadline for fulfillment of obligation. However, the "request for performance" against the third obligor of the obligor corresponds to the exercise of the obligor himself, and if it is related to the creditor subrogation litigation, "the obligor does not exercise its rights on its own" Legitimate requirement of a subrogation litigation—negative requirement—will be formed.

Therefore, despite the withdrawal of the litigation by the obligor, the

---

* Professor, School of Law, Ewha Womans University.

creditor subrogation litigation filed by the plaintiff is illegal, which does not have the requirement for exercise of subrogation right.

[Key word]

- creditor subrogation right
- withdrawal of lawsuit
- restriction on right of disposal by obligor
- Article 405 (2) of the Civil Code
- duplicate litigation

참고문헌

[국내문헌]

강현중, 신민사소송법강의, 박영사, 2015.

高翔龍, 民法總則, 法文社, 2003.

郭潤直, 民法總則, 博英社, 2004.

_____, 債權總論, 博英社, 2003.

金曾漢·金學東, 債權總論, 博英社, 2007.

金亨培, 債權總論, 博英社, 1999.

김홍엽, 민사소송법, 박영사, 2013.

方順元, 民事訴訟法(上), 韓國司法行政學會, 1987.

송덕수, 채권법총론, 박영사, 2016.

李英燮, 新民事訴訟法(上), 博英社, 1972.

鄭東潤·庾炳賢, 民事訴訟法, 法文社, 2014.

民法注解[Ⅲ], 博英社, 2002.

民法注解[Ⅸ], 博英社, 2002.

註釋 民事訴訟法(編輯代表 閔日榮·金能煥)(Ⅳ), 韓國司法行政學會, 2012.

金光泰, "轉得者의 代位에 의한 處分禁止假處分의 效力—大法院 1991. 4. 12.
　　　宣告 90다9407 判決", 民事判例研究 제14권, 1992, 359−374면.

崔亨基, "代位處分禁止假處分의 效力 및 轉得者權利의 保全方法", 대법원판례
　　　해설 1988년 하반기(통권 제10호), 1989, 49−71면.

[외국문헌]

加藤正治, 民事訴訟法要論(1950).

兼子一, 民事訴訟法体系(1965).

_____, 判例民事訴訟法, 弘文堂, 1950.

菊井雄大·村松俊夫, 民事訴訟法Ⅰ(1978).

近江幸治, 債權法總論(2000).

內田貴, 民法Ⅲ 債權總論·擔保物權(2015).

山木戸克己，民事訴訟理論の基礎的研究(1961).
三ケ月章，民事訴訟法(法律學全集)(1959).
星野英一，債權總論(1978).
小山昇，民事訴訟法(1989).
松坂佐一，債權者代位權の研究，有斐閣，1950.
我妻榮，民法總則(1965).
_____，債權總論(1964).
於保不二雄，債權總論(1972).
柚木聲・高木多喜男，判例債權法總論(1971).
潮見佳男，債權總論Ⅱ(2005).
中野貞一郎，訴訟関係と訴訟行爲(1961).

新版注釈民法(10)Ⅱ，有斐閣，2011.
注釈民事訴訟法(5)，有斐閣，1989.
注解民事訴訟法(6)，第一法規出版株式會社，1993.

兼子一，民事法判例研究録(昭和一四年度・四) [38] 債權者の代位權に基く訴訟中における債務者の訴提起，法学協会雑誌 57卷 10号(1939. 9. 20.)，1969-1973면.
三ケ月章，「わが国の代位訴訟・取立訴訟の特異性とその判決の効力の主観的範囲」，民事訴訟法研究 第6卷，有斐閣，1972.
我妻榮，"確認訴訟と時效の中断"，法学協会雑誌 50卷 7号.
真船孝充，「調停申立の取下と調停申立による催告の効力」，最高裁判所判例解説民事篇 昭和35年度，453면.

Beck'scher Online-Kommentar ZPO, Vorwerk/Wolf 21. Edition Stand, 2016. 1. 7.
Ingo Saenger, Zivilprozessordnung 6.Auf., 2015.
Münchener Kommentar zum ZPO 5.Auf., 2016, Band 1, §§ 1-354.
Münchener Kommentar zum BGB 5.Aufl. 2007, §§ 309-432.
Musielak/Volt, ZPO 13.Auflage 2016.
Staudingers Kommentar zum BGB, Neubearbeitung 2005, §§ 311, 311a, 312, 3121-f.

예금명의신탁계약에 대한 사해행위취소와 원상회복 방법

조 민 혜*

■요　지■

　　금융실명제 실시 이후 금전의 소유자가 예금명의신탁계약을 체결하여 타인 명의의 계좌에 자신이 출연한 금전을 예입하여 두고 접근매체를 소지한 채로 예금을 자유롭게 인출하여 사용하는 경우, 예금명의신탁계약이 신탁자의 채권자에 대한 사해행위가 될 것인지, 사해행위에 해당한다면 그 원상회복 방법은 어떠하여야 하는지에 관하여 종래 하급심의 태도는 통일되지 않고 있었다.

　　이에 대한 해결은 예금명의신탁계약의 법적 성격에 대한 이해에서 출발한다. 예금명의신탁계약은 계약명의신탁의 일종으로서 신탁자와 수탁자 사이에는 위임의 법리가 적용된다. 예금명의신탁계약은 신탁자의 책임재산을 은닉하여 강제집행절차에서 발견하기 어렵게 만드는 것으로서 신탁자의 채권자들에 대한 관계에서 사해행위에 해당한다. 다만 이후 신탁자가 그 예금을 인출하여 사용하였다면 이는 예금이 반환되어 책임재산이 다시 신탁자에게 복귀된 것과 같으므로, 이미 소비된 부분에 한하여서는 사해행위취소를 구할 권리보호이익이 없게 되고, 자연히 원상회복은 논할 여지가 없다. 잔존하는 예금이 있어 예금명의신탁계약을 사해행위로 취소하는 경우, 원상회복은 원칙대로 원물인 예금반환채권을 채권양도의 방식에 의하여 반환하는 방식으로 이루어져야 한다.

　　예금명의신탁계약이 신탁자의 채권자에 대한 사해행위가 될 수 있음을

---

* 대전지방법원 판사.

명시적으로 밝히고 원상회복방법은 원칙적으로 예금반환채권의 양도에 의하여야 한다는 대상판결의 판시에 동의하나, 명의신탁한 예금 중 신탁자가 소비한 부분에 관하여는 사해행위취소의 권리보호이익이 인정되지 않으므로 소각하 판결을 선고함이 타당할 것이다.

[주 제 어]
- 예금명의신탁
- 채권자취소권
- 사해행위
- 원상회복
- 권리보호이익

대상판결 : 대법원 2015. 7. 23. 선고 2014다212438 판결(공2015하, 1234)

[사안의 개요]1)

소외 A는 2007. 10. 15. 소외 B에게 부동산을 매도하기로 하는 계약을 체결하고, 그 다음날 B로부터 매매대금 잔금으로 10억 3,000만 원을 자기앞수표로 지급받음과 동시에 소외 B에게 부동산에 관하여 소유권이전등기를 마쳐주었다.

소외 A는 위 10억 3,000만 원권 자기앞수표를 2007. 10. 16. 소외 A의 이모부인 피고 명의의 파주연천축협 계좌(이하 '이 사건 계좌')에 입금하였고(이하 '이 사건 지급'), 피고는 소외 A에게 이 사건 계좌의 통장과 거래인장을 교부하였다. 이후 소외 A와 그 어머니, 누나가 이 사건 계좌에서 돈을 출금하여 사용하였고, 그 결과 2012. 1. 29.경 이 사건 계좌의 잔액은 57,103원이었다.

원고(대한민국) 산하 세무서장은 2011. 1. 7. 소외 A에게 위 매매계약에 따른 양도소득세 약 11억 원을 납부할 것을 고지하였으나, 소외 A는 이를 납부하지 아니하였다.

[소송의 경과]

1. 원고의 청구

원고는 피고를 상대로 사해행위취소소송을 제기하면서, 주위적으로는 2007. 10. 16. 체결된 10억 3,000만 원의 증여계약을 취소하고 원상회복으로 위 금액의 반환을 구하는 내용의 청구를, 예비적으로는 2007. 10. 16. 파주연천축협 계좌에 관하여 체결된 예금주명의신탁계약을 10억 3,000만 원의 범위 내에서 취소하고, 원상회복으로 위 금액의 반환을 구하는 내용의 청구를 하였다.

2. 1심 판결(의정부지방법원 고양지원 2013. 7. 5. 선고 2012가합50049 판결)

가. 소외 A가 피고에게 증여의 의사로 10억 3,000만 원을 송금하였다기보다는 위 계좌의 예금주 명의를 신탁하였다고 보는 것이 타당하다고 하면

---

1) 논의에 필요한 범위 내에서 단순화한 것이다.

서, 이 사건 지급이 증여에 해당함을 전제로 한 주위적 청구를 배척하였다.

나. 예비적 청구에 대하여는, "소외 A와 피고 사이에 이 사건 계좌에 대한 예금주 명의의 신탁계약이 이루어져 대내적으로는 출연자인 소외 A가 피고에 대하여 이 사건 계좌에 입금된 이 사건 지급금의 반환을 요구할 수 있으나, 금융기관이나 제3자에 대한 대외적인 관계에서는 예금주 명의의 신탁이 해지되지 않은 이상 금융기관이나 제3자가 소외 A에 대한 채권으로 피고 명의의 이 사건 계좌에 입금된 돈의 지급을 구하거나 압류 등을 할 수 없으므로, 소외 A가 채무초과상태에서 피고에게 이 사건 계좌에 대한 예금주 명의를 신탁한 행위는 소외 A의 일반채권자에 대한 관계에서 책임재산을 감소시키는 법률행위로서 사해행위에 해당한다 할 것이고, 소외 A는 원고를 포함한 일반채권자들의 강제집행을 회피하기 위하여 차명계좌를 이용한 것으로 보이므로 소외 A의 사해의사도 인정되며, 이로써 수익자의 사해의사도 추정된다."고 보았다.

이에 대하여 피고는, 이 사건 지급금을 소외 A와 그 어머니, 누나가 모두 사용하였으므로 예금주 명의신탁은 해지되었거나 실효되어 사해행위취소의 대상이 존재하지 아니하며, 피고는 이 사건 지급금을 전혀 사용하지 아니하여 사해행위취소소송의 상대방인 수익자에 해당하지도 않는다고 주장하였으나, 1심 법원은 다음과 같은 이유를 들어 피고의 주장을 배척하였다.

"① 수익자의 실질적인 재산취득이 아니라 채무자의 책임재산 보전에 초점을 둔 사해행위취소 제도의 취지를 고려할 때 이 사건 지급금을 실제로 사용한 사람이 피고가 아니라 소외 A와 소외 A의 어머니, 누나라고 하더라도 사해행위취소의 대상이 존재하지 않는다거나 피고가 수익자에 해당하지 않는다고 볼 수 없다. ② 금융실명거래 및 비밀보장에 관한 법률의 취지상 예금주 명의신탁이 해지되어 사해행위취소의 대상이 존재하지 아니한다고 하기 위해서는 소외 A가 피고로부터 금융기관에 대한 예금반환채권을 양도받거나 예금주명의변경절차를 진행함으로써 일탈된 소외 A의 책임재산이 원상회복되었다고 볼 수 있어야 할 것인데, 소외 A는 위와 같은 절차를 거치지 아니하고 오히려 자신의 채권자들의 강제집행을 피하기 위하여 위 예금주 명의신탁관계가 존속하는 상태에서 피고 명의로 이 사건 지급금을 인출하여 사용함으로써 자신의 책임재산 일탈 상태를 고착시킨 것에 불과하므로, 소외 A와 피고 사이의 예금주 명의신탁이 해지되어 사해행위취소의 대상이 되지 아니한다고 볼 수는 없다. ③ 이 사건 지급금은 채무자인 소외 A가 아니라 전득자라고 볼 수 있는 소외 A의 어머니나 누나에 의하여 대부분이 사용된 것으로 보인다."

다. 나아가 원상회복의 방법에 관하여는 특별한 이유의 설시 없이 "이 사건 지급금 10억 3,000만 원 및 이에 대하여 이 판결 확정일 다음날부터 다 갚는 날까지 연 5%의 비율로 계산한 지연손해금을 지급할 의무가 있다."라고만 판시하였다.

3. 원심 판결(서울고등법원 2014. 5. 21. 선고 2013나2015430 판결)

원심은 1심 판결의 이유를 인용하면서 피고의 항소를 기각하였다. 한편, 사해행위취소의 대상이 존재하지 않는다는 피고의 주장에 대하여는 1심이 든 위 ① 내지 ③의 논거 외에 다음과 같은 판단을 추가로 설시하였다.

"예금계약의 성질상 수시로 입금과 출금이 반복될 수 있고, 또한 피고가 이 사건 계좌에 관한 예금계약을 파주연천축협과 해지하지도 아니한 이상, 소외 A 등에 의해 이 사건 지급금이 인출되어 사용되었더라도 피고가 소외 A와 예금주 명의신탁 약정을 해지하거나 실효시키기로 하는 묵시적인 합의가 있었다고 보기도 어렵다."

[대상판결의 요지]

대법원은, 소외 A가 채무초과 상태에서 피고에게 이 사건 계좌의 예금에 대한 명의를 신탁한 행위가 사해행위에 해당한다는 원심의 판단은 정당하다고 판시하였으나, 사해행위취소에 따른 원상회복의 방법에 관하여는 다음과 같은 이유로 원심판결을 파기하고 사건을 원심에 환송하였다.

"사해행위의 취소에 따른 원상회복은 원칙적으로 그 목적물 자체의 반환에 의하여야 하고, 그것이 불가능하거나 현저히 곤란한 경우에 한하여 예외적으로 가액반환에 의하여야 한다. […] (대법원 1998. 5. 15. 선고 97다58316 판결, 대법원 2009. 3. 26. 선고 2007다63102 판결 참조.)

명의수탁자는 명의신탁자와의 관계에서 상대방과의 계약에 의하여 취득한 권리를 명의신탁자에게 이전하여 줄 의무를 지는 것이고, 출연자와 예금주인 명의인 사이에 예금주 명의신탁계약이 체결된 경우 그 명의인은 출연자의 요구가 있을 때에는 금융기관에 대한 예금반환채권을 출연자에게 양도할 의무가 있다고 보아야 할 것이므로, 예금주 명의신탁계약이 사해행위에 해당하여 취소될 경우 그 취소에 따른 원상회복은 명의인이 예금계좌에서 예금을 인출하여 사용하였거나 그 예금계좌를 해지하였다는 등의 특별한 사정이 없는 한 명의인에 대하여 금융기관에 대한 예금채권을 출연자에게 양도하고 아울러 금융기관에 대하여 양도통지를 할 것을 명하는 방법으로 이루어져야 할 것이다.

[…] 피고가 소외 A의 부탁을 받고 이 사건 계좌의 통장과 거래인장을 교부하였으므로 피고와 소외 A 사이에는 이 사건 계좌에 관한 예금주 명의 신탁계약이 체결되었다고 할 것이고, 이 사건 계좌가 잔액이 남아 있는 상태로 해지되지 아니한 채 존재하고 있다면 이 사건 예금주 명의신탁계약의 취소로 인한 원상회복은 특별한 사정이 없는 한 피고에 대하여 이 사건 계좌에 관한 예금반환채권을 원고에게 양도하고 금융기관에 대하여 그 양도의 통지를 할 것을 명하는 방법으로 이루어져야 할 것이다.

사정이 이러하다면 원심으로서는 원심변론종결 당시 이 사건 계좌가 해지되지 아니한 채 남아 있었는지, 그 잔액은 얼마인지, 이 사건 계좌가 해지되었다면 이 사건 계좌의 돈을 누가 어떤 용도로 사용하였는지 등을 심리한 다음, 원상회복의 방법과 범위에 관하여 판단하였어야 한다.

그럼에도 원심은 이 사건 예금주 명의신탁계약의 취소로 인한 원상회복으로서 피고에 대하여 채권자인 원고에게 이 사건 수표의 액면금 10억 3,000만 원 및 그에 대한 지연손해금을 지급할 것을 명하였으니, 원심판결에는 예금주 명의신탁계약이 사해행위로 취소되는 경우 그 원상회복의 방법에 관한 법리를 오해하여 필요한 심리를 다하지 아니함으로써 판결 결과에 영향을 미친 위법이 있다."

〔研　　究〕

I. 서　론

명의신탁이란 대내적으로는 실제 권리자가 재산권을 보유하기로 하면서 대외적으로는 그 재산권을 타인의 명의로 보유하기로 하는 약정이다. 명의신탁에 관하여는 명시적인 근거규정이 없음에도 국민들의 일상생활에서 위와 같은 약정은 빈번히 체결되었고, 주로 재산권의 소유관계가 공부를 통하여 공시되는 부동산의 명의신탁에 관하여 판례의 이론도 발전하여 왔다. 명의신탁의 객체가 반드시 물권에만 한정되는 것은 아니므로, 타인의 명의로 계약을 체결함으로써 그 계약에 따라 취득하는 재산권을 타인 명의로 보유하는 경우도 발생할 수 있다. 예금[2]명의신탁계약[3]도 그중 하나이다. 예금명의신탁계약은 예금자보호법의 보호를 받을 목적으로, 강제집행을 면탈하기 위하여, 탈세를 위하여, 불법자금을 은닉하기 위하여 등 다양한 동기에서 체결될 수 있다.

예금명의신탁계약의 경우 부동산 물권의 '소유명의'에 대응하는 것은 채권의 '귀속'이다. 이는 금융기관과의 사이에서 누가 예금계약의 당사자 지위를 가지는가, 즉 계약당사자 확정의 문제로 다루어져 왔고, 금융실명제 실시를 전후하여 그 해석론에 큰 변화가 있었다. 그런데 이러한 변화에 편승하여, 강제집행을 면탈할 의도를 가지고 예금명의신탁계약을 체결하여 타인 명의의 계좌에 자신이 출연한 금전을 예입한 다음 통장과 거래인장 등을 교부받아 이를 인출하여 사용하는 행위가 등장하기 시작하

---

2) '예금'이란 예입된 금전, 예입행위, 예금채권, 예금계약 등 다양한 의미로 사용된다. 이 논문에서는 당사자 사이에 체결된 사법상의 계약을 의미하는 경우 '예금계약'이라 하고, 그 계약체결의 결과로 금전의 보관이 이루어진 상태를 '예금'이라는 용어를 사용하여 표현하기로 한다.

3) 대상판결은 '예금주 명의신탁계약'이라는 용어를 사용하고 있다. 예금에 관한 명의신탁계약이 체결되는 단계를 살펴보면, 수탁자 명의의 계좌에 신탁자가 출연한 금전을 보관하기로 하는 포괄적인 명의신탁계약이 체결되고, 그에 따라 예입이 이루어지면 개개의 입금행위마다 그 입금액에 해당하는 예금에 대하여 개별적인 명의신탁계약이 성립되며, 이는 서로 연관된 일련의 계약이라고 할 수 있다(Ⅱ. 5. 라.에서 후술한다). 그런데 '예금주 명의신탁계약'이라는 용어는 선행하는 포괄적인 명의신탁계약만을 지칭하는 것처럼 받아들여질 소지가 있어 입금액에 대하여 성립하는 개별적인 명의신탁계약까지 포섭하여 지칭하기에는 적합하지 않다고 보인다. 따라서 이 글에서는 포괄적인 명의신탁계약과 입금액마다 체결되는 개별적인 명의신탁계약을 통틀어 일컫는 의미에서 '예금명의신탁계약'이라는 용어를 사용하기로 한다. 한편, 임상민, "예금 명의신탁계약에 대한 채권자취소권의 행사-대법원 2014다218320 판결 및 그 원심인 서울고등법원 2013나2015584 판결을 중심으로-", 판례연구 제27집, 부산판례연구회, 2016, 410면 주 14에서는, 이미 부동산 명의신탁이라는 용어가 법령 등에서 일반적으로 사용되고 있고, 권리의 대상 내지 객체라는 점에서 '부동산'에 대응하는 것은 '예금'이므로, '예금 명의신탁'이라는 용어가 이미 일반적으로 통용되는 부동산 명의신탁과의 관계에서 일관성이 있다고 한다.

였다. 이러한 경우 신탁자의 채권자는 예금명의신탁계약을 사해행위로 취소할 수 있는가, 만약 사해행위취소가 가능하다면 원상회복은 어떠한 방법으로 이루어져야 하는가 하는 문제가 쟁점으로 떠오르게 된다.

　　대상판결 이전의 하급심은 각 사안의 사실관계에 다소 차이가 있는 점을 감안하더라도 위 각 쟁점에 관하여 입장이 통일되어 있지 아니하였다. 대상판결의 원심과 같이 사해행위의 성립을 긍정하면서 가액배상을 명한 사례가 있고, 사해행위의 성립을 부정한 사례(비교판결1)[4]가 있는 한편, 예금명의신탁계약이 사해행위에 해당할 수 있다는 점을 전제하는 듯 하면서도 신탁자가 예금을 모두 인출하여 사용하였다는 이유로 소를 각하한 사례(비교판결2)[5]도 존재한다. 대상판결은 이렇듯 하급심례가 상

---

4) 서울고등법원 2014. 6. 27. 선고 2013나2015584 판결(심리불속행 상고기각으로 확정). 위 판결의 사실관계는 소외 C가 종합소득세, 부가가치세 등의 조세채무를 부담하고 있는 상황에서 소외 D와 공사계약을 체결하고 소외 D로부터 지급받은 공사대금 중 합계 3억 9,500만 원을 딸인 피고 명의의 은행 계좌에 입금하였다가 이를 소외 C가 모두 사용한 것이다. 원고(대한민국)는 소외 C가 채무초과 상태에서 피고 명의 계좌로 3억 9,500만 원을 입금한 행위가 피고에 대한 증여 또는 예금채권 명의신탁으로서 사해행위에 해당하므로 위 계약은 취소되어야 하고, 피고는 원상회복으로 원고에게 소외 C로부터 입금받은 금원 중 원고의 채권액에 해당하는 금액을 반환할 의무가 있다고 주장하였다. 위 판결은 원고의 청구를 모두 기각하면서 "예금주 명의신탁계약이 체결된 경우, 신탁자가 수탁자에게 예금반환을 구할 권리, 금융기관에 대한 예금반환채권의 양도를 구할 권리, 예금주 명의변경절차를 구할 권리 등을 상실하여 예금이 수탁자에게 종국적으로 귀속되지 아니하는 이상, 예금주 명의신탁계약이 체결되었다는 사실만으로 신탁자의 일반채권자들이 신탁자의 수탁자에 대한 위 권리들에 대하여 집행절차를 진행할 수 없는 것은 아니므로, 이를 신탁자의 일반채권자들의 공동담보에 제공되는 책임재산을 감소시키는 행위라고 단정할 수 없다. 또 위와 같은 예금주 명의신탁계약이 소외 C의 일반채권자를 해하는 행위라고 하더라도, 피고로부터 금융기관에 대한 예금반환채권을 양도받거나 예금주 명의변경절차를 진행함으로써 일탈된 소외 C의 책임재산이 원상회복할 수 있는데, 이 사건에서는 소외 C가 보다 직접적으로 피고로부터 예금을 반환받았으므로, 소외 C가 이를 다른 곳에 사용한 것이 사해행위가 됨은 별론으로 하고, 원고의 사해행위 주장은 받아들일 수 없다."라고 판시하였다.
5) 대구고등법원 2015. 5. 13. 선고 2014나23455 판결(상고 미제기로 확정). 위 판결의 사실관계는 다음과 같다. 소외 E는 자신이 공동대표로 있는 주식회사 소유의 건물을 소외 F에 매도하고 그 매매대금 중 1억 4,000만 원을 소외 F로부터 자신이 배우자인 피고 명의의 계좌로 직접 입금되도록 하였다. 피고 명의 계좌에 입금된 돈은 이후 수표로 인출되어 소외 E의 양도소득세 납부에 사용되거나 제3자에게 송금되었고, 소외 E는 위 계좌의 잔액을 모두 인출하였다. 위 판결은 원고의 사해

반되는 상황에서 예금명의신탁계약에 대한 사해행위취소의 가부 및 원상
회복 방법에 대하여 처음으로 직접적인 판시를 내놓았다. 위 각 쟁점에
대하여 타당한 결론을 도출하려면, 예금명의신탁계약을 둘러싼 법률관계
를 조망하는 것에서부터 시작하여, 그 법률관계의 구체적인 모습을 전제
로 사해행위 법리에 이를 대입하여 볼 필요가 있다. 이 글에서는 위와
같은 검토를 통하여 대상판결의 의의와 한계를 짚어보고자 한다.

　　이하에서는 논의의 대상이 되는 예금명의신탁계약의 법적 성질, 내
용 및 효력에 대하여 살펴보고(Ⅱ), 예금명의신탁계약에 대한 사해행위취
소의 가부에 관하여 검토한 후(Ⅲ), 예금명의신탁계약을 사해행위로 취소
하는 경우 타당한 원상회복 방법(Ⅳ)에 대하여 살펴보기로 한다.

Ⅱ. 예금명의신탁계약의 법적 성질, 내용 및 효력

1. 서

　　예금명의신탁계약의 사해행위 해당성을 논하기 전에, 그 전제가 되
는 예금계약 및 예금명의신탁계약의 성질과 이를 둘러싼 당사자들 사이
의 법률관계를 먼저 규명할 필요가 있다. 예금명의신탁계약에 관계되는
당사자는 명의신탁자(출연자), 명의수탁자(명의인), 금융기관으로, 예금을
둘러싼 법률관계 또한 위 당사자들 사이의 삼면관계의 형태를 띠게 된
다. 특히 금융기관과 사이에서 신탁자와 수탁자 중 누가 예금계약의 당
사자가 되는지에 관하여는 금융실명제의 실시 전후로 오랜 논의가 있어
왔으므로, 예금계약의 성질과 함께 이를 먼저 간략히 개관한다. 이 글에
서는 삼면관계 중 특히 신탁자와 수탁자 사이에 체결되는 예금명의신탁
계약 자체에 초점을 두고자 하므로, 이어서 예금명의신탁계약의 법적 성

행위취소청구에 대하여 "예금주 명의신탁계약을 취소한다고 하더라도 피고는 위
계좌의 예금을 인출한 적도 없고 현재 예금반환채권을 가지고 있지도 아니한 반
면, 소외 E가 예금인출에 의하여 이미 피고로부터 예금을 모두 반환받았으므로,
피고에게 그 예금을 이중으로 반환할 의무가 발생하는 것은 아니"라는 이유로 원
고(대한민국)로서는 예금주 명의신탁계약의 취소 및 원상회복을 구할 이익이 없다
고 보았다.

질, 그 구체적인 내용(관련 당사자 사이의 법률관계) 및 효력에 대하여 검
토하기로 한다.

2. 예금계약의 법적 성질

예금계약이란 '예금자가 은행 기타의 금융기관에 대하여 금전의 보
관을 위탁하여 금융기관이 예입금의 소유권을 취득하고 예금자에게 이와
동액을 반환할 것을 약정하는 계약'이라고 하는 것이 일반적인 견해이
다.[6] 예금계약의 법적 성질은 금전의 소비임치($\frac{민법}{제702조}$)라고 하는 것이 통
설[7]이자 판례[8]이다.

예금계약의 성립에 당사자 사이의 의사합치 외에 현실로 금전 등의
제공을 요하는지 여부에 관하여 요물계약설, 낙성계약설의 대립이 있으
나, 현금의 입금에 의한 예금계약에 있어서는 위 견해 대립은 큰 의미가
없다. 다만 실제 예금거래가 이루어지는 과정에 비추어 보면, 예금자가
예금거래신청서를 작성하여 교부함으로써 계좌를 개설할 의사를 표시하
고 은행이 이를 받아들여 예금계좌를 개설한 때 계좌개설계약(기본적 예
금계약)이 성립하며, 예금계약이 성립한 후에 이루어지는 추가적인 입금
은 기존의 예금계약을 바탕으로 그 계약의 내용을 변경하는 개별적 예금
계약이라고 파악하는 견해[9]가 현실의 거래관계를 가장 잘 반영하고 있다
고 생각된다. 이와 유사하게 예금계약의 법률관계를 해석하는 다른 견해
는, 예금계약의 존속기한, 이자율, 예치한도, 계약의 해지사유 등 계약의
주된 내용을 포괄적으로 정한 계좌개설약정이 선행하고, 개개의 입금은

---

6) 편집대표 곽윤직, 민법주해XV [채권(8)](전효숙 집필부분), 박영사, 1997, 670면;
   김황식, "예금에 관한 법적 문제", 재판자료 제32집 은행거래·임대차사건의 제문
   제, 법원도서관, 1986, 55면; 박영식, "예금계약의 법적 성질", 민법학논총 후암 곽
   윤직 교수 화갑기념논문집, 1985, 528면.
7) 곽윤직, 채권각론[민법강의IV] 제6판, 박영사, 2003, 283면; 김증한, 채권각론 제7
   판, 박영사, 2006, 576면; 김형배, 채권각론[계약법] 신정판, 박영사, 2001, 714면;
   김황식(주 6), 56-57면; 박영식(주 6), 530면.
8) 대법원 1985. 12. 24. 선고 85다카880 판결[집33(3)민, 229; 공1986. 2. 15.(767),
   315].
9) 전경근, "예금계약에 관한 연구", 서울대학교 박사학위논문, 1999, 70-71면.

이에 관련하여 소비임치의 대상을 확정하는 약정으로서 성질상으로는 입금행위마다 그 입금액에 관한 예금계약이 성립하는 것이지만, 선행하는 계좌개설약정과 연관된 일련의 계약이라고 설명하기도 한다.[10] 판례도 계좌에 자금이 예입된 때에는 그 입금액 상당의 예금계약이 성립하고 예금주가 그 입금액 상당의 예금채권을 취득하는 것으로 본다.[11]

3. 예금계약 당사자의 확정
가. 금융실명제 실시 전
판례는 "기명식예금에 관하여 그 명의가 누구 앞으로 되어 있는지를 묻지 않고 또 금융기관이 누구를 예금주로 믿었는가에 관계없이 예금을 실질적으로 지배하고 있는 자로서 자기의 출연에 의하여 자기의 예금으로 한다는 의사를 가지고 스스로 또는 사자, 대리인을 통하여 예금계약을 한 자를 예금주로 보아야 한다."라고 일관되게 판시하여 왔고,[12] 대부분의 학설도 이와 같은 입장(이른바 객관설)을 취하였다.[13]

나. 금융실명제 실시 후
(1) 학 설
대부분의 학설은 원칙적으로 예금주는 실명확인을 거친 예금명의자로 보아야 한다고 하면서도, 다만 어떠한 경우에 예외를 인정하여 출연자를 예금주로 볼 수 있는가에 관하여 견해 대립이 있었다. ① 계약당사자가 예금명의자가 아닌 출연자에게 예금반환채권을 귀속시키기로 하는 명시적 또는 묵시적 약정을 한 경우에는 출연자가 예금주가 된다는 견

10) 김유진, "금융실명제하에서의 예금주의 인정", 민사판례연구 제22권, 박영사, 2000, 233-234면.
11) 대법원 2007. 11. 29. 선고 2007다51239 판결[집55(2)민, 360; 공2007하, 2031].
12) 대법원 1987. 10. 28. 선고 87다카946 판결[집35(3)민, 183; 공1987. 12. 15.(814), 1784]; 대법원 1992. 1. 21. 선고 91다23073 판결[공1992. 3. 15.(916), 882] 등 다수.
13) 김병재, "기명식예금에 있어서의 예금채권자의 판정기준", 민사판례연구 제9권, 민사판례연구회, 1987, 88-89면; 김황식(주 6), 67-68면; 박성철, "기명식 예금에 있어서의 예금주의 인정", 판례연구 제3집, 부산판례연구회, 1993, 279-280면; 이창구, "예금주의 인정에 관하여", 대법원판례해설 통권 제8호, 법원도서관, 1988, 93면; 전경근(주 9), 157-159면.

해,¹⁴⁾ ② 금융기관이 예금계약을 체결할 당시에 그 예금이 실명확인을 받은 명의인이 아닌 제3자가 출연자임을 안 경우에는 출연자를 예금주로 인정하여야 한다는 견해,¹⁵⁾ ③ 금융기관이 출연자가 따로 있음을 안 경우뿐만 아니라 알 수 있었을 경우에도 출연자를 예금주로 볼 수 있다는 견해¹⁶⁾가 있다.

(2) 판　례

금융실명제 실시 이후 대법원은 기명식예금의 예금주 인정에 관하여 종전의 객관설에서 벗어나기 시작하여, 원칙적으로 실명확인을 거친 예금 명의자를 예금주로 보되, 금융기관과 출연자 사이에 예금반환채권을 출연자에게 귀속시키기로 하는 명시적·묵시적 약정이 있는 경우에는 예외적으로 출연자를 예금주로 볼 수 있다는 판시를 내놓았고,¹⁷⁾ 위 판결 이후 예금주 확정이 문제된 사안에서 출연자를 예금주로 하는 명시적·묵시적 약정 유무를 판단함에 있어 당해 예금계약 체결 이전의 출연자와 금융기관 사이의 거래 존부 및 그 형태, 예금을 위한 자금의 출연 경위, 예금계약 체결에 대한 명의인의 관여 정도, 예금계약에 사용된 인장의 명의자, 예금통장, 도장, 비밀번호 등의 관리자, 예금계약에 따른 이자 등 경제적 이익의 귀속 주체 등을 고려하는 경향을 보였다.¹⁸⁾

이러한 판례의 태도는 대법원 2009. 3. 19. 선고 2008다45828 전원합의체 판결(공2009상, 456, 이하 '2009년 전원합의체 판결'이라 한다)에 이

14) 김유진(주 10), 231-232면; 김재형, "금융거래의 당사자에 관한 판단기준", 판례실무연구Ⅸ, 박영사, 2010, 312-313면; 이충상, "금융실명제 시행 이후 예금의 출연자(지배자)와 명의자가 다를 경우 누구를 예금자로 볼 것인가", 대법원판례해설 제30호, 법원도서관, 1998, 145-146면.
15) 윤진수, "계약 당사자의 확정에 관한 고찰-특히 예금계약을 중심으로-", 민법논고Ⅰ, 박영사, 2007, 311-313면.
16) 송덕수, "금융실명제하에 있어서 예금계약의 당사자 내지 예금채권자의 결정", 판례실무연구Ⅱ, 박영사, 1998, 354면.
17) 대법원 1998. 6. 12. 선고 97다18455 판결(미간행).
18) 손철우, "금융실명제와 예금주 확정", 민사판례연구 제32권, 박영사, 2010, 148면. 이러한 기준에 따라 출연자와 금융기관 사이에 출연자를 예금주로 하는 명시적·묵시적 약정이 있다고 보아 출연자를 예금주로 인정한 사례들의 분석은 같은 논문 148-155면 참조.

르러 다시 한 번 변화를 맞이하게 된다. 위 판결의 다수의견은 종전 대법원 판결을 변경하면서 다음과 같이 판시하였다.

"금융실명법에 따라 실명확인 절차를 거쳐 예금계약을 체결하고 그 실명확인 사실이 예금계약서 등에 명확히 기재되어 있는 경우에는, 일반적으로 그 예금계약서에 예금주로 기재된 예금명의자나 그를 대리한 행위자 및 금융기관의 의사는 예금명의자를 예금계약의 당사자로 보려는 것이라고 해석하는 것이 경험법칙에 합당하고, 예금계약의 당사자에 관한 법률관계를 명확히 할 수 있어 합리적이라 할 것이다. 그리고 이와 같은 예금계약 당사자의 해석에 관한 법리는, 예금명의자 본인이 금융기관에 출석하여 예금계약을 체결한 경우나 예금명의자의 위임에 의하여 출연자 등이 대리인으로서 예금계약을 체결한 경우 모두 마찬가지로 적용된다고 보아야 한다.

본인인 예금명의자의 의사에 따라 예금명의자의 실명확인 절차가 이루어지고 예금명의자를 예금주로 하여 예금계약서를 작성하였음에도 불구하고, 위에서 본 바와 달리 예금명의자가 아닌 출연자 등을 예금계약의 당사자라고 볼 수 있으려면, 금융기관과 출연자 등과 사이에서 실명확인 절차를 거쳐 서면으로 이루어진 예금명의자와의 예금계약을 부정하여 예금명의자의 예금반환청구권을 배제하고, 출연자 등과 예금계약을 체결하여 출연자 등에게 예금반환청구권을 귀속시키겠다는 명확한 의사의 합치가 있는 극히 예외적인 경우로 제외되어야 할 것이고, 이러한 의사의 합치는 금융실명법에 따라 실명확인 절차를 거쳐 작성된 예금계약서 등의 증명력을 번복하기에 충분할 정도의 명확한 증명력을 가진 구체적이고 객관적인 증거에 의하여 매우 엄격하게 인정하여야 한다."

위 판결은 계약당사자의 의사 해석을 통하여 예금주를 확정하면서 예금명의자 이외의 자를 예금주로 볼 수 있는 경우를 엄격히 제한하였다. 이는 대법원이 계약당사자의 확정에 관하여 종래 취해 온 입장을 모두 변경한 것이라기보다는, 계약당사자의 해석에 관한 일반론을 견지하면서 금융실명제에 따른 예금계약의 특수성을 고려하여 예금계약서의 증명

력을 깨뜨리기 위하여는 더 높은 정도의 증명력을 갖춘 반증이 필요하다
는 점을 명시하였다는 의미가 있다.[19]

(3) 검　토

기명식예금의 예금주 인정은 결국 계약당사자 확정에 관한 문제로,
원칙적으로 계약체결 행위자와 상대방 사이에 누구를 계약당사자로 할지
에 관한 의사표시의 해석을 통하여 판명되어야 할 것이다. 금융실명제의
실시로 금융기관은 주민등록증 등을 통하여 그 예금자가 누구인지를 확
인하여야 하고 이러한 실명확인절차를 거치지 않으면 예금을 지급할 수
없게 되었으므로, 이제 금융기관의 합리적인 의사는 실명확인을 한 예금
명의자를 계약상대방으로 하여 예금계약을 체결하는 것이라고 봄이 타당
하게 되었다. 나아가 실명확인 절차를 거친 예금행위자가 작성하는 예금
계약서는 예금행위자와 금융기관 쌍방에게 모두 중요한 처분문서로 인식
될 것이므로, 예금계약서의 증명력이 부정되는 경우를 극도로 제한한
2009년 전원합의체 판결의 입장이 타당하다고 본다. 금융실명제 실시 후
에도 출연자를 예금주로 하기로 하는 명시적·묵시적 합의의 유무에 관
하여 다소 불분명하였던 판례의 판단기준은 위 전원합의체 판결로써 더
욱 명확해졌다.

4. 예금명의신탁계약의 법적 성질

가. 서

대상판결의 사안에서 신탁자는 자신의 재산을 출연하여 수탁자 명의
로 개설된 계좌에 금전을 예입하였다. 위 계좌 개설행위를 한 자가 신탁
자인지 수탁자인지 여부는 불분명하나[20] 금융실명제 이후 변화된 거래계
의 인식에 비추어 보면 예금명의신탁계약을 체결한 신탁자와 수탁자는 수

---

19) 손철우(주 18), 163-164면.
20) 대상판결의 1심에 의하면, 피고(수탁자) 명의로 작성된 이 사건 계좌의 거래신청
　　서의 서명·날인 부분의 필적 및 인영과 피고가 직접 작성한 것으로 보이는 출금
　　전표의 필적 및 인영에 다소 차이가 있어 피고가 이 사건 계좌를 직접 개설하였
　　는지 여부는 불분명하다.

탁자가 예금계약의 당사자가 되기로 하는 효과의사를 가지고 있다고 보이고, 명의인과 출연자가 다르다는 사실을 금융기관이 알았거나 알 수 있었다고 볼 만한 특별한 사정도 없어[21] 금융실명제 실시 이후의 판례나 어떤 학설에 의하더라도 수탁자를 예금계약의 당사자로 인정하는 데 의문이 없게 된다. 결국 예금명의신탁계약의 주된 내용은 수탁자가 직접 예금계약의 당사자가 되어 신탁자가 출연한 예금을 자신의 명의로 보유하기로 하는 합의라고 할 것이다. 이러한 예금명의신탁계약의 법적 성질에 관하여 살핀다.

나. 계약명의신탁의 일종

1995년 부동산 실권리자명의 등기에 관한 법률(이하 '부동산실명법'이라 한다)이 제정되어 '계약명의신탁'을 명의신탁약정의 한 유형으로 명시 (제4조 제2항 단서)하기 이전부터, 판례는 부동산등기부에 의하여 공시되는 소유관계에 관한 명의신탁 외에도, 명의수탁자가 매도인과 부동산매매계약을 체결하고 매수인의 지위에서 직접 소유권이전등기청구권을 행사하는 소위 '계약명의신탁'을 부동산 명의신탁의 한 유형으로 인정하고 있었다.[22] 이는 계약당사자로서의 지위 및 그 계약으로부터 발생하는 채권적 권리에도 명의신탁의 법리를 적용한 것이라고 이해된다.[23]

'예금의 명의'는 금융기관과 체결한 예금계약에 기초한 예금반환채권의 귀속에 관한 문제로서, 물권으로서 공시방법이 있는 부동산소유권과는 성질을 달리하고, 필연적으로 계약상대방인 제3자의 존재를 전제로 한다. 따라서 예금계약의 계약당사자 명의, 즉 예금명의를 차용하기로 하는 출연자와 예금명의자 사이의 약정은 앞서 본 바와 같은 계약명의신탁의 일종으로 파악할 수 있

---

21) 대상판결의 1심에 의하면, 이 사건 계좌의 개설과정에 대한 파주연천축협 교하지점장의 답변내용은 원칙적인 방식만을 이야기하고 있을 뿐, 이 사건 계좌의 개설과정에 대하여 구체적으로 답변하고 있지는 아니하였다.

22) 대법원 1989. 11. 14. 선고 88다카19033 판결[집37(4)민, 25; 공1990. 1. 1.(863), 23]; 대법원 1993. 4. 23. 선고 92다909 판결[공1993. 7. 1.(947), 1524] 등 다수.

23) 송덕수, "타인의 명의를 빌려 체결한 토지분양계약의 효력", 민사판례연구 제14권, 박영사, 1992, 76-78면; 양창수, "부동산실명법의 사법적 규정에 의한 명의신탁의 규율-소위 계약명의신탁을 중심으로-", 민법연구 제5권, 박영사, 2006, 139-145면.

다.[24] 예금계약을 체결하는 과정에서 그 계약을 실제로 체결한 행위자가 신탁자인지 수탁자인지에 따라 법률효과가 달라지는 것은 아니므로[25] 어느 경우에도 계약명의신탁의 법리를 적용하는 것에는 지장이 없다.[26]

한편 명의신탁의 개념과 법리를 확대적용하는 것을 경계하는 시각도 존재한다. 타인 명의로 계약을 체결하였다 하더라도 이는 계약당사자 특정의 문제일 뿐, 대내적·대외적 관계에 따라 계약자로 취급되는 자가 다르게 되는 명의신탁관계가 성립되는 것은 아니라거나[27] 이러한 경우에는 본래의 명의신탁이론이 그대로 적용될 수 없어서 명의신탁으로 다룰 실익이 없고 실질적 타당성도 결하게 된다는 것이다.[28] 위 견해들은 부동산실명법이 시행되기 전 부동산 명의신탁에 관하여 대내적·대외적 법률관계를 분리하여 파악하던 기존의 판례이론에 대한 비판적 인식을 공유하고 있다. 그러나 명의신탁자, 명의수탁자, 계약상대방이 모두 명의수탁자가 계약당사자가 되어 상대방과 계약을 체결할 것을 의욕한 경우라면 계약명의신탁의 법리는 신탁자와 수탁자 사이의 법률관계를 설명하기 위한 유용한 틀이 될 수 있다. 계약명의신탁의 이론을 긍정한다 하더라도 이에 부동산 명의신탁에 관한 기존의 이론이 그대로 적용된다고 파악하는 것은

---

24) 김유진(주 10), 238-240면; 오창수, "금융실명제하에서의 예금주 명의신탁과 출연자와 명의자의 관계", 판례연구 제15집(상), 서울지방변호사회, 2001, 123면; 윤진수(주 15), 294-295면; 이충상(주 14), 144면; 계약명의신탁은 차명계약의 법률관계 일반을 처리할 수 있는 개념이 아니고 차명계약의 법률관계 중 특수한 경우, 즉 명의인이 계약당사자가 되는 경우에 내부적 법률관계를 설명하는 데 쓰일 수 있을 뿐이라는 견해로 이동진, "차명계약의 법리-차명예금 및 차명대출을 중심으로-", BFL 제46호, 서울대학교 금융법센터, 2011, 7면.
25) 2009년 전원합의체 판결 이후로 '예금계약을 체결한 행위자가 누구인지'는 예금주 확정에 있어서도 더 이상 종전과 같은 중요한 판단기준으로 작용할 수 없게 되었다. 위 Ⅱ.3.나.3) 참조.
26) 권오창, "계약명의신탁의 법률관계에 관한 고찰-부동산 실권리자명의 등기에 관한 법률 제4조 제2항 단서의 해석을 중심으로-", 법조 제48권 제5호(통권 제512호), 법조협회, 1999, 121면; 윤진수(주 15), 282면 주 6.
27) 권오곤, "명의신탁에 관한 판례의 동향", 민사판례연구 제10권, 박영사, 1988, 380-381면.
28) 송덕수(주 23), 83-85면.

아니고[29] 다만 그 법률관계의 유사성에 비추어 명의신탁의 법리를 원용 내지 유추적용하는 취지라고 이해한다면[30] 위와 같은 비판론의 우려는 해소될 수 있다고 생각한다.

다. 위임의 법리 적용

예금명의신탁계약에서 수탁자는 신탁자에 대하여 신탁자가 출연한 금원을 자신 명의의 계좌에 예입하여 보유할 채권적인 의무를 부담한다. 이는 신탁자와 수탁자 사이에 체결되는 계약으로부터 발생하는 것으로, 이는 신탁자가 위와 같은 사무의 처리를 수탁자에게 위탁하고 수탁자가 이를 승낙함으로써 성립하는 위임의 성질을 가지므로, 이러한 사무처리에 대하여는 그 성질에 반하지 않는 한 위임에 대한 민법 제680조 이하의 규정이 준용되어야 할 것이다.[31]

5. 예금명의신탁계약의 내용 – 관련 당사자 사이의 법률관계

가. 서

대상판결의 사안과 같이 예금명의신탁계약이 체결되면 신탁자는 수탁자 명의 계좌의 통장, 비밀번호 등을 자신이 보관하는 등 그 예금을 직접 관리하고 사용하기 위한 수단을 마련해 둘 것이나, 대외적으로 예금채권자는 어디까지나 수탁자이므로 수탁자가 별도의 접근매체를 가지고 있는 이상 계좌에서 예금을 인출하는 데 아무런 장애가 없고, 금융기관도 그 지급으로 면책된다. 신탁자가 출연한 금전이 수탁자 명의 계좌에 보관되어 있는 동안에는 언제든 위와 같은 수탁자의 배신행위가 발생할 수 있으므로, 신탁자가 이러한 위험을 제거하기 위하여 어떠한 권리를 행사할 수 있는지 살핀다. 이는 곧 신탁자의 채권자가 신탁자를 대위하여 행사할 수 있는 권리이기도 하다.

---

29) 윤진수(주 15), 294–295면.
30) 권오창(주 26), 126–127면; 김유진(주 10), 239–240면; 오창수(주 24), 123면.
31) 이동진(주 24), 24면; 부동산 계약명의신탁에 관하여 같은 취지로 양창수(주 23), 148–150면.

나. 학   설

(1) 제 1 설[32] : 신탁자는 수탁자를 상대로 예금반환채권의 양도를 구하고 이를 양도받아 금융기관을 상대로 예금반환청구를 할 수 있다는 견해이다. 이 견해에 따르면 신탁자는 수탁자를 상대로 명의신탁해지에 따른 채권양도청구권을 피보전권리로 하고 수탁자를 채무자, 금융기관을 제3채무자로 하여 예금채권 추심 및 처분금지가처분을 신청할 수 있다.[33] 후술하는 제2, 3설의 비판에 대하여는, 차명임이 밝혀진 예금채권에 대하여 금융기관이 양도금지특약을 내세워 지급을 거부하는 것은 신의칙에 어긋나 허용될 수 없고, 신탁자가 채권양도방식에 의하여 예금채권의 반환을 받는 경우에도 금융실명법에 따라 과징금을 부과하거나 소득세를 부과하는 데 장애가 없다는 반론을 펼친다.

(2) 제 2 설[34] : 제1설에 대하여 금융기관의 약관상 예금채권 양도금지특약이 있는 경우에는 적용하기 어렵고, 신탁자로 하여금 과징금의 제재나 소득세의 추가부담을 피하면서 제한 없이 예금채권을 행사할 수 있게 하여 금융실명제의 취지에 반한다고 지적한다. 이 견해는 그 대안으로 신탁자가 수탁자를 상대로 예금명의변경절차의 이행을 구하고, 금융기관을 상대로는 예금계약 당사자 지위 변경에 대한 승낙을 구할 수 있으며, 금융기관은 이에 대한 승낙의무가 있다고 한다. 이에 따르면 신탁자는 역시 명의신탁해지에 따른 예금명의변경청구권을 피보전권리로 하여 예금채권에 대한 추심 및 처분금지가처분을 신청할 수 있다.

(3) 제 3 설[35] : 제1설에 대하여는 양도금지특약에 반하여 예금채권 양도를 허용할 수 있는지 의문이고, 제2설에 대하여는 비실명거래를 한 모든 경우에 예금명의를 신탁자로 변경하기로 하는 합의를 인정할 수는

---

32) 윤진수, "금융기관의 수신거래와 여신거래(Ⅰ)", BFL 제10호, 서울대학교 금융법센터, 2005, 74-75면.
33) 이의영, "타인명의 예금의 법률관계와 보전처분", 저스티스 제109호, 한국법학원, 2009, 125면.
34) 김유진(주 10), 240-250면; 오창수(주 24), 127면.
35) 김재형(주 14), 313면 주 104.

없고 계좌명의 변경을 쉽게 허용하면 증여세 등 조세포탈 수단으로 악용
될 수 있다고 비판하면서, 신탁자와 수탁자 간에 채권양도약정이나 예금
명의변경약정이 있다면 그에 의해 해결하고, 그러한 약정이 없다면 신탁
자는 수탁자를 상대로 채권적인 청구권만을 가진다고 한다. 이에 따르면
당사자 간에 약정이 없어 부당이득반환청구권만을 가지는 경우에는 신탁
자가 수탁자를 상대로 가처분신청을 할 수는 없고, 부당이득반환청구권을
피보전권리로 하여 가압류신청을 할 수 있을 뿐이다.[36]

다. 판   례

"명의수탁자는 명의신탁자와의 관계에 있어서 상대방과의 계약에 의
하여 취득한 권리를 명의신탁자에게 이전하여 줄 의무를 지는 것이고,
긴급명령 제3조 제3항은 단속규정일 뿐 효력규정이 아니라는 점에 비추
어 볼 때, 출연자와 예금주인 명의인 사이의 명의신탁약정상 명의인은
출연자의 요구가 있을 경우에는 금융기관에 대한 예금반환채권을 출연자
에게 양도할 의무가 있다고 보아야 할 것이어서 출연자는 명의신탁을 해
지하면서 명의인에 대하여 금융기관에 대한 예금채권의 양도를 청구하고
아울러 금융기관에 대한 양도통지를 할 것을 청구할 수 있다."라고 판시
하여 제1설과 같은 입장이다.[37]

라. 검   토

위 각 학설은 신탁자가 수탁자를 상대로 주장할 수 있는 권리의 내
용을 예금채권양도청구권, 예금명의변경청구권, 부당이득반환청구권 등으
로 달리 파악하고 있으나, 위와 같은 권리가 명의신탁 해지에 따라 발생
하는 것이라고 구성하는 데는 이견이 없는 것으로 보인다. 그렇다면 위
각 학설이 서로 배척하는 관계에 있어 어느 하나를 택일하여야 하는 문제
라고 보기는 어렵다고 생각된다. 명의신탁계약이 해지되는 경우의 반환방
법에 대하여 예금명의신탁계약에서 정한 바가 있으면 그에 따를 것은 물
론이다. 다만 당사자 사이에 별도의 합의가 없는 경우에도 수탁자는 위임

36) 이의영(주 33), 125–126면.
37) 대법원 2001. 1. 5. 선고 2000다49091 판결[공2001. 3. 1.(125), 431].

의 본지에 따라 선량한 관리자의 주의의무로써 위임사무를 처리하여야 하므로($\substack{민법 \\ 제681조}$), 법률상 장애사유가 없는 한 자신의 예금반환채권을 신탁자가 원하는 형태 — 예금채권의 양도, 예금명의의 변경, 예금 상당액의 금전지급 등 — 로 반환하여 줄 의무가 있다. 결국 신탁자는 그중 어떠한 권리를 내세워 청구할지 선택할 수 있고, 그 청구원인사실이 예금명의신탁계약의 해지라면 그 청구권의 발생을 부정할 수는 없을 것이다.[38] 따라서 이러한 구제방법 중 어느 하나를 택일하는 것보다는, 실제 예금명의신탁계약을 둘러싼 구체적인 모습을 면밀하게 관찰하는 것이 더욱 중요하다.

앞서 본 바와 같이 예금명의신탁계약이 계약명의신탁의 일종으로 위임의 법리가 적용된다는 점에 기초하여 예금명의신탁계약의 단계별로 신탁자와 수탁자 사이의 권리의무의 내용을 살펴보면 다음과 같다.

(1) 예금명의신탁계약의 체결 : 예금계약의 체결과정에 비추어 보면, 예금계약의 구조를 선행하는 기본적 예금계약(계좌개설계약)과 이에 연관하여 개개의 입금행위마다 성립하는 개별적 예금계약으로 파악할 수 있음은 앞서 본 바와 같다.[39] 예금명의신탁계약은 수탁자가 금융기관과 사이에 예금계약을 체결할 것을 전제로 하므로 이와 궤를 같이하여, 수탁자 명의로 개설된 계좌에 신탁자가 예금을 보관하기로 하는 포괄적인 명의신탁약정이 선행하고, 이에 따라 신탁자가 출연한 금전이 입금되면 각 입금행위마다 그 입금액 상당의 개별적 예금명의신탁계약이 성립한다고 볼 수 있다.

(2) 예금명의신탁계약의 존속 중 : 계약명의신탁에서 수탁자는 신탁자와의 관계에 있어서 상대방과의 계약에 의하여 취득한 권리를 신탁자에게 이전하여 줄 의무가 있다. 이는 수임인의 취득물 등의 인도, 이전의무를 규정한 민법 제684조에 근거한 것이다. 부동산과 달리 예금의 경우 명의인이 아닌 신탁자도 접근매체만 보유하고 있으면 수탁자의 협조 없

---

38) 이하 이 글에서는 신탁자가 예금명의신탁계약 해지를 원인으로 하여 수탁자에게 행사할 수 있는 권리를 '예금채권양도청구권 등'이라고 칭한다.

39) 위 Ⅱ.2. 참조.

이도 자신이 수시로 예금을 인출하여 처분하는 데 어떠한 어려움도 없
다. 따라서 예금명의신탁계약을 체결하는 신탁자와 수탁자의 의사 또한
신탁자의 수시 입출금이 가능함을 전제로 하여, 신탁자가 입금한 금전을
신탁자가 다시 출금하기 전까지 수탁자가 이를 자신 명의 계좌에 보유하
기로 하는 것이다. 이는 수탁자가 부담하는 위임사무 처리의무의 일환이
다. 신탁자는 굳이 예금명의신탁계약을 해지하지 않더라도 자신이 입금
한 금원을 인출하여 사용할 수 있고, 수탁자는 비록 자신이 계좌의 명의
인이라 하더라도 신탁자의 출금을 용인하여야 한다.

(3) **예금명의신탁계약의 해지** : 명의신탁의 해지는 당사자가 원하는
때 명시적 또는 묵시적으로 할 수 있다. 한편 계약명의신탁에서는 수탁
자가 상대방에 대하여 계약상의 채권채무를 부담하는 계약당사자가 되고,
신탁자는 명의신탁을 해지하는 것만으로 곧바로 계약당사자의 지위를 취
득하지는 못하므로, 수탁자가 명의신탁의 해지에 따른 취득물이전의무를
이행하려면 그에 따르는 별도의 요건까지 구비하여야 한다. 예금반환채
권을 양도하는 경우에는 그 대항요건을 갖추어야 하고, 예금계약 당사자
의 지위를 양도하는 방식에 의할 경우 금융기관의 동의 내지 승낙이 필
요할 것이다. 위와 같은 요건을 갖추기 전에는 명의신탁이 해지되었다고
하여도 여전히 수탁자가 예금반환채권을 가진다.[40]

6. 예금명의신탁계약의 효력
가. 서

긴급명령이나 금융실명법은 부동산실명법과 달리 예금명의신탁계약
의 효력에 관하여 명시적으로 정한 바 없고, 단지 실거래자의 명의로 금
융거래를 하도록 규정하고 있을 뿐이다. 종래의 학설 대립은 차명으로
체결된 예금계약의 효력에 관심을 두고 전개된 것인데, 이는 예금명의신
탁계약의 효력에 관하여도 참고가 될 수 있으므로 그 논거와 당부를 살

---

40) 부동산 계약명의신탁에 대한 것으로 권오창(주 26), 133면; 양창수(주 23), 141-142면.

펴본다.

나. 학   설

(1) 유 효 설

이 견해는 금융실명제 관련규정을 단속규정이라고 파악하며 다음과 같은 논거를 든다. 금융실명법 등은 실명거래의무 위반시 금융기관의 임직원에게만 과태료의 제재를 가할 뿐 예금계약이 무효라고 규정하고 있지 않다. 금융실명제 관련규정의 목적은 실명거래를 유도하여 국가가 금융자산의 흐름을 더 잘 파악할 수 있게 하기 위한 것이고, 예금주와 금융기관 간의 사법적 관계를 직접 규율하려는 것은 아니다. 긴급명령 제3조 제3항[41]은 예금지급 등에 관한 절차적 규정이다.[42]

(2) 무 효 설

유효설과 견해를 달리하는 입장도 차명으로 체결한 예금계약의 효력을 언제나 부정하는 취지는 아닌 것으로 보인다. 강행규정과 단속규정의 구별은 상대적이고, 비실명거래의 사법상 효력을 부정하지 않고는 자산의 흐름을 파악하려는 금융실명제의 목적을 달성하는 데 한계가 있다는 이유로, 금융기관 직원이 비실명거래를 권유·알선하여 명의인 아닌 출연자를 예금계약 당사자로 하기로 약정하는 등 당사자들이 고의적으로 재산을 은닉하여 금융실명법과 예금자보호법을 잠탈하려는 탈법행위를 하는 경우에는 원칙적으로 그 계약은 효력이 없다고 하거나[43] 차명거래가 이루어진 경위에 비추어 선량한 풍속 기타 사회질서에 위반한 것으로 볼 수 있는 예금계약은 무효라고 한다.[44]

다. 판   례

특별한 근거를 밝히지는 아니하였으나 긴급명령 제3조 제3항이 단속규정일 뿐 효력규정이 아니라는 입장이다.[45] 그 결과 비실명금융거래계

---

41) 금융실명법 부칙(1997. 12. 31.) 제5조 제2항에 대응하는 규정이다.
42) 김유진(주 10), 230면; 송덕수(주 16), 352면; 윤진수(주 15), 386면.
43) 김재형(주 14), 321-323면.
44) 이의영(주 33), 115-116면.
45) 대법원 2001. 1. 5. 선고 2000다49091 판결[공2001. 3. 1.(125), 431].

약의 사법상 효력을 부인하지 아니한다.[46]

라. 검   토

위 각 학설의 내용을 들여다보면, 효력규정설도 금융실명법 위반만으로 곧바로 차명 예금계약의 사법상 효력을 부정하는 것이라고 보기는 어렵고, 그 경위에 비추어 다른 탈법행위, 즉 반사회질서성이 인정되는 경우에는 예금계약이 무효로 된다는 취지라고 이해된다. 그렇다면 선량한 풍속 기타 사회질서에 위반되는 차명 예금계약의 효력이 무효로 되는 원인은 금융실명법 위반이 아니라 민법 제103조의 사회질서 위반에서 찾아야 할 것이고, 이는 예금계약뿐만 아니라 예금명의신탁계약의 효력에 관하여도 타당한 설명이다.

금융거래의 투명성을 확보하기 위한 금융실명제의 취지를 고려하더라도 예금명의신탁계약의 효력을 일률적으로 부정하여야 할 당위를 찾기는 어렵다고 생각된다. 긴급명령은 그 시행일부터 2월 이내에 기존 비실명자산의 명의를 실명으로 전환하도록 함으로써(제5조 제1항) 금융거래의 정상화를 꾀하였는데, 금융실명제 실시 이후에도 예금명의신탁계약에 따라 체결된 예금계약상의 예금채권자 지위를 수탁자의 명의로 두기보다는 신탁자의 명의로 이전할 근거를 인정하여 주는 것이 오히려 금융거래의 투명성 확보에 부합하는 방향이다. 다만 예컨대 범죄수익의 은닉을 위하여 타인명의의 예금계좌에 이를 보관하기로 하는 명의신탁계약을 체결하는 등 불법의 정도가 큰 때에는 공서양속에 반하는 것으로 보아 예금명의신탁계약의 효력을 부정하고 신탁자의 반환청구를 불허(민법 제746조)하는 해석이 가능할 것이나,[47] 이는 어디까지나 구체적인 사실관계에 따라 민법 제103조가 적용된 결과이지 금융실명법 위반만으로 발생하는 효과는 아니다.[48]

---

46) 대법원 2001. 12. 28. 선고 2001다17565 판결[공2002. 2. 15.(148), 366].
47) 오영준, "금융실명제하에서 예금계약의 당사자 확정 방법", 형사재판의 제문제 제7권, 형사실무연구회, 2014, 962면.
48) 한편 2014. 5. 28. 금융실명법 개정으로 제3조 제3항[누구든지 「특정 금융거래정보의 보고 및 이용 등에 관한 법률」 제2조 제3호에 따른 불법재산의 은닉, 같은 조 제4호에 따른 자금세탁행위 또는 같은 조 제5호에 따른 공중협박자금조달행위 및 강제집행의 면탈, 그 밖에 탈법행위를 목적으로 타인의 실명으로 금융거래를 하여서

Ⅲ. 예금명의신탁계약에 대한 사해행위취소의 가부

1. 문제의 소재

대상판결의 사안에서 신탁자는 수탁자가 예금주로 인정되는 점을 이용하여 자신이 해당 예금을 사실상 관리하고 사용하는 이익을 누리는 한편 자신의 채권자에 의한 강제집행의 위험을 회피하고자 하는 의도를 가지고 있었다고 보인다. 금융실명제 실시 이후 판례가 명의자를 예금주로 인정하는 원칙을 확고히 하고 예외가 인정되는 경우를 극히 제한하자 이를 이용하는 사해성 행위가 등장하게 된 것이다.[49]

그런데 예금명의신탁계약이 사해행위에 해당하는지 여부에 관하여는 대상판결 이전의 하급심례가 갈리고 있었으므로, 긍정설과 부정설의 각

는 아니 된다) 및 이에 대한 처벌규정(제6조 제1항)이 신설되었는바, 적어도 제3조 제3항에 규정된 목적을 위한 예금명의신탁계약은 사회상규에 반하는 것으로 강하게 의심할 수 있지 않는가 하는 문제가 제기될 수 있다. 그러나 「특정 금융거래정보의 보고 및 이용 등에 관한 법률」에 따른 불법재산의 은닉, 자금세탁행위, 공중협박자금조달행위는 자금의 형성 경위나 사용목적 자체가 불법적인 경우로서, 강제집행면탈행위와는 불법의 정도가 질적으로 다르다. 또한 강제집행면탈 목적으로 예금명의신탁계약을 체결한 경우에는 해당 예금을 다시 출연자의 명의로 돌려놓을 수 있어야 그 행위에 대한 실효성 있는 제재가 가능하다는 점에서, 개정된 금융실명법에 비추어 보더라도 강제집행면탈 목적의 예금명의신탁계약은 여전히 유효하다고 보아야 할 것이다.

49) 2009년 전원합의체 판결 이전에는 대상판결의 사안과 같은 경우 신탁자를 예금주로 하기로 하는 명시적·묵시적 약정이 있다고 인정될 가능성이 높았으므로, 신탁자의 채권자로서는 수탁자 명의로 된 예금채권도 강제집행의 대상으로 삼을 수 있었다. 이를 보여 주는 실례로 대법원 2002. 8. 23. 선고 2002다29244 판결(미간행)이 있다. 위 판결의 사안은 다음과 같다. 운송업을 하는 소외 회사가 부도가 나자 상무 갑과 노동조합장 을은 소외 회사의 채권자들의 강제집행에 대비하여 피고 금융기관에 갑 명의의 예금계좌를 개설하여 소외 회사의 운송수입금을 위 계좌에 입금하였으며, 갑이 퇴직한 이후에는 을 명의의 예금계좌(이하 '이 사건 예금계좌'라 한다)를 개설하여 소외 회사의 운송수입금을 이 사건 계좌에 입금하였다. 원고는 소외 회사의 채권자로서 소외 회사에 대한 집행력 있는 판결정본에 기하여 소외 회사를 채무자, 피고 금융기관을 제3채무자로 하여 이 사건 계좌의 예금채권에 대하여 압류 및 추심명령을 받았다. 위 판결에서는 피고 금융기관 직원이 소외 회사에 귀속되어야 할 운송수입금을 이 사건 계좌에 입금하는 사정을 잘 알 수 있었을 것으로 보인다는 이유로 원고의 압류 및 추심명령의 효력을 긍정하였다. 그러나 위 판결은 2009년 전원합의체 판결로 변경되었다.

논거를 정리하여 보고 그 타당성을 검토한다. 특히 명의신탁 되었던 예금을 신탁자가 인출하여 사용하였다는 동일한 사정을 두고 각 하급심례는 각기 다른 결론을 내렸는바, 신탁자가 예금을 소비한 행위가 사해행위취소 가능성에 어떠한 영향을 미칠 수 있는지에 관하여도 살핀다.

2. 예금명의신탁계약의 사해행위 해당성

가. 판단기준 – '사해성'의 의미

채권자취소권의 대상이 되는 행위는 채무자가 한 채권자를 해하는 법률행위 중 재산권을 목적으로 한 행위에 한정된다. 그중 '채권자를 해하는', 즉 '사해성'이란 채무자의 재산처분행위로 인하여 그의 일반재산이 감소하고 채권의 공동담보에 부족이 생기거나 이미 부족한 공동담보의 부족이 더욱 심화되어 그 때문에 채권자에게 완전한 변제를 할 수 없게 되는 것을 말한다.[50]

다만 사해성의 유무는 총채권자의 공동담보 유지를 위하여 채무자의 행위에 채권자가 개입하는 것을 승인할 것인가 하는 정책적인 관점에서 판단할 필요가 있으므로, 단지 대차대조표상 객관적으로 나타나는 재산상태의 변화에 의하여서만 정하여질 것은 아니고, 총채권자를 위한 공동담보가 실질적으로 위태롭게 되는지를 따져 보아야 한다.[51] 예컨대 채무자가 부동산을 적정가격에 매도하여 금전을 취득한 경우 계수상으로는 채무자의 재상상태에 아무런 변화가 없으나, 금전은 부동산과 달리 은닉 또는 소비하기 쉬워 금전의 소비를 저지하거나 그 소비행위를 사해행위로서 취소하는 것은 불가능에 가까우므로 강제집행의 용이성이나 책임재산의 실효성(확고성)의 측면에서는 실질적으로 책임재산의 감소가 초래된다고 볼 수 있다.[52] 다만 그 경우에도 이러한 행위가 언제나 사해행위가

---

50) 주석민법 채권총칙(2) 제4판, 한국사법행정학회, 2013, 242–243면.
51) 양창수, "채권자취소권의 피보전채권과 사해행위", 고시계 36(4), 1991, 34–35면.
52) 고경우, "채권자취소권의 객관적 요건으로서의 사해성과 사해행위의 유형별 고찰", 판례연구 제20집, 부산판례연구회, 2009, 556면; 김주수, 채권총론 제2판, 삼영사, 1996, 233–234면.

된다고 보는 것은 채무자의 경제적 자유를 지나치게 구속하는 측면이 있으므로, 부동산을 적정가격에 현금화하는 등의 자산유동화 행위도 그것이 공동담보의 부족을 유발 또는 심화시키는 결과를 낳는 경우에는 원칙적으로 사해성을 띤다고 보되, 행위목적물인 부동산이 채무자의 전체 책임재산 가운데에서 차지하는 비중, 채무자의 무자력의 정도, 법률행위의 경제적 목적이 갖는 정당성 및 그 실현수단인 당해 행위의 상당성, 공동담보의 부족 위험에 대한 당사자의 인식의 정도 등 당해 행위를 둘러싼 제반 사정을 고려하여 그 궁극적인 사해성의 존부를 판단하여야 할 것이다.[53]

나. 견해의 대립

(1) 긍 정 설[54]

① 예금명의신탁계약에 의하여 금융기관이나 제3자에 대한 대외적인 관계에서는 예금반환채권이 수탁자에게 귀속된다. 명의신탁이 해지되지 않는 이상 신탁자에 대한 채권으로 수탁자 명의의 계좌에 입금된 돈의 지급을 직접 구하거나 압류 등을 할 수 없다.

② 수익자의 실질적인 재산취득이 아니라 채무자의 책임재산 보전에 초점을 둔 사해행위취소 제도의 취지를 고려할 때 수탁자의 계좌에 있던 예금을 실제로 사용한 사람이 신탁자라고 하더라도 사해행위취소의 대상이 존재하지 않는다거나 수탁자가 수익자에 해당하지 않는다고 볼 수는 없다.

③ 신탁자는 자신의 채권자들의 강제집행을 피하기 위하여 예금명의신탁관계가 존속하는 상태에서 예금을 인출하여 사용하였는데 이는 이미 발생한 책임재산 일탈 상태를 고착시킨 것에 불과하다.

(2) 부 정 설[55]

① 예금명의신탁계약이 체결되더라도 신탁자가 수탁자에게 예금반환

---

53) 김미리, "사해행위의 판단 기준과 대물변제의 사해성 판단", 대법원판례해설 제85호(2010 하반기), 법원도서관, 2011, 119-120면; 양창수(주 51), 35-36면; 대법원 2010. 9. 30. 선고 2007다2718 판결(공2010하, 1967).
54) 이하의 논거들은 대상판결의 1심이 설시한 것이다.
55) 이하의 논거들은 비교판결1에서 설시한 것이다.

을 구할 권리, 금융기관에 대한 예금반환채권의 양도를 구할 권리, 예금
주 명의변경절차를 구할 권리 등을 상실하여 예금이 수탁자에게 종국적
으로 귀속되지 아니하는 이상, 예금명의신탁계약이 체결되었다는 사실만
으로 신탁자의 일반채권자들이 신탁자의 수탁자에 대한 위 권리들에 대
하여 집행절차를 진행할 수 없는 것은 아니므로, 이를 신탁자의 일반채
권자들의 공동담보에 제공되는 책임재산을 감소시키는 행위라고 단정할
수 없다.

② 예금명의신탁계약이 신탁자의 일반채권자를 해하는 행위라고 하
더라도, 수탁자로부터 금융기관에 대한 예금반환채권을 양도받거나 예금
주 명의변경절차를 진행함으로써 일탈된 신탁자의 책임재산이 원상회복
할 수 있는데, 신탁자가 보다 직접적으로 수탁자로부터 예금을 반환받은
경우에는, 신탁자가 이를 다른 곳에 사용한 것이 사해행위가 됨은 별론
으로 하고, 예금명의신탁계약을 사해행위로 취소할 수는 없다.

다. 검토 - 사해성 인정

앞서 본 판단기준에 비추어 대상판결의 사안을 검토하여 보면, 예금
명의신탁계약의 사해성을 인정할 수 있다고 생각한다. 그 논거는 다음과
같다.

(1) 신탁자는 예금명의신탁계약이 해지되면 자신의 선택에 따라 예
금채권양도청구권 등을 행사할 수 있고, 위와 같은 장래채권도 신탁자의
채권자가 강제집행의 대상으로 삼을 수 있으므로 신탁자의 책임재산에
계수상으로는 변화가 없는 것으로 보인다. 그러나 예금명의신탁계약이
띠는 사해성의 핵심은 신탁자의 채권자가 신탁자의 책임재산을 찾을 수
없도록 은닉하였다는 점에 있다. 금전을 수탁자 명의 계좌에 보관하는
동안 신탁자의 채권자들은 이를 발견하여 강제집행에 착수하기 곤란하므
로, 신탁자는 사실상 강제집행을 회피하는 이익을 누리고, 예금이 은닉된
상태에서 자유롭게 처분하기도 쉽다. 신탁자가 예금명의신탁계약을 해지
하여야 비로소 발생하게 되는 예금채권양도청구권 등은 재산명시절차에
서 드러나기도 극히 어렵다.[56] 대상판결과 비교판결 1, 2에서 원고는 모

두 조세채권자인 대한민국이었는데, 세무서장은 금융회사 등에 체납자의 거래정보 제공을 요구할 수 있는 권한이 있으므로(금융실명법 제4조 제1항 제2호), 신탁자가 수탁자의 계좌에 금전을 예입한 내역을 발견하고 사해행위취소소송에까지 이를 수 있었던 것으로 추측된다. 그러나 조세채권자가 아닌 일반채권자의 지위에서는 위와 같이 신탁자가 책임재산을 은닉한 정황을 발견하는 것이 거의 불가능하리라고 보인다. 그렇다면 강제집행의 용이성의 관점에서 신탁자의 책임재산 중 은닉된 부분은 실질적으로는 책임재산이 감소된 것과 같게 평가되어야 한다.

(2) 신탁자가 출연한 금전을 수탁자 명의의 예금계좌에 보유하고 있는 한 이는 수탁자의 책임재산이므로 수탁자의 채권자가 언제든지 그 예금반환채권에 대하여 강제집행을 할 수 있고, 신탁자는 예금명의신탁계약의 해지를 내세워 수탁자의 채권자에게 대항할 수 없다. 그렇다면 예금명의신탁계약의 체결로 인하여 채권자의 책임재산이 종국적으로 일탈되어버릴 위험성은 증가하는 것이다.

(3) 이 경우에도 궁극적인 사해성의 존부를 판단하기 위하여 명의신탁한 예금이 채무자의 전체 책임재산 가운데에서 차지하는 비중, 채무자의 무자력의 정도, 법률행위의 경제적 목적이 갖는 정당성 및 그 실현수단인 당해 행위의 상당성, 공동담보의 부족 위험에 대한 당사자의 인식의 정도를 종합적으로 고려해야 함은 물론이다. 전체 책임재산 가운데에서 예금이 차지하는 비중 및 채무자의 무자력의 정도는 사안에 따라 달

---

56) 채무자가 재산명시기일에 제출하여야 하는 재산목록에는 ① 재산명시명령이 송달되기 전 1년 이내에 채무자가 한 부동산의 유상양도, ② 재산명시명령이 송달되기 전 1년 이내에 채무자가 배우자, 직계혈족 및 4촌 이내의 방계혈족과 그 배우자, 배우자의 직계혈족과 형제자매에게 한 부동산 외의 재산의 유상양도. ③ 재산명시명령이 송달되기 전 2년 이내에 채무자가 한 재산상 무상처분(의례적인 선물 제외)을 명시하여야 하고(민사집행법 제64조 제2항), 50만 원 이상의 금전, 합계액 50만 원 이상의 예금, 50만 원 이상의 금전채권과 가액 50만 원 이상의 대체물인 도채권(같은 채무자에 대한 채권액의 합계가 50만 원 이상인 채권을 포함) 등을 적어야 하는데(민사집행규칙 제28조 제2항 제5호, 제6호, 제8호), 예금명의신탁계약의 체결 사실이나 장차 명의신탁이 해지될 경우 발생할 신탁자의 권리는 위 각 사항 중 어디에도 포함된다고 보기 어렵다.

라질 것이나, 법률행위의 경제적 목적이 갖는 정당성 및 당해 행위의 상당성이라는 측면에서는 예금명의신탁계약의 사해성이 인정될 여지가 더욱 커진다. 신탁자가 강제집행을 회피하기 위한 목적 외에는 예금명의신탁계약을 체결할 다른 경제적 목적이나 동기가 있다고 보기 어려우며, 수탁자는 대체로 신탁자와 특수관계에 있어 강제집행의 회피에 관하여 통모하거나 적어도 그러한 사정을 알고 용인하였다고 볼 수 있을 경우가 대부분이기 때문이다. 또한 당사자들은 공동담보의 부족 위험을 명확히 인식하고 심지어 공동담보를 부족하게 할 것을 적극적으로 의욕하여 예금명의신탁계약의 체결에 이르게 되는 것이므로 규범적으로 사해성을 긍정하여 채무자의 법률행위에 개입할 필요가 크다.

　(4) 판례는 채무자가 채무초과 상태에서 매수한 부동산의 등기명의를 아들에게 신탁하고 이에 따라 소유권이전등기를 마친 사안에서(중간생략등기형 명의신탁으로 보인다), 위 명의신탁약정은 사해행위에 해당하고, 채권자가 수익자 및 전득자를 상대로 소유권이전등기의 말소를 구하고 매도인을 상대로 채무자를 대위하여 소유권이전등기절차의 이행을 구할 수 있다고 보았다.[57] 위 사안에서 채무자는 명의신탁약정을 체결하지 아니하였다면 매도인에게 매매대금을 지급하고 자신 명의로 부동산소유권이전등기를 받았을 것이나, 명의신탁약정을 하고 매도인으로부터 수탁자에게 등기를 이전하도록 함으로써 명의신탁약정에 의한 물권변동이 무효인 것과 별개로, 채권자에 대한 관계에서는 해당 부동산이 채무자 소유로 공시되지 않도록 소유명의를 은닉하고 공동담보인 재산에 대한 집행을 어렵게 한 것이다.[58] · [59]

───────────────

57) 대법원 2004. 3. 25. 선고 2002다69358 판결(미간행).
58) 이에 대하여는, 수탁자가 부동산을 다시 처분하면 전득자도 부동산실명법 제4조 제3항의 제3자에 해당하여 그에 대하여는 명의신탁의 무효를 주장할 수 없게 되므로 결국 채무자의 공동책임재산이 감소하게 되는 것이라는 취지의 설명도 있다. 강성국, "채무초과상태에 있는 채무자가 타인 소유의 부동산을 매수하여 자신의 아들 명의로 명의신탁등기한 후 채권자 중의 한 명에게 대물변제로 양도한 경우 채권자인 원고가 그 명의신탁약정을 사해행위로 취소하고 위 약정 이후 이루어진 소유권이전등기의 말소 및 매도인을 상대로 채무자를 대위하여 소유권이전등기의

　부동산명의신탁계약에 관한 위와 같은 논의는 예금명의신탁계약에도 시사점을 제공하여 줄 수 있다. 대상판결의 사안에서 신탁자는 부동산 매매대금으로 지급받은 10억 3,000만 원권 자기앞수표를 수탁자 명의의 계좌에 입금하였다. 만약 신탁자가 예금명의신탁계약을 체결하지 아니하였더라면 그의 재산상태는 어떻게 되었을 것인가? 신탁자는 위 10억 3,000만 원 상당의 재산을 어떠한 형태로든 ─ 매매대금을 지급받기 전에는 매도인에 대한 매매대금채권, 지급받은 후에는 그 자기앞수표, 자기앞수표를 신탁자 명의의 예금계좌에 입금하는 경우에는 신탁자의 예금반환채권 등을 상정해볼 수 있다 ─ 보유하였을 것이고, 이는 재산명시절차에서 드러날 수 있는 성질의 권리들이다.[60] 그런데 예금명의신탁계약의 체

　　이행을 구할 수 있는지 여부(적극)", 대법원판례해설 제49호, 법원도서관, 2004, 75–76면.

59) 김덕중, "부동산 명의신탁과 사해행위취소", 동아법학 제9권 제2호, 아주대학교 법학연구소, 2015, 58–59면은 위 판례에 대하여 다음과 같은 비판을 제기한다. 채무자의 당초 책임재산은 '매매대금으로 사용된 금전'이다가 명의신탁약정으로 말미암아 '부동산에 대한 소유권이전등기청구권'으로 변경된 것인데, 결국 소비·은닉하기 쉬워 공동담보로서의 기능이 약한 금전에서 그에 비하여 유동성이 떨어져 공동담보로서의 기능이 보다 크다고 할 수 있는 부동산에 대한 소유권이전등기청구권으로 변한 것에 불과하여 책임재산의 실질적 감소는 없다는 것이다.

　　그러나 위 비판은 다음과 같은 면에서 수긍할 수 없다. 우선, 명의신탁약정으로 인하여 채무자의 책임재산이 '금전'에서 '부동산소유권이전등기청구권'으로 바뀌었다는 구성은 법적으로 맞지 않다. 채무자가 금전을 지급하는 것과 부동산소유권이전등기청구권을 취득하는 것은 모두 명의신탁약정이 아니라 매도인과의 부동산매매계약에 근거한다. 중간생략등기형 명의신탁에서 명의신탁약정이 무효라고 하여 부동산매매계약까지도 무효가 되는 것은 아니므로, 채무자는 명의신탁약정의 유무와는 무관하게 매매계약을 체결함으로써 매매대금을 지급하고 부동산소유권이전등기를 구할 수 있게 되는 것이다. 오히려 명의신탁계약으로 인하여 초래되는 문제는, 매매대금을 지급하고 '부동산소유권'을 취득할 수 있었던 채무자가 고작 '부동산소유권이전등기청구권'밖에 취득하지 못하였다는 부분에 있다. 또한 위 비판론은 강제집행의 용이성을 판단하는 데 있어 재산의 보유 형태만을 유일한 기준으로 삼은 나머지 책임재산 은닉이 채권자에게 미치는 영향을 고려하지 못하였다. 책임재산으로서의 가치가 크다고 여겨지는 부동산소유권도 그 권리관계가 공부상 제대로 드러나 있지 않다면 강제집행이 어려울 수 있다. 책임재산이 실질적으로 감소되었는지 여부를 판단하기 위하여 당해 재산의 공동담보로서의 기능을 고려해야 한다는 관점은 타당하나, 그 판단기준으로는 재산의 보유 형태뿐만 아니라 채권자가 실제로 책임재산을 발견하여 그 재산에 대한 강제집행에 착수할 수 있는 상태였는지를 함께 고려해야 하는 것이다.

결로써 신탁자는 장래채권인 명의신탁 해지시의 예금채권양도청구권 등
만을 갖게 되고, 이는 신탁자의 채권자가 찾아내어 강제집행의 대상으로
삼기가 극히 어려우므로 책임재산으로서의 실효성이 없다. 사해성의 핵
심이 명의의 차용에 따른 '재산 은닉'에 있는 이상, 신탁자가 수탁자 명의
계좌에 금전을 예입하기 전 그 재산의 형태가 어떠하였는지에 따라 사해
행위 여부가 달라진다고 볼 것은 아니다.[61]

　　(5) 신탁자의 채권자가 무자력인 신탁자를 대위하여 예금명의신탁계
약을 해지하고 신탁자에게 예금반환청구권의 양도를 구하는 방법으로도
일탈된 책임재산을 회복할 수 있으므로 이와 별도로 채권자취소권까지
인정할 필요는 없다는 반론도 상정해 볼 수 있다. 그러나 채권자대위권
을 행사하여 동일한 효과를 달성할 수 있다는 사정이 채권자취소권의 행
사를 부정할 근거는 되지 못한다.[62] 대상판결의 원심은 채무자의 법률행
위가 통정허위표시인 경우에도 채권자취소권의 대상이 될 수 있다고 본
대법원 판결[63]을 인용하였고, 통설[64]도 위 판결의 태도를 지지하는 입장
인데, 채무자의 법률행위가 통정허위표시라면 채권자로서는 무자력인 채
무자를 대위하여 그 법률행위의 무효를 주장하며 일탈된 책임재산의 반
환청구를 할 수 있을 것임에도 채권자취소권의 행사 가능성을 긍정한
것이다.

　　또한 예금명의신탁계약에 대한 사해행위취소소송이 제기되는 현실적
인 상황도 고려할 필요가 있다. 예금명의신탁계약으로 인하여 은닉된 책
임재산을 어떠한 계기에서든 채권자가 발견하게 된다면 채권자는 그에
대한 채권자취소권 행사를 검토하게 될 것이다. 그런데 이 경우에도 채

60) 위 주 56 참조.
61) 임상민(주 3), 434-436면도 예금명의신탁계약 이전 재산이 일시적, 매개적 수표
　　형태였던 경우나 현금 또는 수표 등 이에 준하는 형태였던 경우에도 사해행위 해
　　당성을 긍정하여야 한다는 입장이다.
62) 임상민(주 3), 429-431면.
63) 대법원 1998. 2. 27. 선고 97다50985 판결[공1998. 4. 1.(55), 899].
64) 곽윤직, 채권총론[민법강의Ⅲ] 신정수정판, 박영사, 1999, 189면; 김주수(주 52),
　　228면.

권자가 우선 알게 되는 것은 채무자(신탁자)에게서 수익자(수탁자)에게로 금전이 이전된 정황이다. 등기원인이 공시되는 부동산과 달리 이 경우에 채권자는 그 원인행위가 무엇인지 알 방법이 없다. 원인행위는 금전의 증여일 수도 있고, 예금명의신탁계약일 수도 있는데[65] 그 실체의 규명은 사해행위취소소송의 진행과정에서 채무자의 영역에 있는 증거가 조사됨에 따라 비로소 가능한 것이다. 채권자가 이를 다 파악하기도 전에, 채권자취소권 행사의 제척기간이 도과할 위험을 감수하면서 예금명의신탁계약의 해지권의 대위행사만 할 수 있도록 하는 것은 채권자에게 과도한 부담이 되므로, 채권자대위권을 행사할 수 있다는 이유만으로 예금명의신탁계약에 대한 채권자취소권의 행사를 저지하여서는 아니 된다.

(6) 부정설은 명의신탁되었던 예금을 신탁자가 반환받아 사용하였다는 사정도 사해행위 주장을 배척하는 논거로 든다. 그러나 이는 예금명의신탁계약이 체결된 이후의 사정이므로 원칙적으로 사해행위 해당성 여부에 대한 판단에서 고려할 사항은 아니라고 보인다. 이 부분에 관하여는 아래 3항에서 후술한다.

3. 신탁자가 예금을 소비한 사정에 대한 법률적 평가
가. 소비한 부분에 한하여 책임재산의 복귀

앞서 본 바와 같이, 신탁자는 예금명의신탁계약의 해지 없이도 별다른 장애 없이 수시로 명의신탁한 예금을 인출하여 사용할 수 있고, 그것이 바로 예금명의신탁계약의 체결로 인하여 신탁자와 수탁자가 의도한 바이다. 신탁자가 금전을 예입하면 그 입금액만큼 수탁자가 이를 보유할 의무를 부담하는 것과 같이, 신탁자가 예금을 인출하게 되면 그 인출액의 한도에서 수탁자가 자신의 명의 계좌에 그 금전을 보유하여야 할 의무는 소멸한다. 신탁자는 명의신탁된 예금을 현금으로 인출하거나, 신탁

---

65) 대상판결의 원고는 주위적으로 현금증여계약의 취소를, 예비적으로 예금명의신탁계약의 취소를 구하였다. 대상판결 이후 선고된 유사한 하급심례에서도 이러한 주위적·예비적 청구 또는 선택적 청구는 매우 흔하게 발견된다.

자 명의 계좌에 이체하거나, 신탁자의 채권자 계좌로 바로 이체(수탁자 명의의 계좌가 결제계좌로 지정된 체크카드를 신탁자가 사용하는 방법도 이러한 유형에 해당할 것이다)하는 등의 방법으로 사용할 수 있다. 앞의 두 경우에 예금은 그 인출액만큼 신탁자에게 복귀한다고 볼 수 있고, 신탁자의 채권자에게 바로 지급되는 경우에는 수탁자에게 보관을 맡겼던 예금을 신탁자가 반환받음과 동시에 스스로 처분하여 버린 것으로, 어느 경우에도 수탁자는 더 이상 그 인출액에 해당하는 예금을 보관할 의무를 부담하지 않게 된다. 결국 명의신탁된 예금 중 신탁자가 소비한 부분에 한하여는 예금명의신탁계약에 의하여 일탈되었던 책임재산이 다시 그 계약 내용의 실현에 따라 신탁자에게 복귀한 것으로 평가할 수 있다.

나. 복귀한 부분에 대한 사해행위취소청구의 적법성

채권자가 채무자의 부동산에 관한 사해행위를 이유로 수익자를 상대로 그 사해행위의 취소 및 원상회복을 구하는 소송을 제기한 후 소송계속 중에 그 사해행위가 해제 또는 해지되고 채권자가 그 사해행위의 취소에 의해 복귀를 구하는 재산이 벌써 채무자에게 복귀한 경우에는, 특별한 사정이 없는 한 그 사해행위취소소송의 목적은 이미 실현되어 더 이상 그 소에 의해 확보할 권리보호의 이익이 없어진다. 그리고 이러한 법리는 사해행위취소소송이 제기되기 전에 그 사해행위의 취소에 의해 복귀를 구하는 재산이 채무자에게 복귀한 경우에도 마찬가지로 타당하다.[66)]

예금명의신탁계약 체결 이후 신탁자가 명의신탁된 예금을 소비한 경우 이는 법률행위 이후에 발생한 사정이므로 원칙적으로 사해행위 해당 여부의 판단 단계에서 고려할 것은 아니다. 이는 오히려 그 사해행위의 취소에 의해 복귀를 구하는 재산이 다른 원인으로 인하여 이미 신탁자에게 복귀한 것과 같으므로, 그와 동시에 또는 이후에 이루어진 신탁자의 다른 처분행위에 대하여 사해행위취소를 구할 수 있음은 별론으로 하고, 예금명의신탁계약의 사해행위취소청구 중 그 소비액 상

---

66) 대법원 2008. 3. 27. 선고 2007다85157 판결(공2008상, 615); 대법원 2015. 5. 21. 선고 2012다952 전원합의체 판결(공2015하, 831).

당 부분은 권리보호의 이익이 없어 사해행위취소의 소를 각하하여야
한다.[67]

다. 대상판결 및 그 이전 하급심 판결의 검토

(1) 대상판결의 1심 중 "신탁자가 자신의 채권자들의 강제집행을 피
하기 위하여 예금명의신탁계약이 존속하는 상태에서 수탁자 명의로 지급
금을 인출하여 사용함으로써 자신의 책임재산 일탈 상태를 고착시킨 것
에 불과하다"는 판시에는 의문이 든다. 예금명의신탁계약으로 인한 책임
재산 일탈 상태가 유지되는 것은 어디까지나 수탁자 명의로 예금의 보유
가 지속되고 있는 한도 내에서이다. 다만 입출금이 자유로운 예금의 특
성상 신탁자가 그 예금을 인출하여 사용함으로써 책임재산의 복귀와 신
탁자의 새로운 처분행위가 사실상 동시에 이루어지는 문제를 막기는 어
려울 것이나, 이는 예금거래의 특성에 기인한 것이지, 당초에 체결된 예
금명의신탁계약의 사해성이 예금의 반환 이후에까지 여전히 신탁자의 채
권자들에게 영향을 미치는 것이라고 보기는 어렵다.

(2) 대상판결의 1심은 "이 사건 금전은 신탁자 본인이 아니라 전득
자라고 볼 수 있는 신탁자의 어머니, 누나에 의해 사용되었다"는 점을 사
해성을 긍정하는 논거로 들었다. 그러나 명의신탁된 예금을 신탁자의 어
머니, 누나가 바로 사용하였다 하더라도 이는 수익자인 수탁자의 의사에
의한 처분행위라고 볼 수 없으므로 전득행위로 구성하기에 무리가 있다.
명의신탁된 예금에서 신탁자의 채권자에게 직접 금전이 지급된 경우에도,
그 원인이 되는 법률관계의 당사자는 어디까지나 신탁자이므로, 단지 금
전의 이동이 수탁자 명의 계좌에서 신탁자의 채권자에게로 이루어졌다는
사정만으로 신탁자의 채권자가 수익자로부터 사해행위의 목적물을 전득
한 자라고 할 수는 없는 것이다. 신탁자의 어머니, 누나가 사용한 금액이
있다면 이는 신탁자가 그 금액 한도에서 예금을 반환받아 다시 어머니,

---

67) 비교판결2(주 5), 대상판결 이후의 서울중앙지방법원 2016. 1. 20. 선고 2015나
40882 판결은 변론 종결시 예금 잔액이 0원인 사안에서 각하판결을 선고하여 이
와 같은 입장이라고 보인다.

누나에게 처분한 것이라고 보아야 한다.

(3) 비교판결1은 "신탁자가 직접적으로 수탁자로부터 예금을 반환받았으므로 원고의 사해행위 주장을 받아들일 수 없다"고 하였는데, 이를 보다 엄밀하게 표현하자면 예금명의신탁계약의 사해성을 부정하는 것이라기보다는 사해행위에 해당하는 예금명의신탁계약 자체가 예정하고 있는 바에 따라 신탁자가 예금을 반환받았으므로 사해행위취소소송의 목적이 이미 실현된 것이나 다름없어 권리보호이익이 없게 된다고 하는 것이 타당하다.

(4) 비교판결1과 같이 수탁자 명의 계좌에 예입하였던 금전을 신탁자가 전부 인출하여 사용함으로써 잔고가 0원이 된 경우에는 예금명의신탁계약이 모두 해지된 것으로 보아야 한다. 빈 껍데기에 불과할지언정 수탁자 명의의 계좌가 남아 있으니 그 외관을 제거하기 위하여 예금주 명의를 신탁하는 행위 자체를 사해행위취소의 대상으로 삼을 수 있는지 문제될 수 있으나, 예금의 잔액이 없는 이상 예금 명의만으로는 어떠한 경제적 가치가 있다고 할 수 없어 예금주 명의를 신탁하는 행위만으로 책임재산의 감소가 초래되는 것은 아니므로 이는 사해행위취소의 대상이 되지 아니한다고 보아야 할 것이다.

(5) 대상판결은 "원심으로서는 원심변론종결 당시 이 사건 계좌가 해지되지 아니한 채 남아 있었는지, 그 잔액은 얼마인지, 이 사건 계좌가 해지되었다면 이 사건 계좌의 돈을 누가 어떤 용도로 사용하였는지 등을 심리한 다음, 원상회복의 방법과 범위에 관하여 판단하였어야 한다."라고 판시하였다. 위와 같은 사정을 심리할 필요가 있다는 점에서는 대상판결과 견해를 같이하나, 이는 원상회복의 방법과 범위를 논하기 이전 단계에서, 사해행위취소의 범위를 확정하기 위하여서도 필요한 것이다. 계좌가 해지되지 아니한 채 남아 있다면 그 계좌에 입금된 금전 중 신탁자가 소비한 부분에 한하여는 사해행위취소청구의 권리보호이익이 없어 본안판단에 나아갈 수 없기 때문이다.

Ⅳ. 예금명의신탁계약을 사해행위로 취소하는 경우 원상회복 방법

1. 문제의 제기

대상판결의 원심은 예금명의신탁계약의 사해행위 해당성을 긍정하면서도 원상회복 방법에 대한 별다른 이유 설시 없이 신탁자가 예입하였던 금원 전액의 가액배상을 명하였다. 이러한 결론은 이미 예금이 반환됨으로써 신탁자 앞으로 책임재산이 복귀되어 사해행위취소를 구할 권리보호이익이 인정되지 않는 부분에 대해서까지 원상회복을 명하였다는 점에서도 부당하거니와, 과연 대상판결의 사안이 원물반환이 불가능하여 예외적으로 가액배상을 명하여야 할 경우에 해당하는지 여부도 검토해 볼 필요가 있다.

2. 사해행위의 원상회복 방법 일반론

사해행위취소에 따른 원상회복은 원칙적으로 그 목적물 자체의 반환에 의하여야 하고, 그것이 불가능하거나 현저히 곤란한 경우에 한하여 예외적으로 가액배상에 의하여야 한다.[68] 원물반환이 불가능하거나 현저히 곤란한 경우라 함은 원물반환이 단순히 절대적 · 물리적으로 불능인 경우가 아니라 사회생활상의 경험법칙 또는 거래상의 관념에 비추어 그 이행의 실현을 기대할 수 없는 경우를 말한다.[69] 가액배상이 인정되는 대표적인 사례로는, 사해행위의 목적물을 수익자가 선의의 전득자에게 양도하여 버린 경우와 같이 법률상 원물반환이 불가능한 경우, 목적물이 상대방의 일반재산에 혼입되어 특정성을 상실하거나 멸실된 경우 등이 있다.[70]

---

68) 곽윤직 대표 편저, 민법주해 IX 〔채권(2)〕(김능환 집필 부분), 박영사, 1995, 842면.
69) 대법원 1998. 5. 15. 선고 97다58316 판결〔집46(1)민, 365; 공1998. 6. 15.(60), 1627〕.
70) 곽윤직 대표 편저(주68), 844면.

3. 예금명의신탁계약을 사해행위로 취소하는 경우 원상회복 방법

가. 원물반환이 가능한가

사해행위로 예금명의신탁계약이 체결된 경우 채권양도에 의한 사해행위와 같이 예금반환채권 자체가 이전된 것은 아니지만, 수탁자는 예금명의신탁계약으로 인하여 예금반환채권을 취득하게 되었으므로, 수탁자의 예금반환채권이 잔존하는 한 채권양도의 방식으로 그 자체를 반환하는 것이 가능하다고 보아야 할 것이다.

나. 소비한 부분에 대한 가액배상의 가능성

대상판결의 사안에서 신탁자가 수탁자 명의 계좌에 예입한 금전 10억 3,000만 원 중 소비된 부분을 제외하고 잔액 57,103원이 남아 있었는데, 대상판결의 원심은 10억 3,000만 원의 가액배상을 명하였다. 이러한 결론은 10억 3,000만 원 상당의 예금명의신탁계약 전부가 사해행위에 해당하지만 원물반환은 불가능하다는 판단을 전제하고 있는 것이다.

그러나 앞서 본 바와 같이 명의신탁된 예금을 신탁자가 인출하여 사용하였다면 신탁자에게 그 예금이 복귀한 것과 같아 이 부분에 한하여는 사해행위취소를 구할 권리보호이익이 없는 것이고, 채권자취소권의 행사가 인정되지 않는 이상 소비된 부분에 대한 원상회복은 논할 여지가 없다.

이에 대하여는 대상판결의 원심을 지지하면서 예금명의신탁계약의 사해행위 해당성을 긍정하되 신탁자가 소비한 부분에 대하여는 수탁자에게 가액배상의무를 인정하여야 한다는 견해가 있다. 위 견해는, 신탁자가 수탁자 명의의 예금채권을 인출하여 개인적 용도로 사용한다고 하여 예금채권 자체가 신탁자에게 귀속되었다고 볼 수는 없으므로 책임재산이 실질적으로 회복된 것은 아니며, 명의신탁된 예금이 이미 소비되어 없어졌다면 원물반환이 사실상 불가능한 경우에 해당하여 가액배상이 이루어져야 한다고 한다. 또한 수탁자는 명의신탁계약을 통하여 신탁자에 의한 채권집행면탈에 협조한 자로서 신탁자와 동일체적 성격이 강하므로 수탁자로 하여금 원물반환이나 가액배상을 수인하도록 하는 것이 부당하지 않으며, 수탁자는 신탁자에게 부당이득반환 또는 손해배상을 청구함으로써 손해를 전보받을 수 있다고도 한다.[71] 위 견해의 논리를 관철하면 수탁자는 신탁자의 채권자에 대하여 가액배상의무를 부담하고, 내부적으로 신탁자에게 구상할 권리를 가질 뿐이어서 사실상 신탁자의 채무를 연대보증한 것과 같은 결과에 이르게 된다. 수탁자가 신탁자와 통모하여 강제집행면탈에 가담한 행위는 비난 가능성이 크다고 할 수 있으나, 수탁자가 예금명의신탁계약으로 아무런 경제적 이익을 취득하지 않은 점을 감안하면 신탁자가 소비한 부분에 대하여서까지 가액배상의무를 부담하도록 하는 것은 지나치게 가혹한 측면이 있고, 구체적 타당성에도 부합하지 않는다.

다. 대상판결의 검토

대상판결은 예금명의신탁의 사해행위취소에 따른 원상회복은 "명의인이 예금계좌에서 예금을 인출하여 사용하였거나 그 예금계좌를 해지하였다는 등의 특별한 사정이 없는 한" 명의인에 대하여 금융기관에 대한 예금채권을 출연자에게 양도하고 아울러 금융기관에 대하여 양도통지를 할 것을 명하는 방법으로 이루어져야 한다고 판시하였다. 원상회복의 원칙적인 방식이 원물반환이고, 대상판결의 사안에서 예금반환채권을 양도하는 방법으로 원물반환이 가능하다는 점을 명시한 것은 타당하다. 대상판결이 특별한 사정의 예시로 든 '명의인이 예금계좌에서 예금을 인출하여 사용한 경우'와 '명의인이 예금계좌를 해지한 경우'는 수탁자가 위임의 본지에 반하여 자신이 예금을 사용하거나 계좌를 해지한 경우를 의미한다고 보아야 할 것이다. 신탁자가 예금을 사용한 경우 명의신탁계약 내용의 실현으로 책임재산이 복귀되었다고 보는 것과는 달리, 이 경우에는 수탁자의 처분행위에 의하여 사용된 부분만큼 예금반환채권이 감소하였으므로 원물반환이 불가능하다고 보아 가액배상을 명할 수 있을 것이다.

---

71) 임상민(주 3), 440-441, 446면.

V. 보론 – 판결주문에 대하여

대상판결의 파기환송심은 화해권고결정으로 종결되어 결정사항을 확인할 수 없으나, 대상판결의 취지에 따라 판결이 선고된다면 그 주문은 다음과 같게 될 것이다.

> 1. 피고와 소외 A 사이에 2007. 10. 16. 파주연천축협 교하지점 계좌(계좌번호 : 생략)에 관하여 체결된 예금명의신탁계약을 취소한다.
> 2. 피고는 제1항 기재 계좌에 관한 예금반환채권을 소외 A에게 양도하고, 파주 연천축협에 위 채권양도의 통지를 하라.

그런데 위와 같은 주문 형식에 의하면, 이 사안의 결론은 마치 10억 3,000만 원의 예금명의신탁계약 전체에 대하여 사해행위취소를 인정하면서,[72] 원상회복으로는 잔액인 57,103원 상당의 예금반환채권 양도만을 명한 것으로 읽힐 여지가 있다. 사해행위취소청구는 이미 소비되어 버린 부분을 포함하여 인용하면서도 그에 따른 원상회복청구에 대하여는 원물반환이나 가액배상 중 어느 방식에 의한 원상회복도 명하지 아니하고 판단을 누락한 것처럼 오해될 우려가 있는 것이다.[73] 필자의 입장과 같이

---

72) 대상판결 1심의 주문 중 예비적 청구에 대한 부분은 다음과 같았다.
   1. 피고와 소외 A 사이에 2007. 10. 16. 파주연천축협 교하지점 계좌(계좌번호 : 생략)에 관하여 체결된 예금명의신탁계약을 10억 3,000만 원의 범위 내에서 취소한다.
   2. 피고는 원고에게 10억 3,000만 원 및 이에 대하여 이 판결 확정일 다음날부터 다 갚는 날까지 연 5%의 비율로 계산한 돈을 지급하라.
   '10억 3,000만 원의 범위 내에서 취소한다'는 주문 제1항은 명시적으로 사해행위취소의 범위를 밝힌 것인데, 대상판결은 원상회복 방법에 관한 법리오해를 이유로 원심판결(항소기각)을 파기하면서도 사해행위취소의 범위에 관하여는 언급이 없다.

73) 그 결과 대상판결 이후의 하급심에서는 원고가 신탁자를 대위하여 예금명의신탁계약을 해지하고, 수탁자인 피고를 상대로 예금반환채권 양도의 이행불능을 이유로 한 전보배상을 구하는 사례도 등장하고 있다(서울고등법원 2015. 12. 17. 선고 2015나2021200 판결, 서울중앙지방법원 2015. 12. 16. 선고 2014가합595497 판결). 이러한 원고의 주장은 예금반환채권 양도의무가 피고에게 책임 있는 사유로 이행불능된 것이 아니고, 소비된 금액을 피고가 실제로 사용한 것이 아니어서 피고가 지급액 상당의 이익을 얻었다고 볼 수 없다는 이유로 배척되고 있는데, 앞선 논의와 같이 예금이 이미 신탁자에게 반환되어 그 부분에 대하여는 재차 해지 및 예

명의신탁된 예금을 신탁자가 인출하여 소비한 경우 이를 예금반환에 따
른 책임재산의 회복으로 평가한다면, 법원으로서는 사실심 변론종결 당시
계좌의 잔액 및 소비된 부분을 누가 사용하였는지를 심리하고, 당사자
간의 법률관계를 명확히 반영하여 다음과 같이 주문을 표시하는 것이 바
람직하다고 생각한다.

> 1. 이 사건 소 중 피고와 소외 A 사이에 2007. 10. 16. 파주연천축협 교하지점
>   계좌(계좌번호 : 생략)에 관하여 체결된 예금명의신탁계약 중 10억 2,994만
>   2,897원[74] 부분의 사해행위취소 및 원상회복청구 부분을 각하한다.
> 2. 피고와 소외 A 사이에 2007. 10. 16. 파주연천축협 교하지점 계좌(계좌번호 :
>   생략)에 관하여 체결된 예금명의신탁계약을 57,103원의 한도에서 취소한다.
> 3. 피고는 제1항 기재 계좌에 관한 예금반환채권을 소외 A에게 양도하고, 파주
>   연천축협에 위 채권양도의 통지를 하라.

Ⅵ. 결 론

이상의 논의를 정리하면 다음과 같다. 금융실명제의 실시 이후 차명
으로 체결된 예금계약의 예금주는 극히 예외적인 경우를 제외하고는 원
칙적으로 예금명의자로 보는 법리가 확립되었는데, 이 경우 예금을 출연
한 신탁자와 예금명의자인 수탁자 사이의 법률관계는 계약명의신탁의 일
종으로서 위임의 법리가 적용된다. 강제집행면탈의 목적이 있다는 사정
만으로 예금명의신탁계약의 효력을 부인할 수는 없으며, 신탁자는 명의신
탁의 존속 중에 수탁자의 협조 없이도 수시로 예금을 인출하여 처분할
수 있고, 또 언제든지 명의신탁을 해지하고 수탁자에 대하여 예금반환채
권의 양도, 예금명의의 변경, 부당이득반환 등을 구할 수 있다. 예금명의
신탁계약은 신탁자의 책임재산을 은닉하여 발견하기 어렵게 만드는 것으

금반환채권의 양도를 구할 수 없다고 구성하면 간명하다.
74) 사실심 변론종결시까지 신탁자가 인출하여 소비한 금액이다(=명의신탁된 예금
10억 3,000만 원−사실심 변론종결시의 예금 잔액 57,103원).

로서 신탁자의 채권자들에 대한 관계에서 사해행위에 해당한다. 다만 이후 신탁자가 그 예금을 인출하여 사용하였다면 이는 예금이 반환되어 책임재산이 다시 신탁자에게 복귀된 것과 같으므로 이미 소비된 부분에 한하여서는 사해행위취소를 구할 권리보호이익이 없게 된다. 예금명의신탁계약이 사해행위에 해당하여 이를 취소하는 경우, 원상회복은 원칙대로 원물인 예금반환채권을 채권양도의 방식에 의하여 반환하는 방식으로 이루어져야 한다. 신탁자에 의하여 소비된 부분에 대하여는 원물반환이 불가능해진 것이어서 가액배상을 명하여야 하는지 문제될 수 있으나, 권리보호이익이 없어 애초에 사해행위취소청구를 받아들일 수 없는 부분이고, 수익자에게 가액배상의무를 부담하도록 하는 것은 부당하다.

　　대상판결은 예금명의신탁계약이 신탁자의 채권자에 대한 사해행위가 될 수 있음을 명시적으로 밝히고, 그에 따른 원상회복은 원칙적인 방법인 원물반환으로서 예금반환채권의 양도 및 양도통지에 의하여야 한다는 점을 명확히 하였다는 의의가 있다. 다만 명의신탁된 예금을 신탁자가 소비한 경우 사해행위취소의 범위와 원상회복 방법에 관하여 실무상 혼선이 있던 부분에 대하여 분명한 설명을 제시하고 있지 않은 점은 다소 아쉽다고 하겠다. 금융실명제의 실시 이후로 예금주 확정에 관한 문제가 정리되자 예금명의신탁계약의 사해행위취소가 새로운 유형의 사건으로 등장하게 되었는데, 금융기관과의 대외적 관계 외에도 신탁자와 수탁자 사이의 내부관계에 관한 연구가 점차 축적되어 이러한 사례의 해결에 유용한 실마리를 제공해 줄 수 있기를 기대한다.

[Abstract]

Obligee's Right of Revocation on Deposit Title Trust Agreement and the Restitution of its Original Status

Cho, Min Hye*

Under real-name fianancial transaction system, when a person deposits one's own money to the borrowed name account upon deposit title trust agreement, and freely claims the return of the deposit with the means of access that one possesses, is that deposit title trust agreement a fraudulent transaction that prejudices the title truster's obligees? If so, in which way the restitution of its original status should be made? Until the Supreme Court's this decision(2014Da212438), lower court decisions presented different answers to these questions.

Understanding the legal nature of deposit title trust agreement helps solving these issues. Deposit title trust agreement is a kind of title trust agreement where the title trustee becomes one of the parties to the contract to acquire the right, and Civil Code Article 680~692 are applied to the relationship between the truster and the trustee. As deposit title trust agreement conceals the title truster's property and hinders compulsory execution procedure for the obligees, it prejudices the title truster's obligees. But in case the title truster withdraws and spends the money from the deposit, the property which was fraudulently transferred to the beneficiary returns to the title truster, so it is equivalent to the restitution of its original status. Therefore, as for the amount spent from the deposit by the title truster, the obligee no longer has legal interest to claim decision on merits of the right

---

* Judge, Daejeon District Court.

of revocation, and spontaneously, the restitution does not come into consideration. When the court determines the revocation of the deposit title trust agreement and the restitution of its original status, as the principle is to return the original object, the beneficiary(title trustee) should assign the right to claim the return of remaining deposit to the obligor(title truster).

I agree with the Supreme Court's conclusion that deposit title trust agreement prejudices the title truster's obligees and the restitution should be made by assignment of the right to claim the return of deposit. But the court should have dismissed the lawsuit claiming for the revocation within the scope of the amount spent from the deposit by the title truster.

[Key word]

- Deposit title trust agreement
- Obligee's right of revocation
- Fraudulent transaction
- Restitution of original status

참고문헌

[단 행 본]

곽윤직, 채권총론[민법강의 Ⅲ] 신정수정판, 박영사, 1999.
_____, 채권각론[민법강의 Ⅳ] 제6판, 박영사, 2003.
곽윤직 편집대표, 민법주해 ⅩⅤ[채권(8)], 박영사, 1997.
_____, 민법주해 Ⅸ[채권(2)], 박영사, 1995.
김주수, 채권총론 제2판, 삼영사, 1996.
김증한, 채권각론 제7판, 박영사, 2006.
김형배, 채권각론[계약법] 신정판, 박영사, 2001.
주석민법 채권총칙(2) 제4판, 한국사법행정학회, 2013.

[논   문]

고경우, "채권자취소권의 객관적 요건으로서의 사해성과 사해행위의 유형별
        고찰", 판례연구 제20집, 부산판례연구회, 2009.
권오곤, "명의신탁에 관한 판례의 동향", 민사판례연구 제10권, 박영사, 1988.
권오창, "계약명의신탁의 법률관계에 관한 고찰-부동산실권리자명의등기에관
        한법률 제4조 제2항 단서의 해석을 중심으로-", 법조 제48권 제5호(통
        권 제512호), 법조협회, 1999.
김덕중, "부동산 명의신탁과 사해행위취소", 동아법학 제9권 제2호, 아주대학
        교 법학연구소, 2015.
김미리, "사해행위의 판단 기준과 대물변제의 사해성 판단", 대법원판례해설
        제85호(2010 하반기), 법원도서관, 2011.
김병재, "기명식예금에 있어서의 예금채권자의 판정기준", 민사판례연구 제9권,
        민사판례연구회, 1987.
김유진, "금융실명제하에서의 예금주의 인정", 민사판례연구 제22권, 박영사,
        2000.
김재형, "금융거래의 당사자에 관한 판단기준", 판례실무연구 Ⅸ, 박영사,
        2010.

김황식, "예금에 관한 법적 문제", 재판자료 제32집 은행거래·임대차사건의
　　제문제, 법원도서관, 1986.
박성철, "기명식 예금에 있어서의 예금주의 인정", 판례연구 제3집, 부산판례
　　연구회, 1993.
박영식, "예금계약의 법적 성질", 민법학논총 후암 곽윤직 교수 화갑기념논문
　　집, 1985.
손철우, "금융실명제와 예금주 확정", 민사판례연구 제32권, 박영사, 2010.
송덕수, "금융실명제하에 있어서 예금계약의 당사자 내지 예금채권자의 결
　　정", 판례실무연구 Ⅱ, 박영사, 1998.
_____, "타인의 명의를 빌려 체결한 토지분양계약의 효력", 민사판례연구 제
　　14권, 박영사, 1992.
양창수, "부동산실명법의 사법적 규정에 의한 명의신탁의 규율-소위 계약명
　　의신탁을 중심으로-", 민법연구 제5권, 박영사, 2006.
_____, "채권자취소권의 피보전채권과 사해행위", 고시계 36(4), 1991.
오영준, "금융실명제하에서 예금계약의 당사자 확정 방법", 형사재판의 제문
　　제 제7권, 형사실무연구회, 2014.
오창수, "금융실명제하에서 예금주 명의신탁과 출연자와 명의자의 관계", 판
　　례연구 제15집(상), 서울지방변호사회, 2001.
윤진수, "계약 당사자의 확정에 관한 고찰-특히 예금계약을 중심으로-", 민
　　법논고 Ⅰ, 박영사, 2007.
_____, "금융기관의 수신거래와 여신거래(Ⅰ)", BFL 제10호, 서울대학교 금융
　　법센터, 2005.
이동진, "차명계약의 법리-차명예금 및 차명대출을 중심으로-", BFL 제46호,
　　서울대학교 금융법센터, 2011.
이의영, "타인명의 예금의 법률관계와 보전처분", 저스티스 제109호, 한국법학
　　원, 2009.
이창구, "예금주의 인정에 관하여", 대법원판례해설 통권 제8호, 법원도서관,
　　1988.
이충상, "금융실명제 시행 이후 예금의 출연자(지배자)와 명의자가 다를 경우
　　누구를 예금자로 볼 것인가", 대법원판례해설 제30호, 법원도서관, 1998.
임상민, "예금 명의신탁계약에 대한 채권자취소권의 행사-대법원 2014다
　　218320 판결 및 그 원심인 서울고등법원 2013나2015584 판결을 중심

으로—", 판례연구 제27집, 부산판례연구회, 2016.

전경근, "예금계약에 관한 연구", 서울대학교 박사학위논문, 1999.

전득자에 대한 사해행위취소의 소에서의
제척기간의 기산점 및 사해행위취소로 원상회복된
재산이 처분된 경우의 법률관계에 관한 연구

이　재　원*

■요　　지■

　　채권자취소권은 채권자가 취소원인을 안 날로부터 1년, 법률행위가 있은 날로부터 5년 내에 행사하여야 하고(민법 제406조 제2항), 그 기간은 제척기간이다. 대법원은 '취소원인을 안 날'을 채권자가 채권자취소권의 요건을 안 날, 즉 채무자가 채권자를 해함을 알면서 사해행위를 하였다는 사실을 알게 된 날을 의미한다고 해석하고 있고, 전득자에 대한 사해행위취소의 소에서도 마찬가지로 해석하고 있다.

　　대상판결은 전득자에 대한 사해행위취소의 소에서의 제척기간 기산점에 관한 판결로 그 주요내용은 기존 판례의 입장과 같다. 그러나 전득자에 대한 사해행위취소의 소에서의 '취소원인을 안 날'은 채권자가 '채무자의 사해행위 및 전득행위를 안 날'로 해석함이 타당하다. 전득행위가 있기 전까지는, 채권자는 전득자를 상대로 채권자취소권을 행사하여야 한다는 점, 즉 전득자에 대하여 취소원인이 있다는 점을 알지 못할 뿐 아니라, 전득자에 대한 권리가 발생하지 않았음에도 그 권리행사기간이 진행한다고 보는 것은 타당하지 않기 때문이다.

　　또한 대상판결의 사안에서는, 사해행위취소로 원상회복된 재산이 채무자에 의하여 처분되는 결과가 발생하였는바, 그 법률행위의 효력이 문제된다.

---

* 대전지방법원 판사.

이를 명시적으로 다룬 판례는 아직 없지만, 사해행위취소의 효력은 채권자와 수익자 또는 전득자 사이에 상대적인 효력만 있을 뿐이므로, 채무자가 원상회복된 재산을 처분하더라도 이는 무권리자의 처분행위로서 무효에 해당한다고 보는 것이 타당하다.

아울러 무효인 법률행위에 대하여 사해행위취소를 구할 수 있는지 여부가 문제되는데, 대법원은 통정허위표시로 무효인 법률행위에 대하여도 사해행위취소를 구할 수 있다고 일관되게 판시하고 있다. 그러나 이 사건과 같이 무권리자의 처분행위로서 절대적으로 무효인 법률행위에 대하여는 별도로 채권자취소권을 인정할 실익이 없다. 따라서 법원으로서는, 변론주의에 반하지 않는 한 채무자의 처분행위가 절대적으로 무효라고 판단될 경우 원고의 사해행위취소청구를 기각함이 타당하다.

[주 제 어]
• 채권자취소권
• 사해행위
• 제척기간
• 제척기간의 기산점
• 전득자
• 원상회복

대상판결 : 대법원 2014. 2. 13. 선고 2012다204013 판결[공2014상, 581]

[사안의 개요][1]

1. 원고의 주식회사 삼한지(이하 '삼한지'라 한다)에 대한 채권

원고(신용보증기금)는 2007. 11. 1. 삼한지와 신용보증약정을 체결하였다. 그 후 삼한지가 2008. 2. 29. 금융기관에 대한 이자지급을 연체하여 보증사고가 발생하였고, 원고는 2008. 12. 29. 금융기관에 삼한지의 대출원리금 채무 중 4,603,266,882원을 대위변제하였다.

2. 삼한지의 근저당권설정계약 체결 등과 이에 대한 사해행위취소소송의 경과

가. 삼한지는 2009. 2. 3. 채무초과 상태에서 소외 2(수익자, 이하 '甲'이라 한다)와 이 사건 부동산에 관한 근저당권설정계약을 체결하고, 같은 날 근저당권설정등기(이하 위 계약을 '이 사건 근저당권설정계약'이라 하고, 근저당권설정등기를 '이 사건 근저당권설정등기'라 한다)를 마쳐주었다(사해행위).

나. 甲은 2009. 5. 23. 소외 1(제1전득자, 이하 '乙'이라 한다)과 위 근저당권에 관한 양도양수계약을 체결한 뒤, 2009. 6. 25. 근저당권이전등기를 마쳐주었다(전득행위).

다. 甲의 채권자인 소외 3, 4는 2009. 8. 10. 乙을 상대로 위 2009. 5. 23.자 근저당권양도양수계약이 사해행위에 해당한다고 주장하며 사해행위취소소송을 제기하여 2009. 10. 8. '甲과 乙 사이에 이 사건 부동산에 관하여 2009. 5. 23. 체결된 계약양도계약을 취소한다. 乙은 甲에게 이 사건 부동산에 관하여 마친 근저당권이전등기의 말소등기절차를 이행하라'는 내용의 판결을 선고받았고(광주지방법원 2009가합8781호), 이에 대하여 乙이 항소 및 상고하였으나 그 항소 및 상고가 각 기각됨으로써 위 판결은 2010. 6. 28. 그대로 확정되었다(광주고등법원 2009나6416호, 대법원 2010다32344호).

라. 그 후 광주지방법원 2009가합8781호 확정판결에 따른 집행으로 2010. 9. 14. 乙 명의의 근저당권이전등기가 말소되었다.

---

[1] 논의에 필요한 범위 내에서 필요한 사실관계만 설시한다.

3. 甲의 근저당권설정계약 일부 이전등기

2항과 같이 근저당권이전등기가 말소되자, 甲은 2010. 9. 29. 피고에게 근저당권부채권 중 일부를 양도하는 계약을 체결하고, 같은 날 근저당권일부 이전등기를 마쳐주었다(회복된 재산의 처분행위).

4. 원고의 사해행위취소소송의 경과

가. 원고는 광주지방법원 2009가합8781호 사건의 판결이 확정되기 전인 2010. 1. 28. 甲과 乙을 상대로 이 사건 근저당권설정계약의 취소 및 원상회복을 구하는 소를 제기하여 2010. 11. 18. '삼한지와 甲 사이에 이 사건 부동산에 관하여 체결된 이 사건 근저당권설정계약을 취소한다. 乙은 삼한지에게 이 사건 부동산에 관하여 마친 이 사건 근저당권설정등기의 말소등기절차를 이행하라'2)는 판결을 선고받았고(광주지방법원 2010가합1007호), 위 판결은 2011. 1. 6. 확정되었다.

나. 그런데 위 제2의 라.에서 본 바와 같이 2010. 9. 14. 광주지방법원 2009가합8781호 사건의 판결에 의한 집행으로 乙 명의의 근저당권이전등기가 말소됨으로써 원고의 위 광주지방법원 2010가합1007호 사건의 판결에 기한 집행은 불가능하게 되었고, 이에 원고는 甲을 상대로 그 명의의 이 사건 근저당권설정등기의 말소를 구하는 소를 제기하여 2011. 6. 23. '甲은 삼한지에게 이 사건 근저당권설정등기의 말소등기절차를 이행하라'는 내용의 판결을 선고받았고(광주지방법원 2011가합2649호), 위 판결은 2011. 7. 14. 확정되었다.

---

2) 근저당권의 양도에 의한 부기등기는 기존의 근저당권설정등기에 의한 권리의 승계를 등기부상 명시하는 것으로, 기존의 주등기인 근저당권설정등기에 종속되어 주등기와 일체를 이루는 것이어서 근저당권설정등기가 당초 원인무효인 경우 주등기인 근저당권설정등기의 말소만 구하면 되고 그 부기등기는 별도로 말소를 구하지 않더라도 주등기의 말소에 따라 직권으로 말소되는 것이라는 판례(대법원 1995. 5. 26. 선고 95다7550 판결 등 참조)에 따라, 근저당권의 양수인(전득자)을 상대로 근저당권설정등기의 말소를 구한 것으로 보인다.

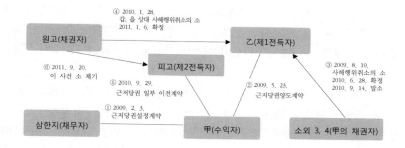

[소송의 경과]

1. 1심(광주지방법원 2012. 5. 3. 선고 2011가합11803 판결) : 원고 패

가. 원고 주장의 요지

甲과 피고 사이에 2010. 9. 29. 체결된 근저당권부채권 일부 양도계약은 사해행위에 해당하므로, 위 채권양도계약은 취소되어야 하고, 피고는 근저당권일부이전등기의 말소등기절차를 이행할 의무가 있다.

나. 1심 법원 판단의 요지 : 채권양도계약 취소청구 부분 각하, 근저당권일부이전등기 말소등기청구 기각

채권양도계약 취소청구 부분은 수익자와 전득자 사이의 법률행위의 취소를 구하는 것으로 부적법하다.[3]

근저당권일부이전등기 말소등기청구(원상회복청구)의 경우 원상회복의 전제가 되는 사해행위취소청구의 소가 부적법한 이상 사해행위취소청구가 이유 있음을 전제로 한 원상회복청구권은 인정될 수 없다.[4] 원고가 甲을 상대

---

[3] 채권자가 전득자를 상대로 하여 사해행위의 취소와 함께 책임재산의 회복을 구하는 사해행위취소의 소를 제기한 경우에 그 취소의 효과는 채권자와 전득자 사이의 상대적인 관계에서만 생기는 것이고 채무자 또는 채무자와 수익자 사이의 법률관계에는 미치지 않는 것이므로, 이 경우 취소의 대상이 되는 사해행위는 채무자와 수익자 사이에서 행하여진 법률행위에 국한되고, 수익자와 전득자 사이의 법률행위는 취소의 대상이 되지 않는다[대법원 2004. 8. 30. 선고 2004다21923 판결{공 2004. 10. 1.(211), 1598} 참조].

[4] 채권자가 민법 제406조 제1항에 따라 사해행위의 취소와 원상회복을 청구하는 경우 사해행위의 취소만을 먼저 청구한 다음 원상회복을 나중에 청구할 수 있으나, 원상회복의 전제가 되는 사해행위의 취소가 없는 이상 원상회복청구권은 인정되지 않으므로 사해행위의 취소를 구함이 없이 원상회복만을 구할 수는 없다[대법원 2008. 12. 11. 선고 2007다69162 판결{공2009상, 21} 참조].

로 제기한 광주지방법원 2010가합1007 판결에서 삼한지와 甲 사이에 체결된 근저당권설정계약을 취소하는 판결을 선고받았다고 하더라도 전득자인 피고에 대한 관계에서는 위 근저당권설정계약이 취소되었다고 볼 수 없다.[5]

2. 원심(광주고등법원 2012. 11. 14. 선고 2012나2599 판결) : 원고 승[6]

원심에서 원고는 삼한지와 甲 사이의 이 사건 근저당권설정계약의 취소를 구하는 것으로 청구를 교환적으로 변경하였고, 피고는 원고의 사해행위취소청구가 민법 제406조 제2항 소정의 제소기간이 도과된 후에 제기된 것이어서 부적법하다고 본안전 항변을 하였다.

원심은 "수익자가 이미 사해행위취소의 제척기간을 도과한 후 사해행위취소를 명한 확정판결에 따라 전득자에게 이루어진 근저당권이전등기가 말소된 것을 기화로 다시 이를 제3자에게 처분한 경우에는 채권자가 민법 제406조 제2항이 정한 제척기간 내에 사해행위취소를 구할 것을 기대할 수 없을 뿐만 아니라 악의의 수익자가 이미 확정된 사해행위취소 판결을 무력화하기 위하여 판결확정 후 처분한 책임재산을 채권자로 하여금 다시 회복할 수 있도록 함이 정의관념에 보다 부합하는 점에 비추어 이러한 경우에는 채권자는 사해행위 취소소송의 제척기간을 도과한 후라도 전득자인 제3자를 상대로 채권자취소권을 행사하여 원상회복을 구할 수 있다고 보아야 할 것이고, 이러한 경우에 있어서까지 민법 제406조 제2항에서 규정하고 있는 제척기간이 적용된다고 할 수는 없다"는 이유로 피고의 본안전 항변을 배척하였다. 이어서 본안에 대한 판단에서 삼한지의 사해행위를 인정하고, 피고가 선의였음을 인정할 증거가 없다고 판단한 후, 피고에 대한 1심 판결을 취소하고 교환적

---

5) 채권자가 전득자를 상대로 민법 제406조 제1항에 의한 채권자취소권을 행사하기 위해서는, 같은 조 제2항에서 정한 기간 안에 채무자와 수익자 사이의 사해행위의 취소를 소송상 공격방법의 주장이 아닌 법원에 소를 제기하는 방법으로 청구하여야 하는 것이고, 비록 채권자가 수익자를 상대로 사해행위의 취소를 구하는 소를 이미 제기하여 채무자와 수익자 사이의 법률행위를 취소하는 내용의 판결을 선고받아 확정되었더라도 그 판결의 효력은 그 소송의 피고가 아닌 전득자에게는 미칠 수 없는 것이므로, 채권자가 그 소송과는 별도로 전득자에 대하여 채권자취소권을 행사하여 원상회복을 구하기 위해서는 위에서 본 법리에 따라 민법 제406조 제2항에서 정한 기간 안에 전득자에 대한 관계에 있어서 채무자와 수익자 사이의 사해행위를 취소하는 청구를 하지 않으면 아니 된다[대법원 2005. 6. 9. 선고 2004다17535 판결[공2005. 7. 15.(230), 1115] 참조].
6) 원심 판결과 대상판결 중 밑줄은 필자가 임의로 부가한 것이다.

으로 변경된 원고의 피고에 대한 청구를 인용하였다.

[대상판결의 요지]

원심 판결에 대하여 피고가 상고를 하였는데, 대법원은 아래와 같은 이유로 원심판결을 파기하고 원심에 환송하였다.[7]

1. 채권자가 전득자를 상대로 민법 제406조 제1항에 의한 채권자취소권을 행사하기 위하여는 같은 조 제2항에서 정한 기간 안에 채무자와 수익자 사이의 사해행위취소를 법원에 소를 제기하는 방법으로 청구하여야 하는 것이고, 채권자가 수익자를 상대로 사해행위취소를 구하는 소를 제기하여 채무자와 수익자 사이의 법률행위를 취소하는 내용의 판결이 선고되어 확정되었더라도 판결의 효력은 그 소송의 피고가 아닌 전득자에게는 미치지 아니하므로, 채권자가 전득자에 대하여 채권자취소권을 행사하여 원상회복을 구하기 위하여는 민법 제406조 제2항에서 정한 기간 안에 별도로 전득자에 대한 관계에서 채무자와 수익자 사이의 사해행위를 취소하는 청구를 하여야 한다(대법원 2005. 6. 9. 선고 2004다17535 판결 등 참조). 이는 기존 전득자 명의의 등기가 말소된 후 다시 새로운 전득자 명의의 등기가 경료되어 새로운 전득자에 대한 관계에서 채무자와 수익자 사이의 사해행위를 취소하는 청구를 하는 경우에도 마찬가지이다.

2. 원고가 2010. 1. 28. 乙을 상대로 삼한지와 甲 사이의 이 사건 근저당권설정계약이 사해행위에 해당한다고 주장하며 사해행위취소소송을 제기하였으므로, 원고는 늦어도 그 무렵에는 삼한지가 원고를 해함을 알면서 수익자 甲에게 근저당권을 설정하였음을 알고 있었다고 할 것이고, 따라서 이 사건 소의 제척기간은 늦어도 2010. 1. 28.부터는 진행한다고 할 것인바, 그로부터도 1년이 경과한 후인 2011. 9. 20. 새로운 전득자인 피고에 대하여 제기된 이 사건 소는 민법 제406조 제2항에서 정한 제소기간이 도과한 후에 제기된 것으로서 부적법하다.

---

7) 대상판결에 따라, 환송 후 판결(광주고등법원 2014. 12. 26. 선고 2014나10853 판결)은 원고의 피고1에 대한 소가 제소기간이 도과하여 부적법하다는 판단 아래, 1심 판결의 원고의 피고1에 대한 청구 중 사해행위취소에 따른 원상회복청구 부분을 취소하고 이 부분에 관한 소를 각하하였고, 환송 전 원심에서 교환적으로 변경된 원고의 사해행위취소청구 부분도 각하하였다.

〔研   究〕

I. 서   론

채권자취소권은 채권자를 해함을 알면서 한 채무자의 재산감소행위
를 채권자가 취소하고 그 재산을 채무자의 책임재산으로 회복하는 채권
자의 권리이다. 원래 채권은 상대적인 것이고 근대민법에서는 원칙적으
로 인적 집행을 인정하지 아니하고 물적 집행만을 허용하는 관계로 모든
채권은 종국적으로 채무불이행에 의한 손해배상채권으로 귀착되어 채무
자의 책임재산에 대한 강제집행에 의하여 채권만족을 얻게 되므로 불성
실하고 악의적인 채무자가 그 책임재산을 감소시키는 경우에 채권자보호
를 위하여 그 행위를 광정(匡正)하여 채권자의 공동담보가 되는 채무자의
책임재산을 유지·보전할 수 있는 권리를 채권자에게 인정하는 것이다.[8]

채권자취소권은 이미 행하여진 채무자의 재산처분행위의 효력을 부
인하고 수익자 또는 전득자로부터 그가 취득한 재산을 회수하는 것을 본
질적 기능으로 하여 제3자에게 미치는 영향이 상대적으로 크고 자칫 거
래의 동적 안전을 해칠 우려가 있으므로 그 운영에 신중을 기할 필요가
있다.[9] 그와 같은 취지에서 민법은 법률관계의 조속한 확정을 위하여 사
해행위취소의 소에 단기의 제척기간을 두고 있고(민법 제406조 제2항), 통설과 판례
는 사해행위취소의 효력을 공동담보의 보전에 필요한 범위 내에서 취소
소송의 당사자인 채권자와 수익자 또는 전득자 사이에서만 미치는 것으
로 보고 있다(상대적 효력설).

대상판결은 전득자에 대한 사해행위취소의 소에서의 제척기간 기산
점에 관한 판결로 그 주요 내용은 대법원 2005. 6. 9. 선고 2004다17535

---

8) 곽윤직 편집대표, 민법주해[IX] 채권(2), 박영사(1995), 798면 이하(김능환 집필
   부분).
9) 김용담 편집대표, 주석민법 채권총칙(2), 한국사법행정학회(2013), 200면(손진홍
   집필부분).

판결[10]과 같다. 다만, 그 사실관계를 들여다보게 되면서 과연 제척기간을
그와 같이 해석하는 것이 타당한 것인지에 대해서 의문이 들었고, 상대
적 효력설의 관점에서 사해행위취소로 회복된 재산을 채무자가 처분한
경우 그 행위(이하 '회복된 재산의 처분행위'라 한다)는 유효한지, 만약 무
효라면 이에 대한 사해행위취소가 가능한지 등에 관하여 여러 호기심을
불러일으켜 연구대상으로 삼게 되었다.

이하에서는 채권자취소권의 법적 성질에 대하여 간략하게 살펴보고(Ⅱ),
전득자에 대한 사해행위취소의 소에서의 제척기간 기산점(Ⅲ)에 대하여 알아
본 후, 회복된 재산의 처분행위의 효력(Ⅳ) 및 그에 대한 사해행위취소의 가
부(Ⅴ)에 대하여 검토해 보고자 한다.

Ⅱ. 채권자취소권의 법적 성질

1. 序

채권자취소권의 법적 성질에 관한 논의는 취소소송의 당사자(피고)
를 누구로 할 것인지, 취소판결의 효력을 어떻게 볼 것인지 등에 관하여
밀접하게 관련이 있고, 뒤에서 논의하고자 하는 회복된 재산의 처분행위
의 효력에도 상당한 관련이 있다. 우리 민법상의 채권자취소권은 로마법
상의 actio pauliana에서 유래하여 이탈리아 도시법을 거쳐 파산절차 내에
서의 부인권과 파산절차 외에서의 취소권으로 분화·발전된 프랑스법[11]

---

10) 주 5) 참조.
11) 파산절차 외에서의 사해행위취소에 관하여 민법(Code civil) 제1167조에 개괄적
인 규정을 두고 있다.
〈Article 1167〉
　Ils peuvent aussi, en leur nom personnel, attaquer les actes faits par leur débiteur
　en fraude de leurs droits.
　Ils doivent néanmoins, quant à leurs droits énoncés au titre "Des successions" et
　au titre "Du contrat de mariage et des régimes matrimoniaux", se conformer aux
　règles qui y sont prescrites.
　채권자들은 그 명의에 의하여 그 권리를 기망하여 행한 채무자의 행위에 대하여 재판상 청구
　를 할 수 있다.
　그러나 채권자들은 "상속"편과 "부부재산계약 및 부부재산제"편에 규정된 권리에 관하여는
　각 편의 규정에 따라야 한다.

과 독일법[12]을 계수한 일본민법[13]을 발전적으로 수용한 것이라고 할 수 있는바,[14] 우리나라의 채권자취소권에 관한 학설 및 판례 역시 프랑스, 독일, 일본의 학설과 판례로부터 적지 않은 영향을 받은 것으로 보인다.[15]

2. 우리나라의 학설과 판례[16]

가. 학　설

(1) 절대적 효력설(취소효과설) : 채권자취소권에서 '취소'의 의미에 관하여 일반적 취소와 마찬가지로 소급효와 절대적 효력을 인정하는 견해이다.[17] 채권자취소권에서 말하는 취소를 법률행위의 취소와 동일하게 파악하여 취소의 효과로서 절대적 무효를 인정하고, 원상회복을 취소된 법률행위가 없었던 상태로 복귀하는 것으로 이해한다. 이 견해는 채권자 취소의 소를 채무자, 수익자 및 전득자 모두를 피고로 하는 고유필수적

---

12) 파산절차 외에서의 사해행위취소에 관하여 특별법인 "도산절차 밖에서의 채무자의 법적행위의 취소에 관한 법률"(Gesetz über die Anfechtung von Rechtshandlungen eines Schuldners außerhalb des Insolvenzverfahrens, 이른바 Anfechtungsgesetz-AnfG)을 두고 있다(이하 '채권자취소법'이라 한다).

13) 파산절차 외에서의 사해행위취소에 관하여 프랑스법을 계수하여 별개의 법률로 규율하지 아니하고 민법 제425조, 제426조에 우리 민법과 유사한 내용의 규정을 두고 있다. 프랑스나 독일에서는 채권자취소의 효과가 취소채권자를 위하여서만 효력이 있는 것으로 보는 반면, 일본과 우리 민법은 모든 채권자의 이익을 위하여 효력이 있다는 명시적인 규정을 두고 있다.

14) 주석민법 채권총칙(2), 201면 이하.

15) 프랑스, 독일, 일본에서의 논의에 관한 상세한 설명은 오시영, 채권자취소권, 숭실대학교출판부(2010), 59면 이하 참조.

16) 이하의 내용은 주석민법 채권총칙(2), 213면 이하; 김재형, "채권자취소권의 본질과 효과에 관한 연구", 인권과 정의 제329호(2004); 이계정, "채권자취소권의 법적 성질과 사해의사에 관한 연구", 서울대학교 석사학위논문(2004); 오시영, 앞의 책(주 15), 115면 이하; 이은영, 채권총론(제4판), 박영사(2009), 479면 이하; 유병현, "채권자취소소송에 관한 연구-강제집행과 관련하여-", 고려대학교 박사학위논문(1993) 참조.

17) 서광민, "채권자취소권의 법적 구성", 고시계(1993. 4.), 72면 이하 / 이은영, 앞의 책(주 16), 481면 이하[이은영 교수는 자신의 견해를 '취소효과설'이라고 부르는데, 이은영 교수의 견해를 절대적 무효설로 분류하는 학자들도 있고, 신형성권설로 분류하는 학자들도 있다는 점을 밝혀 둔다].

공동소송으로 해야 한다고 한다. 다만, 이 견해도 기판력 이론에 따라 소송당사자가 아니었던 자에게 무조건 취소의 효력이 미치는 것은 아니라고 한다.

(2) **채권적 상대무효설** : 기본적으로는 판례의 상대적 무효설에 동조하면서도 판례의 입장처럼 취소판결 주문이나 청구취지에서 취소 및 원상회복을 모두 구할 필요는 없고, 수익자 또는 전득자만을 피고로 하여 원상회복을 구하면서 사해행위의 취소는 선결문제로 주장하면 충분하다는 견해이다.[18] 채권자취소권 자체는 형성권으로 보지만, 채권자취소의 소를 반드시 법원을 통하여 행사하는 형성의 소로 볼 이유는 없다고 한다.

(3) **물권적 상대무효설** : 채권자취소의 소를 "사해행위를 취소하는 형성의 소"와 "재산의 반환을 구하는 이행의 소"가 결합된 것으로 이해한다. 채권자취소권 제도는 채무자의 책임재산을 보전하는 데 그 목적이 있으므로, 필요최소한도 내에서만 채무자의 사해행위에 간섭하여야 한다고 한다. 따라서 채무자를 피고로 하여 취소판결의 효력을 채무자에게 미치게 할 필요가 없다고 하고, 사해행위취소 판결의 효력은 채권자와 수익자 또는 전득자 사이에서만 상대적인 효력이 있을 뿐이므로, 채무자와 수익자, 수익자와 전득자 사이의 법률행위의 효력은 그대로 유효하다고 한다.[19] 통설과 판례의 태도이다.

(4) **책 임 설** : 채권자취소권의 목적은 사해행위 자체를 취소하거나 일탈재산 자체를 반환받는 것이 아니라, 채권자가 채무자의 재산에 대한 집행가능성을 회복하는 책임법적 무효의 효과를 발생시키는 권리라고 한다. 이 견해는 채무자의 사해행위에 의하여 책임재산이 수익자 또는 전득자에게 귀속된 상태에서 그 재산을 취소채권자의 강제집행의 대상으로

---

18) 이재성, "채권자취소권의 행사방법", 이재성판례평석집 11, 한국사법행정학회(1998).
19) 곽윤직, 채권총론(제6판), 박영사(2003), 139면 이하; 김기선, 한국채권법총론(제3전정판), 법문사(1987), 184면; 김증한·김학동, 채권총론(제6판), 박영사(1998), 241면 등.

삼을 수 있게 하는 것이 채권자취소권 제도의 목적을 달성하기 위한 필
요최소한을 요구하는 것으로 타당하다고 한다. 따라서 채권자취소권이
사해행위를 책임관계의 측면에서 무효로 하는 형성권의 성격을 갖지만,
취소권행사의 소송에서 채권자는 특정법률행위의 취소를 표시하고 일탈
재산이 자기채권을 위하여 책임재산으로서의 지위에 있음을 확인해 줄
것을 구하는 확인의 소를 제기해야 한다고 주장한다.[20]

(5) 채 권 설 : 채권자취소권은 사해행위를 취소함으로써 이를 무효화
시키려는 것이 아니라 책임재산을 회복한다는 데 목적이 있기 때문에,
채권자취소권의 본질을 책임재산의 반환을 청구하는 것으로 파악해야 한
다는 견해이다.[21] 채권자취소권에서의 '취소'는 수익자 또는 전득자 앞으
로 이전된 재산에 대하여 강제집행을 할 수 있는 상태로 만들기 위한 것
으로, 사해행위를 취소하면 채권자가 취소상대방에 대하여 반환청구를 할
수 있는 법정채권관계가 성립하며, 이에 기한 원상회복청구권은 법률이
규정한 채권적 청구권으로 본다. 이 견해 역시 채권적 상대무효설과 마
찬가지로 채권자취소권을 행사하는 경우 청구취지에 사해행위를 취소한
다는 내용을 기재할 필요는 없이 재산의 반환을 청구하는 것으로 충분하
다고 하고, 판결주문에서도 원상회복만을 명하면 된다고 한다. 채권적 상
대무효설과 구별되는 점은 채권자취소권을 형성권으로 보지 않고, 청구권
으로 보는 데 있다. 독일의 통설과 판례의 태도이다.[22]

나. 판례(물권적 상대무효설)

판례는 물권적 상대무효설의 입장에 있는 것으로 보인다. 판례에 따
르면, 채권자가 채권자취소권을 행사하려면 사해행위로 인하여 이익을 받
은 자나 전득한 자를 상대로 그 법률행위의 취소를 구하여야 하고 채무

---

20) 김형배, "채권자취소권제도의 재구성", 고시계(1986. 9.).
21) 김재형, 앞의 글(주 16), 117면 이하.
22) 다만, 독일의 경우 채권자취소권에서의 반환은, 취득자가 그 취득재산을 채무자
또는 채권자에게 되돌려 주는 것이 아니라 채권자가 그 재산에 대하여 강제집행하
는 것을 취득자가 인용(Duldung)하는 것을 말한다. 따라서 원상회복의 수단으로
강제집행인용의 소를 이용한다[김재형, 앞의 글(주 16), 117면 참조].

자를 상대로는 그 소송을 제기할 수 없고,²³⁾ 채권자가 사해행위의 취소
와 함께 수익자 또는 전득자로부터 책임재산의 회복을 명하는 사해행위
취소의 판결을 받은 경우 그 취소의 효과는 채권자와 수익자 또는 전득
자 사이에만 미치므로, 수익자 또는 전득자가 채권자에 대하여 사해행위
의 취소로 인한 원상회복 의무를 부담하게 될 뿐, 채권자와 채무자 사이
에서 그 취소로 인한 법률관계가 형성되거나 취소의 효력이 소급하여 채
무자의 책임재산으로 복구되는 것은 아니다.²⁴⁾ 또한, 채권자가 사해행위
의 취소와 원상회복을 청구함에 있어 사해행위의 취소만을 먼저 청구한
다음 원상회복을 나중에 청구할 수 있으며, 이 경우 사해행위취소청구가
민법 제406조 제2항에 정하여진 기간 안에 제기되었다면 원상회복의 청
구는 그 기간이 지난 뒤에도 할 수 있다.²⁵⁾

3. 검   토

채권자취소권의 목적은 채무자의 책임재산을 회복하는 데 있으므로
그 목적을 달성함에 있어 필요최소한도로 법률관계에 개입하는 것이 타
당한데, 절대적 효력설의 경우 그 목적범위를 벗어나 사해행위 자체를
절대적으로 무효화시킨다는 점에서 동의하기 어렵다.

책임설의 경우 법률관계에 대한 개입을 최소화한다는 점에서 그 취
지에는 공감할 수 있으나, 책임법적 무효라는 개념 자체가 선뜻 받아들
이기 어렵고, 현행 민사소송법 및 민사집행법 체계하에서 법률의 개정
없이 수익자 또는 전득자 앞으로 재산을 그대로 둔 채 채무자에 대한 강

---

23) 대법원 2004. 8. 30. 선고 2004다21923 판결[공2004. 10. 1.(211), 1598], 대법원
   1991. 8. 13. 선고 91다13717 판결[공1991. 10. 1.(905), 2347] 등.
24) 대법원 2014. 6. 12. 선고 2012다47548 판결[공2014하, 1377], 2006. 8. 24. 선고
   2004다23110 판결[미간행], 대법원 2001. 5. 29. 선고 99다9011 판결[공2001. 7.
   15.(134), 1444] 등 참조. 한편, 대법원 1979. 2. 13. 선고 78누428 전원합의체 판결
   [집27(1)행, 40; 공1979. 6. 1.(609), 11805]은 사해행위취소의 효력에 절대적 효력을
   인정하는 것으로 보일 여지가 있는바, 이에 대하여는 Ⅳ. 회복된 재산의 처분행위
   의 효력 부분에서 후술하기로 한다.
25) 대법원 2001. 9. 4. 선고 2001다14108 판결[집49(2)민, 57; 공2001. 10. 15.(140),
   2169].

제집행을 할 수 있는 것인가에 대하여 의문이 든다.

채권설의 경우 채권자취소권의 목적범위 내에서 법률관계에 대한 개입을 최소화하고(상대적으로든 절대적으로든, 책임법적으로든 무효화시키지 않는다), 채권자취소권을 법정채권관계로 이해하여 '채무자에게 효력이 미치지 않는다고 하면서 실제 재산이 채무자에게 반환되는 상황'을 모순 없이 설명할 수 있다는 점에서 상당히 설득력 있는 견해이다. 다만, ① 독일의 경우 채권자취소법 제13조에 채권자취소권을 소의 방법으로 행사하는 경우 청구취지에 취소상대방의 반환의 범위와 방법을 명시하여야 한다고 규정하여 채권자취소의 소가 이행의 소임을 명시하고 있는 반면,[26] 우리 민법 제406조는 "취소 및 원상회복을 법원에 청구할 수 있다"고 하여 그 소송의 형태가 형성의 소와 이행의 소가 결합된 것으로 정하고 있는 점, ② 독일의 경우 단순한 채무부담행위는 채권자취소의 대상이 되지 않아[27] 사해행위만 있고 이행이 되지 않은 경우 즉 사해행위취소만을 구하여야 할 상황을 상정하기 어려운 반면, 우리의 경우 단순한 채무부담행위 역시 채권자취소의 대상이 되는바, 그 경우 수익자를 상대로 사해행위취소만을 구하는 것이 보다 자연스러운 점(즉, 단순히 채권자취소의 소를 이행의 소로만 이해하기는 어렵다)[28] 등을 고려할 때, 위 견해를 우

---

26) § 13 Bestimmter Klageantrag (청구취지의 특정)
   Wird der Anfechtungsanspruch im Wege der Klage geltend gemacht, so hat der Klageantrag bestimmt zu bezeichnen, in welchem Umfang und in welcher Weise der Anfechtungsgegner das Erlangte zur Verfügung stellen soll.
   취소청구권을 재판상 행사하는 경우에는, 취소상대방이 어떠한 범위에서 그리고 어떠한 방법으로 수익재산을 취소채권자의 처분에 맡겨야 하는지를 청구취지에 특정하여 표시하여야 한다.
   독일의 법령 정보는 http://www.buzer.de 참조.
27) 이는 독일민사소송법이 강제집행법상 우선주의를 취하는 까닭이다. 즉 개별집행에서는 선순위압류채권자가 다른 채권자에 비하여 우선적 만족을 얻게 되므로, 집행법상 평등주의를 취하는 우리 법 하에서처럼 집행절차에 다른 채권자가 참가함으로써 충분한 변제를 받지 못할 것을 염려하지 않아도 되기 때문이다. 또한, 독일법이 채권자취소권을 우리 법처럼 총채권자의 공동담보재산을 보전하기 위한 제도로 보지 않고, 개별채권자의 만족권의 침해에 대한 구제수단으로 보기 때문이기도 하다. 채권자취소권을 총채권자의 공동담보재산을 보전하기 위한 제도로 보면, 새로운 채권자의 증가는 곧 채무자의 변제자력의 감소를 의미하기 때문이다[유병현, 앞의 글(주 16), 91면 참조].
28) 이에 대하여 채권설은, 채무자가 증여약정을 하였을 뿐이고 그 이행을 하지 않은

리나라의 법 상황에 바로 적용할 수 있는지에 대해 확신이 들지 않는다. 채권적 상대무효설 역시 마찬가지이다.

현행법 체계하에서는 통설·판례와 같은 물권적 상대무효설(채권적 상대무효설과의 구분을 위하여 '물권적 상대무효설'로 칭하였는바, 아래에서 부터는 단순히 '상대적 효력설'이라 한다)을 취하는 것이 거래 안전을 가장 적게 침해하면서 사해행위취소의 목적을 달성할 수 있는 해석론이라 생각한다. 다만, 사해행위취소에 따른 원상회복 방법과 관련하여, 현재 확립된 실무는 수익자나 전득자에게 넘어간 재산을 다시 채무자의 재산으로 현실적으로 원상회복시켜 놓고, 채무자의 명의로 된 재산에 강제집행을 하는 방식을 취하고 있는데, 이러한 원상회복 형태는 상대적 효력설과 맞지 않다고 생각한다. 즉, 채권자취소소송의 효력이 채무자에게 미치지 않는다고 하고 원상회복이 되더라도 채무자가 실제 권리를 취득하는 것은 아니라고 보면서, 수익자 또는 전득자 앞으로 등기된 재산을 채무자 앞으로 이전하는 것은 실체 권리관계와 공시방법 사이의 불일치를 가져와 대상 판결의 사안과 같이 법률관계에 더 큰 혼란을 초래할 수 있다. 특히 민법은 사해행위취소소송을 제기하는 데 채무자에 대한 집행권원을 그 요건으로 하지 않고 있어,[29] 사해행위취소의 결과 채무자 앞으로 재산이 원상회복 되더라도 채권자가 바로 집행에 착수하지 못하여 채무자 앞으로 등기가 이전된 상태가 상당기간 지속될 수 있다는 점에서 더 문제이다. 현행 민사집행법이 채무자 단일 명의 제도를 운영하고 있어 어쩔 수 없는 현상이라고는 생각하지만, 입법론으로서는 수익자 또는 전득자 앞으로 재산을 그대로 둔 상태에서 채권자가 집행에 착수할 수 있는 방안을 도입할 필요가 있다고 생각한다.

경우 사해행위취소에 의한 원상회복 청구는 증여약정에 따른 채권을 행사하지 말 것을 청구하는 것이고, 그것으로 충분하다고 한다[김재형, 앞의 글(주 16), 119면].

[29] 독일의 경우 원칙적으로 채권자취소소송을 제기하기 전에 취소채권자의 채권의 존재 및 금액을 확정하는 '집행권원'을 소지할 것을 요한다(AnfG §2). 이 때문에 독일에서는 채권자취소권을 집행권원에 기한 집행의 문제로 다루고 있어 강제집행법 분야에서 주로 연구가 이루어진다고 한다[민일영, "독일의 채권자취소제도", 재판자료 제48집, 법원행정처(1989), 14면].

Ⅲ. 전득자에 대한 사해행위취소의 소에서의 제척기간 기산점

1. 제척기간 일반론

사해행위취소의 소는 채권자가 취소원인을 안 날로부터 1년, 법률행위가 있은 날로부터 5년 내에 제기하여야 한다(민법 제406조 제2항). 법률관계의 조속한 확정을 기하기 위하여 일반 민법상의 취소권(추인할 수 있는 날로부터 3년, 법률행위를 한 날로부터 10년)에 비하여 단기로 규정하고 있다. 위 기간은 제소기간으로서의 제척기간으로 법원은 그 기간의 준수 여부에 관하여 직권으로 조사하여 그 기간이 도과된 후에 제기된 사해행위취소의 소는 부적법한 것으로 각하하여야 한다. 그러므로 그 기간 준수 여부에 대하여 의심이 있는 경우에는 법원이 필요한 정도에 따라 직권으로 증거조사를 할 수 있다. 그러나 법원에 현출된 모든 소송자료를 통하여 살펴보았을 때 그 기간이 도과되었다고 의심할 만한 사정이 발견되지 않는 경우까지 법원이 직권으로 추가적인 증거조사를 하여 기간 준수 여부를 확인하여야 할 의무는 없다.[30] 한편, 제척기간의 도과에 관한 입증책임은 채권자취소소송의 상대방에게 있다.[31]

2. 외국의 입법례

우리 민법이 채권자취소권의 행사기간을 제척기간으로 규정한 것과 달리, 독일, 프랑스, 일본은 사해행위취소권을 소멸시효에 걸리는 권리로 규정하고 있다.

독일의 경우 채권자취소법에서 사해행위의 유형에 따라 그 시효기간을 달리 정하고 있는데, 채무자의 고의에 의한 사해행위에 대하여는 10년(제3조 제1항), 도산법 제138조에서 정한 긴밀한 관계에 있는 자와 체결한 유상계약에 대하여는 2년(제3조 제2항), 사해행위가 무상급부인 경우에는 4년 내에 행사하도록 규정하고 있다(제4조 제1항).[32]

---

30) 대법원 2002. 7. 26. 선고 2001다73138 판결[공2002. 9. 15.(162), 2051].
31) 대법원 2009. 3. 26. 선고 2007다63102 판결[공2009상, 547].

프랑스의 경우 민법에 사해행위취소권의 시효에 관하여 별도의 규정을 두고 있지 아니하므로, 제2224조에 의하여 채권자취소권을 행사할 수 있다는 사실을 알거나 알 수 있었을 때부터 5년의 시효에 걸리게 된다.[33]

일본의 경우 민법 제426조에 따라 취소의 원인을 안 때로부터 2년, 사해행위가 있는 때로부터 20년의 시효에 걸리게 된다.

---

32) § 3 Vorsätzliche Benachteiligung (고의적인 사해)

   (1) Anfechtbar ist eine Rechtshandlung, die der Schuldner in den letzten zehn Jahren vor der Anfechtung mit dem Vorsatz, seine Gläubiger zu benachteiligen, vorgenommen hat, wenn der andere Teil zur Zeit der Handlung den Vorsatz des Schuldners kannte. Diese Kenntnis wird vermutet, wenn der andere Teil wußte, daß die Zahlungsunfähigkeit des Schuldners drohte und daß die Handlung die Gläubiger benachteiligte.

   채무자가 취소 전 10년 내에 채권자를 해할 고의를 가지고 행한 법적 행위는, 그 상대방이 행위 당시에 채무자의 고의를 인식하였을 경우에는 이를 취소할 수 있다. 이 인식은, 상대방이 채무자의 지급불능이 임박하였다는 점 및 그 행위가 채권자를 해한다는 점을 알았을 경우에는 추정된다.

   (2) Anfechtbar ist ein vom Schuldner mit einer nahestehenden Person (§ 138 der Insolvenzordnung) geschlossener entgeltlicher Vertrag, durch den seine Gläubiger unmittelbar benachteiligt werden. Die Anfechtung ist ausgeschlossen, wenn der Vertrag früher als zwei Jahre vor der Anfechtung geschlossen worden ist oder wenn dem anderen Teil zur Zeit des Vertragsschlusses ein Vorsatz des Schuldners, die Gläubiger zu benachteiligen, nicht bekannt war.

   채무자가 자신과 긴밀한 관계를 가진 자(도산법 제138조)와 체결한 것으로서 채권자를 직접 해하는 유상계약은 이를 취소할 수 있다. 다만, 그 계약이 취소시점으로부터 2년 이전에 체결되었거나 또는 상대방이 계약체결 당시에 채권자를 해하려는 채무자의 고의를 인식하지 못하였던 경우에는 그렇지 아니하다.

   § 4 Unentgeltliche Leistung (무상급부)

   (1) Anfechtbar ist eine unentgeltliche Leistung des Schuldners, es sei denn, sie ist früher als vier Jahre vor der Anfechtung vorgenommen worden.

   채무자의 무상급부는 이를 취소할 수 있다. 다만, 그 급부가 취소시점으로부터 4년 이전에 행하여진 경우에는 그렇지 아니하다.

33) 정다영, "프랑스 민법상 채권자취소권 제도", 민사법학 제67호, 한국민사법학회 (2014), 384면 이하.

   ⟨Article 2224⟩

   Les actions personnelles ou mobilières se prescrivent par cinq ans à compter du jour où le titulaire d'un droit a connu ou aurait dû connaître les faits lui permettant de l'exercer.

   인적 소권이나 동산에 관한 소권은 권리자가 그 권리를 행사할 수 있다는 사실을 알거나 알 수 있었을 때부터 5년의 시효에 걸린다.

   프랑스의 법령 정보는 https://www.legifrance.gouv.fr 참조.

미국은 채권자취소와 관련하여 1918년에 Uniform Fraudulent Conveyance
Act(UFCA)가 제정되었고, 1985년 UFCA가 Uniform Fraudulent Transfer
Act(UFTA)로 개정되었다. 그리고 2014년에 UFTA가 Uniform Voidable
Transactions Act(UVTA)로 개정되었다. UVTA는 사해행위의 취소(avoidance of
the transfer or obligation)를 청구하기 위한 출소기간으로 사해행위의 유형에
따라 ① 법률행위가 있은 날로부터 4년, 취소의 원인을 안 날로부터 1년, ② 법
률행위가 있은 날로부터 4년, ③ 법률행위가 있은 날로부터 1년으로 정하고
있다.[34]

이탈리아의 경우 민법 제2903조에 따라 사해행위가 있은 날로부터
5년이 경과하면 시효에 의하여 소멸한다.[35]

3. 제척기간의 기산점
가. "법률행위가 있은 날"의 의미

사해행위에 해당하는 법률행위가 언제 있었는가는 실제로 그러한 사
해행위가 이루어진 날을 표준으로 판정할 것이되, 이를 판정하기 곤란한
경우 등에는 처분문서에 기초한 것으로 보이는 등기부상 등기원인일자를
중심으로 그러한 사해행위가 실제로 이루어졌는지 여부를 판정할 수 있
다.[36] 상속재산 협의분할이 사해행위에 해당하는 경우 상속 등기는 피상

---

34) 미국 통합법에 대한 상세한 정보는 http://www.uniformlaws.org 참조.
　SECTION 9. EXTINGUISHMENT OF CLAIM FOR RELIEF. A claim for relief with respect
　to a transfer or obligation under this [Act] is extinguished unless action is brought:
　(a) under Section 4(a)(1), not later than four years after the transfer was made or
　　the obligation was incurred or, if later, not later than one year after the transfer
　　or obligation was or could reasonably have been discovered by the claimant;
　(b) under Section 4(a)(2) or 5(a), not later than four years after the transfer
　　was made or the obligation was incurred; or
　(c) under Section 5(b), not later than one year after the transfer was made.
　미국의 사해행위취소에 관한 자세한 설명은, 김용덕, "미국법상 채무자의 강제집행
　면탈을 목적으로 한 재산도피 및 은닉 등을 방지하기 위한 제도", 재판자료 제65집,
　법원행정처(1994) 참조.
35) 김민동, 이탈리아 채권법, 고려대학교출판부(2011), 94면.
36) 대법원 2010. 2. 25. 선고 2007다28819, 28826 판결[공2010상, 615] 등.

속인이 사망한 날을 등기원인일로 하여 마쳐지게 될 텐데,[37] 그렇다고
하더라도 사해행위인 법률행위가 있은 날은 피상속인이 사망한 날이 아
닌 실제 상속재산 분할협의가 있은 날을 기준으로 하여야 할 것이다.[38]
한편, 사해행위취소의 대상이 되는 법률행위가 조건부 또는 기한부 법률
행위라 하더라도 제척기간의 기산점은 조건이 성취된 날 또는 기한이
도래한 날이 아닌 '당해 법률행위가 성립한 날'을 기준으로 하여야 할 것
이다.[39]

나. "취소원인을 안 날"의 의미

채권자가 채권자취소권의 요건을 안 날, 즉 채무자가 채권자를 해함
을 알면서 사해행위를 하였다는 사실을 알게 된 날을 의미하므로, 단순
히 채무자가 재산의 처분행위를 하였다는 사실을 아는 것만으로는 부족
하고, 그 법률행위가 채권자를 해하는 행위라는 것, 즉 그에 의하여 채권
의 공동담보에 부족이 생기거나 이미 부족상태에 있는 공동담보가 한층
더 부족하게 되어 채권을 완전하게 만족시킬 수 없게 되었으며 나아가
채무자에게 사해의 의사가 있었다는 사실까지 알 것을 요한다. 그렇다고
하여 채권자가 수익자나 전득자의 악의까지 알아야 하는 것은 아니다.[40]

---

37) 등기예규 제438호 : 재산상속은 피상속인이 사망한 날로부터 개시되므로 상속재
산을 협의에 의하여 분할하더라도 그것은 재산상속에 인한 소유권 이전이며 따라
서 피상속인이 사망한 날을 등기원인일로 하여야 한다.
38) 광주지방법원 2014. 6. 17. 선고 2013가단72058 판결[미간행], 대구지방법원 김천
지원 2010. 9. 1. 선고 2009가단13190 판결[미간행] 등.
39) 춘천지방법원 속초지원 2012. 3. 23. 선고 2011가합572 판결[미간행](조건부 법
률행위에 관한 판결). 독일의 경우 '조건부 또는 기한부의 법적 행위의 경우에는,
조건 또는 기한의 도래는 이를 고려하지 아니한다'는 명시적인 규정이 있다(AnfG
§ 8③).
40) 대법원 2012. 1. 12. 선고 2011다82384 판결[공2012상, 270](채권자가 채무자의
재산상태를 조사한 결과 자신의 채권 총액과 비교하여 채무자 소유 부동산 가액이
그에 미치지 못하는 것을 이미 파악하고 있었던 상태에서 채무자의 재산에 대하여
가압류를 하는 과정에서 그중 일부 부동산에 관하여 제3자 명의의 근저당권설정등
기가 마쳐진 사실을 확인하였다면, 다른 특별한 사정이 없는 한 채권자는 가압류
무렵에는 채무자가 채권자를 해함을 알면서 사해행위를 한 사실을 알았다고 봄이
타당하다고 한 사례); 대법원 2011. 1. 13. 선고 2010다71684 판결[미간행](채권자
갑이 제기한 사해행위취소소송이 제척기간을 도과하여 제기된 것인지 여부가 문제
된 사안에서 채권자 갑이 대물변제계약에 기한 소유권이전등기청구권을 피보전권

4. 전득자에 대한 사해행위취소의 소에서의 "취소원인을 안 날"의 의미

가. 문제의 소재

전득자에 대한 사해행위취소의 소 역시 민법 제406조 제2항에 따라 채권자가 취소원인을 안 날로부터 1년, 법률행위가 있은 날로부터 5년 내에 제기하여야 함은 명백하다. 그리고 전득자에 대한 사해행위취소의 소에서도 취소대상이 되는 행위는 사해행위, 즉 '채무자와 수익자 사이의 법률행위'이므로 "법률행위가 있은 날"이 '사해행위가 있은 날'을 의미한다는 점도 의문의 여지가 없다. 문제는, "취소원인을 안 날"의 의미인데, 채권자가 채무자의 사해행위를 안 날 이후에 전득행위의 존재를 알게 된 경우에도 일률적으로 그 기산점을 '사해행위를 안 날'로 볼 것인지에 있다. 대법원은 2005. 6. 9. 선고 2004다17535 판결에서 전득자에 대한 사해행위취소의 소 역시 채권자가 '채무자가 채권자를 해함을 알면서 사해행위를 하였다는 사실을 알게 된 날'로부터 1년 이내에 제기하여야 한다고 판시하였고, 대상판결에서도 그 입장은 그대로 유지되었다. 학계에서 이 부분에 대하여 정면으로 논의가 이루어진 사례는 찾기 어려우나(대법원의 입장에 별다른 의문이 없어서인지도 모르겠다), 대상판결의 원심과 일부 하급심 판결 중에는 전득자에 대한 소에서의 제척기간 기산점에 대하여 다른 해석을 시도한 사례가 있기는 하다.

리로 하는 처분금지가처분 등기가 경료된 사실을 알았다는 사정만으로 위 대물변제계약이 사해행위에 해당하는지 여부에 관하여 알 수 있었다고 보기는 어렵다고 한 사례); 대법원 2009. 4. 9. 선고 2008다81398 판결[공2009상, 618](채권자가 채무자의 제3자에 대한 금전의 증여행위가 사해행위에 해당한다는 것을 확실히 알지 못한 채 그 금전으로 취득한 제3자 명의의 부동산이 실은 채무자의 소유인데 제3자에게 명의신탁한 것으로 잘못 알고 그 부동산을 대상으로 처분금지가처분신청을 하여 그 처분금지가처분등기가 경료되었다는 사정만으로는 채권자가 그때부터 채무자가 채권자를 해함을 알면서 사해행위인 금전의 증여행위를 하였다는 사실을 알게 되었다고 볼 수 없다고 한 사례); 대법원 2000. 9. 29. 선고 2000다3262 판결[공2000. 11. 15.(118), 2199](채무자가 유일한 재산인 부동산을 처분하였다는 사실을 채권자가 알았다면 채무자의 사해의사도 채권자가 알았다고 봄이 상당하다고 한 사례).

나. 견해의 대립

(1) 사해행위를 안 날로부터 기산한다는 견해

취소소송의 상대방이 전득자인 경우에도 사해행위는 언제나 채무자와 수익자 사이의 법률행위를 가리키므로 기간의 기산점이 달라지지 않는다는 입장이다.[41] 대법원이 취하는 입장이고, 소멸시효 법제를 취하고 있기는 하나 일본의 판례 역시 같다.[42] 대법원은 별다른 논거를 밝히지 않았으나, 하급심 판결 중에는 그 논거를 밝힌 사례가 있는데, ① 전득자에 대하여 사해행위취소의 소를 제기하는 경우 제척기간의 기산점을 '악의의 전득행위가 있었던 날' 또는 '악의의 전득행위가 있었다는 것을 채권자가 안 날'로 한다면, 전득자가 생길 때마다 새로운 취소권이 생겨서 법률관계가 언제까지라도 확정되지 않아 제척기간을 둔 취지와 부합되지 않는 불합리한 결과가 발생하는 점,[43] ② 사해행위취소의 효과가 제3자에게 미치는 영향을 고려하여 법률관계를 조속히 확정시킬 필요에 의하여 제척기간을 단기로 정하게 된 위 법률 조항의 취지, 민법 제406조 제2항의 명백한 문언에 반하여 전득행위의 발생 시점을 기준으로 기산점을 달리 적용하는 것은 법적 안정성에 반하게 되는 결과를 초래하고, 채권자로서는 처분금지가처분을 함으로써 그 가처분에 반하는 전득자 명의의 이전등기말소를 구할 수 있어 사해행위취소소송이 아니더라도 원상회복이 가능한 점[44] 등을 그 논거로 제시한다. 한편, 서울고등법원 2008. 7. 30. 선고 2006나82160 판결은 위와 같은 해석에 따라 발생할 수 있는 불합리한 결과는 사해행위취소소송의 제기와 함께 사전에 채권자취소권을 피보전권리로 한 가처분을 함으로써 방지할 수밖에 없다고 하였다.

---

41) 주석민법 채권총칙(2), 352면.
42) 日大判 大正 4(1915). 12. 10.(民集 21. 2039)―奧田昌道, 新版注釈民法(10)Ⅱ, 有斐閣(2011), 962면 참조.
43) 대전고등법원 2010. 3. 17. 선고 2009나3713 판결[미간행].
44) 서울중앙지방법원 2013. 8. 13. 선고 2012가단9544 판결[미간행], 서울중앙지방법원 2012. 9. 6. 선고 2012가단9551 판결[미간행], 수원지방법원 2014. 8. 13. 선고 2013나35549 판결[미간행] 등.

(2) 예외적인 경우에 한하여 전득행위가 존재함을 알았을 때부터 기산한다는 견해

이 견해 역시 '취소원인을 안 날'에서의 취소원인인 법률행위는 채무자와 수익자 사이의 법률행위이므로, 전득자에 대한 채권자취소의 소와 수익자에 대한 채권자취소의 소의 제척기간의 기산점이 다르지 않다고한다. 다만, 채권자가 사해행위를 안 날 이후에 수익자와 전득자 사이의법률행위의 존재를 알게 된 경우라면, 제척기간은 뒤에 도래한 시기, 즉 수익자와 전득자 사이의 법률행위의 존재를 안 날로부터 기산한다고 한다.[45]

(3) 원심의 입장(특정한 경우 민법 제406조 제2항의 적용이 배제된다는 견해)

원심은 앞서 본 바와 같이, 수익자가 이미 사해행위취소의 제척기간을 도과한 후 사해행위취소를 명한 확정판결에 따라 제1전득자에게 이루어진 근저당권이전등기가 말소된 것을 기화로 다시 이를 제2전득자에게처분한 경우에는 제2전득자에 대한 사해행위취소의 소에 민법 제406조제2항에서 규정하고 있는 제척기간이 적용되지 않는다고 하였다. 원심은① 채권자취소권행사의 제척기간이 지난 후에 이루어진 근저당권 일부양도계약에 관하여 그 계약이 체결되기 전에 사해행위취소의 소를 제기하는 것은 물리적으로 불가능한 점, ② 제2전득자가 사해행위취소소송의확정판결에 의하여 제1전득자 명의의 근저당권이전등기가 말소된 후 수익자로부터 다시 근저당권일부이전등기를 경료받은 것이 채무자와 수익자 사이의 사해행위에 기초한 것인 점, ③ 수익자가[46] 이미 확정된 사해행위취소 판결을 무력화하기 위하여 판결확정 후 책임재산을 처분한 것인데 채권자인 원고가 이를 회복할 수 있도록 함이 보다 정의관념에 부합하는 것으로 보이는 점, ④ 제2전득자가 확정된 사해행위취소 판결로

---

45) 홍준호, "채권자취소권 행사의 제척기간의 기산점", 민형사실무연구, 서울북부지방법원(2004), 40면 이하; 이순동, 채권자취소권, 육법사(2010), 462-463면; 하급심 판결로는 의정부지방법원 2008. 10. 16. 선고 2007가합986 판결[미간행]이있다.
46) 원심 이유에는 '제2전득자'인 것으로 기재되어 있는데, 처분의 주체는 '수익자'이므로 '수익자'로 선해한다.

인하여 제1전득자 명의의 근저당권이전등기가 말소된 사정을 알면서 근저당권을 일부 이전받음으로써 사해행위취소로 인한 원상회복을 방해하는 데에 적극적으로 가담하였음에도 불구하고 채권자취소권 행사가 제척기간을 도과하였다는 취지의 본안전 항변을 하는 것은 신의성실의 원칙상 허용될 수 없는 점 등을 그 근거로 들고 있다.

다. 검토 – 사해행위 및 전득행위를 안 날

민법은 제406조 제2항의 단기 제척기간의 기산점을 '사해행위를 안 날'로 규정한 것이 아니라 '취소의 원인을 안 날'로 규정하고 있는바, 전득자에 대한 사해행위취소의 소에서의 '취소의 원인을 안 날'은 '전득자에 대하여 취소의 원인을 안 날'로 해석함이 타당하다고 생각하고, 그와 같이 해석할 경우 위 날은 채권자가 '채무자의 사해행위 및 전득자의 전득행위를 안 날'이 된다고 할 것이다. 그 이유는 다음과 같다.

(1) 채권자취소권의 본질에 대하여 어떠한 견해를 취하더라도 수익자에 대한 채권자취소권과 전득자에 대한 채권자취소권은 별개의 독립된 권리이다.[47] 즉, 수익자를 상대로 이미 사해행위를 취소하는 내용의 판결을 선고받아 확정되었더라도 그 판결의 효력은 전득자에게 미치지 아니하고, 전득자를 상대로 재산의 반환을 구하기 위해서는 다시 채무자와 수익자 사이의 법률행위를 취소하여야 한다. 그렇다면, 민법 제406조 제2항의 '채권자가 취소원인을 안 날'을 그 권리의 상대방에 대하여 취소의 원인을 안 날로 해석하는 것이 더 자연스럽지 않을까 생각한다. 채권자는 전득행위를 알기 전까지는 전득자에 대하여 채권자취소권을 행사하여야 한다는 점, 즉 전득자에 대하여 취소원인이 있다는 점을 알지 못한다. 전득자에 대하여 취소의 원인이 있다는 것이 필연적으로 전득행위가 사해행위취소의 대상이 된다는 것을 의미하는 것은 아니므로, 이와 같이 해석한다고 하여 사해행위취소의 대상을 혼동하는 것은 아니다.

---

47) 절대적 효력설은 취소의 의미에 관하여 일반적 취소와 마찬가지로 소급효와 절대적 효력을 인정하고 있으나, 기판력 이론에 따라 소송당사자가 아니었던 자에게 취소의 효력이 미치지 않는다고 보고 있다[서광민, 앞의 글(주 17), 77면].

(2) 제척기간은 원칙적으로 권리가 발생한 때부터 기산한다. 대법원 역시 "제척기간은 권리자로 하여금 당해 권리를 신속하게 행사하도록 함으로써 법률관계를 조속히 확정시키려는 데 그 제도의 취지가 있는 것으로서, 소멸시효가 일정한 기간의 경과와 권리의 불행사라는 사정에 의하여 권리 소멸의 효과를 가져오는 것과는 달리 그 기간의 경과 자체만으로 곧 권리 소멸의 효과를 가져오게 하는 것이므로 그 기간 진행의 기산점은 특별한 사정이 없는 한 원칙적으로 권리가 발생한 때이고, 당사자 사이에 매매예약 완결권을 행사할 수 있는 시기를 특별히 약정한 경우에도 그 제척기간은 당초 권리의 발생일로부터 10년간의 기간이 경과되면 만료되는 것이지, 그 기간을 넘어서 그 약정에 따라 권리를 행사할 수 있는 때로부터 10년이 되는 날까지로 연장된다고 볼 수 없다."고 판시한 바 있다.[48] 전득자에 대한 채권자취소권은 전득행위가 있어야 비로소 발생하는 것이므로, 명문의 규정이 그렇게 되어 있지 않는 한 채권자에게 불리한 방향으로 축소해석할 수 없다.

(3) 제척기간의 기산점을 이와 같이 해석한다고 하여 거래의 안전이 심각하게 침해되는 것도 아니다. 법률행위가 있은 날로부터 5년이 경과하면 더 이상 사해행위취소의 소를 제기할 여지가 없으므로, 법률관계가 언제까지라도 확정되지 않는 것은 아니다. 일본의 경우 법률행위가 있은 때로부터 20년이 경과하면 채권자취소권이 시효로 소멸하고, 프랑스의 경우 채권자취소권을 행사할 수 있다는 사실을 알거나 알 수 있었을 때부터 5년의 시효에 걸리게 되며, 독일의 경우 고의에 의한 사해행위는 법률행위일로부터 10년 내에 행사하도록 되어 있는데, 외국의 입법례에 비추어 보더라도 '법률행위가 있은 날로부터 5년'의 제척기간은 결코 길지 않다. 따라서 거래의 안전을 이유로 '취소원인을 안 날'을 채권자에게 불리한 방향으로 해석할 이유는 없다. 뿐만 아니라 전득자에 대한 제척기간이 문제되는 사안들은, 대부분 대상판결의 사안과 같이 채권자가 수

---

48) 대법원 1995. 11. 10. 선고 94다22682(본소), 22699(반소) 판결.

익자를 상대로 사해행위취소의 소를 제기한 후에 수익자의 처분행위가
있었던 경우이거나, 주식이나 동산과 같이 그 공시방법으로 인하여 채권
자가 전득자가 누구인지를 쉽게 알기 어려운 경우가 대부분인바, 그와
같은 경우에 있어서는 보다 더 채권자보호의 필요성이 크다고 할 것
이다.

또한 어차피 선의의 전득자는 보호를 받게 될 것이므로 이러한 측
면에서도 거래의 안전이 심각하게 훼손된다고 보기는 어렵다. 전득자에
게 선의의 입증책임이 있어 선의의 전득자가 피해를 볼 우려가 있다는
비판이 있을지 모르나, 이는 입증책임에 관한 규정을 개정함으로써 해결
할 일이지 그러한 사유만으로 제척기간을 좁게 해석하는 것은 합리적이
지 않다.[49)]

(4) 판례는 '취소원인을 안 날'은 채권자가 채권자취소권의 요건을
안 날을 의미한다고 한다.[50)] 통상 채권자취소권의 요건사실로는 '피보전
채권, 채무자의 사해행위, 채무자의 사해의사'를 들고 있는데, <u>전득자에
대한 채권자취소권의 요건사실에는 위 요건 외에 '전득자의 권리취득 또
는 전득행위'도 포함되어야 한다.</u> 청구원인 단계에서 피고인 전득자의 권
리취득 사실이 인정되지 않는 한, 피고에 대한 채권자취소권이라는 법률
효과가 발생하지 않기 때문이다.

(5) 채권자로서는 가처분을 통하여 수익자의 처분행위를 방지할 수
있으므로 대법원 판례와 같이 기산점을 해석하더라도 불합리한 결과는
발생하지 않을 것이라는 비판이 있을 수 있는데, 그러한 비판 역시 동

---

49) 법무부에 의하여 2009. 2. 4. 설치된 민법개정위원회가 2014.경 제출한 개정안
    (이하 '2014년 민법개정안'이라 한다)은, 채권자취소권에 관한 입증책임을 전환하여
    수익자와 전득자의 악의를 원칙적으로 채권자가 입증하도록 하였다(개정안 제406
    조 제1항, 제407조의6 제1항 제1호 본문). 개정안의 주요 내용과 개정과정에서의
    논의에 대한 자세한 설명은, 윤진수·권영준, "채권자취소권에 관한 민법 개정안
    연구", 민사법학 제66호, 한국민사법학회(2014); 김재형, "채권자취소권에 관한 민법
    개정안―개정안에 관한 기본구상과 민법개정위원회의 논의 과정을 중심으로", 민사
    법학 제69호, 한국민사법학회(2014) 참조.
50) 대법원 2012. 1. 12. 선고 2011다82384 판결[공2012상, 270] 등.

의하기 어렵다. 예컨대, 채무자-수익자-제1전득자 순으로 소유권이전등
기가 경료되고, 채권자가 사해행위취소로 인한 원상회복청구권을 피보
전권리로 하여 제1전득자를 상대로 부동산처분금지가처분을 받은 경우
를 상정해 보자. 이와 같은 상황에서 제1전득자가 수익자에게 소유권이
전등기를 경료하고, 수익자가 이를 다시 제2전득자에게 처분하더라도,
기존 대법원 판례에 따르면 위와 같은 일련의 처분행위는 위 가처분의
효력에 반하지 않는 행위로 평가될 가능성이 크다.[51] 또한, 채무자가 수
익자에게 가등기를 경료해 준 사해행위를 하였고, 채권자가 수익자를
상대로 위 가등기에 대한 처분금지가처분을 받았더라도, 수익자가 가등

---

51) 대법원 2008. 3. 27. 선고 2007다85157 판결[공2008상, 615]은, 「채권자가 수익자
를 상대로 사해행위취소로 인한 원상회복을 위하여 소유권이전등기 말소등기청구
권을 피보전권리로 하여 그 목적부동산에 대한 처분금지가처분을 발령받은 경우,
그 후 수익자가 계약의 해제 또는 해지 등의 사유로 채무자에게 그 부동산을 반
환하는 것은 가처분채권자의 피보전권리인 채권자취소권에 의한 원상회복청구권을
침해하는 것이 아니라 오히려 그 피보전권리에 부합하는 것이므로 위 가처분의 처
분금지 효력에 저촉된다고 할 수 없다」고 판시한 바 있다. 전득자에 대한 원물반
환 청구의 일반적인 형태는 '전득자 명의의 등기말소'가 될 것이므로(물론 채무자
앞으로 바로 이전등기를 구할 수도 있다), 제1전득자가 수익자에게 소유권이전등
기를 경료한다고 하더라도 그 처분행위가 가처분의 처분금지 효력에 저촉된다고
단정하기 어렵다.
　　또한, 대법원 1994. 3. 8. 선고 93다42665 판결[공1994. 5. 1.(967), 1164]은, 「
부동산의 전득자(채권자)가 양수인 겸 전매인(채무자)에 대한 소유권이전등기청구
권을 보전하기 위하여 양수인을 대위하여 양도인(제3채무자)을 상대로 처분금지
처분결정을 받아 그 등기를 마친 경우 그 가처분은 전득자가 자신의 양수인에 대
한 소유권이전등기청구권을 보전하기 위하여 양도인이 양수인 이외의 자에게 그
소유권의 이전 등 처분행위를 못하게 하는 데에 그 목적이 있는 것으로서 그 피
보전권리는 양수인의 양도인에 대한 소유권이전등기청구권이고, 전득자의 양수인
에 대한 소유권이전등기청구권까지 포함되는 것은 아닐 뿐만 아니라 그 가처분결
정에서 제3자에 대한 처분을 금지하였다고 하여도 그 제3자 중에는 양수인은 포함
되지 아니하며 따라서 그 가처분 이후에 양수인이 양도인으로부터 소유권이전등기
를 넘겨받았고 이에 터 잡아 다른 등기가 경료되었다고 하여도 그 각 등기는 위
가처분의 효력에 위배되는 것이 아니다」라고 판시한 바 있다(밑줄은 필자가 추가
한 것임). 예시로 든 사안에서도, 제1전득자에 대한 가처분의 피보전권리에 수익자
에 대한 원상회복청구권까지 포함된다고 보기는 어려우므로, 제1전득자가 수익자
에게 소유권이전등기를 넘겨주고 이에 터 잡아 수익자가 제2전득자에게 소유권이
전등기를 경료해 준다고 하더라도 그 각 등기가 가처분의 효력이 위배된다고 단정
하기 어렵다.

기를 실현하여 본등기를 한 후 이를 전득자에게 처분하는 행위를 막기
어렵다.[52]

(6) 상속회복청구권에 관하여, 민법은 1990. 1. 13. 법률 제4199호
로 개정되기 전 '그 침해를 안 날로부터 3년, 상속이 개시된 날로부터
10년을 경과하면 소멸한다'고 정하고 있었다. 그런데 상속회복청구권과
개별적 청구권의 관계에 관한 대법원 1991. 12. 24. 선고 90다5740 전
원합의체 판결에서 반대의견은,[53] 위 상속이 개시된 날로부터 10년을
'참칭상속이 개시된 날, 다시 말하면 상속권의 침해가 있었을 때부터
기산하는 것으로 해석하는 것이 상당하다'고 하였다. 위 판결에서 반대
의견은, "제척기간은 권리를 행사할 수 있음을 전제로 하고, 권리를 행
사할 수 있을 때부터 기산되어야 하는 것이며, 권리가 침해되지도 아
니한 때부터 그 권리의 회복청구권의 행사기간이 경과한다는 것은 모
순이다. 그렇게 본다면 민법 제999조에 의하여 준용되는 민법 제982조
는 그 제1항에서는 상속권이 침해된 때에는 상속회복청구의 소를 제기
할 수 있음을 규정하고, 그 제2항은 이 상속권이 침해될 때에 행사할
수 있는 상속회복청구권의 존속기간을 규정한 것이므로, 그 제2항에서

---

52) 대법원 1992. 9. 25. 선고 92다21258 판결[공1992. 11. 15.(932), 2997] : 「제3자
  명의의 가등기가 경료된 부동산에 대하여 소유권이전등기청구권을 피보전권리로
  하는 처분금지가처분결정이 된 경우에 위 가등기에 기한 본등기가 경료되면 그 가
  등기나 그에 기한 본등기가 원인무효이거나 종전소유권자가 소유권을 되찾아 올
  수 있는 등 특별한 사유가 없는 한 처분금지가처분결정은 그에 대항할 수 없는
  것이고(당원 1981. 1. 27. 선고 80다2632 판결 참조), 한편 가등기에 터잡아 본등
  기를 하는 것은 그 가등기에 기하여 순위보전된 권리의 취득(권리의 증대 내지 부
  가)이지 가등기상의 권리자체의 처분(권리의 감소 내지 소멸)이라고는 볼 수 없으
  므로 가등기에 기한 본등기를 금지한다는 취지의 가처분은 부동산등기법 제2조에
  규정된 등기할 사항에 해당하지 아니하고, 그러한 본등기금지가처분이 잘못으로
  기입등기되었다 하더라도 그 기재사항은 아무런 효력을 발생할 수 없는 것으로서
  (당원 1978. 10. 14.자 78마282 결정 참조), 가처분권자는 이러한 무효한 가처분결
  정의 기입등기로서 부동산의 적법한 전득자에게 대항할 수 없는 것이다」.
53) 대법관 이재성, 배만운의 반대의견으로 개별적 청구권과 상속회복청구권을 독립
  한 별개의 권리로 보아야 한다는 입장이다. 위 반대의견은 만일 상속을 원인으로
  한 개별적인 청구권을 모두 상속회복청구권으로 해석하여야 한다면, 그 제척기간
  은 참칭상속이 개시된 날, 즉 상속권의 침해가 있었을 때부터 기산하는 것으로 해
  석하여야 한다는 의견을 내었다.

말하는 '상속이 개시될 날'이란 그 제1항이 규정한 '상속회복의 대상이 되는 상속, 다시 말하면 참칭상속이 개시될 날'을 가리키는 것이라고 새기는 것이 오히려 논리에 어긋나지 않고, 또 이와 같은 해석이 반드시 법의 명문규정에 위배된다고 생각하지 아니한다."고 하였다. 이어서, "법의 해석은 합리적이어야 하고, 법문을 구성하는 단어 하나하나를 떼어서 그 의미를 파악하여야 하는 것도 아니며, 그 법을 적용하였을 때에 모순이 생기지 아니하여야 한다. 그리고 법은 권리가 침해될 때에 이를 구제하는 길을 열어 주어야 그 존재 의의가 있는 것이지 권리의 침해는 있었으나 처음부터 그 회복을 청구할 기회를 갖지 못하게 하는 것은 용인될 수 없다. 다수의견과 같은 해석을 유지한다면 상속이 개시된 날로부터 10년간 상속등기가 되지 아니한 재산은 아무나 그리고 어떠한 방법이나 수단으로든 상속을 원인으로 등기를 하기만 하면 그의 소유로 귀속되고, 진정한 상속인은 권리구제를 청구할 기회조차 갖지 못하게 된다는 결과에 이르게 되는데, 이와 같은 결과를 낳는 법률해석은 정당화될 수 없다."고 판시한 바 있는데, 위와 같은 반대의견의 논리를 전득자에 대한 채권자취소권에도 적용할 수 있지 않을까 생각한다.[54]

5. 제척기간이 도과한 수익자로부터 권리를 취득한 전득자에 대한 문제

전득자에 대한 사해행위취소의 소에서의 "취소의 원인을 안 날"을 '사해행위 및 전득행위를 안 날'로 해석할 경우, 제척기간이 도과한 수익자로부터 권리를 취득한 전득자에 대하여 사해행위취소의 소를 제기할 수 있는지가 문제된다. 생각건대, 이 경우에도 '전득행위를 안 날로부터 1년 이내, 그리고 사해행위가 있은 날로부터 5년 이내'에 소가 제기된 이

---

54) 위와 같은 반대의견의 기본취지에 공감하면서도, 그 이론구성에 있어서는 제척기간의 경과를 주장하는 것이 신의성실의 원칙에 비추어 허용되지 않는 것으로 보아야 한다는 견해로는, 윤진수, "상속회복청구권의 성질과 그 제척기간의 기산점", 재판의 한 길, 김용준 헌법재판소장 화갑기념논문집 간행위원회(1998), 502면 이하.

상 제척기간은 준수한 것으로 봄이 타당하다.

채권자가 사해행위를 안 날로부터 1년이 도과하여 수익자를 상대로
는 더는 사해행위취소를 구할 수 없게 되었는데, 그 후 전득행위가 발생
하였다는 우연한 사정만으로 다시 취소를 구할 수 있다고 보는 것은 형
평에 맞지 않다는 지적이 있을 수 있으나, 그러한 문제 상황은 선의의
수익자에 이어 악의의 전득자가 발생한 경우에도 유사하게 존재한다. 통
설[55]과 판례[56]는 수익자가 선의라도 전득자가 악의이면 전득자에 대하여
채권자취소권을 행사할 수 있다고 보기 때문이다.[57]

Ⅳ. 회복된 재산의 처분행위의 효력

1. 문제의 소재

이 사건에서 수익자인 甲은 자신의 채권자인 소외 3, 4가 乙을 상대
로 제기한 사해행위취소 판결의 확정에 따른 집행으로 이 사건 근저당권
의 명의자가 되었고, 소외 3, 4가 甲 명의로 회복된 근저당권에 대하여
본집행에 착수하지 않은 틈에 이 사건 근저당권 중 일부를 피고에게 양
도하였다. 즉, 사해행위취소로 회복된 재산을 채무자가 다시 처분한 경우
에 해당하는바, 채권자취소권의 효력과 관련하여 그 처분행위가 유효한지
가 문제된다.[58] 회복된 재산의 처분행위와 관련하여 구체적으로 학설의

---

55) 주석민법 채권총칙(2), 293면.
56) 대법원 2012. 8. 17. 선고 2010다87672 판결[공2012하, 1546] 등.
57) 한편, 이에 대하여 일단 수익자가 선의여서 채무자의 행위를 취소할 수 없게 되
　　었다면, 전득자가 악의라고 하여 취소할 수 없었던 행위가 다시 취소할 수 있게
　　되는 것은 합리적이지 아니하다는 비판이 있고[윤진수·권영준, 앞의 글(주 49),
　　541면], 2014년 민법개정안 역시 전득자에 대하여 채권자취소권을 행사하려면 모든
　　전자(前者)에게 취소의 원인이 있어야 한다고 규정하여(개정안 제407조의6), 현행
　　판례의 태도를 바꾸는 내용을 두고 있다. 이러한 입장에 따르면, 수익자에 대하여
　　제척기간이 도과하여 이미 채권자취소권을 행사할 수 없게 된 이상 그로부터 권리
　　를 취득한 전득자에 대한 청구는 채권자취소권의 요건을 갖추지 못하여 기각하여
　　야 할 것이다.
58) 대상판결의 1심과 원심, 대상판결, 파기 후 환송심에서는 회복된 재산의 처분행
　　위 효력에 관하여 특별한 언급이 없다. 변론주의의 원칙상 당사자가 그 효력을 문
　　제 삼지 않아서인 것으로 생각된다.

대립이 있지는 않은데, 채권자취소권의 법적 성질에 대하여 어떠한 입장
을 취하는지에 따라 그 견해가 달라질 수 있을 것이라 생각한다.

2. 채권자취소권의 법적 성질과 관련한 효력의 검토

가. 절대적 효력설의 경우

채권자취소권 행사에 의한 취소의 효과에 일반 민법상의 취소와 동
일한 효력을 인정하고 있으므로, 사해행위취소로 채무자에게 그 재산이
회복되면 채무자가 해당 재산에 대한 권리를 취득하는 것으로 보게 될 것
이다. 따라서 채무자가 회복된 재산을 처분한 경우 이는 권리자의 처분행
위에 해당하므로, 그 처분행위의 효력을 원칙적으로는 유효하다고 볼 것
이다. 다만, 절대적 효력설 역시 기판력의 법리에 의하여 사해행위취소
판결의 효력이 미치는 범위를 제한하고 있으므로,[59] 채무자가 사해행위취
소의 소의 피고로 되어 있지 않은 이 사건과 같은 경우에 있어서는 채무
자에게 취소판결의 효력이 미치지 않게 되고, 결국 채무자는 등기명의 회
복에도 불구하고 그 재산에 대한 권리를 취득하지 못한다고 볼 것이다.

나. 상대적 효력설의 경우

사해행위취소는 목적물의 반환에 필요한 범위 내에서 채권자와 수익
자 또는 전득자 사이에서만 상대적인 효력이 있다고 보는 입장이므로,
사해행위취소로 채무자에게 그 재산이 회복되더라도 채무자는 반환재산
에 대한 권리를 취득하지 못하는 것으로 이해한다. 따라서 채무자가 회
복된 재산을 처분하더라도 이는 무권리자의 처분행위로 무효가 될 것
이다.

다. 책임설의 경우

책임설은 기본적으로 채권자취소권의 행사를 통해 채무자에게 책임
재산이 복귀하는 것이 아니라, 취소상대방이 책임재산을 그대로 소유한

---

59) 서광민, 앞의 글(주 17), 70면 이하; 이은영, 앞의 책(주 16), 481-482면(절대적
　　효력설은 앞서 본 바와 같이 사해행위취소의 소를 채무자, 수익자 및 전득자 모두
　　를 피고로 하는 필수적 공동소송에 해당하는 것으로 보고 있다).

상태에서 취소채권자의 채권에 대한 책임재산이 되는 것으로 이해하기 때문에, 책임설의 입장에 따를 경우 원칙적으로 회복된 재산의 처분행위 문제가 발생할 여지가 없다.

라. 채권설의 경우

채권설 역시 채권자취소권은 사해행위를 취소함으로써 이를 무효화 시키려는 것이 아니라 책임재산을 회복한다는 데 목적이 있는 것으로 보고 있으므로, 사해행위취소로 채무자 앞으로 등기명의가 회복되더라도, 이는 채권자가 강제집행을 할 수 있는 상태로 회복된 것에 불과할 뿐 채무자가 해당 재산에 대한 권리를 취득하는 것은 아니라고 볼 것이다. 따라서 채무자가 회복된 재산을 처분하더라도 이는 무권리자의 처분행위가 되어 무효로 될 것이다.

3. 유효설의 입장을 취한 하급심 판결과 상정 가능한 유효설의 논거
가. 서울고등법원 2008. 1. 10. 선고 2007나50214 판결

원고(채권자)가 수익자(소외인)를 상대로 사해행위취소 및 원상회복을 명하는 판결을 선고받아 확정된 후, 그 판결에 따른 집행으로 수익자 명의의 소유권이전등기를 말소되자, 채무자가 소유명의가 회복된 것을 기화로 이를 다시 피고에게 처분(매매)한 사안이다.

원고는 채무자의 처분행위가 무권리자의 처분행위로서 무효라고 주장하며 그 말소를 구하였으나, 법원은 「사해행위취소의 효력은 상대적이기 때문에 소송당사자인 채권자와 수익자 또는 전득자 사이에만 발생할 뿐 소송의 상대방이 아닌 제3자에게는 아무런 효력이 미치지 아니하지만 (대법원 1984. 11. 24.자 84마610 결정, 1988. 2. 23. 선고 87다카1989 판결, 1990. 10. 30. 선고 89다카35421 판결, 2001. 5. 29. 선고 99다9011 판결 등 참조), 이는 어디까지나 사해행위가 매매계약인 경우 그 매매계약 자체의 효력에 관한 것일 뿐이고, 당해 부동산에 관한 대외적인 소유권귀속의 문제는 사해행위취소에 따른 원상회복의 목적 및 물권변동의 일반원리에 따라 해결될 수밖에 없다 할 것인바, 채무자와 수익자 사이의 매매계약이 사해행위로서 취소됨으로써 취소채권자와 수익자와의 사이에서만 상대적으로 무효로 되었다고 할지라도 그에 따른 원상회복으로 말소등기가 경료된 경우에는, 적어도 물권변동에 관하여 형식주의를 취하고 있는 우리 법제하에서는 당해 부동산의 소유권이 더 이상 등기를 상실한 수익자에게 남아 있다고 볼 수는 없고, 내부적으로나 외부적으로 모두 당연히 채무자에게 회복되었다고 보아야 할 것이며, 일단 사해행위로 인한 취소의 효과는 채무자에게 당해 부동산의 소유권이 회복됨으로써 종료된 것이고, 그 후의 채무자의 처분행위가 이미 취소된 기존의 사해행위로 인하여 영향을 받는다고 보기는 어렵다」는 이유로 원고의 청구를 기각하였다.[60]

나. 상정 가능한 유효설의 논거[61]

(1) 채무자의 책임재산이 원상회복되어 그 공시까지 마쳐진 이상 상대적 무효설에 따라 채무자와의 관계에서 그 권리취득이 부정된다는 사정만으로 채무자의 처분행위가 무효라고 볼 수는 없다.

(2) 채권자취소권의 본질에 관한 상대적 무효설이 이 사안과 같이 채무자 등의 새로운 처분행위에 관한 내용까지 다룬 것은 아니다.

(3) 부동산등기를 신뢰한 제3자의 입장에서 선의, 악의를 묻지 않고 추급당하는 결과를 용인하기는 어렵다.

(4) 채무자의 새로운 처분행위를 유효하다고 보더라도, 채권자는 채무자의 새로운 처분행위에 대하여 수익자를 상대로 사해행위취소를 청구할 수 있고, 이때에는 대상판결 사안과 같은 제척기간 도과의 문제는 발생하지 않는다. 다만, 수익자의 새로운 처분행위(전득행위)를 유효하다고 보는 경우에는 불가피하게 대상판결 사안과 같이 제척기간 도과로 사해행위취소를 구할 수 없게 되는 결과를 초래할 수 있으나, 이는 즉시 강제집행 조치를 취하지 아니한 취소채권자의 책임영역으로 볼 수 있다. 즉, 취

---

60) 인천지방법원 부천지원 2011. 5. 19. 선고 2010가합3376 판결[미간행] 역시 위 고등법원 판결과 같은 이유로 회복된 재산의 처분행위를 유효하다고 판단하였다.
61) 실제 유효설의 입장을 명시적으로 취한 글은 찾지 못하였다. 다만, 김문관, "사해행위취소의 효력에 관한 판례의 고찰-채무자 등이 사해행위취소로 원상회복된 책임재산을 처분한 행위의 효력을 중심으로", 판례연구 제26집, 부산판례연구회 (2015), 782-783면 이하에서 위 글의 저자가 유효설의 입장에서 상정 가능한 근거를 제시하고 있으므로(위 글의 저자는 무효설의 입장에 있다), 이를 소개한다.

소채권자는 전득자 및 수익자 명의의 등기를 동시에 말소 집행하고 즉시 강제집행 조치를 취할 수 있었다고 보아야 하고, 그러지 않은 상태에서 돌발적으로 발생한 '수익자의 처분행위'에 대하여 그 상대방에게 전적인 부담을 지울 수는 없다.

4. 판례의 태도
가. 무효설의 입장에 있는 것으로 평가됨

판례는, 민법 제406조의 채권자취소권의 행사로 인한 사해행위의 취소와 일탈재산의 원상회복은 채권자와 수익자 또는 전득자에 대한 관계에 있어서만 그 효력이 발생할 뿐이고 채무자가 직접 권리를 취득하는 것이 아니라는 입장에 있는바,[62] 판례의 논리에 따를 경우 채무자가 회복된 재산을 처분하더라도 그 처분행위는 무권리자의 처분행위로서 무효가 될 것이다.

구체적인 사례를 보면 다음과 같다.

(1) 대법원 2000. 12. 8. 선고 98두11458 판결[공2001. 2. 1.(123), 301]

채권자가 수익자와 전득자를 상대로 사해행위취소와 일탈재산의 원상회복을 구하는 판결을 받아 그 등기 명의를 원상회복시켰다고 하더라도 재산세 납세의무자인 사실상의 소유자는 수익자라고 한 사례

(2) 대법원 2010. 10. 28. 선고 2010후1435 판결[공2010하, 2197]

상표등록취소심판의 보조참가인이 수익자 갑과 전득자 을을 상대로 한 별건 사해행위취소청구소송에서 승소확정판결을 받고 상표등록취소소송이 대법원에 계속된 후에 그 판결을 집행하여 갑과 을의 상표등록이 말소된 사안에서, 그 효력은 상표등록취소심판 청구인에게 미치지 아니하여 청구인에 대한 관계에서는 갑과 을이 여전히 상표권자로서 상표등록취소심판의 피청구인 적격을 갖는다고 판단한 사례

---

62) 대법원 2000. 12. 8. 선고 98두11458 판결[공2001. 2. 1.(123), 301], 대법원 2010. 10. 28. 선고 2010후1435 판결[공2010하, 2197], 대법원 2014. 12. 24. 선고 2012다 73158 판결[공2015상, 179] 등.

(3) **대법원 2014. 12. 24. 선고 2012다73158 판결[공2015상, 179]**

토지와 지상 건물이 함께 양도되었다가 채권자취소권의 행사에 따라 그중 건물에 관하여만 양도가 취소되고 수익자와 전득자 명의의 소유권 이전등기가 말소되었다고 하더라도, 이는 관습상 법정지상권의 성립요건 인 '동일인의 소유에 속하고 있던 토지와 지상 건물이 매매 등으로 인하 여 소유자가 다르게 된 경우'에 해당하지 않는다고 한 사례

(4) **대법원 2015. 11. 17. 선고 2012다2743 판결[공2015하, 1884]**

채무자의 수익자에 대한 채권양도가 사해행위로 취소되고, 그에 따 른 원상회복으로서 제3채무자에게 채권양도가 취소되었다는 취지의 통지 가 이루어지더라도, 채권자와 수익자의 관계에서 채권이 채무자의 책임재 산으로 취급될 뿐, 채무자가 직접 채권을 취득하여 권리자로 되는 것은 아니므로, 채권자는 채무자를 대위하여 제3채무자에게 채권에 관한 지급 을 청구할 수 없다고 한 사례

나. 무효설의 입장에서 설명하기 곤란한 판례들63)

(1) **대법원 1979. 2. 13. 선고 78누428 전원합의체 판결**

위 판결에서 다수의견은, 자동차운송사업 양수도계약이 후에 사해행 위라 하여 확정판결로서 취소된 경우 행정청이 자동차운수사업법 제28조 제1항에 의하여 위 양수도계약에 관하여 한 인가처분도 마땅히 시정되어 야 할 것이므로 행정청이 그 시정에 응하지 않은 경우 위 인가처분의 무 효확인을 구할 이익이 있다고 하였는데, 위와 같은 다수의견에 대하여 소수의견은 '다수의견은 취소에 절대적 효력을 인정하는 것이 되어 사해 행위의 취소에 관하여 이론을 일관 못 시킨 아쉬움이 있다'는 의견을 내 었다.

(2) **대법원 1990. 10. 30. 선고 89다카35421 판결**

위 판결에서 대법원은, "사해행위의 목적부동산에 수익자에 대한 채 권자의 가압류등기가 경료된 후 채무자와 수익자 사이의 위 부동산에 관

---

63) 김문관, 앞의 글(주 61)은 대상판결 역시 무효설인지 여부가 명확하지 않은 판 례에 해당한다고 한다.

한 매매계약이 사해행위라는 이유로 취소되어 수익자 명의의 소유권이전
등기가 말소되었다 하더라도 사해행위의 취소는 상대적 효력밖에 없어
특단의 사정이 없는 한 가압류의 효력이 당연히 소멸되는 것은 아니므로
<u>채무자로부터 위 부동산을 전전하여 양도받은 자는 가압류의 부담이 있</u>
<u>는 소유권을 취득하였다 할 것인바,</u> 원심이 위 부동산에 관한 수익자 명
의의 소유권이전등기가 원인무효라는 이유만으로 가압류채권자의 위 부
동산에 대한 강제집행을 불허한 조치는 사해행위취소의 효력에 관한 법
리를 오해한 위법이 있다."고 판시하였는데(밑줄은 필자가 추가한 것임),
위 판결의 밑줄 친 부분에 대하여 상대적 효력설의 관점에서 문제가 있
다는 비판이 있다.[64]

5. 검토 – 무효설이 타당함

채권자취소권의 법적 성질과 관련하여 상대적 효력설을 취하는 이
상, 사해행위취소의 효력은 원칙적으로 채권자와 수익자 또는 전득자 사
이에서만 상대적인 효력이 있고, 채무자는 직접 반환된 재산에 대하여
권리를 취득하지 못한다고 해석하는 것이 논리적으로 일관된다. 따라서
채무자가 그 명의로 재산이 회복된 것을 기화로 이를 처분하더라도 그
처분행위는 무권리자의 처분행위로서 무효라고 할 것이다.

책임재산이 원상회복되어 채무자 명의로 공시까지 마쳐졌음에도 그
처분행위를 무효로 하는 것은 거래안전에 위협이 될 수 있다는 비판이
있을 수는 있다. 그러나 기본적으로 우리 법제는 등기의 공신력을 인정
하지 않고 있고,[65] 사해행위취소로 원상회복된 부동산에는 '사해행위취소'

---

64) 김능환, "채권자취소권의 행사방법–부동산이 전전양도된 경우를 중심으로–", 민
사재판의 제문제 제6권, 한국사법행정학회(1991), 53면; 오영준, "사해행위취소의
효력이 미치는 채권자의 범위", 민사판례연구 제26권, 박영사(2004), 168면; 양창수,
"최근 중요 민사판례 동향", 민법연구 제7권, 박영사(2005), 404–405면.

65) 목적물이 동산이고 현물반환이 가능한 경우 취소채권자는 직접 자기에게 그 목
적물의 인도를 청구할 수 있으므로[대법원 1999. 8. 24. 선고 99다23468, 23475 판
결], 채무자가 회복된 동산을 다시 처분하는 상황은 발생할 일이 거의 없다. 회복
된 재산의 처분행위는 주로 부동산이나 채권 등에서 발생할 것으로 보인다.

를 등기원인으로 하는 말소등기가 마쳐져 있을 것이므로,[66] 거래상대방 역시 당해 부동산이 사해행위취소 판결에 의하여 채무자에게 회복되었다는 점을 알았거나 알 수 있었을 것이라는 점에서 그 보호가치가 크다고 볼 수 없다.

따라서 대상판결의 사안에서도 수익자인 甲이 이 사건 근저당권 중 일부를 피고에게 양도하였다고 하더라도, 이는 무권리자의 처분행위로서 무효에 해당한다고 할 것이다. 그렇다면, 원고로서는 굳이 피고를 상대로 사해행위취소를 구할 것이 아니라, 乙(제1전득자)에 대한 근저당권설정등기말소청구권을 피보전권리로 하여 乙을 대위하여 피고를 상대로 근저당권이전등기의 말소를 구함으로써 그 목적을 달성할 수 있었을 것이다.[67]

V. 무효인 법률행위에 대하여 사해행위취소가 가능한지 여부

1. 문제의 소재

대상판결의 사실관계에서 수익자인 甲의 피고에 대한 근저당권이전행위가 무권리자의 처분행위로서 무효에 해당함은 앞서 본 바와 같다. 사실 수익자의 처분행위 다시 말하여 전득행위는 사해행위취소의 대상이 아니므로, 무효인 법률행위에 대한 사해행위취소가 가능한지는 이 사건에서는 직접 문제가 되지 않는다. 다만, 만약 甲의 채권자인 소외 3, 4가 다시 위 근저당권이전계약이 사해행위라고 주장하며 피고를 상대로 사해행위취소소송을 제기할 경우에는 무효인 법률행위에 대한 사해행위취소가 가능한지가 문제될 수 있으므로,[68] 논의를 연장하는 차원에서 이 부

---

66) 판결 등 집행권원에 의한 등기의 신청에 관한 업무처리지침(등기예규 제1383호) 제4항 나목에 의하면, 사해행위취소 판결의 경우 등기원인은 "사해행위취소"로, 그 연월일은 "판결확정일"을 기재하게 되어 있다.

67) 상대적 효력설을 취하는 이상 수익자인 甲이 실제 권리를 취득하는 것은 아니므로, 甲을 대위하여 말소를 구할 수는 없을 것이다.

68) 이 사건은 특이하게 수익자의 채권자인 소외 3, 4의 선행소송이 있어서, 수익자에 의하여 회복된 재산의 처분행위가 발생하였다. 실제 사례에서는 수익자에 의한 회복된 재산의 처분행위보다는 채무자에 의한 회복된 재산의 처분행위가 발생할 개연성이 훨씬 큰데, 그 경우 채권자로서는 단순히 그 행위가 무효라고 주장하며 말소를 구할 수도 있고, 채무자의 처분행위가 다시 사해행위에 해당한다고 주장하

분에 대한 검토를 해보기로 한다. 무효인 법률행위가 채권자취소권의 대
상이 될 수 있는지에 관하여는 주로 통정허위표시가 채권자취소권의 대
상이 될 수 있는지를 중심으로 그 논의가 전개되어 왔다.

2. 견해의 대립[69]
가. 부 정 설

통정허위표시는 무효이므로 무효행위의 취소라는 것은 있을 수 없
고, 무효인 법률행위로 인하여 채권의 공동담보가 침해될 수도 없는 것
이기 때문에, 통정허위표시의 취소는 인정할 수도 없고 인정할 실익도
없다고 한다. 따라서 통정허위표시에 의하여 등기나 점유의 이전 또는
배서를 한 경우에 있어서는 그 통정허위표시의 무효에 기초하여 채무자
가 행사할 수 있는 등기의 말소, 점유의 반환, 배서의 말소를 구할 수 있
는 권리를 대위행사함으로써 채권의 보전을 할 수 있을 뿐 채권자취소권
은 행사할 수 없다고 한다. 다만, 민법 제108조 제2항의 규정에 의하여
통정허위표시의 무효는 선의의 제3자에게 대항할 수 없어 그 범위에서
유효한 것으로 취급되기 때문에, 전득자가 채무자와 수익자 간의 통정허
위사실에 대하여는 선의이고 사해의 사실에 대해서 악의인 경우 채권자
는 전득자에 대하여 채권자취소권을 행사할 수 있다고 한다.[70] 일본 판
례의 태도이다(따라서 일본의 실무에서는 주위적 청구로 허위표시의 무효를
주장하면서 채무자를 대위하여 재산의 반환을 구하고, 허위표시가 인정되지
않을 것에 대비하여 예비적으로 사해행위취소권에 의한 취소를 구하는 형식

며 그 취소를 구할 수도 있을 것이다. 주 60)의 인천지방법원 부천지원 2011. 5.
19. 선고 2010가합3376 사건에서도, 채권자는 1심에서 채무자의 처분행위가 무효
라고 주장하며 말소를 구하였다가, 1심 법원이 해당 처분행위를 유효라고 판단하
여 그 청구를 기각하자, 이에 항소를 하면서 사해행위취소를 구하는 것으로 청구
를 교환적으로 변경하였다(그러나 제척기간이 도과하였다는 이유로 각하되었음).
69) 최창열, "채권자취소권의 대상이 되는 법률행위에 관한 고찰", 성신법학 제1호,
성신여자대학교 법학연구소(2001); 오시영, 앞의 책(주 15), 183면 이하; 주석민법
채권총칙(2), 239-240면 참조.
70) 김주수, 채권총론(제3판 증보판), 삼영사(2003), 240면; 김기선(주 19), 185면; 이
태재, 채권총론, 진명문화사(1987), 164면; 현승종, 채권총론, 일신사(1975), 203면.

을 취한다고 한다).71)

나. 긍 정 설

통정허위표시의 무효이론이나 채권자취소권은 모두 책임재산의 보전을 목적으로 하는 제도로서 양자는 병존할 수 있음을 전제로 하여, 채권자는 상대방이 수익자이거나 전득자이거나를 불문하고 통정허위표시임을 이유로 그 취소를 구할 수는 없지만, 사해행위로서의 요건을 갖추고 있음을 주장·입증하여 그 취소를 구할 수 있고, 이 경우 상대방은 채무자와의 법률행위가 통정허위표시로 무효라는 이유로 채권자취소권의 행사를 저지할 수 없다고 한다.72) 그 이유에 관하여는, 허위표시 제도나 채권자취소권 제도는 모두 책임재산을 보전하는 기능을 하며, 그와 같이 두 제도가 동일한 기능을 하는 경우에는 한정적 해석을 할 필요가 없다는 점을 근거로 드는 견해,73) 법률행위의 무효는 단지 당사자 사이에 의욕한대로의 효과가 발생하지 않을 뿐 그 이외에 있어서는 여전히 유효하게 존재하는 것이므로 취소를 인정한다 하더라도 전혀 논리적으로 모순되는 것은 아니라는 견해(무효와 취소의 이중효이론)74) 등이 있다.

3. 판례의 태도

판례는 통모에 의한 가장매매가 민법상 당사자 사이에 무효라고 하더라도 사해행위취소의 대상이 된다고 한다(대법원 1961. 11. 9. 선고 4293민상263 판결, 1964. 4. 14. 선고 63다827 판결 등). 또한, 전득자가 있는 경우에만 취소대상이 되는 것도 아니라고 한다(대법원 1975. 2. 10. 선고 74다334 판결). 즉, 통정허위표시에 있어서는 판례는 확고한 긍정설의 입장에 있는 것으로 보인다.

---

71) 日大判 明治 41. 6. 20.(民錄14, 759)[이순동, 앞의 책(주 45), 295면 이하에서 재인용].
72) 곽윤직, 앞의 책(주 19), 142면; 이은영, 앞의 책(주 16), 466면; 송덕수, 채권법총론(제2판), 박영사(2015), 243면; 김상용, 채권총론(제2판), 화산미디어(2014), 244면; 오시영, 앞의 책(주 15), 185면.
73) 곽윤직, 앞의 책(주 19), 142면; 송덕수, 앞의 책(주 72), 243면.
74) 이은영, 앞의 책(주 16), 466면; 오시영, 앞의 책(주 15), 185면.

4. 검   토

통정허위표시로 무효인 법률행위 경우 선의의 제3자에게 대항할 수 없기도 하고, 채권자 입장에서 해당 행위가 통정허위행위라는 사실을 입증하기 어려울 수도 있다는 점에서 채권자취소권을 인정할 실익이 있다 (다른 상대적 무효인 법률행위 역시 마찬가지이다).

그러나, 채무자의 처분행위가 무권리자의 처분행위로서 무효인 경우 등과 같이 그 무효를 어느 누구에게라도 주장할 수 있는 경우에 있어서는 원고에게 별도로 채권자취소권을 인정할 이익이 있는지 의문이다. 물론, 대상판결의 사안과 같이 원고와 피고 쌍방 모두가 채무자의 처분행위가 무효에 해당한다고 주장하지 않을 경우, 변론주의의 원칙상 법원이 그 처분행위가 무효라는 이유로 원고의 채권자취소권 주장을 배척하기는 어려울 것이다. 그러나 원고가 피고를 상대로 무권리자 처분행위로 무효라는 주장과 사해행위취소 주장을 같이하는 경우, 원고가 사해행위취소를 구하는 데 대하여 피고가 채무자의 처분행위가 무권리자의 처분행위로서 무효라고 주장하는 경우(수익자가 악의, 전득자가 선의인 상황에서 원고가 수익자를 상대로 사해행위취소 및 가액배상 청구를 할 때 수익자가 이런 주장을 할 여지가 있다) 등에 있어서는 함부로 원고의 사해행위취소청구를 받아들여서는 안 된다고 생각한다. 전자의 경우에 있어서는 원고로 하여금 그 청구를 주위적·예비적 청구로 구성하도록 석명하여야 할 것이고, 후자의 경우에 있어서는 피고의 주장과 같이 채무자의 처분행위가 절대적으로 무효라고 판단될 경우 원고의 사해행위취소청구를 기각하여야 할 것이다.[75]

---

75) 채무자가 수익자에게 회복된 재산의 처분행위를 하였고, 수익자가 선의의 전득자에게 근저당권설정등기를 해 준 경우, 채권자는 수익자를 상대로 사해행위취소 및 가액배상을 구할 수 있을 것이다. 그런데 수익자의 경우 채권자에게 가액배상을 해 주더라도, 채무자의 다른 채권자가 위 처분행위가 무권한자의 처분행위로 무효라고 주장하며 말소를 구할 경우 다시 그 소유권이전등기의 말소를 해 주어야 할 상황에 처하게 될 수 있다. 이러한 점을 고려하면 소송과정에서 채무자의 처분행위가 절대적으로 무효라는 점이 밝혀질 경우 원고의 채권자취소권 주장을 받아

Ⅵ. 보론(원상회복 방법의 개선 필요성)

하급심 판례를 조사해 본 결과, 채무자에 의한 회복된 재산의 처분행위가 발생한 사례를 심심치 않게 찾을 수 있었다.[76] 이와 같은 법률관계의 혼란은 앞서 설시한 바와 같이 채권자취소권행사에 의한 원상회복방법 때문에 발생한 것이다. 앞서 설시한 바와 같이 현재 확립된 실무는, 수익자나 전득자에게 넘어간 재산을 다시 채무자의 재산으로 현실적으로 원상회복시켜 놓고, 채무자의 명의로 된 재산에 강제집행을 하는 방식을 취하고 있다.[77]

그런데 위와 같은 원상회복 방법은 상대적 효력설 관점에서 타당하지 않을 뿐 아니라, 실무상으로도 여러 문제가 있다. 예컨대, 해당 재산에 대한 강제집행의 결과 잉여금이 남은 경우 이를 실제 소유자인 '수익자나 전득자'에게 반환하여야 하는데, 권리관계를 형식적으로 판단하는 집행기관으로서는 그 잉여금을 형식상의 명의인인 집행채무자에게 교부할 것이기 때문이다.[78] 또한 채권자가 원상회복된 재산에 대하여 강제집행을 개시하더라도, 채무자 또는 채무자로부터 해당 재산을 취득한 자가 채권자의 채권을 변제하여 경매개시결정을 취하하게 한 사례도 있었는데, 이러한 사례 역시 상대적 효력설의 관점에서 보면 납득하기 어렵다. 또한, 우리 민법은 채권자취소소송의 제기에 채무자에 대한 집행권원을 요건으로 하지 않고 있으므로, 채권자가 수익자를 상대로 사해행위취소소송

들이지 않는 것이 타당하다고 생각한다.

76) 대부분은 채무자의 회복된 재산의 처분행위 자체가 또 다른 사해행위가 되어 채권자취소 판결이 이루어진 사례들로, 위 처분행위의 효력이 유효한지가 쟁점이 된 사례들은 그리 많지 않았다.

77) 대법원 2015. 11. 17. 선고 2013다84995 판결[공2015하, 1886]은, 채권자가 수익자를 상대로 사해행위취소 및 원상회복으로 소유권이전등기의 말소를 명하는 판결을 받았으나 말소등기를 마치지 않은 경우, 소송 당사자가 아닌 다른 채권자가 채무자를 대위하여 말소등기를 신청할 수 없고, 그럼에도 불구하고 다른 채권자의 등기신청으로 말소등기가 마쳐졌다면 그 등기에 절차상의 흠이 존재한다고 하면서도, 위 등기는 실체관계에 부합하는 등기로서 유효하다고 하였다.

78) 유병현, 앞의 글(주 16), 29면.

을 제기하여 확정판결을 받아 채무자 앞으로 그 소유권을 회복시켜 놓았음에도, 채무자에 대한 피보전채권의 이행을 구하는 소송에서 패소할 여지도 충분히 있을 수 있는바, 그 경우 원상회복된 재산을 어떻게 처리할 것인지도 의문이 든다.

독일과 프랑스는 채권자취소소송을 강제집행수인의 소로 운영하여 재산을 취소상대방의 수중에 둔 채 강제집행을 하고 있다. 미국의 통일사해양도법(UFCA) 및 통일사해거래법(UFTA) 역시 강제집행수인의 방법으로 채권자취소권을 실현하게 하고 있다. 이탈리아 역시 채권자취소소송을 통해 행위의 무효를 선고받은 채권자는 제3취득자를 상대로 계쟁행위의 대상인 재산에 대하여 비록 이 재산이 채무자의 재산이 아니고 제3취득자가 손해를 입는다고 해도 경매 또는 보존조치를 위한 소를 제기할 수 있다(이탈리아 민법
제2902조 제2항)고 하고 있는바,[79] 취소상대방의 수중에 재산을 둔 채로 강제집행을 할 수 있는 것으로 보인다.

우리 역시 민법 또는 민사집행법을 개정하여 취소상대방의 수중에 재산을 둔 상태에서 강제집행을 할 수 있는 방법을 도입할 필요가 있지 않나 생각한다.[80]

Ⅶ. 결론(대상판결의 검토)

전득자에 대한 사해행위취소의 소에서의 제척기간 기산점인 "취소의 원인을 안 날"과 관련하여, 대상판결은 종전 대법원 입장에 따라 전득행위 시점을 고려하지 않고 '채권자가 채무자의 사해행위를 안 날'을 기산점으로 하여야 한다고 판단하였다. 대상판결에서 명시적인 이유를 제시

---

79) 김민동, 앞의 책(주 35), 93면.
80) 유병현 교수는 강제집행수인의 소가 통상의 이행의 소와 다를 바 없는 점, 오늘날 널리 인정되고 있는 이행의 소, 확인의 소, 형성의 소 자체도 민사소송법상 명문의 규정 없이 해석론상 인정되어 오고 있는 점, 독일법상 채권자취소소송이 강제집행수인의 소에 의하는 것도 해석론에 의한 것이라는 점 등을 근거로 현행법 체계하에서도 채권자취소소송을 강제집행수인의 소의 형태로 운영할 수 있다고 한다(유병현, 앞의 글(주 16), 197면 이하].

하지는 않았지만, ① 전득자에 대한 사해행위취소의 소에서도 취소 대상인 행위는 전득행위가 아닌 채무자와 수익자 사이의 법률행위라는 점, ② 전득행위 시점을 기준으로 할 경우 사해행위취소에 의한 법률관계가 언제까지라도 확정되지 않아 제척기간을 둔 취지와 부합되지 않는 점 등을 고려한 것으로 보인다. 그러나 앞서 본 바와 같이 민법 제406조 제2항의 "취소의 원인을 안 날"은, 취소소송의 상대방에 대하여 취소의 원인을 안 날로 해석함이 상대적 무효설의 법리에 비추어 타당하다. 뿐만 아니라 민법은 또 다른 제척기간으로 '법률행위가 있은 날로부터 5년'의 제한을 두고 있으므로, 위와 같이 해석한다고 하여 법률관계가 무한정 불확정 상태에 놓이는 것도 아니다. 이 점에서 대상판결이 구체적인 판단 근거를 설시하지 않은 채, 원심을 파기한 것은 다소 아쉽다.

또한, 대상판결의 사안에서 수익자인 甲의 회복된 재산에 대한 처분행위는 상대적 효력설의 관점에서 볼 때 무권리자의 처분행위로서 무효라고 봄이 상당하다. 따라서 이 사건 사해행위취소가 받아들여지지 않더라도 피고 명의의 등기는 궁극적으로는 말소되어야 할 운명에 있다고 보인다. 변론주의를 고려할 때 원고가 해당 행위가 무효라는 점을 적극 주장하지 않는 한, 이를 무효로 판단하기는 어려울 것이다. 하지만, 원심은 '제2전득자가 확정된 사해행위취소 판결로 인하여 제1전득자 명의의 근저당권이전등기가 말소된 사정을 알면서 근저당권을 일부 이전받음으로써 사해행위취소로 인한 원상회복을 방해하는 데에 적극적으로 가담하였음에도 불구하고 채권자취소권 행사가 제척기간을 도과하였다는 취지의 본안전 항변을 하는 것은 신의성실의 원칙상 허용될 수 없다'고 판단하였는데, 만약 원고가 심리과정에서 위와 같은 주장을 한 것이라면 제2전득자의 권리취득이 유효한 것인지에 대해 당사자에게 그 주의를 환기할 수 있지 않았을까 하는 생각도 든다.

전득자에 대한 사해행위취소의 소에서의 제척기간의 기산점과 회복된 재산의 처분행위에 관하여 여러모로 부족한 사견을 밝혀 보았는데, 앞으로 이 부분에 대하여 학계에서 보다 심도 있는 논의가 이어지기를 기대해 본다. 아울러 이 모든 고민은 현행 채권자취소권 제도의 원상회복 방식 때문에 발생한 것인데, 독일, 프랑스, 미국 등과 같이 채무자에게 재산을 회복시키지 않고, 다시 말하여 수익자 또는 전득자에게 재산을 그대로 둔 상태에서 채권자로 하여금 강제집행을 할 수 있도록 법률개정이 이루어진다면, 사해행위취소와 관련한 법률관계를 보다 간명하게 설명할 수 있고, 이 사건과 유사한 법률관계의 혼란 역시 막을 수 있지 않을까 생각한다.

[Abstract]

Study on the Starting Point of the Limitation Period for Creditor's Revocation Lawsuit Against a Subsequent Purchaser and the Legal Relationship When the Property Restituted by the Creditor's Revocation Right is Disposed of

Lee, Jae Won*

Creditor's right of revocation must be exercised within one year from when the creditor becomes aware of the grounds for revocation or within five years from when the act subject to revocation was committed. This period is a limitation period. The Supreme Court interprets that "the time when the creditor becomes aware of the grounds for revocation" means the time when the creditor becomes aware of the elements of the creditor's right of revocation, that is, the time the creditor finds out that the debtor, knowing that it would prejudice the creditor, has committed a fraudulent act. And the same interpretation applies in case of a revocation lawsuit against a third party who subsequently purchased the property from the beneficiary ("subsequent purchaser").

This Study aims to rebut the Supreme Court's interpretation regarding the starting point of the limitation period in case of exercising the creditor's revocation right against a subsequent purchaser. It is impossible for the creditor to become aware of the grounds for its right of revocation until the subsequent purchaser purchases the property from the beneficiary.

---

* Judge, Daejeon District Court.

Therefore, in a suit against a subsequent purchaser, the creditor's knowledge on the grounds for revocation must include the creditor's awareness that the subsequent purchaser has purchased the property from beneficiary in addition to the fact that the debtor has committed a fraudulent act.

This Study also examines the validity of the debtor's legal act of disposing of the property that has been restituted by the creditor's revocation right and whether exercising the creditor's revocation right is possible when the debtor's fraudulent act is legally invalid.

[Key word]

- creditor's right of revocation
- fraudulent act
- limitation period / exclusion period
- the starting point of the limitation period / the starting point of the exclusion period
- subsequent purchaser
- restitution

참고문헌

[단 행 본]

곽윤직 편집대표, 민법주해 [IX] 채권(2), 박영사(1995).
김용담 편집대표, 주석민법 채권총칙(2), 한국사법행정학회(2013).
奧田昌道, 新版注釈民法(10) II, 有斐閣(2011).

곽윤직, 채권총론(제6판), 박영사(2003).
김기선, 한국채권법총론(제3전정판), 법문사(1987).
김민동, 이탈리아 채권법, 고려대학교출판부(2011).
김상용, 채권총론(제2판), 화산미디어(2014).
김주수, 채권총론(제3판 증보판), 삼영사(2003).
김증한 · 김학동, 채권총론(제6판), 박영사(1998).
송덕수, 채권법총론(제2판), 박영사(2015).
오시영, 채권자취소권, 숭실대학교출판부(2010).
이순동, 채권자취소권, 육법사(2010).
이은영, 채권총론(제4판), 박영사(2009).
이태재, 채권총론, 진명문화사(1987).
현승종, 채권총론, 일신사(1975).

[논   문]

김능환, "채권자취소권의 행사방법-부동산이 전전양도된 경우를 중심으로-",
    민사재판의 제문제 제6권, 한국사법행정학회(1991).
김문관, "사해행위취소의 효력에 관한 판례의 고찰-채무자 등이 사해행위취소
    로 원상회복된 책임재산을 처분한 행위의 효력을 중심으로", 판례연구
    제26집, 부산판례연구회(2015).
김재형, "채권자취소권의 본질과 효과에 관한 연구", 인권과 정의 제329호(2004).
_____, "채권자취소권에 관한 민법개정안-개정안에 관한 기본구상과 민법
    개정위원회의 논의 과정을 중심으로", 민사법학 제69호, 한국민사법
    학회(2014).

김형배, "채권자취소권제도의 재구성", 고시계(1986. 9.).

민일영, "독일의 채권자취소제도", 재판자료 제48집, 법원행정처(1989).

서광민, "채권자취소권의 법적구성", 고시계(1993. 4.).

양창수, "최근 중요 민사판례 동향", 민법연구 제7권, 박영사(2005).

오영준, "사해행위취소의 효력이 미치는 채권자의 범위", 민사판례연구 제26권, 박영사(2004).

유병현, "채권자취소소송에 관한 연구-강제집행과 관련하여-", 고려대학교 박사학위논문(1993).

윤진수, "상속회복청구권의 성질과 그 제척기간의 기산점", 재판의 한 길, 김용준 헌법재판소장 화갑기념논문집 간행위원회(1998).

윤진수·권영준, "채권자취소권에 관한 민법 개정안 연구", 민사법학 제66호, 한국민사법학회(2014).

이계정, "채권자취소권의 법적 성질과 사해의사에 관한 연구", 서울대학교 석사학위논문(2004).

이재성, "채권자취소권의 행사방법", 이재성판례평석집 11, 한국사법행정학회(1998).

정다영, "프랑스 민법상 채권자취소권 제도", 민사법학 제67호, 한국민사법학회(2014).

최창열, "채권자취소권의 대상이 되는 법률행위에 관한 고찰", 성신법학 제1호, 성신여자대학교 법학연구소(2001).

홍준호, "채권자취소권 행사의 제척기간의 기산점", 민형사실무연구, 서울북부지방법원(2004).

[전자문헌]

독일 법령 정보 http://www.buzer.de

미국 통합법 법령정보 http://www.uniformlaws.org

프랑스 법령 정보 https://www.legifrance.gouv.fr

물상보증인으로부터 담보부동산을 취득한 제3취득자의 구상권

정 재 우*

■요 지■

물상보증인으로부터 다음 부동산을 취득한 제3취득자가 저당채무를 변제하거나 저당권 실행으로 인하여 소유권을 상실하는 경우 채무자에 대한 구상권이 물상보증인과 제3취득자 중 누구에게 귀속되는지에 관하여, 기존에는 일률적으로 물상보증인에게 귀속된다고 읽힐 수 있는 판례(대법원 1997. 5. 30. 선고 97다1556 판결)와 일률적으로 제3취득자에게 귀속된다고 읽힐 수 있는 판례(대법원 1997. 7. 25. 선고 97다8403 판결)가 동시에 존재하고 있어 혼란이 있었다. 대상판결은 이 경우 물상보증인의 구상권에 관한 규정을 유추적용하여 원칙적으로 제3취득자에게 구상권이 귀속된다고 하면서도, 기존 대법원 1997. 7. 25. 선고 97다8403 판결에는 없던 '특별한 사정이 없는 한'이라는 문구를 추가하여 예외적으로 제3취득자에게 구상권이 발생하지 않을 수 있는 여지를 남겨 두었다는 측면에서 의미 있는 판결이라고 생각한다. 다만 대상판결이 물상보증인과 그로부터의 제3취득자의 구상권에 관한 기존의 혼란스러운 상황을 깔끔하게 정리할 기회가 있었음에도 불구하고, 모호한 문구를 추가한 채 그대로 넘어간 점은 다소 아쉬움이 남는다.

우리 민법은 구상권에 관한 조문을 연대채무, 보증채무, 물상보증인 등의 항목에 개별적으로 두고 있어 구상권을 통합적으로 이해하기가 쉽지 않다. 그러나 제3자의 변제에 따른 구상권은 개별 조문이 있는 경우에도 수임

---

* 서울중앙지방법원 판사.

인의 비용상환청구권, 사무관리에 의한 비용상환청구권, 부당이득반환청구권 등 민법의 일반 이론에 의하여 체계적, 통일적으로 이해될 필요가 있다. 이렇게 이해할 때 물상보증인으로부터의 제3취득자에 의하여 변제 등이 이루어진 경우 이에 따른 구상권은 그 성질상 '사무관리에 의한 비용상환청구권'이라고 보아야 한다.

물상보증인으로부터의 제3취득자가 저당채무의 이행을 인수하지 않은 경우 제3취득자에 의하여 변제 등이 이루어지면 당연히 제3취득자가 채무자에 대한 구상권을 취득한다. 반면, 물상보증인으로부터의 제3취득자가 저당채무의 이행을 인수한 후 제3취득자에 의하여 변제 등이 이루어진 경우, 그 채무의 변제는 제3취득자가 물상보증인과의 약정에 따라 자기의 의무를 이행한 것이므로, 제3취득자가 '의무 없이' 타인의 사무를 처리한 것이라고 볼 수 없고, 따라서 제3취득자는 사무관리에 의한 비용상환청구권의 성격을 갖는 구상권을 취득하지 못한다. 이 경우에는 물상보증인이 이행보조자인 제3취득자를 통하여 채무를 변제한 것으로 보아야 하므로 물상보증인이 채무자에 대한 구상권을 취득한다.

[주 제 어]
- 구상권
- 물상보증인
- 제3취득자
- 이행인수
- 사무관리

대상판결 : 대법원 2014. 12. 24. 선고 2012다49285 판결(공2015상, 175)

[사안의 개요]

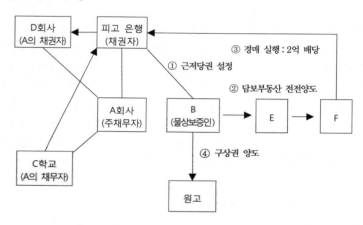

1. A회사와 피고 은행, B의 관계

가. A회사는 피고 은행에 대하여 297,337,564원의 대출금 채무를 부담하고 있었다. A회사의 대표이사 B는 1999. 6. 9. 피고 은행의 A회사에 대한 채권에 대하여 자신의 소유인 이 사건 부동산을 담보로 제공하면서, A회사와 피고 은행 사이에 체결된 포괄근저당권설정계약[1]을 원인으로 위 부동산에 근저당권을 마쳤다.

나. A회사는 피고 은행으로부터 추가로 ① 2000. 5. 25. 4,565,000,000원을, ② 2001. 3. 28. 4,600,000,000원을 차용하는 내용의 융자약정 또는 팩토링거래약정을 체결하였고(이하 위 두 약정을 통틀어 '이 사건 각 대출약정'이라 한다), B가 위 각 약정에 대하여 A회사의 채무를 연대보증하였다.

2. C학교 채권의 양도

가. A회사는 C학교에 대하여 투자비상환채권을 가지고 있었다. A회사는 2000. 12. 1. 이 사건 각 대출약정에 따른 대출금 채무를 변제하기 위하여 위

---

[1] 포괄근저당권설정계약상 피담보채무 및 채권최고액 등은 판결문에 언급되어 있지 않으나, 위 297,337,564원의 대출금 채무뿐 아니라 향후 A회사가 피고 은행에 대하여 부담할 채무도 피담보채무에 포함되었던 것으로 보인다.

투자비상환채권 중 12,679,651,492원 부분(2000. 11. 30.부터 2012. 1. 30.까지 매월 30일 93,775,730원씩 지급하고, 2012. 2. 28. 마지막으로 19,972,941원을 지급함으로 이행이 완료되는 채권, 이하 'C학교 채권'이라 한다)을 피고 은행에게 양도하였고, C학교는 이를 승낙하였다.

나. 한편 A회사는 D회사에 대하여 1,742,447,142원의 공사대금 채무를 부담하고 있었다. A회사는 2001. 4. 30. 위 채무의 지급을 위하여 'A회사가 피고 은행에게 양도한 C학교 채권 중 A회사가 이 사건 각 대출약정에 따라 피고 은행에게 부담하는 채무를 완제한 후 남게 될 잔여채권'을 D회사에게 양도하였다. 또한 피고 은행과 D회사는 위 채권양도를 확실하게 하기 위하여 2002. 1. 14. 'C학교 채권 중 위 A회사가 이 사건 각 대출약정에 따라 피고 은행에게 부담하는 채무를 완제한 후 남게 될 잔여채권을 D회사에게 귀속하기로 한다'는 내용의 사후관리계약서를 작성하였다.

3. 이 사건 부동산에 대한 경매 진행 및 배당

가. 이 사건 부동산에 관하여는 2001. 3. 3. 매매를 원인으로 하여 E 명의의 소유권이전등기가, 2007. 3. 14. 증여를 원인으로 하여 F 명의의 소유권이전등기가 각 마쳐졌다.[2]

나. 피고 은행이 C학교 채권을 변제받으며 이 사건 각 대출약정의 대출원리금을 충당해 나가던 중, 2008. 3.경 제3자가 이 사건 부동산에 대하여 강제경매를 신청하였고, 위 경매절차의 배당기일인 2008. 4. 18. 피고 은행은 근저당권자로서 2억 원을 배당받았다.

4. 원고에 대한 채권양도

A회사와 B는 2008. 4. 20. 원고와의 사이에 '피고 은행으로부터 받을 2억 원을 원고에게 양도한다'는 내용의 채권양도계약을 체결하였다. 또한 B는 2010. 11. 18. 피고 은행에게 'B는 피고 은행에 대하여 피고 은행이 이 사건 부동산에 대한 배당기일에서 2억 원을 찾아감으로써 발생한 2억 원의 채권을 가지고 있는데, 이를 2010. 11. 원고에게 양도하였으므로, 피고 은행은 이를 원고에게 변제해 달라'는 내용의 채권양도통지를 하였다.

---

2) 이 부분은 1심에서는 별다른 언급이 없었다가, 2심에서 추가로 사실 인정이 이루어진 부분이다.

5. A회사의 피고 은행에 대한 채무 완제 및 D회사에 대한 변제

피고 은행은 C학교로부터 받은 돈을 A회사의 피고 은행에 대한 채무의 변제에 충당하여, 앞서 배당받은 2억 원을 포함하여 2010. 4. 14.까지 채무를 모두 변제받았다. 그 이후 C학교가 피고 은행에게 지급한 돈은 전부 D회사에게 교부하고 있다.

[소송의 경과]

1. 1심(수원지방법원 성남지원 2011. 10. 11. 선고 2011가합4878 판결)3)

가. 원고 주장의 요지

(1) 이 사건 부동산에 대한 경매가 실행되어 피고 은행이 2억 원을 배당받았으므로, B는 물상보증인으로서 A회사의 채무를 대신 변제한 것이다. 따라서 변제자대위로 피고 은행의 A회사에 대한 채권과 그 담보권인 C학교 채권이 변제한 가액만큼 B에게 이전되었다. 그런데 피고 은행은 2010. 4. 14. A회사로부터 원리금을 모두 변제받았음에도, 그 후 계속하여 C학교로부터 돈을 지급받았는데, 이는 B가 수령할 돈이므로 피고 은행은 이를 B에게 반환하여야 한다(요약하면 B가 변제자대위로 이전받은 채권에 기해 받을 돈을 피고 은행이 받았음을 이유로 부당이득반환청구를 하는 것으로 보인다).

(2) 피고 은행은 C학교 채권 중 B가 법정대위권을 가지고 있는 2억 원 부분을 수령하여 D회사에게 지급하였는데, 이는 B가 취득한 담보권을 상실시킨 것이므로 B는 민법 제485조4)에 의하여 2억 원의 한도에서 책임을 면한다. 그런데도 피고 은행이 B로부터 2억 원을 수령한 것은 비채변제에 해당하므로 이를 반환하여야 한다.

나. 1심의 판단

(1) 이 사건 부동산에 대하여 경매가 실행되어 피고 은행이 2억 원을 배당받은 것은 B가 보증인 또는 물상보증인으로서 채무를 일부 변제한 것에

---

3) 1심 판결은 본 발표문에서 다룰 쟁점이 전혀 다루어지지 않았으므로, 요지만 간략히 소개한다.

4) 제485조(채권자의 담보상실, 감소행위와 법정대위자의 면책)
제481조의 규정에 의하여 대위할 자가 있는 경우에 채권자의 고의나 과실로 담보가 상실되거나 감소된 때에는 대위할 자는 그 상실 또는 감소로 인하여 상환을 받을 수 없는 한도에서 그 책임을 면한다.

해당하므로, B는 변제한 금액인 2억 원의 범위 내에서 이 사건 각 대출약정에 따른 채권 및 그 담보권인 C학교 채권을 법률상 당연히 취득한다. 그러나 C학교 채권은 가액 채권으로 분할이 가능하고, 변론종결일 현재 2억 원을 초과하여 잔존하고 있다. 따라서 원고는 C학교를 상대로 직접 대위권을 행사하여 2억 원을 청구할 수 있을 뿐, 피고 은행에 대하여 2억 원의 반환청구권을 갖는다고 할 수 없다.

(2) 민법 제485조는 법정대위권자가 변제하기 이전에 채권자에 의해 담보권이 상실되는 경우를 규정한 것이다. 이 사건의 경우 피고 은행의 담보권 침해행위라고 주장하는 C학교로부터의 금원 수령행위(2010. 4. 14. 이후)는 B에 의해 변제가 이루어진 것으로 볼 수 있는 배당기일(2008. 4. 18.) 후에 이루어졌으므로 위 규정을 적용할 수 없다.

(3) 설령 원고의 이 부분 주장을 피고 은행이 B의 법정대위권을 침해하였다는 이유로 손해배상청구권을 행사하는 취지로 보더라도, 변론종결일 현재 C학교 채권이 2억 원을 초과하여 잔존하고 있는 이상 피고 은행이 담보권을 상실시켰다고 볼 수도 없다.

2. 원심(서울고등법원 2012. 5. 10. 선고 2011나92420 판결)

가. 원고 주장의 요지

이 사건 부동산의 경매절차에서 피고 은행이 2억 원을 배당받음으로써, 물상보증인인 B는 채무를 변제한 것과 같은 법률상 지위를 가진다. 따라서 B는 A회사에 대한 구상권을 취득하였고, 변제자대위의 법리에 따라 피고 은행의 채권과 그 담보권인 C학교 채권 중 2억 원에 해당하는 부분을 이전받았다.

이 경우 채권자인 피고 은행은 B가 변제자대위권을 행사할 수 있도록 C학교 채권에 대한 채권양도통지를 할 의무가 있다. 그럼에도 피고 은행은 채권양도통지의무를 이행하지 않고, 자신의 채권을 모두 변제받은 2010. 4. 14. 이후에도 계속하여 C학교로부터 변제금을 수령하여 이를 임의로 D회사에 교부하였다.

그렇다면 이미 변제자대위로 C학교 채권이 B에게 이전한 후에 피고 은행이 C학교로부터 2억 원을 수령한 것은 법률상 원인이 없는 것이고, C학교가 채권의 준점유자인 피고 은행에게 2억 원을 변제함으로써 이 부분 채권이 소멸하였으므로, 그 결과 B는 2억 원 상당의 담보권을 상실하는 손해를 입게 된 것이다. 따라서 B는 피고 은행에게 부당이득반환청구권을 갖는다.

나. 원심의 판단

(1) 추가 사실 인정

앞서 언급한 것과 같이 원심은 이 사건 부동산에 관하여 2001. 3. 3. 매매를 원인으로 하여 E 명의의 소유권이전등기가, 2007. 3. 14. 증여를 원인으로 하여 F 명의의 소유권이전등기가 각 마쳐진 사실을 추가로 인정하였다.

(2) 물상보증인이 아닌 그로부터의 제3취득자가 구상권을 취득

(가) 원심은 '타인의 채무를 담보하기 위하여 저당권을 설정한 부동산의 소유자(물상보증인)로부터 소유권을 양수한 제3자는 채권자에 의하여 저당권이 실행되게 되면 저당부동산에 대한 소유권을 상실한다는 점에서 물상보증인과 유사한 지위에 있다고 할 것이므로, 물상보증의 목적물인 저당부동산의 제3취득자가 채무를 변제하거나 저당권의 실행으로 저당물의 소유권을 잃은 때에는 물상보증인의 구상권에 관한 민법 제370조, 제341조의 규정을 유추적용하여 보증채무에 관한 규정에 의하여 채무자에 대한 구상권이 있다'는 취지의 대법원 1997. 7. 25. 선고 97다8403 판결을 인용하였다.

(나) 그런 다음 이 사건의 경우 경매실행 당시 이 사건 부동산의 소유자인 F가 구상권을 취득하고, 전 소유자인 B는 '저당권의 실행으로 인하여 저당물의 소유권을 잃은 때'(민법 제370조, 제341조) 또는 '채무자를 위하여 변제한 자'(민법 제480조 제1항)⁵⁾에 해당하지 아니하므로 채무자에 대한 구상권이나 변제자대위권을 취득한다고 볼 수 없다고 판단하였다.

(3) 이행인수의 문제

(가) 원고는 물상보증인이 제3자에게 담보물을 처분하는 경우 통상 그 피담보채권액을 공제한 나머지 대금만을 지급받게 되므로, 물상보증인이 아닌 그로부터의 제3취득자가 구상권 및 변제자대위권을 취득한다고 본다면, 제3취득자는 매매 당시 공제받은 피담보채무액 상당의 부당이득을 얻고 물상보증인은 2중의 손해를 입는 부당한 결과가 초래된다는 취지의 주장을 하였다.

(나) 그러나 원심은 ① 물상보증인은 (연대)보증인과 달리 채권자에 대하여 '채무'를 부담하지 아니하면서 제공된 담보물의 가치 범위 내에서 '책임'만

─────────

5) 판결문에는 '채권자를 위하여 변제한 자(민법 제480조 제2항)'로 되어 있으나 오기로 보인다.

부담하므로 담보물의 소유권이 제3자에게 이전하는 경우 이러한 물상보증인의 지위 역시 소유권의 이전에 따라 제3자에게 이전한다고 보아야 하므로, 물상보증관계에 있어서 대위변제에 의한 구상권 및 대위권이 누구에게 귀속하는지는 대위변제로 소유권을 상실하는 자가 누구인지에 따라 객관적으로 정하여야 하는데, 원고의 주장과 같이 물상보증인과 제3취득자 사이의 매매 등 소유권이전계약에서 피담보채무 상당의 금원을 위 계약에 반영하였는지에 따라 구상권 및 대위권의 귀속주체를 결정할 경우 위 계약의 내용에 따라 구상권 및 대위권의 귀속주체가 물상보증인과 제3취득자 사이에서 상대적으로 결정되거나 양자에게 동시에 귀속될 수도 있으므로(피담보채무의 일부만 변제된 경우) 위와 같은 계약관계의 내용에 관하여 전혀 알 수 없는 담보물의 전전 양수인, 채권자 및 채무자 등 이해관계자들의 법률상 지위를 불안하게 만들 수 있고, ② 이 사건에 있어서는 B가[6] 이 사건 부동산을 E에게 매도하면서 그 매매대금에서 피담보채권액 상당을 공제하였다는 점과 이러한 지위가 전전취득자인 F에게도 승계되었다는 점을 인정할 아무런 증거도 없다고 판단하여 원고의 주장을 배척하였다.

  (4) 원심의 결론

  결론적으로 원심은, 원고의 청구는 물상보증인인 B가 구상권 또는 변제자대위권을 가지는 것을 전제로 하는 것인데, B에게 구상권이 귀속되지 않는 이상 원고의 주장은 더 나아가 살펴볼 필요 없이 이유 없다고 판단하였다.

  [대상판결의 요지]
  1. 97다8403 판결의 인용

  대법원은 원심이 인용한 대법원 1997. 7. 25. 선고 97다8403 판결을 다시 인용하였다. 다만, 인용하면서 '특별한 사정이 없는 한'이라는 문구를 추가한 점이 눈에 띈다.

  "타인의 채무를 담보하기 위하여 저당권을 설정한 부동산의 소유자인 물상보증인으로부터 저당부동산의 소유권을 취득한 제3취득자는 그 저당권이 실행되면 저당부동산에 대한 소유권을 잃는다는 점에서 물상보증인과 유사한 지위에 있다고 할 것이다. 따라서 물상보증의 목적물인 저당부동산의 제3취

---

  6) 판결문에는 '원고가'로 되어 있으나 오기로 보인다.

득자가 그 채무를 변제하거나 저당권의 실행으로 인하여 저당부동산의 소유권을 잃은 때에는 '특별한 사정이 없는 한'(강조 : 필자) 물상보증인의 구상권에 관한 민법 제370조, 제341조의 규정을 유추적용하여, 물상보증인으로부터 저당부동산을 양수한 제3취득자는 보증채무에 관한 규정에 의하여 채무자에 대한 구상권이 있다고 할 것이다(대법원 1997. 7. 25. 선고 97다8403 판결 참조)."

2. 물상보증인이 아닌 그로부터의 제3취득자가 구상권을 취득 : 상고 기각

대법원은 위 법리에 비추어 볼 때 F만이 A회사에 대한 구상권을 가지고, B가 위 근저당권의 실행으로 인하여 구상권을 가진다고 볼 수 없다고 판단하였다. 다만 그 결론을 설시함에 있어 '원심판결의 이유 설시에 부적절한 점은 있으나' B가 채무자 A회사에 대한 구상권을 가짐을 전제로 하는 원고의 청구를 배척한 원심의 조치는 결론적으로 정당하고, 거기에 물상보증인의 구상권에 관한 법리를 오해하여 판결 결과에 영향을 미친 위법이 없다고 하였다.

〔研 究〕

I. 서 론

물상보증인이 채무자의 채무를 변제하거나 저당권이 실행되어 저당부동산에 대한 소유권을 잃은 때에는 채무자에 대하여 구상권을 갖는다. 이는 민법 제341조에 질권에 관한 규정이 있고 민법 제370조에 의하여 저당권에 준용된다.[7] 그렇다면 물상보증인으로부터 담보부동산을 취득한 제3취득자가 채무를 변제하거나 저당권이 실행된 경우에는 누가 구상권

---

[7] 제341조(물상보증인의 구상권)
  타인의 채무를 담보하기 위한 질권설정자가 그 채무를 변제하거나 질권의 실행으로 인하여 질물의 소유권을 잃은 때에는 보증채무에 관한 규정에 의하여 채무자에 대한 구상권이 있다.
제370조(준용규정)
  제214조, 제321조, 제333조, 제340조, 제341조 및 제342조의 규정은 저당권에 준용한다.

을 갖는가? 이에 대하여는 제3취득자가 물상보증인으로부터 담보부동산을 양수함에 있어 저당채무의 이행을 인수한 경우와 그렇지 않은 경우를 나누어 생각해 볼 필요가 있다. 후자의 경우, 즉 제3취득자가 저당채무의 이행을 인수하지 않았는데(쉽게 말해 제값을 주고 부동산을 매수하였는데) 제3취득자에 의하여 변제 등이 이루어진 경우 물상보증인이 아닌 제3취득자가 구상권을 갖는다는 부분에 대하여는 특별한 이론(異論)이 없어 보이고, 대상판결에서 인용한 대법원 1997. 7. 25. 선고 97다8403 판결도 같은 취지이다.

그러나 전자의 경우, 즉 제3취득자가 저당채무의 이행을 인수한 후 제3취득자에 의하여 변제 등이 이루어진 경우 채무자에 대한 구상권이 물상보증인과 제3취득자 중 누구에게 귀속되는지는 명확하지 않다. 제3취득자는 직접적으로 변제를 하거나 소유권을 잃은 자이므로 채무자에 대하여 구상권을 행사할 수 있을 것 같기는 한데, 반면에 이미 담보부동산을 취득할 때 물상보증인으로부터 가격을 공제받는 등의 이익을 취하였을 것이므로 제3취득자에게 구상권을 인정하는 것이 무언가 이중의 이익을 부여하는 듯한 느낌도 든다. 이 문제에 관하여 원심판결은 명시적으로 제3취득자에게 구상권이 귀속된다고 하였으나, 대상판결의 경우 이를 명시적으로 언급하지 않고, 오히려 모호한 설시로 의문을 남긴 채 상고기각 판결을 선고하였다. 아래에서 보겠지만 기존 대법원 판례들도 유사한 사안들에 대하여 일관되지 못한 입장을 취하고 있어 상당한 혼란이 발생하고 있다.

이러한 문제는 물상보증인과 제3취득자의 구상권의 법적 성질을 '제3자의 변제에 따른 구상권'이라는 보다 넓은 관점에서 통일적, 체계적으로 이해함으로써 해결될 수 있는 문제라고 생각한다. 그런데 우리 민법은 구상권에 관한 개별 조문들을 연대채무, 보증채무, 물상보증인 등의 항목에 산발적으로 규정해 놓고 있고, 그 요건과 효과도 세부적으로나마 다르게 규정하고 있어, 구상권에 대한 통일적인 이해가 쉽지 않은 상황이다. 이하에서는 먼저 이 사건과 관련된 기존 대법원 판례들의 입장과 그에 따라 발생한 혼란스러운 상황에 대하여 살펴보고(Ⅱ), 제3자의 변제에 따른 구상권에 관한 우리 법의 체계와 개별 구상권의 법적 성질에 관하여 논의한 후(Ⅲ), 그와 같은 논의를 기초로 하여 물상보증인과 그로부터의 제3취득자 사이에 이행인수가 있는 경우 구상권을 누가 갖는지에 관하여 검토해 보고자 한다(Ⅳ).

Ⅱ. 기존 판례의 정리 및 문제점

1. 문제의 제기

물상보증인으로부터 담보부동산을 취득한 제3취득자의 구상권과 관련하여서는 일견 양립할 수 없는 것으로 보이는 두 개의 판례가 존재하고 있었는데, 거기에 대상판결이 기존의 판례들을 정리하지 않은 채 추가된 모양새가 되었다. 이하에서는 기존 판례들의 입장을 소개하고, 이와 관련하여 발생하는 문제점을 짚어 보기로 한다.

2. 관련 판례

가. 대법원 1997. 5. 30. 선고 97다1556 판결

(1) 위 판결 중 이 사건과 관련된 부분은 다음과 같다.[8]

"물상보증인이 담보부동산을 제3취득자에게 매도하고 제3취득자가 담보부동산에 설정된 근저당권의 피담보채무의 이행을 인수한 경우, 그 이행인수는 매매당사자 사이의 내부적인 계약에 불과하여 이로써 물상보증인의 책임이 소멸하지 않는 것이고, 따라서 담보부동산에 대한 담보권이 실행된 경우에도 제3취득자가 아닌 원래의 물상보증인이 채무자에 대한 구상권을 취득한다."

(2) 위 판결은 다음과 같은 특징이 있다.

(가) 결론적으로 제3취득자가 부동산을 취득할 때 피담보채무의 이

---

8) 이 판결은 이 사건과 관련된 쟁점보다는, '구상권과 변제자대위권은 내용이 다른 별개의 권리로, 변제자대위로 인하여 취득한 채권을 행사하지 않기로 하는 계약 조항이 구상권의 행사까지 방해하지는 않는다'고 판단한 것으로 유명한 판결이다.

행을 인수한 경우, 담보부동산에 대한 담보권이 실행되면 제3취득자가 아닌 물상보증인이 채무자에 대한 구상권을 취득한다고 판단하였다.[9] 그 근거로는 '이행인수는 매매당사자의 내부적인 계약에 불과하여 이로써 물상보증인의 책임이 소멸하지 않기 때문'을 들고 있다. 그런데 물상보증인은 채무 없이 책임(이른바 물상책임)만을 부담하고, 책임은 소유권의 이전으로 제3취득자에게로 넘어갔음이 명백한데, 물상보증인의 어떠한 책임이 소멸하지 않는다는 것인지 선뜻 이해가 가지 않는다. 또한 '이행인수는 내부적인 계약에 불과하여 물상보증인의 책임이 소멸하지 않으므로' 제3취득자가 아닌 물상보증인이 구상권을 취득한다는 설시는, 반대로 이행인수가 없는 경우에는 내부적인 계약조차 없으므로 더더욱 물상보증인의 책임이 소멸할 여지가 없고, 따라서 그 경우에도 제3취득자가 아닌 물상보증인에게 구상권이 발생한다는 취지로 읽히기도 한다.

(나) 다만, 위 사건에서 누가 구상권을 취득하는지 여부는 그다지 중요한 쟁점이 아니었다. 사실관계를 살펴보면, 위 사건에서의 원고는 제3취득자였고, 물상보증인은 이행인수와는 별도로 자신이 취득한 구상금 채권을 원고에게 양도하였다(이는 물상보증인이 별도로 원고에 대하여 추가적인 채무를 부담하고 있었기 때문으로 보인다). 따라서 물상보증인과 제3취득자 중 누구에게 구상권이 발생하였다고 보더라도 원고의 청구가 인용되는 상황이었고, 피고도 이에 대하여 다투지 않았다.

(다) 한편, 위 판결의 1, 2심은, 담보권이 실행된 시점에는 담보부동산의 소유권이 이미 제3취득자에게 넘어간 이후였음에도 '물상보증인이 이 사건 부동산의 소유권을 상실하였다'[10]는 취지로 설시하고 있는데, 물

---

9) 위 판결을 인용하여 이행인수가 있었던 경우 제3취득자가 아닌 물상보증인에게 구상권이 발생한다고 판단한 하급심으로는 부산지방법원 동부지원 2006. 9. 28. 선고 2005가단25337 판결이 있다.

10) ① 1심(서울지방법원 1996. 2. 27. 선고 94가합114340 판결): "…위 인정사실에 의하면 채권자인 보조참가인이 이 사건 부동산에 대한 임의경매절차에서 그 경락대금 중 금 500,000,000원을 배당받아감으로써, <u>위 윤○○이 물상보증인으로서 채무자인 피고 회사를 위하여 담보로 제공한 이 사건 부동산의 소유권을 상실하는 대신</u> 피고 회사의 보조참가인에 대한 채무가 위 배당금 상당액의 범위 내에서 소

상보증인에게 구상권이 발생하는 이유를 민법 제341조 중 '질물(저당물)의 소유권을 잃은 때'에 해당하기 때문으로 본 것으로 보인다. 그러나 물상보증인은 제3취득자에게 담보부동산을 양도하였을 때 이미 소유권을 잃은 것이기 때문에 위와 같은 설시는 정확하지 못하다.

나. 대법원 1997. 7. 25. 선고 97다8403 판결

(1) 위 판결 중 이 사건과 관련된 부분은 다음과 같다.[11]

"타인의 채무를 담보하기 위하여 저당권을 설정한 부동산의 소유자(물상보증인)로부터 소유권을 양수한 제3자는 채권자에 의하여 저당권이 실행되게 되면 저당부동산에 대한 소유권을 상실한다는 점에서 물상보증인과 유사한 지위에 있다고 할 것이므로, 물상보증의 목적물인 저당부동산의 제3취득자가 채무를 변제하거나 저당권의 실행으로 저당물의 소유권을 잃은 때에는 물상보증인의 구상권에 관한 민법 제370조, 제341조의 규정을 유추적용하여 보증채무에 관한 규정에 의하여 채무자에 대한 구상권이 있다."

(2) 위 판결은 다음과 같은 특징이 있다.

(가) 위 판결은 대상판결에서 인용되었던 판결이다. 대상판결과 다른 점은 앞서 언급한 것과 같이 '특별한 사정이 없는 한'이라는 문구가 없이 일률적으로 제3취득자에게 구상권을 인정하고 있는 부분이다.

(나) 다만 위 판결에서 주목할 부분은, 사실 인정 부분에서 '제3취득

멸하였다 할 것이므로, 위 윤○○은 피고 회사에 대하여…구상권을 취득하였다 할 것이고…"

② 2심(서울고등법원 1996. 11. 27. 선고 96나17044 판결) : "…위 인정사실에 의하면, 위 윤○○은 이 사건 부동산의 물상보증인으로서 위 임의경매절차에서 이 사건 부동산의 소유권을 상실하고, 채권자인 피고 보조참가인은 위 임의경매절차에서 위 경락대금 중 금 500,000,000원을 배당받아 피고 회사의 피고 보조참가인에 대한 채무가 위 배당금 상당액만큼 변제로 소멸하였다고 할 것이므로, 위 윤○○은 피고 회사에 대하여 위 배당금 및 이에 대한 위 배당일 이후의 법정이자 상당액의 구상권을 취득하였다고 할 것이고…"

11) 이 판결은 이 사건과 관련된 쟁점보다는 '대출절차상 편의를 위하여 명의를 빌려준 행위가 비진의표시로서 무효라고 볼 수 없다'고 판단한 것으로 유명한 판결이다.

자가 담보부동산을 취득하면서 근저당권의 피담보채무를 인수하지 않은 사실'을 별도로 인정한 부분이다.[12] 이는 2심에서 별도로 정리하여 설시하지 않은 부분인데, 대법원이 이를 특별히 정리하여 설시한 것은 이행인수가 있었으면 제3취득자에게 구상권이 발생하지 않는 것으로 판단하고 있는 것이 아닌가 하는 추측이 들게 한다.

(다) 이 사건에서 역시 피고가 구상권이 물상보증인과 제3취득자 중 누구에게 귀속되는지에 관하여 다투지는 않았다.

3. 문 제 점

위와 같이, 마치 물상보증인에게 일률적으로 구상권이 발생한다고 읽힐 수 있는 대법원 1997. 5. 30. 선고 97다1556 판결과, 반대로 제3취득자에게 일률적으로 구상권이 발생한다고 읽힐 여지가 있는 대법원 1997. 7. 25. 선고 97다8403 판결이 동시에 존재함으로써 혼란이 발생하고 있다. 실제로 당사자가 위 판결 중 어느 하나를 인용하여 다투는 경우가 하급심에서 종종 발견되고, 그 경우 해당 하급심에서 이 부분을 정확히 정리하지 않고 단순히 '그 법리가 이 사건에도 적용된다고 볼 수 없다'는 식으로 설시하여 배척함으로써, 이 부분에 대한 혼란이 가중되고 있다.[13]

---

12) "…위 근저당권의 피담보채무는 원고들이 인수하기로 한 김○○의 채무에 포함되지 않은 사실, …"

13) ① 서울동부지방법원 2012. 10. 12. 선고 2012가합5221 판결 : "…이 사건 대물변제약정 당시 이 사건 부동산의 시가에서 임○○(필자 주 : 물상보증인)의 원고들(필자 주 : 제3취득자)에 대한 채무액을 공제한 차액이 보전되지 않는 이상 채무자인 피고에 대한 구상권은 임○○에게 유보되는 것이라는 주장은, 그 전제가 되는 법리(대법원 1997. 5. 30. 선고 97다1556 판결)가 이 사건에도 그대로 적용되는 것이라고 보기 어려워 받아들일 수 없으며, …", ② 대전고등법원 2015. 6. 22. 선고 2014나13653 판결 : "먼저 원고가 언급하는 위 대법원 판결(필자 주 : 위 대법원 97다1556 판결)은 구상권 취득 경위에 관한 구체적인 사실관계를 달리 하여 이를 원용하기 어렵고, 나아가 이를 원용한다고 하더라도 '김○○가 이 사건 계쟁 부동산의 소유권을 원고로부터 이전받음에 있어 위 부동산에 기 설정된 피담보채무의 이행을 인수하였다.'는 점에 관해 원고의 전입증으로도 이를 인정할 만한 증거가 없으므로, 이를 전제로 한 원고의

대상판결은 위와 같은 혼란스러운 상황을 방론으로나마 직접적으로 정리할 기회가 있었음에도, '특별한 사정이 없는 한'이라는 모호한 문구를 추가하면서 해당 특별한 사정의 예시도 제시하지 않았고, '원심판결의 이유 설시에 부적절한 점은 있으나'라고 설시하면서도 무엇이 부적절한 것인지 지적하지 않음으로써 좋은 기회를 놓친 것 같은 아쉬움이 든다.

Ⅲ. 제3자의 변제에 따른 구상권의 구조 및 체계

1. '구상권'의 의미

가. 구상권의 정의

구상권의 사전적 정의는 '다른 사람을 위하여 그 사람의 빚을 갚은 사람이 다른 연대채무자나 주된 채무자에게 상환을 요구할 수 있는 권리'이다. 구상권의 일반적 의미에 대한 법적 설명으로는, '부담해야 할 의무에 관하여 대신 출연한 자가 그 타인에 대하여 상환을 구하는 권리'[14]라거나, '타인을 위해 재산을 출연한 자가 그 출연한 재산의 수령자가 아니라 제3자로부터 지출비용의 상환을 구하는 것'[15] 등이 있다. 구상관계의 중요한 특징 중 하나는 재산출연자가 그 상대방이 아니라 제3자에 대해 지출비용의 상환을 구하는 것에 있으므로,[16] 해당 비용상환청구권의 법적 근거가 무엇인지 주의 깊게 따져 볼 필요가 있다.

나. 구상권의 발생 근거

우리 민법에는 구상권과 관련하여 상세한 규정이 있는 경우도 있고 (예 : 연대채무자 사이의 구상관계, 보증인, 물상보증인의 구상권 등), 규정이 없이도 일반 법리에 근거하여 구상을 인정하는 경우도 있다(제3자의 변제

주장은 더 나아가 살필 필요 없이 이유 없다." 위 두 판결 모두 위 법리가 적용되지 않는 구체적 이유가 무엇인지, 구상권 취득 경위에 관하여 구체적인 사실관계를 달리하는 부분이 어떤 것인지를 구체적으로 밝히고 있지 않다.

14) 편집대표 곽윤직, 민법주해[XI] 채권(3), 박영사(2001), 135면(차한성 집필부분).
15) 편집대표 김용담, 주석민법 채권총칙(2), 한국사법행정학회(2014), 610면(제철웅 집필부분).
16) Medicus, Bürgerliches Recht, 17. Aufl.(1998), Rn. 905 ff[주석민법 채권총칙(2), 610(제철웅 집필부분)에서 재인용].

에 따른 구상관계, 사용자책임에 있어서의 구상관계, 공동불법행위자 사이의 구상관계 등).

대법원 1994. 12. 9. 선고 94다38106 판결은 구상권에 관하여 다음 과 같이 친절하게 정리하고 있다. "…구상권 발생의 근거로는 먼저 불가 분채무자, 연대채무자, 보증인, 물상보증인, 담보물의 제3취득자,[17] 후순 위 담보권자[18]가 구상권을 가짐은 민법의 개별적 규정에 의하여 분명하 고, 제3자가 채무자의 부탁으로 채무자를 위하여 변제하는 경우에는 민 법 제688조 소정의 위임사무처리비용의 상환청구권에 의하여, 제3자가 사무관리에 의하여 채무자를 위하여 변제하는 경우에는 민법 제739조 소 정의 사무관리비용의 상환청구권에 의하여 구상권을 취득하는 수가 있을 수 있다."

다. 변제자대위와의 관계

민법 제481조는 변제할 정당한 이익이 있는 자는 변제로 당연히 채 권자를 대위한다고 규정하고 있고, 제482조 제1항은 채권자를 대위한 자 는 자기의 권리에 의하여 구상할 수 있는 범위에서 채권 및 그 담보에 관한 권리를 행사할 수 있다고 규정하고 있다. 따라서 제3자가 채무자의 채무를 변제한 경우 채권자의 원채권은 변제자에게 이전하며(다수설인 채 권이전설의 입장), 변제자는 원채권을 이전받아 행사하여서도 구상의 목적 을 달성할 수 있다.

구상권과 변제자대위의 관계에 관하여, 판례는 "구상권과 변제자대위 권은 그 원본, 변제기, 이자, 지연손해금의 유무 등에 있어서 그 내용이 다른 별개의 권리로서, 물상보증인은 고유의 구상권을 행사하든 대위하여 채권자의 권리를 행사하든 자유이며, 다만 채권자를 대위하는 경우에는

---

17) 담보물의 제3취득자가 구상권을 갖는 것이 민법의 어떤 규정에 의하여 분명하다 는 것인지는 아래 Ⅳ의 2. 가.항에서 보는 것과 같이 불분명하다.

18) 이는 공동저당에 있어서 후순위 저당권자의 대위(민법 제368조 제2항 후문)를 의미하는 것으로 보이나, 위 규정에 의한 대위는 채무자에 대한 피담보채권은 그 대로 보유한 채 근저당권을 이전받는 것에 불과하고 별도의 구상권이 발생하는 것 은 아니다. 정확히 어떤 개별적 규정을 의미하는지는 알 수 없다.

같은 법 제482조 제1항에 의하여 고유의 구상권의 범위에서 채권 및 그 담보에 관한 권리를 행사할 수 있는 것이어서, 변제자대위권은 고유의 구상권의 효력을 확보하는 역할을 한다"고 설시하고 있다(대법원 1997. 5. 30. 선고 97다1556 판결). 그렇다면 판례는 제3자의 변제 사안에 있어서는 구상권이 본체적[19] 권리로서 선재(先在)하고, 이를 확보하기 위하여 변제자대위 제도가 존재한다고 보는 것으로 보인다. 이와 같은 해석은 민법 제482조 제1항이 '자기의 권리에 의하여 구상할 수 있는 범위에서' 채권 및 그 담보에 관한 권리를 행사할 수 있다고 규정하고 있는 점과도 부합한다.[20]

라. 논의의 방향

우리 민법은 제3자 변제와 관련하여 구상권에 관한 일반적인 조문을 마련하고 있지는 않고, 연대채무, 보증채무, 물상보증인 등의 개별 항목에서 구상에 관한 조문을 산발적으로 마련하고 있다.[21] 따라서 각 조문들에서 규정하고 있는 구상권을 통합적으로 파악하기에는 다소 어려움이 있었고, 종전의 연구도 여러 가지 구상권을 서로 연결시켜 파악하기보다는 각 규정에서 인정되는 구상권의 발생요건 및 효과를 개별적으로 고찰하는 것에 집중된 것으로 보인다.[22] 이하에서는 제3자가 채무자의 채무를 변제한 경우 발생하는 구상권의 일반적 근거를 정리하고, 이어서 민법이 개별 조문에서 인정하고 있는 몇 가지 대표적인 구상권의 근거를

---

19) 김영희, "담보부동산의 제3취득자와 변제자대위―대법원 2014. 12. 18. 선고 2011다50233 전원합의체 판결―", 강원법학 46, 강원대학교 비교법학연구소(2015), 377면.

20) 다만 비교법적으로 보면, 프랑스의 법정변제자대위나 독일의 법정채권양도 등의 변제자대위제도는, 내부적 구상권의 유무와는 별개로 그 자체가 구상의 역할을 하는 일반구상제도로 고안되어 발전해 온 것으로 보인다. 자세한 내용은 제철웅, "구상관계와 변제자대위 : 그 상호관계의 비교법적 검토", 민사법학(23), 한국민사법학회(2003); 제철웅, "보증채무 및 연대채무에서의 구상권 상실―비교법적 검토를 통한 새로운 해석가능성의 모색―", 비교사법 9, 한국비교사법학회(2002) 참조.

21) 이는 독일의 경우에도 마찬가지이다. 제철웅, "구상관계와 변제자대위 : 그 상호관계의 비교법적 검토"(주 20), 726면.

22) 제3자 변제 사안의 구상권의 구조 및 체계의 통합적 분석을 시도한 연구로는 김형석, "제3자의 변제·구상·부당이득", 법학 제46권 제1호, 서울대학교 법학연구소(2005); 구남수, "민법상 구상권의 구조 및 체계에 관한 연구", 박사학위 논문, 동아대학교(2009).

분석·정리하여 이를 대상판결 사안의 해결을 위한 단초로 활용하고자
한다.

2. 제3자 변제 사안에서의 구상권의 일반적 근거

가. 제3자의 변제

채무의 변제는 제3자도 할 수 있다. 그러나 채무의 성질 또는 당사
자의 의사표시로 제3자의 변제를 허용하지 아니하는 때에는 그러하지 아
니하다(민법 제469조 제1항). 또한 이해관계 없는 제3자는 채무자의 의사에 반하여
변제하지 못한다(같은조 제2항).[23] 위 규정을 종합하면, 채무의 성질 및 채권자·
채무자 사이의 특약으로 제3자의 변제를 금지하는 경우가 아닌 한, ① 이
해관계 있는 제3자는 채무자의 채무를 변제할 수 있고, ② 이해관계 없
는 제3자는 채무자의 의사에 반하지 않는 경우에만 변제할 수 있다고 볼
수 있다. 만일 이해관계 없는 제3자가 채무자의 의사에 반하여 변제한
경우에는 해당 변제는 무효가 되고, 제3자는 채권자에 대하여 부당이득
으로 급부의 반환을 구할 수 있을 것이다. 이하에서는 제3자의 변제가
유효한 경우 구상권의 근거에 대하여 검토하고자 한다.

나. 일반 민사법리에 기한 구상

(1) 위임에 있어서의 비용상환청구권

일반적으로 제3자가 채무자의 부탁으로 채무를 변제한 경우, 이는
위임사무의 처리에 해당한다고 할 것이므로 민법 제688조(수임인의 비용
상환청구권 등) 제1항에 따라 위임인(채무자)에게 필요비 및 지출한 날 이

---

23) 대부분의 학설이 이에 대하여는 비교법적으로 찾아보기 힘들고, 채무면제를 단독
행위로 하고 채무자의 의사에 반하는 보증계약의 성립을 인정하는 점에 비추어 입
법론상 재고의 여지가 있다고 지적하고 있다고 한다[편집대표 곽윤직, 민법주해[XI]
채권(4), 박영사(1995), 114면(김대휘 집필부분)]. 대법원도 이러한 점을 고려하여
"이해관계 없는 제3자의 변제가 채무자의 의사에 반하는지의 여부를 가림에 있어
서 채무자의 의사는 제3자가 변제할 당시의 객관적인 제반사정에 비추어 명확하게
인식될 수 있는 것이어야 하며, 함부로 채무자의 반대의사를 추정함으로써 제3자
의 변제효과를 무효화시키는 일은 피하여야 할 것이다(대법원 1988. 10.24. 선고
87다카1644 판결)"라고 판시하고 있다.

후의 이자를 청구할 수 있을 것이다. 또한 수임인이 위임사무의 처리를 위하여 과실 없이 손해를 받은 때에는 위임인에 대하여 그 배상을 청구할 수 있다(_{제3항}).

(2) 사무관리에 의한 비용상환청구권

제3자가 채무자와 의사의 합치가 없는 상태에서 채무자의 채무를 변제한 경우, 이는 법률적으로 '의무 없이 타인을 위하여 사무를 관리한 것(_{민법 제734조 제1항})'에 해당할 것이므로, 제3자는 사무관리자의 비용상환청구권 관련 조항인 민법 제739조에 의하여 채무자에게 비용의 상환을 청구할 수 있다(_{대법원 2012. 4. 26. 선고 2011다68203 판결 등 참조}). 이 경우 구상의 범위는 원칙적으로 출재액 및 출재시로부터 상환받기까지의 통상의 이자[24]가 되고(_{제1항}), 본인의 의사에 반하여 변제한 경우에는 채무자의 현존이익의 한도 내에서(_{제3항}) 구상권을 행사할 수 있다.[25]

(3) 부당이득반환청구권

앞서 언급한 대법원 1994. 12. 9. 선고 94다38106 판결은 구상권의 발생 근거로 부당이득반환청구권을 열거하고 있지는 않다. 그러나 다음과 같은 사

---

24) 편집대표 곽윤직, 민법주해[XVII] 채권(10), 박영사(2005), 82면(최병조 집필부분); 편집대표 박준서, 주석민법 채권각칙(5), 한국사법행정학회(1999), 401면(강현중 집필부분); 대법원 2014. 12. 11. 선고 2012다15602 판결(지출한 날 이후의 이자의 지급을 명한 원심판결을 수긍한 사례) 등. 이에 반대하는 견해로는 편집대표 김용담, 주석민법 채권각칙(5), 한국사법행정학회(2016), 365면(최수정 집필부분).

25) 한편, 본인의 의사에 반하여 변제한 경우 사무관리가 성립하는지 및 민법 제739조 제3항의 청구권의 성질이 사무관리에 의한 비용상환청구권인지 부당이득반환청구권인지에 대하여는 견해가 나뉜다. 다수설과 판례는 민법 제734조 제1, 2항 및 제737조, 제739조 제3항 등을 종합하여, '그 사무의 처리가 본인에게 불리하거나 본인의 의사에 반한다는 것이 명백하지 않는다면', 설령 결과적으로 본인의 의사에 반하였다고 하더라도 사무관리가 성립하고[곽윤직, 채권각론 제6판, 박영사(2003), 338면; 대법원 1994. 12. 22. 선고 94다41072, 41089 판결], 그 경우 민법 제739조 제3항에 따라 현존이익의 한도 내에서 비용상환청구권이 발생한다고 한다. 그에 반해 소수설은 사무관리가 본인의 현실적·추정적 의사에 부합하지 않으면 사무관리는 성립하지 않고, 민법 제739조 제3항은 사무관리에 의한 비용상환청구권이 아니라 부당이득반환청구권을 규정한 것이라고 한다[김형석(주 22). 한편, 김형배, 사무관리·부당이득, 박영사(2003), 46면은 본인의 의사에 반하는 경우 사무관리가 성립하지 않으나, 제739조 제3항은 적법하지 않은 사무관리의 효과를 규정한 것으로 관리자를 제한적으로 보호하는 규정으로 해석한다].

안에서는 부당이득반환청구권이 구상권의 근거가 될 수 있을 것으로 보인다.

첫 번째로는, 비록 흔치 않은 경우이겠지만, 이해관계 있는 제3자가 본인의 명시한 의사에 반하여 변제하는 경우를 이론적으로 상정할 수 있다. 그 경우에는 변제가 유효하지만, 다수설에 의하더라도 사무관리가 성립하지 않을 것이고 따라서 사무관리에 의한 비용상환청구권도 발생하지 않는다. 그러나 그 경우 채무자는 어쨌든 제3자의 변제행위로 인하여 이득을 얻었다고 볼 수 있고, 따라서 제3자는 채무자에게 부당이득반환청구권을 행사할 수 있을 것이다.

다음으로 생각해 볼 수 있는 것은 제3자의 변제가 무효이지만 채권자에게 반환을 청구할 수 없어 결과적으로 채무자가 채무를 면하게 되는 경우이다. 예컨대 채무자 아닌 자가 착오로 인하여 타인의 채무를 변제한 경우, 채권자가 선의로 증서를 훼멸하거나 담보를 포기하거나 시효로 인하여 그 채권을 잃은 때에는 변제자는 채권자에게 그 반환을 청구하지 못하고($\frac{민법}{제1항} \frac{제745조}{}$), 그 경우 변제자는 채무자에 대하여 구상권을 행사할 수 있다($\frac{같은 조}{제2항}$). 통설은 위 구상권의 법적 성질을 부당이득반환청구권으로 보고 있는데, 이는 타인의 채무를 자기 채무로 오인하여 변제한 것은 주관적으로는 자기 사무를 처리할 의사로 행위한 것이기 때문에 사무관리가 성립하지 않기 때문이다.[26]·[27]

이와 같이 부당이득반환청구권이 구상권의 발생근거가 되는 경우 그 구상의 범위는, 채무자가 선의인 경우 현존이익의 한도, 악의인 경우 그 받은 이익 및 이자, 손해를 포함하게 된다($\frac{민법}{제748조}$).

---

26) 민법주해[XⅦ] 채권(10), 374(양창수 집필부분), 439면; 곽윤직(주 25), 636면.
27) 독일에서는 다음과 같은 예를 들고 있다. 독일민법의 경우 제3자는 채무자의 의사에 반하여도 변제할 수 있지만, 채무자는 제3자의 급부에 대하여 이의를 제기할 수 있고, 이때 채권자는 제3자의 급부를 거절할 수 있다. 그러나 채권자가 제3자의 급부를 거절하지 않으면 제3자가 채권자에게 급부할 수 있다. 이 경우에 채무자의 진의 또는 이익에 반하는 것이 되어 정당한 사무관리(BGB 제683조)가 성립되지 않게 되고, 이 경우 구상부당이득이 성립한다고 한다. 최명구, "구상부당이득의 성질에 대한 비교법적 검토", 비교사법 제17권 제1호, 한국비교사법학회(2010), 232면.

3. 민법에 규정된 주요 개별 구상권의 구조와 체계

가. 연대채무자의 구상권

(1) 연대채무자의 구상권의 내용

어느 연대채무자가 변제 기타 자기의 출재로 공동면책이 된 때에는 다른 연대채무자의 부담부분에 대하여 구상권을 행사할 수 있다($^{민법 제425조}_{제1항}$). 그 범위는 면책된 날 이후의 법정이자 및 피할 수 없는 비용 기타의 손해배상을 포함한다($^{제2}_{항}$).

(2) 일반 민사법리에 의한 구상권과의 관계

연대채무자의 구상권은 제2항에서 언급한 일반 민사법리에 의한 구상권과는 다른 별개의 권리인가? 다음과 같은 이유에서 연대채무자의 구상권은 수임인의 비용상환청구권($^{민법}_{제688조}$)을 반복적으로 규정한 특별규정이고, 이를 두고 권리를 새로이 창설한 규정이라고는 볼 수 없다고 생각한다.[28] ① 통설은 연대채무는 주관적 공동목적이 있어야 하는 것으로 연대채무의 성립에는 연대채무자 상호간의 연대의 합의가 있어야 한다고 보고 있다.[29] 그런데 위와 같은 '연대의 합의'에는 결국 채무변제에 대한 상호간의 위임의 합의가 있다고 해석할 수 있다. ② 위와 같은 연대채무자의 구상권의 범위는 사무관리에 의한 비용상환청구권 및 부당이득반환청구권의 범위와는 다르고, 위임에 따른 수임인의 비용상환청구권의 범위와 일치한다. 즉 수임인의 비용상환청구권은 필요비 및 지출한 날 이후의 이자($^{민법 제688조}_{제1항}$), 손해배상($^{같은 조}_{제3항}$)을 포함하는데, 이는 연대채무자의 구상권의 범위와 사실상 일치한다.

나. 보증인의 구상권

(1) 보증인의 구상권의 내용

주채무자의 부탁으로 보증인이 된 자가 과실 없이 변제 기타의 출

---

28) 같은 취지로 주석민법 채권총칙(2), 616면.

29) 민법주해[X] 채권(3), 77(차한성 집필부분); 곽윤직, 채권총론 제6판, 박영사(2003), 163면; 이은영, 채권총론 제4판, 박영사(2009), 508면 등.

재로 주채무를 소멸하게 한 때에는 주채무자에 대하여 구상권이 있다 (민법 제441조 제1항). 그 범위는 연대채무자의 구상권 규정을 준용한다(제2 항). 한편 부탁 없는 보증인의 경우 주채무자가 이익을 받은 한도에서 구상권이 있다(민법 제444조 제1항). 주채무자의 의사에 반하여 보증인이 된 자는 주채무자의 현존이익의 한도에서 구상권이 있다(제2 항).

(2) 일반 민사법리에 의한 구상권과의 관계

(가) 먼저 수탁보증인의 구상권은 수임인의 비용상환청구권을 반복적으로 규정한 특별규정으로 볼 수 있다. 대법원 2002. 11. 26. 선고 2001다833 판결 역시 수탁보증인이 주채무자에 대하여 수임인의 지위에 있다고 설시한 바 있고, 앞서 언급한 것과 같이 구상권의 범위도 수임인의 비용상환청구권과 일치한다.

(나) 다음으로 부탁 없는 보증인의 구상권은 사무관리에 의한 비용상환청구권에 대한 특별규정으로 설명되고 있다.[30] 즉 부탁 없는 보증인은 변제할 정당한 이익이 있는 제3자에 해당하므로 그에 의한 변제는 유효하고, 그와 같은 변제는 채무자의 사무를 의무 없이 처리한 것으로 사무관리에 해당한다.[31] 이 경우 보증인은 주채무자에게 사무관리에 의한 비용상환청구권을 행사할 수 있을 것인데, 민법 제444조 제1항은 그에 대한 특별규정으로 기능하고 있다. 따라서 위 조항에 규정한 사항 외에는 사무관리에 관한 규정을 적용하여야 한다.[32]

---

30) 민법주해[X] 채권(3), 345면(박병대 집필부분); 편집대표 김용담, 주석민법 채권총칙(3), 한국사법행정학회(2014), 126면(박영복 집필부분) 등.

31) 주석민법 채권각칙(5), 333면(최수정 집필부분). 보증인은 채권자에 대하여 독립적인 채무를 부담하고, 이는 자기채무의 이행에 불과하여 '타인을 위하여 의무 없이' 사무를 관리한 것이 아니므로 사무관리가 성립하지 않는다고 생각할 여지도 있다. 그러나 제3자가 타인의 채무를 변제하는 사무를 처리하는 방법으로는, '독립적인 채무를 부담한 후 그 채무를 변제하는 방법'과 '채무를 부담하지 않고 바로 급부하는 방법'이 있을 수 있는데, 이 둘을 달리 보아 후자의 경우에만 사무관리가 성립한다고 볼 이유가 없으므로, 양자의 경우 모두 사무관리가 성립한다고 보는 것이 타당하다. 한편 우리 법은 채무자의 의사에 반하는지 여부(이는 비용상환청구권의 범위를 결정한다는 측면에서 매우 중요하다)를 변제 시점이 아닌 보증인이 되는 시점을 기준으로 정하고 있는데, 그러한 점에 비추어 보면 우리 법은 보증채무를 부담하는 시점에서 이미 관리행위가 시작되는 것으로 보는 것 같다.

(다) 마지막으로 주채무자의 의사에 반하여 보증인이 된 자의 구상권에 관한 제444조 제2항은, 본인의 의사에 반하는 사무관리자의 비용상환청구권(민법 제739조 제3항33))에 대한 특별규정으로 설명되고 있다.34)·35) 역시 위 조항에 규정된 사항 외에는 사무관리에 관한 규정을 적용하여야 한다.

(3) 검   토

(가) 보증인의 구상권에 대하여 특별한 규정을 두지 않더라도 민법상 위임, 사무관리, 부당이득의 규정이 있기 때문에 권리 구제에 공백이 발생하지 않고, 따라서 보증인의 구상권에 대하여 특별한 규정을 둘 것인지 여부는 입법정책의 문제이다. 실제로 우리 민법과 프랑스 민법은 보증인의 구상권에 대하여 특별규정을 두고 있음에 반하여, 스위스 채무법이나 독일법은 변제자대위에 관하여 규정하고 있을 뿐 구상관계에 대한 규율을 전적으로 보증인과 채무자 사이의 내부관계, 즉 위임이나 사무관리 등 일반규정에 맡겨 두고 있다고 한다.36)

(나) 그런데 우리 민법이 부탁 없는 보증인의 구상권 및 주채무자의 의사에 반하여 보증인이 된 자의 구상권을 사무관리에 의한 비용상환청구권과 별도로 규정해 놓음으로 인하여, 이에 관한 해석론도 통일적으로 이루어지지 않고 있는 부분이 있다. 예컨대 부탁 없는 보증인의 구상권에 대하여는 조문상 면책일 이후의 법정이자는 구상범위에 포함되지 않는다고 하는 것이 통설임에 반하여,37) 사무관리에 의한 비용상환청구권의 해석에 있어서는 앞서 본 것과 같이 출재 시로부터의 통상의 이자가 포함된다는 것이 다수설이다. 이와 같이 일반규정과의 관계를 명확히 밝

---

32) 주석민법 채권총칙(3), 126면(박영복 집필부분).
33) 이 규정에 의한 비용상환청구권이 부당이득청구권이라는 견해가 있음은 주 25를 참조.
34) 민법주해[Ⅹ] 채권(3), 347면(박병대 집필부분) 등.
35) 부탁 없는 보증인의 구상권 및 주채무자의 의사에 반하여 보증인이 된 자의 구상권에 관한 민법 제444조 제1항, 제2항은 사무관리에 의한 비용상환청구권과 동일한 규정일 뿐 엄밀한 의미의 특칙이 아니라는 설명도 있다. 민법주해[ⅩⅧ] 채권(10), 83면(최병조 집필부분) 참조.
36) 민법주해[Ⅹ] 채권(3), 316면(박병대 집필부분).
37) 민법주해[Ⅹ] 채권(3), 346면(박병대 집필부분); 곽윤직(주 29), 195면 등.

히지 않은 특별규정의 존재는 여러 가지 면에서 정합성을 저해하는 면이 있는데, 상세한 내용은 아래에서 해당 사례가 나올 때마다 다시 언급하기로 한다.

다. 물상보증인의 구상권

(1) 보증인의 구상권 규정의 준용

민법 제341조는 '물상보증인의 구상권'이라는 제목 아래 '타인의 채무를 담보하기 위한 질권설정자가 그 채무를 변제하거나 질권의 실행으로 인하여 질물의 소유권을 잃은 때에는 보증채무에 관한 규정에 의하여 채무자에 대한 구상권이 있다'고 규정하고 있고, 민법 제370조는 이를 저당권에 준용하고 있다. 따라서 물상보증인의 구상권에 대한 부분은 앞서 언급한 보증인의 구상권과 대부분 동일하다. 즉 수탁물상보증인은 연대채무자와 마찬가지로 면책된 날 이후의 법정이자 및 피할 수 없는 비용 기타의 손해배상을 구할 수 있다. 부탁 없이 물상보증인이 된 자는 주채무자가 이익을 받은 한도에서 구상권이 있고, 주채무자의 의사에 반하여 물상보증인이 된 자는 주채무자의 현존이익의 한도에서 구상권이 있다. 한편 제3취득자는 '담보권설정자'라고 볼 수 없으므로 위 규정을 적용하거나 준용할 수는 없고, 뒤에서 보는 것과 같이 유추적용 여부만 문제된다.

(2) 일반 민사법리에 의한 구상권과의 관계

(가) 먼저 수탁물상보증인의 구상권에 관하여 본다. 판례는 "물상보증은 채무자 아닌 사람이 채무자를 위하여 담보물권을 설정하는 행위이고 채무자를 대신해서 채무를 이행하는 사무의 처리를 위탁받는 것이 아니므로, 물상보증인이 변제 등에 의하여 채무자를 면책시키는 것은 위임사무의 처리가 아니고 법적 의미에서는 의무 없이 채무자를 위하여 사무를 관리한 것에 유사하다. 따라서 물상보증인의 채무자에 대한 구상권은 그들 사이의 물상보증위탁계약의 법적 성질과 관계없이 민법에 의하여 인정된 별개의 독립한 권리이고, 그 소멸시효에 있어서는 민법상 일반채권에 관한 규정이 적용된다"고 하여(대법원 2001. 4. 24. 선고 2001다6237 판결), 수탁물상보증인의 구

상권의 성질은 수임인의 비용상환청구권이 아닌 사무관리에 의한 비용상환청구권과 궤를 같이하고 있는 것으로 판단하고 있다. 그렇다면 수탁물상보증인에게 사무관리에 의한 비용상환청구권(출재액 및 출재 시로부터 상환받기까지의 통상의 이자)보다 이론적으로 더 넓은 범위의 구상권(민법 제425조 제2항에 의하여 법정이자, 피할 수 없는 비용 기타 손해배상을 포함)을 인정하고 있는 조문은 사무관리에 의한 비용상환청구권의 특칙이라고 할 것이다.

(나) 부탁 없는 물상보증인 및 채무자의 의사에 반하여 물상보증인이 된 자의 구상권에 관하여는 보증인의 구상권 부분의 설명과 동일하다. 즉 이는 기본적으로 사무관리에 의한 비용상환청구권의 성질을 갖는다.

(3) 검   토

(가) 수탁물상보증인의 변제의 법적 성질을 위임사무의 처리가 아니라 사무관리에 해당한다고 보는 판례의 입장은, 일본의 판례와도 일치하고,[38] 해당 사건에서 물상보증인의 구상권에 대하여 보다 장기간의 소멸시효기간을 인정하여 물상보증인을 보호하려는 구체적 타당성의 측면을 고려한 판단으로 보이기는 한다. 그런데 우리 민법이 수탁물상보증인의 구상권의 범위를 사무관리자의 비용상환청구권의 범위가 아니라 민법 제341조, 제441조 제2항, 제425조에 의하여 수임인의 비용상환청구권의

---

38) 일본의 경우에는 平成 2(1990). 12. 18. 최고재판소 제3소법정 판결 平 2(オ) 801에서 보증의 위탁과 물상보증의 위탁의 차이점에 관하여 "보증위탁은 주채무자가 채무의 이행을 하지 않는 경우에는 수탁자에게 그 채무를 이행할 책임을 부담하도록 하는 내용의 계약을 채권자와 사이에 체결하는 것을 주채무자가 수탁자에게 위임하는 것이기 때문에 수탁자가 그 위임에 따라 보증을 하게 되면 수탁자는 스스로 보증채무를 부담하게 되고, 보증채무의 변제는 위 위임에 따른 사무처리에 의하여 생기는 부담이라고 할 수 있다. 그러나 물상보증의 위탁은 물권설정행위의 위임에 불과하고 채무부담행위의 위임은 아니기 때문에 수탁자가 위 위임에 따라 저당권을 설정하더라도 수탁자는 저당부동산의 가액의 한도에서 책임을 부담함에 그치고…저당부동산의 매각에 의한 피담보채권의 소멸 및 수탁자에 의한 피담보채권의 변제를 위임사무의 처리라고 할 수는 없다."고 자세히 밝힌 바 있다. 김기정, "물상보증인 구상권의 법적 성질 및 소멸시효기간", 대법원판례해설 제36호(2001 상반기), 법원도서관(2001), 57면.

범위와 일치시킨 점에 비추어 볼 때, 입법자는 이를 위임 유사의 관계로 보았던 것이 아닌가 하는 생각이 든다. 이는 결국 '물상보증의 위탁'이라는 의사표시를 어떻게 해석할 것인지의 문제인데, ① 위와 같은 구상권의 범위에 관한 민법의 규정, ② 물상보증의 위탁에는 채무자가 채무를 변제하지 못할 경우 물상보증인이 이해관계 있는 제3자로서 변제하는 것에 대한 위탁 내지 승인도 포괄적으로 포함되어 있다고 볼 여지가 있는 점 등을 고려하면, 물상보증인의 채무 변제에 관하여도 위임관계가 성립한다고 보는 것이 타당하다고 생각한다.

(나) 물상보증인의 구상권 역시 해당 규정이 없어도 충분히 일반조항에 의하여 해결이 가능하다. 물론 판례의 입장과 같이 수탁물상보증인의 변제를 위임사무의 처리가 아니라 사무관리로 본다면, 위와 같은 특별규정을 둠으로써 수탁물상보증인에게 사무관리에 의한 비용상환청구권보다 이론적으로 더 넓은 구상권을 인정할 수 있는 실익이 있기는 하다. 그러나 이를 위임사무의 처리로 본다면 위와 같은 특별규정을 둘 실익은 없다.

라. 특별규정 존재의 실익

연대채무자, 보증인, 물상보증인에 대한 구상권은 해당 규정이 없어도 충분히 일반규정에 의하여 해결이 가능하다. 그럼에도 위와 같은 특별규정이 존재함으로 인하여 위임, 사무관리, 부당이득의 성립 여부가 불분명한 경우에도 구상권의 존부 및 범위를 명확하게 정하는 효과가 있고, 이를 연결고리로 하여 일반조항에는 규정하고 있지 않은 구상요건으로서의 통지, 구상권의 상실(민법 제426조.) 등의 특칙 등을 추가하는 효과도 있다.[39]

그에 반하여 위와 같은 특별규정은, 위임, 사무관리 등의 일반규정과의 관계가 명확히 설정되지 않음으로써 해석상의 혼란을 야기하거나 정합성을 해치는 측면도 있다. 앞서 언급한 부탁 없는 보증인의 구상권

---

39) 제철웅, "보증채무 및 연대채무에서의 구상권 상실-비교법적 검토를 통한 새로운 해석가능성의 모색-"(주 20), 142면.

에 면책 이후의 이자 부분이 포함되는지 여부나, 수탁물상보증인의 변제를 사무관리로 보면서(판례) 왜 비용상환청구권의 범위를 위임에 준하여 인정하는지 등에 관한 부분이 그것이다. 따라서 이를 예컨대 '주채무자의 부탁으로 보증인이 된 자가 ··· 주채무를 소멸하게 한 때에는 위임의 규정에 따라 주채무자에 대하여 구상권이 있다'(수탁보증인), '주채무자의 부탁 없이 보증인이 된 자가 ··· 주채무를 소멸하게 한 때에는 사무관리의 규정에 따라 주채무자에 대하여 구상권이 있다'(부탁 없는 보증인), '물상보증인이 ··· 한 때에는 사무관리의 규정에 따라 주채무자에 대하여 구상권이 있다'(물상보증인)는 등으로 정하였으면 훨씬 정합성이 보장되는 법체계가 아니었을까 하는 생각이 든다.[40] 이에 대하여는 뒤에서 다시 언급하기로 한다.

Ⅳ. 물상보증인과 제3취득자 사이에 이행인수가 있는 경우 구상권의 귀속주체

1. 대상판결의 쟁점

대상판결의 사안으로 돌아와 보면, 원심판결과 대상판결은 비록 결론은 같이하였으나 그 사이에는 미묘한 긴장관계가 있다. 즉, 물상보증인으로부터의 제3취득자가 피담보채권을 직접 변제하거나 해당 부동산에 대하여 담보권이 실행된 경우 채무자에 대한 구상권을 누가 갖는지에 관하여, 원심판결은 상세한 근거를 들어 제3취득자가 물상보증인으로부터 담보부동산을 양수할 당시 그 피담보채권액을 공제하여 매매대금을 정하였는지 여부와는 무관하게 언제나 물상보증인이 아닌 제3취득자가 구상권을 갖는다고 판단하였다. 그에 대하여 대상판결은, 그 부분에 대하여 별도로 판단하지 않고, '원심판결의 이유 설시에 부적절한 점이 있으나 결론에 있어서는 정당하다'는 취지로 상고를 기각하였다.

결론적으로 말하자면, 물상보증인과 제3취득자와의 사이에 이행인수

---

40) 세부적인 내용은 다르지만 유사한 착상으로 구남수(주 22), 256면 참조.

의 합의가 있고 그 후에 제3취득자가 피담보채권을 변제하거나 해당 부동산에 대하여 담보권이 실행된 경우에는 제3취득자가 아닌 물상보증인에게 채무자에 대한 구상권이 귀속된다고 보는 것이 타당하다고 생각한다. 이하에서는 그 이유를 설명하기 위하여 먼저 위 Ⅲ.항의 논의를 기초로 하여 제3취득자의 구상권의 발생근거 및 법적 성질을 채무자로부터의 제3취득자의 사안과 물상보증인으로부터의 제3취득자의 사안으로 나누어 검토하고, 이를 토대로 이행인수가 있었던 경우 구상권의 귀속주체에 대한 결론을 도출하고자 한다.

2. 제3취득자의 구상권의 발생근거

가. 채무자로부터의 제3취득자의 구상권 발생근거

(1) 민법의 개별 규정에 의하여 명백하다?

앞서 본 것과 같이 대법원 1994. 12. 9. 선고 94다38106 판결은 제3취득자가 구상권을 갖는 것은 민법의 개별 규정에 의하여 명백하다고 하나, 사실 민법에 제3취득자의 채무자에 대한 구상권을 명시한 규정은 찾기 어렵다. 제3자의 변제 일반에 적용되는 민법 제482조에서 제3취득자의 변제자대위의 순서 및 방법을 규정하고 있으나, 앞서 언급한 것과 같이 변제자대위는 구상권이 존재하는 것을 전제로 이를 확보하기 위하여 있는 제도이므로, 이를 제3취득자의 구상권의 발생근거라고 볼 수는 없다.[41] 가장 유사한 조문은 "저당권이 설정된 부동산의 매수인이 그 출재로 소유권을 보존한 때에는 매도인에 대하여 그 상환을 청구할 수 있다"는 민법 제576조 제2항이고, 이를 제3취득자의 구상권의 근거조문으로 설명하기도 하나,[42] 이는 매도인의 담보책임과 관련된 일반조항일 뿐만 아니라, 출재로 소유권을 보존한 경우가 아닌 담보권이 실행된 경우의

---

41) 노유경, "보증인과 물상보증인 상호간 변제자대위", 민사판례연구 제34권, 박영사 (2012), 375면.
42) 대법원 1989. 11. 28. 선고 88다카4444 판결은 "담보부동산의 제3취득자가 피담보채무를 변제했을 때에는 구상권을 취득한다는 것은 민법 제576조 제2항의 규정에 비추어 명백하나"라고 설시한 바 있다.

구상권은 설명하고 있지 않고 구상권의 범위도 규정하고 있지 않아 그 자체로 불완전하다.

(2) 민법 제341조의 유추적용 가능성

민법 제341조는 물상보증인의 구상권에 관한 조문으로, 그 규정 내용상 제3취득자에게 직접 적용될 수 없음은 명백하다. 그렇다면 민법 제341조를 제3취득자의 경우에 유추적용하는 것이 가능할지가 문제된다. 이에 대하여 민법 제341조를 유추적용하자는 견해는 현재 찾아보기 어려우며,[43] 판례도 채무자로부터의 제3취득자의 구상권과 관련하여서는, 물상보증인으로부터의 제3취득자의 경우와는 달리, 민법 제341조를 근거조문으로 삼거나 이의 유추적용을 언급한 예가 없다. 나아가 대법원이 2014. 12. 18. 선고 2011다50233 전원합의체 판결에서 물상보증인과 제3취득자 사이의 변제자대위의 우열에 관하여 물상보증인의 변제자대위가 제3취득자의 변제자대위에 우선한다고 설시하면서, 그 근거 중 하나로 물상보증인은 (제3취득자와는 달리) 민법 제370조, 제341조에 의하여 보증채무에 관한 규정에 의하여 채무자에 대한 구상권을 갖는다는 점을 들고 있는 점까지 아울러 고려하면, 대법원은 제3취득자의 경우 민법 제341조가 유추적용되지 않는다고 해석하는 것으로 보인다.

(3) 구상권의 근거 : 사무관리에 의한 비용상환청구권

그렇다면 결국 제3취득자의 구상권은 앞서 본 사무관리에 의한 비용

---

43) 양창수, "목적토지상 근저당권의 피담보채무를 변제한 시효취득자의 채무자에 대한 구상권-대법원 2006. 5. 12. 판결 2005다75910 사건(판례공보 2006상, 1039면)", 민법연구 제9권, 박영사(2009), 264면은 민법 제341조가 제3취득자에 준용되지 않아 보증채무에 관한 규정에 의하여 구상권의 내용을 정할 수는 없다고 할지라도 구상권 자체는 발생한다고 한다. 민법 제341조가 유추적용되는지 여부에 대하여는 따로 언급이 없지만, 보증채무에 관한 규정에 의하여 내용을 정할 수 없다고 한 점에 비추어 일응 유추적용을 고려하지 않은 것으로 보인다. 또한 이상태, "저당부동산을 취득한 제3취득자의 지위에 관한 연구", 일감법학 제1권, 건국대학교 법학연구소(1996), 163, 170면은 제3취득자의 구상권은 일반 이론에 의하여 해결할 수밖에 없고, 제3취득자의 변제가 채무자의 부탁을 받은 때에는 위임사무처리비용의 상환청구권(민법 제688조), 부탁을 받지 않은 때에는 담보권부착에 대한 매도인의 담보책임(민법 제576조 제2항)에 따른 출연의 상환청구권으로 구상권을 취득한다고 한다.

상환청구권에 근거를 두는 것이라고 보아야 한다. 제3취득자는 이해관계 있는 제3자로서 채무자의 채무를 직접 변제할 수 있고, 이는 비록 그 동기가 자신의 부동산의 소유권을 보존하기 위한 것이었다고 해도, 법적으로는 의무 없이 타인을 위하여 사무를 관리한 것에 해당하므로 사무관리가 성립한다('타인을 위하여 사무를 처리하는 의사'는 관리자 자신의 이익을 위한 의사와 병존할 수 있다는 대법원 2013. 8. 22. 선고 2013다30882 판결 등도 참조).

한편, 제3취득자의 부동산에 담보권이 실행된 경우를 직접 변제한 경우와 동일하게 보아 사무관리가 성립한다고 볼 수 있을지 문제된다.[44] '사무관리'는 그 용어 자체에서 능동적인 관리의사를 전제로 하는 느낌이 들고, 담보권이 실행된 경우는 능동적인 관리의사가 있다고 할 수 없으므로 일견 사무관리가 성립하지 않는다고 보아야 할 것 같기도 하다. 그러나 ① 제3취득자는 애초에 담보권의 실행을 감수하면서 해당 부동산을 취득하였다는 점에서 관리의사가 아예 없는 경우와는 다르고, 제3취득자는 직접 변제를 할 것인지 담보권의 실행을 용인할 것인지를 선택할 수 있는 지위에 있는 점, ② 담보권 실행 또는 강제집행에 의한 만족도 '변제'에 해당한다고 볼 것인지에 대하여는 복잡한 논의가 있으나, 변제에 해당하지 않는다고 보더라도 양자는 제3취득자의 재산을 재원으로 하여 채권의 목적을 달성시키고 이로 인하여 채무소멸의 법률효과를 발생시킨다는 점에서 동일한 점(판례 중에서도 강제집행으로 인한 채권의 만족을 별다른 문제의식 없이 '변제'라는 용어로 표현한 사례가 자주 보인다[45]), ③ 담보권 실행의 경우 제3자인 집행기관이 법률의 규정에 의하여 채무자에 갈음하여 변제를 하는 것으로 해석할 여지도 있는 점,[46] ④ 우리 민법도 구상권에 관한 조항에서는 민법 제341조(물상보증인의 구상권)와 같이 양

---

44) 이는 물상보증인의 경우에도 동일하게 문제된다.
45) 구체적인 예는 민법주해[XI] 채권(4), 18면(김대휘 집필부분); 편집대표 김용담, 주석민법 채권총칙(4), 한국사법행정학회(2014) 37면(정준영 집필부분) 등 참조.
46) Leonhard, Allg, Schuldrecht(1930), S. 39 ff., 582 ffl주석민법 채권총칙(4), 35면(정준영 집필부분)에서 재인용].

자를 병렬적으로 규정하거나, '변제 기타 자기의 출재'라는 표현을 통해 양자를 포괄하여 규정하고 있는 점 등을 고려하면, 이 경우에도 사무관리 규정을 적용 또는 유추적용해야 할 것이다.

나. 물상보증인으로부터의 제3취득자의 구상권 발생근거

(1) 판례의 입장 : 민법 제341조의 유추적용

앞서 본 것과 같이 판례는 물상보증인으로부터의 제3취득자는 민법 제341조의 규정을 유추적용하여 보증채무에 관한 규정에 의하여 채무자에 대한 구상권이 있다는 입장이다. 이는 대법원 1997. 7. 25. 선고 97다 8403 판결에서 최초로 설시되었고, 대상판결에 이르러 '특별한 사정이 없는 한'이라는 문구가 추가되기는 하였지만 기본적으로 동일하게 판단하고 있다.[47] 물상보증인으로부터의 제3취득자는 전소유자인 물상보증인의 지위를 승계하는 것이고, 변제자대위의 순서에 있어서는 제3취득자가 아닌 물상보증인과 같이 보아야 하는데,[48] 이러한 점을 고려할 때 대법원이 물상보증인의 구상권에 관한 민법 제341조를 물상보증인으로부터의 제3 취득자의 경우에 유추적용하는 판단은 어느 정도 수긍이 간다.

(2) 유추적용의 필요성

그런데 사실 물상보증인으로부터의 제3취득자의 구상권에 대하여 반드시 민법 제341조를 유추적용할 필요성은 크지 않다. 제3취득자는 이해

---

47) 일본의 판례 중에도 물상보증인으로부터의 제3취득자는 물상보증인과 유사한 지위에 있다고 하여 일본민법 제372조, 제351조를 준용하여야 한다는 판례가 있다 [最高裁判所 昭和42(1967). 9. 29. 판결]. 구남수(주 22), 212면. 이에 관하여 일본에서는 매도인인 물상보증인에게 구상하든가 손해배상을 청구하든가 민법 567조 제2항을 청구하는 것은 별론으로 하고 채무자에게는 직접 청구하지 못한다는 견해 (出形地判 1964. 11. 30. 下民集 15卷, 2172면), 채무자와 직접 아무런 거래관계·계약관계가 없는 제3취득자는 부당이득 또는 사무관리의 규정에 의하여야 한다는 견해(鈴木祿彌, "回收", 入門銀行取引法講座 5, 141면) 등이 있다고 한다. 이상태(주 43), 163면.

48) 자세한 논거로는 이진만, "변제자대위에 있어서 대위자 상호간의 관계", 사법논집 제27집, 법원도서관(1996), 76면 참조. 같은 취지로 양창수, "물상보증인의 변제자대위와 부기등기의 요부", 사법행정 32, 한국사법행정학회(1991), 82면; 이영희, "담보부동산의 제3취득자와 변제자대위", 강원법학 46, 강원대학교 비교법학연구소 (2015), 389면.

관계 있는 제3자로서 채무를 유효하게 변제할 수 있고, 그 경우 채무자에 대하여 어차피 사무관리에 의한 비용상환청구권을 갖기 때문이다.

앞서 언급한 것과 같이, 물상보증인의 경우 사무관리의 규정에 의하는 것보다 민법 제341조에 의해 보증인에 준하여 구상권을 갖는 것이, '수탁물상보증인'에 해당하면 이론적으로 사무관리에 의한 비용상환청구권보다 더 넓은 범위의 구상권을 인정받게 된다는 점 정도의 실익이 있다. 그런데 이와는 달리 제3취득자의 경우 '수탁제3취득자'라는 개념을 상정하기 어려우므로, 굳이 제341조를 유추적용할 실익은 없다고 볼 수 있다.

어쨌든 판례는 민법 제341조를 유추적용한다고 보는 입장이고, 민법 제341조가 규정하고 있는 물상보증인의 구상권은 앞서 본 것과 사무관리에 의한 비용상환청구권과 궤를 같이하는 것으로 보는데, 그렇다면 같은 조문에 근거를 두고 있는 물상보증인으로부터의 제3취득자의 구상권 역시 사무관리에 의한 비용상환청구권의 성질을 갖는다고 보아야 한다.

다. 소 결 론

결론적으로 채무자로부터의 제3취득자는 사무관리에 의한 비용상환청구권으로 채무자에게 구상할 수 있고, 물상보증인으로부터의 제3취득자는 사무관리에 의한 비용상환청구권의 성질을 가지는 민법 제341조의 유추적용을 통해 채무자에게 구상권을 행사할 수 있다.

3. 피담보채무의 이행을 인수한 채무자로부터의 제3취득자의 구상권

가. 이행인수의 의의

이행인수는 인수인이 채무자에 대하여 그 채무를 이행할 것을 약정하는 채무자와 인수인 사이의 계약을 말한다.[49] 이행인수가 있는 경우 인수인은 기존의 채무관계 외에서, 즉 제3자의 지위에서 채무자의 채무를 변제할 의무를 부담하는 것에 불과하여, 인수인이 기존의 채무관계

---

49) 민법주해[X] 채권(3), 624면(민형기 집필부분).

내에서 채무자로서 변제의무를 부담하는 채무인수와 구별된다.[50]

한편, 부동산에 근저당권이 설정된 경우, 특별한 사정이 없는 한 부동산 매수인이 근저당채무를 인수하고 그 채무액만큼 매매대금에서 공제하기로 약정하는 경우가 많고, 어떻게 보면 이러한 약정이 있는 경우가 원칙적인 상황에 가깝다. 이러한 약정은 이행인수로 평가되는 경우도 있을 것이고, 병존적 채무인수로 평가되는 경우도 있을 것인데, 사실 양자의 구별이 그리 쉽지는 않다. 지면 관계상 양자의 구별은 여기서 다루지 않고, 대법원 1997. 5. 30. 선고 97다1556 판결에서 이행인수 사안을 다루고 있는 만큼, 이하에서는 이행인수로 평가되는 경우를 기본으로 논의하고자 한다.

나. 채무자로부터의 제3취득자가 이행인수한 경우

(1) 구상권의 불발생

채무자로부터의 제3취득자가 피담보채무의 이행을 인수한 경우에는, 제3취득자가 변제를 하거나 담보부동산에 대하여 담보권이 실행된 경우에도 제3취득자가 채무자에 대하여 구상할 수 없음은 당연하다. 이는 사실 너무 당연하게 받아들여지는 부분이라 그 이유가 무엇인지 상세히 설명되고 있지 않다.

판례는 '채무인수'의 사안에서는 기본적으로 '제3취득자가 부동산을 취득할 때 저당권에 의하여 담보되는 채무를 인수한 경우에는, 제3취득자에 의한 저당채무의 변제는 자기 채무의 변제이기 때문에 구상권이 발생할 여지가 없다'는 입장이다. 이러한 설시는 대법원 1974. 12. 10. 선고 74다1419 판결, 2002. 9. 24. 선고 2002다35140 판결, 2003. 7. 11. 선고 2002다59825 판결 등에서 반복적으로 이루어지고 있다. 다만 위 판결들에서 '채무인수'로 표현한 부분이 좁은 의미의 채무인수(면책적 채무인수, 병존적 채무인수)만을 의미하는 것인지, 이행인수도 포함하는 것인지는 불분명하다.[51] 한편 '이행인수'의 사안에서는, "담보부동산의 제3취득자가

---

50) 주석민법 채권총칙(3), 412면(전원열 집필부분).
51) 2002다35140 판결의 경우에는, 비록 채무인수라는 표현을 사용하고 있기는 하지

피담보채무를 변제했을 때에는 구상권을 취득한다는 것은 민법 제576조 제2항의 규정에 비추어 명백하나 매도인의 피담보채무의 이행을 인수한 경우에는 구상권이 생기지 않는 것이다"(^{대법원 1989. 11. 28.}_{선고 88다카4444 판결})라고 판시하고 있고, 그에 대한 근거는 제시하고 있지 않다.

대법원의 판시는 결론에 있어서 타당하나 '자기 채무의 변제이므로' 라는 표현은 다소 혼동의 여지가 있어서 바람직하지 못하다. 예컨대 보증인이나 연대채무자, 병존적 채무인수인은 채권자에 대하여 '자기의 채무'를 부담하고 있음이 분명하나 경우에 따라서는 구상권을 행사할 수 있기 때문이다. 여기서 대법원이 자기의 채무를 변제하였다고 설시한 부분은 '내부적으로' 자기의 채무이기 때문이라는 취지였을 것으로 추측된다.

(2) 구상권 불발생의 이유

구상권이 발생하지 않는 이유는, 앞서 본 것과 같이 제3취득자의 구상권의 법적 성질이 사무관리에 의한 비용상환청구권이라고 본다면, 결국 제3취득자의 변제가 사무관리의 요건을 충족시키지 못하였기 때문이라고 설명하는 것이 가장 논리적이다. 즉 사무관리는 '의무 없이' 타인을 위하여 사무를 관리한 때에 성립하는 것인데, 피담보채무의 이행을 인수한 제3취득자는 본인, 즉 채무자에 대하여 면책의무를 부담하고 있기 때문에, 변제를 통해 채무자의 채무를 소멸시켰다고 하더라도 사무관리가 성립하지 않고, 따라서 비용의 상환도 청구할 수 없다는 것이다. 또한 그 경우 채무의 소멸이라는 채무자의 이익은 이행인수 약정에 기한 것으로 법률상 원인이 없는 것이라고 볼 수 없으므로, 부당이득반환청구권이 발생할 여지도 없다.

만 해당 판결의 원심의 설시를 보면 해당 인수는 이행인수 또는 적어도 채권자의 동의가 없는 병존적 채무인수였던 것으로 보인다. "…원고 앞으로 소유권이전등기가 경료된 경위와 위 소유권이전등기의 반대급부가 없었던 점 등 위 인정사실에 나타난 사정들에 비추어, <u>원고와 위 하○○은 그 내부적으로는</u> 원고가 위 하○○으로부터 ③, ⑥, ⑨토지에 대한 소유권을 이전받으면서 동시에 그 위에 설정된 근저당권의 피담보채무도 인수하기로 한 것으로 봄이 상당하고…"(인천지방법원 2002. 5. 17. 선고 2002나502 판결).

한편, 이행인수의 합의에 당연히 구상권 포기의 약정이 포함되었다고 논리를 구성하는 것도 가능하고, 어떻게 보면 그것이 가장 직관적으로 떠오르는 생각이기도 하다. 다만, 이러한 논리는 구상권이 발생할 것을 전제로 이를 포기한다는 것이므로, 구상권 자체가 발생하지 않는 이 사건에서는 다소 부정확한 측면이 있다.[52]

4. 물상보증인으로부터의 제3취득자가 이행인수한 경우(대상판결의 사안)

가. 이행인수가 가능한지 여부

이행인수는 앞서 본 것과 같이 통상 채무자와 인수인 사이의 계약에 의하여 성립한다. 그런데 채무자가 아닌 물상보증인이 채무자의 채무의 이행을 제3자에게 인수시킬 수 있을지 문제된다. 그러나 여기서 말하는 이행인수는 통상적인 이행인수와는 달리 내부관계에서의 채무자의 부담은 그대로 둔 채 제3취득자에게 물상보증인과의 관계에서 채무자의 채무를 변제할 의무를 부담시키는 것을 의미하는 것으로, 채무자 등 다른 사람의 이해관계에 어떠한 직접적인 영향을 미치지 않는 이러한 약정은 사적자치의 원칙상 당연히 허용된다고 볼 것이다. 물상보증인은 이해관계 있는 제3자로 채무자의 의사에 반하여도 변제를 할 수 있는 지위에 있는데, 이를 이행함에 있어 자신이 아닌 제3취득자로 하여금 이를 이행하도록 하는 약정을 하는 것이 문제될 이유는 전혀 없다. 앞서 본 대법원 1997. 5. 30. 선고 97다1556 판결에서도 이행인수라는 표현을 사용한 바 있다.

---

52) 대법원 2002. 9. 4. 선고 2002다11151 판결은 민법 제576조의 담보책임이 문제가 된 사안에서, "매수인이 매매목적물에 관한 근저당권의 피담보채무를 인수하는 것으로 매매대금의 지급에 갈음하기로 약정한 경우에는 특별한 사정이 없는 한, 매수인으로서는 매도인에 대하여 민법 제576조 제1항의 담보책임을 면제하여 주었거나 이를 포기한 것으로 보는 것이 상당하다"고 판시한 바 있다. 또한 병존적 채무인수인의 경우 그 채무인수가 대가를 수반하는 경우에는 구상권 포기 의사가 포함되어 있기 때문에 인수인이 변제하더라도 구상할 수 없다는 설명도 있다. 椿寿夫, "求償權の意義・機能と有無・範圍", 代位辨濟-實務理論. 銀法別冊 1號(1995) 55-58면[구남수(주 22), 212면에서 재인용].

나. 이행인수가 있는 경우 구상권의 귀속주체 : 물상보증인

(1) 원심판결의 입장 : 제3취득자 귀속설

원심판결은 제3취득자가 물상보증인으로부터 담보부동산을 양수할 당시 피담보채권액만큼을 매매대금에서 공제하였다고 하더라도[53] '물상보증의 목적물인 저당부동산의 제3취득자가 채무를 변제하거나 저당권의 실행으로 저당물의 소유권을 잃은 때에는 물상보증인의 구상권에 관한 민법 제370조, 제341조의 규정을 유추적용하여 보증채무에 관한 규정에 의하여 채무자에 대한 구상권이 있다'는 대법원 1997. 7. 25. 선고 97다8403 판결을 근거로 제3취득자에게 구상권이 발생한다고 판단하였다.

(2) 구상권의 귀속주체 : 물상보증인

그러나 원심판결의 위와 같은 결론은 다음과 같은 이유에서 잘못된 판단이고, 물상보증인과 제3취득자 사이에 이행인수의 합의가 있는 경우에는 물상보증인에게 구상권이 발생한다고 보는 것이 타당하다고 생각한다.

(가) 제3취득자의 구상권은 앞서 검토한 것과 같이 사무관리에 의한 비용상환청구권의 성질을 갖는다. 그런데 제3취득자가 이행인수를 한 경우 그 채무의 변제는 물상보증인과의 약정에 따라 자기의 의무를 이행하는 것이므로, '의무 없이' 타인의 사무를 처리한 것이라고 볼 수 없다. 물론 그러한 의무는 채무자에 대한 의무가 아니라 물상보증인에 대한 의무이지만, 관리자가 제3자에 대한 자기의 의무의 이행으로 사무를 처리한 경우 관리자는 제3자와의 계약관계에 의하여 지출비용 등을 정산하여야 하고 본인에 대하여 사무관리에 의한 비용상환청구권을 행사할 수 없다는 것이 우리나라의 통설적인 견해이다.[54] 이 경우 제3자와 본인 사이에

---

53) 이러한 경우 통상 물상보증인과 제3취득자 사이에 이행인수의 합의 또는 병존적 채무인수의 합의가 있다고 인정될 것인데, 이하에서는 이행인수가 있다는 전제하에서 논의를 진행하도록 한다.

54) 민법주해[XVIII] 채권(10), 45-46면(최병조 집필부분); 주석민법 채권각칙(5), 351면(강현중 집필부분); 곽윤직(주 25), 338면; 김형배(주 25), 20면; 양형우, "사무관리의 성립요건에 관한 고찰", 강원법학(제16권), 강원대학교 비교법학연구소(2003), 365면.

계약관계가 없다면 제3자의 본인에 대한 사무관리가 문제될 뿐이다. 따라서 제3취득자가 물상보증인에 대한 의무의 이행으로 채무자의 채무를 변제하는 경우에는 제3취득자에게 채무자에 대한 사무관리에 의한 비용상환청구권이 발생하지 않는다. 물상보증인과의 계약관계가 있으므로 부당이득반환청구권도 발생하지 않음은 물론이다.[55]

(나) 또한 이행인수가 있는 경우 이행인수인은 채권자와의 관계에서 채무자의 이행보조자로 다루어진다.[56] 이러한 점에 착안하면, 물상보증인으로부터 이행을 인수한 제3취득자의 변제는 그 독자적인 계산에 따른 변제가 아니라 물상보증인의 이행을 대행한 것으로 평가할 수 있다.[57] 그렇다면 제3취득자가 변제를 하든 해당 부동산에 담보권이 실행되든,[58] 물상보증인은 제3취득자라는 이행보조자를 통하여 채무자의 채무를 변제한 것이고, 따라서 물상보증인은 민법 제341조가 규정한 '그 채무를 변제하거나 담보권의 실행으로 인하여 담보물의 소유권을 잃은 때' 중 전자, 즉 '그 채무를 변제한 때'에 해당하여 구상권을 취득하게 된다.[59] 더구나 민법 제341조는 담보권설정자가 변제한 때 구상권을 가진다고만 규정하고 있고, 담보권설정자가 변제 당시 반드시 담보물을 보유하고 있을 것을 요건으로 하고 있지 않으므로, 이렇게 해석하는 것이 충분히 가능할 것으로 보인다.

---

55) 이른바 '전용물소권'에 관련된 논의이다.
56) 민법주해[X] 채권(3), 626면(민형기 집필부분); 주석민법 채권총칙(3), 412면(전원열 집필부분); 이은영(주 28), 470면; 송호영, "채무인수, 이행인수 및 계약인수에 관한 입법론", 법조 통권 제662호, 법조협회(2011), 78면.
57) 이행보조자는 '채무'의 이행과 관련된 개념이고, 물상보증인은 채무 없이 책임만 부담하므로 물상보증인이 채무자의 채무를 변제하는 것은 '채무의 이행'이 아니라 단순한 제3자의 변제이기는 하지만, 변제라는 사실행위(또는 준법률행위)를 위하여 보조자를 두는 것도 당연히 허용된다.
58) 담보권이 실행된 경우에도 제3취득자를 '이행보조자'로 볼 수 있을지 문제되나, Ⅳ. 2. 가. (3)항과 비슷한 이유로 직접 변제를 한 경우와 동일하게 보아야 한다고 생각한다.
59) 따라서 대법원 1997. 5. 30. 선고 97다1556 판결의 1, 2심이 물상보증인에게 구상권이 발생하는 이유를 민법 제341조 중 '질물(저당물)의 소유권을 잃은 때'에 해당하기 때문으로 본 것처럼 판시한 것은 잘못이다.

(다) 앞서 언급한 것과 같이 물상보증인으로부터의 제3취득자의 구상권에 대하여 반드시 민법 제341조를 유추적용할 필요성은 크지 않다. 이행인수를 하지 않은 제3취득자는 채무자에 대하여 어차피 사무관리에 의한 비용상환청구권을 갖기 때문이다. 그럼에도 불구하고 물상보증인에 대하여 민법 제341조가 존재하고, 물상보증인과 그로부터의 제3취득자가 유사하다는 점에 착안하여, 민법 제341조를 물상보증인으로부터의 제3취득자에 유추적용하기로 하는 법리가 판례에 의하여 확립되었다. 이와 같은 상황이라면, 민법 제341조의 근거가 되는 사무관리에 의한 비용상환청구권의 법리에 의하여 구상권이 발생하지 않는 제3취득자에게까지 위 조문을 유추적용하여 구상권을 인정할 이유는 없고, 그러한 경우에는 유추적용을 제한하는 것이 법체계의 통일성을 보장하는 해석론이라고 할 수 있다. 직접 적용과는 달리 준용 또는 유추적용의 경우에는 '성질에 반하지 않는 범위 내'라는 단서 아래 준용하거나, '특별한 사정이 없는 한'이라는 유보[60] 아래 유추적용을 하거나, '~ 경우에는'과 같이 요건 또는 범위를 한정하여 유추적용을 하는 것이 가능하다. 그렇다면 물상보증인으로부터의 제3취득자의 구상권에 관해서도, 일률적으로 물상보증인에 관한 조문인 민법 제341조를 유추적용하지 않고, 위와 같이 '특별한 사정이 없는 한'이라는 유보 아래 유추적용하는 것도 충분히 가능하다. '특별한 사정'을 어디까지 볼 것인지는, 기본 사안과 유추적용될 사안과 유사성, 유추적용의 필요성, 구체적 타당성 등을 종합적으로 고려하여 정하여야 할 것인데, 이 사건의 경우 물상보증인과 제3취득자 사이에 이행인수가 있었다는 사정은 위에서 본 것과 같은 이유로 유추적용을 배제시키는 특별한 사정에 해당한다고 보아야 한다.

---

60) 예컨대 대상판결도 그렇게 하였고, 상호속용 영업양수인의 책임에 관한 상법 제42조 제1항이 옥호 또는 영업표지 속용에 특별한 사정이 없는 한 유추적용(대법원 2010. 9. 30. 선고 2010다35138 판결)하는 것, 반대로 제조물책임에서의 증명책임 완화의 법리가 특별한 사정이 없는 한 제조업자나 수입업자로부터 제품을 구매하여 이를 판매한 자의 하자담보책임에 유추적용될 수 없다는 것(대법원 2011. 10. 27. 선고 2010다72045 판결) 등을 예로 들 수 있다.

(라) 원심판결은 담보부동산의 소유권이 이전되면서 물상보증인의 지위 역시 제3취득자에게 이전된다고 설시하였으나, 이는 부정확한 표현이라고 할 것이다. 물상보증인과 제3취득자는 채무 없는 물적 유한책임만 부담한다는 점에서 공통점이 있으나, 제3취득자는 담보권설정행위에 직접 관여하지 않았다는 점에서 물상보증인과 차이가 있고, 민법은 양자를 일부 달리 취급하고 있는 부분이 있다.[61] 판례 역시 물상보증인으로부터 담보부동산을 취득한 제3취득자를 두고 물상보증인이라고 표현한 적이 없고, 다만 제3취득자에 대하여 물상보증인의 구상권에 관한 민법 제341조를 유추적용해야 한다고 표현하였을 뿐이다.

(마) 덧붙이면, 위와 같은 사안에서 일단 민법 제341조의 유추적용에 의하여 제3취득자에게 구상권이 발생하되, 이행인수의 합의에 구상권의 포기 약정이 포함되었다고 이론 구성하는 것은 불가능하다. 왜냐하면 구상권은 채무자에 대한 권리로 그에 대한 포기는 채무자를 상대로 해야 하는데, 이행인수는 물상보증인과 제3취득자 사이에서 이루어지는 합의이기 때문이다. 나아가 제3취득자가 물상보증인에 대하여 자신의 채무자에 대한 구상권을 포기한다고 하여 물상보증인에게 채무자에 대한 구상권이 발생하는 것도 아니다. 그렇다고 구상권의 사전 양도 약정, 즉 제3취득자가 향후 발생할 구상권을 물상보증인에게 미리 양도하는 것으로 구성하면, 채권양도의 대항요건으로서의 통지, 승낙이라는 번거로운 문제가 발생하게 된다.

(3) 대상판결의 입장

앞서 언급한 것과 같이 대상판결이 대법원 1997. 7. 25. 선고 97다8403 판결을 인용하면서도, "물상보증인으로부터의 제3취득자는 '특별한 사정이 없는 한' 민법 제341조의 규정을 유추적용하여 보증채무에 관한 규정에 의하여 채무자에 대한 구상권이 있다"고 설시하여 위 판결에는

---

61) 예컨대 민법 제364조는 제3취득자의 변제 및 저당권 소멸 청구를 규정하고 있는데, 학설과 판례는 이를 제3취득자의 변제할 채무범위를 제한(민법 제360조에 따라 지연이자를 이행기일 후 1년분으로 제한)한 특칙으로 해석한다. 남효순, "저당부동산의 제3취득자의 법적 지위", 고시계(39)(1994), 136면 등.

없던 '특별한 사정이 없는 한'이라는 문구를 추가한 것은, 제3취득자라고 해서 언제든지 구상권을 취득하는 것이 아니라 어떠한 사정에 의하여 구상권이 발생할 수 없는 경우가 있다는 것을 의식하고 있는 것이 분명하다. 또한 대상판결은 '원심판결의 이유 설시에 부적절한 점은 있음'을 지적하고 있는데, 원심판결 중 위와 같은 평가를 받을 만한 부분은 이행인수 등의 사정이 있는지 여부와 관계없이 제3취득자가 일률적으로 구상권을 취득한다고 판단한 부분 외에는 없다. 그렇다면, 대상판결은 물상보증인과 제3취득자 사이에 이행인수 등의 합의가 있는 경우에는 이를 제3취득자에게 구상권이 발생하지 않는 특별한 사정에 해당한다고 보는 것이 아닌가 하는 추측이 든다.

다. 원심판결의 지적에 대하여

(1) 원심판결의 지적

물상보증인과 그로부터의 제3취득자 사이에 이행인수 약정이 있는 경우에는 제3취득자가 아닌 물상보증인에게 구상권이 발생한다고 봄이 타당하다고 하더라도, 원심판결이 "물상보증인과 제3취득자 사이의 이행인수 여부에 따라 구상권 및 대위권의 귀속주체가 물상보증인과 제3취득자 사이에서 상대적으로 결정되거나 양자에게 동시에 귀속된다면 계약관계의 내용에 관하여 전혀 알 수 없는 담보물의 전전 양수인, 채권자 및 채무자 등 이해관계자들의 법률상 지위를 불안하게 만들 수 있다"고 지적한 부분은 경청할 만하므로 이에 관하여 본다.

(2) 채무자의 불안

채권자의 입장에서는 통상 누구로부터 변제받는지가 중요한 부분이 아니므로, 문제가 되는 부분은 채무자의 지위이다. 채무자는 제3취득자와 물상보증인 사이의 이행인수 약정의 유무 또는 그 범위를 알 수 없어 둘 중 누구에 대하여 구상의무를 부담하는지 정확히 알 수 없고, 따라서 이중지급의 위험에 노출될 수 있다. 이 경우에는 채무자가 채권자 불확지를 이유로 한 공탁을 하는 방법, 제3취득자에 대한 변제를 채권의 준점유자의 변제라고 주장하는 것 등을 생각해 볼 수는 있겠으나, 어쨌든 일

률적으로 제3취득자가 구상권을 취득하게 하되 물상보증인과의 사이에서
그들 사이의 약정에 따라 이를 정산하게 하는 경우보다 채무자의 지위가
훨씬 불안한 것은 사실이다. 그러나 이러한 불안은 제3자가 변제를 함에
있어 이행보조자를 사용하는 경우에 일반적으로 발생하는 것이지, 물상보
증인과 그로부터의 제3취득자 사이에서만 특별히 발생하는 것은 아니다.
즉 채무관계 외에 있는 제3자가 변제를 함에 있어 이행보조자를 사용하
는 경우, 해당 이행보조자가 자신의 계산으로 변제를 하는 것인지, 다른
사람과의 이행대행 약정 등에 기하여 이행보조자로서 변제를 하는 것인
지 채무자가 쉽게 알 수 없는 것은 일반적인 현상이다.[62] 따라서 그러한
사정 및 필요만으로는, 앞서 본 논거에 따라 물상보증인에게 구상권이
발생한다는 결론을 뒤집고 사무관리의 요건을 충족하지도 못하는 제3취
득자에게 구상권을 인정하기에는 부족하다고 할 것이다.

(3) 전전양도된 경우

다음으로 전전양도된 경우를 생각하여 보면, 담보부동산이 물상보증
인(갑)으로부터 제3취득자(을), 다른 제3취득자(병)에게 전전양도되고 해당
부동산에 대하여 담보권이 실행된 경우를 가정할 때, 그와 같은 경우 누
가 채무자에 대한 구상권을 가지는지는 결국 '갑-을', '을-병' 사이의 내부
적인 이행인수 약정의 내용에 따라 좌우될 것이다. 결론을 먼저 [표]로
나타내면 다음과 같다.

순 번	갑 - 을	을 - 병	구상권자
1	이행인수 ○	이행인수 ○	갑
2	이행인수 ×	이행인수 ×	병
3	이행인수 ×	이행인수 ○	을
4	이행인수 ○	이행인수 ×	병

---

[62] 물론 이 사건과 같은 경우 제3취득자가 변제할 정당한 이익이 있는 자이기 때
문에, 채무자로서는 제3취득자가 이행보조자가 아니라고 생각할 여지가 많다는 점
은 부인할 수 없다.

먼저 '갑-을' 및 '을-병' 사이에 모두 이행인수가 있는 경우(순번 1)에는 물상보증인인 갑이 구상권을 취득하고, 모두 이행인수가 없는 경우(순번 2)에는 최후 소유자인 병이 취득하게 될 것이다. 한편 '갑-을' 사이에는 이행인수가 없으나, '을-병' 사이에는 이행인수가 있는 경우(순번 3)에는 을이 구상권을 취득하게 될 것이다. 문제가 될 만한 경우는 '갑-을' 사이에는 이행인수가 있으나 '을-병' 사이에는 이행인수가 없는 경우(순번 4)인데, 이때에는 병이 구상권을 취득하게 될 것이다. 병은 이행인수를 한 바 없으므로 갑 또는 을의 이행보조자로서 변제한 것이 아니라 스스로 의무 없이 타인의 채무를 변제한 것에 해당하여 채무자에게 구상권을 행사할 수 있다. 한편 갑은 비록 을에게 이행을 인수시키기는 하였으나 구상권이 발생하지 않는데, 그 이유는 을이 갑과의 이행인수약정을 이행하지 않음으로써 전혀 별개인 병에 의한 변제에 의하여 채무자가 면책되었고, 따라서 갑이 을을 통하여 채무를 변제하였다고 볼 수 없기 때문이다. 그렇다면 갑은 을에게 이행인수약정 불이행을 이유로 한 채무불이행 책임을 추궁할 수 있을 것이다.

5. 소결론 : 내부관계에 대한 고려가 없는 특별규정의 문제점

가. 위와 같은 혼란은 근본적으로 구상권에 관한 조문의 체계에서 비롯되었다고 생각한다. 앞서 우리 민법이 제3자의 변제로 인한 구상권에 대한 일반적인 규정을 두고 있지 않고 개별 항목에서 구상에 관한 조문을 산발적으로 마련하고 있는 점과, 연대채무자, 보증인, 물상보증인의 구상권은 해당 규정이 없어도 충분히 수임인의 비용상환청구권, 사무관리자의 비용상환청구권 등 일반조항에 의하여 해결이 가능함에도 굳이 큰 차이가 없는 특별규정을 두고 있다는 점을 지적한 바 있다.

나. 그러나 더 큰 문제는 위와 같은 특별규정들이 당사자 사이의 내부관계에 대한 고려 없이 일률적으로 구상권을 인정하고 있다는 점이다. 예컨대 물상보증인에 관한 민법 제341조는 채무자와 물상보증인 사이의 내부관계를 고려함 없이 물상보증인에게 예외 없는 구상권을 인정하고

있다. 따라서 물상보증인은 채무자와의 사이에 이행인수의 약정이 있는 경우나 채무자로부터 담보의 제공에 대한 충분한 대가를 수령한 경우에도 위 조항에 의하여 일단 채무자에 대한 구상권을 취득하는 것으로 해석할 수밖에 없다. 다만 구상권을 이행인수 약정에 의하여 사전 포기한 것으로 구성할 수 있을 뿐이다.[63] 그런데 구상권을 사전에 포기한 것으로 구성할 수 없는 경우에는 이 사건과 같은 문제가 발생하게 된다. 즉 앞서 언급한 것과 같이 물상보증인으로부터의 제3취득자 사안의 경우 제3취득자가 이행인수에 의하여 구상권을 사전에 포기하는 것으로 구성할 수 없다. 구상권은 채무자에 대한 권리이고, 이행인수는 물상보증인과의 합의이기 때문이다. 대법원은 위와 같은 사정을 충분히 고려하지 않고 물상보증인의 구상권에 관한 민법 제341조를 물상보증인으로부터의 제3취득자의 사안에 아무런 유보 없이 유추적용하였다가(97다8403 판결), 대상판결에 이르러 이러한 부분에 대한 문제의식을 느껴 '특별한 사정이 없는 한'이라는 표현을 추가하여 유추적용의 범위를 제한한 것이 아닌가 하는 추측이 든다. 어떻게 보면 물상보증인으로부터의 제3취득자의 사안에 처음부터 민법 제341조를 유추적용하지 않고 사무관리의 법리를 적용하는 것이 어땠을까 하는 생각도 든다.

　다. 또한 입증책임과 관련하여서도 어색한 부분이 있다. 대상판결은 '물상보증인(물상보증인으로부터 구상권을 양수한 양수인)이 채무자에 대하여 구상권을 행사한 사안'으로, 이 경우 물상보증인과 제3취득자 사이에 이행인수가 있었다는 특별한 사정은 물상보증인이 적극적으로 입증을 해야 할 것이다. 그런데 '제3취득자가 채무자에 대하여 구상권을 행사하는 사안'을 가정해 보면, 대상판결의 논리구조에 의한다면 특별한 사정이 없

---

63) 다만, 위와 같은 명시적인 조항에도 불구하고, 내부관계에서 다른 사정으로 구상권이 발생하지 않을 수 있다고 설시한 판례도 있다. 예컨대 대법원 2014. 4. 30. 선고 2013다80429, 80436 판결은 물상보증인이 내부적으로는 사실상 채무자의 지위에 있었던 사안에서, "…물상보증인이 채무를 변제한 때에도 다른 사정에 의하여 채무자에 대하여 구상권이 없는 경우에는 채권자를 대위하여 채권자의 채권 및 담보에 관한 권리를 행사할 수 없다고 해석하여야 한다"라고 설시한 바 있다.

는 한 민법 제341조를 유추적용하여 제3취득자가 구상권을 취득하고, 이
행인수가 있었다는 특별한 사정은 채무자가 항변으로 주장·입증해야 할
것처럼 보인다.[64] 그런데 이는 ① 만일 제3취득자의 구상권을 민법 제
341조의 유추적용이 아닌 사무관리에 의한 비용상환청구권으로 이론 구
성을 한다면 관리자인 제3취득자가 사무관리의 성립을 주장하면서 이행
인수가 없었다는 사실까지 증명하여야 할 것인 점, ② 변제에 관한 입증
책임은 변제자가 부담한다는 일반 이론, ③ 아울러 물상보증인과 제3취
득자 사이에 발생한 이행인수라는 사정을 외부자인 채무자가 입증하도록
하는 것은 다소 불합리한 점 등에 비추어 볼 때 논의의 여지가 있어 보
인다. 이와 같은 입증책임의 부정합 역시 민법 제341조라는 '예외 없는'
특별규정을 물상보증인으로부터의 제3취득자에게 유추적용하여 '원칙적으
로' 제3취득자에게 구상권이 발생하게 하고, 특별한 사정이 있으면 다르
게 봄으로써 발생하는 문제 중 하나라고 할 것이다.

　　　라. 이러한 점에서 당사자 사이의 내부관계를 고려하여 구상권의 발
생 여부 또는 귀속주체를 정할 수 있는 사무관리의 규정은 위와 같은 개
별 규정보다 훨씬 매력적인 측면이 있다. 앞서 Ⅲ. 3. 라.항에서 '물상보
증인이…한 때에는 사무관리의 규정에 따라 주채무자에 대하여 구상권이
있다'는 등으로 조문이 구성되었다면 더 나았을 것이라는 생각은 사실 이
러한 문제의식에서 처음 비롯된 것이었다.

V. 결　　론

　　　결론적으로 제3취득자가 물상보증인으로부터 담보부동산을 취득할
때 그 사이에 이행인수의 약정이 있었다면, 제3취득자가 채무를 변제하
거나 해당 부동산에 대하여 담보권이 실행된 경우에도 구상권은 제3취득
자가 아닌 물상보증인에게 귀속된다고 보아야 한다. 그와 같은 결론은

---

　64) 대상판결이 위와 같이 제3취득자가 구상권을 행사한 사안까지 염두에 두고 이
　　사건과 같은 설시를 한 것은 아니므로, 이 부분에 대하여는 추가적인 검토가 필요
　　할 것으로 보인다.

제3취득자의 구상권의 본질이라고 할 수 있는 사무관리에 의한 비용상환 청구권의 법리에 의하여 도출된다.

이 사건에서는 제3취득자가 물상보증인으로부터 이행을 인수하였다는 사실이 입증되지 않았던 것으로 보이고, 따라서 물상보증인에게 구상권이 귀속되지 않는다고 본 대상판결의 결론은 타당하다. 대상판결은 물상보증인으로부터의 제3취득자에 의하여 변제 등이 이루어진 경우 물상보증인의 구상권에 관한 규정을 유추적용하여 제3취득자에게 구상권이 귀속된다는 기존의 입장을 재확인하면서도, 최초로 '특별한 사정이 없는 한'이라는 문구를 추가하여 예외적으로 제3취득자에게 구상권이 발생하지 않을 수 있는 여지를 남겨 두었다는 측면에서 의미 있는 판결이라고 생각한다. 다만 대상판결이 물상보증인과 그로부터의 제3취득자의 구상권에 관한 기존의 혼란스러운 상황을 깔끔하게 정리할 기회가 있었음에도 불구하고, 모호한 문구를 추가한 채 그대로 넘어간 점은 다소 아쉬움이 남는다.

구상권은 워낙 다양한 상황에서 문제가 되고, 구상에 관한 개별 규정 또한 여러 군데에 흩어져 있는 관계로 그에 관한 통합적인 이해가 쉽지 않은 측면이 있다. 그럼에도 이 글을 통하여 주장하고 싶은 것은, 제3자의 변제에 따른 구상권의 사안은 개별 조항이 있는 경우에도 수임인의 비용상환청구권, 사무관리에 의한 비용상환청구권, 부당이득반환청구권 등 민법의 일반 이론에 의하여 체계적, 통일적으로 이해될 필요가 있다는 것이다. 향후 유사한 사안에 대하여 대법원이 명확하게 정리해 주기를 기대하며, 나아가 기회가 있다면 입법적으로도 구상권에 관한 개별 규정이 일반 이론을 차용하는 방식으로 보다 체계적이고 일관성 있게 정비되기를 기대한다.[65]

---

65) 입법적인 개선방향에 대한 상세한 논의로는 구남수(주 22) 참조.

[Abstract]

The right of reimbursement of a Third Party Purchaser who acquired mortgaged property from a person who had pledged the property to secure a debtor's obligation

Jung, Jae Woo*

In cases where a Third Party Purchaser (hereinafter "Third Party Purchaser") who acquired mortgaged property from a person who had pledged the property to secure a debtor's obligation (hereinafter "Surety on Property") discharges the obligation or loses his/her ownership due to an execution of the mortgage, there have been seemingly conflicting Supreme Court precedents regarding the holder of the right of reimbursement against the debtor—whether it would be the Third Party Purchaser or the Surety on Property. In a Supreme Court decision rendered on May 30, 1997 (Case No. 97Da1556), the court was satisfied that the Surety on Property holds the right of reimbursement while another Supreme Court decision rendered on July 25, 1997 (Case No. 97Da8403) ruled that the Third Party Purchaser is entitled to exercise the right.

The Supreme Court decision subject to this article (Supreme Court Decision rendered on Dec 24, 2014, Case No. 2012Da49285) provides a meaningful insight into this issue. In this case, the court concluded that in principle, the Third Party Purchaser will be entitled to the right of re-imbursement (through analogical application of the provision on the Surety on Property's right of reimbursement). However, the court provides a room for an exception by qualifying that the above principle would only apply in

---

* Judge, Seoul Central District Court.

case there are no other special circumstances. Despite this, it is unfortunate that the court did not establish a clear guideline to the issue at hand leaving the ambiguity unresolved.

It is not easy to understand the right of reimbursement comprehensively as the relevant provisions for the joint debt, guaranty debt, surety on property are placed under respective sections of the Korean Civil Code. Regardless of this, the right of reimbursement resulting from a third party's performance of obligation should be systematically and coherently studied in the context of the general theory of civil law, such as the "delegated person's claim for reimbursement of expenses," "claim for reimbursement of expenses resulting from management of another's business without obligation" and "claim for restitution of unjust enrichment." In this sense, if a payment is made by a Third Party Purchaser who acquired the property from a Surety on Property, the right of reimbursement should be regarded as the "claim for reimbursement of expenses resulting from management of another's business without obligation."

In this regard, in case a Third Party Purchaser does not take over the mortgage obligation from the Surety on Property and the Third Party Purchaser pays back the debt, the Third Party Purchaser will acquire the right of reimbursement against the debtor. On the other hand, in case a Third Party Purchaser takes over the mortgage obligation and pays back the debt thereafter, the Surety on Property, not the Third Party Purchaser, will be entitled to exercise the right of reimbursement. The Third Party Purchaser's right of reimbursement can be regarded as a type of a claim resulting from "managing another's business without obligation." However, in the second case above, the Third Party Purchaser would only be fulfilling his/her own obligations pursuant to the agreement with the Surety on Property by paying back the debt. In other words, the act of paying back cannot be regarded as managing another's business "without obligation." Therefore, in this case, the Surety on Property will acquire the right of reimbursement because he/she would be deemed to have performed the obligation through his/her assistant, which would be the Third Party Purchaser.

[Key word]

- Right of reimbursement
- Person who has pledged his property to secure a debtor's obligation
- Third Party Purchaser
- Takeover of obligation
- Management of another's business

참고문헌

[단 행 본]

곽윤직, 채권총론 제6판, 박영사(2003).
_____, 채권각론 제6판, 박영사(2003).
김형배, 사무관리·부당이득, 박영사(2003).
이은영, 채권총론 제4판, 박영사(2009).
편집대표 곽윤직, 민법주해[Ⅹ] 채권(3), 박영사(2001).
_____, 민법주해[Ⅺ] 채권(4), 박영사(1995).
_____, 민법주해[ⅩⅦ] 채권(10), 박영사(2005).
편집대표 김용담, 주석민법 채권총칙(2), 한국사법행정학회(2014).
_____, 주석민법 채권총칙(3), 한국사법행정학회(2014).
_____, 주석민법 채권총칙(4), 한국사법행정학회(2014).
_____, 주석민법 채권각칙(5), 한국사법행정학회(2016).
편집대표 박준서, 주석민법 채권각칙(5), 한국사법행정학회(1999).

[논   문]

구남수, "민법상 구상권의 구조 및 체계에 관한 연구", 박사학위 논문, 동아
    대학교(2009).
김기정, "물상보증인 구상권의 법적 성질 및 소멸시효기간", 대법원판례해설
    제36호(2001 상반기), 법원도서관(2001).
김영희, "담보부동산의 제3취득자와 변제자대위-대법원 2014. 12. 18. 선고 2011
    다50233 전원합의체 판결-", 강원법학 46, 강원대학교 비교법학연구소
    (2015).
김형석, "제3자의 변제·구상·부당이득", 법학 제46권 제1호, 서울대학교
    법학연구소(2005).
남효순, "저당부동산의 제3취득자의 법적 지위", 고시계(39)(1994).
노유경, "보증인과 물상보증인 상호간 변제자대위", 민사판례연구 제34권,
    박영사(2012).

송호영, "채무인수, 이행인수 및 계약인수에 관한 입법론", 법조 통권 제662호, 법조협회(2011).

양창수, "목적토지상 근저당권의 피담보채무를 변제한 시효취득자의 채무자에 대한 구상권-대법원 2006. 5. 12. 판결 2005다75910 사건(판례공보 2006상, 1039면)", 민법연구 제9권, 박영사(2009).

_____, "물상보증인의 변제자대위와 부기등기의 요부", 사법행정 32, 한국사법행정학회(1991).

양형우, "사무관리의 성립요건에 관한 고찰", 강원법학(제16권), 강원대학교 비교법학연구소(2003).

이상태, "저당부동산을 취득한 제3취득자의 지위에 관한 연구", 일감법학 제1권, 건국대학교 법학연구소(1996).

이영희, "담보부동산의 제3취득자와 변제자대위", 강원법학 46, 강원대학교 비교법학연구소(2015).

이진만, "변제자대위에 있어서 대위자 상호간의 관계", 사법논집 제27집, 법원도서관(1996).

제철웅, "구상관계와 변제자대위 : 그 상호관계의 비교법적 검토", 민사법학(23), 한국민사법학회(2003).

_____, "보증채무 및 연대채무에서의 구상권 상실-비교법적 검토를 통한 새로운 해석가능성의 모색-", 비교사법 9, 한국비교사법학회(2002).

최명구, "구상부당이득의 성질에 대한 비교법적 검토", 비교사법 제17권 제1호, 한국비교사법학회(2010).

면책적 채무인수, 병존적 채무인수, 이행인수의 구별기준

전 원 열*

■요　지■

　　민법은 면책적 채무인수에 대해서만 규정을 두고 있으나, 실무상 면책적 채무인수보다 더 자주 문제되는 것으로서 병존적 채무인수와 이행인수가 있다. 그런데, 채무인수 내지 이행인수에 관한 종래의 대법원 판결례 중 어떤 판결에서는 "그 인수는 특별한 사정이 없는 한 면책적 채무인수가 아니라 이행인수로 보아야 한다"라고 판시하는 반면에, 또 다른 판결에서는 "특별한 사정이 없는 한 원칙적으로 이행인수가 아닌 병존적 채무인수로 보아야 할 것이다"라고 판시하고 있어서, 판례의 정확한 입장을 알기 어렵다. 이에 본고에서는, 실무상 채무인수 유사의 거래가 행해졌을 때에 그 법률적 성격이 면책적 채무인수, 병존적 채무인수, 이행인수의 3가지 중에서 어디에 해당하는지를 분류하는 기준은 무엇인지, 대상판결의 판시가 적절한지를 검토하였다.

　　위 3가지 중에서 어디에 해당하는지를 결정함에 있어서는, 계쟁 채권에 대하여 소송상 다투는 당사자가 누구인지를 파악하는 것이 핵심이다. 원채무자가 소송당사자가 되어서, 원채무자가 더 이상 채무를 부담하지 않는지 여부가 쟁점이라면, "면책적 채무인수인지 아닌지"가 주된 쟁점이므로 법원은 이것만 판단해 주면 되는 것이지, "그 인수는 특별한 사정이 없는 한 면책적 채무인수가 아니라 이행인수로 보아야 한다"라고 판시할 일이 아니다. 반면에 소송상 다투는 양 당사자가 채권자와 인수인이어서 채권자가 인수인에 대

---

* 건국대학교 법학전문대학원 교수.

한 채권을 직접 가지고 있는지 여부가 쟁점이라면, 법원은 "원칙적으로 이행인수가 아닌 병존적 채무인수로 보아야 할 것이다"라고 판시하는 것이 타당하다고 본다.

특별한 사정이 없는 한 이행인수라고 판시한 대법원 판결례들의 실제 사안을 분석해 보면, 면책적 채무인수인지 아닌지만 판단하면 족한 사안이다. 그럼에도 불구하고, 대상판결을 포함하여 여러 판결례들은, 그 필요한 판시를 넘어서서 "특별한 사정이 없는 한 이행인수"라고 판시하였다. 이로써 대법원은, 면책적 채무인수, 병존적 채무인수, 이행인수라는 3자간 구별문제에 있어서 오히려 혼란을 야기하고 있다. 면책적 채무인수, 병존적 채무인수, 이행인수라는 3자간 구별문제에 있어서 대법원의 판시 방법은 향후 수정되어야 한다.

[주 제 어]
• 면책적 채무인수
• 병존적 채무인수
• 이행인수
• 계쟁 당사자

대상판결 : 대법원 2015. 5. 29. 선고 2012다84370 판결[1]

[事案의 槪要]

　　X는 Y로부터 2005. 9. 5.에 Y 소유의 이 사건 건물을 보증금 11억 원에 임차하였다.[2] X는 2007. 12. 5. Y와의 사이에 보증금의 액수를 그대로 유지하면서 기간을 2008. 1. 1.부터 2009. 12. 31.까지로 정하여 이 사건 건물을 다시 임차하였다. Y는 2008. 2. 13. P 주식회사에게 이 사건 건물과 부지를 매도하였다. ① X가 2008. 2. 29.경 P로부터 이 사건 건물을 매수하였다는 취지의 통지를 받은 뒤, X의 직원이 Y를 찾아갔다가 그로부터 매수인인 P가 임대차보증금을 반환할 것이라는 답변을 들었지만 믿지 못하여, Y에게 임대차보증금의 반환책임을 인정하는 각서와 매매계약서 등 임대차보증금 반환채무의 귀속관계에 관한 문서를 요구하였으나 Y는 이에 응하지 아니하였다. ② 그 후 Y는, 매매잔대금 지급일인 2008. 5. 13. P와의 사이에 위 임대차계약에 따른 임대차보증금 반환채무를 P가 인수하기로 약정하고 위 11억 원을 공제한 매매대금을 수령하였으며 같은 날 P에게 이 사건 건물에 관하여 소유권이전등기를 마쳐 주었다. ③ 이 무렵 X는 P가 어떤 회사인지, 이 사건 임대차보증금을 반환할 자력이 있는지 여부를 알지 못하였고 P로부터 이 사건 임대차보증금 반환채무를 인수하였다는 취지의 통지를 받지도 못하였다.

　　④ 당시 P는 이 사건 건물 부지 일대에 부동산개발사업을 추진하고 있었고, 금융기관으로부터 765억 원을 대출받아서 이 사건 건물 등 주변 부동산을 매수하는 데에 대출금의 대부분을 사용하고 있었으며, P는 위 금융기관 대출금에 대한 담보로서 Q(부동산신탁회사)와의 사이에 부동산담보신탁계약을 체결하고 위 이전등기를 마친 날인 2008. 5. 13.에 곧바로 Q에게 신탁을 원인으로 하여 이 사건 건물에 관하여 다시 소유권이전등기를 마쳐 주었다.

---

1) 민사판례연구회 2016년 7월 월례회에서 이 평석을 발표한 후, 이를 저스티스 (2016년 10월호)에 투고하여 게재하였다. 본고는 저스티스에 실린 것과 동일한 것이다.

2) 정확하게는, 2005. 9. 5.에 이 사건 건물의 지하 1층~지상 4층을 보증금 10억 원에 임차하고 2006. 1. 25.에 추가로 지상 5층을 보증금 1억 원에 임차한 것이지만, 간략하게 위와 같이 정리하였다. 이하에서도 판례의 분석과 무관한 사소한 사실관계들은 간단히 정리하였다.

⑤ 위 매매 후 X는 2008. 6.부터 2010. 8.까지 P에게 매월 차임을 지급하기는 하였으나, ⑥ X는 Y가 이 사건 임대차보증금 반환채무의 귀속관계에 관한 문서를 보내지 아니하자 2008. 11. 18.경 Y에게 임차인과 사전협의 없이 일방적으로 소유권을 양도한 것은 계약위반이라는 취지로 항의하면서 '2008. 11. 25.까지 보증금 및 임대료 등에 관한 계약내용을 알려 달라'는 취지의 통지를 하였고, ⑦ 2008. 12. 1.경 소유권 변경에 따른 임대보증금 등 법적 책임에 대하여 답변하지 않는 것을 항의하면서 '2008. 12. 10.까지 X의 임대보증금 및 임대료에 대한 서면통지를 요청한다'는 취지의 통지를 하였다. ⑧ Y는 2008. 12. 9.경 X에게 '임차인들의 보증금 전액을 공제한 나머지만을 매매대금으로 받았으므로 모든 권리와 의무는 P에게 승계된 것으로 안다'는 취지의 답변서를 보냈다. ⑨ X는 P에 대하여도 매매계약서 등을 보내 줄 것을 요청하던 중, 2009. 2. 9.경 P로부터 'P가 임대인 지위를 승계하였다'는 취지의 통지를 받았는데, 당시 첨부된 매매계약서 사본에는 오히려 매도인인 Y가 임대차보증금을 반환하는 것으로 기재되어 있었다.

⑩ 한편 X는 P로부터 위와 같이 임대인 지위를 Y로부터 승계하였다는 통지를 받고도 어떠한 이의를 제기하지 아니하였다. ⑪ X는 2009. 12. 28. Q(부동산신탁회사)가 X를 상대로 제기한 건물인도 소송에서 '이 사건 건물이 2008. 5. 13. P에게, 다시 같은 날 Q에게 각 양수되었으므로, Q가 최종적으로 위 건물 부분의 임대인 지위를 승계하였다'고 답변서에 기재하고, 2010. 6.경 P에게 '2010. 7. 30.까지 임차 부분을 인도할 것이니 임대차보증금을 반환하여 달라'는 취지의 통지를 하였다.

[訴訟의 經過]

1. 제1심(서울중앙지방법원 2011. 9. 9. 선고 2010가합88991 판결)

X가 Y와 P를 공동피고로 하여 임대차보증금의 반환을 구하는 소를 제기하였다. X가 P에 대해서는 자백간주로 승소하였다(이 시점에 와서는 P 회사가 형해화된 것으로 보임). 피고 Y는 "P가 보증금반환채무를 면책적으로 인수하였고 X가 묵시적으로 승낙하였다"고 주장하였으나, 이 주장은 증거부족으로 배척되었다. 따라서 (반환할 임대차보증금이 미지급 차임으로써 일부 공제된 것을 제외하고는) X가 Y 상대로 승소하였다. Y가 항소.

2. 원심(서울고등법원 2012. 8. 31. 선고 2011나79144 판결)

위 인정사실 중 ②, ⑤, ⑧, ⑩, ⑪을 주요 근거로 삼아서, 이 사건 건물
의 매수인인 P는 매도인인 Y로부터 이 사건 각 임대차계약의 임대인의 지위
를 승계하기로 하였고, 임차인인 X도 P가 위 임대차보증금 반환채무를 면책
적으로 인수하거나 임대인의 지위를 인수하는 것에 관하여 적어도 묵시적으
로나마 동의 또는 승낙을 하였다고 추인할 수 있으며, 따라서 Y가 여전히 임
대인의 지위에 있음을 전제로 하는 X의 임대차보증금 반환청구는 받아들일
수 없다고 판시하였다. X가 패소하여 상고.

[對象判決 : 破棄還送]

대상판결은 다음과 같이 판단하여 원심판결을 파기하고 원심 법원에 환
송하였다. (아래가 판시내용이고 그중 [1], [2]는 판례공보가 판결요지로 추출
한 것임)

[1] 부동산의 매수인이 매매목적물에 관한 임대차보증금 반환채무 등을
인수하는 한편 그 채무액을 매매대금에서 공제하기로 약정한 경우, 그 인수
는 특별한 사정이 없는 이상 매도인을 면책시키는 면책적 채무인수가 아니라
이행인수로 보아야 하고, 면책적 채무인수로 보기 위해서는 이에 대한 채권
자 즉 임차인의 승낙이 있어야 한다.

[2] 임대차보증금 반환채무의 면책적 인수에 대한 임차인의 승낙은 반드
시 명시적 의사표시에 의하여야 하는 것은 아니고 묵시적 의사표시에 의하여
서도 가능하다. 그러나 임차인이 채무자인 임대인을 면책시키는 것은 그의
채권을 처분하는 행위이므로, 만약 임대차보증금 반환채권의 회수가능성 등
이 의문시되는 상황이라면 임차인의 어떠한 행위를 임대차보증금 반환채무의
면책적 인수에 대한 묵시적 승낙의 의사표시에 해당한다고 쉽게 단정하여서
는 아니 된다.

[3] [위 인정사실 중 ①, ③, ⑥, ⑦, ⑨를 보면, 임대차보증금 반환채무
의 면책적 인수에 대하여 X가 동의하였거나 묵시적으로 승낙하였다고 보기
어렵고, 원심이 거시한 나머지 사정(②, ⑤, ⑧, ⑩, ⑪ 등)을 모두 살펴보아
도 X가 묵시적으로 승낙하거나 동의한 것으로 보기에 부족하다고 판시한 다
음] 그런데도 원심은 판시 사정만으로 매수인인 P가 매도인인 Y로부터 X에

대한 임대차보증금 반환채무를 면책적으로 인수하는 것에 대하여 X가 이를 적어도 묵시적으로나마 동의 또는 승낙을 하였다고 추인할 수 있다고 판단하여 X의 Y에 대한 임대차보증금 반환청구를 기각하였다. 이러한 원심판결에는 임대차보증금 반환채무의 면책적 인수에 관한 법리를 오해함으로써 판결에 영향을 미친 잘못이 있다. 원심판결 파기, 사건 환송.[3]

〔研 究〕

I. 서 론

민법은 면책적 채무인수에 대해서만 규정을 두고 있으나, 실무상 면책적 채무인수보다 더 자주 문제되는 것으로서 병존적 채무인수와 이행인수가 있다. 주지하듯이, 병존적 채무인수는 인수인이 채무자로서 추가되는 계약이며(즉 구 채무자와 신 채무자가 중첩적으로, 채권자에 대한 관계에서 채무를 부담한다), 반면에 이행인수에서는 종전 채무자만이 여전히 채권자에 대한 채무자이고 채권자가 이행인수인에 대한 채권을 취득하지는 않는다.

그런데, 채무인수 내지 이행인수에 관한 종래의 대법원 판결들을 읽다 보면, 어떤 사안에서는 "그 인수는 특별한 사정이 없는 한 면책적 채무인수가 아니라 이행인수로 보아야 한다"라고 판시하는 반면에,[4] 또 다른 사안들에서는 "특별한 사정이 없는 한 원칙적으로 이행인수가 아닌 병존적 채무인수로 보아야 할 것이다"라고 판시하고 있어서,[5] 과연 판례

---

3) 환송 후 고등법원에서 Y가 X에게 7억 8,500만 원을 지급하는 것으로 조정이 이루어졌다.
4) 대상판결을 비롯하여, 대판 1974. 12. 10, 74다1419; 대판 1990. 1. 25. 88다카 29467; 대판 1993. 2. 12. 92다23193; 대판 1993. 6. 29. 93다19108; 대판 1995. 8. 11. 94다58599; 대판 1997. 6. 24. 97다1273; 대판 1998. 7. 24. 98다13877; 대판 2001. 4. 27. 2000다69026; 대판 2002. 5. 10. 2000다18578; 대판 2007. 9. 21. 2006다69479, 69486; 대판 2008. 9. 11. 2008다39663 등 다수이다. 위 사안들은 대부분 매매대금의 전부 또는 일부를 구하는 사안이지만, 대판 2006. 9. 22. 2006 다135 및 대판 2008. 9. 11. 2008다39663처럼 임대차보증금 반환을 구하는 사안도 있다.

가 일관성을 가지고 있는지 의문이 들 수 있다. 즉 타인의 채무를 인수하여 이행한다는 취지의 합의가 있고(이때 이해관계인은 원채권자, 원채무자, 인수인의 3인이지만, 그 합의는 대개 2인 간에 이루어지며, 그 2인이 누구인지는 개별 사안에 따라 다르다) 그 합의의 성격이 면책적 채무인수, 병존적 채무인수, 이행인수의 3가지 중에서 어디에 해당하는지가 불분명할 때, 前者의 그룹의 판결에 의하면 마치 이행인수가 결론인 듯이 보이고, 後者의 그룹의 판결에 의하면 마치 병존적 채무인수가 결론인 듯이 보인다.

이에 본고에서는, 실무상 채무인수 유사의 거래가 행해졌을 때에 그 법률적 성격이 1) 면책적 채무인수, 2) 병존적 채무인수, 3) 이행인수의 3가지 중에서 어디에 해당하는지 분류하는 기준은 무엇인지, 대상판결의 判示의 文言이 적절한지를 검토하고자 한다. 다시 말해서, 일견 모순되어 보이는 위의 一群의 판결들을 대상으로, 과연 거기에 모순이 있는 것인지 아니면 판결례들이 명확히 드러내지는 않았지만 배후에서 작동하고 있는 판단기준이 있는 것인지를 분석하려는 것이 본고의 출발점이다. 이와 함께, 구체적인 계약이 위 3가지 중에서 어디에 해당하는지를 판단하는 기준이 무엇이어야 하는지를 검토하고자 한다.

논의의 순서는 다음과 같이 한다. 우선 3가지 개념의 의의를 간략히 정리한 다음(Ⅱ), 지금까지 등장한 수십 건의 대법원 판결을 분석하여 판결례들 사이에 모순이 있는지 그리고 개별 사안에서 대법원의 판시를 낳게 한 실질적인 판단요소로 무엇이 작용하였는지를 검토하고(Ⅲ), 이행인수와 병존적 채무인수를 구별하는 실질적인 기준이 최초로 등장한 2007다54627 판결 및 이 기준에 관한 외국의 판단기준 설명을 살펴본 후에 (Ⅳ), 마지막으로 "특별한 사정이 없는 한 면책적 채무인수가 아니라 이

---

5) 대판 1995. 5. 9. 94다47469; 대판 1996. 12. 23. 96다33846; 대판 2008. 3. 13. 2007다54627; 대판 2010. 5. 13. 2009다105222 등. 또한 오래되었으나 대판 1989. 4. 25. 87다카2443도 같은 취지이다.

행인수로 보아야 한다"는 대법원의 판시 문언의 타당성을 검토하여(V) 마무리를 짓기로 한다.

Ⅱ. 세 가지 거래방식

1. 免責的 債務引受

민법은 단순히 '채무인수'라고 표현하여 제453조 이하에서 규율을 하고 있으나, 주지하듯이 민법이 규정하는 채무인수는 병존적 채무인수가 아니라 면책적 채무인수이다.[6] 면책적 채무인수에 의하여, 인수인은 舊채무자의 지위에 들어서고, 구채무자는 채무관계에서 탈퇴하여 면책된다.

민법상의 면책적 채무인수에는, 제3자(인수인)와 채권자 사이의 계약으로 성립하는 것($\frac{제453}{조}$)과 제3자와 채무자 사이의 계약으로 성립하는 것($\frac{제454}{조}$)의 두 가지가 있는데, 후자의 경우에는 채권자의 승낙이 그 계약의 효력발생요건으로 되어 있다($\frac{동조}{제2항}$). 결국 면책적 채무인수를 위해서는 채권자와 인수인의 양자의 의사가 필수적이다.

원래 채권관계에서, 채권자가 누구인지가 채무자에게 가지는 의미보다는, 채무자가 누구인지가 채권자에게 가지는 의미가 대체로 더 크다. 가령 일반적인 상업적 거래에서 발생하는 금전채권에서는 채권자의 동일성이 큰 중요성을 가지지는 않으므로 그 채권의 양도성을 부정하기가 쉽지 않지만, 그런 채권양도에서도 채무자의 동일성 변경은 채무자의 변제자력, 성실성 등에서 큰 차이를 초래하므로, 구채무자가 채권관계에서 벗어나서 신채무자로 '대체'되는 일은 쉽게 인정되기 어렵다. 따라서 구채무자를 면책시키고 인수인을 오롯한 단일 채무자로 자리 잡게 하는 면책적 채무인수에, 채권자의 계약당사자로서의 체결 또는 동의를 요구하는 것은 당연하다. 그리고 여기에서 말하는 "동의"는 원칙적으로 명시적인 동의 또는 그에 준하는 확실한 推斷資料가 있는 묵시적 동의이어야 한다고 생

---

6) 독일에서도 단순히 채무인수(Schuldübernahme)라고만 하면, 면책적 채무인수(privative/befreiende Schuldübernahme)를 가리킨다.

각된다.[7)]

면책적 채무인수의 성립방식인 제453조와 제454조의 2가지 방식 중에서 보자면, 실제 거래계에서, 채권자가 제3자와 면책적 채무인수 계약을 맺어서 종전 채무자를 면책시켜 줄 경제적 動因은 거의 없으므로, 통상적인 면책적 채무인수는 제3자와 채무자 사이에서 계약체결된 후 채권자의 승낙을 얻는 순으로 진행되고 있다.

2. 竝存的 債務引受(= 중첩적 채무인수)

한편 병존적 채무인수는 인수인이 기존의 채무관계에 추가되어, 原債務者와 함께 독립하여 채권자에 대하여 각자 동일한 내용의 채무를 부담하는 것 또는 이를 목적으로 한 계약을 말한다. 병존적 채무인수가 있어도 종래의 채무관계에는 아무런 변화가 없고 인수인이 부가적으로 채무를 부담하는 것이므로, 이는 人的 保證과 유사하다.[8)] 채무인수 후에 구 채무자와 인수인이 채권자에 대하여 어떤 관계에 있는가에 관해서는,[9)] 보증채무관계설, 연대채무관계설, 부진정연대채무관계설이 있다. 학설상으로는 부진정연대채무관계설이 다수설이지만,[10)] 판례의 태도에 관해서는 연대채무관계설을 취하고 있다고 보는 견해도 있고, 주관적 공동관계가 있는지 여부에 따라서 다르게 보는 태도이므로 판례가 절충설 내지 2원론을 취하고 있다고 보는 견해도 있다.[11)]

---

7) 대상판결 및 아래에서 볼 대판 2010. 9. 30. 2009다65942, 65959의 판시에서처럼, 채권자의 행위에서 추단되는 묵시적인 동의도 동의로 인정될 수는 있겠지만, 그 행위로부터의 추단에 대해 별다른 의문이 없는 경우라야 한다.
8) 그래서 스페인 민법에서는 병존적 채무인수에 대하여는 인적 보증에 관한 조항을 준용한다. DCFR full edition Ⅲ.5:202의 Notes I. 1. 참조.
9) DCFR은 구채무자와 인수인 간의 이 관계를 "solidary liability"라고 표현한다.
10) 민법주해 X, 채권(3), 박영사, 1995, 623면; 곽윤직, 채권총론, 박영사, 1997, 451면 등이 부진정연대채무관계설이고, 김형배·김규완·김명숙, 민법학강의, 신조사, 2015, 1097면이 연대채무관계설이다. 송덕수, 신민법강의 제9판, 박영사, 2016, 1092면은 주관적 공동관계 존부에 따라서 나누어진다고 설명한다. 독일 민법 해석론으로는 연대채무설이 통설이지만, 독일에서는 연대채무에 관하여 채무소멸 사유 외에는 연대적 효력이 없으므로 실질적으로는 우리나라의 부진정연대채무관계설과 별 차이가 없다.

병존적 채무인수에 대하여 민법이 직접 규율하고 있지 않으나, 이것 역시 채권자와 인수인 간에 체결될 수도 있고 인수인과 채무자 사이에서 체결될 수도 있다. 후자의 성격에 대해서는, 판례상 '제3자를 위한 계약'의 하나라고 해석되고 있으며,[12] 이처럼 병존적 채무인수가 제3자를 위한 계약이라는 점에 대해서는 학설상으로도[13] 거의 異論이 없다.

다만 이와 반대로, 1) 비록 인수인에 대한 채권이 새롭게 발생하기는 하였지만 그 채권 자체는 이미 발생하였던 것이고, 2) 채권자의 이익을 해칠 우려가 전혀 없어서 채권자의 동의는 필요치 않으며, 3) 제3자를 위한 계약은 수익의 의사표시를 요건으로 하는데, 채권자의 즉각적인 수익의 의사표시가 없는 경우를 제3자를 위한 계약으로 포섭하기 어려우므로, 일반적으로 병존적 채무인수는 제3자를 위한 계약이 아니라고 주장하는 견해가 있다.[14] 그러나 채권자의 원채무자에 대한 채권과 인수인에 대한 채권의 내용이 같다고 해서, 후자의 채권이 새로 발생한 것이 아니라고 말할 수는 없으며(채권은 '채권자'와 '채무자'를 기준으로 정해지는 권리이며, 내용이 동일하더라도 채무자가 다르면 다른 채권이다), 수익의 의사표시를 병존적 채무인수와 동시에 또는 직후에

---

11) 대판 1997. 4. 22. 96다56443; 대판 2009. 8. 20. 2009다32409; 대판 2014. 8. 20. 2012다97420, 97437 등. 후자의 2개 판례는 "중첩적 채무인수에서 인수인이 채무자의 부탁 없이 채권자와의 계약으로 채무를 인수하는 것은 매우 드문 일이므로 채무자와 인수인은 원칙적으로 주관적 공동관계가 있는 연대채무관계에 있고, 인수인이 채무자의 부탁을 받지 아니하여 주관적 공동관계가 없는 경우에는 부진정 연대관계에 있는 것으로 보아야 한다"라고 판시하고 있다. 부진정연대채무관계와 연대적 효력의 관계에 관해서는, 이연갑, "책임보험에 있어서 직접청구권과 상계의 효력", 민사판례연구 제24권, 박영사(2002), 241면 이하를 참조. 그리고 위 대법원 판결들을 비판하면서, 원채무자와 인수인은 연대보증채무관계에 있다는 주장에 관하여는, 오수원, "중첩적 채무인수의 법적 성질과 인수인의 상계", 법조 제56권 제1호 통권 제604호(2007. 1.), 246면 이하 참조.

12) 대판 1997. 10. 24. 97다28698; 대판 2005. 7. 22. 2005다7566, 2005다7573; 대판 2006. 5. 11. 2005다48833; 대판 2006. 5. 12. 2006다1350, 2006다1367 등 다수.

13) 곽윤직, 앞의 책(각주 10), 450면; 민법주해 X, 채권(3), 621면; 주석민법, 채권총칙(3), 한국사법행정학회, 2014, 414면.

14) 김학동, "이행인수와 중첩적 채무인수", 법학논총 제31권 제1호, 한양대학교 법학연구소(2014), 579면.

해야만 하는 것도 아니므로(수익의 의사표시는 나중에 가서, 즉 채권자가
인수인에 대한 채권을 행사하려는 시점에 해도 그만이다), 제3자를 위한
계약이 아니라고 구성할 이유는 납득되지 않는다. 병존적 채무인수
를 제3자를 위한 계약이라고 보는 것은 독일[15]에서도 일본[16]에서도
모두 통설이다.

3. 履行引受

우리 민법에 이행인수에 관한 조항도 없다.[17] 이행인수는 인수인
이 채무자에 대하여 그 채무를 이행할 것을 약정하는 것이다. 채무인
수와 유사해 보이지만, 이행인수에서 인수인은 채권자에게 직접 채무
를 부담하지는 않는다.[18] '이행인수'라는 (법률상으로는 없는 강학상의)

---

15) Münchener Kommentar BGB/Gottwald, Band2, 7. Aufl. C.H.Beck, 2015, §328
RdNr.79 참조. 또한 같은 책 §329 RdNr.1 및 RdNr.5는, 채무자와 인수인이 체결하
는 병존적 채무인수계약은 진정한 제3자를 위한 계약이고, 이행인수 계약은 부진
정한 제3자를 위한 계약(unechter Vertrag zugunsten Dritter)라고 설명한다. 한편
독일민법에서 제3자를 위한 계약에 관한 제328조는, 우리 민법 제539조 제2항과는
달리, 수익자의 권리가 발생하기 위하여 수익의 의사표시를 요구한다고 정하고 있
지 않다.

16) 日本 注釋民法(11) 債權(2), 有斐閣, 1974, 467면 등. 참고로, 일본 민법은 채무인
수에 관한 조항을 아예 두고 있지 않았으나, 최근 채권법 개정안을 만들면서 채무
인수 규정을 신설하였는데(채권편 제1장 제5절에 "채무의 인수"를 신설), 그 제1관
에서 병존적 채무인수를, 제2관에서 면책적 채무인수를 규정하였다. 그리고 첫 조
문인 제470조 제4항에서 채무자-인수인 간의 병존적 채무인수계약은 제3자를 위
한 계약임을 분명히 하고 있다.
　　일본민법 개정안 제470조 : (併存的債務引受の要件及び效果) ① 併存的債務引受
の引受人は´ 債務者と連帶して´ 債務者が債權者に對して負擔する債務と同一の內
容の債務を負擔する° ② 併存的債務引受は´ 債權者と引受人となる者との契約に
よってすることができる° ③ 併存的債務引受は´ 債務者と引受人となる者との契約
によってもすることができる° この場合において´ 併存的債務引受は´ 債權者が引
受人となる者に對して承諾をした時に´ その效力を生ずる° ④ 前項の規定によっ
てする併存的債務引受は´ 第三者のためにする契約に關する規定に從う°

17) 일본은 민법개정 작업시에 이행인수에 관하여 명문의 규정을 둘 것인지를 논의
한 후에, 채무인수합의의 의사해석의 문제로 맡겨 두기로 하고 민법개정안에 그에
관한 명문 규정은 만들지 않았다. 商事法務 編, 民法(債權關係)部會資料集 第2集
〈第3卷(中)〉, 43-44면 참조.

18) 참고로 DCFR은 채무인수의 章에서 이행인수를 규율하지는 않고, 별도의 Ⅲ.2:106

용어가 대법원 판결에 등장한 것은 오래 전인 대법원 1956. 7. 12. 선고 4289민상220 판결 및 대법원 1969. 12. 9. 선고 69다1784 판결부터이나, 초기에는 이행인수와 채무인수의 구별 자체가 쟁점이 되지는 않은 듯하다.

이행인수 계약은 원채무자와 인수인 사이에서만 행해지는 계약이며, 위의 2가지 개념범주와 달리 원채권자는 이에 관여하지 않는다. 인수인과 원채권자 사이에 관계를 맺게 할 필요 없이, 다만 원채무자의 이행의무를 인수인에게 부담시키려고 할 때에 체결되는 계약이다.

민법이 제3자의 변제를 인정하고 있을 뿐만 아니라($\frac{제469}{조}$), 이러한 계약을 한다고 해서 채권자를 해할 염려는 없으므로, 이행인수의 유효성은 일반적으로 인정되고 있다.[19] 독일[20]과 일본[21]에서도 이행인수의 유효성은 긍정된다.

Ⅲ. 실무상의 쟁점

1. 판결례 사이에 모순이 존재하는지 여부

종래의 대법원 판결들 중에서, 어떤 사안에서는 "그 인수는 특별한 사정이 없는 한 면책적 채무인수가 아니라 이행인수로 보아야 한다"라고 설시[22]한 반면에, 또 다른 사안들에서는 "특별한 사정이 없는 한 원칙적으로 이행인수가 아닌 병존적 채무인수로 보아야 할 것이다"라고 설시[23]한 이유는 무엇인가? 왜 이러한 일견 모순되는 듯한 판시들이 있는 것인가?

이 점을 연구한 기존 논문 중에는, 면책적 채무인수, 병존적 채무인

(Performance entrusted to another)에서 이행인수를 규율한다.
19) 민법주해Ⅹ, 채권(3), 박영사, 1995, 625면; 주석민법, 채권총칙(3), 한국사법행정학회, 2014, 412면도 같은 취지이다.
20) Münchener Kommentar BGB/Bydlinski, Band2, 7. Aufl. C.H.Beck, 2015, Vor §414 RdNr. 25.
21) 注釋民法(11) 債權(2), 有斐閣, 1974, 441-442면.
22) 위 각주 4)의 여러 판결들.
23) 위 각주 5)의 여러 판결들.

수, 이행인수의 구별에 관한 판결례 수십 건을 분석하면서, 특히 채무자
와 인수인 간의 계약에 의하여 "중첩적 채무인수가 행해진 경우에 채권
자의 승낙이 필요한가"라는 점 및 "각 사안에서 문제된 쟁점을 해결하기
위해서는 引受의 性質이 무엇이냐 하는 점을 판단했어야 했는가"라는 점
을 주요 논점으로 삼고, 위 승낙은 제3자를 위한 계약에서 수익자의 의
사표시에 해당한다고 단정한 다음, 논의를 전개한 것도 있다.[24] 이 견해
는, "중첩적 채무인수는 제3자를 위한 계약이 아니다"라고 주장하고, 중첩
적 채무인수를 하는 경우에 채권자의 승낙은 문제 삼지 않아야 한다고
주장한다. 그리고, 결론적으로 특별한 사정이 없는 한 판결례들에서 문제
되는 인수는 원칙적으로 중첩적(병존적) 채무인수라고 보아야 한다고 주
장한다.

　　그러나 채무자-인수인 간의 합의로써 인수인이 채무자로 추가되는
계약을 하는 경우, 이것이 제3자(채권자)를 위한 계약이다 혹은 아니다라
고 계약의 성격규정을 먼저 하고 나서, 그 다음에 당사자 간의 권리의무
를 판정하는 것이 논의 순서상 타당한지 의문이며, ― 앞에서도 언급했듯
이 ― 병존적 채무인수로 해석되는 경우에 이를 굳이 제3자를 위한 계약
이 아니라고 볼 이유는 없다.

　　병존적 채무인수가 제3자를 위한 계약이 아니라고 보는 위 견해는,
이것이 제3자를 위한 계약이려면 채권자의 수익의 의사표시가 즉시 필
요함을 전제로 논리를 전개한 것으로 읽힌다. 그러나 병존적 채무인수
계약은 채권자의 권리를 해하지 않으므로, 계약 체결에 채권자의 참여를
요하지 않으며, 그 후에 언제든지(다만 통설은 10년의 제척기간에 걸린다
고 본다) 수익의 의사표시가 있으면 채권자가 권리를 행사할 수 있는 것
이다. 즉 병존적 채무인수 계약 시점에 곧바로 채권자의 수익의 의사표
시를 요하는 것이 아니므로, (곧바로 수익의 의사표시가 행해지지 않는 사
안들을 포섭해야 한다는 이유 때문에) 병존적 채무인수 계약을 두고서 제

---

24) 김학동, 위의 논문(각주 14), 578면 이하.

3자를 위한 계약이 아니라고 볼 이유는 없다.[25)·26)]

2. 문제상황들의 구분

채무인수와 관련된 실제 사건들을, 그리고 판결례들을 좀 더 이해하기 위해서는, 문제상황들을 분류해 보아야 한다. 누구 사이의 분쟁인지, 즉 누가 누구에게 무엇을 청구하고 있는 사건인지를 먼저 파악하는 것이 필수적이라는 말이다. 채무인수에 관한 판결례들을 관찰해 보면, 문제상황을 크게 3구분할 수 있다. 즉 (1) 채권자가 원채무자를 상대로 채무이행을 구하고 있는 상황,[27)] (2) 채권자가 인수인을 상대로 채무이행을 구하고 있는 상황, 그리고 (3) 원채무자와 인수인 사이에서 원채무자에게 채무가 여전히 존재하느냐를 다투는 상황이 그 3가지이다. 이하에서는 위와 같은 3가지 문제상황이 있음을 염두에 두고 채무인수 관련 계약의 성격을 분석하기로 한다.

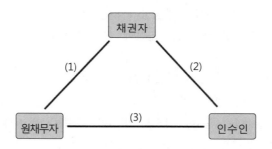

---

25) 앞의 Ⅱ. 2에서 보았듯이 병존적 채무인수계약은 제3자를 위한 계약이라고 보는 것이 우리나라 판례, 통설의 입장이며, 일본, 독일에서도 마찬가지이다.

26) 바꾸어 말하면, 제3자를 위한 계약인지 여부에 관한 논의가, 계약의 성격이 본 고에서 논의하는 3가지 중에 어디에 해당하는지의 논의와 필연적 관련을 가지지도 않는다.

27) 위 (1)을 좀 더 들어가서 보면, 구채무자 소유의 부동산에 저당권을 설정받고 금전을 대여한 채권자가 그 부동산의 양도 후에 구채무자(부동산 양도인)에게 대여금의 지급을 구하는 사례가 많다. 그 외에 부동산임차인(임대차보증금 반환채권을 가진 채권자)이 목적부동산 양도 후에 부동산 양도인에게 임대차보증금반환을 구하는 사례도 있다.

3. 면책적 채무인수와 이행인수를 구별한 판결례들

이 판결례들의 사안을 분석해 보면, 어떠한 채무인수 유사계약에 있어서 원채무자가 소송당사자로 등장하여, 그 채무인수로써 "원채무자가 면책되었는지"가 주된 쟁점이 된 경우들이다. 즉 그 채무인수 계약이 면책적 채무인수인가 아닌가라는 점이 문제된다. 이러한 구별 문제가 등장하는 상황은, 주로 원채무자가 관련된 상황, 즉 앞의 (1)과 (3)의 상황이다. 다시 말해서, (1) 채권자가 원채무자에 대하여 채무의 이행을 구하고, 이에 맞선 원채무자가 자신은 이미 면책되었다고 주장하는 상황에서,[28] 또는 (3) ㄱ) 채무인수 합의 후에 인수인이 그 채무를 이행하지 않아서 이를 이행한 원채무자가, 인수인을 상대로 구상금을 청구하는 상황에서,[29] ㄴ) 위와 같이 스스로 채무를 이행한 원채무자가, 인수인의 인수계약상 의무불이행을 이유로 인수인과의 계약의 해제를 주장하는 상황에서,[30] 혹은 ㄷ) 인수인이 채무를 이행한 후에 원채무자를 상대로 구상금을 청구하는 상황에서[31] 이 구별이 문제된다(원채무자가 인수인을 상대로 "채권자에게 채무이행을 하라"라는 청구를 소송상 하고 있는 사례는 포착하기 어렵다).

이런 유형들의 사건에서의 쟁점은, 과연 원채무자가 면책되어 더이상 채무가 없느냐 하는 점이므로, 심리의 초점은 여기에 맞추어진다. 원채무자가 면책되었는가에 관한 구별의 기준은 대체로 명확하다. 민법 제454조 제1항은, 원채무자와 인수인 사이의 계약으로 면책적

---

28) 이런 상황에 대한 판결이 대판 1999. 9. 7. 98다19578; 대판 2001. 4. 27. 2000
   다69026; 대판 2006. 9. 22. 2006다135; 대판 2008. 9. 11. 2008다39663이다.
29) 이런 상황에 대한 판결이 대판 1997. 6. 24. 97다1273; 대판 2002. 5. 10. 2000
   다18578이다.
30) 이런 상황에 대한 판결이 대판 1993. 2. 12. 92다23193; 대판 1993. 6. 29. 93다
   19108; 대판 1995. 8. 11. 94다58599; 대판 1998. 7. 24. 98다13877; 대판 2007. 9.
   21. 2006다69479, 69486이다.
31) 이런 상황에 대한 판결이 대판 1990. 1. 25. 88다카29467이며, 대판 2004. 7. 9.
   2004다13083 역시 이 유형에 포함된다(인수인=부동산매수인이 구채무자=부동산매
   도인을 상대로 이전등기를 구한 사안).

채무인수가 이루어지는 경우에는 채권자의 승낙이 있어야만 효력이 생긴다고 정하고 있고, 실무상 이 승낙은 대체로 명백한 증거를 요구한다. 가끔 묵시적 동의(승낙)로도 가능하다는 판결이 나오기도 하지만,[32] 그러한 묵시적 동의가 법원에서 인정되는 것은 비교적 확실한 추단자료가 있는 경우에 한정되는 경향이고,[33] 이는 타당하다고 생각된다.

구체적인 사건에서 어떠한 채무인수의 합의가 면책적 채무인수인지 병존적 채무인수(또는 이행인수)인지는, 물론 계약해석 및 당사자 의사의 해석 문제이다. 그렇지만, 불확실한 경우에는 면책적 채무인수가 아니라고 보아야 한다는 것은, 위에서 본 우리 판례의 입장일 뿐만 아니라, 일본[34]에서도 독일[35]에서도, 그리고 최근의 국제적 입법[36]에서도 지지되는 입장이다.

그런데 이런 유형의 사건, 즉 앞의 (1)과 (3)의 문제상황에 대하여 법원이 심리하여 판단을 내릴 때에는, 원채무자가 면책되었는지 여부만 판단하면 족하다. 즉 법원은 판결문에서, "이 사건의 채무인수는 면책적 채무인수가 아니다"라고만 판시하든지, 혹은 일반론을 설시하고자 하면 "원채무자를 면책시킨다는 점에 대한 채권자의 승낙이 없는 이상, 특별한 사정이 없는 한 면책적 채무인수가 아니라고 보아야 한다"라고만 판시하

---

32) 대상판결 및 대판 2010. 9. 30. 2009다65942, 65959.

33) 대상판결 및 대판 2012. 5. 24. 2009다88303 등.

34) 日本 注釋民法(11) 債權(2), 有斐閣, 1974, 464-465면(椿壽夫 집필부분). 또한 앞에서 언급하였듯이, 일본의 최근의 채권법 개정안 중 채무인수에 관한 節은, 그 제1관에서 병존적 채무인수를, 제2관에서 면책적 채무인수를 규정하면서 병존적 채무인수가 原型이라고(default 값이라고) 파악하고 있다.

35) Münchener Kommentar BGB/Bydlinski, Band2, 7. Aufl. C.H.Beck, 2015, Vor §414, RdNr.19 참조. 면책적 채무인수에 대한 채권자의 승인이 인정되기 위해서는 특별한 사정(besonderer Umstände)이 있어야 한다고 설명하고 있다. Bamberger/Roth, Beck'scher Online-Kommentar BGB, 40. Edition, §415, RdNr.7도 같은 취지이다.

36) DCFR full edition, III.5:201: Comments 참조. III.5:201조의 제2항은 "신채무자가 있으나 면책적 채무인수인지 병존적 채무인수인지가 불명확한 경우에는, 종전 채무자와 신채무자가 연대책임을 부담한다(If it is clear that there is a new debtor but not clear what type of substitution or addition was intended, the original debtor and the new debtor have solidary liability)"라고 정하고 있다.

면 족할 것이다. 그런데 우리 판례는 상당히 오래 전부터(어느 판결례가 최초의 것인지 확언할 수는 없으나, 필자의 검색 결과로는 대법원 1990. 1. 25. 선고 88다카29467 판결이 최초의 것으로 보인다) "채권자의 승낙이 없는 이상 채무자를 면책시키는 채무인수로 볼 수 없고 이행인수로 보아야 한다"라는 판시를 해 오고 있다.[37]

　　위 판시는 논리적 비약을 담고 있다고 생각된다. 즉 "특별한 사정이 없는 한 면책적 채무인수가 아님"은 맞으나, 그렇다고 하여 "특별한 사정이 없는 한 '이행인수'인 것"은 아니다. 위 (1), (3)의 유형의 사건에서 도대체 "이행인수"라는 판단을 할 필요성이 있다고는 보이지 않으며, 그런 판단을 해서 얻어지는 어떤 이점이 있다고도 보이지 않는다.

　　1990년경부터 들어간, 위와 같은 "이행인수이다"라는 판시는 불필요하다고 생각된다.[38] 면책적 채무인수가 아닌, 어떤 채무인수 취지의 약정에 대하여, 한 걸음 더 나아가서 그것이 이행인수인지 아니면 병존적 채무인수인지를 판단함에 있어서는, 아래 Ⅳ.에서 보는 바와 같은 추가적 요소들의 검토가 필요하며, 이 兩者 중에서는 특별한 사정이 없는 한 이행인수가 아니라 병존적 채무인수로 보는 것이 오히려 합당하다고 생각된다.

---

37) 위 대판 1990. 1. 25. 88다카29467 이후의 많은 판결들이 위 판결을 인용하면서 "원칙적으로 이행인수"라는 판시를 하고 있다. 그리고 그 후 대판 1993. 2. 12. 92다23193은 특별한 근거의 제시 없이 부동산의 매수인이 매매목적물에 관한 채무를 인수하는 한편 그 채무액을 매매대금에서 공제하기로 약정한 경우, 그 인수는 특별한 사정이 없는 한 매도인을 면책시키는 채무인수가 아니라 이행인수로 보아야 하고, 매수인은 매매계약시 인수한 채무를 현실적으로 변제할 의무를 부담하는 것은 아니라고 좀 더 상세한 판시를 내렸으며, 그 다음부터는 많은 대법원 및 하급심의 판결들이 이 92다23193 판결을 선례로서 인용하고 있다. 같은 계열의 판결례로서 대판 1993. 6. 29. 93다19108; 대판 1994. 5. 13. 94다2190; 대판 1994. 6. 14. 92다23377; 대판 1995. 8. 11. 94다58599; 대판 1997. 6. 24. 97다1273; 대판 1998. 7. 24. 98다13877; 대판 1998. 10. 27. 98다25184; 대판 2002. 5. 10. 2000다18578; 대판 2004. 7. 9. 2004다13083; 대판 2006. 9. 22. 2006다135; 대판 2007. 9. 21. 2006다69479, 69486; 대판 2008. 9. 11. 2008다39663; 대판 2009. 6. 11. 2008다75072 등이 있다.
38) 일본 판례를 검색해 보아도 이런 판시를 찾을 수 없다.

4. 이행인수와 병존적 채무인수 사이를 구별한 판결례들

위 1.에서 말한 (2)의 유형의 문제상황, 즉 채권자가 인수인을 상대로 채무의 이행을 구하는 소송에서 비로소, 이행인수와 병존적 채무인수 사이의 구별문제가 본격적으로 등장한다. 즉 이 구별문제가 대두하는 것은 주로, 채권자가 제3자를 채무인수인으로 지목하여 이행청구를 함에 대하여, 그 제3자는 자신은 종전 채무자와의 관계에서만 채무를 부담하지 채권자에 대하여 직접 채무를 부담하지는 않는다고 다투는 경우이다.

만약 위 2.에서 대법원이 판시한 일반론("채권자의 승낙이 없는 이상 채무자를 면책시키는 채무인수로 볼 수 없고 이행인수로 보아야 한다")을 이 문제상황에도 적용한다면, 즉 이행인수로 판단된다면, 대부분의 사안에서 채권자가 인수인에 대하여 패소할 것이다. 그러나 실제 결과는 그러하지 아니하다.

채권자가 인수인에 대하여 채무의 이행을 청구할 수 있는지가 이 두 당사자 사이에서 다투어진 판결례로는 a) 대법원 1974. 12. 10. 선고 74다1419 판결, b) 대법원 1995. 5. 9. 선고 94다47469 판결, c) 대법원 1996. 12. 23. 선고 96다33846 판결, d) 대법원 1997. 10. 24. 선고 97다28698 판결, e) 대법원 2005. 4. 29. 선고 2004다37126 판결, f) 2006. 5. 11. 선고 2005다48833 판결, g) 대법원 2006. 5. 12. 선고 2006다1350, 2006다1367(병합) 판결,[39] h) 대법원 2008. 3. 13. 선고 2007다54627 판결, i) 대법원 2010. 5. 13. 선고 2009다105222 판결 정도를 찾아볼 수 있는데, 이 판결들 중에 a), f), g)에서만 채권자의 이행청구를 배척하고 있을 뿐, 대법원은 나머지 b), c), d), e), h), i) 사안들에서는 채권자를 승소시키고 있다. 즉 위 (1), (3)의 유형 판결례에서 설시한 일반론이 (2)의 유형에서는 적용되지 않고 있는 것이다.

---

39) 위 a), e), f), g) 판결은 법원 외부에서 검색되지 않는 판결이다.

대법원이 채권자의 청구를 배척한 (즉 병존적 채무인수가 아니라고 판단한) a), f), g) 사례를 좀 더 구체적으로 들여다본다. 위 a)에서는, 부동산을 매도담보로 취득한 사람이 그 부동산의 피담보채무를 인수하였는지 여부가 다투어졌고, "매매대금 지급시 그 피담보채무를 매매대금 지급에서 공제하는 등 그 채무를 인수하였다고 인정할 특별사정에 관한 주장 입증이 없다"라고 하여 채권자 은행의 주장을 배척하였다. 즉 이 사안은 위의 다른 사안들과 달리, 저당권부 부동산 매수인이 매매대금을 치를 때에 피담보채무액을 공제한 나머지만큼만 대금을 지급한 사안이 아니다. 다시 말해서, 여기서는 "병존적 채무인수인지 아니면 이행인수인지"가 다투어진 것이 아니라, 애초에 부동산 매수인이 부동산 저당권으로 담보되는 채무를 부담하겠다는 의사표시 자체가 (원채무자에 대한 관계이든 채권자에 대한 관계이든 간에) 없었다고 판단된 사안이다. 따라서 정확히 말하면, a)는 (2)의 유형의 문제상황에 대한 판결례가 아니다.[40]

다음으로, 위 f)와 g)는 동일한 사실관계에 기한 판결례이다. 대한주택보증 주식회사가 임대아파트를 신축하는 건설회사와의 사이에서, 아파트 부지를 신탁받는 대신, 아파트 입주예정자들에 대한 기납부 임대보증금의 환급 또는 임대이행을 보증해 주는 주택임대보증계약을 체결하였는데, 그 약관상 대한주택보증 주식회사의 임대보증 이행시 '공사대금'을 지급하기로 하는 조항이 있었다. 그런데 위 건설회사의 부도가 발생하자, 그 하도급업체들이 대한주택보증 주식회사를 상대로 위 조항에 기하여 공사대금을 직접 청구한 사안이다.

즉 이 사안은 사적 경제주체들 간에 부동산 거래를 하면서 그 부동산 매도인의 피담보채무를 매수인이 인수하는 등의 일반적인 유형의 사건이 아니다. 그리고 위 주택임대보증계약은 원래 건설회사의 부도 등의 사태에서 '임차인들'이 피해를 보지 않도록 보호하기 위하여 체결되는 것

---

40) 다만 앞에서 언급한 김학동 교수님의 논문이 마치 a)를 이 유형에 속하는 것처럼 기재하고 있어서(570면), 이 유형에 포함시켜 설명한 것일 뿐이다.

이지, '하도급업체들'을 보호대상으로 하는 계약이 아니다. 게다가, 피고는 주택건설촉진을 위하여 법률에 기하여 설립된 회사로서 법령상 업무범위가 제한되어 있다. 위 f)와 g)의 판결은, 위와 같은 대한주택보증 주식회사의 설립목적,[41] 위 계약의 특수성 등을 그 결론(병존적 채무인수가 아니라서 대한주택보증 주식회사가 책임지지 않는다는 결론)에 이른 근거로 판시하고 있다.

그렇다면, 채무자와 인수인 사이에서 채권자에 대한 채무를 인수인이 변제하기로 하는 통상의 私人 간의 약정이 있고, 그 약정에 기하여 채권자가 인수인에 대한 직접 청구를 하는 경우[위 b), c), d), e), h), i)의 각 사안]에 있어서는 대법원은 일반적으로, 인수인에 대한 직접청구권이 있다는 채권자의 주장을 받아들이고 있다고 볼 수 있다. 즉 인수인이 대한주택보증 주식회사와 같은 특수법인이 아닌 일반적인 私經濟主體이고, 또한 인수인이 종전 채무자에 대하여 "채권자에게 이행하겠다"라는 약정을 한 경우에는, 그 채무인수계약을 단순한 이행인수가 아닌 병존적 채무인수로 보는 것이 합당한 경우가 훨씬 많을 것이고, 대법원도 기본적으로 이런 입장을 취하고 있다고 해석할 수 있다.

결론적으로 "그 인수는 특별한 사정이 없는 한 면책적 채무인수가 아니라 이행인수로 보아야 한다"라는 대법원 판결들과 "특별한 사정이 없는 한 원칙적으로 이행인수가 아닌 병존적 채무인수로 보아야 할 것이다"라는 대법원 판결들은 상호 모순되는 것이 아니라, 대상 사안들이 다른 것이고, 권리 주장자와 그 주장 수령자의 유형이 다른 것이어서, 서로 조화적으로 해석할 수 있는 것이다. 다만 모순이 있다는 오해를 유발하는 전자의 판결들의 판시는 수정되어야 한다고 생각된다("그 인수는 특별한 사정이 없는 한 면책적 채무인수가 아니다"라는 데에서 판시가 그쳐야 한다).

---

41) 2008. 6. 22. 법률 제8976호로 개정되기 전의 주택법 제76조가 대한주택보증 주식회사의 설립목적을 위와 같이 설명하고 있다(현재는 법률개정으로 조문 삭제).

Ⅳ. 이행인수와 병존적 채무인수를 구별하는 기준

1. 대법원이 판시한 구별기준

더 나아가서, 이행인수와 병존적 채무인수를 구별하는 기준에 대하여 살펴본다. 먼저 대법원이 판시한 구별기준에 관하여 보자면, 위 Ⅲ. 3. 의 b) 대법원 1995. 5. 9. 선고 94다47469 판결과 c) 대법원 1996. 12. 23. 선고 96다33846 판결[42)]에서도 이행인수와 병존적 채무인수 사이의 구별을 행하고 있으나 여기까지의 판결에서는, 대법원이 그 두 가지가 서로 다르며 당해 각 사건에서는 병존적 채무인수이다라고만 판시하고 있을 뿐이고 구별기준을 설시하지는 않고 있다.

위 Ⅲ. 3.의 d)의 대법원 1997. 10. 24. 선고 97다28698 판결[43)]에서 비로소 대법원은 이행인수와 병존적 채무인수 사이의 구별기준에 관한 판시를 하였다. 이 판결에서 대법원은 "결국 제3자를 위한 계약과 이행인수의 판별 기준은 계약 당사자에게 제3자 또는 채권자가 계약 당사자 일방 또는 인수인에 대하여 직접 채권을 취득케 할 의사가 있는지 여부에

---

42) 96다33846 판결의 내용을 소개하면 다음과 같다. 갑의 점포를 을이 권리금 3,000만 원으로 정하여 양수하되, 그중 1,500만원에 관하여는 갑의 병에 대한 차용금채무를 을이 대신 변제해 주기로 약정하였고, 이에 따라 을이 병에게 갑과 체결한 점포양수도계약의 내용을 설명하면서 병이 사실상 점유하고 있는 위 점포를 자신에게 명도하여 주면 채무를 변제하겠다고 하였으며(원심은 병이 을의 의무이행 제의를 거절하였다고 판단하였으나, 대법원은 원심의 이러한 사실인정을 수긍하기 어렵다고 하였다), 그리하여 병이 위와 같은 약정 등을 이유로 을에게 채무의 이행을 청구하였다. 원심은 위와 같은 약정을 이행인수 약정으로 보아 병의 청구를 배척하였다. 그러나 대법원은, 을이 갑과의 계약체결 후 곧바로 병에게 그의 채무를 대신 변제하겠다고 제의한 점이나, 계약의 내용 및 그 체결경위 등에 비추어 갑과 을 사이에 체결된 계약은 제3자를 위한 계약으로서 중첩적 채무인수약정에 해당한다는 이유로 원심을 파기하였다.

43) 이 판결의 사안은, 부동산을 매매하면서 매도인과 매수인 사이에 중도금 및 잔금을 매수인이 매도인의 채권자에게 직접 지급하기로 약정한 사안이다. 대법원은, 그 약정은 매도인의 채권자로 하여금 매수인에 대하여 그 중도금 및 잔금에 대한 직접청구권을 행사할 권리를 취득케 하는 제3자를 위한 계약에 해당함과 동시에 매수인이 매도인의 그 제3자에 대한 채무를 인수하는 병존적 채무인수에 해당한다고 보았다.

달려 있다 할 것이고, 구체적으로는 계약 체결의 동기, 경위 및 목적, 계약에 있어서의 당사자의 지위, 당사자 사이 및 당사자와 제3자 사이의 이해관계, 거래 관행 등을 종합적으로 고려하여 그 의사를 해석하여야 한다"라고 하였다. 이 판결 후에, 병존적 채무인수와 이행인수 사이의 구별을 논하는 판결들은 모두 이 판결의 구별기준에 관한 판시를 인용하고 있다. 그러나 위 구별기준은 고려할 요소들을 단순히 모아 놓은 것에 불과하여 실제 사건의 해결에는 큰 도움이 되지 아니한다.

구별기준에 관하여 한 단계 더 나아간, 그리고 불확실한 경우에 적용할 것이 무엇인지를 본격적으로 판시한 판례는 2008. 3. 13. 선고 2007다54627 판결이다.[44] 대법원은 먼저 일반론으로서, "사업이나 부동산을 매수하는 사람이 근저당채무 등 그 부동산에 결부된 부담을 인수하고 그 채무액만큼 매매대금을 공제하기로 약정하는 경우에, 매수인의 그러한 채무부담의 약정은 채권자의 승낙이 없는 한 매도인 측을 면책시키는 이른바 면책적 채무인수라고 볼 수 없다. 나아가서 그러한 약정이 이행인수에 불과한지 아니면 병존적 채무인수 즉 제3자를 위한 계약인지를 구별함에 있어서 그 판별 기준은, 계약 당사자에게 제3자 또는 채권자가 계약 당사자 일방 또는 채무인수인에 대하여 직접 채권을 취득케 할 의사

---

44) 그 사안은 다음과 같다. 갑과 을은 사업권 및 부동산에 관한 매매계약을 체결하면서, 을이 은행 병에 대한 갑의 대출금채무를 인수하기로 약정하였으며, 그리하여 병이 직접 을에 대하여 대출금채무의 이행을 청구하였다. 원심은, ① 갑과 을은, 갑의 병에 대한 채무를 을이 인수한다고 약정하였을 뿐 병의 승낙을 얻거나 채무자를 변경하는 절차 등 채무인수의 구체적인 내용에 관하여 약정한 바 없다는 점, ② 을은 갑과 위 매매계약을 체결하면서 갑의 병 등에 대한 채무를 인수하는 한편으로 매매대금에서 위 채무를 공제하여 위 대출금채무의 인수는 이 사건 매매대금의 지급에 갈음한 것으로 보이는 점, ③ 병은 위 대출금채권에 대한 담보로 갑의 수개의 토지에 관하여 근저당권을 설정한 점 등에 비추어 보면, 을과 갑은 병으로 하여금 을에 대하여 직접 대출금 채권을 취득케 할 의사가 있었다고 보기 어렵다고 하여, 을은 갑에 대한 관계에서만 병에게 대출금을 지급할 의무를 부담하는 이행인수를 한 것이라고 판단하였다. 그러나 대법원은, "위 ①은 이행인수라고 볼 근거가 될 수 없고, ②는 오히려 위 채무인수가 단순한 이행인수가 아니라 병존적 채무인수라고 보아야 할 근거라고 할 것이며, 그 외에 ③의 점만으로는 위 채무인수를 이행인수라고 보기에 충분한 근거가 되지 못한다"라고 판시하였다.

가 있는지 여부에 달려 있다 할 것이고, 구체적으로는 계약 체결의 동기, 경위 및 목적, 계약에 있어서의 당사자의 지위, 당사자 사이 및 당사자와 제3자 사이의 이해관계, 거래 관행 등을 종합적으로 고려하여 그 의사를 해석하여야 하는 것인데, 인수의 대상으로 된 채무의 책임을 구성하는 권리관계도 함께 양도된 경우이거나 채무인수인이 그 채무부담에 상응하는 대가를 얻을 때에는 특별한 사정이 없는 한 원칙적으로 이행인수가 아닌 병존적 채무인수로 보아야 할 것이다"라고 한 다음, "병존적 채무인수는 구 채무자와 채무인수자 사이의 제3자(채권자)를 위한 계약으로서 그 계약체결시 채권자의 승낙이나 채무자변경절차를 필요로 하는 것이 아니므로, 원심이 위와 같은 판단을 한 [근거들은]… 위 채무인수를 이행인수라고 보기에 충분한 근거가 되지 못한다"라고 하는 한편, "앞에서 말한 법리에 비추어 볼 때, 이 사건의 경우 채무인수인인 을은 양도대금을 정함에 있어 갑의 병에 대한 채무액 상당 금액을 미리 공제받음으로써 그 인수한 채무부담에 상응하는 이득을 취하였으므로, 위 채무인수를 일응 병존적 채무인수로 볼 수 있다"고 하였다.

2. 학설상의 구별기준

우리나라 문헌 중에는 병존적 채무인수와 이행인수를 구별하는 기준에 관한 논의는 찾아보기 어렵다. 다만 2011년 당시 민법개정 작업내용을 보고하면서, "통상의 이행인수인지 아니면 병존적 채무인수인지의 구별은 결국 계약당사자에게 제3자 또는 채권자가 계약당사자 일방 또는 인수인에 대하여 직접 채권을 취득하게 할 의사가 있는지 여부에 달려 있다"라고 하면서, 채권자의 수익의 의사표시가 있으면 병존적 채무인수로 보고 그것이 없으면 이행인수로 보자고 하는 견해가 있다.[45] 이 견해는 더 나아가서, 순수한 이행인수 계약이 성립된 경우 및 병존적 채무인수계약이 체결되었으나 채권자가 수익의 의사표시를 하지 않은 경우뿐만

---

45) 송호영, "채무인수, 이행인수 및 계약인수에 관한 입법론", 법조 Vol. 662(2011. 11), 78면 이하.

아니라, 면책적 채무인수인데 채권자의 승낙이 없는 경우도 있을 수 있고, 이러한 경우에 있어서 이행인수로 추정하자는 의견을 제시하고 있다.[46]

　　그러나 앞에서 살펴보았듯이, 면책적 채무인수인지 여부가 문제되는 것은 위 Ⅲ.1.의 문제상황들 중에서 (1), (3)의 경우이고, 그 사안의 해결에서는 면책적 채무인수인지 아닌지가 핵심이지 그 다음 단계로 이행인수인지 병존적 채무인수인지는 애초부터 판단의 필요가 없는 사안들이다. 그리고 위 Ⅲ.1.의 문제상황들 중에서 (2)의 경우에서는 면책적 채무인수인지는 애당초 쟁점이 아니고 다만 채권자가 인수인에게 직접 채권을 가지는지 여부만 문제되므로 여기서는 이행인수인지 병존적 채무인수인지만 판단되면 족하다. 따라서 면책적 채무인수인지 아닌지가 애매한 사안을 두고서 굳이 "이행인수의 추정"을 할 필요는 없는 것이다.[47] 또한 채권자의 수익의 의사표시가 반드시 채무인수 계약 시점에 즉시 행해져야 하는 것도 아니므로, 그 수익의 의사표시 유무를 가지고서 병존적 채무인수인지 이행인수인지 여부를 판단할 일도 아니다.

　　한편 일본의 학설들 중에 이행인수와 병존적 채무인수 간의 구별기준에 대한 논의가 보인다. 우선 我妻榮은 그 구별기준에 관하여, ① 영업

---

46) 송호영, 위 논문, 83-84면.

47) 한편 독일민법 제329조는 [이행인수에서의 해석원칙]이라는 표목하에 "계약에서 당사자 일방이 채무를 인수함이 없이(ohne die Schuld zu übernehmen) 상대방의 채권자를 만족시킬 의무를 지는 경우에, 의심스러운 때에는, 그 채권자는 직접 그로부터 만족을 청구할 권리를 취득하는 것으로 해석되지 아니한다"라는 조항을 두어서, 일견 인수계약의 성격이 불확실할 때에는 이행인수로 이해해야 하는 듯한 조문을 두고 있다. 그러나 위 조문 자체에서 보듯이, 이 조항은 '채무인수가 아닌 경우'를 전제하고 있는 것이며, 또한 송호영 교수의 설명과는 달리, 곧바로 이행인수로 "추정"하는 조항이라고 하기는 어려워 보인다. 오히려 BGB 주석서는 "§329는 일반원칙이 아니다. 일반적 해석원칙은 오히려 §328 제2항(제3자가 권리를 취득하는지는…계약의 목적으로부터 추단될 수 있다는 내용의 조문)이다"라고 설명한다. 즉, "당사자 의사, 구체적인 개별사정 및 계약목적에 따라서, 채권자가 고유한 권리를 취득하는 것인지 여부", 즉 병존적 채무인수인지 아니면 이행인수인지가 결정된다고 보는 것이(Münchener Kommentar BGB/Gottwald, Band2, 7. Aufl. C.H.Beck, 2015, §329 RdNr.7) 독일 학설의 대체적인 입장으로 보인다. 또한, 위 제329조와 같은 조문이 없는 우리 민법하에서, 불명확한 채무인수 취지의 약정을 두고서 이행인수라고 쉽게 추정할 것은 아니다.

양도와 함께 그 자산에 포함된 채무가 인수된 경우, 임대목적물의 양도와 함께 임대인의 채무가 인수된 경우, 저당부동산의 양도와 함께 담보된 채무가 인수된 경우와 같이, 인수의 대상으로 된 채무의 책임을 구성하는 권리관계도 함께 양도된 경우에는 통상 병존적 채무인수로 보고, ② 채무만이 분리되어 인수된 경우, 인수인의 재산출연이라고 하는 불이익이 채무자에 대한 謝恩, 慈善心 등에 의한 것일 때에는 일반적으로 단순한 이행인수로 보며, ③ 인수인이 재산을 취득하거나 자신의 채무를 면하는 경우와 같이 채무자로부터 대가에 해당하는 것을 얻을 때에는 원칙적으로 병존적 채무인수의 성립을 추정하여야 한다고 주장한다.[48]

또한 平岡建樹는 조금 더 구체적 사례별로 병존적 채무인수가 성립하는 경우들을 예로 들고 있다.[49] ① 甲이 신용부족으로 丙 명의로 乙로부터 금원을 차용하면서 乙과 丙의 채무관계에 자신도 채무자로 추가시키는 경우, ② 채무자 사망으로 채무를 공동상속한 상속인들 가운데, 유언이나 상속재산 분할에 따라 상속재산의 상당부분을 취득한 상속인이 (즉 채무의 상속비율과 적극재산의 상속비율이 일치하지 않는 경우이다) 채권자에 대하여 다른 상속채무자가 변제할 몫을 자신이 변제하기로 채무를 인수하는 경우, ③ 개인기업이 회사로 전환되면서 양수인인 회사가 양도인인 개인의 영업에 관한 채무를 인수하거나, 또는 회사가 도산되면서 그 경영자 등 이해관계인이 제2의 새로운 회사를 설립하여 영업을 계속하는 경우, ④ 담보목적물의 양수인이 그 피담보채무를 인수하는 경우, ⑤ 원 채무자가 도산위기에 있어 이해관계 있는 제3자가 그 채무를 인수하는 경우, ⑥ 미성년자 기타 행위무능력자의 손해배상 채무를 법정대리인 등이 인수하는 경우, ⑦ 채권자-인수인 간에 인수 이전부터 계속적으로 거래가 있고 채권자가 가지고 있는 근저당권의 피담보채권에는 병존적 채무인수에 의한 채무는 포함되어 있지만 보증채무가 포함되어 있지

---

48) 我妻榮, 新訂 債權總論(民法講義 Ⅳ), 岩波書店, 昭和40, 575-576면.
49) 平岡建樹, "債務引受の利用とその效力をめぐる實務上の問題點", 擔保法大系 第5卷, 金融財政事情研究會(1984), 424-426면.

않아서 본래는 보증에 의하여야 할 것을 병존적 채무인수에 의하기로 한 경우 등을 들고 있다. 이들 중에서 가장 흔한 경우이고 또한 채권자에 대한 의사표시가 구체적으로 행해지지 않은 채로 이루어지는 경우가 바로 ④의 경우라고 생각된다. 실제로 우리 판결례상 이행인수인지 병존적 채무인수인지가 다투어진 사례들은 주로 ④의 사례들이다.

V. "이행인수로 보아야 한다"는 대법원 판시가 타당한지 여부

위에서 보았듯이, 채무인수 관련 문제상황들 중 위 Ⅲ. 1.에서 본 (1), (3)의 상황에 대한 대법원의 판단의 핵심적인 내용은 면책적 채무인수가 아니라는 것 뿐이고, 그 사건들에서 채권자가 인수인에 대하여 직접 채권을 가지는지 여부는 쟁점이 되지도 않았고 판단이 내려지지도 않았다. 그리고 대법원은, 채권자가 인수인에 대해 채권을 가지는지가 문제된 (2)의 사건들에 대해서는 대부분의 경우에 이행인수가 아니라 병존적 채무인수라고 판단하고 있다.

그렇다면, 위 (1), (3)의 유형의 사건에 대한 판시를 함에 있어서 "면책적 채무인수가 아니다"라고 기재하고 끝내야 하는 것인데도, 대법원은 관례적으로 "그 인수는 특별한 사정이 없는 한 면책적 채무인수가 아니라 이행인수로 보아야 한다"라고 판시하고 있다. 습관적으로 등장하는 이 표현은, 근거 없고 필요성 없는 과잉 판단이며 잘못된 판시라고 생각된다.

그리고 이 사건 인수가 대상판결의 판시처럼 만약 "면책적 채무인수가 아니라 이행인수"라면, 대상판결 사안에서 채권자 X는 인수인 P에게 직접 채권을 취득하지 않는 것이며, 따라서 1심에서의 X의 P에 대한 청구는 기각되었어야 하고, 따라서 1심 판결은 오류를 범한 것이 된다.[50] 즉 대상판결은, 2심 판결을 틀렸다고 파기환송하면서, 2심과 다른 결론을 내렸던 1심 판결도 동시에 틀렸다고 판단한 셈이 되고 만다.

---

50) 자백의 대상은 주요사실일 뿐이므로, 그 주요사실에 적용하는 법률논리에 흠결이 있으면 자백간주 사건이더라도 청구가 기각될 수 있다.

Ⅵ. 결　　론

이상에서 면책적 채무인수, 병존적 채무인수, 이행인수라는 유사한 3가지 개념범주에 관하여 검토하였다. 그러나 구체적인 사안이 위 3가지 중에서 어느 것에 해당하는지가 불분명할 때의 판단기준으로서 대법원이 제시하고 있는 판시는 틀린 것이다.

채무인수가 쟁점이 되는 경우에는, 계쟁 채권에 대하여 소송상 다투는 당사자가 누구인지를 우선적으로 파악하는 것이 핵심이다. 그리고 원채무자가 소송당사자로서 다투고 있다면, 즉 원채무자가 더 이상 채무를 부담하지 않는지 여부가 쟁점이라면, "면책적 채무인수인지 아닌지"가 주된 쟁점이므로 법원은 이것만 판단해 주면 되는 것이지, "그 인수는 특별한 사정이 없는 한 면책적 채무인수가 아니라 이행인수로 보아야 한다"라고 판시할 일이 아니다(단순히 "면책적 채무인수라고 할 수 없다"라고 하든지, 아니면 "면책적 채무인수가 아니라 병존적 채무인수 또는 이행인수로 보아야 한다"라고 판시하여야 한다). 반면에 소송상 다투는 양 당사자가 채권자와 인수인이어서 채권자가 인수인에 대한 채권을 직접 가지고 있는지 여부가 쟁점이라면, 그리고 다른 특별한 사정이 없다면, 법원은 "원칙적으로 이행인수가 아닌 병존적 채무인수로 보아야 할 것이다"라고 판시하는 것이 타당하다.

대상판결은 필요한 판시를 넘어서서 "특별한 사정이 없는 한 이행인수"라는 불필요한 설시를 함으로써, 면책적 채무인수, 병존적 채무인수, 이행인수라는 3자간 구별문제에 있어서 혼란을 야기하고 있다. 면책적 채무인수, 병존적 채무인수, 이행인수라는 3자간 구별문제에 있어서 대법원의 판시 방법은 향후 수정되어야 한다.

[Abstract]

Privative or Cumulative Assumption of Debt, and Performance by a Third Person

Jon, Won Yol*

Korean Civil Code prescribes only on privative assumption of debt, but the practice encounters "cumulative assumption of debt" and "performance by a third person" more often than the privative one. In this situation, the precedents of the Supreme Courts doles out addled criterion for the differentiation among these three groups.

The key point for the clear distinction is to find out who the litigant parties are. If the question at issue is between creditor and original debtor, then the court should decide whether or not the original debtor still bears liabilities by interpretation of the contract. If the question at issue is between creditor and new debtor, then the court should decide whether the creditor has direct claim against the new debtor by interpretation of the contract. For the latter cases, the default interpretation of the contract should be "cumulative assumption of debt."

The holding of the Supreme Court, that is "the contract should be considered to be a performance by a third person, in case of no special agreement" is not required logically and has no merits for these kinds of cases. This holding is confusing and should be adjusted.

---

* Professor, Konkuk University Law School.

[Key word]
- Discharging(privative) assumption of debt
- Cumulative assumption of debt
- Performance by a third person
- Disputing parties

참고문헌

Ⅰ. 국내문헌

곽윤직, 채권총론, 박영사, 1997.

김형배·김규완·김명숙, 민법학강의, 신조사, 2015.

송덕수, 신민법강의 제9판, 박영사, 2016.

민법주해 Ⅹ, 채권(3), 박영사, 1995.

주석민법, 채권총칙(3), 한국사법행정학회, 2014.

김학동, "이행인수와 중첩적 채무인수", 법학논총 제31권 제1호, 한양대학교
　　법학연구소(2014).

문상배, "이행인수약정이 체결된 경우 그에 기한 채무자의 인수인에 대한 청
　　구권을 채권자가 대위행사할 수 있는지 여부", 대법원판례해설 제79호,
　　법원도서관(2009).

송호영, "채무인수, 이행인수 및 계약인수에 관한 입법론", 법조 Vol. 662(2011.
　　11.).

오수원, "중첩적 채무인수의 법적 성질과 인수인의 상계", 법조 제56권 제1호
　　통권 제604호(2007. 1.).

이연갑, "책임보험에 있어서 직접청구권과 상계의 효력", 민사판례연구 제24권,
　　박영사(2002).

Ⅱ. 외국문헌

Münchener Kommentar BGB, Band2, 7. Aufl. C.H.Beck, 2015.

Bamberger/Roth, Beck'scher Online-Kommentar BGB, 40. Edition, 2016.

日本 注釋民法(11) 債權(2), 有斐閣, 1974.

我妻榮, 新訂 債權總論(民法講義 Ⅳ), 岩波書店(昭和40).

渡邊達德, "債務者と引受人の間で債務引受の合意が行われた場合における債權者による受益の
　　意思表示", 平成23年度重要判例解説, ジュリスト 臨時增刊号/No. 1440(2012. 4. 10.).

小池信行, "債務引受に關する判例の整理", 擔保法大系 第5卷, 金融財政事情研
　　究會(1984).

平岡建樹, "債務引受の利用とその效力をめぐる實務上の問題點", 擔保法大系
　　第5卷, 金融財政事情研究會(1984).

[자   료]

DCFR full edition Ⅲ.

商事法務 編, 民法(債權關係)部會資料集 第2集〈第3卷(中)〉.

日本 民法改正案(民法の一部を改正する法律案).

제3채무자가 질권자에게 질권의 피담보채권액을 초과하여 지급하고 질권자가 초과 지급된 금액을 질권설정자에게 반환한 경우 부당이득반환의무자

오 대 석*

■요　　지■

　　대상판결은, 질권자가 제3채무자로부터 질권의 피담보채권액을 초과하여 지급받고 초과 지급된 금전을 질권설정자에게 반환하였는데 입질채권인 질권설정자의 제3채무자에 대한 채권이 부존재하는 경우로 밝혀진 경우 원칙적으로 제3채무자는 초과 지급된 금전을 수령한 질권자를 상대로 부당이득반환을 구할 수 있다고 하면서도, 다만 질권자가 초과 지급된 금전을 질권설정자에게 반환한 경우에는 질권자는 실질적 이익을 취득한 바가 없다는 이유로 제3채무자의 질권자에 대한 부당이득반환청구를 부정하였다. 이러한 대상판결의 태도는 종래 대법원이 반복적으로 설시하여 온 "부당이득의 반환에 있어 이득이라 함은 실질적인 이익을 의미한다."라는 이른바 '실질적 이익론'을 다시 한 번 확인한 것이다.

　　그러나 부당이득의 요건으로서의 '실질적 이익'은 그 개념이 불명확하여 사건 해결에 유의미한 도움을 주지 못한다. 급부부당이득이 문제되는 경우에는 급부의 이행만으로 민법 제741조가 요구하는 '이익', '손실', '인과관계'의 요건이 모두 충족되는바 '실질적 이익' 유무를 검토할 필요도 없다. 특히 점유에 수반하여 소유권이 이전되는 금전의 경우에는 금전을 수령함으로써 그 즉시 이익을 취득한 것으로 보아야 한다. 이후에 수익자가 금전을 그대로 제

---

* 청주지방법원 제천지원 판사.

3자에게 교부한 경우라도 여전히 부당이득반환의무자는 수익자라고 해야 하고 다만 그와 같이 제3자에게 금전을 교부한 사정은 반환의 범위를 결정하는 데 고려하는 것으로 충분하다고 할 것이다.

따라서 질권자가 제3채무자로부터 초과 지급된 금전을 수령하였다면 그 자체로 질권자는 이익을 취득한 것이 되어 제3채무자에게 부당이득반환의무를 부담한다. 질권자가 질권설정자에게 초과 지급된 금전을 반환한 사정은 반환의 범위를 결정하는 데 고려되어야 할 뿐이다.

[주 제 어]
- 부당이득
- 급부부당이득
- 삼각관계에서의 부당이득
- 실질적 이익
- 부당이득반환의 범위
- 채권질권

대상판결 : 대법원 2015. 5. 29. 선고 2012다92258 판결(공2015하, 861)

[사안의 개요]

논의에 필요한 범위 내에서 대상판결의 사실관계를 단순화하면 다음과 같다.

● 피고 회사는 2000. 9. 7. 및 2001. 1. 11. 소외 회사로부터 윤전기 1세트씩(합계 2세트, 이하 '이 사건 윤전기')을 각 매수하였다.

● 피고 은행은 2001. 8. 18. 피고 회사와의 사이에 피고 회사 소유의 공장용지, 그 지상의 인쇄공장 건물, 이 사건 윤전기를 포함한 각종 기계류에 관하여 채권최고액을 15억 원으로 하는 근저당권설정계약을 체결하였고 피고 회사에 10억 원을 대출하였다.

● 피고 회사는 2003. 11. 27. 보험회사인 원고와 인쇄공장 건물 및 이 사건 윤전기를 포함한 기계류에 관하여 보험가입금액을 29억 2,000만 원으로 하는 화재보험계약(이하 '이 사건 보험계약')을 체결하였다. 피고 회사는 대출 연장을 위해 피고 은행에게 위 근저당권에 추가하여 이 사건 보험계약에 기한 보험금청구권에 관하여 채권최고액 15억 원의 질권을 설정하여 주었고 원고는 이를 승낙하였다.

● 2004. 2. 16. 피고 회사의 인쇄공장에서 원인 불명의 화재사고가 발생하였는데, 피고 회사의 대표이사 A는 손해사정회사에게 이 사건 윤전기의 가격이 부풀려진 허위의 손해사정자료를 제출하였다.

● 원고는 위 손해사정결과를 근거로 보험금을 1,741,111,144원으로 결정하고 2004. 4. 23. 질권자인 피고 은행에 위 보험금 중 질권의 채권최고액 상당인 15억 원을, 피고 회사에 나머지 보험금 241,111,144원을 각 지급하였다.

● 피고 은행은 2004. 4. 28.부터 2004. 5. 31.까지 6회에 걸쳐 피고 회사에, 원고로부터 지급받은 15억 원 중 피고 회사에 대한 대출금채권의 변제에 충당한 10억 7,500만 원을 공제한 나머지인 4억 2,500만 원을 반환하였다.

● 이 사건 보험계약의 약관 제21조 제1호에서는 '손해의 통지 또는 보험금청구에 관한 서류에 고의로 사실과 다른 것을 기재하거나 그 서류 또는 증거를 위조·변조하는 경우에는 보험금청구권을 상실한다.'라고 규정하고 있는데, A는 허위의 손해사정자료를 제출하여 보험금을 편취한 범죄사실로 유죄판결을 받아 그 판결이 확정되었다.

[소송의 경과]

1. 원고의 청구

원고는 A가 허위의 손해사정자료를 제출하여 보험금을 청구한 이상 이 사건 보험계약의 약관에 따라 피고 회사의 보험금청구권은 소멸하고 따라서 원고가 피고 은행에게 지급한 15억 원은 법률상 원인 없이 지급된 것이라고 주장하면서 피고 은행을 상대로 위 금액의 반환을 구하는 내용의 청구를 하였다.

2. 1심(서울중앙지방법원 2009. 9. 25. 선고 2007가합16101 판결)

가. 1심은 이 사건 보험계약의 약관조항에 의거하여 피고 회사는 보험금청구권을 상실하였으므로 피고 회사에 대한 질권자인 피고 은행은 원고에게 이 사건 질권에 기하여 법률상 원인 없이 수령한 보험금을 부당이득으로 반환할 의무가 있다고 판시하였다.

나. 피고 은행이 반환해야 할 부당이득의 범위에 관하여는, 피고 회사가 상실하는 보험금청구권은 허위의 청구를 한 이 사건 윤전기와 관련된 손해에 대한 보험금청구권에 한한다면서 피고 은행은 원고로부터 수령한 보험금 중 이 사건 윤전기에 해당하는 보험금만을 부당이득으로서 반환할 의무가 있다고 판시하였다.

다. 피고 은행은 피고 회사에게 교부한 4억 2,500만 원에 대하여 현존이익이 없다는 취지로 다투었는데, 1심은 피고 은행의 위 주장에 대하여는 '취득한 이익이 금전상의 이득일 경우에는 그 이득은 현존하는 것으로 추정된다.'라는 종전 대법원의 판시만을 설시하고 현존이익 유무 및 그에 따른 부당이득반환 범위에 관한 특별한 판단 없이 피고 은행은 이 사건 윤전기에 해당하는 보험금 전체인 1,245,399,840원 및 이에 대한 지연손해금을 지급할 의무가 있다고 판시하였다.

3. 원심(서울고등법원 2012. 9. 5. 선고 2009나105125 판결)

원심은 보험금청구권에 설정된 질권의 피담보채권을 넘는 부분과 피담보채권 범위 내의 부분으로 나누어 판단하였다.

가. 피담보채권을 넘는 부분

"피고 은행이 수령한 보험금 중 피담보채권액을 넘는 부분(피고 은행이 피고 회사에 반환한 4억 2,500만 원)은 민법상 직접청구권 행사와는 무관한 것이고, 피고 은행이 이를 바로 질권설정자이자 채무자인 피고 회사에게 돌려주어 실질적으로 이득을 얻은 바도 없다."라는 이유[1]를 들어 원고의 이 부분 부당이득반환청구를 배척하였다.

나. 피담보채권 범위 내의 부분

"계약의 일방 당사자가 계약 상대방의 지시 등으로 급부과정을 단축하여 계약 상대방과 또 다른 계약관계를 맺고 있는 제3자에게 직접 급부한 경우, 그 급부로써 급부를 한 당사자의 상대방에 대한 급부가 이루어질 뿐만 아니라 그 상대방의 제3자에 대한 급부도 함께 이루어지는 것이므로 계약의 일방 당사자는 제3자를 상대로 부당이득반환청구를 할 수 없고," 이에 더하여 "여기에서의 '지시 등'에는 민법 제353조 제1, 2항에 정한 입질채권의 직접청구가 포함된다."라는 이유로 원고의 이 부분 부당이득반환청구 역시 배척하였다.

[대상판결의 요지]

대법원은, 다음과 같은 이유로 원심의 판단이 정당하다고 판시하면서 원고의 상고를 기각하였다.

"금전채권의 질권자가 민법 제353조 제1항, 제2항에 의하여 자기채권의 범위 내에서 직접청구권을 행사하는 경우 질권자는 질권설정자의 대리인과 같은 지위에서 입질채권을 추심하여 자기채권의 변제에 충당하고 그 한도에서 질권설정자에 의한 변제가 있었던 것으로 보므로, 위 범위 내에서는 제3채무자의 질권자에 대한 금전지급으로써 제3채무자의 질권설정자에 대한 급부가 이루어질 뿐만 아니라 질권설정자의 질권자에 대한 급부도 이루어진다고 보아야 한다. 이러한 경우 입질채권의 발생원인인 계약관계에 무효 등의

---

1) 이에 더하여 원심은 '질권자가 피담보채권을 초과하여 질권의 목적이 된 금전채권을 추심하였다면 그중 피담보채권을 초과하는 부분은 특별한 사정이 없는 한 질권설정자에 대한 관계에서 부당이득이 된다.'라는 대법원 판례(대법원 2011. 4. 14. 선고 2010다5694)를 설시하기도 하였다.

흠이 있어 입질채권이 부존재한다고 하더라도 제3채무자는 특별한 사정이 없는 한 상대방 계약당사자인 질권설정자에 대하여 부당이득반환을 구할 수 있을 뿐이고 질권자를 상대로 직접 부당이득반환을 구할 수는 없다. […] 반면에 질권자가 제3채무자로부터 자기채권을 초과하여 금전을 지급받은 경우 그 초과 지급 부분에 관하여는 위와 같은 제3채무자의 질권설정자에 대한 급부와 질권설정자의 질권자에 대한 급부가 있다고 볼 수 없으므로 제3채무자는 특별한 사정이 없는 한 질권자를 상대로 초과 지급 부분에 관하여 부당이득반환을 구할 수 있다고 할 것이지만, 부당이득반환청구의 상대방이 되는 수익자는 실질적으로 그 이익이 귀속된 주체이어야 하는데, 질권자가 초과 지급 부분을 질권설정자에게 그대로 반환한 경우에는 초과 지급 부분에 관하여 질권설정자가 실질적 이익을 받은 것이지 질권자로서는 실질적 이익이 없다고 할 것이므로 제3채무자는 질권자를 상대로 초과 지급 부분에 관하여 부당이득반환을 구할 수 없다."

〔研 究〕

I. 서 론

대상판결은 크게 2가지의 쟁점을 다루고 있다. 첫 번째 쟁점은 금전채권의 질권자가 민법 제353조 제1항, 제2항[2]에 의하여 자기채권의 범위 내에서 직접청구권을 행사하는 경우 입질채권의 발생원인인 계약관계에 흠이 있어 입질채권이 부존재하는 것으로 밝혀진 때에 누가 누구에게 부당이득반환청구를 할 수 있는가에 관한 것이다. 제3채무자가 입질채권의 원인된 계약관계의 흠을 이유로 그 계약관계의 당사자인 질권설정자가 아니라 변제를 수령한 질권자에게 부당이득반환청구를 할 수 있는가에 대하여 의문이 있을 수 있는데 왜냐하면 질권자의 입장에서는 질권설정자에 대한 채권(질권의 피담보채권)의 변제로서 제3채무자의 급부를 수령

---

2) 제353조(질권의 목적이 된 채권의 실행방법)
   ① 질권자는 질권의 목적이 된 채권을 직접 청구할 수 있다.
   ② 채권의 목적물이 금전인 때에는 질권자는 자기채권의 한도에서 직접 청구할 수 있다.

한 것이므로 그 수령을 법률상 원인이 있다고 볼 수 있기 때문이다. 이는 이른바 '삼각관계에서의 부당이득'의 한 유형이라고 볼 수 있는데, 판례는 '삼각관계에서의 부당이득'에 관하여 부당이득의 반환은 원칙적으로 계약의 당사자들 사이에서만 이루어져야 한다는 입장을 천명하여 왔다. 대상판결은 채권질권의 사례에서도 이 법리를 적용하여 원칙적으로 제3채무자는 질권설정자를 상대로 계약관계의 흠을 이유로 한 부당이득의 반환을 구할 수 있을 뿐이고, 급부를 수령한 질권자를 상대로 직접 부당이득반환을 구할 수는 없다고 판시하였다. 타당한 결론이라고 생각한다.

　두 번째 쟁점은 질권자가 제3채무자로부터 자기채권을 초과하여 금전을 지급받았다가 초과 지급된 금전을 질권설정자에게 교부하였는데 입질채권이 부존재하는 경우로 밝혀진 경우 제3채무자는 누구를 상대로 초과 지급된 금전에 대한 부당이득 반환을 구해야 하는 것인가의 문제이다. 대상판결은 초과 지급된 금전에 대하여 특별한 사정이 없는 한 이를 수령한 질권자를 상대로 부당이득반환을 구할 수 있다고 하면서도, 다만 질권자가 초과 지급된 금전을 질권설정자에게 반환한 경우에는 질권설정자가 실질적 이익을 받은 것일 뿐 질권자로서는 실질적 이익이 없으므로 제3채무자는 질권자를 상대로 부당이득반환을 구할 수 없다고 한다. 대법원은 종래 "부당이득의 반환에 있어 이득이라 함은 실질적인 이익을 의미한다."라는 판시를 반복적으로 하여 왔고 대상판결도 위 판시를 따라 초과 지급된 금전을 질권설정자에게 교부한 질권자에게는 '실질적 이익'이 없다고 보고 그에 대한 부당이득반환청구를 부정하였다. 그러나 질권자가 자기채권을 직접청구한 결과로서 금전을 수령한 것이라면 일응 질권자는 금전을 수령함과 동시에 이익을 취득하였으므로 원칙적으로 부당이득반환의무를 부담하고, 다만 초과 지급된 금전을 질권설정자에게 반환한 사정은 반환의 범위를 결정하는 데 참작하여야 하는 것은 아닌지 하는 의문이다.

　이하에서는 두 번째 쟁점인 '질권자가 제3채무자로부터 초과 지급받은 금전을 질권설정자에게 교부한 경우의 부당이득반환의무자의 결정'에

관한 대상판결 판시사항을 중심으로 (1) '실질적 이익'을 기준으로 부당이
득반환의무자를 결정하는 판례의 태도를 비판적으로 검토하고, (2) 이를
바탕으로 수익자의 선의·악의 여부에 따른 부당이득반환의 범위와 이에
대한 기존 판례의 당부를 살펴본 다음, (3) 대상판결 사안에서 질권자에
대한 부당이득반환청구가 부정되어야 하는지, 적절한 결론 도출을 위해서
는 추가적인 사실관계의 검토가 필요한 것은 아닌지 등 그 타당성을 살
피기로 한다.[3]

II. 금전교부를 원인으로 한 부당이득에 있어서 '실질적 이익'의 요부

1. 부당이득의 요건에 관한 견해의 대립

가. 법률상 원인 없이 타인의 재산 또는 노무로 이익을 얻고 이로
인하여 타인에게 손해를 가한 자는 그 이익을 반환하여야 한다(민법제741조).
부당이득반환청구권의 성립요건에 관하여는 공평설과 유형설의 대립이
있다. 공평설은 부당이득법의 지도이념이 정의와 공평의 이념에 있다면
서 민법 제741조의 '법률상 원인 없이'라는 것은 한쪽이 손실을 입고 다
른 쪽이 이득을 얻게 되는 결과가 발생하는 경우에 그러한 결과가 공평
내지 정의에 반하는 것을 의미한다고 한다.[4] 반면 유형설[5]은 사안별로
다양하게 발생하는 부당이득반환청구권을 공평 내지 정의의 이념이라는
하나의 추상적이고 통일적인 원리로 파악하는 데는 한계가 있음을 지적
하면서 부당이득이 발생하는 다양한 사례들을 급부관계가 청산되어야 하
는 경우에 발생하는 급부부당이득, 타인의 권리를 객관적으로 침해하는
행위가 있는 경우에 발생하는 침해부당이득, 의무 없이 객관적으로 타인

---

3) 대상판결은 채권질권의 사례에도 '삼각관계에서의 부당이득'의 법리가 적용됨을
   최초로 판시하였다는 점에서 의미있는 판결이라 할 것이다. 다만 첫 번째 쟁점에
   대하여는 판례의 결론이 타당하다고 생각하므로 연구주제를 두 번째 쟁점으로 국
   한하여 대상판결을 검토하였다.
4) 예컨대 곽윤직, 채권각론(제6판), 박영사(2007), 345-346면.
5) 부당이득을 타인의 급부(Leistung)에 의한 것과 기타의 방법(in sonstiger Weise)
   에 의한 것으로 나누고 있는 독일민법의 규정(제812조 제1항)과 그에 따른 논의의
   영향으로 정립된 견해이다.

에 속하는 사무를 자신의 비용으로 처리하는 경우에 발생하는 비용부당
이득(구상부당이득)으로 나누어 각 유형의 해결에 가장 적합한 실질적·
구체적 기준을 제시하려는 입장이다.[6]

나. 대법원은 "부당이득제도는 이득자의 재산상 이득이 법률상 원인
을 결여하는 경우에 공평·정의의 이념에 근거하여 이득자에게 그 반환
의무를 부담시키는 것"[7]이라고 일관되게 선언하고 있어 부당이득의 본질
과 관련하여는 일반적으로 공평설의 태도를 취하여 왔던 것으로 이해되
었다. 그러나 최근에는 종래 유형설에서 대표적으로 논의되어 오던 삼각
관계에서의 부당이득[8]에서 '급부' 또는 '급부관계'라는 표현을 사용하거나
부당이득의 반환은 원칙적으로 급부의 원인이 되는 계약관계가 존재하는
당사자들 사이에서 이루어져야 하고 그러한 관계가 없는 당사자들 사이
에서는 직접청구권이 인정될 수 없다는 취지로 판시하는 등[9] 유형론의

---

6) 곽윤직 편집대표, 민법주해[XVII] 채권(10)(양창수 집필부분), 박영사(2005), 161면
   이하; 양창수·권영준, 권리의 변동과 구제, 박영사(2011), 426면 이하; 김형배, 사
   무관리·부당이득, 박영사(2003), 69면 이하 각 참조.
7) 대법원 2012. 1. 12. 선고 2011다74246 판결(공2012상, 261), 대법원 2008. 3.
   13. 선고 2006다53733, 53740 판결(공2008상, 510), 대법원 2003. 6. 13. 선고 2003
   다8862 판결[집51(1)민, 340; 공2003. 7. 15.(182), 1531] 등.
8) A가 자신과 계약관계(보상관계라고 한다)를 맺은 B에게 A와 별도의 계약관계(대
   가관계라고 한다)를 맺고 있는 제3자 C에게 직접 급부할 것을 지시하고, 그에 따
   라 B가 C에게 급부하였는데 A의 지시 또는 보상관계, 대가관계에 하자가 있는 경
   우 누가 누구를 상대로 부당이득반환청구를 할 수 있는가에 관한 문제를 말한다.
9) 대표적으로 대법원 2003. 12. 26. 선고 2001다46730 판결[집51(2)민, 375; 공
   2004. 2. 1.(195), 207] 참조. 위 판결은 의식적으로 독일에서 전개된 삼각관계 부
   당이득의 법리를 받아들인 것으로서 이른바 '지급지시'와 관련된 유형의 선례적 사
   안이라고 한다[김형석, "지급지시·급부관계·부당이득", 법학 제47권 제3호(통권
   제140호), 서울대학교 법학연구소(2006), 290-291면]. 위 판결의 사실관계는 상가
   를 신축한 피고가 소외 회사와 사이에 위 상가를 매도하는 매매계약을 체결하였고
   소외 회사는 그 무렵부터 위 상가를 호수별로 분할하여 원고들과 각 분할된 상가
   점포에 관한 분양계약을 체결한 후 원고들에게 분양대금을 직접 피고의 은행계좌
   에 입금하도록 지시하는 방법으로 자신의 피고에 대한 상가 매매대금채무를 변제
   한 것이다. 소외 회사가 피고에게 매매대금 전부를 지급하지 못한 까닭에 원고들
   이 상가를 분양받지 못하였고 이에 원고들이 피고를 상대로 기지급한 분양대금의
   반환을 구하였는데 대법원은 "이 사건에서 사실상의 급부관계는 원고들과 피고 사
   이에 발생하였지만 그 급부는 원고들의 소회 회사에 대한 급부와 소외 회사의 피
   고에 대한 급부가 아울러 이루어진 것으로 볼 수 있어 피고가 원고들로부터 분양

입장을 고려하는 판례들이 상당수 발견되고 있다.

　다. 살피건대 공평설과 유형설이 서로를 배척해야만 하는, 양립불가능한 관계에 있다고만은 볼 수 없다.[10] 부당이득법이 정의 내지 공평의 관념에서 이익의 부당한 귀속을 조정하는 장치임은 부인할 수 없고, 복잡한 부당이득 사례에서 논리적이고 구체적인 해결책을 제시해 주는 유형론의 성과 역시 그 의미가 작지 않기 때문이다.

2. 부당이득의 요건으로서의 '실질적 이익'에 관한 판례

　민법 제741조는 부당이득반환청구권 발생의 요건으로 '법률상 원인 없이 이익을 얻을 것'을 요구하고 있다. 따라서 공평설에 의하든 유형설에 의하든 부당이득반환청구권을 행사하기 위해서는 반환의무자에게 '이익'[11]이 있어야 한다. 그런데 판례는 "부당이득의 반환에 있어 이득이라

　　대금을 수령한 것은 소외 회사와의 계약관계에 의한 것이어서 정당하게 수령한 것이고, 원고들과 소외 회사의 분양계약이 해제되었다면 그 계약관계의 청산은 계약 상대방인 소외 회사와의 사이에 이루어져야 하는 것이므로 역시 피고를 상대로 부당이득의 반환을 구할 수는 없다."라고 판시하였다. 그 외에도 대법원 2003. 1. 24. 선고 2000다22850 판결[공2003. 3. 15.(174), 685](채권이 양도된 후 채권양도인과 채무자 사이의 기본계약이 해제되어 채무자가 채권양수인을 상대로 기지급된 급부의 반환을 청구한 사안에서, 채권양도가 된 이상 채무자와 채권양수인 사이에 직접적인 채권채무관계가 성립하였으므로 그 청산 역시 급부가 이행된 당사자 사이에서 이루어져야 한다는 취지로 판시), 대법원 2005. 7. 22. 선고 2005다7566, 7573 판결(미간행)(A가 B로부터 물건을 매수하면서 매매대금은 B의 채권자인 C에게 지급하기로 하여 이에 따라 C에게 매매대금을 지급하였는데 이후 A가 B와의 매매계약을 해제하고 C를 상대로 매매대금의 반환을 청구한 사안에서, 제3자를 위한 계약이 해제된 경우 그 청산관계는 계약의 당사자인 낙약자와 요약자 사이에서 이루어져야 한다면서 A의 청구를 기각한 사안), 대법원 2013. 6. 28. 선고 2013다13733 판결(미간행)(위 2001다46730 사안과 같은 지급지시 사례로, 소외 회사와 매매계약을 체결한 원고가 소외 회사의 지시에 따라 매매대금을 소외 회사의 채권자인 피고에게 직접 지급한 후 소외 회사와의 위 매매계약을 취소하고 피고를 상대로 매매대금의 반환을 청구한 사안에서 원고, 피고, 소외 회사 사이에 이른바 삼각관계에서의 급부가 이루어졌는바 원고는 자신의 계약상대방이 아닌 제3자에 불과한 피고를 상대로 직접 부당이득반환청구를 할 수 없다고 판시) 등 참조.

10) 양창수·권영준(주 6), 427-428면; 이병준·정신동, "부당이득에서 급부, 침해 그리고 단순한 이익의 귀속", 재산법연구 제27권 제1호, 한국재산법학회(2010), 31-34면.

11) 그러나 이익의 의미와 이익 유무의 판단, 입증책임의 분배에 관하여는 공평설과 유형설이 다른 입장을 취한다.

함은 실질적인 이익을 가리켜 뜻한다."라는 취지의 판시를 반복적으로 하여오고 있다.

① 대법원 1960. 9. 15. 선고 4292민상553 판결(미간행)

"가옥의 점거자가 그 점거 중 지출한 비용의 상환을 받기 위하여 유치권을 행사하였을 경우에 계속 당해 가옥에 거주하는 것을 불법행위라고 할 수 없음은 소론과 같으나, 거주로 인한 실질적 이익은 이로 인하여 가옥소유자에게 손해가 있는 한 상환하여야 한다."

② 대법원 1963. 7. 11. 선고 63다235 판결[집11(2)민, 045]

"임차한 가옥에 대하여 유치권을 행사하여 임차가옥을 사용·수익한 경우에 있어서는 임차인이 임차가옥의 사용으로 인하여 얻은 실질적 이익은 이로 인하여 임대인에게 손해를 끼치는 한에 있어서 부당이득으로서 임대인에게 상환할 의무가 있다."라고 판시한 후 원심이 임대차계약 해지 후 유치권을 취득한 임차인이 다른 사람들로 하여금 목적물을 점유하게 하고 있다는 사실만을 인정하고 실질적 이득을 취득하였는지에 대하여는 심리하지 않은 채 차임상당의 부당이득을 얻었다고 판시한 것을 위법하다고 하였다.[12]

③ 대법원 1979. 3. 13. 선고 78다2500, 2501 판결[집27(1)민, 194; 공1979. 7. 1.(611), 11892]

"법률상 원인 없이 이득하였음을 이유로 한 부당이득의 반환에 있어 이득이라 함은 실질적인 이익을 가리켜 뜻한다 함이 본원이 견지하여 온 견해"라면서 "피고가 그 주장과 같은 이유로 문을 잠그고 영업을 하지 않은 것이라면 그 기간 동안은 피고가 임차한 이 사건 방실을 점거하였다고 하더라도 그 점거로 인하여 원·피고 간의 임대차 계약상의 목적에

---

12) 이후 유사한 사안들에서 임차인이 임대차계약 종료 후 임차건물을 계속 점유하였으나 임대차계약의 목적대로 목적물을 사용·수익하지 아니한 경우 '실질적인 이익'을 얻은 바 없어 부당이득반환의무가 성립하지 않는다는 취지의 판례들로서 대법원 1992. 4. 14. 선고 91다45202, 45219 판결[공1992. 6. 1.(921), 1589], 대법원 2001. 2. 9. 선고 2000다61398 판결[공2001. 4. 1.(127), 632], 대법원 2003. 4. 11. 선고 2002다59481 판결[집51(1)민, 144; 공2003. 6. 1.(179), 1156] 등 참조.

따른 실질적 이익은 얻은 바 없다고 보아야 할 것이요, 따라서 부당이득한 바도 있을 수 없다고 보아야 한다."라고 판시하였다. 위 판결의 사실관계는 임대인인 원고의 처와 그 아들이 임차인 피고가 운영하는 중국음식점에 침입하여 손님들을 내보내고 휴업한다는 방을 써 붙이는 등으로 피고의 영업을 방해하고 이에 피고가 더 이상 영업을 할 수 없다고 판단하여 영업을 중단한 것이었다.

    ④ **대법원 1981. 10. 11. 선고 81다378 판결[집29(3)민, 192; 공1982. 1. 1. (671) 44]**

    "법률상 원인 없이 이득하였음을 이유로 한 부당이득반환에 있어서 이득이라 함은 실질적인 이익을 가리키는 것이므로, 법률상 원인 없이 건물을 점유하고 있다고 하여도 이를 사용·수익하지 못하였다면 실질적인 이익을 얻었다고 볼 수 없다."라고 판시하면서 원심이 피고가 실질적인 이익을 취득하였는지를 심리하지 않은 것은 위법하다고 하였다. 위 판결의 사실관계는 임대인인 원고들의 명의로 싸롱영업 허가를 받아 영업 중이던 피고가 원고들의 진정으로 인해 영업정지처분을 받아 그 후로 영업을 하지 못하였고 폐문하여 관리조차 하지 못하였다고 주장한 사안이다.

    ⑤ **대법원 2003. 6. 13. 선고 2003다8862 판결[집51(1)민, 340; 공2003. 7. 15.(182), 1531]**

    위 판결은 원고 회사의 직원인 A가 원고 회사의 계좌에서 돈을 인출하는 방법으로 이를 횡령한 후 그 돈을 자신의 처인 피고에게 퇴직금 중간정산의 명목으로 받은 것이라면서 보관을 부탁하면서 피고의 예금계좌로 송금하였는데, 피고가 송금 당일 A의 지시에 따라 다시 자신의 예금계좌에 입금된 돈을 A의 계좌로 이체한 사안에 대한 것이다. 대법원은 "A가 횡령한 돈이 피고의 예금계좌로 입금되었다고 하더라도 그로 인하여 피고가 위 돈 상당을 이득하였다고 하기 위해서는 피고가 위 돈을 영득할 의사로 송금받았다거나 A로부터 이를 증여받는 등으로 위 돈에 관한 처분권을 취득하여 실질적인 이득자가 되었다고 볼 만한 사정이 인정

되어야 할 것인데 […] 송금 및 반환 경위에 비추어 피고가 위 돈을 자신
의 구좌로 송금받았다고 하여 실질적으로 이익의 귀속자가 되었다고 보
기는 어렵다."라고 판시하면서 원고 회사의 피고에 대한 부당이득반환청
구를 배척하였다.[13]

⑥ 대법원 2011. 9. 8. 선고 2010다37325, 37332 판결(공2011하, 2065)

"부당이득제도는 이득자의 재산상 이득이 법률상 원인을 갖지 못한
경우에 공평·정의의 이념에 근거하여 이득자에게 그 반환의무를 부담시
키는 것인데, 이득자에게 실질적으로 이득이 귀속된 바 없다면 그 반환
의무를 부담시킬 수 없다. 따라서 피고가 송금한 위 각 금원이 원고의
이 사건 농협계좌에 입금되었다고 하더라도, 그로 인하여 원고가 위 각
금원 상당을 이득하였다고 하기 위해서는 원고가 위 각 금원을 사실상
지배할 수 있는 상태에까지 이르러 실질적인 이득자가 되었다고 볼 만한
사정이 인정되어야 할 것인데, 각 금원의 송금 경위 및 A가 이를 인출한
경위 등에 비추어 볼 때 원고가 위 각 금원을 송금받아 실질적으로 이익
의 귀속자가 되었다고 보기 어렵다."라고 판시하였다.

3. '실질적 이익'을 요구하는 판례의 태도에 대한 비판적 검토

그러나 '실질적 이익'을 취득한 경우에만 부당이득반환의무가 발생한
다는 판례의 논리에는 다음과 같은 문제점이 있다고 생각된다.

가. '실질적 이익' 개념의 불명확성

(1) 실질적 이익이 무엇을 의미하는지 분명하지 않다. 부당이득의
성립요건으로서의 '이익'은 그 자체로 추상적이고 규범적인 개념이다. 즉

---

13) 다만 위 사안에서의 핵심쟁점은 횡령한 금전으로 채무를 변제한 경우 횡령의 피
해자가 변제받은 채권자를 상대로 횡령한 금전을 수령하였음을 이유로 부당이득반
환청구를 할 수 있는지에 대한 것이었고 '실질적 이익'의 취득과 부당이득반환의무
의 성부의 관계를 전면적으로 다룬 것은 아니다. 대법원은 채권자가 횡령사실에
대해 악의이거나 그러한 사실을 알지 못한 데에 중과실이 있는 경우에 한하여 피
해자에 대한 관계에서 부당이득이 성립한다고 하였다.

구체적인 경우에서 '이익' 자체가 존재하는지 또는 '이익'의 내용이 무엇인지는 항상 명확한 것은 아니고 일정한 가치적 평가 내지 판단이 개입되어야만 비로소 그 존부와 내용이 분명해지는 것이다. 애초에 '이익'의 유무 판단에 평가적 사고가 개입된다면 거기에 이익의 '실질성'이라는 규범적 요소를 추가하는 것이 구체적인 사안의 해결에 있어서 어떠한 실천적인 의미가 있는지 의문이다.[14]

(2) '실질적 이익'의 법리를 적용하여 부당이득반환청구권이 부정된 대부분의 사례들은 임차인이 임대차계약의 종료 또는 임대인의 방해 등으로 인해 임대차목적물을 점유하기는 하되 이를 임대차계약의 목적대로 사용·수익하지 못한 경우이다. 그런데 통설은 점유의 부당이득을 인정하고 있고,[15] 점유는 물건에 대한 사실상의 지배로서 점유권을 발생시키는 요건이기도 하므로 점유자는 점유 자체를 통하여 재산적 가치 있는 법률상의 지위를 취득하였다고 할 수 있다. 또 임대차계약을 통해 임차인이 임대인으로부터 급부받는 것은 임대차목적물에 대한 '이용가능성'이므로,[16] 임차인이 계약종료 후에도 임대차목적물을 점유함으로써 그 이용가능성을 자신의 지배하에 두고 있다면 여전히 임대차계약이 임차인에게 부여하는 법률적 효과를 누리게 된다.[17]·[18] 그러나 '실질적 이익'의

---

14) 동지 양창수, "임대차종료 후 임차인의 목적물 계속점유와 부당이득", 민법연구 제2권, 박영사(1986), 336면("[실질적 이익은] 부당이득의 성립 여부를 판단함에 있어서 별로 도움이 되지 않는다. […] '실질적인 이익'이 어떠한 것을 가리키는 말인지를 알아내는 일은 무엇을 '이익'이라고 하는지를 알아내는 것보다 쉬워진 것이 별로 없다. 다시 말하면 불명확성의 정도에서는 대차가 없다는 것이다.").
15) 곽윤직(주 4), 349-350면.
16) 홍성무, "임대차종료 후 임차인이 목적물을 계속점유하는 경우 부당이득이 성립하기 위한 실질적 이익의 의미", 대법원판례해설 제17호, 법원도서관(1992), 316-317면; 양창수(주 14), 342-345면 참조.
17) 또 유형설의 입장에서 보면 급부가 여전히 임차인에게 남아 있는 형국이어서 임차인은 당연히 급부를 반환할 의무를 부담하여야 하는 상황이다.
18) 임대인으로서는 임차인으로 하여금 목적물을 이용할 수 있는 상태에 두게 하면 자신의 의무를 다하는 것이고 임차인이 실제로 그 이용가능성을 살려서 경제적 효용을 얻느냐는 전적으로 임차인에게 달려 있어 현실적인 이용 자체에 대한 위험은 임차인이 부담하는 것이 타당하다. 따라서 임차인이 이용가능성을 보유하고 있는 이상 현실적인 사용·수익이 있었는지 여부는 부당이득 성부에 영향을 줄 수 없고

법리에 의하면 임차인에게 유익한 위와 같은 지위 내지 효과는 부당이득
반환의무를 발생시키는 '이익'이 아니게 된다. 임차인이 점유에 그치지 않
고 임대차목적물을 사용·수익하는 데까지 나아가야 비로소 부당이득반
환의 대상이 되는 '이익'이 발생한다. 그러나 부당이득법적 관점에서 전자
와 후자가 왜 다르게 취급되어야 하는지, 부당이득반환의 대상이 아닌
'이익'과 부당이득반환의 대상이 되는 '이익'을 구분하는 기준이 무엇인지
이해하기 어렵다. '이득의 실질성'이라는 기준은 그 자체로 아무런 해답도
되지 못한다.

　　다만, 임차인의 계속점유가 문제된 앞서의 사안들에서 '실질적 이
익'의 법리에 찬성할 수는 없더라도 부당이득반환청구권의 성립을 부정
한 판례의 결론만큼은 수긍할 수 있다는 점은 주의를 요한다. 부당이득
반환청구권이 부정된 사례들은 임대인의 방해행위로 임차인이 이용가능
성을 상실하였거나 임차인이 유치권 내지 동시이행항변권과 같은 인도
거절권능을 가지는 경우이다. 그런데 임대인은 임차인으로 하여금 목적
물을 사용·수익하게 할 의무를 부담하고 임차인이 지급하는 차임은 임
대차목적물의 사용·수익에 대한 대가임을 고려할 때 임대인이 그 사
용·수익을 방해하는 경우에는 임차인도 차임지급의무를 부담하지 않는
다고 해석하는 것이 합리적이다. 또 임차인이 인도거절권능을 가지고
있는 경우에는 그 점유에 법률상 원인이 없다고 볼 수 없다.[19] 이와 같
은 관점에서 실질적 이익이 거론된 대법원 판례들을 살펴보면 부당이득
성립을 부정한 결론만큼은 타당하고 수긍할 수 있는 것이다.[20] 그러나

　　임차인은 여전히 법률상 원인 없이 취득한 이익인 '이용가능성'의 가액(차임 상당)
　　을 반환해야 하는 것이다[양창수(주 14), 342-345면 참조].
19) 자세한 것은 양창수(주 14), 339-340면; 홍성무(주 16), 319-320면 각 참조.
20) 이계정, "송금된 금원에 대한 예금 명의인의 부당이득반환의무 유무의 판단기준-
　　부당이득에 있어서 이득의 개념을 중심으로-", 민사판례연구 제35권, 박영사
　　(2013), 577면은 실질적 이익을 요구하는 판례의 태도에 대하여 "사회적 약자라고
　　할 수 있는 임차인을 보호하고자 임차인이 임대차계약 종료 후 해당 목적물을 실
　　제로 사용·수익하지 않았다면, 점유를 하였더라도, 차임 상당액의 금원을 부당이
　　득으로 반환할 필요가 없다는 실제적 의미를 갖는 것으로 해석할 수 있다."라고
　　한다.

부당이득반환청구권이 부정되어야 하는 이유는 '실질적 이익'이 없기 때문이 아니다.

나. 금전의 수령을 원인으로 한 부당이득과의 부정합

(1) 앞서 살핀 바와 같이 판례의 '실질적 이익'의 법리는 주로 임대차 법률관계에서 점유와 이용가능성이 분열되는 국면에서 적용되었는데, 대법원은 ⑤, ⑥의 판례 사안 및 대상판결 사안의 경우와 같이 금전의 수령을 원인으로 한 부당이득반환청구에도 이를 확대적용하여 수익자에게 실질적 이익이 있는 경우에만 부당이득반환청구권이 발생한다고 하였다. 그러나 이처럼 실질적 이익의 법리를 확대적용하는 것이 적절한 것인가에 대하여는 의문이 없지 않다.

(2) 금전은 유체물이긴 하나 다른 한편 재화의 가치를 표상하고 매개하는 것으로서 특별히 금전 그 자체를 유체물로서 거래할 의사가 아닌 한 그 취득은 유체물이 아닌 가치 그 자체의 취득으로 이해된다. 이러한 특징으로 말미암아 금전은 일반적으로 물건으로서의 개성이 문제되지 아니하고 권원의 유무에 관계 없이 점유에 수반하여 그 소유권도 이전된다는 것이 통설적 견해이다.[21] 나아가 금전은 그 수령 즉시 수익자의 재산에 혼화되는 경우가 통상적이라서 이를 특정하여 수익자의 다른 재산과 분리하기란 사실상 불가능하다. 따라서 금전을 수령한 자는 사후에 그 수령의 원인된 법률관계가 흠결되는 경우라도 수령한 금전 내지 그 가치에 대하여 온전히 소유권을 유지하고 다만 수령한 금전의 가액 상당을 부당이득으로 반환할 의무가 인정될 뿐이다.

그렇다면 금전의 수령을 원인으로 한 부당이득에 있어서 '실질적 이익'의 법리가 적용될 수 있을까. 다시 말해 금전을 수령함으로써 사실상 그와 동시에 금전에 대한 권리를 취득하는 수령자가 대상판결 사안과 같이 동액의 금전을 제3자에게 반환하였다는 이유로 그 수령자에게 금전에

---

21) 곽윤직·김재형, 물권법[제8판(전면개정) 보정], 박영사(2015), 162-163면; 곽윤직 편집대표, 민법주해[Ⅱ] 총칙(2) (김병재 집필부분), 박영사(1992), 64면; 지원림, 민법강의(제10판), 홍문사(2012), 165면, 447면.

관한 이익이 없다고 할 수 있는 것인지는 의문이다.[22] 그런 경우 '단순
이익'만 있고 '실질적 이익'은 없는 것으로 보아야 한다면 위에서 '실질적
이익' 개념의 불명확성에 대해 검토한 것과 동일한 비판이 가능하다. 금
전의 점유를 보유한 자에 대하여 이익과 실질적 이익이라는 차별적인 재
산적 가치의 상태가 병존할 수 있는지도 의문이다. 금전을 사후에 제3자
에게 교부하는 사정은 금전의 처분행위에 해당하므로 수령자가 선의의
수익자일 경우 현존이익의 존부 및 이익반환의 방법을 검토하는 단계에
서 고려될 수 있을 뿐이라고 보는 것이 금전의 특수성까지를 고려한 조
화로운 해석론이라고 생각한다. 그와 같은 사정을 두고 이익 자체가 없
다고 볼 수는 없다.

(3) 금전에 대한 부당이득과 관련된 문제로서 예금명의자의 계좌에
원인관계 없는 돈이 입급되었을 경우 예금명의자의 부당이득반환의무가
성립하는가에 대하여 살펴본다. 대법원은 "특별한 사정이 없는 경우에는
송금의뢰인이 수취인의 예금구좌에 계좌이체를 한 때에는, 송금의뢰인과
수취인 사이에 계좌이체의 원인의 법률관계가 존재하는지 여부에 관계없
이 수취인과 수취은행 사이에는 계좌이체금액 상당의 예금계약이 성립한
다."[23]라고 하여 계좌이체의 방법으로 수취인의 계좌에 입금된 금액에 대
하여는 그 원인관계의 존부나 효력 유무를 묻지 않고 수취인과 수취은행
사이에 예금계약이 바로 성립하는 것으로 보고 있다.[24] 그러나 대법원은
앞서의 ⑥번 판례에서 본 바와 같이 예금명의자의 계좌로 원인관계 없는
금전이 입금된 경우라도 예금명의자가 부당이득반환의무를 지려면 예금
명의자가 이를 사실상 지배할 수 있는 상태에 이르는 등 '실질적인 이득
자'가 되어야 한다고 한다. 판례에 의하면 착오송금과 같이 예금명의자의
계좌에 원인관계 없는 돈이 입금되는 경우 예금명의자는 은행에 대한 관

---

22) 동지 이계정(주 20), 577-578면.
23) 대법원 2007. 11. 29. 선고 2007다51239 판결[집55(2)민, 360; 공2007하, 2031] 등.
24) 이러한 판례에 찬성하는 취지의 평석으로 김창모, "착오로 수취인을 잘못 지정하
　여 계좌이체가 이루어진 경우 예금채권이 성립하는지 여부", 민사판례연구 제31권,
　박영사(2009).

계에서는 예금채권을 취득하기는 하지만 출연자에 대하여는 아무런 '이익'을 취득한 바 없어 부당이득반환의무를 부담하지 않는 분열적인 법률관계가 발생할 수 있는데 과연 이것이 타당한 결론인 것인가는 의문이다.[25] 채권은 채무자에게 일정한 급부를 청구하고 그 급부의 결과를 수령하여 정당하게 보유할 수 있는 재산적 '권리'로서 채권자의 입장에서는 '이익'임에 틀림없다. 나아가 예금채권은 지급이 가장 확실한 채권의 하나이고 회계학적인 관점에서나 거래실무에서 사실상 현금등가물로 취급되는바 그렇다면 자신의 예금계좌로 금전을 송금받은 예금명의자가 실질적으로 향유하는 경제적 이익은 현금을 수령한 것과 다를 바가 없다고 할 것이다. 대법원 2009. 3. 19. 선고 2008다45828 전원합의체 판결(공2009상, 456)[26]은 당사자 확정에 관한 규범적 법률행위론을 충실히 따름은 물론 새롭게 시행된 금융실명거래 및 비밀보장에 관한 법률의 입법취지를 취지를 적극 고려하여 예금명의자 이외의 자를 예금주로 볼 수 있는 경우를 최대한 제한하려고 했던 것으로 보이는데,[27] 예금명의자에 대한 부당이득반

---

25) 이에 대하여는 금융실명거래 및 비밀보장에 관한 법률(이른바 '금융실명법')이 1997. 12. 31. 시행됨에 따라 "금융실명법에 따라 실명확인 절차를 거쳐 예금계약을 체결하고 그 실명확인 사실이 예금계약서 등에 명확히 기재되어 있는 경우에는, 일반적으로 그 예금계약서에 예금주로 기재된 예금명의자나 그를 대리한 행위자 및 금융기관의 의사는 예금명의자를 예금계약의 당사자로 보려는 것이라고 해석하는 것이 경험법칙에 합당하다."라고 판시한 대법원 2009. 3. 19. 선고 2008다45828 전원합의체 판결에 주목하면서, 위 전원합의체 판결 취지에 따라 예금명의자의 계좌에 원인관계 없는 돈이 입금된 경우 예금명의자가 예금계약의 당사자로서 금융기관에 대하여 예금반환청구권을 갖는 것은 명확하고 다만 예금명의자가 그 돈에 대하여 항시 부당이득반환의무를 지는지에 대하여 대법원은 위 전원합의체 판결 이후 예금명의자가 실질적 이득을 취하거나 실제 그 예금계좌에 대한 처분권을 행사한 경우에 한하여 부당이득반환의무를 인정하고 있는 것으로 보인다는 견해로서, 오영준, "판례변경의 실제", 민사판례연구 제36권, 박영사(2015), 1005-1006면.

26) 주 25의 판결.

27) 위 전원합의체 판결의 결론에 찬성하면서, "대상판결은 계약 당사자의 의사 해석이라는 올바른 접근방식을 통하여 예금계약에 있어서 예금주를 확정하면서 금융실명제의 취지를 충분히 살리기 위하여 예금명의자 이외의 자를 예금주로 볼 수 있는 경우를 극도로 제한한 매우 의미 있는 판결이고, 이를 계기로 금융실명제는 더욱 확고하게 정착될 것으로 기대된다."라는 평석으로, 손철우, "금융실명제와 예금주 확정", 민사판례연구 제32권, 박영사(2010) 참조.

환청구에 관하여 실질적 이익을 요구하는 것은 위 전원합의체 판결의 취지 및 논리와 정합적이지 않은 면이 있다.[28]

다. 급부부당이득에서의 '이익' 판단기준과의 부정합

(1) 유형설에 의할 때 급부부당이득은 계약관계의 청산을 위한 구체적인 장치로서의 기능을 수행한다. 계약상 의무의 이행을 위해 급부가 이루어졌으나 계약이 무효이거나 취소되는 등 일정한 경우에 법은 그 계약이 청산될 것을 요구한다. 이때 계약관계의 청산은 급부를 받은 자가 급부를 제공한 자에게 그 급부를 반환하는 방식으로 이루어진다. 결국 계약관계의 청산을 위한 부당이득은 '법률상 원인이 없을 것'과 '급부'라는 두 가지 요소만에 의하여 정해진다.[29] 또 계약관계의 청산은 제공된 급부를 반환하는 것으로 충분하기 때문에 급부의 경제적 가치 유무나 그 급부로 인하여 급부수령자 또는 급부제공자의 총체재산이 증가 내지 감소되었는지 여부는 아무런 문제가 되지 않는다. 그렇다면 최소한 급부부당이득에 있어서는 급부수령자에게 '실질적 이익'이 있는지 여부는 부당이득반환청구권의 성부와 아무런 관련이 없다. 급부부당이득의 경우 민법 제741조의 부당이득반환청구권의 발생요건 중 수익자의

---

28) 반면 2010. 11. 11. 선고 2010다41263, 41270 판결처럼 예금명의자가 자신의 계좌로 원인관계 없는 금전을 송금받은 경우 부당이득반환의무를 부담한다는 취지로 판시한 경우도 있다. 위 판결의 사실관계는 원고 회사의 대표이사 A가 원고 회사의 대주주이자 피고 회사의 경영권을 행사하던 B의 지시를 받아 원고 회사 명의의 예금계좌를 개설하였고 피고 회사의 재무팀장 C가 B의 지시에 따라 원고 회사 명의의 예금계좌에 피고 회사의 자금 6억 원을 입금하였으며 원고 회사는 6억 원을 인출하여 B에게 송금한 것이다. 이에 대해 대법원은 "원고는 그 명의의 계좌로 피고가 송금한 6억 원을 입금받음으로써 그 계좌개설은행에 대하여 예금반환청구권을 취득하였고, 나아가 원고와 피고 사이에 위 계좌이체의 원인이 되는 법률관계가 존재하지 않는 이상 원고가 얻은 이익은 법률상 원인이 없는 것으로서 피고에 대하여 부당이득이 된다고 할 것이다."라고 판시하였다. 대법원은 위 사안에서는 '예금반환청구권의 취득'이라는 사실만으로 부당이득 성립요건으로서의 '이익'을 바로 인정한 것으로 보이는데, 그렇다면 역시 금전을 계좌로 송금받음에 따라 '예금반환청구권을 취득'한 대법원 2011. 9. 8. 선고 2010다37325, 37332 판결 사안에서도 최소한 '부당이득반환청구권의 성립 여부'에 대하여 서로 다른 결론이 도출될 합리적인 이유는 없다고 생각한다.

29) 양창수(주 6), 174-175면 참조.

이득, 손실자의 손해, 이득과 손해 사이의 인과관계는 급부가 이루어진 사실 자체만으로 충족되므로 따로 검토될 필요가 없는데,[30] 이에 더 나아가 '실질적 이익을 취득하였는가'에 대하여는 더더욱 고민할 필요가 없는 것이다.

(2) 이와 관련하여 대법원은 최근 급부부당이득에서 부당이득반환청구권은 '법률상 원인이 없을 것'과 '급부'라는 요건만으로 그 성부를 판단해야 한다고 명시적으로 판시한 바 있다.[31] 위 판결의 사실관계는 다음과 같다. 원고는 피고 학교법인에게 2회에 걸쳐 8,000만 원을, 피고 학교법인의 설립자 A가 설립한 소외 의료법인에게 별도로 3,000만 원을 각 대여하였는데 변제기가 도과하였음에도 대여금을 변제받지 못하자 피고 학교법인을 상대로 합계 1억 1,000만 원의 대여금의 지급을 청구하였다. 이에 대해 원심은 피고 학교법인이 대여받은 돈은 8,000만 원이고 나머지 3,000만 원은 소외 의료법인이 차용한 것이라고 사실관계를 확정한 다음, 금전 차용행위가 무효이어서 피고 학교법인은 결국 대여금 합계 8,000만 원을 부당이득하였으므로 이를 원고에게 반환할 의무가 있다고 판시하였다.[32] 원고와 피고 학교법인이 모두 상고했는데, 대법원은 "계약상 채무의 이행으로 당사자가 상대방에게 급부를 행하였는데 그 계약이 무효이거나 취소되는 등으로 효력을 가지지 못하는 경우에 당사자들은 각기 상대방에 대하여 계약이 없었던 상태의 회복으로 자신이 행한 급부의 반환을 청구할 수 있다. […] 이 경우의 부당이득반환의무에서는, 예를 들면 소유권

---

30) 양창수(주 14), 342-343면; 양창수 · 권영준(주 6), 428면; 김형배(주 6), 88면. 양창수(주 14), 158면은 "[…] 인과관계란 단지 하나의 사실을 수익자와 손실자가 각자의 시점에서 바라본 것일 뿐이다. 가령 계약의 이행을 위하여 급부를 하였으나 그 계약이 무효로 판명되어서 그 급부를 반환하여야 할 경우, 급부자의 '손해'라는 사실과 이와는 별도로 급부수령자의 이득이라는 사실 사이에 원인 · 결과의 관계가 있는 것은 아니다. 그것은 단지 급부라는 하나의 사실을 급부자와 급부수령자의 입장에서 각기 파악한 것에 불과하다."라고 한다.

31) 대법원 2010. 3. 11. 선고 2009다98706 판결(공2010상, 731).

32) 부산고등법원 2009. 11. 24. 선고 2009나1351 판결(금전 차용행위가 피고 학교법인의 이사회의 심의 · 의결이나 관할관청의 허가 없이 이루어져 사립학교법 제16조 제1항 내지 구 사립학교법 제28조 제1항에 위배되어 효력이 없다고 하였다).

등의 권리에 기하여 소유자 기타의 사람에게 배타적으로 귀속되어야 하는 이익이 제3자에게 귀속됨으로써 그 권리가 객관적으로 침해당하였으나 그 이익취득자에게 이익의 보유를 법적으로 정당화하는 권원이 없어서 권리자가 그에 대하여 그 취득한 이익을 부당이득으로 반환청구하는 경우에 상대방이 얻는 이익의 구체적인 내용을 따져서 과연 부당이득반환의 대상이 될 만한 것인지를 살펴보아야 하는 것(종전의 재판례가 부당이득반환청구소송에서 피고에게 '실질적인 이득'이 있어야 한다고 설시하는 것은 대체로 이러한 사건맥락에서이다)과 달리 상대방이 얻은 계약상 급부는 다른 특별한 사정이 없는 한 당연히 부당이득으로 반환되어야 한다. 다시 말하면 이 경우의 부당이득반환의무에서 민법 제741조가 정하는 '이익' 또는 '그로 인한 손해'의 요건은 계약상 급부의 실행이라는 하나의 사실에 해소되는 것이다."라고 판시하였다. 나아가 "대여금이 직접 학교 피고법인에게 지급되지 아니하고 소외 의료법인에게 지급되었으므로 피고가 얻은 급부가 없다거나 피고 학교법인에게 '실질적인 이득'이 없다는 상고이유의 주장은 받아들일 수 없다."라고 하였다.[33]

(3) 위 대법원 판결은 급부부당이득과 비급부부당이득에서 '이익' 요건에 관하여 차별적 취급이 필요함을 명시적으로 선언하고 종래 판례가 취하였던 '실질적 이익'의 법리가 적용될 수 있는 한계선을 설정하였다는 점에서 주목할 만하다. 급부부당이득에서는 법률상 원인 없이 급부가 이루어진 이상 급부수령자가 구체적 이익을 취득하였는지 검토할 필요 없이 당연히 부당이득반환청구권이 성립하는 것이라고 하면서도, 비급부부당이득(특히 침해부당이득)에서는 '상대방이 얻는 이익의 구체적인 내용을 따져 부당이득반환의 대상이 될 만한 것인지를 살펴야 한다.'라고 하면서 이를 종래 판례가 견지하여 온 '실질적 이익'의 법리와 결부시킨 것을 보면 위 대법원 판결은 급부부당이득과 '실질적 이익' 사이의 부정합성을 어느 정도 의식하고 있었던 것으로 보여진다. 급부부당이득의 경우에는

---

33) 본 판결에 찬성하는 취지의 평석으로, 이병준 · 정신동(주 10) 참조.

급부관계가 설정된 당사자들 사이에 그 급부를 반환하는 것만으로도 계약관계의 청산이라는 목적이 충분하고 간결하게 성취될 수 있다. 요컨대 위 대법원 판결은 급부부당이득이 문제되는 경우 종래 판례의 '실질적 이익'의 법리는 적용될 여지가 없음을 명확히 한 상당한 의미가 있는 판결이라고 볼 수 있다.[34)·35)] 결론의 당부에 관하여 보더라도, 급부부당이득은 급부의 경제적 가치 또는 급부로 인한 급부수령자의 경제적 상태의 변동을 묻지 않고 급부의 반환만으로 충분한 것이므로, 급부수령자가 취득한 이익의 내용이 무엇인지를 묻지 않고 급부수령자는 당연히 수령한 급부에 대한 부당이득반환의무를 진다는 결론은 논리적이고 타당한 입론이라고 할 것이다. 앞으로 급부부당이득 유형의 사안에서 같은 취지의

---

34) 위 사안에서 대법원은 대여금이 피고 학교법인에게 직접 지급되지 않고 모두 소외 의료법인에게 지급되었음을 이유로 피고 학교법인에게는 '실질적 이익'이 없다는 취지의 피고 학교법인의 주장을 배척하였는데, 대법원이 '실질적 이익'의 법리 자체를 배척한 것이라고 단정할 수는 없다. 급부부당이득에서 계약관계의 청산은 급부자와 급부수령자 사이에 수수된 급부를 반환하는 것으로 충분하므로 이에 더 나아가 급부수령자가 이익 또는 실질적 이익을 취득하였는지 여부는 검토할 필요조차 없기 때문이다. 대법원이 급부부당이득에 있어서는 급부의 실행만으로 부당이득반환청구권의 발생요건이 충족된다는 입장을 취한 이상 피고 학교법인의 '실질적 이익이 없기 때문에 부당이득반환청구권이 성립하지 않는다.'라는 주장을 배척하는 것은 논리적으로 당연한 귀결이다.

35) 대법원 2009. 11. 26. 선고 2009다35903 판결(공2010상, 17)도 아울러 참조. 위 판결은 지방자치단체가 타인 소유 임야의 일부 토지 위에 수도시설, 안내판, 관리소 등을 설치하여 유지·관리해 온 사안에서 지방자치단체는 임야소유자에게 위 시설물들의 부지 부분에 대한 점유·사용이익을 부당이득으로 반환할 의무가 있다고 하면서 "물건의 소유자가 그 물건에 관한 어떠한 이익을 상대방이 권원 없이 취득하고 있다고 주장하여 그 이익을 부당이득으로 반환청구하는 경우에는 우선 상대방이 얻는 이익의 구체적인 내용을 따져야 하고, 그 경우 그러한 이익의 유무는 상대방이 당해 물건을 점유하는지에 의하여 좌우되지 아니하고 점유 여부는 단지 반환되어야 할 이익의 구체적인 액을 산정함에 있어서 고려될 뿐이다. 그리고 그와 같이 이익이 긍정된다면 나아가 그 이익이 소유자의 손실로 얻어진 것인지 그리고 그 이익의 보유에 관한 법률상 원인이 있는지를 살펴야 한다."라고 판시하였다. 위 사안은 권원 없이 타인 소유의 부동산을 점유 내지 사용하는 자의 부당이득반환의무에 관한 것으로 유형설에 따른 비급부부당이득 중 침해부당이득의 전형적인 사례라고 볼 수 있다. 침해부당이득의 경우 수익자가 얻은 이익의 유무 및 그 내용을 검토하고 손실자의 손실 및 인과관계를 검토하는 입장은 대법원 2010. 3. 11. 선고 2009다98706 판결의 취지와 궤를 같이한다고 볼 수 있다.

판시가 이어질지 지켜볼 만하다.

라. 실질적 이익의 법리와 실무에서의 혼선

'실질적 이익'의 개념이 불명확하기 때문에 실무에서도 혼란을 빚어낸다. '실질적 이익'의 취득 여부를 달리 해석하거나 특정 사안에서만 이를 검토함으로써 급부관계나 재산이동의 흐름이 동일하거나 매우 유사함에도 서로 다른 결론이 도출되는 경우가 왕왕 발생한다.

① 대법원 2003. 12. 12. 선고 2001다37002 판결(미간행)

위 판결의 사실관계는 다음과 같다. D 은행의 지점장 C는 이미 D 은행에 대해 상당한 대출금채무가 있던 B와 제3자 명의로 추가대출을 받아 B의 대출금채무를 변제하기로 공모하였다. B는 A에게 D 은행으로부터 대출을 받아야 하는데 자기 명의로는 불가능하므로 대신 주채무자가 되어 줄 것을 요청하면서 3개월 내에 반드시 원리금을 상환하고 B의 부동산을 담보로 제공하고 B가 운영하는 회사가 보증을 서게 되므로 A에게는 아무런 피해가 없을 것이라고 피고를 기망하였다. A, B, C는 1997. 10. 14. 함께 모여 A가 D 은행으로부터 1억 원을 대출받는 대출계약을 체결하고 계약체결 직후 C는 A 명의의 예금통장에 1억 원을 입금시켰고 A는 위 통장과 자신의 도장을 즉시 B에게 건네주었다. B는 곧바로 A의 예금계좌에서 6,800만 원을 인출하여 C와의 합의에 따라 종전 자신의 D 은행에 대한 대출금채무 변제에 사용하였다. A는 위 대출계약이 B의 기망행위에 의한 것임을 이유로 이를 취소하였다. 대법원은 "A가 민법 제748조 제1항의 선의의 수익자에 해당하여 현존이익만을 반환할 책임이 있고, A가 B에게 대출금이 입금된 통장과 자신의 도장을 제공하여 B가 이를 전부 사용한 이상 현존이익은 A가 B에게 가지는 대출금 상당의 반환채권 자체 또는 그 평가액이 된다."라고 판시하였다.[36]

---

36) 원심(서울고등법원 2001. 5. 18. 선고 2000나57766 판결)은 A가 선의의 수익자에 해당함을 전제로, A, B, C 사이의 합의 내용 및 대출의 경과를 고려할 때 A에게 대출금 자체의 이익이 현존한다고 할 수 없고 단지 B에 대한 대여금채권만이 현존한다고 하였다. D 은행은 A가 선의의 수익자에 해당하지 아니하고 금전상 이득은 현존하는 것으로 추정되므로 A가 B로부터 대여금을 변제받았는지 여부와

위 판결에서는 A가 당연히 부당이득반환의무자임을 전제로 하여 부당이득반환의 범위만이 쟁점이 되었다. 그러나 종래 판례의 '실질적 이익'의 법리의 관점에서 위 판결의 사실관계를 살펴보면 과연 A가 취득한 '실질적 이익'이 무엇인지 의문이 들지 않을 수 없다. 원심이 확정한 사실관계에 의하면 A는 B와 동석한 자리에서 자기 명의의 통장으로 대출금을 입금받은 다음 그 즉시 위 통장과 도장을 B에게 건네주었고 B는 곧바로 대출금을 인출해 자기채무의 변제를 위해 이를 사용하였다. D 은행(지점장 C)은 A의 통장에 대출금을 입금하기 전부터 B가 위 돈을 사용할 것이라는 사정과 B의 자력 때문에 단지 A의 명의를 빌려 대출계약을 체결할 뿐이라는 사실을 모두 알고 있었고 A, B, C 모두 대출의 경위와 대출금의 실질적 사용자가 B라는 사정을 공통적으로 인식하고 있는 상태였다. B가 대출이 실행된 직후 이를 사실상 지배하고 실제로도 대출금을 모두 사용하였다면 B가 대출금의 경제적 이익을 모두 누린 것은 명백하다. 대출명의만을 빌려준 A는 과연 어떠한 '실질적 이익'을 취득한 것인가? 위 판결은 2003다8862 판결[37]과 좋은 대조를 이룬다. 2003다8862 판결의 사안에서 甲은 丙 회사의 자금을 횡령한 乙의 부탁으로 회사 자금을 자기 명의의 예금계좌로 송금받고 그 직후 다시 乙의 요구에 따라 자기 예금계좌에 입금된 돈을 乙의 예금계좌에 이체하였다. 중간자인 甲은 乙의 요청에 따라 丙 회사로부터 乙에게로 이동하는 금전의 흐름을 연결하는 역할을 수행하였을 뿐이다. 2001다37002 판결에서 D 은행으로부터 대출을 받기 위해 자신의 명의를 빌려준 것에 불과한 A와 문제된 급부에 대한 이익취득의 면에서 본질적으로는 차이가 없다. 그럼에도 2003다8862 판결 사안과 2001다37002 판결 사안을 대하는 대법원 태도는 정반대이다. 2003다8862 판결에서 대법원은 "甲이 그 명의의 예금계좌로 丙

무관하게 원고 은행이 피고에게 대출한 금전 모두를 현존이익으로 반환해야 한다고 다투면서 상고한 것이다. 이 사건에서의 쟁점은 A가 '선의의 수익자'에 해당하는지 여부와 대출받은 금전을 다시 제3자에게 대여한 경우 현존이익이 무엇인가였다.

37) Ⅱ. 2.의 ⑤번 판결이다.

회사의 돈을 입금받았더라도 실질적인 이익의 귀속자가 되었다고 볼 수 없다."라는 이유로 丙 회사의 甲에 대한 부당이득반환 주장을 배척하였다.[38]·[39] 甲과 A는 모두 자기 명의의 예금계좌로 돈을 입금받아 그 직후 乙 또는 B에게 이를 건넸고, 그 돈은 모두 乙과 B가 소비하였다. 그러나 A는 '실질적 이익' 취득 여부에 대한 검토 없이 부당이득반환의무자가 되었고, 甲은 '실질적 이익'이 없다는 이유로 부당이득반환의무에서 벗어났다. 甲과 A를 달리 보아야 하는 이유가 무엇인지 쉽게 파악하기 어렵다. 동일한 유형의 사안에서 이익취득 여부에 대해 다른 결론이 나오는 상황은 그 자체로 실질적 이익의 법리가 갖는 불명확성과 법리로서의 한계를 보여 준다고 할 것이다.

② 대법원 2009. 1. 15. 선고 2008다58367 판결(공2009상, 155)

위 대법원 판결의 사실관계는 다음과 같다. 원고는 피고 조합으로부터 5,000만 원을 차용하는 대출거래약정을 체결하면서 원고 소유의 부동산에 피고 조합을 근저당권자로 하는 근저당권설정등기를 마쳤다. 대출 당시 A가 원고와 함께 피고 조합을 방문하여 이 사건 대출거래약정서에

---

38) "乙이 횡령한 돈이 甲의 예금계좌로 입금되었다고 하더라도, 그로 인하여 甲이 위 돈 상당을 이득하였다고 하기 위해서는 甲이 […] 위 돈에 관한 처분권을 취득하여 실질적인 이득자가 되었다고 볼 만한 사정이 인정되어야 할 것인데, 원심이 인정한 사실은, 甲이 남편인 乙로부터 퇴직금 중간정산금이라며 그 보관을 의뢰받고 자신의 계좌로 위 돈을 송금받았다가 송금받은 그날 乙의 지시에 따라 송금된 돈을 곧바로 乙에게 송금하여 주었다는 것인바, 이와 같은 송금 및 반환 경위에 비추어 볼 때 甲이 위 돈을 자신의 구좌로 송금받았다고 하여 실질적으로 이익의 귀속자가 되었다고 보기는 어려우므로, 丙 회사의 甲에 대한 부당이득반환 주장은 이유 없다."라고 하였다.

39) 원심판결(서울고등법원 2003. 1. 8. 선고 2002나16455 판결)은 甲이 금전을 송금받음에 있어 고의나 중과실이 있는지 여부를 판단하였는데 이는 '횡령한 금전으로 채무를 변제하는 경우 채권자가 그 변제를 수령함에 있어 악의 또는 중대한 과실이 있는 경우 채권자의 금전 취득은 횡령 피해자에 대한 관계에 있어 법률상 원인이 없는 것'이라는 대법원 판례에 따른 것이었다. 원심판결은 甲이 자신의 예금계좌로 송금된 금전에 대한 수익자임을 전제로 다만 甲이 그 금전이 횡령금이라는 사실에 대해 알지 못하였고 중대한 과실도 없었으므로 부당이득반환의무가 없다고 판단한 반면 대법원은 그 판시와 같은 논리로 甲은 금전의 수익자라고조차 볼 수 없으므로 횡령사실에 대한 악의·중과실 여부에 대해 나아가 판단할 필요 없이 부당이득이 성립되지 않는다고 판단한 점이 다르다.

원고를 대신해 서명날인을 하고 대출금 5,000만 원을 수령한 후 자신의
아들 B의 사업자금으로 모두 사용하였다. A는 B를 차용인으로, A를 연대
보증인으로 한 차용증을 원고에게 교부하였고, 이후 한동안 대출금에 대
한 이자를 변제하기도 하였다. 그런데 이 사건 대출거래약정 및 근저당
권설정계약 체결 당시 원고는 의사무능력자였다. 원고는 피고 조합을 상
대로 의사무능력을 이유로 피고 조합 명의의 근저당권설정등기말소청구
를 하였고 이에 피고 조합은 근저당권설정등기의 말소와 동시에 원고로
부터 대출금 5,000만 원을 반환받아야 한다는 동시이행의 항변을 하였다.
대법원은 "법률상 원인 없이 취득한 것이 금전상의 이익인 경우에는 그
금전은 현존하는 것으로 추정되므로 위 이익이 현존하지 아니함을 이를
주장하는 자, 즉 의사무능력자측에 입증책임이 있다."라는 법리를 설시한
다음 "[A 또는 B가] 현재는 그 원리금을 제대로 변제하기 어려운 형편인
것으로 보이는바, 원고가 회수가능성 등을 고려하지 않은 채 경솔하게
분수에 맞지 않는 대여행위를 한 것은 금전을 낭비한 것과 다를 바 없어
위 대출금 자체는 이미 모두 소비하였다고 볼 것이지만, A 또는 B에 대
하여 대여금채권 또는 부당이득반환채권 등을 가지고 있는 이상 원고가
이 사건 대출로써 받은 이익은 그와 같은 채권의 형태로 현존한다."라면
서 원고의 부당이득반환책임을 인정하였다. 이 사안에서도 원고가 이 사
건 대출금에 관하여 '실질적 이익'을 취득하였는지는 쟁점으로 다루어지
지 않았고 원고가 당연히 부당이득반환의무자임을 전제로 부당이득반환
의무자가 무능력자일 경우 현존이익의 입증책임과 반환의 범위만이 쟁점
으로 다루어졌다.[40] 그러나 판례의 '실질적 이익'의 법리의 시각에서 이

---

40) 원심판결(인천지방법원 2008. 7. 10. 선고 2007나12913 판결) 역시 원고가 '실질
   적 이익'을 취득하였는지 여부에 관한 판단은 생략한 채 당연히 원고가 부당이득
   반환의무를 부담함을 전제로(즉 원고가 '이익'을 취득하였음을 전제로) 다만 민법
   제141조에 의해 무능력자는 받은 이익이 현존하는 한도에서 상환할 책임이 있는데
   이 사건에서 원고에게 이 사건 대출거래약정으로 인한 이익이 현존한다는 점을 인
   정할 증거가 없고 오히려 A가 대출금을 수령하여 B의 사업자금으로 사용한 사실
   이 인정된다는 이유로 피고의 동시이행항변 주장을 배척하였다. 상고심은 민법 제
   141조가 민법 제748조의 특칙으로 무능력자의 보호를 위해 선·악의를 묻지 아니

사안을 바라본다면, 원고는 대출거래약정의 당사자로 계약서에 기재되었을
뿐 A가 대출 당일 대출금을 모두 수령한 후 이를 모두 제3자인 B를 위하
여 소비하였으므로 원고는 이 사건 대출금과 관련하여서는 그 어떠한 실
질적인 이익도 취득한 바가 없다고 보아야 하는 것은 아닌지 의문이다(오
히려 원고는 그 소유의 부동산을 담보로 제공하는 경제적인 희생을 하였다).

　　③ **대법원** 2011. 9. 8. **선고** 2010다37325, 37332 **판결(공2011하,** 2065)[41]
　　위 대법원 판결의 사실관계를 간략히 요약하면, 피고가 원고의 무권
대리인 A와 원고 소유의 부동산을 3억 원에 매수하는 계약을 체결하고
원고 명의 예금계좌에 매매대금을 송금하였는데 원고로부터 기초노령연
금을 받을 수 있게 해 주겠다는 명목으로 원고 명의의 통장과 그 비밀번
호를 건네받은 A가 송금 당일 피고가 송금한 돈을 모두 인출하여 사용한
사안이다. 원심은 이 사건 매매계약은 무효이고 원고 명의의 예금계좌에
돈이 입금된 이상 실제 금전의 사용자가 A라고 하더라도 원고가 피고에
대한 부당이득반환의무를 부담한다고 판단하였으나 대법원은 금전의 송
금경위와 A가 이를 인출한 경위 등에 비추어 원고가 실질적으로 이익의
귀속자가 되었다고 보기 어렵다는 이유로 원심을 파기하였다.[42]

　　위 ①, ②, ③의 각 사안들은 모두 금전의 급부와 관련된 부당이득
사례들로서 급부수령자(즉 급부자의 표시된 효과의사에 의할 때 급부를 받
는 사람)와 실질적인 이익취득자가 상이하다는 구조적인 공통점을 가지고

　　하고 반환범위를 현존이익에 한정시키려는 데 그 취지가 있다고 보면서도 법률상
　　원인 없이 취득한 것이 금전상의 이득일 경우 그 현존이 추정된다는 법리가 의사
　　무능력을 원인으로 한 급부청산에도 적용된다고 하여 원심판결을 파기하였다.
　41) Ⅱ. 2.의 ⑥번 판결이다.
　42) "부당이득제도는 이득자의 재산상 이득이 법률상 원인을 갖지 못한 경우에 공
　　평·정의의 이념에 근거하여 이득자에게 그 반환의무를 부담시키는 것인데, 이득
　　자에게 실질적으로 이득이 귀속된 바 없다면 그 반환의무를 부담시킬 수 없다. 따
　　라서 피고가 송금한 위 각 금원이 원고의 이 사건 농협계좌로 입금되었다고 하더
　　라도, 그로 인하여 원고가 위 각 금원 상당을 이득하였다고 하기 위해서는 원고가
　　위 각 금원을 사실상 지배할 수 있는 상태에까지 이르러 실질적인 이득자가 되었
　　다고 볼 만한 사정이 인정되어야 할 것인데, 각 금원의 송금 경위 및 A가 이를
　　인출한 경위 등에 비추어 볼 때 원고가 위 각 금원을 송금받아 실질적으로 이익
　　의 귀속자가 되었다고 보기 어렵다."라고 하였다.

있다. 그러나 판례는 그 구조적인 유사성에도 불구하고 각 사안마다 다른 결론을 도출하고 있다. 그 결론의 당부와 별개로 이와 같은 판례의 태도는 '실질적 이익'의 내용과 그 판단기준이 무엇인지에 대해 다소의 혼란스러움을 자아내고 있는 것이 사실이다. 대법원이 이와 같은 실질적 이익 법리의 한계에도 불구하고 '실질적 이익'의 취득 여부에 따라 부당이득반환의무자를 결정하는 이유는 공평설의 입장에서 급부수령자에게 이익의 반환의무를 부담시킬 경우 공평·정의의 결과에 반하는 결과가 초래된다고 보기 때문인 것으로 생각된다. 그러나 '실질적 이익'의 법리가 갖는 위와 같은 난점들로 인해 유사한 사안에서 정반대의 결론이 나오는 등 오히려 공평과 정의에 반하는 결과가 초래될 위험성도 있는 것이다.

Ⅲ. 부당이득의 반환

1. 반환하여야 할 이익

가. 부당이득이 성립하면 수익자는 손실자에 대하여 부당하게 취득한 이익을 반환하여야 하는데, 여기서 반환하여야 할 이익이 무엇을 의미하느냐에 대하여 견해의 대립이 있다. 이익을 구체적인 취득과정의 결과로 생긴 수익자의 전체재산의 증가라고 이해하는 견해(이른바 차액설)[43]는 '어떤 사실이 없었다고 가정하는 경우에 존재하였으리라고 예상되는 재산의 총액보다도 그 사실이 있은 후에 현실적으로 존재하는 재산의 총액이 증가하고 있는 것'을 이익이라고 정의한다. 부당이득법의 본질에 관하여 공평설을 취하는 입장에서는 기본적으로 차액설에 따라 이익 요건을 판단한다고 한다. 이에 대하여 이익은 수익자의 총체재산과 무관하게 수익자가 구체적으로 취득한 대상 자체를 의미한다는 견해(이른바 구체적 대상설)[44]가 있다. 급부된 대상 자체가 이익이 되므로 그 경제적

---

43) 종래의 우리나라 다수설이라고 한다. 곽윤직(주 4), 351면; 김기선, 한국채권법각론(전정제2판), 법문사(1982), 354면.

44) 양창수(주 6), 534-537면; 지원림(주 21), 1640-1641면; 김형배(주 6), 225-226면; 현병철, "부당이득효과에 관한 일고찰-유형론의 입장에서-", 사법의 제문제; 경허 김홍규박사 화갑기념, 삼영사(1992), 226-230면; 김동훈, "부당이득에서 이득

가치 유무나 수익자의 전체재산과의 관계는 아무런 문제가 되지 않는다. 주로 유형설에서 주장되는 견해이다. 차액설과 구체적 대상설의 실제적인 차이는 주로 선의의 수익자가 반환하여야 할 현존이익을 어떻게 이해하느냐에서 드러난다.

　나. 대법원은 "부당이득은 그 수익의 방법에 제한이 없음은 물론, 그 수익에 있어서도 그 어떠한 사실에 의하여 재산이 적극적으로 증가하는 재산의 적극적 증가나 그 어떠한 사실의 발생으로 당연히 발생하였을 손실을 보지 않게 되는 소극적 증가를 가리지 않는 것"이라고 일반론적인 차원의 판시를 한 바 있다.[45)]

　다. 민법은 제741조에서 법률상 원인 없이 이익을 얻은 자는 '그 이익'을 반환하여야 한다고 규정하면서 반환의 범위를 정한 제747조 제1항에서는 '그 받은 목적물을 반환할 수 없는 때'에는 그 가액을 반환하여야 한다고 규정하고 있다. 민법 제747조 제1항의 반대해석상 그 받은 목적물을 반환할 수 있는 경우에는 그 목적물 자체를 반환하는 것으로 부당이득반환의무를 이행한 것이라고 보아야 할 것이다. 결국 구체적 대상설이 법문에 보다 충실한 해석이라고 생각한다. 또 차액설에 의한다면 수익자가 '이익'을 취득하였는지 판단하기 위해서는 수익자가 보유한 재산전체에 대한 평가를 통해 취득행위를 전후로 재산상태가 증가되었는지를 살펴야 하는데 이것은 결코 용이한 작업이 아니다. 실무에서도 수익자의 재산총체에 대한 평가 없이 구체적인 재산 취득과정에서의 재산증감만을 검토하고 있다.

2. 원물반환과 가액반환

가. 원물반환의 원칙

　민법 제747조 제1항의 반대해석상 수익자는 받은 목적물 자체를 반

의 개념과 현존이익의 판단기준", 중앙법학 제11집 제4호, 중앙법학회(2009), 87면.
45) 대법원 1996. 11. 22. 선고 96다34009 판결[공1997. 1. 1.(25), 32] 등. 이에 대하여 '재산의 증가'라는 표현은 차액설이 이득을 설명할 때 사용하는 표현이라는 점 등을 근거로 판례는 기본적으로 차액설의 입장이라는 견해로서 이계정(주 20), 571-572면.

환하여야 한다. 수익자가 반환해야 할 목적물에는 그 목적물에 기하여 수익자에게 발생한 과실이나 사용이익 기타의 종된 권리가 포함된다.[46] 원물반환과 관련하여 특히 문제되는 것은 수익자가 법률상 원인 없이 취득한 것을 처분하여 얻은 것을 부당이득으로서 반환청구할 수 있는가이다. 항을 바꾸어 살펴본다.

나. 수익자가 처분행위로 취득한 것에 대한 부당이득반환청구 가부

(1) 예컨대 수익자가 법률상 원인 없이 취득한 물건을 매각한 경우 그 매각대금을 부당이득으로서 반환청구할 수 있는가.[47] 통상 수익자가 원래 취득한 목적물에 갈음하여 취득한 것(이를 '대위물'이라고 한다)은 반환의 대상인 '받은 목적물'로 보아 반환청구권자는 그 대위물의 반환을 청구할 수 있다고 해석된다.[48] · [49] 대위물의 예로서 물건의 훼멸 · 침탈의 대상으로서의 손해배상금, 토지수용에 의한 보상금, 보험금, 법률상 원인 없이 취득한 채권에 기하여 채무자로부터 받은 급부 등이 논하여진다.[50] 수익자가 취득한 물건을 처분함으로써 새롭게 얻은 것도 대위물로 본다면 수익자는 최초 취득한 물건의 가액이 아닌 새롭게 얻은 것을 반환해야 할 의무를 지게 될 것이다.

---

46) 양창수(주 6), 558면 이하 참조. 독일민법 제818조는 수익자가 '수취한 수익 (gezogene Nutzungen)'에도 반환의무가 미친다고 규정하고 있는데, 여기서 '수익'이란 과실과 사용이익을 모두 포함하는 개념이라고 한다.

47) 이와 같은 문제제기가 의미를 갖기 위해서는 매각된 물건의 객관적 가액이 수익자가 실제로 취득한 매매대금과 다른 경우이어야 한다. 원물반환이 아닌 가액반환은 어차피 금전으로 이루어지는 것이므로 물건의 객관적 가액과 매매대금이 동일하다면 수익자가 반환해야 할 금액에 아무런 차이가 없기 때문이다. 즉 이와 같은 가정의 특수성은 수익자가 물건을 처분함으로써 새롭게 얻은 물건이 금전이기 때문에 발생하는 것이다.

48) 이를 '대위의 원칙'이라고 한다. 대위물은 '받은 목적물'을 갈음하는 것이므로 대위물을 반환하는 것은 '받은 목적물'의 가액을 반환하는 것이 아니다. 즉 대위의 원칙이 적용되는 한 원물반환의 원칙이 지켜진다.

49) 양창수(주 6), 560-561면; 四宮和夫, 事務管理 · 不當利得 · 不法行爲 上卷, 靑林書院(1995), 82면. 독일민법 제818조 제1항은 "반환의무는 수취한 수익 및 수익자가 취득한 권리에 기하여 얻은 것 또는 취득한 목적물의 멸실, 훼손 또는 침탈에 대한 배상으로 얻은 것에도 미친다."라고 규정하여 '대위의 법칙'을 명시적으로 선언하고 있다.

50) 양창수(주 6), 560면; 四宮和夫(주 49), 84면.

(2) 이에 대하여는 수익자가 당초 취득한 물건을 처분함으로써 수령한 매매대금을 반환하여야 한다는 견해, 당초 취득한 물건의 객관적 가액을 반환하여야 한다는 견해, 수익자가 악의인 경우에는 매매대금을, 선의의 경우에는 원물의 중간최고가격과 매매대금 중 낮은 것을 반환하면 충분하다는 견해 등이 있을 수 있다.[51] 수익자의 원물에 관한 법률행위로 인해 원물과 다른 것을 취득한 경우에는 수익자의 관여 내지 기여를 고려하여 원물의 객관적 가액을 반환하는 것이 타당하다는 견해가 유력하다.[52]

(3) 대위의 법칙은 가치의 교란 없이 원물의 형상이 변화하는 경우에만 적용될 수 있는 것이다. 대위물에 대하여 반환청구권자가 추급할 수 있도록 하는 이유는 대위물은 원물과의 가치적 동일성이 온전히 유지되고 있기 때문이라고 보아야 한다. 그런데 수익자가 매매 등의 처분행위로 당초 취득한 것과 다른 것을 얻은 경우에는 다양한 가치교란 현상이 발생할 수 있다. 수익자가 처분행위 등으로 원물의 형상 변화에 개입하는 경우 원물의 객관적 가치뿐만 아니라 수익자의 관여 내지 기여도가 어떠한 형태로든 새롭게 취득한 것의 가치형성에 반영된다. 그렇다면 수익자의 개입으로 취득된 것은 원물과의 가치적 동일성이 유지된다고 볼 수 없으므로 이를 '대위물'로 평가할 수 없다. 따라서 이러한 경우에는 원물반환의 원칙이 적용되지 않고, 수익자는 '그 받은 목적물을 반환할 수 없는 때'에 해당하여 목적물의 객관적인 가액을 반환하는 것으로 충분하다고 할 것이다.

3. 선의의 수익자의 반환범위
가. 현존이익의 반환

민법 제748조는 "선의의 수익자는 그 받은 이익이 현존한 한도에서 전조의 책임이 있다."라고 규정하고 있다. 반환의 방법(원물을 반환할 것인지 가

---

51) 일본에서의 학설대립이다[양창수(주 6), 561면; 四宮和夫(주 49), 85면 참조].
52) 양창수(주 6), 561면; 이계정(주 20), 583면.

액으로 반환할 것인지)은 원물 또는 대위물이 존재하는지에 따라서 결정되는
것이고, 선의의 수익자는 그 이익(원물이든 가액이든)이 현존하는 범위에서만
반환하면 된다. 선의의 수익자란 자기가 얻은 이익이 법률상 원인 없음을 알
지 못하는 수익자를 말한다.[53] 선의의 수익자의 반환의무의 범위를 현존이익
으로 제한한 것은 그 이익취득을 유효한 것으로 믿은 수익자의 신뢰를 보호
하기 위해서이다.

나. 입증책임

현존이익에 관한 입증책임에 관하여 대법원은 "선의의 수익자에 대한 부
당이득반환청구서에 있어 그 이익이 현존하고 있는 사실에 관하여는 그 반환
청구자에게 입증책임이 있다고 보는 것이 상당하다."[54]라는 입장을 취한다.
다만 법률상 원인 없이 취득한 것이 금전상의 이득인 경우에는 "취득한 자가
소비하였는가의 여부를 불문하고 현존하는 것으로 추정된다."[55]라고 한다.[56]

다. 금전을 부당이득한 경우와 현존이익의 판단

(1) 금전은 그 자체의 사용가치는 없고 교환가치만이 의미가 있을
뿐이므로 통상 수익자에 의해 손쉽게 처분되거나 소비될 것이 늘 전제되
어 있다. 선의의 수익자가 법률상 원인 없이 취득한 것이 금전이고 이를
그 기대된 전제와 같이 처분·소비한 경우 과연 선의의 수익자가 반환해
야 할 현존이익이 있는 것인지, 있다면 그 대상과 범위는 무엇인지 문제
된다. 항을 바꾸어 특히 부당이득한 금전을 제3자에게 대여한 경우를 살

---

53) 법률상 원인 없음을 알지 못한 데에 과실이 있는지는 문제되지 않는다[지원림
   (주 21), 1645면 참조].
54) 대법원 1970. 2. 10. 선고 69다2171 판결[집18(1)민, 093].
55) 대법원 1996. 12. 10. 선고 96다32881 판결[공1997. 2. 1.(27), 317].
56) 다만 취득한 것이 금전상의 이득이 아니더라도 성질상 계속적으로 반복하여 거
   래되는 물품으로서 곧바로 판매되어 환가될 수 있는 금전과 유사한 대체물인 경우
   에는 이득의 현존이 추정된다는 것에 대법원 2009. 5. 28. 선고 2007다20440,
   20457 판결(공2009하, 987)(원고가 피고로부터 비디오폰을 비롯한 각종 통신제품을
   매수하여 중간도매상과 소비자 등에게 판매하는 것을 업으로 하고 있는 점, 이 사
   건 거래대상인 비디오폰 등은 곧바로 금전으로 환가될 예정이었던 점, 원고가 무
   상으로 공급받은 거래기간이 특정되어 있고 총 거래량과 거래금액 역시 특정이 불
   가능하지 않은 점 등에 비추어 원고가 취득한 비디오폰 등의 각종 통신제품은 금
   전 유사 대체물로 볼 수 있어 그 이득이 현존하는 것으로 추정된다고 보았다).

펴본다.

(2) 부당이득한 금전을 제3자에게 대여한 경우

(가) 다음과 같은 다양한 견해들이 제시될 수 있다. 수익자의 처분행위로 인한 위험은 수익자가 부담해야 하는 것이므로 수익자가 취득한 금전상의 이득은 그대로 현존하는 것으로 보아야 한다는 견해,[57] 선의의 수익자를 보호하기 위하여 제3자가 무자력인 경우에는 현존이익은 소멸한 것으로 보아야 한다는 견해,[58] 역시 제3자가 무자력인 경우 이익이 소멸된 것으로 보아야 하므로 금전의 반환을 구할 수는 없으나 반환청구권자는 수익자에게 제3자에 대한 대여금채권의 양도를 구할 수 있다는 견해[59] 등이 있을 수 있다.

(나) 관련 판례

① 대법원 2003. 12. 12. 선고 2001다37002 판결(미간행)[60]

"피고가 B에게 원고 은행으로부터 받은 대출금이 입금된 자신의 통장과 도장을 건네주어 B가 이를 모두 사용한 이상, 결국 피고가 B에게 가지는 위 대출금 상당의 반환채권(대여금채권) 자체 또는 그 평가액이 그 현존이익이 된다.[61] 그러나 기록에 나타난 B의 자력에 비추어 위 대여금의 변제가능성이 지극히 불투명하므로 곧 그 대여금 1억 원 상당의 이익

---

57) 양창수(주 6), 588면.

58) 일본의 통설이라고 한다[현병철, "부당이득반환청구권의 범위-현존이익을 중심으로-", 법학논총 제17집, 한양대학교 법학연구소(2000), 177면 이하 참조].

59) 주로 독일에서 주장된 견해로 종래 독일에서는 수익자가 이득한 대상에 대하여 재산적 처분을 하였을 경우 그 처분이 경제법칙상 상당한 효과를 거두지 못하였으면 이러한 사정을 수익자가 반환할 이득의 산정에 있어서 고려하여야 한다는 것이 판례·학설상 인정되어 왔다고 한다[양창수(주 6), 588면; 양창수, "독일민법상의 이득개념의 형성과 그 구체적 적용", 법조 제34권 제3호(1985), 53면 이하 참조].

60) Ⅱ. 3. 라.의 ①번 판결이다. 사실관계는 Ⅱ. 3. 라.항 참조.

61) 법률상 원인 없이 타인의 재산 또는 노무로 이익을 얻고 그로 인하여 타인에게 손해를 가한 경우, 그 취득한 것이 금전상의 이익인 때에는 그 금전은 이를 취득한 자가 소비하였는가의 여부를 불문하고 현존하는 것으로 추정하는 것이 판례의 태도인데(주 55, 56 참조), 이 사건에서 대법원은 피고가 B에게 대출금 1억 원이 입금된 피고 명의의 예금통장과 피고의 도장을 B에게 제공하여 B가 그 돈 전액을 인출 사용하였음이 명백한바 그와 같은 추정은 깨어졌다고 보았다.

이 현존한다고 볼 수는 없고 달리 그 평가액이 얼마인지에 관하여는 주장, 입증이 없으므로, 원고 은행이 피고에 대하여 B에 대한 대여금채권의 양도를 구하는 것은 별론으로 하고 그 대여금 1억 원이 현존이익임을 전제로 하여 그 원리금의 지급을 구하는 이 사건 청구는 이유 없다."라고 하였다.

② **대법원 2009. 1. 15. 선고 2008다58367 판결(공2009상, 155)[62]**

원고가 피고로부터 대출받은 대출금을 甲에게 모두 대여하고 甲이 이를 모두 소비하였는데 甲이 무자력인 사안에서 "원고가 회수가능성 등을 고려하지 않은 채 경솔하게 분수에 맞지 않는 대여행위를 한 것은 금전을 낭비한 것과 다를 바 없어 위 대출금은 모두 소비하였다고 볼 것"이지만, "甲에 대하여 대여금채권 또는 부당이득반환채권 등을 가지고 있는 이상 원고가 이 사건 대출로써 받은 이익은 그와 같은 채권의 형태로 현존한다."라고 하면서 피고는 원고에게 "위 대출금 자체의 반환을 구할 수는 없다 하더라도 현존이익인 위 채권의 양도를 구할 수는 있다."라고 하였다.

(다) 검 토

1) 수익자가 법률상 원인 없이 취득한 금전을 제3자에게 무상으로 증여한 경우에는 현존이익이 없으므로 수익자는 아무런 반환책임을 지지 않는다고 보아야 한다.[63] 그러나 수익자가 제3자에게 금전을 대여하는 경우에는 수익자는 '대여금채권'을 취득하므로 이익이 없다고 볼 수 없다. 제3자가 무자력인 경우 수익자의 대여금채권은 사실상 무가치하므로 제3자에게 금전을 증여하는 경우와 현상학적인 차이가 없다고 볼 여지도 있다. 그러나 수익자가 '채권자'라는 재산상 가치 있는 법률상 지위를 취득하였다는 점에서 엄연히 그 경제적 이익 상태는 증여의 경우와 다

---

62) Ⅱ. 3. 라.의 ②번 판결이다. 사실관계는 Ⅱ. 3. 라.항 참조.

63) 동지 양창수·권영준(주 6), 466면. 다만 이에 대하여 금전의 증여는 수익자가 자신의 책임하에 한 행위이므로 반환청구자에게 그 책임을 전가할 수 없다는 점을 근거로 현존이익의 소멸의 항변을 할 수 없다는 견해[我妻榮, 債權各論 下卷(一), 岩波書店(1972), 1100면]와 증여를 금전의 낭비로 볼 수 있는 경우에 한하여 이익소멸의 항변이 가능하다는 견해[四宮和夫(주 49), 44, 89면]도 있다.

르고 법률적으로도 다르게 취급할 필요성이 있다.[64] 또 수익자의 거래행위로 인한 위험은 그러한 거래행위를 결정한 수익자에게 귀속되어야 한다. 채무자의 무자력이라는 우연한 사정으로 현존이익의 소멸을 인정한다면 손실자에게 부당한 희생을 강요하는 것이기 때문이다.[65] 따라서 수익자가 법률상 원인 없이 취득한 금전을 제3자에게 대여한 경우에는 이익이 소멸하지 않고 현존한다고 보아야 한다.

    2) 이익이 현존한다고 할 경우 수익자가 반환해야 할 이익은 구체적으로 무엇일까. 대여금채권 자체라는 견해, 대여금채권의 평가액이라는 견해, 대여금채권의 액면금이라는 견해 정도를 상정할 수 있다. 금전을 부당이득한 수익자가 이를 제3자에게 대여하는 경우 수익자는 '대여금채권'을 새롭게 취득한다. 그러나 앞서 살핀 바와 같이 대여금채권은 수익자의 처분행위에 의해 취득된 것이어서 금전의 '대위물'이 아니다. 또 금전은 그 가치적 특성으로 말미암아 특정물로서의 의미는 사실상 없어 원물반환의 대상이 되지 않고 가액반환만이 허용되므로,[66] '원물'을 전제로 한 '대위물'이라는 개념 자체를 상정하기 힘들다. 따라서 대여금채권 자체를 현존이익으로 보아 그 반환을 명할 수는 없다.

---

64) 손실자가 수익자를 상대로 부당이득의 반환을 청구할 당시에는 제3자가 무자력이었으나 이후 제3자가 자력을 회복한 경우를 상정해 보자. 수익자가 대여금채권을 보유하는 한 언제라도 그 변제를 받을 가능성은 항상 존재하므로 대여금채권의 경제적 가치가 '0'이라고 말할 수 없다.

65) 이와 같은 맥락에서 수익자가 원래의 '받은 목적물'에 투자나 노력을 가하여 통상의 사용이익을 초과해 얻어진 이익(이른바 운용이익)은 수익자가 반환해야 할 이익의 범위에서 공제해야 한다는 것에, 대법원 1995. 5. 12. 선고 94다25551 판결[공1995. 6. 15.(994), 2104]("수익자가 자신의 노력 등으로 부당이득한 재산을 이용하여 남긴 이른바 운용이익도 그것이 사회통념상 수익자의 행위가 개입되지 아니하였더라도 부당이득된 재산으로부터 손실자가 당연히 취득하였으리라고 생각되는 범위 내의 것이 아닌 한 수익자가 반환하여야 할 이득의 범위에서 공제되어야 한다."라고 하였다). 이에 대하여 초과이익은 수익자의 노력과 재능이 더하여진 결과이므로 손실자 일방에게 전적으로 귀속시키는 것은 정당하지 않다는 이유로 위 판결에 찬성하는 입장으로 지원림(주 21), 1644면. 원칙적으로 운용이익 전부를 반환해야 한다는 입장으로 김형배(주 6), 213-214면; 송덕수, 민법강의(하), 박영사(2007), 640면.

66) 양창수(주 6), 562면.

제3자의 자력을 반영한 채권의 실질적 가치인 평가액을 현존이익으로
보는 경우에는 수익자의 처분행위에 의한 위험을 손실자에게 전가한다
는 문제가 동일하게 발생한다. 결국 이 경우 수익자가 반환해야 할 현
존이익은 제3자에게 금전을 대여함으로써 발생한 대여금채권의 액면금(객
관적 가액)이라고 보아야 할 것이다.[67] 수익자가 반환해야 할 현존이익을
이렇게 보는 이상 손실자는 수익자를 상대로 부당이득반환의 방법으로
서 대여금채권의 양도를 구할 수는 없다고 봄이 논리적이다.[68]

　　3) 이러한 논증에 입각할 때 ①, ②의 판례가 전개하는 논리는 다소
이해하기 어려운 면이 있다.

　　①의 판결은 수익자(피고)가 제3자(A)에게 가지는 대여금채권 자체
또는 그 평가액이 현존이익이 된다고 한다.[69] 그러나 앞서 살핀 바와 같
이 수익자가 '받은 목적물'은 1억 원 상당의 '금전'이므로 '대여금채권'은
금전의 대위물이 될 수 없고, '대여금채권'의 평가액을 현존이익으로 보
면 대표적 거래위험인 제3자의 자력유무를 손실자에게 전가시키는 결과
가 된다. 따라서 현존이익이 '대여금채권 자체 또는 그 평가액'이라는 ①의

----

67) 금전이 아닌 물건을 취득하여 이를 매각한 경우 수익자가 반환해야 할 이익은
수익자가 실제 수령한 매각대금이 아니라 물건의 객관적 가액이라는 결론과 동일
한 논지이다.
68) 금전과 채권은 그 각 부당이득반환의 방법이 다르다는 것이 판례의 기본태도이
다. 부당이득한 것이 채권인 경우 채권 자체를 반환하여야 하지 채권의 가액에 해
당하는 금전의 반환을 구할 수는 없다는 것에, 대법원 1995. 12. 5. 선고 95다
22061 판결[공1996. 1. 15.(2), 200] 참조("부당이득이 성립되는 경우 그 부당이득의
반환은 법률상 원인 없이 이득한 것을 반환하여 원상으로 회복하는 것을 말하므
로, 법률상 원인 없이 제3자에 대한 채권을 취득한 경우, 만약 채권의 이득자가
이미 그 채권을 변제받은 때에는 그 변제받은 금액이 이득이 되어 이를 반환하여
야 할 것이나, 아직 그 채권을 현실적으로 추심하지 못한 경우에는 손실자는 채권
의 이득자에 대하여 그 채권의 반환을 구하여야 하고 그 채권 가액에 해당하는
금전의 반환을 구할 수는 없다").
69) 이 판결에 찬성하는 견해로서, 최복규, "대출계약이 사기에 의한 의사표시임을
이유로 취소된 경우 반환하여야 할 부당이득의 대상", 대법원판례해설 제47호, 법
원도서관(2004)(이 사안에서 피고는 선의의 수익자이므로 현존이익은 A에 대한 대
여금채권 또는 그 가치인데 A의 무자력으로 인해 대여금채권이 무가치하게 되었
으므로 원고는 그 양도를 구하는 외에 대여금 상당의 이득반환을 구할 수는 없다
고 한다).

판결의 판시에는 동의하기 어렵다. 나아가 위 판결은 'A의 자력에 비추어 대여금의 변제가능성이 지극히 불투명하므로 피고에게 그 대여금 1억 원 상당이 이익이 현존한다고 볼 수 없고, […] 원고가 피고에 대하여 A에 대한 대여금채권의 양도를 구하는 것은 별론으로 하고 […]'라고 판시하여 마치 부당이득반환의 방법으로 원고가 피고를 상대로 대여금채권 자체의 양도를 구하는 것이 가능하다는 취지의 판시를 하였다.[70] 그러나 이러한 판지 역시 동의할 수 없음은 앞서 본 바와 같다. 우리의 부당이득법제상 부당이득의 반환은 '받은 목적물' 자체 내지 그 가액을 반환하는 것만이 허용되는데 '금전'의 부당이득에서 금전의 처분으로 취득한 '채권'은 '받은 목적물 또는 그 대위물'이 아니고 금전의 '가액'도 아니기 때문이다.[71]

②의 판결은 '원고가 회수가능성 등을 고려하지 않은 채 경솔하게 분수에 맞지 않는 대여행위를 한 것은 금전을 낭비한 것과 다름없어 피고로부터 받은 대출금(받은 목적물)은 이미 모두 소비하였다'라고 하면서 다시 원고가 이 사건 대출로써 받은 이익은 'A에 대한 채권의 형태로 현존한다'라고 한다. 나아가 피고는 '대출금 자체'의 반환을 구할 수는 없지만 현존이익인 'A에 대한 채권'의 양도를 구할 수 있다고 한다. ②의 판

---

70) 수익자가 제3자에 대하여 가지는 채권을 만족받기가 지극히 어려운 경우 그 채권을 손실자에게 양도함으로써 현존이익이 없음을 이유로 손실자의 부당이득반환청구를 물리칠 수 있다는 것이 BGHZ 72, 9(13)의 입장이라고 한다[양창수(주 6), 582면 주18]. ①의 판결은 이러한 독일에서의 논의의 영향을 받은 것으로 생각된다.

71) 한편 이처럼 수익자의 제3자에 대한 채권이 무가치한 것이 되었을 때, 종래 독일에서 제3자에 대한 채권 자체의 양도를 부당이득반환의 방법으로 인정하는 이유는 결국 선의의 수익자를 보호하기 위한 것으로 이해되어진다. 즉 독일의 종래 학설과 판례는 부당이득반환책임의 최고원칙은 '선의의 수익자는 현존하는 이익보다 더 많은 것을 반환함으로써 불이익을 입어서는 안 된다는 것'이고 따라서 수익자에게 불이익한 일체의 사정(심지어 수익자가 취득한 것을 고의 내지 부주의로 파손시킨 사정들을 포함한다)을 반환할 이익의 산정에 고려하여야 한다는 것이었다. 따라서 수익자가 법률상 원인 없이 금전을 취득한 후 이를 제3자에게 대여하였는데 제3자가 무자력인 경우 수익자가 최초 취득한 금전을 반환해야 한다면 수익자에게 불이익하므로 제3자에 대한 채권을 손실자에게 양도함으로써 손실자의 부당이득반환청구를 물리칠 수 있다는 것이다[양창수(주 6), 524면 이하 참조].

결이 설시한 문구만으로 그 논리를 분석해 보자면, '대출금 자체의 반환을 구할 수는 없다'는 결론은 '대출금은 이미 모두 소비하였다'는 사실로부터 끌어내고, '채권의 양도를 구할 수는 있다'라는 결론은 '이익은 채권의 형태로 현존한다'라는 사실로부터 끌어낸 것으로 파악된다. 그러나 이는 금전부당이득에 있어서 반환방법의 특수성과 부당이득반환의 방법과 범위에 관한 민법의 규정을 다소 혼동한 소치가 아닌가 생각된다.[72] 앞서 살핀 바대로 금전을 부당이득한 경우 예외적인 경우가 아닌 한 원물반환은 생각할 수 없고 가액반환만이 인정된다. 따라서 수익자가 취득한 그 금전을 소비하였는가는 반환의 방법을 결정하는 데 고려할 필요가 없고, 그러한 소비가 반환의무를 소멸시키는 소비인지 여부(즉 이익이 소멸하였는지의 문제)만이 남는 것이다. 따라서 '수익자가 금전을 소비하였다'라는 사실을 인정할 실익은 현존이익이 소멸하여 수익자에게 반환의무가 없다는 결론을 도출하기 위한 것에 국한된다. '대출금 자체의 반환을 구할 수는 없다'라는 판례의 결론은 반환의무 자체는 인정하면서 반환의 방법을 어떻게 할 것인가에 대한 질문에 대한 답변인 셈인데 처음부터 가액반환만이 가능한 금전부당이득의 특수성을 간과한 불필요한 입론인 것이다. 두 번째로 '현존이익인 채권의 양도를 구할 수 있다.'라는 결론에

---

72) 위 판결의 결론에 찬성하는 견해로서, 이흥권, "무능력자의 부당이득의 반환 범위", 대법원판례해설 제79호(2009상), 법원도서관(2009), 30-32면. 원고가 무능력자임을 고려할 때 원고의 보호를 위해서는 제3자에 대한 대여행위를 '처분행위'보다는 '낭비'로 보아 현존이익이 소멸한 것으로 봄이 타당하다고 하면서도 다만 원고가 명목적으로나마 대여금채권을 취득하였고 예컨대 '술을 마셔 소비하는 경우'와는 분명히 다른 경우라는 점까지 종합적으로 고려할 때는 원고의 이익이 단지 대여금채권의 형태로만 존재하고 원고는 그 채권을 피고에게 양도함으로써 더 이상 이익이 존재하지 아니함을 주장할 수 있도록 하고 피고로서도 위 채권의 양도를 구하는 것만을 허용하고 원고가 수령한 금전 자체의 반환을 구할 수는 없다고 보는 것이 타당하다고 한다. 같은 취지에서, 통상의 경우 원고의 현존이익은 제3자에 대한 대여금채권의 액면액에 상응하는 금액이나 원고가 의사무능력자이고 제3자가 무자력으로 증명되는 경우에는 의사무능력자의 보호를 위해 대여금 상당의 금전상 이득이 대여금채권으로 변형되어 존재하는 것으로 이론구성함이 타당하는 견해로, 윤장원, "의사무능력을 둘러싼 법률관계", 판례연구 제22집, 부산판례연구회(2011), 37-39면. 그러나 이러한 견해들에 대하여는 위에서 설시한 판례에 대한 비판론이 그대로 적용될 수 있다고 하겠다.

대하여도 채권은 금전의 대위물이 아니어서 이를 원물반환이라고 볼 수
도 없고 가액반환은 더더욱 아니므로 우리 법이 예정하고 있지 않은 이
득반환의 방법이라는 점에서 그와 같이 채권의 양도를 명할 법률적 · 이
론적 근거는 미약하다고 할 것이다.[73]

4. 악의의 수익자의 반환범위
가. 악의의 의미

악의의 수익자는 '그 받은 이익'뿐만 아니라 '이자'를 붙여 반환하여
야 하고 '손해'가 있으면 이를 배상하여야 한다(민법 제748조 제2항). '악의'란 법률상
원인 없음을 야기하는 사정은 물론 그 법적 효과까지 의식하고 있는 것
을 말한다.[74] 즉 자신의 이익보유를 '법률상 원인 없게 하는 사정'을 아
는 것만으로는 부족하고 그로 인해 이익보유가 '법률상 원인 없는 것'이
라는 점까지 알 것을 요구한다.[75] 선의의 수익자가 과실이 있는 경우라

---

73) 이계정(주 20), 592–593면은 이 사건에서 '원고의 현존이익은 원고의 A에 대한
대여금채권의 객관적 가치 상당액이라고 보아야 할 것이고 그 대여금채권 자체라
고 보기는 어렵다.'라고 하면서도 '다만, 그 대여금채권의 객관적인 가치를 실제로
평가하는 것이 어렵다는 점을 고려하여 대여금채권 자체를 부당이득으로 구할 수
있다고 선해하면, 위 판시의 구체적 타당성을 인정할 수 있다.'라고 한다. 객관적
인 가치를 평가하는 것이 어렵다고 보는 것은 결국 제3채무자의 자력 등 변제가
능성에 대한 평가가 수반되어야 함을 전제로 한 것으로 보이는데 그러한 평가까지
고려된 금전채권의 가치는 객관적 가치라기보다는 '실질가치'라는 것에 더 어울린
다. 그런데 이와 같은 '실질가치'로 현존이익을 평가하게 되면 수익자의 결단으로
인한 거래위험을 손실자에게 부당하게 전가하는 결과가 발생할 수 있다. 부당이득
의 반환에서 문제되는 대여금채권의 '객관적 가치'는 대여금채권의 액면금이라고
보는 것이 더 타당하지 않을까 한다.
74) 양창수(주 6), 591면 이하 참조.
75) "악의의 수익자라 함은 자신의 이익보유가 법률상 원인 없는 것임을 인식하는
것을 말하고, 그 이익의 보유를 법률상 원인이 없는 것이 되도록 하는 사정, 즉
부당이득반환의무의 발생요건에 해당하는 사실이 있음을 인식하는 것만으로는 부
족하다."라는 판례로서 대법원 2010. 1. 28. 선고 2009다24187, 24194 판결(공2010
상, 398)(계약명의신탁에서 명의수탁자가 수령한 매수자금이 명의신탁약정에 기하
여 지급되었다는 사실을 알았다고 하더라도 명의신탁약정이 부동산 실권리자명의
등기에 관한 법률에 의하여 무효가 된다는 등의 사정이 부가되지 아니하는 한 명
의수탁자가 매수자금을 수령함에 있어 법률상 원인이 없음을 알았다고 할 수 없다
고 하였다).

고 악의의 수익자로는 볼 수 없지만 중과실이 있는 경우에는 악의의 수익자와 같이 보아야 한다는 유력한 견해가 있다.

나. 반환의 범위

악의의 수익자는 '그 받은 이익' 전부를 반환하여야 한다. 그 현존 여부를 불문한다. 따라서 수익자가 그 이익을 '받은' 시점 이후에 취득물에 생긴 변화는 원칙적으로 고려되지 않고 수익자는 처음 받은 이익 전부를 반환하여야 한다. 다만 받은 이익이 손실자의 책임 있는 사유로 멸실·훼손된 경우[76]에는 수익자는 그 훼손으로 인한 부분에 관한 반환의무는 면한다고 할 것이다.[77]

다. 수익자의 악의인정

수익자가 이익을 얻을 당시부터 그에 법률상 원인이 없음을 알았던 경우에는 당연히 악의의 수익자로서 책임을 진다. 그러나 처음에는 선의이었다가 후에 비로소 악의가 되는 경우에도 계속 선의의 수익자로 보아 현존이익만을 반환하면 되는 것인지 문제된다. 민법 제749조 제1항은 "수익자가 이익을 받은 후에 법률상 원인 없음을 안 때에는 그때부터 악의의 수익자로서 이익반환의 책임이 있다."라고 규정하고 있다. 따라서 이익을 받을 당시 선의인 수익자라도 그 이후에 법률상 원인 없음을 알게 된 경우에는 그때 현존하던 이익 전부와 이자를 반환해야 하고, 그 이후부터 이익을 반환할 때까지 사이에 이익이 소멸하였다는 항변을 할 수 없다.

Ⅳ. 제3채무자가 질권의 피담보채권액을 초과하여 지급한 경우 부당이득관계

1. 삼각관계에서의 부당이득

삼각관계에서의 부당이득이란 일반적으로는 계약의 일방당사자(출연자)가 계약의 상대방(지시인)의 지시 등으로 계약의 상대방과 또 다른 계

---

76) 예컨대 손실자가 인도한 물건에 처음부터 하자가 있는 경우 악의의 수익자는 그 하자가 있는 상태로의 물건을 반환함으로써 자신의 의무를 이행한 것이 된다.

77) 양창수(주 6), 596-597면.

약관계를 맺고 있는 제3자(수령자)에게 직접 급부를 하였는데 각 계약관
계 또는 지시 등에 하자가 있는 경우 부당이득 반환청구권자와 반환의
무자의 결정에 관한 문제이다. 오늘날 독일에서 일반화된 견해에 따르면
계약관계 하자 등으로 부당이득법에 의해 그것을 청산하여야 할 경우
그 부당이득 반환관계는 하자가 있는 계약관계의 당사자 사이에서 이루
어져야 한다고 하고,[78] 우리나라 판례도 최근 삼각관계에서의 부당이득
의 대표적인 사례라고 할 수 있는 '단축된 급부' 내지 '지급지시' 사안들
에서 "단축된 급부의 경우 출연자의 수령자에 대한 급부뿐만 아니라 지
시인의 수령자에 대한 급부도 함께 이루어지는 것이므로 출연자와 지시
인 사이의 계약관계에 하자가 있다는 이유로 출연자가 직접 수령자를
상대로 부당이득의 반환을 구할 수는 없다."라는 취지로 판시함에 따라
삼각관계에서의 부당이득에 관한 독일에서의 논의를 받아들인 것으로 이
해되고 있다.[79] · [80]

2. 보상관계 내지 대가관계의 하자

A가 계약관계를 맺고 있는 B의 지시에 따라 급부를 단축하여 B와
또 다른 계약관계를 맺고 있는 C에게 직접 급부를 이행하였는데 A와 B
의 계약관계(보상관계) 또는 B와 C의 계약관계(대가관계)에 하자가 있는
경우 누가 누구에게 부당이득반환청구를 할 수 있는가.

---

78) 김대원, "재개발조합으로부터 상가건물을 매수한 자로부터 상가를 분양받고 그의
지시에 따라 상가분양대금을 재개발조합에 납부한 자가 재개발조합을 상대로 직접
분양대금의 반환을 부당이득반환청구로 할 수 있는지 여부", 대법원판례해설 제47
호, 법원도서관(2004), 91-92면 참조.

79) 양창수(주 6), 203-206면.

80) 다만, 종래 독일에서의 논의는 '의식적이고 목적지향적인 타인재산의 증가행위'
라는 부당이득적 급부개념 내지 목적적 급부개념을 기초로 그러한 급부관계가 형
성된 당사자들 사이에서만 부당이득반환의 법률관계가 문제된다는 견해가 일반적
으로 인정되다가, 부당이득법적 급부개념으로는 타당하게 해결할 수 없는 사례들
이 나타남에 따라 최근 독일의 실무는 부당이득적 급부개념을 기본으로 하면서도
도식적인 해결을 지양하고 개별사안의 특수성에 착안하여 그 개념에 의하지 아니
한 결론을 내리는 경우가 적지 않다고 한다. 자세한 것은 양창수(주 6), 208-221
면 참조.

가. 보상관계의 하자

보상관계에 하자(부존재, 무효, 취소 등)가 있는 경우, 판례는 "계약의 일방당사자가 계약상대방의 지시 등으로 급부과정을 단축하여 계약상대방과 또 다른 계약관계를 맺고 있는 제3자에게 직접 급부한 경우, 그 급부로써 급부를 한 계약당사자의 상대방에 대한 급부가 이루어질 뿐 아니라 그 상대방의 제3자에 대한 급부도 이루어지는 것이므로 계약의 일방당사자는 제3자를 상대로 법률상 원인 없이 급부를 수령하였다는 이유로 부당이득반환청구를 할 수 없다."라고 판시하여 출연자(A)는 수령자(C)에게 직접 부당이득반환청구를 할 수 없고, 하자 있는 원인관계의 당사자이자 자신과 급부관계가 형성된 지시인(B)에게만 부당이득반환청구를 할 수 있다고 한다.[81] 타당한 판시라고 생각되고, 우리나라의 학설 역시 대체적으로 판례의 이러한 태도에 찬성하고 있는 것으로 보인다.[82] · [83]

나. 대가관계의 하자

대가관계의 흠결도 오로지 대가관계 당사자인 지시인과 수령자 사이에만 영향을 미친다. 그러므로 부당이득의 반환은 지시인과 수령자 사이에서만 행하여지며 출연자는 이에 관여할 수 없다.[84]

---

81) 대법원 2003. 12. 26. 선고 2001다46730 판결[집51(2)민, 375; 공2004. 2. 1.(195), 207], 대법원 2008. 9. 11. 선고 2006다46278 판결(공2008하, 1330) 등. 대법원 2013. 6. 28. 선고 2013다13733 판결(미간행) 역시 같은 취지에서 출연자가 계약당사자가 아닌 수령자에 대하여 직접 부당이득반환청구를 할 수는 없다고 하였다.

82) 양창수(주 6), 203면 이하; 김형석(주 9), 290-299면; 김대원(주 78), 105-106면.

83) 다만, 어음교환절차에서 지급거절되었어야 할 어음임에도 어음금이 어음소지인에게 지급된 경우 지급은행은 어음소지인에게 부당이득반환청구를 할 수 있다는 것이 판례인데[대법원 2006. 5. 26. 선고 2003다65643 판결[공2006. 7. 1.(253), 1141] 등] 이에 대해 이는 삼각관계에서의 부당이득의 일종이므로 지급은행(출연자)는 원칙적으로 발행인(지시인)에 대하여만 부당이득반환을 청구할 수 있을 뿐 소지인(수령자)에 대하여는 부당이득반환을 청구할 수 없다고 보아야 한다는 이유로 판례의 결론을 비판하는 견해[김형석(주 9), 300-305면]와 어음소지인이 어음을 제시은행에 예금하고 제시은행은 이를 어음교환에 돌려 결제하는 경우에는 일반적인 지시사례와 다른 특수성이 있음을 이유로 삼각관계 부당이득에서의 법리를 도식적으로 적용할 수 없다는 이유로 판례의 결론에 찬성하는 견해[윤진수, "2006년도 주요 민법 관련 판례 회고", 법학 제48권 제1호(통권 제142호), 서울대학교 법학연구소(2007), 420-422면]의 대립이 있다.

84) 양창수(주 6), 207면; 김형석(주 9), 308-309면.

다. 보상관계 및 대가관계의 하자

보상관계 및 대가관계가 모두 흠결된 경우에도 출연자는 수령자를 상대로 직접 부당이득의 반환을 청구할 수는 없다고 보는 것이 일반적이다. 부당이득적 급부관계는 이 경우에도 출연자 — 지시인 및 지시인 — 수령자 사이에서만 형성된 것이므로 출연자와 수령자 사이에서는 급부이득관계가 인정될 여지가 없고,[85] 출연자가 지시인을 거치지 않고 직접 수령자에게 직접청구를 할 수 있다고 하면 수령자는 대가관계상 지시인에게 가지는 대항사유를 주장할 수 없게 되고 출연자는 자신의 계약상대방(지시인)이 아닌 수령자의 무자력 위험을 부담하게 되며 출연자와 수령자는 자신의 계약상대방이 아닌 자와 각각 보상관계 및 대가관계의 유효성에 관한 분쟁을 하여야 하는 불합리가 발생하기 때문이다.[86]

3. 지급지시가 부존재하는 경우

가. 급부의 원인된 법률관계 자체에 흠결이 있는 것이 아니라 지시인의 지급지시가 없음에도 출연자가 수령자에게 급부를 이행하는 경우[87]가 있는데 이때 출연자가 수령자에게 직접 부당이득반환청구를 할 수 있는지 문제된다.

나. 이에 대하여는 지시인의 의사와 무관하게 급부가 이행된 이상 출연자의 급부는 지시인의 급부로 볼 수 없으므로 대가관계는 물론 보상관계에서도 변제효가 발생한다고 볼 수 없는 점, 유효한 지시가 없음에도 불구하고 보상관계와 대가관계에서 급부가 이루어진 것으로 의제하면 지시인(중간자)은 스스로 그 재산이동에 대하여 관여한 바가 전혀 없음에도 출연자와의 구상을 둘러싼 분쟁 및 수령자와의 대가관계를 둘러싼 분쟁에 휘말리게 되어 불합리한 점 등을 이유로 출연자가 수령자에게 직접 부당이득의 반환

---

85) 양창수(주 6), 207면 참조.
86) 김형석(주 9), 324면.
87) 예컨대 지시인은 자신의 채권자에게 계좌 이체할 것을 지시하였는데 은행이 착오로 타인에게 이체하는 경우, 지시된 금액을 초과하여 금액이 이체된 경우 등을 상정할 수 있다.

을 구할 수 있다는 견해가 있다.[88] 타당한 견해라고 생각한다.

다. 판례 중에는 직접 지급지시가 흠결된 것임을 전제로 명시적인 판단을 한 것은 없으나 지급지시가 부존재하는 사안에서 출연자의 수령자에 대한 부당이득반환청구를 긍정한 것으로 이해할 수 있는 것이 있다. A 은행의 대리가 B와 통모하여 A 은행 지점을 지급지로 하는 자기앞수표를 발행하였고 B는 이를 C 은행의 당좌예금계좌에 입금하자 C 은행이 어음교환 절차를 거쳐 이를 결제한 사안에서 대법원은 "[…] 예금자 (B)가 지급받은 그 수표금 상당의 이익은 사회통념상 지급은행(A 은행)이 입은 위 결제자금 상당의 손해로 인한 법률상 원인 없는 부당이득이라고 할 것이고, 따라서 지급은행은 예금자에 대하여는 그 수표금 상당의 부당이득의 반환을 구할 수 있다."라고 판시하였다.[89] 자기앞수표가 위조되었으므로 발행인(지시인)의 지급은행(출연자)에 대한 지급지시가 부존재하는 사안이라고 볼 수 있는데, 그럼에도 지급은행(출연자)이 소지인(수령자)에게 수표금을 지급하는 경우라면 지급은행은 발행인이 아닌 소지인에게 직접 부당이득반환청구를 할 수 있다고 판시한 것이다.

V. 대상판결의 검토

앞서의 논의를 바탕으로 대상판결 판시 중 피고 은행이 원고로부터 수령한 15억 원에서 피고 회사에 대한 대출금채권 10억 7,500만 원을 제외한 나머지 4억 2,500만 원에 대하여 누가 부당이득반환의무를 부담하는가에 대하여 검토한다. 그런데 대상판결의 사실관계에 의하면 피고 은행이 원고에게 질권에 기한 직접청구권을 행사할 당시에는 원고의 피고 회사에 대한 보험금채무만이 확정되어 있었고 피고 은행의 피고 회사에 대한 대출금채권은 확정되지 않은 상태였다. 따라서 원고가 사후에 질권의 피담보채권이 아니라고 확정될 금액(4억 2,500만 원)까지도 피고 은행에게 지급한 행위를 어떻게 볼 것인가에 따라 부당이득반환의무자가 달

---

88) 김형석(주 9), 310~314면.
89) 대법원 1997. 11. 28. 선고 96다21751 판결[공1998. 1. 1.(49), 34].

라질 수 있다. 다음과 같이 경우를 나누어 살펴본다.

1. 원고가 질권의 피담보채권의 변제에 충당하고 남은 나머지를 피고 은행이 피고 회사에게 직접 전달하라는 취지로 지급한 것으로 인정되는 경우

이 경우 피고 은행이 피고 회사에 대한 대출금채권에 충당하고 남은 나머지 4억 2,500만 원은 원고의 수권에 의해 정당하게 수령한 것이 된다. 피고 은행이 원고의 수권 취지에 따라 4억 2,500만 원을 피고 회사에 지급하였다면 결국 피고 은행은 원고의 이행보조자로서 원고의 피고 회사에 대한 채무를 변제한 것에 불과하다. 4억 2,500만 원에 대한 급부관계는 원고와 피고 회사 사이에만 형성되는 것이다. 사후에 피고 회사의 보험금청구권이 소멸된 경우 그 급부에 대한 청산은 급부 당사자인 원고와 피고 회사 사이에서 이루어지는 것으로 충분하므로 부당이득반환의 법률관계(급부부당이득) 역시 원고와 피고 회사 사이에서만 이루어진다고 볼 것이다. 결국 4억 2,500만 원에 대하여는 피고 회사가 원고에게 부당이득반환의무를 부담하고, 따라서 피고 회사는 자신이 '받은 목적물'의 가액을 원고에게 반환해야 한다. 급부(4억 2,500만 원)는 처음부터 원고로부터 피고 회사로 이동한 것이고 피고 은행은 '통로'로서만 이용된 것이므로[90) 피고 은행은 애초에 취득한 '이익' 자체가 없다. 따라서 피고 은행은 4억 2,500만 원에 대한 부당이득반환의무를 부담하지 않는다.[91)

---

90) 윤진수(주 83), 422면 참조. 지급은행이 미결제어음 통보시각을 경과하여 결제시간 연장요청을 하였으나 제시은행이 이에 응하지 않고 미결제어음을 입금한 소지인의 요구에 따라 수표 상당액을 지급해 준 뒤 그 수표가 부도된 경우 지급은행은 수표금을 지급받은 소지인에 대하여만 수표금 상당의 부당이득의 반환을 구할 수 있을 뿐이고 제시은행에 대하여는 부당이득의 반환을 구할 수 없다는 취지의 대법원 1996. 9. 20. 선고 96다1610 판결[공 1996. 11. 1.(21), 3118]에 대하여 소지인이 수표금을 지급받은 것은 지급은행에 직접 수표를 제시하여 지급받은 것과 마찬가지이고, 제시은행은 지급은행이 소지인에게 지급하는 통로로서만 이용되었기 때문이라고 보아야 한다고 한다.

91) 다만 과연 원고가 피담보채권액을 초과하는 금전은 피고 회사에게 지급하라는 의사로써 15억 원 전부를 피고 은행에 지급한 것인지는 대상판결이나 원심판결이

2. 원고가 15억 원 전액에 대하여 피고 은행에게 지급한 것으로 인정되는 경우

가. 피고 은행은 자신의 채권을 초과하는 4억 2,500만 원을 원고로부터 수령받음으로써 그 자체로 법률상 원인 없이 이를 이득한 것이 된다. 이 경우 피고 은행은 단순한 '통로'에 불과했던 Ⅴ. 1.의 경우와는 달리 '이익'을 취득한 것으로 보아야 하므로 부당이득반환의무자는 피고 은행이고,[92] 피고 은행이 4억 2,500만 원을 피고 회사에 교부한 사정은 반환의 범위를 정함에 참작할 수 있을 뿐이다. 피고 은행이 4억 2,500만 원을 피고 회사에 교부한 사정 때문에 피고 은행은 '(실질적) 이익'을 취득하지 않았다는 대상판결의 결론에는 동의할 수 없다.

나. 또 4억 2,500만 원에 대하여 원고와 피고 회사 사이의 급부관계가 존재하는지에 대하여 보건대, 4억 2,500만 원에 대하여는 질권이 설정되어 있지 않으므로 원고가 이를 피고 은행에 지급하는 것은 채권자인 피고 회사의 관여 없이 피고 회사와의 법률관계(보상관계)에서 해결되어야 할 급부를 임의로 피고 은행에 지급한 것이 된다. 즉 이 경우는 지급지시에 의한 삼각부당이득관계에서 지시가 부존재함에도 출연자가 임의

인정한 사실관계만으로는 단언하기 어렵다. 원고 스스로 사정한 보험금(약 17억 원)이 질권의 채권최고액(15억 원)을 초과하고 있으므로, 원고로서는 15억 원 중 대출금채권의 변제에 충당되고 남은 금전을 피고 은행으로부터 돌려받더라도 이를 다시 피고 회사에게 지급해야 한다. 그러나 비록 원고에게 그러한 사정이 있더라도 원고가 피고 은행으로 하여금 남는 금전을 자신에게 반환하지 않고 바로 피고 회사에게 지급하라는 의사로써 피담보채권액 전부를 피고 은행에게 지급한 것이라고 성급히 인정할 것은 아니라고 생각한다. 아직 피담보채권액이 확정되지 않은 상태에서라면 원고는 15억 원 모두가 질권의 피담보채권에 해당하여 직접청구권의 대상이 된다고 보아 이를 지급하였을 가능성도 배제할 수 없기 때문이다. 이러한 경우라면 피고 은행으로서는 사후에 질권의 피담보채권액을 초과하여 금전을 수령하였음이 확정되면 초과금을 원고에게 반환하여야 하지 자신이 임의로 피고 회사에 교부할 수는 없다고 보아야 하지 않을까? 원고의 의사를 확인할 수 있는 추가적인 심리가 이루어지지 않은 점은 아쉬운 대목이라 하겠다.

92) 대상판결 역시 초과 지급된 금전에 대하여 원고는 원칙적으로 피고 은행을 상대로 그 반환을 구할 수 있다고 판시하고 있다.

로 수령자에게 급부한 것과 동일한 경우로 볼 수 있다. 지급지시가 부존
재함에도 출연자가 수령자에게 급부를 제공하는 경우 이는 대가관계상
지시인의 수령자에 대한 급부로 볼 수 없기 때문에 이 급부는 대가관계
에서는 물론 보상관계에서도 모두 급부로 볼 수 없다. 만약 4억 2,500만
원을 원고와 피고 회사 사이에 이루어진 급부로 보아 그 청산을 둘 사이
에 이루어지도록 하게 하면 피고 회사는 자신의 의사와 무관하게 이루어
진 급부에 관하여 원고 및 피고 은행과의 법률분쟁에 휘말리게 되는 불
측의 손해를 입게 된다. 따라서 이 경우에는 출연자인 원고와 수령자인
피고 은행 사이에 급부가 이루어진 것으로 보아 지시가 부존재하는 경우
처럼 원고가 피고 은행에 대하여 직접 부당이득반환청구를 할 수 있다고
해야 한다.[93]

　다. 원고의 피고 은행에 대한 직접청구를 허용하는 경우라도 곧바로
피고 은행이 4억 2,500만 원을 원고에게 부당이득으로서 반환해야 할 의
무를 지는가는 추가적인 검토를 필요로 한다. 피고 은행은 원고로부터
수령한 4억 2,500만 원을 즉시 피고 회사에게 교부하였기 때문에 피고
은행에게 현존이익이 없다고 볼 수도 있고, 그 행위를 금전의 처분행위
로 보아 그 행위의 책임을 피고 은행에게 물을 수 있다고도 볼 수 있기
때문이다. 결국 피고 은행이 4억 2,500만 원을 취득함에 있어 법률상 원
인 없음을 알았는가 여부에 따라 반환의무의 존부와 범위가 달라질 것이
다. 피고 은행의 인식 유무는 결국 사실인정의 문제라고 할 것이고 대상
판결에서 이에 관한 부분은 자세히 다루어지지 않아 피고 은행의 선의·
악의 여부를 단정 짓기는 어렵다.[94] 그런데 대상판결이 인정한 사실관계
에 의하면 피고 은행은 원고로부터 질권의 채권최고액에 해당하는 보험

93) 김형석(주 9), 310-314면 참조.
94) 대상판결은 '실질적 이익'의 법리를 바탕으로 피고 은행이 4억 2,500만 원에 대
　하여는 실질적으로 이득한 바가 없어 반환의무가 없다는 논리를 취하고 있다. 대
　상판결의 논리에 의할 때 취득한 이익이 있음을 전제로 다만 그 반환의 범위를
　참작함에 필요한 주관적 인식 유무에 관한 판단은 불필요하고 실제로도 대상판결
　은 그에 대한 판단까지 나아가지 않았다.

금을 수령한 다음 피고 회사에 대한 대출금을 계산하여 원고로부터 지급
받은 15억 원 중 10억 7,500만 원을 자신의 피고 회사에 대한 대출금채
권의 변제에 충당하고 나머지 4억 2,500만 원을 피고 회사에 반환한 것
으로 보인다. 그와 같은 사실관계대로라면 피고 은행이 최초 원고로부터
15억 원을 수령할 당시에는 그중 4억 2,500만 원에 대하여 그 수령에 법
률상 원인이 없음을 알지 못하였다고 하더라도 이후 피고 회사에 대한
대출금채권액이 10억 7,500만 원임이 확정된 때에는 나머지 4억 2,500만
원에 대하여는 질권의 효력이 미치지 않으므로 자신이 4억 2,500만 원을
수령할 권한이 없음을 알게 되었다고 해야 하지 않을까? 즉 피고 은행이
원고로부터 수령한 보험금으로 자신의 피고 회사에 대한 대출금채권을
모두 변제한 후에도 남는 보험금이 있다면 그 보험금은 처음부터 채권질
권의 직접청구권의 대상이 될 수 없는 것이므로 피고 은행은 그 시점부
터는 그 남은 금전에 대하여는 악의의 수익자로 취급되어야 하는 것은
아닌지 생각한다. 피고 은행이 15억 원 중 자신의 대출금채권의 변제에
충당하고 4억 2,500만 원이 남은 시점부터 악의의 수익자로 인정된다면
4억 2,500만 원에 대한 현존이익 유무는 더 이상 검토할 필요가 없다. 피
고 은행은 그 시점부터 악의의 수익자로서 그때 현존하고 있던 이익 전
부와 그 시점부터의 이자 모두를 더하여 반환해야 하기 때문이다.

　　라. 그러나 대상판결은 피고 은행이 원고로부터 수령한 보험금을 자
신의 피고 회사에 대한 대출금채권의 변제에 충당하여 그 채권이 모두
변제되어 소멸됨으로써 4억 2,500만 원이 남자 비로소 이를 피고 회사에
반환한 것임에도 그러한 사정이 피고 은행을 '악의의 수익자'로 인정할
수 있는지에 대한 별도의 심리 없이 '4억 2,500만 원을 피고 회사에 반환
한 사실'에만 주목하여 '실질적 이익'이 없다는 이유로 피고 은행에 대한
부당이득반환청구를 기각하였다. 위와 같은 사정에 대한 추가 심리 결과
에 따라 충분히 다른 결론이 나올 가능성도 있다고 보이는바 다소의 아
쉬움이 남는다.

Ⅵ. 결 론

이상의 논의를 정리하면 다음과 같다.

종래 판례의 '실질적 이익'의 법리는 그 개념과 내용이 불명확하여 사안의 해결에 주효한 길잡이가 되지 못한다. 급부부당이득이 문제되는 경우에는 급부의 이행으로 민법 제741조가 요구하는 '이익', '손실', '인과관계'의 요건이 모두 해소되므로 수익자가 '실질적 이익'을 취득하였는지 검토할 필요가 없다. 금전의 점유를 취득하는 자는 그 점유와 동시에 금전에 대한 소유권도 취득하므로 수익자가 손실자로부터 금전을 급부받는 경우 즉시 '이익'을 취득한 것이다. 이후 수익자가 이를 그대로 제3자에게 교부하였다고 하여도 여전히 부당이득반환의무자는 수익자이고, 다만 반환의 범위를 결정하는 데 그와 같은 사정을 고려하는 것으로 충분하다.

대상판결 사안에서 피고 은행이 피고 회사에 대한 대출금을 초과하는 금전에 대하여 원고의 이행보조자로서 이를 수령한 것이라면 대출금채권을 초과하는 4억 2,500만 원은 처음부터 피고 은행이 아닌 피고 회사에 대한 변제 내지 급부로써 이루어진 것이어서 원고는 피고 회사를 상대로 부당이득반환을 구해야 한다. 그러나 원고가 보험금 전액을 피고 은행에 대한 급부로서 지급한 것이라면 위 4억 2,500만 원의 급부는 원고와 피고 은행 사이에 이루어진 것이므로 피고 은행은 위 돈을 수령한 순간 '이익'을 취득한 것이 되고 따라서 원칙적으로 원고는 피고 은행을 상대로 그 반환을 구할 수 있다. 원고로부터 수령한 15억 원을 피고 은행의 피고 회사에 대한 대출금채권의 변제에 충당하고도 4억 2,500만 원이 남았다면 피고 은행은 4억 2,500만 원에 대하여는 법률상 원인 없이 이를 수령한 것이 되고, 그 시점부터는 악의의 수익자로 볼 여지가 있다. 피고 은행이 그 시점부터 악의의 수익자로 인정된다면 4억 2,500만 원 및 이에 대한 이자를 부당이득으로 반환해야 한다. 악의인 이상 현존이익이 없다는 항변은 허용되지 않는다.

[Abstract]

Determining the Counterparty in Unjust Enrichment Claim When a Third Party Debtor Paid a Pledgee More than the Maximum Pledged Amount and the Pledgee Returned the Excess Amount to the Pledgor

Oh, Dae Suk*

The Supreme Court case subject to this article deals with a case where a pledgee received payment from a third party debtor in excess of the maximum pledged amount and returned the excess amount to the pledgor and it was ultimately found that the pledgor had no right to claim against the third party debtor. The court was satisfied that in principle, the third party debtor is entitled to claim back the excess amount from the pledgee based on unjust enrichment claim. However, in this case, the court ruled that if the pledgee has already returned the excess amount to the pledgor, then the pledgee would not have earned any actual profit, and therefore, rejected the third party debtor's unjust enrichment claim against the pledgee. The decision reiterates the Supreme Court's existing ruling that 'the profit earned' as the element of an unjust enrichment claim indicates 'actual profit,' widely known as the 'theory of actual profit.'

However, the term 'actual profit' in itself is ambiguous and thus does not provide any significant grounds for resolving a case. In particular, in case of unjust erinchment through payment, the act of payment itself satisfies the elements under Article 741 of the Korean Civil Code, which are

---

* Judge, Jecheon Branch Court of Cheongju District Court.

'profit', 'loss', and 'causation.' Therefore, it is not necessary to assess whether the counterparty has earned actual profit. Given that the ownership title to money is transfered from the giver to the receiver by actual transfer of occupancy over the money, it is reasonable to argue that the receiver earns profit as soon as it receives the money from the giver. Even if the receiver of the money provides the money to a third party immediately thereafter, the counterparty of the unjust enrichment claim would still be the receiver, provided that the fact that the receiver provided the same money to a third party is considered as a factor in determining the amount that should be returned to the claimant.

Overall, if the pledgee received excess amount from the third party debtor, through this act, the pledgee will be regarded to have earned profit and therefore bear an obligation to return the money to the third party debtor as unjust enrichment. The fact that the pledgee returned the excess amount to the pledgor would only be considered as one of the extenuating factors in determining the amount that the pledgee must return to the pledgor.

[Key word]

- Unjust enrichment
- Unjust enrichment through payment
- Unjust enrichment in triangular relationship
- Actual profit
- Scope of return amount in unjust enrichment
- Credit pledge

참고문헌

[단 행 본]

곽윤직 편집대표, 민법주해[Ⅱ] 총칙(2), 박영사(1992).
_____, 민법주해[XVⅢ] 채권(10), 박영사(2005).
곽윤직, 채권각론(제6판), 박영사(2007).
곽윤직·김재형, 물권법[제8판(전면개정) 보정], 박영사(2015).
김기선, 한국채권법각론(전정제2판), 법문사(1982).
김형배, 사무관리·부당이득, 박영사(2003).
송덕수, 민법강의(하), 박영사(2007).
양창수·권영준, 권리의 변동과 구제, 박영사(2011).
지원림, 민법강의(제10판), 홍문사(2012).

[논　문]

김대원, "재개발조합으로부터 상가건물을 매수한 자로부터 상가를 분양받고
　　　그의 지시에 따라 상가분양대금을 재개발조합에 납부한 자가 재개발
　　　조합을 상대로 직접 분양대금의 반환을 부당이득반환청구로 할 수 있
　　　는지 여부", 대법원판례해설 제47호, 법원도서관(2004).
김동훈, "부당이득에서 이득의 개념과 현존이익의 판단기준", 중앙법학 제11
　　　집 제4호, 중앙법학회(2009).
김창모, "착오로 수취인을 잘못 지정하여 계좌이체가 이루어진 경우 예금채
　　　권이 성립하는지 여부", 민사판례연구 제31권, 박영사(2009).
김형석, "지급지시·급부관계·부당이득", 법학 제47권 제3호(통권 제140호), 서
　　　울대학교 법학연구소(2006).
손철우, "금융실명제와 예금주 확정", 민사판례연구 제32권, 박영사(2010).
양창수, "독일민법상의 이득개념의 형성과 그 구체적 적용", 법조 제34권 제3
　　　호(1985).
_____, "임대차종료 후 임차인의 목적물 계속점유와 부당이득", 민법연구
　　　제2권, 박영사(1986).

오영준, "판례변경의 실제", 민사판례연구 제36권, 박영사(2015).

윤장원, "의사무능력을 둘러싼 법률관계", 판례연구 제22집, 부산판례연구회(2011).

윤진수, "2006년도 주요 민법 관련 판례 회고", 법학 제48권 제1호(통권 제142호), 서울대학교 법학연구소(2007).

이계정, "송금된 금원에 대한 예금 명의인의 부당이득반환의무 유무의 판단기준-부당이득에 있어서 이득의 개념을 중심으로-", 민사판례연구 제35권, 박영사(2013).

이병준 · 정신동, "부당이득에서 급부, 침해 그리고 단순한 이익의 귀속", 재산법연구 제27권 제1호, 한국재산법학회(2010).

이흥권, "무능력자의 부당이득의 반환 범위", 대법원판례해설 제79호(2009상), 법원도서관(2009).

최복규, "대출계약이 사기에 의한 의사표시임을 이유로 취소된 경우 반환하여야 할 부당이득의 대상", 대법원판례해설 제47호, 법원도서관(2004).

현병철, "부당이득효과에 관한 일고찰-유형론의 입장에서-", 사법의 제문제; 경허 김홍규박사 화갑기념, 삼영사(1992).

_____, "부당이득반환청구권의 범위-현존이익을 중심으로-", 법학논총 제17집, 한양대학교 법학연구소(2000).

홍성무, "임대차종료 후 임차인이 목적물을 계속점유하는 경우 부당이득이 성립하기 위한 실질적 이익의 의미", 대법원판례해설 제17호, 법원도서관(1992).

[외국문헌]

四宮和夫, 事務管理 · 不當利得 · 不法行爲 上卷, 靑林書院(1995).

我妻榮, 債權各論 下卷(一), 岩波書店(1972).

전기통신사업법 제83조 제3항에 따라 수사기관의 통신자료제공요청에 응한 전기통신사업자의 책임

허 문 희*

■요　지■

　　전기통신사업법은 전기통신사업자는 수사기관이 수사를 위하여 이용자의 성명, 주민번호, 주소, 전화번호, 아이디, 가입일 및 해지일의 정보를 요청하는 경우 그 요청에 따를 수 있다고 규정하고 있다.

　　위 법률에 따라 수사기관이 전기통신사업자에게 통신자료제공요청을 하는 경우, 전기통신사업자의 이용자에 대한 개인정보 보호의무가 면제되는 것인지, 아니면 전기통신사업자는 수사기관의 요청을 심사하여 그 요청이 정당한 경우에만 이용자의 개인정보를 제공하여야 할 의무를 부담하고, 만일 그 요청이 정당하지 않음에도 불구하고 이용자의 개인정보를 제공한 경우 이용자에게 민사상 책임을 지는지가 문제가 된다.

　　대상판결은 전기통신사업자는 수사기관의 통신자료제공요청을 심사할 의무가 없고, 수사기관이 통신자료제공요청 권한을 남용한 것임이 객관적으로 명백한 경우와 같은 특별한 사정이 없는 한, 전기통신사업자가 통신자료제공요청에 응하여 이용자의 개인정보를 제공한 것이 해당 이용자의 개인정보자기결정권이나 익명표현의 자유를 위법하게 침해하는 것이라고 볼 수 없다고 판단하여, 이용자의 인터넷서비스제공자 대한 손해배상청구를 기각하였다.

---

* 춘천지방법원 판사.

그러나 허위사실뿐만 아니라 진실한 사실의 적시로 인한 명예훼손 및 모욕적 표현을 형사처벌하는 우리나라의 현실에서 인터넷서비스제공자가 수사기관의 요청만으로 수사기관에 이용자의 개인정보를 제공하는 것은 표현의 자유를 심각하게 제한한다. 정보통신망 이용촉진 및 정보보호 등에 관한 법률에서 명예훼손 등의 피해자가 요청하는 경우 인터넷서비스이용자의 신원개시절차에 대하여 특별히 규정하고 있는 것 역시 이를 고려한 것으로 보인다. 따라서 전기통신사업자 중 인터넷서비스제공자는 수사기관이 명예훼손이나 모욕에 대한 수사를 이유로 통신자료제공요청을 하는 경우 해당 게시글이 피해자의 명예를 훼손하고, 공공의 이익이 없어 위법성이 조각될 여지가 없다는 점이 명확하다는 등의 사정이 없는 한 수사기관의 자료제공요청에 응하여서는 아니 된다고 보는 것이 타당하다고 생각한다.

[주 제 어]
- 수사기관 통신자료제공요청
- 전기통신사업자 심사의무
- 인터넷서비스제공자 심사의무
- 개인정보자기결정권
- 익명표현의 자유
- 인터넷서비스이용자의 신원개시

대상판결 : 대법원 2016. 3. 10. 선고 2012다105482 판결[공2016상, 556]

[사안의 개요]

피고는 정보검색, 커뮤니티, 오락 등의 서비스를 제공하는 국내 최대의 인터넷 포털사이트인 '네이버'를 운영하는 인터넷 종합 정보제공 사업자[1]로서 전기통신사업법상 '부가통신사업자'이자 정보통신망 이용촉진 및 정보보호 등에 관한 법률상의 '정보통신서비스제공자'이다.

원고는 네이버의 약관에 동의하고 네이버에 회원으로 가입한 사람으로, 네이버에 개설된 인터넷커뮤니티 카페 유머게시판에 '밴쿠버 동계올림픽 선수단 귀국 당시 유ㅇㅇ 장관이 금메달리스트인 김연아 선수를 환영하면서 두 손으로 어깨를 두드리자 김연아 선수가 이를 피하는 듯한 장면을 편집한 사진'(일명 '회피 연아', 이하 '이 사건 게시물'이라 한다)을 다른 인터넷 사이트에서 복사하여 '퍼옴'이라고 표시하여 올렸다.

유ㅇㅇ 장관은 이 사건 게시물을 인터넷에 올린 사람들을 명예훼손으로 고소하였고, 이에 서울종로경찰서장은 피고에게 통신자료제공요청서를 보내어 아래와 같이 원고 외 2명의 인적사항을 제공해 달라고 요청하였다.

가 입 자	일체불상
요청사유 및 가입자와의 연관성	정보통신망 이용촉진 및 정보보호 등에 관한 법률 위반(명예훼손) 용의자 수사
조회의뢰사항	웹 주소 : http://cafe.naver.com/honestenglish/4133 글 게시일 : 2010. 3. 4. 19 : 39 (글 제목 : [정치적?] 김연아와 유ㅇㅇ …) 위 대상자의 아이디와 인적사항 일체

---

1) '인터넷 종합 정보제공 사업자'는 정보통신서비스 제공자로서, 인터넷 가상공간 내에 있는 각종 정보제공 장소(일명 '사이트')들에 게재된 정보에 대한 분야별 분류 및 검색 기능을 비롯하여 인터넷 이용자가 직접 자신의 의견이나 각종 정보를 게시·저장하거나 이를 다른 이용자들과 서로 공유·교환할 수 있는 인터넷 게시 공간('게시판', '블로그', '미니 홈페이지', '카페' 등)을 제공하고, 아울러 전자우편, 게임 이용 서비스를 제공하는 등 인터넷에 관한 종합적인 서비스(일명 '포털서비스')를 제공하는 자를 의미하는 것으로 대법원 2009. 4. 16. 선고 2008다53812 판결에서 사용되었다.

피고는 서울종로경찰서장에게 원고 외 2명의 '네이버 ID, 이름, 주민번호, 이메일, 휴대폰 번호, 네이버 가입일자'를 제공하였고, 서울종로경찰서장은 원고를 소환하여 명예훼손 혐의에 대해 조사를 하였으나, 이후 유○○ 장관이 고소를 취하하여 사건이 종결되었다.

[이 사건 법률조항]

이 사건에서 피고가 서울종로경찰서장의 통신자료제공요청에 응한 근거 법률은 다음과 같다.

전기통신사업법 제83조(통신비밀의 보호)[2]

③ 전기통신사업자는 법원, 검사 또는 수사관서의 장(군 수사기관의 장, 국세청장 및 지방국세청장을 포함한다. 이하 같다), 정보수사기관의 장이 재판, 수사(「조세범 처벌법」 제10조 제1항·제3항·제4항의 범죄 중 전화, 인터넷 등을 이용한 범칙사건의 조사를 포함한다), 형의 집행 또는 국가안전보장에 대한 위해를 방지하기 위한 정보수집을 위하여 다음 각 호의 자료의 열람이나 제출(이하 "통신자료제공"이라 한다)을 요청하면 그 요청에 따를 수 있다.

1. 이용자의 성명
2. 이용자의 주민등록번호
3. 이용자의 주소
4. 이용자의 전화번호
5. 이용자의 아이디(컴퓨터시스템이나 통신망의 정당한 이용자임을 알아보기 위한 이용자 식별부호를 말한다)
6. 이용자의 가입일 또는 해지일

④ 제3항에 따른 통신자료제공의 요청은 요청사유, 해당 이용자와의 연관성, 필요한 자료의 범위를 기재한 서면(이하 "자료제공요청서"라 한다)으로 하여야 한다. 다만, 서면으로 요청할 수 없는 긴급한 사유가 있을 때에는 서면에 의하지 아니하는 방법으로 요청할 수 있으며, 그 사유가 해소되면 지체 없이 전기통신사업자에게 자료제공요청서를 제출하여야 한다.

---

2) 이 사건 당시에는 구 전기통신사업법(2010. 3. 22. 법률 제10166호로 전부 개정되기 전의 것) 제54조였으나, 전부 개정되어 현행 전기통신사업법 제83조가 되었다. 이하에서는 현행 법 조항에 따른다.

[소송의 경과]

1. 원고의 청구

전기통신사업법 제83조 제3항은 수사관서의 장이 전기통신사업자에게 이용자의 개인정보 제공을 요청하는 경우 전기통신사업자로 하여금 이에 응할 의무를 부과하고 있지 않은 반면, 피고는 원고와 사이에 이용약관 등을 통하여 원고로부터 제공받은 개인정보를 최대한 보호하는 노력을 기울이기로 하였다.

따라서 피고는 수사기관으로부터 개인정보 제공요청이 있더라도 전기통신사업법의 규정취지와 원고의 개인정보를 보호하기 위해 노력하여야 할 의무를 조화롭게 판단하여 수사기관에 대해 원고의 개인정보를 제공하지 않거나 제한적인 범위 내에서만 제공하였어야 함에도 불구하고 기계적으로 원고의 개인정보를 제공하였다.

피고의 이러한 행위는 원고에 대한 계약상 채무불이행 및 신의칙상 부담하는 개인정보 보호의무를 위반한 것이므로, 피고는 그로 인해 원고가 입은 정신적 손해 20,000,100원을 배상할 책임이 있다.

2. 1심 판결(서울중앙지방법원 2011. 1. 13. 선고 2010가합72873 판결) : 원고 패

1심 법원은 이 사건 쟁점을 피고를 포함한 전기통신사업자가 전기통신사업법 제83조 제3항에 의하여 수사기관의 개인정보 제공요청이 있는 경우 개인정보 제공요청 사유, 즉 혐의가 있는 범죄사실 및 그러한 범죄사실과 요청 대상자의 관련성 정도 등을 실체적으로 심사하여 범죄가 성립되지 않는다든지 혐의가 인정되지 않는다고 판단되는 경우 회원의 개인정보를 제공하여서는 안 되거나 성명만을 공개하는 등 그 범위를 제한하여 정보제공하여야 할 실체적 심사의무가 있는지 여부로 파악하고, "범죄성립 여부에 대한 판단, 해당 범죄와 정보제공 요청 대상자와의 관련성 정도에 대한 판단 등 형사법 영역의 판단은 고도의 전문적인 지식과 경험이 요청되는 분야로서 법령에 의해 권한 및 의무가 부여된 기관을 제외한 제3자에게 이러한 판단을 요구하고 거기에 대해 책임을 부담시키는 것은 매우 신중하여야 할 필요가 있고, 더욱이 인터넷은 대부분 본인의 성명과는 다른 아이디를

사용하여 이용됨에 따라 전기통신사업자의 협력 없이는 개인신원을 파악하기가 곤란한 특징이 있는데 전기통신법 제54조 제3항에 의하여 제공되는 개인정보는 개인신원을 확인하기 위해 필요한 정보에 그치고 있는 점을 고려하면, 피고에게 수사관서의 개인정보 제공요청에 대한 실체적 심사 의무가 있다고 인정하기에 부족하다"는 이유로 원고의 청구를 기각하였다.

또한 피고의 회원인 원고에 대한 개인정보 보호의무는 절대적인 것이 아니라 관계법령이 정하는 바에 따라 제한될 수 있는 성질의 것인바, 피고가 법령 및 업무처리지침에 따라 원고에 관한 정보를 제공한 것이 회원인 원고에 대한 개인정보 보호의무를 위반하였다거나 위법하다고 할 수 없다고 판단하였다.

3. 원심 판결(서울고등법원 2012. 10. 18. 선고 2011나19012 판결) : 원고 일부 승

원심은 아래와 같은 이유로 1심 판결을 일부 취소하고, 피고에게 50만 원의 위자료 지급을 명하였다.

"피고에게는 수사기관의 개인정보 제공 요청에 대해 개별 사안에 따라 그 제공 여부 등을 적절히 심사하여 이용자의 개인정보를 실질적으로 보호할 수 있는 역량을 갖추어야 할 것이고, 구체적으로는 침해되는 법익 상호간의 이익 형량을 통한 위법성의 정도, 사안의 중대성과 긴급성 등을 종합적으로 고려하여 개인정보를 제공할 것인지 여부 및 어느 범위까지의 개인정보를 제공할 것인지에 관한 세부적 기준을 마련하는 등으로 이용자의 개인정보를 보호하기 위한 충분한 조치를 취할 의무가 있다."

그런데 ① 수사기관의 요청이 있기만 하면 언제나 예외 없이 이용자의 개인정보를 제공하여 온 점, ② 개인정보보호전담기구를 설치·운영하고 있음에도 아무런 검토 없이 원고의 개인정보를 제공한 점, ③ 이 사건 게시물은 공적 인물인 장관을 대상으로 한 것으로 명예훼손이 성립한다고 보기 어려울 뿐만 아니라 원고는 이 사건 게시물을 다른 인터넷 사이트에서 그대로 옮겨 온 것에 불과하여 이 사건 게시물로 인한 법익침해의 위험성이 원고의 개인정보 보호에 따른 이익보다 중대하다거나 수사기관에 개인정보를 제공해야 할 급박한 사정이 있다고 보기 어려운 점 등에 비추어 보면, 피고가 수사기관에 원고의 인적사항 일체를 제공한 행위는 원고의 개인정보를 충실히 보호하여야 할 의무에 위배하여 원고의 개인정보자기결정권 내지 익명표현의 자유를 위법하게 침해함으로써 원고에게 손해를 입힌 것이라고 판단하였다.

또한 전기통신사업법 제83조 제3항에 대하여는, 위 조항이 피고에게 개인정보 제공에 관한 어떠한 의무도 부과하고 있지 아니하므로, 위 규정에 따른 행위라 하더라도 수사기관에 대한 개인정보 제공이 언제나 정당화된다고볼 수 없다고 판단하였다.

[대상판결의 요지] : 파기환송

대법원은 아래와 같은 이유로 원심 판결을 파기환송하였다.

전기통신사업법 제83조 제3항은 전기통신사업자에게 이용자에 관한 통신자료를 수사기관의 요청에 응하여 합법적으로 제공할 수 있도록 하고 있으므로(헌법재판소 2012. 8. 23. 선고 2010헌마439 결정 참조), 위 법에 따라 전기통신사업자가 수사기관의 통신자료제공요청에 응한 것이 위법하다고 하기위해서는, 전기통신사업자가 통신자료제공요청에 대하여 실질적으로 심사할의무가 있다고 인정되어야 할 것이다.

그러나 다음과 같은 이유에서 일반적으로 전기통신사업자에게 그러한 의무가 있다고 볼 수 없고, 수사기관이 통신자료제공요청 권한을 남용한 것임이 객관적으로 명백한 경우와 같은 특별한 사정이 없는 한, 전기통신사업자가 통신자료제공요청에 응한 것이 해당 이용자의 개인정보자기결정권이나 익명표현의 자유 등을 위법하게 침해하는 것이라고 볼 수 없다.

① 전기통신사업법 제83조 제3항, 제4항은 수사기관이 자료제공요청서로통신자료제공을 요청하면 전기통신사업자는 이에 응할 수 있다고만 규정하고있을 뿐, 전기통신사업자가 개별 사안의 구체적 내용을 살펴 그 제공 여부등을 실질적으로 심사하도록 정하고 있지 않다.

② 현실적으로 사법기관도 아닌 전기통신사업자에게 개별 사안의 구체적인 내용에 대한 실질적인 심사를 요구하거나 기대하기 어렵고, 전기통신사업자에 의하여 이러한 심사가 행해질 경우 그 과정에서 혐의사실의 누설이나별도의 사생활 침해 등을 야기할 가능성이 더 크다.

③ 전기통신사업법 제83조 제3항에 의하여 통신자료의 제공을 요청받은

전기통신사업자에게 위와 같은 실질적인 심사를 요구하는 것은, 통신자료에 대하여는 전기통신에 관한 다른 개인정보와는 다르게 그 제공방법과 절차를 정한 입법취지에도 부합하지 않는다.

④ 전기통신사업법 제83조 제3항에서 수사기관의 요청에 의하여 전기통신사업자가 제공할 수 있는 이용자의 통신자료는 그 이용자의 인적사항에 관한 정보로서, 이는 주로 수사의 초기단계에서 범죄의 피의자와 피해자를 특정하기 위하여 가장 기초적이고 신속하게 확인하여야 할 정보에 해당하므로 통신자료제공으로 달성되는 범죄에 대한 신속한 대처 등 중요한 공익에 비하여 통신자료가 제공됨으로써 제한되는 사익은 해당 이용자의 인적사항에 한정된다. 따라서 전기통신사업자로서는 수사기관이 형식적·절차적 요건을 갖추어 통신자료제공을 요청할 경우 원칙적으로 이에 응하는 것이 타당하다.

⑤ 수사기관이 통신자료제공요청 권한을 남용할 가능성이 있으나, 수사기관의 권한 남용에 대한 통제는 국가나 해당 수사기관에 대하여 직접 이루어져야 함이 원칙이고, 전기통신사업자에게 실질적 심사의무를 인정하여 일반적으로 그 제공으로 인한 책임을 지게 하는 것은 국가나 해당 수사기관이 부담하여야 할 책임을 사인(私人)에게 전가시키는 것이므로, 수사기관의 권한 남용에 대한 책임은 국가나 해당 수사기관에 직접 추궁하는 것이 타당하다.

그런데 이 사건에서는 명예훼손을 당하였다고 주장하는 피해자의 고소에 따라 수사관서의 장인 종로경찰서장이 그 수사를 위하여 통신자료제공요청을 한 것이고, 달리 종로경찰서장이 그 권한을 남용하여 통신자료제공을 요청하는 것임이 객관적으로 명백하였다거나 그로 인하여 원고의 이익을 부당하게 침해할 우려가 있었다는 등의 특별한 사정을 찾을 수 없으므로, 피고가 종로경찰서장의 요청에 따라 원고의 통신자료를 제공한 것은 전기통신사업법 제83조 제3항, 제4항에 의한 적법한 행위로서, 피고가 원고에 대해 손해배상책임을 부담한다고 볼 수 없다.

〔研　　究〕

Ⅰ. 서　　론

인터넷 게시판에 유머 글을 올렸다. 그리고 얼마 후 경찰로부터 명예훼손죄를 범한 범죄피의자로 조사가 필요하니 경찰서에 출석하라는 연락을 받았다. 이것은 근거 없는 인터넷 괴담이 아니다. 이 사건에서 실제 벌어진 일이다.

허위사실뿐만 아니라 사실을 말하는 것도 명예훼손죄가 되고, 다른 사람을 평가하는 것은 모욕죄가 되는 나라에서 표현의 자유 영역은 좁기만 하다. 그런데 좁은 표현의 자유나마 누리기에는 검찰에서 불기소처분이 내려지거나 법원에서 무죄 판결이 내려지기까지 겪을지 모르는 형사절차에 대한 부담감이 말하기를, 글쓰기를 주저하게 만든다. 그리고 이 사건은 그러한 주저함이 불합리한 감정이 아니었음을 확인시켜 준다. 나아가 유머조차 자제해야 함을 주지시킨다.

이것은 무언가 잘못된 것이 틀림없다. 그런데 어디서부터 잘못된 것일까. '수사기관이 수사를 위하여 통신자료제공을 요청하면 그 요청에 따를 수 있다'는 전기통신사업법 제83조 제3항을 제정한 입법자?, 전기통신사업법 제83조 제3항에 대한 헌법소원사건에서 기본권침해의 직접성이 없다는 이유로 각하한 헌법재판소?, 전기통신사업자는 수사기관의 통신자료제공요청에 대하여 심사할 의무가 없고, 수사기관이 형식적·절차적 요건을 갖추어 통신자료제공을 요청할 경우 원칙적으로 이에 응하는 것이 타당하다고 판단한 대법원? 아니, 근본적으로 명예훼손죄와 모욕죄를 형사범죄로 규정한 것이 문제의 출발점일지도 모른다. 그러나 명예훼손죄와 모욕죄의 비범죄화에 대한 논의는 이 사건에 대한 검토에서 제외하도록 하고, 명예훼손죄와 모욕죄가 현존하는 상황에서 이 사건 법률조항의 헌법합치적 해석과 그에 따른 전기통신사업자의 책임 유무에 대하여 살펴보도록 한다.

II. 수사기관이 전기통신사업자로부터 통신정보를 취득하는 방법에 대한 입법

1. 우리나라

가. 연   혁3)

1991. 8. 10. 전면 개정된 전기통신사업법은 "전기통신사업자…는 수사상 필요에 의하여 관계기관으로부터 전기통신업무에 관한 서류의 열람이나 제출을 서면으로 요구받은 때에는 이에 응할 수 있다"고 규정하고 있었다(제53조 제3항).

위 규정에 의해 경찰의 요청이 남발되고 사업자들이 이에 자동적으로 응하여 사회적 논란이 야기되자, 2000. 1. 28. 일부 개정된 전기통신사업법은 요청권자를 검사 또는 수사관서의 장으로 제한하고, 요구대상을 이용자의 성명, 주민등록번호, 주소, 가입 또는 해지일자에 관한 자료(이하 "통신자료")로 국한하고, 그 절차도 원칙적으로 서면에 의하되 요청사유, 해당 이용자와의 연관성, 필요한 자료의 범위를 기재하도록 하였으며, 전기통신사업자의 사후 관리의무에 관한 규정을 신설하였다.

그런데 위 2000. 1. 28. 개정 이후에도 수시기관은 '통신자료' 이외에 통화내역정보도 계속하여 요청하였고 사업자들이 이에 응하는 관행이 계속되자, 2001. 12. 29. 개정 통신비밀보호법은 "통신사실확인자료(가입자의 전기통신일시, 전기통신개시·종료시각, 발·착신 통신번호 등 상대방의 가입자번호, 사용도수 그 밖에 대통령령으로 정하는 전기통신사실에 관한 자료들)"에 관한 규정을 별도로 신설하면서 검사 또는 사법경찰관이 관할 지방검찰청 검사장의 승인을 받아 서면으로 전기통신사업자에게 요청할 수 있도록 규정하였다.

그러나 위 개정에도 불구하고 수사기관의 요청 남발과 사업자의 자동 제공의 관행이 이어지자 2005. 5. 26. 개정 통신비밀보호법은 '통신사

---

3) 박용상, 언론의 자유, 박영사(2013), 1046-1047면 참조.

실확인자료'의 제공요청에 법원의 허가를 받도록 개정하여 현재에 이르고
있다.

결국 이 사건에서 문제된 통신자료에 대하여는 당초부터 '전기통신
사업자가 그 제공요청에 응할 수 있다'는 취지로 규정되어 있었다.

나. 현행 규정

현재 수사기관이 전기통신사업자로부터 통신정보를 취득하는 방식에
대한 규정은 대상 통신정보의 내용에 따라 통신비밀보호법, 전기통신사업
법, 형사소송법이 적용되며, 그 구체적인 내용은 아래 표에 정리한 바와
같다.

대상 통신정보	방법	요건	요청자	법원허가 요부	강제성	가입자에 통지요부	근거
실시간 또는 장래의 전기통신	통신제한 조치	특정범죄수사 등에 필요한 때	검사	법원허가 필요	강제 (협조의무)		통신비밀법 제5, 6조, 제9조의2, 제15조의2
송수신이 완료된 전기통신	압수·수색	범죄수사에 필요한 때	검사	법원영장 필요	강제	기소 또는 불기소 등 처분일로부터 30일 이내에 가입자에게 통지	형사소송법 제215조, 통신비밀법 제9조의3, 제15조의2
통신일시, 통신개시·종료시간, 발·착신번호 등 상대방 가입자번호, 사용도수, 로그기록, 위치추적자료	통신사실 확인자료 제공요청	범죄수사에 필요한 때	검사 사법경찰관	법원허가 필요	강제 (협조의무)		통신비밀법 제13조, 제13조의3
이용자의 성명, 주민등록번호, 주소, 전화번호, 아이디, 가입일 또는 해지일	통신자료 제공요청	범죄수사에 필요한 때	검사 수사관서의 장 등	불필요	임의 (요청에 따를 수 있다)	없음	전기통신 사업법 제83조

2. 미   국[4]

가. 1986년 제정된 저장통신법(Stored Communication Act)[5]은 전기통신서비스 제공자(providers of electronic communication service, ECS)[6]와 '일반 공중에 대한' 원격 컴퓨팅서비스 제공자(providers of remote computing service, RCS)[7]가 저장, 관리하는 통신정보를 대상으로 하고, 서비스 제공자가 저장, 관리하는 고객 또는 가입자의 정보를 콘텐츠 정보, 고객 또는 가입자에 관한 기록 또는 기타 정보, 기본적 가입 및 접속 정보의 3가지 유형[8]으로 나누어 각각의 유형에 대하여 보호의 정도를 달

---

4) 박원규, 국가기관의 저장된 통신정보 취득에 관한 미국법과 국내법 비교 · 분석, 로앤테크놀로지 제8권 제6호(2012. 11.) 중 '미국 법무부 수사국 산하 조직인 Computer Crime and Intellectual Property Section Criminal Division(CCIPS), "Searching and Seizing Computers and Obtaining Electronic Evidence in Criminal Investigations", Office of Legal Education Executive Office for United States Attorneys(2009)[출처 : http://www.justice.gov/criminal/cybercrime/docs/ssmanual2009.pdf] 115-149면의 내용을 발췌, 요약한 Ⅱ. 2, 3항' 부분을 참조하였다.

5) 저장통신법(Stored Communication Act)은 단일한 법률에 대한 명칭은 아니고 '전기통신프라이버시법(The Electronic Communications Privacy Act)'의 일부를 이루고 있는 일련의 법률(18 U.S.C. § 2701-§ 2712)에 대한 명칭이다

6) '전기통신서비스 제공자'는 사용자로 하여금 유무선 전기통신을 송수신할 수 있게 하는 서비스를 제공하는 자를 가리킨다. 전화회사, 전자우편서비스회사, 문자메시지서비스회사, 휴대폰서비스회사 등이 이에 해당한다.

7) '원격 컴퓨팅서비스 제공자'는 원격지에서 전기통신시스템을 이용하여 전자적 저장공간을 제공하거나 또는 데이터를 처리해 주는 서비스를 제공하는 자를 가리킨다. 데이터 저장공간 제공자, 게시판 서비스 제공자 등이 이에 해당한다.

8) 1. 콘텐츠 정보(contents of a network account) : 고객 또는 가입자의 계정에 저장된 실제 통신내용 그 자체를 가리키는데, 저장통신법은 이러한 콘텐츠 정보 중 ㉮ 전기통신서비스 제공자가 '전기적 저장공간'에 저장한 콘텐츠 정보와 ㉯ 원격 컴퓨팅서비스 제공자가 저장한 콘텐츠 정보에 대하여 규정하고 있다.

   2. 고객 또는 가입자에 관한 기록 또는 기타 정보(Records or Other Information Pertaining to a Customer or Subscriber) : 전기통신서비스 제공자 또는 원격 컴퓨팅서비스 제공자가 고객 또는 가입자와 관련하여 저장한 정보 중 위 콘텐츠 정보와 아래 기본적 가입 및 접속정보를 제외한 나머지 모든 정보를 의미한다. 예컨대, 계정사용내역, 휴대전화기지국, 전자우편 수신자의 전자우편 주소, 고객 또는 가입자에 대한 프로파일 등.

   3. 저장통신법이 특별히 열거하여 규정하고 있는 기본적 가입 및 접속정보[Basic Subscriber and Session Information Listed in 18 U.S.C. § 2703(c) (2)] : 고객 또는 가입자에 관한 기록 또는 기타 정보' 중 저장통신법이 특별히 열거하고

리하고 있고, 국가기관이 위 통신정보를 강제적으로 제공받는 방법은 절
차는 엄격성이 약한 것부터 소환장, 사전통지부 소환장, 법원제출명령,
사전통지부 법원제출명령, 수색영장⁹⁾이 있다.

　나. 미국 저장통신법은 우리나라의 통신자료와 일부 통신사실확인자
료(전화접속기록 또는 접속유지시간)에 해당하는 정보 및 수신자가 열람한
콘텐츠정보와 수신자가 열람하지 아니한 콘텐츠정보 중 저장된 후 180일
초과한 것은 소환장에 의하여 강제적으로 취득할 수 있고, 일부 통신사

　　　있는 ㉮ 이름, ㉯ 주소, ㉰ 전화접속기록 또는 접속유지시간, ㉱ 서비스 사용
　　　개시일을 포함한 서비스 사용기간과 제공된 서비스의 유형, ㉲ 전화번호, 장
　　　치번호 또는 그 밖에 사용자번호, 임시적으로 부여된 네트워크주소를 포함한
　　　사용자의 신원, ㉳ 서비스 비용 지불방법(신용카드번호, 은행계좌번호 포함).
　9) 1. 소환장(Subpoena) : 절차적 엄격성이 가장 약한 방법으로, 요청주체에 따라 법
　　　원이 재판과정에서 발부한 재판상 소환장(trial subpoena)과 수사기관, 연방 및
　　　주의 대배심이 발부한 행정적 소환장(administrative subpoena)으로 나뉘며, 이
　　　를 통하여 국가기관은 기본적 가입 및 접속정보를 취득할 수 있다. 저장통신
　　　법의 보호대상이 아닌 전기통신정보, 즉 '일반 공중에 개방되지 아니한' 원격 컴
　　　퓨팅서비스 제공자가 저장, 관리하고 있는 콘텐츠 정보 등도 취득할 수 있다.
　　 2. 사전통지부 소환장(Subpoena with prior notice to the subscriber or customer) : 사
　　　전통지부 소환장은 국가기관의 고객이나 가입자에 대한 사전통지를 요건으로 한
　　　다. 소환장에 의하여 취득할 수 있는 정보 이외에도 ① 전기통신서비스 제공자가
　　　'전기적 저장공간'에 저장한 콘텐츠 정보 중 저장 후 180일이 도과한 전기통신정
　　　보 및 ② 저장통신법상 원격 컴퓨팅서비스 제공자가 저장, 관리하는 콘텐츠 정보
　　　(예컨대, 수신자가 열람한 전자우편, 문자메시지 등)를 취득할 수 있다.
　　 3. 법원제출명령(court order) : 소환장에 의하여 취득할 수 있는 정보 이외에도
　　　고객 또는 가입자에 관한 기록 또는 타 정보를 취득할 수 있다. 수사기관이
　　　법원에 소환장을 신청할 때에는 그에 의하여 취득하고자 하는 전기통신정보
　　　가 수사 중인 형사사건과 관련이 있는 중요한 정보라고 믿는 데 '합리적인
　　　근거(reasonable grounds)'가 있음을 소명해야 한다. 여기서 '합리적인 근거'는
　　　수색영장의 요건인 '상당한 이유(probable cause)'보다 완화된 요건이다.
　　 4. 사전통지부 법원제출명령(court order with prior notice to the subscriber or
　　　customer) : 법원제출명령에 의하여 취득할 수 있는 정보 이외에도 ① 저장통
　　　신법상 원격 컴퓨팅서비스 제공자가 저장, 관리하는 콘텐츠 정보(예컨대, 수
　　　신자가 열람한 전자우편, 문자메시지 등) 및 ② 전기통신서비스 제공자가 '전
　　　기적 저장공간'에 저장한 콘텐츠 정보 중 저장 후 180일이 도과한 것이 있다.
　　 5. 수색영장(Search warrant) : 사전통지부 법원제출명령에 의하여 취득할 수 있는
　　　정보 이외에도 전기통신서비스 제공자가 '전기적 저장공간'에 저장한 콘텐츠
　　　정보 중 저장된 후 180일 이내의 것을 취득할 수 있다. 저장통신법에 따라
　　　발부된 수색영장은 연방형사소송규칙 제41조에 따라 발부된 일반 수색영장과
　　　달리 고객 또는 가입자에게 수색영장 발부 사실을 알릴 필요가 없다.

실화인자료(휴대전화기지국, 전자우편 수신자의 전자우편 주소)에 해당하는
정보는 법원의 제출명령에 의하여, 수신자가 열람하지 아니한 콘텐츠정보
중 저장된 후 180일 이내의 것은 법원의 수색영장에 의하여 강제적으로
취득하도록 정하고 있다.

3. 일   본

일본은 2005. 4. 1.부터 시행된 '개인정보의 보호에 관한 법률'을 통
해 개인정보취급사업자가 개인정보를 전자적으로 처리할 경우 수집목적
에 따른 개인정보 취급, 명시적 동의 없는 제3자 제공 금지 등의 의무를
준수토록 하고 있다. 한편 일본 총무성의 '전기통신사업에서의 개인정보
보호에 관한 가이드라인'은, 전기통신사업자에게 통신비밀에 속하는 사항
및 기타 개인정보의 적정한 취급에 대하여 가능한 구체적인 지침을 제공
하기 위해 제정되었는데,[10] 위 가이드라인 제15조 제4호는 "국가기관 혹
은 지방공공단체 또는 그 위탁을 받은 자가 법령이 정한 사무를 수행하
는 것에 대하여 협력할 필요가 있는 경우에, 본인의 동의를 얻는 것에
의해 당해 사무의 수행에 지장을 미칠 우려가 있는 때 제3자에게 제공을
할 수 있다"고 정하고 있다.

하지만 위 가이드라인의 해설에 따르면, 본인의 동의 없이 제3자 제
공을 하는 것이 진정으로 필요한지를 진중히 판단한 후에 제공해야 한
다. 경찰이 전기통신사업자에게 자살예고 글이나 전자메일의 발신자정보
의 개시를 요구하는 경우, 인터넷서비스제공자(ISP)가 그 취급 중에 관한
발신자정보를 지득하고 발신자 이외의 제3자에 게시하는 것은 원칙적으
로 통신비밀의 침해(일본 전기통신사업법 제4조, 제179조)에 해당하여 허용되지 않지만, 당해 발
신자정보의 개시가 긴급피난(일본 형법 제37조 제1항)의 요건을 만족시키는 경우에는 개
시행위의 위법성이 조각된다. 이와 같은 취지에서 일본 '전기통신사업에
서의 개인정보보호에 관한 가이드라인'은 긴급피난에 해당하는 경우 통신

---

10) 박경신, 개인정보의 정의와 위치정보보호법의 개선방안, 202면.

비밀인 통신이력, 발신자정보 등을 타인에게 제공하는 것이 허락된다고
한다.[11]

다만, 위 통신이력이나 발신자정보는 우리나라의 '통신사실확인자료'
에 해당하는 것으로 보이고, 우리나라의 '통신자료'에 해당하는 가입자의
인적사항은 일본 형사소송법 제197조 제2항의 공무소 또는 공사단체에
대한 사실조회 규정을 적용하여 수사기관이 사실조회절차에 따라 영장
없이 취득하고 있다.[12]

4. 평   가

우리나라는 실시간 및 장래의 전기통신, 송수신이 완료된 전기통신,
통신사실확인자료의 취득에 있어서 모두 법원의 허가 또는 영장을 필요
로 하되, 통신자료를 취득에 있어서는 수사기관의 요청에 전기통신사업자
가 임의로 따를 수 있도록 규정하고 있다. 따라서 전기통신사업자가 수
사기관의 통신자료제공요청에 응하지 않을 수 있고, 그 경우 수사기관은
전기통신사업자에 대하여 영장을 발부받아 강제로 취득해야 할 것이다.

그런데 입법자는 전기통신사업자가 언제 수사기관의 통신자료제공요
청에 응해야 하는지에 대하여는 아무런 기준을 제시하고 있지 않다. 차
라리 미국과 같이 수사기관의 통신자료제공요청(소환장)에 강제성을 부여
하는 입법을 하였다면 법률의 해석이 명확하였을 것이다. 그럼에도 불구
하고 입법자는 전기통신사업자의 판단에 따라 통신자료제공 여부를 결정
할 수 있도록 규정하였다. 그렇다면 이 사건 법률조항은 어떻게 해석되
어야 하는가.

위와 같은 입법형식에 따라 이 사건 법률조항은 크게 세 가지로 해석
될 수 있다. 즉 '① 수사기관의 통신자료제공요청은 언제나 영장주의나 정

---

11) 손형섭, 인터넷이용자 개인정보 제공에 관한 법적 연구, 169-170면.
12) 이성기, 통신사업자의 통신사실 확인자료 및 통신자료 제공의 요건과 절차에 관
    한 비교법적 연구 : 미국, 영국, 독일, 프랑스, 일본의 제도 비교를 중심으로, 법과
    정책연구 제14집 제1호(2014. 3.), 한국법정책학회, 56-59면 참조.

보주체의 기본권을 침해하므로 전기통신사업자는 언제나 수사기관의 통신
자료제공요청에 응하여서는 안 된다. 또는 ② 전기통신사업자는 수사기관
의 통신자료제공요청에 대하여 일정 정도의 심사를 하여 통신자료제공요
청이 정당한 경우에는 통신자료제공요청에 응하고, 정당하지 아니할 경우
에는 통신자료제공요청에 응하여서는 안 된다. 즉, 통신자료제공요청에 대
한 심사의무가 있다. 또는 ③ 전기통신사업자는 이 사건 법률조항에 따라
언제나 수사기관의 통신자료제공요청에 응할 수 있다'로 해석가능하다.

다만 이 사건 법률조항을 입법한 것에 비추어 보면, 적어도 전기통
신사업자가 언제나 수사기관의 통신자료제공요청에 응하여서는 안 된다
는 ①안은 입법자의 의사가 아님을 알 수 있다. 그러나 그럼에도 불구하
고 전기통신사업자가 영장 없이 수사기관에 통신자료를 제공하는 것이
헌법에 반한다면 ①안과 같이 해석되어야 할 것이다.

이하에서는 이 사건 법률조항의 해석에 관하여 본다.

Ⅲ. 이 사건 법률조항에 대한 헌법재판소의 결정

1. 헌법재판소의 결정[13]

이 사건 법률조항에 대하여 2012. 8. 23. 헌법재판소의 결정이 있었다.

위 사건에서 청구인은 전기통신사업자가 운영하는 인터넷 게시판에
천안함 관련 게시물을 게재하였다가 전기통신사업자가 수사기관의 통신
자료제공요청에 응하여 제공한 주소, 전화번호 등 개인정보를 토대로 명
예훼손 혐의로 경찰에 소환조사를 받았다. 청구인은 이 사건 법률과 수
사기관의 통신자료 취득행위가 헌법상 영장주의에 위배되고, 통신의 비
밀, 사생활의 비밀과 자유, 표현의 자유 등을 청구인의 기본권을 침해한
다는 이유로 헌법소원심판을 청구하였다.

위 사건에서 헌법재판소는, 이 사건 법률조항은 "전기통신사업자
는…요청받은 때에 이에 응할 수 있다"고 규정하고 있어 전기통신사업자

---

13) 헌법재판소 2012. 8. 23. 선고 2010헌마439 전원재판부 결정(헌공 제191호,
1653).

에게 이용자에 관한 통신자료를 수사관서의 장의 요청에 응하여 합법적으로 제공할 수 있는 권한을 부여하고 있을 뿐이지 어떠한 의무도 부과하고 있지 않고, 전기통신사업자는 수사관서의 장의 요청이 있더라도 이에 응하지 아니할 재량이 있으므로, 수사기관의 통신자료 취득행위는 강제력이 개입되지 아니한 임의수사에 해당하는 것이어서 헌법소원의 대상이 되는 공권력의 행사에 해당하지 아니하고, 이 사건 법률조항에 의하더라도 전기통신사업자가 수사기관의 통신자료제출요청에 응하여야 비로소 이용자의 기본권제한 문제가 발생할 수 있으므로 이 사건 법률조항은 기본권침해의 직접성이 인정되지 아니한다는 이유로 청구인의 청구를 각하하였다.

2. 평   가

앞서 본 바와 같이 이 사건 법률조항은 크게 세 가지로 해석될 수 있다. ① 전기통신사업자는 언제나 통신자료제공요청에 응하여서는 안 된다거나, ② 통신자료제공요청을 심사하여 이에 응할지 여부를 판단해야 한다거나, ③ 언제나 수사기관의 통신자료제공요청에 응할 수 있다거나이다. 만일 이 사건 법률조항이 ①안과 같이 언제나 응하여서는 안 된다거나, ③안과 같이 언제나 응할 수 있다고 해석된다면, 헌법재판소는 이 사건 법률조항의 기본권침해의 직접성을 인정하고 본안에 대하여 판단했어야만 한다. 전기통신사업자의 심사와 판단이라는 단계를 거치지 않고 이 사건 법률조항에 의하여 바로 통신자료제공 가부가 결정되기 때문이다. 물론 그럼에도 불구하고 전기통신사업자가 단순히 귀찮다는 이유 등으로 수사기관의 통신자료제공요청에 응하지 아니하는 경우도 있을 수 있지만, 이는 고려할 필요가 없다. 그러한 경우에도 기본권침해의 위험성은 이 사건 법률조항 자체로 발생한 것이기 때문이다.

그렇다면 결국 문제의 핵심은 대상판결에서 파악한 바와 같이 이 사건 법률조항에 따라 전기통신사업자가 수사기관의 통신자료제공요청에 대하여 심사할 권한 내지 의무가 있는지 여부이다. 만일 그러하다면 심사의무를 부정한 대상판결의 실패가 될 것이고, 그렇지 아니하다면 이 사건 법률조항에 대한 본안판단을 거부한 헌법재판소의 실패가 될 것이다.

이하에서는 이 사건 법률조항에 따라 전기통신사업자가 수사기관의 통신자료제공요청에 대하여 심사할 권한 내지 의무가 있는지 여부에 관하여 본다.

Ⅳ. 이 사건 법률조항의 헌법합치적 해석 – 전기통신사업자의 심사 권한 내지 의무의 존부

1. 서

앞서 본 바와 같이 헌법재판소는 이 사건 법률조항이 헌법에 위반되는지 여부나 이 사건 법률조항의 합헌적 해석에 대하여 판단하지 않았기 때문에 여전히 이 사건 법률조항의 합헌적 해석은 물음표로 남아 있다. 따라서 이하에서는 이 사건 법률조항으로 제한되는 인터넷 게시판 이용자의 헌법상 기본권에 대하여 살펴보고, 그와 같이 제한되는 기본권과 범죄수사 등 공익을 고려하여 이 사건 법률조항이 어떻게 해석되어야 하는지에 관하여 살펴본다.

2. 이 사건 법률조항이 영장주의에 위배되는지 여부

이 사건 법률조항을 법관이 발부한 영장 없이 수사기관이 통신자료제공을 요청하면 전기통신사업자가 임의로 이에 응할 수 있다고 해석하는 것이 헌법 제12조에서 규정한 영장주의에 반하는지 여부가 문제된다. 만일 영장 없는 통신자료제공이 영장주의에 반할 경우 이 사건 법률조항 자체가 헌법에 위반되거나, 혹은 이 사건 법률조항에 의하더라도 특별한 사정이 없는 한 전기통신사업자는 수사기관의 통신자료제공요청에 응하여서는 안 된다는 결론에 이르게 된다.

가. 영장주의의 내용

헌법 제12조 제3항은 '체포·구속·압수 또는 수색을 할 때에는 적법한 절차에 따라 검사의 신청에 의하여 법관이 발부한 영장을 제시하여야 한다'고 규정하여 영장주의를 천명하고 있다.

헌법재판소는 영장주의에 대하여 "체포·구속·압수 등의 강제처분을 함에 있어서는 사법권 독립에 의하여 그 신분이 보장되는 법관이 발부한 영장에 의하지 않으면 아니 된다는 원칙이고, 따라서 영장주의의 본질은 강제처분을 함에 있어서는 중립적인 법관이 구체적 판단을 거쳐 발부한 영장에 의하여야만 한다는 데에 있다"[14]고 판시하였다.

그렇다면 이하에서는 영장주의가 적용되는 강제처분의 개념과 범위에 대하여 살펴보고, 그에 따라 이 사건 법률조항에 따른 전기통신사업자의 수사기관에 대한 통신자료제공이 영장주의가 적용되는 강제처분에 해당하는지 여부에 관하여 본다.

나. 영장주의 적용범위

1) 우리나라[15]

형사소송법 제199조 제1항은 "수사에 관하여는 그 목적을 달성하기 위하여 필요한 조사를 할 수 있다. 다만, 강제처분은 이 법률에 특별한 규정이 있는 경우에 한하며…"라고 규정하고 있는데, 이를 강제수사법정주의라고 한다. 한편 제2항은 "수사에 관하여는 공무소 기타 공사단체에 조회하여 필요한 사항의 보고를 요구할 수 있다"고 규정하고 있다.

위 규정은 일제강점기에 의용되던 일본 구형사소송법 제254조[16] 와 유사한데, 이 규정에 의하면 '법률에 별도로 규정된' 공무소에의 사실조회 $\left(\substack{\text{일본 구형사소송법} \\ \text{제254조 제2항}}\right)$, 압수, 수색, 검증, 피의자 구류, 피의자신문, 증인신문, 감정 $\left(\substack{\text{일본 구형사소송법} \\ \text{제255조}}\right)$ 등이 모두 강제처분으로 이해되었고, 이러한 이해가 해방 후 형사소송법 제정 당시의 우리나라 형사소송법상 강제처분에 대한 해석의 전제가 되었다. 이러한 이해에 의하면 강제처분과 영장주의 가 적

---

14) 헌법재판소 1997. 3. 27. 선고 96헌바28 결정.
15) 이완규, 강제처분의 개념과 영장주의의 관계, 형사법과헌법원리 제3권(2010년), 박영사, 641면-653면.
16) 일본 구형사소송법 제254조.
　　① 수사에 관하여는 그 목적을 달성하기 위하여 필요한 취조를 할 수 있다. 단 강제처분은 별단의 규정이 있는 경우가 아니면 이를 할 수 없다.
　　② 수사에 관하여는 공무소에 조회하여 필요한 사항의 보고를 구할 수 있다.

용되는 영역은 별개이다.

그러나 1980년대 이후에는 종전에 강제처분으로 논해지던 수사기관의 소환, 피의자신문, 사실조회 등은 강제처분의 개념 밖으로 밀려나고 종래의 강제력과 의무부담을 요소로 하는 강제처분의 개념에서 법익침해 등을 강제처분의 기준을 모색하는 논의가 주류가 되었으며 그 과정에서 소환, 피의자신문, 사실조회요구 등의 강제처분성을 인정하는 견해는 거의 없게 되었고, 강제처분과 영장주의가 적용되는 영역도 동일시[17]되었다.

이와 같이 영장주의가 적용된다는 의미의 강제처분의 개념에 대하여는, 강제수사와 임의수사의 한계를 적법절차의 요청과 관련하여 구해야 한다는 전제에서 수사기관의 처분이 법공동체가 공유하고 있는 최저한도의 기본적 인권을 침해할 우려가 있는 것을 강제처분으로 보아 영장주의 등 법적 규제를 받게 해야 한다는 적법절차기준설,[18] 기본권침해를 수반하는 수사를 강제수사로 보되, 수사활동이 기본권을 침해하는지 여부는 헌법, 형사소송법 등 각종 법률에 의한 제한에 따라 구체화되는 기본권의 효력영역을 침범하는지 여부로 판단해야 한다는 기본권기준설,[19] 상대방의 의사에 반하여 실질적으로 그의 법익을 침해하는 처분을 강제처분으로 보는 의사·법익결합설[20]의 견해대립이 있다.

살피건대, 적법절차기준설, 기본권기준설, 의사·법익결합설 어느 견해에 의하더라도 실질적으로 당해 수사활동이 영장주의의 적용이 요청될 정도로 최저한도의 기본적 인권을 침해하거나, 기본권의 효력영역을 침범하거나, 실질적으로 법익을 침해할 것을 요건으로 한다. 이에 따라 영장주의가 적용되지 않는 형사소송법 제199조 제2항의 공무소에 대한 사실조회도 해당 정보 주체의 기본권을 제한하고, 해당 정보 주체의 법익을

17) 배종대·이상돈·정승환·이주원, 형사소송법, 홍문사(2015), 102면, 신동운, 신형사소송법(제5판), 법문사(2014), 227면, 이재상·조균석, 형사소송법(제10판), 박영사(2015), 225면, 임동규, 형사소송법(제10판), 법문사(2014), 168면.
18) 신동운, 신형사소송법(제5판), 법문사(2014), 224면.
19) 배종대·이상돈·정승환·이주원, 형사소송법, 홍문사(2015), 102면.
20) 이재상·조균석, 형사소송법(제10판), 박영사(2015), 223면, 임동규, 형사소송법(제10판), 법문사(2014), 163-164면.

침해하나 이를 강제수사로 보아 영장주의를 적용해야 한다는 견해는 없다. 따라서 결국은 해당 수사활동이 실질적으로 영장주의의 적용이 요청될 정도로 대상자의 기본권을 침해하는지 여부에 따라 영장주의가 적용되는 강제처분인지 여부가 결정된다고 봄이 타당하다.

2) 미   국[21]

미국 수정헌법 제4조는 영장주의에 대하여 "국민이 그 신체, 주거, 서류 및 재산에 대한 비합리적인 압수나 수색으로부터 보호될 권리는 침해되어서는 아니 된다. 또한 선서나 확약(affirmation)에 의해 뒷받침되는 상당한 이유(probable cause)에 근거 하고, 수색될 장소와 압수할 신체나 물건을 특정하지 않고는 영장이 발부되어서는 아니 된다[22]"고 규정하고 있다.

종래 수정헌법 제4조의 주된 목적은 범죄 혐의가 특정되지 아니한 채 증거 수집을 목적으로 사람들의 주거 공간 등을 침입해 재산을 압수해 가던 영국 식민지 당시의 관행을 저지하는 데 있었다. 이에 미국 연방대법원은 아래에서 볼 Katz 판결 이전에는 수정헌법 제4조의 수색이 있으려면 헌법적으로 보호된 영역에 대한 '물리적 침범'이 있어야 한다고 보았고, 1928년 Olmstead v. United States 판결에서는 전화선에 도청장치를 설치해 대화를 감청한 경찰의 행위에 대하여 수정헌법 제4조는 오로지 물건에 대한 물리적 침범만을 규제한다는 입장에서 수정헌법 제4조의 적용을 부정하고 그 증거능력을 인정하였다.

그러나 이후 공중전화 박스의 표면에 전자적 감청장치를 부착하고 그 안에서 행한 말을 감청한 행위가 문제된 Katz v. United States 사건에

---

21) 이완규, 강제처분의 개념과 영장주의의 관계, 형사법과헌법원리 3권(2010년), 박영사, 634-637면; 설민수, 인터넷서비스제공자를 통해서 본 제3자 보유정보에 대한 영장주의의 실효성, 법조 통권 제635호(2009. 8.), 155-162면.
22) U.S. Const. amend. IV (people shall be secure in their persons, houses, papers, and effects, against unreasonable searches and seizures and that no Warrants shall issue, but upon probable cause, supported by Oath or affirmation, and particularly describing the place to be searched, and the persons or things to be seized).

서 연방대법원은 현대적인 의미에서 영장주의의 기초로서 과거의 물리적 침범이나 재산권에 의존한 영장주의에서 탈피해 "사생활의 기대(expectation of privacy)"를 수정헌법 제4조의 새로운 적용기준으로 세웠다. 연방대법원은 이 사건에서 수정헌법 제4조가 보호하는 것은 장소나 물건이 아닌 사람들로서 이 사건에서 피고인의 대화는 사생활에 해당되므로 영장 없는 감청은 수정헌법 제4조에 위반한다고 판단했다. 그리고 수정헌법 제4조가 적용되기 위해서는 대상자가 실제 주관적인 사생활의 기대를 가지고 있어야 하고, 그 사생활의 기대가 사회적으로 상당한 것으로 인정되어야 한다는 Harlan 대법관의 별개의견이 이후 모든 수정헌법 제4조 사건에서 기준으로 작용하게 되었다.

위 기준에 의하면, 모든 사람은 이미 제3자에게 공개한 정보에 대하여 사생활의 기대를 가지지 못하므로 영장주의가 적용되지 아니한다. 게다가 제3자 보유 정보에 대한 영장주의의 부적용(the third-party doctrine)은 사실 Katz 판결 이전부터 미국 연방대법원의 확립된 견해였다.

다. 이 사건 법률조항이 해석에 따라 영장주의에 위배되는지 여부

1) 긍정하는 견해

수사기관의 통신자료제공요청은 이용자의 동의를 얻지 않았다는 의미에서뿐만 아니라 전기통신사업자에게 사실상 그러한 통신자료 제출을 강제한다는 의미에서 강제적이라고 할 수 있으므로 영장주의가 적용되어야 한다는 견해,[23] 프라이버시는 프라이버시 주체의 신원도 포함되고, 특정 행위나 통신내용이 공개되어 있다고 할지라도 마찬가지이므로, 이용자가 위탁한 개인정보인 통신자료를 취득하기 위해서는 영장이 필요하다는 견해,[24] 통신자료는 개인정보자기결정권의 보호법익인 개인정보성이 인정되기에 긴급성이 요구되는 등의 예외적인 상황이 아니라면 일반 수사에 있어서는 영장주의 원칙의 적용이 바람직하다는 견해[25]가 있다.

---

23) 오기두, 전기통신사업자의 이용자 정보 보호책임, 사법논집 제59집(2014), 76면.
24) 박경신, E-메일 압수수색의 제문제와 관련 법률개정안들에 대한 평가, 법학연구 제13집 제2호(2010.8.), 293–294면.
25) 임규철, 포털의 수사기관으로서의 통신자료 제공시 자체적 심사의무에 대한 비

2) 부정하는 견해

제3자 보유 정보도 제3자가 자발적으로 제출하지 않는 한 모두 영장주의의 대상이 된다는 견해[26]에 따르면 전기통신사업자로 하여금 자발적으로 통신자료를 제공할 수 있도록 한 이 사건 법률조항은 영장주의에 위배된다고 볼 수 없다.

3) 사   견

우선 이 사건 통신자료제공이 영장주의가 적용되는 강제처분인지 여부를 판단함에 있어서 제공요청을 받는 상대방인 전기통신사업자를 기준으로 판단해야 하는지, 제공요청 대상 정보의 실질적인 보유자인 이용자를 기준으로 판단해야 하는지가 문제된다. 생각건대, 통신자료제공으로 인하여 실질적으로 기본권에 제한을 당하는 자는 전기통신사업자가 아니라 해당 정보의 주체이므로 해당 정보의 주체를 기준으로 판단함이 타당하다고 생각된다. 이와 유사한 형식의 전기통신의 감청(통신제한조치)의 법적 성질에 대하여도 종래 도청이 강제력을 행사하거나 상대방에게 의무를 과하는 것이 아니라는 이유로 임의수사라고 해석하는 견해도 있었으나, 감청은 개인의 프라이버시에 중대한 침해를 가져온다는 점에 비추어 볼 때 강제수사라고 이해하는 견해가 다수설[27]인 점에 비추어 보아도 그러하다.

그런데 통신자료는 이용자의 신원정보에 해당하는 것으로, 이용자의 실시간 통신내용이나 과거 통신내용 등 내용적인 정보에 비하여 이미 공개된 게시글이나 드러난 전화번호의 신원을 파악하는 정보에 불과하여 특별한 사정이 없는 한 그와 같은 상황에서 신원정보가 공개됨으로 인하

판적 연구, 일감법학 제27호, 500, 507면, 전기통신사업자에게 수사기관의 통신자료제공요청에 응할 의무가 없으므로 임의수사에 해당한다거나, 입법론적으로 통신자료 또한 통신사실확인자료의 경우처럼 법원의 허가를 받도록 함이 타당하다는 설시도 있어 이 사건 법률조항이 영장주의 위배된다는 입장인지 여부가 명확하지는 않다.

26) 설민수, 인터넷서비스제공자를 통해서 본 제3자 보유정보에 대한 영장주의의 실효성, 법조 통권 제635호(2009. 8.), 166~167면, 182면.

27) 이재상·조균석, 형사소송법(제10판), 박영사(2015), 233면.

여 이용자의 법익이 중대하게 침해된다고 볼 수 없는 반면, 이러한 신원정보는 수피의자나 범죄혐의가 명백히 밝혀지지 않은 수사의 초기단계에서 수사자료를 확보하고 범죄의 피의자와 피해자를 특정하기 위하여 가장 기초적이고 신속하게 확인하여야 할 정보에 해당한다. 이러한 점에 비추어 보면, 수사기관의 통신자료 취득은 일반적으로 보아 영장주의가 필수적으로 적용되어야 할 정도로 중대한 기본권침해를 수반하는 강제수사라고 보기는 어렵다.

따라서 이 사건 법률조항은 영장주의에 위반된다고 볼 수 없다. 그러므로 앞서 본 이 사건 법률조항의 3가지 가능한 해석 중 '①해석'(이 사건 법률조항에도 불구하고 특별한 사정이 없는 한 전기통신사업자는 수사기관의 통신자료제공요청에 응하여서는 아니 된다)은 타당하지 아니하고, 결국 '②해석'(전기통신사업자의 심사에 따른 제공)과, '③해석'(전기통신사업자의 심사의무 없는 무조건적 제공)만이 남게 된다.

3. 유선전화, 이동전화 등 통신사에 대한 통신자료제공요청에 대한 판단

이 사건 법률조항의 적용대상이 되는 전기통신사업자는 크게 유선전화, 이동전화 등 통신사와 인터넷서비스제공자로 나눌 수 있는데, 이 둘은 그 특성에 있어 차이점이 있으므로 이하에서는 이 둘을 나누어 우선 유선전화, 이동전화 등 통신사에 대한 통신자료제공요청에 대하여 살펴본다.

가. 제한되는 기본권

1) 통신의 비밀

통신의 자유란 개인이 그 의사나 정보를 편지·전화·전신 등의 통신수단에 의하여 전달하는 경우 본인의 의사에 반하여 그 내용·당사자 등을 공개당하지 아니할 자유를 말한다. 헌법은 제18조에서 "모든 국민은 통신의 비밀을 침해받지 아니한다"라고 규정하여 통신의 비밀보호를 그 핵심내용으로 하는 통신의 자유를 기본권으로 보장하고 있다.[28] 통신의

자유는 넓은 의미의 사생활보호에 속한다.[29]

우선 이 사건 법률조항에서 제공요청의 대상이 되는 통신자료, 즉 이용자의 개인정보가 통신의 비밀에 의해 보호되는 대상인지 여부에 관하여 본다.

이에 대하여 '미국 판례는 이용자들이 인터넷서비스사업자에게 제공한 가입자 정보나 개인의 인터넷 이용에 관한 기록 또는 웹사이트에서 행해진 커뮤니케이션에 관하여는 일반적으로 정당한 프라이버시의 기대를 갖지 못한다고 판시하고, 대부분 이 사건 법률조항에 따른 통신자료 제공요청은 이미 공개된 전기통신, 즉 인터넷상에 공개·개시된 글에 대한 것이기 때문에 헌법상 통신의 비밀보호와는 상관이 없으므로, 통신당사자인 가입자와 상대방을 식별할 수 있는 신원정보는 엄밀한 의미에서 통신비밀보호법이 보호하는 통신의 비밀이라고 볼 수 없다'고 보는 견해[30]도 있다. 그러나 통신의 비밀에 의하여 보호되는 대상은 통신의 내용에 한정되지 아니하고, 그 당사자(수신인과 발신인) 및 수신지와 발신지, 정보의 형태, 발신 횟수 등 통신에 관한 일체를 포괄한다고 보는 우리나라 학계의 다수설[31]에 의하면, 이용자의 개인정보 역시 통신의 비밀

---

28) 성낙인, 헌법학 제16판(2016년), 법문사, 1258면.

29) 헌법재판소는 "통신의 자유를 기본권으로서 보장하는 것은 사적 영역에 속하는 개인 간의 의사소통을 사생활의 일부로서 보장하겠다는 취지에서 비롯된 것이라 할 것이다. 그런데 개인과 개인 간의 관계를 전제로 하는 통신은 다른 사생활의 영역과 비교해 볼 때 국가에 의한 침해의 가능성이 매우 큰 영역이라 할 수 있다. 왜냐하면 오늘날 개인과 개인 간의 사적인 의사소통은 공간적인 거리로 인해 우편이나 전기통신을 통하여 이루어지는 경우가 많은데, 이러한 우편이나 전기통신의 운영이 전통적으로 국가독점에서 출발하였기 때문이다. 사생활의 비밀과 자유에 포섭될 수 있는 사적 영역에 속하는 통신의 자유를 헌법이 별개의 조항을 통해서 기본권으로 보호하고 있는 이유는, 이와 같이 국가에 의한 침해의 가능성이 여타의 사적 영역보다 크기 때문이라고 할 수 있다"고 하여, 통신의 자유를 사생활의 비밀과 자유에 포섭되는 것으로 보고 있다(헌법재판소 2001. 3. 21. 선고 2000헌바25 전원재판부). 그러나 오늘날에는 사생활의 영역뿐만 아니라 정치·경제·사회·문화생활의 모든 영역에서 중요한 의의를 갖는다고 보는 견해도 있다(허영, 헌법이론과 헌법 제3판(2009년), 567면).

30) 박용상, 언론의 자유, 박영사, 1046, 1049면.

31) 성낙인, 헌법학 제16판(2016년), 법문사, 1260면; 장영수, 헌법학 제8판(2014년), 홍문사, 628면; 허영, 헌법이론과 헌법 제3판(2009년), 박영사, 568면; 한수웅, 헌법

의 보호대상이라고 판단된다.

생각건대, 통신의 내용뿐만 아니라 통신의 당사자 등 통신에 관한 일체의 정보 역시 보호되어야 할 통신의 비밀에 속한다고 판단되므로, 다수설의 견해에 찬성한다. 통신의 비밀을 보호하고 통신의 자유를 신장하기 위하여 제정된 통신비밀보호법 역시 통신의 내용에 대한 감청 등 뿐만아니라 통신의 외형에 해당하는 통신사실확인자료와 통신자료의 제공 절차에 대하여도 규정하고 있다.

따라서 이 사건 법률조항은 통신의 비밀에 속하는 이용자의 개인정보를 수사기관이 취득할 수 있도록 규정하고 있으므로, 이용자의 통신의 자유를 제한한다.

2) 개인정보자기결정권

"개인정보자기결정권은 자신에 관한 정보가 언제 누구에게 어느 범위까지 알려지고 또 이용되도록 할 것인지를 그 정보주체가 스스로 결정할 수 있는 권리이다. 즉 정보주체가 개인정보의 공개와 이용에 관하여 스스로 결정할 권리를 말한다."[32]

"개인정보자기결정권의 보호대상이 되는 개인정보는 개인의 신체, 신념, 사회적 지위, 신분 등과 같이 개인의 인격주체성을 특징짓는 사항으로서 그 개인의 동일성을 식별할 수 있게 하는 일체의 정보라고 할 수 있고, 반드시 개인의 내밀한 영역이나 사사(私事)의 영역에 속하는 정보에 국한되지 않고 공적 생활에서 형성되었거나 이미 공개된 개인정보까지 포함한다. 또한 그러한 개인정보를 대상으로 한 조사·수집·보관·처리·이용 등의 행위는 모두 원칙적으로 개인정보자기결정권에 대한 제한에 해당한다."[33]

"개인정보자기결정권의 헌법상 근거로는 헌법 제17조의 사생활의 비밀과 자유, 헌법 제10조 제1문의 인간의 존엄과 가치 및 행복추구권에

학(2011년), 법문사, 666면.
32) 헌법재판소 2005. 5. 26. 선고 99헌마513, 2004헌마190(병합), 전원재판부 결정 [헌공제105호].
33) 상동.

근거를 둔 일반적 인격권 또는 위 조문들과 동시에 우리 헌법의 자유민주적 기본질서 규정 또는 국민주권원리와 민주주의원리 등을 고려할 수 있으나, 개인정보자기결정권으로 보호하려는 내용을 위 각 기본권들 및 헌법원리들 중 일부에 완전히 포섭시키는 것은 불가능하다고 할 것이므로, 개인정보자기결정권은 이들을 이념적 기초로 하는 독자적 기본권으로서 헌법에 명시되지 아니한 기본권이라고 보아야 할 것이다."[34]

그렇다면 이 사건에서 문제되는 이용자의 성명, 주민번호, 주소, 전화번호, 아이디는 그 정보주체를 타인으로부터 식별가능하게 하는 개인정보에 해당하므로, 전기통신사업자가 이를 수사기관에 제공할 수 있도록 하는 이 사건 법률조항은 이용자의 개인정보자기결정권을 제한하는 것이다.

나. 이 사건 법률조항의 합헌적 해석

헌법상 기본권의 행사는 국가공동체 내에서 타인과의 공동생활을 가능하게 하고 다른 헌법적 가치나 국가의 법질서를 위태롭게 하지 않는 범위 내에서 이루어져야 하는 것이므로, 통신의 비밀이나 개인정보자기결정권도 국가안전보장·질서유지 또는 공공복리를 위하여 필요한 경우에는 헌법 제37조 제2항에 따라 법률로써 제한될 수 있다.

그러므로 살피건대, 범죄를 수사하기 위하여 필요한 경우 전기통신 이용자의 개인정보를 확보할 필요성은 분명 존재하므로 이 사건 법률조항의 입법목적은 정당하고, 이에 따라 수사기관의 통신정보 제공요청에 대하여 전기통신사업자가 응할 수 있도록 하는 것은 그 입법목적 달성에 기여하는 적합한 수단에 해당한다.

나아가 이 사건 법률조항에서 정한 '요청사유, 해당 이용자와의 연관성, 필요한 자료의 범위'를 기재한 자료제공요청서만으로는 범죄성립 여부에 대한 판단, 해당 범죄와 정보제공 요청 대상자와의 관련성 정도 등에 대한 실체적 심사가 어려운 점, 만일 실체적 심사에 필요한 수사기록

---

34) 상동.

의 제출까지 요구하게 되는 경우 오히려 혐의사실 누설이나 이용자의 사생활 침해 등을 야기할 위험성이 있는 점, 통신비밀보호법은 전기통신의 감청이나 통신사실확인자료의 경우 법원의 허가를 받도록 하고 송수신이 완료된 전기통신의 경우 법원의 영장을 받도록 하되 이용자의 신상정보에 관한 통신자료에 대해서만 수사기관의 자료제공요청으로 이를 제공할 수 있도록 한 점, 통신자료는 이용자의 신원정보로서 주로 수사의 초기 단계에서 수사자료를 확보하고 범죄의 피의자와 피해자를 특정하기 위하여 가장 기초적이고 신속하게 확인하여야 할 정보에 해당하므로 통신자료의 제공으로 범죄에 신속한 대처 등 중요한 공익을 달성할 수 있는 반면 통신자료가 제공됨으로써 제한되는 사익은 해당 이용자의 인적사항에 한정되는 점, 이러한 통신자료는 통신의 내용에 해당하지 않을 뿐만 아니라 통신일시, 통신개시·종료시간, 통신 상대방의 가입자번호, 사용도수, 로그기록, 위치추적자료와 같은 내밀한 통신의 외형에도 해당하지 아니하는 점, 또한 이미 수사기관이 입수한 전화번호의 이용자가 누구인지만을 공개하는 것인 점 등에 비추어 볼 때, 특별한 사정이 없는 한 이용자의 신원정보 제공으로 인한 사익의 제한보다는 공익이 더 크다고 봄이 상당하다.

따라서 통신사는 제공된 자료제공요청서만으로 그 요청이 부당함을 알 수 있다는 등의 특별한 사정이 없는 한 수사기관의 자료제공 요청에 응할 수 있다고 해석된다.

4. 인터넷서비스제공자에 대한 통신자료제공요청에 대한 판단
가. 인터넷서비스제공자에 대한 통신자료제공요청의 특수성

통신자의 신원을 영장 없이 할 수 있도록 한 것은 과거 유선전화만 있을 때는 전화번호부가 공개되어 있어서 번호만 알면 누구나 그 번호가 누구의 것인지 육안으로 찾을 수 있었으므로 육안으로 찾는 대신 통신사에 문의하면 이를 알려 줄 수 있도록 수사편의를 위해 만든 법이라는 의견[35]이 있다. 실제로 과거에는 가입자의 전화번호와 이름이 나온 전화번호부책이 배포되었었다. 나아가 통신사 이용자의 개인정보는 수사기관이 이미 입수한 전화번호에 대하여 그 가입자를 확인하는 것에 불과하다. 그러나 인터넷서비스이용자의 개인정보는 전화번호처럼 공개된 적이 없을 뿐만 아니라, 단순히 입수한 전화번호의 가입자를 확인하는 것과 달리 이용자가 인터넷 사이트에서 게시한 글과 연결되어 해당 글의 작성자를 확인하는 것이 된다. 즉, 통신사의 개인정보 제공은 해당 이용자의 표현의 내용이 아닌 누구와 언제 연락을 한 전화번호의 이용자라는 표현의 외형만이 공개되는 반면 인터넷서비스이용자의 개인정보 제공은 해당 게시글을 작성한 자라는 점에서 표현의 내용 공개가 동반된다. 이로 인하여 이미 작성된 게시글에 어떠한 제한이 가해지는 것은 아니지만, 언제든지 인터넷에 작성한 익명 게시글(온전한 익명 또는 실제 인적사항이 아닌 아이디만 공개한 익명)의 익명성이 제거될 수 있다는 위험성으로 인하여 장래의 표현을 위축시키는 효과가 있다.

따라서 인터넷서비스제공자의 통신자료제공에 대하여는 앞서 본 통신사의 통신자료제공에서 본 통신의 비밀과 개인정보자기결정권에 더하여 표현의 자유에 대한 제한이 중요하게 다루어져야 할 것이므로, 이하에서는 표현의 자유에 대한 제한과 관련하여 이 사건 법률조항의 해석에 대해 살펴본다.

나. 익명표현의 자유의 헌법상 지위

헌법재판소는 "헌법 제21조 제1항에서 보장하고 있는 표현의 자유는 사상 또는 의견의 자유로운 표명과 그것을 전파할 자유를 의미하는 것으로서, 그러한 의사의 '자유로운' 표명과 전파의 자유에는 자신의 신원을 누구에게도 밝히지 아니한 채 익명 또는 가명으로 자신의 사상이나 견해를 표명하고 전파할 익명표현의 자유도 포함된다"[36]고 보아 익명표현의

---

35) 오마이뉴스 2016. 4. 17.자 기사 「국가도 통신사도 책임 안지는 '통신사 신원제공'」 중 박경신(고려대 법학전문대학원 교수)의 인터뷰 참고(http://ohmynews.com/NWS_Web/View/at_pg.aspx?CNTN_CD=A0002201074).

36) 헌법재판소 2010. 2. 25. 2008헌마324, 2009헌바31(병합) 전원재판부[헌공제161호, 595]; 헌법재판소 2012. 8. 23. 선고 2010헌마47, 252(병합), 전원재판부[헌공제

자유도 헌법상 보장되는 표현의 자유에 포함된다고 본다.

나아가 헌법재판소는 "표현의 자유는 민주주의 국가와 사회의 존립과 발전에 필수불가결한 기본권이 되는데, 특히 익명이나 가명으로 이루어지는 표현은, 외부의 명시적·묵시적 압력에 굴복하지 아니하고 자신의 생각과 사상을 자유롭게 표출하고 전파하여 국가권력이나 사회의 다수의견에 대한 비판을 가능하게 하며, 이를 통해 정치적·사회적 약자의 의사 역시 국가의 정책결정에 반영될 가능성을 열어 준다는 점에서 표현의 자유의 내용에서 빼놓을 수 없는 것이다. 그리고 인터넷 공간에서 이루어지는 익명표현은 인터넷이 가지는 정보전달의 신속성 및 상호성과 결합하여 현실 공간에서의 경제력이나 권력에 의한 위계구조를 극복하여 계층·지위·나이·성 등으로부터 자유로운 여론을 형성함으로써 다양한 계층의 국민 의사를 평등하게 반영하여 민주주의가 더욱 발전되게 한다. 따라서 비록 인터넷 공간에서의 익명표현이 부작용을 초래할 우려가 있다 하더라도 그것이 갖는 헌법적 가치에 비추어 강하게 보호되어야 한다"고 보아 익명표현의 자유의 중요성을 강조한 바 있다.[37]

다만, 이러한 익명표현의 자유도 국가안전보장·질서유지 또는 공공복리를 위하여 필요한 경우에는 헌법 제37조 제2항에 따라 법률로써 제한될 수 있고, 그 제한이 헌법에 위반되는지 여부는 일반 기본권과 같이 과잉금지원칙에 따라 심사된다.

다. 인터넷서비스이용자의 익명표현의 자유 제한

사실 인터넷은 신원추적에 사용될 수 있는 여러 기술적인 흔적과 증표들을 남기게 되는 행동공간이기 때문에 고도의 전문적 기술과 노력을 기울일 수 있는 극히 소수에게만 익명성이 허용되는 비익명성의 공간임이 본성이라고 할 것이나, 그럼에도 불구하고 어느 정도의 기술적 조치를 거쳐야만 이용자를 알아낼 수 있다는 점에서 상대적이고 일반적인

191호, 1631].

37) 헌법재판소 2012. 8. 23. 선고 2010헌마47, 252(병합), 전원재판부[헌공제191호, 1631].

의미에서 익명의 공간으로 파악된다.[38] 그리고 인터넷 이용자는 특별한 사정이 없는 한 자신이 아이디조차 노출되지 않는 익명게시판에 게시한 글이나 아이디가 노출되더라도 신원정보를 공개하지 않은 상태에서 게시한 글의 실제 작성자인 자신의 신원이 공개되지 아니할 것을 기대하고 글을 게시한다 할 것이므로, 인터넷을 통하여 익명표현의 자유를 누린다고 봄이 상당하다.

따라서 인터넷서비스이용자가 신원정보를 공개하지 않은 상태에서 게시한 글에 대하여 수사기관이 이용자의 신원정보를 취득할 수 있도록 하는 것은 이용자의 익명표현의 자유를 제한한다.

라. 이 사건 법률조항의 합헌적 해석

1) 일반적인 범죄의 경우

앞서 본 바와 같이 인터넷서비스이용자에 대한 개인정보 제공은 통신의 비밀, 개인정보자기결정권뿐만 아니라 표현의 자유도 제한한다. 그러나 범죄를 수사하기 위하여 이미 본인의 작성행위에 따라 인터넷에 공개된 게시글의 작성자를 확인할 필요성은 존재하므로 이 사건 법률조항의 입법목적은 정당하고, 이에 따라 수사기관의 통신정보제공요청에 대하여 전기통신사업자가 응할 수 있도록 하는 것은 그 입법목적 달성에 기여하는 적합한 수단에 해당한다.

그러나 이 사건 법률조항에서 수사기관이 통신자료제공요청시 '요청사유, 해당 이용자와의 연관성, 필요한 자료의 범위'를 기재한 자료제공요청서로서 하도록 규정하고 있고, 개인정보 보호법 제18조는 "정보주체 또는 제3자의 이익을 부당하게 침해할 우려가 있을 때를 제외하고" 범죄의 수사를 위하여 필요한 경우 제3자에게 개인정보를 제공할 수 있다고 규정하고 있으며, 인터넷서비스제공자는 자신이 관리하는 사이트에 존재하는 해당 게시글을 확인할 수 있으므로, 해당 게시글을 통하여 확인할 수 있는 범위 내에서 수사기관의 통신자료제공요청이 부당한지 여부를 심

---

38) 조소영, 인터넷 실명제의 의의와 한계, 언론과 법 제10권 제2호(2011. 12.) 42면.

사·판단해야 할 것이다. 즉, 해당 게시글과 수사기관의 통신자료제공요
청서에 의하더라도 수사기관의 자료제공요청이 부당하다고 판단되는 특
별한 사정이 있는 경우에는 수사기관의 자료제공요청에 응하여서는 아니
된다고 봄이 타당하다. 다만, 아래에서 볼 명예훼손죄, 모욕죄와 같이 해
당 게시글 자체가 범죄행위에 해당하는 범죄를 제외한 나머지의 경우에
는 해당 게시글과 수사기관의 통신자료제공요청서만으로 해당 자료제공
요청이 부당하다고 판단될 만한 경우는 거의 없을 것이다.

2) 명예훼손죄, 모욕죄의 경우

가) 명예훼손죄, 모욕죄의 형사처벌의 문제점

우리나라 형법은 공연히 '허위사실'을 적시한 경우 5년 이하의 징역
등으로, '사실'을 적시한 경우 2년 이하의 징역 등으로 명예훼손죄로 처벌
하고 있고(형법 제307조), '의견표명' 역시 일정한 경우 1년 이하의 징역 등으로
모욕죄로 처벌하고 있다(형법 제311조). 또한 정보통신망 이용촉진 및 정보보호
등에 관한 법률(이하 '정보통신망법'이라 한다)은 비방할 목적으로 정보통
신망을 이용하여 '사실'을 적시한 경우 3년 이하의 징역 등으로, '허위사
실'을 적시한 경우 7년 이하의 징역 등으로 처벌하는 특별규정을 두고 있
다(정보통신망 법 제70조).

위와 같이 명예훼손죄와 모욕죄에 대하여 형사처벌하는 것에 대하
여, 우리나라가 비준한 시민적 및 정치적 권리에 관한 국제규약에 따라
설치된 자유권규약위원회는 일반논평 제34조 제47문에서 "그 성질상 증
명이 불가한 표현 형태에 대해서는 형사적 명예훼손법이 적용되어서는
아니 된다"라고 하였을 뿐만 아니라, "당사국은 명예훼손을 비범죄화할
것을 고려해야 하고, 어떤 경우에서도 형사법의 적용은 가장 심각한 사
건에서만 용인되어야 하며, 감금은 절대로 적합한 처벌이 될 수 없다."고
하였고,[39] 의견과 표현의 자유에 대한 유엔 특별보고관은 한국의 명예에
관한 죄가 표현의 자유에 대하여 지나친 위축효과를 가져온다고 하면서,

---

39) 강재원, 국제인권법의 시각에서 본 표현의 자유, 사법논집 제58집(2014), 32면.

민법상 명예훼손에 대하여 손해배상청구소송이 가능하기 때문에 형사처벌은 정당화될 수 없다고 지적하며 형법에서 명예에 관한 죄를 삭제할 것을 권고하기도 하였다.[40]

    그러나 헌법재판소는 모욕죄에 대하여 2011년과 2013년 두 차례에 걸쳐 합헌결정[41]을 하였고, 사실 적시 명예훼손에 관한 정보통신망법 제70조 제1항에 대하여는 2016년 합헌결정[42]을 하였다. 다만, 이때 과잉금지위반 여부를 판단함에 있어서 모욕죄의 경우 "모욕적 표현을 한 자를 처벌하여 표현의 자유를 다소 제한한다고 하더라도, 그 표현행위가 사회상규에 위배되지 않는 행위로 볼 수 있는 때에는 위법성조각사유가 적용되어 처벌되지 않을 수 있다는 점"을, 명예훼손죄의 경우 "명예훼손을 처벌하는 것은 자칫 공적인 인물이나 국가기관에 대한 비판을 제한하고 억압하는 수단으로 남용될 가능성이 있다"는 점을 인정하면서도, "헌법재판소가 명예훼손 관련 실정법을 해석·적용할 때에는 공적 인물과 사인, 공적인 관심 사안과 사적인 영역에 속하는 사안 간에는 심사기준에 차이를 두어야 하고, 공적 인물의 공적 활동에 대한 명예훼손적 표현은 그 제한이 더 완화되어야 한다는 기준을 제시하고 있고,[43] 대법원 또한 정부 또는 국가기관의 정책결정이나 업무수행과 관련된 사항은 항상 국민의 관심과 비판의 대상이 되어야 하므로, 정부 또는 국가기관은 형법상 명예훼손죄의 피해자가 될 수 없고, 정부 또는 국가기관의 정책결정 또는 업무수행과 관련된 사항을 주된 내용으로 하는 언론보도 등으로 인하여 그 정책결정이나 업무수행에 관여한 공직자에 대한 사회적 평가가 다소 저하될 수 있다고 하더라도, 그 보도의 내용이 공직자 개인에 대한 악의적이거나 심히 경솔한 공격으로서 현저히 상당성을 잃은 것으로 평

---

40) 헌법재판소 2013. 6. 27. 선고 2012헌바37 결정 위헌의견(소수의견) 참조.

41) 헌법재판소 2011. 6. 30. 선고 2009헌바199 전원재판부 결정(헌공 177, 920), 헌법재판소 2013. 6. 27. 선고 2012헌바37 전원재판부 결정.

42) 헌법재판소 2016. 2. 25. 선고 2013헌바105, 2015헌바234(병합) 전원합의부(헌공 제233호, 311).

43) 헌법재판소 1999. 6. 24. 97헌마265; 헌재 2013. 12. 26. 2009헌마747 참조.

가되지 않는 한, 그 보도로 인하여 곧바로 공직자 개인에 대한 명예훼손이 성립되지는 않는다고 판시함으로써,[44] 명예보호가 표현의 자유에 대한 지나친 위축효과로 이어지지 않도록 엄격하게 해석·적용하고 있다"는 점을 들어 해당 조항이 과잉금지원칙에 위배되지 않는다고 판단하였다.

위와 같이 우리나라는 다른 나라와 달리[45] 표현행위를 모욕죄와 명예훼손죄로 형사처벌을 하고 있는데, 이러한 형사처벌은 표현의 자유를 위축시킬 위험성이 크므로 헌법재판소에서 명시한 바와 같이 모욕죄에 대하여는 "사회상규에 위배되지 않는 표현"인지 여부, 명예훼손죄의 경우에는 "대상이 공적 인물에 해당"하는지 여부 등을 검토하여 가벌성을 축소시키는 방식으로 엄격하게 운용되어야 할 것이다.

나) 명예훼손죄, 모욕죄에 대한 신원개시의 문제점

그런데 앞서 본 가벌성을 축소시키는 요건은 구성요건해당성 단계뿐만 아니라 주로 위법성 단계에서도 판단되는 경향이 있다(즉, 표현의 대상자가 고소를 할 정도로 기분을 상하게 하는 표현은 대부분 그 구성요건

---

44) 대법원 2011. 9. 2. 선고 2010도17237 판결 참조.
45) 입법례를 보면, 미국에서 명예훼손은 대부분 민사적인 방법에 의하여 해결되고 있고, 일부 주는 명예훼손에 관한 형사처벌 규정을 두고 있으나, 실제 적용되는 예는 거의 없으며, 실제로 적용되는 사례에서도 허위의 사실에 대하여만 명예훼손 책임이 인정되고 진실한 사실은 면책된다. 독일에서도 명예훼손죄는 적시된 사실이 진실임을 입증하지 못하거나 허위인 경우에 성립되므로, 진실한 사실을 적시한 경우에는 명예훼손죄가 성립되지 않는다[위 헌법재판소 2016. 2. 25. 선고 2013헌바105, 2015헌바234(병합) 전원합의부 결정의 반대의견 참조].
　　모욕죄의 경우, 미국은 형사상 모욕죄가 없고, 민사상 불법행위의 일부로 존재하는 의도적 정신적 피해의 초래는 단순한 의견이나 감정의 표현에 적용되는 것이 아니라 물리적 행동, 허위 및 강압을 수반하는 경우에만 적용된다[박경신, 모욕죄의 위헌성과 친고죄 조항의 폐지에 대한 정책적 고찰(2009), 283면]. 일본 형법 제231조는 모욕죄를 처벌하고 있으나, 모욕죄의 법정형은 구류 또는 과료로 매우 가볍고, 독일 형법 제185조는 모욕죄를 처벌하고 있으나, 실제로 모욕죄로 처벌되는 수는 매우 적고, 검찰이 아니라 피해자가 주도하는 사소(Privatklage)에 의해 진행되는데, 그 절차가 매우 복잡하고 부담스러워 남용을 막는 측면이 있으며, 프랑스에서는 2000년 이후 차별적 특성의 모욕죄 외의 모욕죄에 대해 벌금형만을 규정하고 있고, 2004년 외국원수 모욕죄를 폐지하였다[헌법재판소 2011. 6. 30. 선고 2009헌바199 전원재판부 결정(헌공 177, 920]].

해당성이 일단 인정될 가능성이 높다). 따라서 수사기관이 위법성조각사유가 존재하지 아니한다는 점까지 확인에 나아가지 않은 상태에서 구성요건해당성이 있는 것으로 보아 일응 수사에 나아가고, 그에 따라 인터넷서비스이용자의 신원정보가 제공된다면, 이는 결과적으로 불법하지 않은 게시글에 대하여도 이용자의 신원이 개시되는 결과를 가져온다. 그리고 이는 이용자로 하여금 수사절차라는 절차적 불이익(소환 조사 등)을 입게하고, 만일 이용자가 해당 게시글을 통하여 자신이 속한 기업이나 단체에 대한 비판을 한 것이라면 수사절차와 무관하게 해당 기업이나 단체에서 불이익을 받게 될 위험도 있다는 점에서 표현의 자유에 대한 상당한 위축효과를 가져온다.

다) 명예훼손, 모욕에 대한 민사상 신원개시절차

이러한 점을 고려하여, 정보통신망법 제44조의6은 명예훼손 등의 피해자가 수사기관을 통하지 아니하고 인터넷서비스이용자의 신원개시를 요청하는 경우, '침해사실을 소명하여' '명예훼손분쟁조정부'에 해당 이용자의 정보제공을 청구하여야 하고, 명예훼손분쟁조정부는 '이용자의 의견을 들어' 정보제공 여부를 결정하도록 규정하고 있다.

또한 명예훼손, 모욕에 대하여 형사처벌이 없는 미국에서는 인터넷상의 피해자는 익명의 피고("John Doe")를 상대로 명예훼손 소송을 제기하면서 인터넷서비스제공자에 대하여 명예훼손 행위자의 신원을 개시하라는 법원의 소환장(John Doe Subpoena)을 구하는 것이 보통이다. 이때 법원의 소환장과 관련하여 표현의 자유의 이익과 피해자의 법적 구제의 이익을 어떻게 조화시키는가 하는 점이 논란이 되었고, 미국 판례의 전반적인 경향은 '익명의 표현자인 피고에게 이미 적절한 경고가 주어졌고', '원고의 청구가 최소한의 입증을 갖춘 상태'라는 두 가지 요건이 갖추어질 것을 요건으로 판단하고 있다. 위 원고의 입증의 정도에 관하여는 낮은 정도의 '선의(good faith)에 의한 정당한 청구'라는 점에 입증으로 본 판결도 있었으나 최근에는 대부분 '명예훼손의 일응 성립요건 충족(prima facie)'이라는 보다 높은 형태의 입증을 요구하고 있다. 이 경우 공적 인물에 대한 명예훼손일 경우 실질적인 악의(actual malice)를 원고가 입증해야 하므로, 이 경우 행위자의 신원개시가 이루어지기는 매우 힘들다.[46)]

　라) 명예훼손죄, 모욕죄의 경우에 있어 이 사건 법률조항의 해석

　　우리나라 헌법은 제21조는 '표현의 자유도 타인의 명예나 권리를 침해하여서는 아니 된다'고 규정하고 있고, 이 역시 헌법 제37조가 적용되는 제한가능한 기본권이므로, 수정헌법 제1조[47)]에서 표현의 자유를 절대적으로 보호하는 미국과 표현의 자유의 위상이 동일하다고 볼 수는 없다.[48)] 그러나 우리나라 헌법재판소 역시 정치적 표현의 자유와 관련한 판시사항에서 때때로 자유민주적 기본질서의 불가결한 부분을 이루는 것이므로 다른 기본권에 비해 우월하다는 표현을 사용할 때가 있고,[49)] 그렇지 않다고 하더라도 타인의 명예와 더불어 표현의 자유 역시 보장해야 할 기본권임은 분명하다.

　　따라서 수사기관으로서는 문제가 된 표현이 명예훼손죄와 모욕죄의 구성요건에 해당할 뿐만 아니라, 그 위법성조각사유가 없어 혐의 있음이 어느 정도 소명된 경우에 피의자에 대한 신원개시를 요청해야 할 것이고, 인터넷서비스제공자 역시 그러한 경우에 수사기관의 통신자료제공요청에 응하여야 할 것이다. 만일 그러지 아니하고 명예가 훼손되었다고 주장하는 자의 고소만으로 곧바로 게시글의 신원개시가 이루어진다면 이는 표현의 자유, 특히 익명표현의 자유를 침해하는 것이고 이는 혐의 있

---

46) 박용상, 명예훼손법(2008), 현암사, 1274-1275면, 설민수, 익명으로 이루어진 인터넷상 글쓰기에 대한 규제와 그 문제점, 사법논집 제48집(2009.), 335-339면.
47) "연방의회는 언론, 출판의 자유나 국민의 평화롭게 집회할 수 있는 권리 및 고충사항의 구제를 위하여 정부에 청원할 수 있는 권리를 제한하는 법률을 제정할 수 없다."
48) 미국의 표현의 자유의 우월적 지위와 우리나라의 표현의 자유의 지위에 대한 비교에 대한 상세한 내용이 궁금하다면 김시철, 언론·출판의 자유와 인격권의 대립과 조화에 대한 비교법적 검토, 저스티스 제147호(2015. 4.)를 참조하길 바란다.
49) 설민수, 익명으로 이루어진 인터넷상 글쓰기에 대한 규제와 그 문제점, 사법논집 제48집(2009), 285면; 헌법재판소 2004. 3. 25. 2001헌마710 결정(헌집16-1, 435); 헌법재판소 2009. 5. 28. 2007헌바22 결정(헌공152호, 1125).

음이 소명되기도 전이라는 점에서 명예의 보호라는 공익으로도 정당화될
수 없다.

즉, 인터넷서비스제공자는 수사기관의 통신자료제공요청이 명예훼
손, 모욕 등 해당 게시물 자체의 표현으로 인한 범죄를 원인으로 한 경
우에는 해당 게시글과 자료제공요청서를 토대로 자료제공요청의 적절성
여부를 심사하여 그 요청에 응할지 여부를 판단해야 한다고 봄이 타당
하다.

3) 대상판결 중 심사의무 부정 논거에 대한 비판

가) 이 사건 법률조항이 전기통신사업자의 심사의무를 규정하고 있지 아니
하고, 실질적인 심사를 요구하는 것은 통신자료에 대하여는 다른 통신정
보와 다르게 제공방법과 절차를 정한 입법취지에도 부합하지 않는다는
논거에 대한 비판

이 사건 법률조항은 문언상 "수사기관이 통신자료제공요청에 전기통
신사업자가 응할 수 있다"고만 규정하고 있고, 통신제한조치나 통신사실
확인자료 제공요청의 경우와 같이 전기통신사업자의 협조의무를 규정하
고 있지 아니하다. 이와 같은 규정은 오히려 전기통신사업자에 요청에
응할지 여부를 판단할 권한을 부여하고 있는 것이고, 전기통신사업자에게
법률상 및 계약상 개인정보 보호의무를 주장할 수 있는 서비스이용자의
측면에서 보면 이는 전기통신사업자에게 정당한 심사 및 판단 의무가 있
다고 해석할 수 있다.

만일 이 사건 법률조항을 전기통신사업자가 심사 없이 원칙적으로
제공해야 한다는 것으로 해석한다면, 그것이야말로 위 법률조항이 전기통
신사업자에게 제공의무가 있다고 규정하고 있지 않음에도 불구하고 그
문언을 초과하여 해석하는 것이다. 이러한 해석은 개인정보 보호법 제18
조에서 "정보주체 또는 제3자의 이익을 부당하게 침해할 우려가 있을 때
를 제외하고" 범죄의 수사를 위하여 필요한 경우 제3자에게 개인정보를
제공할 수 있다고 규정한 것과도 배치된다. 또한 제공의무가 있다는 것
은 아니나 심사의무가 있다는 것도 아니라고 해석하는 것은 굳이 제공할

의무가 있다고 규정하지 아니하고 제공요청에 응할 수 있다고 규정한 입법취지를 몰각하고, 그렇다면 도대체 전기통신사업자가 응하지 않는 경우는 어떠한 경우인가 하는 의문을 갖게 한다. 이 사건 법률조항에서 제공요청하는 것은 이용자의 신원정보뿐이므로 정보량이 방대하여 제출이 어렵다는 등의 거부사유가 발생할 것을 예정한 조항으로 보기도 어렵고, 또한 단순히 전기통신사업자의 귀차니즘을 옹호하기 위한 입법자의 배려로 보기에도 무리가 있다.

그렇다면 결국 입법자는 입법 당시 수사 목적으로 영장 없이 전기통신사업자로부터 이용자의 신원정보를 제공받는 것이 가져올 모든 폐해를 예측하기 어려워 위와 같이 전기통신사업자에게 재량을 부여하는 구조로 이 사건 법률조항을 규정했다고 해석하는 것이 타당하고, 그렇다면 이 사건 법률조항의 적절한 해석은 결국 법원의 몫이 될 것이다. 그럼에도 불구하고 대상판결이 위 입법자의 입법취지와 규정의 문언을 넘어 전기통신사업자가 언제나 그 제공요청에 응하는 것이 타당하다고 해석한 것은 의문스럽다.

나) 현실적으로 사법기관도 아닌 전기통신사업자에게 개별 사안의 구체적인 내용에 대한 실질적인 심사를 요구하거나 기대하기 어렵다는 논거에 대한 비판

대법원은 인터넷서비스제공자의 명예훼손책임 여부를 다투는 사건[50]에서 "인터넷 종합 정보제공 사업자가 제공하는 인터넷 게시공간에 게시된 명예훼손적 게시물의 불법성이 명백하고, 위 사업자가 위와 같은 게시물로 인하여 명예를 훼손당한 피해자로부터 구체적·개별적인 게시물의 삭제 및 차단 요구를 받은 경우는 물론, 피해자로부터 직접적인 요구를 받지 않은 경우라 하더라도 그 게시물이 게시된 사정을 구체적으로 인식하고 있었거나 그 게시물의 존재를 인식할 수 있었음이 외관상 명백히 드러나며, 또한 기술적, 경제적으로 그 게시물에 대한 관리·통제가 가능한 경우에는, 위 사업자에게 그 게시물을 삭제하고 향후 같은 인터

---

50) 대법원 2009. 4. 16. 선고 2008다53812 판결[공2009상, 626].

넷 게시공간에 유사한 내용의 게시물이 게시되지 않도록 차단할 주의의
무가 있고, 그 게시물 삭제 등의 처리를 위하여 필요한 상당한 기간이
지나도록 그 처리를 하지 아니함으로써 타인에게 손해가 발생된 경우에
는 부작위에 의한 불법행위책임이 성립된다"고 판단하여, 이 사건 피고에
게 명예훼손적 게시물에 대한 불법성 판단과 그 불법성이 명백한 게시물
에 대한 삭제의무가 있다고 판시한 바 있다.

그리고 그와 같이 판단한 이유는 "인터넷 종합 정보제공 사업자는
인터넷 게시공간이라는 위험원을 창출·관리하면서 그로 인한 경제적 이
익을 얻고 있으므로, 위 게시공간 안에서 발생된 위험에 효과적으로 대
처할 수도 있어, 위와 같은 위험으로 인하여 피해가 발생하지 않도록 상
황에 따라 적절한 관리를 하여야 할 주의의무가 있다고 보는 것이 합리
적이고 공평 및 정의의 관념에 부합한다"는 것이다.

위 판시와 같은 논지에서 보면, 피고는 인터넷 종합 정보제공 사업
자로서 해당 사업으로 경제적 이익을 얻고, 이용자로부터 개인정보를 위
탁받아 관리하며 그에 대하여 개인정보 보호의무를 부담하고 있는바, 이
용자의 게시글에 대한 수사기관의 통신자료제공요청이 있는 경우 해당
게시글과 자료제공요청서를 토대로 제공에 응함이 타당한지 여부를 심사
할 의무가 있다고 봄이 상당하다. 나아가 전기통신사업자에게 요구되는
심사는 법원의 최종 판단과 같은 정도의 심사를 요구하는 것이 아니라,
주어진 자료제공요청서와 해당 게시글을 토대로 그 자료제공요청이 부당
한지 여부(정당한지 여부가 아님)이다.

다) 전기통신사업자에 의하여 이러한 심사가 행해질 경우 그 과정에서 혐의
사실의 누설이나 별도의 사생활 침해 등을 야기할 가능성이 더 크다는
논거에 대한 비판

이 사건 법률조항은 수사기관이 통신자료제공요청시 그 요청사유,
해당 이용자와의 연관성, 필요한 자료의 범위를 기재한 자료제공요청서로
써 하도록 규정하고 있고, 인터넷서비스제공자로서는 해당 게시글을 확인
하는 것이 용이하다. 그에 따라 해당 자료제공요청서와 해당 게시글만으

로 해당 자료제공요청이 부당한지 여부를 판단하는 경우 별도의 혐의누설이나 사생활 침해가 야기된다고 볼 수 없다.

라) 통신자료제공으로 달성되는 범죄에 대한 신속한 대처 등 중요한 공익에 비하여 통신자료가 제공됨으로써 제한되는 사익은 해당 이용자의 인적사항에 한정된다는 논거에 대한 비판

앞서 본 바와 같이 일반적인 범죄의 경우 통신자료제공으로 제한되는 사익은 해당 이용자의 인적사항이라는 통신의 비밀 또는 개인정보자기결정권에 불과하다. 그러나 이 사건에서 문제된 명예훼손이나 모욕에 대한 수사의 경우에는 제한되는 사익이 이용자의 인적사항에 한정된다고 볼 수 없고, 앞서 본 바와 같이 익명표현의 자유까지 확장된다고 봄이 상당하다.

마) 수사기관이 통신자료제공요청 권한을 남용한 것임이 객관적으로 명백한 경우와 같은 특별한 사정이 없는 한, 전기통신사업자가 통신자료제공요청에 응한 것이 해당 이용자의 개인정보자기결정권이나 익명표현의 자유 등을 위법하게 침해하는 것이라고 볼 수 없다. 수사기관이 통신자료제공요청 권한을 남용할 가능성이 있으나, 수사기관의 권한 남용에 대한 통제는 국가나 해당 수사기관에 대하여 직접 이루어져야 함이 원칙이라는 논거에 대한 비판

대상판결은 수사기관이 통신자료제공요청 권한을 남용한 것임이 객관적으로 명백한 경우와 같은 특별한 사정이 있는 경우에는 전기통신사업자의 자료제공이 위법하다는 것인데, 그에 따르면 권한남용이 명백한지 여부에 대하여 일응의 심사의무를 인정한 것이 아닌가 하는 의문이 든다.

그리고 수사기관의 통신자료제공요청 권한의 남용가능성을 인정하면서도 이에 대한 통제는 전기통신사업자가 아닌 수사기관 자체에 직접 이루어져야 한다고 판단하였는데, 만일 이것이 통신자료제공요청에 영장주의를 적용해야 한다는 것이라면 언제나 응할 수 있다고 한 판단과 모순되고, 수사기관에 손해배상책임을 물어야 한다는 것이라면, 이는 중립적인 법원이 아니라 범인을 색출하고 범죄를 수사하는 한쪽 역할을 담

당하는 수사기관의 본성에 반하는 것으로, 법원이 수사기관에 자기절제의 미를 지키지 않은 것에 대하여 도의적 책임에서 나아가 불법행위책임을 인정할 수 있는지 심히 의심스럽다. 게다가 헌법재판소의 결정과 같이 수사기관이 권한을 남용하여 이를 요청하더라도 전기통신사업자에게 이에 응할지 여부에 대한 재량이 있는바 그와 같은 권한남용으로 곧바로 해당 이용자에게 손해가 발생한다고 보기도 어렵다. 만일 법리적으로 수사기관에 그와 같은 책임을 물을 수 없다고 가정한다면, 결국 대상판결은 수사기관의 권한남용가능성을 인정하면서도 이에 대하여 어떠한 통제나 책임이 없고, 통신자료제공은 언제나 정당하다는 결론이 되어 부당하다.

4) 소 결 론

이 사건 법률조항의 문언적 해석 및 개인정보 보호법의 규정에 의할 때, 수사기관의 자료제공요청을 받은 통신사업자는 자료제공요청서를 토대로 자료제공요청이 그 자체로 부당하다고 판단되는 경우에는 수사기관의 자료제공요청에 응하여서는 아니 될 것이며, 인터넷서비스제공자는 해당 자료제공요청서 외에 해당 게시글을 열람할 수 있으므로, 자료제공요청서와 게시글을 토대로 그 자료제공요청이 정당하다고 판단되는 경우를 제외하고는 수사기관의 자료제공요청에 응하여서는 아니되는 정도의 심사의무를 부담한다고 봄이 타당하다.

특히, 이러한 심사는 해당 혐의사실이 명예훼손이나 모욕과 같이 해당 게시글의 게시 자체가 범죄행위가 되는 범죄일 경우 자료제공으로 인한 표현의 자유 침해를 고려하여 더욱 엄격히 심사하여야 할 것이고, 해당 게시글의 열람으로 전기통신사업자가 범죄성부를 판단할 기초적인 자료를 보유하게 되므로 좀 더 실질적인 심사가 가능할 것이다. 그리고 이러한 심사는 해당 전기통신사업자가 아이디조차 공개되지 아니하는 익명 게시판 서비스를 제공한 경우 그에 대한 이용자의 신뢰에 비추어 더욱 강화되어야 한다고 봄이 상당하다.

Ⅳ. 이 사건에서 수사기관의 자료제출요청에 응한 인터넷서비스제공자의 책임

1. 이 사건 통신자료제공의 위법성 여부

이 사건에서 이용자의 범죄혐의는 정보통신망 이용촉진 및 정보보호 등에 관한 법률 위반(명예훼손)이고, 판결에는 명확하게 드러나 있지 않지만, 자료제공요청서에 '아이디'를 포함한 인적사항 일체를 요청한 점, 일부 언론기사에 이 사건 게시글이 '익명게시판'에 작성되었다고 보도된 점[51]에 비추어 볼 때 이 사건 게시글은 아이디가 공개되지 않는 익명게시판에 작성된 글일 가능성 있다.

나아가 이 사건 게시글은 '밴쿠버 동계올림픽 선수단 귀국 당시 유○○ 장관이 금메달리스트인 김연아 선수를 환영하면서 두 손으로 어깨를 두드리자 김연아 선수가 이를 피하는 듯한 장면을 편집한 사진'으로, 김연아 또는 유○○ 장관만이 관련성이 있는데 둘 다 공적인물에 해당하여 악의적이거나 심히 경솔한 공격으로서 현저히 상당성을 잃은 것으로 평가되지 않는 한 위법성이 조각될 가능성이 클 뿐만 아니라,[52] 그 게시글 자체에 의하더라도 누군가의 사회적 가치 내지 평가를 침해하는 명예훼손에 해당한다고 보기도 어렵다.

그렇다면 이 사건에서 수사기관의 통신자료제공요청은 자료제공요청서와 해당 게시글에 의하더라도 범죄성립 여부가 심히 의문스러워, 이용자의 개인정보를 보호해야 할 의무가 있는 전기통신사업자로서는 수사기관의 자료제공요청에 응할 정당한 이유가 없다. 따라서 피고는 수사기관의 자료제공요청에 응하지 않았어야 함에도 불구하고, 이에 응하여 원고의 개인정보 보호의무를 위반하였고, 이를 정당화할 아무런 법적 근거가 없어 위법하다.

---

51) 미디어스, 2016. 3. 14.자 기사 "네이버 "경찰에 이용자 정보 안 넘긴다"(http://mediaus.co.kr/news/articleView.html?idxno=53350).
52) 각주 53) 참조.

나아가 대상판결에 의하더라도 전기통신사업자는 심사의무는 없으나 수사기관의 통신자료제공요청이 권한을 남용한 것임이 객관적으로 명백한 경우와 같은 특별한 사정이 있는 경우에는 해당 자료제공요청에 응한 것이 위법하다는 것인데(논리적으로 양립가능한지는 별론으로 한다), 이 사건의 경우 자료제공요청서와 해당 게시글에 의하면 해당 게시글의 내용이 누군가의 명예를 훼손한다고 보기 어려울 뿐만 아니라 등장인물이 모두 공적인물에 해당하는 사건으로서 이러한 경우 수사기관이 권한을 남용한 것이 객관적으로 명백한 경우에 해당하는 것이 아닌가 싶다.

2. 고의 또는 과실 유무

원심판결에서 인정한 바에 의하면 이 사건 인터넷서비스제공자는 수사기관의 요청이 있기만 하면 언제나 예외 없이 이용자의 개인정보를 제공하여 왔고, 개인정보보호전담기구를 설치·운영하고 있음에도 아무런 검토 없이 원고의 개인정보를 제공하였다. 이러한 점에 비추어 보면, 이 사건 인터넷서비스제공자는 이 사건 법률조항에서 요청되는 최소한의 심사도 하지 않았던 것인바, 그와 같이 수사기관의 자료제공요청에 응한 것에는 과실이 존재한다 할 것이다. 이는 그간 수사기관의 자료제공요청만 있으면 언제나 응하여 온 관행이 있었다고 하더라도 정당화될 수 없다.

3. 약관에 의한 면책 여부

이 사건 피고의 이용약관에는 "피고는 이용자들의 개인정보를 '개인정보의 수집 및 이용목적'에서 고지한 범위 내에서 사용하며, 이용자의 사전 동의 없이는 동 범위를 초과하여 이용하거나 원칙적으로 이용자의 개인정보를 외부에 공개하지 않습니다. 단, 아래의 경우에는 예외로 합니다. 예외 : 법령의 규정에 의거하거나 수사 목적으로 법령에 정해진 절차와 방법에 따라 수사기관의 요구가 있는 경우"라는 규정이 있고, 이 사건에서 피고는 원고가 동의한 위 약관에 따라 수사기관에 대한 개인정보를 제공한 것이므로 위법하지 않다고 주장하였다.

그러나 위 약관조항은 '법령에 정해진 절차와 방법에 따라' 수사기관의 요구가 있는 경우에 개인정보를 제공할 수 있다는 것인데, 개인정보보호법 제18조는 "정보주체 제3자의 이익을 부당하게 침해할 우려가 있을 때를 제외하고" 범죄의 수사를 위하여 필요한 경우 제3자에게 개인정보를 제공할 수 있다고 규정하고 있고, 이 사건 법률조항은 위와 같이 해석되어야 하여 이 사건에서는 피고가 수사기관에 이용자의 개인정보를 제공하지 않았어야 한다고 판단되는바, 위 약관조항에 의하더라도 이 사건 인터넷서비스제공자의 개인정보 제공이 적법하다고 보기 어려우므로, 피고의 이 부분 주장은 이유 없다.

4. 소 결 론

따라서 이 사건에서 피고가 원고의 개인정보를 수사기관에 제공한 것은 이 사건 법률조항에 따라 정당화될 수 없고 원고에 대한 개인정보 보호의무를 위반한 위법한 행위이므로, 이로 인하여 원고가 입은 정신적 손해를 배상할 책임이 있다.

V. 결 론

이 사건 법률조항은 전기통신사업자에게 수사기관의 통신자료제공요청에 '응할 의무가 있다'고 규정하지 아니하고 '응할 수 있다'고 규정하고 있으며, 수사기관은 통신자료제공요청시 요청사유, 해당 이용자와의 연관성, 필요한 자료의 범위를 기재한 자료제공요청서로 해야 한다고 규정하고 있을 뿐만 아니라, 개인정보 보호법은 "정보주체 또는 제3자의 이익을 부당하게 침해할 우려가 있을 때를 제외하고" 범죄의 수사를 위하여 필요한 경우 제3자에게 개인정보를 제공할 수 있다고 규정하고 있다.

따라서 전기통신사업자는 자료제공요청서를 토대로 해당 자료제공요청이 부당하다고 판단되는 사정이 있는 경우에는 위 요청에 응하여서는 아니 될 것이고, 전기통신사업자 중 인터넷서비스제공자의 경우에는 자료

제공요청서 외에 문제된 게시글의 열람이 가능하므로 자료제공요청서와 해당 게시글을 토대로 해당 자료제공요청이 정당한지 여부를 판단해야 할 것이다.

　그리고 특히 이용자의 익명표현의 자유를 침해할 우려가 있는 인터넷 게시글에 대한 명예훼손, 모욕 혐의에 대한 자료제공요청의 경우에는, 인터넷서비스제공자는 이용자에 대한 개인정보 보호의무가 있는 점, 민사상 신원개시절차에서는 침해사실을 소명하고, 이용자의 의견을 들어 중립적인 명예훼손분쟁조정부에서 개시 여부를 판단하는 점, 범죄성부를 판단할 수 있는 기초자료인 해당 게시글을 열람할 수 있는 점 등에 비추어 구성요건 해당성이 없거나 위법성조각사유가 있다고 보이는 경우에는 자료제공요청에 응해서는 안 될 것이다.

　이와 같은 기준에 의할 때 이 사건 게시글은 '밴쿠버 동계올림픽 선수단 귀국 당시 유○○ 장관이 금메달리스트인 김연아 선수를 환영하면서 두 손으로 어깨를 두드리자 김연아 선수가 이를 피하는 듯한 장면을 편집한 사진'으로 명예훼손의 구성요건에 해당한다고 보기 어려울 뿐만 아니라, 공적인물에 대한 것으로 위법성이 조각될 가능성이 큰바, 피고의 수사기관에 대한 자료제공이 이 사건 법률조항에 의하여 정당화될 수 없고, 이에 따라 피고는 원고에게 위자료를 지급할 의무가 있다.

　위와 같이 이 사건 법률조항에 따라 전기통신사업자에게 주어지는 자료제공요청서나 해당 게시글이 있고, 이를 토대로 전기통신사업자가 일정 정도 자료제공요청의 부당성을 판단할 수 있음에도 불구하고, 대상판결이 전기통신사업자에게 실질적 심사의무가 없다고 보아 전면적 면책을 부여한 것은 수긍하기 어렵다. 또한 명예훼손 혐의로 인하여 익명표현의 자유가 중요하게 문제되고, 자료제공요청서와 해당 게시글의 확인만으로도 자료제공요청의 부당성을 판단할 수 있었던 이 사건에서 '수사권한을 남용하여 통신자료제공요청을 한 것이 명백한 경우에 해당하지 아니한다'고 보아 전기통신사업자를 면책한 것 역시 이 사건 법률조항에서 제공의무를 규정하고 있지 아니함에도 불구하고 사실상의 전면적 제공의무를 부여한 것이 아닌가 하는 의문이 든다.

한편, 대상판결 이후에도 네이버는 "승소와 관계없이 사회적 합의가 형성될 때까지 현재의 태도를 고수하고 서비스 전체 영역에서 사생활보호 철학을 보다 강화해 나갈 것"이라며 원심판결이 내려진 2012년부터 지켜 온 '영장이 없으면 수사기관에 통신자료를 넘겨주지 않는다'는 방침을 고수하고 있다.[53] 이는 대상판결이 사회적으로 수긍할 만한 기준을 제시하지 못한 것에 대한 방증이 아닐까.

---

53) CBS노컷뉴스, 2016. 4. 1.자 기사 "수사기관 '통신자료' 퍼주는 이통사, 버티는 네이버…그 이유는?" 참조(http://www.nocutnews.co.kr/news/4572040).

[Abstract]

Responsibility of telecommunication carriers providing customer's private information to the investigating agency by requests

Huh, Moon Hee*

The Telecommunications Business Act stipulates that telecommunication carriers can provide user's information such as name, resident registration number, address, telephone number, ID, service start date and termination date to the investigating agency by the request of it for investigation.

It is the matter that if the investigation agency requests tele-communication carriers to provide user's information pursuant to the above Act, whether the telecommunication carriers is exempted from the obligation to protect the privacy of the user.

The Supreme Court of Korea made decision that the telecommunication carriers should not have the duty to review the request of an investigating agency, so the telecommunication carriers responding to a request of the investigation agency does not constitute a violation of the right of self-deter-mination of the user. As a result, the user's claim for damages against the Internet service provider, the one of the telecommunication carriers was rejected.

However, in Korea, defamation and insult punished criminally not only caused by false facts but also true facts or just opinion, providing the iden-tity information of the internet user to the investigating agency causes the

---

* Judge, Chuncheon District Court.

serious infringement on the freedom of expression. I think for that reason the Information Network Act specifically stipulates the procedures for the identification of users of Internet services when victims of defamation request it to the Internet Service Provider, and the Internet Service Provider shall not provide user's information to the investigating agency unless it is clear that the post of the user infringes the victim's honor and has no purpose for public interest.

[Key word]

- the telecommunications business act
- user's information
- examine duty of telecommunication carrier
- examine duty of ISP
- the right to self-determination of private information
- freedom of anonymous speech
- ISP's duty to protect private information

참고문헌

[단 행 본]

박용상, 언론의 자유, 박영사(2013).

_____, 명예훼손법, 현암사(2008).

배종대 · 이상돈 · 정승환 · 이주원, 형사소송법, 홍문사(2015).

성낙인, 헌법학(제16판), 법문사(2016).

신동운, 신형사소송법(제5판), 법문사(2014).

이재상 · 조균석, 형사소송법(제10판), 박영사(2015).

임동규, 형사소송법(제10판), 법문사(2014).

장영수, 헌법학(제8판), 홍문사(2014).

한수웅, 헌법학, 법문사(2011).

허 영, 헌법이론과 헌법(제3판), 박영사(2009).

[논   문]

강재원, 국제인권법의 시각에서 본 표현의 자유, 사법논집 제58집(2014).

김시철, 언론 · 출판의 자유와 인격권의 대립과 조화에 대한 비교법적 검토, 저스티스 제147호(2015. 4.).

박원규, 국가기관의 저장된 통신정보 취득에 관한 미국법과 국내법 비교 · 분석, 로앤테크놀로지 제8권 제6호(2012. 11.).

박경신, 개인정보의 정의와 위치정보보호법의 개선방안, 법학연구 통권 제37집 (2013. 5.).

_____, E-메일 압수수색의 제문제와 관련 법률개정안들에 대한 평가, 법학연구 제13집 제2호(2010. 8.).

설민수, 익명으로 이루어진 인터넷상 글쓰기에 대한 규제와 그 문제점, 사법 논집 제48집(2009).

_____, 인터넷서비스제공자를 통해서 본 제3자 보유정보에 대한 영장주의의 실효성, 법조 통권 제635호(2009. 8.).

손형섭, 인터넷이용자 개인정보 제공에 관한 법적 연구, 공법연구 제42집 제2호 (2013).

오기두, 전기통신사업자의 이용자 정보 보호책임, 사법논집 제59집(2014).

이성기, 통신사업자의 통신사실 확인자료 및 통신자료 제공의 요건과 절차에 관한 비교법적 연구 : 미국, 영국, 독일, 프랑스, 일본의 제도 비교를 중심으로, 법과 정책연구 제14집 제1호(2014. 3.).

이완규, 강제처분의 개념과 영장주의의 관계, 형사법과헌법이념 제3권(2010).

임규철, 포털의 수사기관으로의 통신자료 제공시 자체적 심사의무에 대한 비판적 연구, 일감법학 제27호(2014. 2.).

조소영, 인터넷 실명제의 의의와 한계, 언론과 법 제10권 제2호(2011. 12.).

제사주재자의 지위와 확인의 이익[*]

현 소 혜[**]

■요　지■

　　원고는 피고 의령남씨 충경공파 종회를 상대로 불천위 충경공 남재의 제사주재자 지위 확인을 구하는 소를 제기하였으나, 대법원 2012. 9. 13. 선고 2010다88699 판결은 그 소를 각하하였다. 당사자 사이에 제사용 재산을 둘러싼 다툼이 존재하지 않아 그 전제가 되는 제사주재자 지위의 확인을 구할 만한 법률상 이익이 없고, 설령 제사용 재산에 관한 다툼이 있더라도 피고를 상대로 직접 이행청구나 그 밖에 권리관계에 관한 소를 제기해야 한다는 것이다. 본 논문은 불천위의 제사와 같이 가계계승을 전제로 한 제사에 관하여는 현행 민법 제1008조의3이 적용될 여지가 없다는 점, 당해 사건과 같이 종중과 종손 간에 제사주재자 지위를 둘러싼 다툼이 있는 경우에는 종중이라는 단체의 자치규범으로서의 제사상속의 관습에 따라 분쟁이 해결되어야 한다는 점, 제사상속의 관습에 따르면 원고가 피고 종중의 적법한 종손임에도 불구하고 피고가 그 지위를 부정하고 있으므로 이를 다툴 만한 확인의 이익이 있다는 점, 그리고 종손으로부터 제사주재자로서의 지위를 박탈하는 내용의 결의는 무효이므로, 원고의 청구는 인용되어야 한다는 점을 논증하였다.

---

　*　본 논문은 2016. 1. 18.에 개최된 제387회 민사판례연구회에서 발표한 글을 일부 보강 및 수정한 것으로 2016. 3. 발간된 사법 제35호, 73-114면에 이미 게재된 바 있다.
　**　성균관대학교 법학전문대학원 부교수.

[주 제 어]
- 제사상속
- 제사주재자
- 불천위
- 가계계승
- 종중
- 종손
- 확인의 이익

대상판결 : 대법원 2012. 9. 13. 선고 2010다88699 판결

　[사안의 개요]

　1. 피고 '의령남씨충경공파종회'(이하 '피고'라고 한다.)는 조선왕조의 개국 1등 공신 중 한 명인 충경공(忠景公) 남재(南在)를 공동선조로 하는 종중이다. 충경공 남재는 의령남씨 시조의 제2자의 증손자인 5세손이다.

　2. 본래 제사는 4대에 한하여 행하는 것이 관습이나, 충경공 남재는 불천의 은전을 받은 불천지위(不遷之位)이므로, 4대 봉사 이후에도 사당에 신주를 모시고 종손이 그 제사를 주재하여 왔다.

　3. 충경공 남재의 제사주재자는 그의 적장자인 6세손 남경문을 필두로 7세손 남지, 8세손 남윤, 9세손 남흔, 10세손 남조원, 11세손 남정국, 12세손 남웅선, 13세손 남대원, 14세손 남종백, 15세손 남준구, 16세손 남반, 17세손 남태징으로 이어져 왔다.

　4. 그러나 제17세손 남태징이 1728년(영조 4년) 역모에 휘말려 참수형에 처해지고, 그의 서자 남한동뿐만 아니라 그의 동생들인 16세손 남반의 중자(仲子) 남태흥, 삼자(三子) 남태승과 그의 자(子)까지 모두 옥사하거나 노비가 되면서 충경공 남재의 제사를 주재할 적장자손이 끊어지게 되었다.

　5. 이에 남취명을 비롯한 충경공 남재의 후손들이 모여 남세관을 충경공의 적장자손으로 삼아 제사를 주관하게 하려 한다는 취지의 상소를 올리고, 영조가 그대로 시행하도록 하라는 전교를 내린 결과 남태징에 갈음하여 남세관이 제17세손으로서 충경공 남재의 제사주재자가 되었다. 남세관은 본래 8세손 남윤의 둘째 동생 남구의 둘째 손자인 남치욱의 종손이었다.

　6. 제17세손 남세관의 뒤를 이어 그의 적장자인 18세손 남건중, 19세손 남적로가 제사주재자가 되었으나, 19세손 남적로가 후사 없이 사망하자 1842년(헌종 8년) 다시 충경공 남재의 후손들이 모여 친족들이 상의하여 장차 사손(祀孫)을 택하여 정하도록 해달라는 취지의 상소를 올리고, 헌종이 그대로 시행하라는 전교를 내려 남이운이 20세손으로서 충경공 남재의 제사주재자가 되었다.

　7. 그 후 20세손 남이운의 적장자인 21세손 남윤검, 22세손 남구헌, 23세손 남명희, 24세손 남상태, 26세손 남기덕이 연달아 충경공 남재의 제사를 주재하여 왔고(25세손 남필우는 24세손 남상태보다 먼저 사망하였다), 26세손

남기덕이 6·25 한국전쟁 도중 실종되어 그에 대한 실종선고심판이 1968. 10. 5. 확정된 이래 27세손인 원고가 제사주재자의 역할을 수행하면서 매년 총 8차례씩 남양주시 소재 충경공 사당에서 제사를 지내는 한편, 충경공 사당, 재실 및 묘의 관리를 위한 위토를 관리하여 그 수익으로 제수비용을 충당하여 왔다.

8. 피고는 위 충경공 사당, 재실 및 위토에 관하여 1981년경부터 1995년경까지 소유권보존등기 또는 소유권이전등기를 마쳤고, 2006년 위 위토가 한국토지공사에 의해 수용되면서 수용보상금조로 196억원가량을 지급받았다.

9. 그 후 피고는 원고가 위 위토 수용 후 피고에게 제수비용 외에 생활대책비용까지 요구한다는 이유로 2009. 2. 27. 정기총회에서 '충경공의 제사주재자를 피고 종회 대표자 회장으로 한다.'는 내용의 결의를 한 후 원고에게 통보하였고, 2010. 2. 26. 정기총회에서도 '원고와 그 후손을 충경공에 대한 봉사손의 지위에서 박탈하고 충경공에 대한 사당, 재실 및 묘의 관리, 제사주재 등 충경공에 대한 모든 봉사를 피고 종회에서 직접 한다.'는 내용의 결의를 하였다.

10. 이에 원고는 자신이 충경공 남재의 적종손임에도 불구하고 피고가 이를 다투고 있음을 이유로 피고를 상대로 이 사건 제사주재자 지위 확인의 소를 제기하였다.

[소송의 경과]

1. 1심판결 : 수원지방법원 성남지원 2009. 11. 18. 선고 2009가합6802 판결

1심판결은 원고의 청구를 기각하였다. 그 이유는 다음과 같다. 제사주재자는 우선적으로 망인의 공동상속인들 사이의 협의에 의해 정하되, 협의가 이루어지지 않은 경우에는 제사주재자의 지위를 유지할 수 없는 특별한 사정이 있지 않은 한 망인의 장남(장남이 이미 사망한 경우에는 장남의 아들, 즉 장손자)이 제사주재자가 되고, 공동상속인들 중에 아들이 없는 경우에는 망인의 장녀가 제사주재자가 되어야 한다(대법원 2008. 11. 20. 선고 2007다27670 전원합의체 판결). 그런데 망인 충경공의 공동상속인들로 이루어진 피고 종중은 2008. 12. 4.에 충경공의 제사주재자를 원고가 아닌 피고 종중의 회장으로 정하기로 결의하였으므로, 이는 공동상속인들 사이에 협의가 이루

어지지 않은 경우에 해당한다. 따라서 망인 충경공의 장남이 제사주재자로 되어야 할 것이나, 원고는 그의 장남 계열이 아니다. 망인 충경공의 17세손 남태징의 중자 남태홍에게 후손이 있었던 이상, 그의 장남이나 장녀가 제사주재자로 됨이 옳기 때문이다.

2. 원심판결 : 서울고등법원 2010. 10. 7. 선고 2009나116828 판결

원심판결은 1심판결을 취소하고 원고의 청구를 인용하였다. 그 이유는 다음과 같다. 1심판결이 원용하고 있는 대법원 2008. 11. 20. 선고 2007다27670 전원합의체 판결은 이 사건에 적용될 수 없다. 제사주재자의 결정방법에 관한 대법원의 새로운 법리 선언은 제사승계제도에 관한 관습의 근간을 바꾸는 것인바, 이를 소급적용하면 종래 대법원 판례를 신뢰하여 형성된 수많은 제사용 재산 승계의 효력을 일시에 좌우하게 되어 당사자의 신뢰 보호에 반한다. 따라서 위 판결에 따른 법리는 위 판결 선고 이후 제사용 재산의 승계가 이루어지는 경우에만 적용될 수 있으며, 이미 조선시대나 민법 시행 이전에 제사상속이 개시된 이 사건에까지 소급하여 적용될 수는 없다. 한편 종래의 제사상속에 관한 법제에 따르면 원칙적으로 적장자가 제사상속인이 되고, 적장자가 없는 경우에는 적손, 중자, 서자, 중손, 서손의 순서로 제사상속인이 되며, 후손이 없는 경우에는 입후에 의해 제사상속을 하는데, 반역 · 불충과 같은 공적인 사유나 불구 · 폐질 · 불효와 같은 사적인 사유가 있으면 국가나 부가 제사상속인 지위를 박탈하는 폐적이라는 관습도 있었다. 제사상속이 도덕과 관습의 범주에 맡겨진 구(舊) 민법 시대 이후로는 이에 관한 법규범이 없었으므로, 대법원의 판시에 따라 통상 종손이 제사주재자가 된다. 이 사건의 경우 충경공 남재의 17세손 남태징이 역모로 폐적됨에 따라 남세관이 충경공의 새로운 제사상속인이 되었고, 원고는 남세관의 적종손으로서 제사에 관한 관습에 따라 적법하게 충경공의 제사상속인 지위를 상속하였으므로, 원고의 청구는 이유 있다.

3. 대상판결 : 대법원 2012. 9. 13. 선고 2010다88699 판결

대상판결은 원심판결을 파기하고, 이 사건 소를 각하하는 것으로 자판하였다. "민법 제1008조의3의 입법연혁 및 규정내용에 비추어 보면, 당사자 사이에 제사용 재산의 귀속에 관하여 다툼이 있는 등으로 구체적인 권리 또는 법률관계와 관련성이 있는 경우에 그 다툼을 해결하기 위한 전제로서 제사주재자 지위의 확인을 구하는 것은 법률상의 이익이 있다고 할 것이지만, 그러한 권리 또는 법률관계와 무관하게 공동선조에 대한 제사를 지내는 종중 내에서 단순한 제사주재자의 자격에 관한 시비 또는 제사 절차를 진행할 때에 종중의 종원 중 누가 제사를 주재할 것인지 등과 관련하여 제사주재자 지위의 확인을 구하는 것은 그 확인을 구할 법률상 이익이 있다고 할 수 없"는데, 원고는 피고를 상대로 제사주재자 지위의 확인을 구하고 있을 뿐, 사당이나 위토 등 제사용 재산의 적법한 소유자가 피고임을 다투고 있는 것은 아니라는 것이다.

또한 대법원은 설령 원고와 피고 사이에 제사용 재산의 소유권 등에 관한 다툼이 있는 경우라도 "이는 공동상속인들 사이에서의 민법 제1008조의3에 의한 제사용 재산의 승계 내지 그 기초가 되는 제사주재자 지위에 관한 다툼이 아니라 일반적인 재산 관련 다툼에 지나지 않으므로, 제사주재자로서는 제3자를 상대로 민법 제1008조의3에서 규정하는 제사주재자 지위 확인을 구할 것이 아니라 제3자를 상대로 직접 이행청구나 권리관계 확인청구를 하여야 한다."는 전제하에 민법 제1008조의3에서 규정하는 제사주재자 지위 확인을 청구하는 것은 허용될 수 없으므로, 이 사건 제사주재자 지위 확인의 소는 원고의 권리 또는 법률적 지위에 현존하는 위험이나 불안정을 제거할 수 있는 유효·적절한 수단이라고 할 수 없다고 보았다.

[기   타]

1. 관련사건 : 대법원 2012. 9. 13. 선고 2012다12825 판결

이 사건 원고는 대상판결과 별개로 이 사건 피고를 상대로 [사건의 개요] 9.항 기재 결의가 무효임을 확인해 달라는 취지의 소도 제기하였으나, 대법원은 대상판결과 같은 날 위 소에 대해서도 소각하 판결을 확정하였다. "당사자 사이에 제사용 재산의 귀속에 관하여 다툼이 있는 등으로 구체적인 권리 또는 법률관계와 관련성이 있는 경우에 그 다툼을 해결하기 위한 전제로서 제사주재자 지위의 확인을 구하거나 그 지위에 관한 종중결의의 효력에 대한 판단을 구하는 것 등은 법률상의 이익이 있다고 할 수 있지만, 그러한 권리 또는 법률관계와 무관하게 공동선조에 대한 제사를 지내는 종중 내에서 단순한 제사주재자의 자격에 관한 시비 또는 제사 절차를 진행할 때에 종중의 종원 중 누가 제사를 주재할 것인지 등은 그 확인을 구할 법률상 이익이 있다고 할 수 없다."는데, 이 사건의 경우에는 원심 변론종결일까지 원·피고 사이에 충경공 남재의 사당을 비롯한 제사용 재산의 승계 문제에 대한 다툼이 없었다는 것이다.

2. 후속사건(대법원 2016다8480)

대상판결과 병행판결이 선고된 후 이 사건 피고는 이 사건 원고를 상대로 불천위 충경공 남재의 사당 및 재실이 피고의 소유임을 이유로 위 각 부동산을 피고에게 명도할 것을 청구하는 내용의 소를 제기하였고, 이에 대하여 이 사건 원고는 위 각 부동산이 적법한 제사주재자인 자신의 소유임을 이유로 오히려 자신에게 위 각 부동산에 관한 소유권이전등기절차를 이행할 것을 구하는 내용의 반소를 제기하여 현재 대법원 2016다8480호로 계속 중이다.

〔研　究〕

I. 쟁　점

이 사건에서 당사자 사이의 다툼의 대상은 명확하다. 원고는 계속 불천위 충경공 남재의 제사를 지내기 원하고, 피고는 원고의 제사주재자 지위를 박탈하기를 원한다. 그러나 이 간단한 분쟁을 해결하기 위한 준거가 되는 규범을 찾아내는 것은 그리 간단하지 않다.

제사주재자를 결정하는 것은 당사자들의 자유로운 합의가 지배하는 사적 자치의 영역에 속하는가 또는 정해진 법이나 규범에 의해 강제되는 신분의 영역에 속하는가. 제사의 주재는 그 자체로서 권리이거나 또는 권리행사의 전제가 되는 법적 지위인가 또는 그가 제사라는 사실행위를 하고 있음을 묘사하는 용어에 불과한가. 제사와 관련된 단체나 제사에 필요한 물건의 소유자는 결의 또는 의사표시로써 제사라는 행위를 금지하거나 방해할 수 있는가. 그리고 제사주재자는 그러한 금지나 방해에 어디까지 대항할 수 있는가. 무엇보다도 국가는 이와 같은 제사를 둘러싼 사인 간의 분쟁에 어디까지 간섭할 수 있는가.

위 각각의 문제에 대해 어떠한 답을 가지고 있는가에 따라 판단은 달라질 수 있다. 1심판결과 원심판결, 그리고 대상판결이 동일한 사안에 대해 각각 청구인용, 청구기각, 소각하라는 상이한 결론에 다다른 것은 이러한 질문들에 대해 미묘한 입장의 차이를 가지고 있었기 때문이다. 위 각 질문에 대한 올바른 답을 찾기 위해 이하에서는 먼저 제사의 의미 와 현행 민법상 제사주재자의 함의에 대해 살펴본다(Ⅱ.). 이를 통해 이 사건에서 당사자들이 확인을 구하고 있는 '제사주재자'의 지위와 민법 제 1008조의3 간의 관계, 특히 그것이 사적 자치의 영역인지 여부를 명확히 할 수 있을 것이다. 다음으로는 종중과 종손에 대해 검토한다(Ⅲ.). 종손 이 소속되어 있는 종중이 종손의 법적 지위나 권한에 관해 어디까지 결 정할 수 있는지 그 한계를 알아보기 위함이다. 제사에 관한 상속관습법 이 그 기준이 될 수 있을 것이다. 마지막으로 이러한 전제하에 종중과 종손 간에 분쟁이 있을 때 법원이 개입할 수 있는 경계선을 탐구하고, 대상판결의 당부를 논한다(Ⅳ.).

Ⅱ. 제사와 제사주재자

1. 제사의 의미

제사란 이미 사망한 사람에게 음식을 봉양(奉養)하는 사실행위를 말 한다. 사전적으로 제사는 "신령이나 죽은 사람의 넋에게 음식을 바치어 정성을 나타냄. 또는 그런 의식"[1]이라는 의미를 가지고 있을 뿐이다. 제 사 자체는 어떠한 법률효과도 수반하지 않으며, 제사를 주재할 수 있는 자의 자격이 선험적으로 정해져 있는 것도 아니다. 사후에 봉양을 받지 못한 채 음계를 떠도는 조상이 후손에게 불행이나 위해로 보복할 것이라 는 영혼불멸의 믿음에 기초한 일종의 종교의식에 불과하다.[2]

---

1) 국립국어원 표준국어대사전 '제사' 항목 참조.
2) 朴秉濠, 異姓繼後의 實證的研究, 서울대학교 法學 제14권 제1호(1973), 84면; 정 긍식, "조선전기 朱子家禮의 수용과 祭祀承繼 관념", 역사민속학회 제12호(2001),

　　조선 전기까지 자녀들이 돌아가며 제사를 지내는 윤회봉사, 딸이나 외손이 제사를 지내는 외손봉사, 데려다 키운 자식이 제사를 지내는 수양봉사·시양봉사, 노비가 제사를 모시는 묘식봉사 등의 관행을 쉽게 접할 수 있었던 것은 이와 같은 제사의 '사실행위'로서의 성격, 즉 '사후봉양'으로서의 제사[香火]의 성격에 기인한다.[3] 15세기를 지나 16세기에 이르면서 점차 제사를 지내는 사람에게 제사와 관련된 재산을 귀속시키거나 상속분을 일부 가산하는 관행이 등장하기 시작했지만, 이는 제사에 따른 비용의 보전 내지 일종의 보상·유인으로서의 성격을 가질 뿐이었다.[4]

　　하지만 조선 후기 종법사상이 우리 사회에 뿌리를 내리면서 제사는 '사후봉양'과 더불어 '가계계승'으로서의 의미를 함께 갖게 되었다.[5] 부계혈통의 적장자를 중심으로 선조의 제사를 지낼 자격이 있는 자를 미리 정해 놓고, 그에 해당하는 사람이 없는 경우에는 입후(立後)를 통해서라도 가(家)의 연속성이 단절되지 않도록 하는 것, 그리고 그 가(家)의 성공적인 유지를 위해 정당한 가계계승자에게 재산의 단독상속권을 비롯한 각종의 특권과 제사의 주재 그 밖에 각종의 의무를 부과하는 것이 점차 일반화되었으며,[6] 이를 통해 제사는 단순한 사실행위를 넘어서 가(家)의 상속이라는 법률효과를 수반하게 되었다.

　　이러한 이유 때문에 일제강점 초기 조선총독부는 '제사상속'을 우리나라 상속법의 근간으로 보고, 제사상속인에게 단독상속권을 인정하였다.[7] 물론 잘 알려진 바와 같이 조선고등법원은 1933년 이러한 기존의 관습법을 부정하고 제사상속을 단순히 도의적인 것에 불과한 것으로 폄하하였지만,[8] 부계혈통 중심의 가계계승(즉 제사상속)이라는 흔적은 호주제라는 이

　179면.
3) 朴秉濠(1973), 83-85면 참조.
4) 文叔子, 조선시대 재산상속과 가족, 景仁文化社, 2005, 68-70면 참조.
5) 정긍식(2001), 185-189면 참조.
6) 그 과정에 대해 상세히 논증하고 있는 문헌으로 文叔子(2005), 115-131면 참조.
7) 親族相續에 관한 舊慣習, 裁判資料 第29輯, 法院行政處, 1985, 362면.
8) 1933(昭和 7). 3. 3.자 조선고등법원 판결(民上 626). 朝鮮高等法院 民事判決錄 第20卷, 154면 이하. 이 판결에 대해 자세히 소개하고 있는 문헌으로 尹眞秀, "高

름으로 여전히 남아 1960년부터 시행된 현행 민법에까지 영향을 미쳤다.

다음의 제정 민법 심의 기록은 제사와 상속 간의 관계에 관한 입법자의 태도를 상징적으로 보여 준다.:

> "제사상속을 법률제도로부터 제외하여 도덕과 관습의 범주에 위양하고 그 정신을 가급적 호주상속인을 정하는 데 참작하기로 하였다. 다만 제사용 재산은 관습상으로 호주상속인의 특권으로 되어 있으며, 또 호주상속인에게 그 소유권의 승계를 인정함이 타당하다."[9](강조점 필자 추가)

종래 제사상속을 통한 가계계승의 관습을 이제 호주상속제도로 전환한다는 점, 제사용 재산은 호주상속인으로 대변되는 그 가문의 적법한 계승자에게 귀속되어야 한다는 점, 그리고 그 가계계승자는 제사상속의 정신에 따라 결정한다는 점을 분명히 한 것이다. 그렇다면 호주상속인에게 제사용 재산의 승계를 인정하고, 상속분을 가산해 준 제정 민법의 태도는 단순히 제사를 주재하는 자에게 그 비용을 보전해 준다는 취지가 아님이 분명하다. 즉 제정 민법이 상정하고 있는 제사의 본질은 '사후봉양'에 있지 않다. 당시 입법자의 의사는 호주상속인, 즉 종래 제사상속의 이념에 기초하여 정당하게 가를 이어받은 부계 적장자 혈통의 남자에게 '가계계승'에 따른 법률효과의 일환으로 제사용 재산을 귀속시키고자 하였다. 제정민법 제996조에 의해 제사주재자라는 용어가 '호주상속인'으로 전환되었고, 승계의 대상이 되는 가문의 재산이 대폭 축소되기는 하였지만, 호주상속제도의 실질은 종법사상과 그다지 다르지 않다.[10]

그러나 위와 같은 상황은 1990년 역전되었다. 당시 민법 개정에 의해 호주상속제도가 드디어 폐지되면서 제사상속 제도의 잔존물이었던 舊민법(1990. 1. 13. 개정 전의 것) 제996조의 처리가 정면으로 문제된 것이

氏 門中의 訟事를 통해 본 傳統 相續法의 變遷", 家族法硏究 第19卷 第2號(2005), 330-332면 참조.

9) 民議院 法制司法委員會 民法審議小委元會, 民法案審議錄(下), 1957, 21-22면 참조.

10) 같은 취지로 申榮鎬, "祭祀用財産의 相續", 家族法學論叢: 朴秉濠敎授 還甲紀念 (I), 博英社, 1991, 582면; 李承遠, "제사주재자 지위 확인의 소의 이익", 대법원판례해설 제93호, 2013, 247면.

다. 입법자는 신분상속의 형태를 띠고 있었던 호주상속 관련 규정들을 모두 삭제하고 이를 호주승계제도로 전환하였으며, 그 결과 호주상속인에게 인정되던 제사용 재산의 특별상속권 역시 그 신분에 당연히 수반하는 법률효과가 아니라, 상속재산 중 일부에 관해 소유권 귀속 관계를 특별히 정하는 규정으로 변모하여 그 위치가 재산상속에 관한 현행 민법 제1008조의3으로 옮겨지게 되었고, 이를 승계하는 자 역시 '호주상속인'에서 '제사를 주재하는 자'로 변경되었다. 1990년을 기점으로 우리 법제에서 제사는 다시 '가계계승'에서 '사후봉양'으로 그 기능이 전환된 셈이다.

2. '제사를 주재하는 자'의 의미

1990년 민법 개정에도 불구하고 개정민법 제1008조의3에서 말하는 '제사를 주재하는 자'가 누구인가에 대해서는 한동안 논란이 계속되었다.

일각에서는 뿌리 깊은 종법사상에 기초하여 호주승계인을 제사주재자로 간주하였다.[11] 이러한 견해는 호주상속제도가 폐지되었다고 하더라도 여전히 제사용 재산의 본질은 가계의 계승, 즉 제사의 계속에 있으므로, 제사용 재산 역시 정당한 자격을 가진 '호주승계인' 1인에게 승계시킴으로써 그 권리관계를 명확히 하고 법적 안정성을 기해야 한다고 주장하였다. 민법 제1008조의3에서 말하는 '제사를 주재하는 자'란 정확하게는 '제사를 주재할 자'를 의미한다는 전제하에 제사주재자의 정통성을 강조하는 견해이다.

반면 당시 입법에 참여하였던 학자를 비롯한 일부 견해[12]는 민법 제1008조의3의 위치가 기존의 호주상속(신분상속)과 관련된 절로부터 재산상속에 관한 절로 이동된 것을 근거로 이제 제사의 승계는 신분 내지 가계의 계승과 분리되었다는 전제하에 제사용 재산은 '제사를 주재할 자

---

11) 朴秉濠, "民法上의 祭祀用財産의 承繼", 家族法硏究 第10號(1996), 561∼564면; 申榮鎬(1991), 589∼591면. 입법론으로서 호주 내지 적장자를 제사주재자로 정할 것을 주장한 견해로 郭潤直, 相續法(改訂版), 博英社, 2004, 70면 참조.
12) 김주수, 주석상속법(상), 한국사법행정학회, 1996, 295면 등.

격이 있는 자'가 아니라 '실제로 제사를 주재하는 자'에게 귀속시켜야 한다고 주장하였다.[13]

이러한 분쟁은 근본적으로 민법 제1008조의3에 대한 시각의 차이에 기인하고 있는 것으로 보인다. 위의 견해는 제사상속 내지 호주상속 제도의 폐지에도 불구하고 여전히 제사용 재산에 대한 특례규정이 민법에 남아 있는 것은 제사상속제도를 법적 제도로는 받아들이지 않으면서 사실상 승인하는 타협의 산물이라고 보고,[14] 가계계승을 위한 신분상속제도의 마지막 파편으로서 위 조문의 전래적 성격을 그대로 유지하고자 한다. 반면 아래의 견해는 호주상속제도의 폐지의 정신을 위 조문의 해석에까지 관철시키는 것을 목적으로 한다. 호주제도는 사라졌어도 제사나 제사용 재산이 남아 있는 이상 이에 관한 법적 규율을 피할 수 없으나, 현대적인 관점에서 이를 재해석할 필요가 있다는 것이다.

"제사를 주재하는 자"의 의미를 둘러싼 논란에 대해 한동안 대법원은 "종손이 있는 경우라면 그가 제사를 주재하는 자의 지위를 유지할 수 없는 특별한 사정이 있는 경우를 제외하고는" 종손이 제사주재자의 지위를 갖는다는 전제하에 분묘의 수호·관리권이나 제사용 재산의 소유권을 종손에게 전속시켜 왔다.[15] 이러한 대법원의 태도는 "종전의 호주개념을 종손으로 대체한 것으로서 원칙적으로 종손이 제사를 주재하여야 한다는 당위성을 전제로 한 견해"[16]라고 평가할 수 있다. 위의 견해를 택한 것이다.

하지만 대법원은 2008. 11. 20. 선고 2007다27670 전원합의체 판결

---

13) 鄭肯植, "祭祀用 財産의 歸屬主體", 民事判例硏究 第22卷, 博英社, 2000, 372면.
14) 민유숙, "민법 제1008조의3에 의한 금양임야의 의미와 그 승계", 대법원판례해설 제49호, 2004, 299면 참조.
15) 대법원 1997. 9. 5. 선고 95다51182 판결; 대법원 2000. 9. 26. 선고 99다14006 판결; 대법원 2004. 1. 16. 선고 2001다79037 판결; 대법원 2004. 1. 16. 선고 2001다79037 판결 등.
16) 전효숙, "제사주재자의 결정방법─대법원(전) 2008. 11. 20. 선고 2007다27670 판결에 대한 비판적 검토─", 이화여자대학교 법학논집 제14권 제3호(2010), 306면. 이에 반해 李承遠(2013), 244면은 위 대법원이 제사주재자를 "사실상의 제사주재자"의 의미로 보는 입장이었다고 한다.

에 의해 드디어 '정당한 제사주재자', 바꿔 말하자면 적법한 가계계승자가 존재한다는 것을 전제로 한 기존의 입장을 폐기하고, "제사주재자는 우선적으로 망인의 공동상속인들 사이의 협의에 의해 정하[는]"것으로 견해를 변경하였다. 물론 공동상속인들 사이에 협의가 이루어지지 않은 경우에는 여전히 망인의 장남을 제사주재자로 보고 있다는 점에서 위 판결은 여러 가지 비판[17]을 받고 있지만, 이러한 대법원의 태도는 사실상 제사를 주재하는 자가 공동상속인들 사이의 협의에 의해 결정되지 않을 경우 재판규범으로서 작용할 뿐이며, 당사자들에게 행위규범으로 기능하는 것은 아니다. 즉, 공동상속인은 종래의 종법사상에 따른 종손의 순서나 자격에 구속되지 않는다.

결국 위 2008년 전원합의체 판결에 의해 민법 제1008조의3에서 '제사를 주재하는 자'는 제사상속 내지 신분상속의 사고에 바탕을 둔 정당한 자격 있는 자가 아니라, 실제로 당사자들 간의 협의나 묵시적 동의를 수반한 관행에 따라 실제로 제사를 주재하는 자 또는 실제로 제사를 주재하게 될 자를 의미하는 것임이 명백해졌다. 아래의 판시사항에서 드러나는 바와 같이 현대 민법하에서는 가계계승을 전제로 하는 제사상속 제도가 법적으로 관철될 수 없음을 위 전원합의체 판결이 다시 한 번 확인해 준 것이다.:

　　"적장자라는 신분을 최우선시하는 제사상속제도는, 과거의 종법사상(宗法思想)에 기초한 것으로서 조상숭배를 통한 부계혈족(父系血族) 중심의 가(家)의 유지와 계승을 목적으로 하는 것이었고, 가부장적인 대가족제도와 자급자족을 원칙으로 하는 농경사회를 그 바탕으로 한 것이나, 우리 사회는 1970년대 이래 급속한 경제성장을 통하여 고도로 산업화·도시화된 사회를

---

17) 대표적으로 전효숙(2010), 317-322면; 尹眞秀, "李容勳 大法院의 民法判例", 民法論攷 Ⅶ, 博英社, 2015(初出: 李容勳 大法院長 在任紀念 正義로운 司法, 2011), 567면; 정구태, "제사주재자의 결정방법에 관한 小考—'전통'의 관점에서 본 대법원 2008. 11. 20. 선고 2007다27670 전원합의체 판결의 비판적 검토—", 경희법학 제45권 제4호(2010), 75-84면 참조. 반면 위 판결의 다수의견에 찬동하는 견해로 이진기, "제사주재자의 결정과 제사용 재산—대법원 2008. 11. 20. 선고 2007다27670 전원합의체 판결 상고이유 1의 평석—", 고려법학 제56호(2010), 62-70, 88-89면 참조.

이루었고, 대가족제도가 핵가족제도로 바뀌었으며, 가정 내에서 가족 개개인의 의사가 존중되고, 적서(嫡庶)의 차별이 사라졌으며, 남아선호 사상의 쇠퇴와 더불어 딸만을 자녀로 둔 가정의 비율이 증가하게 되었다. 이에 따라 1980. 10. 27. 헌법 제9호로 전문 개정된 헌법 제34조 제1항은 "혼인과 가족생활은 개인의 존엄과 양성의 평등을 기초로 성립되고 유지되어야 한다"고 선언하기에 이르렀고, 이는 현행 헌법 제36조 제1항으로 유지되고 있는바, 그 후 사회의 모든 영역에서 가족 구성원의 평등을 실현하는 방향으로 제도가 개선되었으며, 여러 차례에 걸친 민법 개정을 통하여 형제자매의 상속분이 균등하게 되었고, 호주제도가 폐지되어 호주를 중심으로 한 가(家)의 제도에서 본인과 배우자를 중심으로 한 새로운 가족제도로 재편되는 한편, 2008. 1. 1. 호적제도조차 새로운 가족관계등록제도로 대체되기에 이르렀다. <u>위와 같이 우리 사회 구성원들의 생활양식과 각종 법률 및 제도가 변화함에 따라 상속인들간의 협의와 무관하게 적장자가 우선적으로 제사를 승계해야 한다는 종래의 관습은, 가족 구성원인 상속인들의 자율적인 의사를 무시하는 것이고 적서간에 차별을 두는 것이어서 개인의 존엄과 평등을 기초로 한 변화된 가족제도에 원칙적으로 부합하지 않게 되었고, 이에 대한 우리 사회 구성원들의 법적 확신 역시 상당 부분 약화되었으므로, 더 이상 관습 내지 관습법으로서의 효력을 유지할 수 없게 되었으며,</u> 그러한 관습에 터잡은 종래의 대법원판결들 역시 더 이상 판례법으로서의 효력을 유지할 수 없게 되었다고 봄이 상당하다."

3. 사안의 경우

이 사건에서 원고가 확인을 구하는 제사주재자의 지위는 '사후봉양'으로서의 제사를 주재할 자격이 아니라 '가계계승'으로서의 제사를 주재할 자격이다. 원고는 자신의 피상속인인 부(父) 남기덕의 제사를 주재할 지위를 확인받고자 하는 것이 아니며, 피고 역시 원고의 이러한 지위를 다투지 않는다. 다툼의 대상이 되는 것은 오로지 불천위 충경공 남재와 그 처인 배위한국대부인 파평윤씨에 대한 제사뿐이다.

조선시대의 제사상속에 관한 관습에 따르면 4대조에 한해 제사를 봉양하는 것이 원칙이다. 종법사상의 이론적 기초가 되는 이른바 '동기(同氣)'이론에 의하면 조상의 기(氣)는 영속하지만, 우리나라 고유의 혈연의식과 결합하면서 그 기를 이어받은 자손과의 관계에서 孫, 曾孫, 玄孫으로 대를 거듭하여 내려갈수록 그 기가 희미해지는 것으로 보았기 때문이다.[18] 그 결과 5대 이상의 신주는 묘소에 매장하고 묘제를 행하였다.

그러나 불천지위의 경우에는 4대 봉사 이후에도 신주를 묘소에 매장하지 않고 사당에 모신 후 그 종손이 제사주재자가 되어 영구히 제사를 주재하게 된다. 불천위로 추대되면 해당 가문의 중시조가 되어 문중 내에서 새로운 파를 창설하여 종가를 형성할 자격을 부여받으므로, 불천위 인물의 혈통을 계승한 집은 종가로 인정받는다. 불천위는 제사상속의 전제가 되는 가계계승의 출발점이 되는 것이다. 불천위는 오로지 종법으로부터 파생된 문화적 산물로서 예기나 주자가례에 그 시원을 두고 있으며, 사후봉양을 전제로 하는 고래의 관습과는 무관하다.[19] 따라서 불천위의 제사주재자는 사후봉양의 관점에 입각하여 '누가 가장 제사를 잘 모실 것인가'라는 사실의 단계에서 결정되지 않으며, '누가 제사를 모실 자격을 가지고 있는가'라는 규범의 단계에서 결정되어 왔다.

이 사건에서 분쟁해결의 준거가 되는 법규범이 민법 제1008조의3이어서는 안 되는 이유가 바로 여기에 있다. 현행 민법 제1008조의3은 가계계승이 아닌 사후봉양을 전제로 제사용 재산의 귀속관계를 정하고 있을 뿐이라고 보아야 하므로, 제사주재자 역시 공동상속인 간의 협의에 의해 결정하는 것이 옳다. 같은 맥락에서 민법 제1008조의3의 적용범위는 제사용 재산을 소유하고 있었던 피상속인 자신의 제사가 문제되는 사안으로 한정되어야 할 것이다. 즉, 민법 제1008조의3에서 말하는 "제사주재자"란 오로지 제사용 재산을 물려주는 피상속인 자신을 기리는 제사를 주재하는 사람만을 의미한다고 보아야 한다.

제사주재자가 가계계승을 전제로 하는 종법사상에 따라 4대조(또는

---

18) 이종서, "高麗後期 이후 '同氣' 理論의 전개와 血緣意識의 變動", 동방학지, 제120권(2003), 22–25면 참조.

19) 김미영, "불천위 추대 기준에 대한 제도적·담론적 고찰", 국학연구 제17집(2010), 401–402면 참조.

본 사안과 같이 불천위인 21대조)의 제사를 지내고 있는 경우에 피상속인 본인의 제사를 제외한 부분에까지 민법 제1008조의3 및 이에 대한 대법원 전원합의체 판결의 법리가 그대로 적용된다면, 봉사를 받는 가장 높은 대의 조상을 기준으로 제사주재자를 확정하여야 하는바, 이는 현실적으로 협의에 참가시켜야 할 공동상속인의 범위가 지나치게 넓고 불명확해진다는 난점이 있다. 가령 이 사건에서와 같이 불천위의 제사라면 1419년 사망한 충경공 남재의 공동상속인 모두가 협의의 당사자가 될 것이다. 이때 공동상속인의 범위를 결정함에 있어서는 어느 시점의 법이 적용되어야 하는지도 문제이다. 그 범위를 좁히기 위해 봉사를 받는 가장 낮은 대의 조상(이 사건의 경우 망 남기덕)을 기준으로 그의 직계 공동상속인들 간의 협의에 의해 선대의 제사주재자를 확정한다면, 통상 종래의 습속에 따라 오랜 기간에 걸쳐 그 제사를 주재해 온 집안(소위 '큰집')의 공동상속인들 간의 결의에 다른 방계 상속인들이 구속되는 결과를 초래할 것이다.

그러므로 현행 민법 제1008조의3은 가계계승을 전제로 하는 제사주재자의 결정 사안에 적용될 수 없다.[20] 사후봉양을 전제로 피상속인 자신을 기리는 제사 외의 부분에까지 그 적용범위를 확장하는 것은 규범적으로 '정당한 제사주재자'가 존재한다는 사고와 결합하여 호주상속 제도를 폐지한 입법자의 태도에 정면으로 배치되는 결과를 가져올 것이다. 사실 현행 민법 제1008조의3은 제사용 재산의 귀속관계를 규율하는 조문일 뿐, 애초에 '제사주재자'가 누구인지를 정하기 위한 조문도 아니다. 1990년을 기점으로 가계계승을 전제로 한 제사주재자의 확정에 관한 법조문은 우리 민법에 더 이상 존재하지 않는다. 따라서 현행 민법 제1008조의3 및 이에 대한 2008년 전원합의체 판결을 전거로 삼아 원고의 청구를 기각한 1심판결은 부당하다.

---

20) 이에 반해 민법 제1008조의3이 모든 종류의 제사에 적용된다는 견해로 이진기 (2010), 56면 참조.

4. 보   론

덧붙이자면, 설령 민법 제1008조의3의 적용범위를 3.과 같이 한정하지 않는다고 하더라도 1심판결이 부당하지 않은 것은 아니다. 1심판결은 2008년 전원합의체 판결에 따라 충경공 남재의 장남 계열만이 제사주재자가 될 수 있다고 판시하였으나, 위 전원합의체 판결은 충경공 남재가 사망한 1419년을 기준으로 하더라도, 또는 원고가 이 사건 제사를 주재하게 된 1968년을 기준으로 하더라도 이 사건에 소급하여 적용될 수 없다.

위 전원합의체 판결이 스스로 선언하고 있는 바와 같이 "제사주재자의 결정방법에 관한 대법원의 새로운 법리 선언은 제사승계제도에 관한 관습의 근간을 바꾸는 것인바, 대법원이 이 판결에서 새로운 법리를 선언하기에 이른 것은 앞서 본 바와 같이 그동안 제사제도에 대한 우리 사회 구성원들의 인식 및 전체 법질서가 변화되었기 때문인데, 만약 위 새로운 법리를 소급하여 적용한다면 종래 대법원 판례를 신뢰하여 형성된 수많은 제사용 재산 승계의 효력을 일시에 좌우하게 됨으로써 법적 안정성과 신의성실의 원칙에 기초한 당사자의 신뢰 보호에 반하게 되므로, 위 새로운 법리는 이 판결 선고 이후에 제사용 재산의 승계가 이루어지는 경우에만 적용된다고 봄이 상당하[기]" 때문이다.[21)]

Ⅲ. 종중과 종손

1. 호주상속제도와의 관계

가계계승으로서의 제사가 문제되는 분쟁에서 민법 제1008조의3에 의존할 수 없다면, 우리는 어떠한 법규범에 근거해 재판해야 하는가. 원심판결은 민법 제1008조의3에 갈음하여 조선시대부터 이어져 내려온 제사상속에 관한 관습 및 2008년 대법원 전원합의체 판결 이전의 판례, 즉

---

21) 같은 취지로 대법원 2009. 5. 14. 선고 2009다1092 판결 참조.

특별한 사정이 없는 한 종손을 제사주재자로 본 법리를 적용하였다. 2008년 전원합의체 판결은 소급적용될 수 없으므로, 종전의 법리에 의할 수밖에 없다는 것이다. 그리고 종전의 법리에 따르면 원고는 적법한 '종손'에 해당한다는 이유로 그의 청구를 인용하였다.

하지만 주목해야 할 것은 정작 원고가 종손으로서 제사를 주재하기 시작할 당시에는 우리 민법이나 판례 어디에도 제사주재자를 결정하는 법리가 존재하지 않았다는 것이다. 제정 민법에 의해 종래의 제사상속에 관한 관습은 모두 폐지되고 호주상속제도로 편입되었으므로, 이 사건 제사주재가 개시될 당시 적장자를 중심으로 하는 가계계승의 관습은 법적으로 아무런 효력이 없었다. 제사용 재산의 귀속에 관해서는 여전히 제사상속의 흔적이 남아 있었지만, 舊 민법(1990. 1. 13. 개정 전의 것) 제996조에 따라 제사용 재산은 호주상속인에게 귀속되는 것으로 확정되었으므로, 제사주재자에 관한 별도의 판례나 규율은 필요하지 않았다.[22]

원심판결이 이러한 문제점을 간과한 것으로는 보이지 않는다. 아마도 당해 사건이 제사용 재산의 귀속 문제를 정면으로 다룬 것이었다면, 원심판결 역시 원고가 이 사건 제사를 주재하게 된 1968년 당시 민법 제996조에 따라 원고가 적법한 호주상속인이었는지 여부를 검토하였을 것이다. 그러나 이 사건의 소송물은 제사용 재산의 소유권 귀속관계가 아니었다. 따라서 원심판결은 오롯이 원고가 적법한 종손인지 여부, 그리하여 이 사건 제사를 주재할 지위에 있는지 여부에만 집중하여 판단하였다. 그리고 그것이 가계를 계승할 정당한 '자격'에 관한 심리였던 만큼, 원심법원이 이 사건에서 舊 민법 제996조가 아닌 조선시대의 가계계승의 법리, 즉 제사상속에 관한 관습을 적용한 것은 너무나 당연한 결과이다.

문제는 현행 민법이 기존의 제사상속 내지 호주상속의 제도를 통해

---

22) 대법원 1985. 11. 12. 선고 84다카1934 판결; 대법원 1988. 11. 22. 선고 87다카414 등 판결은 "선조의 분묘를 수호, 관리하는 권리는 그 상속인인 종손에게 전속하는 것"이라는 취지의 선고를 한 바 있으나, 이는 말 그대로 제사를 주재할 자격 있는 자에 관한 판결이 아니라 분묘의 수호관리권한에 관한 판결에 불과하다.

전승되어 오던 신분상속제도를 완전히 폐지하고, 제사에 관한 법조문은 오로지 제사용 재산과 관련하여서만 남겨 놓았다는 것이다. 현행법의 태도에 따르면 제사용 재산이 문제되지 않는 한, 제사는 '도의와 관습'의 영역에 속할 뿐이다. 그러니만큼 제사용 재산을 둘러싼 다툼이 전혀 존재하지 않는 사안에서 도대체 제사를 둘러싼 사인 간의 갈등에, 그것도 오래 전에 실효된 제사상속에 관한 관습법을 원용하면서까지 법원이 개입할 가능성이나 필요성이 있는가의 문제가 제기될 수밖에 없다. 하지만 당해 사건에서 핵심적인 쟁점은 단순히 누가 제사를 지낼 것인가에 있지 않다. 이 문제는 '제사'라고 하는 사실행위를 넘어서서 그 과정 전체를 주관하는 종중이라는 단체와 그 구성원 간의 충돌이라는 시각에서 바라봐야 한다.

2. 종중의 자율성과 그 한계

1990년 개정 민법은 종법사상의 정신을 계승한 호주상속제도를 폐지하는 데에는 성공하였으나, 정작 종법사상에 기초하여 형성되고 이를 수호하는 역할을 담당해 온 종중은 여전히 우리 사회에 실재(實在)하고 있다.[23] 판례에 따르면 고유한 의미의 종중이란 "공동선조의 후손들에 의하여 선조의 분묘 수호와 봉제사 및 후손 상호 간의 친목 도모를 목적으로 형성되는 자연발생적인 친족단체"[24]로서 "규약이나 관습에 따라 선출된 대표자 등에 의하여 대표되는 정도로 조직을 갖추고 지속적인 활동을 하고 있다면 비법인 사단으로서의 단체성"[25]이 인정된다.

종중은 규약이나 관행에 의하여 매년 일정한 날(통상적으로 時祭日)에 일정한 장소에서 정기적으로 종중원들이 집합하여 정기총회를 개최하고, 종중의 대소사를 처리하는 것이 관례이다. 이때 처리되는 종중의 대

---

23) 종중과 종법사상 간의 관계에 대해 논증하고 있는 문헌으로 尹眞秀, "變化하는 사회와 宗中에 관한 慣習", 民法論攷 Ⅵ, 博英社, 2015(初出 : 사법 창간호, 2007), 40-41면.

24) 대법원 1996. 8. 23. 선고 96다20567 판결 외 다수.

25) 대법원 2006. 10. 26. 선고 2004다47024 판결 등.

소사에는 수많은 사항이 포함되며, 가령 종중 대표자 기타 임원의 선임
및 해임,[26] 종중 규약의 제·개정,[27] 분묘의 설치와 이장[28] 등의 사안이
판례에서 관찰되고 있다. 반면 중개 수수료 지급 기타 종중 명의의 채무
부담행위[29] 등은 종중의 대표자가 단독으로 처리하는 경우가 많다.

종중의 업무 중에서도 가장 중요한 것은 종중 소유 재산의 관리 및
처분이다. 본래 종중 소유의 재산은 종중원의 총유에 속하는 것이므로,
그 관리 및 처분은 먼저 종중규약에 정한 바가 있으면 이에 따라야 하
고, 그 점에 관한 종중규약이 없으면 종중총회의 결의에 의하여야 한
다.[30] 그 결과 종중은 종중 소유 재산의 명의신탁 및 해지, 종중 소유
토지의 수용보상금 분배,[31] 토지 매각대금 분배[32] 등 재산의 처분·관리
행위뿐만 아니라, 종중 소유 재산과 관련된 각종의 소송행위를 할 권한
까지 행사한다.

그리고 이 모든 종류의 업무를 처리함에 있어서 종중은 그 독자성
과 자율성을 존중받는다.[33] 단체에 있어서의 사적 자치가 인정되는 것이
다. 법원은 종중이 규약과 결의에 따라 어떠한 법률행위를 할 때 그 행
위에 실체적·절차적 하자가 없는 한 그 효력을 인정하지 않을 수 없다.
가령 대법원 2008. 10. 9. 선고 2005다30566 판결은 종중의 최고의사결정
기관인 종무위원회의 위원 선출 권한 및 회장후보자 추천권을 함께 종손
에게 부여하고 있는 종중 회칙이 유효라고 선언하면서:

---

26) 대법원 1993.10.12. 선고 92다50799 판결; 대법원 2010. 12. 9. 선고 2009다
   26596 판결.
27) 대법원 2011. 9. 8. 선고 2011다38271 판결.
28) 대법원 1996. 3. 12. 선고 94다56401 판결 참조.
29) 대법원 2012. 4. 12. 선고 2011다107900 판결.
30) 대법원 1992. 10. 13. 선고 92다27034 판결 외 다수.
31) 대법원 1994. 4. 26. 선고 93다32446 판결; 대법원 2010. 9. 30. 선고 2007다74775
   판결.
32) 대법원 2010. 9. 9 선고 2007다42310 판결.
33) 대법원 2008. 10. 9. 선고 2005다30566 판결 참조. 같은 취지로 尹眞秀, "私法上
   의 團體와 憲法", 民法論攷 Ⅵ, 博英社, 2015(初出 : 비교사법 제15권 제4호, 2008),
   98면 참조.

"종중의 성격과 법적 성질에 비추어 보면, 종중에 대하여는 가급적 그 독자성과 자율성을 존중해 주는 것이 바람직하고, 따라서 원칙적으로 종중규약은 그것이 종원이 가지는 고유하고 기본적인 권리의 본질적인 내용을 침해하는 등 종중의 본질이나 설립 목적에 크게 위배되지 않는 한 그 유효성을 인정하여야 할 것[이며] (…) 관습상 종중 내에서 종손이 차지하는 상징적인 지위 등을 위에서 본 종중의 독자성과 자율성에 기초한 종중규약 효력의 해석에 관한 법리에 비추어 살펴보면, 원심이 피고 종중회칙에서 종손에게 회장후보자 추천권과 종무위원 선출권을 함께 부여하고 있다는 점만으로 위 회칙이 종중의 본질이나 설립 목적에 크게 반하는 것으로서 무효라고 볼 수 없다[.]"

고 판시한 바 있다. 사법부가 종중의 의사형성의 자유에 간섭할 수 있는 경우는 그 규약이나 결의가 "종원이 가지는 고유하고 기본적인 권리의 본질적인 내용을 침해하는 등 종중의 본질이나 설립 목적에 위배되는 경우"[34) 또는 "종중재산의 분재에 관한 종중총회의 결의 내용이 현저하게 불공정하거나 선량한 풍속 기타 사회질서에 반하는 경우"[35]로 한정된다.

이와 같이 사법부가 종중의 자율성을 존중하는 태도는 상당히 이율배반적인 것이기도 하다. 왜냐하면 법원은 "평등"의 이슈에 있어서만큼은 종중에 매우 강력하게 개입해 왔기 때문이다. 대법원 2005. 7. 21. 선고

34) 대법원 2006. 10. 26. 선고 2004다47024 판결: "종중의 구성원인 종원에 대하여 장기간 동안 종중의 의사결정에 참여할 수 있는 모든 권리를 박탈하는 이 사건 처분들은 종원이 가지는 고유하고 기본적인 권리의 본질적인 내용을 침해하는 것으로서 그 효력을 인정할 수 없다."; 대법원 2009. 8. 20. 선고 2008다30482, 30499 판결: "고유 의미의 종중이 자연발생적으로 성립된 후에 정관 등 종중규약을 작성하면서 일부 종원의 자격을 임의로 제한하거나 확장한 종중규약은 종중의 본질에 반하여 무효라고 할 것이[다.]"
35) 대법원 2010. 9. 30. 선고 2007다74775 판결: "종중재산을 분배함에 있어 단순히 남녀 성별의 구분에 따라 그 분배 비율, 방법, 내용에 차이를 두는 것은 개인의 존엄과 양성의 평등을 기초로 한 가족생활을 보장하고, 가족 내의 실질적인 권리와 의무에 있어서 남녀의 차별을 두지 아니하며, 정치·경제·사회·문화 등 모든 영역에서 여성에 대한 차별을 철폐하고 남녀평등을 실현할 것을 요구하는 우리의 전체 법질서에 부합하지 아니한 것으로 정당성과 합리성이 없어 무효라고 할 것이다."

2002다1178 전원합의체 판결이:

　　　"종원의 자격을 성년 남자로만 제한하고 여성에게는 종원의 자격을 부
　여하지 않는 종래 관습에 대하여 우리 사회 구성원들이 가지고 있던 법적
　확신은 상당 부분 흔들리거나 약화되어 있고, 무엇보다도 헌법을 최상위 규
　범으로 하는 우리의 전체 법질서는 개인의 존엄과 양성의 평등을 기초로 한
　가족생활을 보장하고, 가족 내의 실질적인 권리와 의무에 있어서 남녀의 차
　별을 두지 아니하며, 정치·경제·사회·문화 등 모든 영역에서 여성에 대한
　차별을 철폐하고 남녀평등을 실현하는 방향으로 변화되어 왔으며, 앞으로도
　이러한 남녀평등의 원칙은 더욱 강화될 것인바, 종중은 공동선조의 분묘수호
　와 봉제사 및 종원 상호간의 친목을 목적으로 형성되는 종족단체로서 공동
　선조의 사망과 동시에 그 후손에 의하여 자연발생적으로 성립하는 것임에도,
　공동선조의 후손 중 성년 남자만을 종중의 구성원으로 하고 여성은 종중의
　구성원이 될 수 없다는 종래의 관습은, 공동선조의 분묘수호와 봉제사 등
　종중의 활동에 참여할 기회를 출생에서 비롯되는 성별만에 의하여 생래적으
　로 부여하거나 원천적으로 박탈하는 것으로서, 위와 같이 변화된 우리의 전
　체 법질서에 부합하지 아니하여 정당성과 합리성이 있다고 할 수 없으므로,
　종중 구성원의 자격을 성년 남자만으로 제한하는 종래의 관습법은 이제 더
　이상 법적 효력을 가질 수 없게 되었다."

고 선언한 이래, 대법원은 ① 여자라는 이유만으로 종중재산의 분배에서
배제하거나 분배비율에 차등을 두는 내용의 결의,[36] ② 종중총회의 소집
권자인 연고항존자를 확정함에 있어 여성을 제외하는 관습,[37] ③ 종토
매각대금 분배시 방계손이나 해외이민자를 차별하는 내용의 결의,[38] ④ 남
자종중원들에게만 소집통지를 하여 개최된 종중총회에서 이루어진 결의[39]
등을 모두 무효로 선언하였던 것이다.

　　만약 대법원이 그토록 평등의 관점을 중요하게 생각한다면, 종중이

---

36) 대법원 2010. 9. 30. 선고 2007다74775 판결.
37) 대법원 2010. 12. 9. 선고 2009다26596 판결.
38) 대법원 2010. 9. 9. 선고 2007다42310,42327 판결.
39) 대법원 2007. 9. 6. 선고 2007다34982 판결; 대법원 2010. 2. 11. 선고 2009다83650
　　판결; 대법원 2010. 7. 22.자 2009마1948 결정; 대법원 2010. 7. 22. 선고 2009다
　　92739 판결.

라는 단체 자체의 실질을 부정해야 할는지도 모른다. 종중은 본래 한 명
의 공동선조(남성!)를 정점에 두고 부계혈통 중심으로 집결한 거대한 혈
족 공동체로서의 본질을 가지며, 제사의 봉양과 가계의 계승을 단체의
주된 목적으로 삼고 있다. 종원을 모든 여성으로 확대한다고 하여 종중
이 가지고 있는 전래적 성격, 즉 공동시조의 적장자를 중심으로 하는 부
계혈통주의의 계승이라는 성격이 달라지는 것은 아니다. 종중은 그 자체
로 개인의 존엄과 양성평등을 침해하는 단체이며, 이는 호주제에 대해
헌법불합치 결정을 선언하였던 헌법재판소 2005. 2. 3. 선고 2001헌가9
등 결정의 정신에 정면으로 반한다고 할 것이다.

하지만 대법원 2010. 12. 9. 선고 2009다26596 판결은 공동선조의
후손이면 본인의 의사와 관계없이 당연히 종원이 된다고 하여 그것이 결
사의 자유나 사적 자치의 원리에 반하는 것은 아니라고 보았다.[40] 이유
는 다르지만, 결론에 있어서는 위 대법원 판결에 찬성한다. 국가가 종법
제도나 제사상속을 법·제도로써 수호 내지 옹호하는 것이 헌법적으로
허용될 수 없다고 하여, 그러한 제도를 신봉하는 사적 단체까지 반드시
금지해야 하는 것은 아니다. 국가가 사회의 한 문화로 존재하고 있을 뿐

---

40) 대법원 2010. 12. 9. 선고 2009다26596 판결: "공동선조의 후손이면 본인의 의사
와 관계없이 당연히 종원이 된다고 하는 것은, 종중이 공동선조의 분묘수호와 봉
제사 및 친목도모를 목적으로 후손에 의하여 자연발생적으로 성립되는 종족단체라
는 종중의 본질에서 연유하는 것인 점, 그 결과 공동선조의 후손이면 누구나 사회
적 신분, 거주지역, 재산의 다과 등을 불문하고 당연히 종중의 구성원이 되고, 이
러한 구성원들 전체의 의사에 의하여 종중재산을 관리 또는 처분하도록 함으로써
일부 후손에 의하여 종중재산이 처분되어 일실되는 것을 방지하며, 이를 통하여
종중이 일부 후손들의 이익이 아니라 공동선조의 분묘수호와 봉제사 및 종원 상호
간의 친목도모라는 본래의 목적에 따라 유지·운영되도록 하는 역할과 기능을 해
오고 있다는 점, 종원의 종중에 대한 의무는 도덕적·윤리적인 성격이 강하여, 공
동선조의 후손들이 성년이 되면 본인의 의사와 관계없이 종중의 구성원이 된다고
하더라도, 종원으로서 종중의 활동에 참여할 것인지 여부는 개인의 의사에 달린
것이고, 이로써 종중 활동에 참여하도록 강제되거나 법률적 의무가 부과되는 것은
아니므로 이러한 종중의 구성을 법질서에 위반된 것이라고 볼 수 없다는 점 등에
비추어 볼 때 종중을 자연발생적 단체라고 보는 것이 결사의 자유나 사적자치의
원리에 반한다고 할 수 없으므로 위 주장은 받아들일 수 없다." 이에 반대하는 견
해로 尹眞秀(2015, 初出 : 2007), 62-65면 참조.

인 종중이나 제사의 습속에 관해 현대법의 이념을 들어 함부로 재단하는 것은 사적 영역에 대한 과도한 제약이다.

법원이 인위적인 조직행위를 거쳐 공동선조의 후손 중 남성만으로 그 구성원을 한정하는 종중 유사의 단체를 설립하는 것을 막을 수 없다면,[41] 종중 구성원의 자격을 성년 남자만으로 제한해 왔던 종중의 전통 역시 함부로 부정하지 않았음이 옳다. 종중도 부계혈통주의의 계승을 위해 인위적으로 조직된 유교문화의 산물에 불과하며, '자연발생적 친족단체'라고는 할 수 없다.[42] 물론 인위적으로 결성된 사적 단체라고 하여 결사의 자유가 무제한적으로 보장되는 것은 아니다. "사적 단체의 구성원에 대한 성별에 따른 차별처우가 사회공동체의 건전한 상식과 법감정에 비추어 볼 때 도저히 용인될 수 있는 한계를 벗어난 경우에는 사회질서에 위반되는 행위로서 위법한 것으로 평가할 수 있[기]"[43] 때문이다.[44] 대법

---

41) 대법원 2011. 2. 24. 선고 2009다17783 판결: "종중 유사단체는 비록 그 목적이나 기능이 고유한 의미의 종중과 별다른 차이가 없다 하더라도 공동선조의 후손 중 일부에 의하여 인위적인 조직행위를 거쳐 성립된 경우에는 사적 임의단체라는 점에서 자연발생적인 종족집단인 고유한 의미의 종중과 그 성질을 달리하므로, 그러한 경우에는 사적 자치의 원칙 내지 결사의 자유에 따라 그 구성원의 자격이나 가입조건을 자유롭게 정할 수 있음이 원칙이다. 따라서 그러한 <u>종중 유사단체의 회칙이나 규약에서 공동선조의 후손 중 남성만으로 그 구성원을 한정하고 있다 하더라도 특별한 사정이 없는 한 이는 사적 자치의 원칙 내지 결사의 자유의 보장 범위에 포함되고</u>, 위 사정만으로 그 회칙이나 규약이 양성평등 원칙을 정한 헌법 제11조 및 민법 제103조를 위반하여 무효라고 볼 수는 없다." 이에 찬성하는 견해로 배병일, "대법원 판례에서의 유사종중", 家族法硏究 第20卷 第2號(2006), 257면. 이에 반대하여 여성을 구성원에서 배제하는 유사종중은 양속위반이라는 견해로 尹眞秀(2015, 初出: 2007), 62면.

42) 맥락은 다소 다르지만, 종중이 자연발생적 단체가 아니라는 견해로 鄭肯植, "宗中財産의 法的 問題", 韓國近代法史攷, 博英社, 2001, 285-286면 이하 참조. 표현은 전혀 다르지만, 본 논문과 동일한 맥락에서 종중의 자연발생론을 비판하고 있는 문헌으로 송민경, "종중 법리의 딜레마", 저스티스 통권 제137호(2013), 133-137면 참조.

43) 대법원 2011. 1. 27. 선고 2009다19864 판결. 기본권의 대사인효에 대해 이른바 간접적용설을 택한 것으로 볼 수 있다.

44) 이와 유사하게 종중이 여성을 종원으로 받아들이지 않는 행위의 효력은 민법 제103조 위반 여부에 따라 결정해야 한다는 견해로 尹眞秀(2015, 初出: 2007), 50-53면 참조. 다만, 동 견해는 결론적으로 종중이 여성 종원의 지위를 부정하는 것은 민법 제103조에 위반된다고 보고 있다는 점에서 본 논문과 차이가 있다. 위 논문,

원은 이러한 전제하에:

> "사적 단체의 성격이나 목적과 관련해서는, 대외적으로 그 단체가 사회 공동체 내에서 순수하게 사적인 영역에서만 활동하는지 아니면 일정 부분 공공적 영역에서 활동하며 공익적 기능도 수행하는지와 대내적으로 그 단체의 구성원들에게 제공되는 구체적인 역무의 내용과 성격 등을, 차별처우의 필요성과 관련해서는 그러한 차별처우가 단체의 정체성을 유지하기 위하여 불가피한 것으로서 필요한 한도 내의 조치였는지 여부를, 차별처우에 의한 법익 침해의 양상 및 정도와 관련해서는 해당 구성원의 단체가입 목적, 이를 위한 단체 내 활동에서의 제약 정도와 기간, 그 가입목적 달성을 위한 대체적 단체의 가입 가능성 유무, 가입시 단체 내 차별처우의 존재에 대한 인식 여부, 차별처우에 대한 문제제기 기간과 이에 대한 그 단체의 대응방식 등을 우리 사회의 건전한 상식과 법감정에 비추어 합리적으로 고려하여야 한다."

고 판시하면서 서울기독청년회(YMCA)가 여성회원에게 총회원 자격을 부여하지 않는 것은 위법하다고 판단한 바 있다.

하지만 우리 사회에서 종중이 차지하고 있는 역할과 기능, 그 구성원들에게 제공되는 역무와 재화의 내용과 성격, 종원들의 단체가입 목적 등을 두루 고려해 보면 종중이라는 사법적 법률관계에까지, 그것도 그 단체의 구성원 자격을 '조리'에 의해 정하면서까지, 굳이 헌법 제11조를 관철시킬 필요성이 있었는지는 의문이다.

3. 종손의 지위

종중의 고유성과 자율성을 존중한다면, 그 단체 안에서 종손이 가지고 있는 특별한 지위 역시 긍정할 수밖에 없다. 종중은 "공동선조의 분묘 수호와 봉제사"를 단체의 주된 목적으로 하는데, 그 제사 봉양을 직접적으로 담당하는 사람이 바로 종손이기 때문이다. 종손은 종중의 대표자도 아니고, 종중총회의 소집권자도 아니지만, 그럼에도 불구하고 종중이라는

55-58면 참조.

단체의 상징이자 핵심이다. 선조와 같은 기(氣)를 가지고 있는 종손을 통해서만 제대로 된 봉제사가 가능하며, 종손이 끊어지면 가계계승의 목적도 더 이상 달성할 수 없다. 종손의 존재는 종중의 존속을 위해 필수적이다.[45]

가계계승을 전제로 하는 종법사상하에서 봉사손의 지위는 적장자손을 통해 승계되는 것이 원칙이다. 經國大典 禮典 奉祀條에 따르면, 제1순위의 제사상속인은 적처(嫡妻)의 장남이며, 적장자가 없는 경우에는 적손(嫡孫), 중자(衆子), 서자(庶子), 중손(衆孫), 서손(庶孫)의 순서로 제사상속인이 되어야 한다.[46] 현대적 관점에서 보면 명백히 위헌적 요소가 있으나, 위에서 살펴본 바와 같이 사적 단체에 불과한 종중이 이러한 규율을 따르고 있다고 하여 그것이 당연히 무효이거나 위법인 것은 아니다.

이러한 원칙에 따르면 불천위 충경공 남재의 제사주재자가 제6세손 남경문을 필두로 제17세손 남태징에게까지 이어진 것은 아무런 문제가 없다. 불운하게도 제17세손 남태징과 그의 후사가 역모에 휘말려 교형에 처해진 결과 충경공 남재의 적장자손이 끊어졌으나, 이와 같이 적장자 무후(無後)가 된 경우에는 입후(立後)에 의해 그 가계를 계승할 수 있었다. 조선 초기에는 이와 같이 적장자손에게 후사가 없는 경우에 이른바 '형망제급'의 원칙에 따라 차자(次子)가 장자의 제사를 승계하는 것이 원칙이었다.[47] 이는 적법한 가계계승자를 법으로 명시하여, 고려시대부터

---

45) 송민경(2013), 151면은 대법원 역시 "종중이라는 전통관습에 내재하는 고유성을 관습법이라는 법적 형식으로 포착하고 특히 그러한 관습법 중 종중원 자격이나 지위, 종중의 운명에 관한 규범에 대하여 강행법규적 효력을 부여함으로써 근대의 단체 법리에 의해 완전히 포섭되고 환원될 수 없는, 더 나아가 그에 의하여 침해될 수 없는, 보존하여야 할 전통으로서의 종중 관습의 핵이 있다"고 보고 있음을 논증한다. 이러한 대법원의 입장은 종중을 자연발생적 단체로 파악하는 것을 전제로 형성된 것인데, 본 논문과 같이 종중을 인위적 단체로 보더라도 "보존해야 할 전통으로서의 종중 관습의 핵", 즉 제사상속의 법리를 종중의 내부자치규범으로 파악하고, 그러한 규범이 양속위반으로 무효가 되지 않는다고 본다면, 위 대법원의 입장과 결론에 있어서 동일하다고 볼 수 있다.

46) 經國大典 禮典 奉祀條.

47) 經國大典 禮典 奉祀條.

이어져 내려오던 관습, 즉 협의에 의해 제사주재자를 자유롭게 선정하던 사후봉양조의 제사제도를 폐하는 것을 목적으로 만들어진 제도이다.[48] 하지만 17세기 이후 예론(禮論)이 발달함에 따라 형망제급의 원칙은 고례(古禮)가 아니라는 비판이 가해졌다. 적장자가 후사 없이 사망하였을 때에는 소목지서(昭穆之序)의 원칙에 따라 적장자와 같은 남계혈통 중 자(子)와 같은 항렬의 남자를 사후입양하여 적장자의 후사로 세우는 '입후(入後)'에 의해 가계를 계승시키는 것이 본래의 예라는 것이다.[49] 특히 불천위를 모시는 대종(大宗)에서는 입후가 당연한 관습으로 받아들여졌다.[50]

입후는 본래 양부될 자와 양자될 자의 친생부가 합의에 의해 행하는 것이지만, 부가 사망한 경우에는 모가 관(官)에 고하여 할 수 있었다.[51] 1680년 숙종의 수교 이후부터는 공식적으로 도의 관찰사를 거쳐 예조에 청원하는 절차를 거치도록 하였다.[52] 다만, 제사주재자가 역모 등에 휘말려 처형당한 경우와 같이 부모가 모두 사망하여 입후할 당사자가 없는 경우에는 왕의 전교를 통해 바로 입후하는 것이 관례였다.[53] 따라서 제17대손 남태징이 1728년 사망하고, 그의 서자 남한동과 남태징의 아우이자 제16대손 남반의 중자(中子)인 남태홍, 삼자(三子)인 남태승, 남태승의 장자 남계동 역시 모두 사망한 상태에서 입후에 의해 그를 대신하여 불천위 충경공 남재의 제사를 주재할 자를 결정한 것은 관습에 어

---

48) 김윤정, "朝鮮中期 祭祀承繼와 兄亡弟及의 변화", 朝鮮時代史學報 제20권(2002), 111-112면.

49) 김윤정(2002), 122-124면 참조.

50) 정긍식(2001), 183면.

51) 박경, "15세기 입후법(入後法)의 운용과 계후입안(繼後立案)", 역사와 현실(2006), 141면.

52) 鄭肯植, "續大典의 위상에 대한 小考—'奉祀 및 立後'조를 대상으로—", 서울대학교 法學 제46권 제1호(2005), 329면.

53) 박경, "조선전기 收養·侍養의 실태와 立後法의 정착", 이화여자대학교(박사학위논문), 2007, 127-129면 참조. 실제로 영조 47권, 14년(1738 무오/청 건륭(乾隆) 3년) 11월 14일(임술) 1번째 기사나 영조 61권, 21년(1745 을축/청 건륭(乾隆) 10년) 1월 9일(신사) 2번째 기사 등에서 왕명에 의한 입후에 관한 관례를 찾아볼 수 있다.

긋나지 않는다. 특히 남취명을 비롯한 불천위 충경공 남재의 후손들이
모여 남세관을 충경공의 사손(祀孫)으로 삼고자 한다는 상소를 올리고,
예조에서 이를 아뢰자 영조가 그대로 시행하라는 전교를 내린 결과 남세
관이 제사주재자로서의 지위를 취득하게 되었으므로, 어떠한 절차상의 하
자도 없다.

입후에 의해 제사주재자가 될 자가 반드시 최근친자여야 하는 것도
아니다. 16세기 초반까지만 하더라도 사후봉양으로서의 제사 관념이 가
계계승으로서의 제사 관념을 압도한 결과 아우의 아들과 같이 직접적인
혈연관계가 있는 경우에만 입후를 허용하였으나,[54] 16세기 중반에 이르
러서는 왕의 윤허를 받는다면 원친 중에서 입후를 세우는 것도 가능하였
다.[55] 이 사건 남세관의 입후가 문제되던 시대에는 더 이상 입후자의 자
격이 따로 정해져 있지 않았으며, 남계혈족의 자의 항렬에 해당하는 남
자 중에서 입후하는 자의 의사 또는 문중의 결의에 따라 자유롭게 결정
할 수 있다는 것이 당시의 규범이었다.[56]

따라서 제17대손 남태징이 1728년 사망 후 입후에 의해 새롭게 제
사주재자가 된 사람이 제7대손 남지의 삼남(三男) 남구의 직계후손인 남
세관이라는 것 역시 전혀 문제되지 않는다. 남세관은 형망제급의 원칙에
따라 제사주재자의 지위를 승계한 것이 아니라, 왕명에 따른 입후에 의
해 그 지위를 승계한 것이기 때문이다. 그 과정에서 남연 등은 남지의
차자(次子)는 남구가 아닌 남칭이라는 이유로 영조의 전교가 형망제급의
원칙에 반한다고 주장한 바 있으나, 이는 17세기 형망제급의 원칙과 입
후의 법리 간의 관계에 대한 논란의 흔적에 불과하다.[57] 설령 당시까지
형망제급의 원칙이 법규범으로서의 효력을 가지고 있었다고 하더라도, 일

---

54) 정긍식(2005), 328-329면 참조.
55) 박경(2007), 124-127면 참조.
56) 가령 사도세자의 서자였던 은신군은 주변의 탄핵으로 제주도로 유배된 후 병사
   하였다가 사후복권되었는데, 그의 후사를 이을 자가 없자 예조는 세 집의 문장을
   모아 합의한 끝에 인조의 삼남(三男)인 인평대군의 6대손 이채중으로 하여금 그의
   뒤를 잇도록 한 바 있다.
57) 그 논란에 대해 자세히는 김윤정(2002), 115-121면 참조.

단 왕명에 의한 입후가 행해진 후에는 입후의 하자가 모두 치유되는 것
이 당시의 관습이었으므로, 남세관이 남반의 후사로 입후된 것은 적법하
다.[58] 제20세손 남이운 역시 종회의 결의와 왕의 은전에 힘입어 입후에
의해 종손으로서의 지위를 적법하게 취득하였으므로,[59] 당해 사건에서
그의 직계비속장남자인 원고가 불천위 충경공 남재의 적법한 봉사손으로
서 제사를 주재할 권한을 갖는다는 사실은 부정할 수 없다.

4. 사안의 경우

1.에서 살펴본 바와 같이 원심판결 역시 이와 동일한 결론에 도달하
였다. 하지만 이는 단순히 민법 제1008조의3이 소급적용되지 않기 때문
이라거나, 현행법에 갈음하여 제사상속에 관한 과거의 관습법이나 종손을
제사주재자로 보았던 2008년 이전의 대법원 판결을 적용해야 하기 때문
이 아니다. 이는 피고 종중이 가계계승을 전제로 하는 종법사상과 이에
따른 적장자손의 결정 기준을 그 단체의 법률관계를 규율하기 위한 자치
법규로 삼고 있기 때문이다. 이러한 단체의 규범으로서의 제사상속은 종
중과 그 구성원을 구속한다. 강행법규성을 갖는 관습법으로서가 아니라,
오로지 당사자의 의사를 보충하는 '사실인 관습'으로서 제사상속은 여전
히 사적 자치로 대변되는 우리 민법의 한 구석을 차지하고 있다. 원고의
청구를 인용한 원심판결은 결론에 있어서는 타당하나, 이러한 적장자손
결정 방법을 단체의 내부적 자치규범으로서가 아니라 법규범으로서 적용
했다는 점에서 한계가 있다.

Ⅳ. 제사용 재산과 제사주재자

1. 대상판결의 문제점(1) : 단체와 확인의 이익

대상판결은 "당사자 사이에 제사용 재산의 귀속에 관하여 다툼이 있
는 등으로 구체적인 권리 또는 법률관계와 관련성이 있는 경우에 그 다

---

58) 박경(2007), 124-127면 참조.
59) 승정원일기 1853(철종 4년). 8. 28.자 기사 참조.

툼을 해결하기 위한 전제로서 제사주재자 지위의 확인을 구하는 것은 법률상의 이익이 있다고 할 것이지만, 그러한 권리 또는 법률관계와 무관하게 공동선조에 대한 제사를 지내는 종중 내에서 단순한 제사주재자의 자격에 관한 시비 또는 제사절차를 진행할 때에 종중의 종원 중 누가 제사를 주재할 것인지 등과 관련하여 제사주재자 지위의 확인을 구하는 것은 그 확인을 구할 법률상 이익이 있다고 할 수 없다."고 판시하였다.

하지만 이는 제사에 관한 법적 규율을 오로지 제사용 재산과 관련하여서만 남겨 놓은 민법의 문언에 지나치게 경도된 판단이다. 입법자의 주관적 의사가 어떠하였건 민법 전체의 체계적 해석을 위해서는 호주상속제도의 폐지에 발맞추어 민법 제1008조의 3 역시 사후봉양적 관점에서만 해석할 필요가 있다(위 Ⅱ. 참조). 가계계승을 위한 제사의 경우에는 그 법률관계를 종중의 내부적 자치법규, 즉 주자가례로 대변되는 전통적인 제사상속의 법리에 따라 해결하여야 할 것이다(Ⅲ.). 그리고 그 법리에 따르면 제사주재자가 되어야 할 자는 미리 정해져 있다.

문제는 사안에서 적법한 적장자손이 제사를 봉양하고 있음에도 불구하고 피고 종중이 원고의 봉사손 지위를 박탈하고, 피고 종회에서 직접 제사주재자가 되기로 하는 내용의 결의를 했다는 것이다. 이러한 내용의 결의는 과연 유효한가. 위에서 언급한 바와 같이 대상판결과 관련판결은 모두 소의 이익 자체를 부정함으로써 그와 같은 결의의 효력 유무를 직접적으로 판단하는 것을 피하였다. 하지만 이 사건은 제사용 재산의 귀속에 관한 문제가 아니라, 단체의 결의에 의한 구성원의 신분박탈의 당부에 관한 분쟁이다. 당사자들이 원심 변론종결시까지 제사용 재산의 귀속 여부에 대해 직접적으로 다투지 않았던 것은, 그들에게 그것이 중요하지 않았기 때문이다.[60] 그럼에도 불구하고 대상판결은 민법 제1008조의

---

60) 물론 당사자 사이에 재산을 둘러싼 갈등이 전혀 존재하지 않았다고는 할 수 없다. 이 사건은 피고가 경작 · 관리해오던 위토의 수용보상금을 원고가 전액 수령한 다음 피고에게 그가 요구하는 액수의 제사비용을 지급하지 않은 것이 발단이 되었으므로, 근본적으로는 원 · 피고 사이에 제사용 재산인 위토 수용금 분배문제를 둘러싼 다툼이 있었다고 할 것이다. 李承遠(2013), 257-259면 참조. 또한 대상판결의

의3에 집착하여 제사용 재산에 대한 다툼이 없었음을 이유로 이 사건 소를 각하하였다.

만약 "단체의 결의가 개인의 신분관계에 미치는 영향"이라는 시각에서 접근한다면, 이 사건에서 확인의 이익을 부정할 이유가 없다. 판례는 "교인으로서 비위가 있는 자에게 종교적인 방법으로 징계·제재하는 종교단체 내부의 규제(권징재판)가 아닌 한 종교단체 내에서 개인이 누리는 지위에 영향을 미치는 단체법상의 행위라 하여 반드시 사법심사의 대상에서 제외할 것은 아니"⁶¹⁾라는 전제하에 "징계결의와 같이 종교단체 내부의 규제라고 할지라도 그 효력의 유무와 관련하여 구체적인 권리 또는 법률관계를 둘러싼 분쟁이 존재하고 또한 그 청구의 당부를 판단하기에 앞서 위 징계의 당부를 판단할 필요가 있는 경우에는 그 판단의 내용이 종교 교리의 해석에 미치지 아니하는 한 법원으로서는 위 징계의 당부를 판단하여야 한다."⁶²⁾고 판시하면서 공동의회에서의 시무장로에 대한 불신임 결의의 무효확인을 구하는 소나 사찰의 창건주 지위 확인을 구하는 소에 대해 확인의 이익을 인정한 바 있다.

특히 대법원은 사찰 창건주의 경우에는 해당 사찰의 운영 및 재산 관리권을 행사하는 분원장(주지) 추천권, 재산관리인의 임명요청권 및 해임요청권 등을 가지고 해당 사찰에 대한 관리권을 행사할 수 있다는 이유로 그 창건주의 지위 확인을 구하는 것은 단순한 종교상의 자격에 관한 시비에 불과한 것이 아니라 구체적인 권리 또는 법률관계에 대한 분쟁에 해당한다고 보았다.⁶³⁾ 종중과 관련하여서도 대법원은 구체적인 재산적 분쟁이 없음에도 불구하고 종중의 구성원인 종원에 대해 장기간 동안 종중의 의사결정에 참여할 수 있는 모든 권리(가령 회의 참석권, 발언권, 의결권, 피선거권 및 선거권)를 박탈하는 내용의 결의는 "종원이 가지

원고는 상고심부터 제사용 재산의 소유권 귀속관계를 다투는 취지의 주장을 펼쳤을 뿐만 아니라, 후속사건에서는 본격적으로 제사용 재산의 반환을 구하고 있다.
61) 대법원 2006. 2. 10. 선고 2003다63104 판결 등.
62) 대법원 2008. 11. 27. 선고 2008다17274 판결.
63) 대법원 2008. 11. 27. 선고 2008다17274 판결.

는 고유하고 기본적인 권리의 본질적인 내용을 침해하는 것으로서 그 효력을 인정할 수 없다"고 하여 확인의 이익 있음을 전제로 본안판단을 하였다.[64]

　　사정이 그러하다면 제사를 주재할 권한을 가지고 있었던 종손으로부터 그 지위를 박탈하는 내용의 결의 역시 사법심사의 대상이 될 수 있다고 보아야 할 것이다. Ⅲ. 3.에서 서술한 바와 같이 종중 내에서 공동선조의 적장자손은 종중의 목적 달성, 즉 봉제사를 위해 필수적인 존재이다. 종래의 상속관습법은 본계를 상속한 적장자손이 누리는 호주권, 재산권, 제사권을 통칭하여 "종손권(宗孫權)"이라고 불렀는데, 이 중 호주권과 재산권이 호주상속제도로 편입되면서, 제사권이 도의상의 지위에 불과한 것으로 폄하되었음은 Ⅱ.1.에서 언급한 바와 같다. 하지만 법률에 기초하여 모든 사람을 상대로 주장할 수 있는 내용의 제사권이 아니라, 단체의 규범에 기초하여 단체 구성원들을 상대로 주장할 수 있는 제사권은 여전히 종중 내에서 살아 있다. 종중 내에서 종손이 갖는 제사권한은 종원이 갖는 회의참석권이나 발언권, 의결권만큼이나 '고유하고 기본적인 권리'이다. 사후봉양으로서의 제사는 단순한 사실행위에 불과한 것으로서 누구나 자유롭게 임의로 할 수 있는 것이지만, 가계계승과 결합된 제사는 당해 가문의 적법한 적장자손에게만 이를 봉양할 자격이 주어지기 때문이다. 종손으로부터 이러한 권리 내지 자격을 박탈하는 것은 그의 권리의 본질적인 내용을 침해하는 것일 뿐만 아니라, 종중 자체의 목적 범위를 벗어나는 내용의 결의로서 무효이다.

　　더 나아가 제사주재자로서의 지위를 박탈당한 종손은 좁게는 제기(祭器)나 제구(祭具)를 사용할 권한[65] 및 제사를 지내고 제사와 관련된

---

64) 대법원 2006. 10. 26. 선고 2004다47024 판결.
65) 대표적으로 묘제시 삼헌(三獻)을 할 때 처음 술잔을 신위에 올리는 초헌관으로서 헌잔을 할 수 있는 권한이 이에 해당한다. 물론 대법원 1991. 3. 27.자 90마1027 결정은 종중의 종손이 묘제에서 초헌관으로 헌잔하는 것을 방해하는 행위를 금지하여 달라는 가처분신청에 대해 "본래 제사상속이란 것이 선대를 봉사할 도의상의 지위의 계승을 일컫는데 불과하여, 타인이 호주권이나 재산권의 승계를 다투지 아니하는 한 구태여 그 타인에 대하여 자기가 종손으로서 묘제를 주재할 지위

재산을 관리하기 위해 분묘·사당 및 재실(齋室)에 출입할 권한[66]을, 넓게는 제사비용을 마련하기 위해 묘토나 위토를 관리하고 그로부터 취득한 과실을 처분하여 비용에 충당할 권한[67]을 상실하게 된다. 만약 그의 주거지와 사당 및 재실이 지리적으로 동일한 공간 내에 존재한다면, 제사주재자의 지위를 박탈당함과 동시에 그의 주거지로부터 퇴거해야 하는 경우가 발생할 수도 있다.[68]

그러므로 설령 당사자 사이에 제사용 재산 자체의 소유권 귀속관계에 관한 다툼이 없다고 하더라도, 원고로서는 제사권 내지 종손권, 그리고 그로부터 파생되는 제사와 관련된 관리권한 및 주거지 거주권을 상실할 위험이 있다는 점에서 이 사건 소를 제기할 만한 충분한 확인의 이익을 인정할 수 있을 것이다. 원고가 주장하고 있는 '제사주재자 지위'의 확인은 '종손권'의 확인을 구하는 것에 다름 아니다. 따라서 그 소명(訴名)에 얽매여 민법 제1008조의3을 재판규범으로 삼고, 이를 전제로 제사용 재산이 문제되지 않는다는 이유만으로 소를 각하한 대상판결은 부당하다.

2. 대상판결의 문제점(2) : 제사용 재산과 확인의 이익

대상판결은 설령 "제사주재자와 제3자 사이에 제사용 재산의 소유권 등에 관한 다툼이 있는 경우 이는 공동상속인들 사이에서의 민법 제1008조의3에 의한 제사용 재산의 승계 내지 그 기초가 되는 제사주재자 지위에 관한 다툼이 아니라 일반적인 재산 관련 다툼에 지나지 않으므로, 제

에 있다는 것을 인정하게 할 법률상의 이익이 있다고 할 수 없[다]"고 하여 그 청구를 기각한 바 있으나, 의문이다.

66) 종래의 판례에서 등장하고 있는 이른바 '분묘의 수호관리권한'이라는 용어로 이를 표현할 수도 있을 것이다.

67) 이러한 권한의 유무는 종중과 종손 간의 관계에 따라 달라질 수 있다.

68) 冒頭에서 언급한 [기타] 4. 후속사건의 원심판결인 서울고등법원 2015. 12. 31. 선고 2015나7499 등 판결은 대상판결의 원고인 종손이 사당에 종된 주택을 점유할 권리를 종중과의 사용대차 계약으로 파악하였으나, 원고는 '종손권'에 기해 고유한 점유할 권리를 갖는다고 할 것이다.

사주재자로서는 제3자를 상대로 민법 제1008조의3에서 규정하는 제사주재자 지위 확인을 구할 것이 아니라 제3자를 상대로 직접 이행청구나 권리관계 확인청구를 하여야 한다."고 판시하고 있다. 이른바 '확인의 소의 보충성'에 입각하여 확인의 이익을 부정한 것이다.

그러나 과연 당해 사건에서 제사주재자인 원고가 피고인 종중을 상대로 제사주재자로서의 지위 확인의 소 외에 직접적인 이행청구나 권리관계 확인청구를 할 수 있을지 의문이다. 본래 민법 제1008조의3은 모든 종류의 제사용 재산을 일률적으로 제사주재자에게 귀속시키기 위한 종류의 조문이 아니다. 종중과의 관계에서 사당이나 재실, 위토 등 제사용 재산의 소유권 귀속관계는 일반적인 재산법 법리에 따라 결정된다. 즉 종중 구성원들이 공동출연에 의해 종중재산을 설정한 경우에는 종중의 소유가 되고, 선조 중 1인이나 종손이 봉사조로 스스로 제전을 설정한 경우에는 출연자 본인의 소유가 된다. 일찍이 조선고등법원이 판시한 바와 같이 위토나 묘산 등의 소유권은 "그 종손에 속하는 일도 있고 혹은 공동조상의 자손인 일문 또는 문중일파의 공유에 속하는 일도 있어 반드시 종손의 단독소유가 아니면 자손 전체의 공유라는 관습은 없다. 그것이 누구의 소유이냐는 사실문제에 속[하는]" 것이다.[69]

대법원 역시 어느 재산이 분묘의 설치나 제사비용의 마련 등을 위해 제공되고 있는 경우에는 "사정명의인과 종중과의 관계, 사정명의인이 여러 사람인 경우에는 그들 상호간의 관계, 한 사람인 경우에는 그 한 사람 명의로 사정받게 된 연유, 종중 소유의 다른 토지가 있는 경우에는 그에 대한 사정 또는 등기 관계, 사정된 토지의 규모 및 시조를 중심으로 한 종중 분묘의 설치 상태, 분묘수호와 봉제사의 실태, 토지의 관리 상태, 토지에 대한 수익이나 보상금의 수령 및 지출 관계, 제세공과금의 납부 관계, 등기필증의 소지 관계, 그 밖의 모든 사정을 종합적으로 검토"하여 그것이 종중의 것인지 또는 후손 중 어느 개인의 소유인지를 판

---

69) 鄭肯植(2001), 291-295면 참조.

단해야 한다고 설시하고 있다.[70] 명의상으로는 종손의 소유로 되어 있으나 종중과 명의신탁 관계에 있는 경우도 적지 않다.

따라서 당해 사건의 원고는 이 사건에서 분쟁의 대상이 되고 있는 재산이 자신의 개인 소유임을 주장하면서 구체적으로 그 권리를 실현하기 위한 각종의 구제수단을 활용할 수도 있을 것이다. 실제로 원고는 冒頭에서 언급한 [기타] 4.의 후속판결에서 그러한 주장을 하였다. 그러나 제사용 재산의 소유권 귀속관계와 무관하게 원고는 종손이라는 지위에서 적어도 종중에 대해서는 '종손권'이라는 고유한 권리를 갖는다. 따라서 원고는 소유권과는 별개로 '종손권'에 기초한 각종의 권한을 행사할 수 있고, 실제로 당해 사건에서 원고는 그러한 권한을 행사하여 왔다.

만약 원고가 그러한 권한을 행사하지 못하고 있었다면 원고는 당연히 피고 종중을 상대로 그 구체적인 권한을 행사하는 내용의 소를 제기할 수 있을 것이며, 그러한 청구가 가능함에도 불구하고 구체적인 이행청구나 권리관계 확인청구를 하는 대신 종손 내지 제사주재자로서의 지위 확인을 구하는 것은 분명 확인의 소의 보충성 원칙에 어긋난다. 하지만 당해 사건에서 원고는 그러한 권한을 이미 행사하고 있으므로, 피고를 상대로 구체적인 이행청구를 하는 것은 사실상 불가능하거나 의미가 없다. 원심의 사실심 변론종결 당시까지의 사실관계에 비추어 볼 때 그러한 내용의 청구는 기각되었을 것이다.

원고가 원하는 것은 자신의 종손권을 부정하고 있는 피고에 의해 자신의 권한 행사가 방해당하는 것을 사전적으로 예방하는 것뿐이었다. 피고 종중은 두 차례에 걸쳐 연달아 원고의 제사주재자로서의 지위를 박탈한다는 취지의 결의를 하였는바, 설령 이러한 결의가 법적으로 무효라고 하더라도(3. 이하 참조) 원고로서는 자신의 법률적 지위에 현존하는 위험이나 불안정이 발생하였다고 보아야 할 것이고, 그렇다면 원고에게 이 사건 법률관계에 관한 확인을 구할 이익이 없다고 할 수는 없다. 문

---

70) 대법원 2002. 7. 26. 선고 2001다76731 판결; 대법원 2010. 12. 9. 선고 2009다 26596 판결 등.

제는 원고가 피고 종중의 제사주재자 지위 박탈 결의의 무효를 구할 것인가 또는 보다 적극적으로 자신의 종손권 내지 제사주재자로서의 지위확인을 구할 것인가에 있을 뿐이다.

본래 확인의 소의 보충성은 이행의 소를 제기할 수 있는 때에 확인판결을 받아도 집행력이 없어 분쟁의 근본적 해결에 실효성이 없고, 소송경제에 도움이 되지 않는다는 이유로 도입된 법리이나, 대법원 2000. 5. 12. 선고 2000다2429 판결이 "확인의 소로써 위험·불안을 제거하려는 법률상 지위는 반드시 구체적 권리로 뒷받침될 것을 요하지 아니하고 그 법률상 지위에 터잡은 구체적 권리 발생이 조건이나 기한에 걸려 있거나 법률관계가 형성과정에 있는 등 원인으로 불확정적이라고 하더라도 보호할 가치 있는 법적 이익에 해당하는 경우에는 확인의 이익이 인정될 수 있다"고 판시한 이래, 국민의 재판받을 권리를 실질적으로 보장하고, 분쟁의 예방과 조기해소를 위해 확인의 이익을 가급적 널리 인정하려는 경향이 관찰되고 있다.[71]·[72]

이 사안의 경우에도 당해 사건에서건 또는 관련 사건이었던 피고종중 결의 무효 확인 사건에서건 확인의 이익을 인정하여 원고에게 종손권이라는 법적 지위가 있음을 법원이 확인하여 주었다면 후속 사건을 충분히 막을 수 있었을 것이다. 원고로서는 장래 있을지도 모르는 종중의 소유권 행사에 대하여 자신이 적법한 제사주재자로서 제사용 재산을 관리할 권한을 가지고 있음을 사전에 법원으로 확인받는 것 외에는 자신의

---

71) 가령 대법원 2007. 8. 24. 선고 2006다40980 판결: "공동상속인 사이에 어떤 재산이 피상속인의 상속재산에 속하는지 여부에 관하여 다툼이 있어 일부 공동상속인이 다른 공동상속인을 상대로 그 재산이 상속재산임의 확인을 구하는 소를 제기한 경우, 이는 그 재산이 현재 공동상속인들의 상속재산분할 전 공유관계에 있음의 확인을 구하는 소송으로서, 그 승소확정판결에 의하여 그 재산이 상속재산분할의 대상이라는 점이 확정되어 상속재산분할심판 절차 또는 분할심판이 확정된 후에 다시 그 재산이 상속재산분할의 대상이라는 점에 대하여 다툴 수 없게 되고, 그 결과 공동상속인 간의 상속재산분할의 대상인지 여부에 관한 분쟁을 종국적으로 해결할 수 있으므로 확인의 이익이 있다."
72) 史奉官, "확인의 이익에 대한 소고—실무상 문제되는 사안에 대한 대법원 판례를 중심으로—", 민사재판의 제문제 제22권(2013), 69-70면 참조.

지위의 불안을 제거하는데 유효하고 적절한 수단을 갖고 있지 않다. 그리고 그러한 권한은 바로 '제사주재자로서의 지위'(내지 '종손권')로부터 나온다. 따라서 종중의 결의에 의해 자신의 제사주재자로서의 지위 및 그에 연원을 두고 있는 권한을 부정당한 원고는 자신의 "권리 또는 법률적 지위에 현존하는 위험이나 불안정을 제거할 수 있는 유효·적절한 수단"으로서 제사주재자 확인의 소 내지 그러한 지위를 부정하는 내용의 결의 무효확인의 소를 제기할 이익이 있다고 보아야 할 것이다.[73] 그럼에도 불구하고 대법원은 당해 사건을 오로지 제사용 재산을 둘러싼 소유권 귀속의 문제로만 파악하여 만연히 소의 이익을 부정하였다는 점에서 문제가 있다.[74]

3. 보론 : 청구의 인용 가능성

덧붙이자면 이 사건 소는 적법할 뿐만 아니라 원고의 청구가 인용되어야 마땅하다. 원고는 종중의 자치규범에 따른 정당한 제사주재자이기 때문이다(Ⅲ. 3. 참조). 설령 종중이 그로부터 제사주재자의 지위를 박탈하는 내용의 결의를 하기는 하였으나, 이러한 유형의 결의는 아무런 효력이 없다고 보아야 한다. 물론 예로부터 제사주재자를 폐하는 류(類)의 관습이 없었던 것은 아니다. 이와 같이 제사상속인의 자격을 박탈하

---

73) 史奉官(2013), 69-70면은, 대상판결에 대해 재산상속인들 사이에 제사용 재산 등의 귀속에 다툼이 있는 것이 아니라 순수한 제사주재자의 지위 확인을 구하는 것에 불과하므로 확인의 이익을 인정할 수 없다고 하면서도 만약 상속인들 사이에 제사용 재산 등의 귀속에 관한 다툼이 있었다면 "그 개별적인 해결에 앞서 제사주재자 지위의 확인을 구하는 것이 그 분쟁해결에 유효, 적절한 수단이라고 볼 수 있으므로" 확인의 이익을 인정할 수 있다고 서술하고 있는바, 확인의 소의 보충성을 유연하게 해석한다는 점에서 본고와 논지를 같이한다.

74) 대상판결에 대해 해설하고 있는 李承遠(2013), 262면의 서술을 보면 대법원이 당해 사건을 오로지 소유권 귀속의 문제로 전제하였음이 명백히 드러난다.: "설령 이 사건에서 원·피고 사이에 제사용 재산에 관한 다툼이 있다고 하더라도, 원고가 피고를 상대로 제사주재자 지위 확인을 받는 것이 현존하는 법률적 불안을 해소하고 분쟁을 종국적으로 해결하는데 유효·적절한 수단이 된다고 보기는 어렵다. 왜냐하면 원고가 甲의 제사주재자 지위 확인을 받더라도 곧바로 甲의 제사용 재산의 소유권이 원고에게 있다는 점까지 모두 입증되는 것은 아니기 때문이다."

고 다른 후손으로 하여금 봉사하도록 하는 제도를 "폐적(廢嫡)"이라고 한
다. 폐적의 방법에는 두 가지가 있다. 하나는 국가에 대한 반역이나 불충
등을 이유로 국가가 직접 사인의 제사주재자 자격을 박탈하는 '공적 폐
적'이고, 다른 하나는 불구·폐질·불효 등을 이유로 개인이 子의 제사주
재자 자격을 박탈하는 '사적 폐적'이다.

이 중 공적 폐적은 조선 초기에 약간의 언급이 있었을 뿐이며, 공식
적으로 법제화된 적이 없다. 불충 등을 이유로 적장자를 폐하는 관행을
인정하는 것은 왕위침탈의 수단으로 사용될 수 있으므로, 이와 같은 공
적 폐적을 논하는 것 자체가 국가에 대한 일종의 불충으로 여겨졌기 때
문이다. 따라서 종법사상이 정착된 조선 중기 이후에는 역모 등을 꾀한
다고 하여 국가나 왕이 그의 제사주재자로서의 지위를 폐하는 법률이나
관행을 찾아볼 수 없다.

물론 역모 등 반역행위가 제사관계에 전혀 영향을 미치지 않는 것
은 아니다. 하지만 그 효과는 제향자격에 한정된다. 즉, 역모에 연루된
사람은 더 이상 후손으로부터 제사를 받지 못한다. 이러한 사람이 다시
제사를 받기 위해서는 왕명에 의한 복관조처 내지 복권이 필요하다. 충
간공 이개, 충문공 성삼문 등 사육신에 대한 복권이 이루어진 후 국가가
그들의 봉사손을 지정하여 제사를 주재하도록 한 것은 바로 이러한 제향
자격과 관련이 있다.[75] 하지만 제향자격을 넘어서서 제사주재자로서의
자격까지 폐한다는 관습은 존재하지 않았으며, 사실 존재할 필요도 없었
다. 역모 등 공적 폐적의 대상이 되는 행위를 한 때에는 제사주재자 자
신뿐만 아니라 그를 대신하여 제사주재자가 될 수 있는 근친이 모두 교
형에 처해지는 것이 통상이므로, 제사를 주재하는 것 자체가 물리적으로
불가능했기 때문이다.

사적 폐습 역시 널리 인정되었던 것으로는 보이지 않는다. 사적 폐
습이 처음 사료에 등장한 것은 1458년(세조 4년)의 일이다. 당시 영중추

---

75) 高宗 43卷, 40年[1903년 癸卯/대한 광무(光武) 7년] 1月 20日(양력) 2번째 기사.

원사였던 조말생은 장남과 차남이 있음에도 불구하고 셋째 아들에게 제사를 주재하도록 하여 분란이 일어났다.[76] 이는 가계계승으로서의 제사 상속제도가 아직 사후봉양으로서의 제사를 압도하지 못한 상황에서 벌어진 일로서 논란 끝에 결국 셋째 아들에게 제사주재자로서의 지위를 인정하는 것으로 종결되었다. 그러나 주자가례가 차츰 정착되면서 이러한 사적 폐습 행위 내지 제사주재자 변경 행위에 대한 부정적 관습이 확립되었다. 특히 1473년(성종 4년)에는 불구, 불효, 불충 등 부득이한 사유가 있는 경우 부(父)가 관가의 허가를 받아서만 폐적할 수 있도록 하는 이른바 '고관정탈법(告官定奪法)'이 성립하였다.[77]

그러나 고관정탈법에도 불구하고, 실제로 폐적의 관습이 완전히 사라진 것으로는 보이지 않는다. 가령 1479년(성종 10년)에는 신효창이 적장자 결정의 순서를 무시하고'어진 자를 택하여 후사를 삼으라'는 유서를 남겨 논란이 되었으며,[78] 1502년에도 예조의 청에 의해 사적 폐적의 효력이 인정된 사안이 발견된다.[79] 일제강점기에 조선총독부가 발간한 慣

76) 世祖 13卷, 4年(1458年/명 천순(天順) 2年) 8月 26日(辛巳) 4번째 기사.
77) 成宗 32卷, 4年(1473年/명 성화(成化) 9年) 7月 1일(庚寅) 6번째 기사. 자세한 내용은 尹眞秀(2005), 356면 참조.
78) 대표적으로 成宗 107卷, 10年(1479年/명 성화(成化) 15年) 8月 21日(甲辰) 4번째 기사 참조. 이는 1479年(성종 10年) 신효창이 처음에는 차자 신자경의 아들 신윤동을 후사로 삼았다가 그 후 신윤동이 요사(夭死)하자 '어진 자를 택하여 후사를 삼으라.'는 유서를 남긴 사건이다. 유서에 따라 신효창의 3자의 손자 신승민이 제사를 승계하자 한명회 등 대신들은 강하게 반발하였다.: 『"적장(嫡長)을 세우는 것은 고금(古今)의 통의(通義)이며, ≪대전(大典)≫에도 실려 있으니, 다시 고칠 수 없습니다. (…) ≪대명률(大明律)≫에 '무릇 적자(嫡子)를 세우는 법을 어긴 자는 장(杖) 80대에 처한다.'고 하였으므로, 폐적(廢嫡)하는 것을 금(禁)함은 율문(律文)에 분명한데, 이제 신승민이 주사(主祀)가 되었으니 그 불가함이 넷입니다. 김견수(金堅壽)·조근(趙瑾)의 일은 이미 지나갔으니 그만이거니와 이제 신승민으로 하여금 적사를 삼고, 이제부터 금단(禁斷)하면 하나의 입적(立嫡) 하는 일을 가지고 법을 쓰는 것이 다르니 그 불가함이 다섯입니다. (…)』 일부 대신의 반발이 있기는 하였으나, 당시 대부분의 대신은 신효창이 직접 후사를 지정한 것이 아니라, 널리 '어진 자' 중에 제사주재자를 택할 것을 범칭한 결과 다른 사람의 결정에 의해 종손 아닌 자가 제사를 받드는 것은 대전에 반한다고 주장하였다.
79) 연산 47卷, 8年(1502年/명 홍치(弘治) 15年) 11月 24日(癸巳) 3번째 기사 : 「예조(禮曹)가 아뢰기를, "만약 부모가 애정과 증오에 끌려 적자(嫡子)를 폐한다면 안되지만, 자손의 하는 짓이 광패하여 봉사(奉祀)를 감당하지 못할 자도 한결같이

習調查報告書 등은 조선에 폐적의 관습이 있었음을 부정하고 있지만,[80] 한 문헌에 따르면 영조 때, 더 나아가 일제강점기 당시까지도 폐적의 관습이 확인된다고 한다.[81] 그러나 어떠한 시대에도 사적 폐적이 유효하기 위한 요건은 한결같았다. 제사를 받은 부(父) 자신의 명령에 의해서만 적장자를 폐적하고, 다른 비속을 제사주재자의 지위에 놓을 수 있다는 것이다. 게다가 사적 폐적은 부의 적장자에 대한 단순한 호·불호만으로 할 수 있는 행위는 아니었다. 적장자를 폐한다는 것은 유교적 질서를 뒤집는 결과를 수반하므로, 적장자를 폐하지 않고서는 제사상속과 가계계승의 목적을 달성할 수 없는 경우에만 예외적으로 가능하였다.

사정이 이러하다면 종법사상에 기초해 운영되는 종중이 종손으로부터 제사주재자의 자격을 박탈할 때에는 이를 정당화할 수 있을 만한 특별한 사정이 인정되어야 할 것이다. 심지어 현행 민법 제1008조의3의 해석과 관련하여서도 망인의 장남에게 "제사주재자의 지위를 유지할 수 없는 특별한 사정"을 인정하기 위해서는 "중대한 질병, 심한 낭비와 방탕한 생활, 장기간의 외국 거주, 생계가 곤란할 정도의 심각한 경제적 궁핍, 평소 부모를 학대하거나 심한 모욕 또는 위해를 가하는 행위, 선조의 분묘에 대한 수호·관리를 하지 않거나 제사를 거부하는 행위, 합리적인 이유 없이 부모의 유지(遺志) 내지 유훈(遺訓)에 현저히 반하는 행위 등으로 인하여 정상적으로 제사를 주재할 의사나 능력이 없다고 인정되는 경우"[82]에 해당해야 하는바, 가계계승을 전제로 하는 제사상속의 법리가 정면으로 적용되어야 하는 당해 사건에서는 더군다나 현재 제사를 주재

법에 어긋난다고 하여 폐적(廢嫡)3777) 을 들어주지 않는다면, 다만 한 가정 안에서 아비의 명령이 행해지지 않을 뿐 아니라, 장차 제사까지 끊어져서 도리어 사체를 손상하게 될 것입니다. 설성부수(雪城副守) 철정(鐵丁)의 맏아들 계남(季男)이, 불충(不忠)·불효(不孝)한 죄를 범했으며 광망(狂妄)하여 행검이 없는 것은 여러 사람들이 다 아는 바로서 도리가 마땅히 폐적해야 합니다. 그 아비의 지극한 소원에 따라 차자(次子)로 하여금 제사를 받들게 하소서. 하니, 그대로 좇았다.」

80) 鄭肯植 編譯, 改譯版 慣習調查報告書, 2000, 352면.
81) 鄭光鉉, "韓國相續慣習法에 對한 立法論的 考察", 서울대학교 論文集 제5집 (1957), 251-252면 참조. 안타깝게도 필자는 그 원문 추적에 실패하였다.
82) 대법원 2008. 11. 20. 선고 2007다27670 전원합의체 판결 참조.

하고 있는 적법한 종손으로부터 그 제사주재자로서의 지위를 함부로 박탈할 수 없다고 할 것이다.

종중은 종손에게 후사가 없을 때 그를 위해 입후하거나, 종손이 직접 제사를 지낼 수 있을 때까지 임시로 제사를 대신할 사람을 정할 수 있을지는 몰라도, 종손을 폐적할 수는 없다. 종손을 폐적할 수 있는 것은 그 자신이 종손인 사람, 즉 종손의 부(父)뿐이다. 따라서 원고가 제사주재자로서의 역할을 충실히 하지 않는다는 이유로 그의 제사주재자로서의 지위를 박탈한 피고 종중의 결의는 아무런 효력이 없다. 원고에게 제사주재자로서의 지위를 인정할 수 없다는 이유가 단순히 위토에 관한 소유권분쟁에서 종중과 이해상반되는 태도를 보였다거나 생활비를 요구했다는 정도에 불과한 본 사안에서는 더욱 그러하다.

제사주재자를 폐한다는 것은 종중이 스스로 자신의 존재를 부정하는 것이며, "종중의 본질이나 설립 목적에 위배되는 경우"에 해당하므로, 그와 같은 내용의 결의는 무효라고 볼 것이다. 만약 현대적 관념에 발맞추어 종원 간의 협의 또는 다수결에 의해 제사주재자를 정하고자 한다면, 기존의 종중을 해산하고, 새롭게 종중 유사의 단체를 설립하는 수밖에 없다. 대법원 2009. 8. 20. 선고 2008다30482 등 판결에서 이미 이러한 사고의 단초를 발견할 수 있는데, 위 판결은 종중이 이미 1998년 미혼의 성년여성에게도 종원의 자격을 부여하는 내용의 종중규약을 제정하였으나 "종중의 본질상 그 구성원이 될 수 없는 여성들까지도 종원으로 규정함으로써 종원의 자격을 임의로 확장한 위 종중규약은 무효라고 보아야 하고, 나아가 위와 같은 종중의 본질에 반하는 종중규약을 제정하였다 하여 원고가 고유 의미의 종중이 아닌, 종원의 범위를 확대한 종중 유사의 단체로 조직이 변경된 것으로 볼 수도 없다."고 판시한 바 있다.

V. 결 론

민법 제1008조의3은 호주상속제도가 폐지됨과 동시에 이미 그 본래적 의의를 상실했다고 할 것이다(또는 상실하였어야 했다). 제사주재자를

공동상속인 간의 협의로 정하도록 한 2008년의 전원합의체 판결은 민법
제1008조의3으로부터 그나마 남아 있었던 신분상속의 잔재물로서의 성격
을 완전히 제거하였다(또는 제거하였어야 했다). 그럼에도 불구하고 여전
히 동 조문은 제사용 재산의 특수성을 반영하여 이를 단독상속의 대상으
로 삼기 위한 수단이라는 오해를 받고 있다.

헌법재판소조차 "제사용 재산은 이러한 우리의 전통적인 제사상속제
도에 수반되는 것이고, 제사비용의 마련 등 선조에 대한 제사의 계속성
을 확보하기 위하여 필요한 것일 뿐만 아니라 가통의 상징이 되는 정신
적, 문화적 가치를 갖는 특별한 재산으로서 가문의 자랑이자 종족 단결
의 매개물이라는 특성을 지니고 있는바, 이 사건 법률조항이 정하고 있
는 제사용 재산의 승계제도는 이와 같이 특별한 의미를 갖는 제사용 재
산을 유지, 보존함으로써 조상숭배와 제사봉행이라는 우리의 전통을 보존
하는 것을 일차적인 목적으로 하고 있[음]"을 전제로 동 조문이 헌법에
위반되지 않는다고 판시하였다.[83]

하지만 호주상속제도 폐지를 위한 타협물로서의 민법 제1008조의3은
이제 우리 민법에서 사라질 때가 되었다. 가계계승을 위한 제사용 재산
을 둘러싼 규율은 종중의 법리로 충분히 해결이 가능하다. 그 재산의 형
성이 종중의 기여에 기초하고 있다면 이는 어차피 종원 전부의 총유로서
종중총회의 결의에 의해서만 처분이 가능하므로, 제사용 재산의 유지·보
존이 충분히 가능하다. 만약 그 재산의 형성이 종손 그 밖의 공동후손
중 1인에 의해 이루어진 것이라면, 그 소유자에 의한 자유로운 처분을
허용해야 한다.[84] 만약 종중이 가계계승과 제사상속의 전통을 보존하기

---

83) 헌법재판소 2008. 2. 28. 선고 2005헌바7 결정.
84) 현행법상으로도 일단 제사용 재산이 단독상속의 대상이 되면 제사주재자는 대외
적으로뿐만 아니라 상속인 상호 간의 대내적인 관계에서도 완전한 소유권을 취득
하며(대법원 1995. 2. 10. 선고 94다39116 판결 참조), 따라서 제사주재자에 의한
제사용 재산의 처분은 적법·유효하다. 같은 취지로 郭潤直(2004), 71면; 申榮鎬
(1991), 584-585면; 이진기(2010), 79면 등. 이에 반해 鄭肯植, "祭祀와 財産相續의
法的 問題—역사적 시야에서—", 法史學硏究 第51號(2015), 126-129면은 제사용 재
산의 자유로운 처분은 허용되지 않는다고 보고 있다. 가문의 상징이나 문화재적

위해 그 재산의 처분을 막고, 제사용 재산으로서의 단일성을 유지하기를 원한다면, 종원들이 공동으로 출연하여 그 재산의 소유권을 취득하면 될 일이다.

만약 민법 제1008조의3이 오로지 사후봉양을 목적으로 하는 제사의 경우에만 적용될 수 있다면, 굳이 그 조문을 유지할 실익이 있는지도 의문이다. 제사에 대한 유인이나 보상책으로서 제사용 재산 승계에 관한 특권을 제공하는 것에 불과한 이상 이를 민법 제1008조의2에 따른 기여분의 일종으로 구성하는 것이 실용적일 수도 있기 때문이다. 누가 제사주재자가 될 것인지를 공동상속인들의 협의에 의해 결정할 수 있다면, 제사용 재산의 귀속 역시 단독상속을 강제하는 대신 공동상속인들의 사적 자치를 존중하여 윤회봉사 방식에 의해 제사를 지내면서 그 재산을 공동소유 내지 분할하는 등 다양한 처분을 가능하게 할 필요가 있다.[85]

현행 민법과 같이 민법 제1008조의3을 유지하는 것은 제사주재자의 지위를 오로지 제사용 재산의 상속과 결부하여서만 사고하도록 오도(誤導)할 위험이 크다. 그러나 우리 사회에는 여전히 제사문화가 살아 있으며, 이를 둘러싼 친족 간의 갈등이나 종중 내 분쟁도 적지 않다. 그럼에도 불구하고 이 모든 분쟁을 내밀한 영역으로 치부하여 사법심사의 대상으로부터 제외하는 것은 바람직하지 않다. 민법 제1008조의3과 무관하게 사적 영역에서 제사주재자의 지위 자체가 단체법적 또는 재산법적으로 보호받을 가치가 있는 이익으로 등장하는 경우가 있음을 인정하고, 시대에 맞게 그 법익의 보호를 위한 법리를 개발하여야 할 것이다.

가치가 있는 제사용 재산은 목적 재산이므로, 대외적으로 제사주재자 단독 소유인 것처럼 보이더라도 대내적으로는 종중의 총유관계와 유사하게 보아야 한다는 것이다.

[85] 민법 제1008조의3의 입법취지에 비추어 볼 때 복수의 제사주재자를 정하거나 공동으로 제사를 주재하면서 제사용 재산을 일반 상속재산과 같이 공동상속인들 사이에서 분배할 수 있다고 보는 것은 부적절하다는 견해로 李承遠(2013), 250면 참조. 반면 鄭肯植(2015), 128면은 이제 가계계승으로서의 제사는 법적으로 무의미하고, 사후봉양으로서만 의미가 있으므로, 제사용 재산의 공동승계나 상속인 아닌 자에 의한 승계도 허용해야 한다는 입장이다.

[Abstract]

The Ancestor Worshipper Status and the Interest of Its Confirmation

Hyun, So Hye*

A plantiff brought a lawsuit against Uiryung Nam-tribe Choongkyunggong-clan Chong-jung(association of families of the Choongkyunggong clan), for a confirmation of his status as the legitimate ancestor worshiper, i.e., that he is the only person authorized to preside over Jesa(ancestral rites) for ancestor NamJae of Choongkyunggong-clan. However, the Supreme Court dismissed the case on grounds of lack of any legal interest in confirming the ancestor worshiper status, inasmuch as there is no conflict over property subject to ancestral rites between the parties. The Supreme Court further held that, even there were such a conflict, the plaintiff should directly demand performance of the defendant or otherwise bring a lawsuit on rights-relationship.

This article seeks to demonstrate the following: (a) there is no room for the provisions under Article 1008-3 of the current Civil Act of Korea to be applicable to such ancestral rites premised on genealogy succession as in this case; (b) where, as here, there is a conflict over the ancestor worshipper status between Chong-jung clan and Chong-son(a clan member who is the legitimate ancestor worshiper), the dispute shall be resolved according to the custom of ancestral rites inheritance as the autonomous norms of the Chong-jung association; (c) accroding to the custom of ancestral rites inheritance, there is a legal interestin litigating for the confirmation of an ancestral worshipper status, which the defendant denies to the plantiff, even though the plaintiff is a legitimate Chong-son ancestor worshipper of the de-

---

* Professor, SungKyunKwan Univ.

fendant Chong-jung clan; and (d) as the resolution to deprive the Chong-son of the legitimate ancestral worshipper status is void, the plantiff's claim should have been granted.

[Key word]

- ancestral rites inheritance
- legitimate ancestor worshiper
- Jesa
- genealogy succession
- Chong-jung
- Chong-son
- the interest of confirmation

참고문헌

1. 단 행 본

郭潤直, 相續法(改訂版), 博英社, 2004.

文叔子, 조선시대 재산상속과 가족, 景仁文化社, 2005.

民議院 法制司法委員會 民法審議小委元會, 民法案審議錄(下), 1957.

鄭肯植 編譯, 改譯版 慣習調査報告書, 2000.

親族相續에 관한 舊慣習, 裁判資料 第29輯, 法院行政處, 1985.

2. 논 문

김미영, "불천위 추대 기준에 대한 제도적·담론적 고찰", 국학연구 제17집(2010).

김윤정, "朝鮮中期 祭祀承繼와 兄亡弟及의 변화", 朝鮮時代史學報 제20권(2002).

민유숙, "민법 제1008조의3에 의한 금양임야의 의미와 그 승계", 대법원판례
　　해설 제49호, 2004.

박　경, "15세기 입후법(入後法)의 운용과 계후입안(繼後立案)", 역사와 현실(2006).

_____, "조선전기 收養·侍養의 실태와 立後法의 정착", 이화여자대학교(박
　　사학위논문), 2007.

朴秉濠, 異姓繼後의 實證的研究, 서울대학교 法學 제14권 제1호(1973).

_____, "民法上의 祭祀用財産의 承繼", 家族法研究 第10號(1996).

배병일, "대법원 판례에서의 유사종중", 家族法研究 第20卷 第2號(2006).

史奉官, "확인의 이익에 대한 소고―실무상 문제되는 사안에 대한 대법원판례
　　를 중심으로", 민사재판의 제문제 제22권(2013).

송민경, "종중 법리의 딜레마", 저스티스 통권 제137호(2013).

申榮鎬, "祭祀用財産의 相續", 家族法學論叢: 朴秉濠教授 還甲紀念(I), 博英社,
　　1991.

尹眞秀, "高氏 門中의 訟事를 통해 본 傳統 相續法의 變遷", 家族法研究 第19卷
　　第2號(2005).

_____, "變化하는 사회와 宗中에 관한 慣習", 民法論攷 VI, 博英社, 2015(初出:
　　사법 창간호, 2007).

_____, "私法上의 團體와 憲法", 民法論攷 VI, 博英社, 2015(初出: 비교사법

제15권 제4호, 2008).

_____, "李容勳 大法院의 民法判例", 民法論攷 Ⅶ, 博英社, 2015(初出 : 李容勳 大法院長 在任紀念 正義로운 司法, 2011).

李承遠, "제사주재자 지위 확인의 소의 이익", 대법원판례해설 제93호, 2013.

이종서, "高麗後期 이후 '同氣' 理論의 전개와 血緣意識의 變動", 동방학지, 제120권(2003).

이진기, "제사주재자의 결정과 제사용재산 ―대법원 2008. 11. 20. 선고 2007다27670 전원합의체 판결 상고이유 1의 평석―", 고려법학 제56호(2010).

전효숙, "제사주재자의 결정방법 ―대법원(전) 2008. 11. 20. 선고 2007다27670 판결에 대한 비판적 검토―", 이화여자대학교 법학논집 제14권 제3호(2010).

鄭光鉉, "韓國相續慣習法에 對한 立法論的 考察", 서울대학교 論文集 제5집(1957).

정구태, "제사주재자의 결정방법에 관한 小考 ―'전통'의 관점에서 본 대법원 2008. 11. 20. 선고 2007다27670 전원합의체 판결의 비판적 검토―", 경희법학 제45권 제4호(2010).

鄭肯植, "祭祀用 財産의 歸屬主體", 民事判例研究 第22卷, 博英社, 2000.

_____, "조선전기 朱子家禮의 수용과 祭祀承繼 관념", 역사민속학회 제12호(2001).

_____, "宗中財産의 法的 問題", 韓國近代法史攷, 博英社, 2001.

_____, "續大典의 위상에 대한 小考 ―'奉祀 및 立後'조를 대상으로―", 서울대학교 法學 제46권 제1호(2005).

_____, "祭祀와 財産相續의 法的 問題 ―역사적 시야에서―", 法史學研究 第51號(2015).

치매와 유언능력 그리고 구수요건[*]

김 현 진^{**}

■요 지■

　고령화 사회가 도래하면서, 치매 등으로 판단능력이 부족하면서도 후견
개시의 심판을 받지 아니한, 이른바 사실상 무능력자가 작성한 유언의 효력
을 둘러싼 법적 분쟁도 증가하고 있다. 유언의 자유는 자신이 행하는 유언의
법적 의미를 이해하면서 그 효과를 의욕할 수 있다는 판단력, 즉 유언능력이
있음을 전제로 한다. 나아가, 유언자의 최종의 의사를 존중하기 위해 유언철
회의 자유가 인정된다. 다른 한편, 유언이 유효하기 위해서는 우선, 그 유언
이 민법이 정한 방식에 의할 것을 요한다.

　대상판결은 유언자가 최초의 유언을 한 뒤 치매에 걸렸고, 수년에 걸쳐
치매가 진행된 상태에서 수차례 앞의 유언의 내용과 저촉되는 공정증서에 의
한 유언을 한 사안으로, 각 유언 당시 유언능력이 있었는지가 핵심 논점이었
다. 그런데, 장기간 치매를 앓아 옴은 인지기능 장애를 가져온다는 점, 경우
에 따라서는 유언의 재산적 효과가 커서 이해관계가 밀접한 수증자들이 유언
자에게 부당한 영향력을 행사할 가능성이 높다는 점, 유언자의 최종의 진의
를 추구하여야 한다는 점에서 유언능력은 재산행위에서 요구되는 일반적인
의사능력의 판단과는 분명히 다른 요소가 있음을 고려할 필요가 있다. 나아
가 이러한 유언능력은 공정증서에 의한 유언에서 '구수'라는 유언방식요건의

---

　* 이 논문은 2016. 6. 20. 민사판례연구회 제392회 월례회에서 발표한 것을 수정·
　　보완한 것이다.
　** 인하대학교 법학전문대학원 교수.

준수와 경계가 맞닿아 있다는 점에서 주의를 요한다. 결국 유언능력 유무의 판단은 사실인정의 문제인데, 유언자가 사망한 지 9년이 넘도록 치매시의 유언능력 유무 내지 증명책임의 소재를 둘러싸고 지리한 법적 공방이 계속되어 온 현실은 그 판단이 그만큼 어렵고 기존의 잣대만으로는 해결되기 어려움이 있음을 보여 준다고 하겠다.

대상판결은, 치매환자의 유언능력이 대법원에서 정면으로 문제된 최초의 판결로서, 여러 가지 점에서 아쉬움이 남는다. 첫째, 공정증서에 의한 유언인 제6유언의 효력과 관련하여 구수능력과 유언능력을 구분하여 판시하고 있지 않은데, 유언 당시 말에 의한 의사표현이 이루어지지 않았으므로 일단 구수 요건을 구비했다고 보기 어렵다고 보아야 한다. 둘째, 대법원은 유언능력의 판단에 있어서의 특수성을 고려하지 않고 의사능력의 판단과 같이 보아, 유언의 무효를 주장하는 자가 유언능력이 없음을 입증하여야 한다고 보았다. 나아가 유언 당시 유언의 내용을 이해할 수 있었는지 여부를 알 수 없다는 의사의 증언보다 유언이 행해지기 일주일 전 작성된 진단서에 기초하여 유언의 내용을 이해하고 이를 구수할 능력 자체가 인정되지 아니한다고 단정하기 어렵다고 하였다. 그러나 장기간 치매가 진행된 상태였고, 수차례 유언이 번복되는 상황이었으며, 유언 당시 함께 살던 이해관계인들에게 유리한 내용이었다는 점을 고려하면, 유언능력이 있다고 주장하는 자가 치매상태임에도 불구하고 유언 당시에는 의식이 돌아와 유언을 이해하고 구술할 능력이 있었음을 입증하도록 했어야 하지 않``았나 생각한다. 또한 유언 당시 유언자의 치매의 진행상태가 어떠했는지 파악하여 인지기능의 장애 정도를 명확히 하려는 노력이 부족하지는 않았는가 하는 아쉬움도 든다.

이제 고령사회를 눈앞에 둔 우리나라는 치매환자의 수가 더 늘어나는 한편, 유언이 점차 활성화됨에 따라 대상판결과 같이 유언자의 사후에 치매상태에서 작성한 유언의 효력을 두고 벌어지는 첨예한 이해관계의 대립은 더욱 증가할 것이다. 따라서 위와 같은 법률분쟁에서 법적 안정성을 해치지 않고 법원에의 부담을 가중시키지 않기 위해서는, 의료계와 법조계가 공동협의체를 만들어 치매상태의 유언능력 판단에 관한 합리적인 가이드라인을 제시하도록 하고, 의료인들도 위와 같이 마련한 지침을 따르도록 하며, 가장 많이 행해지는 유언방식인 공정증서에 의한 유언작성시 공증인들로 하여금 반드시 유언 직전 위와 같은 가이드라인에 따른 의사의 진단서를 첨부하도록 하거나 유언시 의사가 참여하도록 하는 등 노력을 다하여야 할 것이다.

[주 제 어]
• 유언
• 유언능력
• 구수요건
• 치매
• 유언의 철회
• 유언능력의 판단요소
• 입증책임의 전환

대상판결 : 대법원 2014. 3. 13. 선고 2009다53093 판결[1]

[사안의 개요]

본 연구 대상판결의 사실관계를 정리하면 다음과 같다.

1. 甲과 원고, 피고의 관계

甲은 서초동 소재 Ⓐ 아파트와 성남시 소재 Ⓑ 토지, 김제시 소재 Ⓒ 토지의 소유자였고, 피고 1은 甲의 처이며, 甲과 피고 1 사이에는 네 명의 자녀가 있는데, 원고 乙이 장남이고, 피고 2, 피고 3, 피고 4는 각 차남, 장녀, 삼남이다.

2. 甲의 6개의 공정증서에 의한 유언의 작성

(1) 제1유언

1996. 5. 6. 甲은 최초로 공정증서에 의한 유언을 하였는데, 그 내용은 수증자를 원고 乙로, 대상물을 Ⓐ 아파트와 Ⓑ 토지로, 유언집행자를 소외 1로 하는 것이었다.

(2) 제2유언

2003. 8. 12. 甲은 처(피고 1)에게 Ⓐ 아파트를 주고, 유언집행자를 소외 2로 한다는 내용의 공정증서에 의한 유언을 하였다.

(3) 제3유언

보름 만인 2003. 8. 27. 甲은 장남인 乙에게 위 Ⓐ 아파트와 더불어 Ⓑ 토지 및 Ⓒ 토지를 주고, 유언집행자를 소외 1로 한다는 내용의 공정증서에 의한 유언을 하였다.

(4) 제4유언

2004. 11. 4. 甲은 乙을 제외한 법정상속인인 처(피고 1)와 나머지 자녀들(피고 2, 3, 4)에게 Ⓑ 토지를 주고, 유언집행자를 소외 2로 한다는 공정증서에 의한 유언을 하였다.

(5) 제5유언

불과 닷새 만인 2004. 11. 9. 甲은 다시 공정증서에 의한 유언을 하였는데, 그 내용은 제3유언과 동일하게 장남인 乙에게 위 Ⓐ 아파트와 더불어 Ⓑ 토

---

1) 미간행.

지 및 ⓒ 토지를 주고, 유언집행자를 소외 1로 하는 것이었다.

(6) 제6유언

2007. 7. 26. 甲은 입원하고 있던 병원에서 공정증서에 의한 유언을 하였다. 유언의 내용은 장남 乙을 제외한 법정상속인인 처와 세 자녀인 피고 2, 3, 4에게 Ⓐ 아파트와 Ⓑ 토지를 각 1/4씩 주고, 유언집행자는 수증자 중의 하나인 장녀 피고 3으로 한다는 것이었다.

■ 甲의 유언의 시기와 방식, 내용을 정리하면 다음과 같다.

순번	작성일	유언방식	수증자	유증 목적물[2]	작성장소	유언집행자
1	1996. 5. 6.	공정증서	원고	Ⓐ 아파트 Ⓑ 토지	공증사무소	소외 1
2	2003. 8. 12.	공정증서	피고 1	Ⓐ 아파트	공증사무소	소외 2
3	2003. 8. 27.	공정증서	원고	Ⓐ 아파트 Ⓑ 토지 ⓒ 토지	공증사무소	소외 1
4	2004. 11. 4.	공정증서	피고들 각 1/4 지분	Ⓑ 토지	공증사무소	소외 2
5	2004. 11. 9.	공정증서	원고	Ⓐ 아파트 Ⓑ 토지 ⓒ 토지	공증사무소	소외 1
6	2007. 7. 26.	공정증서	피고들 각 1/4 지분	Ⓐ 아파트 Ⓑ 토지	병원	피고 3

3. 甲의 치매진단

의료기록에 따를 때 甲은 2000년부터 치매를 앓아 오고 있다.

4. 유증 목적물 일부의 처분

2005. 3. 29. 甲은 제3유언과 제5유언의 유증 목적물이었던 ⓒ 토지를 제3자에게 매각하여 같은 해 4. 14. 제3자 앞으로 소유권이전등기를 경료하여 주었다.[3]

---

2) 유증 목적물: ① 서울 서초구 서초동 1336 우성아파트 제10동 503호(Ⓐ 아파트)
　　　　　　　② 성남시 수정구 신흥동 3436-16 대 413.2㎡(Ⓑ 토지)
　　　　　　　③ 전북 김제시 공덕면 회룡리 1224 답 2,007㎡와 1225 답 4,992㎡
　　　　　　　　(ⓒ 토지)
3) ⓒ 토지에 대한 매각으로 이 부분 유언은 생전행위에 의해 철회되었다고 볼 것이다. 유언의 철회에 대하여는 후술한다.

5. 甲의 원고에 대한 Ⓐ 아파트 명도청구

2005. 4. 22. 甲은 Ⓐ 아파트를 점유하고 있던 원고를 상대로 명도청구소송을 제기하였다. 그런데 甲과 원고 사이에 Ⓐ 아파트에 관하여 (甲의 사망시까지의) 사용대차관계가 인정되어 명도청구를 기각하는 판결이 2007. 11. 16. 확정되었다.[4]

6. 甲에 대한 한정치산 선고

위 명도청구의 소송 계속 중 甲의 소송능력이 문제되자, 법원은 2006. 4. 13. 甲에 대한 한정치산을 선고하면서,[5] 처인 피고 1을 그 후견인으로 선임하였고 이에 위 건물명도소송은 후견인에 의해 진행되었다.

7. 甲의 사망과 제6유언의 집행

2007. 10. 24. 甲이 사망하자, 피고들은 2007. 10. 26. 제6유언에 기하여 Ⓐ 아파트와 Ⓑ 토지의 각 1/4 지분에 관하여 소유권이전등기를 마쳤다.

8. 원고의 본소청구

원고는, 제6유언은 甲이 **유언의 내용을 이해할 능력**이나 **유언의 취지를 구수할 능력**이 없는 상태에서 구수요건을 갖추지 않은 채 작성한 것으로 **민법 제1068조에 정한 방식을 위배하여 무효**라고 주장하면서, 자신은 치매발병 전에 행해진 제1유언에 의한 수증자로서, 무효인 제6유언에 기해 소유권이전등기를 경료한 피고들에게 그 소유권이전등기의 말소등기절차의 이행을 구하였다.[6]

---

4) 2006. 11. 30. 甲이 승소하자(서울중앙지방법원 선고 2005가단117928 판결), 원고가 항소하였고, 항소심은 2007. 7. 26. 본문과 같은 이유로 甲의 청구를 기각하였다(서울중앙지방법원 선고 2006나28026 판결). 이에 甲이 상고하였으나 기각되어 위 항소심 판결이 확정되었다(대법원 2007. 11. 16. 선고 2007다61922 판결).
5) 서울가정법원 선고 2006느단459 결정.
6) 원고는 제1유언에 의해 '포괄적 유증'을 받았고, 설령 제1유언에 의한 유증이 '특정유증'이라 하더라도 유언집행자를 대위하여 위 청구를 하고 있다. 제1유언에 의한 유증이 특정유증인가 포괄적 유증인가는 탐구된 유언자의 의사에 따라 결정되어야 하고, 상속재산이 모두 얼마나 되는지, 다른 재산이 있는지를 심리하여 보아야 하는데, 제1유언 당시 유증대상인 Ⓐ 아파트, Ⓑ 토지 외에 Ⓒ 토지가 존재하

9. 피고의 반소청구

피고들은, 甲의 최종 의사인 제6유언에 기하여 Ⓐ 아파트를 유증받았고, 설령 제6 유언이 무효라고 하더라도 사인증여로서 유효하며,[7] [만약 모든 유언이 효력이 없어] 법정상속으로 가더라도 원고와 피고들은 공동상속인으로서 피고들의 지분이 4.5/5.5에 달하므로 Ⓐ 아파트를 점유하고 있는 원고에게 위 아파트의 명도를 반소로써 청구하였다.[8]

[소송의 경과]

1. 제1심(서울중앙지방법원 2008. 9. 26. 선고 2008가합18081 판결) : 원고패소

甲은 혈관성 치매로 악화와 호전을 반복할 수 있는 점, 甲은 2007. 여름

였으므로 특정유증이라고 보아야 할 것이다. 특정유증을 받은 자는 유증의무자에게 유증을 이행할 것을 청구할 수 있는 채권을 취득할 뿐이므로, 특정유증을 받은 자는 유증받은 부동산의 소유권자가 아니어서 직접 진정한 등기명의의 회복을 원인으로 한 소유권이전등기를 구할 수 없어 유언집행자를 대위하여 말소등기를 구할 수 있을 뿐이다(대법원 2003. 5. 27. 선고 2000다73445 판결).

7) '사인증여'란 증여자가 생전에 무상으로 재산의 수여를 약속하고 증여자의 사망으로 인하여 그 약속의 효력이 발생하는 계약으로, 유언이 그 방식요건을 갖추지 못하여 무효라고 하더라도 사인증여의 요건을 갖춘 경우에는 사인증여로서의 효력을 인정한다(대법원 2005. 11. 25. 2004두930 판결; 대법원 1998. 7. 10. 98다13518 판결). 그런데 유언이 망인의 진정한 의사에 기하여 작성된 것이 아닌 경우에는 유언은 물론 사인증여로서의 효력도 부정한다(대법원 2008. 5. 29. 선고 2007다77484 판결). 만약 대상판결에서, 제6유언 당시 甲에게 의사능력이 있어 유언능력이 있는 것으로 본다면, 공정증서에 의한 유언이 그 방식을 결여하여 무효라고 하더라도 사인증여로 볼 여지가 있으므로, 甲의 진정한 의사 및 사인증여계약이 체결되었다고 볼 수 있을 만한 의사의 합치가 있었는지를 심리할 필요가 있을 것이다. 그러나 유언 당시 의사능력이 없어 유언능력이 없다고 본다면 사인증여로서의 효력도 인정하기 어려울 것이다.

8) 서울고등법원은 반소청구에 대한 환송 후 판결에서, 2008. 11. 14. 제1심 가집행선고 있는 판결에 의해 위 아파트의 인도집행을 마쳤으나, 그 집행의 결과를 고려하지 않고 반소청구의 당부에 관하여 판단하여야 하고, 원고는 甲의 사망에 따라 그 사용대차의 존속기간이 만료되었으므로 제6유언에 의해 위 아파트를 소유하게 된 피고들에게 위 아파트를 명도할 의무가 있다고 하였다[서울고등법원 2016. 4. 7. 선고 2014나19051(반소) 판결]. 제1심 서울중앙지방법원 2008. 9. 26. 선고 2008가합 48822(반소) 판결, 환송 전 원심: 서울고등법원 2009. 6. 18. 선고 2008나96279(반소) 판결, 대법원 2014. 3. 13. 선고 2009다53109(반소) 판결 참조. 원고가 상고하였으나 2016. 7. 22. 심리불속행으로 기각되었다[2016. 7. 22. 선고 2016다19268(반소) 판결].

경부터 의식상태가 호전된 점, 2007. 7경 甲의 의식상태는 명료하며, 인지능력
은 유지되고 있다고 진단된 점, 기도절개 후에도 언어적 표현이 가능한 점
등을 고려하면 甲이 그 내용을 달리하는 유언을 수회 하였다는 사정만으로
2007. 7. 26. 당시 甲이 유언을 할 수 있을 정도의 의사능력이나 유언취지를
구수할 능력이 없었음을 인정하기 부족하다고 판시하면서 제6유언의 효력을
인정하였다.[9]

2. (환송 전) 원심(서울고등법원 2009. 6. 18. 선고 2008나96262 판결) : 원고승소
원고는 항소하였고, 이에 대해 원심법원은, 망인은 2000년경부터 치매를
앓아 온 사실, 2005. 12. 행하여진 망인에 대한 신체감정결과 망인의 사회연
령이 약 2.18세 정도로 나타난 사실, 망인의 주치의가 자신은 망인에게 복합
적인 질문을 해 본 적이 없어서 2007. 7. 26. 당시 망인이 유언의 내용을 이
해할 수 있었는지 여부는 알 수 없다고 증언하고 있는 사실, 소외 1이 2007.
7. 15. 망인을 방문하였을 당시 망인은 사람을 전혀 알아보지 못한 채 가래
를 제거하기 위한 튜브를 기도에, 음식물을 투여하기 위한 튜브를 복부에 차
고 있었고, 소변을 빼내기 위하여 호스도 차고 있었으며, 위 튜브나 호스를
제거하지 못하도록 팔이 침상에 묶여 있었고, 말은 전혀 하지 못한 채 힘없
이 눈만 껌벅이고 있었던 사실, 망인이 2007. 7. 26. 유언을 할 당시 원고나
의료진이 입회하지 않았던 사실 등을 종합하여, 2007. 7. 26. 유언시 망인에게
유언의 내용을 이해하고 이를 구수할 능력이 있었음을 인정하기 부족하고 달
리 이를 인정할 증거가 없으므로, (위 2007. 7. 26.자 유언은 민법 제1068조에
정한 요건을 갖추지 못하여 무효)라고 봄이 상당하다고 판시하였다.
한편, 피고들은 항소심에 이르러 망인이 1994. 5. 17경부터 이미 치매증
세가 있었으므로 위 1996. 5. 6.자 제1유언공정증서도 무효이고, 위 제1유언은
그와 상충되는 내용의 제2유언과 제4유언, 망인이 원고 부부를 상대로 이 사
건 아파트에 한 건물명도 청구소송을 제기함으로 인하여 철회되었다는 새로

---

9) 원고는 그 외에도 제6유언공정증서가 위조되었고, 형식상 공증인이 없는 상태에
   서 작성되어 무효라고 주장하였지만, 받아들여지지 않았고, 대상판결의 주된 논점
   에서 다소 벗어나서 이에 대해서는 다루지 않기로 한다. 다만, 치매의 경우 인식
   기능의 저하와 운동신경의 저하로 글씨체가 바뀌어서 서명이 위조되었다고 다투는
   경우 동일인 필적의 감정에 어려움이 있다는 현상(가령, "치매 걸려 바뀐 글씨…
   유언장 못 믿겠다" 분쟁 급증, 중앙일보, 2015. 2. 11.자)은 주목할 필요가 있다.

운 주장을 하였다. 이에 대해 법원은 망인이 1994. 5. 17부터 치매증세가 있었음을 인정하기 부족하고, 2000년부터 치매를 앓아 온 망인이 2003. 8. 27. 위 제2유언과 상충되는 내용의 유언을, 2004. 11. 9. 위 제4유언과 상충되는 내용의 유언을 각 공정증서로 작성한 점, 건물명도 청구소송에서 원고가 망인은 치매환자로서 소가 망인의 진정유효한 의사에 기하여 제기된 것이 아니라고 주장함에 따라 망인에 대한 당사자본인신문을 행하였으나 망인의 치매증세로 인하여 그 절차가 제대로 시행되지 못하였고 위 소송 계속 중 망인이 한정치산선고를 받아 피고 1이 후견인으로서 소송을 수행한 점, 2005. 12. 행하여진 망인에 대한 신체감정결과 망인의 사회연령이 약 2.18세 정도로 나타난 점 등에 비추어, 제2유언, 제4유언 역시 망인이 유언의 내용을 이해할 능력이 있는 상태에서 이루어진 유효한 유언이라고 할 수 없고, 건물명도 청구소송 역시 망인의 의사능력에 문제가 있어 후견인이 수행한 것이므로, 위 제1유언이 철회되었다고 보기 어렵다고 하였다.

3. 대상판결 : 파기환송

이에 피고는 상고하였는데, 대법원은 다음과 같은 이유로 원심판결을 파기하고 환송하였다.

먼저, 제2유언 및 제4유언 당시 유언능력을 판단하면서, 망인의 병명을 알츠하이머병으로 단정할 만한 자료가 없고 혈관성 치매로서 호전과 악화를 반복하여 온 것으로 보이는 사실, 2005. 12. 행하여진 망인에 대한 신체감정결과 망인의 사회연령이 약 2.18세로 평가되기는 하였으나 이는 사회성숙도검사의 6개 항목 중 하나인 '사회적 적응기능'에 관한 것에 불과하고, 오히려 위 신체감정 결과 망인은 정상의 범주에 속하지 못하나 의사능력을 완전히 상실한 상태는 아니고 여러 인지기능검사에서 사물을 변별할 능력을 보였으며, 본인의 의지에 거스르는 행위가 가하여질 때는 적극적인 행동을 하고 반복어이기는 하나 "놔"라고 말하는 등으로 의사표현을 하여 의사결정능력도 있어 심신미약의 상태로 판단되어 한정치산자로 선고된 사실, 제2유언 및 제4유언이 행하여진 것은 망인의 위 한정치산선고가 있기 전인 2003. 8. 12. 및 2004. 11. 4.로서 그 각 행위 당시 망인이 특별히 의사능력을 상실하였다고 볼 만한 사정이 기록상 나타나지 아니하는 점, 원고가 제2유언 및 제4유언이 행하여진 직후인 2003. 8. 27. 및 2004. 11. 9.에 망인으로부터 각 수유자를 원고로 하는 새로운 유언공정증서를 받은 것은 원고 또한 당시 망인의 의사능력이 있었음을 전제로 한 것으로 볼 수 있는 점 등을 종합하여, 제2유언 및 제4유언 당시 망인이 유언의 내용을 이해할 능력이 없는 의사무능력상태에 있었다는 점이 입증되었다고 하기는 어렵다고 하였다.

다음으로, 제6유언 당시 유언능력의 판단은, 제6유언이 행하여진 시점에 매우 근접한 2007. 7. 20.자 주치의 작성의 진단서에는 "망인은 퇴행성 및 혈관성 뇌질환으로 보행장애 및 연하장애, 반복적인 폐질환이 발생하여 장기 입원 중인 환자이고, 의식상태는 명료하며 인지능력은 유지되고 있다"고 기재되어 있는 사실, 위 주치의의 제1심 증언에 의하더라도 망인은 혈관성 치매 의심 환자로서 악화와 호전을 반복하였는데 2007년 여름경부터 의식상태가 호전되었고 호전시에는 의사표현이 비교적 가능하였다는 것으로서, 예를 들면 "날씨가 좋네요"라고 인사를 했을 때 발음은 부정확하나 "그렇다"라는 정도의 의사표시를 하였다거나 질문에 간단한 대답이나마 "응", "그래", "아니", "맞다", "아니다", "만지지 마라" 등의 말을 하였다는 사실, 망인이 기도절개수술을 받기는 하였으나 그러한 경우 말을 하여도 그 소리가 성대로 나오지 아니하고 튜브를 통하여 새는 것이지 절개된 부위를 막으면 목소리가 나오고 입 모양으로 언어적 표현을 할 수도 있어 그러한 수술만으로 언어적 표현방도를 잃어버렸다고 단정하기 어려운 점, 이 사건 유언 내용은 이 사건 각 부동산에 대한 수유자를 정하는 것으로 비교적 간단한 점 등을 종합하여, **제6유언 당시 망인에게 유언의 내용을 이해하고 이를 구수할 능력 자체가 인정되지 아니한다고 단정하기는 어렵**다고 봄이 상당하다고 하였다.

4. 환송 후 판결 서울고등법원 2016. 4. 7. 선고 2014나19044 판결 : 항소기각

5. 대법원 2016. 7. 22. 선고 2016다19251 판결 : 기각[10]

---

10) 2016. 6. 20. 민사판례연구회에서 발표할 당시에는 대법원에 계류 중이었으나 그로부터 한 달 뒤 심리불속행으로 기각되었다.

〔研　究〕

Ⅰ. 문제의 제기

유언의 효력을 둘러싼 분쟁이 증가하고 있다.[11] 특히 고령화 사회의 진전과 함께 치매 등으로[12] 판단능력이 부족하지만 후견개시의 심판을 받지 않은 이른바 사실상 무능력자가 작성한 유언에 대해 사후에 유언자의 유언능력을 둘러싸고 법적 분쟁이 표면화되고 있다. 실제 유언의 효력과 관련한 소송을 보면, 예전에는 주로 자필증서에 의한 유언의 방식 준수 여부가 문제되었다면,[13] 이제는 유언능력 유무에 따른 유언의 효력

---

11) 사법연감상 라류 가사비송사건 중 유언에 관한 사건 수의 추이에 따르면, 2002년 이래 그 사건 수가 꾸준히 증가하고 있음을 확인할 수 있다.

연　도	2002	2003	2004	2005	2006	2007	2008	2009	2010	2011	2012	2013	2014	2015
사건 수	109	140	118	142	164	201	208	198	224	232	227	262	292	265

　　2016사법연감, 법원행정처(2016), 871면; 2015사법연감, 법원행정처(2015), 863면; 2014사법연감, 법원행정처(2014), 571면; 2013사법연감, 법원행정처(2013), 553면; 2012사법연감, 법원행정처(2012), 657면.

12) 보건복지부의 「2012년 치매유병률 조사」에 따르면, 우리나라 65세 이상 노인의 치매유병률은 9. 18%로 65세 이상 노인 11명 가운데 1명이 치매를 앓고 있다고 한다. 우리나라 치매환자 수는 남자 15만 6천명, 여자 38만 5천명으로 약 54만 명에 이른다. 또한 12분마다 1명씩 치매가 발병한다고 하니 이제 치매는 나이가 들면 누구나 걸릴 수 있는 병이라는 인식이 필요하다고 하겠다.

13) 가령, 연월의 기재는 있었으나 일의 기재가 없는 자필증서 유언은 무효라고 한 판결(대법원 2009. 5. 14. 선고 2009다9768 판결), 주소가 누락된 자필증서 유언은 무효라고 한 판결(대법원 2007. 10. 25. 선고 2006다12848 판결), 유언자의 날인이 없어 무효라고 본 판결(대법원 2006. 9. 8. 선고 2006다25103, 25110 판결) 등이 있다. 헌법재판소는 자필증서의 방식을 규정한 민법 제1066조 제1항 중 '날인'부분에 관하여(헌법재판소 2008. 3. 27. 선고 2006헌바82 결정), 동항 '주소' 부분에 관하여(헌법재판소 2008. 12. 26. 선고 2007헌바128 결정) 각 합헌결정을 내렸으나, 많은 비판이 있었고, 법무부 민법개정특별위원회의 2011년 개정안은 자필증서 유언의 방식 가운데 주소와 날인 요건을 삭제하였다. 그러나 여전히 우리 법원은 자필증서에 의한 유언의 요식성에 엄격하여, 유언자가 자필증서에 '암사동에서'라고 기재한 사안에서 자필증서의 주소요건을 갖추지 못하였다고 무효라고 하였다(대법원 2014. 9. 26. 선고 2012다71688 판결).

이 소송에서 다투어지는 사례가 증가하고 있음을 확인할 수 있다.[14] 경제가 발달하고 부가 축적되어 자산가들이 출현함에 따라 기부문화가 확산되는 한편, 경제정체에 따라 유산에 대한 의존도가 높아지면서 유언에 의한 재산처분은 법정상속과의 관계에서 점점 더 중요한 역할을 하게 될 것이다.[15]

유언이란 유언자가 자신의 사망과 동시에 일정한 법률효과를 발생시킬 목적으로 행하는 법률행위로, 유언능력이 있는 자는 누구나 유언의 자유를 갖는다. 유언의 자유는 헌법상 재산권 및 행복추구권에서 파생된 유언자의 일반적 행동의 자유라는 헌법상 기본권에 근거를 두고 있으며,[16] 유언자는 법률이 정한 내용과 한계 내에서 자유롭게 유언을 할 수 있다. 그런데, 유언의 자유는 유언자가 자신이 행하는 유언의 법적 의미를 이해하면서 그 효과를 의욕할 수 있다는 판단력, 즉 유언능력이 있음을 전제로 한다. 한편, 유언이 유효하기 위해서는 우선, 그 유언이 민법이 정한 방식에 의할 것을 요한다. 유언을 요식행위로 한 이유는 유언자의 사망시 그 유언이 유언자의 진의인지 아닌지, 또 유언이 있었는지 여부를 확인하기 어려우므로, 유언자의 진의를 명확히 하고 분쟁과 혼란을 방지하기 위한 것이다.[17] 나아가, 유언자의 최종의 의사를 존중하기 위해 유언철회의 자유가 인정되어 유언자는 죽기 전까지 어느 때든 수차례에 걸쳐 다른 내용의 유언을 할 수 있고, 이 경우 앞의 유언은, 뒤의 유언에 의해 저촉되는 범위에서 철회된 것으로 본다.

대상판결은 유언자가 최초의 유언을 한 뒤 치매에 걸려 수년에 걸쳐 치매가 진행된 상태에서 수차례 앞의 유언의 내용과 저촉되는 유언을 한 사안으로, 각 유언 당시 유언능력이 있었는지가 핵심 논점이다. 그런데, 치매는 인지기능의 장애를 가져온다는 점, 경우에 따라서는 유언의

---

14) 대상판결을 비롯하여 본문에서 후술할 일련의 참고판결들이 그러하다.
15) Kroppenberd, "Freedom of Testation", *The Max Planck Encyclopedia of European Private Law*(ed. by Bsedow, Hopt, Zimmermann and Stier), Vol. I(2012), 760-761.
16) 헌법재판소 2008. 3. 27. 선고 2006헌바82 결정 등.
17) 윤진수, 친족상속법 강의, 박영사(2016), 465면.

재산적 효과가 커서 이해관계가 밀접한 수증자들이 유언자에게 부당한 영향력을 행사할 가능성이 높다는 점, 유언자의 최종의 진의를 추구하여야 한다는 점에서 일방적인 의사능력의 판단과는 달리 고려될 필요가 있다. 나아가 이러한 유언능력은 '구수'라는 유언방식요건의 준수와 경계가 맞닿아 있다는 점에서 주의를 요한다. 결국 유언능력 유무의 판단은 사실인정의 문제인데, 유언자가 사망한 지 9년이 넘도록 치매시의 유언능력 유무 내지 증명책임의 소재를 둘러싸고 지리한 법적 공방이 계속되는 현실은 그 판단이 그만큼 어렵고 기존의 잣대만으로는 해결되기 어려움이 있음을 보여 준다. 우리나라의 재판례를 보면, 치매시의 유언능력에 관하여 정면으로 다룬 대법원 판결은 없고 다만 유언취지의 구수와 관련하여 의사능력 존부가 함께 언급된 판결들이 존재할 뿐이다.[18] 이하에서는 먼저 유언능력의 특수성에 대해 검토한 뒤(Ⅱ), 유언취지의 구술을 요하는 공정증서 내지 구수증서에 의한 유언의 경우 구수요건의 준수와 관련한 문제점과 구체적인 법원의 판단을 살펴본다(Ⅲ). 이후 치매와 유언능력의 판단에 대한 논의를 한 후(Ⅳ) 유언의 철회 문제를 다루고(Ⅴ), 마지막으로 대상판결에 대한 비판적인 분석과 아울러 치매상태의 유언능력 판단의 기준마련을 위한 제안을 하고자 한다(Ⅵ).

Ⅱ. 유언능력

1. 유언능력에 대한 종래의 논의

가. 일 반 론

유언의 자유는 자신이 행하는 유언의 법적 의미를 이해하면서 그 효과를 의욕할 수 있다는 판단력, 즉 유언능력(testamentary capacity)이 있음을 전제로 한다. 그리하여 유언능력은 비교법적으로 보면, 첫째, 충분한 정신적 성숙을 확인하기 위한 최소한의 연령, 즉 유언적령에 달할 것과 둘째, 정신적 결함이 없을 것을 요한다.[19] 민법은 유언능력에 대해 명

---

18) 손홍수, "유언능력 유무의 판단기준과 그 판단요소", 사법논집 제55집(2012).

확하게 정의하고 있지 않고, "유언자는 유언을 할 당시 그 능력을 가지지 않으면 안 된다"[20]와 같은 규정을 두고 있지 않지만, 유언도 법률행위인 이상 유언능력을 갖추어야 한다. 유언능력이 필요한 시기에 대하여 민법이 명문으로 규정하고 있지는 않지만, 유언을 할 때에 유언능력이 있으면 되므로, 유언 후 유언능력을 상실하여도 이미 한 유언의 효력에는 영향이 없다.[21] 그러면 구체적으로 어떠한 요건이 갖추어져야 유언능력이 있는 것인가? 먼저 민법 조문을 보자.

민법상 유언능력에 관련된 조문은 네 개가 있다. 첫째, 민법 제1061조는 "만 17세에 달하지 못한 자는 유언을 하지 못한다"고 규정한다. 둘째, 제한능력자의 유언에 관하여는 미성년자의 능력에 관한 제5조, 피성년후견인의 행위와 취소에 관한 제10조, 피한정후견인의 행위와 동의에 관한 제13조를 적용하지 아니한다(민법 제1062조). 셋째, 피성년후견인은 의사능력이 회복된 때에만 유언을 할 수 있고, 이 경우 의사가 심신회복의 상태를 유언서에 부기하고 서명날인할 것으로 요한다(민법 제1063조). 다만, 이 경우에도 구수증서에 의한 유언에는 피성년후견인 유언시 의사의 개입을 요한 제1063조 제2항을 적용하지 아니한다(민법 제1070조 제3항). 각 조항의 의미를 항을 바꾸어 살펴보자.

나. 유언적령과 유언능력

유언적령은 민법제정 당시 17세로 정한 것이 개정되지 않은 채 현재까지 계속되고 있다. 그런데 "왜 굳이 17세인가?" 이에 대한 단초를 찾기 위해 민법상 연령 제한에 관한 규정을 살펴보면 다음과 같다.[22] 먼저

---

19) Basedow, Hopr & Zimmermann, The Max Planck Encyclopedia of European Private Law, Vol. Ⅱ, Oxford(2012), 1775.
20) 일본 민법 제963조.
21) 대법원 2009. 2. 14. 선고 2009다9768 판결.
22) 우리나라의 의무교육은 1948년 헌법과 교육법에 제정되었으나, 실질적인 초등학교 의무교육은 '1954~1959년 의무교육 완성 6개년 계획'에 따라 처음으로 실시되었고, 중학교 의무교육은 1985년 제정된 '중학교 의무교육 실시에 관한 규정'에 의해 시작되었으나 재정적 이유로 지역별로 차등적으로 실시되다가 2004년에 이르러 전국적으로 중학교 3학년까지 확대되었다. 만 6세에 초등학교 입학하므로 초등학교

성년연령은 민법 제정 당시 만 20세였으나, 2011년 3월 7일 개정되어 이제는 19세가 되면 성년이 된다(민법 제4조). 따라서 민법상 유언능력은 성년연령보다 민법제정 당시 기준으로는 세 살, 현행법상으로는 두 살 적다. 다음으로, 혼인적령은 제정 당시 남자는 만 18세, 여자는 만 16세였으나, 2007년 12월 21일 개정되어 이제는 남녀 모두 18세가 되어야 혼인할 수 있다(민법 제807조). 다만, 미성년자가 혼인을 하는 경우 부모의 동의를 받아야 한다(민법 제808조 제1항). 그렇다면 유언연령은 민법제정 당시에는 남자의 경우 혼인연령보다 한 살 적었으나, 오히려 여자는 한 살 많았고, 현행법상으로는 남녀 모두 혼인연령보다 한 살 적다. 즉 현행법상 만 17세의 미성년은 유효한 유언을 할 수 있지만, 유효한 혼인을 하거나 재산적 법률행위를 하기 위해서는 동의가 필요하다.

　비교법적으로 유언적령을 살펴보면, 로마법상 유언능력(testament factio)은 남자 만 14세, 여자 만12 세, 일본은 만 15세(일본 민법 제961조)이고, 독일은 만 16세(독일 민법 제2229조 제1항), 프랑스는 만 16세(프랑스 민법 제904조, 제907조, 엄밀하게 말하면, 만 16세가 되어야 재산의 반을 유언으로 처분할 수 있다), 이탈리아는 만 18세, 미국은 주마다 다르지만, 조지아주 법은 만 14세, 루이지애나주 법은 만 16세, 콜롬비아특별행정구 등 49개 주법은 만 18세이다. 다만, 영국, 스웨덴은 만 18세로 유언적령이 성년연령과 동일하다.

　정리하면, 충분한 정신적 성숙을 확인하기 위한 최소한의 연령인 유언적령은 나라마다 다르고, 성년연령과 혼인연령보다 적은 나라도 있지만, 성년연령과 동일한 입법례도 있음을 알 수 있다. 즉 유언적령을 정함에 절대적인 이유가 있기보다는, 성년이 되기를 기다릴 수 있는 통상의 법률행위와 달리 유언은 사망 직전에 있을 수밖에 없다는 점, 유언은 본인의 의사를 존중하는 것이므로 대리가 허용되지 않고, 일신전속적 행위이므로 동의를 얻음에 익숙하지 않다는 점, 유언자의 최종 의사를 가능

6년과 중학교 3년을 합쳐 9년의 의무교육을 마치면 만 16세가 된다. 그러나 민법 제정 당시 아직 시행되지도 아니한 의무교육까지를 염두에 두고 유언적령을 정하였다고 보기는 어렵다.

한 한 존중하려는 전통적인 생각에서 재산행위에 필요한 능력보다 낮은
것으로 상정하고 있었다고 그 이유를 생각해 볼 수 있다.

다. 의사능력과 유언능력

통설은 유언은 일종의 의사표시이므로 의사능력 없는 자가 한 유언
은 무효라고 하며,[23] 유언능력을 의사능력과 동일시한다. 또는 추상적으
로 유언시 "재산적 행위에 요구되는 정도의 능력을 갖추어야 할 필요는
없고, 사무에 관한 판단력, 즉 의사능력만 있으면 이를 할 수 있다는 것
이 법의 태도이다"라고 하고,[24] 판례 역시 "유언능력이란 유언의 취지를
이해할 수 있는 의사식별능력으로서 그 성격 등에 비추어 재산적 행위에
요구되는 정도의 능력을 의미하는 것은 아니다"라고 한다. 정리하면, 유
언이 유효하려면, 의사능력이 있어야 하지만, 재산행위에 필요로 하는 행
위능력까지 요구되지는 않는다는 것이다.

그렇다면 의사능력은 무엇인가? 의사능력이란 "자신의 행위의 의미
의 결과를 정상적인 인식력과 예기력을 바탕으로 합리적으로 판단할 수
있는 정신적 능력 내지 지능"으로,[25] 우리 민법은 의사능력에 관하여 명
문의 규정을 두고 있지 않으나,[26] 의사능력을 가지지 못한 자의 법률행
위는 법률상 효력이 없다라는 점에 관하여는 이견이 없다. 의사능력 유
무의 판단은 구체적인 행위와 관련하여 개별적으로 판단되어야 하고,[27]
어떤 법률행위가 그 일상적인 의미만을 이해하여서는 알기 어려운 특별
한 법률적인 의미나 효과가 부여되어 있는 경우 의사능력이 인정되기 위
하여는 그 행위의 일상적인 의미뿐만 아니라 법률적인 의미나 효과에 대
하여도 이해할 수 있을 것을 요한다.[28] 일반적으로 7세 내지 10세 정도

---

23) 김주수 · 김상용, 친족 · 상속법(제11판), 법문사(2013), 681면.
24) 곽윤직, 상속법, 박영사(2004), 223면.
25) 同旨 대법원 2002. 10. 11. 선고 2001다20113 판결; 대법원 2006. 9. 22. 선고 2006다29358 판결.
26) 독일 민법 제105조, 스위스 민법 제181조는 의사능력에 관한 명문의 규정을 두고 있다.
27) 대법원 2006. 9. 22. 선고 2006다29358 판결 등.
28) 민법주해[1], 박영사(1997), 237-238면(양삼승 집필); 판례도 同旨 대법원 2006. 9.

의 어린이의 정신능력이 있으면 의사능력이 있다고 본다. 통설이 유언능력을 의사능력과 같다고 하는 것은 유언을 유효하게 할 수 있는 능력이 구체적으로 7세부터 10세 정도의 지능이라고 상정했다기보다는 유언능력을 재산행위에 요구되는 능력보다 낮아도 족함을 보여 주기 위한 것으로 생각할 수 있다. 그런데 과연, 경우에 따라서는, 수백억 원의 재산이 좌우되는 유언을 함에 있어 7세 정도의 지능으로 족한가에 대해서는 의문이 든다. ·

한편, 법률행위를 함에 있어 의사능력이 있다고 추정되므로, 의사무능력을 이유로 법률행위의 무효를 주장하는 측은 그에 대하여 입증책임을 부담한다. 따라서 만약 유언능력을 의사능력과 동일하다고 보게 되면, 의사능력과 마찬가지로 유언능력도 있다고 추정되어 유언능력의 무효를 주장하는 자가 입증책임을 지는 것으로 일응 볼 수 있을 것이다.

라. 성년후견제도와 유언능력

의사무능력의 증명곤란의 구제를 위하여 민법은 의사능력의 유무를 객관적으로 획일화하여 표의자가 당해 법률행위를 할 때에 구체적으로 의사능력을 가지고 있었는지의 여부를 묻지 아니하고 그 자가 행한 법률행위는 무조건 취소할 수 있는 것으로 하는 행위능력제도를 두고,[29] 이와 같이 행위능력이 제한된 자를 제한능력자라고 하여 보호하여 왔다. 그리고 민법이 개정되어 2013년 7월 1일부터는 장애, 질병, 노령, 그 밖의 사유로 인한 정신적 제약으로 사무를 처리할 능력이 지속적으로 결여된 성인이 가정법원의 결정으로 선임된 후견인을 통해 재산관리 및 일상생활에 관한 폭넓은 보호와 지원을 제공받는 성년후견제도가 시행되고 있다.

그런데 유언에 있어 제한능력자제도를 그대로 적용하여 법정대리인에 의한 유언을 인정하거나, 유언의 효력발생 후 상속인 내지 법정대리인에게 취소권을 인정한다면 이는 도리어 유언자의 최종의 의사를 존중

---

22. 선고 2006다29358 판결; 대법원 2009. 1. 15. 선고 2008다58367 판결.
29) 곽윤직 편집대표, 민법주해[1], 박영사(1997), 239면(양삼승 집필).

한다는 유언제도의 취지에 반할 것이다.[30] 그리하여 민법은, 미성년자에 관한 제5조, 피성년후견인에 관한 제10조, 피한정후견인에 관한 제13조를 유언에는 적용하지 않되(민법 제1062조), 유언도 법률행위로서 그 효력이 인정되기 위해서는 본인의 정상적인 의사에 기초할 필요가 있으므로, 미성년자에 대해서 만 17세를 기준으로 하여 그 미만의 자의 유언은 효력이 없는 것으로 하고 만 17세에 달한 사람은 피한정후견인도 유언을 할 수 있는 것으로 한다. 다만, 피성년후견인은 의사능력이 회복된 때에만 유언을 할 수 있어서, 의사가 심신회복의 상태를 유언서에 부기하고 서명날인할 것으로 요한다(민법 제1063조). 이는 의사능력이 있음을 명확히 하여 사후에 있을지도 모르는 유언의 효력에 대한 분쟁을 예방하기 위한 것이다.

문제는 많은 노인들이 고령으로 인해 치매상태에 있음에도 불구하고 이와 같은 성년후견제도를 이용하고 있지 않다는 점이다. 성년후견제도의 이용현황을 보면, 시행 후 2년 6개월이 경과한 2015년 말까지 성년후견의 신청건수는, 성년후견 5,707건, 한정후견 633건, 특정후견 542건으로 법정후견이 6,926건이고, 후견계약의 등기건수는 23건에 불과하다. 그 가운데 2015년 성년후견감독이 개시된 건수는 834건으로,[31] 우리나라에서 의사능력장애와 관련된 등록 장애인의 수나 추정되는 치매환자의 수에 비할 때 성년후견제도의 이용건수가 너무 적다. 이로부터 치매 등으로 판단능력이 부족하면서도 후견개시의 심판을 받지 아니한 고령자들이 많고 따라서 이러한 이른바 사실상 무능력자가 유언장을 작성한 경우, 사후에 유언능력을 둘러싼 법적 분쟁이 많을 것을 예상할 수 있다.

마. 소 결

이상을 정리하면 다음과 같다. 현행 민법상 유언적령은 만 17세로 혼인연령보다 한 살, 성년연령보다 두 살 적고, 유언행위도 법률행위인 이상 의사능력이 있어야 하지만 일반적으로 7세 내지 10세 정도의 어린

---

30) 김증한 편집대표, 주석민법[상속(2)], 한국사법행정학회(2010), 206-207면(김주수 · 김상용 집필).
31) 2015년 사법연감.

이의 정신능력이 있으면 의사능력이 있다고 하는 것으로 미루어 볼 때, 유언능력이 의사능력과 반드시 일치하는 것은 아니고 일치할 필요도 없다고 생각한다. 다만, 유언자가 피성년후견인인 경우에는 개별적으로 의사능력이 회복되었다는 사정에 대한 입증으로서 의사의 관여가 요구되므로, 반대 해석상 민법 문언에 따르면 피성년후견인이 아닌 한 만 17세 이상의 유언자는 의사능력이 있다고 추정될 뿐이다.

생각건대, 유언능력은 "유언장 작성에 있어서 요구되는 정신능력이란 건전한 정신과 기억력이다. 자기 재산을 정확하게 평가할 수 있고 인간들의 관계, 특히 친척 관계, 도의적 관계, 법적 관계 등 사람들의 관계성을 정확히 파악하고 자기가 작성하는 유언장의 작성 규정, 결과를 예견할 수 있는 정신능력"[32]으로, 일반적인 의사능력과 구별된다. 유언은 실질이 증여와 비슷한 행위로 유언의 내용에 대해 이해관계가 있는 자는 본인이 아닌 법정상속인이라는 점, 본인의 최종의사는 존중되어야 하나 본인의 보호의 필요성은 적다는 점에서 일반적인 재산행위와는 다른 요소가 있으므로 재산행위와 동일한 취급을 할 것은 아니다. 게다가 유언능력 판단의 결과는 양자택일이어서 중간적인 판단을 할 수도 없고 경우에 따라서는 수십억 원의 재산의 귀속이 결정된다는 점에서도 그러하다. 따라서 유언능력의 판단기준도 의사능력의 그것과 구분되어야 한다. 유언능력의 유무는 사실인정의 문제로서 유언자가 유언의 내용과 그에 따른 법률효과를 이해하고 판단하는 데 필요한 능력을 갖추고 있었는가, 즉 유언자의 유언 당시의 판단능력, 질병의 상태, 유언의 내용, 유언작성 당시의 상황, 유언에 대한 종래의 의향, 수증자와의 관계 등을 고려하여 구체적인 사안에 따라 개별적으로 판단할 수밖에 없다. 또한 후술하는 바와 같이 유언능력의 판단은 의학적 요소의 검토를 피할 수 없다. 따라서 유언능력은 유언의 특수성을 고려하여 기능적으로 접근할 필요성이 있다.

---

32) 문국진, "유언능력", 진단과 치료, 제4권 제4호, 한국의학사(1984), 491면.

2. 유언능력에 대한 기능적 접근

가. 비교법적 검토

(1) 영국의 Goodfellow 기준

유언에 있어 오랜 역사를 지닌 영국에서 상속재산은, 신탁재산으로서 잠정적으로 인격대표자(personal representative)에게 귀속되고, 인격대표자는 수탁자의 지위에서 이를 관리 청산한 다음 남은 재산을 유증자와 상속인에게 분배한다. 영국은 1870년 이래[33] 유언능력(testamentary capacity)이란 1) 유언자가 유언행위의 성질과 그 효과를 이해하며, 2) 그가 처분하려는 재산의 규모를 이해하고, 3) 유산에 대해서 추정상속인들이 가져올 수 있는 소송을 파악하고 평가할 수 있으며, 4) 그의 감정을 해하거나 정의감각을 왜곡시키거나 자연적인 능력의 행사를 방해할 "어떠한 정신의 장애"에 의해 영향을 받지 않아야 하고, 망상이 재산의 처분에 영향을 미쳐 그의 정신이 건강했다면 하지 않았을 재산의 처분을 가져오지 않아야 한다는 요건을 명확히 하고 있다. 그런데 4)의 요건에 있어, 합리적이고 이례적이지 않은 내용의 유언을 남겼다면 정신능력이 있다고 추정되지만, 유언의 효력을 다투는 자가 유언 당시 유언자가 정신이상의 환각상태(insane delusions)에 있었거나 사기(fraud)에 의해 유언을 하였거나 부당한 영향력의 행사(undue influence)[34]가 있었음을 주장·입증하거나, 의료기록이나 주변인들의 진술에 의해 유언자가 정신적으로 병이 있거나 기억력 상실의 전력이 있음이 밝혀진다면 추정이 번복되어 유언의 효력이 있음을 주장하는 자가 유언 당시 유언자에게 유언능력이 있었음을 입증할 것

---

33) Banks v. Goodfellow [1870] LR 5 QB 549, 565.

34) 부당한 영향력의 행사란, 유언자의 자유로운 의지를 파괴하고 그의 유언을 다른 사람의 유언으로 대체할 정도의 영향력이 행사되는 경우를 말한다. 가령, 해당 유언으로부터 부당한 이득을 얻은 자가 유언자와 신뢰관계를 유지하고 유언자의 작성에 적극적이거나 능동적이었다면, 유언의 검인신청자, 즉 그 유언의 효력을 주장하는 자가 그 유언이 부당한 영향력의 행사에 의하여 유인된 것이 아니라는 점을 증명하여야 할 부담을 지게 된다. 이에 대해 자세히는, Jesse Dukeminier/Robert H. Sitkoff, *Wills, Trusts, and Estates,* 9th ed., Wolters Kluewer, 2013, 283면 이하 참조.

이 요구된다.[35] 그러한 이유에서 유언자가 치매의 진단을 받은 경우, 유언자가 유언 당시 유언능력이 있다는 취지의 의사의 진단서를 받거나 의사로 하여금 유언시 증인으로 참여시킴으로써 황금률(golden rule)을 준수할 것을 변호사에게 촉구하기도 한다.[36]

(2) 미국의 will test

미국 역시 유언이 있으면 반드시 probate 절차를 거쳐 법원에 의해 효력이 있는 유언이 확정된 뒤 유언집행인에 의해 청산이 이루어진 후 유언이 집행된다.

미국의 경우, 유언작성에 요구되는 정신능력은 각 주마다 표현의 차이는 있으나 그 핵심표지는 제3차 재산법 리스테이트먼트에 의하면,[37] "유언자는 1) 자신의 재산의 성질과 규모, 2) 유증의 대상, 3) 그가 하려는 처분행위의 내용을 인식하고 이해하며, 4) 위 세 가지 능력을 연결시켜, 재산을 타인에게 처분함에 관한 합리적인 계획을 세울 수 있어야 한다"고 한다. 그리고 영국에서와 마찬가지로, will test라고 하여 유언자가 유언을 형성할 수 없게 하는 요소들을 심사하게 되는데, 무능력, 사기, 부당한 영향력의 행사가 있었는지 여부를 심사하며, 이러한 요소들은 형평법상의 무효사유로서 유언을 무효로 한다. 유언의 효력을 다투는 자가 유언자가 정신이상의 환각상태, 사기, 부당한 영향력 아래 있었고 위 사유가 유언작성에 영향을 주었음을 보여 주거나, 의료기록이나 주변인들의 진술에 의해 유언자가 정신적으로 병이 있거나 기억력상실의 전력이 있음이 밝혀진다면 추정이 번복되어 유언의 효력이 있음을 주장하는 자가 유언 당시 유언자에게 유언능력이 있었음을 입증할 것이 요구된다.

35) Vaughan v. Vaughan, 2005.
36) Ryan. C. W. Hall, MD, Richard C. W.MD, Wade C Myers, MD, and Marcia J. Chapman, "Testamentary Capacity: History, Physician's role, Requirements, and Why Wills Are Challenged", Clinical Geriatrics June 2009, 18–24; Robin Jacoby and Peter Steer, "How to assess capacity to make a will", BMJ 2007; 335:155.
37) Restatement (Third) of Property; Will and Othet Donative Transfers §8.1(b) (2003).

(3) 프랑스의 무상처분

프랑스는 프랑스 민법 제1129조에서 "무상처분(libéralité)을 하기 위해서는 제정신상태(sain d'espirt)에 있어야 한다"고 규정하는바, 유언도 무상처분의 일종이므로 생전증여와 마찬가지로 유언시 그 능력이 있어야한다. 법률행위의 무효를 주장하는 자가 입증책임을 부담한다는 원칙에따라, 유언의 무효를 주장하는 자가 유언 당시 유언능력이 없음을 입증해야 하지만, 유언자가 치매 상태에 있었다면, 입증책임이 전환되어 유언의 유효를 주장하는 자가 유언이 의식이 돌아온 상태(intervalle lucide)에서행해졌음을 입증해야 한다.[38] 그런데 유언이 공증에 의해 행해진 경우,공증인이 유언 당시 유언자가 의사능력이 있었다고 진술한다면, 문제는공정증서가 위조되었다고 다투어져야 하는지인데,[39] 정신건강에 대해 전문가가 아닌 이상 공증인은 개인적인 의견을 주는 데에 그치므로 반증이자유롭다는 것이 판례의 입장이다.[40] 한편 매우 오랫동안 의사의 직업상비밀유지의무가 의사가 자신이 치료하던 환자의 정신능력의 손상을 증언하는 것을 방해하였었으나, 현재는 그러한 규정이 폐지되었다고 한다.[41]

(4) 일본의 유언능력

일본은 일본 민법 제963조에서 "유언자는 유언을 할 당시 그 능력을가지지 않으면 안 된다"고 규정하는 한편, 유언적령을 만 15세로 보고 있다(일본 민법 제963조). 우리나라보다 고령화가 일찍 진행된 일본에서는 치매와 유언능력에 대한 논의가 최근에 활발하게 진행되고 있는 것으로 보인다.[42]

---

38) Malaurie et Brenner, *Droit des successions et des libéralités*, 7e éd., LGDJ(2016), n° 321, 191.
39) Malaurie et Brenner, 위의 책, n° 321, 191.
40) Cass. Civ.1re, 25 mai 1987, *bull. civ.* I, n° 171; *Défrenois* 1988, art 34167, n. A. Breton.
41) Malaurie et Brenner, 앞의 책, n° 322, 191.
42) 일본의 유언능력에 관해서는 우선, 內田 貴, 民法4, 親族相續, 東京大學出版會, 2004, 471; 치매와 유언능력에 관한 논의로는 가령, 2012년 제7회 일본사법정신의학회대회에서 유언능력을 대주제로 다루었는데, 우선 五十嵐 禎人, 遺言能力と精神医学からみた判定のあり方, 司法精神医学 7(1), (2012. 3.), 110–117; 村田 彰, 法律家からみた遺言能力, 司法精神医学 7(1), (2012. 3.), 118–124; 榎本 康浩, 指定討論法律実務家から提起する遺言能力の諸問題, 司法精神医学 7(1), (2012. 3.), 125–129

나. 유언의 방식과 유언능력

한편, 유언능력을 평가함에 있어서 유언의 방식도 고려되어야 한다. 후술하는 바와 같이, 유언은 법정된 요건과 방식에 따라야 하기 때문이다. 가령, 구수증서에 의한 유언의 경우에는, 긴박성을 고려하여 피성년후견인이라도 의사의 관여를 요하지 않는다(민법 제 1070조 제3항). 그리고 공정증서에 의한 유언과 구수증서에 의한 유언의 경우 유언능력은 구수요건을 구비하였는지 내지 구수능력을 갖추었는지의 문제와 밀접하게 연결되어 있다. 이는 유언의 방식요건의 구비는 그 유언이 효력이 있음을 주장하는 자가 증명책임을 진다는 점에서 중요하다. 이에 대해서는 항을 바꾸어 살펴보기로 한다.

Ⅲ. 유언의 방식요건인 구수요건

1. 방식주의

민법 제1060조는 "유언은 본법의 정한 방식에 의하지 아니하면 효력이 생기지 아니한다"고 규정하여 유언의 요식성을 밝히고 있다. 민법 제1065조 내지 제1070조가 유언의 방식을 엄격하게 규정한 취지는, 유언자의 사망시 그 유언이 유언자의 진의인지 아닌지, 또 유언이 있었는지 여부를 확인하기 어려우므로, 유언자의 진의를 명확히 하고 그로 인한 법적 분쟁과 혼란을 예방하기 위한 것이라는 증명기능 외에 유언을 신중하게 하는 경고기능, 공정증서에 의한 경우 공증인에 의한 상담기능도 가진다고 본다.[43] 민법이 인정하는 유언의 방식에는 다섯 가지가 있는데(민법 제1065조), 통상의 경우 자필증서에 의한 유언(민법 제1066조), 녹음에 의한 유언(민법 제1067조), 공정증서에 의한 유언(민법 제1068조), 비밀증서에 의한 유언(민법 제1069조) 중

참조. 나아가, 일본의 오사카고등재판소의 부장판사가 판례를 분석하고 그 심리방법에 대한 제안을 한 최근의 문헌으로, 土井文美, "遺言能力(遺言能力の理論的檢討及びその判斷・審理方法)", 判例タイムズ No. 423(2016. 6.) 참조.

43) 윤진수(주17), 465면; 그 외에 의식 기능, 보호기능, 채널링 기능을 한다는 견해로, Jesse Dukeminier/Robert H. Sitkoff, 앞의 책, 150면.

어느 하나의 방식으로 유언을 하고, 다만, 유언자가 질병 기타 급박한 사유로 인하여 위와 같은 방식에 의한 유언을 할 수 없는 경우 구수증서에 의한 유언(민법 제1070조)의 방식으로 유언을 할 수 있다.

따라서, 법정된 요건과 방식에 어긋난 유언은 그것이 유언자의 진정한 의사에 합치하더라도 무효라고 하지 않을 수 없다.[44] 그런데 위 유언의 방식 가운데, '공정증서에 의한 유언'과 '구수증서에 의한 유언'은 유언취지의 구수를 요한다.

2. 유언취지의 구수요건

가. 유언취지의 '구수'

'공정증서에 의한 유언'은 유언자가 증인 2인이 참여한 공증인의 면전에서 유언의 취지를 구수하고 공증인이 이를 필기낭독하여 유언자와 증인이 그 정확함을 승인한 후 각자 서명 또는 기명날인하여야 한다(민법 제1068조). 한편, '구수증서에 의한 유언'은 유언자가 2인 이상의 증인의 참여로 그 1인에게 유언의 취지를 구수하고 그 구수를 받은 자가 이를 필기낭독하여 유언자와 증인이 그 정확함을 승인한 후 각자 서명 또는 기명날인하여야 한다(민법 제1070조). 구수를 받아 필기낭독하는 자에 따른 차이는 있으나, 두 유언 모두 유언자가 유언취지를 구수하면, 그 구수내용을 공증인이나 증인이 필기 낭독하고 유언자와 증인이 승인을 한 뒤 서명 내지 기명날인하는 절차로 이루어진다.

여기서 '구수(口受, dicter)'란, 사전적 의미로는 '말로' 의사를 전달하는 것으로, 대법원도 '유언취지의 구수'라고 함은 말로써 유언의 내용을 상대방에게 전달하는 것을 의미한다고 한다.[45] 따라서, 말이 아니라 거동으로 유언의 내용을 표시하거나 공증인이나 증인의 물음에 단순히 고개를 끄

---

44) 대법원 1999. 9. 3. 선고 98다17800 판결; 대법원 2004. 11. 11. 선고 2004다35533 판결 등 참조.

45) 대법원 2006. 3. 9. 선고 2005다57899 판결; 이후 대법원 2007. 10. 25. 선고 2007다51550 판결; 대법원 2008. 2. 28. 선고 2005다75019, 75206 판결.

덕여 답하는 정도로는 원칙적으로 구수라고 할 수 없다.[46] 왜냐하면, 증인 등이 유언자의 거동 등의 방법으로 유언내용을 확인하는 것은, 공정증서나 구수증서에 의한 유언의 절차에서 유언취지를 '구수'한 것이 아니라, 그 다음 단계인 '승인'에 해당할 뿐이기 때문이다. 그리하여 유언공정증서의 취지가 낭독된 후 유언자가 그에 대하여 전혀 말을 하지 않고 고개만 끄덕인 사안에서 이는 유언자가 유언의 취지를 구수하고 이에 기하여 공정증서가 작성된 것으로 볼 수 없어, 민법 제1068조 소정의 공정증서에 의한 유언의 방식에 위배되어 무효라고 보았다. 그런데, 이러한 판결들은 후술하는 바와 같이, 유언자가 반혼수상태 또는 가면성 정신상태에 있었던 사안으로 유언자의 의사능력 내지 유언능력도 의심스러운 사안들이었다.[47] 판례는 구수요건을 엄격하게 제한 해석하는 것이 원칙이므로 어떠한 형태이든 유언자의 구수는 존재하여야 하나, 실질적으로 구수가 이루어졌다고 보기 위하여 어느 정도의 진술이 필요한지는 획일적으로 정하기 어렵고 구체적인 사안에 따라 판단하여야 한다는 입장을 취한다.

나. 유언취지의 구수와 필기 낭독의 절차적 요건

민법상 공정증서에 의한 유언의 방식상 요구되는 절차는 먼저, 유언자가 유언취지를 구수하고, 이를 공증인이 필기하고 낭독하여, 유언자가 이를 승인하고 유언자와 공증인, 증인이 서명날인하는 것이다. 즉 유언자가 유언취지를 말로써 전달하면, 그 구수내용을 공증인이 필기하여 낭독

---

46) 한편, 구수의 유언방식은 기도수술을 하거나 청각장애인, 언어장애인으로서 대화능력과 필기능력을 모두 갖추지 못한 사람은 이용할 수 없어 장애인에 대한 차별이라는 점에서 비판이 많았고, 이에 법무부 가족법개정특별위원회에서 2011년 마련한 개정안에서는 공정증서에 의한 유언에서 장애인의 유언에 관하여 특별한 규정을 두었다. 즉 민법 제1068조에 항을 추가하여 "말로 의사소통이 불가능한 사람이 공정증서에 의한 유언을 할 경우 제1항의 구수는 유언의 취지를 자서(自書)한 서면의 교부로 갈음할 수 있고(제2항), 이 경우 공증인은 그 취지를 증서에 부기하도록 하고 있다(제4항).
47) 대법원 1980. 12. 23. 선고 80므18 판결; 대법원 1996. 4. 23. 선고 95다34514 판결; 대법원 2000. 12. 12. 선고 2000다49275 판결.

하는 순서로 되어 있다. 그런데 실제 관행을 보면, 이와 같은 유언취지의 구수와 공증인의 필기 낭독이라는 순서가 지켜지지 아니하고, 미리 공증인이 유언자 또는 대리인을 통해 유언취지를 기재한 메모나 서면을 전달받아 유언취지를 기재한 서면을 작성한 뒤 그 내용을 유언자에게 확인하는 경우가 일반적이다. 즉 구수 → 필기 → 낭독의 순서가 아니라, 필기 → 낭독 → 구수의 순서로 유언이 이루어지거나, 공증인이나 증인이 미리 작성한 유언취지를 낭독하면 유언자가 긍정하는 의사를 표시하는 방식으로 행해지는바, 이는 당초 법률이 예정한 '유언의 취지를 구수'한 것과는 일치하지 않는다. 이 문제는 법이 요구하는 유언의 요식성 요건과 유언자의 진의존중의 필요성 사이에 내재하는 긴장관계에서 유래된 것으로, 그 한계를 어떻게 정해야 할지는 선험적으로 정하기보다는 구체적 사실관계에 따라 결론이 달라질 수밖에 없을 것이다.[48]

다. 구수증서에 의한 유언과 구수요건의 완화 여부

한편, 구수증서에 의한 유언은 질병 기타의 사유로 인하여 네 유형의 보통방식에 의한 유언이 행해질 수 없는 경우에 한하여 예외적으로 인정된다.[49] 구수증서에 의한 유언은 증인 또는 이해관계인이 급박한 사유가 종료한 날로부터 7일 이내에 가정법원에 검인을 신청하여야 하고 (민법 제1070조 제2항), 이 기간 내에 검인을 받지 않으면 그 유언은 효력이 없다.[50] 특별한 사정이 없는 한 유언이 있은 날에 급박한 사유가 종료한 것으로 보아야 할 것이다.[51]·[52]

---

48) 윤진수, "공정증서 유언에서 '구수'의 의미", 가족법 판례해설, 세창출판사(2009), 527면.
49) 대법원 1999. 9. 3. 선고 98다17800 판결.
50) 대법원 1992. 7. 14. 선고 91다39719 판결.
51) 대법원 1989. 12. 13. 선고 89스11 결정.
52) 그런데 구수증서 유언은 사망의 위급이라는 긴급한 상태에 직면하여 작성방식을 완화한 특별방식의 유언이라는 점에서, 사망의 위험상태가 해소되어 유언자가 보통방식의 유언을 할 수 있게 된 때로부터 일정한 기간 생존하고 있으면 구수증서에 의한 유언의 효력을 실효시키는 입법례가 있다. 가령, 일본 민법 제983조는 사망의 위험상태를 벗어나 보통방식의 유언을 할 수 있게 된 때로부터 6개월간 유언자가 생존한 경우 위급시 행한 유언의 효력이 없다고 규정하고, 독일 민법 제

그런데, 구수증서에 의한 유언은 다른 보통방식의 유언과 그 실질에 있어서 다르다[53]고 보아 구수요건을 완화하여 해석하여야 한다는 견해가 있다.[54] 그러나 구수증서유언이 다른 보통방식의 유언과 다른 특별방식의 유언이라고 하여 당연히 그 성립요건을 완화해서 해석하자는 견해에는 찬성하기 어렵다. 구수증서에 의한 유언이 특별방식으로서 유언방식이 간이하다는 것은 유언자가 유언서를 작성하지 않고 구수할 수 있다는 방법 자체를 의미하는 것으로만 이해되어야 하지, 그렇지 않고 구수증서에 의한 유언방식이 요구하는 "2인 이상의 증인의 참여, 구수, 증인 1인에 의한 필기낭독, 유언자와 증인에 의한 승인, 서명 또는 기명날인"이라는 요건 자체를 갖출 것을 엄격하게 요구하지 않음을 의미한다고 해석되어서는 안 된다.[55] 유언에 있어서 방식의 엄격성을 요구하는 취지는 구수증언에 의한 유언의 경우에도 마찬가지이고, 이 경우에도 유언자의 진의 확보에 초점을 맞추어야 하기 때문이다. 따라서 구수증서에 의한 유언이 특별방식의 유언이라는 점과 유언요건의 완화해석 사이에는 아무런 논리적 필연성이 없음에도 불구하고, 구수증서에 의한 유언이 그 실질에 있어서 다른 보통방식의 유언과 다르다는 점으로부터 유언의 성립요건의 완화해석을 도출해 낼 수는 없다고 생각한다.

3. 유언능력 내지 유언취지의 구수요건이 문제된 판결들

이하에서는 공정증서나 구수증서에 의한 유언에서 유언취지의 구수

2252조도 특별방식의 유언의 남용을 방지하고자 유언작성일로부터 3개월이 경과하도록 유언자가 생존한 때에는 유언은 효력을 잃는다고 하고 있다. 이에 대해 명문의 규정이 없는 우리 민법상 효력존속기간을 해석에 의해 인정하는 것은 무리이지만, 입법론적으로 고려하자는 견해가 있다[김영희, "구수증서유언과 유언에 있어서 구수의 의의", 가족법연구 제21권 제3호(2007), 382면].

53) 대법원 1977. 11. 8. 선고 76므15 판결.
54) 김영희, 앞의 글, 365면; 김주수·김상용, 앞의 책, 747면.
55) 同旨, 이경희, "구수증서에 의한 유언의 성립요건", 가족법 판례해설, 세창출판사(2009), 534면; 김형석, "유언의 성립과 효력에 관한 몇 가지 문제", 민사판례연구 제38권, 박영사(2016), 1073면.

요건과 관련하여 유언능력의 유무가 문제된 판결을 사실관계를 고려하여
분석해 본다.

가. 유언능력 내지 구수요건을 부정한 판결

(1) **대법원 1980. 12. 23. 선고 80므18 판결**56) : 유언무효확인 청구
사건

1977. 8. 15. **뇌혈전증**으로 병원에 입원한 甲은, **불완전한 의식상태와
언어장애** 때문에 말을 못하고 고개만 끄덕거리면서 반응을 할 수 있을
뿐인 의학상 소위 **가면성 정신상태**하에 있었으며, 입원 중 의사나 간호
원, 다른 가족들과 대화를 나눈 사실이 없었다. 유언일인 1977. 9. 9.에도
망인은 산소마스크를 착용하고 침대에 누운 상태에서 공증인이 유언내용
의 취지를 유언자에게 말하여 주고 '그렇소?' 하고 물으면 유언자가 말은
하지 않고 고개만 끄덕끄덕하여 공증인의 사무원이 그 내용을 필기하고
이를 공증인이 낭독하는 방법으로 유언서가 작성되었다. 대법원은 이러
한 유언은 유언자가 "구수"하여 작성한 것이라고 할 수 없어 민법 제1068
조가 정하는 공정증서에 의한 유언의 방식에 위배되어 무효라고 판단한
원심판결의 사실인정과 판단은 정당하다고 하였다.

(2)**대법원 1996. 4. 23. 선고 95다34514 판결**57) : 소유권이전등기
말소 청구사건

1987. 8. 22. 폐기종으로 입원하여 치료 중인 甲은, 호흡부전으로 의
식을 잃자 같은 해 9. 11. **기관지 절제수술**을 하고 **인공호흡기**를 부착하
여 의식을 회복하였으나, 사망시까지 목에 튜브를 삽입하여 **튜브와 인공
호흡기를 호스로 연결한 상태라 공기가 성대를 통과할 수 없어** 말을 할
수가 없어, 몸짓, 표정, 입 모양으로 의사표현을 하였다. 1989. 12. 21.
09:00경 유언자가 이미 의학상 **반혼수상태**58)에서, 같은 날 피고 1이 법무

---

56) 공1981, 13584.
57) 공1996, 1562.
58) 통증자극에 대하여 환자가 기본적인 동물적 또는 체계화되지 못한 반응을 나타
　　내며 의식이 각성을 유발할 수 없는 상태로서 의사소통이 불가능하며 환자의 판단
　　능력이나 의사결정능력을 기대할 수 없는 상태.

법인에 유언공정증서의 작성을 의뢰하여, 그 소속 변호사가 직원에게 지시하여 피고 1이 알려 준 내용대로 망인이 피고 1, 2에게 이 사건 임야 중 1/2지분씩을, 피고 2에게 주식전부를 유증한다는 내용의 유언공정증서 초안을 작성케 하였고, 같은 날 17:30 망인이 입원 중인 병실에서 위 직원이 유언공정증서의 취지를 낭독하자 망인이 그에 대하여 전혀 응답하는 말은 하지 못한 채 고개만 끄덕거렸고, 침대를 반쯤 일으킨 상태에서 피고 1이 팔목을 붙잡아 주어 유언자란에 서명케 하였다.

이러한 사실인정하에서, 대법원은 유언공정증서를 작성할 당시에 유언자에게는 의사능력이 없었으며 그 공정증서에 의한 유언은 유언자가 유언의 취지를 구수하고 이에 기하여 공정증서가 작성된 것으로 볼 수 없어서 민법 제1068조가 정하는 공정증서에 의한 유언의 방식에 위배되어 무효라고 판단한 원심판결을 수긍하였다.

(3) 대법원 2000. 12. 12. 선고 2000다49275 판결[59] : 소유권이전 등기말소 청구사건

1997. 10. 1. 삼성의료원에서 **폐암 4기** 및 다발성 뼈 전이 소견의 진단을 받고 10. 16. 영남대학교 병원으로 전원된 甲은 이미 병세가 깊어 병원에서 적극적인 치료는 받지 못하고 통증치료 등 보존치료만을 받다가 이후 병세가 더욱 악화되어 "의학상 **반혼수상태**에 빠져 주로 수면을 취할 때가 많고, 깨어났을 때도 정신이 혼미한 채로 통증을 호소하거나 헛소리를 하고, 눈에 초점이 없으며, 묻는 말에 대답을 잘 못하"였다.[60]

피고는 망인의 조카로 1997. 11. 7. 오전 ○○법무법인에 망인의 유언공정증서 작성을 의뢰하여 위 법무법인 소속의 공증업무를 취급하는 변호사가 유언의 내용이 기재된 문서를 받아 사무실 여직원으로 하여금 유언내용을 타자로 쳐서 유언공정증서의 초안을 작성하여 이를 들고 사무실 보조원 소외 1과 함께 병실에 출장 방문하여 소외 1이 망인에게 유언공정증서 초안을 읽어 준 후 변호사가 망인에게 이 사건 부동산을 피

---

59) 미간행.
60) 원심판결인 대구지방법원 2000. 7. 12. 선고 99나11180 판결의 인정사실.

고에게 유증하겠느냐고 묻자 망인은 고개를 끄덕거렸고, 이에 망인의 서명을 받고자 하였으나 망인이 직접 서명할 기력이 없어 피고의 형이 망인의 손에 필기구를 쥐어 주고 팔꿈치를 받쳐 주며 서명하게 하였다. 보름 뒤인 1997. 11. 22. 사망하자, 피고는 유증에 기하여 소유권이전등기를 경료하였다. 원고들은 망인의 형제자매들로서 위 공정증서에 기한 유언은 유언 당시 망인의 의사능력이 결여되어 있을 뿐만 아니라 "구수"요건을 갖추지 못하여 법정의 형식과 절차에 위배되어 무효라고 주장하면서, 원고들과 피고 이외에도 망인의 법정상속인들이 더 있어 공동상속인들인 원고들이 공유물의 보존을 위하여 피고를 상대로 이전등기의 말소를 구하였다.

이에 대해 대법원은 "이 사건 유언공정증서 작성 당시 유언자의 의식상태는 반혼수상태로서 의사능력이 결여되어 있었을 뿐만 아니라, 공증인인 변호사의 유언취지를 물음에 대하여 유언자는 고개를 끄덕거리는 거동을 하였음에 불과하여 유언자가 공증인 면전에서 유언의 취지를 구수하여 공정증서가 작성되었다고 볼 수 없으므로 위 공정증서에 의한 유언은 민법 제1068조가 정한 형식과 절차에 위배되어 무효이다"라고 판단한 원심판결이 모두 옳다고 하였다.[61]

   (4) 대법원 2006. 3. 9. 선고 2005다57899 판결[62] : 유언무효확인 청구사건

1997. 11. 중순경 병원에 입원하여 만성 골수성 백혈병 및 위암 초기라는 진단을 받은 甲은, 즉시 위암 종양 제거 수술을 받고 퇴원하였으나 증세가 악화되어 다시 입원하였고, **병세가 악화되어 생명이 위독한 상태**에 이르자, 1998. 1. 3. 병실에서 변호사 3인의 입회하에 구수증서에 의한 유언의 방식으로 "유언자 소유의 별지 목록 기재 재산을 구수증서에

---

61) 다만, 피고도 망인의 법정상속인이므로 피고의 상속분에 해당하는 1/16 지분은 피고의 소유로 보아 이 부분은 실체관계에 부합하는 유효한 등기라는 피고의 항변을 받아들여, 피고는 원고들에게 15/16 지분에 관하여 피고에게 마쳐진 소유권이전등기의 말소등기절차를 이행하라고 하였다.

62) 공2006상, 586.

의한 유언의 방식으로 유언자의 배우자인 소외 5에게 모두 상속한다. 별지목록에 기재되어 있지 않은 유언자의 기타 소유재산도 모두 소외 5에게 상속한다. 유언집행자로 (주)○○의 비서실장 ○○○를 지정한다"는 취지의 유언서를 작성하였고, 이틀 뒤인 1998. 1. 5. 급성신부전으로 사망하였다. 1998. 1. 8. 유언집행자로 지정된 피고가 검인청구를 하여 1998. 2. 12. 검인절차를 마쳤다.

그런데 소외 5는 1955. 1. 6. 망인과 혼인한 둘째 부인이고, 원고 1, 2는 망인의 이혼한 전처 사이에서 출생한 장남 소외 6(1976. 8. 13. 소외 4와 혼인하였다가 1999. 12. 27. 이혼한 뒤 2000. 11. 14. 사망)의 자식들로서 망인의 손자들이다. 원고들은 피고를 상대로 유언무효의 확인을 구하였다.

이에 대해 대법원은 「망인은 이 사건 유언을 할 무렵 만성 골수성 백혈병 및 위암 등의 병과 고령으로 건강이 극도로 악화되어 식사를 하지 못함은 물론 다른 사람이 부축하여 주지 않고서는 일어나 앉지도 못하였고, 큰며느리인 소외 4를 몰라보거나 천장에 걸린 전기줄을 뱀이라고 하는 등 헛소리를 하기도 하였으며, 이 사건 유언 당시에도 고개를 끄덕이거나 "음", "어" 정도의 말을 할 수 있었을 뿐 자신의 의사를 제대로 말로 표현할 수 없었던 사실, 소외 5는 이 사건 유언 당일 변호사 3인을 망인의 병실로 오게 하여 자신이 미리 재산내역을 기재하여 작성한 쪽지를 건네주었고, 변호사들 중 한 사람이 그 쪽지의 내용에 따라 유언서에 들어갈 내용을 불러 주면 <u>망인은 고개를 끄덕이거나 "음", "어"하는 정도의 말을 한 사실</u>, 망인은 이혼한 전처와 사이에 아들 소외 6(원고들의 부)을, 후처인 소외 5와 사이에 2남 2녀를 각 두었으나, <u>이 사건 유언의 내용은 망인의 모든 재산을 소외 5에게 상속하게 한다는 것으로서 전처 소생인 소외 6을 상속에서 완전히 배제하는 내용인 사실</u>, 소외 6의 처 소외 4는 당시 병원에서 망인을 간호하고 있었는데 이 사건 유언은 소외 4가 없는 자리에서 이루어진 사실 등을 인정하면서, 망인이 유언취지의 확인을 구하는 변호사의 질문에 대하여 고개를 끄덕이거나 "음", "어"라고 말한 것만으로는 민법 제1070조 소정의 유언의 취지를 구수한 것으볼 수는 없다고 할 것이다.」라고 하면서 원심판결[63]을 파기환송하였다.

(5) 대구고등법원 2010. 2. 10. 선고 2009나5323 판결[64] : 소유권
이전등기 등 청구사건

망인은 2남 3녀를 두었는데, 유언공정증서 작성을 의뢰한 차남에게
만 자신의 재산 대부분에 해당하는 부동산을 유증하는 유언공정증서를
작성한 뒤 이틀 후에 사망하였다. 이에 나머지 자녀들인 원고들은 유언
이 망인이 의사무능력상태에 있을 때 작성된 것일 뿐만 아니라, 망인의
서명 또는 기명날인이 없는데다, 망인이 구수하지 아니한 채 작성되어
법정방식에 위배한 것으로서 무효이므로, 소유권이전등기 및 근저당권설
정등기의 말소등기절차의 이행을 하였다.[65]

이에 대해 유언공정증서 작성 무렵 망인은 **지남력 및 기억력 장애**가
있었기에 자신이 처한 상황이나 자신이 만나고 있는 사람이 누구인지 인
식하고 있었다고 단정하기 어려운 점, **구음장애**가 있어서 이 사건 유언공
정증서를 작성할 때에도 공증인의 면전에서 유언의 내용을 말로써 공증
인에게 전달하지 못한 채 공증인의 질문에 대하여 고개만을 끄떡이거나
가로저었던 점, 망인 스스로 판독 가능한 서명을 하지 못하였고, 날인도
유언자가 직접하지 않고 공증인과 참여인이 대신하였던 점 등을 종합하
여, 위와 같이 공증인이 서면에 따라 유언자에게 질문을 하고 유언자가
고개를 끄덕이거나 젓는 동작으로 그 내용을 긍정하고, 이 사건 부동산

---

63) 원심인 대전고법 2005. 9. 7. 선고 2004나3602 판결은 "망인이 비록 이 사건 유
언서 작성 당시 기력이 매우 쇠약하여 유언 전체의 내용을 스스로 구술할 수 있
는 상태는 아니었다고 하더라도 원고들의 주장대로 유언을 할 수 없을 만큼 사리
분별을 하지 못하거나 의식이 뚜렷하지 않은 상태에 있었다고 볼 수 없고, 망인이
유언의 취지를 확인하는 입회 변호사의 질문에 간단하게나마 소리를 내어 답변한
이상 유언의 취지를 구수한 것으로 볼 수 있[다]"고 하여 민법 제1070조에서 정한
구수증서에 의한 유언에 관한 요건과 방식을 모두 갖추었다고 판단하였다.
64) 상고하였으나(2010다21856) 심리불속행기각으로 확정.
65) 설사 이 사건 유언공정증서가 유효하다고 하더라도, 이 사건 부동산에 관한 피
고 ○○○ 명의의 소유권이전등기는 원고들의 유류분을 침해하는 것이므로, 예비
적 청구취지 기재와 같은 유류분반환을 구하였으나, 유언공정증서에 의한 유언이
무효인 이상, 예비적 청구에 대해서는 판단하지 아니하였다.

외에 예금도 유언의 대상에 포함되느냐는 질문에 고개를 젓기도 한 사실만으로는 이 사건 유언증서 작성 당시 유언자가 제대로 된 의사능력이 있었다거나, 유언자가 한 답변을 통하여 그 의사를 구체적으로 확인할 수 있었다고 보기 어렵고, 유언의 내용이나 유언의 전체 경위 등으로 보아 그 유언취지가 유언자의 진정한 의사에 기한 것인지 의심스럽다고 봄이 상당하여 민법 제1068조 소정의 '공정증서에 의한 유언'의 방식에도 위배되어 작성된 것이므로 무효라고 판시하였다.

나. 유언능력 내지 구수요건을 긍정한 판결

(1) 대법원 2001. 1. 14. 99다43462 판결[66] : 소유권이전등기 청구 사건

망인은 자기 소유의 부동산을 그의 형제들인 피고 1, 2에게 명의신탁하여 두었는데, 1990. 11. **폐암진단**을 받고 병세가 악화되자, 1991. 4. 영동세브란스병원에 입원하여 항암치료를 받았다. 망인은 같은 해 5. 8. 망인의 병실에서 공증담당변호사를 불러 망인이 자신 또는 피고들 명의로 되어 있는 그 소유 부동산들의 처리에 관한 유언을 하고 소외 1을 유언집행자로 하는 내용의 유언공정증서를 작성하였고, 일주일 뒤 폐암증세의 악화로 인한 급성호흡부전으로 사망하였다.

대법원은 이 사건 유언공정증서의 내용이 자신이 죽음이 임박하였음을 직감한 유언자가 미리 작성하여 공증담당변호사에게 교부한 초안에 기하여 사전에 작성되었고, 공증담당변호사가 유언자의 구수를 직접 필기한 것이 아니라 하더라도, 그 후 유언자가 공증담당변호사의 면전에서 그 유언의 취지를 다시 구수하고, 공증담당변호사가 미리 작성한 이 사건 유언공정증서의 내용을 낭독하여 줌으로써 이 사건 유언공정증서의 내용과 유언자의 유언내용과의 일치 여부를 확인하고 각 당사자가 이 사건 유언공정증서에 서명날인한 이상, 그와 같은 방식에 의한 유언이 유언자의 진의를 확보하여 그 정확을 기하기 위한 민법 제1068조의 취지에

---

66) 미간행.

반하는 것은 아니라고 보아, 이 사건 유언공정증서가 적법유효하게 작성
되었다고 한 원심의 판단을 정당하다고 하였다.

(2) 대법원 2001. 8. 24. 2001다6909 판결[67] : 소유권이전등기말소
청구사건

망인 소유의 토지 위에 장남인 피고가 옛집을 헐고 주택을 신축하
여 망인을 부양하면서 함께 거주해 오다가, 1997. 1. 4. 망인이 위 주택에
서 쓰러진 후 **뇌경색**의 진단을 받고 두 차례 입원과 퇴원을 반복하였다.
망인은 퇴원 후 한 달이 지난 1997. 7. 4. 피고에게 요구하여 합동법률사
무소에 가서 피고에게 위 토지를 유증한다는 내용의 유언공정증서를 작
성하고 공증인으로부터 교부받은 공정증서의 내용을 확인한 다음 유언자
란에 직접 자필로 서명하고 날인하였다. 위 공정증서 작성 당시 **뇌경색
의 후유증**으로 왼쪽 팔다리에 마비증세가 있어 휠체어를 탄 상태로 거동
이 불편하였으나 의사소통에는 문제가 없었다. 한 달 후 갑자기 호흡부
전 증세를 보여 응급입원을 하여 치료를 받았으나 회복가능성이 없어 혼
수상태에서 퇴원하였고 다음 날 피고의 집에서 사망하였다. 그러자 피고
는 유증을 원인으로 자기 앞으로 소유권이전등기를 경료하였고, 이에 다
른 상속인인 차남, 삼남, 사남, 장녀, 차녀, 삼녀가 원고가 되어 유언 당
시 망인은 의사무능력상태였고, 망인이 뇌경색 등으로 인한 합병증으로
궁박한 상태를 피고가 이용하였거나 망인을 기망, 강박하여 작성되었으므
로 위 유언은 무효라고 주장하며 이전등기의 말소를 구하였다. 이에 대
해 원심은, 유언 당시 망인은 의사무능력상태였고, 망인의 궁박한 상태를
피고가 이용하였거나 망인을 기망, 강박하여 작성되었다는 원고의 주장을
뒷받침할 증거가 없다고 보았고, 대법원도 수긍하였다.

(3) 대법원 2007. 10. 25. 선고 2007다51550, 51567 판결[68] : 소유
권이전등기 청구사건

망인은 유언 하루 전날 증인 2인과 함께 공증사무소로 찾아가 상담

67) 미간행.
68) 공2007하, 1828.

을 하였고 공증인이 유언자의 의사에 따라 유언의 취지를 작성하여 두었다가 그 다음날인 2004. 1. 17. 망인의 집을 방문하여 증인 2인이 참석한 상태에서, 그 서면에 따라 유언자에게 유증할 대상자와 유증할 재산이 어떤 것인지 묻자, 원고에게, "'논, 밭, 집터, 집"이라고 대답을 하였고 개별적인 지번별로 망인에게 하나씩 불러준 후 맞는지 확인한 다음 유언자에게 필기된 서면을 낭독하여 주었고, 망인이 이의 없다고 하자 망인과 증인들의 서명, 날인을 받았다. 망인은 2004. 9. 28. 사망하였고, 피고들은 2004. 11. 19. 이 사건 부동산에 대하여 처 명의로 3/11, 자식들인 원고와 피고들 명의로 각 2/11 지분에 관하여 2004. 9. 28. 상속을 원인으로 한 소유권이전등기를 마쳤다. 이에 원고는 유증을 원인으로 한 소유권이전등기절차를 이행할 것을 청구하였다.

이에 대해 대법원은, 이 사건 공정증서에 의한 유언은 유언자의 구수가 있었다고 보아야 할 것이고, 비록 공증인이 미리 유언내용을 필기하여 왔고 이를 낭독하였더라도 유언자의 구수내용을 필기하여 낭독한 것과 다를 바 없으므로 이 사건 공정증서에 의한 유언은 민법 제1068조의 요건을 모두 갖추어 유효하다고 본 원심의 판단이 정당하다고 하였다.

(4) 대법원 2008. 2. 28. 선고 2005다75019, 75026 판결[69] : 유언 무효확인 및 상속회복(본소), 유류분반환(반소) 청구사건

망인은 소외 2와 혼인하여 2남 1녀를 두었는데, 2001. 5. 21. 삼성서울병원에서 **폐암 3기**의 진단을 받고 수술을 받은 후 퇴원하였다가 약 4개월 후 다시 입원하였고 2주 뒤인 2001. 10. 16. 입원해 있던 병실에서 이 사건 부동산 중 자신이 소유지분인 1/2 지분을 피고들에게 각 1/2씩 유증한다는 내용의 유언공정증서를 작성하였다. 망인이 2001. 12. 9. 사망하자 피고들은 위 유언에 터 잡아 이 사건 부동산 중 각 1/4 지분에 관하여 피고들 앞으로 지분이전등기를 하였다. 이에 대해 위 **유언에서 배제되었던 장남**이 동생들을 상대로 유언무효확인 및 상속회복을 청구하였

고, 이에 피고들은 유류분반환을 반소로 청구하였다.

대법원은 망인이 공정증서에 의한 이 사건 유언을 할 무렵 **극심한 통증**에 시달리고 있었으며 **비록 의식은 있었으나 반응이 느리고 멍한 표정으로 눈을 제대로 맞추지 못하기도 하고** 식사도 제대로 하지 못하는 상황이었다는 사실을 인정하면서도, […] 이 유언이 실질적으로 구수요건을 갖추었는지 여부에 관하여 판단하여야 한다고 하면서 파기환송하였고,[70] 환송 후 원심에서 화해권고결정으로 확정되었다.

(5) 대법원 2012. 12. 27. 선고 2011다87259 판결 : 유언무효확인 청구사건(소위 녹십자 사건)

본 판결은 대상판결과 더불어 최근의 유언 관련 판결 중 유언능력에 관하여 가장 치열하게 다투어진 사안으로, 관련 법조인들과 의사의 진술 등이 엇갈리는 등 적극적인 검토가 필요하다고 판단되어 사실관계와 법원의 판단을 비교적 상세히 기술하기로 한다.

망인은 주식회사 녹십자와 그 계열회사의 창업주로, 2003. 2. **뇌종양**이 발견되어, 같은 해 7. 2. 서울대학교 병원에서 개두술 및 종양제거술을 받은 후 입원과 퇴원을 반복하다, 67세인 2008. 11. 19. 서울대학교 병원 세미나실에서 공증담당변호사와, 망인을 진료하였던 서울대병원 신경정신과 의사, 녹십자그룹의 고문변호사가 증인으로 참석하여 공정증서에 의한 유언을 하였고, 이듬해 2009. 11. 5. 사망하였다. 유언의 주된 내용은 망인 소유의 주식회사 녹십자와 그 계열회사의 주식을 **장남인 원고를 완전히 배제**하고,[71] 피고 재단(위 유언에 따라 새터민 지원을 목적으로 설

---

70) 환송 전 원심인 서울고법 2005. 11. 17. 선고 2005나5401, 5418 판결은, "이 사건 유언은 공정증서에 의한 유언의 유효요건 중 '유언자가 공증인의 면전에서 유언의 취지를 구수할 것'과 '공증인이 유언자의 구수를 필기해서 이를 유언자와 증인에게 낭독할 것' 및 '유언자와 증인이 공증인의 필기가 정확함을 승인한 후 각자 서명 또는 기명 날인하였을 것'이라는 요건을 갖추지 못하였음이 분명하고 따라서 민법 제1068조가 정하는 공정증서에 의한 유언의 방식에 위배되어 무효라고 할 것이다" 라고 판단하였었다.

71) 원고는 약 15년간 미국에서 거주하였고 결혼과정에서 망인 부부와 심각한 의견 대립이 있었고, 2005년 귀국하여 녹십자에서 근무하였으나 평이 좋지 못하여 2008년 망인은 원고를 녹십자 그룹의 모든 계열사에서 퇴사시켰다. 나아가 2008. 5. 22.

립)과 피고 1(망인의 처이자 원고의 친어머니)을 비롯한 차남, 삼남에게 각기 다른 비율로 유증한다는 것이었다.

문제된 망인의 증세는 **섬망증**으로, **의식저하**, **인지기능저하**, **판단능력저하의 증상**을 나타내며, 이러한 증상은 **호전과 악화가 반복되는 특징**을 갖는다. 2008. 11. 12. 퇴원시 망인에 대해 실시한 <u>MMSE 검사에서 30점 만점에 20점이 나왔으나</u>, 이 무렵 망인은 인촌상 수상소감문을 직접 작성하고 시상식에 참석하여 수상소감을 밝히기도 하였으며, 신문기자와의 인터뷰도 하였다. 유언 당일은 망인이 서울대학교병원에 외래를 위하여 내원하는 날로서 진료과정에서 다시 실시된 MMSE 검사에서 망인은 23점을 받았다. 유언은 진료 직후 이루어졌는데, 공증담당변호사가 그 초안의 내용대로 유증대상 주식에 따라 수증자별로 구분하여 망인에게 유증할 것인지를 개별항목을 나누어 질문하고, 이에 대하여 <u>망인은 미리 교부받은 초안을 확인하며 '그렇습니다', '그렇게 유증할 생각입니다'라고 답변한 다음, 최종적으로 공증담당변호사가 '이렇게 할 경우 장남에게는 유증하는 것이 없는데 맞습니까?'라고 묻자, '맞습니다'라고 대답하는 등 전체적인 내용에 대한 의사를 다시 확인하는 방식으로 진행되었다.</u>

원고는 망인은 이 사건 유언 당시 유언의 취지를 제대로 이해하고 이를 구수할 수 있는 정도의 정상적인 인지능력을 잃어 유언능력을 갖지 못한 상태였고, 망인이 직접 유언취지를 구수하지 않았고 이 사건 유언이 망인의 진의에 따라 작성된 것이 분명하다고 할 만한 뚜렷한 증거도 없으며, 이 사건 유언은 유언능력이 없는 상태에서 작성된 것일 뿐만 아니라 구수요건도 갖추지 못하여 무효라고 주장하면서, 피고들을 상대로 유언무효의 확인을 청구하였다.[72]

원고가 원고 명의로 명의신탁이 되어 있고 피고 ○○○ 명의로 가등기해 두었던 논현동 주택에 관하여 가등기 말소소송을 제기하자, 망인은 피고 ○○○의 소송대리인으로 선임된 율촌에 명의신탁임을 분명히 하면서도 만약 원고주장대로 증여로 인정될 경우 법정상속분의 선급으로서 유류분에서 공제될 것인지 여부에 대한 검토를 부탁하고 긍정적인 의견을 받자 이를 다투지 않아 원고청구가 그대로 인용, 확정되었던(서울중앙지방법원 선고 2008가합 48457 판결) 특별한 사정이 있었다.

원심은 유언능력 부분과 구수요건 부분을 항을 달리하여 판단하였는데,[73] 먼저 **유언능력** 관련하여, 유언 무렵의 망인의 나이와 건강상태, 문제되는 망인의 질병의 종류와 그 양상, 이 사건 유언 당시에 망인이 보인 태도, 이 사건 유언절차의 증인들이나 유언집행자나 공증인이 특별히 피고 1과 개인적으로 친분관계가 있었던 것은 아닌 것으로 보이고 이 사건 유언절차에 참여한 사람들 중 어느 누구도 유언절차 진행 중에 망인의 유언능력이나 구수요건 등에 관하여 문제를 삼은 사람은 없는 등 이 사건 유언절차 참여자의 구성과 그 절차 진행과정 및 이 사건 유언에 참여한 증인 등이 받은 인상, 뇌수술 이후 망인의 증세는 수시로 변화하였는데, 유언이 이루어진 오전시간에는 섬망증이 개선되어 망인의 인지능력이 개선되는 경향이 있었던 점, 망인이 이 사건 수술 전 공증인으로부터

---

72) 원고는 이 외에, 그 유언의 내용도 망인의 평소의 유지와 달리, 장남인 원고를 완전히 배제하고, 피고 ○○○와 피고 재단을 주된 수증자로 하는 것이고, ○교수는 망인의 유언능력의 유무를 판단하기 위하여 준비하였던 추가 검사를 하지 못한 상황에서 증인으로서 서명·날인을 하였고, ○○○변호사 역시 망인의 유언능력에 대한 확신 없이 유언내용도 제대로 확인하지 못한 채 서명·날인을 하였으므로, 이 사건 유언공정증서는 증인들에 의하여 유언내용의 정확함이 승인되지 못하였다 할 것이어서, 이 사건 유언은 이 점에 있어서도 무효라고 주장하였다.

73) 서울고등법원 2011. 10. 4. 선고 2010나101334 판결. 유언참여자들인 ○변호사, ○교수, △변호사, 유언집행인인 ×변호사가 유언 당시의 상황에 대하여 진술한 것을 검토하는 것은 의미가 있다고 생각된다. 먼저 ○변호사는 유언공정증서에 증인으로 서명날인한 후 '유언은 언제든지 철회할 수 있고 유언공증은 언제든지 새로 할 수 있습니다'라고 말하였음에도 망인이 아무런 반응이 없이 멍하게 자신을 쳐다보기만 할 뿐이어서 그때서야 뭔가 잘못되었다고 느끼게 되었다고 진술한다. 반면, ○교수는 깊이 있는 대화를 할 수 있는 상황은 아니었으나 의식은 명료했고 MMSE 검사상 23점은 인지능력이 저하된 것으로 평가함은 맞지만, 유언을 할 수 있는 상태에 있는지 여부를 확인하기 위하여 나름대로 유언을 할 수 있는 판단능력이 있는지 확인을 위한 추가적인 질문을 준비하였는데 △변호사가 일상적인 대화와 생활이 가능하기에 충분히 유언능력이 있고 나중에 법률분쟁이 되면 법원이 최종적으로 판단하게 될 것이라고 하며 따로 요청하지 않아 준비한 질문을 하지 못하였고 따라서 추가 테스트를 하지 않았기 때문에 망인의 인지능력유무에 대하여 어떠한 판단도 할 수 없다고 진술하였다. 한편, △변호사는 자택에서 직접 병원으로 왔고 말도 또박또박하여 망인의 유언능력에 문제가 없다고 생각하였고, 유언자의 의사가 그대로 전달되었음에 대해 의심하지 않았다고 진술하였다. 마지막으로 ×변호사는 유언 당일 망인과 만나 인사를 나누고 망인이 자신의 심경을 얘기하여 유언능력에 문제가 있다는 의심은 전혀 들지 않았다고 진술하였다.

받아 서명을 하여 둔 유언공정증서 초안에서도 원고가 배제되어 있는 반면 망인에 의하여 설립될 사회복지재단이 포함되어 있어 이 사건 유언의 수증자들이 위 초안과 동일하여 그 기본구조와 내용이 위 초안과 같고, 유증하는 재산의 규모가 크다는 것이 문제일 뿐, 주된 내용은 망인 소유의 주식을 누구에게 얼마씩 나누어 줄 것인지에 관한 것으로 유증재산과 수증자 등의 면에 있어 그다지 복잡한 것이 아니며, 이 사건 유언은 상속세 등 세금, 녹십자 그룹의 지배구조, 원고와의 관계와 그 유류분 등의 견지에서 볼 때 망인의 입장에서 불합리한 내용이라고 보기 어렵고, 망인은 자신이 창업한 녹십자그룹의 유지에 대하여 강한 애착을 가지고 있었던 것으로 보이는 점 등 이 사건 유언의 내용과 그 복잡성의 정도, 이 사건 유언에 이르게 된 경위, 원고와 망인 부부와의 관계, 망인의 이력과 이 사건 유언 전후의 대외활동의 내용 등을 종합적으로 고려하여, 이 사건 유언 당시 망인은 유언의 취지를 이해할 수 있는 의사식별능력을 가지고 있었다고 봄이 상당하다고 판시하였다.

한편, **구수요건**과 관련하여서는, 이 사건 유언내용은 원고의 유류분과 세금 등을 검토한 끝에 망인이 직접 작성한 메모들을 통하여 상당히 오랜 기간에 걸쳐 준비되어 온 점, 망인의 평소의 의사가 유언내용에 부합하는 점[74]을 고려할 때, 공정증서의 초안이 망인의 진정한 의사에 따라 작성된 것이고, 공증담당변호사가 그 초안대로 유증대상 주식에 따라 수증자별로 구분하여 망인에게 유증할 것인지를 개별항목을 나누어 질문하고, 이에 대하여 망인이 그렇게 하겠다는 답변을 한 다음, 최종적으로 전체적인 내용에 대한 의사를 다시 확인하는 방식으로 진행되었으며, 이러한 망인의 답변이 실질적으로 유언의 취지를 진술한 것이나 마찬가지로 볼 수 있다고 하여 유언취지의 구수요건도 갖추었다고 보았다. 그리고 대

---

74) 망인은 평소에 유산 때문에 가족 간에 분쟁이 생겨서는 안 된다는 생각을 가지고 있었고, △변호사에게 '자신은 아들들에게 재산을 많이 물려줄 의사가 없다'고 말하였고, 유언에 의하면 원고인 장남만 수증자에서 제외될 뿐만 아니라 차남, 삼남도 다른 수증자에 비하여 훨씬 적은 재산만을 받게 된다.

법원은 이러한 원심의 판단을 정당하다고 보아 유언의 효력을 인정하였다.

다. 소결

종합하면, 판례는 제3자에 의하여 미리 작성된, 유언의 취지가 적혀 있는 서면에 따라 유언자에게 질문을 하고 유언자가 동작이나 간략한 답변으로 긍정하는 방식은, 원칙적으로 '유언취지의 구수'라고 볼 수 없다고 하면서도, 그 방식요건을 완화하여 유언 당시 유언자의 의사능력이나 유언에 이르게 된 경위 등에 비추어 그 서면이 유언자의 진의에 따라 작성되었음이 분명하다고 인정되는 등의 특별한 사정이 있는 경우에는 유언취지의 구수라고 볼 수 있다는 예외를 인정한다. 즉 판례의 기준은 유언자가 유언내용을 실제로 전부 구수하였다는 사실이 아니라, **유언자가 구수할 수 있고 주도적으로 유언내용을 통제할 수 있는 상황에서 유언자의 진의가 반영되어 있는지 여부**라고 보인다.

위의 판결들의 사실관계를 분석해 보면, 유언자가 직접 유언서의 작성을 의뢰하였거나 변호사와의 상담을 통하여 오랫동안 유언을 준비하여 왔거나 평소에 밝혀 둔 의사가 유언서의 내용에 반영이 된 경우 즉 유언자가 주도적으로 유언내용을 통제할 수 있었던 상황에서는 "유언 당시 유언자의 의사능력이나 유언에 이르게 된 경위 등에 비추어 그 서면이 유언자의 진의에 따라 작성되었음이 분명하다고 인정되는 등의 특별한 사정"이 있다고 보아 유언자의 명확한 구수가 없었던 경우에도 그 효력을 인정할 수 있다고 한 반면, 유언자가 반혼수상태에 이미 빠진 후 수증자가 될 자가 유언서의 작성을 의뢰하거나 유언자가 말을 전혀 하지 못하고 고개만 끄덕인 경우에는 원칙으로 돌아가 구수가 없었다고 하였다.

이는 유언취지의 "구수"라는 문언에서 표현된 방식목적을 존중한 것이라고 생각한다.[75] 구수는 유언자가 유언의 내용을 음성을 통해 공증인에게 전달하고 공증인은 이를 수동적으로 받아들이는 것이므로, 유언자가 스스로 주도권을 가지고 그 진의에 따라 유언의 내용을 형성하여 전달한

---

75) 同旨, 김형석(주 55), 1073면.

치매와 유언능력 그리고 구수요건 863

다는 점이 핵심이다. 즉 유언자가 공증인과 증인 앞에서 유언을 하는 바로 그 순간의 의사결단에 기초하여 종국적인 의사표시로서 유언의 내용을 발화하고 공증인은 이에 좇아 공정증서를 작성해야 하는 것이다. 이와 같이 유언자가 자기주도적이고 능동적으로 종국적인 의사결단을 하였느냐가 기준이어야 한다. 그렇다면 비록 구수, 필기, 승인의 순서가 바뀌었다고 하더라도 유언자 주도로 유언자가 완전한 내용형성의 자유를 가지고 미리 준비한 메모를 전달받은 공증인이 작성해 놓은 유언서 초안에 기초하여 공증인이 유언자에게 유언사항별로 질문을 하고 이에 대해 유언자가 적극적으로 답변을 하였다면, 유언자는 그 순간 유언내용의 구체적 사항에 대하여 종국적인 의사결단을 내리고 이를 확인하는 방법으로 공증인에게 자신의 의사를 전달하는 것이므로 구수요건을 충족했다고 할 수 있다. 그러나, 공증인의 질문에 대해 수동적으로 "예", "아니요"라는 답변만을 한 경우에는 공증인이 유언의 방향을 유도한 것이 아닌지, 유언자의 내용형성의 자유가 있었는지를 유언 당시의 상황들에 비추어 판단해야 할 것이다. 나아가 말을 전혀 할 수 없는 상황에서 음성적 발화를 동반하지 않은 거동만을 있었던 경우에는 구수로 볼 수 없어,[76] 구수의 방식요건을 충족하지 못했다고 본 것이다.

그러나 구체적으로 유언자의 명확한 구수가 없었던 경우에도 유언의 효력을 인정할 수 특별한 사정에 해당되느냐의 명확한 기준이 제시되어 있지 않다는 점에서 유언방식의 엄격성을 요구하는 취지를 상실시킬 수 있고,[77] 법정된 요건과 방식에 어긋난 유언은 그것이 유언자의 진정한 의사에 합치하더라도 무효라고 하지 않을 수 없다는 판례의 태도[78]와도 모순될 수 있다는 점에서 여전히 문제의 여지가 있다. 또한 그 특별한 사정에 유언자의 의사능력의 판단이 들어가 있다는 점에서 유언능력과

---

76) 同旨, 김형석(주 55); 구수증언과 관련해 이경희(주 55), 536면.
77) 同旨, 이경희(주 55), 536면.
78) 대법원 1999. 9. 3. 선고 98다17800 판결; 대법원 2004. 11. 11. 선고 2004다35533 판결 등.

구수요건의 구비 여부가 일종의 순환적 판단이 이루어질 수 있다는 점도 문제라고 하겠다.

4. 사안의 경우

대상판결의 소송의 경과는, 위와 같은 판례의 "유언 당시 유언자의 의사능력이나 유언에 이르게 된 경위 등에 비추어 그 서면이 유언자의 진의에 따라 작성되었음이 분명하다고 인정되는 등의 특별한 사정"의 판단이 쉽지 않음을 보여 준다. 특히 대상판결의 사실관계는 축적된 판례를 통해 추론되는 일응의 정형적인 사안에서 벗어나 있다는 점에서 더욱 그러하다. 환송 전 원심법원은 이와 같은 특별한 사정의 존재를 부정하여 유언능력 내지 구수요건이 구비되지 않았다고 본 반면, 대법원의 환송취지에 따른 환송 후 법원은 특별한 사정이 존재하여 유언능력 내지 구수요건이 구비되었다고 보았다. 아니 보다 정확하게 말하면, 동일한 사정을 두고 전자는 "그 사정만으로 제6유언시 망인에게 유언의 내용을 이해하고 이를 구수할 능력이 있었음을 인정하기 부족하다"고 판시한 반면, 후자는 그 사정들을 종합하여 볼 때, "제6유언시 망인에게 유언의 내용을 이해하고 이를 구수할 능력 자체가 인정되지 아니한다고 단정하기 어렵다"고 판시하였다.

결국 사실인정의 문제이므로, 인정된 주요한 사실을 분석해 본다. 환송 전 원심판결이 유언능력 내지 구수능력을 부정하면서 인정한 사실은 다음과 같다. 1) 2000년경부터 치매를 앓아 온 사실, 2) 2005. 5. 16.자 소견서에 치매증세가 있어 정확한 의사소통에 제한이 있다고 기재되어 있는 사실, 3) 2005. 12.경 신체감정시 사물의 이름에 '예, 아니요'로 답하기 20개 문항 중 12개만 맞추는 상태였고, 사회성숙도 검사 결과 사회연령은 약 2.18세 정도였던 사실, 4) 2006. 12. 5.자 진단서에 망인이 치매로 인하여 일상적인 생활과 대화가 불가능하다고 기재되어 있는 사실, 5) 주치의가 망인에게 복합적인 질문을 해 본 적이 없어서 2007. 7. 26. 당시 망인이 유언의 내용을 이해할 수 있었는지 여부는 알 수 없다고 증언하고 있는 사실, 6) 기도절개수술을 받았기 때문에 절개된 부위를 막기 전에는 소리가 성대를 통해 나오지 않고 튜브를 통해 새는 사실, 7) 2007. 7. 15. 망인은 사람을 전혀 알아보지 못한 채 가래를 제거하기 위한 튜브를 기도에, 음식물을 투여하기 위한 튜브를 복부에 차고 있었고, 소변을 빼내기 위하여 호스도 차고 있었으며, 위 튜브나 호스를 제거하지 못하도록 팔이 침상에 묶여 있었고, 말은 전혀 하지 못한 채 힘없이 눈만 껌벅이고 있었던 사실, 8) 2007. 7. 26. 유언을 할 당시 원고나 의료진이 입회하지 않았던 사실이다.

　　반면, 대법원 및 환송취지에 따른 환송 후 법원이 유언능력 내지 구수능력을 긍정하면서 인정한 사실은 다음과 같다. 1) 망인의 병명을 알츠하이머병으로 단정할 만한 자료가 없고 혈관성 치매로서 호전과 악화를 반복하여 온 것으로 보이는 사실, 2) 2005년 12월경 신체감정의 결과, 망인의 사회연령이 약 2.18세로 평가되기는 하였으나 이는 '사회적 적응기능'에 관한 것에 불과하고, 오히려 망인은 정상의 범주에 속하지 못하나 의사능력을 완전히 상실한 상태는 아니고 여러 인지기능검사에서 사물을 변별할 능력을 보였으며, 본인의 의지에 거스르는 행위가 가하여질 때는 적극적인 행동을 하고 반복어이기는 하나 "놔"라고 말하는 등으로 의사표현을 하여 의사결정능력도 있어 심신미약의 상태로 판단된 사실, 그리하여 (금치산자가 아닌) 한정치산자로 선고된 사실, 3) 제6유언이 행하여진 시점에 매우 근접한 2007. 7. 20.자 주치의 진단서에 "퇴행성 및 혈관성 뇌질환으로 보행장애 및 연하장애, 반복적인 폐질환이 발생하여 장기입원 중인 환자이고, 의식상태는 명료하며 인식능력은 유지되고 있다"고 기재된 사실, 4) 2007년 여름경부터 의식상태가 예전과 차이가 난다고 느낄 정도로 호전되었다는 사실, 5) 기도절개수술만으로 언어적 표현방도를 잃어버렸다고 단정하기 어려운 점, 6) 제6유언 당시 공증담당변호사도 망인의 의사를 말로 확인하여 그 유언공정증서를 작성한 것으로 보이는 점, 7) 이 사건 유언내용은 각 부동산에 대한 수유자를 정하는 것으로 비교적 간단한 점이라는 것이다.

　　대상판결의 사안을 보면, 제6유언 당시 의사가 입회하지 아니하였고, 당일의 의사의 진단서도 존재하지 않는다. 따라서 유언 당시의 유언능력을 판단할 중요한 참고자료라고 할 수 있는 의료적 근거자료가 없다는 판단의 고충을 이해하지 못하는 것은 아니나, 그럼에도 불구하고 유언일로부터 2년 전 작성한 진단서와 신체감정 결과와 유언 당시 유언능력이 있었는지 자신은 알지 못한다는 의사의 증언을 애써 받아들이지 않으려 했다는 인상을 지울 수 없다. 이는 후술하는 바와 같이, 일반적인 질병과는 달리 치매라는 특성상 유언 당시가 아닌 유언을 할 무렵의 의사의 질병에 대한 진단서만으로 치매환자의 유언능력을 판단하기 어려움을 단적으로 보여 준다고 하겠다. 본 사안에서는 구수요건 관련해서 망인이 기도절개수술을 받아 절개된 부위를 막기 전에는 소리가 성대를 통해 나오지 않고 튜브를 통해 새고 절개된 부위를 막으면 목소리가 나오는 상태였는데, 유언 당시 말을 하여 목소리가 나왔는지, 판결문만 가지고서는 분명하지 아니하다. 유언을 할 무렵에 발음은 부정확하나 의사표시를 하였는지 여부는 구수요건 충족과 관련하여 의미가 있으므로, 유언 당시 유언자가 절개된 부위를 막아서 발화를 하였는지를 공증인이나 증인의 증언을 통해 분명히 했어야 할 것이다. 나아가 제6유언 당시 누가 공증인에게 유언서 작성을 의뢰하였고 공증인이 어떻게 병원에 출장을 나오게 되었는지 등도 유언서 작성에서의 유언자의 주도 여부 판단에 중요한 기준이 될 수 있어 확인되어야 하는데 이러한 점에 대한 설시가 없다는 점에서 대상판결에 여전히 아쉬움이 남는다.

Ⅳ. 치매와 유언능력의 판단

1. 치매의 특수성

가. 치매의 의의

　　치매와 유언능력 판단의 관련성은, 치매가 현대사회가 직면한 주요한 인지기능의 장애 가운데 하나로서 대부분의 유언이 유언자가 고령일 때 행해져 유언자가 치매에 노출되어 있을 가능성이 높다는 점에서 특히 의미가 있다. 한국인의 평균수명은 82.4세(남성 79.0세, 여성 85.5세)이고,[79] 우리나라의 65세 이상 노인의 치매 유병률은 9.18%로 65세 이상 노인 11명 가운데 1명이 치매를 앓고 있다고 한다.[80] 17세 이상이면 누구나 유언을 할 수는 있으나, 우리나라의 법문화를 고려할 때 유언은 나이가 들어 적어도 환갑은 지나 하는 것이 일반적이라고 본다면, 실질적 유언연령에 있는 사람들의 상당수가 치매환자일 가능성이 높다고 하겠다.

치매에 해당하는 영어단어인 'dementia'는 라틴어에서 유래되었으며 '떠나다, 분리되다'의 'de'와 '마음'의 'mene'이 결합하여 '정신이 육체를 떠나 버린 상태'를 의미한다. 한자로는 癡呆, 즉 '어리석을 치'와 '어리석을 매'를 써서 '지능, 의지, 기억능력 등 정신능력이 현저히 감소하여 일상생활조차 할 수 없는 상태'를 의미한다. 현재 정신의학에서 사용하고 있는 치매는 후천적인 인지 기능의 다발성 장애를 특징으로 하는 증후군이다.[81]

나. 치매의 종류

치매는 신경의학적으로 매우 다양하지만, 우리나라의 전체 치매 중 알츠하이머형 치매(Alzheimer's Disease, AD)가 약 70%, 혈관성 치매(Vascular Dementia, VaD)가 24%, 나머지가 파킨슨병, 피크병 등 기타 원인에 의한 치매이다. 치매 중 가장 흔한 유형인 알츠하이머병은 일반적으

---

79) 통계청의 「2014년 생명표」, 국가승인통계 제10135호.
80) 보건복지부의 『2012년 치매유병률 조사』 참조. 이에 따르면, 우리나라의 치매환자 수는 남자 15만 6천명, 여자 38만 5천명으로, 약 54만 명에 이른다. 또한 15분마다 1명씩 치매가 발명한다고 하니, 치매는 나이가 들면 누구나 걸릴 수 있는 병이라는 인식이 필요하다고 하겠다.
81) 세계보건기구의 국제 질병 분류 10판(ICD-10 1992)은 치매는 보통 뇌의 만성, 또는 진행성 질환에서 생긴 증후군이며 이로 인해 기억력, 사고력, 지남력, 이해, 계산, 학습능력, 언어 및 판단력을 포함한 고도의 대뇌피질 기능의 다발성 장애라고 정의하고 있다. 반면 미국 정신의학회에서 만든 진단 및 통계편람 4판(DSM-IV 1994)에서는 치매는 기억력의 장애와 함께 실어증, 실행증, 실인증, 집행기능의 장애 등을 수반하며 이러한 장애가 사회적 · 직업적 기능에 중대한 지장을 줄 것을 진단 기준으로 열거하였다.

로 70세 이후에 뇌신경의 퇴행성 변화에 의해 일어나며 증상이 서서히 시작되어 지속적으로 악화되는 양상을 보인다.[82] 가벼운 건망증에서 시작하여 점차 치매가 진행되면서 기억장애, 지남력장애, 계산장애 등 복합적인 인지장애가 수년, 때에 따라서는 십수 년에 걸쳐 서서히 진행되어 여러 가지 기능이 점차적으로 쇠퇴한다. 반면, 두 번째로 흔한 유형인 혈관성 치매는 나이를 불문하고 뇌허혈, 뇌경색, 뇌출혈 등 혈액을 공급하는 뇌혈관이 막히거나 좁아진다든지, 반복되는 뇌졸중에 의해 갑작스럽게 발병하여 인지기능이 조금 나빠졌다가 그 수준을 유지하고 또 갑자기 나빠졌다가 유지되는 계단식 악화의 양상을 보인다. 신체 부위가 경직되거나 반사기능이 항진되는 운동장애와 혈관의 병적 변화에 발생한 병소의 위치와 정도에 따라 부분적이고 다양한 인지기능의 장애가 나타난다. 또한 치매의 약 10%는 알츠하이머형과 혈관성 치매의 혼합형 치매라고 한다.

다. 치매와 인지기능장애

치매의 증상인 인지장애로는 기억력장애, 지남력장애, 실인증, 언어장애를 들 수 있다. 기억력장애는 초기에는 새로운 것을 잘 기억하지 못하고 옛날 일은 잘 기억하나, 중기에 이르면 옛날 일도 잘 기억하지 못한다. 자기가 서 있는 시간, 공간, 그리고 자기가 상대하고 있는 사람과 자신과의 관계를 구체적으로 인식하는 능력인 지남력(指南力)에 장애(disorientation)가 생기면, 시간개념이 흐려져 밤낮을 구별하지 못하고, 현재의 날짜와 계절을 파악하지 못하며, 오래 전 일을 어제 일처럼 말하거

---

82) 독일인 의사인 알로이스 알츠하이머(Alois Alzheimer)의 이름을 따서 붙인 병명이다. 1906년 알츠하이머 박사는 당시로는 매우 희귀한 뇌신경질환으로 생각되는 병을 앓다가 사망한 51세 여자의 뇌를 부검하였고, 그 뇌조직의 병리학적 변화를 관찰하여 이 병에 특징적인 병리 소견들을 발견하여 논문을 발표하였다. 그가 발견한 것은 어떤 비정상적인 물질들이 모여 있는 집합체들(Plaques, 노인성반)과 신경세포 안에서 신경원 섬유들이 비정상적으로 꼬여 있는 소견(Tangles, 신경섬유원 농축)이었다. 그 외에 기억과 다른 지적 능력을 유지하는 데 중요한 뇌 부위에 있던 신경세포들이 많이 없어진 것과 이러한 뇌신경세포 사이에서 오가는 아주 복잡한 신호들을 서로 전달해 주는 데 필요한 어떤 특정 화학물질의 양이 많이 떨어져있다는 것도 발견하였다.

나, 과거에 있었던 일과 최근에 일어난 일을 섞어서 말하기도 하고, 외출하였다가 집으로 가는 길을 찾지 못해 방황하게 되기도 한다. 또 하나의 심각한 인지장애인 실인증(失認症, agnosia)은 시력, 청력, 촉각에 이상이 없음에도 사물을 인지하지 못하는 증상으로, 물체를 보고도 그 형태나 색상, 동작을 인식하지 못하는 증상도 있고, 얼굴로 사람을 알아보는 능력이 손상되어 가족이나 친구 등 지인의 얼굴을 보고도 그가 누구인지 인식하지 못하는 증상(안면실인증) 등이 있다. 언어장애는 말로 표현하는 능력이나 이해하는 능력이 점차 쇠퇴하는 것으로 초기에는 적절한 단어를 떠올리지 못해 말문이 막히는 정도의 증상을 보이다가 점차 다른 사람이 하는 말을 이해하지 못해 엉뚱한 대답을 하거나 횡설수설하기도 하며 말기에 이르면 아예 표현력을 상실하여 함구하기도 한다. 그리고 이러한 인지장애가 심해지면 이는 일상생활 수행에 장애를 초래하여 주변 사람에의 의존도가 증가한다. 그런데, 치매환자는 하루에도 여러 번 인지기능이나 기억력, 지남력 장애의 정도가 변할 수 있다는 점에서 유언작성시의 치매 판단은 쉽지 않다. 즉 유언을 한 자가 치매환자인지, 치매의 진행 정도가 어느 정도인지, 그리고 유언시 치매의 인지기능의 장애상태가 어떤 정도인지 판단되어야 하는 것이다.

2. 유언시 치매환자 진단기준의 활용과 그 한계
가. 치매진단의 의학적 판단방법

치매상태인지 여부 및 치매의 정도의 판단은 의학적인 것이다. 그 판단 위에서 유언능력의 판단이 이루어져야 한다. 그런데 치매환자의 유언능력의 판단을 위한 기준이 없는 현 상황에서 끌어다 쓰고 있는 기준은 의학적으로 치매 정도의 진단을 위한 인지기능의 검사도구이다. 현재 세계적으로 인지기능의 평가도구로서 널리 활용되는 기준은 간이정신상태 검사(Mini Mental State Examination, MMSE),[83] 몬트리올 인지평가

---

83) 1975년 미국에서, 단시간 내에 간단하게 노인의 인지기능, 치매 여부를 평가하

(Montreal Cognitive Assessment, MoCA)가 있고 그 밖에 우리나라에서 개발한 서울신경심리검사(Seoul Neuropsychological Screening Battery, SNSB)도 국내에서는 활용된다. 일반적으로 MMSE는 알츠하이머 치매의 선별검사, MoCA는 혈관성 치매의 진단을 위한 선별검사로 사용된다. 이러한 검사도구는 전반적인 인지기능 정도를 평가하는 도구로, 기계를 필요로 하지 않고 설문형식으로 단시간에 객관적으로 판단할 수 있는 간이한 평가방식이다. 그런데 이러한 치매진단을 위한 인지기능의 검사기준이 유언행위와 그 결과, 자신의 재산의 규모를 이해하는지를 평가하는 유언능력의 판단기준으로 제대로 기능할 리 없다. 또한 대상판결의 사안처럼 고령의 노인성치매의 경우 알츠하이머형 치매인지 혈관성 치매인지 구별이 쉽지 않은 경우도 존재한다. 참고판례 중 '녹십자 사건'에서는 유언당시 MMSE를 진행하여 그 검사결과치가 등장하였으나 법원의 판단에 큰 영향을 미치지는 못하였다.

나. 인지기능장애 판단의 어려움

치매의 경우 장기간에 걸쳐 서서히 정신적 능력이 저하되고, 혈관성 치매인지 알츠하이머형 치매인지에 따라 인지기능 저하의 속도나 양상이 달라지며, 치매의 인지기능의 저하는 하루에도 악화와 호전을 반복할 수 있어 유언시점의 치매의 정도가 유언 무렵의 검사결과가 기록된 의료기록과 반드시 일치하지 않는다는 점, 또 치매환자의 경우 동거하는 일상생활을 영위함에 있어 가족의 도움이 필요하여 수증자가 될 동거 가족의 부당한 영향력의 행사가능성을 배제할 수 없다는 점 등에서 특별한 고려를 요한다. 인지기능장애의 일종인 치매의 경우 유언의 내용과 작성경위, 유언 당시 유언자가 주변의 다른 사람으로부터의 영향 없이 자유롭게 작성되었는지를 판단함에 있어 인지능력의 상태에 대한 입증이 어렵다는

기 위해 개발된 선별검사도구로, 검사자가 20여 개의 문항이 쓰여진 종이에 연필로 답을 적어, 지남력, 기억력, 주의집중 및 계산, 언어기능, 이행 및 판단능력을 점수화하여 30점 만점을 기준으로 경미, 중증도, 초기중증, 중증, 후기중증의 인지장애를 선별하게 된다.

점과 아울러, 유언은 유언자의 진의를 존중해야 한다는 유언의 해석의 특수성[84]을 더욱 신중하게 고려해야 할 필요가 있다. 의사가 다른 질병 진단이나 치료를 위해 내리는 의학적 판단과 유언자의 최종의 의사를 존중하는 유언능력에서의 법률적 판단이 반드시 같을 수는 없고, 같아서도 안 될 것이다. 그런 의미에서 법원이 의학적 판단에 구속될 필요는 없지만, 다른 한편 의학적 판단은 유언능력에 있어 하나의 중요한 판단자료일 수밖에 없다. 그러나 유언능력의 판단을 진료를 담당하였던 의사들에게만 맡길 수는 없기에 유언문화가 발달한 영국, 미국, 호주 등지에서는 유언능력의 판단에 있어서의 의사와 법조인의 역할과 책임에 대한 논의가 활발하다.[85] 즉 의학적 진단과 법률적 판단이 각각 그 역할을 제대로 하기 위해서는 유언능력 판단을 위한 공인된 기준이 있어야 할 것이다.[86]

3. 치매환자 작성의 유언의 효력에 관한 하급심 판결

하급심 판결이기는 하나 직접적으로 치매가 유언능력과의 관계에서 문제되었던 사안은 다음과 같다. 앞의 판결은 자필증서에 의한 유언에서 유언능력을 부정한 반면, 뒤의 판결은 녹음에 의한 유언에서 유언능력을 긍정한 사안이다(다만 후자의 판결은 녹음방식의 위법으로 결국 유언의 효력은 부정되었다).

---

84) 유언해석의 특수성에 있어, 우리나라의 대법원 판례와 학설은 유언장의 문언이 불분명하거나 그 의미가 애매한 경우에 유언자의 진정한 의사를 확정하기 위하여 유언장에 나타난 문언뿐만 아니라 그 외의 제반 사정을 종합적으로 고려할 수 있다는 주관적 해석론을 취하고 있다. 이러한 접근은 유언의 해석에 앞서 치매시의 유언능력의 유무의 판단에서도 고려될 수 있다고 하겠다. 유언의 해석의 특수성을 다루는 문헌으로 우선, 현소혜, 유언의 해석, 경인문화사(2010); 정소민, "유언의 해", 비교사법 제22권 제1호(2015), 319-358면 참조.

85) Purser. K. & Rpsenfeld. T, "Assessing testamentary and decision-making capacity: Approaches and models", Journal of law and medicine, v. 23 no. 1(2015).121-136; Kelly Purser, "Assessing testamentary capacity in the 21st century: is *Banks v. Goodfellow* still relevant?", UNSW Law Journal, vol. 38(3) 854-879면.

86) 김수교·장원혁, "성년후견제도상 정신상태 평가기준 마련에 대한 법조계와 의료계의 공동협력의 필요성", 상속신탁연구Ⅱ, 바른상속신탁연구회(2016), 94면 이하.

가. 서울중앙지방법원 2010. 12. 23. 선고 2010가합20414 판결[87]) : 자
    필증서유언 유효확인 청구사건

망인은 2009. 8. 19. 사망하였는데, 상속인으로 3남 2녀가 있었다.
2004. 10. 22.자 망인의 자필증서에 의한 유언서에는 망인의 모든 재산을
장남, 차남, 장녀, 차녀 등 네 명에게 균등히 분배하되, 삼남은 상속에서
제외한다는 내용이었다. 망인 사망 후 원고가 신청한 위 유언증서의 개
봉 및 검인 절차에서, 삼남은 위 유언서가 망인의 필체가 아니므로 망인
의 의해 작성된 것이 아니고, 설령 망인에 의해 작성되었다고 하더라도
망인은 유언 당시 치매에 걸려 있었으므로 정상적으로 사물을 변별하거나
의사를 결정할 능력이 없는 상태였으므로 무효라고 주장하였고, 이에 장
남은 위 자필증서에 의한 유언의 유효 확인을 구하는 소를 제기하였다.

    1) 망인은 이 사건 유언서 작성일로부터 1년 전 및 4개월여 전인
2003. 11. 5. 및 2004. 6. 9. 실시된 치매선별검사에서 초기 중증의 인지장
애, 즉 초기 치매에 해당하는 **알츠하이머형 치매**에 해당한다는 진단을 받
았고, 유언작성일로부터 1년 2개월여 후인 2006. 1. 5.경 실시된 신체감정
결과 알츠하이머형 치매에 해당하고 사물을 변별할 능력 및 의사결정능
력 특히 부동산소유권분쟁과 관련된 소송을 변호사에게 위임할 수 있는
판단능력과 의사결정능력에 관하여 망인은 현실적인 상황 판단 및 행위
는 어렵고 지적능력 및 인지기능이 통상인에 비해 상당히 불완전한 판단
능력을 갖고 있어 자신의 행위의 결과에 대하여 전반적으로 합리적인 판
단능력을 상실한 상태라는 진단을 받은 점, 2) 알츠하이머형 치매는 서서
히 발병하여 점차 기능의 퇴보를 보이며 진행과정 중 정체기가 있을 수
가 있는 등 갑작스러운 증상의 변화가 관찰되는 질환이 아니고, 위 신체
감정 당시 실시된 두부자기공명영상에 의하면 망인에게 급성 뇌경색증
등의 소견이 관찰되지 않았던 점, 3) 실제 망인은 2003. 9.경 호흡곤란 및
부종이 심하여 ○○병원에 입원한 때부터 정신이 많이 흐려져 그러한 상

---

87) 항소하지 않아 확정.

태가 계속 지속되었으며, 혼자 생활하는 것이 불가능하여 줄곧 간병인과 함께 생활하였던 점, 4) 유언작성일로부터 불과 4개월 전까지만 해도 피고가 대부분 망인을 보살폈으며 망인 역시 수십여 년간 피고를 편애하였는데 4개월 만에 피고만을 상속에서 배제할 만한 특별한 사정이 보이지 않는 점, 5) 상속인들 중 피고만을 상속에서 배제하는 것을 내용으로 한 이 사건 유언서 작성에 요구되는 의사능력은 그 법률적 의미나 효과에 비추어 망인과 피고 사이에 있었던 소유권이전등기말소소송이나 손해배상소송에서 판단된 소송위임이나 예금인출에 관한 의사능력보다 고도로 요구되는 점 등에 위 법리를 종합하여 보면, 망인이 이 사건 **유언서에 기재된 문구의 일상적인 의미뿐만 아니라 이 사건 유언으로 인하여 피고가 망인 소유의 모든 재산에 관한 상속에서 배제된다는 일련의 법률적인 의미와 효과를 이해할 수 있는 의사능력**을 갖추고 있었다고 볼 수 없다고 봄이 상당하므로, 이 사건 유언서는 망인이 그 기재와 같은 유언을 할 수 있는 의사능력을 흠결한 상태에서 작성된 것으로 무효라고 할 것이라고 판단하였다.

나. 서울지방법원 2001. 10. 16. 선고 2000나65115 판결 : 녹음에 의한
   유언에 기한 소유권이전등기 청구

망인은 **폐암진단**을 받고 치료를 받아 오다가 **암세포가 뇌로 전이되**어 1998. 4. 8. 서울대학교병원에 입원할 당시 의사소통이 곤란하였고, 같은 달 16일 00:10경 상황에 맞지 않는 소리를 하고 처인 피고를 알아보는 외에는 **지남력을 상실**하였으며, 같은 날 의사의 "100 빼기 7이 얼마냐"는 질문에 "77"로 대답하였고(이를 '계산곤란증세'라 함), 1998. 4. 23.에는 이에 대한 대답을 전혀 하지 못하였으며, 말이 느리고 왼쪽과 오른쪽의 구별을 약간 혼동하는 상태에 있었던 사실, 망인은 1998. 4. 19. 유언 당시 실제로는 존재하지 않는 부동산을 피고 김승철에게 상속시킨다고 진술하였고, 유언 후 원고와 계속하여 대화하던 중, "아유, 이거 내가 착각을 했구나, 아닌 거구나"라고 진술한 사실을 인정할 수 있으나, 한편 망

인은 1998. 4. 16. 지남력을 상실하였다가 그 다음날 지남력을 회복하였고, 이후로도 지남력은 정상이었으며, 의식도 명료하였고, 문병 온 사람들과 의사소통도 하였던 사실, 망인은 1998. 4. 19. 이 사건 유언을 하기에 앞서 원고와 함께 미리 메모하여 온 유언내용에 대하여 검토하였고, 이 사건 유언 당시에도 **의식이 비교적 명료**하였으며, 이 사건 유언을 한 다음 원고와 계속하여 대화하면서 "사람이 죽는 마당에 돈 때문에 서로 싸우지 마라", "현금 6억 중 3억은 피고에게 상속시키고, 나머지 3억은 채무가 있으니 그냥 둬라"는 취지의 진술을 하였던 사실을 인정할 수 있어, "망인이 계산곤란증세를 보였다는 등의 위 인정사실만으로는 망인이 유언 당시 사리분별력 또는 의사결정능력을 상실한 상태였다고 단정하기에 부족하고, 달리 이를 인정할 증거가 없다"고 하였다. 다만, 위 유언은 녹음에 의한 유언방식에 위배된다는 이유로 최종적으로 그 효력이 부정되었고,[88] 이에 대해 원고들이 상고하였으나 기각되었다.[89]

4. 사안의 경우

사안에서 유언자는 2007년에 사망하였고, 치매는 2000년부터 앓아 온 것으로 보인다. 즉 70대에 발병한 치매가 약 7년 동안 진행되어 온 것이다. 치매에 대한 법원의 판단을 살펴보자.

먼저 환송 전 원심은 2005년 5월 16일자 소견서에 "망인에게 치매증

---

88) 민법 제1067조에서 '녹음에 의한 유언은 유언자가 유언의 취지, 그 성명과 연월일을 구술하고 이에 참여한 증인이 유언의 정확함과 그 성명을 구술하여야 한다'고 규정하고 있는 이상 녹음에 의한 유언을 함에 있어서는 먼저 유언자의 육성에 의한 유언녹음에 이어서, 이에 참여한 증인이 유언의 정확함과 자기의 성명을 구술하는 방식으로 이루어져야 할 것인데, 이 사건 유언은 먼저 망인이 본인의 성명 및 녹음에 의한 유언을 한다는 취지를 밝힌 다음, 증인이 연월일 및 망인의 유언에 입회한다는 취지를 구술하고, 이에 이어서 다시 망인이 이 사건 유언을 하는 방식으로 이루어졌는바, 그렇다면 이 사건 유언은 우선 그 구술 순서가 위 조항에서 정한 바와 다를 뿐만 아니라 참여한 증인의 구술내용도 단지 입회한다는 것에 불과하고 그 유언의 정확함을 확인하는 것이 아니어서 민법 제1067조에서 정한 녹음에 의한 유언의 방식에 위배되어 무효라고 하였다.
89) 대법원 2002. 2. 22. 선고 2001다76137 판결.

세가 있어 정확한 의사소통에 제한이 있다"고 기재된 사실, 2005년 12월 신체감정시 사회성숙도검사 결과 사회연령이 약 2.18세로 나온 사실, 2006년 12월 진단서에 "치매로 인하여 일상적인 대화가 불가능하다"고 기재되어 있는 사실, 2007년 7월 15일경 전혀 사람을 알아보지 못한 채 팔이 침상에 묶여 말은 전혀 하지 못한 채 눈만 껌뻑이고 있었던 사실 및 주치의가 2007년 여름경 자신이 망인에게 날씨나 몸의 상태 등에 대한 간단한 질문을 하면 망인이 몸짓이나 입술 모양, 또는 간단한 소리로 답을 하기는 하였으나, 이는 망인을 늘 관찰한 의료진으로서 이해할 수 있는 수준이었지 친지나 다른 사람들이 망인의 의사를 알아들을 수 있었는지 여부는 알 수 없으며, 자신은 망인에게 복합적인 질문을 해 본 적이 없어서 2007. 7. 26. 당시 망인이 유언의 내용을 이해할 수 있었는지 여부는 알 수 없다고 증언하고 있는 사실을 인정하였다. 70대의 나이와 치매를 앓아 온 기간, 증상에 비추어 볼 때, 실인증, 실어증 나아가 일상생활이 불가능한 상태로 치매의 정도가 중증에 있다고 판단될 여지가 있다.

　　그러나, 대법원은 망인의 병명을 알츠하이머병으로 단정할 만한 자료가 없다고 보고 혈관성 치매로서 호전과 악화를 반복하여 온 것인데. 2005년 신체감정의 결과 망인의 사회연령이 약 2.18세로 평가되기는 하였으나 오히려 망인은 의사능력을 완전히 상실한 상태는 아니어서 본인의 의지에 거스르는 행위가 가하여질 때는 적극적인 행동을 하고 반복어이기는 하나 "놔"라고 말하는 등으로 의사표현을 하여 의사결정능력도 있어 심신미약의 상태로 판단되어 금치산자가 아닌 한정치산자로 선고된 사실, 2007. 7. 20.자 주치의 진단서에 "망인은 퇴행성 및 혈관성 뇌질환으로 보행장애 및 연하장애, 반복적인 폐질환이 발생하여 장기입원 중인 환자이고, 의식상태는 명료하며 인식능력은 유지되고 있다"고 기재된 사실, 2007년 여름경부터 의식상태가 예전과 차이가 난다고 느낄 정도로 호전되었다는 사실 등을 인정하였다. 즉 망인은 혈관성 치매상태에 있으나 호전과 악화를 반복하고, 유언 무렵 호전되고 있었으므로 유언 당시는 치매에도 불구하고 인지기능이 회복된 상태라는 취지로 보인다.

그러나 장기간 치매를 앓아 온 고령의 환자가 마지막 유언이 있기 2년 전에 이미 사회연령이 2.18세에 불과하다고 판단되었음에도 불구하고, 한정치산선고를 받은 것에 비추어 아직 의사결정능력이 있었고 2년이 지난 뒤에도 그러하다는 판단은 상식에 부합하지 않는 측면이 있다. 하루에도 몇 차례 호전과 악화를 반복하는 중증 치매상태에서 유언 즈음 호전되고 있다는 판단은 유언 당시의 유언자의 정신능력의 판단기준으로 삼기에는 턱없이 부족하다. 유언 당일, 유언작성 당시 사람을 알아보았는지, 수억 원의 재산을 장남을 제외한 법정상속인에게 유증한다는 유언의 의미를 이해하고 있는지 판단하여야 했다. 나아가 그 유언으로 이로운 법정상속인들만이 곁에 있는 상황도 고려되었어야 했다고 생각한다. 따라서 유언자의 치매가 어느 정도 진행되었는지를 먼저 파악하여, 기간과 증상에 비추어 중증이라고 판단된다면, 중증 치매상태임에도 불구하고 유언 당시 정신이 돌아왔음(lucid interval)을 유언의 유효를 주장하는 측에게 주장·입증하도록 하였어야 한다고 생각한다.

V. 유언의 철회

1. 유언철회의 자유

유언의 자유는 유언을 할 자유뿐만 아니라 나아가 언제든지 그리고 아무런 이유 없이 유언의 일부 또는 전부를 변경하거나 해소할 자유까지를 포함한다.[90] 유언을 한 자는 사망할 때까지 자유로이 그 의사를 변경하거나 앞의 유언을 철회할 수 있고, 이를 유언철회(revocation of will)의 자유라고 한다. 유언이 행해진 시기와 유언이 효력을 발생하는 시기 사이에 시간의 경과가 있고 그 사이 사정이 변경되는 경우가 있는데, 이 경우 유언자로 하여금 자신의 유언에 귀속되게 하는 것은 부당하기 때문이다.[91] 유언의 철회는 적법하게 성립한 유언을 유언자가 일방적으로 거

---

90) Malaurie et Brenner, 앞의 책, n° 526, 303면.
91) 윤진수(주 17), 488면.

두어들이는 의사표시로서, 성립상의 흠결이나 하자를 이유로 하는 유언의 취소와는 구별된다. 우리 민법은 "유언자는 언제든지 유언 또는 생전행위로써 유언의 전부나 일부를 철회할 수 있다"(민법 제1108조 제1항)고 규정하여 유언의 철회가능성을 확인함과 동시에, 동조 2항에서 "이러한 유언을 철회할 권리는 포기할 수 없다[92]"고 규정함으로써 유언자의 최종의사를 존중하여 유언의 자유를 강하게 보호하고자 한다. 따라서 유언을 철회하지 않겠다는 의사표시나 철회할 권리를 포기하는 내용의 계약도 무효이고,[93] 철회권을 포기하더라도 이는 유언자를 구속하지 못하며 그 후에 다시 유언을 철회할 수 있다. 또한 장래에 일정한 내용의 유언을 하겠다든가 하지 않겠다는 내용 또는 유언을 전혀 하지 않겠다는 내용의 계약도 당연히 무효라고 보아야 할 것이다.[94]

한편, 유언의 철회는 이미 성립한 유언을 변경하거나 소멸시키는 것이므로 그 자체로 유언에 준하는 성질을 가지고 있다고 보아야 한다. 따라서, 유언을 철회하는 자는 철회시점에 유언능력이 있어야 하고, 후술하는 바와 같이 유언철회의 방식요건을 준수해야 한다.

2. 유언철회의 방식

유언철회의 방식에는 임의철회와 법정철회의 두 가지가 있다. 유언을 한 자가 유언철회의사를 가지고 새로운 유언을 함으로써 이미 한 유언의 전부나 일부를 철회하는 것을 유언의 임의철회라고 한다. 유언에 의한 철회이므로 유언의 방식요건을 준수해야 하며 대리할 수 없다. 하지만 반드시 철회하는 유언의 방식이 철회될 유언의 방식과 동일할 필요는 없다. 가령, 공정증서에 의한 유언을 자필증서에 의한 유언의 방식으

---

92) 유언의 철회의 자유와 관련하여 최근 유언대용신탁의 철회가능성이 문제된 사안이 있었는데, 신탁은 유언대용의 기능을 하더라도 신탁계약상 유언의 철회가 불가하다는 약정이 있었다면 철회할 수 없다고 하였다(의정부지방법원 고양지원 2015. 11. 4. 선고 2015가합71115 판결).

93) 김주수·김상용, 앞의 책, 750–751면.

94) 가령, 프랑스 민법 제1130조 제2항, 독일 민법 제2302조.

로 철회할 수 있다. 유언에 철회의 내용을 포함하는 것으로 충분하며, 철회의사가 명시적이지는 않아도 유언내용의 해석으로부터 철회의사가 나타나는 경우에도 철회가 인정된다.

이에 반해, 유언자가 유언철회의사를 명시적으로 밝히지 않더라도 유언작성 후의 여러 가지 사정을 종합하여 앞의 유언의 철회가 있는 것으로 볼 수 있는 사실이 존재하는 경우 그 저촉하는 부분에 대하여 철회의 효력을 인정하는 것을 유언의 법정철회라고 한다. 그러한 사실이 존재하면 통상 유언자의 철회의사가 추정될 수 있고, 그러한 의사가 없는 경우에도 미리 다툼의 여지를 없애고 유언자의 최종의사의 실현을 위하여 철회의 효과를 의제하는 것이다. 이러한 법정철회에는, 1) 전후의 유언이 저촉되는 경우, 2) 유언 후의 생전행위가 유언과 저촉되는 경우, 3) 유언자가 고의로 유언증서를 파훼한 경우, 4) 유언자가 고의로 유증의 목적물을 파훼한 경우의 네 가지가 있다.

먼저, 1) 전후의 유언이 저촉되는 경우에는 그 저촉된 부분의 유언은 이를 철회한 것으로 본다(민법 제1109조 전단). 앞의 유언과 뒤의 유언 사이에 내용상 양립할 수 없는 부분이 있다면 그 부분에 대하여 앞의 유언이 철회된 것으로 간주하는 것이다. 그런데 두 유언의 내용에 있어 저촉 여부는 유언의 해석을 요하는 바, 유언의 문언과 유언 외부의 제반 사정을 고려한 유언의 해석의 결과에 인정되는 내용에 따라 저촉 여부가 결정될 것이다.[95] 다음으로, 2) 유언 후의 생전행위가 유언의 내용과 저촉되는 경우에는 그 저촉된 부분의 유언은 이를 철회한 것으로 본다(민법 제1109조 후단). 유언의 내용과 생전행위가 내용상 서로 양립할 수 없어 두 내용을 모두 실현시킬 수 없는 경우 저촉이 있다고 보며,[96] 그 한도에서 유언은 철회된 것으로 간주된다. 유언자가 유증한 목적물을 생전에 법률상 처분하는 경우가 그러한데, 생전행위와 유언이 어느 범위에서 저촉하는지의 문제 역

---

95) 김형석(주 55), 1078–1079면.
96) 대법원 1998. 6. 12. 선고 97다38510 판결.

시 유언 및 생전행위로 표시된 의사의 해석에 따르는데 그 판단이 쉽지
않은 경우도 있다. 가령, 포괄적 유증을 한 뒤 개별 물건을 양도하였다고
하더라도, 개별 물건의 양도는 권리의무의 포괄적 승계라는 포괄적 유증
의 효과를 배제하는 것은 아니므로 원칙적으로 포괄적 유증은 철회되지
않았다고 볼 것이다.[97] 마찬가지로 유증재산의 일부를 처분하였다고 하
여 다른 재산에 관한 유언을 철회한 것은 아니다.[98] 다른 한편, 유언자가
양자에게 유증을 한 이후 협의파양을 하였다든지, 배우자에게 유증을 한
후 이혼을 한 경우와 같이 친족법상의 법률행위도 생전행위로서 유언철
회의 효력을 발생시킬 수 있다는 주장[99]과 이를 인정하는 비교법적인 입
법례도 있으나,[100] 이러한 해석은 사후적으로 추측되는 동기만을 가지고
법정철회를 인정하여 유언철회 제도를 공동화할 우려가 있다는 점에서
받아들이기 어렵다.[101] 철회로 간주되는 생전행위는 유언자 자신의 의사
에 기초해 행해지는 것이어야 한다. 그러므로 대리인에 의한 것이나 임
의대리인에 의한 행위는 본인의 의사에 기초한 것이므로 유언자의 행위
로 볼 수 있음에 반해, 제한능력자도 의사능력만 있으면 유언을 할 수
있다는 민법 제1061조 내지 제1063조의 취지를 고려할 때 법정대리인의
행위는 철회의 효력을 갖는 생전행위에 포함되지 않는다고 보아야 할 것
이다.[102] 나아가, 3) 유언자가 고의로 유언증서를 파훼한 경우 그 파훼한
부분에 관한 유언은 이를 철회한 것으로 본다(민법 제1110조 전단). 유언증서의 파
훼란 유언증서를 물리적·화학적으로 손상케 하여 그 내용을 판독 불가
능하게 하는 행위로, 이는 유언자가 유언서 파훼의 고의로 자신의 결정

97) 김주수·김상용, 앞의 책, 752면; 박동섭, 친족상속법(제4판), 박영사(2013), 734면.
98) 대법원 1998. 5. 29. 선고 97다38503 판결.
99) 이경희, 가족법(8정판), 법원사(2013), 562면.
100) 영국 Wills Act 1837. Sec, 18, 188. 영국은 전통적으로 혼인 이전의 유언은 이혼으
로 철회된다고 본다.
101) 대법원도 배우자에게 유증 후 이혼한 사실이 있다고 하여 유언을 철회한 것으로
볼 수 없다고 판단한 원심을 시인한 재판례가 있다(대법원 1998. 5. 29. 선고 97다
38503 판결).
102) 김형석(주 55), 1083-1084면.

에 따라 실행하여야 한다. 따라서 유언자가 유언을 철회한 것으로 볼 수 없는 이상, 유언증서가 그 성립 후에 멸실되거나 분실되었다는 사유만으로 유언이 실효되는 것은 아니다.[103) 마지막으로, 4) 유언자가 고의로 유증의 목적물을 파훼한 경우 그 파훼한 부분에 관한 유언은 이를 철회한 것으로 본다(민법 제1110조). 그 취지는 유언자가 유언의 철회를 추단케 하는 방식으로 유증목적물을 멸실시켜 그 이행을 불가능하게 하였다는 점에서 법정철회의 효력을 부여한 것이다.

3. 유언철회의 철회

유언의 자유는 유언철회의 자유뿐만 아니라, 유언철회의 의사표시를 다시 철회할 자유까지 포함된다. 그런데, 법정철회 가운데 생전행위에 의한 유언의 철회나 유언증서·유증목적물에 대한 파훼에 의한 철회의 경우, 철회의 효력은 그러한 사실의 존재에 의해 유언자의 사망이 있기 전에 확정된다. 따라서 유언자가 나중에 이러한 철회를 거두어들이는 취지를 명백히 하였다고 하여도 철회의 효과는 유효하며, 그 효과를 번복하기 위해서는 유언자는 반드시 그러한 취지의 새로운 유언을 하여야 한다. 그러나 유언에 의한 임의철회나 전후 유언의 저촉에 의한 법정철회는 유언자의 유효한 유언에 의해 유언철회의 효과가 발생하므로, 유언자는 철회에 해당하는 유언을 철회할 수 있으며 이로써 임의철회나 법정철회의 효과는 제거될 것이다. 이렇게 철회에 해당하는 유언이 철회되는 경우, 먼저 철회되었던 원래의 유언의 효력이 부활하는지(revival of revoked will) 여부가 문제될 수 있다.[104)

비교법적으로는 부활주의[105)와 비부활주의[106)가 대립한다. 부활주의

---

103) 대법원 1996. 9. 20. 선고 96다21119 판결.
104) 이에 대한 논의는 우선, 현소혜, "유언철회의 철회", 홍익법학, 제8권 제3호 (2007), 142면 이하 참조.
105) 독일 민법 제2257조 유언에 의한 사인처분의 철회가 철회된 경우, 그 사인처분은 마치 철회되지 않았던 것처럼 효력을 갖는 것으로 추정된다.
106) 일본 민법 제1025조 전 3조의 규정에 의해 철회된 유언은, 그 철회의 행위가 철

란 유언자가 유언철회를 철회함으로써 애초의 철회가 없었던 것으로 되고 본래의 유언이 당연히 부활한다고 보는 입장인 반면, 비부활주의란 유언자가 유언을 철회하더라도 이는 철회의 효력을 부인하는 것일 뿐 그로써 당연히 본래의 유언이 부활한다고 볼 수 없다는 입장이다. 이에 대해, 우리 민법은 이에 관한 명문의 규정을 두고 있지 않다.[107) 위 논의의 핵심은, 유언자의 의사가 명백한 경우, 그 의사에 따르면 되겠지만, 유언자의 의사가 분명하지 않은 경우 즉 유언자의 의사를 탐구하여도 알 수 없는 경우 그의 의사를 어떻게 추정할지 여부이다. 유언자의 의사가 명백하지 아니한 경우 유언이 없다고 보는 것은 부당하다며 원래의 유언의 회복을 의욕하는 것이 통상적이라고 주장하면서 부활주의의 입장을 따르는 견해가 통설적이나,[108) 법률의 규정이 없는 이상 원래의 유언을 부활시킨다는 유언자의 의사를 추단하기는 쉽지 않다는 견해도 있다.[109) 만약 철회를 철회하는 유언에 원래 유언의 부활을 전제로 하는 내용이 있는 경우에는 부활을 의도하였다고 볼 수 있겠으나, 그러한 의사를 추측케 하는 일체의 사정이 없는 경우라면 명문의 추정이 없는 이상 유언자가 법정상속을 염두에 둘 가능성을 고려할 때 원래 유언은 철회된 상태로 남는다고 보는 것이 타당할 것이다.

4. 사안의 경우

대상판결의 사안은, 어떠한 유언도 명확하게 앞의 유언의 철회의사

회되거나 또는 효력을 발생하지 않게 된 때에도, 그 효력을 회복하지 않는다. 다만 그 행위가 사기 또는 강박에 의한 경우에는 그러하지 아니하다.
107) 미국의 경우 철회된 유언이 부활하는지 여부에 관하여, 복잡한 규율을 한다 (Uniform Probate Code §2-509). 한편, 유언자가 잘못된 믿음(mistaken belief)이 아니었다면, 가령 새로운 유언이 효력이 있다고 앞의 유언을 철회하였는데 새로운 유언이 효력이 없음을 알았더라면 유언철회를 하지 않았을 경우에는 그 철회는 효력이 없고 앞의 유언이 부활한다(dependant relative revocation: DRR). 이에 대해서는 우선, Jesse Dukeminier/Robert H. Sitkoff, 앞의 책, 283면 이하 참조.
108) 곽윤직, 앞의 책 398면; 김주수·김상용, 앞의 책, 754면; 이경희(주 55), 558면.
109) 김형석(주 55), 1088면.

를 밝히고 있지 아니하므로 유언의 임의철회는 없었다. 그런데 첫째, 뒤의 유언의 내용이 앞의 유언의 내용과 전부 또는 일부 저촉된다는 점에서 유언의 법정철회, 나아가 유언의 철회의 철회가 문제되는 사안이다. 즉 유언(제1유언)의 일부철회(제2유언)의 철회(제3유언)의 철회(제4유언)의 철회(제5유언)의 철회(제6유언)의 사안으로, 연쇄적으로 유언의 철회의 철회가 발생하였다. 각 유언이 유효하다면, 제2유언에 의해 제1유언 중 저촉되는 부분이 일부철회되어 제1유언 중 Ⓐ 아파트에 대한 유언은 철회되고, Ⓑ 토지에 대한 유언만 효력이 있을 것이다. 그리고 제3유언에 의해 제2유언은 전부 철회되고, 제4유언에 의해 제3유언은 저촉되는 한도에서 일부철회되어 Ⓑ 토지에 대한 유언은 철회될 것이다. 제5유언에 의해서는 제4유언이 전부철회될 것이다. 이후 제5유언 가운데 Ⓒ 토지 부분은 생전처분행위에 의해 철회되게 될 것이고 나머지 부분은 제6유언에 의해 철회될 것이다. 그러나 항소심법원은 제2유언과 제4유언과 상충되는 내용의 제3유언과 제5유언이 공정증서로 작성되었고, 제2유언과 제4유언 역시 甲이 유언의 내용을 이해할 능력이 있는 상태에서 이루어진 유효한 유언이라고 할 수 없다고 하여 제2유언과 제4유언에 의한 제1유언의 법정철회의 효력을 인정하지 않았다. 그리고 철회를 철회하는 유언의 내용이 철회되는 원래의 유언을 포함하고 있어 유언의 부활의 문제까지 판시할 필요가 없었다.

둘째, 피고들은 甲이 원고 부부를 상대로 Ⓐ 아파트에 대한 명도소송을 제기함으로써 甲의 생전행위에 의해 제1유언이 철회되었다고 주장하였다. 이에 대해 항소심법원은 건물명도소송은 망인의 의사능력에 문제가 있어 소송 계속 중 甲이 한정치산선고를 받으면서 후견인으로 선고된 피고 1이 법정대리인의 자격으로 소송을 수행하였다는 점을 들어 본인이 아닌 법정대리인에 의한 생전행위에 법정철회의 효력을 인정하지 않았다. 다만, 2006. 4. 13. 한정치산선고가 있기 전인 2005. 3. 29. 행해진 Ⓒ 토지의 처분은 甲의 생전행위로 보아 이와 저촉되는 제3유언과 제5유언의 해당 부분의 유증내용은 철회된 것으로 보아야 할 것이다.

VI. 나 가 며

1. 치매시 유언능력 판정을 위한 가이드라인의 필요성

가. 의사의 역할과 그 한계

소송에서 치매환자의 유언 당시 유언능력이 문제가 되는 경우, 법원은 유언능력의 유무를 판단하기 위해 담당주치의를 증인으로 불러 증언을 하거나 의사의 진단서를 판단자료로 삼는다. 그런데 치매환자의 경우 하루에도 여러 번 인지기능이나 기억력, 지남력 장애의 정도가 변한다는 점을 고려하면, 유언을 하는 순간 의사가 유언능력 평가라는 목적을 가지고 한 판단이 아니라 유언을 할 무렵의 환자의 일반적인 신체상태에 대한 진단을 한 의학적 판단을 가지고 이를 유언 순간에 유언자의 인지기능을 평가하기 위한 자료로 삼는다는 것은 적절하지 않다고 생각한다. 대상판결의 증인이었던 주치의의 너무나도 솔직한 증언은 이러한 점을 여실하게 드러낸다. 그는 "[사망 석달 전] 자신이 망인에게 날씨나 몸의 상태 등에 대한 간단한 질문을 하면 망인이 몸짓이나 입술 모양, 또는 간단한 소리로 답을 하기는 하였으나, 이는 망인을 늘 관찰한 의료진으로서 이해할 수 있는 수준이었지 친지나 다른 사람들이 망인의 의사를 알아들을 수 있었는지 여부는 알 수 없으며, 자신은 망인에게 복합적인 질문을 해 본 적이 없어서 [제6] 유언 당시 망인이 유언의 내용을 이해할 수 있었는지 여부는 알 수 없다"고 고백한다. 그러기에 의사들도 유언자의 사망 뒤 유언능력이 문제되는 사안에서 증언을 해야 하는 이러한 상황을 매우 부담스러워한다. 또한 의사가 다른 질병 진단이나 치료를 위해 내리는 의학적 판단과 유언자의 최종의 의사를 존중하는 유언능력에서의 법률적 판단이 반드시 같을 수는 없고, 같아서도 안 될 것이다. 그런 의미에서 법원이 의사의 판단에 구속될 필요는 없지만, 다른 한편 의사의 판단은 유언능력에 있어 하나의 중요한 판단자료일 수밖에 없다는 불편한 현실을 마주하게 된다. 따라서 유언능력의 판단을 진료를 담당하였던 의사들에게만 맡길 수는 없는 것이다. 이에 유언문화가 발달한 영국, 미국, 호주 등지에서는 유언능력의 판단에 있어서의 의사와 법조인의 역할과 책임에 대한 논의가 활발하다.[110] 즉 의료적 진단이 그 역할을 제대로 하기 위해서는 유언능력 판단을 위한 공인된 기준이 있어야 할 것이다.[111] 이러한 논의는 유언능력의 판단뿐만 아니라, 후견계약의 체결능력의 인정 여부, 나아가 사전의료지침의 작성능력 인정 여부와 그 궤를 같이한다. 위 세 능력은 고령화 및 치매와 관련이 높고, 죽음을 앞둔 사람의 마지막 의사를 얼마나 존중해 줄 것인가라는 공통점을 갖는다.[112]

나. 공증인의 역할과 책임

다른 한편, 대상판결에서 주치의의 증언은 있으나 공정증서 작성이나 구수증언에 의한 유언시 공증을 담당한 공증인, 즉 변호사의 증언은 찾아보기 어려웠다. 본문에서 참조한 판례 중 이른바 '녹십자 사건' 판결이 유일하게 관련 법조인들, 즉 공증담당변호사와 유언집행인으로 참여한 변호사들의 진술을 사실인정 단계에서 참조하고 있음을 확인할 수 있었다. 그러나 유언 당시의 상황을 가장 잘 알고 있고 유언서 작성에서 공증을 한 공증인변호사는 그 역할에 맡는 책임을 져야 할 것이다. 유언취지의 구수에 있어서도 유언자에게 적극적인 답변을 할 수 있도록 질문을 하여야 할 것이고, 구수능력이 의심되는 상황이라면 직업적 윤리에 기해 행동할 수 있어야 할 것이다.

유언작성과 관련하여, 공증인의 역할과 책임에 대한 심각한 우려를 금할 수 없었던 사건이 있어 언급하고자 한다.[113] 사실관계를 간단히 보

---

110) Purser. K. & Rpsenfeld. 앞의 글, 121-136면; Kelly Purser, 앞의 글, 854-879면.

111) 김수교·장원혁, 앞의 글, 94면 이하.

112) 다만, 그 능력인정의 법률적 효과의 중요성과 영역의 차이로 인하여 판단기준의 완화의 필요성과 정도는 일응 서로 다를 것이다. 가령, 유언은 그 효과가 유언자의 사망 후에 발생하여 유언자 본인에게 미치는 효과는 작은 반면, 법정상속인이나 수중인들의 이해관계가 더 밀접하다는 점, 후견계약의 경우 법정후견계약을 회피하기 위한 수단이어서는 안 된다는 점, 사전의료지시서는 이로 인해 의료침습에 따른 고통의 정도나 임종의 시기에 영향이 있을 수 있다는 점에서 그러하다.

면, 중병에 걸려 움직이지도 못하고 말도 못하는 상태로 병원 중환자실
에 누워 있던 甲에게, 어느 날 함께 살고 있었던 딸 乙이 찾아와 '甲의
전 재산을 乙에게 준다는 취지'의 甲 명의의 증여계약서를 미리 만들어서
甲의 도장이 찍힌 증여계약서의 내용을 읽어 주면서 계약내용대로 자신
에게 재산을 증여할 것인지를 묻는다. 이에 甲은 아무 말도 못하고 주위
를 살피다가 고개를 끄덕인다. 당시 병실 안에는 乙이 고용한 변호사와
간호사가 있었고, 변호사는 이러한 상황을 지켜보고 사실실험공증의 방식
으로 공정증서를 만들었고, 며칠 후 甲은 사망하였다. 乙은 증여계약서와
사실실험공증에 의한 공정증서를 근거로 甲이 생전에 자신에게 전 재산
을 증여했다고 주장하며 甲의 전 재산을 가져갔다. 그런데 甲에게는 뇌
수축증으로 1급 정신지체장애상태에 있는 丙이 있었는데, 丙은 소 제기
전 사망하여 丙의 상속인인 아내와 미성년의 아들이 주위적으로 상속회
복청구를 예비적으로 유류분 반환청구를 하였다. 이에 대해 서울고등법
원은 위와 같은 증여계약을 일반적인 증여계약과 동일하게 보고, 망인의
증여의사표시 확인을 위한 사실실험공정증서를 증여계약의 진정성립을
뒷받침하는 자료로 인정하여 위 증여계약을 유효하다고 보았다. 법이 정
한 방식으로 유언장을 작성하여야 할 상황에서 유언의 엄격한 형식요건
을 회피하기 위한 수단으로 증여계약서와 사실실험공정증서[114] 방식을
결합하여 사실상 유언과 동일한 효과를 얻은 것이다.[115] 일반인인 의뢰
인이 이러한 기상천외의 유언대체 방식을 스스로 고안하였을 가능성이
높지 않다고 본다면, 아마도 이는 공증변호사의 창의력의 산물일 것이다.

---

113) 서울고등법원 2012. 6. 19. 선고 2011나55810 판결; 대법원 2013. 4. 25. 선고
2012다80200 판결. 위 판결에 대한 평석은 우선, 김상훈, 증여계약서와 사실실험공
증에 의한 유언제도의 형해화, 가족법연구 제27권 제2호, 한국가족법학회(2013) 참
조, 사실관계의 정리 및 논리전개의 상당 부분을 위 글을 참조하였다.
114) 사실실험공정증서의 방식과 효과에 대해서는, 우선 장재형, "사실실험공정증서에
관한 소고", 법조(2008. 10.) 참조.
115) 실제 이 사건에서는 증여계약서가 작성되기 전 甲이 작성한 자필증서에 의한 유언
이 있었고, 그 내용은 전 재산을 乙에게 주는 대신 아픈 동생 丙을 돌보기로 하는
것이었는데, 자필증서에 의한 유언의 방식요건을 준수하지 못하여 효력이 없었다.

그러나 이는 타당하지 않고 유언장 작성에 있어 공증인의 역할과 책임을 저버리고 오히려 그 공증권한을 남용한 것이 아닌가 하는 점에서 씁쓸하기까지 하다.

2. 유언소송의 형태와 입증책임

유언의 효력을 다투는 경우 그 소송의 형태는 유언유효확인 청구나 유언무효확인 청구, 유언에 기한 소유권이전등기 청구, 유언에 기해 경료된 소유권이전등기의 말소청구가 될 것이다. 그런데 우리의 유언집행은, 유언자가 사망하면 바로 상속이 개시된다. 즉, 상속인은 상속이 개시된 때로부터 일신전속적이 아닌 피상속인의 재산에 관한 포괄적 권리의무를 승계하여($\frac{\text{민법}}{\text{제1005조}}$), 직접적인 즉시의 포괄승계가 이루어진다.[116] 따라서 포괄승계주의 및 당연승계주의를 취하는 우리 민법하에서 유언의 존재와 효력에 대한 분쟁이 미처 해결되기 전에 법정상속인에게 상속을 원인으로 한 이전등기가 경료될 수 있다. 혹은 대상판결과 같이 수 개의 유언이 존재하는 경우 각 유언의 효력이 확정되지 않은 상태에서 특정 유언에 의한 소유권이전등기가 경료될 수 있다.

전자, 즉 유언이 있음에도 유언과 달리 법정상속인에게 등기가 경료된 경우, 유언의 효력을 주장하는 자는 법정상속인들을 상대로 그 유언에 따른 소유권이전등기 청구를 하게 될 것이다. 한편, 후자 즉 이미 집행된 유언과 다른 유언의 효력을 주장하는 자는 이미 집행된 유언의 무효 및 이와 저촉되는 유언이 효력이 있음을 주장하면서, 이미 경료된 소유권이전등기에 대한 말소등기와 유언에 의한 소유권이전등기를 청구할 것이다. 혹은 문제된 유언에 관하여 효력정지가처분 등이 이루어져 그에 기한 소유권이전등기 등이 아직 실행되기 전에 그 유언의 무효를 확인하는 청구를 할 수도 있다.

그런데 이러한 청구의 형태에 따라 유언능력의 증명책임의 소재가

---

116) 김형석, "우리 상속법의 비교법적 위치", 가족법연구 제23권 제2호(2009), 78면.

달라지는 것인가? 먼저, 유언에 기한 소유권이전등기를 청구하는 사건의 경우 유언의 효력을 주장하는 자가 유언의 방식요건준수를 입증하여야 한다는 점에서, 공정증서에 의한 유언이 유효함을 이유로 그 유언에 기하여 소유권이전등기를 하는 경우 유언능력의 존재나 법의 정한 방식요건을 준수했음은 이를 주장하는 원고가 입증책임을 부담한다고 할 것이다. 따라서 이 경우 유언능력이 없었다거나 방식요건을 준수하지 못했다는 피고의 주장은 적극부인에 해당할 것이다.[117] 다음으로, 문제된 유언에 기하여 경료된 소유권이전등기의 말소를 청구하는 사건의 경우, 문제된 유언이 유언자의 유언능력이 없어 무효라거나 유언방식에 하자가 있다는 점을 입증할 책임은 원고에게 있다는 것이 실무의 입장인바, 이는 등기의 추정력의 법리가 작동하기 때문이라고 설명된다.[118] 마지막으로, 문제된 유언에 기한 소유권이전등기가 아직 경료되기 전에 그 유언의 무효를 확인하는 청구의 경우는 어떠한가? 유언능력이 없었다거나 유언방식에 하자가 있다는 점에 대한 주장책임은 원고에게 있지만, 유언능력의 존재나 유언의 방식요건을 준수했음을 입증할 책임은 문제된 유언의 유효를 주장하는 피고가 부담한다고 보는 것이 맞을 것이다.[119]

그렇다면, 누가 먼저 등기를 경료하였는가 하는 우연한 사정에 따라 유언능력에 대한 입증책임이 달라지는 결과, 치매상태에서 행해진 유언과 같이 유언능력에 대한 입증이 어려운 경우 소송의 승패가 달라지는 불합리한 결과가 초래된다. 이는 앞서 언급한 바와 같이 당연승계, 포괄승계주의를 취하는 우리의 상속법제와 등기의 추정력하에서 초래되는 불가피한 결과이다.

---

117) 손흥수, 앞의 글, 178면.
118) 손흥수, 앞의 글, 181면.
119) 손흥수, 앞의 글, 179-180면.

3. 대상판결의 의의와 향후 과제

대상판결과 같이 사망 후 어언 10년간 진행된 지리한 법적 공방은 사회적 낭비이다. 결국 대상판결의 쟁점은 치매상태에 있던 유언자가 유언 당시 유언능력을 갖고 있었느냐가 핵심이라는 점에서, 치매환자의 유언능력을 다룬 최초의 대법원 판결인 대상판결은 여러 가지 점에서 아쉬움이 남는다. 첫째, 공정증서에 의한 유언에서 구수능력과 유언능력을 구분하여 판시하고 있지 않은데, 유언 당시 말에 의한 의사표현이 이루어지지 않았으므로 일단 구수요건을 구비했다고 보기 어렵다. 둘째, 대법원은 유언능력의 판단에 있어서의 특수성을 고려하지 않고 의사능력의 판단과 같이 보아, 유언의 무효를 주장하는 자가 유언능력이 없음을 입증하여야 한다고 보았다. 나아가 유언 당시 유언의 내용을 이해할 수 있었는지 여부는 알 수 없다는 의사의 증언보다 유언이 행해지기 일주일 전에 작성된 진단서에 기초하여 유언의 내용을 이해하고 이를 구수할 능력 자체가 인정되지 아니한다고 단정하기 어렵다고 보았다. 그러나 장기간 치매가 진행된 상태였고, 수차례 유언이 번복되는 상황이었으며, 유언 당시 함께 살던 이해관계인들에게 유리한 내용이었다는 고려하면, 입증책임을 전환하여, 유언능력이 있다고 주장하는 자가 치매상태임에도 불구하고 유언 당시에는 의식이 돌아와 유언을 이해하고 구술할 능력이 있었음을 입증하도록 했어야 하지 않았나 생각한다. 고령화 사회의 우리나라는 치매환자의 수가 더 늘어나는 한편, 유언이 점차 활성화됨에 따라 대상판결과 같이 유언자의 사후에 유언의 효력을 두고 벌어지는 첨예한 이해관계의 대립은 더욱 증가할 것이다. 따라서 위와 같은 법률분쟁에서 법적 안정성을 해치지 않고 법원에의 부담을 가중시키지 않기 위해서는 다음과 같은 노력을 해야 할 것이다. 의료계와 법조계가 공동협의체를 만들어 치매시 유언능력 판단에 관한 합리적인 가이드라인을 제시하도록 하고, 의료인들도 위와 같이 마련한 지침을 따르도록 하여, 공증인들로 하

여금 반드시 유언 직전 위와 같은 가이드라인에 따른 의사의 진단서를
첨부하도록 하는 등 의사와 공증인의 높은 전문성과 윤리의식이 요구된
다. 그리고 치매의 정도가 중증임이 밝혀졌다면, 그럼에도 불구하고 유언
당시 명정상태로 돌아왔음을 입증하도록 함으로써 치매환자의 유언작성
시 이해관계인들이 더욱 신중히 하도록 유도하여야 할 것이다.

[Abstract]

Dementia and testamentary capacity

Kim, Hyun Jin*

With an advent of aging society and higher rates of mentally disabling conditions such as dementia including Alzheimer Disease, there have been a number of legal disputes recently where testator's capacity to make a valid will has been challenged on the basis that he or she was mentally incapable of doing so. Generally, a person who lacked the capacity to make a contract can nevertheless make a valid will, and testamentary capacity is different from legal or mental capacity. Litigation about testamentary capacity typically revolves around charges that the testator, by virtue of dementia, lacked the mental capacity to make a will.

To illustrate this point is the recent case of the Korean Supreme Court decision on March 13, 2014(2009da53093). Here, the last will of the testator in his seventies, which was written to give all his property to his spouse and children except his eldest son, was challenged by that eldest son who was the only would-be beneficiary under the previous will. There had been six notarized wills total; the odd-numbered wills were made for the eldest son, while the even-numbered wills were for his spouse and other children. When he made his last will in the patient room, he had been suffering from dementia for seven years, and he couldn't even sound voice due to his airway incision surgery, and neither a doctor nor the eldest son was in there.

Despite the medical reports and the testimony of doctor, it was still difficult to determine testamentary capacity from evidences available after the testator's

---

* Professor, Inha University, School of Law.

death. This was a question of balancing the interests of individual autonomy and protection of constructive inheritors. The Supreme Court in this case requires the plaintiff to demonstrate that the testator did not know the consequence of his or her conduct when he executed the will.

However, considering the testator's physical and mental conditions, the Court would have admitted that he lacked testamentary capacity due to dementia, and would have made the defendant prove that the testator had a "lucid interval" at the time of the execution of the testamentary instrument.

The need for better and more accurate assessments of testamentary capacity grows as Korean society ages and incidences of debilitating conditions increases. Capacity is a legal determination, but medical opinion is one of the important data for deciding this, even though court is not bound to this opinion. The difficulties inherent within capacity judgment are exacerbated by the ad hoc approaches by court and doctors based on individual knowledge and experience, not by nationally accepted assessment guidelines between doctors and lawyers.

[Key word]

- a will contest
- testamentary capacity
- incapacity
- dementia
- the golden rule
- lucid interval

참고문헌

국내문헌

곽윤직, 상속법, 박영사(2004).

곽윤직 편집대표, 민법 주해[1], 박영사(1997).

김상훈, "증여계약서와 사실실험공증에 의한 유언제도의 형해화", 가족법연구 제27권 제2호, 한국가족법학회(2013).

김수교·장원혁, "성년후견제도상 정신상태 평가기준 마련에 대한 법조계와 의료계의 공동협력의 필요성", 상속신탁연구Ⅱ, 바른상속신탁연구회(2016).

김주수·김상용, 주석민법 : 상속(제3판), 한국사법행정학회(2010).

──────, 친족·상속법(제11판), 법문사(2013).

김영희, "구수증서유언과 유언에 있어서 구수의 의의", 가족법연구 제21권 제3호, 한국가족법학회(2007).

김형석, "유언의 성립과 효력에 관한 몇 가지 문제", 민사판례연구 제38권, 박영사(2016).

──────, "우리 상속법의 비교법적 위치", 가족법연구 제23권 제2호, 한국가족법학회(2009).

문국진, "유언능력", 진단과 치료 제4권 제4호, 한국의학사(1984).

박동섭, 친족상속법(제4판), 박영사(2013).

손흥수, "유언능력 유무의 판단기준과 그 판단요소", 사법논집 제55집(2012).

윤진수, 친족상속법 강의, 박영사(2016).

──────, "공정증서 유언에서 '구수'의 의미", 가족법 판례해설, 세창출판사(2009).

이경희, 가족법(8정판), 법원사(2013).

──────, "구수증서에 의한 유언의 성립요건", 가족법 판례해설, 세창출판사(2009).

장재형, "사실실험공정증서에 관한 소고", 법조(2008. 10.).

정소민, "유언의 해석", 비교사법 제22권 제1호(2015).

현소혜, 유언의 해석, 경인문화사(2010).

──────, "유언철회의 철회", 홍익법학 제8권 제3호(2007).

외국문헌

Jesse Dukeminier/Robert H. Sitkoff, *Wills, Trusts, and Estates*, 9th ed, Wolters Kluewer(2013).

Kelly Purser, Assessing testamentary capacity in the 21st century: is *Banks v. Goodfellow* still relevant?, UNSW Law Journal, vol. 38(3) 854–879.

Kroppenberd, "Freedom of Testation", *The Max Planck Encyclopedia of European Private Law*(ed. By Bsedow, Hopt, Zimmermann and Stier), Vol. I, 2012, 760–761.

Malaurie et Brenner, *Droit des successions et des libéralités*, 7e éd., LGDJ(2016).

Purser. K. & Rpsenfeld. T, Assessing testamentary and decision-making capacity: Approaches and models, Journal of law and medicine, v. 23 no. 1, 121–136, 2015.

Robin Jacoby and Peter Steer, "How to assess capacity to make a will", BMJ 2007; 335:155.

Ryan. C. W. Hall, MD, Richard C. W.MD, Wade C Myers, MD, and Marcia J. Chapman, "Testamentary Capacity: History, Physician's role, Requirements, and Why Wills Are Challenged", Clinical Geriatrics June 2009, 18–24.

內田 貴, 民法4, 親族相続, 東京大學出版會, 2004.

土井文美, "遺言能力(遺言能力の理論的検討及びその判断・審理方法)", 判例タイムズ No. 423(2016. 6.)

五十嵐 禎人, 遺言能力と精神医学からみた判定のあり方, 司法精神医学 7(1), 110–117(2012. 3.)

村田 彰, 法律家からみた遺言能力, 司法精神医学 7(1), 118–124(2012. 3.).

榎本 康浩, 指定討論 法律実務家から提起する遺言能力の諸問題, 司法精神医学 7(1), 125–129(2012. 3.).

주식대량취득, 처분정보와 미공개정보이용행위

― 대법원 2014. 3. 13. 선고 2013도12440 판례평석 ―

노 혁 준*

■요 지■

기업집단 내부에서 그룹재편을 위해 계열사 지배주식을 거래하는 상황은 흔히 발생한다. 이 글은 이러한 경우 자본시장법상 미공개정보이용의 관점에서 어떠한 규제가 가하여질 것인지에 초점을 맞추고 있다.

평석대상 판결에서 주로 문제된 것은 발판취득, 응원취득의 적법성이었다. 발판취득과 관련하여 법원은 피고인 갑의 취득을 대량취득자 K실업의 취득과 동일시할 수 없다고 보았다. 사안에서 설사 피고인 갑이 K실업의 100% 주주인 점 등을 고려하더라도 갑의 취득을 곧 K실업의 발판취득으로 볼 수는 없으므로 법원의 판단은 타당하다. 다만 본건 판결이 법리적으로 발판취득의 적법성을 명시적으로 인정한 것인지는 다소 불분명하다. 주식대량거래정보를 규제하는 이론적 근거와 우리 법의 규정형식으로 볼 때 발판취득은 구 자본시장법하에서도 허용된다고 할 것인바, 이러한 법리를 명시하지 않은 아쉬움이 있다.

응원취득과 관련하여 법원은 법리적으로 응원취득이 허용될 수 없다고 판단하였다. 자본시장법의 해석에 있어서는 적절한 것으로 보인다. 다만 입법적으로 엄격한 절차 요건하에 응원취득을 허용할 필요가 있다.

나아가 평석대상 판결이 주식대량취득, 처분정보의 중요성을 따지지 않

---

* 서울대학교 법학전문대학원 교수.

― 895 ―

은 것은 자본시장법 해석상 불가피한 측면이 있으나, 향후 입법적인 보완이 필요한 부분으로 생각된다. 이처럼 기업집단 내부에서 주식대량취득, 처분정보가 이용된 경우 제174조 제1항, 제3항을 모두 적용할 수 있는바 한쪽에만 정보의 중요성을 요구하는 것은 형평에 맞지 않는다. 예컨대 시장에서 이미 잘 알려져서 정보가치가 거의 없는 취득, 처분정보에 대하여 무조건 제174조 제3항을 적용하는 것은 타당하지 않다.

[주 제 어]
- 미공개정보이용
- 발판취득
- 시장정보
- 공개매수정보
- 정보의 중요성
- 지배권의 변동

대상판결 : 대법원 2014. 3. 13. 선고 2013도12440

[사실관계]

D회사는 코스닥상장법인인바, 그 주식은 계열사들인 I회사가 24.47%(최대주주), K실업이 2.71% 각기 보유하고 있었다. 피고인 갑은 위 회사들이 소속된 X그룹 회장으로서, D회사의 이사인 동시에 I회사, K실업의 대표이사를 맡고 있다. 피고인 갑을 포함한 5인의 X그룹 경영위원회는 2010. 8. 4. I회사가 보유한 D회사 주식 및 신주인수권부사채 등을 K실업에 매각하는 방식으로 D회사의 최대주주를 변경하기로 하였다. 실제 최대주주의 변경은 9월 말경에 이루어졌다. 즉 K실업은 같은 해 9. 28.부터 30일까지 장내에서 D회사 주식을 매수하였고, 장외에서 I회사로부터 신주인수권부사채 및 신주인수권증권을 매수하였다. 위 거래 이후 D회사 주식은 K실업이 23.32%(최대주주), I회사가 21.76% 보유하게 되어, D회사의 최대주주가 변경되었다. 다만 당초 계획과 달리 K실업이 장내에서 D회사 주식을 취득하였기 때문에, I회사는 여전히 상당한 지분을 유지하게 되었다. 위 주식대량거래에 관한 정보는 최대주주가 된 K실업이 2010. 10. 4. 대량보유상황보고서를 공시함으로써 공개되었다.

사안에서 주로 문제된 것은 피고인 갑이 2010. 8. 5.부터 9. 3.까지 사이에 차명으로 D회사 주식을 4,600,161주를 매수하였다가 같은 해 9. 28.부터 10. 4.까지 사이에 매각하여 약 4억 7천만원에 달하는 매매차익을 얻은 것이다.[1] 위 행위가 구 자본시장과 금융투자업에 관한 법률("자본시장법")[2] 제174조 제3항이 금지하는 주식등의 대량취득, 처분의 실시 또는 중지에 관한 미공개정보를 이용한 것인지 문제되었다.

[쟁점 및 법원의 판단]

1심[3]에서 대법원에 이르기까지 피고인 갑의 행위는 구 자본시장법 제174조 제3항에 위반한 것으로 인정되었다. 대법원은 원심[4]의 판단을 그대

---

1) 이 밖에도 I회사 역시 그 대표이사인 피고인 갑이 회사 업무와 관련하여 D회사 주식 1,971,921주를 매수하였다는 이유로 기소되었으나, 이 쟁점은 본 평석에서 다루지 아니한다.
2) 2013. 5. 28. 법률 제11845호로 개정되기 이전의 것.
3) 서울중앙지방법원 2013. 6. 18. 선고 2013고단831 판결.

로 인정하고 있으므로 이하에서는 원심의 판시사항을 중심으로 살펴보기로
한다.

쟁점이 된 것은 크게 두 가지였다. 먼저 피고인 갑의 행위가 구 자본시
장법 제174조 제3항 단서, 즉 "대량취득, 처분을 하는 자가 대량취득, 처분을
목적으로 거래하는 경우에는 그러하지 아니하다"에 해당할 것인지 여부이다.
피고인 갑은 K실업이 피고인 갑의 1인 회사로서 실제 페이퍼컴퍼니에 불과
하다는 점 등을 들어, 피고인 갑의 취득이 실제로 위 단서의 대량취득을 목
적으로 거래하는 경우에 해당한다고 주장하였다. 이에 대하여 원심법원은
"자본시장법 제174조 제3항 단서가 미공개정보 이용행위 금지의무에 예외를
둔 것은 '대량취득, 처분을 하는 자'가 대량취득, 처분을 목적으로 거래한 경
우는 원래 목적의 실현이지 이를 이용하는 행위로 볼 수 없기 때문이다. 따
라서 해당 거래를 대량취득, 처분을 하는 자가 한 거래로 볼 수 없다면 자본
시장법 제174조 제3항 단서에 해당하지 않는다"고 하였다. 법원은 이 사안에
서 피고인 갑이 차명계좌 등을 이용하여 D회사 주식을 취득한 것을 곧 K실
업이 거래한 것으로 보기는 어렵고, 피고인 갑과 K실업을 동일한 주체라고
볼 수도 없다고 판단하였다.

두 번째 쟁점은 피고인 갑의 이용행위가 있었는지 여부이다. 피고인 갑
은 D회사 주식 취득이 피고인 갑과 K실업 간 의사합치에 의해 (K실업을 돕
기 위해) 이루어진 것이므로 스스로 미공개정보를 이용한 것으로 볼 수 없다
고 주장하였다. 이에 대하여 원심법원은 "대량취득, 처분을 하는 자의 요청이
있다는 사유 등에 의하여 그 배제 범위가 확대된다면 실질적으로 대량취득,
처분을 하는 자와 통모하여 거래하는 경우를 처벌하지 못하게 됨으로써 사실
상 미공개정보 이용행위 금지규정의 실효성이 상실될 우려가 있는 점 등에
비추어 보면, 거래의 목적이 대량취득, 처분을 하는 자의 요청에 의한 것이
라고 할지라도 그와 같은 목적에 따라 미공개정보의 이용 여부가 좌우된다고
볼 수 없다"고 판단했다. 사안에서 대량취득, 처분을 하는 K실업의 요청 등
목적을 불문하고 피고인 갑이 D회사 주식을 취득하는 행위 자체가 미공개정
보 이용행위에 해당한다고 보았다.

---

4) 서울중앙지방법원 2013. 9. 27. 선고 2013노2064 판결.

〔研   究〕

I. 들어가면서

사안에서 문제된 자본시장법 제174조 제3항은 2007. 8. 3.에 과거의 증권거래법에 바탕한 자본시장법이 제정되면서 처음 도입된 조항이다. 평석대상 판결은 위 조문 도입 이래 최초로 내려진 대법원의 판단이다. 이 조문은 경영권에 영향을 미치는 주식의 대량취득, 처분을 전제로 하고 있으므로 기업인수합병(M&A) 일반에 관련되어 있다. 특히 통상적으로 합병보다는 지배주식 양도에 의해 기업지배권 거래가 이루어지는 우리나라의 현실에서[5] 활동영역이 넓다. 다양한 형태로 발현되는 지배주식 거래의 실무를 고려할 때 자본시장법 제174조 제3항의 구체적 요건 및 적용예외사유를 어떻게 해석할 것인지에 관하여는 논란의 소지가 많다. 위 조문이 2009년과 2013년 두 차례에 걸쳐 개정된 것도 이러한 논란이 반영된 것이다.

한편 본 사안에서 흥미로운 것은 동일한 기업집단 내부에서 계열사 간 지배주식 거래라는 점이다. 이렇듯 그룹 내에서의 거래인 경우 미공개정보 이용행위의 관점에서 통상적 거래와 차이점이 있는지도 고찰해 볼 필요가 있다.

이하의 논의는 다음 순서에 의한다. 먼저 일반론으로서 자본시장법 제174조 제3항의 의의(Ⅱ.)와, 주식대량거래정보 이용행위의 규제이론 (Ⅲ.)에 관하여 살펴본다. 이러한 이론적 바탕 위에 본건 판결의 내용을 분석해 본다(Ⅳ.). 마지막은 결론이다(Ⅴ.). 자본시장법은 전형적인 미공개정보 이용금지조항인 제174조 이외에 보충적 형태로서 부정거래행위

---

5) 공정거래위원회 보도자료, 2015년 기업결합 동향 및 주요특징(2015), 8면에 의하면, 2015년에 공정거래위원회에 보고된 비계열사 간 기업결합건 중 주식취득 방식에 의한 것이 172건인 반면 합병에 의한 것은 2건에 그치고 있다(www.ftc.go.kr에서 다운로드 가능).

(제178조)와 시장질서교란행위(제178조의2)도 규정하고 있다. 미공개중요정보 이용 행위 중 일부는 제174조가 아닌 위 보충적 유형에 포섭되기도 한다.[6] 다만 본 평석에서는 부정거래행위와 시장질서교란행위에 관한 논점은 검토하지 않기로 한다.

Ⅱ. 자본시장법 제174조 제3항의 의의

1. 주요내용과 연혁

가. 주요내용

자본시장법 제174조 제3항은 일정한 자들이 주식등 대량취득, 처분의 실시 또는 중지에 관한 미공개정보를 그 주식등과 관련된 특정증권등의 매매, 그 밖의 거래에 이용하거나 타인에게 이용하게 하는 행위를 금지한다. 규제대상이 되는 이용주체는 대량취득, 처분을 하려는 자(계열회사[7] 포함), 그의 임직원, 대리인, 주요주주 등의 내부자, 준내부자, 정보의 1차 수령자이다. 규제대상에 포함된 내부자, 준내부자 및 1차 수령자의 범위는 일반적 미공개중요정보 이용금지에 관한 제174조 제1항의 그것과 유사하다. 대량취득, 처분의 대상이 되는 주식등에는 의결권 있는 주식 이외에 전환사채 등 주식으로 전환될 가능성을 지닌 잠재적 증권이 포함된다.[8] 매매금지의 대상인 특정증권등은 대량취득, 처분의 대상인 증권 이외에 이를 기초자산으로 한 금융투자상품 등도 포함된다.[9]

본 조에서 이용이 문제되는 미공개정보는 주식등 대량취득, 처분의 실시 또는 중지이다. 취득이든 처분이든 경영권에 영향을 줄 가능성이 있는 대규모의 것에 한정된다. 구체적으로는 다음 세 가지 요건을 모두 충족하여야 한다.[10] 즉 ① 그 취득 목적이 경영에 관해 회사 또는 임원

---

6) 자본시장법 제174조의 적용대상에서 제외되는 제2차 정보수령자가 제178조의2 제1항의 시장질서교란행위로 제재받는 것이 그 대표적인 예이다.
7) 독점규제 및 공정거래법에 따른 계열회사를 가리킨다. 자본시장법 제25조 제5항 제4호.
8) 이는 공개매수의 대상이 되는 증권과 동일하다. 자본시장법 시행령 제139조 참조.
9) 자본시장법 제172조 제1항 참조.

에게 사실상 영향력을 행사하기 위함일 것(주식처분이 아닌 주식취득에만 해당함), ② 발행주식 총수의 10% 이상 또는 최대주주 지위 변동을 초래하는 비율을 거래대상으로 할 것,[11] ③ 그 취득 또는 처분이 자본시장법 제147조 제1항의 대량보유보고대상에 해당할 것이 그 요건이다.

나. 연 혁

원래 위 조항은 자본시장법 제174조 제1항의 규제 공백을 메우기 위해 2007년에 도입된 것이다. 이 조항의 도입에는 대법원 2003. 11. 14. 선고 2003도686 판결이 결정적인 역할을 하였다. 사안은 S로부터 T회사 지배주식 매수교섭 중이던 P(피고인)가 그 정보를 이용하여 T회사 주식을 미리 매입한 경우였다. 대법원은 "S가 위 피고인에게 T회사 주식 290만 주를 양도하여 T회사의 경영권을 양도한다는 정보는 S가 그 소유의 주식을 위 피고인에게 처분함으로써 스스로 생산한 정보이지 직무와 관련하여 알게 된 정보가 아니고, 위 피고인은 당해 정보를 S로부터 전달받은 자가 아니라 S와 이 사건 주식 양수계약을 체결한 계약당사자로서 S와 공동으로 당해 정보를 생산한 자에 해당한다 할 것"이라고 하면서 P의 행위가 미공개중요정보이용에 해당하지 않는다고 보았다. T회사의 경영권 양도정보가 T회사 주가에 큰 영향을 미치기는 하지만, 그 정보 자체는 T회사와 무관하게 생성되었다는 것이다. 이에 따르면 특히 T주식을 미리 거래한 S, P의 임직원 등을 처벌할 수 없게 된다. 이러한 문제점을 해소하기 위한 것이 자본시장법 제174조 제3항이다.

평석대상 사안에는 현행 조문이 아니라 구 자본시장법이 적용되었으므로, 조문의 연혁을 살펴보면 다음과 같다. 2007년 도입되었을 당시 행위주체는 "대량취득, 처분을 하는 자의 계열회사 및 대량취득, 처분을 하

---

10) 자본시장법 시행령 제201조 제4항, 자본시장조사업무규정 제54조 제1항. 다만 이에 대하여는 범죄구성요건인 지분율은 금융위원회 규정으로 정하는 것은 죄형법정주의에 반한다는 비판도 있다. 임재연, 자본시장법과 불공정거래, 박영사(2014), 359면.

11) 위 지분율 판단시에 특별관계자 보유분을 합산한다. 자본시장조사업무규정 제54조 제2항, 자본시장법 시행규칙 제17조 제2항.

는 자의 임직원, 대리인으로서…"라고 되어 있었다.[12] 따라서 대량취득, 처분자 자신은 규제대상이 아니었다. 이러한 조문형태에 대하여는, 일반적인 미공개중요정보 이용행위 규제조문이 "그 법인(그 계열회사를 포함한다) 및 그의 임직원, 대리인으로서…"라고 규정하고 있는 것과[13] 형평에 맞지 않는다는 비판이 있었다.

2009년 개정법은[14] 이러한 비판을 수용하여 대량취득, 처분자 자신을 규제대상에 포함시켰다.[15] 나아가 단서로서 "대량취득, 처분을 하는 자가 대량취득, 처분을 목적으로 거래하는 경우에는 그러하지 아니하다"라는 문구를 추가하였다. 다수설은 위 개정이 대량취득, 처분자의 사전적인 소수지분 취득 또는 처분(이른바 발판취득 또는 처분)을 전면적으로 금지한 것이라고 해석하였다.[16] 즉 단서는 대량취득, 처분 자체를 실행하는 경우에 한정되는 것으로 보았다.[17] 후술하듯 이러한 다수설의 해석이 타당하였는지에 대하여는 의문이 있다. 어찌되었든 발판취득, 처분금지로 해석될 여지가 있는 조항은 보완되어야 한다는 비판의 소리가 높았다.[18]

---

12) 2007. 8. 3. 제정 자본시장법(법률 제8635호) 제174조 제3항 제1호.
13) 위 구 자본시장법 제174조 제1항 제1호.
14) 2009. 2. 3. 법률 제9407호.
15) 당시 개정된 자본시장법 제174조 제3항 제1호는 "<u>대량취득, 처분을 하는 자(그 계열회사를 포함한다. 이하 이 호 및 제2호에서 같다)</u> 및 대량취득, 처분을 하는 자의 임직원, 대리인으로서 그 직무와 관련하여 대량취득, 처분의 실시 및 중지에 관한 미공개정보를 알게 된 자"라고 규정하였다.
16) 동일한 구조에 의하는 공개매수 특칙(제174조 제2항 단서) 해석에 관한 정순섭, 앞의 글, 불공정거래법제의 현황과 해석론적 과제, BFL 제43호(2010), 7면, 임재연, 앞의 책, 356면 참조.
17) 당시 금융위원회의 개정법률안 입법예고문(금융위원회 공고 제2008-109호)에 나타난 입법취지는 "(a) 공개매수, 주식등의 대량취득, 처분에 관한 미공개중요정보를 공개매수자 및 대량취득, 처분자 본인이 이용하거나 타인에게 이용하게 하는 행위는 금지대상으로 규정하고 있지 않아 동 행위를 처벌하지 못하는 문제가 있음, (b) 공개매수자 및 대량취득, 처분자 본인도 해당 거래에 관한 미공개중요정보의 이용행위 금지대상에 포함, (c) 공개매수자 및 대량취득, 처분자 본인의 미공개중요정보 이용행위를 효과적으로 금지할 수 있게 됨에 따라 미공개중요정보 이용행위 금지에 관한 규제 공백을 제거할 수 있을 것으로 기대됨"이라고 되어 있었다.
   (http://www.fsc.go.kr/know/law_prev_view.jsp?bbsid=BBS0078&page=6&sch1=&sch2=&sch3=&sword=&r_url=&menu=7410300&no=18861)
18) 임재연, 앞의 책, 357면은 매입자가 특정증권의 매매 기타 거래에 이용할 의사

2013년 개정법은[19] 위 비판을 반영한 것이다. 이 개정은 행위주체를 기존의 '대량취득, 처분을 <u>하는</u> 자'에서 '대량취득, 처분을 <u>하려는 자</u>'로 바꾸면서, 제174조 제3항 단서를 "다만 대량취득, 처분을 하려는 자가 제149조에 따른 공시 이후에도 상당한 기간 동안 주식등을 보유하는 등 주식등에 대한 대량취득, 처분의 실시 또는 중지에 관한 미공개정보를 그 주식등과 관련한 특정증권등의 매매, 그 밖의 거래에 이용할 의사가 없다고 인정되는 경우에는 그러하지 아니하다"로 변경하였다. 이에 따르면 대량취득, 처분을 하려는 자 스스로가 발판취득, 처분하는 것은 미공개정보 이용행위로 규제받지 않게 된다.

평석대상 사안은 2010년 하반기에 발생한 것으로서, 2009년 개정법이 적용되었다.

2. 다른 제도와의 비교

가. 자본시장법 제174조 제1항 : 일반적인 미공개중요정보 이용행위금지

앞서 언급한 바와 같이 제174조 제3항은 제174조 제1항 소정의 일반적 미공개중요정보 이용규제의 공백을 메우기 위한 것이므로 원칙적으로 규제대상을 달리한다. 즉 ① 전자는 증권 발행회사 외부에서 발생하는 대량주식취득, 처분을 정보내용으로 하는 반면, 후자는 발행회사 자체에 관한 기업정보(corporate information)를 대상으로 한다. 그 밖에도 조문상으로 다음과 같이 요건상 차이가 있다. ② 전자는 단서에서 예외사항을 규정하는 반면 후자에는 명시적 예외조항이 없다. ③ 다수설에 따르면 전자는 정보의 중요성이 요구되지 않는 반면 후자는 '투자자의 투자판단에 중대한 영향을 미치는' 정보여야 한다.[20]

가 없는 경우까지 규제대상으로 삼은 것은 불합리하다고 보았고, 장근영, 자본시장법상 외부자거래의 규제와 개선방안, 법제연구 제41호(2011), 375면은 자본시장법 제147조 제1항이 대량보유보고 제도를 두고 있으므로 발판취득을 허용하더라도 큰 부작용이 없다고 주장하였다.

19) 2013. 5. 28. 법률 제11845호.
20) 이는 조문의 규정양식에 근거한 해석으로서 상세는 후술한다.

하나의 행위가 동시에 제174조 제1항과 제3항을 위반하는 경우는 어떻게 처리할 것인가? 예컨대 발행회사가 상당분량의 자기주식을 제3자에게 처분하기로 결정하면서, (이러한 미공개정보를 호재로 보아) 발행회사 또는 그 내부자가 미리 발행회사의 주식을 매입하는 경우이다. 이때에 행위자들은 일반적인 미공개중요정보($\frac{제174조}{제1항}$)를 이용한 것이면서 동시에 미공개 주식대량처분정보($\frac{제174조}{제3항}$)를 이용한 것이기도 하다. 이에 대하여는 제174조 제3항이 특별한 경우에 적용되므로 이를 우선해야 한다는 견해(법조 경합설)도[21] 있으나, 원래 다른 형태의 위반행위를 전제로 하는 것이므로 상상적 경합관계에 있다고 볼 것이다.[22]

한편 특히 그룹 내부의 지배주식 거래인 경우 각 회사의 직책을 겸직함으로써 하나의 주식거래가 제174조 제1항 및 제3항에 동시에 해당하는 경우도 발생할 수 있다. X회사의 이사 Z가 동시에 X회사 지배주주인 Y회사의 이사이기도 한 상태에서, Z가 직무상 Y회사의 X회사 주식 대량처분을 알게 되었고 이를 이용하여 X회사 주식을 거래한 경우이다. 이 경우 Z는 (i) Y회사의 내부자라는 점에서 보면 미공개 대량주식처분정보를 이용한 것이므로 제174조 제3항의 규제대상이고, (ii) X회사의 내부자라는 점에서 보면 미공개중요정보(대주주 교체)를 이용한 것이므로 제174조 제1항의 규제대상이다. 이러한 경합은 이사 Z의 독특한 지위에 따른 것인바, 제174조 제1항과 제3항의 법정형이 동일하므로 어떤 법조를 적용해도 무방하다고 할 것이다.[23] 다만 위 두 조문의 적용요건의 차이

---

21) 변제호 외, 자본시장법(제2판), 지원출판사(2015), 639면은 제174조 제1항과 제2항의 관계에 대하여 발판취득의 특칙이 제2항에만 있으므로 제2항이 우선한다는 취지로 설명한다.

22) 유사한 문제는 이른바 자기공개매수(self tender offer)의 경우에도 발생한다. 발행회사가 자기주식에 대하여 공개매수를 실시하려는 경우, 미공개 자기공개매수 정보를 이용하여 주식등을 미리 매입한 발행회사 또는 그 내부자 등은 자본시장법 제174조 제1항 및 제2항을 동시에 위반한 것이 된다. 神田秀樹外 編, 金融商品取引法 コンメンタール4：不公正取引規制・課徴金・罰則(神作裕之 執筆部分), 商事法務(2011), 163면 참조.

23) 원래 상상적 경합의 경우 가장 중한 죄에 정한 형으로 처벌하도록 되어 있다. 형법 제40조.

점 중 '정보의 중요성'이 크게 작용할 여지가 있다. 다수설에 따르면 제174조 제3항에는 중요성 요건이 적용되지 않으므로, 이 조항에 터 잡은 처벌이 더 용이할 가능성이 있다.

나. 자본시장법 제174조 제2항 : 미공개 공개매수정보 이용행위금지

자본시장법은 일반적인 미공개중요정보 이용금지에 대한 특례로서 주식대량취득, 처분정보의 이용 이외에 공개매수 정보의 이용 역시 금지하고 있다(자본시장법 제174조 제2항). 즉 공개매수예정자, 그 내부자, 준내부자, 제1차 수령자는 주식등에 대한 공개매수의 실시 또는 중지에 관한 미공개정보를 그 주식등과 관련된 특정증권등의 매매, 그 밖의 거래에 이용하거나 타인에게 이용하게 하여서는 안 된다. 미공개 공개매수정보의 이용은 우리나라에서 내부자거래를 규제한 초기부터 금지되어 왔으며,[24] 미국, 일본 등 해외에서도 금지되고 있다.[25]

자본시장법 제174조 제3항과 제2항은 원칙적으로 유사한 구조를 갖추고 있다. 가장 큰 차이점은 전자는 주식대량취득, 처분정보가 이용금지 대상인 반면 후자는 공개매수정보가 그 대상이라는 점이다. 자본시장법 제133조 제1항에 따라 전형적으로 이루어지는 공개매수와 달리 주식취득, 처분은 다양한 형태로 전개될 수 있으므로, 자본시장법 제174조 제3항의 해석, 적용에는 더 까다로운 문제가 발생할 수 있다. 일례로 공개매수는 통상 공개매수자 1인이 매수주체가 된다. 반면 주식대량취득인 경우 다수 매입주체가 동시다발적으로 대상회사의 주식을 취득하는 형태를 상정하기 어렵지 않다. 이는 후술하는 공동취득의 규율 문제로 이어진다. 또한 이른바 발판취득에 관하여도 차이가 있다. 공개매수는 공개매수신고서 제출 후 매수기간 도래시 시작되는 것이므로,[26] 그 이전에 이루어지는 공개매수예정자의 취득은 모두 발판취득이다. 반면 주식대량취득인

---

24) 구 증권거래법 제188조의 2 참조.
25) 미국의 SEC Rule 14e-3; 일본의 금융상품거래법 제167조.
26) 공개매수기간은 공개매수공고일부터 20일 이상 60일 사이에서 공개매수자가 정하게 된다. 자본시장법 시행령 제146조 제3항.

경우 이러한 공식 절차가 별도로 이루어지지 않으므로 발판취득의 시점을 잡기가 애매할 수 있다. 극단적으로 대량취득예정자가 매입을 결정한 후 행하는 모든 취득행위가 전부 주식대량취득행위 자체인 것으로 해석될 수도 있다.[27] 그러나 자본시장법 제174조 제3항이 자본시장법 제정 이전부터 있었던 미공개 공개매수정보 이용행위에 준하여 도입된 것임을 감안하면 이러한 확대해석에는 무리가 있다고 생각된다.

다. 자본시장법 제147조 제1항 : 대량보유보고의무

주식의 대량취득, 처분과 관련하여 자본시장법은 제147조 제1항에서 별도의 지분공시의무를 부과한다. 제174조 제3항이 미공개된 주식 대량취득, 처분정보의 이용을 금지하는 반면, 제147조 제1항은 대량보유정보를 일반에 공개할 것을 요구한다. 자본시장법 제147조 제1항에 따르면 본인과 그 특별관계자가 보유하게 되는 주식등의[28] 합계가 그 주식등의 총수의 5% 이상인 경우 5일 이내에 그 보유상황, 보유목적 등을 금융위원회와 거래소에 보고하여야 한다. 보유주식등의 합계가 주식등의 총수의 1% 이상 변동된 경우에도 마찬가지이다. 위 비율 산정시 본인 이외에 특별관계자가 보유[29]하는 주식등을 합산하는바, 특별관계자에는 특수관계인[30]과 공동보유자[31]가 포함된다.[32] 보고의무자는 5% 이상을 보유하게

---

27) 실제로 이 사건 대상판결의 원심에서는 실제 K실업에 의한 대량취득은 2010. 9. 28.부터 3일간 이루어졌음에도 불구하고 대량취득의 결정이 이루어진 2010. 8. 5. 을 '대량취득 실시가 이루어진' 날짜라고 표현하고 있다.

28) 의결권 있는 주식 및 주식으로 전환될 가능성을 갖는 모든 잠재적 증권을 포함한다. 자본시장법 시행령 제139조 참조.

29) 자본시장법상 제133조 제3항에 따르면 보유는 소유, 그 밖에 이에 준하는 경우를 뜻하며 넓게 주식등에 대하여 실질적인 지배권이 있는 상태를 포괄한다. 구체적 유형은 자본시장법 제142조에 규정되어 있다.

30) 일정한 친족 및 관련 법인을 가리키는바, 본인이 법인 기타 단체인 경우 임원, 계열회사, 30% 주주 등을 포함한다. 자본시장법 제9조 제1항 제1호, 동 시행령 제8조.

31) 본인과의 합의나 계약에 따라 ① 주식등을 공동으로 취득, 처분하거나, ② 주식등을 공동 또는 단독으로 취득한 후 그 취득한 주식을 상호양도하거나 양수하거나, ③ 의결권(의결권 행사지시권 포함)을 공동으로 행사하기로 합의한 경우를 말한다. 자본시장법 시행령 제141조 제2항.

32) 자본시장법 제147조 제1항, 제133조 제3항, 동 시행령 제141조 제1항.

된 본인이다. 특별관계자가 있는 경우에는 함께 보고하여야 하며, 이 경우 보유 주식등의 수가 가장 많은 자를 대표자로 선정하여 연명으로 보고할 수 있다.[33]

주식취득에 한정해서 볼 때, 미공개 정보이용의 관점에서 후술하듯 발판취득, 응원취득, 공동취득의 위법성에 관한 논란이 있다. 반면 주식대량보유보고의 관점에서 보면, 대량취득자의 주도하에 이루어지는 취득은 발판취득, 응원취득, 공동취득을 불문하고 합계 5%가 넘어서는 순간 연명 보고의무의 대상이 된다. 이렇듯 일정 지분 범위 내에서 자본시장법 제147조 제1항에 의한 별도의 지분공시 장치가 갖추어져 있다는 점은 발판취득, 응원취득, 공동취득의 적법성을 검토할 때에도 감안되어야 할 점이다.[34]

Ⅲ. 규제필요성

1. 시장정보 중 특히 주식대량거래정보의 이용을 규제할 필요가 있는가

가. 개 념

시장정보(market information)란 당해 회사의 증권가격에 영향을 줄 수 있는 사항이지만 당해 회사에서 발생한 정보가 아닌 것을 가리킨다.[35] 이에 대응하는 개념은 기업정보(corporate information)이다. 정부의 경제정책이나 금리에 대한 결정, 해외원자재 가격의 변동이 시장정보의 대표적 사례이다. 이른바 대체적 내부자거래(substitute insider trading)도 넓은 의미에서 시장정보를 이용한 거래형태라고 할 수 있다. 즉 A회사의 내부자가 A회사의 미공개중요정보(악재)가 그 경쟁사인 B회사의 호재로

---

33) 자본시장법 시행령 제153조 제4항.

34) 물론 제147조 제1항의 지분공시는 그 일차적 목적이 기존 경영진에게 방어기회를 부여하는 것이므로[김건식/정순섭, 자본시장법(제3판), 두성사(2013), 302면] 일반투자자 보호 및 자본시장 건전성 유지를 목적으로 하는 미공개정보 이용금지와 다소 다른 측면이 있음은 사실이다. 그러나 제147조 제1항 역시 투자자에게 정확한 정보를 제공하여 가치판단에 도움을 주는 기능도 함께 갖고 있으므로 미공개정보 이용금지와 전혀 다른 원리로 작동된다고 보기도 어렵다.

35) 송옥렬, 미국의 최근 증권사기 수사사례 및 판례의 동향, 대검찰청 연구용역 보고서(2008. 12), 26면; 장근영, 자본시장법상 정보생성자의 미공개중요정보 이용행위 규제, 사법 제32호(2015), 136면.

작용할 것으로 생각하고 B회사 주식을 취득하는 경우가 대체적 내부자거
래 사례이다.[36) B회사 입장에서 볼 때 위 A회사의 미공개중요정보는 시
장정보라고 할 수 있다. 주의할 것은 구체적 결정이 외부에서 이루어지
기는 하지만[37) 당해 회사에 직접 관련되는 사항이라면, 일반적으로 시장
정보가 아니라 기업정보로 분류된다는 점이다.[38) 당해 회사를 상대로 한
소송의 제기, 과징금 부과, 감사의견 거절 등이 대표적이다.

대상회사의 주식을 취득하거나 처분하는 것은 그 주주의 판단에 따
라 이루어지는 것으로서 대상회사 입장에서 볼 때 원칙적으로 시장정보
에 해당한다.[39) 다만 대주주변경이 대상회사와의 협의를 거쳐 이루어지
는 때에는 대상회사 입장에서도 기업정보가 될 여지가 있다.

나. 미공개 주식대량거래정보 이용규제 근거에 관한 이론

전통적인 내부자거래 규제의 대상은 증권발행회사의 내부정보이다.
시장정보 중 주식대량거래정보를 일반적인 내부정부와 마찬가지로 취급
할 것인가? A회사의 중요 정보를 직무와 관련하여 알게 된 A회사의 이사
R이 이를 이용하여 A회사 주식을 거래한 행위와, L회사가 추진하는 M회
사 지배주식취득 정보를 직무와 관련하여 알게 된 L회사 이사 Q가 이를
이용하여 M회사 주식을 거래한 행위를 동등하게 취급할 것인지의 문제
이다. 극단적으로 Q의 이용행위는 전혀 규제할 필요가 없다는 입장도 가
능하다. 또한 주식대량거래정보에 관해 그 생산자인 대량거래자의 재산
권이 인정된다는 전제하에, 대량거래자가 그 정보를 제3자에게 임의 유
통시킬 수 있다는 견해도 가능할 것이다. 그러나 증권의 수급 및 주가에

---

36) Ian Ayres & Joe Bankman, Substitutes for Insider Trading, 54 Stan. L. Rev.
235, 238(2001).
37) 이를 넓게 외부정보(outside information)이라고 부르기도 한다. 변제호 외, 앞의
책, 637면 등 참조.
38) 장근영, 자본시장법상 정보생성자의 미공개중요정보 이용행위 규제, 사법 제32호
(2015), 136면.
39) 神田秀樹外 編, 金融商品取引法 コンメンタール4: 不公正取引規制・課徴金・罰
則(神作裕之 執筆部分), 商事法務(2011), 158면도 발행자 이외의 자에 의한 공개매
수는 시장정보라고 본다.

영향을 미치는 중요한 정보라는 점,[40] 주식대량거래는 경영권 이전이 수반됨에도 규제하지 않는 것은 불공평하다는 점[41] 등 추상적인 근거에 근거하여 Q의 행위도 규제대상으로 보는 것이 일반적이다. 이하에서는 규제 근거에 관해 조금 더 구체적인 분석을 시도해 보기로 한다.

먼저 정보평등성에 터 잡은 설명이다. 이는 기본적으로 미공개된 정보를 보유하였다는 것 자체를 책임 근거로 본다.[42] 즉 경위를 불문하고 주식대량거래정보라는 중요한 미공개정보를 갖고서 유리한 지위에서 거래하는 행위는 금지되어야 한다고 본다. 이러한 접근법에 따르면 미공개 시장정보를 이용한 거래는 모두 규제대상이 된다.

두 번째로 신인의무(fiduciary duty) 관점에서 분석하는 설명이다. 이에 따르면 미공개정보 이용행위에 대한 규제는 그 배신적 성격에 기초한다.[43] 위 예에서 이사 R은 A회사에 대한 신인의무를 위반한 것이고,[44] 마찬가지로 이사 Q도 L회사에 대한 신인의무를 위반한 것이다. 이러한 논리대로라면 신인의무 위반의 상대방이 이를 양해한 경우 미공개정보 이용행위는 가벌성이 없다. 즉 L회사의 양해 또는 요청에 따라 그 이사 Q가 M회사 주식을 취득한 것이라면 적어도 L회사에 대한 신인의무 위반으로 볼 수는 없게 된다.

세 번째로 일반적인 시장정보와 달리 미공개 주식대량거래정보의 이용은 소속 회사에게 피해를 입히기 때문에 규제필요성이 크다는 주장도 제기될 수 있다.[45] L회사의 M회사 지배주식취득 정보가 미리 시장에 유

40) 정순섭, 앞의 글, 7; 神田秀樹外 編, 金融商品取引法 コンメンタール4 : 不公正 取引規制・課徴金・罰則(神作裕之 執筆部分), 商事法務(2011), 162면.
41) 박임출, 대량취득, 처분 정보를 이용한 내부자거래 : 대법원 2014. 3. 13. 선고 2013도12440 판결을 중심으로, 기업법연구 제29권 제1호(2015), 235면.
42) 일찍이 미국의 SEC v. Texas Gulf Sulphur Co., 401 F.2d 833(2nd Cir. 1968)에서 택했던 입장이다.
43) 정보원에서 대한 신인의무 위반, 거래상대방에 대한 신인의무 위반.
44) 거래상대방에 대한 신인의무 위반.
45) 김건식/송옥렬, 미국의 증권규제, 홍문사(2001), 350면은 내부자거래의 일반적인 규제논리로서 적대적 인수합병을 계획하는 회사의 내부자가 비밀리에 대상회사의 주식을 매입하는 경우 대상회사의 주가가 상승하여 경영권 장악에 필요한 자금규

포되는 경우, M회사 주가가 상승할 것이고 이는 L회사 매수자금의 증대로 귀결된다. 결국 L회사 이사 Q에 의한 M회사 주식 매입은 L회사 매수자금 증대로 이어질 가능성이 크다. 다만 이러한 접근법의 경우에도 소속회사의 피해가 문제되는 것이므로 소속회사의 양해 또는 요청이 있으면 규제필요성이 사라지게 된다.

네 번째로 규제형평성을 강조하는 입장이다. 형평성의 문제는 두 가지로 고찰할 수 있다. 첫 번째로 다른 기업인수 유형과의 형평성이다. 기업인수의 방법으로서 합병을 택하였고, L회사와 M회사의 합병교섭 중에 L회사 이사인 Q가 M회사 주식을 거래하였다면 준내부자로 인정되었을 것이다.[46] 기업인수의 방식으로 합병이 아닌 주식인수가 선택되었다고 하여 Q가 규제대상에서 제외되는 것은 형평에 맞지 않는 측면이 있다.[47] 두 번째로 주식인수방식을 전제로 할 때 매매대상 및 주체에 관한 형평성이다. 대량주식거래라는 정보를 이용한 행위라는 동일한 본질에도 불구하고 어떤 주식을 누가 거래하였는지에 따라 가벌성에 큰 차이를 두는 것은 합당하지 않다는 주장도 설득력을 갖는다.

다. 검 토

정보평등성만을 강조하여 모든 시장정보에 관하여 미공개정보이용금지 법리를 확장하는 것은 바람직하지 않을 것이다. 이는 자칫 사회적으로 유용한 정보의 생성 및 유통을 차단하는 결과를 초래할 수 있기 때문

모가 증가하게 된다는 점을 들고 있다; 神田秀樹外 編, 金融商品取引法 コンメンタール4: 不公正取引規制・課徴金・罰則(神作裕之 執筆部分), 商事法務(2011), 162면도 공개매수자의 이익을 해하는 측면을 일본 금융상품거래법 제167조의 입법이유의 하나로 들고 있다.

46) 자본시장법 제174조 제1항 제4호는 "그 법인과 계약을 체결하고 있거나 체결을 교섭하고 있는 자로서 그 계약을 체결, 교섭 또는 이행하는 과정에서 미공개중요정보를 알게 된 자"를 준내부자로 규정한다.

47) United States v. O'Hagan, 521 U.S. 642(1997)에서는 또다른 측면의 형평성이 문제된 바 있다. 사안에서는 '공개매수자'를 대리하는 법률회사에 근무하는 O'Hagan의 대상회사 주식거래의 책임이 문제되었는바, 연방대법원은 O'Hagan이 '대상회사'를 대리하고 있었다면 당연히 준내부자로서 대상회사 주식거래가 금지되었을 것임에 비추어 보면, 같은 정보에 관하여 우연히 대리하는 고객이 다르다고 하여 별도의 원칙이 적용되는 것은 형평에 맞지 않는다고 보았다.

이다. 반면 주식대량거래정보를 단순한 시장정보로 보아 이를 이용한 거래를 방치하거나 또는 주식대량거래정보를 하나의 재산권으로 인정하여 매수 또는 매도주체에게 정보처분 권한을 자유롭게 인정하는 방식도 찬성하기 어렵다. 실제로 주식대량거래정보를 미리 입수한 거래가 많이 이루어져 왔고,[48] 재산권적 접근법은 결국 임의규정화에 따른 실효성 약화를 초래할 수 있기 때문이다.

주식대량거래정보 역시 통상적인 내부정보에 준하여 취급함이 타당하다고 볼 것이다. 우리 자본시장법 제174조 제2항, 제3항도 미공개된 공개매수에 관한 정보, 주식대량거래정보를 통상적인 내부정보에 준하여 규율하는 입장이다. 그렇다면 남은 문제는 시장정보 중 유독 주식대량거래정보만을 별도로 볼 이론적 근거가 무엇인지 여부이다. 정보평등론 및 신인의무론은 구분의 논거를 제시하지 못한다. ① 세 번째 논거인 **소속회사에 피해를 입히는 측면**, ② 네 번째 논거인 **규제형평성**과 아울러 ③ **증권시장 공정성에 관한 투자자의 신뢰에 미치는 영향**을 종합적으로 고려할 때, 주식대량거래정보는 일반 시장정보보다 엄격하게 규제함이 타당하다고 생각된다. 이하에서는 위 **'규제형평성'** 문제를 더 상세히 고찰해 보고자 한다.

(1) 전형적인 (준)내부자거래와의 형평성

어떤 회사(T, Target Company)의 경영권 변동을 초래할 수 있는 주식대량거래에는 당해 회사 이외에 그 지배주식을 매수하는 회사(P, Purchasing Company), 이를 매도하는 회사(S, Selling Company)가 관련된다. 각 회사가 상장되어 있어서 각 발행주식이 미공개중요정보이용 규제대상이 될 수 있다고 할 때, 각 회사의 내부자들이 어떤 주식을 거래하는지에 따라 9가지 유형이 나타날 수 있다. 여기에서의 내부자는 일단 각 회사의 임직원, 대리인, 주요주주를 가리킨다.[49] 또한 이하의 논의는 주식의 거래상대방, 즉 P

---

48) Cox, Hillman & Langevoort, Securities Regulation: Cases & Materials(6th Ed.), Aspen(2009), p. 912.
49) 자본시장법 제174조 제1항 제1, 2호.

와 S 간 기업인수, 매각에 관한 협의가 이미 개시되었음을 전제로 한다.[50]

[표 1] 주식대량거래와 미공개정보이용규제

		거래대상		
		T주식	P주식	S주식
거래주체	T내부자	제174조 제1항 또는 제3항 적용가능성	제174조 제1항 적용가능성	제174조 제1항 적용 가능성
	P내부자	제174조 제3항 적용	제174조 제1항 적용 (내부자)	제174조 제1항 적용 (준내부자)
	S내부자	제174조 제3항 적용	제174조 제1항 적용 (준내부자)	제174조 제1항 적용 (내부자)

먼저 T주식을 거래한 경우이다. 매수회사인 P의 내부자 또는 매도회사인 S의 내부자가 T주식을 거래한 경우 자본시장법 제174조 제3항이 적용된다. 본디 이 조항은 이러한 내부자들을 규제하기 위한 것이다. T의 임직원이 T주식을 거래한 경우는 어떠한가?[51] 만약 P 또는 S로부터 대량주식거래에 관한 정보를 받은 것이라면 제174조 제3항 제6호의 제1차 수령자로서 규제된다.[52] 나아가 T와 P 사이, 또는 T와 S 사이에 기업인수, 매각과 관련한 협의가 진행 중이었다면 제174조 제3항 제4호의 준내부자

---

50) P가 일방적으로 주식대량취득을 결정하고 아직 S와 어떠한 협의가 없는 경우에도 자본시장법 제174조 제3항 위반이 성립할 여지가 없는 것은 아니다. 하지만 일반적으로 현재의 지배주주와 아무런 교감 없이 지배권 거래가 이루어지기는 어렵고, 이러한 협의가 개시되지 않은 경우의 주식대량거래 정보는 아직 그 실현가능성이 크지 않은 상태라고 할 수 있다.

51) T의 주요주주의 경우에도 원칙적으로 임직원과 마찬가지의 논의가 가능하다. 다만 기존 주주인 S의 경우 스스로 지배주식을 매각한다는 정보가 주주권을 행사하면서 알게 된 정보라고 볼 수는 없으므로 제174조 제1항의 규제를 받지는 않게 된다. 대법원 2003. 11. 14. 선고 2003도686 판결 참조.

52) 임재연, 앞의 책, 358면.

로 구성될 수도 있다. 마지막으로 그 직무와 관련하여 대주주 교체에 관한 사항을 알게 되었다면 그 자체가 T회사의 주요정보가 될 수 있다. 이러한 때에는 제174조 제1항의 규제를 받게 될 것이다.[53]

다음으로 P주식이 거래대상인 경우이다. P의 내부자가 거래를 하였다면 전형적인 제174조 제1항 제1, 2호 적용사안이다. 즉 직무와 관련하여 당해 회사의 M&A 호재 또는 악재를 알게 되어 거래에 나선 행위가 된다. S의 내부자가 P주식을 거래하였다면 이는 제174조 제1항 제4호의 준내부자에 해당한다. 주식매매계약 체결 교섭 중 알게 된 정보를 이용한 것이기 때문이다. 한편 T의 내부자가 P주식을 거래한 경우에도 제174조 제1항이 적용될 여지가 있다. 즉 P 또는 S로부터 대량주식거래에 관한 정보를 받은 것이라면 제174조 제1항 제6호의 1차 수령자로서 규제를 받는다. 나아가 P와 기업인수, 매각 협의가 진행 중이었다면 제174조 제1항 제4호의 준내부자로 구성될 수도 있다.

마지막으로 S주식이 거래대상인 경우는 위 P주식이 거래대상인 경우와 유사한 구조이다. S의 내부자인 경우 제174조 제1항 제1, 2호가 적용되고, P의 내부자인 경우 제174조 제1항 제4호가 적용된다는 점에서 다를 뿐이다. T의 내부자인 경우 마찬가지로 제174조 제1항 제6호 또는 제4호의 적용 여지가 있다.

위 [표 1]에서 몇 가지 추가적으로 언급할 부분이 있다. 첫 번째는 제174조 제3항의 역할이다. 위 조항이 도입되기 이전에는 주식대량매매의 당사회사들(P 또는 S)의 내부자가 대상회사(T) 주식을 거래한 경우, 즉 위 [표 1]의 음영부분은 규제공백 상태였다. 이러한 관점에서 보더라도 주식대량취득정보를 일반적 시장정보와 달리 규제대상으로 삼는 것은 규

---

53) 2013년에 개정된 일본 금융상품거래법 제167조 제1항 제5호는 공개매수자로부터 매수정보를 전달받은 경우에는 공개매수의 대상회사 및 그 내부자도 규제대상임을 명시하였다. 종래 준내부자로서의 처벌 또는 제1차 수령자로서의 처벌이 충분하지 못한 것을 보완하기 위한 취지라고 한다(西村あさひ法律事務所, 앞의 책, 451면). 위 조항의 실질적 의미는 매수대상회사의 내부자로부터 정보를 수령한 제3자의 처벌이다. 구법에 따르면 이러한 제3자는 제2차 정보수령자로서 처벌이 어려웠지만, 신법하에서는 제1차 정보수령자에 해당하게 된다.

제공백을 채우는 것으로서 타당하다. 앞서 언급한 규제형평성이 논거가 될 수 있을 것이다. 두 번째로, 위 도표에서 주식매매의 당사회사인 P, S 회사의 내부자인 경우 구조적으로 제174조 제1항, 제3항이 당연히 적용되는 구조이다. 반면 T회사의 내부자인 경우 구체적인 사실관계에 따라 주식매매에 관한 정보를 어떠한 형태로 알게 되었는지를 따져 보아야 한다. 이는 대상회사인 T회사를 배제하고 T회사 지배주식 매매가 이루어지는 것이 불가능하지 않기 때문이다. 세 번째로 위 도표는 거래주체가 'T, P, S회사의 내부자'인 것을 전제로 하는바, 'T, P, S 회사 자체'가 거래주체인 경우에는 추가적 고찰을 요한다. 준내부자나 제1차 정보수령자가 법인인 경우에도 개인과 마찬가지로 규제대상이고, 나아가 자본시장법 제174조 제1항 제1호, 제3항 제1호가 해당 법인 자체를 포함하고 있으므로 원칙적으로 위 논의가 그대로 적용된다고 할 것이다. 다만 대량매매정보가 공개되기 전에 P회사가 T주식을 매수하거나 S회사가 T주식을 매도하는 것은 정보이용이라기보다는 원래의 대량매매 자체를 실현하는 행위라고 볼 여지가 많다. 이는 발판취득, 처분의 문제로서 나중에 다루어지게 된다.

(2) 주식교환 등과의 형평성

앞서 시장정보 중 주식대량매매를 특별히 규제하는 논거 중의 하나로 다른 기업인수 방식과의 형평성을 들었다. P회사가 T회사의 지배주주인 S회사로부터 T회사의 지배권을 인수하는 방법에는 다양한 형태가 있다. 이른바 자산결합형으로서 P회사가 T회사를 합병하거나 그 영업을 양수하는 방식도 있는 반면, 주식결합형으로서 P회사가 S회사로부터 지배주식을 양수하거나 또는 포괄적 주식교환 방식으로 100% 주식을 취득하는 방법도 있다. 앞서 [표 1]에서 검토한 것은 지배주식을 매입하는 방식인바, 이하에서는 주식결합형으로서 구조가 유사한 포괄적 주식교환 방식을 이와 대비해보기로 한다. 포괄적 주식교환이란 위 예에서 P회사가 당해 회사 및 T회사 주주총회의 특별결의를 거쳐 T회사 주식 100%를 취득하고 그 주주들에 대하여는 P회사 주식을 발행하여 주는 형태이다.[54] P

회사가 T회사 지배주식을 취득하는 것이기는 하지만 이는 조직법적인 거래이므로 개인법적 매수를 전제로 하는 자본시장법 제174조 제3항의 적용대상은 아니다.[55] 주식교환 자체는 P회사와 T회사 사이에서 이루어지지만, 주주총회의 특별결의를 거쳐야 하므로 이하에서는 P회사와 기존 지배주주인 S회사[56] 및 대상회사인 T회사 간 사전 협의가 진행 중인 상태라고 전제한다. 이러한 경우 위 [표 1]은 어떻게 변화하는가?

[표 2] 포괄적 주식교환과 미공개정보이용규제

		거래대상		
		T주식	P주식	S주식
거래주체	T 내부자	제174조 제1항 적용 (내부자)	제174조 제1항 적용 (준내부자)	제174조 제1항 적용 (내부자)[57]
	P 내부자	제174조 제1항 적용 (준내부자)	제174조 제1항 적용 (내부자)	제174조 제1항 적용 (준내부자)
	S 내부자	제174조 제1항 적용 (내부자)	제174조 제1항 적용 (준내부자)	제174조 제1항 적용 (내부자)

---

54) 상법 제360조의2 이하 참조.
55) 松尾直彦, 金融商品取引法(第4版), 商事法務(2016), 620면도 조직재편에 의한 주식취득은 일본 금융상품거래법 제167조의 매집에 해당하지 않는다고 본다. 우리 자본시장법 시행령 제201조 제4항에 따르면 자본시장법 제174조 제3항의 규제대상인 주식대량취득은 자본시장법 제147조 제1항의 대량보유보고대상에 해당하여야 하나, 포괄적 주식교환에 의한 주식취득은 대량보유보고대상이 아니라 주요사항보고서 제출대상이다(자본시장법 제161조 제1항 제6호).
56) 물론 앞서의 주식대량취득에서 언급한 것과 마찬가지로, P가 일방적으로 포괄적 주식교환을 결정하고 아직 S와 어떠한 협의가 없는 상태에서도 자본시장법 제174조 제1항 위반이 성립할 여지가 있기는 하다. 하지만 일반적으로 현재의 지배주주와 아무런 교감 없이 지배권 거래가 이루어지기는 어렵고, 이러한 협의가 개시되지 않은 경우의 포괄적 주식교환 정보는 그 실현가능성이 크지 않은 상태라고 할 수 있다.
57) 이때에 T의 임직원은 S의 계열사(피지배회사)인 T의 내부자로서 그 직무와 관련하여 S의 내부정보(피지배회사에 관한 주식교환 실시)을 알게 되어 이용한 것이므

위 [표 2]에서 보듯이 이러한 경우 T, P, S 주식의 거래는 기존의 제
174조 제1항에 의하여 규제된다. 여기에서 주목할 부분은 음영표시된 부
분, 즉 P의 내부자 또는 S의 내부자가 T주식을 거래한 경우이다. P의 내
부자인 경우 P가 T회사와 주식교환 협의를 하는 중이었으므로 자본시장
법 제174조 제1항 제4호의 준내부자로 규제받는다. 한편 S의 내부자인
경우 S가 T회사의 주요주주로서 위 포괄적 주식교환에 관한 정보는 주주
로서의 권리행사 과정에서 알게 된 것이므로 자본시장법 제174조 제1항
제2호의 규제를 받는다. 표 2와 표 1을 비교해 보면 제174조 제3항이 없
었더라면 매우 유사한 사안에서 주식대량거래인 경우 규제공백이 발생함
을 알 수 있다. 이 점에서도 미공개 주식대량취득정보를 통상적인 시장
정보와 달리 취급하는 것은 설득력이 있다.

2. 주식대량취득자 측의 사전취득행위를 규제할 필요가 있는가
가. 문제의 소재

앞서 언급한 것은 주식대량거래 정보가 제3자에게 사전에 전달되어
남용되는 상황을 전제로 하였다. 이러한 행위는 주식대량거래자의 피해,
규제형평성, 증권시장 공정성 침해에 비추어 엄격히 규제되어야 한다. 그
런데 이러한 논리는 그 사전적 취득 및 처분이 주식취득주체, 처분주체
자신에 의하여 또는 그들을 위하여 이루어진 경우에도 적용될 수 있는
가? 주식대량처분의 경우 보유하고 있지 않은 주식을 타인을 위하여 처
분한다는 개념이 성립할 수 없으므로, 이하의 논의는 좀 더 복잡한 문제
가 있는 '취득'을 중심으로 살펴본다. 주목할 부분은 이러한 사전취득행위
는 주식대량거래정보의 '이용'이 아니라 실현으로 볼 여지가 있다는 것이
다. 주식대량취득의 궁극적 목적은 기업지배권 취득이기 때문에 그러한
정보의 공유 및 이용이 위 궁극적 목적의 실행수단인 경우가 많다. 주식

로 제174조 제1항 제1호 적용이 가능할 것이다.

대량거래정보를 미리 **빼돌려** 부당한 차익을 얻으려는 행위와 달리, 위 정보를 이용하여 기업지배권 거래를 원활하게 하려는 행위를 일률적으로 금지할 필요가 있는지 의문이 제기될 수 있다.

구체적 논의에 앞서 주식대량취득자 측의 사전취득행위를 몇 가지 유형으로 나누어 보기로 한다. 이들 개념은 거래계에서 혼용되고 있는바, 이 글에서는 다음과 같이 정의한다. ① 발판취득이란 앞서 언급한 바와 같이 대량취득자 자신이 본격적인 대량취득에 앞서서 미리 일부 대상회사의 주식을 취득해 두는 것이다. ② 응원취득이란 대량취득자의 순조로운 매입을 돕기 위해 그의 요청에 따라 이루어지는 제3자의 취득이다. 대량취득자를 위한 것이므로 적어도 매입 당시에는 향후 대량취득자에게 위 취득분을 매도할 것을 의도하고 있다.[58] ③ 공동취득이란 다수의 취득자들이 함께 매입주체가 되는 경우이다. 취득자들 상호 간의 인식으로는 부족하고 공동매입 합의가 필요하다고 할 것이다.[59] 주도적 대량취득자와 부수적 취득자들이 처음부터 공동취득을 하기로 한 경우 이외에, 후발적으로 부수적 대량취득자들이 가담하는 형태도 가능하다. 취득자들 사이에 의사의 합치가 있다는 점에서는 응원취득과 동일하다. 응원취득과 다른 것은 모든 취득자들이 취득 당시부터 계속하여 해당 주식을 보유할 것이 예정되어 있다는 점이다.

본건 판결의 사안에서 피고인은 대량취득의 주체인 K실업의 요청에 의하여 D회사 주식을 매입한 것(응원취득)이라는 주장과 K실업과 동일시할 수 있는 피고인이 대량취득을 위해 D회사 주식 일부를 먼저 매입한 것(발판취득)이라는 주장을 하고 있다. 나아가 사안에서 구체적으로 문제되지 않았지만 다수인이 매수주체로 나서는 경우에는 공동취득 여부가 논의될 여지가 있다. 이하에서는 먼저 제174조 제3항 단서와 발판취득과의

---

58) 일본 금융상품거래법 제167조 제5항 제4호는 이를 명시하고 있다. 다만 매입 당시에 이러한 의사가 있었다면 이후 실제로 대량취득자에 대한 매각이 이루어지지 않았더라도 응원취득이 부인되는 것은 아니다. 西村あさひ法律事務所, インサイダー取引規制の實務(第2版), 商事法務(2014), 468면.

59) 西村あさひ法律事務所, 앞의 책, 454면.

관계를 살펴본 다음 응원취득, 공동취득의 허용 여부를 검토하기로 한다.

나. 발판취득: 자본시장법 제174조 제3항 단서의 해석

현행 자본시장법 제174조 제3항의 구조를 보면, 대량취득자는 ① 미공개 주식대량취득정보를 그 주식등과 관련된 특정증권등의 매매, 그 밖의 거래에 이용하거나 타인에게 이용하게 하여서는 안 되지만(본문), ② 위 미공개정보를 그 주식등과 관련된 특정증권등의 매매, 그 밖의 거래에 이용할 의사가 없는 경우에는 이러한 규제를 받지 않도록 되어 있다(단서). 위 본문과 단서를 비교하여 보면 단서는 당연한 것을 정한 주의적 조항으로 생각된다.[60] 원래 특정증권등의 매매, 그 밖의 거래에 이용할 의사가 없는 경우 미공개정보의 이용행위 자체가 없는 것이므로 원천적으로 본문상 요건을 충족하지 못한다.[61]

2009년 개정법이 대량취득, 처분자 자신을 규제대상에 포함시키는 한편 그 단서에서 "대량취득, 처분을 하는 자가 대량취득, 처분을 목적으로 거래하는 경우에는 그러하지 아니하다"라는 문구를 추가하였다는 점은 앞서 언급한 바와 같다. 이에 대하여 다수설은 위 개정으로 인해 발판취득이 금지되었다고 보았는바 그 설득력은 크지 않다고 생각된다. 발판취득은 원래의 목적, 즉 주식대량취득의 실현과정일 뿐이지[62] 별도의 이용이라고 보기는 어렵다.[63] 따라서 본문의 '특정증권등의 매매, 그 밖의 거래에 이용'하는 행위가 없다고 할 것이고, 따라서 단서를 떠나 본문

---

60) 박임출, 앞의 글, 239면도 이러한 때에는 이용행위가 없어서 본문의 구성요건을 충족하지 못한다고 본다.

61) 한편 임재연, 앞의 책, 357면은 단서의 '그러하지 아니하다'라는 것은 결국 미공개정보를 이용할 수 있다는 것인데, 이는 이용할 의사가 없다는 단서의 전제사실과 상충된다는 문제점을 제기한다.

62) 黑沼悦郎, 金融商品取引法, 有斐閣(2016), 453면은 자기가 결정한 사실을 실행하는 것을 방해할 수는 없다고 표현한다.

63) 이 점에서 발행회사가 스스로 생성한 내부정보를 이용하여 자사주를 거래하는 것과 차이가 있다. 발행회사가 특정사업에 진출하기로 결정하고 주가 상승을 예상하여 자사주를 매입한다면 이는 미공개중요정보를 '이용'하여 거래한 것이므로 제174조 제1항 위반이 된다(제1호에서는 해당 법인도 규제대상에 포함시킴). 반면 인수희망회사가 인수결정을 한 다음 대상회사 주식을 일부 취득하는 경우 이는 정보의 이용이 아니라 정보내용의 실현으로 보아야 한다.

의 금지행위에도 해당하지 않는다고 할 것이다.[64] 발판취득을 허용하더라도 앞서 살펴본 바와 같이 자본시장법 제147조 제1항은 대량보유보고의무를 규정하고 있으므로 미공개정보이용에는 어느 정도 한계가 있다. 결국 현재의 제174조 제3항 단서도 주의적 규정이지만, 2009년 개정법하의 자본시장법 제174조 제3항 단서도 주의적 조항으로 보아야 할 것이다.

결국 현행 자본시장법뿐 아니라 2009년 개정법에 의하더라도 발판취득은 허용된다고 봄이 타당하다. 정책적으로도 발판취득을 미공개중요정보 이용이라는 관점에서 규제하는 것은 타당하지 않다. 아래에서 보듯이 미국, 일본의 입법례도 발판취득을 미공개중요정보 이용행위로 보지 않는다.

다. 응원취득과 공동취득

이렇듯 발판취득은 정책적으로도, 우리 법제의 해석상으로도 허용됨이 타당하다. 응원취득과 공동취득은 어떠한가? 이는 자본시장법 제174조 제3항 본문의 '이용행위'가 응원취득, 공동취득까지 규제하는 것인지의 문제이다. 구체적 분석에 앞서 먼저 미국, 일본의 입법례를 살펴보기로 한다.

(1) 미국의 SEC Rule 14e-3

미국에서는 미공개정보이용행위 규제에 관하여 주식대량취득정보 이용행위를 별도로 규정하지 않고 다만 공개매수정보 이용을 금지하고 있다. 즉 SEC Rule 14e-3은 우리 자본시장법 제174조 제2항과 마찬가지로 미공개 공개매수정보 이용을 금지한다. 우리 자본시장법상 미공개 주식대량취득정보 이용금지는 미공개 공개매수정보 이용금지와 같은 맥락에서 있으므로, 응원취득에 관한 Rule 14e-3의 논의가 참조가 될 수 있다.

일반적인 미공개정보이용 금지와 달리 Rule 14e-3은 (신인의무 이론 또는 부정유용이론이 아닌) 정보평등이론에 입각한 것으로 풀이된다.[65] 동

---

64) 2009. 2. 3. 개정에서 대량취득을 하는 자를 주체에 포함시킨 것은 발판취득을 금지하기 위함이 아니라, 미공개 대량주식취득정보를 타인에게 이용하게 하는 행위를 규제하려는 취지라고 풀이할 것이다. 또한 대주주가 일정 수량의 대량주식매각을 결정한 상태에서(대상회사 주가에 호재) 대상회사 주식을 추가 취득해 두는 것은 미공개중요정보인 대량주식매도의 실현이 아니라 그 정보의 이용이라고 할 것인바, 위 2009. 2. 3. 개정으로 인해 비로소 규제대상이 되었다고 할 수 있다.

65) United States v. Chestman, 947 F.2d 551(2d. Cir. 1991).

조항에 따르면 공개매수예정자가 공개매수를 위한 실질적 단계(substantial step)에[66] 들어간 이후에는 공개매수예정자 이외에 어떤 자도 그로부터 미공개 공개매수정보를 받아 대상회사 주식을 거래할 수 없다.

위 조항에 의할 때 공개매수예정자에 의한 발판취득이 허용됨은 분명하다. 응원취득에 관하여, 미국에서는 공개매수예정자가 성공적 공개매수를 위하여 우호적인 세력들에게 공개매수정보를 주고 대상회사 주식을 매입하도록 하는 것은 'warehousing'이라고 한다.[67] 이는 곧 우호세력에 의한 넓은 의미의 응원취득을 뜻한다. Rule 14e-3은 공개매수 예정자 이외의 어떤 자도 미공개 공개매수정보를 이용할 수 없도록 함으로써 응원취득을 명시적으로 금지하고 있다.[68]

마지막으로 공동취득에 관하여는, 위 조문 자체가 공개매수를 전제로 하고 있으므로 공동으로 공개매수 주체가 되는지 여부에 의해 판단하게 될 것이다. 공동 공개매수자가 되지 않는 자에 의한 공개매수정보 이용은 모두 금지된다.

(2) 일본의 금융상품거래법 제167조

미국과 마찬가지로 일본 금융상품거래법 제167조도 일반적인 미공개중요정보이용 이외에 미공개 공개매수정보 이용도 금지하고 있다. 나

---

66) 매수예정자가 발판취득에 나선 경우 설사 매수예정자가 대상회사를 접촉한 적이 없더라도 실질적 단계에 들어간 것으로 볼 것이다[SEC. v. Warde, 151 F. 3d 42, 49(2d. Cir. 1997)]. 실질적 단계에 들어갔다면 이후 실제 공개매수가 이루어지지 않았더라도 무방하다[O'Connor & Assoc. v. Dean Winter Reynolds, Inc., 529 F. Supp. 1179(S.D.N.Y, 1981)]. 실질적 단계의 구체적 의미에 관하여는 SEC v. Mayhew, 123 F. 3d 44(2d. Cir. 1997).

67) John C. Coffee, Jr. & Hillary A. Sale, Securities Regulation: Cases & Materials(11th Ed.), Foundation Press(2009), 295면은 warehousing을 다음과 같이 정의하고 있다: "The practice by which bidders leak advance information of a tender offer to allies and encourage them to purchase the target company's stock before the bid is announced."

68) John C. Coffee, Jr. & Hillary A. Sale, 위 책, p. 295. United States v. O'Hagan, 521 U.S. 642(1997) 사건에서 SEC가 응원취득을 금지할 권한이 있는지가 언급되었으나 법원은 이에 대한 판단을 유보한바 있다. Cox, Hillman & Langevoort, Securities Regulation: Cases & Materials(6th Ed.), Aspen(2009), p. 913.

아가 위 조항은 5% 이상의 매집정보의 이용 역시 마찬가지 법리에 의해 금지하고 있으나[69] 이하에서는 공개매수정보 이용을 중심으로 살펴보기로 한다.

먼저 발판취득과 관련하여, 일본 금융상품거래법 제167조 제1항은 공개매수자를 적용대상에서 제외하고 있으므로[70] 공개매수자 자신에 의한 사전적 취득은 금지되지 않는다.[71]

다음으로 일본 금융상품거래법 제167조 제5항 제4호는 명시적으로 응원취득을 허용하고 있다. 이에 따르면 공개매수자의 요청(공개매수자가 회사인 경우 그 이사회의 결의 필요)에 의하여 대상회사의 증권등을 매수하는 경우로서 당해 공개매수자에게 당해 증권등을 매도할 목적이 있었다면 이는 위법하지 않다.[72] 공개매수자에 의한 발판취득과 동일시될 수 있는 것이라면 증권시장의 공정성, 건전성에 대한 투자자의 신뢰를 손상시키지 않는다는 점을 고려한 것이다[73]. 공개매수자의 요청에 의한 것이고 최종적으로 공개매수자가 재매입을 한다면 당해 공개매수자를 해하는 것도 아니라는 점도 입법의 근거이다.[74] 원칙적으로 응원취득은 공개매수자에게 매도하기 위한 것이어야 하지만, 이러한 의도는 응원취득 당시에만 있으면 족하고 실제 매도가 이루어지지 않더라도 무방한 것으로 해석되고 있다.[75] 공개매수자의 이사회 결의를 밟도록 한 것은 응원취득이 미공개 공개매수정보 이용금지를 회피하기 위한 수단으로 쓰이는 것을

---

69) 금융상품거래법 시행령 제31조에 의한 의결권의 5% 이상의 매집에 관한 정보가 규율 대상이다.

70) 이러한 조문 형식은 우리나라의 2009. 2. 3. 개정 이전 자본시장법 제174조 제2항과 유사하다.

71) 黑沼悦郎, 앞의 글, 453면; 松尾直彦, 앞의 글, 621면.

72) 한편 같은 항 제5호는 공개매수에 대항하는 대상회사의 이사회의 결의에 근거하여 이루어지는 대상회사 증권 취득도 허용하고 있다.

73) 神田秀樹外 編, 金融商品取引法 コンメンタール4 : 不公正取引規制・課徴金・罰則(神作裕之 執筆部分), 商事法務(2011), 172면.

74) 神田秀樹外 編, 위 글, 172면.

75) 西村あさひ法律事務所, 앞의 책, 468면. 다만 사후적으로 매도하지 않은 사정은 원래 의도가 있었는지 여부를 판단함에 있어서 불리하게 작용할 것이다. 松尾直彦, 앞의 글, 630면.

922 民事判例硏究〔XXIX〕

억제하기 위함이다.[76]

공동취득에 관하여는 공개매수자, 5% 이상 매집자와 공동으로 공개매수 또는 매집행위를 하려는 경우 공동취득자들이 각기 발판취득이 가능하다고 본다.[77]

(3) 검   토

앞서 주식대량취득자 자신의 발판취득은 정책상, 해석상 허용됨이 타당하다는 점을 밝힌 바 있다. 공동취득인 경우에도 마찬가지로 보아야 할 것이다. 기업인수 형태 중 합병, 주식교환의 방식에 의하거나 주식취득이더라도 공개매수에 의하는 경우 인수주체인 존속회사, 교환회사, 공개매수자는 단독인 것이 보통이다. 반면 주식대량취득인 경우 다수 주체가 협의하여 대상회사의 주식을 일부씩 취득하는 경우가 드물지 않다. 예컨대 일부 회사(주도적 취득자)는 대상회사 주식을 10% 이상 취득하고 나머지 회사들(부수적 취득자)은 소량을 취득하는 경우도 많다. 이러한 경우에 부수적 취득자는 주도적 취득자로부터 정보를 수령한 것이 아니라 함께 정보를 생산한 경우이므로 함께 대량취득자의 지위에 서게 된다고 할 것이다.[78] 이러한 해석이 대량주식 취득비율 산정시 공동보유자가 취득하는 비율을 합산하도록 하는 시행령 및 자본시장조사업무규정의 취지와도 부합한다고 생각된다.[79] 대법원은 주식양수도 거래의 상대방인 경우 "당해 정보를 갑(주식매도인)으로부터 전달받은 자가 아니라 갑과 이 사건 주식양수계약을 체결한 계약당사자로서 갑과 공동으로 당해 정보를

---

76) 西村あさひ法律事務所, 앞의 책, 468면.
77) 黑沼悅郎, 앞의 글, 453면; 西村あさひ法律事務所, 앞의 책, 454면도 금융상품거래법 제167조 제1항, 동 시행령 제31조의 문리상 공동매입자는 제167조의 규제대상이 아니라고 본다.
78) 박임출, 앞의 글, 237면도 공동취득인 경우 준매수자나 정보수령자가 아니라 대량취득자로 보아야 한다는 입장이다.
79) 자본시장법 시행령 제201조 제4항, 자본시장조사업무규정 제54조 제1항에 의하면 지분비율의 계산은 자본시장법 시행규칙 제17조에 의하게 되고, 위 시행규칙 제17조 제2항에 따르면 본인과 특별관계자 보유분을 합산하게 된다. 자본시장법 시행령 제141조에 의하면 특별관계자란 특수관계인과 공동보유자를 합한 개념인바, 주식을 공동으로 취득하거나 처분하기로 한 자는 공동보유자에 해당한다.

생산한 자에 해당한다"고 하여 정보수령자 지위를 부인한 바 있다.[80]·[81] 결국 공동취득이 이루어진 때에는 부수적 취득자에 의한 사전 주식취득은 주도적 취득자로부터 정보를 수령한 자에 의한 취득($\frac{제174조\ 제3항}{제6호의\ 이용}$)이 아니라 정보생산자 자신의 발판취득으로서 허용된다고 볼 것이다.

문제는 응원취득의 경우이다. 입법례를 보더라도 미국은 이를 금지하는 반면 일본의 엄격한 절차적 요건하에 이를 허용한다. [표 3]은 응원취득을 둘러싼 쟁점을 명확하게 하기 위하여 응원취득과 비교대상을 도표화한 것이다. ① 세로축의 관점에서, 응원취득은 공동취득/발판취득과 일반적인 제3자에 의한 취득의 중간에 위치한다고 볼 수 있다. (i) 응원취득자는 주도적 취득자와의 의사합치에 따라 취득에 나서게 되는바, 자본시장법 제147조 제1항의 대량보유보고의무 산정시 취득분에 합산된다는 점에서[82] 공동취득/발판취득과 유사하다. 반면 (ii) 취득자가 경영권 인수에 직접 관여하는 것은 아니라는 점에서는, 공동취득/발판취득과는 다르고 일반적인 제3자가 정보를 이용하여 주식을 취득하는 것과 유사한 점이 있다. 만약 응원취득을 공동취득/발판취득과 동일시하면 이는 허용되는 것이 보아야 하고, 반면 제3자의 정보이용으로 본다면 마찬가지로 금지시켜야 한다.

---

80) 자본시장법 제174조 제1항 제6호(제174조 제3항 제6호도 유사함)의 미공개중요 정보를 받은 자란 이미 존재하는 정보를 수동적으로 수령한 자를 가리킨다. 위 주식양수도계약에서 양수인은 능동적 정보생산자이지 수동적인 정보수령자가 아니다. 문용선, 증권거래법 제188조의4 제4항 제2호 소정의 '중요한 사항', '허위의 표시', 제188조의2 제1항 소정의 '당해 정보를 받은 자', 제207조의2 제1항 단서 소정의 '위반행위로 얻은 이익' 등(2003. 11. 14. 선고 2003도686 판결), 대법원 판례해설 제48호(2004), 434면. 마찬가지 논리가 부수적 취득자에 대하여도 적용될 수 있을 것이다.

81) 한편 대법원 2014. 2. 27. 선고 2011도9457 판결은 갑회사와 을회사가 경영자문계약을 체결한다는 정보는 비록 을회사가 정보생성과정에 관여하였더라도 을회사 또는 을회사의 내부자가 이를 이용하였다면 자본시장법 제174조 제1항의 규제대상이라고 밝힌 바 있다. 정보생산자라고 하여 당연히 자본시장법 제174조 제1항 제1호 내지 제5호 소정의 '알게 된 자'의 범위를 벗어나는 것은 아니다.

82) 구체적으로는 공동취득자이든 응원취득자이든 자본시장법 시행령 제141조 제2항의 공동보유자에 해당할 것이다.

② 가로축의 관점은, [표 2]에서 보았듯이 주식인수의 또 다른 형태인 포괄적 주식교환과의 비교이다. 만약 인수회사가 포괄적 주식교환 실행에 앞서 (대상회사 주주총회 결의 승인을 용이하게 하기 위하여) 제3자에게 위 인수계획을 알렸고 제3자가 대상회사 주식을 취득하였다면 어떠한가? 이때에 인수회사는 대상회사와의 관계에서 준내부자의 지위에 있으므로,[83] 그로부터 정보를 받은 제3자는 주식교환 정보를 이용하여 대상회사 주식을 거래할 수 없다(자본시장법 제174조 제1항 제6호). 위 제3자가 개인적 이익이 아니라 인수회사를 돕기 위하여 또는 후에 인수회사에 매도할 목적으로 대상회사 주식을 매입한 것이었어도 마찬가지이다. 이용행위는 미공개정보를 지득한 상태에서 그 정보를 알지 못했더라면 내렸을 결정과 다른 결정을 내리는 것이므로,[84] 제1차 수령자의 주식취득이 설사 인수회사의 요청에 따라 이루어진 것이라 하더라도 위법한 이용행위로 볼 것이다. 결국 포괄적 주식교환의 경우 제3자에 의한 응원취득은 내부자거래로서 금지된다. 이와의 형평상 주식대량취득 사안의 경우에도 응원취득이 금지되어야 한다는 주장이 가능하다.

해석론상으로는 응원취득은 자본시장법 제174조 제3항 위반이라고 볼 수밖에 없을 듯하다. 첫째로 (i) 대량취득자가 정보수령자에게 이익을 주기 위해 주식대량취득정보를 알린 경우와 (ii) 대량취득자가 향후 재매입하는 등 스스로의 이익을 위해 정보수령자에게 주식대량취득정보를 알린 경우를 구분하기가 대단히 어렵다. 응원취득을 넓게 허용하는 경우 자본시장법 제174조 제3항이 무력화할 가능성이 크다. 두 번째로 위 ②에서 본 바와 같이 포괄적 주식교환과의 형평성 측면에서도 규제 필요성이 있다.[85]

---

83) 자본시장법 제174조 제1항 제4호.
84) 금융감독원, 자본시장 불공정거래 및 기업공시 판례분석(2015. 12.), 80면.
85) 형평성의 또다른 측면인 주식대량취득구조 내에서의 형평성([표 1] 참조)은 응원취득, 공동취득의 경우에 큰 시사점을 주지는 못한다. 응원취득, 공동취득은 정보 내용인 대상회사 주식취득의 실현을 위해 이루어진다는 특성을 갖는바, 이는 대상회사의 주식이 아닌 매수회사, 매도회사의 주식거래시에는 나타나지 않는 현상이기 때문이다.

다만 향후 입법적으로는 응원취득을 허용하는 방안을 검토할 수 있다고 생각한다. 위 ①에서 지적하였듯이 응원취득은 발판취득, 공동취득과 유사한 측면이 있고 어찌 보면 주식대량취득정보를 이용한 것이 아니라 이를 실현하는 방식으로 볼 여지가 있기 때문이다. 다만 제174조 제3항이 무력화되지 않도록 일본의 예에서 보듯이 응원취득의 절차를 명확하게 할 필요가 있다. 또한 형평성의 관점에서 포괄적 주식교환의 경우에도 이러한 응원취득을 허용하는 방안이 검토될 수 있을 것이다.

[표 3] 인수회사로부터 정보를 수령한 자의 미공개정보이용(대상회사 주식취득)

구　　분	포괄적 주식교환에 의한 대상회사 주식취득 사안	대주주와의 계약에 의한 대상회사 주식대량취득 사안
정보수령자인 제3자의 일반적 취득	불　허	불　허
응원취득	불　허	불허(해석상)
공동취득	개념 없음86)	허용(해석상)

Ⅳ. 사안의 분석

1. 발판취득, 응원취득, 공동취득의 점

본 사안에서 피고인 갑은 매수주체인 K실업의 대표이사이자 매도주체인 I회사의 대표이사로서, 직무상 알게 된 K실업의 D회사 주식대량취득정보가 미공개인 상태에서 D회사 주식 등을 거래하였다. 피고인 갑이 위 주식을 K실업과 함께 공동취득한 것으로 볼 수 있는가? 그룹 경영위원회의 결정내용과 피고인 갑의 매각형태를 고려할 때 D회사 지배주식을 K실업이 단독으로 매수하기로 한 것으로 보이므로, 공동취득 사안으로 구

---

86) 앞서의 개념 정의에 따르면 공동취득은 취득 이후 계속하여 주식을 보유할 것을 의도하는바, 주식교환, 합병의 경우 그 거래구조상 공동취득자들이 주식교환, 합병 이후에도 계속 대상회사 주식을 보유할 수는 없다.

성하기는 어렵다. 남은 문제는 피고인 갑의 취득이 (ⅰ) 실질적으로 K실업의 발판취득으로서 또는 (ⅱ) 응원취득으로서 허용되는지 여부이다. 다만 이 사건은 2013년 개정 이전의 자본시장법이 적용되므로, 제174조 제3항 단서는 "대량취득, 처분을 하는 자가 대량취득, 처분을 목적으로 거래하는 경우에는 그러하지 아니한다"의 문구였다는 점에 주의할 필요가 있다.

가. 발판취득에 대한 법원의 판단

발판취득과 관련하여, 2013년 개정 전 자본시장법 제174조에 관한 다수설의 입장에 따르면 발판취득 자체가 금지되는 것이지만, 법원은 이를 근거로 피고인 갑의 주장을 배척하지는 않고 다른 이유를 들었다. 즉 위 단서는 주체는 "대량취득, 처분을 하는 자"이므로 해당 거래를 대량취득, 처분을 하는 자가 한 거래로 볼 수 없다면 위 단서의 적용을 받지 못한다는 것이다.

위 논리가 일단 발판취득 자체의 적법성은 인정한 것인지는 확실하지 않다. 피고인 갑의 행위가 실제 K실업의 행위로 볼 수 있는지 여부를 상세히 분석했다는 점에서 발판취득 자체는 적법하게 본 것이라는 입장도 가능하다. 다만 이에 대하여는 법원의 발판취득의 적법성에 관한 판단을 회피한 채 더욱 간단한 방법, 즉 피고인 갑의 행위와 K실업의 행위가 다르다는 점에 방점을 두었다는 반론도 가능하다. 원심법원이 "'대량취득, 처분을 하는 자'가 대량취득, 처분을 목적으로 거래한 경우는 본래 목적의 실현이지 이를 이용하는 행위로 볼 수 없다"고 판시하였으나, 이는 대량취득, 처분 자체만 허용한다는 뜻으로 해석될 여지가 있다. 실제 2009년법 하의 다수설이 이러한 입장이었다.

판례는 피고인 갑의 취득행위를 곧 K실업의 발판취득으로 인정할 수 있는지에 관해 상세히 검토하였다. 피고인 갑의 이 부분 주장은 크게 두 가지로 요약된다. 첫째로 K실업의 실체가 곧 피고인 갑이라는 주장이다. 피고인 갑은 K실업이 피고인 갑을 1인 주주로 하는 페이퍼컴퍼니에 불과하다고 주장하였다. 두 번째로 피고인 갑의 거래행위를 K실업의 거래와 동일시할 수 있다는 주장이다. 특히 피고인 갑이 사전 매입분을 장내매도하였고 동일한 시기에 K실업이 장내매수한 점 등을 주장하였다.

피고인 갑의 위 주장은 모두 받아들여지지 않았다. 법원은 설사 페이퍼컴퍼니라 하더라도 독립된 권리주체로서의 효용이 있는 이상 100% 주주와 법인은 별도의 권리주체로 보아야 한다고 보았다. 위 두 번째 주장은 아래 응원취득과도 연결되는 주장이다. 피고인 갑이 D회사 주식 매수단가 그대로 이를 K실업에 장외 거래한 것이 아니라 장내에 시가로 매도한 점 등이 지적되면서 위 주장 역시 받아들여지지 않았다.

나. 응원취득에 대한 법원의 판단

피고인 갑은 D회사 주식취득이 매수주체인 K실업과의 의사합치 하에 K실업에 대량취득해 준다는 일환으로 이루어진 것이라고 주장하였다. 법리적으로는 이러한 응원취득은 자본시장법 제174조 제3항의 이용행위 개념에 포함되지 않는다고 다투었다.

이에 대하여 법원은 자본시장법상 응원취득은 허용되지 않는다고 하면서 위 주장을 배척하였다. 즉 "거래의 목적이 대량취득, 처분을 하는 자의 요청에 의한 것이라고 할지라도 그와 같은 목적에 따라 미공개정보의 이용 여부가 좌우된다고 볼 수 없다"고 보았다. 구체적인 논거로서는 대량취득자의 요청에 따른 취득을 규제대상에서 제외한다면 미공개 주식대량매입정보를 이용한 거래규제의 실효성이 상실된다는 점을 들었다. 이에 따라 피고인 갑이 D회사 주식을 취득하는 행위는 그 자체로 미공개정보를 이용한 행위라고 판단하였다.

다. 평   가

법원의 결론은 타당한 것으로 보인다. 매수주체가 100% 자회사라고 하여 그 1인 주주에 의한 취득을 곧 자회사의 취득으로 볼 수 있는 것은 아니다. 또한 매수주체(K 실업)의 응원세력(피고인 갑)에 의한 취득을 곧 매수주체의 발판취득으로 인정하려면 단순히 동시기 거래가 있었다는 점만으로는 부족하여 거래의 외양에도 불구하고 실제 매수주체의 거래로 인정할 만한 특별한 사정이 있어야 할 것이다. 더욱이 사안에서는 피고인 갑이 매매차익을 노리는 등 독자적인 경제적 이해관계하에서 움직였으므로, 피고인 갑의 거래를 곧 K실업의 발판취득으로 보기는 어렵다. 다만 법리적인 측면에서, 자본시장법상 발판취득이 허용된다는 것을 명시적으로 밝히지 않은 것은 다소 아쉬운 부분이다.

응원취득에 대한 법원의 해석 역시 현행법에 충실한 것으로 보인다. 우리 자본시장법은 대량매입자에 의한 취득만을 허용함으로써 제3자에 의한 응원취득을 미공개정보 이용행위로 금지하고 있다고 보아야 한다. 이는 미국 Rule 14e-3의 입장과 동일하다. 엄격한 절차적 요건하에 응원취득을 허용하여야 한다는 입법론이 제기될 수 있음은 앞서 검토한 바와 같다.

다만 원심법원은 "거래의 목적이 대량취득, 처분을 하는 자의 요청에 의한 것이라고 할지라도 그와 같은 목적에 따라 미공개정보의 이용 여부가 좌우된다고 볼 수 없다"면서, 피고인 갑이 차명으로 주식을 취득한 이상 "그 주식의 매도 여부를 불문하고 미공개정보를 이용한 행위에 해당하고 대량취득, 처분을 하는 자의 요청 등 목적을 불문하고 피고인 갑이 실제로 운용하는 차명계좌를 이용하여 D회사 주식을 취득하는 행위 자체로 미공개정보를 이용한 행위에 해당한다"고 판시하였다. 앞서 언급한 바와 같이 공동취득은 다양한 형태로 이루어질 수 있다. 최초 주식대량취득 결정 당시부터 공동취득자로 예정되어 있을 수도 있으나, 사후적으로 주된 대량취득자의 요청에 따라 공동취득자가 추가되는 경우도 상정할 수 있다. 위 판시사항이 주도적 대량취득, 처분자에 의한 취득, 처분 이외에 공동취득, 특히 후발적으로 이루어진 공동취득의 적법성을 일반적으로 부인한 것인지 의문이 생길 수 있다. 그러나 주된 대량취득자의 요청에 따라 참여하게 된 공동취득자라 하더라도 그 자신이 대량취득, 처분을 하는 자라 할 것이므로, 위 판시사항이 공동취득을 위법하다고 판단한 것으로 볼 수는 없다. 구체적 사안에서도 피고인 갑의 공동취득 의사를 인정하기는 어려워서 발판취득과 응원취득만이 문제되었다.

2. 기업집단 내 경영권 변동정보 이용의 점

가. 문제의 소재

본건의 특이한 점은 지배주식 거래가 기업집단 내부에서 발생하였다는 점이다. 즉 그룹 차원의 경영위원회에서 D회사의 지배주주를 I회사로부터 K실업으로 변경하기로 하였고 이에 따라 I회사의 지분비율은 24.47%에서 21.76%로 감소하고, K실업의 지분비율은 2.71%에서 23.32%로 증가하였다. D회사, I회사 및 K실업은 모두 독점규제 및 공정거래에 관한 법률 제2조 제2호 소정 기업집단의 계열사 관계였다. 또한 피고인 갑은 위 계열사들이 포함된 기업집단인 X그룹 회장으로서 D회사의 이사인 동시에 I회사, K실업의 대표이사였다.

미공개정보 이용행위의 관점에서 볼 때 기업집단 내 경영권의 변동이기 때문에 주의 깊게 살펴볼 부분은 다음과 같다. 첫 번째로 이렇듯 기업집단 내부의 경영권 변동을 중요한 정보로 볼 것인지의 문제이다. 실질적인 경영주체가 바뀌지 않는다는 점에 초점을 맞추면 위 정보는 일반적 투자자의 입장에서는 의미가 크지 않은 정보일 수 있기 때문이다. 두 번째로 이렇듯 계열사 내부의 거래에서, 또한 겸직 중인 내부자의 거래를 어떻게 법률구성할 것인지이다. 이는 곧 자본시장법 제174조 제1항과 제3항의 관계에 관한 문제이기도 하다.

나. 기업집단 내 경영권 변동과 정보의 중요성

(1) 자본시장법 제174조 제3항에서의 정보의 중요성

일반적인 미공개정보이용행위인 경우 자본시장법은 정보의 중요성(materiality)을 요구한다. 즉 제174조 제1항은 명시적으로 해당 정보가 "투자자의 투자판단에 중대한 영향을 미칠 수 있는 정보일 것"을 요구한다. 대법원은 중요정보인지를 판단함에 있어서 합리적인 투자자가 당해 증권을 매수 또는 계속 보유할 것인가 아니면 처분할 것인가를 결정하는 데 중요한 가치가 있는지 여부, 즉 일반투자자들이 일반적으로 안다고 가정할 경우 당해 유가증권의 가격에 중대한 영향을 미칠 수 있는지 여

부를 기준으로 제시하고 있다.[87]

반면 공개매수정보(제174조제2항), 주식대량취득, 처분정보(제174조제3항)의 경우에는 위 정보의 중요성을 별도로 명시하지 않는다. 다수설은 주식대량취득, 처분정보인 경우 중요성이 별도로 요구되지 않는다고 본다.[88] 주식 대량거래는 그 자체가 중대한 사안으로서 투자자의 투자판단에 중대한 영향을 미친다는 점을 근거로 한다.[89] 소수설은 증권규제의 일반 원칙에 비추어 볼 때 중요하지 않은 정보에 관하여 미공개정보 이용행위 책임을 묻기는 어렵다고 본다.[90]

자본시장법 제174조 제1항과 제174조 제3항을 비교해 보면, 해석상 주식대량취득, 처분정보에 중요성 요건을 부과하기는 쉽지 않다. 제3항에는 "투자자의 투자판단에 중대한 영향을 미칠 수 있는 정보"라는 문구가 명시적으로 누락되어 있기 때문이다. 그러나 이러한 입법방식은 비판의 소지가 크다. 어떤 정보가 자본시장법 시행령 제201조 제2항이 정하는 5가지 공개방식에 따라 공개된 것은 아니지만 이미 시장에 잘 알려졌다면, 이는 중요하지 않은 것으로서 미공개중요정보규제 대상에서 제외된다. 그런데 주식대량취득, 처분정보인 경우에만 이미 시장에서 잘 알려진 경우에도 이를 이용하였다고 하여 규제대상으로 삼는 것은 형평에 맞지 않는다.[91] 입법적 보완이 필요하다고 생각된다.

(2) 사안의 검토

사안에서는 그룹 내부의 지배주식 이전이었는바, 법원은 다수설에

---

87) 대법원 1995. 6. 29. 선고 95도467 판결.
88) 일본 금융상품거래법 제167조 제2항 단서는 투자자의 투자판단에 미치는 영향이 경미한 것으로서 내각부령에 정한 기준에 해당하는 것은 규제대상에서 제외하는 바, 금융상품거래법 내각부령 제62조에 의하면 의결권수가 2.5% 미만인 것을 경미 기준에 해당하는 것으로 규정하고 있다. 따라서 공개매수등에 해당하는 이상 원칙적으로 정보의 중요성을 따지지 않는 것으로 보인다.
89) 박임출, 앞의 글, 327면; 임재연, 앞의 책, 358면 참조(공개매수정보에 관한 설명임).
90) 송옥렬, 앞의 글, 56면.
91) 임재연, 앞의 책, 358면은 공개매수정보에 관하여 다수설에 의하면서도 이와 같은 이유로 제174조 제2항에 관하여 '미공개정보'를 '미공개중요정보'로 개정함이 타당하다고 본다.

따라서 법령상의 주식대량취득 기준에 해당하는지만을 판단하였을 뿐 별도로 정보의 중요성을 판단하지 않았다. 조문의 해석상 불가피한 측면이 있다고 생각된다. 만약 자본시장법 제174조 제1항과 마찬가지로 정보의 중요성이 요구된다면 어떠하였을까? 계열사 간의 거래라고 하더라도 누가 지배주주가 될 것인지는 투자자의 투자판단에 중대한 영향을 미칠 수 있으므로 이를 당연히 중요하지 않은 정보로 치부할 수는 없다. 다만 그룹 외부 매수자에 의한 경영권 인수와 비교할 때 정보의 중요성이 상대적으로 크지 않은 상황이 존재할 수 있을 것이다.

다. 기업집단 내 경영권 변동과 내부자의 지위

사안에서 피고인 갑은 대상회사인 D회사뿐 아니라 지배주식 매도자인 I회사, 매수자인 K실업의 내부자였다. 피고인 갑에 의한 대상회사 D주식 취득은, (ⅰ) I회사(또는 K실업)의 내부자라는 점에서 보면 미공개 대량주식처분(또는 취득) 정보를 이용한 것이므로 자본시장법 제174조 제3항의 규제대상이고, (ⅱ) D회사 내부자라는 점에서 보면 미공개중요정보(대주주 교체)를 이용한 것이므로 자본시장법 제174조 제1항의 규제대상이다.

이처럼 겸직을 하지 않은 경우에도 기업집단 내 경영권의 변동은 자본시장법 제174조 제1항과 제3항의 중첩적인 적용을 초래할 여지가 있다. 즉 피고인 갑이 D회사의 내부자일 뿐 I회사 또는 K실업의 대표이사 등 내부자가 아니라고 하더라도, 그에 의한 D주식 취득은 (제174조 제1항의 일반적 미공개중요정보 이용행위금지 이외에) 제174조 제3항 위반행위가 될 여지가 있다. 각 회사들이 계열사 관계에 있기 때문이다. 제174조 제3항 제1호는 대량취득자, 대량처분자 이외에 그의 계열사 역시 규제대상으로 규정한다. 피고인 갑은 I회사(또는 K실업)의 계열사인 D회사의 내부자이므로, 만약 직무상 주식대량취득, 처분정보를 알게 된 것이라면 제174조 제3항 위반에도 해당하게 된다.

이렇듯 그룹 내부의 경영권 거래인 경우 제174조 제1항과 제3항이 중첩적으로 적용될 가능성이 많다. 이 사건에서 검찰이 제174조 제3항을 적용 법조로 선택한 것은 정보의 중요성 등 입증의 부담이 더 적음을 고

려한 것인지도 모른다.[92]

V. 맺으면서

　　기업집단 내부에서 그룹재편을 위해 계열사 지배주식을 거래하는 상
황은 흔히 발생한다. 이 글은 이러한 경우 자본시장법상 미공개정보이용
의 관점에서 어떠한 규제가 가하여질 것인지에 초점을 맞추고 있다.

　　평석대상 판결에서 주로 문제된 것은 발판취득, 응원취득의 적법성
이었다. 발판취득과 관련하여 법원은 피고인 갑의 취득을 대량취득자 K
실업의 취득과 동일시할 수 없다고 보았다. 사안에서 설사 피고인 갑이
K실업의 100% 주주인 점 등을 고려하더라도 갑의 취득을 곧 K실업의 발
판취득으로 볼 수는 없으므로 법원의 판단은 타당하다. 다만 본건 판결
이 법리적으로 발판취득의 적법성을 명시적으로 인정한 것인지는 다소
불분명하다. 주식대량거래정보를 규제하는 이론적 근거와 우리 법의 규
정형식으로 볼 때 발판취득은 구 자본시장법하에서도 허용된다고 할 것
인바, 이러한 법리를 명시하지 않은 아쉬움이 있다.

　　응원취득과 관련하여 법원은 법리적으로 응원취득이 허용될 수 없다
고 판단하였다. 자본시장법의 해석에 있어서는 적절한 것으로 보인다. 다
만 입법적으로 엄격한 절차 요건하에 응원취득을 허용할 필요가 있다.

　　나아가 평석대상 판결이 주식대량취득, 처분정보의 중요성을 따지지
않은 것은 자본시장법 해석상 불가피한 측면이 있으나, 향후 입법적인
보완이 필요한 부분으로 생각된다. 이처럼 기업집단 내부에서 주식대량
취득, 처분정보가 이용된 경우 제174조 제1항, 제3항을 모두 적용할 수
있는바 한쪽에만 정보의 중요성을 요구하는 것은 형평에 맞지 않는다.
예컨대 시장에서 이미 잘 알려져서 정보가치가 거의 없는 취득, 처분정
보에 대하여 무조건 제174조 제3항을 적용하는 것은 타당하지 않다.

---

92) 박임출, 앞의 글, 248면도 이러한 가능성을 언급하고 있다.

[Abstract]

Acquisition or Disposition of Block Shares and Insider Trading
─ Analysis of Supreme Court Decision 2013Do12440 ─

Rho, Hyeok Joon*

Under the traditional jurisprudence of securities regulation, sale or purchase of listed securities using inside information is subject to criminal charge as well as civil responsibility. Unlike the U.S. approach emphasizing fiduciary duty of insiders or misappropriation of information, the Korean Capital Market and Financial Investment Business Act(CMFIB) is based upon the idea of equality in securities information. The price of listed securities may be influenced by market information(e.g. the change of regulatory policy or market interest rate) as well as corporate information(e.g. unveiled earning shock or earning surprise). The major target of insider trading regulation has been the corporate information. But some market information, while it is created outside the company, needs to be treated as inside information as far as the risk of abusive transaction is current and real. That is the rationale that the U.S. SEC Rule 14e-3 and the Art. 167 of the Japanese Financial Product Transaction Act prohibit the unfair use of tender offer information.

The Art. 174(3) of the CMFIB was introduced in 2007 in order to regulate misuse of some market information on change of corporate control. The insiders of a buyer or a seller that has decided to transact substantial block of a listed company(T company) may not buy or sell the shares or the equivalents of T company as long as the purchase or sale information is undisclosed. The

---

* Professor, Seoul National University School of Law.

substantial block deal is defined as ① the purpose of acquisition is to influence the management of T company, ② the amount reaches 10% or more of the outstanding T company shares (or results in the change of largest shareholder), and ③ the sale of purchase is subject to 5% rule under the Art. 147(1) of the CMFIB.

This paper is to analyze a Supreme Court Case of 2014 which first applied the Art. 174(3) of the CMFIB since its codification. In this case, the accused, who served as director in both T company and buyer company(B company), purchased the shares in T company with the information of B's buying T block shares. He argued that (1) his purchase shall constitute toehold acquisition by the B company itself or (2) his purchase was made upon the asking by the B company. The Supreme Court denied those arguments: the accused shall not be identified with B company, a separate legal entity; the Art. 174(3) does not provide any exception that allows the purchase according to asking of buyer company(B company). The logic of the verdict goes well with the current provision of the CMFIB. While the author believes the toehold acquisition by the buyer company should be allowed under the current provision, the case at hand could not constitute a toehold acquisition. As for the purchase by the asking of buyer company, the CMFIB needs to be revised to allow it. Such purchase, if made under due process and clear manner, needs not be prohibited, because it is basically similar to toehold acquisition. The Art. 174(3) has importance in Korea M&A practice, where block share deals are more common than statutory mergers. The regulation of inside information in the process of M&A needs to be refined in terms of regulatory equality and balance.

[Key word]
- Insider trading
- toehold acquisition
- market information
- tender offer information
- materiality of information
- change of control

참고문헌

구로누마 에츠로우 저/권종호 역, 일본 금융상품거래법 입문(제6판), 피앤씨미디어(2015).

김건식/정순섭, 자본시장법(제3판), 두성사(2013).

김건식/송옥렬, 미국의 증권규제, 홍문사(2001).

문용선, 증권거래법 제188조의4 제4항 제2호 소정의 '중요한 사항', '허위의 표시', 제188조의2 제1항 소정의 '당해 정보를 받은 자', 제207조의2 제1항 단서 소정의 '위반행위로 얻은 이익' 등(2003. 11. 14. 선고 2003도686 판결), 대법원 판례해설 제48호(2004).

박선종, 자본시장법상 내부자거래규제와 외부자, 동북아법연구 제4권 제1호(2010).

박임출, 대량취득, 처분 정보를 이용한 내부자거래: 대법원 2014. 3. 13. 선고 2013도12440 판결을 중심으로, 기업법연구 제29권 제1호(2015).

변제호 외, 자본시장법(제2판), 지원출판사(2015).

송옥렬, 미국의 최근 증권사기 수사사례 및 판례의 동향, 대검찰청 연구용역보고서(2008. 12).

_____, 증권시장 사기규제의 법경제학, 법경제학연구 제9권 제2호(2012).

안수현, 불공정거래행위 규제법제의 새로운 전개: 자본시장 및 금융투자업에 관한 법률(안)의 불공정거래행위 규제를 중심으로.

임재연, 자본시장법과 불공정거래, 박영사(2014).

장근영, 자본시장법상 정보생성자의 미공개중요정보 이용행위 규제, 사법 제32호(2015).

_____, 자본시장법상 외부자거래의 규제와 개선방안, 법제연구 제41호(2011).

정순섭, 불공정거래법제의 현황과 해석론적 과제, BFL 제43호(2010).

_____, 자본시장법상 불공정거래와 보호법인-시세조종과 부당이득을 중심으로, 상사판례연구 제25집 제1권(2012).

조인호, 서울고등법원 2011. 7. 8. 선고 2011노441 판결에 대한 소고: 내부자거래 쟁점을 중심으로, 한양법학 제45집(2014).

_____, 외부정보를 이용한 내부자거래의 규제에 관한 소고, 증권법연구 제6
권 제2호(2005).

_____, 자본시장과 금융투자업에 관한 법률상 내부자거래규제규정에 관한
소고, 상사판례연구 제23집 제3권(2010).

神田秀樹外 編, 金融商品取引法 コンメンタール4: 不公正取引規制・課徴
金・罰則(神作裕之 執筆部分), 商事法務(2011).

岸田雅雄 監修, 注釈 金融商品取引法(第3卷), 金融財政事情研究會(2010).

西村あさひ法律事務所, インサイダー取引規制の實務(第2版), 商事法務(2014).

日野正晴, 詳解 金融商品取引法(第4版), 中央經濟社(2016).

松尾直彦, 金融商品取引法(第4版), 商事法務(2016).

_____, 金商法第6章の不公正取引規制の体系, 金融商品取引法制の潮流, 金
融商品取引法研究會(2015)

小林史治, インサイダー取引規制における'公開買付者'の檢討：設立中の会社
概念の再考の必要性, 商事法務 1958号(2012).

三浦州夫, 吉川 純, 株式の公開買付, 買集めとインサイダー取引規制(上)(中)
(下), 商事法務 1718, 1720, 1722号(2005).

田中賢次, 辻畑泰伸, 公開買付に係る實務とインサイダー取引のリスク, 金融
法務事情 No. 1904(2010).

黒沼悦郎, 太田 洋, 論点体系 金融商品取引法2, 第一法規(2014).

_____, 金融商品取引法, 有斐閣(2016).

Cox, Hillman & Langevoort, Securities Regulation: Cases & Materials(6th
Ed.), Aspen(2009).

Edward Greene & Olivia Schmid, Duty-free Insider Trading? 2013 Colum.
Bus. L. Rev. 369(2013).

Ian Ayres & Joe Bankman, Substitutes for Insider Trading, 54 Stan. L. Rev.
235(2001).

John C. Coffee, Jr, Introduction: Mapping the Future of Insider Trading Law:
Of Boundaries, Gaps, and Strategies, 2013 Colum. Bus. L. Rev.
281(2013).

John C. Coffee, Jr. & Hillary A. Sale, Securities Regulation: Cases &
Materials(11th Ed.), Foundation Press(2009).

Peter J. Henning, What's So Bad About Insider Trading Law? 70 Bus.
    Lawyer 751(2015).

Stephen J. Crimmins, Insider Trading: Where Is the Line? 2013 Colum. Bus.
    L. Rev. 330(2013).

ELS 헤지거래와 투자자 보호의무

호 제 훈*

■요 지■━━━━━━━━━━━━━━━

금융투자업자는 그 업무를 수행함에 있어서 금융투자업자와 투자자 간, 투자자와 다른 투자자 간의 이해상충을 방지하고, 이해가 상충하는 상황에서는 투자자의 이익을 침해하여서는 아니 된다.

ELS 투자자는 공정한 수급원리에 따라 상환기준이 되는 기초자산의 주가가 결정되리라는 시장에 대한 신뢰가 있었고, 금융투자업자인 ELS 운용사가 투자자의 이익을 해하면서까지 자기의 이익을 추구하지 않을 것이라고 믿고 투자를 한다.

기초자산의 가격변동에 따른 위험을 회피하기 위하여 기초자산 자체를 보유한 다음 기초자산의 가격변화에 대한 옵션가치의 민감도를 의미하는 델타값에 따라 기초자산의 보유량을 조절하는 이른바 델타헤지는 금융투자업자가 자신의 위험을 회피 내지 관리하는 금융거래기법에 불과하므로 기초자산의 공정한 가격 형성에 영향을 주거나 투자자의 이익과 신뢰를 부당하게 훼손하지 않는 범위 내에서 이루어져야 한다.

ELS 운용사가 델타헤지를 통해서 기초자산을 매매하더라도 상환조건이 결정되는 상환기준일 장 종료 무렵의 기초자산 가격이 상환조건을 성취시키는 가격에 근접하여 형성되고 있어 그 종가에 따라 상환조건이 성취될 가능성이 커서 투자자 사이의 이해관계가 서로 상충하는 상황에서는 운용사는 상환조건의 성취 여부에 최소한의 영향을 미치는 방법으로 헤지거래를 함으로써 투자자를 보호할 의무가 있다.

―――――――――――――
* 부산고등법원 부장판사.

ELS 운용사가 스스로 상환조건을 헤지물량 처분에 제한이 있을 수밖에 없는 상환기준일 종가로 정한 이상, 종가가 결정되는 단일가매매시간대에는 상환조건 성취 여부에 최소한의 영향을 미치는 방법으로 헤지거래를 할 제한이 구조적으로 내재된 상품으로 보아야 한다. 즉 종가를 기준가로 설계함에 있어서 발생하는 종가결정대의 위험은 설계에 관여하지 아니한 투자자가 부담할 것이 아니라 설계자인 발행사 및 이를 운용하는 운용사가 부담하는 것이 타당하다.

대상판결 중 2013다2757 판결은 델타헤지와 관련된 이러한 ELS 운용사의 투자자보호의무를 분명히 선언하고 ELS 운용사의 그 의무위반을 인정하였다는 점에서 큰 의미가 있다.

[주 제 어]
• 주가연계증권
• ELS
• 델타헤지
• 이해상충
• 투자자보호의무

대상판결 : 대법원 2015. 5. 14. 선고 2013다2757 판결(공2015상, 785),
대법원 2016. 3. 10. 선고 2013다7264 판결

[사안의 개요]

1. 2013다2757 판결

가. ELS의 발행 및 매수

'대우증권 제195회 주가연계증권(액면가 10,000원)'은 삼성SDI 보통주를 기초자산으로 한 원금비보장형 개별종목형 주가연계증권[1]이다.

피고(=대우증권)는 2005년 위 ELS를 발행하였고, 피고로부터 2005. 3. 15. 원고 1은 ELS 3,600매(1매의 액면가액 10,000원)를 36,000,000원에, 원고 2는 15,000매를 150,000,000원에, 원고 3은 3,300매를 33,000,000원에 매수하였다.

나. 위 ELS의 주요 내용은 다음과 같다.

1) 기초자산 : 한국증권선물거래소에 상장된 삼성SDI 보통주
2) 모집금액 : 150억 원
3) 기준가격 : 2005. 3. 16. **삼성SDI 보통주 종가(108,500원)**
4) 중간 및 만기평가가격 : 중간평가일 및 만기평가일의 이 사건 주식 종가
5) 중간평가 및 중도상환일 : 발행일 이후 만기일까지 매 4개월이 지난 날(1차-2005. 7. 18., 2차-2005. 11. 16., 3차-2006. 3. 16., 4차-2006. 7. 18., 5차-2006. 11. 16., 6차-2007. 3. 16., 7차-2007. 7. 16., 8차-2007. 11. 16.)이 평가일이고, 그 2영업일이 지난날이 중도상환일임
6) 중도상환금 지급방식 : 각 중간평가일에 중간평가가격이 기준가격보다 크거나 같을 때 또는 기준가격 결정일 다음 날부터 해당 중간평가일까지 기초자산의 가격이 장중가를 포함하여 한 번이라도 기준가격의 110% 이상 상승한 적이 있는 경우에 피고는 해당 중도상환일에 정해진 중도상환금을 지급함(1차 중도상환일에는 액면금 +3% 수익금, 이후 차수 경과 시마다 3%씩 증액된 금액)
7) 만기상환금 지급조건 :
   - 만기평가가격이 기준가격보다 크거나 같은 경우 또는 32개월 중간평가일 다음 날부터 만기평가일까지 기초자산의 가격이 장중가를 포함하여 한 번이라도 기준가격의 110% 이상 상승한 적이 있는 경우 : 액면금액의 127%
   - 만기평가가격이 기준가격보다 작고, 기준가격 결정일 다음 날부터 만기평가일까지 한 번도 기준가격 대비 40% 이상(녹인 배리어, 65,100원 아래로) 하락한 적이 없는 경우 : 액면금액의 100%

---

[1] 주가연계증권(Equity-Linked Securities, 이하 'ELS'라고 약칭한다)은 지수, 채권, 주식 등을 기초자산으로 한 구조화증권의 일종으로서 투자수익(원금 또는 이자)이 특정 주식의 가격 또는 주가지수의 변동에 연계되어 결정되는 금융투자상품이다.

- 만기평가가격이 기준가격보다 작고, 한 번이라도 기준가격 대비 40% 이상 하락한 적이 있는 경우 : 액면금액×(만기평가가격/기준가격)

다. 제2차 중도상환기준일의 기초자산 대량 매도

2차 중간평가일인 2005. 11. 16. 삼성SDI 주식은 기준가격인 108,500원에 거래되기 시작하여 같은 날 오후 12:00경부터 거래가 종료되기 10분 전인 14:50경까지는 기준가격 이상인 108,500원 또는 109,000원으로 거래되고 있었다.

피고의 OTC[2] 파생상품부에서 근무하던 트레이더 김ㅇㅇ[3]은 같은 날 거래가 종료되기 직전인 14:50경부터 15:00경까지 사이에 삼성SDI 주식 134,000주를 9차례에 걸쳐 집중적으로 매도주문을 냈고, 그중 86,000주가 매도되었고, 당일 종가는 108,000원이 됨으로써 중도상환이 이루어지 않았다.

라. 원고들의 손실

만기인 2006. 6. 13. 삼성SDI의 주가가 62,400원까지 하락하여 녹인 배리어(65,100원)를 넘어섰기 때문에 원금손실조건으로 전환되었다.

피고는 2008. 3. 19. 만기상환금으로 원고 1에게 24,055,299원, 원고 2에게 100,230,414원, 원고 3에게 22,050,691원을 지급하였다.

2. 2013다7264 판결

가. ELS의 발행 및 매수

'신영증권 제136회 주가연계증권(액면가 10,000원)'은 하이닉스 보통주와 기아자동차 보통주를 기초자산으로 한 원금비보장형 개별종목형 ELS이다.

피고 신영증권은 2006. 3. 8. 위 ELS를 발행하였고, 원고는 1억 원을 지급하고 ELS 10,000매를 매수하였다.

나. 위 ELS의 주요 내용은 다음 [표]와 같다.

---

2) 장외시장(Over The Counter market)을 말한다.
3) 해당 트레이더는 시세고정행위를 하였다는 '자본시장과 금융투자업에 관한 법률 위반죄'로 기소되어 제1심은 무죄를 선고하였으나 항소심은 유죄로 인정하고 벌금 1,000만원을 선고하였고, 피고인이 상고하였으나 대법원은 상고기각하였다(대법원 2015. 6. 11. 선고 2014도11280 판결).

구 분	내 용		
상품명	신영증권 제136회 주가연계증권 (원금비보장형)		
기초 자산	하이닉스 보통주(기준가 29,300원) 기아자동차 보통주(기준가 20,750원)		
모집· 매출	600억 원		
만기	3년 (만기일 : 2009. 3. 4.)		
조기 상환 기준일	조기상환기회 5회 (2006. 9. 4., 2007. 3. 4., 2007. 9. 4., 2008. 3. 4., 2008. 9. 4).		
청약 기간	2006. 3. 7. ~ 2006. 3. 8.		
수익 구조	**구 분**	**내 용**	**투자수익률**
	조기 상환	자동 조기상환 평가기준일의 두 기초자산의 종가가 모두 최초기준가격×75% 이상인 경우	연 16.1%
		각 평가기준일까지 두 기초자산의 종가가 모두 동시에 최초기준가격×115% 이상인 날이 있는 경우	연 16.1%
	만기 상환	기초자산의 만기기준가격이 모두 최초기준가격×75% 이상이거나, 제5차 평가기준일 익일부터 만기기준가격 결정일까지 두 기초자산의 종가가 모두 동시에 최초기준가격×115% 이상인 날이 있는 경우	연 16.1%
		두 기초자산 가격 중 어느 하나도 만기기준가격 결정일까지 최초기준가격×50% 이하로 하락한 적이 없고, 만기기준가격이 어느 하나라도 최초기준가격×75% 미만인 경우	원금 반환
		두 기초자산 가격 중 어느 하나라도 만기기준가격 결정일까지 최초기준가격×50% 이하로 하락한 적이 있고, 만기기준가격이 어느 하나라도 최초기준가격×75% 미만인 경우	투자원금× (기준종목 만기기준 가격/ 기준종목 최초기준가격) ×100%

다. 피고들의 스와프계약

피고 신영증권은 위 ELS의 조기상환조건이 충족되거나 만기 시 약정 조건이 충족될 경우 투자자들에게 확정수익금을 지급하기 위하여 외국계 금융기관인과 위 ELS와 동일한 구조의 스와프계약을 체결함으로써 상환위험을 이전하는 백투백 헤지(back to back hedge)[4]를 하였다. 즉 위 ELS의 총 발행액 528억 8,270만 원에 대응하여, 피고 비엔피파리바 은행으로부터 300억 원 상당의 파생금융상품을, UBS 은행으로부터 150억 원 상당의 파생금융상품을, 리만브라더스 은행으로부터 78억 8,270만 원 상당의 파생금융상품을 각 액면금 98%의 가격에 매입하였다.

라. 제1차 조기상환기준일의 도래 및 기초자산의 대량 매도

위 ELS의 제1차 조기상환기준일인 2006. 9. 4. 기초자산의 주가현황은 다음과 같았다.

기아자동차의 주가는 16,000원 이상으로 거래되다가 장 종료 10분 전인 14:50경 주가는 15,950원으로 기초자산 최초기준가격의 75%인 15,562.5원(=최초기준가격 20,750원×75%)을 상회하고 있었다.

하이닉스의 주가는 37,000원 이상에서 거래되었으며 장 종료 10분 전인 14:50경 주가는 약 38,000원으로 기초자산 최초기준가격의 75%인 21,975원(=최초기준가격 29,300원×75%)을 크게 상회하였다.

피고 비엔피파리바 은행은 단일가매매시간대[5]에 진입한 후인 14:57:04부터 14:59:22까지 사이에 7차례에 걸쳐 기아자동차 주식 140만 주(그중 100만 주를 조기상환기준가격보다 낮은 가격)에 대하여 매도주문을 내어 1,018,205주를 일시에 매도하였다. 이로 인하여 기아자동차 주식의 주가가 하락한 결과 1차 기준일의 종가는 조기상환조건 기준가격인 15,562.5원에 12.5원 미달되는 15,550원으로 형성되어 ELS의 조기상환이 무산되었다.

마. 위 ELS의 만기일 도래 및 원금 손실

위 ELS은 2~5차 조기상환기준일에 조기상환조건을 충족하지 못한 채 이월되었고 2009. 3. 4. 만기상환일에도 두 기초자산 모두 최초기준가격의 75% 미만인 경우에 해당하였을 뿐만 아니라, 만기상환일까지 하방배리어를 터치

---

4) 백투백 헤지(back to back hedge)의 경우 발행사가 위험(리스크)을 직접 헤지하지 않고 동일한 상품을 상대방으로부터 매입해 실질적인 상환책임을 상대방에게 떠넘기게 된다. 반면에 자체 헤지(internal hedge)는 발행사가 직접 주식, 채권, 파생상품을 이용하여 판매한 상품과 동일한 포지션의 상품을 반대로 만들어서 판매한 상품과 반대거래를 통하여 헤지를 하게 된다.

5) 주식시장의 장 종료 10분 전부터 장 종료 시까지 10분간(14:50~15:00)을 의미한다. 그 전은 '접속매매시간대'라고 부른다.

(최초기준가격 × 50% 이하로 하락)한 적이 있는 상황이었으므로 원금 손실이 발생하였다.

피고 신영증권은 2009. 3. 10. 원고에게 만기상환금으로 29,522,184원(원금의 약 30%)을 지급하였다.

[소송의 경과]

1. 2013다2757 판결

가. 원고들의 청구원인 주장은 다음과 같다.

주위적으로, 피고의 주식 대량매도행위로 인해 ELS의 중도상환조건이 성취되지 못한 것은 민법 제150조 제1항에 규정된 '조건의 성취로 인하여 불이익을 받을 당사자가 신의성실에 반하여 조건의 성취를 방해한 때'에 해당하므로 원고들에게 약정된 중도상환금을 지급할 의무가 있다.

예비적으로, 피고의 주식 대량매도행위는 구 증권거래법 제188조의4 제3항[6]을 위반한 시세고정행위이고, 같은 조 제4항[7]의 사기적 부정거래행위에도 해당하므로 민법 제750조에 의하여 손해배상책임이 있다.

나. 소송의 경과

(1) 제1심 : 청구 일부 인용[8]

피고가 중간평가일에 기초자산인 주식을 대량매도함으로써 신의성실에 반하여 ELS의 중도상환조건 성취를 방해하였으므로, 원고들은 피고에 대하여 위 중도상환조건이 성취된 것으로 주장할 수 있다고 판단하였다.

(2) 원심 : 청구 기각

그 이유의 요지는 다음과 같다.

델타헤지에 따른 주식매매는 정상적인 수요·공급에 해당하므로 그로 인

---

6) 제188조의4(시세조종 등 불공정거래의 금지)
   ③ 누구든지 단독 또는 공동으로 대통령령이 정하는 바에 위반하여 유가증권의 시세를 고정시키거나 안정시킬 목적으로 유가증권시장 또는 코스닥시장에서의 매매거래 또는 그 위탁이나 수탁을 하지 못한다.
7) ④ 누구든지 유가증권의 매매 기타 거래와 관련하여 다음 각 호의 1에 해당하는 행위를 하지 못한다.
   1. 부당한 이득을 얻기 위하여 고의로 허위의 시세 또는 허위의 사실 기타 풍설을 유포하거나 위계를 쓰는 행위
8) 청구원금은 모두 인용하고 지연손해금 기산일 때문에 일부 기각되었다.

하여 기초자산의 시세에 영향을 미쳤더라도 시세조종의도가 있다고 볼 수 없고, 피고는 그러한 델타헤지 원리에 충실한 헤지거래를 하였다. 피고의 주식매도행위를 조건성취 방해행위로 볼 수 없고, 불법행위도 성립하지 아니한다.

2. 2013다7264 판결

가. 원고의 청구원인 주장은 다음과 같다.

(1) 피고 비엔피파리바 은행에 대하여(시세조종행위 주장)

피고 비엔피파리바의 주식 대량매도행위는 구 증권거래법 제188조의4 제3항[9])에 위반되는 위법한 시세조종행위에 해당한다. 나아가 고의 또는 과실로 조건을 조작하여 ELS 조기상환조건이 충족되지 못하게 함으로써 원고의 피고 신영증권에 대한 조기상환금청구권을 침해하였다.

(2) 피고 신영증권에 대하여(고객보호의무 위반 주장)

피고 신영증권은 피고 비엔피파리바 은행의 주식대량매도행위가 시세조종에 해당하는 위법행위임을 알고 있었으면서도 조기상환 안내 당시 투자자인 원고에게 이를 알리지 아니하였다. 그 결과 원고가 투자중단 여부를 판단하는 데 있어 올바른 인식을 형성하는 것을 방해하였을 뿐 아니라 투자금 회수를 통해 손실을 경감시킬 기회를 박탈당하였다. 이러한 고객보호의무위반행위로 피고 비엔피파리바 은행의 불법행위로 인한 원고의 손해확대에 기여하였으므로 피고 비엔피파리바 은행과 공동불법행위책임을 부담하여야 한다.

나. 소송의 경과

(1) 제1심과 원심은 모두 원고의 청구를 기각하는 판단을 하였다. 그 이유는 다음과 같다.

(2) 피고 비엔피파리바 은행에 대한 청구

피고 비엔피파리바 은행이 시세를 고정시키거나 안정시킬 목적으로 인위적인 조작을 통하여 기아자동차 주식의 시세를 조기상환기준가격 미만으로 고정시키거나 안정시키는 거래를 하였다고 인정하기에 부족하다.

피고 비엔피파리바의 주식매도행위는 델타헤지 방법에 따른 주식매매로

---

9) 누구든지 단독 또는 공동으로 유가증권의 시세를 고정시키거나 안정시킬 목적으로 유가증권시장 또는 코스닥시장에서의 매매거래 또는 그 위탁이나 수탁을 하지 못한다.

시장요인에 의한 정상적인 수요·공급에 해당한다. 따라서 기아자동차 주식 매도행위를 통하여 시세를 조기상환기준가격 미만으로 고정시키거나 안정시 키는 행위를 하였다고 볼 수 없다.

(3) 피고 신영증권에 대한 청구

피고 비엔피파리바 은행의 주식매도행위를 시세조종의 위법행위라고 볼 수 없으므로, 이를 전제로 한 원고의 피고 신영증권에 대한 주장은 나아가 살펴볼 필요 없이 이유 없다.

[대상판결의 요지]

1. 2013다2757 판결[10]

대법원은 다음과 같은 법리를 내세운 후 피고의 책임이 인정된다는 취지 로 원심판결을 파기하였다.[11]

「가. 권리의 행사와 의무의 이행은 신의에 좇아 성실히 하여야 한다는 것이 법질서의 기본원리이다(민법 제2조). 따라서 법률관계의 당사자는 자신 의 권리를 행사하거나 의무를 이행함에 있어 상대방의 이익도 배려하여야 하 고, 형평에 어긋나거나 신뢰를 저버려서는 안 된다(대법원 2001. 5. 15. 선고 99다53490 판결, 대법원 2006. 3. 10. 선고 2002다1321 판결 등 참조). 민법 제150조 제1항이 '조건의 성취로 인하여 불이익을 받을 당사자가 신의성실에 반하여 조건의 성취를 방해한 때에는 상대방은 그 조건이 성취된 것으로 주 장할 수 있다'고 규정하고 있는 것도 위와 같은 신의성실의 원칙이 발현된 모습의 하나이다.

나. 한편 구 증권거래법(2007. 8. 3. 법률 제8635호 자본시장과 금융투자 업에 관한 법률 부칙 제2조로 폐지되기 전의 것) 제52조 제3호는 증권회사 또는 그 임·직원에 대하여 유가증권의 발행 또는 매매 기타 거래와 관련하 여 투자자의 보호 또는 거래의 공정을 저해하는 행위를 금지하면서, 구 증권 거래법 시행령(2008. 7. 29 대통령령 제20947호 자본시장과 금융투자업에 관

한 법률 시행령 부칙 제2조로 폐지되기 전의 것) 제36조의3에서 그 금지하는 행위를 구체적으로 규정하고 있다. 나아가 공법상 업무규제를 위하여 제정된 구 증권업감독규정(2008. 8. 4. 금융투자업규정의 제정에 의하여 폐지되기 전의 것) 제4-4조 제1항은 증권회사로 하여금 고객과의 사이에서 이해가 상충하지 않게 하고 이해상충이 불가피한 경우에는 고객이 공정한 대우를 받을 수 있도록 적절한 조치를 취하도록 규정하고 있다.

다. 위와 같은 민법과 구 증권거래법 등의 규정취지에 비추어 보면, 증권회사는 유가증권의 발행, 매매 기타의 거래를 함에 있어 투자자의 신뢰를 저버리는 내용 또는 방법으로 권리를 행사하거나 의무를 이행하여 투자자의 보호나 거래의 공정을 저해하여서는 안 되므로 투자자와의 사이에서 이해가 상충하지 않도록 노력하고, 이해상충이 불가피한 경우에는 투자자가 공정한 대우를 받을 수 있도록 적절한 조치를 취함으로써 투자자의 이익을 보호하여야 하며, 정당한 사유 없이 투자자의 이익을 해하면서 자기 또는 제3자의 이익을 추구하여서는 안 된다.

따라서 증권회사가 약정 평가기준일의 기초자산 가격 또는 지수에 연계하여 투자수익이 결정되는 유가증권을 발행하여 투자자에게 판매한 경우에는, 증권회사가 설사 기초자산의 가격변동에 따른 위험을 회피하고 자산운용의 건전성을 확보하기 위하여 위험회피거래를 한다고 하더라도, 약정 평가기준일의 기초자산 가격 또는 지수에 따라 투자자와의 사이에서 이해가 상충하는 때에는 그와 관련된 위험회피거래는 시기, 방법 등에 비추어 합리적으로 하여야 하며, 그 과정에서 기초자산의 공정한 가격형성에 영향을 끼쳐 조건의 성취를 방해함으로써 투자자의 이익과 신뢰를 훼손하는 행위를 하여서는 안 된다.」

2. 2013다7264 판결

대법원은 다음과 같은 법리를 내세운 후 피고들의 책임이 인정되지 않는다는 원심의 판단이 정당하다고 보아 원고의 상고를 기각하였다.

「파생상품의 매매 등에서 부당한 이익을 얻거나 제3자에게 부당한 이익을 얻게 할 목적으로 파생상품의 기초자산인 상장증권이나 장내파생상품의 시세를 변동 또는 고정시키는 등의 이른바 연계에 의한 시세조종행위는 금융투자상품시장에서의 공정한 가격형성을 저해함으로써 투자자에게 손해를 입히고 그 결과 시장에 대한 투자자의 신뢰를 해치는 행위여서 위법하다. 여기서 시세를 변동 또는 고정시키는 행위라 함은 본래 정상적인 수요·공급에 따라 자유경쟁시장에서 형성될 시세 및 거래량을 시장요인에 의하지 아니한 다른 요인으로 인위적으로 변동시킬 가능성이 있는 거래를 말하고, 이에 해당하는지 여부는 파생상품이나 그와 연계된 증권의 성격, 체결된 계약이나 발행된 증권의 수량, 가격 및 거래량의 동향, 전후의 거래상황, 거래의 경제적 합리성과 공정성, 가장 혹은 허위매매 여부, 시장관여율의 정도, 지속적인 종가관리 등 거래의 동기와 태양 등의 간접사실을 종합적으로 고려하여 이를 판단할 수 있다(대법원 2010. 7. 22. 선고 2009다40547 판결 등 참조). 한편 금융투자업자가 파생상품의 거래로 인한 위험을 관리하기 위하여 시장에서 주식 등 그 기초자산을 매매하는 방식으로 수행하는 헤지(hedge)거래가 시기, 수량 및 방법 등의 면에서 헤지 목적에 부합한다면 이는 경제적 합리성이 인정되는 행위라고 할 것이므로, 헤지거래로 인하여 기초자산의 시세에 영향을 주었더라도 파생상품의 계약 조건에 영향을 줄 목적으로 인위적으로 가격을 조작하는 등 거래의 공정성이 훼손되었다고 볼 만한 특별한 사정이 없는 한 이를 시세조종행위라고 할 수는 없다.」

〔研　　究〕

I. 문제의 제기

　　앞의 사안의 개요에서 보듯이 13다2757 사건의 경우, 원고들이 매수한 ELS는 2차 중간평가일(2005. 11. 16.)에 그 기초자산인 삼성SDI의 종가가 상환기준가격인 108,500원 이상으로 결정되는 경우 투자자가 투자원금에 연 9%의 수익을 더해서 상환받을 수 있었다. 13다7264 사건의 경우, 제1차 조기상환일(2006. 9. 4.)에 기아자동차의 종가가 상환기준가격인 15,562.5원(최초기준가격 20,750원의 75%) 이상에서 결정되는 경우[12] 투자원금에 연 16.1%의 수익을 더하여 상환받을 수 있었다.

　　두 사건은 모두 상환평가기준일의 접속매매시간대에는 기초자산의

---

　12) 다른 기초자산인 하이닉스의 주가는 제1차 조기상환일에 최초기준가격의 75%인 21,975원(=최초기준가격 29,300원×75%)을 크게 상회하고 있었기 때문에 문제가 되지 않는다.

주가가 상환기준가격을 상회하고 있었는데 종가가 결정되는 단일가매매 시간대에 델타헤지 방법으로 기초자산인 주식을 대량매도한 결과 기초자산의 주가가 하락하여 원고들을 비롯한 투자자들이 위와 같은 상환조건 성취에 따른 이익을 얻지 못하였다. 다만 13다2757 사건은 ELS 발행사인 피고가 헤지를 수행하였고, 13다7264 사건은 ELS 발행사가 다른 금융투자업자에게 백투백헤지를 함으로써 백투백헤지 운용사가 헤지를 수행하였다는 차이가 있다.

대상판결의 두 사건에서 대법원은 투자자 승패에 관하여 결론을 달리하였다. 이렇게 결론을 달리하게 된 것은 개별사건에서의 거래시간, 방법, 수량 등 헤지거래의 태양이 다르기 때문이기도 하지만, 대상판결을 찬찬히 읽어 보면 두 판결은 결론에 이르는 기본적인 접근방식에 차이가 있다.

13다2757 판결에서는 ELS 상품의 델타헤지거래에서 투자자와 이해상충이 발생하는 경우에는 투자자의 신뢰나 이익이 부당하게 침해하여서는 아니된다는 점을 전제한 후 중간평가일의 기초자산 가격이 중도상환조건을 성취시키는 가격에 근접하여 형성되어 있어 피고와 투자자 사이의 이해관계가 상충하는 상황에서는 피고는 중도상환조건의 성취 여부에 최소한의 영향을 미치는 방법으로 헤지거래를 함으로써 투자자를 보호하여야 할 의무가 있다고 판시하였다. 그런 다음 피고의 거래시간, 방법, 수량 등의 사정에 비추어 보면 피고의 주식 대량매도행위는 이러한 투자자보호의무를 위반하여 중도상환조건의 성취를 방해한 것이라고 판단하였다.

13다7264 판결에서는 헤지거래가 시기, 수량 및 방법 등의 면에서 헤지 목적에 부합한다면 이는 경제적 합리성이 인정되는 행위라고 전제한 후, 헤지거래로 인하여 기초자산의 시세에 영향을 주었더라도 파생상품의 계약조건에 영향을 줄 목적으로 인위적으로 가격을 조작하는 등 거래의 공정성이 훼손되었다고 볼 만한 특별한 사정이 없는 한 이를 시세조종행위라고 할 수는 없다고 판시하였다. 그런 다음 백투백헤지 운용사인 피고의 기아자동차 주식 대량매도행위는 시장요인에 의한 정상적인 수요·공급으로 볼 수 있는 델타헤지를 위한 주식매매에 해당하므로 시세조종이라거나 조건성취 방해라고 볼 수 없다고 판단하였다.

아래에서 보듯이 개별종목형 ELS 상품은 델타헤지가 그 기초자산을 거래대상으로 하므로 투자자와 이해관계가 상충하는 상황이 발생하는데, 델타헤지의 기본적인 성격이 무엇인지 그리고 델타헤지시 헤지운용사의 투자자보호의무를 인정할 것인지가 주된 쟁점이 된다. 13다2757 판결은 기본적으로 ELS 운용사에게 그러한 투자자보호의무가 있음을 전제로 피고가 그러한 투자자보호의무를 위반하였다고 보고 있는 반면, 13다7264 판결은 투자자보호의무를 전제하지 않고 델타헤지거래 자체의 합리성, 공정성 측면에서 결론을 도출하고 있다.

아래에서는 ELS 델타헤지의 기본적인 성격 및 투자자보호의무에 중점을 두고 두 대상판결을 살펴보기로 한다.

Ⅱ. ELS와 델타헤지

1. ELS에 대하여

ELS는 투자수익(원금 또는 이자)이 특정 주식의 가격 또는 주가지수의 변동에 연계되어 결정되는 금융투자상품으로 그 성격은 파생결합증권[13]이다.

ELS는 원금보장 여부에 따라 원금보장형과 원금 비보장형으로, 기초자산의 종류에 따라 개별종목(주식)형과 지수형으로, 기초자산의 수에 따라 1 stock 또는 2 stock형, 조기상환 여부에 따라 조기상환형, 만기상환형으로 구분된다.

ELS의 발행대금 중 증권회사의 수수료(마진 등, 통상 1.7~2%에 이름)

---

13) 자본시장과 금융투자업에 관한 법률(이하 '자본시장법'이라 한다) 제4조
  ⑦ 이 법에서 "파생결합증권"이란 기초자산의 가격·이자율·지표·단위 또는 이를 기초로 하는 지수 등의 변동과 연계하여 미리 정하여진 방법에 따라 지급하거나 회수하는 금전 등이 결정되는 권리가 표시된 것을 말한다.

를 제외한 나머지 재원은 국공채 등 우량채권과 헤지를 위한 복제 포트폴리오 구성에 투자된다.

ELS를 발행한 증권회사는 직접 기초자산이나 옵션 등을 매수하는 방식의 자체 헤지나 외국계증권회사 등 제3자와 동일한 현금흐름을 갖는 상품을 매수하거나 스와프계약을 체결하는 방식의 백투백 헤지를 통하여 상환위험을 관리한다.

2. 델타헤지의 원리와 ELS에서의 운용[14]

가. 델타헤지의 원리

기초자산의 가격이 변동할 때 파생상품[15]의 가격변동 비율을 델타값이라고 하는데, 이러한 델타값을 산출한 다음 그에 따라 기초자산 변동에 따른 파생상품 가격변동을 상쇄시킬 수 있도록 기초자산을 매매하는 헤지 방법을 델타헤지라고 한다. 이를 통하여 현물의 손익과 파생상품의 손익이 서로 상쇄되도록 하여 위험을 회피한다.

델타헤지를 통하여 미래 가격변동에 관계없이 옵션 판매로 인한 손익이 발생하지 않도록 포트폴리오를 구성할 수 있는데, 이를 델타중립 포트폴리오라고 하고, 이때 포트폴리오 전체의 델타값 합은 '0'이 된다. 즉 델타헤지는 기초자산 포지션의 총 델타값을 0으로 만드는 것이다. 델타값은 수시로 변하는데 총 델타를 0으로 맞추는 것은 기초자산의 움직임에 대해 발행자가 취한 기초자산 포지션의 수익이 변화를 받지 않고 그대로 있기를 바라기 때문이다. 이를 위해서 델타값이 커지면 기초자산을 매수하고 델타값이 작아지면 기초자산을 매도하는 방법으로 기초자산의 보유량을 조절한다.

---

14) 델타헤지의 원리와 운용방식에 관하여 구체적으로 설명한 김홍기, "ELS 델타헷지의 정당성과 시세조종에 관한 연구-대상판결 : 대법원 2016. 3. 24. 선고 2013다2740 판결을 대상으로", 상사판례연구 제29집 제2권, 한국상사판례학회, 2016, 91~98면 참조.

15) 파생상품은 그 가치가 그와 독립적으로 존재하는 자산이나 가격('기초자산'이라함)에 따라 변동하는 상품을 말한다. 김건식·정순섭, 자본시장법, 두성사, 2013, 97면.

나. ELS에서의 델타헤지 수행방법

ELS 운용사(자체 헤지하는 발행사 및 발행사와 백투백헤지계약을 체결한 운용사, 이하 같다)는 ELS 발행대금 중 마진 등 증권사 수수료를 제외한 나머지 금액 중 일부를 무위험 자산(채권 등)에 투자하고, 나머지는 헤지를 위한 복제 포트폴리오 구성에 투자한다. 그 후 기초자산의 가격, 만기까지의 기간 등의 변수를 고려하여 산정된 델타값에 따라 기초자산의 보유수량을 조정하는데 대체적으로 주가상승 시에는 매도하고 주가하락 시에는 매수하는 변동성 매매전략을 수행한다. 조기상환일 또는 만기에는 기초자산을 매각한 대금, 무위험자산의 처분대금과 이자, 그때까지의 델타헤지로 인한 수익을 합하여 상환재원을 마련하는데, 마련된 상환재원이 약정된 상환채무액을 초과하면 ELS 운용사는 수수료 이상의 이익이 발생하고, 미달하면 손실이 발생하는 구조이다.

실제 거래에서 이용되는 델타값은 주가, 이자율, 변동성 등 여러 시장변수를 파생상품 가격결정모델이 내재된 컴퓨터프로그램에 입력하여 산출한다. 이론적으로 완벽한 델타헤지를 위하여는 주가 변동 시마다 끊임없이 델타값을 산출한 후 그에 따라 보유수량이 일치하도록 조정하여야 할 것이나 거래비용[16]이나 유동성의 한계 때문에 현실적으로 이를 구현하는 것은 불가능하다. 실제 거래에서는 기초자산이 동일한 파생상품의 위험을 하나의 풀로 묶어서 전체 델타를 합산한 값에 따라 관리하는 풀링(Pooling) 방식, 일정 시간(매일 1~2회)마다 델타값을 산출하여 헤지하는 방식, 주식보유량을 델타값에 완전히 일치시키지 아니하고 일정 한도 범위에서 관리하는 방식 등이 사용된다고 한다. 즉 실제 거래에서는 델타값을 금융기관별 자체 기준에 따라 일정 기간(통상 하루 단위)마다 계산하여 기초자산 보유량을 조절하게 되고, 실제 거래도 주식보유량과 델타값에 의한 보유요구량에 완전히 일치시키지 아니하고 위험 한도 범위 내에서 헤지트레이더가 재량을 가지고 기초자산의 매매를 하게 된다.

---

16) 증권회사가 주식을 매매할 때에는 가격 대비 0.3%의 증권거래세를 지급하여야 하고, 거래 수행을 위하여 인적, 물적 설비를 갖추어야 한다.

ELS는 상환기준일 부근에 기초자산의 가격이 상환기준가격에 근접하게 되면 델타값이 급격하게 커지고 정도의 차이는 있으나 상환기준일이 지남으로써 델타값이 급격하게 감소하는 특징을 갖는다. 이론상으로는 옵션 행사시점에서 델타값은 무한대에 이르고 행사시점이 지나 종가가 결정되면 녹인 조건(일정한 경우 옵션이 가치를 갖게 되는 조건)의 충족 여부와 상관없이 델타값은 '0'이 된다.

ELS 운용사는 델타값이 급격히 커지는 상환기준일 인근에서 델타값을 '0'으로 만들기 위해서는 대량의 기초자산을 보유하였다가 이를 처분할 필요성이 있게 된다. 이러한 기초자산의 대량매매는 기초자산의 가격에 영향을 미치게 되고 기초자산의 가격을 기준으로 설정된 상환조건의 성취 여부에도 영향을 미치게 되는 것이다.

다. ELS의 델타헤지를 통한 운용수익의 생성

ELS 투자자의 수익구조는 풋옵션 매도자의 그것과 같고 ELS 운용사는 풋옵션 매수자와 유사한 지위에 서게 되기 때문에, ELS 운용사는 델타헤지 과정에서 기초자산을 저가로 매수하여 고가로 매도하게 되고, 이러한 델타헤지 수행과정에서 운용수익이 생기고 이를 상환재원으로 사용한다.

다만 델타헤지를 통한 수익은 주가의 변동성에 기반한 것인데 변동성이 예상한 것에 미치지 못하거나 예측이 틀린 경우에는 ELS 운용사가 손실을 보는 경우도 발생할 수 있다.

이처럼 ELS에서의 델타헤지는 기초자산의 가격변동으로 인한 위험을 회피하고 자산운용의 건전성을 확보하는 위험회피거래라는 기본적인 헤지거래의 성격이 있으면서 동시에 기초자산의 매매를 통하여 수익을 창출하여 이를 ELS 상환재원으로 사용하는 수단이기도 하다.

Ⅲ. ELS 헤지거래와 투자자보호의무

1. ELS에서 델타헤지의 기본적인 성격

ELS가 델타헤지 과정에서 발생하는 운용수익을 전제로 만들어진 파생상품으로 델타헤지가 예정되어 있었고 델타헤지의 경제적 합리성이 인정되는 점을 감안하더라도, 델타헤지를 수행하였다는 이유만으로 법적 정당성이 부여되는 것은 아니다. 즉 델타헤지 원리에 충실하게 이루어진 헤지거래이더라도 그 법적 정당성이 부정되는 경우가 있을 수 있다.

대상판결 중 13다2757 판결은 "피고가 이 사건 ELS와 관련된 델타헤지거래로 삼성SDI 주식을 매도하는 것은 기본적으로 위험회피라는 자신의 이익을 위하여 행하는 것이므로(이하 생략)"라고 판시함으로써 ELS에서의 델타헤지의 기본적인 성격이 금융투자업자가 자신의 위험을 회피 내지 관리하는 금융거래기법이라는 점을 분명히 하였다.[17]

따라서 ELS 운용사가 델타헤지의 수행이라는 사정을 내세워 특정한 주식거래행위를 하더라도, 그것이 투자자보호의무를 위반하여 위법한지, 자본시장법 등 법령이 금지하고 있는 시세조종행위 내지 부정거래행위인지는 별도로 따져 보아야 한다.

2. ELS에서의 이해상충의 상황
가. 상환기준일 종가에 따른 이해관계

ELS 운용사는 투자원금의 관리나 상환자금의 마련을 위해서 델타헤지를 수행하게 된다. 이처럼 ELS 운용사가 계약기간 내 일반적인 상황에서 델타헤지의 원리하에 기초자산을 매매하는 것은 별다른 문제가 되지 않고 투자자들이 문제 삼을 이유도 없다. 문제가 되는 것은 ELS 계약에서 정한 투자자들의 수익구조에 직접적으로 영향을 미치는 만기(또는 중도상환일), 특히 종가가 결정되는 장 종료시점에 기초자산의 주가가 상환기준가격에 근접하여 형성되어 있는 경우이다.

이러한 경우, ELS 계약 내용을 보면, 투자자와 증권사의 이해관계가 상충한다. 즉 해당 주식의 주가가 상환기준가격을 상회하면, 투자자로서

---

17) 다른 ELS 사건인 대법원 2016. 3. 24. 선고 2013다2740 판결에서는 "기초자산의 가격변동에 따른 위험을 회피하기 위하여 기초자산 자체를 보유한 다음 기초자산의 가격변화에 대한 옵션가치의 민감도를 의미하는 델타값에 따라 기초자산의 보유량을 조절하는 이른바 델타헤지는 금융투자업자가 자신의 위험을 회피 내지 관리하는 금융거래기법에 불과하다."고 판시함으로써 이 점을 더욱 분명히 하였다.

는 '투자원금 + 약정이자[18]'를 얻을 수 있는 이익이 생기고, ELS 운용사로서는 그만큼의 채무를 부담하게 된다. 반면 해당 기초자산의 주가가 상환기준가격에 미치지 못하면 투자자로서는 약정이자를 얻을 수 있는 이익이 날아가고 경우에 따라 그에 더하여 원금의 손실이 발생할 수도 있고, 증권사로서는 자신이 상환할 의무가 있는 금액을 줄일 수 있다.[19]

이런 상황에서 헤지를 수행하는 ELS 운용사로서는 우선은 상환조건을 무산시켜 조기상환 내지 만기상환 이자지급을 회피하려는 유인이 있을 수 있고 특히, ELS 운용사가 그때까지 델타헤지 등을 통하여 마련한 상환재원이 약정된 상환채무액에 미치지 못하는 손실이 발생한 상황에서는 더욱 그러할 것이다.

나. 헤지트레이더의 이해관계

ELS 운용사와 실제 헤지를 수행하는 헤지트레이더의 이해관계도 항상 일치하는 것은 아니다. ELS 운용사 입장에서는 중도상환조건이 성취되지 않는 것이 회사 전체로 보아서는 큰 이익이 없다고 판단되는 경우이더라도, 당해 ELS의 운용에서 손실이 발생한 상황이라면 해당 헤지트레이더 입장에서는 우선 중도상환을 무산시켜 약정 상환채무지급을 면하고자 하려는 동기가 있을 수도 있다.

다. 상환기준일 단일가매매시간대의 특수성

상황기준일의 단일가매매시간대(14:50~15:00) 10분 동안에 어느 정도 수량의 매도 · 매수 주문이 어느 가격에 접수되느냐에 따라 그날의 종가가 결정된다.[20] 단일가매매시간대는 접수된 호가를 모두 접수한 후 가장 많은 수량의 계약을 체결할 수 있는 하나의 가격으로 종가를 결정하고 그 종가 단일가로 매매계약이 체결된다. 호가한 대로 바로 계약이 체결

---

18) 원금에 더해 투자자에게 주기로 약정한 금액을 거래실무에서는 쿠폰(coupon)이라고 호칭하기도 한다.

19) 대상판결 2개의 사건을 비롯하여 소송이 제기되었던 ELS 대량매도 사건은 대부분 그런 경우이다.

20) 10분간의 매수주문 중 가장 높은 호가의 주문과 매도주문 중 가장 낮은 가격의 호가부터 차례로 맞추어 가장 많은 수량을 체결할 수 있는 가격이 단일가격으로 결정되어 종가가 된다.

되지 않지만 거래소가 매도호가, 매수호가, 호가 전후의 예상체결가 및 예상체결량을 공개하기 때문에 자신이 주문하는 수량과 호가가 다음의 예상체결가 나아가 종가에 어떤 영향을 미칠지를 어느 정도 알 수 있다. 특히 매도의 경우를 예로 들면, 어느 증권사가 단일가매매시간대에 대량의 매도주문을 하여 매도주문관여율 및 매도체결관여율이 높은 상황에서 그 증권사가 저가의 매도주문을 하게 되면 종가가 하락할 수밖에 없는 구조이다. 즉, 매수세에 특별한 징후가 없는 한, 예상체결가 대비 저가의 매도주문을 대량으로 지속적으로 내면 종가를 낮출 수 있는 구조이다.

3. 투자자보호의무의 인정 여부

가. 문제의 소재

앞서 보았듯이 상환기준일(중도상환 및 만기상환을 포함하는 의미이다)에 기초자산의 가격이 상환조건을 성취시키는 가격에 근접하여 형성되어 있어 ELS 운용사와 투자자 사이의 이해관계가 상충되는 상황에서 ELS 운용사로 하여금 이해상충을 방지하고 투자자의 이익을 침해하지 아니하는 방법으로 헤지거래를 함으로써 투자자를 보호할 의무가 있다고 할 수 있는가?

나. 상정가능한 견해 및 논거[21]

(1) 부정설의 논거로 다음과 같은 점이 제시된다.[22]

① ELS 발행금액을 델타헤지 방식으로 운용한다는 점은 ELS 설계에서 전제가 되는 것이고 이러한 사실은 약관에서도 명시하고 설명하였으므로 ELS 운용사가 상환조건의 성취에 영향을 주지 않도록 매매를 자제하거나 다른 헤지 방법을 찾을 필요는 없다.

② 상환기준일에 근접하면 델타값이 급격하게 상승하고 그 결과 ELS 운용사는 주식을 대량으로 매매하여야 하는데, 그러한 처분으로 인

---

21) 김홍기, 전게논문(각주 14), 101-102면.
22) 기초자산 대량매도와 관련된 ELS 운용사의 손해배상책임을 부정하는 측의 주장이기도 하다.

하여 발생하는 주가 하락의 압력이 상환기준일의 가격에 반영되는 것은 불가피하다.

③ 장 종료 이후 이루어지는 시간 외 매매는 거래량이 적어 델타헤지 물량을 소화하기 어렵고 저가 매도로 인하여 그 손실이 더욱 커질 수 있다. 또한 상환기준일 다음 날의 주가가 상환기준일의 주가보다 저가인 경우 이는 ELS 운용사의 손실로 귀착되는데, 이는 ELS 운용사로 하여금 현물 주식의 보유에 따른 리스크(overnight risk[23]) 및 손실을 용인하라고 요구하는 것으로 부당하다.

④ ELS 투자자 보호의 문제는 그러한 상품이 투자자의 투자성향이나 재산상황 등에 비추어 적합한 상품이었는지 여부(적합성 원칙)와 상품 판매자가 투자자에게 ELS의 내재적 위험을 충분히 설명하여 투자자들이 그 위험을 인식하고 투자하였는지 여부(설명의무)로 접근하여야 한다.

(2) 긍정설의 논거로 다음과 같은 점이 제시된다.[24]

① 델타헤지에 있어서 델타값을 관리하는 이유는 이를 지표로 기초자산의 포지션을 조정함으로써 위험을 관리하기 위한 것이지 거래의 위험과 비용을 감수하면서 무조건 델타값을 맞추는 것이 목적이 아니다.

② ELS 운용사는 기초자산의 매매로 인하여 투자자가 피해를 입는 경우에는 기초자산의 매매를 자제하거나 다른 헤지 방법을 찾아야 하며 매매가 이루어지더라도 기초자산의 공정한 가격 형성에 영향을 주지 않는 범위에서 이루어져야 한다.

③ 델타헤지가 필요하다고 하더라도 이해상충이 현실화된 상환기준일에서 기초자산의 매매행위는 평시와 동일하게 평가할 수 없다. 분할매매나 상환기준일 이후의 매매 등으로 큰 위험을 감수하지 아니하고도 헤지 물량을 처분할 수 있는데도 장 종료시점에 의도적으로 대량으로 매도

---

23) 장 종료 후 그 다음 날 장 개시 전까지 유사시에 급변사태가 발생하는 경우에 주식시장이 열리지 않는 시간 동안 주식보유자가 부담하는 위험을 의미한다.

24) 기초자산 대량매도와 관련된 ELS 운용사의 손해배상책임을 긍정하는 측의 주장이기도 하다.

주문을 내는 것은 허용될 수 없다.

④ 오버나잇 리스크는 그 발생가능성이 낮고, 기초자산의 가격은 상
환기준일 후에 오히려 상승할 수도 있으므로 헤지거래라는 이유로 시세
에 영향을 주면서까지 기초자산을 매매하는 것이 정당화되는 것은 아니
며, ELS 판매 시 수수료(약 2%)를 얻는데 거기에는 헤지오류로 인한 손실
예상액도 포함되어 있다.

다. 검   토

(1) 신의성실의 원칙 및 법령상의 근거

금융투자상품의 투자자는 증권회사 등 금융투자업자가 공정하게 자
산을 운용하고 정당한 사유 없이 투자자의 이익을 해하면서 자기의 이익
을 추구하지 않을 것을 신뢰하고 투자한다. 이러한 투자자의 신뢰는 보
호되어야 하고, 금융투자업자는 이러한 신뢰를 보호할 신의칙상 의무를
부담한다고 보아야 한다.

나아가 구 증권거래법과 자본시장법은 투자자와 이해상충이 있는 경
우의 금융투자업자의 신의성실의무를 구체화한 다음과 같은 규정을 두고
있다.[25]

> **구 증권거래법**
> **제52조(부당권유행위 등의 금지)**
>   증권회사 또는 그 임·직원은 다음 각 호의 행위를 하여서는 아니된다.
> 3. 제1호 및 제2호의 행위 이외에 유가증권의 발행 또는 매매 기타 거래와 관
>   련하여 투자자의 보호 또는 거래의 공정을 저해하거나 증권업의 신용을 추락
>   시키는 것으로서 대통령령이 정하는 행위
>
> **구 증권거래법 시행령**
> **제36조의3(증권회사 등의 금지행위)**
>   법 제52조 제3호에서 "대통령령이 정하는 행위"라 함은 다음 각 호의 행위를 말한다.
> 9. 유가증권의 가치에 중대한 영향을 미치는 사항을 사전에 알고 있으면서 이

---

25) 대상판결의 주식 대량매도가 있었던 시점에 적용되던 단속규정인 구 증권업감독
   규정(2008. 8. 4. 금융투자업규정의 제정에 의하여 폐지) 제4-4조 제1항은 '증권회
   사로 하여금 고객과 사이에 이해상충이 발생하지 않도록 하여야 하고 이해상충이
   불가피한 경우에는 고객이 공정한 대우를 받을 수 있도록 적절한 조치를 취하여야
   한다'고 규정하고 있었다.

를 고객에게 알리지 아니하고 당해 유가증권의 매수 또는 매도를 권유하여 당해 유가증권을 매도 또는 매수하는 행위

10. 고객의 투자목적 및 투자경험 등에 비추어 볼 때 지나치게 빈번하게 유가증권의 매매를 권유하는 행위

13. 당해 증권회사가 이미 발행한 자기주식의 매수 또는 매도를 권유하는 행위

자본시장법

제37조(신의성실의무 등)

① 금융투자업자는 신의성실의 원칙에 따라 공정하게 금융투자업을 영위하여야 한다.

② 금융투자업자는 금융투자업을 영위함에 있어서 정당한 사유 없이 투자자의 이익을 해하면서 자기가 이익을 얻거나 제삼자가 이익을 얻도록 하여서는 아니 된다.

제44조(이해상충의 관리)

① 금융투자업자는 금융투자업의 영위와 관련하여 금융투자업자와 투자자 간, 특정 투자자와 다른 투자자 간의 이해상충을 방지하기 위하여 이해상충이 발생할 가능성을 파악·평가하고, 내부통제기준이 정하는 방법 및 절차에 따라 이를 적절히 관리하여야 한다.

② 금융투자업자는 제1항에 따라 이해상충이 발생할 가능성을 파악·평가한 결과 이해상충이 발생할 가능성이 있다고 인정되는 경우에는 그 사실을 미리 해당 투자자에게 알려야 하며, 그 이해상충이 발생할 가능성을 내부통제기준이 정하는 방법 및 절차에 따라 투자자 보호에 문제가 없는 수준으로 낮춘 후 매매, 그 밖의 거래를 하여야 한다.

③ 금융투자업자는 제2항에 따라 그 이해상충이 발생할 가능성을 낮추는 것이 곤란하다고 판단되는 경우에는 매매, 그 밖의 거래를 하여서는 아니 된다.

(2) 델타헤지와 ELS 운용사의 투자자보호의무

앞에서 본 신의칙상 의무 및 법령의 내용을 고려하면, 금융투자업자는 그 업무를 수행함에 있어서 금융투자업자와 투자자 간, 투자자와 다른 투자자 간의 이해상충을 방지하고, 이해가 상충하는 상황에서는 투자자의 이익을 침해하여서는 아니 된다.

ELS 투자자는 공정한 수급원리에 따라 상환기준이 되는 기초자산의 주가가 결정되리라는 시장에 대한 신뢰가 있었고, 금융투자업자인 ELS 운용사가 투자자의 이익을 해하면서까지 자기의 이익을 추구하지 않을 것이라고 믿고 투자를 한다.

델타헤지라는 위험회피거래는 기본적으로 금융투자업자가 그 자신의 이익을 보호하기 위하여 그의 책임과 판단 아래 수단과 방법을 결정하여

행하여지는 것이므로, 기초자산의 공정한 가격 형성에 영향을 주거나 투자자의 이익과 신뢰를 부당하게 훼손하지 않는 범위 내에서 이루어져야 한다. ELS 자체가 델타헤지를 필요로 하여 설계된 금융상품이지만, 발행사가 상환기준일 장 종료시점에 델타헤지의 수행으로 기초자산을 대량 매각함으로써 상환조건 밑으로 주가를 떨어뜨리는 것까지 정당화되는 것은 아니다. ELS 운용사가 스스로 상환조건을 헤지물량 처분에 제한이 있을 수밖에 없는 상환기준일 종가로 정한 이상,[26)]·[27)] 종가가 결정되는 단일가매매시간대에는 상환조건 성취 여부에 최소한의 영향을 미치는 방법으로 헤지거래를 할 제한이 구조적으로 내재된 상품으로 보아야 한다. 즉 종가를 기준가로 설계함에 있어서 발생하는 종가결정대의 위험은 설계에 관여하지 아니한 투자자가 부담할 것이 아니라 설계자인 발행사 및 이를 운용하는 운용사가 부담하는 것이 타당하다.

　한편 델타헤지는 컴퓨터를 통하여 산정된 델타값에 근거하여 이루어진다고 하지만, 트레이더가 항시 델타값에 부합하게 기초자산을 보유하는 것은 아니고 트레이더에게 상당한 재량이 있는 영역이므로 이에 대한 적절한 제한이 필요할 수 있다. 대상판결의 사건은 물론이고 다른 ELS 기초자산 대량매도사건에서도 트레이더는 델타값에 맞지 않게 기초자산을 매도 또는 매수한 거래가 다수 있고, 아예 매도 포지션에서 매수하거나 매수 포지션에서 매도하는 식으로 반대로 거래한 경우도 다수 발견된다. 이처럼 실제 거래에서는 델타헤지 수행에서 트레이더에게 상당한 재량이 허용되는데, 트레이더에게 주어진 재량의 범위 내에서 델타헤지 원리에 의해 이루어진 헤지거래라는 이유만으로 그 법적 정당성을 부여하게 되면, 기초자산의 가격이 상환기준가 부근에서 형성되어 있어 투자자와의 이해관계와 상충하는 상환기준일 종가단일가매매시간대에서 증권회사 내

---

26) ELS 설계 시 상환기준가격을 상환기준일 종가로 정하지 않고 시초가 또는 장중 단일가를 사용하거나 n·일 평균가를 사용하는 방법도 가능하다.

27) 파생상품 상환 기준가격으로 종가를 사용하는 나라는 매우 드물다. 윤선중, "투자자 보호를 위한 구조화상품의 규제방안에 관한 연구", 재무연구 제25권 제4호, 2012, 552면.

지 트레이더에게 상환조건 성취 여부를 자의적으로 결정할 수 있는 권한을 부여하는 것과 마찬가지의 결과를 초래한다.

(3) 소   결

복잡한 구조화상품의 설계 시에 설계자에게는 재량의 여지가 있고 설계과정에서 합리적인 비용으로 투자자 사이의 이해상충을 회피·관리할 다양한 방안을 마련할 수 있다. ELS의 경우에도 투자자 사이의 이해상충을 회피·관리할 방도가 없었다고 할 수 없는 이상, 상환기준일 종가에 명백히 영향을 미치는 방법으로 기초자산을 대량매도하여야 할 불가피성이 존재한다고 보기 어렵다.[28]

따라서 ELS 운용사가 델타헤지를 통해서 기초자산을 매매하더라도 상환조건이 결정되는 상환기준일 장 종료 무렵의 기초자산 가격이 상환조건을 성취시키는 가격에 근접하여 형성되고 있어 그 종가에 따라 상환조건이 성취될 가능성이 커서 투자자 사이의 이해관계가 서로 상충하는 상황에서는 운용사는 상환조건의 성취 여부에 최소한의 영향을 미치는 방법[29]·[30]으로 헤지거래를 함으로써 투자자를 보호할 의무가 있다.

대상판결 중 13다2757 판결은 델타헤지와 관련된 이러한 ELS 운용사의 투자자보호의무를 분명히 선언하고 있다.

---

28) 양기진, "ELS 헤지활동에 관한 판결 동향과 투자자보호 쟁점―시세조종의도 판단 시의 이해상충회피·관리의무를 중심으로", 증권법연구 제17권 제2호, 2016, 165면.
29) 상환기준일의 매매시점 및 매도물량을 조절하여 종가시간대 매매관여비율을 낮출 수 있다.
30) 대상판결 중 13다2757 판결은 "(단일가매매시간대가 아닌) 접속매매시간대 전체에 걸쳐 분산하여 매도함으로써 중도상환조건 성취 여부를 결정하는 요소인 종가결정에 미치는 영향을 최소화할 의무가 있었다. 나아가 단일가매매시간대 직전의 삼성SDI 보통주의 가격이 기준가격을 상회하여 투자자로서는 이 사건 주가연계증권의 중도상환조건이 충족될 것으로 기대할 수 있었으므로, 피고는 단일가매매시간대에 시장수급에 영향을 줄 것이 예상되는 대량의 매도주문을 하려면 조건성취에 영향을 미치지 않도록 기준가격 이상의 호가를 제시하였어야 했다(피고가 이 사건 중간평가일에 이르기까지 델타헤지를 하면서도 삼성SDI 보통주를 델타값에 일치시키지 않고 그 이상으로 보유하여 온 점에 비추어 볼 때 이를 요구하는 것이 피고에게 과다한 위험을 부담시키는 것도 아니다)."라고 판시하였다.

Ⅳ. 대상판결에 대하여

대상판결 중 13다2757 판결은 투자자보호의무 위반을 인정하여 투자자 승소취지로 판단하였고(달리 판단한 원심을 파기환송), 13다7264 판결은 ELS 운용사의 주식 대량매도행위가 시장요인에 의한 정상적인 수요·공급으로 볼 수 있는 델타헤지를 위한 주식매매에 해당한다고 보아 투자자 패소로 판단한 원심을 수긍하여 상고를 기각하였다.

이 글에서는 대상판결의 구체적 사안에 나타난 매매태양(주문시점, 수량, 호가방식, 시장관여율 등) 및 경제적 유인 등의 사정에 근거하여 ELS 운용사인 피고들이 상환조건을 방해하였는지 또는 시세조종을 하였는지에 관한 분석을 하지 않았고, 이에 대한 대법원의 판단에 대하여도 검토를 하지 않았다.[31] 다만, 두 판결 결론의 구체적 타당성을 떠나서 결론에 이르게 된 전제가 되는 법리 판시의 정합성에 관하여 말하고자 한다.

대상판결을 포함하여 대법원에서 선고된 ELS 기초자산 대량매도사건[32]은 ELS 상환기준일(중도상환 또는 만기)의 기초자산 주가가 상환조건인 기준가격에 근접하여 형성되어 있었는데 ELS 운용사가 접속매매시간대에는 분산매도하지 아니하고 장 종료가 임박한 단일가매매시간대인 10분 사이에 대량매도한 결과 주가가 하락하여 기초자산의 종가가 상환조건을 성취하지 못하여(종가가 상환기준가격과 근소한 차이로 낮게 결정되었다) ELS 투자자가 손실을 입은 사안이라는 공통점이 있다.

두 대상판결도 13다2757 판결의 운용사는 ELS 발행사이고 13다7264 판결의 운용사는 발행사와 백투백헤지계약을 체결한 금융기관이라는 점에서 차이가 있을 뿐 상환조건 성취 방해로 인한 불법행위책임의 인정

---

31) 양기진 교수의 전게논문(각주 28)은 대법원에서 선고된 ELS 기초자산 대량매도 사건에 대하여 사안을 상환기준일의 주문시점, 수량, 호가방식, 경제적 유인 등의 요소로 분석하였는데, 13다7264 판결의 경우 헤지운용사의 시세조종 및 투자자보호의무 위반을 인정할 여지가 있다는 의견을 피력하였다.

32) 대상판결 외에 12다108320 판결(원고 패소로 상고기각), 13다2740 판결(원고 승소 취지로 파기환송), 15다67062 판결(원고 승소로 상고기각)이 선고되었다.

여부가 쟁점이었고, 그 불법행위책임을 인정하기 위한 전제로 ELS 운용
사가 수행하는 델타헤지의 정당성 내지 투자자보호의무를 인정할 것인지
가 주된 논쟁의 대상이었다.

앞서 보았듯이 13다2757 판결(원고만 달리하는 관련사건인 13다3811
판결도 마찬가지이다)은 델타헤지의 기본적인 성격[33] 및 델타헤지와 관련
된 ELS 운용사의 투자자보호의무를 분명히 선언하였고, 이 판결은 2015.
5. 14. 선고되었다.

그런데 같은 쟁점을 다루는 13다7264 판결은 13다2757 판결 선고
뒤인 2016. 3. 10. 선고되었는데, 그 법리 판시를 보면 헤지거래는 경제
적 합리성이 인정되므로 거래의 공정성이 훼손되었다고 볼 특별한 사정
이 없다면 시세조종행위라고 할 수 없다고 하였고, 그에 따라 당해 사건
에서 ELS 운용사의 상환조건 성취 방해가 인정될 수 없다고 판단한 원심
을 수긍하여 상고를 기각하였다.

물론 그 판시에는 '거래의 공정성이 훼손되었다고 볼 특별한 사정이
없는 한'이라는 단서가 있기 때문에 거기서 말하는 '거래의 공정성'이 무
엇을 의미하는지에 따라 사정은 달라질 수 있다.

즉 '거래의 공정성'이라는 단서에 큰 의미를 두지 않는다면 델타헤지
는 경제적 합리성이 인정되는 거래이므로 시세조종 등의 불법행위로 평
가할 수 없다는 취지로 읽힐 수 있다.[34] 그렇게 이해한다면 13다7264 판
결의 법리 판시는 앞에서 본 ELS 운용사의 투자자보호의무 인정 여부에
관하여 부정설을 취할 경우의 법리로 보이게 되고, 델타헤지의 기본적인
성격에 근거하여 투자자보호의무를 인정한 13다2757 판결 등과의 정합성
문제가 제기될 수 있다.[35]

---

33) 앞서 보았듯이 델타헤지는 금융투자업자가 자신의 위험을 회피 내지 관리하는
   금융거래기법에 불과하다는 것이 대법원의 입장이다.
34) 13다7264 판결에서는 13다2757 판결에서 밝힌 'ELS에서의 델타헤지의 기본적인
   성격'이 금융투자업자가 자신의 위험을 회피 내지 관리하는 금융거래기법이라는
   점'에 대한 언급이 없었다는 점은 그러한 이해를 뒷받침하는 사정이다.
35) 법률신문 2016. 10. 20.자로 발표된 성희활, "ELS 분쟁관련 대법원의 상반된 판
   결에 대한 고찰"에서는 대상판결 두 건을 비롯하여 투자자 승소 취지의 판결과 투

이와 달리 '거래의 공정성'이라는 의미에 '금융투자업자로서 부담하는 투자자보호의무를 게을리하지 않는 것'이라는 내용까지 포섭되어 있는 것으로 읽는다면 큰 틀에서는 13다7264 판결의 법리 판시가 13다2757 판결에서 내세운 법리와 반드시 배치되는 것은 아니라고 이해할 수도 있다.

대법원이 이미 13다2757 판결 등에서 델타헤지의 기본적인 성격과 이와 관련된 ELS 운용사의 투자자보호의무가 인정된다는 점을 분명히 선언한 상황이라면, 같은 쟁점을 다루는 13다7264 판결에서는(13다2757 판결 등과 결론을 달리하는 경우라 하더라도) 그 법리를 다시 확인하면서 해당 사건의 구체적 사정에 비추어 보면 ELS 운용사인 피고가 델타헤지거래와 관련하여 투자자보호의무를 위반하였다거나 시세조종행위를 하였다고 볼 수 없다는 이유로 투자자 패소로 판단한 원심을 수긍하는 것이 좋지 않았을까 하는 아쉬움이 남는다.

자자 패소 취지의 판결에서 대법원이 상반된 입장을 취하고 있다는 비판적 견해를 피력하였다.

[Abstract]

ELS Delta Hedging Activities and A duty of Investors Protection

Ho, Je Hun*

ELS investors trust that an underlying asset's stock price will be determined by fair market rules of supply and demand. ELS investors make investment decisions based on a trust that an ELS management firm will not pursue its own interests when doing so harms the interests of their associated investors. Therefore, ELS management firms are obligated to prevent conflicts of interest between the firm and investors, and not to violate the interests of investors when there is a potential conflict of interest between the firm and the investors.

Delta hedge is an options strategy that ELS management firms use to prevent or manage the risks associated with price movements that pertain to their own underlying assets. Therefore, delta hedge can legally be permitted, as long as it does not harm the interests of investors. If, as is demonstrated via the facts of the case 13Da2757 presented in this paper, the ELS management firm sets the redemption condition based on the closing price of the redemption valuation date, selling of assets on the valuation date is allowed only when such hedge trading has a minimal level of impact on the satisfaction of redemption conditions.

In the 13Da2757 decision, the court rightfully stated that the ELS management firm had a duty to protect investors, and held that the ELS man-

---

* Judge, Busan High Court.

agement firm violated this duty by block trading of underlying assets on the valuation date, thereby lowering the market price of stocks.

[Key word]
- Equity Linked Securities(ELS)
- Delta Hedge
- Interest Conflict
- A duty of Investors Protection

참고문헌

[논   문]

김홍기, "ELS 델타헷지의 정당성과 시세조종에 관한 연구-대상판결 : 대법원
　　　2016. 3. 24. 선고 2013다2740 판결을 대상으로", 상사판례연구 제29집
　　　제2권, 한국상사판례학회, 2016.
성희활, "ELS 분쟁관련 대법원의 상반된 판결에 대한 고찰", 법률신문 2016.
　　　10. 20.자.
양기진, "ELS 헤지활동에 관한 판결 동향과 투자자보호 쟁점-시세조종의도
　　　판단시의 이해상충회피·관리의무를 중심으로", 증권법연구 제17권 제
　　　2호, 2016.
윤선중, "투자자 보호를 위한 구조화상품의 규제방안에 관한 연구", 재무연구
　　　제25권 제4호, 2012.

附　　　錄

「環境法의　諸問題」

附錄에 부치는 말

우리 연구회는 2016년 8월 27일 서울 서초구 사평대로 108 소재 반포원에서 제39회 하계 심포지엄을 열고 "環境法의 諸問題"라는 주제로 여러 쟁점들을 검토하고 논의하는 기회를 가졌다. 이 附錄은 그 모임에서 발표된 논문들을 다시 수정·보완한 것이다. 심포지엄은 다음과 같은 일정으로 진행되었다.

09:20~09:50　參加者 登錄 ------------------------------------ 하모니 홀
09:50~09:55　開 會 辭------------------------------------ 尹眞秀 會長
09:55~10:55　講　　演------------------------------------ 하모니 홀
　　우리나라 환경운동의 역사와 사례 ---------- 구도완(환경사회연구소 소장)

10:55~11:55　제1세션 : 主題發表와 討論------------------ 하모니 홀
　(1) 환경오염피해구제법의 주요 내용 분석
　　　------------------------------------ 안경희(국민대 법과대학 교수)

12:00~13:40　午　　餐------------------------------------ 하모니 홀

13:40~15:40　제2세션 : 主題發表와 討論------------------ 하모니 홀
　(2) 소음공해, 일조방해, 조망침해에 관한 판례의 동향
　　　------------------------------------ 이영창(서울고등법원 고법판사)
　(3) 환경침해와 인과관계의 증명
　　　------------------------------------ 신원일(대법원 재판연구관)

15:40~15:55　기념촬영 및 휴식

15:55~17:55   제3세션 : 主題發表와 討論 ------------------ 하모니 홀
    (4) 환경법에서의 공법과 사법
        -------------------------------- 허성욱(서울대 법학전문대학원 교수)
    (5) 종합토론

17:55~18:15   會員總會 ------------------------------------ 하모니 홀
18:15~18:20   閉 會 辭 ---------------------------------- 尹眞秀 會長
18:30~21:00   晩   餐 ---------------------------------- 6층 테라스

환경오염피해구제법의 주요 내용 분석*

안 경 희**

■요 지■

본고는 2104년 12월 31일에 제정된 「환경오염피해 배상책임 및 구제에 관한 법률」(이하 환경오염피해구제법)의 주요 내용을 개관하고 이를 체계적으로 분석하는 것을 목적으로 한다.

환경오염피해구제법은 환경오염피해에 대한 배상책임을 명확히 하고, 피해자의 입증부담을 경감하는 등 실효적인 피해구제 제도를 확립함으로써 환경오염피해로부터 신속하고 공정하게 피해자를 구제하기 위하여 제정되었다(제1조). 이러한 제정목적에 상응하게 제6조에서는 시설의 설치·운영과 관련하여 환경오염피해가 발생한 때에는—불가항력으로 인한 경우를 제외하고는—해당 시설의 사업자가 그 피해를 배상하도록 법정하고 있다. 이 환경오염피해구제법의 핵심을 이루고 있는 '사업자의 환경오염피해에 대한 무과실책임'은 가해자의 귀책사유는 물론이고 환경오염피해의 위법성을 요건으로 하지 아니하는 위험책임에 해당한다.

나아가 제9조에서는 피해자의 입증부담을 경감시키기 위하여 시설이 환경오염피해 발생의 원인을 제공한 것으로 볼 만한 상당한 개연성이 있는 때에는 그 시설로 인하여 환경오염피해가 발생한 것으로 추정하고 있다. 다만 환경오염피해가 다른 원인으로 인하여 발생하였거나, 사업자가 대통령령으로 정하는 환경오염피해 발생의 원인과 관련된 환경·안전 관계 법령 및 인허가

---

* 본 발표문은 拙稿 "사업자의 환경오염피해에 대한 무과실책임—「환경오염피해 배상책임 및 구제에 관한 법률」 제6조를 중심으로—"와 "환경오염피해구제법상 손해배상책임의 발생과 제한"을 수정·보완한 글이다.
** 국민대학교 법과대학 교수, 법학박사.

조건을 모두 준수하고 환경오염피해를 예방하기 위하여 노력하는 등 제4조 제3항에 따른 사업자의 책무를 다하였다는 사실을 증명하는 경우에는 인과관계의 추정은 배제된다.

손해배상책임의 방법, 내용과 범위에 대하여는 원칙적으로 민법규정이 준용된다. 배상청구권자는 환경오염으로 말미암아 생명, 신체 및 재산에 피해를 입은 자이고, 배상의무자는 환경오염피해를 야기한 시설의 사업자이다. 다만 민법상 손해배상책임은 무한책임인 데 반하여 동법상 배상책임은 사업자의 배상책임에 대한 예견가능성 및 보험가능성을 담보하기 위하여 2천억 원으로 한정되어 있다(제7조 제1문).

[주 제 어]
• 손해배상책임
• 책임제한
• 무과실책임
• 위험책임
• 시설책임
• 시설 사업자
• 인과관계 추정
• 책임최고한도

I. 머 리 말

2012년 9월 구미시 소재 ㈜휴브글로벌 불산누출사고 등 일련의 화학사고로 말미암아 천문학적 규모의 손해배상이 사회적 화두가 된 바 있다. 이에 우리나라도 독일 환경책임법[1]과 같이 환경오염피해로 인한 손해배상을 규율하는 특별법이 필요하다는[2] 여론이 형성되었고 이러한 사회적 공감대를 바탕으로 2014년 12월 31일 법률 제12949호로 「환경오염피해 배상책임 및 구제에 관한 법률」(이하 환경오염피해구제법[3])이 제정되어 2016년 1월 1일부터 시행되고 있다.[4]

이 환경오염피해구제법은 제1장 총칙($\frac{제1조 내지}{제5조}$), 제2장 환경오염피해 배상($\frac{제6조 내지}{제16조}$), 제3장 환경오염피해 배상을 위한 보험 가입 등($\frac{제17조 내지}{제22조}$), 제4장 환경오염피해구제($\frac{제23조 내지}{제37조}$), 제5장 보칙($\frac{제38조 내지}{제46조}$), 제6장 벌칙($\frac{제47조 내지}{제49조}$)으로 구성되어 있다. 규정목차에서 알 수 있듯이 동법은 독일 환경책임법을 벤치마킹하여 제정되었으나 배상책임(환경오염피해 배상과 보험)뿐만 아니라 — 독일법에는 없는 — 공법적 구제(구제급여)까지도 규율대상으로 한다. 이는 입법과정에서 당시 의원입법형태로 발의되었던 3개의 법률안, 즉 2013년 7월 30일에 이완영 의원이 대표발의한 「환경오염피해 구제에 관한 법률안」(이하 이완영 의원안),[5] 2013년 11월 28일에 김상민 의원이

---

1) 독일의 경우에는 1986년 스위스 바젤에 위치한 산도스 제약회사의 화재사고로 인한 라인강 오염을 계기로 1990년 12월 10일에 환경책임법이 제정되었다: Umwelthaftungsgesetz vom 10. Dezember 1990(BGBl. I S. 2634).

2) 이전에도 학계에서는 독일의 환경오염피해구제법과 같은 법률을 제정할 필요가 있다는 주장이 꾸준히 제기되어 왔다: 김인섭, "환경오염피해배상청구소송에 있어서 인과관계의 입증완화—독일의 환경오염피해구제법을 중심으로—", 「환경관리인」, 제139권(1998), 35면 이하; 김홍균, "환경법상의 환경책임제도", 「법조」, 제532호(2001), 65면 이하; 윤용석, "환경오염의 민사책임에 관한 새로운 동향", 「재산법연구」, 제11권 제1호(1994), 61면 이하; 전경운, "환경책임법 제정의 필요성과 그 내용", 「환경법연구」, 제25권 제1호(2003), 27면 이하; 최광준, "환경민사책임", 「환경법연구」, 제22권(2000), 247면 이하.

3) 본고에서 법명의 언급 없이 인용된 법조문은 환경오염피해구제법의 규정이다.

4) 동법은 2016년 1월 1일부터 시행되고 있다. 다만 제17조(환경책임보험의 가입의무 등)는 2016년 7월 1일부터 시행되고 있다.

대표발의한 「화학사고 손해배상 및 피해구제에 관한 법률안」(이하 김상민 의원안),[6] 2014년 2월 7일에 한정애 의원이 대표발의한 「환경책임법안」 (이하 한정애 의원안)[7]의 주요내용을 통합한 결과로 보인다.

　　동법에 따르면 일정한 시설의 설치·운영과 관련하여 환경오염피해가 발생하면 당해 시설의 사업자가 자력 또는 보험을 통하여 최대 2천억 원까지 피해를 배상해야 하고, 피해가 이 배상책임한도를 초과하거나 원인자가 불분명·부존재·무자력인 경우에는 환경부장관이 구제급여를 지급할 수 있다(제23조 제1항). 이처럼 동법은 크게 사업자 배상책임, 환경책임보험, 구제급여로 구성되어 있는데, 환경책임보험과 구제급여는 모두 사업자 배상책임의 성립을 전제로 하므로, 동법의 가장 기본적인 내용은 사업자 배상책임이다. 물론 시설 사업자가 환경책임보험에 가입되어 있는 경우에는 피해자가 보험자에게 직접 보험에서 약정한 보장금액[8]의 지급을 청구할 수 있으므로(제20조 제1항) 책임보험이 중요한 의미를 가진다. 그런데 동법상 모든 시설 사업자가 환경책임보험에 가입할 의무를 부담하는 것은 아니어서(제17조 제1항), 이 제도를 도입한 의미가 상당히 반감되어 있다. 구제급여도 예외적인 경우에 임의적으로 지급되는 것이므로(제23조 제1항), 사업자 배상책임에 대한 보충적인 역할을 할 따름이다.[9] 그러고 보면 동법에서 피해

---

5) http://www.kefplaza.com/law/legis/member_view.jsp?&idx=2066&nodeId=62(최종방문일: 2016년 8월 1일)

6) http://www.kefplaza.com/law/legis/member_view.jsp?&idx=2174&nodeId=62(최종방문일: 2016년 8월 1일)

7) http://www.kefplaza.com/law/legis/member_view.jsp?&idx=2209&nodeId=62(최종방문일: 2016년 8월 1일)

8) [별표 4] 환경책임보험 또는 보장계약의 보장 금액(시행령 제8조 제2항 관련)은 다음과 같다.

시설의 종류		보장금액
별표 2 가군의 시설		300억원
2. 별표 2 나군의 시설	소기업의 시설	80억원
	소기업 외의 시설	100억원
3. 별표 2 다군의 시설	소기업의 시설	30억원
	소기업 외의 시설	50억원

9) 다만 환경오염피해에 대하여 환경책임보험 계약 또는 보장계약이 성립되지 아니하거나 실효된 경우, 보험자가 보험금 일부를 선지급하지 아니할 경우 및 그 밖에

자 권리구제수단으로 사업자 배상책임, 책임보험 및 구제급여가 법정되어 있으나, 이들 가운데 가장 핵심적인 내용은 배상책임이라고 할 수 있는 바, 본고에서는 이 책임의 주체(Ⅳ), 요건(Ⅴ), 내용(Ⅵ)에 대하여 중점적으로 분석하고자 한다. 아울러 종래 시설의 설치·운영으로 인한 환경오염피해에 대한 배상은 주로 민법상 불법행위책임(특히 공작물책임)으로 다루어져 왔는데, 이러한 민법규정에도 불구하고 특별법을 제정하여 배상책임을 법정한 목적은 무엇인지(Ⅱ), 민법상 책임과 비교했을 때 동법상 책임은 어떠한 성질을 가지는지 그리고 민법상 불법행위책임($^{제750조}_{제758조}$)과의 경합관계에 대하여도 검토하고자 한다(Ⅶ).

Ⅱ. 책임의 목적

환경오염피해구제법은 환경오염피해에 대한 배상책임을 명확히 하고, 피해자의 입증부담을 경감하는 등 실효적인 피해구제 제도를 확립함으로써 환경오염피해로부터 신속하고 공정하게 피해자를 구제하는 것을 목적으로 한다($^{제1}_{조}$). 전술한 바와 같이 동법에서 상정하고 있는 피해자 권리 구제수단에는 사업자 배상책임, 환경책임보험, 구제급여가 포함되지만, 배상책임으로 한정하여 이 규정을 분석한다면, 동법은 배상책임을 통하여 환경오염피해로부터 신속하고 공정하게 피해자를 구제하기 위하여 제정되었다고 할 수 있다. 주지하는 바와 같이 배상책임은 환경피해에 대한 민사법적 구제 가운데 사후적 권리구제수단에 해당하므로, 동법의 제1차적인 목적은 이미 발생한 피해를 전보하는 것이다. 그런가 하면 잠정적 가해자의 입장에서는 이러한 민사책임을 부담하지 않기 위하여 환경오염피해 예방을 위한 제반 조치를 강구하게 되기 때문에, 이 책임은 간접적으로 환경오염피해를 예방하는 기능도 담당한다.

이와 같이 동법의 목적을 배상을 통한 피해자 구제에 있다고 본다면 이는 손해의 전보를 목적으로 하는 민법이나 특별법($^{환경정책기본법 제44조, 토양환경보전법 제10조의3}_{제1항, 원자력손해배상법 제3조 제1항 등}$)

환경부장관이 필요하다고 인정하는 경우에는 피해자 등의 신청에 따라 환경부장관이 구제급여를 선지급할 수 있도록 규정되어 있다(제23조 제2항).

상 배상책임과 대동소이하다. 더욱이 가해자가 무한책임을 부담하는 민법상 배상책임과는 달리 동법상 책임은 최고 2천억 원으로 금액이 한정되어 있으므로(금액유한책임), 손해의 전보를 원하는 피해자에게는 만족스럽지 아니한 권리구제수단일 수도 있다. 그렇다면 기존의 손해배상법과 차별화되는 동법의 목적은 피해전보 자체가 아니라, '신속하고 공정하게' 피해를 전보하는 데 있다고 보아야 할 것이다. 가령 동법에서 책임 주체의 확정(제2조제3호), 적용대상이 되는 시설의 한정(제2조제2호), 무과실책임(제6조)을 통하여 배상책임의 요건을 명확하게 한 것은 '신속한 피해자 구제'를 위한 수단이라고 할 수 있다. 이에 비하여 환경오염피해에 대한 자연과학적·전문적 지식이 미비함에도 불구하고 책임요건에 대한 입증책임을 부담하는 피해자를 위하여 인과관계 추정(제9조) 및 정보청구권(제15조)을 법정한 것은 '공정한 피해자 구제'를 위한 조치라고 볼 수 있다. 요컨대 이러한 '신속하고 공정하게' 피해를 배상받을 수 있도록 마련된 장치들이 제대로 기능해야만 환경오염피해구제법이라는 특별법을 제정한 목적이 달성될 수 있다고 하겠다.

Ⅲ. 책임의 성질

제6조 제1항에 따르면 전쟁·내란·폭동 또는 천재지변, 그 밖의 불가항력으로 인한 경우를 제외하고, 시설의 설치·운영과 관련하여 환경오염피해가 발생한 때에는 해당 시설의 사업자가 그 피해를 배상할 책임을 부담한다. 이 사업자의 환경오염피해에 대한 무과실책임은 불법행위로 인한 책임에 해당하지만, 민법상 책임과는 다소 상이한 성질을 가지고 있다.

1. 시설책임

민법상 불법행위책임은 가해행위에 대하여 법적인 비난을 하는 것이지만('행위책임'), 동법상 배상책임은 일정한 시설로부터 발생한 피해의 전보를 목적으로 한다('시설책임'). 따라서 환경오염피해가 발생했다 하더라도 당해 피해가 동법의 규율대상이 되는 시설로부터 발생한 것이 아니라면 동법상 배상책임은 성립하지 아니한다. 이처럼 시설책임은 일정한 물건을 지배하는 데 따른 책임인데, 동법상 규율대상이 되는 시설은 대부분 민법상 공작물 내지 국가배상법상 영조물에 포함되기 때문에 향후 동법상 책임과 공작물(영조물)책임의 경합이 중요하게 다루어질 것이다.

2. 무과실책임

민법 제750조에 따른 손해배상책임은 가해자의 有責性(고의 또는 과실)을 요건으로 하므로 피해자가 가해자를 상대로 불법행위책임을 물으려면 이 적극적 구성요건에 대하여 입증을 해야 한다. 이에 비하여 제6조 제1항에서는 이러한 주관적 요건이 법정되어 있지 아니하기 때문에 피해자는 가해자에게 귀책사유가 없더라도 환경오염피해만 발생하면 배상을 받을 수 있다('결과책임'). 물론 환경오염피해의 발생, 즉 시설의 설치·운영으로 발생되는 대기오염 등으로 자신의 생명·신체 및 재산에 피해가 발생하였다는 사실은 입증책임의 일반원칙에 따라 이러한 사실을 주장하는 피해자가 입증해야 한다. 따라서 사업자 배상책임의 경우에는 이른바 책임발생적 인과관계가 중요한 의미를 가지게 된다.

3. 위험책임

사업자의 배상책임은 ― 민법 제758조 제1항에 근거하여 공작물의 소유자가 부담하는 손해배상의무와 같이 ― 단순히 가해자의 귀책사유에 좌우되지 아니하는 책임(verschuldensunabhängige Haftung)이 아니라, 프독일 환경책임법상 무과실책임과 같이[10] ― 위험책임(Gefährdungshaftung)이라고 보는 것이 일반적이다.[11] 독일법상 위험책임은 '특별한 위험원'으로 인하

---

10) Balensiefen, *Umwelthaftung*, S. 221; Fucks/Pauker, *Deliktsrecht*, S. 295; Hoppe/Beckmann/Kauch, *Umweltrecht*, Rn. 74; Kloepfer/Brandner, *Umweltrecht*, 3. Aufl., 2004, Rn. 60; Landsberg/Lülling, *UmweltHR*, § 1 Rn. 1; Lytras, *Haftung*, S. 442; Münkel, in: Geigel, *Haftpflichtprozess*, 24. Kapitel Rn. 37; Rehbinder, in: Landmann/Rohmer, *UmweltHG* § 1 Rn. 4.

여 손해가 발생했을 때 그 위험원의 지배·운영으로 이익을 향유하는 자에게 부과하는 무과실의 손해배상책임을 말한다.[12] 근대민법의 3대 원칙 가운데 하나인 과실책임의 원칙 내지는 자기책임의 원칙에 대한 '예외'로 귀책사유가 없는 가해자에게 이러한 엄격한 책임을 부과하는 것은, 위험 시설의 설치·운영으로 이익을 얻은 자라면 그 과정에서 발생한 손해도 배상하는 것이 형평하다는 판단에 따른 것이다.[13] 그런데 시설 사업자의 입장에서는 — 환경오염피해에 대한 귀책사유가 없음에도 불구하고 배상 책임을 지는 것이어서 — 가중된 책임에 해당하는바, 위험시설과 관련된 산업을 장려하고 시설사업자를 보호하기 위하여 책임의 범위를 한정하는 것이 일반적이다.

환경오염피해구제법상 사업자의 배상책임도 화학공장 등 위험시설로 부터 발생한 환경오염피해로부터 효과적으로 피해자를 구제하기 위하여 도입된 제도로 위험시설에 대한 지배관계를 귀책근거로 한다는 점, 시설 사업자의 귀책사유를 요건으로 하지 아니한다는 점 및 배상책임의 한도 가 2천억 원으로 한정되어 있다는 점에 비추어 볼 때 독일식의 위험책임 에 해당한다고 볼 수 있다.[14] 다만 제6조 제1항 단서에서 불가항력으로

---

11) 김현준, "환경책임 및 환경소송의 법체계-한·독 비교법적 검토를 중심으로", 「사 법」, 제26호(2013), 33면; 김홍균, "환경오염피해 배상책임 및 구제에 관한 법률의 평가와 향후 과제", 「환경법연구」, 제37호 제2호(2015), 145면; 김홍균, 「로스쿨 환 경법」, 홍문사, 2016, 680면; 안경희, "사업자의 환경오염피해에 대한 무과실책임- 「환경오염피해 배상책임 및 구제에 관한 법률」 제6조를 중심으로-", 「경희법학」, 제50권 제4호(2015), 42-48면; 전경운, "'환경오염피해 구제에 관한 법률안'에 대한 소고", 「환경법연구」, 제35권 제2호(2013), 369면; 정남철, "새로운 환경책임법제의 도입과 피해구제절차의 문제점-특히 「환경오염피해 배상책임 및 구제에 관한 법 률」의 내용과 문제점을 중심으로-", 「환경법연구」, 제37권 제3호(2015), 266면; 한 상운, "환경책임과 환경보험-환경피해구제법(2013. 7. 30. 국회발의)을 중심으로-", 「사법」, 제26호(2013), 125면.

12) Ehmann, *Deliktsrecht*, S. 116 f.; Fucks/Pauker, *Deliktsrecht*, S. 255; Kloepfer/Brandner, *Umweltrecht*, Rn. 78; Kötz/Wagner, *Deliktsrecht*, Rn. 491; Rehbinder, in: Landmann/Rohmer, *UmweltHG* § 1 Rn. 6.

13) Ehmann, *Deliktsrecht*, S. 117; Fucks/Pauker, *Deliktsrecht*, S. 255 f.; Kötz/Wagner, *Deliktsrecht*, Rn. 498 ff.

14) 다만 제6조의 책임은 제3조에서 법정하고 있는 일정한 시설로부터 발생한 환경 오염피해를 전보하는 것을 내용으로 하고, 그 적용대상이 되는 시설은 제2조 제1

인한 면책사유를 인정하고 있으므로, ─ 가령 독일원자력법[15]과 같이 면책사유를 인정하지 아니하는 ─ 엄격한 의미의 위험책임은 아니고 '다소 완화된 형태의 위험책임'이라고 할 수 있다. 그러나 그렇다고 하더라도 제6조의 책임을 위험책임이라고 본다면 이 면책사유를 ─ 위험책임의 본지에 부합하게 ─ 좁게 해석해야 할 것이다.

Ⅳ. 책임의 주체

배상책임을 부담하는 자는 해당 시설에 대한 사실적 지배관계에 있는 시설의 소유자, 설치자 또는 운영자이다(제2조 제3호). 이 규정에 따르면 시설 소유자 등 사업자가 배상책임을 지는 것은 바로 해당 시설에 대한 '지배관계'에서 비롯되므로, 동법상 배상책임은 ─ 가해자의 행위가 아니라 ─ 시설(물건)을 지배하고 있다는 사실에 기초하여 인정되는 물건책임 내지는 상태책임이다.[16] 주지하는 바와 같이 상태책임은 물건에 대한 소유자라는 물권법적인 관계에서 도출되고, 여기에서의 소유자는 공시방법을 갖춘 법률상 소유자를 의미하는바, 시설이 부동산이라면 부동산등기기록에

호에 따른 환경오염피해를 야기할 위험성을 가진 대기오염물질배출시설, 토양오염관리대상시설, 소음·진동배출시설 등으로 한정되는바, 이는 독일법상 '시설위험책임'을 법정한 것으로 볼 수 있다. 이처럼 제6조 제1항은 시설책임만을 법정하고 있고, 이 규정은 불법행위로 인한 민사책임의 근거규정으로서 당사자들의 반대약정을 허용하지 아니하는 강행규정에 해당하므로, 동법상 행위위험책임은 인정되지 아니한다.

15) 독일 원자력법(Gesetz über die friedliche Verwendung der Kernenergie und den Schutz gegen ihre Gefahren: Atomgesetz) 제25조 제3항 제1문에 따르면 원자력시설 보유자는 무력충돌, 적대국의 행위, 내전, 폭동 또는 비통상적인 성질의 중대한 자연재해로 인한 손해에 대해서도 배상책임을 부담한다. 다만 불가항력으로 인한 손해가 발생하였으나 책임보험회사의 면책약관으로 보험사가 이를 전보해 주지 아니한다 하더라도, 국가의 면책의무를 통하여 원자력시설은 그 존속력을 보호받고, 연방 또는 주의 손실보상을 통하여 피해자도 보호를 받고 있다(이에 대한 상세는 안경희, "독일 원자력책임법에 관한 소고", 「법학논총」, 제24권 제1호(2011), 273면 이하 참조). 이에 비하여 우리나라의 경우에는 원자로의 운전 등으로 인하여 원자력손해가 생겼다 하더라도 국가 간의 무력 충돌, 적대 행위, 내란 또는 반란으로 인하여 손해가 발생한 경우에는 배상책임을 지지 아니한다(원자력손해배상법 제3조 제1항).

16) 김홍균, 전게서(각주 12), 682면.

소유자로 기록된 자가 책임을 부담한다. 이처럼 공적인 장부에 공시된 자를 책임의 주체로 인정하게 되면 가해자가 쉽게 확정되어 피해자가 보다 신속하게 손해배상을 청구할 수 있게 된다. 이러한 의미에서 독일 환경책임법, 원자력법 등에는 책임의 주체가 시설 보유자로 되어 있고, 가령 원자력시설 보유자는 영업허가서에 시설보유자로 기재된 자를 의미하는 것으로 해석되고 있다.[17] 이에 비하여 제2조 제3호에서는 시설의 소유자, 설치자 또는 운영자를 책임의 주체로 법정하고 있어서, 예컨대 시설의 소유자, 설치자, 운영자가 일치하는 경우에는 별문제가 없으나, 이들이 상이한 경우, 예컨대 폐기물 분야처럼 시설허가와 영업허가가 병존하는 경우에는 책임의 주체가 분명하지 아니할 수 있다.

나아가 제2조 제3호에 따르면 해당 시설에 대한 사실적 지배관계에 있는 시설의 사업자가 배상책임을 부담하는데, 여기에서 '사실적'의 의미도 불분명하다. 먼저 이 의미를 '시설에 대한 지배가능성'으로 이해한다면 시설로 인한 환경오염피해상태의 유지와 피해원인의 제거가능성이 있다면 이 요건을 충족시키는 것이 된다. 따라서 시설 소유자나 설치자가 자신의 의사결정에 의하여 환경오염피해를 야기하는 시설을 임대했고, ― 계약해지 등을 통하여 ― 환경오염피해를 야기하는 영업을 중단시킬 수 있다면 임차인은 물론이고 임대인에게도 시설에 대한 사실적 지배관계를 인정할 수 있다. 이에 비하여 시설에 대한 사실적 지배를 '직접점유'로 해석한다면, 동법의 규율대상이 되는 시설이 임대 내지 위탁경영되고 있는 경우에는 당해 시설에 대한 직접점유자인 임차인 내지 위탁경영인만이 책임의 주체가 된다. 그런가 하면 물건에 대한 사실상 지배와 관리권한을 결합하여 사실적 지배관계를 이해할 수도 있다. 가령 민법 제758조에 따른 공작물책임의 경우에, 공작물의 점유자는 공작물을 사실상 지배하면서 그 설치 또는 보존상의 하자로 인하여 발생할 수 있는 각종 사고

---

17) Freymann, in: Geigel, Haftpflichtprozess, 23. Kapitel, Rn. 6; Hoppe/Beckmann/Kauch, *Umweltrecht*, § 24 Rn. 143; Junker, in Danner/Theobald, Energierecht/AtomG, B 18 Rn. 10.

를 방지하기 위하여 공작물을 보수·관리할 권한 및 책임이 있는 자를 의미하고[18] 점유자 중에 직접점유자와 간접점유자가 있는 경우에는 직접 점유자가 먼저 책임을 지고,[19] 직접점유자에게 책임을 지울 수 없는 경우에 간접점유자가 책임을 부담하며, 이러한 점유자의 책임이 성립하지 않는 경우에 비로소 소유자가 무과실의 손해배상책임을 진다. 이렇게 사실적 지배관계를 이해한다면, 전술한 임대·위탁경영의 경우에 원칙적으로 임차인 내지 위탁경영인에게 시설에 대한 사실적 지배관계가 인정되지만, 법률규정이나 계약에 따라 시설을 보수·관리할 권한이 간접점유자 내지 소유자에게 있다면 이들에게 시설에 대한 사실적 지배관계가 인정된다.

생각건대 사업자 배상책임의 법적 성질을 특정 시설을 지배하는 데 따른 책임이라고 본다면 시설에 대한 사실적 지배관계를 직접점유로 한정해서 해석할 필요는 없다.[20] 뿐만 아니라 피해자의 입장에서 환경오염피해를 야기한 시설이 임대·위탁 경영되고 있는지, 시설에 대한 보수·관리 권한은 누구에게 있는지 등을 상세하게 알 수 없음에도 불구하고, 이러한 시설 소유자·설치자와 운영자의 내부관계를 검토한 후에야 비로소 배상책임의 주체가 결정된다면, 환경오염피해로부터 '신속하게' 피해자를 구제하기 위하여 제정된 동법의 목적을 달성하기 어렵다. 나아가 피해자를 '보다 두텁게' 보호하려면 시설 운영자(직접점유자)뿐만 아니라 ─ 시설의 임대·위탁경영으로 수익을 창출하고 있는 ─ 시설 소유자·설치자(간접점유자)에게 부진정연대책임을 인정하는 것이 바람직하다는 점도 고려되어야 한다.[21]

---

18) 대법원 2000. 4. 21. 선고 2000다386 판결.

19) 대법원 1975. 3. 25. 선고 73다1077 판결; 대법원 1976. 9. 14. 선고 75다204 판결; 대법원 1981. 7. 28. 선고 81다209 판결; 대법원 1993. 1. 12. 선고 92다23551 판결; 대법원 1993. 3. 26. 선고 92다10081 판결; 대법원 1994. 7. 29. 선고 93다32453 판결.

20) 기타 '시설에 대한 사실적 지배관계'의 문제점은 안경희, "사업자의 환경오염피해에 대한 무과실책임─「환경오염피해 배상책임 및 구제에 관한 법률」제6조를 중심으로─",「경희법학」, 제50권 제4호(2015), 50~52면 참조.

21) 이러한 의미에서 독일 환경책임법상 책임의 주체인 시설 보유자에는 시설에 대

V. 책임의 요건

제6조 제1항에 따르면 시설의 설치 · 운영과 관련하여 환경오염피해가 발생한 때에는 해당 시설의 사업자가 그 피해를 배상해야 한다. 여기에서 환경오염피해란 시설의 설치 · 운영으로 인하여 발생되는 대기오염, 수질오염, 토양오염, 해양오염, 소음 · 진동, 그 밖에 진동이 그 원인 중 하나가 되는 지반침하(광물채굴이 주된 원인인 경우는 제외)로 인하여 다른 사람의 생명 · 신체(정신적 피해를 포함한다) 및 재산에 발생된 피해(동일한 원인에 의한 일련의 피해를 포함한다)를 말한다(제2조 제1호, 동법 시행령 제2조). 이 두 규정의 내용을 종합해 보면 시설 사업자에게 손해배상책임을 물으려면 ① 일정한 시설의 설치 · 운영과 관련하여 오염물질 등이 발생하고, ② 이 오염물질 등으로 말미암아 환경오염이 발생하며, ③ 이러한 환경오염으로 말미암아 개인적 법익에 피해가 발생해야 한다.

1. 시설의 설치 · 운영과 관련한 오염물질 등의 발생

가. 시설관련성

(1) 시설의 정의

환경오염피해구제법은 시설위험책임을 채택하고 있으므로 법적 안정성을 위하여 사업자가 책임을 부담하게 되는 위험한 시설을 확정하는 것이 중요하다. 이에 제2조 제2호에서는 시설의 정의규정을, 제3조에서는 동법의 적용대상이 되는 시설을 규정하고 있다. 먼저 동법상 시설이란 "이 법에 따른 배상책임과 신고의무 등이 적용되는 제3조의 시설로서 해당 시설의 설치 · 운영과 밀접한 관계가 있는 사업장, 창고, 토지에 정착된 설비, 그 밖에 장소 이동을 수반하는 기계 · 기구, 차량, 기술설비 및

한 법적 지배관계에 있는 소유자는 물론이고 자기의 계산으로 시설을 이용하고 시설유지비용을 조달하는 등 사실적 · 경제적 지배관계에 있는 점유자, 임차인 등도 포함된다: Kötz/Wagner, *Deliktsrecht,* Rn. 517 f.; Landsberg/Lülling, *UmweltHR,* § 1 Rn. 58; Münkel, in: Geigel, *Haftpflichtprozess,* 24. Kapitel Rn. 46; Rehbinder, in: Landmann/Rohmer, *UmweltHG* § 1 Rn. 49.

부속설비를 포함"한다($\frac{\text{제2조}}{\text{제2항}}$).

(2) 시설의 설치 · 운영과의 밀접한 관련성

시설 정의 규정에 따르면 동법상 시설이 되기 위해서는 후술하는 제3조의 시설로서 해당 시설의 설치 · 운영과 밀접한 관계가 있는 사업장, 창고, 토지에 정착된 설비, 그 밖에 장소 이동을 수반하는 기계 · 기구, 차량, 기술설비 및 부속설비이어야 한다. 따라서 가령 제3조 제1호에 열거된 대기오염물질을 대기에 배출하는 시설물, 기계, 기구, 그 밖의 물체로서 환경부령으로 정하는 것(대기오염배출시설) 가운데 해당 시설의 설치 · 운영과 밀접한 관련성을 가지는 사업장, 창고, 토지에 정착된 설비 등만이 동법의 규율대상이 되는 시설에 포함된다.

여기에서 '시설의 설치'는 시설 자체를 건립하거나 설비를 갖추는 것을 말한다. 통상 시설의 설치는 기초공사를 하는 것을 시작으로 설비를 갖추는 것으로 종료하고, 시설을 원상 그대로 복구하는 것도 설치에 포함된다. 이에 비하여 '시설의 운영'은 목적에 상응하게 그 시설을 사용하는 것을 말하므로, 조업 개시시점부터 정지시점까지가 운영에 해당한다. 다만 이 규정에서 '밀접한 관계가 있는'의 의미가 불분명한데, 이 설치 · 운영과의 밀접성을 좁게 해석할 경우에는 동법의 규율대상이 되는 시설의 범위가 대폭 축소되어 위험책임을 도입한 취지가 퇴색될 우려가 있다.[22]

(3) 시설의 종류

제3조 제1호 내지 제11호에 따르면 동법의 적용대상이 되는 시설은 대기오염물질배출시설, 폐수배출시설 또는 폐수무방류배출시설, 폐기물처리시설, 건설폐기물 처리시설, 가축분뇨배출시설, 토양오염관리대상시설, 화학물질 취급시설, 소음 · 진동배출시설, 잔류성유기오염물질 배출시설, 해양시설, 그 밖에 대통령령으로 정하는 시설이다.

환경오염피해구제법은 적용대상 시설을 오염물질 배출시설 일반이라

---

22) 결론에 있어서 동일: 김홍균, 전게논문(각주 12), 146면.

거나 일정한 규모 이상의 배출시설로 법정하지 아니하고, 환경관련 법령의 배출시설 가운데 일정한 인·허가시설 및 신고대상 시설로 한정하고 있다. 이와 같이 열거주의를 택한 것은 우선 피해자 및 가해자에게 동법의 적용대상 및 법적 효과에 대한 예견가능성을 보장함으로써 법적 안정성에 기여한다. 아울러 사업자에게 귀책사유와 위법성을 요하지 아니하는 위험책임을 부과하는 것은 민법상 책임 원칙에 대한 중요한 '예외'에 해당하는데, 예외는 좁은 범위에서 그리고 엄격하게 해석되어야 하는바, 적용대상을 한정하는 것이 논리체계적이라고 할 수 있다. 나아가 무과실책임의 기능(손해전보 및 간접적 손해예방)이 제대로 발휘되려면 잠정적 가해자인 사업자에게 적용대상시설, 책임한도 등에 대한 예견가능성이 있어야 하기 때문에, 적용대상이 되는 시설을 한정적으로 열거한 것은 무과실책임을 인정한 취지에도 부합한다. 다만 제11호에서 '그 밖에 대통령령으로 정하는 시설'도 적용범위에 포함시키고 있는데, 법률이 아닌 대통령령으로 정한 시설의 사업자에게 위험책임을 부과하는 것은 재고를 요한다.[23]

나. 오염물질 등의 발생

법정된 시설의 설치·운영과 관련하여 대기오염, 수질오염, 토양오염, 해양오염을 일으키는 오염물질이나 소음·진동 등이 발생해야 한다. 가령 대기오염물질배출시설로부터 대기 중에 존재하는 물질 중 대기환경보전법 제7조에 따른 심사·평가 결과 대기오염의 원인으로 인정된 가스·입자상물질로서 환경부령으로 정하는 입자상물질, 브롬 및 그 화합물, 알루미늄 및 그 화합물, 바나듐 및 그 화합물, 망간화합물, 철 및 그 화합물 등 61개의 물질(대기오염물질)이 발생해야 한다(대기환경보전법 제2조 제1호, 동 시행규칙 제2조, 별표 1). 그 밖에 소음·진동배출시설로부터 소음과 같은 에미시온이 발생한 경우에도 이 요건은 충족된다.

---

23) 결론에 있어서 동일: 전경운, 전게논문(각주 12), 363면.

2. 환경오염의 발생

시설의 설치·운영과 관련하여 발생한 오염물질 등으로 환경오염, 즉 대기오염, 수질오염, 토양오염, 해양오염, 소음·진동, 그 밖에 진동이 그 원인 중 하나가 되는 지반침하(광물채굴이 주된 원인인 경우는 제외)가 발생해야 한다($\substack{\text{제2조 제1호, 동법} \\ \text{시행령 제2조}}$).

3. 개인적 법익에 대한 피해 발생

사업자에게 배상책임을 물으려면 환경오염으로 말미암아 타인의 생명·신체(정신적 피해 포함) 및 재산에 피해(동일한 원인에 의한 일련의 피해 포함)가 발생했어야 한다($\substack{\text{제2조} \\ \text{제1호 본문}}$). 다만 해당 사업자가 받은 피해와 해당 사업자의 종업원이 업무상 받은 피해는 제외된다($\substack{\text{제2조} \\ \text{제1호 단서}}$). 시설 사업자의 배상책임은 — 민법상 불법행위책임과 마찬가지로 — 사전적 권리구제수단이 아니라, 이미 발생한 피해의 전보를 목적으로 하는 사후적 권리구제수단이므로, 논리필연적으로 동법상 보호받는 법익인 생명, 신체, 재산에 대한 피해를 요건으로 한다.

환경오염피해의 배상에 관하여 동법에 규정된 것을 제외하고는 민법의 규정에 따르므로($\substack{\text{제5조} \\ \text{제1항}}$), 불법행위로 인한 손해배상 법리가 적용된다. 가령 민법상 불법행위로 인한 손해는 통상 그 대상에 따라 인적 손해와 물적 손해로 구분되는데, 환경오염피해구제법도 이러한 손해구분에 상응하게 피해를 타인의 생명·신체에 대한 피해(인적 손해)와 재산에 대한 피해(물적 손해)로 이분하고 있다. 이 환경오염으로 인한 피해는 — 민법상 불법행위와 마찬가지로 — '타인'에게 손해가 발생한 경우를 전제로 하므로, 해당 사업자가 받은 피해는 제외된다. 아울러 해당 시설 사업자의 종업원이 업무상 받은 피해도 환경오염피해가 아니라, 산업재해로 처리될 따름이다.

4. 책임발생적 인과관계

전술한 3가지의 요건 사이에 인과관계가 존재해야 한다. 즉 시설로부터 오염물질 등이 발생했고(1단계), 그 오염물질 등으로 환경오염이 발생했으며(2단계) 그로 말미암아 개인적 법익에 피해가 발생했어야 한다(3단계). 이 인과관계에 대한 입증은 —입증책임의 일반원칙에 따라—소송을 제기하는 원고인 피해자가 고도의 개연성을 입증해야 한다. 그런데 환경오염피해에 대하여 문외한인 피해자가 이 3단계의 연결고리를 입증하기란 용이하지 아니하다. 통상 사업자가 오염물질 배출 데이터를 가지고 있다는 점에 비추어 볼 때 사업자의 협조 없이는 피해자 측에서 1단계를 입증하기도 어려울 뿐만 아니라, 설령 일정한 시설로부터 오염물질이 배출된 것이 확실하다 하더라도 경제적·지적으로 열세인 피해자가 당해 원인물질이 피해자에게 도달한 경로(제2단계) 및 그로 말미암은 피해(제3단계)를 입증하는 것은 사실상 불가능에 가깝다.

　이러한 환경오염피해에 대한 입증의 특수성을 고려하여 제9조에서는 '인과관계의 추정'이라는 표제하에 인과관계에 대한 피해자의 입증부담을 완화하는 규정을 두고 있다. 동 규정에 따르면 시설이 환경오염피해 발생의 원인을 제공한 것으로 볼 만한 상당한 개연성이 있는 때에는 그 시설로 인하여 환경오염피해가 발생한 것으로 추정하고(제1항), 상당한 개연성이 있는지의 여부는 시설의 가동과정, 사용된 설비, 투입되거나 배출된 물질의 종류와 농도, 기상조건, 피해발생의 시간과 장소, 피해의 양상과 그 밖에 피해발생에 영향을 준 사정 등을 고려하여 판단한다(제2항).[24]

가. 개연성설의 명문화

　종래 문헌에서는 환경오염으로 인한 민사소송에서 피해자의 입증책임을 완화시키기 위한 다양한 견해가 제시되었는데,[25] 입증 정도를 고도

---

24) 이완영 의원안 제6조 제1항·제2항과 한정애 의원안 제6조 제2항에서 인과관계 추정 규정을 두고 있었는데, 이완영 의원안이 거의 원안 그대로 법문으로 확정되었다.

25) 인과관계의 입증을 완화하기 위한 학설에 대하여는 안경희, "환경침해에 대한 민사법적 구제", 「환경법연구」, 제28권 3호(2006), 38면 이하 참조.

의 개연성에서 당해 행위가 없었더라면 결과가 발생하지 않았으리라는 '상당한 정도의 개연성'으로 완화·경감시키는 이론('개연성설')이 다수의 지지를 받았다.[26] 대법원도 아황산가스로 인한 과수결실의 불량저하에 대한 손해배상을 청구한 이른바 한국전력사건[27]에서 개연성설에 따라 인과관계 유무를 판단한 이래 개연성설 또는 신개연성설[28]에 따라 인과관계를 판단하고 있다.[29] 제9조 제1항도 시설이 환경오염피해 발생의 원인을 제공한 것으로 볼 만한 '상당한 개연성'이 있는 때에는 그 시설로 인하여 환경오염피해가 발생한 것으로 '추정'하고 있는데, 이는 바로 개연성설을 명문화한 것으로 보인다. 사실 그 동안 판례가 상당한 개연성의 입

---

26) 개연성설은-사실적 추정론이나 증거우월론을 이론적 근거로-환경침해로 인한 인과관계의 입증은 자연과학적으로 엄격한 증명을 요하지 아니하고, 당해 행위가 없었더라면 결과가 발생하지 않았으리라는 '상당한 정도의 개연성'이 있으면 그것으로 충분하다고 보는 이론이다: 구연창, "환경오염의 사법적 구제 재조명", 「환경법연구」, 제11권(1989), 163면; 권용우, "공해의 예방 및 배제청구", 「법과공해-오늘과 내일-」, 한국법학교수회, 1974, 177면; 전경운, "환경침해피해의 사법상 구제법리", 「환경법연구」, 제25권 제2호(2003), 371면; BGH NJW 1970, 1971; Arens, Peter, Dogmatik und Praxis der Schadensschätzung, ZZP 88(1975), 1, 27 ff.; Hager, Günter, Umweltschäden—ein Prüfstein für die Wandlungs—und Leistungsfähigkeit des Deliktsrechts, NJW 1986, 1961, 1968; Marburger, Gutachten, C 123 f.; Walter, Gerhard, Anmerkung zum BGH-Urteil vom 16.12.1977 (Fluorabgasefall), NJW 1978, 1158, 1159.

27) 대법원 1974. 12. 10. 선고 72다1774 판결.

28) 신개연성설은 인과관계인정에 필요한 주요주제에 해당하는 주요사실을 ① 피해발생의 메커니즘과 원인물질(病因論), ② 원인물질의 피해자에의 도달경로(오염경로), ③ 가해공장에서의 원인물질의 생성 및 배출(배출행위)의 세 가지로 유형화하고, 원고가 세 가지 중 어느 두 가지를 직접증거 또는 간접증거에 의하여 증명하면 일응 인과관계의 증명이 있다고 보고, 이러한 사정 아래서 피고가 원고가 행한 간접사실의 증명을 동요시키든가(반증) 혹은 별개의 간접사실을 증명(간접반증)하여 인과관계를 부정하지 못하는 한, 그 불이익은 피고에게 귀속된다는 입장이다: 구연창, 전게논문(각주 26), 166면; Lytras, Haftung, S. 248 f.; Marburger, Peter/Hermann Heinrich, Zur Verteilung der Darlegungs—und Beweislast bei der Haftung für Umweltscäden, JuS 1986, 354, 358.

29) 대법원 1984. 6. 12. 선고 81다558 판결; 대법원 1991. 7. 23. 선고 89다카1275 판결; 대법원 1997. 6. 27. 선고 95다2692 판결; 대법원 2002. 10. 22. 선고 2000다65666 판결; 대법원 2004. 11. 26. 선고 2003다2123 판결; 대구고등법원 1990. 1. 12. 선고 88나3049 판결; 서울민사지방법원 1989. 1. 12. 선고 88가합2897 판결; 인천지방법원 1999. 8. 18. 선고 96가합8303 판결; 서울중앙지방법원 2010. 2. 3. 선고 2007가합16309 판결.

증만으로 인과관계를 인정했으나, 법적 근거의 결여로 요건이 분명하지 않아 법적 안정성을 해칠 우려가 있다는 비판을 받았는데,[30] 제9조에 근거규정을 신설함으로써 이러한 문제점을 입법적으로 해결하였다고 볼 수 있다.

환경오염피해구제법상 사업자책임은 무과실책임이므로 사실상 인과관계의 인정 여부에 따라 책임의 귀속 여부가 확정되는바, 인과관계의 입증책임, 입증의 정도가 책임 발생에 중요한 의미를 가진다. 따라서 제9조에 인과관계 추정 규정을 둠으로써 피해자의 입증부담을 완화·경감시킨 것은 일응 '환경오염피해로부터 신속하고 공정한 피해자 구제'라는 동법의 제정목적에 부합한다. 그렇지만 동 규정을 개연성설을 명문화한 것으로 해석한다면 피해자(원고)의 입증의 정도만 상당한 개연성으로 경감되는 것이 아니라 이에 상응하여 가해자(피고)가 부담하는 반증도 상당한 정도의 개연성으로 경감되므로,[31] 결국 피해자에게 일방적으로 유리한 것만은 아니다. 나아가 가해자가 — 비교적 용이하게 — 반증에 성공하면, 결국 피해자는 다시 입증책임의 일반원칙에 따라 법관에게 확신을 심어 주어야 하는 고도의 개연성의 입증책임을 부담하게 되므로, 제9조의 등장으로 피해자의 입증책임이 크게 완화되었다고 평가하는 것은 무리가 있다.

요컨대 종래 학설·판례를 통하여 인정되어 온 개연성설을 성문화하여 제9조 제1항에 인과관계 추정에 관한 명문규정을 둔 것은 법적 안정성 측면에서 볼 때 환영할 만하다. 그렇지만 이러한 법적 근거가 없는 상태에서도 법원이 이미 개연성설·신개연성설에 따라 인과관계에 대한 입증의 정도를 완화시켜 주고 있었기 때문에, 제9조 제1항의 신설로 인

---

30) 안경희, 전게논문(각주 25), 4면; 윤용석, 전게논문(각주 2), 64면; Hübner, Ulrich, Haftungsprobleme der technischen Kontrolle, *NJW* 1988, 441, 452; Mühl, Otto, Wahrscheinlichkeitsurteile, Prognosen und Kausalitätsfragen im privaten und öffentlichen Recht, in: *FS Hermann Lange zum 70. Geburtstag*, Stuttgart, 1992, 582, 597.

31) Baumgärtel/Baumgärtel, *Beweislast*, § 906 Rn. 10; Baumgärtel, Gottfried, Anmerkung zum BGH-Urteil v. 18.9.1984 -VI ZR 223/82 (Kupolofen-Urteil), *JZ* 1984, 1109, 1110.

과관계의 입증에 대한 피해자의 부담이 실질적으로 완화되는 것도 아니고, 인과관계 증명에 대한 소송실무가 달라지는 것도 아니어서, 이 규정이 가지는 의미는 '현상유지'에 그친다고 할 수 있다. 만일 개연성설·신개연성설에 따라 사실상 인과관계를 추정하는 것보다 '더' 피해자의 입증책임을 경감시키고자 했다면, ― 해석을 통하여 입증책임을 가해자에게 전환시킬 수 있도록 ― 제9조를 법률상 추정으로 규정하거나 가해자에게 입증책임이 전환되는 것으로 법정했어야 할 것이다.

나. 개연성 판단기준의 명문화

제9조 제2항에서는 시설의 가동과정, 사용된 설비, 투입되거나 배출된 물질의 종류와 농도, 기상조건, 피해발생의 시간과 장소, 피해의 양상과 그 밖에 피해발생에 영향을 준 사정 등을 고려하여 상당한 개연성이 있는지의 여부를 판단하도록 하고 있다. 이 규정에서 예시된 개연성 여부의 판단기준은 입증책임의 일반원칙에 따라 피해자가 입증해야 하는데, 피해자가 가해자의 도움 없이 가령 시설의 가동과정, 사용된 설비, 투입되거나 배출된 물질의 종류와 농도를 입증하는 것은 용이하지 아니하므로, 이러한 규정이 마련되었다고 하여 피해자의 입증책임이 크게 완화된 것은 아니다. 나아가 제2항에 법정된 기준들은 종래 판례를 통하여 형성되어 온 개연성의 기준들[32]을 입법화한 것이어서, 이 규정의 신설이 소송실무에 큰 영향을 미치지도 아니할 것이다. 그렇지만 종래 문헌에서 개연성이라는 개념이 추상적이고 상당한 폭을 갖는 것이어서 무엇을 어떻게 입증하는 경우에 개연성의 입증에 도달했다고 볼 것인지에 대하여 명확한 기준을 설정하기 어렵다는 비판이 제기되어 왔는바,[33] 제9조 제2항의 신설로 이러한 문제점이 다소 해결되었다고 볼 수 있다.

---

32) 대법원 2008. 9. 11. 선고 2006다50338 판결 등.

33) Rosenberg/Schwab/Gottwald, *Zivilprozessrecht*, 16. Aufl., München, 2004, § 114 Rn. 19; 구연창, 전게논문(각주 26), 165면; 정완, "환경오염피해에 대한 민사책임", 「환경법연구」, 제25권 제2호(2003), 419면; 홍천룡, "환경오염 피해의 구제―손해배상청구와 유지청구", 「환경법연구」, 제14권(1992), 30면.

　　환경오염피해구제법에서 인과관계 추정 규정을 두었다 하더라도, 이는―입증책임의 전환을 가져오는 법률상 추정이 아니라―사실상 추정에 불과하므로, 피해자가 인과관계에 대한 입증책임을 부담한다는 사실에는 변함이 없고, 따라서 제9조 제2항에 예시된 개연성 여부의 판단기준은 피해자가 입증해야 한다. 그런데 자연과학적 지식이 일천한 피해자의 입장에서는 시설 사업자의 도움 없이는 이러한 판단기준을 입증하는 것이 용이하지 아니하다. 이러한 문제점을 해결하기 위하여 제15조 제1항에서는 피해배상청구권의 성립과 그 범위를 확정하기 위하여 필요한 경우에는 피해자가 해당 시설의 사업자에게 상당한 개연성 여부와 관련한 정보의 제공 또는 열람을 청구할 수 있도록 법정하고 있다.

　　다. 추정의 배제

　　제9조 제3항에서는 인과관계 추정이 배제되는 경우를 법정하고 있다. 즉 ① 환경오염피해가 다른 원인으로 인하여 발생한 경우 또는 ② 사업자가 대통령령으로 정하는 환경오염피해 발생의 원인과 관련된 환경·안전 관계 법령 및 인허가조건을 모두 준수하고 환경오염피해를 예방하기 위하여 노력하는 등 제4조 제3항에 따른 사업자의 책무를 다하였다는 사실을 증명하는 경우에는 인과관계 추정은 배제된다.

　　전술한 바와 같이 피해자가 시설이 환경오염피해 발생의 원인을 제공한 것으로 볼 만한 상당한 정도의 개연성을 입증한 경우에, 가해자가 반증으로 환경오염피해가 다른 원인으로 인하여 발생한 사실을 입증한다면, ―명문규정 유무를 불문하고― 인과관계 추정은 번복된다. 따라서 ①을 추정배제사유로 법정한 것은 당연한 것을 명문화한 것에 지나지 아니한다.

　　'환경·안전 관계 법령 및 인허가조건의 준수'와 '제4조 제3항에 따른 사업자의 책무 준수'는 산업계의 요구로 독일 환경책임법 제6조 제2항의 이른바 정상운영(ein bestimmungsgemäßiger Betrieb)을 추정배제사유로 부가한 것이다.[34] 이 두 사유는 병렬적으로 규정되어 있으므로(…모두 준수하고…제4조 제3항에 따른 사업자의 책무를 다하였다는 사실을 증명하는 경우) 양자를 모두 충족했을 때 비로소 인과관계 추정이 배제된다. 독일 환경책임법상 정상운영은 시설 보유자가 특별한 운영의무를 준수하고 운영장애도 없는 경우에 인정되는데(동법 제6조 제2항 제2문), 여기에서 특별한 운영의무란 환경오염피해를 방지하는 것을 목적으로 하는 행정법적인 허가, 부담, 집행가능한 명령 및 법령으로부터 발생하는 의무를 말한다 (동조 제3항). 그리고 이러한 허가 등에서 특별한 운영의무의 준수 여부를 감독하는 규제수단이 법정되어 있는 경우에 ① 당해 환경오염피해가 시설로부터 발생할 수 있었던 시기에 규제가 실시되었으나 운영의무 위반 사실이 드러나지 아니한 경우, 또는 ② 손해배상청구권의 행사 시 당해 환경오염피해가 10년 이상 경과한 경우에는, 시설 보유자가 운영의무를 준수한 것으로 추정한다(동조 제4항).

정상운영을 한 경우에 인과관계 추정이 배제된다면 — 입증의 일반원칙에 따라 — 피해자가 인과관계를 완전하게 증명해야 하므로, 가해자에게 상당히 유리하게 된다. 따라서 독일에서도 산업계에서 정상운영을 인과관계 추정 배제사유로 명문화하기 위하여 강력하게 로비를 했었다. 그런데 비단 산업계의 요구를 수용하는 차원에서 이 규정이 도입된 것은 아니고, 그 이면에는 이 규정의 신설로 환경오염피해가 예방 내지 감소될 것이라는 정책적인 판단이 상당히 작용했다.[35] 아마 입법자들은 이러한 규정을 두게 되면 시설 보유자들이 손해배상소송에서 보다 유리한 위치에 서기 위해 평상시에 허가조건 및 법령 등에서 규정하고 있는 운영의무를 준수하고자 노력할 것이고, 정상운영사실을 입증하기 위하여 배출허용기준 이하로 오염물질을 배출하도록 작업과정을 통제하고 배출량을 문서로 기록하는 등 제반조치를 취할 것이므로, 이러한 일련의 과정을 통

---

34) 이완영 의원안 제6조 제3항에서는 "환경오염피해가 전적으로 다른 원인으로 인하여 발생한 것으로 볼 사정이 있는 때에는 제1항에 따른 추정은 배제된다."는 규정만 두고 있었으나, 정상운영(Normalbetrieb) 시에 인과관계 추정을 배제하고 있는 독일 환경책임법 제6조 제2항과 같은 규정을 두자는 산업계의 건의사항을 받아들여 '환경·안전 관계 법령 및 인허가조건의 준수'와 '제4조 제3항에 따른 사업자의 책무 준수'가 부가되었다.
35) BT-Drucksache 11/7104, S. 18.

하여 환경오염피해가 감소하리라는 법정책적인 판단을 했던 것으로 보인다.[36] 우리의 경우에도 독일과 마찬가지로 정상운영을 인과관계 추정 배제사유로 법정하고 있으므로 앞으로 기업들이 환경·안전 관계 법령 및 인허가조건을 준수하고 제4조 제3항에 따른 사업자의 책무를 준수하기 위하여 노력할 것인바, 이로 말미암아 환경오염피해를 예방하는 효과를 기대할 수 있을 것이다.

5. 책임의 배제

제6조 단서에서는 전쟁·내란·폭동 또는 천재지변, 그 밖의 불가항력으로 환경오염피해가 발생한 경우에는 시설 사업자를 면책시키고 있다. 전술한 바와 같이 시설책임은 위험한 시설을 지배하는 데 따른 손해배상책임이고, 위험시설의 사업자라면 자연재해(가령 쓰나미, 지진 등)에 대비하여 내진설계를 하거나 강력한 방제조치를 취하는 등 보다 강화된 방어수단을 강구해야 하기 때문에, 불가항력이 반드시 면책사유가 되는 것은 아니다.

그렇지만 시설 사업자가 예견할 수 없고 따라서 통제할 수도 없는 사유로 인하여 환경오염피해가 발생한 경우에까지 사업자에게 책임을 묻는 것은 가혹하므로[37] 전쟁, 내란 등 불가항력이 면책사유로 법정된 것은 타당하다. 다만 전술한 바와 같이 제6조 책임의 법적 성질을 위험책임이라고 본다면 불가항력의 의미를 좁게 해석해야 하므로, 가령 불가항력과 관리상의 하자가 결합된 경우에는 사업자가 면책되지 아니하는 것으로 보아야 할 것이다.

---

36) 환경책임법 제정 이후 기업들이 작업의 전 과정을 문서화하는 등 정상운영을 입증하기 위한 제반조치들을 강구함으로써 기업의 환경리스크 관리비용은 증가하였지만, 이 규정에 근거하여 추정이 배제된 사례는 거의 없다. 이와 관련된 상세는 안경희, 전게논문(각주 20), 65-66면 참조.

37) 이런 이유로 독일 환경책임법 제4조에서도 불가항력이 면책사유로 법정되어 있다: BT-Drucksache 11/7104, S. 17.

6. 위 법 성

통상 불법행위로 인한 손해배상책임이 발생하려면 불법행위의 객관적인 성립요건인 위법성이 있어야 한다. 여기에서 위법성이란 어떤 행위가 법체계 전체의 입장에서 허용되지 않아 그에 대하여 부정적인 판단을 받는 것을 의미하고, 구체적으로 어떤 행위가 위법한지의 여부는 당해 행위에 의하여 침해된 '법익의 성질'에 의하여 결정된다. 가령 물권이나 인격권과 같은 절대권을 침해하는 행위는―위법성조각사유가 없는 한―일응 위법한 것으로 평가된다. 그런데 환경오염행위는 가해자의 적법행위의 결과 필연적으로 발생하는 경우가 많기 때문에, 이러한 행위가 위법하다고 평가받으려면, 사회공동생활을 하는 데 있어서 감수할 수 있는 한도('수인한도')를 넘어 피해자에게 손해가 발생해야 한다.[38]

환경오염피해에 대한 배상책임의 법적 성질을 위험책임이라고 본다면, 손해발생 외에 이러한 의미에서의 위법성이 추가적으로 요구되는지가 검토되어야 한다. 문헌에서는 위험책임도 환경오염피해라는 법적으로 허용되지 아니하는 결과를 야기한 것에 대하여 책임을 묻는 것이므로 위법성을 요건으로 한다고 보기도 하고,[39] 위험책임은 고의·과실은 물론―그러한 위험원의 지배가 법적으로 금지되어 있지는 아니하므로―위법성을 요건으로 하지 아니한다고 해석하기도 한다.[40] 생각건대 환경오염피해로

---

38) 수인한도론에 대하여는 안경희, "임미시온의 위법성 판단기준-민법 제217조와 수인한도론을 중심으로-", 「환경법연구」, 제37권 제2호(2015), 265면 이하 참조.

39) von Bar, *Verkehrspflichten: Richterliche Gefahrsteuerungsgebote im deutschen Deliktsrecht*, Köln, 1980, S. 131 ff.; von Seiler, "Tierhalterhaftung, Tiergefahr und Rechtswidrigkeit", in: *FS für Zeuner*, 1994, S. 279, 292; Staudinger/Eberl-Borges, § 833 Rn. 25.

40) 김형석, "민사적 환경책임", 「서울대학교 법학」 제45권 제4호(2004), 227-228면; 이태영, "환경오염피해에 대한 배상책임의 구조 -고의, 과실과 위법성을 중심으로", 「강원법학」, 제23권(2006), 257면; 전경운, 전게논문(각주 12), 368면; 한상운, 전게논문(각주 12), 119면; BGHZ 105, 65, 66; BGHZ 107, 359, 367; Hoppe/Beckmann/Kauch, *Umweltrecht*, Rn. 92; Deutsch, *Haftungsrecht*, Rn. 9; Fucks/Pauker, *Deliktsrecht*, S. 255; Kötz/Wagner, *Deliktsrecht*, Rn. 491; Münkel, in: Geigel, *Haftpflichtprozess*, 24. Kapitel Rn. 37; Larenz/Canaris, *Schuldrecht*, II/2 § 84 I 3a; Medicus, *Bürgerliches Recht*, Rn. 604;

인한 무과실책임은 사후적인 권리구제수단에 해당하므로 개인적 법익에 대한 피해의 발생을 요건으로 한다. 다만 위험책임은 '허용된 위험원'으로부터 발생한 피해에 대한 책임을 의미하므로, 이러한 법익침해 외에 수인한도론, 기능적하자론 등에서 주장하는 바와 같은 위법성(이익형량)을 요건으로 하지는 아니한다.[41] 요컨대 제6조의 책임을 위험책임이라고 본다면, 시설 사업자의 과실은 물론 위법성이 없이도 배상책임이 성립하기 때문에, 피해자에게 환경오염피해가 발생한 경우에는 그 피해의 정도 여하를 불문하고 시설 사업자에게 배상책임이 인정된다. 그 결과 수인한도 내에 있는 (적법한) 환경오염피해가 발생한 경우에, 민법상으로는 손해배상책임이 발생하지 아니하지만, 환경오염피해구제법상으로는 배상책임이 인정될 수 있으므로, 남소의 위험이 따르게 된다.[42] 바로 이러한 문제점 때문에 독일 환경책임법 제5조에서는 시설이 정상운영되는 과정에서 물건이 경미하거나 지역적 관계에 따라 기대가능한 정도로 침해된 경우에는—즉 독일민법 제906조 제1항, 제2항[43]에 따라서 피해자가 인용의무를 부담하는 경우에는—그 물적 손해에 대한 배상책임이 면책되는 것으로 법정하고 있다. 사업자 손해배상책임의 법적 성질을 독일식의 위험책임

Rehbinder, in: Landmann/Rohmer, *UmweltHG* § 1 Rn. 17 ff.; Röthel, Anne, Gefährdungshaftung, *JURA* 2012, 444; Staudinger/Hager, Vorbemerkung §§ 823 ff. Rn. 28.

41) 결론에 있어서 동일: MünchKomm/Wagner, Vorbemerkung zu § 823 Rn. 19 f.

42) Landsberg/Lülling, Das neue Umwelthaftungsgesetz, *DB* 1990, 2205, 2207 f.; Lytras, *Haftung*, S. 463.

43) "(1) 토지소유자는 가스, 증기, 악취, 연기, 검댕, 열, 소음, 진동의 유입 및 다른 토지로부터 오는 이와 유사한 생활방해가 자기의 토지의 이용을 침해하지 아니하거나 또는 그 생활방해가 중대하지 아니한 경우에는 이를 금지할 수 없다. 法律 혹은 法規命令에서 정한 한계치 내지 표준치가 이러한 법규정에 따라 조사·평가된 생활방해에 의하여 초과되지 아니하는 경우에는 원칙적으로 경미한 침해가 있다. 연방임미시온보호법 제48조에 따라 제정되고 기술의 수준에 상응하는 一般行政規則에 포함되어 있는 수치에 대하여도 동일하다.
(2) 다른 토지의 그 지역의 통상적인 이용으로 말미암아 중대한 침해가 야기되고, 이러한 종류의 토지이용자들에게 경제적으로 기대될 수 있는 조치에 의하여 그 침해를 방지할 수 없는 경우에도 그러하다. 이에 따라서 소유자가 그러한 생활방해를 인용해야 하는 경우에, 그 생활방해가 자기의 토지의 지역의 통상적인 이용 또는 그 토지의 수익을 기대할 수 있는 정도를 넘어서 침해하는 경우에는, 소유자는 그 다른 토지의 이용자에게 적절한 금전보상을 청구할 수 있다."

이라고 보는 한, 우리의 경우에도 마찬가지의 문제점이 제기되는바, 법적
안정성을 고려하여 이러한 면책규정을 신설할 필요가 있다.

VI. 책임의 내용

환경오염피해구제법상 손해배상책임은 통상의 손해배상법과 마찬가
지로 피해의 전보를 목적으로 하므로, 피해자에게 발생한 생명·신체 및
재산 피해가 모두 배상되는 것이 바람직하다. 그렇지만 동법은 가해자인
사업자를 보호하기 위하여 환경오염피해에 대한 배상책임한도를 2천억 원
으로 한정하고 있는바($\frac{제7}{조}$), 사업자는 이 금액의 범위 내에서 — 피해배상
에 관하여 환경오염피해구제법에 규정된 것을 제외하고는 민법규정이 적
용되므로($\frac{제5조}{제1항}$) — 민법규정 및 손해배상법리에 따라 산정된 피해를 배상
하면 된다(금액유한책임). 따라서 제7조에 따른 배상책임한도를 분석하려
면 민법상 손해산정 및 손해배상의 범위가 먼저 검토되어야 한다.

1. 민법상 손해의 산정
가. 생명·신체에 발생된 손해의 산정

생명·신체에 발생된 손해는 사망, 신체상해 및 정신적 손해를 말하
는데, 이러한 인적 손해는 크게 적극적 재산적 손해, 소극적 재산적 손해
및 정신적 손해로 구분될 수 있다. 먼저 장례비, 의약품 구입비, 입원비,
진단적 검진비용 등과 같은 재산상 불이익이 적극적 재산적 손해에 속한
다. 실무에서는 — 차액설에 따라 추상적으로 산정해서 — 손해가 없었더라
면 존재하였을 재산상태와 손해가 발생한 이후의 재산상태와의 차이를
피해로 간주한다.[44] 이러한 손해의 발생사실 및 그 손해를 금전적으로
평가한 액수는 배상을 청구하는 피해자가 입증해야 한다.[45]

44) 대법원 2000. 11. 10. 선고 98다39633 판결; 대법원 2006. 1. 26. 선고 2002다
12659 판결; 대법원 2010. 4. 29. 선고 2009다91828 판결; 대법원 2012. 12. 13. 선
고 2011다25695.
45) 대법원 1994. 3. 11. 선고 93다57100 판결; 대법원 2011. 7. 28. 선고 2010다
18850 판결; 대법원 2012. 12. 13. 선고 2011다25695 판결.

이에 비하여 손해가 발생하지 않았더라면 피해자가 장차 벌 수 있었던 수입은 소극적 재산적 손해에 속한다. 통상 사망 또는 상해로 노동능력의 전부 또는 일부를 상실한 경우에 피해자가 입은 손해에 대하여는 소득상실(가해적 사태가 없었더라면 피해자가 얻을 수 있었던 소득의 합계) 또는 가동능력 상실(사람의 가동능력의 상실)을 기준으로 손해액을 산정한다. 향후의 예상소득에 관한 입증에 있어서 그 증명도는 — 과거사실에 대한 입증에 있어서의 증명도보다 이를 경감하여 — 피해자가 현실적으로 얻을 수 있을 구체적이고 확실한 소득의 증명이 아니라, 합리성과 객관성을 잃지 않는 범위 내에서의 상당한 개연성이 있는 소득의 증명으로 충분하다.[46]

정신적 손해는 피해자가 입은 정신적 고통을 측량하여 그러한 고통이 어느 정도의 금전(위자료)에 의하여 간접적으로 치유될 수 있는가를 고려하여 산정한다. 이러한 정신적 손해는 전술한 재산적 손해와는 달리 구체적인 증거에 기초할 수 없으므로, 피해자는 위자료액의 구체적인 산정근거를 제시하지 않아도 되고,[47] 법관이 제반사정을 고려하여 직권으로 그 액수를 결정한다.[48] 태도 등 및 불법행위의 특수성[49] 등을 고려하

---

[46] 대법원 1986. 3. 25. 선고 85다카538 판결; 대법원 1987. 2. 10. 선고 86다카1453 판결; 대법원 1990. 11. 27. 선고 90다카10312 판결; 대법원 1991. 5. 14. 선고 91다124 판결; 대법원 1992. 4. 28. 선고 91다29972 판결; 대법원 2008. 2. 14. 선고 2006다37892 판결.

[47] 바로 이러한 입증의 용이함 때문에 비행장 소음을 이유로 한 손해배상소송은 대부분 위자료청구소송이다.

[48] 대법원 1999. 4. 23. 선고 98다41377 판결; 대법원 2002. 11. 26. 선고 2002다43165 판결; 대법원 2006. 1. 26. 선고 2005다47014 판결.

[49] 가령 항공기 사고의 경우에는 피해 승객의 과실이 개입될 여지가 거의 없는 점, 항공기 사고로 인한 피해결과 및 고통의 정도가 자동차 사고 등 다른 사고보다 중한 점, 항공기 사고에 관한 책임의 소재, 범위, 배상액을 둘러싸고 항공운송인 측과 피해자 측의 견해 차이로 최종적인 피해보상에 장기간이 소요되는 경우가 많은 점, 항공기 사고는 사고지역 및 피해자의 국적분포에 있어서 국제성을 띠고 있어 동일 사고로 인한 피해배상에 관하여는 국적을 불문하고 피해자들 사이의 균형이 고려되어야 하는데, 항공기 사고의 위험에 대비한 항공보험 및 재보험 제도는 동일 항공기 사고의 피해자들에 대하여 유사한 피해배상이 이루어질 수 있는 기능을 수행하고 있는 점 등이 함께 고려된다(대법원 2009. 12. 24. 선고 2007다77149 판결).

여 위자료가 산정된다.

나. 재산에 발생된 손해의 산정

재산에 발생된 손해는 피해자의 재산 감소를 의미한다. 피해자의 재산에는 피해자가 소유하고 있는 유체·무체재산은 물론 물건사용권도 포함된다.[50] 이러한 손해도 — 전술한 적극적 재산적 손해와 마찬가지로 — 통상 차액설에 따라서 추상적으로 산정되고, 피해자가 손해의 발생사실 및 그 손해를 금전적으로 평가한 액수를 입증해야 한다.

2. 민법상 손해배상의 범위

가. 제한배상주의

민법은 — 완전배상주의가 아니라 — 제한배상주의를 채택하고 있으므로, 피해자에게 발생한 생명·신체 및 재산 손해가 모두 전보되는 것은 아니고, 피해자에게 일반적으로 발생한 손해('통상손해') 및 가해자가 알았거나 알 수 있었던 특별한 사정으로 인한 손해('특별손해')만 배상된다 $\left(\begin{smallmatrix}\text{민법 제763조에 의한}\\\text{제393조의 준용}\end{smallmatrix}\right)$.

통상손해는 특별한 사정이 없는 한 경험칙에 비추어 그와 같은 불법행위가 있으면 일반적·객관적으로 발생할 것으로 생각되는 범위의 손해를 말한다.[51] 환경오염피해가 통상손해에 속하는지의 여부(이른바 책임충족적 인과관계)는 일반적인 결과발생의 개연성('상당인과관계설')[52]뿐만 아니라 규범목적, 가해행위의 모습, 가해의 정도 등('규범목적설')을 고려하여 결정된다.[53] 전술한 바와 같이 제9조에 인과관계 추정 규정을 두고 있으나, 이는 손해배상책임의 요건에 해당하는 책임발생적 인과관계에 한정되는 것이고, 책임의 범위에 관한 책임충족적 인과관계에 대하여는 — 입

---

50) EGTL/Magnus, Art. 10:201, Rn. 4.

51) 대법원 2008. 12. 24. 선고 2006다25745 판결; 대법원 2009. 7. 9. 선고 2009다24842 판결.

52) 곽윤직, 「채권총론」, 박영사, 2003, 115면; 송덕수, 「신민법강의」, 박영사, 2016, 1014-1015면; 양형우, 「민법의 세계」, 진원사, 2016, 979면.

53) 정기웅, 「채권총론」, 법문사, 2014, 163면; 지원림, 「민법강의」, 홍문사, 2016, 1048-1049면.

증책임의 일반원칙에 따라 — 피해자가 고도의 개연성을 입증해야 한다.

특별손해는 당사자들의 개별적·구체적 사정에 따른 손해를 말한다.[54] 이 특별손해는 가해자가 그 사정을 알았거나 알 수 있었을 때에 한하여 배상되므로(민법 제393조 제2항), 특별한 사정에 대한 예견가능성이 없는 한 특별손해는 배상범위에 포함되지 아니한다. 이 예견가능성의 유무는 불법행위자 자신을 기준으로 당해 불법행위에서 당사자의 직업, 목적물의 종류, 당사자들이 속하는 거래의 관행 등을 고려하여 결정되고,[55] 예견 대상이 되는 것은 '특별한 사정의 존재'이므로 가해자가 특별한 사정에 의하여 발생한 손해의 액수까지 알았거나 알 수 있어야 하는 것은 아니다.[56] 이 특별사정의 존재 및 가해자의 예견가능성에 대한 입증책임도 피해자가 부담한다.

나. 무한책임

손해배상의 범위가 확정되면 가해자는 민법의 일반원칙에 따라 자신의 전재산(일반재산)으로 손해를 배상할 책임을 부담한다.

3. 환경오염피해구제법상 금액유한책임

가. 입법취지

시설 사업자는 — 과실책임의 원칙에 대한 예외로 — 환경오염피해에 대한 귀책사유가 없음에도 불구하고 손해배상책임을 부담한다. 이러한 가중된 민사책임을 부담함에도 불구하고 사업자에게 무한책임을 지도록 하는 것은 과도한 측면이 있고, 기업에 재도전의 기회를 허용할 필요도 있다는 점에서[57] 제7조에서는 금액유한책임을 법정하고 있다.[58] 동법 제

---

54) 대법원 2008. 12. 24. 선고 2006다25745 판결; 대법원 2009. 7. 9. 선고 2009다24842 판결.
55) 곽윤직, 전게서(각주 52), 115면; 김형배/김규완/김명숙, 「민법학강의」, 신조사, 2015, 932면; 송덕수, 전게서(각주 52), 1017면; 오시영, 「채권총론」, 학현사, 2009, 269면; 정기웅, 전게서(각주 53), 167면; 지원림, 전게서(각주 53), 1054면.
56) 대법원 1994. 11. 11. 선고 94다22446 판결; 대법원 2002. 10. 25. 선고 2002다23598 판결; 대법원 2007. 6. 28. 선고 2007다12173 판결.
57) 김승희, "환경오염피해 구제에 관한 법률안의 주요내용과 전망", 「한국환경법학

정의 배경이 되기도 한 구미 불산누출사고에서 보듯이 화학물질로 인한 사고가 발생하면 천문학적인 손해배상 비용을 감당하지 못해 기업이 도산할 수 있는데, 사회경제적으로 볼 때 동종의 시설이 반드시 필요하고 이러한 시설이 존재하는 한 사고의 위험을 배제할 수 없다면, 피해자의 보호는 물론 시설 사업자의 보호도 '함께' 고려되어야 한다. 요컨대 제7조에서 손해배상책임의 범위를 한정한 것은 바로 이러한 위험한 시설의 특수성을 반영한 것이라고 할 수 있다.

나. 금액유한책임

제7조 본문에서는 피해자에게 충분한 배상이 가능하도록[59] 현실적 규모의 배상책임금액을 2천억 원으로 법정하고 있다. 피해자가 환경오염 피해별로, 가령 생명·신체에 발생된 피해 및 재산에 발생된 피해에 대하여 각각 최고 2천억 원까지 손해배상을 받을 수 있는지가 문제될 수 있는데, 법문에 독일 환경책임법 제15조와 같이 인적·물적 피해에 대하여 각각 8,500만 유로(약 2,400억 원)를 책임한도로 규정하고 있지는 아니하므로, 이 2천억 원은 생명·신체 및 재산에 발생된 피해를 모두 합산한 금액이라고 보아야 할 것이다.[60]

나아가 사업자의 지속가능한 경영을 보장하기 위하여[61] 시행령 제4조 [별표 2]에서는 시설의 규모 및 발생될 피해의 결과 등을 감안하여 제3조 제1호 내지 제10호에 법정된 시설을 가, 나, 다 3개의 군으로 구분하

회 제117회 학술대회 및 임시총회 자료집」, 2014, 183, 186, 199면; 김홍균, "환경 정책기본법상의 무과실책임 규정의 한계와 극복", 「사법」, 제26호(2013), 90면; 김 홍균, 전게논문(각주 12), 150면; 한상운, 전게논문(각주 12), 121-122면; 함태성, "환경오염피해구제법과 환경분쟁조정제도의 정합성 확보를 위한 법적 고찰", 「사법」, 제26호(2013), 57면.

58) 김상민 의원안과 한정애 의원안에서는 배상책임한도 규정이 없었으나, 이완영 의원안 제5조에서는 2천억 원을 책임한도로 설정하고 일정한 경우에는 무한책임을 지는 것으로 규정하였다.

59) 김승희, 전게발표문(각주 57), 200면.

60) 결론에 있어서 동일: 김홍균, 전게논문(각주 57), 90면; 김홍균, 전게논문(각주 12), 150면; 김홍균, 전게서(각주 12), 686면.

61) 김승희, 전게발표문(각주 57), 183면.

고, 가군 시설의 경우에는 2천억 원, 나군 시설의 경우에는 1천억 원, 다군 시설의 경우에는 5백억 원을 배상책임한도로 법정하고 있다. 이 책임한도는 '사업장' 단위로 적용되는데, 동일한 사업자가 설치·운영하는 1개의 사업장 내에 제3조 제1호 내지 제10호에서 규정하고 있는 시설이 둘 이상 설치되어 있는 경우에는 그중 많은 금액을 그 사업장의 책임한도 금액으로 한다(별표 2 비고 1.). 그리고 가군의 시설 중 중소기업이 설치·운영하는 시설은 가군의 시설이 속한 각 호와 동일한 호에 해당하는 나군의 시설로 보고(별표 2 비고 3.), 나군의 시설 중 중소기업기본법 제2조에 따른 소기업이 설치·운영하는 시설은 나군의 시설이 속한 각 호와 동일한 호에 해당하는 다군의 시설로 본다(별표 2 비고 4.).

다. 무한책임

시설 사업자의 도덕적 해이를 방지하기 위하여[62] 제7조 단서에서는 고의 또는 중과실로 환경오염피해가 발생한 경우(제1호), 관계 법령 미준수의 경우(제2호), 환경오염피해 방제를 위한 적정한 조치를 하지 아니한 경우(제3호)에는 사업자에게 무한배상책임을 부과하고 있다.[63] 이 단서 규정은 금액유한책임에 대한 예외에 해당하므로 엄격하게 해석되어야 할 뿐만 아니라, 무한책임이 인정되는 것은 제1호 내지 제3호에 법정된 사유로 한정된다(열거주의).

(1) 고의 또는 중과실로 환경오염피해가 발생한 경우

전술한 바와 같이 민법상 가해자는 경과실이 있는 경우에도 자신의 전 재산으로 손해배상책임을 부담한다(무한책임). 이에 비하여 환경오염피해구제법상 사업자는 고의 또는 중과실로 환경오염피해가 발생한 경우에는 무한책임을, 무과실 또는 경과실로 피해가 발생한 경우에는 2천억원의 한도에서 배상책임을 진다. 따라서 사업자의 경과실로 환경오염피해가 발생한 경우에는 민법에 따르면 무한책임이, 환경오염피해구제법에 따르면 금액유한책임이 발생하게 되어, 일반법상 책임이 특별법상 책임보

---

62) 김홍균, 전게논문(각주 12), 152면; 김홍균, 전게서(각주 12), 687면.
63) 이완영 의원안 제5조 단서가 거의 원안 그대로 성문화되었다.

다 가중된 형태를 취하게 된다. 이처럼 사업자에게 과실이 없는 경우에
도 손해배상책임을 인정하여 — 민법상 배상책임에 비하여 — 가중된 책임
을 물으면서, 경과실의 경우에는 — 민법상 책임에 비하여 — 감경된 책임
을 부과하는 것은 일관성이 없다.[64] 나아가 환경오염피해구제법에서는
무과실책임을 원칙으로 하되 책임의 범위를 한정하고 있는데, 이를 반대해석
하면 — 경과실 또는 중과실을 불문하고 — 사업자에게 과실이 있는 경우에
는 무한책임이 발생한다고 보아야 할 것이다. 더 나아가 가해자인 사업자
에게 과실이 없는 경우와 경과실이 있는 경우에 책임의 범위가 동일하다는
것은 — 사업자가 무과실책임을 부담하는 대신에 책임의 범위를 한정한다는 — 제
7조의 취지에도 부합하지 아니한다.

(2) 관계 법령 미준수의 경우

환경오염피해의 원인을 제공한 시설에 대하여 사업자가 시설의 설
치 · 운영과 관련하여 안전관리기준을 준수하지 아니하거나 배출허용기
준을 초과하여 배출하는 등 관계 법령을 준수하지 아니한 경우에도 사
업자는 무한책임을 부담한다. 이 제2호의 사유는 수인한도론에서 제시
하고 있는 다양한 판단기준 가운데 '기준치 준수 여부, 공법적 규제 및
인 · 허가관계'에서 검토되는 내용이다. 가령 배출허용기준치를 초과하여
소음을 배출하였다면 — 물론 수인한도론은 가해자와 피해자의 이익 형
량을 근간으로 하므로, 기타 수인한도의 여러 판단요소들을 비교 · 교량
해야 비로소 수인여부를 판단할 수 있지만 — 당해 소음배출행위는 위법
한 것으로 판단될 수 있다. 그런데 이렇게 해석한다면 — 수인한도론에
서 제시되고 있는 수인한도의 여러 판단요소들(가령 피해의 성질 및 정
도, 피해이익의 공공성과 사회적 가치, 가해행위의 태양, 가해행위의 공공성
과 사회적 가치, 방지조치 또는 손해회피의 가능성, 기준치 준수 여부, 공
법적 규제 및 인 · 허가관계, 지역성, 토지이용의 선후관계 등) 사이에 경중
이 있지 아니함에도 불구하고 — 관계 법령 준수 여부를 수인한도 판단

---

64) 결론에 있어서 동일 : 전경운, 전게논문(각주 12), 372면; 함태성, 전게논문(각주
   57), 57면.

의 '중요한 고려요소'로 보아 이 기준의 충족 여부만으로 위법성을 판단
하는 것이 되어 부당하다.

그런가 하면 제2호의 사유를 위법성 판단기준의 하나로 이해한다
면 사업자가 배출허용한도 내에서 소음을 배출하였다면 — 적법함에도
불구하고 — 금액유한책임을 부담하고, 기준치를 초과하여 소음을 배출
한 경우에는 — 위법하므로 — 무한책임을 부담하는 것으로 해석될 여지
도 있다. 전술한 바와 같이 제6조의 사업자책임을 단순한 무과실책임
이 아니라 위험책임으로 해석한다면 위법성 여부를 불문하고 손해배상책임
이 발생하는데, — 불법행위의 성립요건에 해당하는 — 위법성 여부에 따라 — 불
법행위의 효과인 — 책임한도가 달라진다는 것은 불법행위법 체계에 상
응하지 아니한다.

(3) 환경오염피해 방제를 위한 적정한 조치를 하지 아니한 경우

환경오염피해의 원인을 제공한 사업자가 피해의 확산방지 등 환경오
염피해의 방제(防除)를 위한 적정한 조치를 하지 아니한 경우에도 책임의
범위가 무한책임으로 확장된다. 이 제3호의 사유도 수인한도론에서 제시
되고 있는 판단기준 가운데 '방지조치 또는 손해회피의 가능성' 과 유사
한 의미를 가지므로 전술한 제2호 사유와 마찬가지의 문제점이 제기될
수 있다. 뿐만 아니라 제3호 사유는 — 결과발생의 예방을 위하여 일정한
방지시설을 해야 할 의무를 위반한 경우에 과실이 있는 것으로 인정하는 —
'방지의무위반설'[65])과도 그 맥을 같이 한다. 제3호를 이렇게 이해한다면
결국 무과실의 경우에는 금액유한책임을, 과실이 있는 경우에는 무한책임
을 부담하는 것으로 해석할 수도 있는데, 그렇다면 — 제1호에서 고의 또
는 중과실의 경우에 한하여 무한책임을 인정함에도 불구하고 — 경과실이
있는 경우에도 사업자는 무한책임을 부담하게 되어 제1호와 제3호가 배
치된다. 뿐만 아니라 제6조에서 무과실책임을 법정하여 과실 유무를 불
문하고 손해배상책임이 성립했는데, 성립요건에서 고려되지 아니한 과실

---

65) 대법원 1973. 5. 22. 선고 71다2016 판결.

유무에 따라서 책임의 내용이 좌우되는 모순에 처하게 된다.

요컨대 제7조 단서에서 법정하고 있는 금액유한책임의 예외에 해당하는 3가지의 사유는 환경오염피해구제법의 제정목적(제1조), 무과실책임(제6조) 및 금액유한책임(제7조)의 입법취지 나아가 불법행위법의 체계에 부합하지 아니하므로, 제7조 단서를 삭제하는 것이 바람직하다. 아울러 제7조 단서를 법정한 이유가 이러한 경우에 사업자에게 무한책임을 부과하기 위한 것이라면, 가해자에게 고의 또는 중과실이 있는 경우(제1호), 환경오염피해가 위법한 경우(제2호/제3호) 및 가해자에게 경과실이 있는 경우(제3조)에는 민법규정에 따라 가해자가 무한책임을 부담하기 때문에, 제7조 단서가 없더라도 이러한 입법목적은 달성될 수 있다.

Ⅶ. 민법상 불법행위책임과의 관계

환경오염피해에 대한 무과실책임의 요건이 모두 충족되면 피해자는 제6조에 근거하여 피해배상청구권을 취득한다. 이처럼 동규정과 민법 제750조, 제758조 제1항은 모두 피해자가 가해자의 불법행위를 이유로 손해배상청구권을 행사할 수 있는 청구권원이 되는 법률규정이므로, 이 규정들 상호 간의 경합이 문제된다. 법체계 면에서 볼 때 민법은 적용대상에 제한이 없는 일반법이고 환경오염피해구제법은 환경오염피해로 인한 배상청구를 한정하여 규율하는 특별법이므로, ― 민법과 국가배상법의 관계처럼 ― 민법 제750조, 제758조 제1항과 환경오염피해구제법 제6조 제1항은 법조경합의 관계에 있다고 볼 수도 있다. 이렇게 해석할 경우 환경오염피해구제법의 규율대상이 되는 시설로부터 발생하는 환경오염으로 인한 손해배상이 문제될 경우 동법 제6조가 민법규정에 우선하여 적용될 것이다. 그런데 동법 제5조 제2항은 "이 법에 따른 청구권은 「민법」 등 다른 법률에 따른 청구권에 영향을 미치지 아니한다."라고 법정하고 있으므로 민법상 손해배상청구권과 동법 제6조에 따른 손해배상청구권은 상호 경합한다. 먼저 이들 규정의 내용을 도식하면 아래와 같다.

구　　분	환경오염피해구제법상 무과실책임	민법상 (일반)불법행위책임	민법상 공작물책임
근거규정	제6조 제1항	제750조	제758조 제1항
책임의 성질	위험(시설)책임	행위책임	공작물책임
책임의 주체	시설 사업자 (부진정연대책임)	가해자 (부진정연대책임)	공작물 직접점유자 → 간접점유자 → 소유자
적용대상	위험한 시설 (열거주의)	가해행위	공작물
귀책근거	위험 시설의 지배 (설치·운영·소유)	행위자의 고의·과실	공작물 설치·보존상의 하자
위법성	불필요	필요 (수인한도론)	필요 (기능적 하자론)
인과관계 추정	제9조	추정 규정 없음 (개연성설)	추정 규정 없음 (개연성설)
면책사유	불가항력 (제6조 제1항 단서)	규정 없음	점유자: 면책가능(제758조 제1항 제2문)
책임범위	제한배상	제한배상	제한배상
배상한도	2천억 원 (제7조)	무한	무한

1. 민법 제750조에 따른 불법행위책임과의 관계

민법상 불법행위책임이라 함은 고의·과실로 인한 위법행위로 타인에게 재산적·정신적 손해를 가한 자(가해자)가 제750조에 근거하여 그 타인(피해자)에게 부담하는 손해배상책임을 의미한다. 이 책임은 법질서에 반하는 행위에 대하여 법적인 비난을 하는 것이므로(행위책임), 가해자에게 귀책사유(고의 또는 과실)가 있어야 하며 이에 대한 입증책임은 불법행위의 성립을 주장하는 피해자가 부담한다. 아울러 제750조는 불법행위의 객관적 요건으로 위법성을 법정하고 있으므로 이른바 수인한도를 넘는 피해가 발생해야 하고 이 수인한도에 대한 입증도 피해자의 몫이다.

이러한 책임요건에 비추어 볼 때 환경오염피해구제법상 사업자 배상책임은 위험책임이어서 가해자의 귀책사유뿐만 아니라 위법성도 필요하지 아니하고 인과관계도 추정되므로 피해자에게 상당히 유리하게 구성되어 있다. 그러나 이러한 장점에도 불구하고 '적용대상 면'에서 볼 때 민법상 불법행위책임은 자신의 행위로 환경침해를 발생시킨 데 따른 손해배상책임(행위책임)이지만, 환경오염피해구제법상 위험책임은 시설책임만을 대상으로 하므로, 피해자의 권리구제를 위하여 청구권경합을 인정하는 것이 바람직하다. 아울러 환경오염피해구제법상 책임은 민법상 책임과 마찬가지로 금전배상주의·제한배상주의를 원칙으로 하지만 — 사업자 보호를 위하여 — 책임한도가 최대 2천억 원으로 한정되어 있는바, 피해자를 보다 두텁게 보호를 위하여 무한책임을 인정하는 민법규정과의 경합을 인정할 필요가 있다.

2. 민법 제758조 제1항에 따른 소유자 공작물책임과의 관계

공작물책임이라 함은 공작물의 설치·보존의 하자로 손해가 발생한 경우에 민법 제758조 제1항에 근거하여 공작물의 점유자·소유자가 피해자에게 부담하는 손해배상책임을 말한다.[66] 이 공작물책임에서 점유자는 손해의 방지에 필요한 주의를 해태하지 아니한 때에는 면책되므로(동법 제758조 제1항 단서), 점유자가 이러한 사실을 입증하게 되면 점유자는 손해배상책임을 부담하지 아니한다('중간적 책임'). 이에 비하여 소유자에 대한 면책규정은 없으므로, 소유자는 귀책사유를 요하지 아니하는 무과실책임을 부담한다.

현재 비행장 소음 피해를 이유로 한 손해배상사건에서 판례는 민간공항이나 군용비행장을 국가배상법 제5조의 영조물로 보아 국가에 그 설치·관리상의 하자('기능적하자' 또는 '공용관련하자')[67]를 원인으로 한 손해배상책임을 묻고 있고, 비행장 등의 하자 유무는 비행장 소음 피해의 정도가 사회통념상 수인한도를 넘는지의 여부에 따라서 결정하고 있다.[68]

---

66) 이에 비하여 영조물책임은 공공의 영조물의 설치 또는 관리에 하자가 있는 경우에 국가배상법 제5조 제1항에 근거하여 국가가 피해자에 대하여 부담하는 손해배상책임이다. 이와 같이 국가배상법 제5조 제1항은 민법 제758조 제1항에 상응하는 규정이므로, 하자의 종류나 판단기준의 해석이 동일하게 전개된다. 다만 영조물책임은 항상 무과실책임이다.

67) 이에 대하여는 안경희, "항공기소음으로 인한 민사책임", 「환경법연구」, 제33권 제2호(2011), 261면 이하 참조.

이러한 기능적하자 이론의 도입으로 피해자는 요증사실인 공작물 또는 영조물의 물리적·외형적 하자를 입증할 필요 없이 자신들이 입은 손해의 정도가 수인한도를 초과한다는 사실(위법성)만 입증하면 된다.

이 공작물(영조물)책임과 비교하더라도 시설 사업자의 책임은 위법성을 요건으로 하지 아니하는 위험책임이므로 요건 면에서 피해자에게 유리하게 구성되어 있다. 그렇지만 공작물책임이 — 환경오염피해구제법상 시설을 포함하여 — '공작물'을 적용대상으로 하고 민법상 손해배상의 범위는 무한이라는 점을 고려한다면 피해자 보호를 위하여 청구권 경합관계를 인정하는 것이 바람직하다.[69] 이렇게 되면 가령 피해자가 비행장으로부터 발생한 소음의 위법성(수인한도를 초과하는지의 여부)을 입증하기가 곤란한 경우에는 이러한 입증의 부담이 없는 환경오염피해구제법상 손해배상책임을, 수인한도를 초과하는 비행장 소음이 문제되는 경우에는 — 배상책임한도의 제한이 없는 — 공작물책임을 물을 수 있게 된다. 이러한 의미에서 제5조 제2항에서 동법상 청구권이 민법상 청구권에 영향을 미치지 아니한다는 명문규정을 둔 것은 청구권 상호 간의 관계에 대한 문제를 입법적으로 해결함과 동시에 환경오염피해로부터 신속하고 공정하게 피해자를 구제한다는 환경오염피해구제법의 목적을 실현하는 역할을 한다.

Ⅷ. 맺음말

1. 환경오염피해구제법은 환경오염피해로부터 신속하고 공정하게 피해자를 구제하기 위하여 시설 사업자에게 무과실의 배상책임을 부과하고

---

68) 대법원 2004. 3. 12. 선고 2002다14242 판결; 대법원 2005. 1. 27. 선고 2003다49566 판결; 대법원 2010. 11. 25. 선고 2007다74560 판결; 대법원 2010. 11. 25. 선고 2007다20112 판결; 대법원 2010. 12. 9. 선고 2007다42907 판결; 대법원 2010. 12. 23. 선고 2009다10928 판결; 광주지방법원 2006. 7. 7. 선고 2002가합5868 판결; 서울중앙지방법원 2008. 1. 22. 선고 2004가합106508 판결.

69) 결론에 있어서 동일: 김홍균, 전게논문(각주 12), 161면; 한상운, 전게논문(각주 12), 115면.

있다. 전술한 바와 같이 동법상 배상책임의 목적을 '피해자 구제'에 있다고 본다면 이는 손해의 전보를 목적으로 하는 민법상 불법행위책임과 다를 바 없다. 그렇다면 민법상 책임과 차별화되는 환경오염피해구제법상 배상 책임의 목적은 '신속하고 공정한' 피해자 구제에서 찾아야 하므로, 사업자 무과실책임에 대한 평가도 이러한 측면에서 접근해야 한다. 먼저 '책임요 건'에 비추어 볼 때 동법에서는 환경오염피해에 대한 명문규정을 두고 (제2조 제1호), 적용대상이 되는 시설을 한정함으로써(제2조 제2호) 피해자가 보다 신속하 게 배상을 청구할 수 있도록 비교적 명확하게 요건이 법정되어 있다.[70] 아울러 법적으로 허용되기는 하지만 위험한 시설을 운영하면서 경제적 이 익을 얻고 있는 사업자에게 무과실의 배상책임을 인정하고(제6 조), 사업자에 비하여 지적 · 경제적 열세에 놓여 있음에도 불구하고 인과관계에 대한 입 증책임을 부담하는 피해자를 위하여 인과관계 추정 규정(제9 조)을 둠으로써 형평성 내지 공정성도 고려되고 있다. '책임 내용' 면에서도 피해자에게 발 생한 생명 · 신체 및 재산 피해를 사업자가 배상하되, 사업자 보호를 위하 여 환경오염피해에 대한 배상책임한도를 2천억 원으로 한정함으로써(제7 조) 피해자 및 사업자의 이익이 비교적 균형 있게 교량되고 있다.

2. 이러한 민법상 불법행위책임과 차별화되는 환경오염피해구제법상 배상책임의 요건 및 내용에도 불구하고 동법의 규율대상이 특정한 시설 로 한정되어 있고 행위책임은 고려되지 아니한다는 점, 공작물(영조물)책 임에서 기능적 하자론의 도입으로 이미 공작물의 하자 · 위법성에 대한 피해자의 입증책임이 상당히 경감되어 있다는 점 및 인과관계 추정 규정 을 두고는 있으나 환경오염피해사건에서 판례가 이미 개연성설에 따라 사실상 인과관계를 추정해 왔다는 점을 감안한다면 환경오염피해구제법 의 의미가 그다지 크지 아니할 수 있다. 더욱이 환경오염피해구제법은 금액유한책임을 채택하고 있기 때문에 피해자가 입증책임의 부담에도 불

---

70) 특히 환경정책기본법 제44조 제1항에 따른 환경오염피해에 대한 원인자 무과실 책임과 비교해 보면 제6조가 상대적으로 명확하게 책임요건을 법정하고 있다. 이 에 대한 상세는 안경희, 전게논문(각주 20), 69~71면 참조.

구하고 가해자에게 무한책임을 묻기 위하여 공작물책임을 선호할 가능성도 배제할 수 없다. 그 밖에 환경오염피해구제법상 배상청구권 등 법정채권에 관한 규정은 강행규정이므로 — 규정이 개정 내지 삭제되지 아니하는 한 — 모든 사람들이 이 규정에 구속되는데, 동법 규정의 내용이 불분명하여 배상책임의 명확성이 확보되지 못하는 문제점도 있다. 가령 제2조 제3호에서 책임의 주체인 사업자를 시설에 대한 사실적 지배관계에 있는 시설의 소유자, 설치자 또는 운영자로 법정하고 있는데, 여기에서 '시설에 대한 사실적 지배관계'가 무엇인지, 사업자(소유자, 설치자 또는 운영자) 상호 간의 관계는 어떻게 되는지가 불분명하다. 이처럼 법률 규정의 내용이 불명확하게 되면 가해자를 확정하는 것이 용이하지 아니하게 되고, 결국 피해자의 신속한 권리구제라는 입법목적을 달성하기도 어렵게 된다.

　　3. 위와 같은 장점과 단점을 모두 가지고 있는 환경오염피해구제법의 시행으로 이제 공은 법원으로 넘어왔고, 따라서 그 어느 때보다 법원의 역할이 중요한 시점이다. 이러한 의미에서 향후 전술한 불명확한 규정들을 법원이 어떻게 해석하는지, 동법의 시행이 환경민사소송에 대한 기존의 법원실무에 어떠한 영향을 미치는지를 눈여겨볼 필요가 있다. 특히 제9조에서 인과관계 추정 규정을 두고 있는데, 법원이 이 규정을 (신)개연성설을 명문화한 것으로 보아 기존의 판례 입장을 견지하는지, 아니면 — (신)개연성설에 의하는 것보다 완화된 형태로 — 사실상 가해자에게 입증책임을 전환시키는 방식으로 이 규정을 운용하는지에 주목해야 할 것이다. 아울러 문헌에서는 사업자의 무과실책임을 위험책임으로 보아 위법성 여부를 불문하고 배상책임을 인정하는데, 법원이 동법의 규율대상이 되는 시설로부터 발생한 환경오염피해에 대하여도 수인한도론 내지는 기능적 하자론에 따라 위법성을 판단하는지도 지켜볼 대목이다.

[Zusammenfassung]

Die Grundzüge des Umwelthaftungsgesetzes

Ahn, Kyung Hee*

Ziel des vorliegenden Beitrages ist es, die Grundzüge des Umwelthaftungsgesetzes (UmweltHG) vom 31. Dezember 2014 darzustellen und kritisch-systematisch zu erörtern.

Zweck des UmweltHG ist in erster Linie der Schadensausgleich in Form des Geldersatzes(§ 1 UmweltHG). Daräber hinaus soll das Risiko künftiger Schadensersatzleistungen die Betreiber bestimmter Anlagen zu einem umsichtigen, schadensvermeidenden Verhalten veranlassen. Insoweit dient das Gesetz auch der Umweltvorsorge.

§ 6 führt eine verschuldensunabhängige Haftung für die Umwelt besonders gefährliche Anlagen, also eine Gefährdungshaftung ein. Die Gefährdungshaftung bedeutet, dass derjenige, der eine Quelle erhöhter Gefahr eröffnet, ohne Verschulden und ohne Rechtswidrigkeit haftet, wenn sich die Gefahr in einem Schaden verwirklicht. Dem Geschädigten wird hierdurch die Verfolgung seiner Ansprüche erleichtert. Soweit der Schaden durch höhere Gewalt verursacht wurde, wird die Ersatzpflicht von Anlagenbetreibern ausgeschlossen.

In bezug aus den Nachweis der Verursachung eines Schadens werden dem Geschädigten Beweiserleichterungen gewährt(§ 9 UmweltHG). Ist der Betrieb einer Anlage im Einzelfall geeignet, den konkret eingetretenen Schaden zu verursachen, so wird vermutet, dass der Schaden durch den Betrieb dieser Anlage verursacht worden ist. Dabei ist der Betriebsablauf, die verwendeten Einrichtungen, die Art und Konzentration der eingesetzten und freigesetzten Stoffe, die meteorologischen Gegebenheiten, Zeit und Ort des Schadenseintritts und andere Merkmale des

---

* Professor of Law, Kookmin University.

Schadensbildes sowie sonstigen Gegebenheiten entscheidend. Diese Vermutung kann grundsätzlich entkräftet werden, wenn ein anderer Umstand als der Betrieb der Anlage geeignet ist, den Schaden zu verursachen.

Für Art, Inhalt und Umfang des Schadensersatazanspruchs gelten auch bei der Gefährdungshaftung grundsätzlich die §§ 393 ff. BGB vor. Ersatzberechtigt ist der unmittelbar Verletzte, d.h. jeder, dessen Körper oder Gesundheit verletzt oder dessen Sache beschüdigt worden ist. Der Ersatzpflichtige ist der Betreiber der Anlage. Um dem Interesse des Ersatzpflichtigen an einer wirtschaftlichen Vorhersehbarkeit und Versicherbarkeit des Haftungsrisikos angemessen Rechnung zu tragen, statuiert § 7 S. 1 UmweltHG die Haftungshöchstgrenzen. Danach haftet der Ersatzpflichtige für Umwelteinwirkung insgesamt nur bis zu einem Höchstbetrag von 200 Milliarden Won.

[Schlüsselwörter]

- Schadensersatzhaftung
- Haftungsbeschränkung
- die verschuldensunabhängige Haftung
- Gefährdungshaftung
- Anlagenhaftung
- Betreiber der Anlage
- Ursachenvermutung
- Haftungshöchstbetrag

참고문헌

[단 행 본]

곽윤직, 「채권총론」, 박영사, 2003.
김형배/김규완/김명숙, 「민법학강의」, 신조사, 2015.
김홍균, 「로스쿨 환경법」, 홍문사, 2016.
송덕수, 「신민법강의」, 박영사, 2016.
양형우, 「민법의 세계」, 진원사, 2016.
오시영, 「채권총론」, 학현사, 2009.
정기웅, 「채권총론」, 법문사, 2014.
지원림, 「민법강의」, 홍문사, 2016.

[논   문]

구연창, "환경오염의 사법적 구제 재조명", 「환경법연구」, 제11권(1989).
권용우, "공해의 예방 및 배제청구", 「법과공해-오늘과 내일-」, 한국법학교
    수회, 1974.
김승희, "환경오염피해 구제에 관한 법률안의 주요내용과 전망", 「한국환경법
    학회 제117회 학술대회 및 임시총회 자료집」(2014).
김인섭, "환경오염피해배상청구소송에 있어서 인과관계의 입증완화-독일의
    환경책임법을 중심으로-", 「환경관리인」, 제139권(1998).
김형석, "민사적 환경책임", 「서울대학교 법학」, 제45권 제4호(2004).
김홍균, "환경법상의 환경책임제도", 「법조」, 제532호(2001).
_____, "환경정책기본법상의 무과실책임 규정의 한계와 극복", 「사법」, 제26
    호(2013).
_____, "환경오염피해 배상책임 및 구제에 관한 법률의 평가와 향후 과제",
    「환경법연구」, 제37권 제2호(2015).
안경희, "환경침해에 대한 민사법적 구제", 「환경법연구」, 제28권 제3호(2006).
_____, "독일 원자력책임법에 관한 소고", 「법학논총」, 제24권 제1호(2011).
_____, "항공기소음으로 인한 민사책임", 「환경법연구」, 제33권 제2호(2011).

_____, "임미시온의 위법성 판단기준-민법 제217조와 수인한도론을 중심으로-", 「환경법연구」, 제37권 제2호(2015).

_____, "사업자의 환경오염피해에 대한 무과실책임-「환경오염피해 배상책임 및 구제에 관한 법률」 제6조를 중심으로-", 「경희법학」, 제50권 제4호(2015).

_____, "환경오염피해구제법상 손해배상책임의 발생과 제한", 「한국환경법학회 제126회 학술대회 자료집」(2016).

윤용석, "환경오염의 민사책임에 관한 새로운 동향", 「재산법연구」, 제11권 제1호(1994).

이태영, "환경오염피해에 대한 배상책임의 구조-고의, 과실과 위법성을 중심으로-", 「강원법학」, 제23권(2006).

전경운, "환경책임법 제정의 필요성과 그 내용", 「환경법연구」, 제25권 제1호(2003).

_____, "환경침해피해의 사법상 구제법리", 「환경법연구」, 제25권 2호(2003).

_____, "'환경오염피해 구제에 관한 법률안'에 대한 소고", 「환경법연구」, 제35권 제2호(2013).

정남철, "새로운 환경오염피해구제법제의 도입과 피해구제절차의 문제점-특히 「환경오염피해 배상책임 및 구제에 관한 법률」의 내용과 문제점을 중심으로-", 「환경법연구」, 제37권 제3호(2015).

정 완, "환경오염피해에 대한 민사책임", 「환경법연구」, 제25권 제2호(2003).

최광준, "환경민사책임", 「환경법연구」, 제22권(2000).

한상운, "환경책임과 환경보험-환경피해구제법(2013. 7. 30. 국회발의)을 중심으로-", 「사법」, 제26호(2013).

함태성, "환경오염피해구제법과 환경분쟁조정제도의 정합성 확보를 위한 법적 고찰", 「사법」, 제26호(2013).

홍천룡, "환경오염 피해의 구제-손해배상청구와 유지청구", 「환경법연구」, 제14권(1992).

[외국문헌]

Balensiefen, Gotthold A., *Umwelthaftung*, Baden-Baden, 1994.

Baumgärtel, Gottfried, *Handbuch der Beweislast im Privatrecht*, Band 2, Köln, 1985(인용 : Beweislast).

Beckmann, Martin/Durner, Wolfgang/Mann, Thomas/Röckinghausen, Marc(Hrsg.), Landmann/Romer, *Umweltrecht*, Besonderer Teil, Kommentar, 66. Ergänzungslieferung, München, 2012(인용 : 집필자, in: Landmann/Romer, UmweltHG).

Danner, Wolfgang/Theobald, Christian (Hrsg.), *Energierecht* *Kommentar*, 64. Ergänzungslieferung, München, 2009 (Zit.: Bearbeiter, in Danner/Theobald, Energierecht/AtomG).

Deutsch, Erwin, *Allgemeines Haftungsrecht*, 2. Aufl., Köln, 1996(인용 : Haftungsrecht).

Ehmann, Horst, *Lehrbuch Deliktsrecht mit Gefährdungshaftung*, München, 2014 (인용 : Deliktsrecht).

European Group on Tort Law, Principal of European Tort Law. Text and Commentary, Wien, 2005(인용 : EGTL/집필자).

Fucks, Maximilian/Pauker, Werner, *Delikts—und Schadensrecht*, 8. Aufl., Heidelberg, 2012(인용 : Deliktsrecht).

Geigel, Reinhard, *Der Haftpflichtprozess mit Einschluss des materiellen Haftpflichts*, 25. Aufl., München, 2008(인용 : 집필자, in: Geigel, Haftpflchtprozess).

Haag, Kurt(Hrsg.), Geigel, *Der Haftpflichtprozess. mit Einschluss des materiellen Haftpflichtrechts*, 26. Aufl., München 2011(인용 : 집필자, in: Geigel, Haftpflichtprozess).

Habersack, Mathias(Redakteur), *Münchener Kommentar zum Bürgerlichen Gesetzbuch*, Band 5 Schuldrecht · Besonderer Teil Ⅲ §§ 705-853, 5. Aufl., München 2009(인용 : MünchKomm/집필자).

Hoppe, Werner/Beckmann, Martin/Kauch, Petra, *Umweltrecht*, 2. Aufl., München, 2000.

Horn, Norbert(Redaktor), *J. von Staudingers Kommentar zum Bürgerlichen Gesetzbuch mit Einführungsgesetz und Nebengesetzen,* Zweites Buch. Recht der Schuldverhältnisse §§ 823—825, 13. Aufl, Berlin, 1999(인용 : Staudinger/집필자).

Kloepfer, Michael/Brandner, Thilo, *Umweltrecht*, 3. Aufl., 2004.

Kötz, Hein/Wagner, Gerhard, *Deliktsrecht*, 12. Aufl., München, 2013 .

Landsberg, Gerd/Wilhelm, Lülling, *Umwelthaftungsrecht*, Kommentar, Köln, 1991(인용 : Landsberg/Lülling, UmweltHR).

Larenz, Karl/Canaris, Claus-Wilhelm, *Lehrbuch des Schuldrechts,* Band Ⅱ/2, 13. Aufl., München, 1994(인용 : Schuldrecht II/2).

Lytras, Theodor, *Zivilrechtliche Haftung für Umweltschäden,* Berlin, 1995(인용 : Haftung).

Marburger, Peter, *Ausbau des Individualschutzes gegen Umweltbelastungen als Aufgabe des bürgerlichen und öffentlichen Rechts.* Gutachten C für den 56. Deutschen Juristentag, München, 1986(인용 : Gutachten).

Medicus, Dieter, *Bürgerliches Recht,* 19. Aufl., München, 2002.

Rosenberg, Leo/Schwab, Karl Heinz/Gottwald, Peter, *Zivilprozessrecht,* 16. Aufl., München, 2004.

von Bar, Christian, *Verkehrspflichten: Richterliche Gefahrsteuerungsgebote im deutschen Deliktsrecht,* Köln, 1980.

Arens, Peter, Dogmatik und Praxis der Schadensschätzung, *ZZP* 88(1975), 1 ff.

Baumgärtel, Gottfried, Anmerkung zum BGH-Urteil v. 18.9.1984-Ⅵ ZR 223/82(Kupolofen-Urteil), *JZ* 1984, 1109 ff.

Hager, Günter, Umweltschäden—ein Prüfstein für die Wandlungs—und Leistungsfähigkeit des Deliktsrechts, *NJW* 1986, 1961 ff.

Hübner, Ulrich, Haftungsprobleme der technischen Kontrolle, *NJW* 1988, 441 ff.

Landsberg, Gerd/Lülling, Wilhelm, Das neue Umwelthaftungsgesetz, *DB* 1990, 2205 ff.

Marburger, Peter/Hermann Heinrich, Zur Verteilung der Darlegungs—und Beweislast bei der Haftung für Umweltschäden, *JuS* 1986, 354 ff.

Mühl, Otto, Wahrscheinlichkeitsurteile, Prognosen und Kausalitätsfragen im privaten und öffendlichen Recht, in: *FS Hermann Lange zum 70. Geburtstag,* Stuttgart, 1992, 582 ff.

Röthel, Anne, Gefährdungshaftung, *JURA* 2012, 444 ff.

von Seiler, Hans Hermann, Tierhalterhaftung, Tiergefahr und Rechtswidrigkeit, in: *FS für Zeuner,* 1994, 279 ff.

Walter, Gerhard, Anmerkung zum BGH-Urteil vom 16.12.1977 (Fluorabgasefall), *NJW* 1978, 1158 ff.

소음공해, 일조방해, 조망침해에 관한 판례의 동향

李 永 昌*

■요   지■

환경민사소송에서 가장 대표적인 유형이 소음공해, 일조방해, 조망침해를 원인으로 하는 소송이다.

위 소송들은 원고들이 구하는 청구의 내용에 따라 크게 방지청구와 손해배상청구로 나눌 수 있고, 소송의 상대방에 따라 직접발생자를 상대로 한 청구, 시설관리자를 상대로 한 청구, 분양자를 상대로 한 청구 등으로 다시 나눌 수 있다.

판례는 각 침해의 성질과 형태, 소송의 상대에 따라 다양한 법리를 내고 있지만, 모든 판단에 공통되는 가장 핵심적인 요소는 해당 공해나 침해가 '참을 한도'를 넘었는지 여부이다.

이 글에서는 위와 같이 다양한 형태로 제기되고 있는 소음공해, 일조방해, 조망침해 소송에서 판례가 요구하는 "참을 한도"에 관한 판단이 어떻게 이루어지는지, 각 소송에서 그에 대한 판단을 함에 있어서 고려되어야 하는 요소들이 무엇인지, 그리고 각 소송에서 그에 대한 고려에는 어떠한 차이가 있는지를 비교, 검토하였다.

또한 다양한 방지청구와 손해배상청구에 있어서 각 소송별 요건사실, 방지와 손해배상의 내용과 범위, 기타 실무상 자주 문제가 되고 있는 쟁점들에 대해서도 살펴보았다.

그리고 2015년 선고된 도로소음에 관한 일련의 대법원 판결들은 생활방

---

* 서울고등법원 판사.

해에 관한 종전 판단들을 계승하면서도, 일본식 법률용어들을 우리말로 대체하고, 환경민사소송 일반의 심리에 영향을 미칠 수 있는 중요한 여러 법리들을 선언하였는데, 그에 관하여도 살펴보았다.

[주 제 어]
- 소음공해
- 일조방해
- 조망침해
- 생활방해
- 방지청구
- 참을 한도(수인한도)
- 환경소송

I. 들어가는 말

소음으로부터 해방된 조용한 삶, 햇빛을 충분히 받을 수 있고 아름다운 경치를 즐길 수 있는 삶은 모든 사람들이 희망하는 바일 것이다.

그러나 우리나라는 세계적으로 도시화, 산업화가 급속히 진행된 곳이고 현재 그러한 경향은 지속되고 있어 이와 같은 쾌적한 삶을 누리기가 쉽지 않다.

그런데 최근 들어 환경에 대한 관심이 증가함에 반하여 오히려 주거환경의 질은 악화되는 곳이 적지 않고, 그에 따라 소음공해, 일조방해, 조망침해를 원인으로 하는 소송이 법원에 상시적으로 제기되고 있다.

문제는 소음공해, 일조방해, 조망침해는 '생활방해'라는 하나의 개념으로 논의되기도 하지만, 소음, 일조, 조망은 각기 특유의 성격을 갖고있어 근본적으로 통일적인 법적 규율이 쉽지 않다는 것이다. 게다가 판례 법리가 '생활방해'에 관한 명문 규정인 민법 217조와 유리되어 주로일본에서 도입된 이른바 '수인한도론'을 중심으로 전개되어 오면서 그 근거의 정당성에 의문을 제기하는 견해들도 생기게 되었다.

하지만 최근 대법원은 도로소음에 관한 일련의 판결들에서 종래 생활방해와 관련하여 사용해 왔던 '수인한도', '유지청구'라는 용어를 사용하지 않고, 이를 '참을 한도', '방지청구'로 바꾸면서 소음공해에 관하여 새롭고 중요한 판시를 여럿 하였다.

이러한 대법원의 입장변화는 단순히 용어변경의 차원이 아니라 소음공해, 일조방해, 조망침해 등 생활방해의 법적 규율에 관한 새로운 인식을 보여 주는 것이고 민법 217조를 중심으로 한 보다 발전된 법리 전개의 가능성을 시사해 주는 것이 아닐까 싶다.

이 글에서는 지금까지의 소음공해, 일조방해, 조망침해에 관한 판례의 동향을 방지청구와 손해배상청구를 중심으로 살펴봄으로써 판례가 우리의 생활환경에 중요한 영향을 미치고 있는 소음, 일조, 조망에 관하여어떠한 법적 규율을 해 왔고, 그 차이는 무엇인지를 검토하기로 한다.

Ⅱ. 소음을 원인으로 한 민사소송

1. 직접발생자를 상대로 한 청구

가. 의   의

공장에서 기계를 작동시킴으로써 소음을 발생시키는 자, 공사장에서 발파, 타공, 그라인더 등 작업을 하여 소음을 발생시키는 자와 같이 자신이 직접 소음을 발생시키는 자를 상대로 소음발생의 중지를 구하거나, 소음으로 입은 손해의 배상을 구하는 청구이다.

나. 방지청구[1]

(1)방지청구의 근거에 관한 학설

(가)물권적 청구권설

민법 214조, 205조, 217조의 물권적 청구권에 기하여 소유권, 점유권의 방해에 대해 방지청구로서 방해를 제거, 배제할 수 있다는 견해이다.

(나) 인격권설

인간에게는 명예권, 자유권, 생명과 신체에 관한 권리 등 개별적 인격권과 이를 포괄하는 일반적인 인격권이 있고, 건강하고 쾌적한 환경 속에서 생활할 개인의 권리도 이에 포함되므로(대법원 2008. 4. 17. 선고 2006다35865 전원합의체 판결의 반대의견 참조), 소음피해는 절대권인 인격권의 침해가 되어 이에 대한 방지청구가 가능하다는 견해이다.

(다) 환경권설

인간에게는 절대권으로서 환경권이 있고, 환경권의 침해행위에 대하여는 방지청구를 할 수 있다는 견해이다.

(라) 불법행위설

민법 750조 등 불법행위에 관한 민법 조항이 손해배상청구만을 인정하는 것으로 볼 이유가 없으므로, 피해자는 불법행위에 대해 방지청구도 할 수 있다는 견해이다.

---

[1] 이하 최근 판례의 용례에 따라 '유지청구', '차지청구', '금지청구'라는 용어 대신 '방지청구'라는 용어를 사용하기로 한다.

(2)방지청구의 근거에 관한 판례

(가)물권적 청구권설에 입각한 판례

판례의 주류는 물권적 청구권설의 입장에 있다. 따라서 실정법적 근거는 민법 214조, 205조, 217조가 된다.

[대법원 2007. 6. 15. 선고 2004다37904 판결]

건물의 소유자 또는 점유자가 인근의 소음으로 인하여 정온하고 쾌적한 일상생활을 영유할 수 있는 생활이익이 침해되고 그 침해가 사회통념상 수인한도를 넘어서는 경우에 건물의 소유자 또는 점유자는 그 소유권 또는 점유권에 기하여 소음피해의 제거나 예방을 위한 유지청구를 할 수 있다.

(나)인격권설에 입각한 판례

인격권 침해에 대한 방해배제청구를 긍정한 대법원 판결들이 있으나, 환경이 아니라 명예에 관한 것들이다.

[대법원 2013. 3. 28. 선고 2010다60950 판결]

명예는 생명, 신체와 함께 매우 중대한 보호법익이고 인격권으로서의 명예권은 물권의 경우와 마찬가지로 배타성을 가지는 권리라고 할 것이므로, 사람의 품성, 덕행, 명성, 신용 등의 인격적 가치에 관하여 사회로부터 받는 객관적인 평가인 명예를 위법하게 침해 당한 자는 손해배상(민법 제751조) 또는 명예회복을 위한 처분(민법 제764조)을 구할 수 있는 이외에 인격권으로서 명예권에 기초하여 가해자에 대하여 현재 이루어지고 있는 침해행위를 배제하거나 장래에 생길 침해를 예방하기 위하여 침해행위의 금지를 구할 수도 있다.

하급심 중에는 소음 등 생활방해에 대한 방지청구의 근거를 물권이 아닌 인격권으로 본 예도 있다.

[부산고등법원 1995. 5. 18. 선고 95카합5 판결]

매연, 소음, 진동 등에 의한 생활방해나 일조, 통풍, 정온, 조망 등 주거환경의 침해는 토지소유권의 침해의 범주에 넣어 볼 수 있지만, 그 주된 피해법익은 인간의 건강하고 쾌적한 생활이익으로서 이러한 주거환경의 이익은 그 법익의 법적 성격으로 보아 종래의 생명·신체·자유·명예·정조·초상권·신용권 등과 같이 인격권의 일 중에 속한다고 보아야 하고 이러한 인격권은 그 지배권 내지 절대권적 성격으로부터 물권적 청구권에 준하는 방해배제청구권이 인정되고 있으므로, 생활방해나 주거환경의 침해는 실질적으로는 신체적 자유 내지 정신적 자유의 침해에 속하는 것이고, 이 경우 일정한 한도를 초과하는 침해에 대하여는 방해배제청구권이 인정되는 <u>토지소유권 기타 물권을 가지고 있지 않은 자라고 하더라도 막바로 인격권의 침해를 이유로 인격권에 터잡아 방해배제 또는 방해예방청구권을 행사할 수 있다</u>고 봄이 상당하다.

(다) 환경권설에 입각한 판례

판례의 주류는 환경권 또는 헌법상 권리에 기하여는 방지청구를 할 수 없다고 한다.

[대법원 1995. 5. 23.자 94마2218 결정]

헌법 제35조 제1항은 환경권을 기본권의 하나로 승인하고 있으므로, 사법의 해석과 적용에 있어서도 이러한 기본권이 충분히 보장되도록 배려하여야 하나, 헌법상의 기본권으로서의 환경권에 관한 위 규정만으로서는 그 보호대상인 환경의 내용과 범위, 권리의 주체가 되는 권리자의 범위 등이 명확하지 못하여 이 규정이 개개의 국민에게 직접으로 구체적인 사법상의 권리를 부여한 것이라고 보기는 어렵고, 사법적 권리인 환경권을 인정하면 그 상대방의 활동의 자유와 권리를 불가피하게 제약할 수밖에 없으므로, 사법상의 권리로서의 환경권이 인정되려면 그에 관한 명문의 법률규정이 있거나 관계 법령의 규정취지나 조리에 비추어 권리의 주체, 대상, 내용, 행사방법 등이 구체적으로 정립될 수 있어야 한다.

[대법원 2006. 6. 2.자 2004마1148 결정]

신청인 내원사, 미타암, 도롱뇽의 친구들이 환경권에 관한 헌법 제35조 제1항이나 자연방위권 등 헌법상의 권리에 의하여 직접 피신청인에 대하여 고속철도 중 일부 구간의 공사 금지를 청구할 수는 없고 환경정책기본법 등 관계 법령의 규정 역시 그와 같이 구체적인 청구권원을 발생시키는 것으로 해석할 수는 없으므로….

대법원 판결 중 환경권에 기초한 방지청구를 인용한 원심의 판단을 수긍한 것도 보이기는 하나, 이것만으로는 대법원이 환경권을 방지청구의 근거로 인정했다고 보기 어렵다.

[대법원 2008. 9. 25. 선고 2006다49284 판결]

<u>원심은</u> 그 판결에서 채용하고 있는 증거들을 종합하여 그 판시와 같은 사실을 인정한 다음, 원고가 충북 음성군 금왕읍에 있는 이 사건 광산(○○광산)에서 금광의 탐

광 및 채광을 위한 굴진공사(이하 '이 사건 공사'라고 한다)를 계속 진행할 경우, ○○광산 지하를 통과하는 지하수가 고갈되고, 이로 인하여 인근 토지가 침하되며, 지하수와 토양이 심하게 오염될 가능성에 대한 충분한 개연성이 인정되고, 이러한 환경침해가 발생할 경우 ○○광산 이웃 토지 소유자이거나 근접 토지 거주자들은 종전부터 향유하고 있던 자연환경 및 생활환경에 대하여 수인한도를 넘는 침해가 발생하며, 또 그 침해되는 환경적 이익이 그들의 생명, 건강 기타 금전으로 배상하기 어려운 생활상의 이익에 관련된 것임이 충분히 증명되었으므로 피고들을 포함한 인근 주민들은 토지 소유권 및 <u>환경권에 기초하여 이 사건 공사의 중지와 금지를 청구할 권리가 있다</u>고 판단하고, 따라서 원고에게 이 사건 공사를 계속할 권리가 있는데 그 권리가 피고들의 공사방해행위로 인하여 침해되었음을 전제로 하는 원고의 재산적 손해에 대한 배상청구는 받아들일 수 없다고 판단하였다. 관계 법리와 기록에 비추어 살펴보면, <u>원심의 위와 같은 사실인정과 판단은 모두 옳고,</u> 거기에 채증법칙 위배 또는 손해배상책임에 관한 법리오해 등의 위법이 없다.

(라) 불법행위설에 입각한 판례

판례는 민법 758조에 기한 방지청구를 부정하는바, 민법 750조에 관하여도 같은 입장일 것으로 보인다.

[대법원 2015. 10. 15. 선고 2013다89433 판결]

공작물의 설치·보존상의 하자로 인하여 발생한 소음피해에 관하여 민법 제758조에 기하여서는 손해배상을 청구할 수 있을 뿐 침해행위의 배제를 구하는 방지청구를 할 수는 없다.

다만 판례는 부정한 경쟁행위로서 불법행위에 해당하는 경우에는 예외적으로 방지청구를 긍정하고 있다.

[대법원 2010. 8. 25.자 2008마1541 결정]

경쟁자가 상당한 노력과 투자에 의하여 구축한 성과물을 상도덕이나 공정한 경쟁질서에 반하여 자신의 영업을 위하여 무단으로 이용함으로써 경쟁자의 노력과 투자에 편승하여 부당하게 이익을 얻고 경쟁자의 법률상 보호할 가치가 있는 이익을 침해하는 행위는 <u>부정한 경쟁행위로서 민법상 불법행위에 해당하는바, 위와 같은 무단이용 상태가 계속되어 금전배상을 명하는 것만으로는 피해자 구제의 실효성을 기대하기 어렵고 무단이용의 금지로 인하여 보호되는 피해자의 이익과 그로 인한 가해자의 불이익을 비교·교량할 때 피해자의 이익이 더 큰 경우에는 그 행위의</u>

금지 또는 예방을 청구할 수 있다.

(3) 방지청구의 유형

소음발생행위 자체의 중단을 구할 수도 있으나, 소음발생행위는 허용하되 소음방지시설(설비)의 설치를 통하여 피해자에게 도달하는 소음의 정도를 줄이는 청구도 가능하다.

(4) 손해배상청구와 비교

방지청구는 소음으로 인한 피해를 근원적으로 제거하거나 예방할 수 있는 장점이 있으나, 방지청구가 인용되면 가해자에게 가혹한 결과를 초래할 수 있다.

(5) 방지청구의 요건

(가) 피해자의 소유권, 점유권에 기한 생활이익의 보유

방지청구의 요건은 방지청구의 근거에 관하여 어떤 입장을 택하느냐에 따라 달라지게 된다. 판례와 같은 물권적 청구권설, 즉 민법 214조, 205조, 217조에 기한 방지청구를 인정하는 견해의 문제점은 실무상 소음 소송은 재산권 침해보다는 주로 정신적 피해를 원인으로 하여 제기된다는 점에 있다.

소음으로 인한 정신적 고통을 원인으로 방지청구를 하고 있는데, 정신적 고통은 소유권이나 점유권에 대한 침해가 아니라는 이유만으로 방지청구를 부정한다는 것은 부당하므로, 판례는 건물에 대한 소유권, 점유권의 내용에 '해당 건물에서 정온하고 쾌적한 일상생활을 영위할 수 있는 권리'를 포함시켜 이를 '생활이익'[2]이라 불러 생활이익에 대한 침해에 대하여 방지청구를 인정한다.

[대법원 2007. 6. 15. 선고 2004다37904 판결]

<u>건물의 소유자 또는 점유자가 인근의 소음으로 인하여 정온하고 쾌적한 일상생활을 영유할 수 있는 생활이익이 침해되고 그 침해가 사회통념상 수인한도를 넘어서는 경</u>

---

2) 대법원 1999. 1. 26. 선고 98다23850 판결에서는 '쾌적하고 건강한 주거생활을 영위할 생활권'이라는 표현을 사용하였다.

우에 건물의 소유자 또는 점유자는 그 소유권 또는 점유권에 기하여 소음피해의 제 거나 예방을 위한 유지청구를 할 수 있다.

따라서 판례는 물권적 청구권설을 취하고 있으면서도, 결론적으로는 '제한된 인격권설'과 같은 입장이 되어 신체적, 정신적 피해를 입은 피해 자의 방지청구를 허용하고 있다.

(나)가해자의 사회통념상 참을 한도3)를 초과하는 방해행위(소음발생)

민법 214조, 205조, 217조에 기한 방지청구에서는 가해자의 고의나 과실이 문제되지 않으므로, 소유권, 점유권에 기한 생활이익에 대한 사회 통념상 참을 한도를 넘는 방해행위로서 소음발생이 인정되면 방지청구가 허용된다. 역으로 소유권, 점유권에 기한 생활이익의 침해가 있어도 그것 이 사회통념상 참을 한도를 초과하지 않으면 방지청구가 받아들여질 수 없다.

대법원은 소음소송에서 참을 한도의 초과 여부를 판단함에 있어서 다양한 요소들을 종합적으로 고려할 것을 요구한다.

[대법원 2007. 6. 15. 선고 2004다37904 판결]

> 피해의 성질 및 정도, 피해이익의 공공성, 가해행위의 태양, 가해행위의 공공성, 가해 자의 방지조치 또는 손해회피의 가능성, 인·허가 관계 등 공법상 기준에의 적합 여 부, 지역성, 토지이용의 선후관계 등 모든 사정을 종합적으로 고려하여 판단하여야 한다.

최근에는 방지청구에 대하여 아래 요소를 추가하였다.

[대법원 2015. 9. 24. 선고 2011다91784 판결]

> 방지청구의 당부를 판단하는 법원으로서는 청구가 허용될 경우에 방지청구를 구하는 당사자가 받게 될 이익과 상대방 및 제3자가 받게 될 불이익 등을 비교·교량하여 야 한다.

---

3) 이하 최근 판례의 용례에 따라 '수인한도'라는 용어 대신 '참을 한도'라는 용어 를 사용하기로 한다. 다만 기존 판례의 판시에 '수인한도'가 사용된 경우에는 이를 그대로 둔다.

따라서 소음을 원인으로 한 방지청구에서 참을 한도의 초과 여부 판단의 고려요소들을 정리하면 다음과 같다.

- ○ 피해의 성질 및 정도
- ○ 피해이익의 공공성
- ○ 가해행위의 태양
- ○ 가해행위의 공공성
- ○ 가해자의 방지조치 또는 손해회피의 가능성
- ○ 인·허가 관계 등 공법상 기준에의 적합 여부
- ○ 지역성
- ○ 토지이용의 선후관계
- ○ 청구가 허용될 경우에 방지청구를 구하는 당사자가 받게 될 이익과 상대방 및 제3자가 받게 될 불이익

결국 소음을 원인으로 하는 방지청구에서 판례가 말하는 '사회통념 상 참을 한도를 넘는 소음발생'이라는 것은 일정한 소음측정수치로는 존 재할 수 없는 것이다.

예를 들어 65dB의 소음을 발생하는 공장이 있더라도, 이웃 거주자가 공장의 가동중단을 청구하는 경우와 방음창 시공을 청구하는 경우에는 결론이 달라질 수 있는 것이다. 그런데 소음발생행위 자체의 중단을 구 하는 경우(예 : 공장 가동중단)는 위 마지막 고려요소에서 피해자가 받게 될 이익에 비하여 가해자가 입을 손해가 훨씬 클 수 있고, 사회 전체의 관점에서도 방지청구가 인용되면 전반적으로 바람직하지 않은 결과가 야 기될 가능성이 있으며, 다른 해결방안이 있을 수 있기에 소음발생행위 자체의 중단을 명하는 판결이 선고되는 예는 그리 많지 않다. 아래는 하 급심에서 방지청구가 인정된 예이다.

[창원지방법원 2001. 4. 23. 선고 2000카합191 판결]

채권자는 채무자에 대하여 매일 별지 시간표 기재 각 시각[4]부터 다음날 07:00 까지 사이에 소음의 금지를 위하여 채무자의 사업장 내에서의 분쇄기 및 포크 레인의 작동의 금지 및 위 사업장으로의 폐기물적재트럭의 출입에 대한 허락의

---

4) 일몰 후 1시간이 경과한 시점.

금지를 청구할 권리가 있다.[5]

[서울동부지방법원 2004. 7. 22. 선고 2002가합371 판결]

피고는 매일 22 : 00부터 다음날 05 : 00까지 서울 성동구 성수 1가 72 - 112 'OOO'라는 상호의 공장 내에 설치되어 있는 기계를 작동하여서는 아니 된다.[6]

다. 손해배상청구

(1)손해배상책임의 근거

소음피해에 대하여 민법 750조,[7] 751조[8]에 기한 손해배상청구가 가능함에는 이견이 없다. 판례는 소음피해에 대하여 환경정책기본법 44조[9]에 기한 손해배상청구도 가능하다고 한다.

[대법원 2001. 2. 9. 선고 99다55434 판결]

구 환경정책기본법 제31조 제1항 및 제3조 제1호, 제3호, 제4호에 의하면, 사업장 등에서 발생되는 환경오염으로 인하여 피해가 발생한 경우에는 당해 사업자는 귀책사유가 없더라도 그 피해를 배상하여야 하고, 위 환경오염에는 소음·진동으로 사람의 건강이나 환경에 피해를 주는 것도 포함되므로, 피해자들의 손해에 대하여 사업자는 그 귀책사유가 없더라도 특별한 사정이 없는 한 이를 배상할 의무가 있다.

(2) 민법상 손해배상청구의 요건

(가) 가해자의 고의 또는 과실

불법행위가 성립하려면 가해자의 고의 또는 과실이 있어야 한다. 과실이란 주의의무위반을 의미하는데, 주의의무의 내용에 관하여는 '회피가

---

5) 폐기물처리장의 인근에 있는 양돈업자가 폐기물처리장의 분쇄기 등 기계에서 나오는 64dB 내지 90dB의 소음으로 인하여 돼지들의 수정 및 착상이 잘 이루어지지 않게 되고 발육부진이 일어나는 등의 피해를 입게 된 사안.
6) 공업지역에서 섬유공장을 경영하는 피고가 공장기계를 야간에도 가동하여 소음, 진동, 악취를 발생시켜 인근 주민이 생활방해를 받은 사안.
7) **제750조(불법행위의 내용)** 고의 또는 과실로 인한 위법행위로 타인에게 손해를 가한 자는 그 손해를 배상할 책임이 있다.
8) **제751조(재산 이외의 손해의 배상)** ① 타인의 신체, 자유 또는 명예를 해하거나 기타 정신상 고통을 가한 자는 재산 이외의 손해에 대하여도 배상할 책임이 있다.
9) **제44조(환경오염의 피해에 대한 무과실책임)** ① 환경오염 또는 환경훼손으로 피해가 발생한 경우에는 해당 환경오염 또는 환경훼손의 원인자가 그 피해를 배상하여야 한다.

능성설'과 '예견가능성설'이 있다. 판례는 회피가능성설을 배척하고 있다. 따라서 소음으로 인한 피해가 최신의 과학기술로도 방지할 수 없었다 하더라도(회피가능성이 없었어도) 가해자가 그 피해를 예견할 수 있었다면 과실이 있는 것이 된다.

[대법원 1973. 10. 10. 선고 73다1253 판결]

> 공장설립 당시나 그 가동에 있어서 <u>현대과학이 가능한 모든 방법을 취하여 손해를 방지하는 시설을 갖추고 있다 하여</u> 피고가 원고에게 가한 불법행위에 <u>과실이 없다고 말할 수는 없다.</u>

[대법원 1989. 8. 8. 선고 88다카33190 판결]

> 근로자로 하여금 인체에 유해한 강렬한 소음이 발생하는 착암기' 등을 사용하여 밀폐된 굴진막장에서 작업하게 하는 사업주로서는 근로자의 생명 및 건강 등을 업무상 질병 등 산업재해의 위험으로부터 안전하게 보호하여야 할 주의의무를 부담하는 바, 소음성 난청은 업무상 질병의 하나로 법정되어 있고 실제로도 그 발병율이 높았던 점에 비추어 굴진광부들이 청력손실의 인신장해를 입을 위험의 개연성이 상당히 높았다면 <u>사업주로서는 이러한 위험발생의 예견가능성이 있었고, 산업안전보건법령 소정의 조치를 취함으로써 그 위험의 회피가능성도 있었다</u> 할 것이므로 그와 같은 산업재해예방을 위하여 필요한 주의의무를 다하지 못한 사용자는 근로자의 질환에 대하여 근로기준법이나 산업재해보상보험법 등에 의하여 보상을 받을 수 있음은 별론으로 하고 사업주로서의 불법행위법상의 책임을 면할 수 없다.

(나) 가해자의 사회통념상 참을 한도는 넘는 소음발생

1) 가 해 자

소음발생자가 가해자이므로, 수급인이 공사도급계약에 의해 공사를 진행하던 중 소음을 발생시켰다면 가해자는 수급인이다. 다만 민법 757조가 "도급인은 수급인이 그 일에 관하여 제3자에게 가한 손해를 배상할 책임이 없다. 그러나 도급 또는 지시에 관하여 도급인에게 중대한 과실이 있는 때에는 그러하지 아니하다"고 규정하므로, 도급인이 공사에 구체적으로 개입하였거나, 피해자로부터 공사장에서 심한 소음이 발생하니 조치를 취해달라는 요청을 받고도 이를 확인하지 않고 소음방지대책도 세우지 않았다는 등의 사정이 있으면 도급인도 공동불법행위자가 될 수 있다.

피해자가 도급인에게 민원을 제기하였음에도 별다른 조치가 없어 소음피해가 계속 발생한 사건에서 도급인을 불법행위자로 인정한 하급심 판결이 있다.

[서울지방법원 2002. 3. 12. 선고 2001가합35421 판결]

이 사건 양식장에서는 1997. 8월경부터 가물치가 폐사하거나 더 이상 크지 못하고 성장이 둔화되는 등 이상현상이 지속적으로 발생하기 시작하였고, 예상 출하시점인 같은 해 12월에 이르러서도 가물치의 대부분이 상품성 있는 중량에 이르지 못함에 따라 원고는 당초 계획대로의 정상적인 생산, 판매는 물론 추가적인 종묘구입, 방양도 하지 못한 채 <u>피고 논산시 및 대전지방국토관리청에 민원을 제기하다가 이 사건 소송을 제기하기에 이르렀으며,</u> 1999. 5. 1. 현재까지 이 사건 양어장에 생잔한 가물치도 대부분 저성장이나 궤양과 같은 질병으로 상품성이 없는 것들이다.

2) 사회통념상 참을 한도를 넘는 소음발생

방지청구와 마찬가지로 사회통념상 참을 한도는 넘는 소음이 발생했어야 가해자의 소음발생이 위법한 것이 된다. 사회통념상 참을 한도를 초과했는지 여부에 관하여는 방지청구 특유의 고려요소인 '청구가 허용될 경우에 방지청구를 구하는 당사자가 받게 될 이익과 상대방 및 제3자가 받게 될 불이익 등의 비교·교량'을 제외하고서 앞서 본 아래 요소들이 모두 고려되어야 한다.

○ 피해의 성질 및 정도
○ 피해이익의 공공성
○ 가해행위의 태양
○ 가해행위의 공공성
○ 가해자의 방지조치 또는 손해회피의 가능성
○ 인·허가 관계 등 공법상 기준에의 적합 여부
○ 지역성
○ 토지이용의 선후관계

법원은 이상의 요소들을 종합하여 손해배상청구의 인용 여부를 결정하게 되는데, 소음발생에 대한 방지청구와 달리 손해배상청구는 받아들여지는 경우가 많다(특히 우리나라에서는 고층아파트와 오피스텔들이 밀집하여 많이 건축되고 있는데, 그 과정에서 발생하는 소음으로 인한 위자료청구소송이 많이 제기되고 있다).

판례가 사회통념상 참을 한도는 넘는 소음발생을 인정한 사례들 중에는 다음과 같은 것들이 있다.

[대법원 2001. 2. 9. 선고 99다55434 판결]

원심판결에 의하더라도 피고가 점유·관리하는 위 고속도로가 확장되고 공사완료 후 차량의 교통량과 차량의 속도가 증가함에 따라 원고들이 이미 하고 있던 위 양돈업을 폐업하여야 할 만큼의 소음·진동이 발생하였다는 것인바, 그렇다면 원고들이 입은 위 피해의 성질과 내용 및 그 정도나 규모, 피해 원인과 그 밖에 기록으로 알 수 있는 위 고속도로 확장공사시나 공사완료 후의 소음정도와 일반적으로 허용되는 소음기준치, 피고가 위 고속도로 확장공사 전에 원고들의 피해를 방지하기 위하여, 고속도로 개통 후 원고들의 피해 경감을 위하여 아무런 조치를 취한 바 없는 점, 위 양돈장이 소재한 곳의 위치와 도로 근접성 및 그 주변 일대의 일반적인 토지이용관계 등 여러 사정을 종합하여 볼 때, 위 고속도로 확장공사 및 차량통행에 따른 소음으로 인한 원고들의 양돈업에 대한 침해는 그 정도가 사회통념상 일반적으로 수인할 정도를 넘어선 것이라고 볼 것이고, 따라서 고속도로의 사용이나 자동차의 통행 그 자체가 공익적인 것이고, 고속도로에서의 차량통행으로 인한 소음·진동이 불가피하게 발생한다 하더라도 그 정도가 수인한도를 넘어 원고들에게 위와 같이 양돈업을 폐업하게 하는 손해를 입혔다면 피고는 원고들에 대하여 그로 인한 손해배상책임을 면할 수 없다 할 것이다.

[대법원 2014. 8. 20. 선고 2012다60466 판결]

원심은, 원고들 아파트 부지는 국토의 계획 및 이용에 관한 법률상 제3종 일반주거지역으로서 동쪽에 폭 6m의 도로를 사이에 두고 이 사건 사업부지와 인접해 있고 이 사건 사업부지 내 지장물 철거공사 및 아파트 신축공사 과정에서 소음 관련 법령에서 정한 기준치를 초과한 소음도가 수 차례 측정되었는데 그 중 피고 ○○환경건설 주식회사의 철거공사 과정에서 1차례, 피고 주식회사 ○○건설의 신축공사 과정에서 4차례 기준치를 초과하는 소음도가 측정되었으며 피고 ○○환경건설은 비산먼지 발생의 억제를 위한 방진막 설치가 미흡한 상태에서 철거 공사를 시작하여 관할 관청의 개선명령을 받은 사실을 인정한 다음, 위와 같은 공사로 발생하는 소음 및 분진 등은 일관된 공정 내에서는 그 소음 등이 지속된 것으로 볼 수 있는 점, 위와 같은 소음은 연속적이고 반복적인 충격소음으로 같은 크기의 다른 소음에 비해 더 큰 피해를 주는 점 등의 판시 사정을 종합하여, 이 사건 사업부지 인근 아파트에 거주하는 주민들인 원고들은 위 각 공사 중 발생한 소음, 분진 등으로 인하여 사회생활상 통상의 수인한도를 넘는 정신적 고통을 입었다고 봄이 상당하다고 판단하였다. 관련 법리와 기록에 비추어 살펴보면 원심의 위와 같은 사실인정 및 판단은 정당한 것으로 수긍이 가고….

(다) 인과관계

가해자의 사회통념상 참을 한도는 넘는 소음발생과 손해발생 사이에 인과관계가 있어야 한다. 입증책임은 원고에게 있는데, 소음으로 인한 난청과 같은 신체적 피해는 인과관계의 입증이 용이하고, 소음으로 인한 정신적 고통은 경험칙으로 인정할 수 있다. 따라서 이들 소송에서 인과관계는 크게 문제되지 않는다.

재산상 피해, 특히 소음으로 인한 영업피해는 인과관계의 입증이 어려울 수 있으나, 판례는 엄격한 입증을 요구하지 않는 편이다.

대법원 1974. 11. 12. 선고 74다1321 판결은, 원고들의 닭 사육장과 약 100미터 내지 190미터 거리밖에 떨어지지 않은 곳에서 이루어진 피고의 폭파작업과 그로 인한 닭의 산란감소·사망 등 현상, 그로 인한 원고의 닭 헐값 처분 사이에 인과관계를 긍정하였다.

대법원 1996. 11. 8. 선고 96다32225, 32232 판결은, 피고의 골프장 부지조성을 위한 발파작업으로 인한 소음, 진동과 현저한 기능감퇴 현상이 초래된 사육돼지들을 원고가 처분하고 양돈업을 일시 중단한 것 사이에 인과관계를 긍정하였다.

대법원 2001. 2. 9. 선고 99다55434 판결은, 피고의 도로확장을 위한 발파와 굴삭 작업, 도로확장으로 인한 교통량과 진행 차량의 속도 증가로 인한 소음증가와 원고 사육 돼지의 유산 또는 폐사 발생률의 증가, 자돈육성률 및 비육출하두수 감소 및 이로 인한 원고들의 양돈업 폐업 사이에 인과관계를 긍정하였다.

(라) 피해자의 손해발생

1) 손해의 종류

피해자에게 재산상 손해발생(영업손실, 영업중단, 고객감소, 작업능률 저하, 부동산 가격하락, 이주비 지출 등), 신체적 이상(장애, 질병발생 등),

정신적 고통(창문 개폐불가로 인한 생활불편, 대화·전화·TV시청 곤란, 수면방해, 불안감 등) 등 손해가 발생해야 한다.

재산상 손해발생 중 영업손실의 경우에는 소음과 상당인과관계가 있는 부분의 손해액만 인정된다.

[대법원 2003. 9. 5. 선고 2001다68358 판결]

원고들이 입은 소극적 손해는 이 사건 도로의 차량통행으로 인한 소음·진동으로 원고들이 그 곳에서의 양돈장을 폐업, 이전함으로 인하여 상실하게 된 수입이라고 할 것인 바, 그 손해기간은 차량통행으로 인한 소음·진동으로 양돈장의 정상적인 영업이 불가능하여 이를 <u>폐업한 때부터 이 사건 양돈장과 유사한 정도의 시설물건설 및 양돈 상태 조성에 드는 기간에 정상적인 노력으로 이 사건 양돈장을 위한 대체지와 양돈 영업시설을 확보하는 데 소요되는 통상의 기간을 더한 기간</u>이라고 할 것이다.

[서울고등법원 2004. 5. 13. 선고 2003나64178 판결](위 판결의 환송심)

그러므로 보건대, 제1심 감정인 ○○○의 감정결과에 의하면 <u>이 사건 양돈장과 유사한 정도의 시설물 건설 및 양돈상태 조성에 드는 기간은 약 19개월</u>인 사실과 이 사건 양돈장의 연간 추정 영업손실액은 금203,228,766원인 사실을 인정할 수 있고, 한편 <u>정상적인 노력으로 이 사건 양돈장을 위한 대체지 및 양돈 영업시설을 확보하는 데 소요되는 통상의 기간</u>은 적합한 부지 및 시설의 물색에 소요되는 기간, 부동산 매매 계약의 체결 및 이행에 소요되는 거래관행상의 소요기간, 부지구입 자금을 마련하는 데 소요되는 통상의 기간 등을 종합적으로 고려할 때 1개월이라고 봄이 상당하다 할 것이므로, 피고가 원고들에게 배상하여야 할 소극적 손해액은 원고들의 폐업 후 20개월(=19개월 + 1개월)간 상실된 추정 영업손실액을 폐업 당시의 현가로 환산한 금324,690,803원(=금203,228,766원/12×19.17193967)이 된다 할 것이다.

소음으로 인한 부동산의 시가하락을 손해로 인정한 사례는 찾기 어렵고, 종래 판결 중에는 시가하락 자체만으로는 '현실적' 손해로 볼 수 없다는 취지의 것도 있다.

[대법원 1968. 11. 19. 선고 68다1522 판결]

피고 경영의 소주공장에 인접하여 있는 원고소유의 대지와 건물의 시가가 원판시와 같이 하락하였다 하여도, 특별한 사정이 없는 이상 이것이 반드시 원고가 입은 현실적인 손해라고는 볼 수 없는 것이고, 피고 경영의 소주공장에서 나는 매연, 소음, 악취로 인하여 원고가 생활의 방해를 입어 이로 인하여 육체적, 정신적 손해가 발생하였다면 이는 원판시 피고의 불법행위를 원인으로 하는 손해로 보아 그 배상을 청구함은 별문제로 할 것이나 원고 소유의 부동산의 시가가 저락하였다는 사실만 가지고 원고에게 손해가 발생하였다고 단정하여 피고에게 그 배상을 명한 것은 잘못이라 할 것이다.

신체적 이상 등을 원인으로 한 치료비 또는 일실이익의 손해액 산정은 통상의 불법행위에 있어서의 손해액 산정과 같다.

정신적 고통에 대한 위자료 액수는 사실심 법원이 재량으로 정하게 된다.

[대법원 2006. 1. 26. 선고 2005다47014, 47021, 47038 판결]

불법행위로 입은 정신적 고통에 대한 위자료 액수에 관하여는 사실심 법원이 여러 사정을 참작하여 그 직권에 속하는 재량에 의하여 이를 확정할 수 있다.

실무는 소음의 특성, 소음 정도, 소음발생횟수 및 발생시간, 소음발생원과 원고의 거주지와 거리 등 여러 사정을 고려하여 액수를 정하고 있다.

2) 소멸시효

특별한 사정이 없는 이상, 소음발생으로 인한 불법행위는 각 소음발생 시에 성립하고 소멸시효도 각 성립 시부터 진행된다고 보아야 할 것이다.

[대법원 1999. 3. 23. 선고 98다30285 판결]

불법행위가 계속적으로 행하여지는 결과 손해도 역시 계속적으로 발생하는 경우에는 특별한 사정이 없는 한 그 손해는 날마다 새로운 불법행위에 기하여 발생하는 손해로서 민법 제766조 제1항을 적용함에 있어서 그 각 손해를 안 때로부터 각별로 소멸시효가 진행된다고 보아야 한다.

(3) 환경정책기본법상 손해배상청구의 요건

(가) 가해자의 고의 또는 과실은 요건이 아님

환경정책기본법상 손해배상책임은 무과실책임이므로 가해자의 고의,

과실은 요건이 아니다. 따라서 가해자가 자신에게 고의, 과실이 없다고 주장하는 것, 즉 피해를 예견할 수 없었다고 주장하는 것은 그 자체로 이유 없는 주장이 된다.

(나) 가해자의 사회통념상 참을 한도를 넘는 소음발생

사회통념상 참을 한도는 넘는 소음발생이 있어야 함은 민법상 손해배상책임과 마찬가지이다.

다만 환경정책기본법상 가해자의 범위는 민법상 가해자의 범위보다 넓어질 수 있으므로 피해자의 입장에서는 청구의 실익이 있다. 특히 도급인을 상대로 하는 경우가 그러하다.

[대법원 2014. 8. 20. 선고 2012다60466 판결]

구 환경정책기본법(2011. 7. 21. 법률 제10893호로 전부 개정되기 전의 것, 이하 같다) 제31조 제1항 에 의하면, 사업장 등에서 발생되는 환경오염으로 인하여 피해가 발생한 경우 당해 사업자는 귀책사유가 없더라도 그 피해를 배상하여야 한다(대법원 2007. 10. 11. 선고 2006다14455 판결 등 참조). 위 법리에 원심판결 이유를 비추어 볼 때, 원심이 <u>피고 공사는 이 사건 사업의 도급인으로서 당해 사업장의 사업자로 봄이 상당하므로 그 귀책사유의 유무를 불문하고 그 사업장인 이 사건 공사현장에서 발생한 환경오염의 하나인 소음·분진으로 인하여 원고들이 입은 손해를 배상할 책임이 있다고 판단한 것은 정당</u>….

현행 환경정책기본법 44조[10]는 구법 제31조 제1항의 '사업장 등에서 발생되는' 부분이 삭제되고 '사업자'가 '원인자'로 개정되었다. 같은 법 제7조[11]의 규정과 함께 볼 때, 위 개정은 환경정책기본법의 책임을 부담하는 자의 범위를 확대시키기 위한 것으로 보인다. 따라서 도급인의 환경오염에 관한 책임은 현행법에서도 원칙적으로 인정된다고 하겠다.

---

10) **제44조(환경오염의 피해에 대한 무과실책임)** ① 환경오염 또는 환경훼손으로 피해가 발생한 경우에는 해당 환경오염 또는 환경훼손의 원인자가 그 피해를 배상하여야 한다.

11) **제7조(오염원인자 책임원칙)** 자기의 행위 또는 사업활동으로 환경오염 또는 환경훼손의 원인을 발생시킨 자는 그 오염·훼손을 방지하고 오염·훼손된 환경을 회복·복원할 책임을 지며, 환경오염 또는 환경훼손으로 인한 피해의 구제에 드는 비용을 부담함을 원칙으로 한다.

(다) 인과관계

민법상 손해배상책임과 마찬가지이다. 공동불법행위에 관하여 44조 2항[12]을 두고 있다.

(라) 피해자의 손해발생

민법상 손해배상책임과 마찬가지이다.

2. 시설관리자를 상대로 한 청구

가. 방지청구

(1) 방지청구의 근거에 관한 학설들

방지청구의 근거에 관하여 물권적 청구권설, 인격권설, 환경권설, 불법행위설의 학설이 있음은 앞서 보았다.

(2) 방지청구의 근거에 관한 판례

판례가 물권적 청구권설의 입장임은 앞서 보았다. 따라서 도로, 철도, 공항의 설치관리자를 상대로 한 방지청구에서도 판례상 실정법상 근거는 민법 214조, 205조, 217조가 된다.

(3) 방지청구의 유형

소음발생 자체의 중단을 구할 수도 있으나(예: 심야시간에 도로나 공항의 사용중지), 소음방지시설의 설치를 통하여 피해자에게 도달하는 소음의 정도를 줄이는 청구(예: 방음창, 방음벽, 방음터널의 설치)를 할 수도 있다. 방지청구의 내용에 따라서는 청구인용 시 도로, 철도, 공항의 설치관리자뿐 아니라 도로, 철도, 공항의 이용자들에게 가혹한 결과

---

12) **제44조(환경오염의 피해에 대한 무과실책임)** ② 환경오염 또는 환경훼손의 원인자가 둘 이상인 경우에 어느 원인자에 의하여 제1항에 따른 피해가 발생한 것인지를 알 수 없을 때에는 각 원인자가 연대하여 배상하여야 한다. 민법 760조 1항은 "수인이 공동의 불법행위로 타인에게 손해를 가한 때에는 연대하여 그 손해를 배상할 책임이 있다", 2항은 "공동 아닌 수인의 행위 중 어느 자의 행위가 그 손해를 가한 것인지를 알 수 없는 때에도 전항과 같다"고 규정하고 있다.

가 발생할 수 있다.

(4) 방지청구의 요건

(가) 피해자의 소유권, 점유권에 기한 생활이익의 보유

판례가 물권적 청구권설, 즉 민법 214조, 205조, 217조에 기한 방지청구가 가능하다는 입장을 취하면서 그 소유권, 점유권의 범위에 '그 부동산에서 정온하고 쾌적한 일상생활을 영위할 수 있는 권리'를 포함시켜, 이를 '생활이익'이라 부르고 있음은 앞서 보았다.

(나) 가해자의 사회통념상 참을 한도를 넘는 소음발생

직접발생자를 상대로 한 방지청구의 경우와 마찬가지로 사회통념상 참을 한도를 넘는 방해행위, 즉 소음발생이 있어야 한다.

이에 관한 판례는 다음과 같다.

[대법원 2007. 6. 15. 선고 2004다37904 판결]

> 인근 고속도로에서 유입되는 소음으로 인하여 입은 환경 등 생활이익의 침해를 이유로 일정 한도를 초과하는 소음이 유입되지 않도록 하라는 내용의 유지청구 소송에서 그 침해가 사회통념상 일반적으로 수인할 정도를 넘어서는지의 여부는 <u>피해의 성질 및 정도, 피해이익의 공공성, 가해행위의 태양, 가해행위의 공공성, 가해자의 방지조치 또는 손해회피의 가능성, 인·허가 관계 등 공법상 기준에의 적합 여부, 지역성, 토지이용의 선후관계</u> 등 모든 사정을 종합적으로 고려하여 판단하여야 한다.

[대법원 2015. 9. 24. 선고 2011다91784 판결]

> 도로소음으로 인한 생활방해를 원인으로 소음의 예방 또는 배제를 구하는 방지청구는 금전배상을 구하는 손해배상청구와는 내용과 요건을 서로 달리하는 것이어서 같은 사정이라도 청구의 내용에 따라 고려요소의 중요도에 차이가 생길 수 있고, 방지청구는 그것이 허용될 경우 소송당사자뿐 아니라 제3자의 이해관계에도 중대한 영향을 미칠 수 있어, 방지청구의 당부를 판단하는 법원으로서는 <u>청구가 허용될 경우에 방지청구를 구하는 당사자가 받게 될 이익과 상대방 및 제3자가 받게 될 불이익 등을 비교·교량</u>하여야 한다.

따라서 직접발생자를 상대로 한 방지청구의 경우와 마찬가지로 사회통념상 참을 한도는 넘는 소음발생이 있는지 여부는 아래 요소들을 종합적으로 고려하여 판단하게 된다.

○ 피해의 성질 및 정도
○ 피해이익의 공공성
○ 가해행위의 태양
○ 가해행위의 공공성
○ 가해자의 방지조치 또는 손해회피의 가능성
○ 인·허가 관계 등 공법상 기준에의 적합 여부
○ 지역성
○ 토지이용의 선후관계
○ 청구가 허용될 경우에 방지청구를 구하는 당사자가 받게 될 이익과 상대방 및 제3자가 받게 될 불이익

위 대법원 2011다91784 판결에서 위 요소들에 관하여 판시한 내용을 자세히 살펴보면 다음과 같다.

1) '피해의 성질'에 관하여 대법원은 "공동주택에 거주하는 사람들의 생활이익이 중요함은 물론"이라고 하여 이를 경시할 수 없음을 분명히 하였다.

2) '피해의 정도'에 관하여 대법원은 이것이 중요하기는 하지만 "원심은 제1심 감정인이 소음·진동공정시험방법에 규정된 측정방법에 따라 소음측정기의 마이크로폰을 이 사건 아파트 베란다 창문으로부터 0.5~1m 돌출시켜 이 사건 고속도로 방향으로 설치하여 측정한 소음도 및 이에 기초하여 산정한 실외소음도를 그대로 받아들여 원고의 방음대책 이행의무를 인정하였으나, 피고들이 거주하는 이 사건 아파트 101동의 7층 이상 세대, 102동의 5층 이상 세대에서 위 실외소음도를 피고들이 일상생활을 주로 하는 지점의 소음도로 보기는 어렵고"라고 하여 원심이 택한 종래 일반적인 소음측정방법은 생활이익의 침해 정도를 측정함에 있어서 적절하지 않다고 보았다. 그리고 "이른바 도로소음으로 인한 생활방해를 원인으로 제기된 사건에서 공동주택에 거주하는 사람들이 참을 한도를 넘는 생활방해를 받고 있는지는 특별한 사정이 없는 한 일상생활이 실제 주로 이루어지는 장소인 거실에서 도로 등 해당 소음원에 면한 방향의 모든 창호를 개방한 상태로 측정한 소음도가 환경정책기본법상 소음환경

기준 등을 초과하는지 여부에 따라 판단하는 것이 타당하다"고 하여 새
로운 측정방법의 기준을 제시하였다.

    3) '피해이익의 공공성'과 '가해행위의 태양, 공공성'에 관하여 "도로
가 현대생활에서 필수불가결한 시설로서 지역 간 교통과 균형개발 및 국
가의 산업경제활동에 큰 편익을 제공하는 것이고, 도시개발사업도 주변의
정비된 도로망 건설을 필수적인 요소로 하여 이루어지고 있는 점, 자동
차 교통이 교통의 많은 부분을 차지하고 있고, 도시화·산업화에 따른
주거의 과밀화가 진행되고 있는 현실에서 일정한 정도의 도로소음의 발
생과 증가는 사회발전에 따른 피치 못할 변화에 속하는 점 등도 충분히
고려되어야 한다. 특히 고속국도는 자동차 전용의 고속교통에 공용되는
도로로서 도로소음의 정도가 일반 도로보다 높은 반면, 자동차 교통망의
중요한 축을 이루고 있고, 당해 지역경제뿐 아니라 국민경제 전반의 기
반을 공고히 하며 전체 국민 생활의 질을 향상시키는 데 중요한 역할을
담당하고 있는 점, … 자동차 교통망의 중요한 축을 이루고 있는 이 사건
고속도로는 국민경제 전반의 기반을 공고히 하고, 전체 국민 생활의 질
을 향상시키는 등 그 공공성과 사회적 가치가 매우 클 뿐만 아니라"고
하여 도로의 공공성이 충분히 고려되어야 함을 강조하였다.

    4) '가해자의 방지조치 또는 손해회피의 가능성'에 관하여 "국가를
대신하여 고속국도를 관리하는 주체인 원고로서는 동등한 피해상황에 있
는 국민 전체를 기준으로 도로소음 방지조치의 내용을 결정할 수밖에 없
고, 따라서 그 방지조치도 기술적·경제적으로 한계를 지닐 수밖에 없으
므로"라고 하여 거시적인 시각에서 이 점을 고려하여야 함을 지적하였다.

    5) '인·허가 관계 등 공법상 기준에의 적합 여부'에 관하여 "공법상
기준으로서 환경정책기본법의 환경기준은 국민의 건강을 보호하고 쾌적
한 환경을 조성하기 위하여 유지되는 것이 바람직한 기준, 즉 환경행정
에서 정책목표로 설정된 기준인 점(대법원 2010. 11. 25. 선고 2008다49868 판결 참조), 위 환경기준은 도로
법이나 도로교통법에 규정된 도로의 종류와 등급, 차로의 수, 도로와 주
거의 선후관계를 고려하지 아니한 채 오로지 적용 대상지역에 따라 일정

한 기준을 정하고 있을 뿐이어서 모든 상황의 도로에 구체적인 규제의 기준으로 적용될 수 있는 것으로 보기 어려운 점, 2층 이상의 건물에 미치는 도로교통소음이 환경정책기본법의 환경기준을 준수하였는지 여부는 소음·진동공정시험기준(환경부고시 제2010-142호)에 규정된 측정방법에 따라 소음피해지점에서 소음원 방향으로 창문·출입문 또는 건물벽 밖의 0.5~1m 떨어진 지점에서 측정된 실외소음에 의해 판정하도록 되어 있으나, 공동주택에 거주하는 사람들에 대하여는 일상생활이 실제 이루어지는 실내에서 측정된 소음도에 따라 '참을 한도' 초과 여부를 판단함이 타당한 점 등을 고려하면, 도로변 지역의 소음에 관한 환경정책기본법의 소음환경기준을 초과하는 도로소음이 있다고 하여 바로 민사상 '참을 한도'를 넘는 위법한 침해행위가 있다고 단정할 수 없다"고 하여 공법상 환경기준의 초과 여부만으로 또는 그것을 결정적인 징표로 하여 사회통념상 참을 한도의 초과 여부를 안이하게 판단하려는 일부 하급심의 태도가 잘못된 것임을 명백히 하였다.

6) '지역성'에 관하여 "도시화·산업화 및 이로 인한 주거의 과밀화로 인하여 도시에 거주하는 대부분의 거주자는 어느 정도의 소음이 존재하는 상황에서 특정 장소에 거주를 시작하게 될 것"이라고 하여 특히 도시 거주자의 소음피해에 관하여는 지역성으로 인하여 방지청구가 제한될 수 있음을 강조하였다.

7) '토지이용의 선후관계'와 관련하여, "거주자가 고요하고 평온한 상태에서 쾌적한 일상생활을 누릴 수 있는 생활이익은 원칙적으로 그가 거주를 시작한 때 그 장소에서의 소음도를 기초로 형성되기 시작하는 것이고, 피고들이 이 사건 아파트에 거주할 당시 이 사건 고속도로로 인하여 일정한 정도의 도로소음의 발생과 증가를 알았거나 알 수 있었던 것으로 보이는 점"이라 하여 도로소음이 있거나 예상되는 지역에서 거주를 시작한 사람들의 참을 한도는 그렇지 않은 사람들과 차이가 있다고 판시하였다.

8) '청구가 허용될 경우에 방지청구를 구하는 당사자가 받게 될 이익과 상대방 및 제3자가 받게 될 불이익'에 관하여 "방지청구의 당부를

판단함에 있어서 청구가 허용될 경우 그로 인해 당사자들이 받게 될 영향을 비교·교량해야 함에도, 원심은 원고가 부담해야 할 방음대책 이행의무의 구체적인 내용을 전혀 특정하지 않았고, 원고의 방음대책 이행의무가 피고들과 이 사건 고속도로의 이용자들에게 미칠 이익·불이익에 대한 비교·교량을 행하지 아니한 결과, 원심이 인정한 65데시벨(dB) 이하 소음도를 달성하기 위해서는 어떠한 조치나 공사가 필요한지, 그에 소요될 시간과 비용은 어떠한지, 고속도로의 정상적인 통행에 지장이 없는지 등을 전혀 알 수 없는 점 등의 사정을 알 수 있다"라고 하여 위 이익, 불이익의 비교, 교량이 방지청구에 있어서 반드시 이루어져야 함을 밝혔다.

직접발생자를 상대로 하는 방지청구와 달리 시설관리자를 상대로 하는 방지청구가 인용될 경우 상대방뿐 아니라 제3자(그 시설을 이용하는 자)가 받게 될 불이익이 큰 경우가 많다. 더욱이 방지청구가 인용될 경우 피해자가 받게 될 이익이 소음으로 인한 생활방해의 중단 정도라면 비교·교량의 결과는 피해자에게 불리할 가능성이 크다.

따라서 방지청구 중 도로, 철도, 공항소음 자체의 발생중단을 구하는 청구인 사용금지청구(예 : 항공기의 이·착륙에 대한 횟수 제한 또는 시간대 제한을 구하는 방지청구)는 인용되기가 어렵다. 실무상 이러한 청구가 인용된 사례도 없다.

그러나 방음벽이나 방음창설치와 같은 방지청구는 설치관리자나 제3자가 입는 불이익이 상대적으로 작으므로, 방지청구의 구체적 내용에 따라서는 인용될 가능성이 있다. 판례에 의하여 도로의 방음벽설치 청구가 인용된 사례는 다음과 같다.

[서울고등법원 2004. 6. 15. 선고 2003나75888, 75895 판결]

원고는 부평—선월 간 경인고속도로로부터 발생하는 소음이 각 별지 목록 2 기재 피고 주민들의 주택을 기준으로 창문을 개방한 상태에서의 소음도가 65dB 이상 유입되지 않도록 부천시 오정구 내동 366 ○○빌라 앞에 설치되어 있는 길이 144m 높이 4.5m 방음벽에 흡음형 방음벽(알루미늄)을 추가 설치하여 높이를 13m로 보강하라.[13)]

나. 손해배상청구

(1) 사안의 특수성

도로, 철도, 공항 주변의 거주자들에게 도달하는 소음을 발생시키는 소음원은 그 도로를 운행하는 자동차, 그 철도를 이용하는 기차, 그 공항을 이용하는 항공기이다. 그러나 도로, 철도, 공항 주변의 거주자들이 개별 자동차의 운전자, 기차의 운행회사(한국철도공사), 항공회사를 상대로 개별 불법행위를 특정하여 손해배상청구를 하는 것은 사실상 어렵다. 따라서 이와 같은 손해배상청구에 있어서는 그 시설을 설치, 관리하는 자를 상대로 하는 법리가 형성되었다.

(2) 손해배상청구의 근거

민법 758조[14]의 공작물책임이 손해배상청구의 근거가 된다.

하지만 시설물이 국가나 지방자치단체의 소유일 때에는 국가배상법 5조[15]의 영조물책임이 손해배상청구의 근거가 된다.

판례는 환경정책기본법 44조의 무과실책임도 손해배상책임의 근거가 될 수 있는 것으로 본다.

(3) 민법, 국가배상법상 손해배상청구의 요건

(가) 공작물(영조물)의 설치관리상 하자

1) 공작물(영조물)의 설치관리

도로는 대한민국, 지방자치단체, 한국도로공사, 한국농어촌관리공사 등이, 철로는 한국철도시설공단이, 공항은 대한민국 등이 설치관리자이다.

---

13) 1심인 수원지방법원 성남지원 2003. 10. 2. 선고 2002가합1044(본소), 2002가합 2139(반소) 판결과 항소심의 각 주문과 판결이유를 종합한 것이다.

14) **제758조(공작물등의 점유자, 소유자의 책임)** ① 공작물의 설치 또는 보존의 하자로 인하여 타인에게 손해를 가한 때에는 공작물점유자가 손해를 배상할 책임이 있다. 그러나 점유자가 손해의 방지에 필요한 주의를 해태하지 아니한 때에는 그 소유자가 손해를 배상할 책임이 있다.

15) **제5조(공공시설 등의 하자로 인한 책임)** ① 도로·하천, 그 밖의 공공의 영조물의 설치나 관리에 하자가 있기 때문에 타인에게 손해를 발생하게 하였을 때에는 국가나 지방자치단체는 그 손해를 배상하여야 한다. 이 경우 제2조제1항 단서, 제3조 및 제3조의2를 준용한다.

[대법원 2015. 9. 10. 선고 2012다200622 판결]

농어촌정비법 제16조 제1항은 "농업생산기반 정비사업 시행자는 농업생산기반 정비사업이 완료된 때에는 당해 사업으로 설치된 농업생산기반시설을 관리한다."라고 규정하고 있으므로, 위 규정에 따라 이 사건 도로의 설치자인 한국농어촌공사가 이 사건 도로의 설치 이후 이 사건 사고 당시까지 이 사건 도로를 관리할 권한을 가지고 있다. …이 사건 도로의 설치·관리사무의 귀속주체가 한국농어촌공사인 이상, 피고(대한민국)는 원고에 대하여 이 사건 사고로 인한 손해배상책임을 부담하지 아니한다.

2) 공작물(영조물)의 하자-공작물(영조물)에서 사회통념상 참을 한도는 넘는 소음발생

도로에서 도로소음이 발생한다고 하여 이를 도로 자체의 하자로 볼 수 있는가가 문제된다. 판례는 전통적인 물건의 하자 개념을 확장하여 이를 긍정하고 있다.

[대법원 2007. 6. 15. 선고 2004다37904 판결]

<u>민법 제758조에 정한 '공작물의 설치 또는 보존의 하자</u>'라 함은 공작물이 그 용도에 따라 갖추어야 할 안전성을 갖추지 못한 상태에 있음을 말하고, 안전성을 갖추지 못한 상태, 즉 타인에게 위해를 끼칠 위험성이 있는 상태라 함은 당해 공작물을 구성하는 물적 시설 그 자체에 있는 물리적·외형적 흠결이나 불비로 인하여 그 이용자에게 위해를 끼칠 위험성이 있는 경우뿐만 아니라, <u>그 공작물이 이용됨에 있어 그 이용상태 및 정도가 일정한 한도를 초과하여 제3자에게 사회통념상 수인할 것이 기대되는 한도를 넘는 피해를 입히는 경우</u>까지 포함된다고 보아야 하고….

[대법원 2005. 1. 27. 선고 2003다49566 판결]

<u>국가배상법 제5조 제1항에 정하여진 '영조물의 설치 또는 관리의 하자</u>'라 함은 공공의 목적에 공여된 영조물이 그 용도에 따라 갖추어야 할 안전성을 갖추지 못한 상태에 있음을 말하고, 안전성을 갖추지 못한 상태, 즉 타인에게 위해를 끼칠 위험성이 있는 상태라 함은 당해 영조물을 구성하는 물적 시설 그 자체에 있는 물리적·외형적 흠결이나 불비로 인하여 그 이용자에게 위해를 끼칠 위험성이 있는 경우뿐만 아니라, 그 <u>영조물이 공공의 목적에 이용됨에 있어 그 이용상태 및 정도가 일정한 한도를 초과하여 제3자에게 사회통념상 수인할 것이 기대되는 한도를 넘는 피해를 입히는 경우까지 포함</u>된다고 보아야 한다.

따라서 도로, 철도, 공항에서 사회통념상 참을 한도는 넘는 소음발생이 있으면 그 도로, 철도, 공항은 하자 있는 도로, 철도, 공항이 된다. 사회통념상 참을 한도는 넘는 소음발생이 있는지 여부는 여러 요소들을 고려하여 판단하게 되는데, 이에 관한 판례의 판시는 다음과 같다.

[대법원 2007. 6. 15. 선고 2004다37904 판결](도로소음 사건)

이 경우 제3자의 수인한도의 기준을 결정함에 있어서는 일반적으로 침해되는 권리나 이익의 성질과 침해의 정도뿐만 아니라 침해행위가 갖는 공공성의 내용과 정도, 그 지역환경의 특수성, 공법적인 규제에 의하여 확보하려는 환경기준, 침해를 방지 또는 경감시키거나 손해를 회피할 방안의 유무 및 그 난이 정도 등 여러 사정을 종합적으로 고려하여 구체적 사건에 따라 개별적으로 결정하여야 한다.

[대법원 2005. 1. 27. 선고 2003다49566 판결](공항소음 사건)

'영조물 설치 또는 하자'에 관한 제3자의 수인한도의 기준을 결정함에 있어서는 일반적으로 침해되는 권리나 이익의 성질과 침해의 정도뿐만 아니라 침해행위가 갖는 공공성의 내용과 정도, 그 지역환경의 특수성, 공법적인 규제에 의하여 확보하려는 환경기준, 침해를 방지 또는 경감시키거나 손해를 회피할 방안의 유무 및 그 난이 정도 등 여러 사정을 종합적으로 고려하여 구체적 사건에 따라 개별적으로 결정하여야 한다.

이들을 열거해 보면 다음과 같다.

○ 침해되는 권리나 이익의 성질
○ 침해의 정도
○ 침해행위가 갖는 공공성의 내용과 정도
○ 지역환경의 특수성
○ 공법적인 규제에 의하여 확보하려는 환경기준
○ 침해를 방지 또는 경감시키거나 손해를 회피할 방안의 유무 및 그 난이 정도

이하 도로, 철도, 공항 순서로 대법원이 원심의 이 부분 판단을 파기한 사례들을 들어보면 다음과 같다.

① 도로소음에 관한 대법원 2015. 9. 24. 선고 2011다99832 판결은 앞서 방지청구에서 본 도로소음에 관한 대법원 2011다91784 판결의 판시와 같은 이유들을 들어 사회통념상 참을 한도를 넘는 도로소음 발생을

인정한 원심을 파기하였다. 원심이 소음측정을 제대로 하지 않았고, 또한 측정결과가 환경정책기본법의 환경기준을 초과했다는 점만을 주로 고려하여 손해배상책임을 인정한 것도 잘못이라는 취지이다.

② 철도소음에 관한 대법원 2011. 11. 10. 선고 2010다98863, 2010다98870(병합) 판결은 다음과 같은 이유로 사회통념상 참을 한도를 넘는 철도소음 발생을 인정한 원심을 파기하였다. 이 판결도 원심이 소음측정을 제대로 하지 않았고, 또한 측정결과가 소음·진동규제법의 기준을 초과했다는 점만을 주로 고려하여 손해배상책임을 인정한 것이 잘못이라는 취지이다.

> 원심은, ① 이 사건 구간의 열차 통과시 피고들 및 ○○○ 등이 거주하는 거주지 인근지역에서 소음·진동을 측정한 결과 일부 지역에서 소음·진동규제법이 정한 한도를 초과하는 소음·진동이 측정된 사실, ② 위 측정된 수치 중 주례동 34-6 부지 경계부분의 소음·진동 수치는 각 규정한도가 60데시벨임에 반해 65데시벨이 측정되어 5데시벨 상당의 차이를 보이고 있는 사실, ③ 여객용 열차는 밤 12시 이전에 운행이 종료되나, 화물용 열차는 심야 2시경에도 수차례 운행되고 있는 사실을 인정한 후, 이러한 인정 사실에 사람이 일정한 수준 이상의 소음·진동에 장기간 노출된 경우, 만성적인 불안감, 집중력 저하, 잦은 신경질 등의 정신적인 고통을 입게 되고, 대화 방해, 전화통화 방해, TV·라디오 시청 장해, 독서 방해나 사고 중단, 수면 방해 등 일상생활을 정상적으로 영위하는 데에 많은 지장이 있게 되어 정신적 피해가 발생할 수 있다는 사정을 함께 고려하여 보면, 이 사건 구간의 열차 운행으로 인한 소음·진동은 사회생활상 기대할 수 있는 통상의 수인한도를 넘는 위법한 것으로 손해배상책임이 인정된다고 판단하였다. …그러나 원심의 이와 같은 판단은 앞서 본 법리 및 다음과 같은 사정들에 비추어 수긍하기 어렵다. 먼저, 피고들 및 천해원 등이 거주하는 거주지 인근지역 중 일부 지역에서 소음·진동규제법이 정한 한도를 초과하는 소음·진동이 측정되었고, 이 중 주례동 34-6 부지 경계부분의 소음·진동 수치는 규정한도를 약 5데시벨 초과하였다 하여 피고들 및 ○○○ 등의 거주지에서도 같은 정도의 소음·진동이 측정될 것이라 단정하기 어렵다. 오히려 기록에 나타난 바에 의하면 2008. 10. 7.경 측정한 결과 피고들의 주거지 중 주례2동 47-6 부동산에서는 주간의 소음과 진동은 규정한도보다 낮게 측정되었고 다만 야간의 진동이 규정치보다 단지 1데시벨 더 높은 61데시벨로 측정된 것으로 보이나, 원고들은 이 사건 소로써 신설구간인 이 사건 구간의 열차 운행으로 인한 손해의 부존재 확인

을 구하고 있는바, 위 측정치가 기존의 열차 운행 구간이나 인근 도로에서 발생한 소음·진동을 보정한 이 사건 구간의 열차 운행으로 인한 소음인지에 관해서 의문일 뿐 아니라, 원심 변론종결일 약 2년 전의 측정 자료인 점에서 현재의 소음·진동치 도 이와 동일하다고 단정하기도 어려우며, 주례2동 46-12 부동산의 경우는 위 47-6 부동산보다 이 사건 구간에서 멀리 위치하여 그 소음·진동치가 위 47-6 부동산의 소음·진동치보다 낮을 가능성도 배제할 수 없다. 따라서 원심으로서는 이 사건 구간의 열차 운행으로 인하여 피고들 및 ○○○ 등의 주거지에까지 미치는 소음과 진동의 정도를 관련 규정에 따른 정확한 측정을 거친 증거에 의하여 정확히 파악하여 소음·진동으로 인한 침해의 정도에다가 앞서 본 제반 사정을 함께 고려하였을 때 위 소음·진동으로 인한 피해가 수인한도를 초과한다고 볼 수 있을지에 관하여 원고들 주장의 당부를 살펴보았어야 할 것이다.

③ 공항소음에 관한 대법원 2015. 10. 15. 선고 2013다23914 판결은 광주공군비행장의 공항소음이 문제가 된 사건에서 원심이 전투기에 의하여 발생하는 소음의 정도가 크고, 광주공군비행장의 주변지역이 읍 단위의 도농복합도시로 보인다는 사정만을 들어 그 수인한도를 소음도 80웨클(WECPNL)로 판단한 것이 잘못되었다고 판시하였는바, 이 역시 원심이 사회통념상 참을 한도의 초과 여부 판단에서 앞서 본 여러 고려요소들을 충분히 고려하지 않았음을 지적한 것으로 볼 수 있다.

원심판결 이유에 의하면, 원심은 그 채택 증거를 종합하여 그 판시와 같은 사실을 인정한 다음, 민간항공기가 아닌 전투기에 의하여 발생하는 소음의 정도와 유형 및 그에 따른 원고들이 입은 피해의 정도, 광주공군비행장이 위치한 지역은 종전에는 영산강을 사이에 두고 광주시와 경계를 두고 있다가 광주시가 광역시로 되면서 행정구역상 도시로 포함되었고, 그 후로도 도시화의 정도가 다소 느리게 진행되어 실제로 광역시 정도의 대도시 또는 그와 맞닿은 변두리라기보다 인근에 농지가 상당 비율로 분포되어 있는 읍단위의 도농복합도시로 보이는 점 등 원고들의 거주지역과 소음구역의 현황 및 지역적 특수성, 관련 법령에서 정한 항공기소음 규제기준 등을 고려하면, 원고들에 대한 광주공군비행장 주변의 소음피해가 소음도 80웨클(WECPNL) 이상인 경우에는 사회생활상 통상의 수인한도를 넘어 위법하다고 판단하였다. 그러나 원심의 판단은 다음과 같은 이유에서 수긍하기 어렵다. 대법원은 비행장 주변지역의 항공기소음을 원인으로 한 손해배상 사건에서 농촌지역에 위치한 서산공군비행장, 충주공군비행장, 군산공군비행장, 평택공군비행장의 경우 그 주변지역의 소음도가

80웨클(WECPNL) 이상인 경우 사회생활상 통상의 수인한도를 넘어 위법하다고 본 반면, 도시지역에 위치한 대구공군비행장이나 김포공항의 경우 그 주변지역의 소음도가 85웨클(WECPNL) 이상인 경우 사회생활상 통상의 수인한도를 넘어 위법하다고 보았다. 이는 비행장 주변지역이 당초 비행장이 개설되었을 때와는 달리 그 후 점차 도시화되어 인구가 밀집되는 등 도시지역으로서의 지역적, 환경적 특성이 있는 경우에는 농촌지역과 비교하여 통상 배경소음이 높다고 할 것이고, 배경소음이 낮은 농촌지역의 경우 도시지역과 비교하여 동일한 소음에 대하여 더 큰 불쾌감을 느낀다고 알려져 있으며 농촌지역 주민들의 옥외 활동의 비중이 높다는 사정 등을 고려한 것이라고 할 것이다. 원심판결 이유와 기록에 의하면, ① 이 사건 광주공군비행장과 그 주변지역은 당초 비행장이 개설되었을 때와는 달리 그 후 점차 도시화되어 인구가 밀집되는 등으로 비도시지역에 위치한 국내의 다른 비행장과는 구별되는 반면, 도시지역에 위치한 대구공군비행장이나 김포공항과 비교적 유사한 도시지역으로서의 지역적, 환경적 특성이 있다고 볼 수 있는 점, ② 이 사건 광주공군비행장은 국토방위와 군사전력을 유지하기 위한 필수불가결한 군사시설로서, 대한민국의 존립과 안전을 보장하고 국민 전체의 재산과 생명을 보호하는 국가적 과제를 수행하는 등 고도의 공공성이 인정되는 점, ③ 구 소음·진동규제법 시행령(2010. 6. 28. 대통령령 제22224호로 일부 개정되기 전의 것) 제9조 제1항은 "법 제39조 제1항에 따른 항공기소음의 한도는 공항 인근 지역은 항공기소음영향도(WECPNL) 90으로 하고, 그 밖의 지역은 75로 한다."라고 규정하였고, 현행 소음·진동관리법 시행령도 동일한 내용으로 항공기소음한도를 규정하고 있으며, 2010. 3. 22. 법률 제10161호로 제정되어 2010. 9. 23.부터 시행된 공항소음 방지 및 소음대책지역 지원에 관한 법률 제5조 제1항, 제11조, 제12조, 같은 법 시행령 제2조 제1항은 공항 주변의 소음대책지역을 제1, 2, 3종 구역으로 구분하면서 제1종 구역을 '95웨클(WECPNL) 이상'으로, 제2종 구역을 '90웨클(WECPNL) 이상 95웨클(WECPNL) 미만'으로, 제3종 구역을 '75웨클(WECPNL) 이상 90웨클(WECPNL) 미만'으로 세분하고 있고, 소음대책지역의 지정·고시 당시 제1종 구역에 있던 건축물이나 토지에 한하여 이전보상청구를, 제1종 구역에 있는 토지에 한하여 토지매수청구를 인정하고 있는 점, ④ 피고는 광주공군비행장 인근 소음피해를 줄이기 위하여 주말 훈련이나 낮은 고도에서의 훈련을 자제하고, 방음정비고(Hush House)에서 전투기의 엔진을 점검하는 등 지속적으로 소음감소대책을 시행하고 있는 점 등의 사정을 알 수 있다. 이와 같은 사정들을 앞에서 본 법리에 따라 살펴보면, 이 사건 청구에서 원심판시와 같은 사정만으로는 광주공군비행장 주변지역의 소음도가 80웨클(WECPNL) 이상인 경우 사회생활상 통상의 수인한도를 넘는 소음피해를 입었다고 단정하기 어렵다.

하급심의 입장에서는 감정을 통하여 소음측정을 하고, 그 결과가 관련 법령에서 정한 환경기준을 초과하면 사회통념상 참을 한도는 넘는 소음발생을 인정하는 식으로 판단을 하는 것이 간편할 것이다. 그러나 이는 앞서 본 참을 한도에 관한 판례의 법리에 반하는 것이고, 더욱이 그 측정방법조차 잘못된 것이라면 그 결론이 부당할 가능성은 더욱 커질 것이다.

(나) 인과관계

공작물(영조물)의 하자로 인한 손해배상책임에 있어서도 소음발생과 손해발생 사이에 인과관계가 있어야 한다.

소음으로 인한 난청과 같은 신체적 피해는 인과관계의 입증이 용이하고, 소음으로 인한 정신적 고통은 경험칙으로 인정할 수 있다. 따라서 이들 소송에서 인과관계는 크게 문제되지 않는다.

재산상 피해, 특히 소음으로 인한 영업피해는 인과관계의 입증이 어려울 수 있으나, 판례는 엄격한 입증을 요구하지 않는 편이다.

[대법원 2015. 11. 27. 선고 2013다74844 판결]

원심은 제1심판결 이유를 인용하여, 이 사건 양돈장에서 측정된 순간최대소음도는 최대 82.0dB(A), 진동속도는 최대 0.463mm/s(0.0463kine)로서 소음·진동관리법과 위 법 시행규칙이 정한 교통소음·진동의 관리기준 및 중앙환경분쟁조정위원회의 환경피해 배상액 산정기준 중 가축 피해기준에서 정한 한도를 상회하므로, 이 사건 철도에서 열차 운행으로 생긴 소음·진동과 원고의 손해 사이에 인과관계가 인정된다고 판단하였다. 위 각 기준은 소음·진동으로 인한 참을 한도를 정한 것으로 보아야 하고, 이는 구 환경정책기본법(2011. 7. 21. 법률 제10893호로 전부 개정되기 전의 것) 제31조 제1항 및 환경정책기본법 제44조 제1항의 불법행위책임 성립요건인 위법성의 판단 기준이 될 뿐이므로, 원심이 이 사건 양돈장에서 측정된 순간최대소음도와 진동속도가 위 각 기준에서 정한 한도를 상회한다는 이유만으로 막바로 이 사건 철도에서 열차 운행으로 생긴 소음·진동과 원고의 손해 사이에 인과관계가 인정된다고 설시한 것은 잘못이다.

그러나 원심이 인용한 제1심판결의 이유와 감정 결과 등 기록을 살펴보면, 순간최대소음이 유·사산, 폐사, 도태, 번식장애 등을 초래하고, 등가소음은 성장지연, 수태율 저하, 산자수 감소, 육질저하 등을 초래하며, 진동도가 아닌 진동속도(kine)가 가축피해에 더 영향을 미친다고 평가되고 있고, 이 사건 철도와 불과 10~45m 떨어진 이 사건 양돈장의 각 돈사에서 1일 평균 82회 정도의 열차 운행으로 위 각 기준이 정한 한도를 상당히 초과하는 순간최대소음도와 진동속도가 측정되었으며, 그중 임신 및 분만사 지점에서 측정한 등가소음도가 위 가축 피해기준에서 정한 한도에 육박하고, 이 사건 철도에서 열차 운행에 따른 소음과 진동으로 인하여 모돈 폐사 및 도태, 자돈 압·폐사, 유·사산, 성장지연, 수태율 저하, 산자수 감소, 육질저하 등의 손해가 발생하였음을 알 수 있고, 이 사건 양돈장에서 측정한 등가소음도가 위 각 기준이 정한 소음 한도에 미달한다는 이유만으로 참을 한도 내의 소음에 해당하여 그 배출행위가 위법하지 않다고 인정할 만한 자료도 없으므로, 이 사건 철도에서 열차 운행으로 생긴 소음·진동 배출행위는 참을 한도를 초과하는 것으로서 그 위법성이 인정될 뿐 아니라, 이 사건 철도에서 열차 운행으로 생긴 소음·진동과 원고의 손해 사이에 인과관계를 넉넉히 인정할 수 있다.

(다) 피해자의 손해발생

1) 손해의 종류

도로, 철도, 공항 주변에 거주하는 사람들에게 도로소음, 철도소음, 공항소음으로 인하여 재산상 손해(영업손실, 영업중단 등), 신체적 이상(장애, 질병발생), 정신적 고통(창문 개폐불가로 인한 생활불편, 대화, 전화, TV시청 곤란, 수면방해, 불안감 등)의 손해가 발생할 수 있다. 실무상 대부분의 소송은 정신적 고통에 대한 위자료 청구이다.

2) 책임의 제한(위험에의 접근)

공작물(영조물)의 하자로 인한 손해배상청구에서 책임의 제한사유 중 '위험에의 접근'이 있다. 판례는 이를 면책사유로도 보고 있으나 아직까지 면책을 인정한 사례는 없고, 최근 선고된 판결에서는 공군비행장에 근무하는 군인, 군무원에 대해서까지도 이를 면책사유로 볼 수 없다고 판단하였다.

[대법원 2010. 11. 25. 선고 2008다49875 판결]

소음 등을 포함한 공해 등의 위험지역으로 이주하여 들어가서 거주하는 경우와 같이 위험의 존재를 인식하면서 그로 인한 피해를 용인하며 접근한 것으로 볼 수 있는 경우에, 그 피해가 직접 생명이나 신체에 관련된 것이 아니라 정신적 고통이나 생활방해의 정도에 그치고 그 침해행위에 고도의 공공성이 인정되는 때에는, 위험에 접근한 후 실제로 입은 피해 정도가 위험에 접근할 당시에 인식하고 있었던 위험의 정도를 초과하는 것이거나 위험에 접근한 후에 그 위험이 특별히 증대하였다는 등의 특별한 사정이 없는 한 가해자의 면책을 인정하여야 하는 경우도 있을 수 있을 것이나, 일반인이 공해 등의 위험지역으로 이주하여 거주하는 경우라고 하더라도 위험에 접근할 당시에 그러한 위험이 존재하는 사실을 정확하게 알 수 없는 경우가 많고, 그 밖에 위험에 접근하게 된 경위와 동기 등의 여러 가지 사정을 종합하여 그와 같은 위험의 존재를 인식하면서 굳이 위험으로 인한 피해를 용인하였다고 볼 수 없는 경우에는 손해배상액의 산정에 있어 형평의 원칙상 과실상계에 준하여 감액사유로 고려하는 것이 상당하다. 원심판결 이유에 의하면, 원심은 그 채용 증거들을 종합하여 매향리사격장 인근 주민들이 1988. 7.경에 이르러 피고에 대하여 피해대책을 요구하는 민원을 제기하고 그 이후 계속적으로 피고에 대하여 사격장 이전, 이주대책 수립, 피해보상 등을 요구하여 온 사실을 인정하고, 이러한 경우 1988. 7. 이후에 매향리사격장 인근으로 이주한 원고들은 매향리사격장에서의 훈련 중 발생하는 소음으로 인한 피해를 인식하거나 과실로 위 사실을 인식하지 못하고 입주하였다고 보이나, 위 원고들이 매향리사격장 소음에 따른 위해상태를 이용할 목적으로 이주하였다는 등의 특별한 사정은 보이지 않는다는 이유로 피고의 위 원고들에 대한 면책 항변을 배척하고, 다만 손해배상액의 산정에 있어서 피고의 책임을 40% 감경하였다. 앞서 본 법리와 기록에 비추어 살펴보면, 원심의 위와 같은 판단은 정당….

[대법원 2015. 10. 15. 선고 2013다23914 판결]

군인, 군무원의 경우 자신의 근무지를 스스로 선택하거나 임의로 변경할 수 있는 것이 아니고, 근무지와의 거리 등을 이유로 불가피하게 공군비행장 주변 주거지역으로 전입한 사정을 인정할 수 있으며, 그 가족 또한 마찬가지인 점, 항공기소음에 대하여 인식하고 있었거나 인식할 수 있었다는 사정만으로 그 소음피해를 용인하며 접근하였다고 단정할 수 없는 점, 여기에 1989. 1. 1. 이후에 광주공군비행장 주변으로 전입한 군인, 군무원, 그 가족(미성년자 제외)에 대하여 일반인과 동일하게 손해액의 30%를 감액한 점 등을 종합하여 보면, 원심이 위자료 액수를 정하거나 그 감면사유를 고려함에 있어서 군인, 군무원, 그 가족들인 원고들을 일반인과 달리 취급하지 아니한 것이 형평의 원칙에 비추어 현저히 불합리하다고 보이지 아니하므로, 원심이 판시와 같은 손해배상액을 산정한 조치는 정당….

3) 소멸시효

특별한 사정이 없는 이상, 공작물(영조물)의 하자로 인한 불법행위도 공작물(영조물)에서 소음이 발생할 때마다 성립하고 소멸시효도 각 성립

시부터 진행된다. 하급심은 이와 같이 판단하고 있고, 대법원도 이를 받아들이고 있는 것으로 보인다(아래 판결에 대한 상고를 기각하였다).

[서울고등법원 2011. 12. 29. 선고 2009나114624 판결]

> 불법행위에 의한 손해배상청구권의 단기소멸시효의 기산점이 되는 민법 제766조 제1항 소정의 '그 손해 및 가해자를 안 날'이라 함은 현실적으로 손해의 발생과 가해자를 알아야 할 뿐만 아니라 그 가해행위가 불법행위로서 이를 이유로 손해배상을 청구할 수 있다는 것을 안 때를 의미하고, <u>불법행위가 계속적으로 행하여지는 결과 손해도 역시 계속적으로 발생하는 경우에는 특별한 사정이 없는 한 그 손해는 날마다 새로운 불법행위에 기하여 발생하는 손해로서 민법 제766조 제1항을 적용함에 있어서 그 각 손해를 안 때로부터 각별로 소멸시효가 진행된다고 보아야 한다.</u> 그런데 위 선정자들은 늦어도 소음피해지역 지정고시일인 1993. 6. 21. 이후로는 항공기 소음으로 인한 피해발생과 가해행위의 위법성 및 가해자를 알았다고 보이므로 1993. 6. 21. 또는 그 이후 전입한 선정자들에 대하여는 전입일부터 소멸시효가 진행된다 할 것인데, 선정자 6086 ○○○은 1995. 5. 1. 부천시 오정구 ××동 49-234로 전입하였다가 2001. 7. 12. 부천시 원미구 ××동 28-11로 전출하였고, 이후 원고가 위 ○○○에 대한 위자료 547,500원의 배상청구를 포함한 이 사건 건 소를 2006. 8. 30. 제기하였는바, 위 안영준의 위자료 청구부분은 이 사건 소제기 당시 이미 위 ○○○의 거주기간 종료일로부터 3년의 기간이 경과되어 소멸시효가 완성되었다.

(4) 환경정책기본법상 손해배상청구의 요건

환경정책기본법 44조의 책임의 성격이 무엇인지에 관하여 견해대립이 있으나, 판례는 앞서 본 것처럼 소음의 직접발생자에 대해서 위 조항이 적용되고, 소음발생 공작물(영조물)의 설치관리자에도 위 조항이 적용된다고 본다.

도로, 철도, 공항의 사회통념상 참을 한도는 넘는 소음에 대하여 공작물(영조물)의 하자로 인한 책임을 구하는 경우와 환경정책기본법 44조 1항의 무과실책임을 구하는 경우를 비교할 때 요건이나 증명책임에 큰 차이는 없다. 다만 민법, 국가배상법의 배상책임자의 범위보다 환경정책기본법의 배상책임자의 범위가 더 넓어질 가능성이 있다.

3. 분양자를 상대로 한 손해배상청구

소음을 원인으로 한 손해배상청구의 상대방은 앞서 본 것처럼 소음을 직접 발생시키는 자 또는 소음을 발생시키는 공작물(영조물)의 설치관리자가 되는 것이 일반적이다.

그러나 아래의 특별한 사정이 있는 경우에는 피해자에게 피해자 거주 건물을 건축하여 분양한 자가 소음으로 인한 손해배상책임을 질 수 있다.

[대법원 2008. 8. 21. 선고 2008다9358 판결]

> 도로에서 유입되는 소음 때문에 인근 주택의 거주자에게 사회통념상 수인한도를 넘는 생활이익의 침해가 발생하였다고 하더라도, 그 주택을 건축하여 분양한 분양회사는 도로의 설치·관리자가 아니고 그 주택의 건축으로 인하여 소음이 발생하였다고 볼 수도 없으므로, 주택의 거주자들이 분양회사를 상대로 소음 때문에 발생한 생활이익의 침해를 원인으로 하는 불법행위책임을 물을 수는 없다. 다만 분양회사는 주택의 공급 당시에 주택법상의 주택건설기준 등 그 주택이 거래상 통상 소음 방지를 위하여 갖추어야 할 시설이나 품질을 갖추지 못한 경우에 집합건물의 소유 및 관리에 관한 법률 제9조 또는 민법 제580조의 담보책임을 부담하거나, 수분양자와의 분양계약에서 소음 방지 시설이나 조치에 관하여 특약이 있는 경우에 그에 따른 책임을 부담하거나, 또는 분양회사가 수분양자에게 분양하는 주택의 소음 상황 등에 관한 정보를 은폐하거나 부정확한 정보를 제공하는 등 신의칙상의 부수의무를 게을리한 경우에 그 책임을 부담할 뿐이다.

Ⅲ. 일조방해를 원인으로 한 민사소송

1. 서설

판례는 종전에는 '직사광선이 차단되는 불이익'이나 '일조권의 침해'와 같은 용어를 사용했었다.

[대법원 1982. 9. 14. 선고 80다2859 판결]

> 이웃 토지상의 건물로 인하여 직사광선이 차단되는 불이익을 받는 경우에 그것이 사회통념상 일반적으로 인용할 정도를 넘지 않는 한 이를 감수할 것이므로 이로 인하여 입는 정도의 고통은 감내하여야 한다.

[대법원 1989. 5. 9. 선고 88다카4697 판결]

인접건물로 인하여 직사광선이 차단되는 불이익을 받는 경우에도 사회공동생활상 참아주는 것이 불가피한 일이라고 생각되는 한도가 있으므로 법원은 일조권이 구체적으로 어느 정도 침해되었는지에 관하여 심리판단하여야 한다.

그러나 최근에는 주로 '객관적인 생활이익으로서 일조이익' 및 '일조방해', '일조침해', '일조피해'란 표현을 주로 사용하고 있다.

[대법원 2008. 4. 17. 선고 2006다35865 전원합의체 판결]

토지의 소유자 등이 종전부터 향유하던 일조이익이 객관적인 생활이익으로서 가치가 있다고 인정되면 법적인 보호의 대상이 될 수 있는데, 그 인근에서 건물이나 구조물 등이 신축됨으로 인하여 햇빛이 차단되어 생기는 그늘, 즉 일영이 증가함으로써 해당 토지에서 종래 향유하던 일조량이 감소하는 일조방해가 발생한 경우, 그 일조방해의 정도, 피해이익의 법적 성질, 가해 건물의 용도, 지역성, 토지이용의 선후관계, 가해 방지 및 피해 회피의 가능성, 공법적 규제의 위반 여부, 교섭 경과 등 모든 사정을 종합적으로 고려하여 사회통념상 일반적으로 해당 토지 소유자의 수인한도를 넘게 되면 그 건축행위는 정당한 권리행사의 범위를 벗어나 사법상 위법한 가해행위로 평가된다.

[대법원 2008. 12. 24. 선고 2008다41499 판결]

객관적인 생활이익으로서 일조이익을 향유하는 '토지의 소유자 등'이란 토지소유자, 건물소유자, 지상권자, 전세권자 또는 임차인 등의 거주자를 말하는 것….

따라서 현재 판례가 소유권이나 점유권과 분리되는 '일조권'이라는 사법상의 권리를 별도로 인정하고 있다고 말하기는 어렵다('조망권'에 대해서도 같다).

2. 방지청구
가. 방지청구의 근거

방지청구의 법률적 구성에 관하여 물권적 청구권설, 인격권설, 불법행위설, 환경권설 등이 있고, 판례가 물권적 청구권설과 같은 입장임은 앞서 본 것과 같다. 다만 민법 217조 1항은 '토지소유자는 매연, 열기체,

액체, 음향, 진동 기타 이와 유사한 것으로 이웃 토지의 사용을 방해하거나 이웃 거주자의 생활에 고통을 주지 아니하도록 적당한 조처를 할 의무가 있다'고 규정하는바, 일조방해도 이에 포함되는가에 관하여는 견해대립이 있다. 대법원이 일조방해의 방지청구에 대한 근거로 민법 217조를 제시한 적은 없는 것으로 보인다.

나. 방지청구의 유형

소음을 원인으로 하는 방지청구에서는 소음발생행위 자체의 중단을 구하는 청구와 소음방지시설의 설치를 구하는 청구가 있음은 앞서 보았다.

일조방해의 경우에는 일조를 증가시키는 시설(인공태양 등)의 설치를 구하는 청구는 현재로는 사실상 불가능하므로, 결국 일조방해상태의 중단을 구하는 청구만 가능하다. 이는 방해행위 진행 중에 행위중지를 구하는 것(건물공사중지청구 등)과 방해행위 종료 후에 원상복구를 구하는(건물이나 시설물철거청구 등) 것으로 구분된다.

전자는 흔히 가처분의 형태로 소송이 이루어지고 그 청구가 받아들여지는 경우도 다수 있으나, 후자는 권리남용이 인정되는 정도가 아닌 이상 받아들여지기가 쉽지 않다.

다. 방지청구의 요건

(1) 피해자의 소유권, 점유권에 기한 일조이익의 보유

판례가 채택한 물권적 청구권설의 입장에서 볼 때, 피해자는 일조방해를 받는 부동산에 대하여 소유권, 점유권에 기한 생활이익으로서 일조이익을 갖고 있어야 한다. 임차인도 피해자가 될 수 있으나, 부동산을 일시적으로 이용하는 자에게는 객관적 생활이익으로서 일조이익이 인정되기 어렵다.

[대법원 2008. 12. 24. 선고 2008다41499 판결]

객관적인 생활이익으로서 일조이익을 향유하는 '토지의 소유자 등'이란 토지소유자, 건물소유자, 지상권자, 전세권자 또는 임차인 등의 거주자를 말하는 것으로서, 당해 토지·건물을 일시적으로 이용하는 것에 불과한 사람은 이러한 일조이익을 향유하는 주체가 될 수 없다. …원심은 그 채택 증거를 종합하여 그 판시와 같은 사실을 인정한 다음, 원고(선정당사자)들 및 나머지 선정자들(이하 합하여 '원고 등'이라 한다)이 <u>학생</u>으로서 이 사건 학교 교실과 운동장 등 시설을 이용하더라도 이는 공공시설인 이 사건 학교시설을 방학기간이나 휴일을 제외한 개학기간 중, 그것도 학교에 머무르는 시간 동안 일시적으로 이용하는 지위에 있을 뿐이고, 이 사건 학교를 점유하면서 지속적으로 거주하고 있다고 할 수 없어서 생활이익으로서의 일조권을 법적으로 보호받을 수 있는 지위에 있지 않다고 판단하여, 원고 등이 이 사건 아파트 신축사업 시행자인 피고를 상대로 제기한 위자료 청구를 배척하였다. 앞에서 본 법리와 기록에 비추어 보면, 원심의 이러한 조치는 정당….

(2) 가해자의 사회통념상 참을 한도를 넘는 일조방해

일조방해의 가해자는 원칙적으로 가해건물을 건축하려는 또는 건축한 도급인(건축주)이다(건물완성 후에는 가해건물의 소유자나 실질적 처분권자). 하지만 당해 건물이 건축법규에 위반되었고 그로 인하여 타인이 향수하는 일조를 방해하게 된다는 것을 알거나 알 수 있는 수급인(건축업자), 도급인과 사실상 공동 사업주체로서 이해관계를 같이하면서 건물을 건축하는 수급인도 방지청구의 상대가 될 수 있다(아래 손해배상청구에 관한 대법원 2004다38792 판결 참조).

그렇다면 수급인이 사실상 공동 사업주체가 아니고 건축법규를 위반하지도 않은 경우에 수급인에 대한 공사중지청구가 가능한가가 문제될 수 있다.

본안소송에서는 그러한 사실이 인정되면 수급인에 대한 공사중지청구는 기각될 것이다. 하지만 가처분단계에서는 수급인에게 그러한 사정이 있는지에 관한 사실인정이 확정적으로 이루어질 수 없고, 도급인만을 채무자로 허용하여 가처분결정이 할 경우에는 도급인이 수급인에게 실효성 있는 공사중단조치를 취하지 않을 가능성이 크므로, 수급인을 채무자로 한 가처분을 허용할 필요가 있다. 실무도 같은 입장이다.

참고로, 일조방해 사건에서 '참을 한도'에 관한 판례의 표현은 다음과 같이 변화해 왔다. 처음에는 민법 217조 2항[16]의 '인용할 의무'와 유사한 표현을 사용하였다.

_____

16) "이웃 거주자는 전항의 사태가 이웃 토지의 통상의 용도에 적당한 것인 때에는 이를 인용할 의무가 있다."

[대법원 1982. 9. 14. 선고 80다2859 판결]

이웃 토지상의 건물로 인하여 직사광선이 차단되는 불이익을 받는 경우에 그것이 <u>사회통념상 일반적으로 인용할 정도</u>를 넘지 않는 한 이를 감수할 것이므로 이로 인하여 입는 정도의 고통은 <u>감내하여야</u> 한다.

[대법원 1989. 5. 9. 선고 88다카4697 판결]

인접건물로 인하여 직사광선이 차단되는 불이익을 받는 경우에도 <u>사회공동생활상 참아주는 것이 불가피한 일이라고 생각되는 한도</u>가 있으므로….

그러다가 다른 생활방해와 마찬가지로 일조방해에서도 '수인한도'라는 용어가 널리 사용되게 되었다. 최근 판례가 도로소음 사건에서 '수인한도' 대신 '참을 한도'를 사용하고 있음은 앞서 살펴보았는데, 이는 위 88다카4697 판결의 '참아주는 것이 불가피한 일이라고 생각하는 한도'와 사실상 같은 표현으로 보인다. 판례의 위와 같은 용어 변경이 단지 한글 전용의 차원인지 아니면 다른 의미가 있는 것인지는 이후 판례들을 보아야 알 수 있을 것 같다.

일조방해를 원인으로 한 방지청구와 관련하여 대법원이 참을 한도의 고려요소들이 무엇인지를 명확히 밝힌 예는 찾기 어렵다. 다만 대법원은 일조방해를 원인으로 한 손해배상청구에서 아래 요소들을 고려해야 한다고 판시하였기에 이들은 방지청구에 있어서도 고려요소가 된다고 볼 수 있다.

○ 피해의 정도
○ 피해이익의 성질
○ 피해이익에 대한 사회적 평가
○ 가해 건물의 용도
○ 지역성
○ 토지이용의 선후관계
○ 가해방지 및 피해회피의 가능성
○ 공법적 규제의 위반 여부
○ 교섭 경과

그리고 소음을 원인으로 한 방지청구에 관한 판결($\binom{\text{위 대법원}}{\text{2011다91784 판결}}$)이기는 하지만 대법원은 아래 요소가 방지청구에서 고려되어야 한다고 하였는바, 일조방해를 이유로 건물의 신축을 금지하거나 이미 건축되어 있는 건물의 철거를 구하는 것은 상대방의 소유권의 침해를 야기하고 소유권의 본질적인 부분을 침해하는 것이 될 수 있기에 일조방해로 인한 방지청구에서도 이는 고려되어야 할 것이다.

　○ 청구가 허용될 경우에 방지청구를 구하는 당사자가 받게 될 이익과 상대방 및 제3자가 받게 될 불이익

위 요소 중 가장 중요한 것은 '피해의 정도'이다. 대법원 2010. 6. 24. 선고 2008다23729 판결의 판시 중에 나오는 일조방해 시간이 실무의 일응의 기준이 되고 있다. 즉 도심지의 고층아파트 지역의 경우 동지일을 기준으로 8시부터 16시까지 사이의 8시간 중 일조시간이 통틀어 최소한 4시간 정도 확보되는 경우 또는 동지일을 기준으로 9시부터 15시까지 사이의 6시간 중 일조시간이 연속하여 2시간 이상 확보되는 경우에는 일조방해가 참을 한도를 초과하지 않았다고 보고, 위 두 가지 중 어느 것에도 속하지 않는 일조방해는 참을 한도를 초과하였다고 보는 것이다. 그러나 이는 하나의 중요한 고려요소일 뿐이므로 이것만으로 참을 한도 초과 여부 판단이 이루어져서는 안 된다.

또한 방지청구에서 중요한 요소가 되는 것은 '가해방지 및 피해회피의 가능성'이다. 예를 들어, 아파트 건축 시 일부 동을 동향으로 배치하는 등의 조치를 취할 수 있음에도 자신들의 이익만을 우선하여 피해자 소유 대지와 인접한 아파트를 모두 남향으로 배치하였는데, 전체 동들의 아파트 높이 재조정이 가능하다면 방지청구가 인용될 가능성이 크다. 또한 공사금지가처분결정이 내려졌음에도 공사를 강행하여 건물을 완성하였다면 이는 건물철거청구의 참을 한도 초과 여부 판단에 중요한 고려요소가 될 것이다.

나머지 요소들은 아래 일조방해로 인한 손해배상청구 부분에서 보는

바와 같다.

이상의 요소들을 종합적으로 고려하여 사회통념상 참을 한도는 넘는 일조방해가 인정될 경우, 가해자에게 공사중지를 명하는 판결은 다음과 같은 내용이 된다.

> [예] 채무자는 서울 구로구 고척2동 296 대 16,301㎡ 및 같은 동 301 대 12,437.2㎡ 지상에 건축중인 철근콘크리트조 4 내지 21층 아파트 13개동 가운데 [별지3] 현장 도면 표시 1동 내지 8동에 대하여 기성부분에 대한 내부공사를 제외한 건축공사를 계속하여서는 안 된다.

3. 일조방해자를 상대로 한 손해배상청구

가. 손해배상책임의 근거

민법 750조를 근거로 하는 손해배상청구가 대부분이다. 환경정책기본법 3조 3호는 '생활환경'에 '일조'를 포함시키고 있으나, 일조방해를 같은 법 44조 1항의 '환경오염 또는 환경훼손으로 피해가 발생한 경우'로 보아 일조방해에 관하여 환경정책기본법상 손해배상책임을 인정한 판결은 찾기 어렵다.

나. 손해배상청구의 요건

(1) 가해자의 고의 또는 과실

도급인(건축주)이 가해자가 됨이 원칙이나, 수급인(건축업자)도 예외적으로는 손해배상책임을 부담할 수 있다.

> [대법원 2005. 3. 24. 선고 2004다38792 판결]
> 건물 건축공사의 수급인은 도급계약에 기한 의무이행으로서 건물을 건축하는 것이므로 원칙적으로 일조방해에 대하여 손해배상책임이 없다고 할 것이지만, (1) 수급인이 스스로 또는 도급인과 서로 의사를 같이하여 타인이 향수하는 일조를 방해하려는 목적으로 건물을 건축한 경우, (2) 당해 건물이 건축법규에 위반되었고 그로 인하여 타인이 향수하는 일조를 방해하게 된다는 것을 알거나 알 수 있었는데도 과실로 이를 모른 채 건물을 건축한 경우, (3) 도급인과 사실상 공동 사업주체로서 이해관계를 같이하면서 건물을 건축한 경우 등 특별한 사정이 있는 때에는 수급인도 일조방해에 대하여 손해배상책임을 진다.

위 (1), (2) 판시에 따라 수급인이 손해배상책임을 부담하는 경우는 거의 없을 것이다. 그러나 위 (3) 판시에 의하여 '일조방해 목적 없이, 건축법규를 준수'하여 건축을 한 수급인임에도 사실상 공동 사업주체로서 일조방해로 인한 손해배상책임을 지는 경우는 현실적으로 발생할 수 있는데, 아래 사안이 이에 해당한다.

[대법원 2004. 9. 13. 선고 2003다64602 판결]

소외 조합은 재건축사업을 함에 있어서 조합원들이 소유한 토지 및 건축물을 현물출자하고 주택건설 전문업자를 공동사업자로 영입하여 참여조합원의 자격을 부여한 다음, 이 사건 아파트 및 부대시설을 시공하도록 한 사실, 피고는 이 사건 아파트 공사를 도급받으면서 조합원의 이주비 지급 및 금원융자비용 대여, 공사완공시까지의 조합운영비, 건축설계비, 기타 소외 조합이 필요로 하는 비용을 제공하기로 하고 나아가 이 사건 아파트 신축공사비를 자신의 비용으로 충당하는 등 참여조합원으로서 설계변경에서 시공 전반에 이르기까지 주도적 역할을 한 후, 그 대가로 이 사건 아파트의 신축 완료 후 조합원들에게 기존 분양면적(대지지분 기준)의 151%를 공급하고 나머지 잔여 세대를 피고가 일반에 분양하는 방법으로 위 투입자금을 회수하기로 한 사실, 비록 ○○ · ○○종합건축사사무소에서 이 사건 아파트의 최초 설계안을 작성하였으나, 최초 작성된 이 사건 아파트의 배치도와 실제 건축된 후의 배치 상황이 상당히 다르고 실제 건축인허가를 받는 과정에서 피고의 요구가 반영된 설계변경이 이루어지는 등 이 사건 아파트 단지가 최초 배치도와는 다르게 재배치된 사실, 소외 조합과 원고들 사이의 일조권 등 침해에 대한 토론회에 피고의 현장소장이 참여하여 적극적으로 일조권문제와 관련한 설계변경 가능성을 언급하는 등 원고들과 소외 조합 사이의 분쟁에 관여한 사실을 인정한 다음, 그 인정 사실에 기하여, <u>피고는 이 사건 아파트 신축공사의 단순한 수급인으로서 이를 시공한 것이 아니라 위 재건축 사업을 수주하면서 소외 조합 및 조합원들의 필요비용을 모두 제공하고 나아가 이 사건 공사비를 자신의 비용으로 충당하는 등 이 사건 아파트 신축을 소외 조합과 함께 주도적으로 진행한 후, 그 대가로 조합원들 지분을 제외한 잔여 세대를 일반에 분양하는 방법으로 위 투입자금을 회수하기로 한 것으로 보이므로, 피고는 이 사건 아파트 신축의 사실상 공동 사업주체로서 소외 조합과 이해관계를 같이 하면서 이 사건 아파트를 신축하였다고 할 것이어서, 피고가 이 사건 아파트의 건축주가 아니라 시공사라고 하더라도 이 사건 아파트의 신축으로 인한 피해에 대하여 손해배상책임을 져야</u> 한다고 판단하였다. 기록에 비추어 살펴보면, 원심의 위와 같은 사실인정과 판단은 정당….

일조방해가 인정되더라도, 건축법규 등 관련 법령에 따라 가해건물의 건축허가, 사용승인을 한 지방자치단체나 공무원은 손해배상책임을 부담하지 않는다는 것이 판례의 입장이다.

[대법원 2010. 6. 24. 선고 2008다23729 판결]

원심은 제1심판결을 인용하여, 이 사건 건물이 일조 등의 확보를 위한 건축물의 높이제한에 관한 건축법 등 관계 법령에 위반하였다고 인정할만한 증거가 없는 이상, 서울특별시 강서구청장이 이 사건 건물의 건축을 허가하고 그 사용승인을 하였다고 하더라도 그러한 사정만으로 피고 서울특별시 강서구가 이 사건 건물로 인한 일조방해에 대하여 손해배상책임이 있다고 볼 수 없다는 취지로 판단하였다. 기록에 비추어 보면, 위와 같은 원심의 판단은 정당….

일조방해를 원인으로 한 손해배상청구소송에서 고의 또는 과실이 문제가 된 사건은 없는 것으로 보인다.

(2) 가해자의 사회통념상 참을 한도를 넘는 일조방해

일조방해를 원인으로 한 손해배상청구에서도 위법행위로서 가해자의 사회통념상 참을 한도는 초과하는 일조방해가 있어야 한다. 판례는 이에 대한 판단의 고려요소들을 다음과 같이 들고 있다.

[대법원 1999. 1. 26. 선고 98다23850 판결]

건물의 신축으로 인하여 그 이웃 토지 상의 거주자가 직사광선이 차단되는 불이익을 받은 경우에 그 신축행위가 정당한 권리행사로서의 범위를 벗어나 사법상 위법한 가해행위로 평가되기 위하여는 그 일조방해의 정도가 사회통념상 일반적으로 인용하는 수인한도를 넘어야 하고, 건축법 등 관계 법령에 일조방해에 관한 직접적인 단속법규가 있다면 동 법규에 적합한지 여부가 사법상 위법성을 판단함에 있어서 중요한 판단자료가 될 것이지만, 이러한 공법적 규제에 의하여 확보하고자 하는 일조는 원래 사법상 보호되는 일조권을 공법적인 면에서도 가능한 한 보증하려는 것으로서 특별한 사정이 없는 한 일조권 보호를 위한 최소한도의 기준으로 봄이 상당하고, 구체적인 경우에 있어서는 어떠한 건물신축이 건축 당시의 공법적 규제에 형식적으로 적합하다고 하더라도 현실적인 일조방해의 정도가 현저하게 커 사회통념상 수인한도를 넘은 경우에는 위법행위로 평가될 수 있고, 사회통념상 수인한도를 넘었는지 여부는 피해의 정도, 피해이익의 성질 및 그에 대한 사회적 평가, 가해 건물의 용도, 지역성,

토지이용의 선후관계, 가해방지 및 피해회피의 가능성, 공법적 규제의 위반 여부, 교섭 경과 등 모든 사정을 종합적으로 고려하여 판단하여야 하고, 건축 후에 신설된 일조권에 관한 새로운 공법적 규제 역시 이러한 위법성의 평가에 있어서 중요한 자료가 될 수 있다.

위 판시에 따른 사회통념상 참을 한도는 넘는 일조방해 판단의 고려요소들은 다음과 같다.

○ 피해의 정도
○ 피해이익의 성질
○ 피해이익에 대한 사회적 평가
○ 가해 건물의 용도
○ 지역성
○ 토지이용의 선후관계
○ 가해방지 및 피해회피의 가능성
○ 공법적 규제의 위반 여부
○ 교섭 경과

(가) '피해의 정도'에 관하여, 대법원 2012. 11. 15. 선고 2011다20560 판결은 "일조 방해행위가 사회통념상 수인한도를 넘었는지 여부를 판단함에 있어 가해건물의 신축 후 피해건물의 각 세대별 일조시간의 감소가 가장 중요한 기준"임은 분명하다고 판시하고 있다. 그리고 앞서 본 것처럼 실무는 대도시의 경우 동지일을 기준으로 8시부터 16시까지 사이의 8시간 중 일조시간이 통틀어 최소한 4시간 정도 확보되는 경우 또는 동지일을 기준으로 9시부터 15시까지 사이의 6시간 중 일조시간이 연속하여 2시간 이상 확보되는 경우에는 일응 일조방해가 참을 한도를 초과하지 않는 것으로 보고 있다. 하지만 이는 어디까지나 하나의 기준일 뿐이다.

대법원 2010. 6. 24. 선고 2008다23729 판결은 "가해건물의 신축으로 인하여 일조피해를 받게 되는 건물이 이미 다른 기존 건물에 의하여 일조방해를 받고 있는 경우나 피해건물의 구조 자체가 충분한 일조를 확보하기 어렵게 되어 있는 경우에는, 가해건물 신축 결과 피해건물이 동짓

날 08시부터 16시 사이에 합계 4시간 이상 그리고 동짓날 09시부터 15시 사이에 연속하여 2시간 이상의 일조를 확보하지 못하게 되더라도 언제나 수인한도를 초과하는 일조피해가 있다고 단정할 수는 없고"라고 하여 이 것이 일응의 기준임을 명확히 하였다.

(나) '공법적 규제의 위반 여부'에 관하여, 대법원 2004. 9. 13. 선고 2003다64602 판결은 "건축법 등 관계 법령에 일조방해에 관한 직접적인 단속법규가 있다면 그 법규에 적합한지 여부가 사법상 위법성을 판단함에 있어서 중요한 판단자료가 될 것이지만, 이러한 공법적 규제에 의하여 확보하고자 하는 일조는 원래 사법상 보호되는 일조권을 공법적인 면에서도 가능한 한 보장하려는 것으로서 특별한 사정이 없는 한 일조권 보호를 위한 최소한도의 기준으로 봄이 상당하고, 구체적인 경우에 있어서는 어떠한 건물 신축이 건축 당시의 공법적 규제에 형식적으로 적합하다고 하더라도 현실적인 일조방해의 정도가 현저하게 커 사회통념상 수인한도를 넘은 경우에는 위법행위로 평가될 수 있다"라고 하여 공법적 규제의 준수나 위반만으로는 참을 한도의 초과 여부가 판단될 수 없음을 분명히 하였다.

(다) '지역성'에 관하여, 대법원 2011. 2. 24. 선고 2010다13107 판결은 "일조방해행위가 수인한도를 넘었는지 여부를 판단하기 위한 지역성은 그 지역의 토지이용 현황과 실태를 바탕으로 지역의 변화 가능성과 변화의 속도 그리고 지역주민들의 의식 등을 감안하여 결정하여야 할 것이고, 바람직한 지역 정비로 토지의 경제적·효율적 이용과 공공의 복리 증진을 도모하기 위한 '국토의 계획 및 이용에 관한 법률' 등 공법에 의한 지역의 지정은 그 변화 가능성 등을 예측하는 지역성 판단의 요소가 된다고 할 것이다"라고 지역성의 의미를 밝혔다.

하지만 이 역시 고려요소의 하나이므로 주거지역이 아닌 상업지역에 건물이 건축되었다는 사정만으로 일조방해가 일률적으로 부정될 수는 없다. '지역성'에 관한 판례를 보면 다음과 같다.

[대법원 2011. 2. 24. 선고 2010다13107 판결]

원심판결 이유 및 기록에 의하면, 피고 건물의 신축으로 인하여 동지일 뿐만 아니라 3월 내지 6월과 8월 내지 11월의 각 21일 기준으로도 이 사건 학교의 교실 대다수의 총 일조시간이 4시간 미만으로 감소하게 된 사실, 이 사건 학교와 피고 건물이 위치한 지역은 원래 주거지역으로 지정되어 있었으나 1987. 5. 2. 상업지역으로 변경된 후 1993. 9. 17. 다시 중심상업지역으로 변경되었는데, 이 사건 학교는 위와 같이 상업지역으로 변경되기 이전부터 건립되어 있었던 사실 등을 알 수 있고, 한편 원고는 피고 건물이 신축된 곳에는 원래 건물 높이가 4층인 ○○상업고등학교 시설이 존재하였고, 이 사건 학교 주변에 있는 건물들도 대부분 그 높이가 4층 이하의 낮은 건물이거나 이 사건 학교와 상당한 거리에 떨어져 있다고 주장하고 있다(기록 17쪽, 422쪽 등 참조). 사정이 그와 같다면 앞서 본 법리에 비추어 볼 때, 원심으로서는 피고 건물이 신축된 지역의 토지이용 현황과 실태, 지역의 변화 가능성과 변화의 속도 및 지역주민들의 의식 등에 관하여 심리한 다음, 이것을 바탕으로 피고 건물의 신축으로 인하여 이 사건 학교에 발생한 그 판시와 같은 일조시간의 감소가 사회통념상 수인한도를 넘었는지 여부를 판단하였어야 할 것이고, 피고 건물이 위치한 지역이 중심상업지역으로 지정되어 있고, 피고들이 피고 건물을 신축함에 있어 건축관계 법령상의 각종 기준에 위반한 사실이 없다는 사정 등이 있다고 하여 달리 볼 것은 아니라고 할 것이다.

[대법원 2007. 6. 14. 선고 2005다72058 판결]

원고는 원고의 주택과 피고의 오피스텔이 위치한 지역이 비록 일반상업지역으로 지정되어 있지만 주로 일반주택이 건립되어 있어 사실상 주거지역에 해당한다고 주장하고 있음을 알 수 있는바, 이러한 경우 원심으로서는 위 각 건물이 들어선 지역의 토지이용 현황과 실태를 살펴보고, 지역의 변화 가능성과 변화의 속도 그리고 지역주민들의 의식 등에 관하여 심리한 다음, 이것을 바탕으로 원고가 피고의 오피스텔로 인하여 받은 일조방해가 사회통념상 수인한도를 넘었는지 여부를 판단하였어야 할 것이고, 피고의 오피스텔 신축 당시 건축관계 법령이 상업지역에서의 건축물의 경우 다른 대지상의 건축물을 위하여 보장되어야 할 일조시간에 관한 아무런 제한규정을 두고 있지 않았다거나 피고가 오피스텔을 신축함에 있어 건축관계법령상의 각종 기준에 위반한 사실이 없다고 하여 달리 볼 것은 아니다.

(라) '토지이용의 선후관계'에 관하여는 이른바 '복합일영'이 문제될 수 있다. 대법원 2010. 6. 24. 선고 2008다23729 판결은 "기존 건물의 건

립으로 인하여 피해건물에 발생한 일조방해의 정도가 수인한도를 넘지 않고 있었는데 그로부터 상당한 기간이 경과한 후 타인 소유의 인접건물이 신축되고 그 기존 건물과 인접건물로 인하여 생긴 일영이 결합하여 피해건물에 수인한도를 넘는 일조방해가 발생한 때에는, 피해건물의 소유자 등은 인접건물의 신축 전에 기존 건물로 인하여 발생한 일조방해의 정도가 수인한도를 넘지 아니하여 기존 건물로 인한 일조방해를 수인할 의무가 있었으므로, 특별한 사정이 없는 한 기존 건물 소유자와 무관하게 신축된 인접건물로 인하여 수인한도를 넘게 된 일조방해의 결과에 대하여는 인접건물의 소유자를 상대로 불법행위책임을 물을 수 있는지는 별론으로 하고 기존 건물의 소유자를 상대로 불법행위책임을 물을 수 없다"고 하여 기존 건물 소유자의 책임을 부정하였다.

(3) 인과관계

일조방해의 성질상 가해자의 방해행위와 손해발생과 인과관계가 문제되는 사례는 찾기 어렵다. 하지만 손해의 범위에 관하여 상당인과관계 있는 손해인지가 문제될 수 있다.

(4) 피해자의 손해발생

(가) 손해의 종류

주거환경으로 일조를 필요로 하는 주거지역에서는 일조방해로 의하여 토지나 건물의 가격이 하락하는 손해가 발생할 수 있다.

또한 아래 판시와 같이 광열비, 건조비 등의 지출 증대도 별도로 손해가 될 수 있다.

[대법원 1999. 1. 26. 선고 98다23850 판결]

일조장해, 사생활 침해, 시야차단으로 인한 압박감, 소음, 분진, 진동 등과 같은 생활이익의 침해로 인하여 발생한 재산적 손해의 항목 중 <u>토지·가옥의 가격저하에 의한 손해</u>를 산정함에 있어서는 광열비·건조비 등의 지출 증대와는 별도로 일조장해 등과 상당인과관계가 있는 정상가격의 감소액을 부동산감정 등의 방법으로 평가하여야 할 것이고, 분양된 아파트가 일조피해를 입고 있는 경우 그 아파트의 시세가 분양대금에 물가상승률이나 예금금리를 감안한 금액보다 높게 유지된다고 하여 그 소유자에게 당해 아파트의 가격저하로 인한 손해가 발생하지 아니하였다고 볼 수 없는바, 원심이 일조침해와 조망·프라이버시·통풍 침해 등을 아울러 고려하여 그 침해 전후의 통상적인 아파트 가격의 차이에 관한 감정 결과에 터잡아 원고들의 각 아파트가 일조침해 등으로 말미암아 그 정상가격에 비하여 각 세대별로 금 14,260,000원 내지 금 21,700,000원의 가격하락분이 발생한 것으로 인정하는 한편, 피고나 ○○ 건설의 각 아파트 건축행위에 법규 위반이 없는 점 및 원고들 측의 수분양자로서의 수인한도와 관련된 감액사유 등을 종합적으로 고려하여 피고가 배상하여야 할 손해액을 위 각 세대별 가격하락분의 50%로 봄이 상당하다고 판단하였는바, 원심의 이러한 조치는 수긍이 가고….

영업손실의 예로는 경지에 인접한 가해건물의 일조방해로 농작물에 피해가 발생한 경우, 농경지가 기존에 재배해 왔던 농작물의 부지로 더 이상 이용될 수 없게 된 경우 등을 들 수 있다.

일조방해로 인한 주거환경의 악화로 인하여 정신적 고통을 입게 됨은 경험칙으로 인정할 수 있다. 실무상 정신적 고통을 원인으로 한 위자료청구가 일조방해로 인한 소송 중 가장 많은 유형이다.

(나) 공동책임 및 책임의 분배

판례는 이른바 '복합일영' 사건에서 가해건물들의 건축시기에 따라 공동불법행위책임을 인정하기도 하고, 책임의 분배를 인정하기도 한다.

[대법원 2006. 1. 26. 선고 2005다47014 판결]

동시에 또는 거의 같은 시기에 건축된 가해 건물들이 피해 건물에 대하여 전체적으로 수인한도를 초과하는 일조 침해의 결과를 야기한 경우, 각 가해 건물들이 함께 피해 건물의 소유자 등이 종래 향유하던 일조를 침해하게 된다는 점을 예견할 수 있었다면 특별한 사정이 없는 한 각 가해 건물의 건축자 등은 일조 침해로 피해 건물의 소유자 등이 입은 손해 전부에 대하여 공동불법행위자로서의 책임을 부담한다.

[대법원 2010. 6. 24. 선고 2008다23729 판결]

피해건물이 이미 타인 소유의 다른 기존 건물에 의하여 일조방해를 받고 있는 상황에서 가해건물이 신축됨으로써 일조방해의 정도가 심화되어 피해건물에 수인한도를 넘는 일조방해의 피해가 발생하고 그로 인하여 피해건물의 재산적 가치가 하락된 경우 신축건물 소유자는 피해건물 소유자에 대하여 불법행위로 인한 재산상 손해배상책임을 부담한다. 그런데 이때 다른 기존 건물의 일조방해가 위와 같이 수인한도를 넘는 데 기여한 부분에 대한 책임을 신축건물의 소유자에게 전부 부담시킨다면 신축건물의 소유자는 이미 건립되어 있던 기존 건물로 인한 일조방해를 자신의 전적인 책임으로 인수하는 것이 되어 불합리하고, 반대로 기존 건물의 일조방해가 수인한도를 넘는 데 기여한 부분에 대한 책임을 피해건물의 소유자에게 전부 부담시킨다면, 실제로 기존 건물과 신축건물에 의하여 생긴 일영이 결합하여 피해건물에 수인한도를 넘는 일조방해의 피해가 발생하였는데도 피해자가 아무런 구제를 받을 수 없게 될 수 있으므로 이 역시 불합리하다. 따라서 이러한 경우에는 상린관계에 있는 이웃 간의 토지이용의 합리적인 조정이라는 요청과 손해부담의 공평이라는 손해배상제도의 이념에 비추어, 특별한 사정이 없는 한 기존 건물의 일조방해가 수인한도를 넘는 데 기여함으로써 피해건물의 소유자가 입게 된 재산적 손해가 신축건물의 소유자와 피해 건물의 소유자 사이에서 합리적이고 공평하게 분담될 수 있도록 정하여야 하고.[17] 이를 위해서는 특히 가해건물이 신축되기 전부터 있었던 기존 건물로 인한 일조방해의 정도, 신축건물에 의하여 발생하는 일조방해의 정도, 가해건물 신축 후 위 두 개의 원인이 결합하여 피해건물에 끼치는 전체 일조방해의 정도, 기존 건물로 인한 일조방해와 신축건물에 의한 일조방해가 겹치는 정도, 신축건물에 의하여 발생하는 일조방해시간이 전체 일조방해시간 중 차지하는 비율 등을 고려하여야 한다.

(다) 책임의 제한

앞서 본 것처럼 판례는 가해건물이 건축 관련 법령 등 공법적 규제를 준수하였어도 손해배상책임을 부담할 수 있다는 입장이나, 손해배상액을 정하는 단계에서는 공법적 규제를 준수한 경우 이를 고려하여 책임을 제한하고 있다.

[대법원 1999. 1. 26. 선고 98다23850 판결]

원심이 일조침해와 조망·프라이버시·통풍 침해 등을 아울러 고려하여 그 침해 전후의 통상적인 아파트 가격의 차이에 관한 감정 결과에 터잡아 원고들의 각 아파트가 일조침해 등으로 말미암아 그 정상가격에 비하여 각 세대별로 금 14,260,000원

---

[17] 기존 건물의 일조방해도 참을 한도를 넘는 일조방해라는 결과 야기에 기여한 부분이 있기는 하지만, 앞서 보았던 것처럼 피해건물 소유자는 기존 건물 소유자에 대해서는 불법행위책임을 물을 수 없기에, 기존 건물로 인한 일조방해 부분의 손해를 가해건물(신축 건물) 소유자와 피해건물 소유자가 나누어 부담하는 결과가 된다.

내지 금 21,700,000원의 가격하락분이 발생한 것으로 인정하는 한편, 피고나 ○○ 건설의 각 아파트 건축행위에 법규 위반이 없는 점 및 원고들 측의 수분양자로서의 수인한도와 관련된 감액사유 등을 종합적으로 고려하여 피고가 배상하여야 할 손해 액을 위 각 세대별 가격하락분의 50%로 봄이 상당하다고 판단하였는바, 원심의 이 러한 조치는 수긍이 가고, 거기에 소론과 같은 토지·가옥의 가격저하에 의한 손해 의 범위에 관한 법리오인의 위법이 있다고 할 수 없다.

[대법원 2005. 3. 24. 선고 2004다38792 판결]

원심은, 제1심법원의 한국감정원에 대한 감정촉탁 결과에 의하여 가해건물 건축으로 인한 일조 등 침해로 이 사건 아파트들의 교환가치가 판시 금액만큼 감소한 사실을 인정할 수는 있으나, 위 증거와 제1심법원의 현장검증 결과에 따르면, 위 감정 결과 는 일조방해가 전혀 없는 경우를 상정한 정상가격을 기준으로 산정된 것이어서 수인 한도를 고려하지 아니한 것임을 알 수 있고, 일조 등 침해로 인하여 선정자 7인을 제외한 나머지 선정자들의 아파트에 어느 정도 가격하락이 발생하였더라도 그 침해 가 수인한도를 넘지 않았다고 한다면 피고 조합이 이를 배상할 책임이 없는 점에 비 추어 보면, 이 사건에서 일조방해가 전혀 없는 경우를 상정한 정상가격을 기준으로 산정한 가치하락액 전부를 피고 조합에게만 부담시키는 것은 부당하고, 이를 선정자 7인을 제외한 나머지 선정자들과 피고 조합이 어느 정도 분담하는 것이 형평의 원 칙에 부합한다고 할 것인바, 위와 같은 사정에 이 사건 아파트들의 일조시간, 조망 및 프라이버시 침해 정도와 피고 조합의 아파트 건축행위에 법규 위반이 없는 점 등 을 종합적으로 고려하면, 피고 조합이 배상하여야 할 손해액은 이 사건 아파트별 가 격하락분의 40%로 봄이 상당하다고 판단하였다. 관련 법리와 기록에 비추어 살펴보 면, 원심의 위와 같은 사실인정과 판단은 정당….

(라) 소멸시효

판례는 일조방해로 인한 '재산상 손해'는 가해건물이 완성될 때 일회 적으로 발생하므로 그때부터 소멸시효가 진행된다고 본다.

일조방해로 인한 '정신적 손해'에 관하여는 아래 판결과 같이 대법원 에서 다수의견과 반대의견 사이에 견해대립이 있었는바, 다수의견은 원칙 적으로 재산상 손해와 마찬가지로 보아야 한다는 입장이다.

[대법원 2008. 4. 17. 선고 2006다35865 전원합의체 판결]

[다수의견] 일반적으로 위법한 건축행위에 의하여 건물 등이 준공되거나 외부골조공

사가 완료되면 그 건축행위에 따른 일영의 증가는 더 이상 발생하지 않게 되고 해당 토지의 소유자는 그 시점에 이러한 일조방해행위로 인하여 현재 또는 장래에 발생 가능한 재산상 손해나 정신적 손해 등을 예견할 수 있다고 할 것이므로, 이러한 손해배상청구권에 관한 민법 제766조 제1항 소정의 소멸시효는 원칙적으로 그 때부터 진행한다. 다만, 위와 같은 일조방해로 인하여 건물 등의 소유자 내지 실질적 처분권자가 피해자에 대하여 건물 등의 전부 또는 일부에 대한 철거의무를 부담하는 경우가 있다면, 이러한 철거의무를 계속적으로 이행하지 않는 부작위는 새로운 불법행위가 되고 그 손해는 날마다 새로운 불법행위에 기하여 발생하는 것이므로 피해자가 그 각 손해를 안 때로부터 각별로 소멸시효가 진행한다.

[반대의견] 일조방해란 태양의 직사광선이 차단되는 불이익을 말하는 것이고, 그 일조방해의 정도가 사회통념상 일반적으로 인용하는 수인한도를 넘게 되면 사법상 위법한 가해행위로 평가된다. 헌법 제35조 제1항에 비추어 볼 때, 위법한 일조방해는 단순한 재산권의 침해에 그치는 것이 아니라 건강하고 쾌적한 환경에서 생활할 개인의 인격권을 침해하는 성격도 지니고 있다. 위법한 일조방해행위로 인한 피해 부동산의 시세 하락 등 재산상의 손해는 특별한 사정이 없는 한 가해 건물이 완성될 때 일회적으로 발생한다고 볼 수 있으나, 위법한 일조방해로 직사광선이 차단되는 등 생활환경이 악화됨으로써 피해 건물의 거주자가 입게 되는 정신적 손해는 가해 건물이 존속하는 한 날마다 계속적으로 발생한다고 보아야 하므로, 그 위자료 청구권의 소멸시효는 가해 건물이 피해 부동산의 일조를 방해하는 상태로 존속하는 한 날마다 개별적으로 진행한다.

4. 분양자를 상대로 한 손해배상청구

일조방해를 원인으로 한 손해배상청구의 상대방은 앞서 본 것처럼 가해건물의 건축자, 소유자 또는 실질적 처분권자가 되는 것이 일반적이다.

그러나 아래의 특별한 사정이 있는 경우에는 피해자에게 피해자 거주 건물을 건축하여 분양한 분양자가 일조방해로 인한 손해배상책임을 부담하게 된다.

[대법원 2010. 4. 29. 선고 2007다9139 판결]

분양계약을 체결하는 과정에서 일조나 조망, 사생활의 노출 차단 등에 관한 상황에 대하여 일정 기준에 이르도록 하기로 약정이 이루어졌다거나, 수분양자가 일조나 조망, 사생활의 노출 차단 등이 일정한 기준에 미치지 아니하는 사정을 알았더라면 그 분양계약을 체결하지 않았을 것임이 경험칙상 명백하여 분양자가 신의성실의 원칙상 사전에 수분양자에게 그와 같은 사정을 설명하거나 고지할 의무가 있음에도 이를 설명·고지하지 아니함에 따라 일조나 조망, 사생활의 노출 차단 등이 일정한 기준에 이를 것이라는 신뢰를 부여하였다고 인정할 만한 특별한 사정이 없는 한, 아파트 각 동·세대의 배치 및 구조, 아파트의 층수, 아파트 각 동·세대 사이의 거리 등에 관한 기본적인 계획(이하 '기본적인 건축 계획'이라 한다)에 의하여 결정되는 일조나 조망, 사생활의 노출 등에 관한 상황에 대하여 수분양자가 이를 예상하고 받아들여 분양계약에 이르렀다고 봄이 상당하다. 따라서 분양된 아파트가 건축관계법령 및 주택법상의 주택건설기준 등에 적합할 뿐만 아니라, 분양계약 체결 당시 수분양자에게 알려진 기본적인 건축 계획대로 건축된 경우에는 아파트 각 동·세대의 방위나 높이, 구조 또는 다른 동과의 인접 거리 등으로 인하여 일정 시간 이상의 일조가 확보되지 아니하고 조망이 가려지며 사생활이 노출된다고 하더라도, 위에서 본 바와 같은 특별한 사정이 있지 않는 한, 이를 가지고 위 아파트가 그 분양계약 당시 수분양자에게 제공된 기본적인 건축 계획에 관한 정보에 의하여 예상할 수 있었던 범위를 벗어나 분양계약의 목적물로서 거래상 통상 갖추어야 하거나 당사자의 특약에 의하여 보유하여야 할 품질이나 성질을 갖추지 못한 경우에 해당된다고 할 수 없다.

Ⅳ. 조망침해를 원인으로 한 민사소송

1. 조망이익

판례는 조망이 반사적 이익에 불과하여 법적으로 보호받을 수 없다는 주장을 배척하고, 특정의 장소가 그 장소로부터 외부를 조망함에 있어 특별한 가치를 가지고 있는 경우에는 법적으로 보호받을 수 있는 조망이익이 인정된다고 한다.

[대법원 2004. 9. 13. 선고 2004다24212 판결]

일반적으로 조망은 풍물을 바라보는 자에게 미적 만족감과 정신적 편안함을 부여하는 점에 있어서 생활상 적지 않은 가치를 가지고 있고, 어느 토지나 건물의 소유자가 종전부터 향유하고 있던 조망, 조용하고 쾌적한 환경 등이 그에게 있어 하나의 생활이익으로서의 가치를 지닌다고 객관적으로 인정된다면 법적 보호의 대상이 될 수 있는 것….

그러나 판례는 조망이익이 주변의 객관적 상황의 변화에 따라, 특히 조망이익을 누리는 건물과 조망대상 사이의 객관적 상황에 따라 제약을 받을 수 있는 내재적 한계가 있는 이익이라고 보고 있다.

[대법원 2007. 6. 28. 선고 2004다54282 판결]

조망의 대상과 그에 대한 조망의 이익을 누리는 건물 사이에 타인 소유의 토지가 있지만 그 토지 위에 건물이 건축되어 있지 않거나 저층의 건물만이 건축되어 있어 그 결과 타인의 토지를 통한 조망의 향수가 가능하였던 경우 그 타인은 자신의 토지에 대한 소유권을 자유롭게 행사하여 그 토지 위에 건물을 건축할 수 있고 그 <u>건물 신축이 국토의 계획 및 이용에 관한 법률에 의하여 정해진 지역의 용도에 부합하고 건물의 높이나 이격거리에 관한 건축관계법규에 어긋나지 않으며 조망 향수자가 누리던 조망의 이익을 부당하게 침해하려는 해의에 의한 것으로서 권리의 남용에 이를 정도가 아닌 한</u> 인접한 토지에서 조망의 이익을 누리던 자라도 이를 함부로 막을 수는 없으며, 따라서 <u>조망의 이익은 주변에 있는 객관적 상황의 변화에 의하여 저절로 변용 내지 제약을 받을 수밖에 없고, 그 이익의 향수자가 이러한 변화를 당연히 제약할 수 있는 것도 아니다.</u>

2. 방지청구
가. 방지청구의 근거

법적 근거에 관하여 물권적 청구권설, 인격권설, 불법행위설, 환경권설 등이 있고, 판례가 물권적 청구권설을 취하고 있음은 앞에서 본 것과 같다.

다만 민법 217조 1항은 '토지소유자는 매연, 열기체, 액체, 음향, 진동 기타 이와 유사한 것으로 이웃 토지의 사용을 방해하거나 이웃 거주자의 생활에 고통을 주지 아니하도록 적당한 조처를 할 의무가 있다'고 규정하는바, 조망침해도 이에 포함되는가에 관하여는 견해대립이 있다. 대법원이 조망침해로 인한 방지청구에 대한 근거로 민법 217조를 인용한 사례는 없는 것으로 보인다.

나. 방지청구의 유형

조망침해의 경우에는 침해상태를 유지하면서 조망을 회복시키는 시

설의 설치를 구하는 청구는 현재로는 사실상 불가능하므로, 결국 조망침
해상태의 중단을 구하는 청구만 가능하다. 이는 방해행위 진행 중에 행
위중지를 구하는 것(건물공사중지청구 등)과 방해행위 종료 후에 원상복구
를 구하는(건물이나 시설물철거청구 등) 것으로 구분된다.

다. 방지청구의 요건

(1) 피해자의 소유권, 점유권에 기한 조망이익의 보유

일조방해에서 대법원이 피해자에 관하여 '소유자 등'이란 표현을 사
용하는 것과 달리, 조망침해에서 대법원은 '소유자'란 표현을 사용해 왔
다. 따라서 일조방해의 피해자에 소유권자가 아닌 임차권자 등이 포함되
는 것과 달리 조망침해의 피해자는 오로지 소유권자뿐인지가 문제된다.
하지만 위와 같은 판시가 나오게 된 것은 소유자가 조망이익을 주장하였
기 때문인 것으로 보이고, 판례가 물권적 청구권설의 입장인 이상 점유
자라도 해당 조망이 그에게 객관적 생활이익으로서 가치를 갖고 있음이
인정된다면 방지청구가 가능하다고 하겠다.

한편 판례는 조망침해와 시야차단을 구별하고 있다(이에 각 대응하여
이 글에서는 '조망이익' 외에 '시야이익'이라는 용어를 사용하기로 한다). 아
래 4.항에서 보듯 판례는 시야이익도 객관적 생활이익으로 인정받을 수
있고, 그때에는 시야이익의 침해, 즉 시야차단으로 인한 압박감, 폐쇄감
등 정신적 고통이 손해배상청구의 원인이 될 수 있다고 본다. 하지만 판
례는 양자를 별개로 취급하므로, 경관이 특별한 의미를 갖지 않는 토지나
건물의 경우에는 가해건물로 인하여 기존보다 전망이 나쁘게 되었어도 조
망침해가 인정될 수 없고, 시야차단만이 문제가 될 수 있을 뿐이다.

[대법원 2004. 9. 13. 선고 2003다64602 판결]

> 어느 토지나 건물의 소유자가 종전부터 향유하고 있던 경관이나 조망이 그에게 하나
> 의 생활이익으로서의 가치를 가지고 있다고 객관적으로 인정된다면 법적인 보호의
> 대상이 될 수 있는 것인바, 이와 같은 조망이익은 원칙적으로 특정의 장소가 그 장
> 소로부터 외부를 조망함에 있어 특별한 가치를 가지고 있고, 그와 같은 조망이익의
> 향유를 하나의 중요한 목적으로 하여 그 장소에 건물이 건축된 경우와 같이 당해 건

물의 소유자나 점유자가 그 건물로부터 향유하는 조망이익이 사회통념상 독자의 이익으로 승인되어야 할 정도로 중요성을 갖는다고 인정되는 경우에 비로소 법적인 보호의 대상이 되는 것이라고 할 것이고, 그와 같은 정도에 이르지 못하는 조망이익의 경우에는 특별한 사정이 없는 한 법적인 보호의 대상이 될 수 없다.

조망이익이 인정되기 위해 피해토지나 건물이 반드시 유명한 관광지나 경승지에 있을 필요는 없으나, 토지나 건물로부터 보이는 경관이 사회통념상 독자의 이익으로 승인되어야 할 정도의 중요성을 가져야 한다.

판례는 야산이나 남산공원에 대한 조망은 사회통념상 독자의 이익으로 승인되어야 할 정도로 중요성을 갖지 않는다고 한다.

[대법원 2007. 6. 14. 선고 2005다72058 판결]

원고가 피고의 오피스텔이 건축되기 이전에 원고의 주택 전면에 위치한 야산이나 남산공원에 대한 조망이익을 누리고 있었음을 인정할 수 있으나, 기록에 비추어 볼 때 위 야산이나 남산공원에 대한 조망권이 그 자체로 자연적, 문화적으로 중요한 가치를 지니고 있다고 보기 어려울 뿐 아니라, 설령 위 야산이나 남산공원에 대한 조망권이 그러한 가치를 지니고 있다고 할지라도, 원고의 주택은 주거용일 뿐 경승지나 휴양지에 위치한 영업용 건물이나 휴양시설과 같이 특별히 조망이익의 향유를 목적으로 건축되고 그 경관이나 조망이 객관적으로 중요한 의미를 지니고 있는 등의 장소적 특수성을 가지고 있음을 인정할 수 없으므로, 원고의 주택이 위 야산이나 남산공원에 대한 조망이라는 관점에서 특별히 독립된 가치를 갖고 있다거나 원고에 의한 조망이익의 향수가 사회통념상 독자의 이익으로 승인되어야 할 정도로 중요성을 갖는다고 객관적으로 인정하기는 어렵다.

반면 판례는 한강에 대한 조망은 조망이익으로 인정될 수도 있다고 보았다. 그러나 그 조망이 고층건물을 건축한 덕분에 인위적으로 향수된 것이라면 그 조망은 사회통념상 독자의 이익으로 승인되어야 할 정도로 중요성을 갖는다고 볼 수 없다고 하였다.

[대법원 2007. 9. 7. 선고 2005다72485 판결]

원심판결 이유에 의하면 원심은 그 판시와 같은 사실, 특히 원고들 소유의 ○○아파트는 도심의 일반주거지역에 위치한 아파트로서 그 부지는 원래부터 이 사건 아파트 부지보다 약 8m 정도 낮은 지대에 위치해 있어 한강을 조망하기에 적합한 장소가 아니었는데 고층의 ○○아파트가 건축됨으로써 비로소 원고들이 조망의 이익을 누릴 수 있게 된 사실을 인정한 다음, 보통의 지역에 인공적으로 고층의 아파트를 축조하여 비로소 누릴 수 있게 된 조망의 이익은 법적으로 보호받을 수 없으며, 결국 원고들이 구분소유하는 ○○아파트가 그 장소로부터 한강을 조망함에 있어 특별한 가치를 가지고 있어 그 조망의 이익이 사회통념상 독자의 이익으로 승인되어야 할 정도로 중요성을 갖는다고 인정하기 어렵다고 판단하였는바, 원심의 위와 같은 판단은 앞에서 본 법리에 비추어 정당….

[대법원 2007. 6. 28. 선고 2004다54282 판결]

위 원고들이 조망을 누리던 한강의 경관이 매우 아름다운 것으로서 법적으로 보호받는 조망의 대상이 되기에 충분하다고 할 것이지만, …5층짜리 외인아파트의 뒤에 그보다 높은 10층짜리 건물을 세움으로써 리바뷰아파트의 한강 조망을 확보한 것처럼, 보통의 지역에 인공적으로 특별한 시설을 갖춤으로써 누릴 수 있게 된 조망의 이익은 법적으로 보호받을 수 없다고 하여야 한다. 만일 이러한 경우까지 법적으로 보호받는 조망의 이익이라고 인정한다면 그 건물과 조망의 대상 사이에 있는 토지에는 그 누구도 고층 건물을 건축할 수 없다는 결론이 되어 부당하기 때문이다.

(2) 가해자의 사회통념상 참을 한도를 넘는 조망침해

조망침해를 원인으로 하는 방지청구를 하려면 가해자의 사회통념상 참을 한도를 넘는 조망침해가 있어야 한다. 판례는 그에 관하여 다음과 같이 판시하고 있다.

[대법원 2004. 9. 13. 선고 2003다64602 판결]

조망이익이 법적인 보호의 대상이 되는 경우에 이를 침해하는 행위가 사법상 위법한 가해행위로 평가되기 위해서는 조망이익의 침해 정도가 사회통념상 일반적으로 인용하는 수인한도를 넘어야 하고, 그 수인한도를 넘었는지 여부는 조망의 대상이 되는 경관의 내용과 피해건물이 입지하고 있는 지역에 있어서 건조물의 전체적 상황 등의 사정을 포함한 넓은 의미에서의 지역성, 피해건물의 위치 및 구조와 조망상황, 특히 조망과의 관계에서의 건물의 건축·사용목적 등 피해건물의 상황, 주관적 성격이 강한 것인지 여부와 여관·식당 등의 영업과 같이 경제적 이익과 밀접하게 결부되어 있는지 여부 등 당해 조망이익의 내용, 가해건물의 위치 및 구조와 조망방해의 상황 및 건축·사용목적 등 가해건물의 상황, 가해건물 건축의 경위, 조망방해를 회피할 수 있는 가능성의 유무, 조망방해에 관하여 가해자측이 해의를 가졌는지의 유무, 조망이익이 피해이익으로서 보호가 필요한 정도 등 모든 사정을 종합적으로 고려하여 판단하여야 한다.

따라서 조망침해를 원인으로 한 방지청구의 수인한도 판단의 고려요소들은 다음과 같다.

- ○ 지역성
- ○ 피해건물의 위치, 구조, 조망상황
- ○ 피해건물의 건축 · 사용목적
- ○ 피해건물의 조망이익의 내용
- ○ 가해건물의 위치, 구조, 조망방해의 상황
- ○ 가해건물의 건축 · 사용목적
- ○ 가해건물 건축의 경위
- ○ 가해건물이 조망방해를 회피할 수 있는 가능성의 유무
- ○ 가해자 측이 조망방해에 관하여 해의를 가졌는지의 유무
- ○ 조망이익이 피해이익으로서 보호가 필요한 정도

그리고 소음을 원인으로 한 방지청구에 관한 판결(위 대법원 2011다91784 판결)이기는 하였지만 대법원은 아래 요소가 방지청구에서는 반드시 고려되어야 한다고 하였다. 조망침해를 이유로 건물의 신축을 금지하거나 이미 건축되어 있는 건물의 철거를 구하는 것은 상대방 소유권의 침해를 야기하고 소유권의 본질적인 부분을 침해하는 것이 될 수 있기에 이는 조망침해에 대한 방지청구에서도 마땅히 고려되어야 할 것이다.

- ○ 청구가 허용될 경우에 방지청구를 구하는 당사자가 받게 될 이익과 상대방 및 제3자가 받게 될 불이익

(가) 위 요소 중 '지역성'은 조망의 대상이 되는 경관의 내용과 피해건물이 입지하고 있는 지역에 있어서 건조물의 전체적 상황 등을 고려해야 함을 의미한다.

(나) '피해건물의 건축 · 사용목적'은 피해건물이 조망향유를 목적으로 하여 건축되었고, 건물의 가치가 이에 상당히 의존하는지 등을 고려해야 함을 의미한다. 판례는 주거용으로 건축된 건물의 조망이익을 인정함에 소

극적이다.

(다) '피해건물의 조망이익의 내용'은 조망이익이 주관적 성격이 강한 것인지, 조망이익이 여관·식당 등의 영업과 같이 경제적 이익과 밀접하게 결부되어 있는지 여부(관광지의 호텔, 음식점 등), 조망이 영업상의 중요한 하나의 이익으로서 재산적 가치를 가지고 있는 경우인지 등을 고려해야 한다는 것이다.

(라) 그런데 판례는 '가해건물의 위치', '가해건물의 건축·사용목적', '가해건물 건축의 경위' 등과 관련하여 (일조방해와 달리) 조망침해에서는 가해건물이 공법적 규제를 준수한 경우에는, 해의에 의한 권리남용이 아닌 이상, 사회통념상 참을 한도를 넘는 침해행위가 있다고 볼 수 없다고 한다. 이는 조망이익의 한계를 의미하는 것이라 하겠다.

[대법원 2007. 6. 28. 선고 2004다54282 판결]

> 조망의 대상과 그에 대한 조망의 이익을 누리는 건물 사이에 타인 소유의 토지가 있지만 그 토지 위에 건물이 건축되어 있지 않거나 저층의 건물만이 건축되어 있어 그 결과 타인의 토지를 통한 조망의 향수가 가능하였던 경우 그 타인은 자신의 토지에 대한 소유권을 자유롭게 행사하여 그 토지 위에 건물을 건축할 수 있고 그 건물 신축이 국토의 계획 및 이용에 관한 법률에 의하여 정해진 지역의 용도에 부합하고 건물의 높이나 이격거리에 관한 건축관계법규에 어긋나지 않으며 조망 향수자가 누리던 조망의 이익을 부당하게 침해하려는 해의에 의한 것으로서 권리의 남용에 이를 정도가 아닌 한 인접한 토지에서 조망의 이익을 누리던 자라도 이를 함부로 막을 수는 없으며, 따라서 조망의 이익은 주변에 있는 객관적 상황의 변화에 의하여 저절로 변용 내지 제약을 받을 수밖에 없고, 그 이익의 향수자가 이러한 변화를 당연히 제약할 수 있는 것도 아니다.

대법원에서 조망이익의 침해를 긍정하여 방지청구를 인용한 사례는 없는 것으로 보인다.

3. 손해배상청구

가. 근   거

민법 750조의 손해배상청구가 대부분이다. 조망은 일조와 달리 환경정책기본법 3조 3호의 '생활환경'에도 규정된 바 없다.

나. 손해배상청구의 요건

(1) 가해자의 고의 또는 과실

소송상 문제되는 경우는 거의 없을 것이다.

(2) 가해자의 사회통념상 수인한도를 넘는 조망침해

아래 요소들이 종합적으로 고려되어야 할 것이다.

○ 지역성
○ 피해건물의 위치, 구조, 조망상황
○ 피해건물의 건축·사용목적
○ 피해건물의 조망이익의 내용
○ 가해건물의 위치, 구조, 조망방해의 상황
○ 가해건물의 건축·사용목적
○ 가해건물 건축의 경위
○ 가해건물이 조망방해를 회피할 수 있는 가능성의 유무
○ 가해자 측이 조망방해에 관하여 해의를 가졌는지의 유무
○ 조망이익이 피해이익으로서 보호가 필요한 정도

다만, 위 대법원 2004다54282 판결에서 본 것처럼, 가해건물의 신축이 국토의 계획 및 이용에 관한 법률에 의하여 정해진 지역의 용도에 부합하고, 건물의 높이나 이격거리에 관한 건축관계법규에 어긋나지 않으며, 조망 향수자가 누리던 조망의 이익을 부당하게 침해하려는 해의에 의한 것이 아니라면 손해배상청구에서도 사회통념상 참을 한도를 넘는 조망침해가 인정되기 어려울 것이다.

(3) 인과관계

소송상 문제되는 경우는 거의 없을 것이다.

(4) 피해자의 손해발생

부동산의 가치하락, 영업손실, 정신적 고통에 대한 위자료 등의 손해배상청구가 가능할 것이다. 하지만 대법원에서 조망이익의 침해를 긍정하여 손해배상청구를 인용한 사례는 없는 것으로 보인다.

4. 참고 : 시야차단을 원인으로 한 손해배상청구

가. 의   의

실무에서 조망이익의 침해라고 주장되는 것 중에는 앞서 본 '객관적 생활이익으로서 조망이익'의 침해뿐 아니라 '객관적 생활이익으로서 시야이익'의 침해도 있다. 후자는 전자와 별개로 가해건물의 건축으로 인하여 피해건물의 외부로의 조망, 시야가 차단됨으로써 압박감, 폐쇄감을 주는 경우에 인정된다. 시야차단은 조망침해보다는 일조방해와 더 유사한 측면이 있다.

나. 소송의 유형

대부분의 시야차단으로 인한 소송은 일조방해로 인한 손해배상청구와 함께 제기되는 위자료 청구이고, 시야차단만을 원인으로 한 방지청구는 거의 제기되지 않는 것으로 보인다.

다. 손해배상청구의 요건

(1) 가해자의 고의 또는 과실

일조방해의 경우와 마찬가지로 소송상 문제되는 경우는 거의 없을 것이다.

(2) 가해자의 사회통념상 참을 한도를 넘는 시야차단

이에 관하여 판례는 다음과 같이 판시하고 있다.

[대법원 2014. 2. 27. 선고 2009다40462 판결]

인접 토지에 건물 등이 건축되어 발생하는 시야 차단으로 인한 폐쇄감이나 압박감 등의 생활이익의 침해를 이유로 하는 소송에서 침해가 사회통념상 일반적으로 수인할 정도를 넘어서서 위법하다고 할 것인지 여부는, 피해 건물의 거실이나 창문의 안쪽으로 일정 거리 떨어져서 거실 등의 창문을 통하여 외부를 보았을 때 창문의 전체면적 중 가해 건물 외에 하늘이 보이는 면적비율을 나타내는 이른바 천공률이나 그 중 가해 건물이 외부 조망을 차단하는 면적비율을 나타내는 이른바 조망침해율뿐만 아니라, 피해건물과 가해건물 사이의 이격거리와 가해 건물의 높이 및 이격거리와 높이 사이의 비율 등으로 나타나는 침해의 정도와 성질, 창과 거실 등의 위치와 크기 및 방향 등 건물 개구부 현황을 포함한 피해 건물의 전반적인 구조, 건축법령상의 이격거리 제한 규정 등 공법상 규제의 위반 여부, 나아가 피해 건물이 입지하고 있는 지역에 있어서 건조물의 전체적 상황 등의 사정을 포함한 넓은 의미의 지역성, 가해건물 건축의 경위 및 공공성, 가해자의 방지조치와 손해회피의 가능성, 가해자 측이 해의를 가졌는지 유무 및 토지 이용의 선후관계 등 모든 사정을 종합적으로 고려하여 판단하여야 한다.

따라서 사회통념상 참을 한도를 넘는 시야차단이 있는지 여부를 판단함에 있어서는 다음 요소들이 고려되어야 한다.

○ 침해의 정도와 성질(천공률, 조망침해율 등)
○ 피해 건물의 전반적인 구조
○ 공법상 규제의 위반 여부
○ 넓은 의미의 지역성
○ 가해건물 건축의 경위 및 공공성
○ 가해자의 방지조치와 손해회피의 가능성
○ 가해자 측이 해의를 가졌는지 유무
○ 토지 이용의 선후관계

위 대법원 2009다40462 판결은 다음과 같은 이유로 사회통념상 참을 한도를 넘는 시야차단을 긍정한 원심을 파기하였다.

원심은 채용 증거들을 종합하여 일조가 침해된 세대에서의 조망침해율이 원심판결 별지 제2의 '조망침해 증감율' 기재와 같이 55.39% 내지 91.66% 증가하였으므로 피고는 이 사건 신축아파트를 건축함으로써 원고들의 조망이익(개방감 상실)을 사회통념상 수인한도를 초과하여 침해하였다고 판단하였다. 그러나 앞서 본 법리와 원심 채용증거들에 의하여 알 수 있는 다음 사정들에 비추어 보면, 원심의 위와 같은 판단은 수긍하기 어렵다. ① 이른바 조망침해율은 피해건물의 거실이나 창문의 안쪽으로 일정 거리 떨어져서 그 거실 등의 창문을 통하여 외부를 보았을 때 창문의 전체 면적 중 가해건물이 외부 조망을 차단하는 면적비율을 나타내는 수치로서, 가해건물과 피해건물 사이의 이격거리와 가해건물의 높이 및 가해건물의 피해건물 방향의 전면 면적 상호간의 비율이 일정한 경우에는 그 이격거리와 상관없이 조망침해율 수치가 항상 동일하게 유지되지만, 이때에도 사회통념상 가해건물이 피해건물에 보다 가까울수록 시야차단으로 인한 폐쇄감이나 압박감의 정도는 커진다고 볼 수 있는 것이므로, 조망침해율 수치가 피해건물에서 느끼는 가해건물에 의한 시야차단으로 인한 폐쇄감이나 압박감의 정도를 항상 정확하게 반영하는 것으로 볼 수 없다. ② 이 사

건 ○○아파트 부지와 이 사건 신축아파트 부지는 모두 용도지역이 제2종 일반주거
지역으로서, 피고는 위 신축아파트를 건축함에 있어서 인접한 토지의 경계선으로부
터 일정 거리를 유지하도록 하는 건축법령의 관련 규정 등 제반 공법상 규정을 준수
하였다. ③ …이 사건 각 피해세대가 속한 지역의 건물들 사이의 이격거리와 건물
높이 및 그 이격거리와 높이 사이의 비율 현황 등에 비추어 볼 때, 이 사건 신축아
파트와 이 사건 각 피해세대 사이의 이격거리와 위 신축아파트의 높이 및 그 이격거
리와 높이의 비율 등 가해건물과 피해건물 사이의 배치관계가 그 지역에서 이례적인
것으로 보기 어렵다. 따라서 이른바 조망침해율의 증가만을 이유로 피고의 이 사건
신축아파트 신축으로 인하여 원고에게 수인한도를 초과한 시야차단으로 인한 폐쇄감
이나 압박감이 발생하였다고 본 원심판결에는 시야 차단으로 인한 폐쇄감이나 압박
감의 수인한도에 관한 법리를 오해하거나 필요한 심리를 다하지 아니하여 판결에 영
향을 미친 위법이 있다고 할 것이다.

(3) 인과관계

일조방해의 경우와 마찬가지로 소송상 문제되는 경우는 거의 없을
것이다.

(4) 피해자의 손해발생

일조방해의 경우와 마찬가지로 부동산의 가치하락, 영업손실, 정신적
고통에 대한 위자료 등의 손해배상청구가 가능할 것이다. 하지만 대법원
에서 시야차단으로 인한 시야이익의 침해를 긍정하여 손해배상책임을 인
정한 사례는 없는 것으로 보인다.

실무상 일조방해 및 시야차단(사생활침해가 더해지기도 한다)을 원인
으로 한 위자료청구 소송에서, 일조방해와 시야차단이 각 사회통념상 참
을 한도를 넘는지 여부를 판단하고 각 손해배상액을 산정하는 대신, 양
자를 이를 널리 생활이익 또는 환경이익의 침해로 보아 전체적으로 하나
의 불법행위로서 참을 한도 초과 여부를 판단하고 손해배상액(위자료)을
통산하여 정하는 예가 있다(이러한 입장을 이른바 '종합적 고려론'이라 부르
기도 한다).

이에 대하여 대법원 2007. 6. 28. 선고 2004다54282 판결은 여러 생
활이익을 종합적으로 참작하여 참을 한도의 초과 여부를 판단하여야만

형평을 기할 수 있는 특별한 사정이 있지 않은 이상, 참을 한도의 초과 여부는 개별적인 생활이익별로 판단하여야 하고, 손해배상액의 산정은 위와 같은 판단의 결과 참을 한도 초과가 인정된 생활이익에만 기초하여 이루어져야 한다고 하여 원칙적으로 이를 부정하고 있다.

V. 맺 음 말

이상 환경민사소송에서 가장 대표적인 소송유형인 소음공해, 일조방해, 조망침해에 관한 판례의 법리를 살펴보았다.

판례가 복잡다기한 여러 생활이익 관련 분쟁에서 앞서 본 다양한 법리들을 통해 구체적으로 타당성 있는 결론들을 도출해 왔다고 생각하지만, 조금 더 개선되었으면 하고 바라는 점이 있다.

먼저, 앞서 보았듯 판례의 법리는 민법 217조 1항의 '적당한 조처를 할 의무', 2항의 '이웃 토지의 통상의 용도에 적당한 것일 때의 인용 의무'를 중심으로 형성된 것이 아니라 이른바 '수인한도론'에 따라 형성된 것이다.

인간이 사회를 만들어 그 속에서 생활을 하고 있는 이상 각종 생활이익의 침해에 대하여 어느 정도까지는 이를 참을 수 있어야 한다는 점에 관하여는 사회적 합의가 있다고 하겠고, 판례가 그 참을 한도를 넘었는지 여부를 판단함에 있어서 들고 있는 여러 고려요소들은 그 대상인 침해의 성질에 비추어 모두 충분히 수긍할 만한 것들이기는 하다.

그러나 민법이 명문의 규정을 두고 있는 이상 그 규정이 추상적이고 학설상 견해 대립이 있다고 하더라도, 그곳이 출발점이 되어야 하고 이를 중심으로 법원의 판단이 이루어져야 하지 않을까 싶다. 그렇지 않을 경우 법원이 참을 한도에 대한 판단을 법령에 기초하지 않고 스스로 기준을 만들어 자의적으로 하는 것은 아니냐는 비판이 제기될 여지가 있다. 판례의 생활방해에 관한 위 법리들이 민법의 관련 조항들을 중심으로 하여 다시 정립되길 희망한다.

다음으로, 공법적 규제의 준수에 관한 것이다. 앞서 판례는 조망침해에 관하여는 공법적 규제의 준수가 이루어진 경우에는 해의가 인정되는 등의 특별한 사정이 있지 않은 가해건물의 건축이 위법하지 않다고 판시하였음을 살펴보았다. 그러나 판례는 소음공해, 일조방해, 시야차단에서는 공법적 규제를 준수하였음에도 위법한 침해행위가 성립할 수 있다고 본다.

그런데 법적 안정성과 예측가능성의 측면에서 볼 때 공법적 규제를 준수하였음에도 그 행위가 사법(私法)의 영역에서는 위법한 것이 되어 방지청구나 손해배상청구의 대상이 됨은 바람직하지 않다. 하지만 현재까지는 공법적 규제를 준수하였음에도 사회통념상 참을 한도를 넘는 침해가 있다고 평가할 수밖에 없는 사안들이 너무나 많았기에 법원이 위와 같은 태도를 취하는 것은 어쩔 수 없는 일이었다고 생각한다. 공법적 규제에 관련된 법령이 소음공해, 일조방해, 시야차단 등 각종 생활방해의 실질을 충분히 반영할 수 있도록 보다 현실적이고 정교하고 세분화된 내용으로 제정 또는 개정되길 희망한다.

공법적 규제와 법원의 판단기준 사이의 간격이 좁혀질수록 법적 안정성은 증가하고, 하급심의 심리부담이 줄어들 것이기 때문이다.

환경소송분야는 사법과 공법 간의 조화와 균형이 무엇보다 중요한 분야이다. 적절한 법령의 제정과 그에 따른 법원의 적정한 판단을 통하여 불필요한 법적 분쟁이 사라지고, 그로 인한 시간, 자원, 감정의 불필요한 소모가 없게 되는 날이 오기를 희망한다.

[Abstract]

Trend in Supreme Court Decisions on Noise Pollution, Obstruction of Sunlight, and Obstruction of View

Lee, Young Chang*

Some of the most representative types of environmental civil litigation are lawsuits arising from noise pollution, obstruction of sunlight, and obstruction of view. These cases can be divided into two main categories, according to the claims of the plaintiffs: (a) claims seeking prevention or cessation of interruption; and (b) claims seeking compensation for damages. These can be further subdivided into various categories, according to the defendants: claim against the generator, claim against the establisher or administrator, claim against the seller, etc.

Of all the pertinent Supreme Court decisions on environmental civil litigations according to the nature and form of each infringement, the most essential element is whether the infringement has exceeded the socially accepted "bearable limit."

This paper discusses how the court judgments concerning "bearable limi" are made, the factors to be considered in making such decisions, and any differences in the consideration of those factors in such environmental civil law cases.

In addition, this paper examines the litigation requirements of the above lawsuits, the content and scope of the claims seeking prevention or cessation of interruption or those seeking compensation, and other issues often discussed in practice concerning disruption of our daily lives.

This paper also analyzes a series of Supreme Court decisions on road

---

* Seoul High Court Judge.

traffic noise in the year of 2015, which replaced the Japanese legal terms with Korean ones and declared important legal principles with likely have implications on future cases involving noise pollution, obstruction of sunlight, and obstruction of view.

[Key word]
- noise pollution
- obstruction of sunlight(sunlight interference, blockage of sunlight)
- obstruction of view(obstruction of the benefit of the view)
- disruption of daily life
- nuisance
- bearable limit(socially accepted limit, level of tolerance)
- claim for prevention, compensation
- environmental civil litigation

환경침해와 인과관계의 증명
— 판례 법리의 비판적 검토 및 환경오염피해구제법 제9조의 전망에 관하여 —

신 원 일*

■요　지■════════════════════

　이 글에서는 환경소송에 있어서 인과관계 입증책임 완화에 대한 기존 이론과 판례 법리를 비판적으로 검토하고, 환경오염피해구제법 제9조의 해석론을 전개하였다.

　인과관계 입증책임 완화에 대한 이론으로는 개연성설, 간접반증 이론, 역학적 인과관계설 등이 있는데 이들은 서로 배타적인 관계에 있는 것이 아니라 구체적 사안에 따라 판례 법리와 결합하여 입체적으로 적용될 수 있다.

　판례 법리 중 쟁점이 되는 부분은 다음과 같다.

　첫째, 배출물질의 유해성의 입증책임이 누구에게 있는지 문제된다. 해당 물질과 피해발생과의 일반적 관련성은 본증 사항으로, 피해발생의 구체적 메커니즘을 포함한 실질적 유해성의 발현에 관한 부분은 반증 사항으로 해석해야 한다.

　둘째, 배출물질의 도달 경로의 확인이 사실상 불가능한 경우에 있어 인과관계를 어떻게 인정할 것인가 문제된다. 이에 대해서는 분할적 인과관계와 같은 새로운 이론의 도입을 참고해 볼 만하다.

　셋째, 피해발생에 관련하여 비특이성 질환의 인과관계 입증책임을 어떻게 분배할 것인지 문제된다. 이에 대해서는 역학적 인과관계에서 파악되는

---

* 대법원 재판연구관.

상대위험도를 감안하여 본증과 반증의 부담을 유연하게 조절하는 방식을 제
시해 볼 수 있다.

환경소송에 있어서 입증책임의 완화 여부는 당위론적인 접근이 아니라
해당 사건에서의 구체적인 사정들을 종합적으로 고려하여 완화의 여부 및 정
도를 개별적으로 판단하여야 한다.

아울러 인과관계 입증완화에 관하여 새로 입법된 환경오염피해구제법 제
9조가 기존 판례 법리를 확인하는 역할에 그치지 않고 권리구제의 확대에
실질적인 기여를 할 수 있는 도구로 자리매김하기를 기대한다.

[주 제 어]
- 환경소송
- 인과관계 입증책임
- 입증책임의 완화
- 역학적 인과관계
- 분할적 인과관계
- 비특이성 질환
- 환경오염피해구제법 제9조

Ⅰ. 들어가며

인과관계의 입증책임 완화의 문제는 환경소송에서 항상 핵심적인 주제로서 논의되어 왔고 이에 관한 다양한 이론이 제시되어 왔다. 법원 역시 인과관계에 관하여 특별히 입법적 조치가 없던 상황에서도 이러한 이론의 영향을 강하게 받아 고유의 판례 법리를 구축하여 왔다.

이 글에서는 환경소송에 있어서 인과관계 입증책임 완화에 대한 기존의 학설과 판례 법리를 개관하고, 비교적 최근의 판례를 중심으로 기존의 이론과 판례 법리가 실제 소송에 있어 구체적으로 어떻게 구현·적용되어 왔는지 검토해 보고자 한다.

아울러 갈수록 복잡하고 불명확한 형태의 환경침해 문제가 계속해서 대두될 것으로 예상되는 상황에서 기존의 이론 및 판례 법리가 봉착하고 있는 한계점을 짚어 보고 그에 대한 대안도 살펴보기로 한다.

이와 관련하여 2016. 1. 1.부터 시행되고 있는 환경오염피해 배상책임 및 구제에 관한 법률(이하 '환경오염피해구제법'이라 한다) 중에서 인과관계에 관한 규정인 제9조에 대하여 소개하고, 위 조항이 향후 소송 실무에서 법의 취지에 맞게[1] 제대로 활용될 수 있을 것인지 전망해 보는 기회를 갖기로 한다.

---

[1] 환경오염피해구제법 제1조(목적) : 이 법은 환경오염피해에 대한 배상책임을 명확히 하고, 피해자의 입증부담을 경감하는 등 실효적인 피해구제 제도를 확립함으로써 환경오염피해로부터 신속하고 공정하게 피해자를 구제하는 것을 목적으로 한다.

Ⅱ. 인과관계 입증완화에 관한 이론

1. 이론의 개관[2]

가. 개연성설

입증책임의 완화 방법에 관하여 가장 먼저 생각해 볼 수 있는 것은 "입증 정도의 측면" 즉 증명도에 대한 기대 수준을 낮추는 방법이다. 이와 관련하여 환경침해와 피해의 인과관계 입증은 엄격한 증명을 요하지 않고 행위와 결과 사이에 그보다 낮은 정도의 상당한 개연성만 인정되면 족하다는 견해가 바로 개연성설이다. 상당한 개연성의 의미에 대해서 일치된 견해는 없으나 '소명보다는 엄격하고 일반적인 증명보다는 완화된 입증'이라고 소개되기도 한다.

개연성설은 ① 영미법에서 통용되는 것으로 원고[3]의 증거의 무게가 상대방보다 우월하다고 볼 수 있는 정도(즉 증거의 상대적 무게가 51 : 49인 경우)의 증명이면 충분하다고 이해하는 견해(증거우월설)와 ② 요증사실보다 비교적 용이하게 인정할 수 있는 몇 가지 간접사실들을 입증할 경우 사실상 추정 또는 표현증명이라는 이름으로 요증사실이 입증된 것으로 취급하는 견해(사실상 추정설) 등으로 나누어 볼 수 있다.

나. 간접반증 이론

증명도 자체를 낮추는 것만으로 여전히 부족한 부분이 있다는 반성에서 "입증 대상의 측면" 즉 증명해야 할 범위를 유형화하고 축소하여 입

---

2) 기존의 이론을 "입증 정도의 측면", "입증 대상의 측면", "입증 방법의 측면"으로 구분하여 설명한 부분을 제외하고, 나머지 이론 소개 부분은 吉村良一, 公害における因果関係の証明, 1988, 327면; 淡路剛久, 公害の理論, 1975, 3면 이하; 임치용, 환경소송에서의 인과관계와 입증책임, 재판자료 제94집(2002), 81면 이하; 민정석, 환경소송에서 인과관계 증명에 관한 법리―대법원 2012. 1. 12. 선고 2009다84608, 84615, 84622, 84639 판결, 자유와 책임 그리고 동행; 안대희 대법관 재임기념, 2002, 333면 이하; 김형석, 민사적 환경책임, 법학 제52권 제1호(2011), 2178면 등을 참조함.

3) 채무부존재확인소송에서는 피해를 주장하는 자가 피고가 될 수도 있으나 이 글에서는 일반적인 손해배상소송을 상정하고 환경침해의 피해를 주장하는 측을 '원고'로 가해자로 지목되는 상대방을 '피고'로 칭하기로 한다.

증부담을 줄여 주는 방법도 고안되었다.

간접반증 이론의 핵심은 (a) 인과관계 인정에 필요한 증명주제의 유형화 작업을 거친 뒤, (b) 추출된 증명사항 가운데 원고가 입증할 범위를 축소 내지 경감하여 (c) 원고가 이를 입증할 경우 인과관계의 존재를 일응 추정하는 한편, (d) 그 추정의 복멸에 관한 부담을 반증의 형태로 피고에 전가시켜 원고의 입증부담을 완화하는 것이다.

이에 관하여 가장 대표적인 견해라고 할 수 있고 또한 우리 판례법리 형성에도 중요한 영향을 준 아와지 다케히사(淡路剛久) 교수의 이론에 의하면, ❶ 피해발생의 메커니즘과 원인물질(병인론 내지 원인론), ❷ 원인물질의 피해자로의 도달경과(오염경로), ❸ 가해공장에서 원인물질이 생성되어 배출된 사실의 세 가지로 증명사항을 나누고, 그중 두 가지(경우에 따라서는 그 외의 간접사실)가 입증되면 인과관계가 일응의 추정에 의한 증명이 된 것으로 보고, 그에 대한 부존재는 피고가 간접반증의 책임을 진다고 설명한다.

다. 역학적(疫學的) 인과관계설

입증의 정도에 대하여 기대수준을 낮추고 또한 입증의 대상을 유형화하고 축소하더라도 여전히 광범위하고 불특정한 주요사실(또는 간접사실)을 어떠한 방법으로 입증할 것인가의 문제는 여전히 남게 된다. 이러한 측면에서 "입증 방법의 측면" 즉 전통적인 인과관계 입증방법이 아닌 통계학적 지식 등을 이용한 방법으로 원인과 결과의 상관관계를 밝히고, 법원이 이를 인과관계 증명의 유효한 수단으로 인정함으로써 원고의 방법론적 고민을 줄여 주는 이론이 고안되었다. 역학적 인과관계도 바로 그러한 방법론 중 하나라고 할 수 있다.

일반적으로 역학이란 인간 사회에 다수 발생하는 질병이나 이상에 대하여 그 발생 및 확산의 상황을 관찰하여 어떠한 원인에 의해 그 질병이나 이상이 발생하였는가를 고찰함으로써 그 발생을 예방하는 과학을 의미한다. 역학에서는 임상의학이나 병리학의 입장에서 그 원인 또는 발병의 메커니즘이 밝혀지지 않은 경우에 집단적으로 발생한 질병 내지 건강

피해와 원인물질 사이의 인과관계를 추정하고, 여러 가지 간접적인 사실을 정리, 분석하여 그로부터 일정한 법칙에 따라 인과관계를 추인한다.

역학적 인과관계론이란 환경침해의 원인규명에 이러한 역학적 접근 방법을 도입하려는 이론으로, 이에 따르면 원인물질의 유해성과 오염경로의 메커니즘 등 인과과정이 충분히 해명되었다고 볼 수 없거나 불명한 점이 남는 경우에도 법적 인과관계를 인정할 수 있다고 한다.

구체적인 판정기준으로는 ❶ 특정 인자가 발병하기 일정기간 전부터 작용하고 있었다는 것, ❷ 그 인자가 작용하는 정도가 현저할수록 질병의 이환율이 높다는 것, ❸ 그 인자 내지 작용물질이 제거되든가 그 양이 적어지면 역병의 이환율 내지 정도가 저하된다는 이른바 소거의 법칙이 존재하여야 한다는 것, ❹ 그 인자가 원인으로 작용하는 메커니즘이 생물학적으로 모순 없이 설명될 수 있다는 것이 제시된다.[4]

2. 입증책임 완화에 관한 근본적 고찰

환경소송에서 입증책임 완화가 필요한 근거로 들고 있는 사정은 ① 피해과정에 대한 해명이 고도의 과학·기술적 지식을 필요로 하는 점, ② 손해의 발생에 이르는 과정에서도 여러 가지 다른 원인이 개입할 가능성이 큰 점, ③ 자금, 지식, 정보 등 소송 역량의 열세로 인해 원고가 인과관계에 대한 입증을 수행하기에 어려움이 큰 점, ④ 정보를 가지고 있는 기업이 일반적으로 환경침해의 원인조사에 비협조적인 점, ⑤ 행정기관에 의한 조사가 불비하거나 정치적 배려로 인해 조사발표가 방해받는 일이 적지 않다는 점, ⑥ 피고가 배출물질 등을 사회에 확산시킨 이상 자기가 방출한 물질 등의 무해성을 입증할 사회적 의무가 있다는 점 등이 거론된다.

환경오염의 위와 같은 특성상 입증책임의 완화가 불가피한 측면이 있다는 점에 대해서는 대체로 의견이 일치되고 있으나[5] 한편으로 정보와

---

4) 高田健一, "事實的 因果關係-疫學的 因果關係", 裁判實務大系 不法行爲訴訟法, 143면 이하.
5) 조홍식, 토양환경침해에 관한 법적 책임, 환경법연구 제20권(1998), 310면 이하

지식의 불균형, 소송역량의 차이 등은 대기업이나 국가를 상대로 한 일반 민사소송의 사안에서도 충분히 나타날 수 있는 문제이고, 다른 근거들도 의료소송, 제조물책임에 관한 소송 등 이른바 현대적인 특수 소송형태에서 공통적으로 나타날 수 있는 문제라는 점에서 이러한 근거들이 특별히 환경침해 소송에서만 문제되는 본질적인 특질이라고 단정하기는 어렵다는 견해도 제시되고 있다.[6]

앞으로 더욱 복잡다기한 형태의 환경침해가 나타날 것으로 예상되는 상황에서 인과관계 입증책임의 완화에 관한 기존의 이론이나 또는 새로이 발전될 이론이 정당성을 얻기 위해서는, 그 전제로서 해당 사건의 특수한 사정과 증명책임 완화의 구체적 필요성과의 상관관계에 관한 분명한 문제의식과 검토가 있어야 할 것이다.

3. 구체적인 사안에 따른 인과관계의 입증완화 이론의 적용

위의 입장을 좀 더 구체화시켜 보자. 바로 이웃에 위치한 정유공장에서 흐르는 폐유가 자신의 토지에 도달한 사안에서는 특별히 인과관계의 입증완화 이론을 거론할 필요도 없을 것이다. 항공기 소음으로 인하여 돼지들이 유산하는 피해가 발생한다고 하였을 때는 소음의 발생원인이나 그 소음의 도달 여부는 거의 문제될 것이 없으나 돼지 유산을 가져오는 소음의 피해와 영향의 정도에 대한 입증에 있어서는 입증의 완화 필요성이 제기될 수 있을 것이다.[7] 또한 수십 킬로미터 이상 떨어진 곳에 있는 공장에서 배출된 오수와 원고의 어장에서 나타난 어류 폐사의 인과관계를 입증하기 위해서는 인과관계의 입증완화에 관하여 좀 더 적극적인 이론이 적용되어야만 실제로 피해구제가 가능할 것이다.

결국 각 환경침해 소송에서 사안의 구체적 양상과 특성에 따라 그

참조.

6) 山下昭浩, 公害訴訟野おける因果関係の証明, 早稲田法学会誌 第48券(1998), 296면 이하.

7) 돼지가 어느 수준에서 유산을 하는지에 관하여 정확한 수치의 입증을 요구하는 것은 사실상 불가능할 것이다.

에 따른 인과관계 입증의 정도, 대상, 방법도 달리 보아야 한다. 이에 관해서는 각 사안에서 (a) 배출원인의 특정 정도, (b) 환경침해 원인의 성질, (c) 도달 경로의 장단 및 단순·복잡성 정도, (d) 피해의 종류, 특이성 질환 여부 등이 일응의 기준이 될 수 있다.

우선 (a) 배출원인자의 개수나 범위가 한정될수록, (b) 배출물질 등의 유해성이 경험칙상 명확할수록, (c) 도달 경로가 단순하고 짧을수록, (d) 그 피해가 특정 물질에 대응하는 전형적인 재산 피해이거나 특이성 질환일수록 인과관계 입증완화 이론이 개입할 여지가 작아질 것이다. 이러한 사안에서는 원고가 인과관계 입증완화 이론에 기대어 입증의 노력을 소홀히 하다가는 패소를 당하기 쉬울 것이고, 법원도 손쉽게 인과관계 입증완화에 관한 법리를 적용해서는 안 될 것이다.

그러나 그 반대의 경우, 즉 (a) 배출원인자의 개수가 많아지고 범위가 확대될수록, (b) 현대과학의 수준 등에 비추어 배출물질 등의 유해성에 관한 자료가 부족할수록, (c) 도달 경로가 지극히 복잡하거나 비정형화될수록, (d) 피해가 비특이성 질환으로 여러 가지 다른 가능성이 개입될 여지가 클수록 인과관계 입증완화 이론이 개입할 여지는 더욱 커지게 된다.[8]

Ⅲ. 우리나라 판례 법리의 확립

1. 진해화학 사건 판결(대법원 1984. 6. 12. 선고 81다558 판결)

가. 개   요

대법원 1984. 6. 12. 선고 81다558 판결(이른바 '진해화학 사건 판결')이 환경소송에 있어 인과관계의 입증부담 완화에 관한 판례 법리를 확립한 대표적인 판결이라는 점에 대해서 큰 이견은 없는 것으로 보인다. 위 판결 이전에도 개연성설의 입장을 취하는 듯한 단발적인 사례[9]들이 있었

---

8) 앞서 개연성설, 간접반증 이론, 역학적 인과관계론이 서로 배타적인 것이 아니라 서로 차원을 달리하는 것이라는 점을 밝힌 바 있는데 이들의 입체적인 적용을 통해 입증의 부담을 더욱 완화시킬 수 있을 것이다.

9) 대법원 1973. 11. 27. 선고 73다919 판결; 대법원 1977. 4. 12. 선고 76다2707

으나 확고한 법리가 정립되었다고 볼 수는 없다. 위 진해화학 사건 판결을 계기로 인과관계의 입증완화에 관한 판례 법리가 재판 실무에 있어 확고한 지침으로 기능하게 되었다고 평가되고 있다.

위 판례 사안을 간단히 소개하면 다음과 같다. 피고 소유의 공장은 1967년부터 비료를 생산하면서 매일 약 2,000톤에서 3,000톤 정도의 폐수를 바다에 배출하고 있었는데, 이 폐수는 조석을 거듭하는 동안 조류를 타기도 하고 북서풍 또는 서풍이 강하게 불 때에는 취송류의 영향으로 그 일부가 희석된 채 원고의 김 양식장이 있는 웅동만으로 유입되었다. 원고는 김의 병해로 인하여 손해를 입었다고 주장하며 손해배상을 청구하였는데 대법원은 다음과 같은 판시로 인과관계를 인정하였다.

"일반적으로 불법행위로 인한 손해배상 청구사건에 있어서 가해행위와 손해발생과의 사이에 인과관계의 존재를 입증할 책임은 청구자인 피해자가 부담함에는 의문의 여지가 없다 할 것이나 이른바 오염물질인 폐수를 바다로 배출함으로 인한 이 사건과 같은 공해로 인한 손해배상을 청구하는 소송에 있어서는 기업이 배출한 원인물질이 물을 매체로 하여 간접적으로 손해를 끼치는 수가 많고 공해문제에 관하여는 현재의 과학수준으로도 해명할 수 없는 분야가 있기 때문에 가해행위와 손해의 발생 사이의 인과관계를 구성하는 하나하나의 고리를 자연과학적으로 증명한다는 것은 극히 곤란하거나 불가능한 경우가 대부분이므로 이러한 공해소송에 있어서 피해자인 원고에게 사실적 인과관계의 존재에 관하여 과학적으로 엄밀한 증명을 요구한다는 것은 공해로 인한 사법적 구제를 사실상 거부하는 결과가 될 우려가 있는 반면에 가해기업은 기술적, 경제적으로 피해자보다 훨씬 원인조사가 용이한 경우가 많을 뿐만 아니라 그 원인을 은폐할 염려가 있고 가해기업이 어떠한 유해한 원인물질을 배출하고 그것이 피해물건에 도달하여 손해가 발생하였다면 가해자측에서 그것이 무해하다는 것을 입증하지 못하는 한 책임을 면할 수 없다고 보는 것이 사회형평의 관념에 적합하다고 할 것이다. [중략]
요컨대, 불법행위 성립요건으로서의 인과관계는 궁극적으로는 현실로 발생한 손해를 누가 배상할 것인가의 책임귀속의 관계를 결정짓기 위한 개념이므로 자연과학의 분야에서 말하는 인과관계와는 달리 법관의 자유심증에 터잡

판결 등.

아 얻어지는 확신에 의하여 인정되는 법적인 가치판단이니 만큼 소위 수질오
탁으로 인한 공해소송인 이 사건에 있어서 원심이 적법하게 확정하고 있는 바
와 같이 ① 피고공장에서 김의 생육에 악영향을 줄 수 있는 폐수가 배출되고
② 그 폐수 중의 일부가 해류를 통하여 이 사건 어장에 도달되었으며, ③ 그
후 김에 피해가 있었다는 사실이 각 모순 없이 증명되는 이상 피고의 위 폐수
의 배출과 원고가 양식하는 김에 병해가 발생하여 입은 손해와의 사이에 일응
인과관계의 증명이 있다고 보아야 할 것이고, 이러한 사정 아래서 폐수를 배출
하고 있는 피고로서는 ① 피고공장 폐수 중에는 김의 생육에 악영향을 끼칠
수 있는 원인물질이 들어 있지 않으며 또는 ② 원인물질이 들어 있다 하더라
도 그 혼합율이 안전농도 범위 내에 속한다는 사실을 반증을 들어 인과관계를
부정하지 못하는 이상 그 불이익은 피고에게 돌려야 마땅할 것이다."

진해화학 사건 판결을 통해 확립된 판례 법리를 간단히 정리하면, 원고
가 입증하여야 할 증명주제를 ① **유해물질의 배출**, ② **배출물질의 도달**, ③ **피
해발생**으로 유형화하여 그 범위를 한정시키고, 원고가 위 ①~③ 사실을 모순
없이 입증하면 일단 인과관계를 추정하되, 다만 피고는 ⓐ **원인물질이 존재
하지 않거나 또는 안전농도 범위 내 존재한다는 사실** 또는 ⓑ **다른 전적인
원인이 존재한다는 사실**을 반증하여 이를 번복시킬 수 있다는 것이다. 편의
상, 이하에서 판례 법리에서 원고에게 입증책임 있는 주요사실을 유형화한
위 각 증명주제를 ① 요건, ② 요건, ③ 요건으로, 피고의 반증사항으로 유
형화한 위 각 반증주제를 ⓐ 요건, ⓑ 요건이라고 칭하기로 한다.

나. 평   가

판례 법리가 기존의 어떠한 학설에 속하는가에 대해서 논의가 있는
데, 개연성 정도의 입증에 관한 기준을 명백히 제시함으로써 개연성설을
판례법상 정착시킨 것이라고 평가하는 견해도 있으나,[10] 다수의 견해는
판례 법리가 간접반증 이론의 입장을 취한 것이라고 보고 있다. 간접반
증 이론의 핵심이 증명 대상의 축소 즉 증명주제를 유형화하여 범위를
한정하고 나머지 주제에 대해서는 피고에게 입증책임을 넘기는 데 있다

---

10) 임치용 주 2), 103면; 전경운, 환경소송에서 인과관계의 입증에 관한 소고, 환경
    법 연구 제32권 제2호, 76면.

는 점에서 위 견해가 타당하다고 할 것이다.

다만, 대표적인 간접반증 이론과의 판례 법리의 차이점은 학설에서는 ① ~ ③ 요건 중 두 가지 요건을 입증하면 나머지 요건도 입증된 것으로 추정하고 있음에 비하여, 판례 법리는 ① ~ ③ 요건 전부에 관한 모순 없는 입증을 요구하고 있다는 점이다. 이 점으로 인해 판례 법리가 기존의 학설에 비해 지나치게 경직된 입장이라는 비판을 받고 있기도 하다.[11]

판례 법리는 원고가 입증하여야 할 범위를 특정하고, 원고로 하여금 그 범위에 관한 사실 입증에 주력하게 함으로써 인과관계 입증부담의 완화에 실질적으로 도움을 주었다고 평가할 수 있다.

다만, 판례 법리는 환경소송에 있어 유용하고도 유연한 틀에 불과할 뿐, 이를 완고한 도그마틱으로 취급해서는 곤란할 것이다. 다양한 형태의 환경분쟁에서 구체적 사안마다 다양한 고려요소가 개입될 것이 예상되므로 기계적으로 위 틀에 끼워 맞추는 방식은 지양하여야 할 것이다. 실제 재판 실무에서도 판례 법리는 개별 사안의 구체적 특성에 맞게 유연하게 적용되고 있다고 보인다.

2. 인과관계 입증이 쟁점이 된 주요 판결들

2000년 이후 진행된 주요 환경소송 판결은 기본적으로는 진해화학 사건 판결에서 확립된 판례 법리를 기본적인 틀로 하고 있다고 볼 수 있으나, 개별 소송에서 ① ~ ③ 요건 중에서 어떠한 쟁점이 주로 문제가 되었는지, 각 요건에 관하여 법원이 어느 정도의 입증도의 경감을 인정하였는지, 판례 법리의 수정 적용이 있었는지 등에 관해서는 사안별로 분명한 차이를 보이고 있다.

다음 장에서는 인과관계가 주된 쟁점이 되었던 다음의 8개의 판례 사안[12](이하, 아래와 같이 Ⓐ ~ Ⓗ 판결로 지칭하기로 한다)을 선정하여 위와 같은 관점에서 분석해 보기로 한다.

---

11) 오용호, 공해소송의 인과관계에 대한 고찰, 민사판례연구 Ⅶ, 박영사(1985), 158면 이하.

12) 2000년 이후의 환경소송 판례 중 인과관계가 주된 쟁점이 되어 대법원의 판시가 나온 판례를 대상으로 함.

순 번	내 용
Ⓐ 판결	**대법원 2002. 10. 22. 선고 2000다65666 판결** 내용 : 화력발전소 온수 배출에 의한 김양식장 피해 사안 : 화력발전소에서 배출된 온수로 피고가 운영하는 김사육장의 수확이 급감하였다고 주장함에 대하여 발전소를 운영하는 원고가 먼저 채무부존재확인을 청구 결과 : 인과관계 인정
Ⓑ 판결	**대법원 2004. 11. 26. 선고 2003다2123 판결** 내용 : 공장 폐수유입에 의한 양식장 오염 피해 사안 : 여천공단에서 석유화학제품을 생산하는 공장을 운영하는 피고가 배출한 해수가 원고 양식장에 유입되어 양식장에 피해를 입었음을 이유로 배상청구 결과 : 인과관계 인정
Ⓒ 판결	**대법원 2009. 10. 29. 선고 2009다42666 판결** 내용 : 유류저장고 누출에 의한 토양 오염 피해 사안 : 주한미군이 관리하는 유류저장시설에서 휘발유와 등유가 유출되어 원고소유의 토지를 오염시켰음을 이유로 배상청구 결과 : 인과관계 인정
Ⓓ 판결	**대법원 2010. 7. 15. 선고 2006다84126 판결** 내용 : 항공기 소음에 의한 모돈(母豚) 유산 피해 사안 : 항공기 소음으로 피고가 운영하는 돈사에서 19두의 모돈 유산 피해를 입었다고 배상을 요구함에 대하여 원고인 국가가 먼저 채무부존재확인을 청구 결과 : 인과관계 인정
Ⓔ 판결	**대법원 2012. 1. 12. 선고 2009다84608 등 판결** 내용 : 매립지 침출수 유출에 의한 어장 오염 피해 사안 : 수도권매립지를 운영하면서 침출수를 제대로 정화처리하지 않은 채 배출하여 원고가 운영하는 어장이 황폐되었음을 이유로 손해배상청구 결과 : 인과관계 인정
Ⓕ 판결	**대법원 2013. 7. 25. 선고 2012다34757 판결** 내용 : 준설장 모래 등 부유물질 유입으로 인한 조개양식장 피해 사안 : 피고의 모래채취 사업으로 인해 발생한 모래 및 부유물질이 원고의 조개양식장에 유입되어 조개 폐사의 피해를 입었다는 이유로 손해배상청구 결과 : 인과관계 부정
Ⓖ 판결	**대법원 2013. 10. 11. 선고 2012다111661 판결** 내용 : 방조제 건설공사, 축산 폐수 및 골프장농약 유입 등으로 인한 어장 피해 사안 : 피고 사업자들의 각 오염물질 배출 및 피고 대한민국의 방조제 건설공사등의 영향으로 청계만이 오염되어 그곳에서 어업을 영위하던 원고가 어업권에 피해를 받았다고 주장하면서 손해배상청구 결과 : 인과관계 부정

(계속)

	대법원 2014. 9. 4. 선고 2011다7437 판결
Ⓗ 판결	내용 : 자동차 배기가스로 인한 대기오염을 선행원인으로 한 천식 피해 사안 : 자동차로부터 배출되는 미세먼지로 인해 천식에 걸렸다는 이유 　　　로 자동차 제조업체들, 국가, 서울시 등을 상대로 손해배상청구 결과 : 인과관계 부정

Ⅳ. ① ～ ③ 요건별 판례 분석

1. ① 요건(유해물질의 배출)

판례 법리에서 ① 요건은 '유해물질의 배출'인바, 이를 다시 (ⅰ) 물질의 '배출사실'과 (ⅱ) 배출된 '물질의 유해성'의 측면으로 나누어 분석하기로 한다.

가. 배출사실

(1) 배출사실과 관련해서는, (a) 선박 충돌로 인한 기름 유출과 같이 가시적으로 이를 확인할 수 있거나, (b) 소음공해와 같이 비가시적이기는 하나 기술적 방법을 활용할 수 있는 등 그 채증이 비교적 쉬운 사안도 존재하나, (c) 공단 내의 은밀한 폐수 배출과 같이 쉽게 배출원을 발견하기 어려운 경우도 있다.

그러나 그러한 경우라고 하더라도 객관적인 배출사실에 관하여 특별히 입증완화의 필요성이 부각될 여지는 크지 않아 보인다. 배출원이 직접 확인되지 아니한 경우에도 공장주변의 시료 채취 분석이나 사실조회, 문서제출명령을 이용하여 관련 배출사실 등을 확인할 수 있고(Ⓐ, Ⓑ, Ⓔ 판결), 그렇지 않더라도 일반적 수준의 간접사실의 입증을 통해 배출사실의 자체의 입증이 가능하다고 보이기 때문이다.

(2) 축산폐수와 농약 등의 배출 여부 자체가 문제된 Ⓖ 판결에서, 법원은 피고들의 축산폐수 및 농약이 인근의 만으로 배출된 사실을 인정하지 아니하였는데,[13] 우선 피고 1의 축산폐수 배출사실에 대해서는 "피

---

13) 하급심의 판결이유를 참조함.

고 1이 돈사를 운영하던 10년의 기간 동안 실제 축산폐수가 방류되었음을 전제로 단순히 사육두수를 기준으로 통계적인 방법으로 오염부하량을 추정·산출한 감정서를 제출하였는데, 그 감정결과는 피고가 창포조류지 인근에서 돼지사육을 하는 동안 당연히 축산폐수를 배출하였을 것이고 이러한 축산폐수가 청계만에 흘러들어 청계만의 오염원이 될 수 있다는 추측 및 가정에 기한 것이지 사실적 근거에 기초한 것이라고 볼 수는 없다"고 배척하였다.

또한 피고 2의 골프장 농약 배출사실에 관해서는 "감정결과 등은 무안골프장에서 어독성 농약을 많이 쓰고 있고, 그 농약성분이 골프장 내 저류지에 모일 것인데 무안골프장이 강우유출을 적절히 처리하지 못할뿐더러 저류조의 담수를 창포조류지로 임의로 방류하고 있어 무안골프장에서 쓴 농약 등의 유해물질이 청계만 어업에 악영향이 있는 것으로 판단한 것으로 순전히 가능성에 기초한 판단으로 창포조류지에서 또는 청계만에서 원고가 쓴 농약의 성분이 발견된 것은 아니다"라고 하여 이를 배척하였다.

위 사안에서 법원은 배출사실에 관한 구체적인 증거 또는 간접사실의 입증 없이 단순한 가정에 의존하거나 뚜렷한 근거 없이 추정적이고 통계적인 방법에 의하여 작성된 감정결과에 의해서는 배출사실을 인정할 수 없다고 하였다. 이는 최소한 '배출사실의 입증'에 관하여는 법원이 통상의 증명을 요구하고 있다고 해석할 수 있다.

나. 배출물질의 유해성

(1) 입증책임의 소재

판례 법리는 원고에게 본증 ① 요건으로 "유해물질의 배출사실"의 입증을 요구함과 동시에, 피고에게 반증 ⓐ 요건으로 "원인물질의 부존재나 안전농도 범위 내에 있다는 사실"을 입증할 것을 요구하고 있으므로 판례 법리에 의할 때 "물질의 유해성"에 관한 입증책임이 누구에게 있는 것인지 의문이 생기게 된다.

이에 대해서는, (a) ① 요건의 방점은 '유해성'이 아니라 '배출사실'

자체에 있는 것이고 유해물질의 존재나 농도에 관하여 판례 법리가 이를 피고의 반증 사항으로 두고 있음이 명백한 이상 원고가 유해성을 입증할 필요가 없다고 보는 견해(피고 입증책임설)가 있을 수 있고, (b) 반대로 판례는 배출된 물질이 유해할 것을 ① 요건으로 하고 있고 또한 ① ~ ③의 요건을 모순 없이 증명할 것을 요구한다는 점에서 물질이 피해를 야기할 가능성을 의미하는 유해성은 일단 원고가 모두 입증해야 한다는 견해(원고 입증책임설)도 상정해 볼 수 있다. 한편, 절충적인 입장으로 (c) 원고가 입증해야 할 물질의 유해성은 피해를 유발할 정도에 이를 것은 요하지 않지만 단순히 존재 자체를 의미하는 것은 아니고 최소한의 유의미한 정도일 것을 요구한다고 한다는 견해(절충설)도 제시되고 있다.[14)]

판례 법리가 유해성의 입증책임을 어느 일방에게 전적으로 부담시키는 것으로 보기 어렵다는 점에서 절충적 견해가 타당하다고 본다. 기본적으로 해당 물질과 피해발생과의 일반적 관련성은 원고가, 피해발생의 구체적 메커니즘을 포함한 실질적 유해성의 발현에 관한 부분은 피고가 입증책임을 부담한다고 해석해야 할 것이다.

한편 원고가 입증하여야 하는 '일반적 관련성' 정도의 입증이라고 하는 것에 관하여는 각 배출물질별로 그것이 손해를 야기하는 적성(適性)에 따라 다음과 같이 그 범위를 예측해 볼 수 있다.

(2) 유형화에 의한 검토

(가) 물질 자체가 법률상 배출이 금지되는 것이거나 통상의 경험칙상 고도의 위험성이 인정되는 경우

경험칙상 어떤 물질에 손해를 야기하는 적성이 쉽게 인정되는 경우, 예컨대 청산가리 등 독극물, 유독성 화학물질, 핵방사능의 경우와 같이 법률상 배출이 엄격히 금지되거나 경험칙상 물질의 성질 자체가 피해를 유발시킬 고도의 위험성이 있다고 인정되는 경우에, 원고는 그 농도(강

---

14) 한지형, 환경오염피해소송에서의 인과관계 판단, 제126회 한국환경법학회 및 대법원 환경법연구회 공동학술대회 자료집(2016), 140면.

도)에 관한 특별한 입증부담 없이 최소한의 배출사실 입증만으로 책임을 다하였다고 할 것이고,[15] 나머지 피해의 메커니즘을 포함한 안전 농도 등에 관한 사항은 마땅히 피고가 반증을 통해 입증하여야 할 것이다.

핵폐기장 인근에 다수의 특이성 질환이 발생하거나, 유독성 화학물질을 배출하는 화학공장 주변에 어류가 폐사한 경우에 있어서, 원고가 핵방사능 또는 유독성 화학물질의 유해성을 구체적으로 입증하거나 피해 발생의 메커니즘을 일일이 설명할 필요는 없다고 본다.

다만 이 경우에도 원고가 소송에서 유리한 입장을 선점하기 위하여 스스로 공법상 규제의 한계를 뛰어 넘는 유해물질의 배출사실을 주장·입증하는 경우가 있을 것이나 이는 입증책임과는 별개의 문제이다.

(나) 물질자체가 공법적 규제대상이거나 경험칙상 특정 피해와 연관성이 있다고 인정되는 경우

1) 어떤 물질에 손해를 야기하는 적성은 인정되나 경험칙상 명백하다고 보기는 어려운 경우, 예컨대 공장 폐수나 배출가스, 쓰레기 처리장 침출수(Ⓔ 판결) 등과 같이 공장 운영상 불가피하게 발생할 수밖에 없으나 공법적 규제를 지키도록 되어 있는 물질이거나 또는 준설지에서 유출되는 부유물질(Ⓕ 판결), 발전소가 배출하는 온수(Ⓐ 판결)와 같이 경험칙상 특정한 피해를 일으킬 가능성이 있다고 인정되는 경우에는 원고가 최소한 '유의미한 수준의 배출량 또는 농도'에 관해서는 입증을 할 필요가 있다고 본다.

여기서 유의미한 수준의 입증이라고 함은, (a) 원고가 배출한 폐수 등에 경험칙상 원인물질로 의심되는 특정한 성분들이 포함되어 있다는 점 혹은 (b) 피해가 발생한 특정 시기에 일시적으로 평소보다 많은 양 또는 높은 농도의 유해물질의 배출이 있었다는 간접적인 사정 등을 입증하는 정도를 의미하고[16] 원고가 유해성을 일으키는 과학적 메커니즘(폐수

---

15) 이미 경험칙에 의하여 입증이 이루어진 상태이므로 별도의 입증이 필요하지 않은 경우라고 할 수도 있다. 한편으로 입증의 정도를 1~10으로 표시한다면, 1 수준의 입증이면 족한 경우라고 할 수 있겠다.

16) 이 경우 감정 이외에도 규제 관청이나 피고 회사에 대한 문서제출명령 사실조회

나 배출가스의 특정 성분 또는 특정 농도가 그 피해에 미치는 영향, 해수의
온도상승과 어류 피해의 과학적 상관관계)까지 입증해야 한다는 의미는 아
니다.[17]

　이러한 점에서 ① 요건 중 유해성에 관한 입증은 개연성 정도의 증
명으로 족하다고 할 것이고, 원고가 일응 이를 입증하였다고 인정될 경
우 이를 번복하기 위한 피고의 위험농도에 관한 반증(ⓐ 요건)은 훨씬 더
구체적이고 과학적인 것이어야 할 것이다.

　2) 원고에게 입증책임이 있는 '물질의 유해성에 관한 유의미한 입증'
에 관하여 대법원의 입장이 비교적 잘 나타난 사례가 바로 Ⓔ 판결인바,
위 판결의 원심[18]은 "**침출처리수를 채취하여 조사한 결과, COD, ss, pH
및 아연, 구리 등 각종 중금속의 농도가 폐기물처리법 등 관련 법령상의
배출허용기준에 현저히(1/4~1/1650) 미달하는 점, BOD와 SS 등 일부 물
질이 당시 규제기준을 일시적으로 초과한 경우를 제외하고는 중금속의
경우 전 기간에 걸쳐 배출허용기준에 미달하였던 점 등에 의하면 원고가
피고의 유해한 물질을 배출한 사실을 입증하지 못하였다**"고 하여 침출처
리수의 특정 성분, 특정 농도와 피해를 일으키는 구체적인 유해성에 관
한 입증책임이 원고에게 있는 것으로 판단하였다.

　그러나 대법원은 "피고가 **배출한 침출처리수에는 화학적 산소요구
량, 부유물질, 질소, 인, 각종 중금속 등 해양생물에 악영향을 끼칠 수 있
는 오염물질이 포함되어 있었던 사실 및 피고의 처리장이 가동되던
1994. 1.부터 2000. 3.경까지 그 이후에 비하여 높은 수준의 농도로 배출
되었고, 특히 그 중 총질소의 농도는 2000. 3.경 이후에 비하여 전 기간
에 걸쳐 지속적으로 매우 높은 수준으로 배출된 사실을 알 수 있다. 따
라서 피고가 운영하는 수도권매립지로부터 해양생물에 악영향을 미칠 수**

등의 방법을 적극적으로 활용하여 증거를 수집할 수 있을 것이다.
17) 주 15)와 같이 입증의 정도를 1~10으로 표시한다면, 3~4 수준의 입증이면 족
　한 경우라고 할 수 있겠다.
18) 서울고등법원 2009. 8. 18. 선고 2008나40467 판결.

있는 유해한 오염물질이 배출된 사실은 일응 증명되었다고 할 것이고…
피고가 그 인과관계를 부정하기 위해서는, 반증으로 피고가 배출한 침출
처리수에 이 사건 어장의 피해를 발생시킨 원인물질이 들어 있지 않거나
원인물질이 들어 있다고 하더라도 안전농도 범위 내에 속한다는 사실을
증명하여야 한다"고 판시하면서 원심을 파기하였다.

Ⓔ 판결에서 대법원은 원고가 (a) 침출수에 일반적으로 해양생물에
악영향을 미치는 것으로 예상되는 성분인 부유물질, 질소, 인, 각종 중금
속 등이 포함되어 있는 사실, (b) 피고의 시설이 운영되는 기간 동안에
다른 기간에 비해 높은 수준의 농도의 침출처리수가 배출된 사실 정도를
입증한 것만으로 유해한 오염물질이 배출된 사실이 일응 증명되었다고
보고, (c) 그러한 특정 성분이 실제로는 어장에 피해를 발생시키는 원인
물질이 아니라거나 (d) 원인물질이 들어 있다고 하더라도 안전농도 범위
내에 속한다는 입증책임은 피고에게 부담시키고 있음을 알 수 있다.[19]

(다) 소음, 진동, 전자파 등과 같은 임미시온 형태의 배출의 경우

1) 어떤 물질에 손해를 야기하는 적성이 통상적으로는 쉽게 인정되
기 어려운 경우, 예컨대 수인한도를 넘는 경우에 있어서만 위법성이 인
정되는 생활방해형 배출의 경우에는 유해성이란 개념은 결국 위법성의
요소인 수인한도와 불가분의 관계를 맺을 수밖에 없다.

이 경우 원고가 인과관계와는 별개로 위법성의 입증책임을 부담하는
이상, 특정의 유해성을 일으키는 일반적 수준(결국은 수인한도가 될 것이
다)에 대해서도 결국 원고가 입증책임을 부담할 수밖에 없을 것이다.

물론 수인한도의 수준과 생활방해가 특정 피해를 일으키는 수준이
구별되는 경우도 개념상 상정해 볼 수는 있다. 수인한도가 일반적으로
생활에 실질적인 불편을 주는 수준을 의미한다고 할 때, 원고가 생활방
해로 인한 위자료 청구만을 하는 사안이라면 유해성과 수인한도는 사실
상 일치할 것이나, 원고가 위자료를 청구함과 동시에 소음으로 인해 키

---

19) 더 자세한 내용은 위 판결에 관한 해설인 민정석 주 2) 참조.

우던 가축이 폐사하는 피해를 입었다고 주장하는 경우에는 각 피해를 일으키는 소음의 정도는 다를 수 있다.

그러나 수인한도라는 개념 자체가 단순히 사람에게 미치는 불편의 정도를 의미하는 것이 아니라 상당히 유동적인 개념이라는 점에서,[20] 실제 소송에 있어서는 수인한도의 입증과 별도로 배출물질의 유해성을 다시 입증하게 하는 경우는 거의 없을 것으로 생각된다.

2) 수인한도에 관한 입증(위법성)과 유해성의 입증(인과관계)이 동시에 이루어지는 예는 전투비행단 소음피해에 관련된 ⓓ 판결에 잘 나타나 있다. 대법원은 **"공군기지에서 발생하는 소음의 순간 최대치가 양돈장 근처에서 모돈에 20 ~ 30% 정도의 유산을 일으킬 가능성이 있는 수치인 84 내지 94dB로 측정된 점, 역학조사 결과 모돈의 유산원인은 질병이 아닌 환경요인에서 오는 스트레스로 추정되는데 위 소음 외에 양돈장에서 모돈에 스트레스를 줄 만한 다른 요인이 확인되지 않는 점 등에 비추어 위 손해는 공군기지에서 발생한 소음으로 인한 것으로, 당시의 소음배출행위와 그 결과가 양돈업자의 수인한도를 넘는 위법행위이다"**라고 판단하였다.

위 사건에서는 법원은, 학술논문 등 증거를 통해 모돈에 20 ~ 30%의 유산 피해를 주는 것으로 입증된 소음수치인 84 ~ 94dB을 수인한도로 인정하여 그 범위 안에 있었던 전투비행단 소음의 위법성을 인정하였는데, 이와 별도로 인과관계와 관련하여 소음의 유해성에 대한 입증이 별도로 요구되지는 아니하였음을 알 수 있다.

2. ② 요건(배출물질의 도달)

판례 법리에서 ② 요건은 '배출물질의 도달'인바, 배출물질 도달의 인과관계는 그 배출경로의 복잡성에 따라 요구되는 입증 정도를 달리한다.

---

20) 원고의 인체침해와 관련된 수인한도, 돼지 폐사 등에 관련된 수인한도 등으로 각각 관념하는 것을 의미한다.

가. 경로가 비교적 단순한 경우

원고의 주거지에서 직접 소음이 측정되는 경우, 예컨대 선박 충돌로 인한 기름유출이 있었고 바로 근접한 곳에 원고의 양식장이 있는 경우와 같이 그 도달의 경로가 비교적 단순한 경우에는 도달 자체에 있어서 입증의 난이도가 비교적 낮을 것이다. 이러한 경우 원고가 인과관계 입증완화 이론에 기대어 정확한 입증을 위한 노력을 게을리한다면 소송에서는 오히려 그 주장이 인용되기 어려울 수 있다.

미군부대 기름유출 사건 판결(ⓒ 판결)에서는 용산 미군기지 영내에서 등유가 유출되어 인접한 부지인 녹사평 지역 일대가 오염된 것인지 여부가 쟁점이 되었는데, 소송에서 미군기지 영내의 유류저장소에 관한 현장조사 등이 이루어지지는 못하였으나, 법원은 "(a) **녹사평역 부근의 지하수 흐름이 주한미군 영내에서 녹사평역 방향인 점, (b) 주한미군 영내에서 검출된 등유와 녹사평역 부지에서 검출된 등유가 주한미군만이 사용하는 JP-8로 동일한 점, (c) 주한미군이 최근 누수시험을 통과하지 못하였다는 이유로 지하저장탱크를 제거하였는데 그 지하저장탱크에 JP-8이 보관되어 있었던 점, (d) 미군기지 영내에 있는 것을 제외한 녹사평역 인근에 있는 유류저장시설에서는 유류 누출 현상이 발견되지 않은 점**" 등의 간접사실을 인정하여 주한미군이 관리하는 유류저장시설에서 배출된 등유가 원고 소유의 토지에 도달한 사실을 인정하였다.

위 소송에서는 용산 미군기지와 피해지역인 녹사평 사이의 경로가 상대적으로 짧고 단순하였던 만큼 특별히 인과관계의 입증완화의 문제가 쟁점이 되지 아니하였고, 위 (a) ~ (d)의 간접사실도 개연성이 아닌 통상 수준의 입증이었다고 평가된다.[21] 만약 이러한 사안에서 원고가 위와 같은 충분한 입증 없이 개연성 이론에만 의존하였다면 도달의 인과관계를 인정받기는 어려웠을 것으로 생각된다.[22]

---

21) 다만, 이 사건에서는 피고의 입증 비협조가 사실상의 입증방해에 유사하다고 평가되어 반사적으로 원고에게 유리하게 영향을 미친 측면이 있다고 추측되는데 이는 인과관계 입증완화와는 무관하다.

나. 경로가 복잡한 경우

(1) 그러나 일반적인 환경소송에서는 그 도달의 경로가 길고 복잡한 경우가 대부분일 것이다.[23] 공단지역과 그로부터 상당한 거리가 있는 주거지역과 같이 그 경로를 쉽게 예견하기 어렵다면 배출과 도달 사이의 경로에 관하여 완벽하게 입증하는 것은 사실상 불가능하다고 할 수 있다. 경로가 길고 복잡해질수록 자연력을 비롯하여 제3의 원인이 개입될 가능성은 높아지고, 자연적 희석에 의한 농도의 변화, 물질 자체의 화학변화 등 다양한 변수가 생기기 때문에 그 어려움은 더욱 증폭된다.

소송 실무에 있어서 이러한 도달 경로의 입증은 아무래도 상당한 비용이 드는 시뮬레이션 방법(감정)에 의존하는 경우가 많을 것으로 보이는데 이러한 시뮬레이션의 결과조차도 사실은 여러 통제된 조건하에 이루어지는 추정적 수치에 의한 것이므로 완벽한 입증수단이라고 할 수는 없다. 따라서 신뢰성 있는 시뮬레이션 결과를 바탕으로 법원이 도달의 인과관계를 인정하는 것만으로도 입증의 부담을 낮춘 것이라고 말할 수도 있다.

한편 도달의 입증에 시뮬레이션 방법이 주로 사용된다고는 하나 이에 한정되는 것은 아니고, 실제 소송에 있어서는 관련 연구논문이나 보고서, 공공기관의 자료 등도 중요한 입증자료로 활용되고 있다.

(2) 매립지 침출수 사건 판결(Ⓔ 판결)에서 대법원은 **"감정인은 이 사건 침출처리수가 포함된 장도유수지수가 배수갑문을 통하여 서해로 배출되는 평균 방류량을 수문개방 실적, 수문개방 전후의 수위 변화 등의 자료를 통하여 산정하고, 이러한 장도유수지수의 방류량과 방류횟수를 기초로 이른바 수치모형실험을 실시함으로써 방류된 장도유수지수의 일정 농도가 이 사건 어장 중 상당 부분의 해역에 도달하는 것으로 추정하고 있는바, 이에 따르면 장도유수지수에 포함되어 있는 오염물질 중 일정**

---

22) 위 판결에 대한 더 자세한 논의는 조홍식 주 5), 330면 이하 참조.
23) 도달 경로가 극히 짧고 단순한 경우 인과관계를 이유로 분쟁이 이루어질 가능성은 높지 않을 것이다.

비율은 장도유수지수와 함께 이 사건 어장 중 적어도 일부 해역에 도달한 사실이 증명되었다고 봄이 상당하다."고 판시하고 있다.

위 판결에서는 당시까지 아직 논의된 선례나 문헌 등이 없는 수치모형실험 방식이라는 새로운 방법[24]에 의하여 도달사실을 추정하고 이를 바탕으로 도달사실의 입증을 인정하였다. 피고는 감정서에 사용된 데이터 수치의 정확성에 대한 공격을 통해 반격을 하였으나 법원은 일부 데이터 수치의 오류 가능성을 인정하면서도 시뮬레이션 결과에는 영향이 없다는 이유로 이를 배척하고 그대로 인과관계를 인정하였다.

(3) 위 판결과는 반대로 준설장 부유물질 사건 판결(Ⓕ 판결)에서는[25] 원고가 '바닷모래 채취량에 따라 발생될 것으로 예상되는 부유사의 양, 서해안의 기상조건, 특정 기간 동안 관측된 해수의 유속에 기초하여 예측한 어청도 주변 해역의 조류흐름의 방향 및 속도 등을 토대로, 토사의 확산범위를 예측하기 위하여 여러 가지 변수를 고려한 시뮬레이션 방식을 사용한 결과 도달사실이 인정된다'고 한 감정서를 제출하였으나 법원은 이를 받아들이지 아니하였다.

피고는 위 시뮬레이션 결과를 반박하기 위하여 신빙성 높은 학술논문, 수자원공사의 현지조사 결과, 전문심리위원의 진술 등 반박 자료를 제출함과 동시에 위 시뮬레이션 결과와는 모순된 현상들을 세세하게 지적하여 밝혔는바 법원이 피고의 반증을 인정한 것이다.

위 판결은 법원이 입증부담의 완화 차원에서 도달사실의 입증방법으로 널리 시뮬레이션 방식을 인정하고 있다고 하더라도 그것이 만능의 도구가 될 수 없고, 피고의 치밀하고 정확한 반격에 의하여 배척될 수 있다는 점을 보여 주고 있다고 하겠다.

다. 경로의 확인이 사실상 불가능한 경우

(1) 경로의 의미를 가해자와 피해자를 잇는 끈의 개념으로 관념할

---

24) 이 또한 시뮬레이션 방식의 일종이라고 할 수 있다.
25) 하급심 판결이유를 참조함.

때, 사실상 그 도달 경로를 확인할 수 없는 경우도 상정해 볼 수 있다. 예컨대 최근 문제되고 있는 가습기 살균제 사례[26]의 경우를 보자.

원고가 가습기 살균제 피해를 호소한다고 하더라도, 가습기 살균제의 제조·판매 회사가 여럿인 이상, 자신이 사용한 가습기 살균제가 어떠한 회사의 제품인지를 기억하기도 어렵고, 설령 이를 알고 있다고 하더라도 입증하기는 더욱 어려울 것이다.[27]

전통적인 손해배상의 법원리는 물론이고 판례 법리에 의한다고 하더라도, 원고가 어떠한 회사의 제품을 사용한 것인지를 정확하게 특정·입증하지 못하는 이상, 제조회사가 유해한 성분이 포함된 가습기 살균제를 생산하고(유해물질의 배출), 원고에게 가습기 살균제로 인한 폐손상의 피해가 발생하였다고 하더라도(피해발생), 구체적으로 그 회사가 배출한 유해물질이 원고에게 도달하였음이 인정되지 아니하므로 인과관계를 인정할 수 없다. 그렇다면 이러한 경우 과연 원고는 권리구제를 포기하여야 할 것인가?

(2) 일본에서 문제된 석면사건 소송은 이와 비슷한 쟁점을 내포하고 있다.[28] 일본에서는 석면공사에 참여한 근로자들의 폐암 질환에 관하여, 석면의 유해성과 근로자들의 폐암 발병 사이의 인과관계가 인정이 되더라도 각 근로자가 구체적으로 어떠한 회사가 제조한 석면에 노출된 것인가를 입증하는 것은 사실상 불가능하다는 문제에 직면하게 되었다.

---

26) 이 논문이 작성되고 있는 현재, 문제가 되고 있는 실제 가습기 살균제 사건과 관련하여 아직까지 최종적인 사법(司法)적 판단이 나온 것은 아니므로, 이하의 논의는 원인물질의 유해성 및 관련된 원고의 피해발생이 모두 인정되었다는 가정적 전제하에 이루어지는 것임을 밝혀 둔다. 즉, 이 부분의 사례는 실제의 사례가 아닌 가상의 사례로 보아도 좋다.

27) 이를 공동불법행위의 문제로 볼 수도 있으나 피해자가 여러 제품을 번갈아 사용한 경우가 아니라면 각 회사는 개별 피해자에게 손해를 입힌 것이고 다른 회사는 그 회사의 제품을 구입하지 아니한 피해자와는 아무런 관련이 없으므로 다수의 원인이 중첩되는 공동행위자의 경우와는 차원을 달리하는 측면이 있다. 여기서는 도달의 문제로 접근해 보기로 한다.

28) 이하의 내용은 瀨川信久, 加害者不明型共同不法行為のおける因果関係の証明と寄与度責任, 環境法研究 第4号(2016), 15면 이하를 참조하였다.

일본의 학설과 상당수의 하급심은 이에 관하여 분할적 책임론(또는 분할적 인과관계)에 의한 해법을 제시하고 있다. 즉 원고가 구체적으로 어떠한 회사의 석면 제품에 노출되어 폐암 등이 발생한 것인지를 도저히 밝히기 어려운 상황에서는 각 회사별로 인정되는 일정한 기여도 비율(예컨대, 각 회사의 제품이 판매된 시기, 지역, 상대, 주영업지역, 시장점유율 등을 종합하여 추정)에 따라 비율에 따른 인과관계를 인정하는 방식이다.

분할적 인과관계에 의하면 가해자와 피해자의 1 : 1 대응적 개념의 도달은 더 이상 문제되지 아니하고 그 손해도 각 기여도에 따라 분할된다. 이러한 분할적 인과관계는 (a) 피고를 포함한 복수의 회사가 피해를 발생시킨 원인자로서 집단을 형성한다는 점에서 비록 공동불법행위에서 말하는 공동성에는 미치지 못하나 그에 준하는 "약한 의미의 공동관련성"이 인정되고, (b) 다만 그러한 공동관련성이 공동불법행위에서 말하는 공동성에는 미치지 아니한 이상 그 책임의 전부가 아닌 일부 기여도에 따라 분할된 책임 범위로 한정하는 것에서 그 정당성을 찾을 수 있다고 한다.[29]

(3) 위 이론은 "공동불법행위와는 다른 집단적 공동책임", "손해의 기여도 혹은 시장점유율에 따른 책임분할"과 같은 법이론에 관하여 연구가 아직 활발하지 아니한 우리나라에서 곧바로 채택하기에는 현실적으로 쉽지는 않을 것으로 보인다. 그러나 앞으로의 환경침해의 문제가 더욱 불분명하고 난해한 형태로 나타날 것이 분명할 것이라는 점에서 향후의 법리 형성에 적극적으로 참고해 볼 만한 이론이라고 생각된다.[30]

---

29) 분할적 인과관계 또는 책임론에 대해서는 훨씬 더 복잡한 논의가 포함되어 있으나 지면의 한계상 이 정도의 소개에서 그치고자 한다.

30) 이와 달리 다수당사자의 공동불법행위 책임에 관해서는 우리나라에서도 상당한 이론이 전개되고, 관련 판례도 축적되고 있다. 이 부분 논의를 인과관계의 측면이 아닌 공동불법행위의 측면에서 연구하는 것도 가능한 접근방법이라고 본다. 복수의 환경오염원인자와 그 구상 등에 관한 논의에 대해서는 천경송, 공해의 복수원인자의 책임(공동불법행위론), 재판자료 제2집(1979); 이동진, 다수에 의한 환경오염피해의 책임과 구상관계, 환경오염피해소송에서의 인과관계 판단, 제126회 한국환경법학회 및 대법원 환경법연구회 공동학술대회 자료집(2016), 93면 이하 참조.

3. ③ 요건(피해발생)

판례 법리에서 ③ 요건은 '피해발생'인바, 판례분석을 위해 이를
(i) 재산 피해, (ii) 인적 피해로 다시 분류하여 검토하기로 한다.

가. 재산 피해

재산 피해의 경우 피해발생 자체는 인과관계의 입증완화와 관련하여
크게 문제되는 주제는 아니라고 본다. 재산적 피해발생이 어장의 어류
집단폐사(Ⓑ 판결), 토지의 유류오염(Ⓒ 판결)처럼 가시적이고 객관적인
현상에 관한 것일 경우 특별한 사정이 없는 한 피해발생 입증의 난이도
가 높다고 하기는 어렵다.[31]

이에 비해 전년도에 대비한 전체 수확량의 감소(Ⓐ 판결), 돼지의 유
산율 증가(Ⓓ 판결)와 같은 경우에는 그에 관한 수치 변동에 어떠한 원인
이 개입되었으리라고 볼 만한 요소가 입증되어야 할 것인데, 특정 시기
의 농산물 산출량 감소나 돼지 유산율 증가 등이 정상적이고 자연적인
변동의 수준을 벗어난 것인지 여부에 대해서는 결국 원고가 이를 입증할
수밖에 없다고 본다.

나. 인적 피해 중 비특이성 질환

인적 피해(건강상의 피해)는 주로 특이성 질환과 비특이성 질환으로
나누어 보는 것이 일반적이나 사실상 특이성 질환이 문제되는 사례는 쉽
게 찾아보기 어렵다. 특이성 질환에 관하여 굳이 따져 본다면 탄저균과
같이 특정 세균이나 미생물이 배출되었고 이로 인해 인근 주민이 그 특
정 세균에 감염되는 피해가 발생한 경우 등을 상정해 볼 수 있겠는데 이
러한 경우 특별히 피해발생과 관련하여 인과관계의 문제를 논할 실익은
작아 보인다. 결국 ③ 요건과 관련하여 실제로 쟁점이 되는 부분은 인적
피해 중에서도 비특이성 질환의 경우라고 할 것이다. 이하에서는 이를

---

31) 다만, 그 폐사한 어류의 손해액이 구체적으로 어느 정도인가 문제도 있는데 이
는 인과관계의 문제라기보다는 손해론에 관한 것이므로 이 글에서는 다루지 않기
로 한다.

중심으로 검토하기로 한다.[32]

(1) 비특이성 질환과 인과관계

비특이성(non-specific) 질환은 특정 원인이 특정 질환으로 이어진다는 것을 경험칙상으로도 충분히 인정할 수 있는 경우가 아니라, 어떤 원인이 위험인자로서 해당 질환의 확률을 높여 주는 것에 불과하고 그 위험인자 이외에도 다른 수많은 요소가 개입될 가능성이 있는 경우를 의미한다고 보는 것이 일반적이다.[33]

환경문제와 직접적으로 관련하여 비특이성 질환의 인과관계 문제가 다루어진 것은 천식 피해에 관한 대법원 2014. 9. 4. 선고 2011다7437 판결(Ⓗ 판결)이라고 할 수 있다.[34] 위 판결 사안은 원고가[35] 자동차로 인한 대기오염으로 인하여 천식 증세가 발병 또는 악화되었다는 이유로 대한민국, 서울특별시, 자동차 제조·판매 회사들을 상대로 손해배상을 청구한 사안이었다.

이 사건은 원고가 주장하는 오염원이 "대한민국(또는 서울시)의 자동차 전체에서 배출되는 배기가스"라는 극히 광범위하고 일반적인 것이고, 원고가 주장하는 피해인 천식 증상은 배기가스 이외에도 수많은 다른 원인이 존재할 수 있는 비특이성 질환이라는 특징이 있었다. 위 사건에서 대법원은 원고가 입증하여야 할 비특이성 질환의 인과관계에 관하여 다

---

32) 특이성 질환과 비특이성 질환을 나누어 그 인과관계를 분석한 내용으로는 新美育文, "疫學的手法による因果關係の證明(下)", ジュリスト 871号(1986. 11.), 89면 이하 참조.

33) 대법원 2013. 7. 12. 선고 2006다17539 판결.

34) 이 외에도 비특이성 질환에 있어서의 인과관계 입증이 쟁점이 된 우리나라의 대표적인 사례로는 고엽제 후유증환자들이 제조사인 몬산토 등을 상대로 제기한 사안(2006다17539 판결), 폐암에 걸린 장기흡연자들이 케이티엔지 등을 상대로 제조물책임을 물은 사안(대법원 2014. 4. 10. 선고 2011다22092 판결) 등이 있다. Ⓗ 판결을 비롯해서 위 소송에서 원고들은 전부 패소하였다.

35) 당초 21명이 소송을 제기하였으나, 원고만 상고하였다. 그 이유는 원고가 대기오염과 상관관계가 깊은 것으로 알려진 '천식'을 앓고 있는 점, 천식증상 발병 내지 진단을 받은 시기에 원고가 거주하였던 곳이 인근 도로에서 비교적 가까운 거리인 50미터 이내에 위치하고 있었던 점 등이 고려된 것으로 보인다.

음과 같이 판시하고 있다.

　　"특정 병인에 의하여 발생하고 원인과 결과가 명확히 대응하는 '특이성 질환'과 달리, 이른바 '비특이성 질환'은 그 발생 원인 및 기전이 복잡다기하고, 유전·체질 등의 선천적 요인, 음주, 흡연, 연령, 식생활습관, 직업적·환경적 요인 등 후천적 요인이 복합적으로 작용하여 발생하는 질환이다. 이러한 비특이성 질환의 경우에는 특정 위험인자와 그 비특이성 질환 사이에 역학적으로 상관관계가 있음이 인정된다 하더라도, 그 위험인자에 노출된 개인 또는 집단이 그 외의 다른 위험인자에도 노출되었을 가능성이 항시 존재하는 이상, 그 역학적 상관관계는 그 위험인자에 노출되면 그 질병에 걸릴 위험이 있거나 증가한다는 것을 의미하는 데 그칠 뿐, 그로부터 그 질병에 걸린 원인이 그 위험인자라는 결론이 도출되는 것은 아니다.

　　따라서 비특이성 질환의 경우에는 특정 위험인자와 비특이성 질환 사이에 역학적 상관관계가 인정된다 하더라도, 어느 개인이 그 위험인자에 노출되었다는 사실과 그 비특이성 질환에 걸렸다는 사실을 증명하는 것만으로 양자 사이의 인과관계를 인정할 만한 개연성이 증명되었다고 볼 수 없다.

　　이러한 경우에는 그 위험인자에 노출된 집단과 노출되지 않은 다른 일반 집단을 대조하여 역학조사를 한 결과 그 위험인자에 노출된 집단에서 그 비특이성 질환에 걸린 비율이 그 위험인자에 노출되지 않은 집단에서 그 비특이성 질환에 걸린 비율을 상당히 초과한다는 점을 증명하고, 그 집단에 속한 개인이 위험인자에 노출된 시기와 노출 정도, 발병시기, 그 위험인자에 노출되기 전의 건강상태, 생활습관, 질병 상태의 변화, 가족력 등을 추가로 증명하는 등으로 그 위험인자에 의하여 그 비특이성 질환이 유발되었을 개연성이 있다는 점을 증명하여야 한다."

이 사건에서 대법원은 원고가 입증하여야 할 피해발생 요건에 관하여 ㉮ 그 위험인자에 노출된 집단과 노출되지 않은 다른 일반 집단을 대조하여 역학조사를 한 결과 그 위험인자에 노출된 집단에서 그 비특이성 질환에 걸린 비율이 그 위험인자에 노출되지 않은 집단에서 그 비특이성 질환에 걸린 비율을 상당히 초과한다는 점과 ㉯ 그 집단에 속한 개인이 위험인자에 노출된 시기와 노출 정도, 발병시기, 그 위험인자에 노출되기 전의 건강상태, 생활습관, 질병 상태의 변화, 가족력 등을 추가로 증명하

는 등으로 그 위험인자에 의하여 그 비특이성 질환이 유발되었을 개연성
이 있다는 점을 추가로 증명하여야 한다고 판시하고 있다.

즉 요약하면 위험인자에 의한 비특이성 질환 등이 문제되는 사안의
경우, ㉮ **위험인자와 비특이성 질환과의 역학적 인과관계** 및 ㉯ **위험인
자와 피해자의 개인 질환과의 특수한 인과관계**를 추가적으로 입증하여야
한다는 것이다. 편의상 이하에서는 추가된 위 요건을 ㉮ 요건, ㉯ 요건
으로 칭하기로 한다.

(2) ㈎ 판결에서 제시된 법리

㈎ 판결은, 환경소송 영역에 있어 비특이성 질환의 인과관계 인정을
위한 기본적인 틀로서 역학적 인과관계론을 받아들이고 있다. 그러나 한
편으로 ㉮ 요건(역학적 인과관계)의 입증만으로 비특이성 질환과 원인물
질과의 인과관계를 곧바로 인정하는 것은 곤란하다고 하면서 별도로 ㉯ 요
건(개별적 인과관계)을 별도로 입증할 것을 요구하고 있다.

역학 자체가 집단현상으로서의 질병에 관한 원인을 조사하여 규명하
는 것이고 그 집단에 소속된 개개인의 질병의 원인을 판명하는 것이 아
니므로 어느 위험인자와 어느 질병에 사이에 역학적으로 인과관계가 있
다고 인정된다 하더라도 그 상관관계의 정도에 따라 그 집단에 속한 개
인이 걸린 질병이 그 위험인자로 인하여 발생하였을 가능성(확률)만을 추
론할 수 있을 뿐이라는 것이다.

판례는 이러한 경우에는 위험인자에 노출된 집단과 그렇지 아니한
다른 일반 집단을 대조하여 역학조사를 한 결과, 그 위험인자에 노출된
집단이 그 비특이성 질환에 걸린 비율이 그 위험인자에 노출되지 않은
집단이 그 비특이성 질환에 걸린 비율을 상당히 초과한다는 점을 우선
증명(㉮ 요건)하고, 그 개인이 위험인자에 노출된 시기와 노출 정도, 발병
시기, 그 위험인자에 노출되기 전의 건강상태, 생활습관, 질병 상태의 변
화, 가족력 등을 추가로 증명(㉯ 요건)하는 등으로 개연성을 입증할 필요
가 있다고 하였다. 이를 간단히 도식화하면 다음과 같다.

| 재산 피해,
특이성 질환 | ② 요건
(도달) ➡ | ③ 요건
(피해발생) |

| 비특이성
질환 | ② 요건
(도달) ㉮ 요건 ➡ | [피해 확률의
증가] ㉯ 요건 ➡ | ③ 요건
(피해발생) |

　　판례가 이렇듯 비특이성 질환의 인과관계 인정에 관하여 상대적으로 엄격한 입장을 취하는 이유는, 집단적인 역학적 인과관계를 곧바로 개별적인 법적 인과관계로 연결 짓게 되면 그 사이에 오차가 필연적으로 발생할 수밖에 없고 그러한 오차가 메워지지 않는 상태에서 곧바로 인과관계를 인정하게 되면 피고에게 지나치게 불리한 결과가 된다는 인식에서 비롯된 것으로 추측된다.

(3) ㉵ 판결의 판례 이론의 비판적 검토

(가) 문제의 소재

　　위 도식에서 보듯 판례는 환경피해로 인한 재산 피해나 특이성 질환 피해의 경우에는 ② 요건(도달)에서 ③ 요건(피해발생)으로의 이행에 특별한 어려움이 없다고 보고 있으나, 비특이성 질환의 경우 ② 요건과 ③ 요건 사이에 [피해 확률의 증가]라는 단계가 개입되어 있다고 보고 있다. ㉮ 요건(역학적 인과관계의 입증)은 ② 요건(유해물질의 도달)이 '피해발생의 확률'을 증가시키는가에 관한 것으로 주로 역학조사 결과가 활용된다.[36] ㉯ 요건(개별적 인과관계의 입증)은 그러한 확률의 증가와 ③ 요건(원고의 피해발생)의 개별적 관련성을 인정하기 위한 것이다. ㉵ 판결에서도 ㉯ 요건의 인정하기 위한 인자로서 그 집단에 속한 개인이 위험인자에 노출된 시기와 노출 정도, 발병시기, 그 위험인자에 노출되기 전의 건강상태, 생활습관, 질병 상태의 변화, 가족력 등을 구체적으로 열거하

---

36) 다만 역학조사 결과에 한정되는 것은 아니고 공적 · 사적 조사연구기관의 조사연구보고, 국내외의 과학적 연구 · 실험에 기한 발견 등도 입증자료로 사용될 수 있을 것이다.

고 있다.

여기서 ⒣ 판결에 나타난 판례 법리는 다음의 두 가지 문제점이 드러난다.

우선, ㉯ 요건(개별적 인과관계)의 입증책임을 전적으로 원고에게 부담시키고 있다는 점이다. 논리적으로 생각해 볼 때 역학조사를 통해 피해 확률이 크게 증대되었고 그러한 피해와 원고의 피해가 동질의 것이라고 한다면 피해발생은 일응 추정되고 그러한 추정을 복멸시키기 위해서 오히려 피고가 제3의 원인이 개입되지 않았음(반증 ⓑ 요건)을 입증하여야 한다고 볼 수도 있다.

다음으로 ㉮ 요건(역학적 인과관계)이 인정되는 것을 전제로 하여서만 ㉯ 요건(개별적 인과관계)을 살피고 있다는 점이다. 이는 역학적 조사 결과가 불분명하게 나왔으나 원고가 자신의 피해에 대해서 여전히 인과관계 주장을 관철하고자 할 때 문제가 된다. 집단적 인과관계가 인정되어도 개별적 인과관계는 인정되지 않을 수 있는 것과 같이 그 반대로 집단적 인과관계가 다소 불분명하더라고 원고 개인의 개별적 인과관계가 인정되어야 하는 경우도 있을 수 있다.

(나) 일본의 이론 및 실무 경향

㉯ 요건(개별적 인과관계)의 입증책임을 전적으로 원고에게 부담시키고 있는 우리와는 달리 일본의 이론과 실무의 경향은 역학조사로 얻은 데이터를 법적 인과관계로 치환하는 과정에서도 입증책임의 분담 및 경감을 관철하고 있다고 보인다.[37]

1) 우선 ㉯ 요건의 입증책임 문제와 관련하여서는, 과학적이고 합리적인 역학조사 결과를 바탕으로 특정 지역의 대기오염과 천식 질환의 역학적 인과관계가 인정된 경우에는 특단의 사정이 없는 한 법적인 인과관계도 추정하고 이를 번복할 책임을 피고의 반증 영역으로 넘긴 사례(욧

---

37) 辻博明, アスベスト訴訟が抱える法的問題と今後の対策(疫学研究によろ因果関係の証明を中心に), 岡山大学法学会誌 第60卷 第2号, 2010, 338면 이하 참조.

카이치 천식공해소송 판결)[38]가 발견되고, 더 나아가 역학적 조사에 의하여 법적 인과관계를 추정하는 것에 그치지 않고 피고가 그 발병 및 악화에 다른 원인이 개입되어 있다는 것을 반증하였다고 하더라도 천식 피해가 전적으로 다른 원인에 의하여 기인한 것으로 대기오염에 의한 피해를 받지 않았다는 것을 증명한 경우에만 추정이 복멸된다고 본 사례(지바가와사키제철 공해소송 판결)[39]도 발견된다.

다만 역학적 인과관계로부터의 바로 법적 인과관계를 추단하는 것이 언제나 가능한 것은 아니고 역학적 조사결과 위험인자의 노출집단의 상대위험도[40]가 최소한 5를 넘는 경우(이는 환자 중에서 노출집단의 비율이 그 외의 사람들의 5배를 초과하는 것을 의미한다)에만 이러한 추단이 가능한 것으로 보아야 한다는 견해가 유력하다.[41]

2) 한편, 일본의 하급심 중에는 역학적 조사 결과 집단적인 상관관계가 다소 불명확한 경우임에도 그 집단에 속한 원고가 이를 하나의 간접사실로 이용하여 다른 간접사실을 중첩하여 개별적 인과관계를 인정한 사례도 발견된다(간사이전력 타나가와발전소 공해소송 판결).[42]

3) 비교적 최근에는 우리나라의 ㈐ 판결과 유사한 사안에서 원고의 손을 들어 준 판결도 보인다. 도로에 인접한 지역에 거주하는 사람들이 도로관리자인 국가 등을 상대로 이산화질소, 부유입자상물질 등으로 인하여 천식이 발병 또는 악화되었음을 이유로 그 배출금지 및 손해배상을 구한 사안에서 법원은 원고들이 직접 실시한 것도 아닌 인근지역(지바)에서 실시한 역학조사결과를 원용하여 그와 유사한 상황에 있는 원고에 대하여 배출가스와 천식 사이의 역학적 상관관계를 인정하고, 원고들의 각

---

38) 四日市喘息公害訴訟, 津地四日市支判, 1972. 7. 24.
39) 千葉川鉄公害訴訟, 千葉地判, 1988. 11. 17.
40) 어느 위험인자에 노출된 집단의 질병 발생률이 그 위험인자에 노출되어 있지 아니한 다른 일반 집단의 질병 발생률보다 높은 정도를 의미한다.
41) 前田陽一, "千葉川鐵事件 : 疫學的因果關係", ジュリスト 別冊 171호(2004. 4.) 環境法判例百選, 32-33면.
42) 関西電力多奈川火力発電所公害訴訟, 大阪地判, 1984. 2. 28.

증세, 자동차 교통량, 대형차의 비중, 도로의 접근성, 발병 및 악화 시기와 거주시기의 중첩 여부 등 간접사실을 종합하여 인과관계의 입증을 인정하였다(도쿄 대기오염소송 판결).[43]

이와 같이 일본에서는 비특이성 질환에 있어서도 인과관계 입증완화의 이론을 관철하는 것이 실무례로서 상당 정도 정착되어 있다고 보인다.[44] 다만 여기서 간과하지 말아야 할 것은 일본에서 비특이성 질환에 대해서도 인과관계의 입증완화를 인정하여 피고에게 입증적 측면에서 상대적 불이익을 주고 있는 대신, 피고가 부담하여야 할 책임(손해)에 대해서는 제한적인 책임(기여도 책임 또는 분할책임)을 인정하는 것이 일반적인 경향이라는 점이다. 위 사례들에서도 대체로 기여도에 따라 분할된 책임만이 인정되었다.

(다) 정   리

비특이성 질환이 개입된 환경소송에 관하여 우리나라의 판례는 입증책임의 완화는 고사하고 오히려 보통의 입증 정도보다 더 강화된 정도의 것을 요구하고 있는 것인 아닌가 하는 인상을 받을 정도로 지나치게 엄격한 태도를 유지하고 있다는 생각이다.[45] 앞으로 발생할 환경침해의 형태가 복잡하고 광범위하며 예상하지 못한 양상으로 발현될 것이라는 점에서 법원이 이러한 엄격한 태도를 계속 견지한다면 자칫 국민들이 환경소송을 통한 권리구제를 포기하게 되지 않을까 우려된다.

---

43) 東京大気汚染訴訟, 東京地判, 2002. 10. 29. 이에 대한 평석으로는 小賀野晶一, 東京大気汚染訴訟東京地裁判決における因果關係論, 判例タイムズ1114号(2003. 5.), 4-10면; 大塚直, 東京大気汚染第1次訴訟第1審判決-東京地判平成14. 10. 29, 判例タイムズ 1116号(2003. 6.), 31-40쪽 참조.

44) 일본의 판례 경향을 소개하는 일부 국내문헌 중에는, 역학적 인과관계에서 법적 인과관계를 추단하는 하급심의 경향은 개연성설을 정면으로 받아들인 최고재판례(最高裁, 1975. 10. 24.)를 계기로 하여 바뀌게 되었다는 취지로 설명하고 있으나, 하급심들이 나온 시기 및 그 내용, 이후 전개과정 등을 종합해 볼 때 이러한 설명에는 의문이 있다.

45) 같은 취지로는 박태현, 환경오염으로 인한 건강피해소송에서 역학연구를 통한 인과관계의 입증, 법학논총 제38권 제3호(2014. 9.), 192면.

사견으로는, '배출물질의 유해성' 항목에서 원고가 입증하여야 할 ① 요건(유해물질의 배출)과 피고가 반증하여야 할 ⓐ 요건(위험물질의 불포함 또는 안전농도 내에서의 배출)의 조화로운 해석을 시도한 것과 같이, '비특이성 질환의 개인적 발현'이 ㉯ 요건(개별적 인과관계) 이외에 피고의 반증 사안인 ⓑ 요건(피해의 발생 전적으로 다른 원인에 의한 것이라는 점)에 해당하는 측면이 있다는 점을 고려하여, 양자 사이의 조화로운 해석, 즉 구체적 사안에 따른 입증분배를 도모하여야 할 것으로 생각된다.

그 입증책임의 분담의 구체적 방법에 대해서는, 우선 역학적 인과관계에서 파악되는 상대위험도를 감안하여 그 상대위험도가 낮을수록 원고의 입증범위(㉯ 요건)를 넓히고, 반대로 그 상대위험도가 높을수록 피고의 반증영역(ⓑ 요건)을 확대하는 방식을 제안하여 본다.

이 경우 입증책임도 적절하게 분담될 수 있을 뿐만 아니라, 배출물질과 피해발생 사이의 역학적 인과관계가 다소 불분명하게 나온 경우라고 하더라도 개별적 간접사실을 충분히 제시함으로써 개별적 인과관계를 인정받을 수 있는 기회가 보장될 수 있어 기존 판례가 가진 두 가지 문제점을 함께 해결할 수 있을 것이다.

한편 우리 법원에서 비특이성 질환 관련 소송에 관하여 입증책임 완화의 이론을 쉽게 적용하지 못하는 데에는 피고의 책임(손해)을 경감시켜 주기 위하여 고안된 '분할책임 이론' 또는 '기여도 책임의 법리' 등이 실무계에서 아직 충분히 논의되지 않고 있는 것과도 일정 부분 연관이 있다고 생각된다. 향후 어느 한편에 치우치지 아니한 균형 있는 법리를 만들기 위해서는 인과관계의 입증책임 분담 외에도 이러한 손해 분담의 논의를 함께 발전시켜 나가야 할 것이다.

Ⅴ. 환경오염피해구제법 제9조와 인과관계의 입증

1. 개　요

> **환경오염피해구제법 제9조(인과관계의 추정)**
>
> ① 시설이 환경오염피해 발생의 원인을 제공한 것으로 볼 만한 상당한 개연성이 있는 때에는 그 시설로 인하여 환경오염피해가 발생한 것으로 추정한다.
> ② 제1항에 따른 상당한 개연성이 있는지의 여부는 시설의 가동과정, 사용된 설비, 투입되거나 배출된 물질의 종류와 농도, 기상조건, 피해발생의 시간과 장소, 피해의 양상과 그 밖에 피해발생에 영향을 준 사정 등을 고려하여 판단한다.
> ③ 환경오염피해가 다른 원인으로 인하여 발생하였거나, 사업자가 대통령령으로 정하는 환경오염피해 발생의 원인과 관련된 환경·안전 관계 법령 및 인허가조건을 모두 준수하고 환경오염피해를 예방하기 위하여 노력하는 등 제4조 제3항에 따른 사업자의 책무를 다하였다는 사실을 증명하는 경우에는 제1항에 따른 추정은 배제된다.

최근 시행된 환경오염피해구제법 중 제9조는 인과관계에 관한 기존의 판례 법리에 법률적 근거를 부여한 조항이라고 평가받고 있다는 점에서 제9조의 해석 문제는 이제 중요한 환경법적 과제가 되었다고 할 수 있다. 이하에서는 위 제9조에 관하여 간단히 해석론을 전개하고 위 조항이 실무에서 어떠한 역할을 할 수 있을 것인지에 관하여 전망해 본다.

2. 제9조 제1, 2항

가. 입법취지

법 제9조 제1, 2항은 종래 학설·판례에서 인정되어 온 개연성설을 명문화한 것이라고 한다.[46] 그동안 개연성설에 기초하여 발전한 판례 이론이 그 타당성 측면에 있어서는 상당한 지지를 받았음에도 명문 규정의 근거가 없어 법적안정성에 문제가 있다는 논란이 있었으나[47] 제9조 제1,

---

46) 박종원, 환경오염피해 배상 및 구제 제도 개선을 위한 입법방안 연구, 법과 정책연구 제15집 제4호(2015. 12.), 4면 등.

47) 윤용석, 환경오염의 민사책임에 관한 새로운 동향, 재산법연구 제11권 제1호(1994), 64면.

2항을 둠으로써 비로소 최초로 성문의 법적 근거가 마련되었다고 할 것이다.

환경부의 조문별 제정이유서에도 이 부분의 입법취지와 관련하여 "과학적 인과관계 입증이 어려운 환경오염사고의 경우 민사소송의 기본원칙인 당사자 입증책임이 적용된다면, 전문성이 없는 피해자가 피해사실을 주장하거나 배상을 청구함에 있어 실질적 장애요소로 작용하므로 이러한 인과관계를 추정하는 조항을 둘 필요가 있다"고 설명되어 있다.

나. 전   망

다만, 기존 판례 법리에 대한 명문 규정이 마련되었다는 점 이외에 제9조 제1, 2항이 실무에서 어떠한 역할을 할 수 있을 것인지에 관해서는 견해가 엇갈리고 있다.

법원이 인과관계의 존부에 대한 판단을 함에 있어 위 입법취지를 존중하여 심증을 형성하게 될 것이고 그 판단을 위한 요소도 구체적으로 제시되었기 때문에 실제 판단에서 법관이 상당한 압박을 받을 것이며 따라서 그 입법 목적을 존중하여 인과관계를 쉽게 부인하지 못할 것이라거나,[48] 배출, 도달, 피해발생이라는 ① ~ ③ 요건을 추정하게 하는 개개의 전제사실에 대해서도 개연성에 의한 입증을 인정하는 근거가 될 수 있다는 견해[49]와 같이 비교적 낙관적인 견해도 제시되고 있다.

그러나 한편으로, 판례 법리로 인해 이미 인과관계의 입증이 완화되고 있는 상황에서 제9조 제1, 2항의 신설로 인과관계의 입증에 대한 피해자의 부담이 실질적으로 완화되는 것도 아니고 인과관계에 대한 소송실무가 달라지는 것도 아니므로 이 규정이 가지는 의미는 현상유지에 그칠 것이라고 보는 다소 비관적인 견해[50]도 있다.

---

48) 김홍균, 환경오염피해 배상책임 및 구제에 관한 법률의 평가와 향후 과제, 환경법연구 제37권 제2호, 153면.

49) 한지형 주 14), 148면(한지형 판사는 위 논문에서 판례 이론 ① ~ ③ 요건의 각 전제사실은 원칙적으로 개연성이 아닌 일반적인 증명의 정도를 충족해야 한다고 설명하고 있다).

50) 안경희, 환경오염피해구제법상 손해배상책임의 발생과 제한, 126회 한국환경법학

이 조항이 기존의 판례 법리 이상의 권리구제 기회 확대를 의도하여 입법되었다고 하더라도, 제9조 제1, 2항의 문언 내용상 실무에서 그러한 효과가 제대로 발현되기는 어렵다고 생각된다. 제1항에서 규정하고 있는 "시설이 환경오염피해 발생의 원인을 제공한 것으로 볼 만한 상당한 개연성"의 의미는 여전히 추상적이고,[51] 제2항에 규정된 내용도 입증주제를 한정한 것이 아니라 포괄적인 고려요소 중의 일부를 예시한 것에 불과한 것으로 보이기 때문이다.

좀 더 비판적으로 보자면, 판례 이론이 입증의 주제를 ① ~ ③ 요소로 한정하고 나머지 ⓐ, ⓑ 요건을 반증사항으로 넘김으로써 사실상 입증책임의 적절한 분배를 꾀하고 있는 것에 비해, 이 조항은 입증책임의 분배에 관한 기준을 두고 있지 아니하고, 제2항에서 판례 이론에서 주로 반증의 영역에 있는 '배출된 물질의 농도', '그 밖에 피해발생에 영향'을 다른 고려사항과 병렬적으로 열거하여 마치 이러한 사항에 대한 주된 입증책임이 원고에게 있다는 인상을 주고 있다는 점에서 오히려 판례 이론보다 더 후퇴한 것이 아닌가 하는 의구심까지 들게 한다.

다. 적극적인 해석론의 제안(사견)

(1) 다만, 우리 판례 이론이 아무런 명문 규정이 없는 상황에서도 창조적인 법리 적용을 통해 인과관계 입증 곤란의 문제를 해결해 왔다는 점을 생각하여 보면, 기왕에 입법된 제9조 제1, 2항을 전향적으로 해석함으로써 기존 판례 이론보다 더 권리구제의 기회를 확대하는 쪽으로 운용할 수 있을 것으로 본다.

그 방향은 대체로 ⓐ 원고가 상당한 개연성을 인정받기 위하여 입증해야 하는 주제를 좀 더 구체적으로 축소, 특정하여 주는 측면(입증대

회 및 대법원 환경법연구회 공동학술대회(환경오염피해에 대한 민사법적 구제의 동향과 전망) 자료집, 2016년, 64면; 박종원 주 46), 4면.

51) 이에 대하여 이 조항이 독일 환경책임법을 참고하여 도입된 점을 감안하여 그 의미를 독일에서와 같이 해석하여야 한다는 견해가 있으나[김홍균, 주 48), 152면], 독일법과의 문언 차이에 비추어 보면 그 해석론을 그대로 적용할 수 있는지는 의문이다.

상의 측면), (b) 그러한 주제에 관련한 전제사실들, 간접사실들에 대한 입증도를 경감하여 주는 측면(입증강도의 측면)에서 시도될 수 있을 것이다.

(2) 먼저 입증대상의 측면에서, 비록 법 제9조 제2항이 명확하게 입증 범위를 특정하고 있는 것은 아니어서 한계는 있을 것이나, 위 조항에서 시설의 가동과정, 사용된 설비, 투입되거나 배출된 물질의 종류와 농도, 기상조건, 피해발생의 시간과 장소, 피해의 양상과 그 밖에 피해발생에 영향을 준 사정 등을 개연성을 인정하기 위한 고려요소로 분명하게 제시하고 있으므로, 법원에서 명문으로 규정된 위 고려요소들을 중심으로 원고가 입증하여야 할 범위를 특정하고, 원고가 그 증명주제 관하여 입증할 경우 법률상 추정에 준하는 효과를 인정하여 준다면 위 고려요소는 입증부담의 경감에 있어 상당한 의미를 가질 수 있을 것이다.

여기서 특히 문제되는 것은 위 고려요소 중 '배출된 물질의 종류와 농도'와 '그 밖의 피해발생에 영향을 준 사정' 항목인데, 우선 '배출된 물질의 종류와 농도'는 판례 이론에서 원칙적으로 반증의 영역에 있는 것이나 유해물질 종류와 농도의 문제는 사안에 따라 적절하게 원고와 피고가 입증을 분담해야 한다는 것은 이미 앞에서 논증한바 있으므로 그 정도의 수준에서 이를 해석하면 족할 것으로 본다.

'그 밖의 피해발생에 영향을 준 사정'은 그 의미가 모호하나 제3항 전단의 규정 및 판례 이론에 비추어 볼 때 제3의 발생원인(의 부존재)에 관하여 원고에게 입증책임을 부과하는 의미로 해석할 수는 없다고 본다.

(3) 다음 입증 강도의 측면에서, 판례 이론의 배출, 도달, 피해발생이라는 ① ~ ③ 요건을 추정하게 하는 개개의 전제사실에 대해서도 개연성 이론이 적용되는 것인지에 관하여 견해의 대립이 있었으나, 법 제9조 제1항이 피해발생의 원인을 제공한 것으로 볼 만한 모든 사정을 개연성의 대상으로 삼고 있으므로 사안에 따라 각 전제사실에 관한 입증의 정도도 개연성의 수준으로 경감할 수 있음을 선언한 조항으로 해석할 수 있을 것이다.

3. 제9조 제3항 전단

제9조 제3항 전단은 "환경오염피해가 다른 원인으로 인하여 발생(한)…
사실을 증명하는 경우에는 제1항에 따른 추정은 배제된다"는 규정으로
판례 이론 중 피고의 반증 사안인 ⓑ 요건(피해발생의 다른 전적인 원인이
존재한다는 사실) 부분을 명문화한 것으로 볼 수 있다.

이 조항이 판례 이론보다 더 확대된 길을 열어 주지 못할지라도 최
소한 판례 이론보다 더 후퇴하는 방향으로 해석되어서는 안 된다는 입법
취지를 고려하면 위 규정상 "다른 원인"은 "전적으로 다른 원인"으로 해
석하여야 할 것이다.

한편, 제9조 제3항과 관련하여서는 비특이성 질환과 관련된 사건에
있어서 특히 적극적인 해석이 기대된다. 앞에서 '비특이성 질환의 개인적
발현'이 ㉴ 요건(개별적 인과관계의 입증) 이외에 ⓑ 요건적인 측면이 있
다고 하였고 양자 사이의 조화로운 해석이 필요하다는 사견을 밝힌 바
있는데, 위 조항이 이러한 해석의 법적 근거가 될 수 있다고 본다.

4. 제9조 제3항 후단

가. 입법취지

제9조 제3항 후단은 (a) 사업자가 대통령령으로 정하는 환경오염피
해 발생의 원인과 관련된 환경·안전 관계 법령 및 인허가조건을 모두
준수하고 (b) 환경오염피해를 예방하기 위하여 노력하는 등 제4조 제3
항[52]에 따른 사업자의 책무를 다하였다는 사실을 증명하는 경우에 인과
관계의 추정을 배제하고 있다.[53] (a), (b)는 병렬적인 것으로 양자가 모두

---

[52] 법 제4조(국가 등의 책무) ③ 사업자는 시설의 설치·운영으로부터 발생하는 환
경오염피해를 예방하기 위하여 스스로 노력하고, 환경오염 사고가 발생하였을
때에는 피해경감에 필요한 조치를 하여야 하며, 제1항과 제2항에 따른 국가
또는 지방자치단체의 시책이 효과적으로 추진될 수 있도록 협력하여야 한다.

[53] 당초 환경부안에서는 "환경오염의 피해가 전적으로 다른 원인으로 인하여 발생
한 것으로 볼 사정이 있는 때에는 제1항에 따른 추정은 배제된다."는 규정만을 두

충족되어야만 인과관계가 배제될 것이다. 위 법의 입법취지에 대해서는 사업자로 하여금 법령을 모두 준수하면 면책을 받을 수도 있다는 가능성을 열어 놓음으로써 준법에 관한 인센티브를 부여하는 것이라고 설명하고 있다.[54]

그러나 위 조항은 결과적으로 피해자의 권리구제의 가능성을 후퇴시키고 있는 것으로[55] 입법적 개선이 요구된다. 통상 사업자의 법령 및 인허가조건의 준수는 고의·과실 또는 위법성 영역에서 다투어졌던 것인바 이를 또다시 인과관계의 차원에서 거론하는 것은 기존의 판단체계에 혼란을 가져올 뿐이다. 나아가 환경정책기본법 제44조는 물론이고 환경오염피해구제법 제6조[56]에서도 환경오염 피해에 있어서 무과실책임을 인정하고 있는데, 이를 오히려 인과관계 추정의 번복사유로 삼는다는 것은 법의 취지와도 맞지 않다고 본다.[57]

나. 실무상 전망

법 제9조 제3항은 현재 환경피해에 관한 확립된 법리와 부합되지 않고 오히려 기존 법리보다 권리구제에 있어 오히려 퇴보한 규정이라는 점, 이 법조항의 모델이 된 독일에서도 법 제9조 제3항에 해당하는 면책사유 규정을 이유로 실제로 면책을 인정한 사례가 없다는 점[58] 등을 고

고 있었으나 정상운영시에는 인과관계 추정을 배제하고 있는 독일 환경책임법 제6조 제2항과 같은 규정을 두자는 산업계의 건의사항을 받아들여 위 단서 조항이 포함되었다고 한다[안경희 주 50), 65면].

54) 안경희 주 50), 66면.

55) (사)한국환경법학회, 환경오염피해구제제도 국내외 사례조사 연구 결과보고서, 98면.

56) 법 제6조(사업자의 환경오염피해에 대한 무과실책임) ① 시설의 설치·운영과 관련하여 환경오염피해가 발생한 때에는 해당 시설의 사업자가 그 피해를 배상하여야 한다. 다만, 그 피해가 전쟁·내란·폭동 또는 천재지변, 그 밖의 불가항력으로 인한 경우에는 그러하지 아니하다.

57) 같은 취지로는 김홍균 주 48), 153면.

58) 후단과 유사한 규정(정상조업의 조건을 입증할 것)을 두고 있는 독일에서도 1984년의 이른바 용광로 시설(Kupolofen) 사건에서 법이 규정한 배출기준(허용한 계치)을 준수하였음에도 그 기준만으로 환경침해를 막을 수 없는 특수한 사정이 있는 경우에는 이를 고려하여야 한다고 하여, 위 준수에도 불구하고 독일 환경책임법 제6조의 적합성이 배제되지 않는다고 판단한 것을 비롯하여 1990년 환경책임

려하면, 실질적으로 법 제9조 제3항에 정한 사업자의 책무를 다하였다는 사실을 증명하는 것은 쉽지 않을 것으로 보인다. 사견으로는 실무상으로도 민법상의 사용자 책임과 같이 사실상 그 면책이 거의 인정되지 않는 방향으로 운용될 가능성이 크다고 전망된다.

Ⅵ. 마 무 리

입증책임의 완화 여부는 종국에는 그것이 법의 이념 내지 정의의 관념에 부합하는가에 의하여 결정되어야 할 문제라는 점에서 당위론적인 접근이 아니라 해당 사건에서의 구체적인 사정들을 종합적으로 고려하여 개별적으로 검토해야 한다는 것이 이 글의 가장 중요한 주제이다.

환경에 관련된 분쟁이라는 이유만으로 무조건 인과관계의 입증완화를 요구할 수는 없을 것이나, 반대로 앞으로 전개될 더욱 복잡하고 광범위하며 원인을 알기 어려운 형태의 환경분쟁에 대해서는 더 적극적으로 인과관계 입증완화에 관한 주장을 펼칠 수 있어야 할 것이다. 법원도 이러한 새로운 문제에 대해서는 기존 이론이나 판례 법리의 확대나 수정, 나아가 완전히 새로운 법리의 생성과 발굴에 이르기까지 적극적이고 전향적인 태도를 취할 필요가 있다.

같은 취지에서, 여러 난관 속에 입법된 환경오염피해구제법 제9조가 단지 기존 판례 법리를 확인하는 역할에 그치지 않고 권리구제의 확대에 실질적인 기여를 할 수 있는 도구로 자리매김하기를 기대해 본다.

법이 제정된 이후 제기된 21건의 소송에서 한 번도 추정 배제가 인정된 적이 없다고 한다(사)한국환경법학회 주 55), 117, 416면].

[Abstract]

The proof as to causation between environmental harm and injuries

Shin, Won Il*

The purpose of this paper is to critically review prior literatures and court precedents that discuss the burden of proof as to a causal connection between environmental harm and injuries, as well as proposing constructive interpretation of Article 9 of the Act on Liability for Environmental Damage and Relief ("Act"), which was recently enacted to alleviate the plaintiff's burden of proof.

Various standards for reversing the burden of proof as to causation, including probabilistic causation theory, indirect counterevidence theory, epidemiological causation theory, etc., are not mutually exclusive but can apply concurrently within the context of specific fact and case laws.

In this connection, relevant court precedents cast the following questions. First, who should bear the burden of proof as to harmful effects of emitted substances? The plaintiff should prove general causation between the substance and the type of injuries alleged, while the defendant should disprove substantial harmful effects including mechanism leading to the type of injuries. Second, how can causation be established in case a route by which the substance reached the destination cannot be confirmed? A new theory, such as "segmental" causation theory, should be constructed. Third, how should we allocate the burden of proof in cases of non-specific disease? We need flexible allocation based on the concept of "relative risk"

---

* Judge, Supreme Court of Korea.

identified in the epidemiological causality theory.

Whether and to which extent the burden of proof should be placed on the defendant of environmental cases, is not a normative but contextual question. It should be individually determined based on specific circumstances of the case concerned. In this context, the implementation of Article 9 of the Act should be aimed at espousing environmental rights, rather than echoing existing court precedents.

[Key word]
- environmental litigation
- burden of proof as to causation
- reversing the burden of proof
- epidemiological causation
- segmental causation
- non-specific disease
- Article 9 of Act on Liability for Environmental Damage and Relief

참고문헌

[국내문헌]

김형석, 민사적 환경책임, 법학 제52권 제1호(2011).

김홍균, 환경오염피해 배상책임 및 구제에 관한 법률의 평가와 향후 과제, 환경법연구 제37권 제2호.

민정석, 환경소송에서 인과관계 증명에 관한 법리-대법원 2012. 1. 12. 선고 2009다84608, 84615, 84622, 84639 판결, 자유와 책임 그리고 동행; 안대희 대법관 재임기념(2002).

박종원, 환경오염피해 배상 및 구제 제도 개선을 위한 입법방안 연구, 법과 정책연구 제15집 제4호(2015. 12.).

박태현, 환경오염으로 인한 건강피해소송에서 역학연구를 통한 인과관계의 입증, 법학논총 제38권 제3호(2014. 9.).

(사)한국환경법학회, 환경오염피해구제제도 국내외 사례조사 연구 결과보고서.

안경희, 환경오염피해구제법상 손해배상책임의 발생과 제한, 126회 한국환경법학회 및 대법원 환경법연구회 공동학술대회(환경오염피해에 대한 민사법적 구제의 동향과 전망) 자료집(2016).

오용호, 공해소송의 인과관계에 대한 고찰, 민사판례연구 Ⅶ, 박영사(1985).

윤용석, 환경오염의 민사책임에 관한 새로운 동향, 재산법연구 제11권 제1호(1994).

이동진, 다수에 의한 환경오염피해의 책임과 구상관계, 환경오염피해소송에서의 인과관계 판단, 제126회 한국환경법학회 및 대법원 환경법연구회 공동학술대회 자료집(2016).

임치용, 환경소송에서의 인과관계와 입증책임, 재판자료 제94집(2002).

전경운, 환경소송에서 인과관계의 입증에 관한 소고, 환경법 연구 제32권 제2호.

조홍식, 토양환경침해에 관한 법적 책임, 환경법연구 제20권(1998).

천경송, 공해의 복수원인자의 책임(공동불법행위론), 재판자료 제2집(1979).

한지형, 환경오염피해소송에서의 인과관계 판단, 제126회 한국환경법학회 및 대법원 환경법연구회 공동학술대회 자료집(2016).

[외국문헌]

吉村良一, 公害における因果関係の証明(1988).

淡路剛久, 公害の理論(1975).

高田健一, "事實的 因果關係 - 疫學的 因果關係", 裁判實務大系 不法行爲訴訟法.

山下昭浩, 公害訴訟野おける因果関係の証明, 早稲田法学会誌 第48券(1998).

瀬川信久, 加害者不明型共同不法行為のおける因果関係の証明と寄与度責任, 環境法研究 第4号(2016).

新美育文, "疫學的手法による因果關係の證明(下)", ジュリスト 871号(1986. 11.).

辻博明, アスベスト訴訟が抱える法的問題と今後の対策(疫学研究によろ因果関係の証明を中心に), 岡山大学法学会誌 第60巻 第2号(2010).

前田陽一, "千葉川鐵事件 : 疫學的因果關係", ジュリスト 別册 171号(2004. 4.) 環境法判例百選.

小賀野晶一, 東京大気汚染訴訟東京地裁判決における因果關係論, 判例タイムズ 1114号(2003. 5.).

大塚直, 東京大気汚染第1次訴訟第1審判決−東京地判平成14. 10. 29, 判例タイムズ1116号(2003. 6.).

환경법에서의 공법과 사법
— 공법상 환경기준의 사법상 효력에 관한 논의를 중심으로 —*

허 성 욱**

■요   지■

이 글은 공법상 환경기준의 사법상 효력에 관한 논의를 중심으로 환경법에서의 공법과 사법의 문제에 관해 생각해본 글이다.

종래 법학에 있어서 공법과 사법은 공사법이원론 등의 영향으로 서로 별개의 것으로 이해되고 연구되는 경향이 있었다. 실제로 사적 자치의 원리에 바탕을 두고 개인들의 사적인 거래에 관한 규율을 담당하고 있는 사법과, 헌법과 행정법과 같이 국가 전체의 운영원리에 관한 내용을 정하고 있는 공법은 서로 다른 성격을 가지고 있었다.

그러나 현대사회에서 환경법과 같이 공법적 성격과 사법적 성격을 같이 가지고 있는 법적 영역의 중요성이 커지면서 공법과 사법의 상호관계에 관해 새로운 관점에서 접근할 필요가 점점 커지고 있다.

이 글에서는 판례의 태도를 중심으로 공법상 환경기준의 사법상 효력에 관한 기존의 논의를 정리한 다음, 외부효과로서 환경문제의 본질과 외부효과의 내부화를 통한 자원배분의 효율성 달성이라는 측면에서 환경법의 본질적 기능에 관해 살피는 것으로 논의를 시작하였다.

그 후, 자원배분의 효율성 달성을 위한 사법(私法)적 구제수단으로서 불

---

* 이 글은 민사판례연구회 2016년 하계 심포지엄에서 발표된 글이고 추후 관련 분야의 학술지에 투고 및 심사절차를 거쳐 별도로 게재될 예정임을 밝혀 둔다.
** 서울대학교 법학전문대학원 교수.

법행위법의 의미와 역할 그리고 공법적 구제수단으로서 행정규제 및 환경기준의 의미와 역할에 관해 검토하였다.

그 논의를 바탕으로 정치 및 행정의 고정을 통해 공법적으로 만들어지는 규범적 합의로서 환경기준을 통해 달성하려는 자원배분의 효율성과 불법행위소송의 매개를 통해 시장메커니즘을 활용해서 사법적으로 달성되는 자원배분의 효율성은 서로 어떤 관계를 가지는지, 어떤 조건과 상황 하에서 양자는 일치하게 되는지, 어떤 조건과 상황 하에서 양자의 괴리가 발생하게 되는지를 가설적 논증을 통해 살펴본 후 공법상 환경기준의 사법상 효력에 관한 기존 판례의 태도 및 이론적 논의들을 비판적으로 재검토하고 나름의 제언을 하는 것으로 글을 마무리하였다.

이러한 논의를 진행함에 있어서 환경문제를 보는 철학적 관점으로서 환경윤리주의적 관점, 효용주의적 관점, 환경정의적 관점에 관해 검토하였고, 외부효과의 내부화 방안으로서 피구세 방식과 코우즈 정리의 논의를 정리하였으며, 규제이론으로서 공익이론과 공공선택이론의 주요한 내용을 검토하고 그로부터 환경법에 있어서 공법과 사법의 관계에 관한 유의미한 시사점을 도출하였다.

[주 제 어]
- 환경기준
- 자원배분의 효율성
- 불법행위법
- 행정규제
- 공법과 사법

Ⅰ. 들어가는 말

공법상 환경기준의 사법상 효력에 관해서는 우리나라 법학계와 실무계에서 적지 않은 논의가 이루어져 왔다. 판례는 공법상 환경기준이 민사불법행위에 있어서 위법성 판단의 주요한 고려요소의 하나이지만 절대적 기준은 아니고 수인한도를 판단함에 있어서 고려되는 여러 가지 요소 중의 하나라고 일반론적으로 보고 있으나 실제로 많은 사건들에 있어서 공법상 환경기준준수여부에 따라 실질적인 위법성 판단이 이루어지고 있다.

이 글에서는 공법상 환경기준의 사법상 효력이라는 쟁점을 중심으로 환경법에 있어서 공법과 사법의 역할 및 상호관계에 관해 실험적인 고찰을 해보기로 한다.

논의의 흐름은 다음과 같다.

먼저, 판례의 태도를 중심으로 공법상 환경기준의 사법상 효력에 관한 기존의 논의를 정리한 다음, 외부효과로서 환경문제의 본질과 외부효과의 내부화를 통한 자원배분의 효율성 달성이란 측면에서 환경법의 본질적 기능에 관해 살펴보기로 한다.

그 후, 자원배분의 효율성 달성을 위한 사법(私法)적 구제수단으로서 불법행위법의 의미와 역할 그리고 공법적 구제수단으로서 행정규제 및 환경기준의 의미와 역할에 관해 검토하기로 한다.

앞의 논의를 바탕으로 정치 및 행정의 과정을 통해 공법적으로 만들어지는 규범적 합의로서 환경기준을 통해 달성하려는 자원배분의 효율성과 불법행위소송의 매개를 통해 시장메커니즘을 활용해서 사법적으로 만들어지는 자원배분의 효율성은 서로 어떤 관계를 가지는지, 어떤 조건과 상황 하에서 양자는 일치하게 되는지, 어떤 조건과 상황 하에서 양자의 괴리가 발생하게 되는지를 가설적 논증을 통해 살펴보기로 한다.

이상의 논의를 바탕으로 공법상 환경기준의 사법상 효력에 관한 기존 판례의 태도 및 이론적 논의들을 비판적으로 재검토해보고 나름의 제

언을 하는 것으로 글을 마무리하기로 한다.[1]

Ⅱ. 공법상 환경기준의 사법상 효력에 관한 기존 논의의 정리

1. 공법상 환경기준의 사법상 효력에 관한 판례의 태도

대법원은 공군사격장 주변지역에서 발생하는 소음피해 사건에서 "사회통념상 참을 수 있는 피해인지 여부에 관한 기준(수인한도의 기준)을 결정함에 있어서는 일반적으로 침해되는 권리나 이익의 성질과 침해의 정도뿐만 아니라 침해행위가 갖는 공공성의 내용과 정도, 그 지역환경의 특수성, **공법적인 규제에 의하여 확보하려는 환경기준**, 침해를 방지 또는 경감시키거나 손해를 회피할 방안의 유무 및 그 난이 정도 등 여러 사정을 종합적으로 고려하여 구체적 사건에 따라 개별적으로 판단하여야 한다"라고 판시[2]하여 공법상 환경기준을 사법상 유지청구 혹은 불법행위소송에 있어서의 위법성 판단의 기준인 수인한도를 결정함에 있어서 고려되는 여러 가지 요소들 중 하나로 보고 있다.

환경문제를 포함해서 인간이 사회공동체 속에서 생활하는 과정에서 불가피하게 서로 영향을 주는 모든 행위들을 위법한 것으로 볼 수는 없으므로 어느 범위의 행위까지를 법적인 권리와 의무에 영향을 주는 위법한 것이라고 볼 것인가에 관한 기준의 설정이 필요하고 수인한도론은 그 필요에서 만들어진 이론이라고 볼 수 있다. 이는 나중에 살펴볼 외부효과의 상호성의 문제와도 관련이 있다.

수인한도의 판단기준으로서 공법상 환경기준의 역할에 관한 대법원의 이러한 판단은 비교적 일관된 것이어서 다른 많은 판결에서도 같은

---

1) 이 글의 주제가 '환경법에서의 공법과 사법'이라는 큰 주제이니만큼 그 주제에 관한 기존의 연구들이 매우 많이 집적되어 있고 환경기준의 법적 성격과 효력 등을 비롯한 세부적인 쟁점들에 대해서도 이미 많은 강학상의 논쟁과 학설대립이 진행되고 있는데 그 내용들을 일일이 소개하면서 이 글을 진행해나가는 것은 논의가 너무 산만해질 우려가 있으므로 기존의 논의들과 선행연구들은 필요한 범위에서만 소개하고 인용하기로 한다.
2) 대법원 2010. 11. 11. 선고 2008다57975 판결.

취지의 판시를 하고 있다.[3]

한편, 종래 우리 대법원은 생활방해에 대한 방지청구의 경우와 불법행위를 이유로 한 손해배상의 청구 양자에 대해서 동일하게 수인한도론을 기준으로 위법성을 판단하였고 같은 요소들을 수인한도의 판단요소로 병렬적으로 거시하고 있었다.

그런데 최근에 선고된 판결[4]에서는 수인한도의 판단의 고려요소에 관해서는 "도로에서 발생하는 소음으로 말미암아 생활에 고통을 받는 정도가 사회통념상 일반적으로 참아내야 할 정도를 넘는지는 피해의 성질과 정도, 피해이익의 공공성, 가해행위의 태양, 가해행위의 공공성, 가해자의 방지조치 또는 손해 회피의 가능성, **공법상 규제기준의 위반여부**, 지역성, 토지이용의 선후관계 등 모든 사정을 종합적으로 고려하여 판단하여야 한다"라고 판시하여 종래와 같은 입장을 유지하면서도 "도로소음으로 인한 생활방해를 원인으로 소음의 예방 또는 배제를 구하는 방지청구는 금전배상을 구하는 손해배상청구와는 내용과 요건을 서로 달리하는 것이어서 같은 사정이라도 청구의 내용에 따라 고려요소의 중요도에 차이가 생길 수 있고, 방지청구는 그것이 허용될 경우 소송당사자뿐 아니라 제3자의 이해관계에도 중대한 영향을 미칠 수 있어, 방지청구의 당부를 판단하는 법원으로서는 해당 청구가 허용될 경우에 방지청구를 구하는 당사자가 받게 될 이익과 상대방 및 제3자가 받게 될 불이익 등을 비교·교량하여야 한다"라고 판시하여 방지청구의 위법성 판단과 손해배상청구의 위법성 판단의 방법 및 고려요소가 다를 수 있음을 직접적으로 설시한 바 있다.[5]·[6]

3) 대법원 1999. 1. 26. 선고 98다23850 판결; 대법원 2000. 5. 16. 선고 98다56997 판결; 대법원 2002. 12. 10. 선고 2000다72213 판결; 대법원 2015. 9. 24. 선고 2011다91784 판결; 대법원 2015. 10. 29. 선고 2008다47558 판결; 대법원 2015. 12. 23. 선고 2014다231187 판결 등.
4) 대법원 2015. 9. 24. 선고 2011다91784 판결.
5) 종래 이 문제는 이른바 위법성 단계설을 취할 것인지 여부에 관한 이론적 논쟁으로 진행된 바 있다. 조홍식, 유지청구 허용여부에 관한 소고, 민사판례연구 XXII, 민사판례연구회(2000); 김재형, 소유권과 환경보호, 민법론 I, 박영사(2004) 등의 문헌 참조.
6) 위 판결에 대한 자세한 평석으로는 조재헌, 도로소음으로 인한 생활방해의 방지

한편, 대법원 2008. 8. 21. 선고 2008다9358, 9365 판결에서는 아파트 주민들의 인근의 도로소음으로 인한 손해배상청구권의 성립여부에 관한 판단에서 "수인한도의 기준을 결정함에 있어서는 일반적으로 침해되는 권리나 이익의 성질과 침해의 정도뿐만 아니라 침해행위가 갖는 공공성의 내용과 정도, 그 지역환경의 특수성, **공법적인 규제에 의하여 확보하려는 환경기준**, 침해를 방지 또는 경감시키거나 손해를 회피할 방안의 유무 및 그 난이 정도 등 여러 사정을 종합적으로 고려하여 구체적 사건에 따라 개별적으로 결정하여야 하는바"라고 하여 종래와 같은 수인한도 판단의 기준을 제시하면서 거기에 더해서 "특히 차량이 통행하는 도로에서 유입되는 소음으로 인하여 인근 공동주택의 거주자에게 사회통념상 일반적으로 수인할 정도를 넘어서는 침해가 있는지 여부는 주택법 등에서 제시하는 주택건설기준보다는 환경정책기본법 등에서 설정하고 있는 환경기준을 우선적으로 고려하여 판단하여야 한다"라고 하여 공법상 기준 사이의 우선순위에 관한 고려가 필요하다는 점을 지적하고 있다.[7]

그런데 대법원은 일조방해의 위법성 여부에 대한 판단에 있어서 "일조방해행위가 사회통념상 수인한도를 넘었는지 여부는 피해의 정도, 피해 이익의 성질 및 그에 대한 사회적 평가, 가해건물의 용도, 지역성, 토지이용의 선후관계, 가해 방지 및 피해 회피의 가능성, **공법적 규제의 위반 여부**, 교섭 경과 등 모든 사정을 종합적으로 고려하여 판단하여야 하고, **건축 후에 신설된 일조권에 관한 새로운 공법적 규제** 역시 이러한 위법성의 평가에 있어서 중요한 자료가 될 수 있다"[8]라고 판시하면서 "(일조방해와 관련하여) 건축법 등 관계법령에 일조방해에 관한 직접적인 단속법규가 있다면 그 법규에 적합한지 여부가 사법상 위법성을 판단함에 있어서 중요한 판단자료가 될 것이지만, 이러한 공법적 규제에 의하여 확

청구―수인한도와 이익형량을 중심으로―, 민사판례연구회 2016년 2월 정기월례회 발표문 참조.

7) 위 판결에 대한 평석으로는 배병호, 공법상 환경관련기준의 배상법적 의의, 환경법연구 제34권 제1호, 한국환경법학회(2012년 3월) 참조.

8) 대법원 2004. 9. 13. 선고 2003다64602 판결.

보하고자 하는 일조는 원래 사법상 보호되는 일조권을 공법적인 면에
서도 가능한 한 보증하려는 것으로서 특별한 사정이 없는 한 일조권
보호를 위한 최소한도의 기준으로 봄이 상당하고, 구체적인 경우에 있
어서는 어떠한 건물 신축이 건축 당시의 공법적 규제에 형식적으로
적합하다고 하더라도 현실적인 일조방해의 정도가 현저하게 커 사회통
념상 수인한도를 넘는 경우에 위법행위로 평가될 수 있다"[9]라고 판시
하고 있어서 공법상 기준의 준수가 사법상의 책임을 완전히 면책시키
는 것은 아니라고 보고 있다.

　공법상 환경기준의 사법상 효력에 관한 이러한 판례의 태도를 정리
해보면 우리 판례의 문언상으로는 공법상 환경기준이 민사상 생활방해
혹은 불법행위의 위법성 판단의 기준인 수인한도를 판단함에 있어서 고
려되는 제반 요소 중의 하나로 열거되고 있지만, 실질적으로는 문제되는
사안의 위법성 판단의 결론에 중요한 영향을 미치는 고려 요소로서 작용
하고 있다고 볼 수 있겠다. 다만, 공법상 환경기준이 만들어지는 정치와
행정의 과정 속에 민사상 위법성 판단에 필요한 제반 고려요소들이 반영
된다는 보장이 없으므로 공법상 환경기준 그 자체를 직접적인 위법성 판
단의 기준으로 삼는 것은 주저하고 있는 것으로 보인다.

2. 공법상 환경기준의 사법상 효력과 관련된 이론적 논의

　(1) 이론적으로 공법상 환경기준의 법규성 여부가 문제될 수 있다.
　환경정책기본법상의 환경기준은 동법 제12조의 위임에 따라 대통령
령으로 정하도록 되어 있다. 전형적인 법규명령의 위임절차를 통해 만들
어진 환경기준이지만 학설상으로 환경기준은 환경행정상의 목표를 나타
내는 지표에 불과하고 직접 국민의 구체적인 권리·의무를 규정하는 법
규로서의 성질을 갖지 않는다고 이해되고 있다.[10]

---

9) 대법원 2002. 12. 10. 선고 2000다72213 판결, 같은 취지에서 대법원 2004. 9. 13.
　선고 2003다64602 판결 등.
10) 김홍균, 환경법 제3판, 박영사(2014), 제81면.

한편, 환경기준은 국가에 대해 구속력이 있지만, 학설상으로 그 구속력의 정도에 관해서는 환경기준이 행정청으로 하여금 이를 달성하여야 하는 법적 의무를 부과하는 것은 아니라거나 행정조직 내부에서의 행정의 지침이 되는데 그친다는 견해 등이 있다. 대법원도 피고 부산광역시가 상수원의 수질기준에 관한 환경기준을 준수하지 못하고 수돗물을 생산·공급하였다고 하더라도 그 공급행위가 원고들에 대한 불법행위가 되지는 않는다고 판단한 바 있다.[11]

그러나 앞에서 본 바와 같이 공법상 환경기준이 수인한도의 실질적인 기준으로 위법성 판단의 중요한 요소로 작용하고 있다면 그 범위 내에서는 간접적으로나마 법규성을 가진다고 볼 수 있을 것이다.

한편, 같은 환경기준이지만 대기환경보전법, 수질 및 수생태계 보전에 관한 법률 등에서 정하고 있는 배출허용기준은 환경정책기본법상의 환경기준과는 달리 국가는 물론이고 국민에 대해서도 구속력을 가지고 국민의 구체적인 권리의무를 규정하는 규제기준으로서 기능을 한다. 배출허용기준은 대기 및 수질 오염지표로 작동하면서 규제권 발동의 출발점으로서 기능하고 있는데 이를 초과하여 오염물질을 배출하는 경우 배출부과금 부과나 개선명령, 조업정지, 폐쇄명령 또는 허가취소 등의 제재를 받게 된다.

(2) 건축법, 소음·진동관리법 등 행정법규에서 건물 사이의 간격, 소음, 진동 등에 대해 규제하고 있는 경우 이러한 법규에서의 기준이 수인한도 판단에 어떠한 영향을 미치는지를 둘러싸고 견해의 대립이 있을 수 있다. 이러한 행정법규는 공익적인 목적을 달성하기 위한 것이므로 그 행정법규에서 정한 기준에 따라 사법상 청구권의 존재 여부가 결정되어서는 안된다는 견해가 있을 수 있으나 현재 주류의 학설은 판례의 입장과 마찬가지로 공법상 규제기준을 주요한 수인한도 판단의 요소로 보고 있다.[12]

---

11) 대법원 2001. 10. 23. 선고 99다36280 판결.
12) 김재형, 전게논문, 153면 이하.

Ⅲ. 환경법의 목적으로서 자원배분의 효율성에 관하여

1. 환경문제를 보는 철학적 관점

"우리의 주위를 둘러싸고 있는 모든 것(environ+ment)"이라는 개념적 정의를 가지고 있는 "환경"이라는 단어의 어원적 의미만큼이나 환경문제를 바라보는 철학적 관점은 다양할 수 있다. 그 관점들 중에서 주요한 몇 개의 철학적 관점을 들면 다음과 같은 것들이 있다.

(1) 환경윤리주의적 관점

이 관점은 타협될 수 없는 절대적 권리로서 환경권이 보장되어야 하고, 공동체의 구성원들에게는 윤리적 의무로서 환경보호의 의무가 부과되어야 한다고 보는 입장이다. 1972년 스톡홀름에서 선언된 UN 환경회의 합의문 제1원칙[13]에서 선언된 것과 같은 환경권이 모든 인간에게 보장되어야 한다고 보는 입장이다. 환경의 가치를 절대적으로 존중하는 입장에서 원칙론 차원에서는 동의할 수 있는 입장이지만, 그 선언을 구체적인 법정책으로 옮기는 과정에서는 여러 가지 문제점들이 발생할 수 있다. 과연 비용적·기술적 고려를 하지 않고 언제나 절대적 권리로서 환경권을 보호할 수 있는 것인지, 절대적 권리로서 환경권을 보호하는 과정에서 기존에 확립되어 있던 사유재산권, 지역사회의 자기결정권, 국가주권과의 충돌문제를 어떻게 해결할 것인지 등의 문제와 같이 현실의 법정책수립과정에서는 근본적으로 해결하기 어려운 난제들을 내포하고 있는 관점이다.

(2) 공리주의적(혹은 효용주의적) 관점

이 관점은 환경의 문제도 결국 희소성의 원칙의 지배를 받는 환경자원의 보호 및 배분의 문제이므로 효용주의 혹은 공리주의 입장에서 문제에 접근하는 것이 가장 실용적인 문제해결방법이라고 보는 관점이다.

---

13) Principle 1: Man has the fundamental right to freedom, equality and adequate conditions of life, in an environment of a quality that permits a life of dignity and well-being, and he bears a solemn responsibility to protect and improve the environment for present and future generations. [Declaration of the United Nations Conference on the Human Environment]

이 관점에 따르면 환경문제는 대표적인 시장실패의 사례로서 외부효과의 문제이므로 시장참가자들의 유인체계(incentive mechanism)를 변경하여 외부효과를 내부화하는 방식으로 환경문제를 해결할 수 있다고 본다. 이 경우 환경정책에 있어서 가장 우선적인 고려는 자원배분의 효율성이다.

이 관점에 대해서는 환경의 문제와 같이 대표적인 비계량적 혹은 정성적 요소에 대해 비용편익분석 등과 같은 공리주의적 방식으로 접근하는 것은 타당하지 않다는 비판이 제기될 수 있다. 그에 대해서는 통계적 분석기법의 발전을 통해 많은 비계량적 요소에 대한 효용주의적 분석이 가능해졌고, 효용주의에 터잡은 근대경제학의 합리적 선택이론이 기수적 효용이 아니라 서수적 효용에 바탕을 두고 있는 점을 고려하면 환경의 문제와 같이 일면 비계량적 속성을 가진 재화의 배분에 관한 문제도 효용주의의 입장에서 얼마든지 분석 가능하다는 반론이 있을 수 있다.

(3) 환경정의적 관점

이 관점은 공리주의적 접근방법에 대한 보완적 관점의 성격을 가지는 것으로 공리주의적 관점에만 따르는 경우에는 자원배분의 효율성은 달성될 수 있을지 모르지만 자원배분의 형평성 차원에서 문제가 생길 수 있으므로 환경적 가치의 배분에 있어서 불평등의 문제를 중요하게 고려하여야 한다는 입장이다. 가치의 배분에 있어서 효율성뿐만 아니라 형평성도 중요하다는 주장은 당위론 차원에서는 얼마든지 주장할 수 있지만, 그것이 별도의 철학적 관점이 되거나 규범력을 가지는 법정책의 지도이념이 되기에는 형평성의 개념을 둘러싸고 너무나 많은 다른 의견들이 존재할 수 있다.

(4) 소 결 론

개인으로서 어떤 주체가 환경과의 관련 하에 자신의 삶을 어떤 모습으로 그릴 것인가의 단계에서는 앞에서 본 세 가지 철학적 관점과 생태주의적 관점을 포함해서 어떤 관점이든 의미가 있을 수 있다.

그러나 공동체 전체의 관점에서 환경자원을 어떻게 보호 및 배분하고 그에 수반되는 비용과 부담을 어떤 원칙과 기준에 따라 분담할 것인가의 문제와 관련하여 종국에는 규범력을 가지는 사회적 합의를 이끌어내는 지

도이념으로서 역할을 하기에는 환경윤리주의적 관점이나 환경정의적 관점
은 한계가 있어 보인다. 특히 환경법이 규범으로서 효력을 가지기 위해서
는 환경이라는 가치에 대한 공동체 구성원들의 서로 다른 선호들이 민주주의
원리에 바탕을 둔 다수결원리, 선거제도 등을 통해 공동체의 선호로 결집되어야 하는
데 그 선호의 결집의 과정은 다분히 공리주의적으로 이루어질 가능성이 높다.
　　결국 공리주의적 관점 혹은 효용주의적 관점이 규범으로서 환경법의
문제를 이해하는데 가장 적합한 철학적 관점이라고 볼 수 있고, 효용주
의적 관점의 한계를 보완하는 차원에서 환경윤리적 관점 혹은 환경정의
적 관점이 그 역할을 할 수 있을 것으로 본다.

2. 환경문제의 본질로서 외부효과

　　앞에서 살펴본 효용주의적 관점에 따르는 경우 환경문제의 본질은 대
표적인 시장실패의 사례로서 외부효과의 문제이다. 외부효과란 어떤 경제주
체의 행위가 다른 사람들 혹은 공동체에 이로운 효과 혹은 해로운 효과를
발생시키고 있음에도 불구하고 그 행위의 효과에 대해 적정한 가격이 설정
되지 않고 있는 상황을 일컫는 말이다. 외부효과에는 이로운 외부효과와 해
로운 외부효과가 있는데 환경문제는 대표적인 해로운 외부효과의 상황이다.

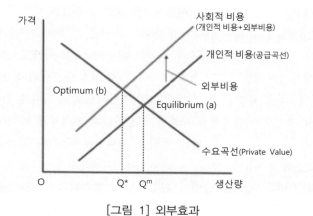

[그림 1] 외부효과

위 [그림 1]은 외부효과로서 속성을 갖는 환경문제를 직관적으로 설명하기 위한 쉬운 그림이다.

그림은 어떤 경제주체의 생산행위가 그 생산행위에 부수해서 대기오염물질의 배출, 혹은 수질오염물질의 배출 등과 같은 해로운 외부효과를 발생시키는 상황에 대한 설명이다. 그림에서 보는 바와 같이 해당 경제주체의 생산행위로 인해 사회적으로 발생하는 비용은 사회적 비용곡선과 같지만, 그 생산행위에 대해 생산자가 개인적으로 인식하는 비용은 사회적 비용에서 외부비용을 공제한 개인적 비용곡선이 된다. 이러한 상황에서 생산자의 입장에서의 합리적 선택에 따른 균형점(a)에서의 생산량은 Q^m이 되는데 이는 사회적으로 적정한 자원배분의 점인 (b)에서의 생산량인 Q^*의 경우에 비해 체계적으로 과다생산이 이루어지는 상태이고 이는 결국 그만큼의 환경문제가 발생하고 있는 상황으로 이해할 수 있다.

3. 외부효과의 내부화 방안으로서 규제적 접근방법과 시장적 접근방법-피구세 vs. 코우즈 정리

이러한 상황에서 환경법의 주된 과제는 시장참가자들의 유인구조를 바꾸어줌으로써 외부효과를 내부화하는데 있다. 외부효과를 내부화하는 방법에는 다음과 같은 두 가지 생각의 방법론이 있다.

첫 번째는 정부의 직접적인 시장개입을 통한 외부효과에의 대응이다.

이러한 개입방식에는 정부가 생산자로 하여금 Q^m에서 Q^*로의 생산량 감축을 명하는 명령통제방식(command and control)의 규제방식과 외부효과를 발생시키고 있는 경제주체로 하여금 자신이 발생시키고 있는 외부비용만큼을 세금, 부담금 등의 방법으로 추가적으로 부담하게 함으로써 위 그림에서 개인적 비용곡선을 사회적 비용곡선과 일치하게 만드는 방법을 생각해볼 수 있다. 후자와 같은 방식을 경제학에서는 피구세(Pigouvian Tax)라고 부른다.

법규적 효력을 가지는 공법상 환경기준이 설정되고 그 기준을 초과하는 환경오염행위에 대해 부과되는 경제적 혹은 비경제적 제재의 실질은 이러한 피구세와 같다고 볼 수 있다.

이러한 정책수단들은 규제당국이 충분한 정보를 가지고 있는 경우에는 외부효과를 신속하게 내부화할 수 있다는 장점이 있는 반면, 대부분의 현실 외부효과 상황에서는 규제당국이 충분한 정보를 가지고 있지 않거나 충분한 정보가 있는 상황에서도 다른 고려에 의한 정책결정을 함으로써 외부효과의 내부화에 실패할 가능성이 크다는 단점을 가지고 있다.

외부효과의 내부화에 관한 두 번째 생각의 방식은 코우즈 정리(Coase theorem)에서 찾아볼 수 있다.

코우즈 정리에 따르면 해로운 외부효과(harmful externality)의 상황에서 다음의 두 가지 전제조건 즉, ① 권리주체들 사이에 권리관계가 분명하게 설정되어 있고, ② 거래비용(transaction cost)[14]이 존재하지 않거나 매우 낮은 상황이라면, 최초의 권리설정(entitlement[15])이 누구에게 부여되어 있었느냐에 관계없이 당사자들의 자발적인 거래와 협상을 통해 효율적인 자원배분상태가 달성될 수 있게 된다.[16]

외부효과의 상황에서 언제나 정부의 개입이 문제해결의 방법이라고 생각했던 피구 교수와 달리 코우즈 정리에 따르면 외부효과의 상황에서

---

14) 여기서 거래비용에는 거래상대방을 찾는데 드는 탐색비용, 실제로 협상에 드는 협상비용, 협상과 관련된 분쟁을 해결하는데 드는 분쟁해결비용 등이 포함된다. 또한 여기에서의 비용개념에는 금전적 비용과 같은 물질적인 비용뿐만 아니라 협상에 임하는 당사자들 사이의 주관적 관계에 따라 발생하는 감정적, 정서적 비용까지 포함하는 넓은 개념이다. 거래비용에 관한 자세한 설명에 관해서는, Robert Cooter & Thomas Ulen, Law and Economics fifth edition, Pearson(2008), 91면 이하 참조.

15) 우리말의 '권리'에 해당하는 영어 단어로 'right'이라는 단어가 주로 사용되지만 법경제학 문헌에서는 '권리부여'의 의미로 'entitlement'의 단어가 주로 사용되고 있다. 전자가 헌법상 기본권 등과 같이 생래적 혹은 천부적 권리의 의미를 내포하고 있다면 후자는 사회적 후생의 극대화라는 관점에서 어느 주체에게 권리가 부여되는 것이 더 바람직한 것인가에 대한 고려를 담고 있다는 점에서 약간의 의미의 차이가 있다.

16) 코우즈 정리 및 외부효과의 상호성에 관해서는 Ronald H. Coase, "The Problem of Social Cost," 3 *The Journal of Law and Economics*(1960); 허성욱, 지속가능한 발전의 원칙에 대한 법경제학적 고찰-효율성과 형평성을 함께 고려하는 환경법의 일반원리로서의 가능성에 대하여-, 환경법연구 제27권 제4호, 한국환경법학회 (2005년 12월) 참조.

도 당사자들의 자발적인 거래와 협상이 이루어질 수 있는 조건만 만들어
지면 반드시 정부가 개입하지 않더라도 일정한 상황 하에서는 외부효과
의 내부화가 가능하게 되는 것이다.

나아가 코우즈는 위 논문에서 어김없이 상당한 거래비용이 존재하는
현실에서 최종적인 자원배분의 효율성이 달성되기 위해서는 어떤 원칙과
기준에 따라서 누구에게 권리가 설정되는 것이 바람직한 것인지에 관해
영국의 커먼로 판례들을 중심으로 실제 판결에서 어떤 결론이 내려졌는
지를 검토하고 있다.

앞에서 본 코우즈 정리의 반대해석에 따르면 거래비용이 존재하는
현실에서는 누구에게 권리를 배분하는지가 최종적인 자원배분의 효율성
에 영향을 미치게 된다는 것이고, 이 경우 법의 역할은 가장 효율적인
자원배분에 기여할 수 있는 권리와 책임의 배분에 관해 고민하는 것이라
고 할 수 있다.

외부효과의 내부화의 관점에서 보면 코우즈 정리는 다음의 두 가지
법정책적 함의를 가지고 있다.

첫 번째는 외부효과가 존재하는 상황에서도 언제나 피구세와 같은
방식의 정부개입이 정당화되는 것은 아니고 다른 정책적 수단을 사용해
서 거래비용을 충분히 낮출 수 있다면 정부의 개입이 없어도 시장에서
당사자들의 자발적인 거래와 협상을 통해 외부효과를 내부화할 수 있다
는 것이다. 정보의 비대칭성을 해소하기 위한 공시제도, 정보공개제도,
탄소배출권거래시장의 형성 등의 배경에는 거래와 관련된 비용을 낮춤으
로써 코우지안 협상이 가능하도록 하려는 고려가 있다고 볼 수 있다.

두 번째는 거래비용을 낮추기 위한 제반 노력에도 불구하고 현실에
서 상당한 거래비용이 존재하고 있거나 처음부터 거래비용을 낮추기 위
한 노력이 의미가 없는 상황이라면 법이 고민하여야 할 것은 어느 주체
에게 권리가 부여되는 것이 더 효율적인 자원배분결과를 가져올 것인가
의 문제이다. 거래비용이 낮은 상황이라면 초기 권리배분이 비효율적인
것이라고 하더라도 그 후 당사자들의 거래와 협상을 통해 효율적인 상태

로 권리의 이전이 가능하지만, 거래비용이 높은 상황에서는 초기 권리배
분이 잘못되면 비효율적인 자원배분 상태가 그대로 고착되기 때문에 법
에 의한 초기 권리배분이 더 중요한 의미를 가지게 된다. 이 경우 법이
혹은 법원이 어떤 기준에 의해 어느 당사자에게 권리를 배분하는 하는
것이 더 바람직한 것인가를 놓고 여러 가지 이론적 쟁점들이 있을 수 있
는데 이 부분에 관한 상론은 생략하기로 한다.[17]

Ⅳ. 환경사법─불법행위법의 이념과 역할에 관하여

불법행위법의 이념과 역할에 관해서는 여러 가지 다른 생각들이 있
을 수 있겠으나 연혁적으로 보면 크게 손해전보를 통한 교정적 정의의
실현기능과 사회적으로 유해한 행위에 대한 예방적 기능, 그리고 현대
위험사회에 있어서 위험의 분산기능을 들 수 있다.[18]

1. 교정적 정의 실현으로서 불법행위법

전통적으로 불법행위법의 일차적인 기능은 불법행위자의 불법행위로
부터 피해를 입은 피해자의 손해의 적정한 배상과 가해자에 대하여 그에
상응하는 손해배상책임의 부과를 통한 교정적 정의의 실현이다.[19]

---

17) 이 부분 이론적 설명에 대해서는 허성욱, 권리남용금지법리에 관한 법경제학적
고찰(상, 하), 법조 통권 제591호, 제592호(2005년 12월, 2006년 1월).

18) 이 부분 설명에 관해서는 허성욱, 기후변화시대의 불법행위법─기후변화대응 정
책수단으로서 불법행위소송의 장·단점 및 발전방향에 관한 소고─, 사법 제21호,
대법원(2012년 9월) 99면 이하 참조.

19) 불법행위법의 목적으로서 교정적 정의의 근거를 둘러싸고 학자들 사이에 많은
논의가 있었다. 비교적 최근의 논의로서 관련 내용을 다루고 있는 주요한 문헌으
로는 Richard A. Posner, *The Concept of Corrective Justice in Recent Theories of
Tort Law*, 10 J. Legal Stud. 187(1981); George P. Fletcher, *Fairness and Utility in
Tort Law*, 85 Harv. L. Rev. 537(1972). 교정적 정의적 근거와 예방적 근거의 결합
을 위한 노력으로는 Gary T. Schwartz, *Mixed Theories of Tort Law: Affirming
Both Deterrence and Corrective Justice*, 75 Tex. L. Rev. 1801(1997). 교정적 정의
론 일반에 관해 잘 요약된 내용에 관해서는 Christopher H. Schroeder, *Corrective
Justice and Liability for Increasing Risks*, 37 UCLA L. Rev. 439, 443-51(1990) 참조,
허성욱, 전게논문, 99면 각주 31에서 재인용.

이와 같은 교정적 정의의 실현으로서 불법행위법에 있어서 중요한 것은 불법행위자 및 불법행위의 특정, 가해행위의 위법성, 불법행위와 손해 사이의 인과관계, 손해액의 확정 등의 쟁점이다.

예를 들어 A가 B를 폭행한 것이 문제가 된 사건 등과 같이 사회가 매우 단순하던 시절의 불법행위사건들은 이와 같은 교정적 정의의 실현으로 불법행위법의 사회적 기능을 이해하는 것으로 충분했었지만, 지금과 같이 공동체 구성원들의 사회적 활동들이 복잡다양해진 상황에서는 교통사고의 상황 등과 같이 전통적인 교정적 정의의 실현만으로는 설명할 수 없는 사회적 기능이 불법행위법의 기능으로 요구되고 있다.

2. 예방적 기능 실현으로서 불법행위법

한편, 예방적 기능 실현으로서 불법행위법의 사회적 기능을 이해하는 경우에는 불법행위법의 목적은 단순히 당해 사건에 있어서 가해자와 피해자 사이의 이해관계만을 고려하는 것이 아니라 개개의 불법행위사건에 있어서 법원의 판단이 다른 사건 혹은 같은 종류의 사고가 발생할 수 있는 사회적 맥락에서 개별 행위주체로 하여금 어느 정도의 주의의무 혹은 행위수준을 유지하는 것이 최선인가에 관한 인센티브 시스템을 제공하는 것이라고 볼 수 있다. 미국의 경우 법현실주의(legal realism), 법경제학(law and economics)을 중심으로 본격적으로 분석된 이 패러다임의 불법행위법에 대한 이해는 20세기 이후 사회가 한층 복잡해지고 통계적 정보처리기술이 발전하면서 종래 개인들 사이의 물리적 위법행위 혹은 사고로 인한 손해의 사후적 회복기능에서 사전적으로 사회적 활동들을 바람직한 방향으로 유도해내는 기능으로 초점이 옮겨가는 맥락에서 이루어졌다.[20]

불법행위법의 목적을 이렇게 이해하는 경우 불법행위를 구성하는 개별적 요건으로서 고의·과실, 위법성, 인과관계, 손해의 범위의 각 항목

---

20) 허성욱, 기후변화시대의 불법행위법, 111면.

들에 대한 법률적 판단 및 그 판단을 위한 기준들은 특정한 한 사건의 적정한 해결을 위한 판단에 그치는 것이 아니라 동종의 불법행위가 발생할 수 있는 다른 사회적 상황에서 각 행위주체로 하여금 나름의 합리적 선택으로서 최적화행위에 나아갈 수 있도록 하는 가이드라인으로서 역할을 하게 된다. 자유주의적 관점에 서있는 이 불법행위이론에 따르면 불법행위법의 각 항목에 대한 법적 기준이 효율적으로 설정되어 있으면 각 행위주체들의 합리적 선택의 결집은 사회적으로도 가장 합리적인 선택으로 이어질 수 있고 그 집합적 합리적 선택의 결과는 사회적으로 가장 효율적인 혹은 주어진 조건 하에서 가장 최대의 사회적 후생을 만들어 낼 수 있는 자원배분의 결과가 된다는 전제에 서있다.

한편, 환경불법행위 등과 같은 특수불법행위의 경우에는 수인한도론, 개연성설, 손해배상액의 추정 등과 같이 전통적인 불법행위법리의 수정이 일어나게 된다. 이는 환경오염의 상황은 전통적인 불법행위법리가 상정하는 사실관계와 다른 특수성이 존재해서 전통적인 법리를 그대로 적용하는 경우에는 체계적인(systematic) 과소배상 혹은 과다배상의 문제가 발생할 수 있기 때문이다. 예를 들어 환경불법행위에 대하여 과실의 입증, 인과관계의 입증, 손해의 입증 등을 통상적인 불법행위의 경우와 동일한 수준으로 요구하는 경우에는 환경오염이 가지는 특수성으로 인해 가해기업이 실제로 발생시키는 외부효과의 크기보다 적은 수준의 배상이 법원에 의해서 명해지는 체계적인 과소배상의 문제가 발생하게 된다. 이러한 문제를 해결하기 위해 환경오염분야에 있어서 불법행위법리는 무과실책임 혹은 위험책임의 법리, 개연성이론, 손해발생의 추정 등과 같은 법리의 변용이 일어나게 된다. 한편 환경불법행위의 위법성 판단의 기준인 이른바 수인한도론은 조금 다른 측면의 고려에 따른 법리의 변용이다. 코우즈의 논문에서 지적되고 있는 바와 같은 외부효과의 상호성(reciprocity)의 문제로 인해 환경적 이익의 침해가 있다고 해서 언제나 불법행위책임의 성립을 인정하는 경우에는 환경이익의 체계적인 과다배상이 일어나게 되므로 이 문제를 나름대로 적정화(optimize)하기 위한 노력의 산물이 수인한도론이라고 이해할 수 있다.

결국 어느 경우에나 예방적 기능으로서 불법행위법의 사회적 기능을 이해하는 경우 불법행위법의 기능은 과실, 위법성, 인과관계, 손해의 범위 각 변수들에 대해 각 시장참가자들이 각자가 합리적으로 책임질 수 있는 범위까지 법적인 의무를 지도록 함으로써 그 각 개인들의 합리적 선택의 결과가 사회적으로도 사회후생의 극대화가 달성되는 집합적 합리적 선택으로 이어지도록 유도하는 것으로 이해될 수 있다.

3. 위험분산기능으로서 불법행위법의 사회적 기능

위험분산기능은 환경문제 등과 같이 현대 위험사회에서 위험의 문제가 본격적으로 대두되면서 불법행위법의 새로운 사회적 기능으로서 고려되고 있다.

기후변화로 인한 손해를 이유로 국가 혹은 정유회사를 상대로 한 손해배상청구소송, 곧 현실화될 무인자동차의 운행 중 사고를 이유로 국가 혹은 자동차회사를 상대로 한 손해배상청구소송 등은 전통적인 교정적 정의실현으로서 이해한 불법행위법의 사회적 기능은 물론이고 예방적 기능의 관점에서 이해한 불법행위법의 사회적 기능을 고려하더라도 현재의 소송체계 하에서는 청구가 기각될 가능성이 높다.

그럼에도 불구하고 기후변화소송, 담배소송, 개인정보유출소송 등과 같은 소송이 제기되는 것은 꼭 본안에서 승소판결을 받는 것을 통해서가 아니라 그와 같은 소송에 대한 대중의 관심 증가 그리고 그 영향을 받은 행정부에서의 우선순위 조정 등과 같은 경로를 통해 실제 불법행위소송에서는 패소하더라도 결국 의도했던 결과가 달성되는 이른바 불법행위소송의 규제적 측면(Regulation through litigation)[21]이 존재하기 때문이다.

한편, 일각에서는 이러한 불법행위소송의 규제적 측면이 아니라 기후변화소송 등과 같이 극단의 불확실성 하에서의 선택의 성격을 가지고

---

21) 불법행위소송의 규제적 측면에 관한 논의는 허성욱, 기후변화시대의 불법행위법, 98면 이하 참조.

있는 위험(Risk)의 문제에 대해서 피해자들이 다른 경로 — 예를 들어 기후변화에 대한 국가들의 규범력 있는(legally binding) 합의 및 그 집행, 그 내용을 반영한 각 국가들의 시의적절한 입법 및 행정작용 등 — 를 통해 피해의 회복을 구하는 것이 불가능하고 달리 어디에서도 그 손해의 전보가 가능하지 않은 경우에는, 그래서 피해자들이 기댈 수 있는 법적인 수단이 불법행위소송밖에 없는 경우에는 기존의 불법행위법리의 패러다임적 변화를 통해서라도 손해배상책임을 인정할 필요가 있다는 주장이 제기되고 있다.[22]

이 주장에 따라 현대사회 위험의 상황에서 발생하는 손해에 대해서는 국가 혹은 기업의 손해배상책임을 확대해서 인정하게 되는 경우에 이를 정당화하는 근거 중의 하나가 위험분산 기능이다. 국가 혹은 기업의 손해배상책임이 확대되는 경우 그 배상의 재원은 결국 세금을 통해서 국민 혹은 기업의 가치를 매개로 주주에게로 귀속되게 될 것이므로 이는 결국 전통적인 불법행위법리에서 누군가의 귀책사유로 돌리기는 어렵지만 그 피해의 구제는 필요한 상황에서 그 위험을 분산하는 기능을 수행하게 된다는 것이다.

일면 설득력이 있는 주장이기는 하지만 교정적 정의실현의 패러다임에서 예방적 기능으로의 패러다임 변화에 아주 오랜 시간이 소요된 것과 마찬가지로 다시 한번 패러다임의 변화가 일어나기 위해서는 상당히 오랜 시간과 논쟁이 필요한 부분이라고 생각한다.

4. 불법행위법의 기능적 목적으로서 자원배분의 효율성

앞에서의 논의를 정리하면 불법행위법의 사회적 기능은 각 행위주체들의 유인체계설정을 통한 예방적 기능을 실현함으로써 집합적 합리적

---

22) 관련된 논의는 Daniel A. Farber, *Tort Law in the Era of Climate Change, Katrina, and 9/11: Exploring Liability for Extraordinary Risks*, 43 Val. U. L. Rev. 1075(2008−2009); Douglas A. Kysar, *What Climate Change Can Do About Tort Law*, 41. Envtl. L. 1(2011) 등의 문헌 참조.

선택에 이르게 하고 이를 통한 사회후생의 극대화 혹은 자원배분의 효율성 달성이라고 이해할 수 있다.

다시 코우즈 정리로 돌아가서 생각을 해보기로 한다.

앞에서 본 바와 같이, 거래비용이 충분히 낮은 상황에서는 법이 어느 주체에게 권리를 부여하더라도 당사자들의 자발적인 거래와 협상을 통해 최종적인 자원배분의 효율성이 달성된다. 이는 환경오염으로 인한 외부효과가 발생하는 상황에서도 거래비용이 충분히 낮은 경우에는 법이 어느 주체에게 권리를 부여하느냐에 관계없이 — 바꾸어 말하면 피해자에게 환경권이 부여되어 있는 경우와 반대로 오염원인자에게 오염권이 부여되어 있는 경우 어느 경우에나 — 최종적인 자원배분의 효율성이 달성될 수 있음을 의미한다.

다시 앞에서 본 바와 같이, 현실에서 상당한 거래비용이 존재하는 경우에는 초기의 권리배분상태가 잘못된 경우에도 당사자들의 자발적인 거래와 협상을 통해서는 효율적인 자원배분상태로의 이전이 가능하지 않다.

이런 상황에서 환경불법행위소송의 역할은 환경적 이익을 둘러싸고 외부효과가 발생하고 있는 상황에서 높은 거래비용으로 인해 시장에서 당사자들의 자발적인 거래와 협상을 통한 문제해결이 이루어지지 않고 있는 경우 재판이라는 과정을 통해 만약 거래비용이 충분히 낮아서 당사자들 사이에서 자발적인 거래와 협상이 충분히 진행이 될 수 있었다면 최종적인 권리배분의 내용이 어떤 것이었을까를 추단해서 그와 같은 내용대로 권리배분에 관한 법적인 선언을 해주는 것으로 이해할 수 있다. 이처럼 법원의 개입을 통해 거래비용이 충분히 낮았다면 시장에서 이루어졌을 계약의 내용과 같은 내용으로 권리의 배분 및 자원의 배분이 이루어진다는 점에서 그와 같은 과정을 준계약(quasi-contract)의 과정이라고 부르기도 한다. 그리고 이러한 준계약의 과정을 통해 외부효과로서 환경문제를 둘러싼 자원배분의 효율성이 달성될 수 있다.

불법행위법의 사회적 기능을 이렇게 이해하는 경우에는 위법성 판단의 기준으로서 수인한도론 그리고 수인한도의 판단요소로서 공법상 환경기준의 역할은 사법의 영역에서 자원배분의 효율성이 달성될 수 있도록 시장참가자들의 유인체계를 조정하는 것으로 이해할 수 있다. 자연스럽게 이어지는 의문은 정치와 행정의 영역에서 공법적 절차를 통해 만들어지는 환경기준의 성립과정에서 사법상 자원배분의 효율성에 관한 관점들이 어떻게 반영될 수 있을 것인가의 문제이다.

Ⅴ. 환경공법-환경규제의 이념과 본질에 관하여

이번에는 장을 바꾸어서 공법상 환경기준과 같은 규제가 만들어지는 환경공법의 과정에 대해 살펴보기로 한다. 규제가 만들어지고 집행되는 과정을 설명하려는 이론에는 공익이론, 공공선택이론, 신다원주의이론, 공화주의이론 등 여러 가지가 있을 수 있겠으나 여기에서는 그 제반 이론 중 가장 선명성을 가지고 대비되는 공익이론과 공공선택이론의 간단한 개요에 대해 살펴보기로 한다.[23]

1. 규제이론으로서 공익이론

공익이론(public interest theory)은 환경규제와 같은 규제가 만들어지는 규범적 혹은 실증적 이유는 외부효과, 독과점, 공공재의 문제, 정보의 비대칭성 등과 같은 이유로 발생하는 시장실패를 교정하고 시장실패로 인해 발생하고 있던 공익적인 가치[24]·[25]를 회복하는 것이라고 본다. 규

---

23) 자세한 내용에 대해서는 허성욱, 경제규제행정법이론과 경제적 효율성, 서울대학교 법학 제49권 제4호, 서울대학교 법학연구소(2008년 12월), 663면 이하, 허성욱, 규제행정의 규범적·실증적 목적으로서 경제적 효율성과 정치적 효율성-SSM 규제에 대한 효율성 분석을 중심으로-, 법경제학연구 제12권 제1호, 한국법경제학회(2015년 4월), 76면 이하 참조.
24) 이때 '공익적인 가치'가 무엇인지를 놓고 논란이 있을 수 있겠으나 시장실패의 극복이라는 맥락에서 회복의 가치는 기본적으로 자원배분의 효율성이라고 볼 수 있다. 자세한 설명에 관해서는 허성욱, 규제행정의 규범적·실증적 목적으로서 경제적 효율성과 정치적 효율성, 76면 참조.
25) 한편, 공법의 토포스(topos)로서 '공익'개념을 둘러싼 이론적 논쟁 및 우리 판례에 나타난 공익개념의 실재에 관해서는 Heo, Seongwook, *The concept of 'public interest' demonstrated in Korean court precedents*, Journal of Korean Law Vol. 6, No. 1, SNU Law Research Institute(2006) 참조.

범적 당위론의 관점에서 보면 규제행정의 담당자들이 공익적인 마인드를 가지고 시장실패의 극복이라는 공익의 달성을 위해 규제행위에 임한다는 공익이론의 명제가 자연스럽게 들릴 수 있고 실제로 그에 부합하는 사례들도 찾아볼 수 있다. 그러나 실증적으로는 공익이론의 설명에 부합하지 않는 많은 사례들 역시 찾아볼 수 있는데, 예를 들어 규제기관이 피규제기관인 산업계의 이익집단행위에 포획되어서 피규제자의 이익을 보호하는 내용의 규제가 만들어지기도 하고, 정치가들과 관료집단을 포함한 제반 이익집단들이 각자 자신들의 이익을 최대화하기 위한 노력을 기울인 결과인 정치과정의 산물로서 공익적 가치와는 무관한 내용의 규제가 만들어지기도 한다.[26]

2. 규제이론으로서 공공선택이론 혹은 경제적 규제이론

공익이론과 달리 공공선택이론(public choice theory)에서는 규제가 사전적으로 혹은 선험적으로 획정되어 있는 추상적인 '공익'을 달성하려는 것이라는 전제를 받아들이지 않는다. 공공선택이론은 시장참여자들이 시장에서 합리적 선택으로서 사익극대화의 전제 하에 선택에 임하는 것과 마찬가지로 정치참여자들도 정치의 과정에서 그것이 어떤 것이 되었던 자신들의 사익을 극대화하려는 유인구조를 가지고 선택에 임하는 것으로 가정하고 다음의 논의를 진행한다. 이때 정치참여자들이 극대화의 대상으로 삼는 가치에는 정치인의 경우는 더 많은 정치적 영향력, 다음 선거에서 재선의 가능성 등이 될 수 있고, 관료의 경우는 승진의 가능성, 부처의 예산과 권한의 확대 등이 될 수 있으며, 투표에 임하는 이익집단은 선거의 결과 만들어지는 국회에서 자신들의 이익을 보호해주는 입법의 가능성 등이 포함될 수 있다.[27]

---

26) 허성욱, 규제행정의 규범적 · 실증적 목적으로서 경제적 효율성과 정치적 효율성, 77면.

27) 공공선택이론의 자세한 설명 및 공공선택이론의 관점에서 분석한 사법심사이론에 관해서는 허성욱, 공공선택이론과 사법심사에 관한 연구-사법심사의 준거기준으로서 공공선택이론의 함의에 관하여-, 서울대학교 법학박사학위논문(2008) 참조.

공공선택이론과 같은 흐름 속에 있는 경제적 규제이론(economic theory of regulation)의 분석결과에 따르면 규제는 공익이론이 상정하고 있는 추상적인 공익, 혹은 시장실패로 인한 효율성 상실의 회복 등을 위해 만들어지고 집행되는 것이 아니라, 해당 규제와 관련해서 이해관계를 가지고 있는 여러 이익집단들이 정치의 과정에서 최선을 다해 자신들의 이익을 극대화하려는 노력들에 의해 만들어진 균형의 결과라고 볼 수 있다.[28]·[29]

3. 환경규제의 기능적 목적으로서 자원배분의 효율성

제Ⅲ장에서 검토한 바와 같이 공리주의의 관점을 따르는 경우 환경법의 본질은 시장실패로서 외부효과의 내부화를 위한 규범적 합의라고 이해할 수 있다. 환경사법의 경우와 달리 환경공법으로서 환경규제의 본질은 시장에 대한 정부의 개입의 형태로 외부효과를 내부화하려는 노력이고 이는 [그림 1]에서 본 바와 같이 피구세 등의 정책수단을 사용해서 개인적 비용곡선과 사회적 비용곡선 사이의 간극을 없애는 노력의 형태로 이루어진다.

환경규제의 목적으로서 외부효과의 내부화를 통한 자원배분의 효율성이 달성되는 과정에 대한 설명은 공익이론과 경제적 규제이론 사이에서 차이가 있다.

공익이론은 사전적으로 바람직한 환경보호의 수준 및 그 수준의 달성을 위한 비용과 노력의 정도는 사전적으로 '공익'이란 이름으로 획정되

---

28) George J. Stigler, *Theory of Economic Regulation*, The Bell Journal of Economics and Management Science 2, no. 1(Spring 1971), 1-21.

29) 경제적 규제이론에 관한 자세한 설명은 W. Kip Viscusi, Joseph E. Harrington, Jr., John M. Vernon, *Economics of Regulation and Antitrust*, the MIT Press(4th ed.) 제10장; George J. Stigler, 전게논문; Sam Pelzman, *Toward a More General Theory of Regulation*, Journal of Law and Economics 19(August 1976) 211-240; Mancur Olson, *The Logic of Collective Action*(Cambridge, Mass: Harvard University Press, 1965); Gary S. Becker, *A Theory of Competition Among Pressure Groups for Political Influence,* Quarterly Journal of Economics 98(August 1983), 371-400 등의 문헌 참조.

어 있고, 규제행정의 담당자들은 사전적으로 혹은 선험적으로 정해져 있는 공익으로서 환경보호의 수준이 달성될 수 있도록 규제입법을 만들고 그 위임의 범위 내에서 규제행정에 나선다고 본다. 이 부분이 도그마틱한 법이론에서는 추상적으로 '입법자의 의사'로 표현되는 부분이다. 공익이론의 이러한 설명에 대해서는 바람직한 환경보호의 수준 등과 같은 공익의 내용이 과연 그렇게 사전적으로 잘 획정될 수 있는 것인지, 입법자와 행정청은 과연 언제나 그 공익의 내용에 부합하도록 입법행위와 행정행위를 수행하는 것인지 등의 문제에 관해 비판적인 의문이 제기될 수 있다.

반면에 공공선택이론 혹은 경제적 규제이론에서는 공익이론과 같은 사전적 공익개념을 상정하지 않는다. 정치참가자들은 경제주체들이 시장에서 합리적 선택을 하는 것과 마찬가지로 정치의 과정에서 각자 자신의 이익을 극대화하기 위한 합리적 선택을 하는 것이고 개인으로서 각 정치참여자들의 합리적 선택들이 집합적 합리적 선택으로 결집된 결과가 사후적으로 공익으로 평가받게 된다.

물론 정치과정에서 이루어진 집합적 합리적 선택이 공익으로 평가받을 수 있기 위해서는 그 공동체의 정치과정이 각 개인들의 합리적 선택혹은 선호를 체계적으로 그리고 정합적으로 집합적 합리적 선택 혹은 선호로 결집될 수 있도록 하는 제도적, 절차적 장치, 즉 사회선호함수(social preference function)[30]를 갖추고 있어야 한다. 각 국가들이 가지고 있는 민주주의, 선거제도, 다수결원리, 위임입법의 원리 등과 같은 정치적 제도들은 이러한 사회선호함수를 구성하는 요소들이라고 볼 수 있다. 민주주의를 포함한 정치시스템의 발전 과정은 개인들의 선호로부터 사회

---

30) 사회적 선택의 대상이 되는 이슈에 대해 그 공동체 구성원들이 각자 가지고 있는 선호들로부터 사회적 선호를 도출해내는 함수를 사회선호함수라고 부른다. 1950년대 이후 사회과학분야에서 이러한 사회선호함수를 찾으려는 학술적 노력이 본격적으로 이루어졌는데 그에 관한 대표적인 연구로는 Kenneth J. Arrow, *Social Choice and Individual Values*(1951); James M. Buchanan & Gordon Tullock, *The Calculus of Consent*(1962) 등의 문헌 참조.

전체의 선호를 보다 정합적으로 결집해낼 수 있는 사회선호함수를 찾아 내려는 일련의 노력의 과정이라고 볼 수 있다. 한편, 제도를 잘 설계하면 개인들의 선호로부터 완벽하게 사회적 선호를 결집해낼 수 있는 사회선 호함수가 존재하는지를 둘러싸고 흥미로운 논의가 진행될 수 있겠지만, 일단 여기서 그 부분 논의는 생략하기로 한다.[31]

상당히 잘 작동하는 사회선호함수로서 정치시스템이 갖추어진 사회 에서는 그 정치과정을 거치면서 외부효과로서 환경문제에 관한 공동체 구성원들의 선호들이 정합적으로 결집되어서 입법작용과 행정작용을 거 쳐서 공법상 환경기준을 포함한 환경규제로 귀결될 것이다. 이 말은 바 꾸어 말하면, 만약 어느 공동체에서 민주주의, 선거제도, 표현의 자유, 다 수결원리, 위임입법의 원리 등과 같은 정치시스템이 원활하게 작동하는 경우에는 외부효과로서 환경문제해결 및 그를 통한 자원배분의 효율성에 대한 공동체 구성원들의 공리주의적 의사들이 체계적으로 그리고 효율적 으로 환경규제의 형식으로 결집될 것이고 그 환경규제의 집행으로 환경 문제를 둘러싼 자원배분의 효율성이 달성될 수 있다는 것을 의미한다.

VI. 환경법에서의 공법과 사법—공법상 환경기준의 사법상 효력에 관하여

1. 지금까지 환경법에서의 공법과 사법의 문제를 외부효과의 내부화 를 통한 자원배분의 효율성 달성이라는 측면에서 간략하게 살펴보았다.

지금까지 논의를 접한 후에 자연스럽게 이어지는 질문 중 하나는 환경법에 있어서 사법의 과정을 거쳐서 달성되는 목표로서 자원배분의 효율성과 공법의 과정을 거쳐서 달성하게 되는 목표로서 자원배분의 효

---

31) 이 문제에 관해 Kenneth Arrow는 수학적으로 사회선호함수가 사회선호함수로서 기능하기 위해 최소한으로 요구된다고 볼 수 있는 몇 가지 조건을 모두 충족하는 사회선호함수는 존재하지 않음을 수학적으로 입증한 바 있다. 이 입증의 내용을 'Arrow의 불가능성정리'라고 부른다. Arrow는 위 연구로 1972년 노벨 경제학상을 받은 바 있다. Arrow의 불가능성정리에 관한 자세한 내용 및 그 입증의 과정에 대해서는 Kenneth J. Arrow, *Social Choice and Individual Values*(1951); 허성욱, 공 법이론과 공공정책—공법이론 연구방법론으로서 공공선택이론—, 법경제학연구 제6 권 제2호, 한국법경제학회(2009년 12월) 참조.

율성의 상호관계일 것이다.

공법상 환경기준의 사법상 효력의 문제는 결국 이 질문에 대한 답을 찾는 과정을 통해 해결될 수 있을 것이다.

2. 이 문제를 이른바 공사법 이원론의 관점에서 공법적으로 만들어진 환경기준은 사법으로서 불법행위의 위법성판단의 기준과 무관한 것이라고 생각할 여지가 있다. 그러나 공법관계와 사법관계의 구별은 처음부터 이론적으로 분명히 구분되어서 이루어졌다기보다는 유럽 각 국가의 특별한 역사적 상황에서 경험적으로 이루어진 것이어서 공사법 준별론이 환경기준의 사법상 효력을 부정하는 주된 논거가 될 수는 없다.

공법과 사법의 구별이 최초로 이루어진 프랑스의 경우는 프랑스혁명 이후 보수적인 사법부로부터 행정사건을 분리해서 별도로 처리하기 위하여 꽁세유데따(Conseil d'Etat)가 설치되었고 이것이 행정재판소의 지위를 얻게 됨에 따라 일반적인 사법재판소와 행정재판소의 관할을 분리해서 결정하기 위해 공법관계와 사법관계의 구별이 이루어지게 되었다.[32]

이론상 양자를 구별하는 기준에 관한 학설로는 ① 국가나 지방자치단체 등의 행정주체가 관련되는 법률관계는 공법관계, 사인간의 법률관계는 사법관계로 보아야 한다는 주체설, ② 국가나 지방자치단체 등 행정주체에게만 귀속될 수 있는 법률관계가 공법관계, 사인에게도 귀속될 수 있는 법률관계는 사법관계라는 신주체설, ③ 지배복종관계 또는 공권력관계에 해당하는 법률관계는 공법관계이고 그렇지 않은 평등관계 또는 대등관계에서의 법률관계는 사법관계라고 보는 권력설, ④ 공익에 관한 것을 공법관계, 사익에 관한 것을 사법관계라고 설명하는 이익설 등이 있다.[33]

그러나 공법관계와 사법관계의 개념적 구별이 처음부터 이론적으로 이루어졌던 것이 아니므로 위 학설 중 어느 하나의 학설로 모든 공사법

---

32) 김유환, 현대 행정법강의, 법문사(2016), 11면.
33) 김유환, 전게서, 11-12면.

관계를 설명하는 것은 가능하지 않다.

특히, 앞에서 본 바와 같이 환경문제의 본질을 외부효과의 내부화로 이해하는 경우에는 바람직한 내부화의 방안에 관한 관점의 차이로서 환경기준의 설정과 같은 공법적 혹은 규제적 방법이 더 유효하다고 볼 것인가 아니면 코우즈 정리와 같이 시장시스템을 이용한 사법적 방법이 더 유효하다고 볼 것인가에 관한 의견의 차이가 존재하는 것일 뿐 이를 앞에서 살펴본 공사법 이원론에 관한 이론적 논의로 설명하는 것은 유효해 보이지 않는다.

3. 환경법에서 공법적으로 지향하는 목표로서 자원배분의 효율성과 사법적으로 지향하는 목표로서 자원배분의 효율성은 서로 본질적으로 다른 것인가?

만약 환경법을 대하는 철학적 관점에 관하여 환경정의적 관점 혹은 환경윤리적 관점을 선택하는 경우에는 공법적으로 지향하는 환경정의 혹은 환경윤리와 사법적으로 지향하는 환경정의 혹은 환경윤리가 서로 다를 수 있다는 점을 보다 쉽게 정당화할 수 있을지 모른다. 그러나 앞에서 본 바와 같이 법규적 효력을 갖는 환경법을 연구하고 분석하는 관점으로는 공리주의적 관점이 더 타당한 것으로 보이고, 설사, 환경정의적 관점 혹은 환경윤리적 관점을 취한다고 하더라도 공법과 사법의 영역에서 규범력을 가지는 환경정의 혹은 환경윤리의 내용이 서로 다를 수 있음을 논증하는 것은 생각처럼 쉽지는 않다.

공리주의적 관점을 취하는 경우에는 사법적으로나 공법적으로나 환경법이 지향하는 정책목표는 자원배분의 효율성이라고 볼 수 있다. 경우에 따라서 공법의 영역에서 지향하는 자원배분의 효율성은 단순히 사익만이 아닌 이른바 '공익'을 함께 고려하는 것이므로 사법의 영역에서 다루어지는 자원배분의 효율성과 서로 다른 것이라고 생각을 해볼 수 있다. 그러나 앞에서 본 바와 같이 공법의 과정을 분석하는 이론으로서 공익이론의 입장을 택한다고 하더라도 그 공익의 검증할 수 있는 구체적인 내용은 결국 시장실패로 인해 발생하는 비효율성의 극복이므로 이는 결국 시장의 기능과 관련하여 이해되는 사법의 영역에서 자원배분의 효율성과 범주적으로(categorically) 다른 것일 수는 없다. 공공선택이론이나 경제적 규제이론에 따르는 경우에는 앞에서 본 바와 같이 공익은 정치과정에서 각 참여자들의 합리적 선택의 결과 사후적으로 규정되는 것이므로 정치참여자들의 선택에 대한 가정이 시장참여자들의 선택에 대한 가정과 다르지 않은 이상 공법의 영역과 사법의 영역에서 그 선택의 결과가 서로 범주적으로 다르다고 볼 수는 없을 것이다.

한 가지 주의하여야 할 점은 법률적 이익형량의 과정에서 공익이란 개념이 사용되는 많은 맥락들 중에서 가장 큰 비중을 차지하는 것이 '분산된 다수의 이익'의 경우인데 이 분산된 다수의 이익은 결국 분산된 다수의 사익이 결합된 것이므로 그것 자체만으로는 사법의 영역에서의 자원배분의 효율성과 범주적으로 다른 것이라고 보기 어렵다는 점이다.

이상의 논증에 따르는 경우에는 사법의 영역과 공법의 영역에서 각각의 정책목표로서 추구되는 자원배분의 효율성은 동일한 것이라고 보는 것이 자연스럽다. 동일한 정책목표인 외부효과의 내부화로서 자원배분의 효율성을 적극적인 정부의 개입을 통한 방식으로 달성할 것인지 아니면 보다 시장기능에 의존해서 달성할 것인지에 관한 방법론상의 차이가 있는 것으로 이해하는 것이 더 타당하다고 본다.

물론 사법의 영역에서는 공리주의적 관점이 유효하고 공법의 영역에서는 환경윤리적 관점 혹은 환경정의적 관점이 유효하다고 생각하는 경우에는 양 영역에서 추구되는 가치가 서로 다른 것이라는 결론에 이를 수 있겠지만 규범으로서 환경법을 통일적으로 이해할 필요가 있다는 점에서 타당하지 않다고 본다.

4. 환경법에서 공법적으로 지향하는 목표로서 자원배분의 효율성과 사법적으로 지향하는 목표로서 자원배분의 효율성이 서로 본질적으로 다르지 않다면 어떤 조건과 상황 하에서 양자의 괴리가 발생할 수 있는

것인가?

앞에서 본 바와 같이 사법으로서 불법행위법리를 통해 달성하려는 자원배분의 효율성은 거래비용으로 인해 당사자들 사이의 자발적인 거래와 협상을 통한 문제해결이 어려운 상황에서 법원의 개입을 통해 거래비용이 충분히 낮았다면 시장에서 자발적으로 달성될 수 있었던 자원배분의 상태가 어떤 것이었는지를 절차적으로 추단하고 이를 실현하는 것으로 이해할 수 있다.

반면에 규제입법과 규제행정의 과정을 통해 공법적으로 추구되는 자원배분의 효율성은 보다 적극적인 정부의 개입을 통한 자원배분의 상태이다.

양자의 괴리가 새길 수 있는 몇 가지 가능성을 생각해보면 다음과 같다.

먼저 공법이론에 관하여 공익이론의 입장에 따르는 경우부터 생각해보자.

규범적 당위론으로서 공익이론의 기대와 달리 규제입법 및 규제행정을 담당하는 정치주체들이 여하한 사유로 인해 기대되었던 그 공익의 내용과는 다른 내용으로 정치적 결정을 하는 경우이다. 이 경우는 다시 그 정치주체들이 문제되는 사안에서 필요한 공익의 내용이 무엇인지를 정확하게 아는데 필요한 정보 혹은 개인적 능력이 부족한 경우와 정보와 능력은 충분하더라도 그 정치주체가 공익이론에서 기대한 것과 달리 사익추구의 유인체계를 가지고 정치적 결정을 내리는 경우로 나누어볼 수 있다.

전자의 경우에는 해당 안건을 담당하는 정치주체로서 입법자 혹은 행정청으로 하여금 보다 더 충분한 정보와 능력을 갖추도록 하는 것으로 문제해결을 위한 제도적 노력을 해볼 수 있을 것이다. 그러나 후자의 경우에는 공익이론이 바탕을 두고 있는 전제 자체가 잘못된 것이므로 공익이론 자체에 대한 비판적인 수정이 가해져야할 것이다.

다음으로 공공선택이론 혹은 경제적 규제이론의 관점에 서 있는 경우를 생각해보기로 한다.

이 경우 정치적 사안에 대한 개인적 선호를 사회적으로 결집해내는 정치의 과정이 모든 면에서 효율적으로 작동하고 있다면 공법 영역에서의 효율성과 사법 영역에서의 효율성이 본질적으로 달라질 이유는 없다. 시장에서 발생하고 있는 외부효과의 내부화에 대한 필요들이 표현의 자유의 보장을 통해 정합적으로 정치과정에서 정치참여자들의 정치적 요구로 반영될 것이고 그 정치적 요구들이 주인-대리인의 문제 없이 완전하게 선거와 투표, 다수결원리, 입법절차, 위임입법의 과정을 거치면서 정치적 합의의 결과로서 규제로 만들어질 것이기 때문이다.

그럼에도 불구하고 공법 영역에서 자원배분의 효율성과 사법 영역에서 자원배분의 효율성 사이에 괴리가 발생한다면 다음과 같은 이유에서이다.

첫째, 우리가 가지고 있는 제도로서 정치과정에 흠결이 있어서 개인으로서 정치참여자들의 선호가 정합적으로 결집되지 못하고 있는 상황이다. 이 경우 문제해결의 노력은 실패하고 있는 정치과정의 결함을 고치고 보완하려는 방식으로 이루어지게 된다. 선거제도를 개선하려는 노력, 단순다수결 원리를 보완하려는 노력, 위임입법의 원리가 보다 잘 지켜지도록 하는 노력 등이 그 예이다. 이 문제는 결국 앞에서 본 더 완전한 사회선호함수를 찾는 노력의 문제에 해당하게 되는데, 한 가지 당황스러운 것은 애로우의 불가능성정리이다. 결국 그 노력은 불가능성정리에서 요구되는 다섯 가지 조건들[34] 중에서 하나 또는 그 이상을 희생하고서 생각할 수 있는 가장 최선의 사회선호함수로서 정치과정을 만들어가는 노력일 수밖에 없다.

두 번째는 이익집단의 문제이다. 경제적 규제이론에 따르는 경우 규제는 우리 사회에 존재하는 여러 이익집단들이 각자 자신들의 이익을 최대화하기 위한 정치적 노력들의 경쟁적 균형의 결과라고 본다. 실증적

---

34) 다섯 가지 조건은 파레토 요건, 비독재성, 완전성, 합리성, 독립성의 요건이다. 애로우는 파레토 요건, 완전성, 합리성, 독립성의 요건을 충족하는 모든 사회선호함수는 비독재성 요건을 충족할 수 없다는 방법으로 불가능성정리를 수학적으로 입증하였다. 그에 관한 자세한 내용에 대해서는 허성욱, 공법이론과 공공정책, 151면 이하 참조.

연구35)에 따르면 이러한 경쟁적 균형의 결과는 많은 경우에 있어서 소수의 집중된 이익을 공유하는 이익집단들의 이익은 체계적으로 과다보호되는 경향이 있고 다수의 분산된 이익을 공유하는 이익집단들의 이익은 체계적으로 과소보호되는 경향이 있다는 것이다. 이러한 이익집단활동으로 인해 공법적 자원배분의 효율성과 사법적 자원배분의 효율성 사이의 괴리가 발생할 수 있다.

세 번째는 정치과정에서 정치참여자들의 합리적 선택과정에서 존재할 수 있는 편향(bias)의 문제이다. 종래 전통적인 공공선택이론 혹은 경제적 규제이론에서는 정치참여자들의 정치과정에서의 합리적 선택은 경제주체들의 시장에서의 합리적 선택과 그 극대화의 대상에만 차이가 있을 뿐 합리적 선택 자체의 메커니즘은 차이가 없는 것으로 이해하고 있었다. 그러나 최근의 행동경제학, 인지심리학 등 실증적 연구결과에 따르면 현실의 세계에서 실제로 선택에 임하는 인간은 여러 가지 형태의 편향36)의 영향을 받는다는 것이고 그 편향의 조건 하에서 실제로 이루어지는 선택의 결과는 근대경제학에서 확립된 합리적 선택의 결과와 차이가 있을 수 있다는 것이다.37)

이러한 편향이 정치적 의사결정과정에 영향을 미치는 경우에는 공법 영역에서의 자원배분의 효율성과 사법 영역에서의 자원배분의 효율성 사이의 괴리가 발생할 수 있다.

5. 다시 공법상 환경기준의 사법상 효력에 관하여 생각해보기로 한다.

공리주의적 관점에서 이해한 환경법에 있어서 공법상 환경기준의 본질은 입법의 과정과 행정의 과정을 거쳐서 최종적으로 만들어진 환경규

---

35) Mancur Olson, *The Logic of Collective Action: Public Goods and the Theory of Groups*(reprint 1971), 1965, Cambridge, Mass.: Harvard University Press.

36) 이러한 편향에는 availability heuristic, social cascading, group polarization, framing effect, hindsight bias 등이 있다.

37) 이 주제에 관해서는 Heo, Seongwook, *Rational choice in modern administrative law: with the behavioral economics approach to the two major cases in Korea*, Journal of Korean Law Vol. 12, SNU Law Research Institute(June 2013) 참조.

제로서 외부효과의 내부화를 통해 자원배분의 효율성을 달성하기 위한 정책수단이다.

공법상 환경기준은 외부효과의 내부화 방안으로서 피구류의 아이디어에 바탕을 두고 있는 것이고 그 내용은 결국 환경자원의 배분에 관한 공법적 목표로서 자원배분의 효율성이 달성될 수 있도록 개인들의 유인구조를 만들어주는 것이어야 한다.

앞에서 살펴본 바와 같이 우리 대법원은 공법상 환경기준을 사법상 위법성 판단의 기준으로서 수인한도 초과여부를 판단하기 위한 주요한 고려 요소 중의 하나로 보고 있다. 현재 우리 판례의 태도에 따르면 많은 사건들에 있어서는 공법상 환경기준 준수여부에 의해 실질적으로 사법상의 수인한도초과여부 및 위법성 판단이 이루어지고 있다. 그렇지만 그렇다고 해서 법원은 공식적으로는 사법상 위법성 판단이 공법상 환경기준에 의해 전적으로 이루어지는 것까지는 받아들이지 않고 있고 공법상 환경기준을 준수하였다고 해서 언제나 사법상 책임이 면책된다고 보지도 않고 있다.

이러한 배경에는 공법상 자원배분의 효율성과 사법상 자원배분의 효율성의 상호관계에 관한 앞에서의 논의들 그리고 환경법을 보는 각각의 철학적 관점들과 공법이론을 보는 각각의 이론들의 배경 하에서 공법상 자원배분의 효율성과 사법상 자원배분의 효율성이 서로 일치하거나 혹은 서로 차이가 있을 수 있는 여러 가지 가능성에 대한 고려가 반영되어 있는 것으로 이해할 수 있을 것이다.

Ⅶ. 결   론

이상으로 공법상 환경기준의 사법상 효력이라는 구체적인 쟁점을 중심으로 환경법에서의 공법과 사법의 의미와 상호관계에 관한 실험적인 분석을 시도해 보았다.

결론적으로 정리하자면, 공법상 환경기준이 사법상 어떤 효력을 가질 수 있는가의 문제는 환경법이 공법과 사법의 영역에서 추구하는 본질적인 목표로서 자원배분의 효율성이 어떤 의미를 가지는지, 공익이론, 공공선택이론, 경제적 규제이론 등과 같이 공법의 배경이 되는 정치과정을 이해하는 각각의 공법이론의 내용에 따라서 정치과정이 어떤 조건과 상황에서는 성공적으로 작동하고 어떤 조건과 상황에서는 실패할 수 있는지 등의 문제와 복합적으로 관련된 문제라고 할 수 있겠다.

　　이 글에서는 종래 법학의 영역에서 공사법이원론 등과 같은 도그마틱을 통해 형식적으로 이루어지고 있던 환경법에서의 공법과 사법의 상호관계에 관한 다분히 실험적인 논의를 시도해 보았다. 여러 가지 부족한 부분이 있을 것이고 전통적인 법학 방법론의 관점에서는 어색하고 낯선 부분도 있을 것이지만 지금이 우리나라에서도 자족적 학문으로서 법학의 한계에 대한 문제의식의 공유가 이루어지고 있는 시점이라는 점을 감안하면 충분히 의미 있는 시도라고 볼 수 있을 것이다. 이 연구가 공법과 사법의 영역에서 보다 건설적이고 체계적인 법학방법론의 발전에 기여할 수 있기를 바라면서 이만 글을 마치기로 한다.

[Abstract]

Public law and private law in environmental law
— focused on the issue of private effectiveness of public standards —

Heo, Seongwook*

In Korean jurisprudence, public law and private law have been traditionally treated as different from each other.

However, as legal issues get more and more complicated and connected with each other in modern society, the relationship between public law and private law needs to be studied from different perspectives. Environmental law is one of the major fields in which this kind of new approach is required.

In this paper, firstly, I reviewed the ongoing discussions on the issue of private effectiveness of public standards in court cases. After that, I tried to restructure the basic function of environmental law as the accomplishment of efficiency in resource allocation by internalizing externality.

The role of private law in tort is attaining the maximum efficiency in resource allocation by optimizing individuals' choices by affecting their incentive mechanism. In this understanding, the role of illegality criterion in tort law is calibration of people's behavior in probabilistic accident situations.

On the other hand, the role of public law or government regulation is to achieve the maximum efficiency in resource allocation by making out the optimum public standards through the political and administrative process. If

---

* Professor, Seoul National University Law School.

we can assume that the political and administrative process is perfectly working in collecting the individuals' preferences into social preference, then the public standards as the outcome of such social preference function will be optimizing individuals' choices into efficient allocation of resources.

According to the different understandings of political procedures like public interest theory and public choice theory, the public standards as the outcome of political procedures will be explained differently. Furthermore, according to the factors of success and failure of the political procedures, the reason why the public standards and the private illegality criterion can go together in some situations and can go differently in other situations.

[Key word]
- environmental standard
- resource allocation
- tort law
- government regulation
- public law and private law

참고문헌

국내문헌

김유환, 현대 행정법강의, 법문사(2016).

김재형, 법규 위반과 불법행위책임-카지노 베팅한도 및 출입제한 규정 위반
　　　을 중심으로-, 판례실무연구 제11권(상), 대법원 비교실무연구회(2014).

_____, 소유권과 환경보호, 민법론 Ⅰ, 박영사(2004).

김판기, 일조권의 침해와 수인한도-공·사법간 조화를 위한 법정책적 고찰을
　　　중심으로-, 법과 정책연구, 한국법정책학회(2013년 12월).

김현준, 환경상 이익침해에 대한 민·행정법상 유지청구권-유지청구와 관련
　　　한 공·사법상 청구권의 교차분석-, 환경법연구 제37권 제2호, 한국환
　　　경법학회(2015년 6월).

김홍균, 환경법 제3판, 박영사(2014).

배병호, 공법상 환경기준의 배상법적 의의, 환경법연구 제34권 제1호, 한국환
　　　경법학회(2012년 3월).

이유봉, 환경법의 진화과정 속에 나타난 공법과 사법간의 갈등구조, 환경법
　　　연구 제32권 제2호, 한국환경법학회(2010년 6월).

이홍배, 공법상의 소음기준과 환경소음의 위법성, 대한환경공학회지 제29권
　　　제2집, 대한환경공학회(2007년 2월).

전경운, 환경책임법상 공법 및 환경기준의 법적 의미-독일에서의 논의를 중
　　　심으로-, 환경법연구 제29권 제3호, 한국환경법학회(2007년 9월).

조재헌, 도로소음으로 인한 생활방해의 방지청구-수인한도와 이익형량을 중
　　　심으로-, 민사판례연구회 2016년 2월 월례발표회 발표문, 필자 소장.

조홍식, 유지청구 허용여부에 관한 소고, 민사판례연구 XXII, 민사판례연구회
　　　(2000).

진상욱, 일조보호를 위한 공법과 사법의 조화, 토지법학 제27권 제2호, 한국
　　　토지법학회(2011년 12월).

허성욱, 경제규제행정법이론과 경제적 효율성, 서울대학교 법학 제49권 제4호,
　　　서울대학교 법학연구소(2008년 12월).

_____, 공공선택이론과 사법심사에 관한 연구-사법심사의 준거기준으로서

공공선택이론의 함의에 관하여-, 서울대학교 법학박사학위논문(2008).

_____, 공법이론과 공공정책-공법이론 연구방법론으로서 공공선택이론-, 법경제학연구 제6권 제2호, 한국법경제학회(2009년 12월).

_____, 권리남용금지법리에 관한 법경제학적 고찰(상, 하), 법조 통권 제591호, 제592호(2005년 12월, 2006년 1월).

_____, 규제행정의 규범적·실증적 목적으로서 경제적 효율성과 정치적 효율성-SSM 규제에 대한 효율성 분석을 중심으로-, 법경제학연구 제12권 제1호, 한국법경제학회(2015년 4월).

_____, 기후변화시대의 불법행위법-기후변화대응 정책수단으로서 불법행위소송의 장·단점 및 발전방향에 관한 소고-, 사법 제21호, 대법원(2012년 9월).

_____, 지속가능한 발전의 원칙에 대한 법경제학적 고찰-효율성과 형평성을 함께 고려하는 환경법의 일반원리로서의 가능성에 대하여-, 환경법연구 제27권 4호, 한국환경법학회(2005년 12월).

현준원, 환경질기준의 법적 성격과 초과의 법적 효과에 관한 소고-독일의 대기환경질기준과 관련판례를 중심으로-, 공법연구 제38집 제4호, 한국공법학회(2010년 5월).

홍준형, 환경정책의 실행수단으로서 환경기준 상, 하, 사법행정 제34권 제5호, 제6호, 한국사법행정학회(1993년 5월, 6월).

국외문헌

Christopher H. Schroeder, Corrective Justice and Liability for Increasing Risks, 37 UCLA L. Rev. 439, 443-451(1990).

Daniel A. Farber, Tort Law in the Era of Climate Change, Katrina, and 9/11: Exploring Liability for Extraordinary Risks, 43 Val. U. L. Rev. 1075(2008-2009).

Douglas A. Kysar, What Climate Change Can Do About Tort Law , 41. Envtl. L. 1(2011).

Gary S. Becker, "A Theory of Competition Among Pressure Groups for Political Influence," Quarterly Journal of Economics 98(August 1983).

Gary T. Schwartz, Mixed Theories of Tort Law: Affirming Both Deterrence and Corrective Justice, 75 Tex. L. Rev. 1801(1997).

George Stigler, "Theory of Economic Regulation", The Bell Journal of Economics and Management Science 2, no. 1(Spring 1971).

George P. Fletcher, Fairness and Utility in Tort Law, 85 Harv. L. Rev. 537(1972).

Heo, Seongwook, The concept of 'public interest' demonstrated in Korean court precedents, Journal of Korean Law Vol. 6, No. 1, SNU Law Research Institute(2006).

_____, Rational choice in modern administrative law: with the behavioral economics approach to the two major cases in Korea, Journal of Korean Law Vol. 12, SNU Law Research Institute(June 2013).

James M. Buchanan & Gordon Tullock, The Calculus of Consent(1962).

Kenneth J. Arrow, Social Choice and Individual Values(1951).

Mancur Olson, The Logic of Collective Action(Cambridge, Mass: Harvard University Press, 1965).

Richard A. Posner, The Concept of Corrective Justice in Recent Theories of Tort Law, 10 J. Legal Stud. 187(1981).

Robert Cooter & Thomas Ulen, Law and Economics fifth edition, Pearson(2008).

Ronald H. Coase, "The Problem of Social Cost", 3 The Journal of Law and Economics(1960).

Sam Pelzman, "Toward a More General Theory of Regulation", Journal of Law and Economics 19(August 1976).

W. Kip Viscusi, Joseph E. Harrington, Jr., John M. Vernon, Economics of Regulation and Antitrust, the MIT Press(4th ed.).

民事判例研究會 日誌

▣ 月例 研究發表會 ▣

○ 第387回(2016. 1. 18.)
　1. 이준형 교수 : 구 집합건물법 제9조 담보책임의 귀속주체와 기간
　2. 현소혜 교수 : 제사주재자의 지위와 확인의 이익
　　지정토론 : 이선희 교수, 조원경 판사

○ 第388回(2016. 2. 15.)
　1. 김웅재 판사 : 기망행위에 속아 물건을 고가에 매수한 뒤 물건의 가
　　　　　　　　　격이 변동한 경우 손해배상의 범위 및 손해배상액 산
　　　　　　　　　정의 기준시점
　2. 조재헌 판사 : 도로소음으로 인한 생활방해의 방지청구
　　지정토론 : 권영준 교수, 김진우 교수

○ 第389回(2016. 3. 21.)
　1. 남형두 교수 : 소유는 예술가의 혼마저 지배할 수 있는가? ― 도라산
　　　　　　　　　역 벽화 판결의 여운
　2. 이재원 판사 : 전득자에 대한 사해행위취소의 소에서의 제척기간의
　　　　　　　　　기산점 및 사해행위취소로 회복된 재산이 처분된 경
　　　　　　　　　우의 법률관계에 관한 연구
　　지정토론 : 장철익 고법판사, 권태상 교수

○ 第390回(2016. 4. 18.)
　1. 노혁준 교수 : 대량취득, 처분정보와 미공개정보이용행위
　2. 조민혜 판사 : 예금명의신탁계약에 대한 사해행위취소와 원상회
　　　　　　　　　복 방법
　　지정토론 : 신우진 변호사, 여하윤 교수

○ 第391回(2016. 5. 23.)

  1. 정재우 판사 : 물상보증인으로부터 담보부동산을 취득한 제3취득자
               의 구상권

  2. 허문희 판사 : 전기통신사업법 제83조 제3항에 따라 수사기관의 통
               신자료제공요청에 응한 전기통신사업자의 책임

    지정토론 : 제철웅 교수, 허성욱 교수

○ 第392回(2016. 6. 20.)

  1. 김현진 교수 : 치매와 유언능력, 반복 · 상충된 유언의 법률관계

  2. 오대석 판사 : 채무자가 채권의 질권자에게 질권의 피담보채권액을 초
               과하여 지급하고 질권자가 초과지급된 금액을 질권설정
               자에게 반환한 경우 부당이득반환의무자

    지정토론 : 전소민 교수, 김형석 교수

○ 第393回(2016. 7. 18.)

  1. 전원열 교수 : 면책적 채무인수, 병존적 채무인수, 이행인수의 구별
               기준

  2. 장두영 판사 : 채무자의 소멸시효 이익 포기 후 법률관계를 형성한
               제3취득자의 지위

    지정토론 : 고은설 판사, 김진우 교수

○ 第394回(2016. 9. 26.)

  1. 최수정 교수 : 유치권과 동시이행의 항변권의 관계 정립을 위한 시론

  2. 김병선 교수 : 채무자의 소취하와 채권자대위소송의 적법성

    지정토론 : 주선아 판사, 양진수 판사

○ 第395回(2016. 10. 24.)

  1. 호제훈 부장판사 : ELS 헤지거래와 투자자 보호의무

  2. 조은경 판사 : 형사성공보수약정의 사회적 타당성과 장래효를 선언
               한 판결의 효력

    지정토론 : 김연미 교수, 이동진 교수

○ 第396回(2016. 11. 21.)
  1. 황진구 부장판사 : 사해행위의 취소와 원상회복이 모든 채권자의 이
                    익을 위하여 효력이 있다는 의미
  2. 민성철 부장판사 : 공법상 법률관계에 대한 민법 규정의 적용 가부 —
                    하천 편입 토지에 대한 손실보상금에 대하여 민법
                    제470조가 정한 채권의 준점유자 변제를 인정할
                    수 있는가
       지정토론 : 이계정 교수, 이준형 교수

▣ 夏季 심포지엄 ▣

○ 第39回(2016. 8. 27.) (서울 서초구 사평대로 108 소재 반포원)
  主題 :「環境法의 諸問題」
  1. 환경오염피해구제법의 주요 내용 분석(안경희 교수)
     지정토론 : 차영민 부장판사
  2. 소음공해, 일조방해, 조망침해에 관한 판례의 동향(이영창 고법판사)
      지정토론 : 김상중 교수
  3. 환경침해와 인과관계의 증명(신원일 판사)
     지정토론 : 최준규 교수
  4. 환경법에서의 공법과 사법(허성욱 교수)
     지정토론 : 박찬익 부장판사

民事判例研究會 2016年度 會務日誌

1. 月例發表會

□ 2016년에도 하계 심포지엄이 열린 8월과 송년모임이 있었던 12월을 제외한 나머지 달에 빠짐없이 연구발표회를 개최하여 총 20명의 회원들이 그동안 연구한 성과를 발표하였다. 2016년 1월의 제387회 월례발표회부터 11월의 제396회 월례발표회까지의 발표자 및 그 논제는 위의 월례연구발표회 일지에서 밝힌 바와 같다.

□ 기존에는 교수회원 1인, 판사회원 1인이 발표하던 방식이었으나 2013년부터 기존회원 1인, 신입회원 1인이 발표하는 방식으로 월례발표회가 운영되었다.

2. 제39회 夏季 심포지엄

□ 2016년도 하계 심포지엄은 8월 27일 서울 서초구 사평대로 108 소재 반포원에서 "환경법의 제문제"라는 주제로 개최되었는데, 94명의 회원과 3명의 비회원 등 총 97명이 참석하여 성황리에 진행되었고 매우 유익한 발표와 토론이 이어졌다. 상세한 일정은 앞의 "부록에 부치는 말"에서 밝힌 바와 같다.

□ 회원이 아니면서도 심포지엄에 참석하여 강연을 해 주신 구도완 환경사회연구소 소장님, 발표를 맡아 주신 안경희 교수님, 이영창 고법판사님께 감사드리고, 회원으로서 발표를 맡아 주신 신원일 판사님, 허성욱 교수님, 지정토론을 맡아 주신 차영민 부장판사님, 김상중 교수님, 최준규 교수님, 박찬익 부장판사님과 심포지엄의 원활한 진행을 위하여 도움을 주신 모든 회원님들께 깊이 감사드린다.

3. 送年모임

□ 2016년도 송년모임이 12월 9일(금) 서울 서초구 반포동 소재 쉐라톤 서울 팔래스 강남 호텔 그랜드볼룸 A홀에서 개최되어 총 74명의 회원과 배우자들이 참석하였다.

□ 송년모임의 연사로 우리 연구회 회원이신 김황식 전 국무총리님을 모시고 "독일통일과정에서의 법률가들의 역할"이라는 제목의 매우 흥미롭고 유익한 강연을 들었다.

□ 바쁘신 가운데에서도 시간을 내어 강연을 해 주신 김황식 전 국무총리님께 이 기회를 통해 다시 한 번 감사의 말씀을 드린다.

4. 運營委員 선임

□ 2016년 8월 27일 하계 심포지엄 직후에 개최된 정기총회에서 호제훈 부장판사님, 김경환 고법판사님, 권영준 교수님을 운영위원으로 선임하였다.

5. 會員動靜

□ 제2대 회장이신 송상현 전 국제형사재판소장님께서 2016년 3월 18일 서울국제포럼에서 수여하는 영산외교인상을 수상하셨다.

□ 호문혁 교수님께서 2016년 2월 1일 대법원 사법정책연구원 원장에 취임하셨다.

□ 권오곤 유고국제형사재판소 재판관께서 2016년 3월 재판관직을 퇴임하셨고, 2016년 10월 31일 대법원 형사사법발전위원회 위원장으로, 2017년 1월 20일 한국법학원장으로 각 취임하셨다.

□ 민일영 전 대법관님께서 2016년 2월 14일 정부공직자윤리위원회 위원장으로 취임하셨다.

□ 지원림 교수님께서 2016년 4월 25일 법의 날 홍조근정훈장을 수상하셨다.

6. 2017년도 新入會員

□　2017년도 신입회원으로는 *學界*의 김수정(국민대) 교수님과 *法院*의 이경민, 박설아, 이혜미, 윤지영, 정경환, 최윤영, 고유강, 김지건, 이정아, 허민, 김효정, 유혜주 판사님의 신청을 받아 영입하였다.

(幹事 金 昌 模)

民事判例研究會 2018年度
新入會員 募集 案內

    우리 연구회에서는 2018년도 신입회원을 모집합니다. 민사법, 상사법, 민사소송법 분야의 판례 및 이론 연구에 높은 관심과 열의가 있으신 법학교수 및 법조인(판사, 검사 및 변호사 포함)으로서 우리 연구회에 가입하여 활동하기를 원하시는 분들께서는 2017. 10. 15.까지 아래 연락처로 문의해 주시기 바랍니다.

― 아   래 ―

주   소 : 서울 관악구 관악로 1 서울대학교 법과대학 72동 506호
          (이계정 교수)
이 메 일 : kjlee21c@gmail.com
전화번호 : (02)880-4135
팩스번호 : (02)885-7584

民事判例硏究會 定款

(2010. 8. 28. 제정)

제 1 장 총 칙

제1조(목적) 본회는 판례의 연구를 통하여 민사법에 관한 이론과 실무의 조화로운 발전에 기여하고 회원 상호간의 친목을 도모함을 목적으로 한다.

제2조(명칭) 본회는 「민사판례연구회」라고 한다.

제3조(주소지) 본회는 서울특별시에 그 주소지를 둔다.

제4조(사업) 본회는 제1조의 목적을 달성하기 위하여 다음 사업을 한다.

  1. 판례연구 발표회 및 심포지엄의 개최
  2. 연구지를 비롯한 도서의 간행
  3. 그 밖에 본회의 목적을 달성함에 필요한 사업

제 2 장 회 원

제5조(회원) 회원은 본회의 목적에 동의하는 다음 각 호에 해당하는 사람으로서 가입신청을 하여 운영위원회의 승인을 얻어야 한다.

  1. 민사법의 연구에 관심이 있는 대학교수
  2. 민사법의 연구에 관심이 있는 법관, 검사, 변호사, 그 밖에 변호사 자격이 있는 사람

제6조(회원의 권리·의무) ① 회원은 본회의 운영과 관련된 의사결정에 참여하며, 본회의 각종 사업에 참여할 수 있는 권리를 갖는다.

  ② 회원은 정관 및 총회 결정사항을 준수할 의무를 지며 회비를 납부

하여야 한다.

제7조(회원의 자격상실) 다음 각 호의 1에 해당하는 회원은 그 자격을 상실한다.

   1. 본인의 탈퇴 신고

   2. 회원의 사망

   3. 회원의 제명 또는 탈퇴 결정

제8조(제명 또는 탈퇴 결정) ① 회원이 본회의 명예를 심각하게 훼손한 때 또는 본회의 목적에 위배되는 행위를 하거나 회원으로서의 의무를 중대하게 위반한 때에는 총회의 의결로 제명할 수 있다. 제명에 관한 총회의 의결은 회원 3/4 이상의 출석과 출석회원 과반수의 찬성으로 한다.

② 회원이 정당한 사유없이 상당한 기간 동안 출석을 하지 아니하는 등 회원으로서 활동할 의사가 없다고 인정되는 경우에는 운영위원회의 의결로 탈퇴를 결정할 수 있다.

제 3 장   자산 및 회계

제9조(자산의 구성) 본회의 자산은 다음 각 호에 기재한 것으로 구성한다.

   1. 회원의 회비

   2. 자산으로 생기는 과실

   3. 사업에 따른 수입

   4. 기타 수입

제10조(자산의 종류) ① 본회의 자산은 기본재산과 보통재산으로 구분한다.

② 기본재산은 다음 각 호에 기재한 것으로 하되 이를 처분하거나 담보로 제공할 수 없다. 다만, 부득이한 사유가 있는 때에는 운영위원회의 의결을 거쳐 이를 처분하거나 담보로 제공할 수 있다.

   1. 기본재산으로 하기로 지정하여 출연된 재산

   2. 운영위원회에서 기본재산으로 하기로 결의한 재산

③ 보통재산은 기본재산 이외의 재산으로 한다.

제11조(경비지출) 본회의 경비는 보통재산에서 지출한다.

제12조(자산의 관리) 본회의 자산은 운영위원회의 의결에 의하여 운영위원회에서 정한 관리방법에 따라 회장 또는 회장이 지명하는 회원이 관리한다.

제13조(세입·세출 예산) 본회의 세입·세출예산은 매 회계연도개시 1개월 전까지 운영위원회의 의결을 얻어야 한다. 다만, 부득이한 사정이 있는 경우에 운영위원회의 의결은 새 회계연도 후 첫 회의에서 이를 받을 수 있다.

제14조(회계연도) 본회의 회계연도는 매년 1월 1일에 시작하여 12월 31일까지로 한다.

제15조(회계감사) 감사는 연 1회 이상 회계감사를 하여야 한다.

제16조(임원의 보수) 임원의 보수는 지급하지 아니한다. 다만 실비는 변상할 수 있다.

제 4 장 임   원

제17조(임원의 인원수 및 자격) 본회에는 법률상 그 결격사유가 없는 자로서 다음과 같은 임원을 둔다.

   1. 회장 1인

   2. 운영위원 5인 이상 20인 이내

   3. 감사 1인

   4. 간사 2인 이내

제18조(임원의 선임) ① 회장은 운영위원회에서 선출하며 총회의 인준을 받는다.

  ② 운영위원은 회장이 추천하여 총회의 인준을 받는다.

  ③ 감사는 총회에서 선출한다.

  ④ 간사는 회장이 지명한다.

제19조(임원의 직무) ① 회장은 본회의 업무를 통괄하고 본회를 대표한다.

  ② 회장 유고시에 운영위원 중 연장자가 그 직무를 대행한다.

③ 감사는 본회의 업무 및 회계에 관한 감사를 한다.

④ 간사는 회장의 지시에 따라 본회의 실무를 수행한다.

제20조(임기) 회장, 운영위원 및 감사의 임기는 4년으로 하되 연임할 수 있다.

제21조(명예회장과 고문) ① 본회의 발전을 위하여 명예회장과 고문을 둘 수 있다.

② 명예회장과 고문은 운영위원회의 추천에 의하여 회장이 추대한다.

제 5 장 총   회

제22조(총회) ① 총회는 본회의 최고의결기구로서 회원으로 구성한다.

② 회장은 총회의 의장이 된다.

제23조(총회의 소집) ① 총회는 정기총회와 임시총회로 나누되 정기총회는 년 1회 하반기에, 임시총회는 회장 또는 운영위원회가 필요하다고 인정한 경우에 각각 회장이 소집한다.

② 회장은 회의 안건을 명기하여 7일전에 각 회원에게 통지하여야 한다. 이 통지는 본회에 등록된 회원의 전자우편주소로 발송할 수 있다.

제24조(총회의사 및 의결의 정족수) 총회는 회원 30인 이상의 출석과 출석회원 과반수로서 의결한다.

제25조(표결의 위임) 회원은 다른 회원에게 위임하여 표결할 수 있다. 이 경우 그 위임을 증명하는 서면을 미리 총회에 제출하여야 한다.

제26조(총회에 부의할 사항) 총회는 다음에 기재하는 사항을 의결한다.

1. 정관의 제정 및 개정에 관한 사항
2. 임원의 선임과 인준에 관한 사항
3. 세입세출의 예산 및 결산의 승인
4. 기본재산의 처분·매도·증여·기채·담보제공·임대·취득의 승인
5. 본회의 해산
6. 그 밖에 주요사항으로서 운영위원회가 총회에 부의하기로 의결한 사항

제 6 장   운영위원회

제27조(운영위원회의 구성) ① 운영위원회는 회장과 운영위원으로 구성한다.

② 회장은 운영위원회의 의장이 된다.

제28조(운영위원회의 권한) 운영위원회는 다음 각 호의 사항을 심의 의결한다.

　　1. 회장의 선출

　　2. 회원의 가입과 탈퇴에 관한 사항

　　3. 운영계획에 관한 사항

　　4. 재산의 취득, 관리, 처분에 관한 사항

　　5. 총회의 소집과 총회에 회부할 의안에 관한 사항

　　6. 총회가 위임한 사항

　　7. 그 밖에 회장이 회부한 본회의 운영에 관한 중요사항

제29조(운영위원회의 소집) ① 운영위원회는 정기 운영위원회와 임시 운영위원회로 구분하고 회장이 소집한다.

② 정기 운영위원회는 년 1회 이상 개최한다.

③ 임시 운영위원회는 회장이 필요하다고 인정하거나 운영위원 1/3 이상 또는 감사의 요구가 있을 때에 회장이 소집한다.

제30조(운영위원회 의사 및 의결의 정족수) 운영위원회는 운영위원 5인 이상의 출석과 출석운영위원 과반수의 찬성으로 의결한다.

제 7 장 보   칙

제31조(정관의 변경) 본 정관은 총회에서 회원 1/3 이상의 출석과 출석회원 2/3 이상의 동의를 얻어 이를 변경할 수 있다.

제32조(해산, 잔여재산의 처분) ① 본회는 민법 제77조 및 제78조의 규정에 의하여 해산한다.

② 총회원 3/4 이상의 출석과 출석회원 2/3 이상의 찬성으로 본회를 해산할 수 있다.

③ 본회가 해산한 때의 잔여재산은 총회의 결의를 거쳐 유사한 목적을 가진 다른 단체에 출연할 수 있다.

제33조(시행세칙의 제정) 본 정관의 시행에 필요한 세칙은 운영위원회의 의결을 거쳐 정한다.

부   칙

제1조(시행일) 이 정관은 2010년 8월 28일부터 효력이 발생한다.

제2조(회원 및 임원 등) ① 이 정관의 효력 발생일 당시의 민사판례연구회의 회원은 본회의 회원으로 본다.

② 이 정관의 효력 발생일 당시의 회장은 이 정관에 의하여 선임된 것으로 본다. 그 임기는 본 정관의 규정에 의하되, 정관 효력발생일부터 개시된다.

제3조(기존의 행위에 관한 규정) 이 정관의 효력 발생 이전에 민사판례연구회가 한 활동은 이 정관에 따른 것으로 본다.

民事判例研究 간행규정

2005년 12월 27일 제정

제1조(목적) 이 규정은 민사판례연구회(이하 연구회)가 발간하는 정기학
술지인 『민사판례연구』에 게재할 논문의 제출, 심사 및 편집에 관한
사항을 규정함을 목적으로 한다.

제2조(편집위원회) ① 『민사판례연구』에 게재할 논문의 제출자격, 심사,
편집 등에 관한 사항을 정하기 위하여 본회에 위원장과 4인 이상 10인
이하의 위원들로 구성되는 편집위원회를 둔다.

② 편집위원회의 위원장은 본회의 회장이 겸임하고, 위원은 회장이 운
영위원회의 심의를 거쳐 회원 중에서 임명한다. 편집위원장은 편집
위원 중 1인을 편집실무간사로 임명한다.

③ 편집위원의 임기는 3년으로 하되, 연임할 수 있다.

제3조(논문의 제출자격) 논문의 제출은 연구회의 회원인 자에 한하여 할
수 있다. 그러나 편집위원회의 승인을 받은 경우에는 회원이 아닌 자
도 논문을 제출할 수 있다.

제4조(논문의 제출기일) ① 『민사판례연구』에 논문을 게재하고자 하는
자는 발간예정일을 기준으로 2개월 전에 원고 출력본 3부와 디스켓을
편집실무간사에게 제출하여야 한다. 그러나 업무상·시간상의 편의를
위하여 이메일을 이용하여 제출할 수 있다.

② 연구회가 주최 또는 주관한 심포지엄 기타 학술모임에서 발표한 논
문을 『민사판례연구』에 게재하는 경우에도 제1항에 의한다.

제5조(논문심사) ① 편집위원회는 『민사판례연구』에 게재하기 위하여 제

출된 논문을 심사하기 위하여 심사위원을 위촉하여야 한다.

② 편집위원회는 심사위원들의 심사결과에 좇아 논문의 수정을 요구하
거나, 그 게재를 유보할 수 있다.

③ 논문심사에 관한 자세한 사항은 민사판례연구 게재논문 심사규정에
서 따로 정한다.

제 6 조(원고분량의 제한) 논문은 200자 원고지 240매를 초과할 수 없다.
그러나 논문의 성격상 불가피하다고 인정될 경우에는 편집위원회의 승
인을 얻어 게재할 수 있다.

제 7 조(편집위원회 의결정족수) 편집위원회는 재적위원 과반수의 출석과
출석위원 과반수의 찬성으로 의결한다.

제 8 조(원고작성 기준) 게재를 위하여 제출하는 원고는 아래와 같은 기준
으로 작성한다.

1. 원고는 흐글 워드 프로그램으로 작성하여 제출하여야 한다.

2. 원고표지에는 논문제목(영문제목 병기), 필자의 인적 사항(성명, 영
   문성명, 소속, 직책) 및 연락처를 기재하여야 한다.

3. 논문의 저자가 2인 이상인 경우에는 주저자와 공동저자를 구분하고
   주저자·공동저자의 순서로 표시하여야 한다.

4. 목차순서는 다음과 같이 기재한다.

   ㉠ 로마 숫자   예) I.
   ㉡ 아라비아 숫자   예) 1.
   ㉢ 괄호 숫자   예) (1)
   ㉣ 괄호 한글   예) ㈎
   ㉤ 반괄호 숫자   예) 1)

5. 논문의 결론 다음에는 국문 및 국제학술어(영어, 독일어, 프랑스어)
   로 된 주제어(key word)를 10개 이내 기재하여야 한다.

6. 주제어 다음에는 국제학술어(영어, 독일어, 프랑스어)로 작성된 논문
   초록을 작성하여야 한다.

제 9 조(원고제출 및 게재안내) ① 게재를 신청하는 원고의 접수 및 그에

관련된 문의에 관한 사항은 편집실무간사가 담당한다.

② 『민사판례연구』에는 다음 호에 게재할 논문의 투고 및 작성기준을
안내한다.

부　　칙

이 규정은 2006년 1월 1일부터 시행한다.

民事判例研究 게재논문 심사규정

2005년 12월 27일 제정

제 1 조(목적) 이 규정은 민사판례연구 간행규정(이하 간행규정) 제5조에 의하여 민사판례연구회가 발간하는 『민사판례연구』에 게재할 논문의 심사절차와 기준 등을 정함을 목적으로 한다.

제 2 조(논문게재와 편집) 편집위원회는 제출된 논문에 대한 게재 여부 기타 『민사판례연구』의 편집에 관한 사항을 결정한다.

제 3 조(논문심사 의뢰) ① 『민사판례연구』에 게재하기 위하여 제출된 논문의 심사를 위하여 편집위원회는 3인 이상의 심사위원을 위촉하여 의뢰한다.

② 심사위원은 법학교수 또는 법률실무가로 위촉한다. 그러나 편집위원회는 특히 필요한 경우에는 법률 이외의 당해 분야 전문가에게 위촉할 수 있다.

③ 심사를 의뢰하는 논문의 필자에 관한 사항은 심사위원에게 알리지 아니한다.

제 4 조(심사기준) 심사위원은 다음 각 호의 심사기준에 따라 제출된 논문을 심사한다.

1. 논문주제의 명확성
2. 구성체제의 적합성
3. 내용의 창의성 및 충실성
4. 각주의 활용성 및 그 인용의 정확성
5. 연구의 기대효과 및 활용성

6. 기타 편집위원회에서 정한 사항

제 5 조(심사판정) 심사위원은 대외비공개로 평가의 결과 및 그 이유를 다음과 같이 구분하여 편집실무간사에게 통지한다.

1. 수정이 필요 없을 때: '게재 가(可)'
2. 간단한 수정이 필요할 때: '수정·보완 후 게재 가(可)'
3. 대폭적 수정이 필요할 때: '수정·보완 후 재심사'
4. 게재할 수 없는 사유가 있을 때: '게재 불가(不可)'

제 6 조(심사결과의 결정) ① 편집실무간사는 심사위원들의 심사의견을 종합하여 그 결과를 이유와 함께 편집위원회에 보고한다.

② 심사위원 간에 심사의견이 다를 때에는 다수의 의견에 따른다.

③ 심사의견이 셋 이상으로 나뉘는 경우 또는 편집위원장이 심사의 공정성을 우려할 만한 특별한 사정이 있다고 판단하여 부의하는 경우에는 편집위원회에서 따로 정하되, 기제출된 심사의견을 고려한다.

제 7 조(심사결과의 통보) ① 편집위원장은 게재 여부에 대한 편집위원회의 결정을 논문제출자에게 통보한다.

② 논문제출자는 편집위원회의 결정에 좋아 수정·보완이 요구된 경우에는 그에 따른 수정·보완을 행하여야 논문을 게재할 수 있다.

부　　칙

이 회칙은 2006년 1월 1일부터 시행한다.

논문의 투고 및 작성기준 안내

1. 제출기일

민사판례연구회의 『민사판례연구』는 매년 1회(2월 말) 발간됩니다. 간행규정 제4조에 따라 위 정기 학술지에 논문이나 판례평석(이하 논문이라고 한다)을 게재하고자 하는 자는 발간예정일을 기준으로 2개월 전에 원고 출력본 3부와 디스켓을 간사에게 제출하여야 합니다. 연구회가 주최 또는 주관한 심포지엄 기타 학술모임에서 발표한 논문을 『민사판례연구』에 게재하는 경우에도 마찬가지입니다.

2. 논문심사

『민사판례연구』에 게재하기 위하여 제출된 논문은 간행규정 제5조에 따라 논문의 수정을 요구하거나 게재를 유보할 수 있습니다.

3. 원고분량 제한

논문은 200자 원고지 240매를 한도로 합니다. 다만 논문의 성격상 불가피하다고 인정될 경우에는 편집위원회의 승인을 얻어 게재할 수 있습니다(간행규정 제6조 참조).

4. 원고작성 기준

게재할 원고는 아래와 같은 기준으로 작성하여 주십시오.

(1) 원고는 [흔글]워드 프로그램으로 작성하여, 원고표지에는 논문제목(영문제목 병기), 필자의 인적 사항(성명, 영문성명, 소속, 직책, 학위) 및 연락처를 기재하여 주십시오.

(2) 목차순서는 다음과 같이 하여 주십시오.

ⓐ 로마 숫자(중앙으로)　　　　예) Ⅰ.

ⓑ 아라비아 숫자(2칸 들여쓰기)　예) 1.

ⓒ 괄호 숫자(4칸 들여쓰기)　　예) (1)

ⓓ 괄호 한글(6칸 들여쓰기)　　예) ㈎

ⓔ 반괄호 숫자　　　　　　　　예) 1)

(3) 논문의 저자가 2인 이상인 경우에는 주저자와 공동저자를 구분하고 주저자·공동저자의 순서로 표시하여 주십시오.

(4) 논문의 결론 다음에는 국문 주제어를 10개 이내로 기재하여 주십시오.

(5) 주제어 다음에는 참고문헌목록을 작성하여 주십시오.

(6) 그 다음 국제학술어(영어, 독일어, 프랑스어)로 작성된 논문초록(Abstract)을 작성, 첨부하여 주시고, 이에 이어서 국제학술어(영어, 독일어, 프랑스어)로 된 주제어(key word)를 10개 이내로 기재하여 주십시오.

5. 원고제출처

게재신청 원고의 접수 및 문의에 관한 사항은 실무간사인 김민수 판사에게 하시면 됩니다.

Tel: (02)530-1540

e-mail: mins95@scourt.go.kr

◇ 2018년 2월경 간행 예정인 민사판례연구 제40권에 투고하고자 하시는 분들은 2017년 11월 30일까지 원고를 제출하여 주십시오.

民事判例研究會 編輯委員 名單
(가나다順)

民事判例研究會 會員 名單

(2017. 2. 20. 現在, 225名, 가나다順)

姓 名	現 職	姓 名	現 職
姜東郁	변호사	金星泰	연세대 법대 교수
康承埈	서울고법 부장판사	金世容	부산지법 판사
姜永壽	사법정책연구원 수석연구위원	金昭英	대법관
姜智雄	대전지법 논산지원 판사	金水晶	국민대 법대 교수
高唯剛	서울동부지법 판사	金延美	성균관대 법대 교수
高銀設	대법원 재판연구관	金永信	명지대 법대 교수
高弘錫	대법원 재판연구관(부장판사)	金煐晋	법원행정처 기획제2심의관
郭潤直	전 서울대 법대 교수	金泳勳	서울고법 고법판사
丘尙燁	법무부 국제법무과 과장	金榮喜	연세대 법대 교수
具泰會	사법연수원 교수	金龍潭	변호사
權光重	변호사	金禹辰	서울고법 부장판사
權大祐	한양대 법대 교수	金雄載	부산지법 서부지원 판사
權英俊	서울대 법대 교수	金裕鎭	변호사
權五坤	전 ICTY 재판관	金志健	서울행정법원 판사
權 澈	성균관대 법대 교수	金鎭雨	한국외국어대 법대 교수
權兌相	이화여대 법대 교수	金昌模	광주지법 순천지원 부장판사
金敬桓	변호사	金天秀	성균관대 법대 교수
金度亨	서울남부지법 수석부장판사	金泰均	대구지법 서부지원 판사
金文煥	국민대 법대 교수	金兌宣	중앙대 법대 교수
金旼秀	서울중앙지법 판사	金兌珍	고려대 법대 교수
金炳瑄	이화여대 법대 교수	金賢錫	대법원 수석재판연구관
金相瑢	중앙대 법대 교수	金賢眞	인하대 법대 교수
金上中	고려대 법대 교수	金炯枓	서울중앙지법 민사제2수석부장판사
金相哲	변호사	金炯錫	서울대 법대 교수
金成昱	변호사	金孝貞	서울중앙지법 판사

姓　名	現　職	姓　名	現　職
金滉植	전 국무총리	徐乙五	이화여대 법대 교수
羅眞伊	서울동부지법 판사	徐　正	변호사
南馨斗	연세대 법대 교수	徐靚源	대법원 재판연구관
南孝淳	서울대 법대 교수	石光現	서울대 법대 교수
盧榮保	변호사	孫智烈	변호사
盧柔慶	서울서부지법 판사	孫哲宇	서울고법 고법판사
魯赫俊	서울대 법대 교수	孫台沅	부산지법 판사
睦榮埈	전 헌법재판소 재판관	宋德洙	이화여대 법대 교수
文容宣	서울고법 부장판사	宋相現	전 ICC 재판소장
文準變	변호사	宋永福	대전지법 천안지원 판사
閔聖喆	대전지법 부장판사	宋沃烈	서울대 법대 교수
閔日榮	전 대법관, 공직자윤리위원회 위원장	宋宰馹	명지대 법대 교수
朴東奎	청주지법 충주지원 판사	宋惠政	서울고법 고법판사
朴庠彦	서울동부지법 판사	宋鎬煐	한양대 법대 교수
朴雪娥	서울중앙지법 판사	申元一	대법원 재판연구관
朴秀坤	경희대 법대 교수	沈承雨	청주지법 판사
朴益煥	경희대 법대 교수	沈仁淑	중앙대 법대 교수
朴仁煥	인하대 법대 교수	安炳夏	강원대 법대 교수
朴宰瑩	창원지법 부장판사	安正鎬	변호사
朴在允	변호사	梁栽豪	외교부 파견(주UN 대표부)
朴俊錫	서울대 법대 교수	梁鎭守	대법원 재판연구관
朴之妍	서울고법 판사	梁彰洙	한양대 법대 교수
朴鎭秀	대법원 재판연구관(부장판사)	嚴東燮	서강대 법대 교수
朴贊益	법원행정처 사법지원총괄심의관	呂美淑	서울고법 부장판사
朴　徹	변호사	呂河潤	중앙대 법대 교수
朴哲弘	서울동부지법 판사	吳大錫	청주지법 제천지원 판사
朴海成	변호사	吳泳俊	특허법원 부장판사
裵容浚	울산지법 부장판사	吳姃厚	서울대 법대 교수
白慶一	숙명여대 법대 교수	吳宗根	이화여대 법대 교수
白昌勳	변호사	吳興祿	부산지법 판사
范鐥允	대전지법 판사	庾炳賢	고려대 법대 교수
徐　敏	전 충남대 법대 교수	劉아람	법원행정처 사법지원심의관

姓　名	現　　職	姓　名	現　　職
柳元奎	변호사	李政桓	서울고법 고법판사
柳濟瑢	대전지법 판사	李鍾基	서울고법 판사
劉慧珠	서울서부지법 판사	李鍾文	수원지법 판사
劉亨雄	청주지법 충주지원 판사	李宙興	변호사
尹榮信	중앙대 법대 교수	李準珩	한양대 법대 교수
尹智暎	서울중앙지법 판사	李重基	홍익대 법대 교수
尹眞秀	서울대 법대 교수	李芝妸	수원지법 안양지원 판사
李京珉	수원지법 안양지원 판사	李智雄	서울남부지법 판사
李啓正	서울대 법대 교수	李鎭萬	서울행정법원 수석부장판사
李恭炫	변호사	李彰敏	대구지법 판사
李國鉉	서울고법 판사	李昌鉉	서강대 법대 교수
李均釜	변호사	李玹京	서울중앙지법 판사
李均龍	서울남부지방법원장	李賢洙	서울고등법원 고법판사
李東明	변호사	李惠美	춘천지법 판사
李東珍	서울대 법대 교수	李慧民	수원지법 안양지원 판사
李丙儁	한국외국어대 법대 교수	李孝濟	대법원 재판연구관(부장판사)
李鳳敏	대전지법 판사	李興周	창원지법 마산지원 부장판사
李祥敏	변호사	林奇桓	대법원 재판연구관(부장판사)
李相元	변호사	林　龍	서울대 법대 교수
李새롬	수원지법 판사	林貞允	인천지법 판사
李宣憙	성균관대 법대 교수	張德祚	서강대 법대 교수
李承揆	광주지법 순천지원 부장판사	張斗英	춘천지법 원주지원 판사
李承鎰	대전지법 천안지원 판사	張洙榮	부산지법 부장판사
李承勳	대전지법 홍성지원 판사	張允瑄	대구지법 서부지원 부장판사
李績甲	연세대 법대 교수	張埈赫	성균관대 법대 교수
李仁洙	대전지법 천안지원 판사	張志墉	서울중앙지법 판사
李載根	수원지법 성남지원 부장판사	張哲翼	서울고등법원 고법판사
李栽源	대전지법 판사	全甫晟	대법원 재판연구관(부장판사)
李載璨	수원지법 판사	全元烈	건국대 법대 교수
李在璨	대구지법 경주지원 판사	鄭璟煥	서울북부지법 판사
李政玟	수원지법 부장판사	鄭肯植	서울대 법대 교수
李貞兒	청주지법 판사	鄭基相	수원지법 판사

姓 名	現 職	姓 名	現 職
鄭多周	울산지법 부장판사	千景壎	서울대 법대 교수
丁文卿	대법원 재판연구관	崔文壽	부산고법 판사(창원)
鄭炳浩	서울시립대 법대 교수	崔文僖	강원대 법대 교수
鄭仙珠	서울대 법대 교수	崔秉祚	서울대 법대 교수
鄭素旻	한국외국어대 법대 교수	崔俸京	서울대 법대 교수
鄭洙眞	서울고법 판사	崔瑞恩	대법원 재판연구관
鄭煜都	서울남부지법 판사	崔秀貞	서강대 법대 교수
鄭載優	대전지법 천안지원 판사	崔允瑛	대전지법 판사
鄭晙永	서울중앙지법 파산수석부장판사	崔竣圭	서울대 법대 교수
鄭泰綸	이화여대 법대 교수	韓相鎬	변호사
鄭鉉熹	수원지법 성남지원 판사	韓愛羅	변호사
諸哲雄	한양대 법대 교수	韓政錫	제주지법 부장판사
趙敏惠	대전지법 판사	咸允植	변호사
趙炳九	법원행정처 공보관	許文姬	춘천지법 판사
曺媛卿	부산지법 서부지원 부장판사	許旻	서울중앙지법 판사
趙恩卿	의정부지법 판사	許盛旭	서울대 법대 교수
趙璘英	서울중앙지법 판사	玄昭惠	성균관대 법대 교수
趙在憲	춘천지법 판사	胡文赫	사법정책연구원장
趙弘植	서울대 법대 교수	扈帝熏	부산고법 부장판사
朱大聖	대구지법 판사	洪晙豪	변호사
朱宣俄	서울고법 판사	洪眞映	대전지법 판사
池元林	고려대 법대 교수	黃銀圭	서울남부지법 판사
陳賢敏	서울고법 고법판사	黃進九	광주고법 부장판사(전주)
車永敏	수원지법 부장판사		

民事判例研究 [XXXIX]

2017년 2월 20일   초판인쇄
2017년 2월 28일   초판발행

편 자 윤 진 수
발행인 안 종 만
발행처 (株)博 英 社

서울특별시 종로구 새문안로3길 36, 1601
전화 (733) 6771 FAX (736) 4818
등록 1959. 3. 11. 제300-1959-1호(倫)

www.pybook.co.kr e-mail: pys@pybook.co.kr

정 가 65,000원   ISBN 979-11-303-3038-9
                     978-89-6454-552-2(세트)
                 ISSN 1225-4894 40